TOMOYUKI SATO

Deutsch-japanisches Wörterbuch des Christentums und der katholischen Kirche

mit einem japanisch-deutschen Register

キリスト教・カトリック独和辞典

和独対照索引付き

佐藤朋之

Sophia University Press

上智大学出版

【監修】

学習院大学名誉教授
川口 洋

*

上智大学神学部教授
川中 仁

ケース及び扉の図版：アーヘン大聖堂, 天井画の一部（著者撮影）

序

　本書は，1996年4月に株式会社同学社より刊行された，川口洋編著『キリスト教用語独和小辞典』の新訂増補版である．

　原著の出版から20年が経過し，その間には例えば2000年2月に「主の祈り」の新口語文（日本聖公会との共通口語訳）の公式使用が開始されるなど，わが国のカトリック教会内での用語にも変化が生じた．ドイツ語においては1998年8月，正書法の歴史的改革が実施された．

　原著の序言に記されているとおり，当時の出版界の厳しい状況にもかかわらず，同学社のご厚意と全面的なご支援により，本邦初のキリスト教用語のドイツ語専門辞書として『キリスト教用語独和小辞典』は刊行の運びとなった．しかし様々な事情で，用意されていた原稿のうち相当量を割愛せざるをえなかったため，執筆者は，来たるべき完全版に向けて，以後断続的にではあったが，改訂の準備を進めてきた．

　原著の刊行直後の1996年6月，上智学院新カトリック大事典編纂委員会による『新カトリック大事典』（研究社）第1巻が出版され，2009年刊の第4巻及び総索引，2010年刊の別巻をもって全6冊が完結した．この度の編纂及び項目執筆にあたっては，現代キリスト教学及びカトリック神学研究の金字塔たる同事典の成果を仰ぎ見つつ，これを常時参照させていただくことで，見出し語を増補し，語釈を充実させることができた．語義の説明に関して，『新カトリック大事典』に依拠するところは極めて大きい（専門用語や固有名の表記についても原則的に同事典に拠った）．同事典があってはじめて，今回の改訂が可能になったことは言を俟たず，それこそ「天啓」以外のなにものでもなかった．またエキュメニカルな立場で編集された『岩波キリスト教辞典』（2002年刊）からも多大な恩恵を受けた．その他，参考文献リストのとおり，近年刊行された数多くのキリスト教関係の事典，研究書も参照させていただいた．ただし原著同様，本書においても収録語及び語義の説明は，基本的にカトリックの視座に立ったものであることを予めお断りしておきたい．聖書本文の引用に際しては，日本語は「新共同訳」を，ドイツ語は原則としてEinheitsübersetzungを用いた．

　辞書の編纂作業において，この20年で最も大きな変化は，インターネットを通じてアクセス可能な関連情報の爆発的な増大だろう．もとよりディスプレイに現れるデータは玉石混淆である．しかし以前なら入手に難渋したような，原典を含む古今の文献資料や図像を即座に参照できることは，見出し語の収集，語釈執筆にとってこの上ないアドヴァンテージとなった．ウェブ上のデジタルアーカイヴに収蔵されているテキストを検索できるGoogle booksは積極的に活用した（インターネット上で検索，参照したテキストはあまりに膨大なため，すべてを参考文献として挙げることはできなかった）．ローマ教皇庁をはじめ，各教会，教区，修道会，その他の団体・個人のサイトも随時参考にさせていただいた．

当初は，過誤を正しつつも原著の記事はそのまま利用し，かつて削除された原稿を復活させることで，短期間のうちに改訂版を完成させる心算りだったが，実際に作業にかかると，新たに書き加えた項目と旧稿との整合性など，様々な不具合が生じてくることが明らかになった．そこですべての既存の見出し語についても再調査のうえ，稿を改めた．

　その際に目標としたのは，ドイツ語圏を中心にヨーロッパの文学，音楽，美術，建築，哲学，歴史，その他文化・社会現象に関心をもつ方々に，キリスト教，特にカトリックの用語に関して，通常の独和辞典を超えた内容と分量の情報を提供することであった．もちろん著者の乏しい知識や能力，本書のキャパシティーからして，当該分野の専門家集団によって編まれるキリスト教辞書・事典の信頼性と確実性，そしてインターネットから得られる情報量には比ぶべくもない．だが，本辞書を引くことによって，関係するドイツ語のテキスト解釈にとって必要不可欠，ないしは有益な，キリスト教とその語彙への理解が得られるよう，紙幅の許す限り丁寧な説明を心がけた．本書が，『新カトリック大事典』等，高度内容の辞書や文献類への橋渡しとなることを祈念している．

　ただ，力を尽くしたつもりではいても，著者の無知による錯誤，不備，あるいは存在すべき項目の欠落，用字や表記の不統一など，極めて多数の過ちが残存しているだろうと思う．とりわけプロテスタント諸派や東方教会の語用，語釈に関して，読者の皆様のご批判，ご教示がいただけるならば幸甚に存ずる．

　なお，巻末の和独対照索引は，語句の検索の便を図ると同時に，ドイツ語領域以外の研究者の方々にも，本書を軽便なキリスト教用語辞書としてご活用いただくことを願って作成したものである．

　全面的な改稿には膨大な時間を要したが，幸いにも2014年度，著者は勤務先より1年の研究休暇の取得を認められ，数ヶ月のミュンヘン滞在を含むこの期間を，文献・実地調査及び原稿執筆にあてることができた．その間校務を代行して下さった三輪玲子教授をはじめ，創設101年目にあった上智大学文学部ドイツ文学科のスタッフ諸賢からは，あらゆる局面において温かいご援助をいただいた．皆様には深く感謝申し上げます．

　脱稿後急遽，上智大学神学部のご支援をいただけることになった．川中仁神学部教授（イエズス会司祭）は，学生総務担当副学長としての繁多を極めたご校務の直中にあって，煩を厭わずすべての記事を綿密にチェックして下さった．もとより文責は著者自身にあるが，川中教授からは訳語の選択や語釈の記述法について様々なアドヴァイスを頂戴し，その結果多くの問題点を修正することができた．先生には，満腔の感謝を捧げたく存じます．

　前述のとおり，株式会社同学社には原著の出版に際してご尽力をいただいたが，今般，近藤孝夫社長からは，新版の刊行について格別のご理解を賜り，また原著の記事の自由な使用をご許可いただいた．ここに特に記して，改めて謝意を表したい．

　上智大学出版（SUP）事務局には，刊行に至る過程で出来した，多くの予期せぬ困難に際し，常に適切にご対処いただいた．また，通常の書籍より，はるかに手間のかかる

版組と造本,校正ゲラでの膨大な加筆・修正,加えて出版スケジュールの度重なる変更など,大変なご面倒をおかけしたにもかかわらず,株式会社ぎょうせいの方々は,どんな時も力を尽くして,著者の無理な要望を実現して下さった.本書の制作に携わっていただいた皆様に,心より感謝申し上げます.

　見出し語の選定法,語釈の執筆要項,辞書全体の構成などに関しては,川口洋学習院大学名誉教授による原著の編集方針を踏襲している.先生には監修者として本書の原稿及び校正刷りのすべてに目を通していただいた.また個々の記述内容から本文レイアウトに至るまで,多数のご助言を頂戴した.精神的にも大きな支えとなっていただいた.

　著者の留学時,ミュンヘンの学寮ニューマン・ハウスでの偶然の出逢いより30年余,そして原著の執筆にお誘いいただいてから四半世紀,その間に先生から賜った学恩は限りない.今,川口先生に対し,『キリスト教用語独和小辞典』の改訂をもって,言葉には尽くしがたい感謝と尊敬の気持ちの一端でもお示しできるとしたら,これにまさる喜びはありません.

　　2016年6月

　　　　　　　　　　　　　　　　　　　　　　　　　　　　　　著　　　者

川口洋編著『キリスト教用語独和小辞典』序言

　今世紀における世界のキリスト教界での画期的な出来事ともいうべき第二バチカン公会議(1962-1965年)の成果は、「典礼」、「教会」、「神の啓示」、「現代世界」に関する4つの「憲章」を含む16の文書として表れた．これに基いて現代世界における教会のあり方を深く問い、教会の刷新を目指した着実な努力は、その後の30年間において徐々にではあるが、さまざまな領域において多くの変革をもたらした．典礼の刷新、エキュメニズム、他宗教への理解、信徒の使徒職への積極的参加等と連動して、教会用語にも新語の形成、既存語の廃止、意味内容の変化、訳語の変更といった現象が現れている．もとよりこの現象は同時的なものではない．しかし30年の歳月の歩みの中で集積されたものは大きなものとなっている．

　このような変化に対応すべく、著者は本邦初のキリスト教用語の独和辞典を目指して1989年より執筆を開始し、先人の諸業績を参考にしつつ稿をすすめてきたが、教会内部でも新語の訳語はかならずしも一定していなかったりして、執筆は難渋をきわめた．しかるに1983年に公布されたカトリック新教会法典の日本語版が、長年の努力の結果1992年1月に刊行されるにおよび、この日本語訳における訳語を典拠とすることにより、多くの点で恩恵を受けたばかりでなく、労力を省かせて頂く結果となり、執筆が著しく加速されることになった．まさに天啓というべきことで、編者はこの難事業をなし遂げられた訳者の方々のご努力に対し深い敬意を表するとともに、心よりお礼申し上げる．同書の訳語の一部は、まだ定訳となってはいないものもあるが、熟慮の末に採択されたものであるから、いずれキリスト教界に定着することになると思われる．(中略)使用させて頂いた訳語については、その出典である条項を明示してある．

　以上の理由から本書では、記述はカトリック用語に重点を置き、プロテスタントおよび東方教会の用語については、原則として《プ》と《東》の略語の後に説明してあることをお断りしておきたい．

　さて脱稿の後に諸般の事情により、同学社の[小辞典シリーズ]の一冊として発行されることになったため、紙幅の関係で急遽約三分の一の量を割愛せざるを得なくなり、時間の制約もあって残念ながら整合性やバランスの点で問題をのこしたことをお断わりしておきたい．(中略)最後に、現今の出版界の困難な状況にもかかわらず本書の出版を決断し、今日まで暖かい助言と支援を惜しまれなかった同学社編集部の岩村康生氏に対して、特に敬意と深甚なる謝意を表したい．

　1995年12月

(本書と直接関連する箇所を抜粋、再録した)

凡　例

記号

( )	語義の説明	|	分離動詞の分離箇所の指示
	訳語の補足	・	複合語の見出し語中にあって，接合部の指示
	難読語などへのふりがな		
	訳語の前に付けてドイツ語同義語の表示	/	性や語形変化，表現法が2通りある場合の区分の表示
	見出し語の後に付けて旧正書法による綴り，または別の綴り方	*	別の箇所に語義の説明があることを表す(神，キリスト，カトリック，聖書，等々，頻出する語には付していない)
〈 〉	直前の語・語句と交換可能な語・語句		
[ ]	省略可能な部分の指示	#	形容詞的変化をすることを表す
《 》	文法上の指示や説明	<	【 】内で語の由来や派生の指示
【 】	語源などの説明	→	参照すべき語の指示(2語以上からなる場合はイタリック体の語で検索のこと)
" "	【 】内で語源の日本語訳または原義		
< >	方言や日常語の指示		
..	語の一部分の省略符	§	『カトリック新教会法典』(1983年公布)の条項の指示
～	反復記号(ㇾは語頭の文字の大小の変化を表す)	?	【 】内で語源が不確定なもの
-	2格や複数形で変化しない部分		

文法用語その他の略語など

adj.	Adjektiv 形容詞		*m.*	Maskulinum 男性名詞
adv.	Adverb 副詞		*n.*	Neutrum 中性名詞
CIC.	Codex Iuris Canonici『カトリック新教会法典』条文		*num.*	Numerale 数詞
			od., *od.*	oder または
et.³	etwas 物事の3格		*p.a.*	participium adjektivum 分詞的形容詞
et.	etwas 物事の4格		*pl.*	Plural 複数形
f.	Femininum 女性名詞		*p.p.*	participium perfikti 過去分詞
(*h*)	haben 支配の動詞		*refl.*	Reflexiv 再帰動詞
i.	Intransitiv 自動詞		(*s*)	sein 支配の動詞
int.	Interjektion 間投詞		sich³	再帰代名詞・相互代名詞の3格
jm.	jemandem 人の3格		sich	再帰代名詞・相互代名詞の4格
jn.	jemanden 人の4格		*t.*	Transitiv 他動詞
js.	jemandes 人の2格		u., *u.*	und 及び

漢字・カナの略語

《隠》	隠語的表現		《詩》	詩的な表現
《雅》	格調の高い表現		《聖》	聖公会の用語
《稀》	使用がまれな語		《俗》	卑俗な表現
《戯》	滑稽な表現		《東》	東方教会の用語
《古》	古い表現		《比》	比喩的な表現
《固》	固有名詞(地名・人名)		《蔑》	軽蔑的な表現

《方》	方言(地域を特定できないもの)	《プ》	プロテスタント教会の用語
《略》	略語	まれに:	複数形その他で使用がまれなことの表示
《話》	話し言葉		
《カ》	カトリック教会の用語	略:	修道会や称号などの略称・略号

語源の略語 (語源の表示は，本書では原則としてドイツ語に入る以前のものに限定した)

ägypt.	ägyptisch	kirchenlat.	kirchenlateinisch
ahd.	althochdeutsch	lat.	lateinisch
altfr.	altfranzösisch	mfr.	mittelfranzösisch
altruss.	altrussisch	mgr.	mittelgriechisch
altsächs.	altsächsisch	mhd.	mittelhochdeutsch
amerik.	amerikanisch	mlat.	mittellateinisch
arab.	arabisch	ngr.	neugriechisch
aram.	aramäisch	niederl.	niederländisch
äthiop.	äthiopisch	pers.	persisch
babyl.	babylonisch	poln.	polnisch
dt.	deutsch	port.	portgiesisch
engl.	englisch	rom.	romanisch
etrusk.	etruskisch	russ.	russisch
fr.	französisch	slaw.	slawisch
germ.	germanisch	slowak.	slowakisch
got.	gotisch	span.	spanisch
gr.	griechisch	spätgr.	spätgriechisch
hebr.	hebräisch	spätlat.	spätlateinisch
it.	italienisch	syr.	syrisch
jüd.	jüdisch	türk.	türkisch
kelt.	keltisch	vulgärlat.	vulgärlateinisch

方言などの指示

bayr.	bayerisch	*östr.*	österreichisch
landsch.	landschaftlich	*schweiz.*	schweizerisch
nd.	niederdeutsch	*südd.*	süddeutsch
nordd.	norddeutsch	*ugs.*	umgangsprachlich
oberd.	oberdeutsch		

聖書の略語 (旧：旧約聖書，続：旧約聖書続編，新：新約聖書)

哀	哀歌 (旧)	エズ・ギ	エズラ記(ギリシア語) (続)
アザ	アザルヤの祈りと三人の若者の賛歌(ダニエル書補遺) (続)	エズ・ラ	エズラ記(ラテン語) (続)
		エゼ	エゼキエル書 (旧)
アモ	アモス書 (旧)	エフェ	エフェソの信徒への手紙 (新)
イザ	イザヤ書 (旧)	エレ	エレミヤ書 (旧)
エス	エステル記 (旧)	エレ・手	エレミヤの手紙 (続)
エス・ギ	エステル記(ギリシア語) (続)	オバ	オバデヤ書 (旧)
エズ	エズラ記 (旧)	雅	雅歌 (旧)

ガラ	ガラテヤの信徒への手紙　（新）	１ペト	ペトロの手紙一　（新）
コヘ	コヘレトの言葉　（旧）	２ペト	ペトロの手紙二　（新）
１コリ	コリントの信徒への手紙一　（新）	ヘブ	ヘブライ人への手紙　（新）
２コリ	コリントの信徒への手紙二　（新）	ベル	ベルと竜（ダニエル書補遺）　（続）
コロ	コロサイの信徒への手紙　（新）	ホセ	ホセア記　（旧）
サム上	サムエル記上　（旧）	１マカ	マカバイ記一　（続）
サム下	サムエル記下　（旧）	２マカ	マカバイ記二　（続）
士	士師記　（旧）	マタ	マタイによる福音書　（新）
使	使徒言行録　（新）	マナ	マナセの祈り　（続）
詩	詩編　（旧）	マラ	マラキ書　（旧）
出	出エジプト記　（旧）	マコ	マルコによる福音書　（新）
シラ	シラ書（集会の書）　（続）	ミカ	ミカ書　（旧）
箴	箴言　（旧）	民	民数記　（旧）
申	申命記　（旧）	ヤコ	ヤコブの手紙　（新）
スザ	スザンナ（ダニエル書補遺）　（続）	ユダ	ユダの手紙　（新）
ゼカ	ゼカリヤ書　（旧）	ユディ	ユディト記　（続）
ゼファ	ゼファニヤ書　（旧）	ヨエ	ヨエル書　（旧）
創	創世記　（旧）	ヨシュ	ヨシュア記　（旧）
ダニ	ダニエル書　（旧）	ヨナ	ヨナ書　（旧）
知	知恵の書　（続）	ヨハ	ヨハネによる福音書　（新）
１テサ	テサロニケの信徒への手紙一　（新）	１ヨハ	ヨハネの手紙一　（新）
２テサ	テサロニケの信徒への手紙二　（新）	２ヨハ	ヨハネの手紙二　（新）
テト	テトスへの手紙　（新）	３ヨハ	ヨハネの手紙三　（新）
１テモ	テモテへの手紙一　（新）	黙	ヨハネの黙示録　（新）
２テモ	テモテへの手紙二　（新）	ヨブ	ヨブ記　（旧）
トビ	トビト記　（続）	ルカ	ルカによる福音書　（新）
ナホ	ナホム書　（旧）	ルツ	ルツ記　（旧）
ネヘ	ネヘミヤ記　（旧）	代上	歴代誌上　（旧）
ハガ	ハガイ書　（旧）	代下	歴代誌下　（旧）
ハバ	ハバクク書　（旧）	王上	列王記上　（旧）
バル	バルク書　（続）	王下	列王記下　（旧）
フィリ	フィリピの信徒への手紙　（新）	レビ	レビ記　（旧）
フィレ	フィレモンへの手紙　（新）	ロマ	ローマの信徒への手紙　（新）

（略語は，日本聖書協会『聖書 新共同訳―旧約聖書続編つき』による）

主要参考文献

　本辞典の編纂に際しては，特に下記の文献を参照させていただいた（旧版の執筆時にのみ用いたものを含む）．＊印を付したものからは特に大きな恩恵を受けた．ただし，序に記したとおり，インターネット上で本文を参照した文献はあまりに膨大なため，ここに個別に挙げることはできなかった．

荒井献編：新約聖書外典　講談社文芸文庫 1997
井形ちづる，吉村恒訳，吉村恒編：宗教音楽対訳集成　国書刊行会 2007
今橋朗，他監修：キリスト教礼拝・礼拝学事典　日本キリスト教団出版局 2006
*岩波書店編集部編：岩波世界人名辞典　CD-ROM版　岩波書店 2014
*ヴィマー O.（藤代幸一訳）：図説聖人事典　八坂書房 2011
宇田進，他編：新キリスト教辞典　いのちのことば社 1991
大貫隆：グノーシスの神話　講談社学術文庫 2014
*大貫隆，他編：岩波キリスト教辞典　岩波書店 2002
小口偉一，堀一郎監修：宗教学辞典　東京大学出版会 1973
*オリエンス宗教研究所：ともにささげるミサ　ミサ式次第会衆用　改訂版　オリエンス宗教研究所 2013
*カトリック中央協議会出版部：カトリック教会情報ハンドブック2014　カトリック中央協議会 2013
カトリック南山教会：侍者の手引き　http://nanzankyokai.net/soko/tenreiiinkai/jishatebiki.pdf
カトリック南山教会：ミサ・感謝の祭儀の式次第（説明付き）　http://nanzankyokai.net/soko/pdf/misa.pdf
金澤正剛：中世音楽の精神史　グレゴリオ聖歌からルネサンス音楽へ　河出文庫 2015
*木田献一，山内眞監修：新共同訳聖書事典　日本キリスト教団出版局 2004
木村・相良独和辞典（新訂）　博友社 1963
旧約新約聖書大事典編集委員会編：旧約新約聖書大事典　教文館 1989
京大西洋史辞典編纂会編：新編西洋史辞典　東京創元社 1983
*共同訳聖書実行委員会：聖書　新共同訳　旧約聖書続編つき　日本聖書協会 1987
国松孝二編：独和大辞典　第二版　小学館 1999
*窪明子：オーストリアの祝祭と信仰　第一書房 2000
倉田清，波木居純一：現代キリスト教用語辞典　仏英独日対照　大修館書店 1985
クレッチマー H.（西欧文化研究会訳）：美術シンボル事典　大修館書店 2013
ゲッツ H. W.（轡田収，川口洋，他訳）：中世の日常生活　中央公論社 1989
小稲義男編：新英和大辞典　第 5 版　研究社 1990
小林珍雄編：キリスト教百科事典　エンデルレ書店 1960
*ゴンザレス J.（鈴木浩訳）：キリスト教神学基本用語集　教文館 2010
今野國雄：修道院　近藤出版社 1971
今野國雄：修道院　祈り・禁欲・労働の源流　岩波新書 1990
佐藤彰一：禁欲のヨーロッパ　修道院の起源　中公新書 2014
*志田英泉子：ラテン語宗教音楽キーワード事典　春秋社 2013
小学館ランダムハウス英和大辞典編集委員会編：ランダムハウス英和大辞典　小学館 1991
*上智学院新カトリック大事典編纂委員会編：新カトリック大事典　全 4 巻（総索引，別巻）　研究社 1996-2010
上智大學，獨逸ヘルデル書肆共編：カトリック大辭典　全 5 巻　冨山房 1940-60
上智大学中世思想研究所編：中世の修道制　創文社 1991

*新潮世界美術辞典　新潮社 1985
杉崎泰一郎：修道院の歴史　聖アントニオスからイエズス会まで　創元社 2015
鈴木信太郎, 他：スタンダード佛和辞典　増補改訂版　大修館書店 1975
鈴木宣明：ローマ教皇史　教育社歴史新書 1980
スタインバーグ M.（山岡万里子, 他訳）：ユダヤ教の基本　ミルトス 2012
スピーク J.（中山理訳）：キリスト教美術シンボル事典　大修館書店 1997
ゼルノーフ N.（宮本憲訳）：ロシア正教会の歴史　日本基督教団出版局 1991
第 2 バチカン公会議文書公式訳改訂特別委員会監訳：第二バチカン公会議公文書　改訂公式訳　カトリック中央協議会 2013
*高橋作太郎, 他編：リーダーズ英和辞典　第三版　研究社 2012
竹林滋：新英和大辞典　第六版　研究社 2002
中央出版社編：日本における男子修道会・宣教会紹介　中央出版社 1987
土屋吉正：ミサ　その意味と歴史　あかし書房 1977
土屋吉正：典礼の刷新　教会とともに二十年　オリエンス宗教研究所 1985
土屋吉正：暦とキリスト教　増補改訂版　オリエンス宗教研究所 1987
*ディンツェルバッハー P., ホッグ J. L.（石山穂澄, 他訳）：修道院文化史事典　八坂書房 2008
デュロゼル J. B.（大岩誠, 岡田徳一訳）：カトリックの歴史　改訳版　文庫クセジュ　白水社 1982
デンツィンガー H. 編（浜寛五郎訳）：カトリック教会文書資料集　信経および信仰と道徳に関する定義集　エンデルレ書店 1974
ド・フリース A.（山下主一郎, 他訳）：イメージ・シンボル事典　大修館書店 1984
冨山芳正編：独和辞典　第二版　郁文堂 1993
中島智章：図説キリスト教会建築の歴史　河出書房新社 2012
*西川正雄, 他編：角川世界史辞典　角川書店 2001
新田一郎：キリスト教とローマ皇帝　教育社歴史新書 1980
日本カトリック司教協議会：新しい「ローマ・ミサ典礼書の総則」に基づく変更箇所　2015 年 11 月 29 日（待降節第 1 主日）からの実施に向けて　カトリック中央協議会 2015　http://www.cbcj.catholic.jp/jpn/doc/cbcj/20150615sosoku.pdf
*日本カトリック司教協議会教会行政法制委員会訳：カトリック新教会法典〔羅和対訳〕　有斐閣 1992（日本語版現行教会法からの引用は, 同書に依拠した.）
*日本カトリック司教協議会常任司教委員会監訳：カトリック教会のカテキズム要約（コンペンディウム）　カトリック中央協議会 2010
*日本カトリック司教協議会青少年司牧部門訳：YOUCAT（日本語）　カトリック教会の青年向けカテキズム　カトリック中央協議会 2013
*日本カトリック典礼委員会：ローマ・ミサ典礼書の総則（暫定版）　カトリック中央協議会 2009
http://www.cbcj.catholic.jp/jpn/library/book/sosoku2.pdf
*日本基督教協議会文書事業部, キリスト教大事典編集委員会編：キリスト教大事典　改訂新版　教文館 1991
バイツェル B. J.（山崎正浩, 他訳）：地図と絵画で読む聖書大百科　普及版　創元社 2013
ハーデン J. A.（浜寛五郎訳）：現代カトリック事典　エンデルレ書店 1982（Real Presence Eucharistic Education and Adoration Association のウェブサイト http://www.therealpresence.org で英文原本の検索が可能）
*ハーパー J.（佐々木勉, 那須輝彦訳）：中世キリスト教の典礼と音楽　教文館 2000
馬場嘉市編：新聖書大辞典　キリスト新聞社 1971
林達夫, 他：哲学事典　平凡社 1972
パラクラフ J.（上智大学中世思想研究所監修, 別宮貞徳訳）：図説キリスト教文化史（全 3 巻）　原書房 1993-94

バレット D. B. 編：世界キリスト教百科事典　教文館 1986
樋口進，中野実監修：聖書学用語辞典　日本キリスト教団出版局 2008
廣岡正久：ロシア正教の千年　聖と俗のはざまで　日本放送出版協会 1993
*ブラウンフェルス W.（渡辺鴻訳）：図説西欧の修道院建築　八坂書房 2009
フランツェン A.（中村友太郎訳）：教会史提要　エンデルレ書店 1992
ベントリー J.：聖者カレンダー　教会のあらゆる階層の聖者たち　中央出版社 1990
ホール J.（高橋達史，他訳）：西洋美術解読事典　絵画・彫刻における主題と象徴　河出書房新社 2004
前川敬作監修：フロイデ独和辞典　白水社 2003
マクハーソン J.（上河原立雄，荻原登訳）：長老主義　聖恵授産所出版部 1992
マッキム D. K.（高柳俊一，他監修）：キリスト教神学用語辞典　日本キリスト教団出版局 2002
*マレイ P.，マレイ L.（中森義宗監訳）：オックスフォードキリスト教美術・建築事典　東信堂 2013
*水口優明：正教会の手引　日本ハリストス正教会教団全国宣教企画委員会 2013
モリスン M.，ブラウン S. F.（秦剛平訳）：ユダヤ教（シリーズ世界の宗教）　青土社 1994
森安達也：東方キリスト教の世界　山川出版社 1991
文部省：学術用語集　キリスト教学編　丸善 1972
*八木谷涼子：キリスト教歳時記　知っておきたい教会の文化　平凡社新書 2003
*八木谷涼子：なんでもわかるキリスト教大事典　朝日文庫 2012
柳宗玄，中森義宗編：キリスト教美術図典　吉川弘文館 1990
リチャードソン A.，ボウデン J. 編（佐柳文男訳）：キリスト教神学事典　教文館 2005
ルメートル N.，他（蔵持不三也訳）：図説キリスト教文化事典　原書房 1998
レッカイ L. J.（朝倉文夫，函館トラピスチヌ訳）：シトー会修道院　平凡社 1989

Adam, A. / Berger, R.: Pastoralliturgisches Handlexikon. Freiburg / Basel / Wien 1980
Andresen, C. / Denzler, G.: dtv Wörterbuch der Kirchengeschichte. München 1984
Beinert, W.: Lexikon der katholischen Dogmatik. Freiburg / Basel / Wien 1987
Berger, R.: Kleines liturgisches Lexikon. Freiburg 1987
Bertholet, A.: Wörterbuch der Religionen. Stuttgart 1985
Braun, J.: Liturgisches Handlexikon. 2. Aufl. Regensburg 1924
Bremer Biblische Handkonkordanz. Stuttgart 1989
Brockhaus-Wahrig: Deutsches Wörterbuch in 6 Bänden. Wiesbaden / Stuttgart 1980-84
Code of Canon Law. Latin-English Edition. Washington 1983
Codex des kanonischen Rechtes. Lateinisch-deutsche Ausgabe. 3. verbesserte und vermehrte Aufl. Kevelaer 1989（ドイツ語版の教会法からの引用は，同書に依拠した．）
Der Duden in 10 Bänden. Band 5: Das Fremdwörterbuch. 4. Aufl. Mannheim / Wien / Zürich 1982
Drehsen, V.: Wörterbuch des Christentums. Zürich 1988
Duden. Das große Wörterbuch der deutschen Sprache in 10 Bänden. 3. Aufl. Mannheim / Leipzig / Wien / Zürich 1999
Duden. Deutsches Universalwörterbuch. 6. Aufl. Mannnheim / Leipzig / Wien / Zürich 2006
Ecclesia Catholica: Katechismus der Katholischen Kirche. München / Wien / u. a. 1993
Einheitsübersetzung der Heiligen Schrift. Die Bibel. Stuttgart 1990
Goetz, H.-W.: Leben im Mittelalter vom 7. bis zum 13. Jahrhundert. München 1986
Gottlob. Katholisches Gebets- und Gesangbuch. Ausgabe für das Erzbistum München und Freising. München 1975
Härle, W. / Wagner, H.: Theologenlexikon. Von den Kirchenvätern bis zur Gegenwart. München 1987
Hauck, F. / Schwinge, G.: Theologisches Fach- und Fremdwörterbuch mit einem Verzeichnis von Abkürzun-

gen aus Theologie und Kirche. 5., neubearbeitete Aufl. Göttingen 1982

Kasper, W.: Lexikon für Theologie und Kirche. Freiburg / Basel / Rom / Wien 1994

Keller, H. L.: Reclams Lexikon der Heiligen und der biblischen Gestalten. Legende und Darstellung in der bildenden Kunst. Stuttgart 1987

Khoury, A. T.: Lexikon religiöser Grundbegriffe. Judentum, Christentum, Islam. Graz / Wien / Koln 1987

Läpple, A.: Kleines Meßbuch. Offizieller Text der Eucharistiefeier in lateinischer und deutscher Sprache. Aschaffenburg 1974

Mackensen, L.: Deutsches Wörterbuch. München 1986

Muret-Sanders Enzyklopädisches englisch-deutsches und deutsch-englisches Wörterbuch. Große Ausgabe. Berlin 1982

Österreichische Bischofskonferenz (Hg.): YOUCAT deutsch. Jugendkatechismus der katholischen Kirche. 2., durchges. und erw. Aufl. München 2011

Schweikle, G. u. I.: Metzler Literatur Lexikon. Stichwörter zur Weltliteratur. Stuttgart 1984

Wahrig, G.: Deutsches Wörterbuch. Gütersloh 1986

Zisterzienserabtei Stift Heiligenkreuz: Die Heilige Messe lateinisch - deutsch. Der Messritus der katholischen Kirche. 2., korr. u. erw. Aufl. Heiligenkreuz 2013

ウェブサイト（常時参照したものに限る）

女子パウロ会：ラウダーテ　http://www.pauline.or.jp

日本カトリック中央協議会　http://www.cbcj.catholic.jp/jpn/

日本聖書協会：聖書本文検索　http://www.bible.or.jp/read/vers_search.html（新共同訳聖書からの引用は，同サイトに依拠した．）

八木谷涼子：くりホン キリスト教教派の森　http://yagitani.na.coocan.jp/kurihon/index.htm

Academic dictionaries and encyclopedias　http://www.deacademic.com

Bayerische Staatsbibliothek　http://www.bsb-muenchen.de/index.php

Code of Canon Law　http://www.vatican.va/archive/ENG1104/_INDEX.HTM

Das Bibelportal der Deutschen Bibelgesellschaft　http://www.die-bibel.de/startseite/（Einheitsübersetzungからの引用は，同サイトに依拠した．）

Der Heilige Stuhl　http://w2.vatican.va/content/vatican/de.html

Deutsches liturgisches Institut　Schlagwortverzeichnis　http://web 2 py.dli-info.net/dli/hp/glossar

Duden online　http://www.duden.de/woerterbuch（【　】内の語源説明，及び分綴法は原則として，同オンライン辞書に依拠した．）

Google books　http://books.google.com

Grimm, J. / W.: Deutsches Wörterbuch　http://woerterbuchnetz.de/DWB/

Hardon, J. A., S.J.: Modern Catholic Dictionary　http://www.therealpresence.org/dictionary/adict.htm

Kathechismus der katholischen Kirche　http://vatican.va/archive/DEU0035/_INDEX.HTM

Krünitz, J. G.: Oekonomische Encyklopädie oder allgemeines System der Staats- Stadt- Haus- u. Landwirthschaft, in alphabetischer Ordnung　http://www.kruenitz1.uni-trier.de

Ökumenisches Heiligenlexikon　https://www.heiligenlexikon.de

ORDEN online　http://www.orden-online.de

Wörterbuchnetz　http://woerterbuchnetz.de

（ウェブサイト最終閲覧：2016年6月26日）

おことわり

本文の語義説明の中で，聖書，教会法，典礼文などの関係箇所を，ドイツ語と日本語，あるいはその他の言語で並記している場合，一方が他方の翻訳ではなく，それぞれ別個に原語から翻訳されたテキストからの引用であり，そのため逐語的には対応していないことがある．また引用の際には，漢字・かな，綴り等の表記の統一は行わず，原文のままとした．

日本聖書協会において，聖書の新翻訳事業が進行中であるが，2016年4月現在，一部のパイロット版が公開されるに留まっており，本書にその成果を反映させることは叶わなかった．

見出し語，訳語，説明文の中には，今日の観点からすれば差別的な語句が含まれている場合があるが，それらが用いられていた当時の文化的・社会的背景を反映する歴史的表現として，また差別の言語的源泉を批判的に探求する手がかりにもなるよう，あえて使用したものである．もとより差別の助長を意図するものではないことをご理解いただきたく，予めお願い申し上げる．

A

A *n.* -, -, アルファ（A, α）;《定冠詞を伴って》das ~ und [das] O アルファとオメガ（ギリシア語アルファベットの最初と最後の文字をもって「初めと終わり」〔der Anfang und das Ende〕を表す〔Alpha参照〕;《比》本質, 神髄, 核心).

Aachen【< lat. Aquae Granni；ケルトの治癒神 Grannus（の泉）に由来?】《固》アーヘン（ドイツ中西部, オランダとベルギーとの国境の都市；フランク帝国, *カール大帝〔在位768-814；西ローマ帝国皇帝：在位800-14〕の宮廷の所在地で, 宮廷アカデミーが置かれ, *カロリング・ルネサンスの中心となった). **Aachener** *adj.*《不変化》アーヘンの；~ Dom *m.*, ~ Münster *n.* アーヘン大聖堂（792-805年, カール大帝により宮廷付属礼拝堂として建築された；814年の没後はその墓所となる；15世紀まで増改築が繰り返され, *ゴシック式の内陣をもつ；中心となる礼拝堂は, *永遠の命, *天国を象徴する数の8にちなんだ八角形の平面構造で, 16世紀までここで歴代の*神聖ローマ帝国皇帝の戴冠式が行われた；また「聖母の聖遺物箱」〔Marienschrein；1220-39制作〕には, 幼子イエスの産着, 聖母マリアの外套, 十字架刑の時のキリストの腰布, 洗礼者*ヨハネの首を乗せた布の4*聖遺物が納められており, 7年に1度公開される); ~ Regel *f.* アーヘンの戒律（816年のアーヘン教会会議で, フランク帝国内の*聖堂祭式者会員の共住生活〔参事会規定〕と, 修道院における*ベネディクトゥスの戒律に基づく生活規範を定めたもの); ~ Synoden <Konzilien> *pl.* アーヘン教会会議（カール大帝治下の789-813年に計8回, ルートヴィヒ1世〔在位814-40〕の治下の816-38年に計8回, その後も12世紀まで8回, アーヘンで開催された*教会会議で, 教義及び教会制度改革, 修道生活などについて決議された). **Aachen・fahrt** *f.* -, アーヘン〔大聖堂〕巡礼（1349年以降, 7年毎の聖遺物公開に合わせて行われている).

Aaron【hebr. "高貴な人"】《固》(*m.*) アロン（*レビ人で*モーセの3歳年長の兄〔出6:20〕；モーセとともにエジプト脱出を導いたが〔出4:14-16, 出7〕, *金の子牛の偶像を造り〔出32〕, また「メリバの水」のことで神に背いたため〔民20:1-13〕, *カナンに入ることが許されず, 息子エルアザルとモーセに見守られてホル山で没した〔民20:24-29〕；*イスラエル人の祭司職の創始者で〔レビ8-9章〕, 初代祭司長を40年間務めた); der Segen des ~s → der *aaronitische* Segen; die Söhne ~s → Aaroniden; der Stab ~s アロンの杖（イスラエル人解放のためエジプトの魔術師と奇跡合戦を行った際に, *モーセとアロンが用いた杖；蛇と化し, ナイル川の水を血に変え, また蛙やブヨの災いを引き起こした〔出7:8-8:15〕；後には*レビ人アロンが神によって祭司職に任命されたことの象徴とされる〔民17:16-26〕). **Aaroniden** *pl.* アロンの子ら（アロンの正統的後継者と称せられる*バビロニア捕囚後のエルサレム神殿の祭司たち；レビ1:5他). **aaronitisch** *adj.* アロンの；der ~e Segen アロンの祝福（神〔*ヤハウェ〕が, モーセを通してアロンに伝えたイスラエル人祝福の言葉；民6:24-27).

Abaelardus《固》(*m.*) Petrus ~ ペトルス・アベラルドゥス（フランス名ピエール・アベラール〔Pierre Abélard〕；1079-1142；*スコラ学の礎をなした中世フランスの神学者・哲学者；ナントの南東, ル・パレに生まれ, コンピエーニュのロスケリヌス〔1050頃-1125頃〕, ギョーム・ド・シャンポー〔1070頃-1121〕, ランのアンセルムス〔?-1117〕らに師事し, パリのノートルダム大聖堂付属神学校における講義で名望を得た；*普遍論争においては, 信仰より理性に重きをおく*唯名論ないし概念論を唱えてクレルヴォーの*ベルナルドゥスと対立し, またソワッソン〔1121〕とサンス〔1140〕の教会会議でその教説は異端として断罪された；弟子のエロイーズ〔Héloïse d'Argenteuil；1100頃-64〕との恋愛をめぐる一連の事件でも知られる).

Abate【spätlat.-it. u. span. "父"】*m.* -[n], -[n] u. (it.:) ti, アバーテ（イタリア及びスペインの*教区付き司祭の称号). **Abatiat** *n.* -[e]s, -e, ①アバーテの職位. ②→ Abbatiat.

Abaton【gr."立入不可"】*n.* -s, ..ta, アバトン(*ギリシア正教会の*至聖所で, 聖職者〔*神品(ﾚﾝﾋﾟﾝ)〕と補助者, 奉仕者以外は立ち入りできない; *イコノスタスによって一般信者のための*内陣〔聖所〕から隔てられている).

Abba【aram.-spätgr.-spätlat."父よ!"】*m.* -, アッバ(a. *新約聖書における父なる神への呼びかけの言葉〔マコ14:36, ロマ8:15他〕; 神と「*神の子」であるキリスト及びキリスト信者との特別の関係を表す. b.*ギリシア正教会の聖職者の古い呼称). **Abbate** *m.* -[n], -[n] *u.* (it.:) ..ti, → Abate. **Abbatiat** *n.* -[e]s, -e, 大修道院長の職位(任期). **Abbé**【fr.】*n.* -s, -s, アベ(フランス語圏における*教区付き聖職者の称号; 広義では, カトリック教会の下級聖職者を指す).

ab|berufen *t.* (*h*) ① (聖職者などを)免職する. ② 《比》(神が或人を)天国に召す; Gott hat ihn in die Ewigkeit abberufen. 神は彼を天国に召された; [aus dem Leben] abberufen werden 《雅》天国に召される, 死ぬ. **Abberufung** *f.* -, -en, ①免職(Amtsenthebung参照). ②《比》(神に)天国に召されること, 死去.

Abbild *n.* -[e]s, -er, ①対型(ﾀｲｹｲ)(*予型論では, 旧約聖書の出来事を*予型, それに対応する新約の出来事を対型とするが, *典礼神学においては, 新約の出来事を原型, 旧約の出来事をその予型, そしてキリスト到来後の教会の出来事が対型と呼ばれる; 例えば, *ノアの洪水は, *洗礼の水の予型であり, キリスト信者はノアの家族の対型とされる; 1ペト3:19-21). ②《単数で》似姿(Ebenbild参照); das ～ Gottes 神の似姿; Gott schuf also den Menschen als sein ～; als ～ Gottes schuf er ihn.「神は御自分にかたどって人を創造された. 神にかたどって創造された.」(創1:27)

Abbreviator【lat.】*m.* -s, -en, 請願省略文書作製官(13世紀半ばから1908年まで, *勅書や書簡などの*教皇文書を起草した教皇庁書記官).

ab|büßen *t.* (*h*) (罪の)償いをする. **Abbüßung** *f.* -, -en, (罪の)償い.

ab|danken 《I》*i.* (*h*) (聖職を)辞任する; (聖職を)離脱する. 《II》*t.* (*h*) ①(聖職を)解任する. ② <*schweiz.*> (教会での)葬儀を挙行する. **Abdankung** *f.* -, -en, ①辞任(聖職禄, 聖職位などの; Amtsverzicht参照). ② <*schweiz.*> 葬式, 葬儀.

Abdias【hebr.-gr."神(ﾔﾊｳｪ)の僕(ｼﾓﾍﾞ)"】《固》(*m.*) アブディア(→ Obadjaの別綴り).

Abdikation【lat.】*f.* -, -en,《古》辞任(Abdankung 1参照).

Abel【hebr."気息"】《固》(*m.*) アベル(*アダムと*エバの第2子で羊飼い; 神への供え物の優劣をめぐって嫉妬した兄*カインに殺された〔創4:2-8〕; その死はキリストの十字架上の死の*予型とされる).

Abend=andacht *f.* -, -en, タベの礼拝. **～gebet** *n.* -[e]s, -e, タベの祈り, 晩禱, 晩課(Vesper参照); 就寝前の祈り. **～geläut** *n.* -[e]s, **～geläute** *n.* -s, (教会の)タベの鐘の音, 晩鐘. **～glocke** *f.* -, -n, 晩鐘. **～gottesdienst** *m.* -[e]s, -e, タベの礼拝; 晩課(Vesper参照).

abend・ländisch *adj.* (対義語: morgenländisch) 西方〈西欧, ヨーロッパ〉の, 西方教会の; die ～e Kirche 西方教会(*東方正教会に対してローマ・カトリック教会を指す); das ～e Mönchtum → das abendländische *Mönchtum*; das ～e Schisma → das Abendländische *Schisma*.

Abend=läuten *n.* -s, → ～geläute. **～lied** *n.* -[e]s, -er, タベの歌(夕方らに歌われる宗教的な民衆歌など). **～mahl** *n.* -[e]s, -e, ①《単数で》[das letzte] ～mahl 最後の晩餐, 主の晩餐(キリストが*受難の直前に, 12人の*弟子たちとともにした夕食; その際キリストは, *ユダの裏切りを予告し, パンとぶどう酒によるキリストの記念〔*ミサ聖祭の制定〕,「新しい掟」としての*愛, *聖霊の派遣, *司祭職などについて語った〔マタ26:17-30, マコ14:12-26, ルカ22:7-38, ヨハ13-17章〕; 及び, その図像). ②聖体[の*秘跡](Eucharistie参照);《プ》聖餐(式); das Sakrament des ～mahls 聖体の秘跡; das ～mahl empfangen <nehmen> 聖体(聖餐)を受ける; das ～mahl spenden <reichen> 聖体を授ける.

Abend・mahls=brot *n.* -[e]s, -e, 聖体(のパン; Hostie参照);《プ》聖餐式のパン. **～bulle** 【< lat. In coena Domini "主の晩餐にあたって" → Bulle】*f.* -, -n, 主の晩餐大勅書, イン・コエナ・ドミニ(ローマ*教皇による, 1229年以来の*破門の条項と制裁の要件が記載された*大勅書; 1363年「主の晩餐」〔*聖木曜日〕の典礼でウルバヌス5世〔在位1362-70〕により初めて発布, 朗読され, 以降項目が追加

されていった；1627年ウルバヌス8世〔在位1623-44〕が発布したものが20項目を掲載する最終版で，1770年クレメンス14世〔在位1769-74〕によって廃止された）．～**empfänger** *m.* -s, -, 聖体拝領者，～**feier** *f.* -, -n, 聖餐式．～**gänger** *m.* -s, -, ～**gast** *m.* -[e]s, ..gäste, 聖体拝領者，聖餐を受ける人．～**gemeinschaft** *f.* -, -en, ①聖餐式の会衆．②→ die eucharistische *Interkommunion*．～**gottesdienst** *m.* -[e]s, -e, 聖体拝領の行われるミサ(礼拝)．～**kelch** *m.* -[e]s, -e, (*聖別されたぶどう酒を容れる)聖[餐]杯，カリス(Kelch参照)．～**saal** *m.* -s, 最後の晩餐の広間(*最後の晩餐が行われた場所で，*エルサレムにあった*マルコの母親宅の2階とされる；マコ14:15)．～**streit** *m.* -[e]s, (まれに:)-e, 聖餐論争(*聖体において，キリストがいかに現存するかについての中世以来の議論；9世紀〔秘跡中の聖体とキリストの歴史的身体との関係〕，11世紀〔*聖変化におけるキリストの身体の実在性〕，1215年の第4*ラテラノ公会議〔実体変化の定義〕，16世紀〔ルター派の*共在説と，*ツヴィングリ派の*象徴説との対立；Marburger Religionsgespräch参照〕などがある)．～**tisch** *m.* -[e]s, -e, 《プ》聖餐台．～**wein** *m.* -[e]s, (まれに:)-e, ミサ(聖餐式)用のぶどう酒．

Abend=messe *f.* -, -n, 夕べのミサ(カトリックでは，社会情勢を考慮して1960年代から，やむを得ぬ場合には日曜日の代わりに土曜日の夕方ミサに与ることが認められており，遅くとも午後8時までに行われる)．～**segen** *m.* -s, -, (短い)夕べの祈り．

Aber・glaube *m.* -ns, 迷信(民衆の間で行われる，公認の宗教的教義から外れた素朴で迷妄な風習や慣行；例えば，*占い，呪術，夢解き，魔術，霊媒，悪霊・幽霊の信心など；ただしその判定基準は相対的で，場所・時代によって変化する；申18:9-14参照)；異端(Häresie参照)．**Aberglauben** *m.* -s, 《古》→ Aberglaube．**abergläubig** 《稀》→ abergläubisch．**Abergläubigkeit** *f.* -, 迷信深いこと．**abergläubisch** *adj.* 迷信深い，迷信の；異端の．

Abfall *m.* -[e]s, 棄教，背教(Apostasie参照)；der ～ vom Glauben 棄教，背教．**ab|fallen** *i.* (*s*) 棄教する，背教する；vom Glauben ～ 信仰に背く，信仰を棄てる．**Abfalls・bewegung** *f.* -, -en, 棄教〈背教〉運動(カトリックの側から見ての*宗教改革の呼び名)．

Abgabe *f.* -, -n, (通常複数で)献金(教会などへの；Kirchenabgabe参照)．

Abgefallene″【< abfallen】 *m.* u. *f.* -n, -n, 《形容詞的変化》棄教者，背教者．

abgeschafft 【< abschaffen】 *p.p.* 廃止された；die ～en Feste → die abgeschafften *Feste*.

Abgeschiedenheit *f.* -, 離脱(a. 神の創造物の豊かさを讃えながらも，地上のもの，富に過度に執着しないこと；*福音的勧告に従うこと．b. *マイスター・エックハルトの神秘思想における中心的概念の1つ；神との合一〔神秘的一致〕に至るため，霊魂が自己を含む一切のものから離れ，絶対的な孤独，まったき無となること)．

Abgott【原義"偽りの神"】*m.* -[e]s, ..götter, 偶像(*異教において「神」として*礼拝の対象とされている自然物，人間，死者，神像，その他様々な霊的存在)．**Abgott・anbeter** *m.* -s, -, 偶像崇拝者．**Abgötterei** *f.* -, 偶像崇拝(Idolatrie参照)．**Abgötterer** *m.* -s, -, 《稀》→ Götzendiener．**abgötterisch** *adj.*《稀》，**abgöttisch** *adj.* 偶像崇拝の．

Abjuration【lat.】*f.* -, -en, 《古》[異端]誓絶(正統信仰と教会へ復帰すること；また，*改宗に際して自身の*背教，*異端，*離教を正式な宣誓をもって破棄すること)．**Abjurations・eid** *m.* -[e]s, -e, 《古》(*異端などの)放棄宣誓，誓絶．**abjurieren** *t.* (*h*) 《古》(*異端などの)放棄を誓う，誓絶する．

ab|kanzeln *t.* (*h*) (頭ごなしに)叱りつける，怒鳴りつける(元来は，*説教壇から告知する〔von der Kanzel herab verkündigen〕ことをいったが，18世紀頃より説教壇から〔しばしば叱責を伴って〕道徳を説くことを意味するようになった)．

ab|kündigen *t.* (*h*) (教会の*説教壇から，会衆に対して，洗礼，婚姻，子の誕生，死去などを)公表(公示)する．

Ablass (Ablaß) *m.* -lasses, ..lässe, (Verzeihung)免償(「贖宥」とも；本来は，*大罪を犯した信者に科せられた*教会法上の厳しい罰を減免することを意味したが，1967年教皇パウルス6世〔在位1963-78〕により，*ゆるしの秘跡を受けてすでにゆるされた罪に対する，現世での有限の罰の免除と解釈された；CIC. 992-97)；der unvollkommene ～ 部分免償(*ゆ

るしの秘跡において，罪に対する有限の罰の一部を免除すること〔CIC. 993〕；免償を受けたいという意志をもち，*大罪がすでに赦されていて，教会が定めた業のいずれかを果たすという，基本的条件を満たす必要がある）；der vollkommene ～ 全免償（*ゆるしの秘跡において，罪のために負わされる，有限の罰のすべてを免除すること〔CIC. 993〕；部分免償を得るための上記の基本的条件の他に，教会が定めたさらにいくつかの条件を満たす必要がある）；～ nach Rom tragen 《比》余計なことをする．

Ablass= (Ablaß=) bild n. -[e]s, -er, 贖宥画（15世紀に販売された免罪付き聖画像；多くは片面刷りの版画で，祈禱文，免償に関する指示とともに，*苦難のキリスト，*アルマ・クリスティ，聖*グレゴリウスのミサ，*悲しみの聖母などの図像が印刷されている；通常，テキスト部分の多いものが*免罪符と呼ばれる）．～**brief** m. -[e]s, -e, 免罪符, 贖宥状（中世において，教会が聖堂建築や*十字軍その他の財源にするため募った献金に対して，公に発行された*免償の証書；その購入者，保有者には「*教会の贖宥の宝蔵」から諸*聖人の功徳が分与されると説明された；1517年，ローマの*サン・ピエトロ大聖堂修築のために発行された免罪符を*ルターが疑問視して*九十五箇条提題を公示し，これが*宗教改革の発端となった；なお → Ablassは罪そのものを免ずることではなく，すでにゆるされた罪に対して課される有限の罰の免除を意味するため，正確には「免償符」と訳される；～bild, Palliengeld参照）．

ab|lassen t. (h) jm. eine Sünde ～ （或人に）免償を与える．

Ablass= (Ablaß=) geld n. -[e]s, 免償献金, 贖宥献金（中世に行われた*免償を得るための献金）．～**handel** m. -s, 免罪符販売．～**jahr** n. -[e]s, -e, 免償年（一定の条件を満たした信徒に*全免償が与えられる特定の年；Jubeljahr参照）．～**kirche** f. -, -n, 免償巡礼聖堂（*免償年などに，信徒が*全免償を受けるために巡礼する教会）．～**kram** m. -[e]s, → ～handel．～**krämer** m. -s, -, 免罪符販売人（特に15-16世紀の；アルブレヒト・フォン・ブランデンブルク〔1490-1541〕がマインツ大司教就任〔1514〕の際に負った莫大な債務の返済と，*サン・ピエトロ大聖堂修復資金の獲得のため，免償〔免償符販売〕の説教を行った*ドミニコ会士ヨハネス・テッツェル〔1465頃-1519〕が知られる）．～**lehre** f. -, 免償論, 贖宥論（*免償の実践とその根拠をめぐる12世紀以来の教会の理解；現在カトリックは，*ゆるしの秘跡によって，すでにゆるされた罪に伴う現世での有限の罰が，教会を介して軽減されうるとしている）．～**prediger** m. -s, -, 免償説教師（12世紀初頭以降，教会，修道院などが*免償のための献金を集めるために各地に派遣した説教者；1563年，免償の濫用を防ぐため*トリエント公会議の教令によって廃止された；～krämer参照）．～**streit** m. -[e]s, 免償論争（1517年*免罪符の売買に関して，*ルターとカトリック教会の間で展開された論争；die fünfundneunzig Thesen参照）．～**zettel** m. -s, -, → ～brief.

Ablegat [lat.] m. -en, -en, 《古》教皇特派使節（臨時の重要任務の遂行のため，教皇から一時的に権限を委託された者；Legat参照）．

Ablution 【lat."洗い清めること"】f. -, -en, 洗浄（a.*聖体拝領の後で，司式者が親指と人差し指を水で洗うこと，口を濯ぐこと，また*カリスを洗うこと．b.洗礼を受ける人の頭に*聖水を注ぐこと．c.東方正教会で，受洗者が洗礼を受けて7日後に，会衆の前で水を注がれること）．**Ablutions・gefäß** n. -es, -e, ①（ミサで用いられる，司祭の指の洗浄用の）水差し．②（ミサ中に司祭が手を洗う際の）水受け皿．

Abnahme f. -, (まれに:)-n, 取り外す（下ろす）こと；die ～ Christi vom Kreuz キリストの十字架降下（Kreuzabnahme参照）．

Abraham 【hebr.】《固》(m.) アブラハム（*イスラエル人の初代の*族長で，ユダヤ及びその他の民族の始祖；紀元前20-19世紀頃カルデアのウルで生まれ，ハランを経て，75歳の時，神の言葉に従い*カナンに移り住んだ〔創11:26-12:5〕；元はアブラム〔原義は「父は高められる」〕と呼ばれていたが，99歳の時に神と契約を結び，「多くの国民を治める父」との含意のあるアブラハムに改名される〔創17:5〕；その子*イサクを供え物として献げよとの神の命に従って試みに耐え〔キリストの*いけにえの*予型とされる〕，その後救われたイサクとともに一家は繁栄した〔創22

章〕；神への信仰と従順のうちに175歳で没した〔創25: 7〕）；die Apokalypse ～s アブラハムの黙示録（*異教における*偶像崇拝を嘲笑し、またアブラハムが*第七天で幻視した自身の一族の未来と、*最後の審判などについて記した後１世紀のユダヤ教起源の文書）；der ～s Schoss (Schoß) アブラハムの懐(ふところ)（「金持ちと*ラザロ」の*譬え話〔ルカ16:22〕に由来する、旧約の義人が神の国に入る前に居住するところ；*天国そのものを指す場合もある）；wie in ～s Schoss leben <sitzen> 《比》安楽に（庇護されて、何の心配もなく）暮らす；noch in ～s Schoss <Wurstkessel> gewesen sein《比》生まれてもいなかった（まだアブラハムの懐にいた、から転じて）；das Testament ～s ハブラハムの遺訓（死を拒んだアブラハムの天上の旅を描いた、後１世紀のユダヤ教起源の*偽典). **Abrahamit** m. -en, -en, 《通常複数で》アブラハム派(a. 9世紀、キリストの*神性を否定したアンティオケイアのアブラハムの一派。b. 18世紀、ボヘミア地方に興った熱狂的なユダヤ教分派で、厳格な唯一神、*割礼以前のアブラハムの純粋な信仰、*十戒、ユダヤ律法〔ただし*割礼以外〕への復帰を主張し、1783年神聖ローマ帝国皇帝ヨーゼフ２世〔在位1765-90〕により弾圧される；イスラエル派とも). **Abram**《固》(m.) アブラム (Abraham参照).

Abrasax, Abraxas【spätgr.】m. -,《無冠詞で》アブラクサス (アレクサンドリアのバシレイデス〔?-140頃〕キリスト教グノーシス主義者)とその一派〔→ Basilidianer〕が、世界の創造神とみなした魔神的存在；中世・ルネサンスまでその崇拝は続き、呪文の言葉として護符などに用いられた).

Abrogation【lat.】f. -, -en, 廃止(新法の発効に伴う旧法の条項の全面的廃絶；例えば1983年、現行の*教会法典の発効により、1917年公布の旧法典と、新法典に矛盾するその他の法律が失効したこと；CIC. 6 §1, 20). **abrogieren** t. (h)《古》(新法が、ある法律を) 廃止する.

Abschieds・rede f. -, -en, 別れの辞；die ～n Jesu pl. イエスの別辞 (「告別説教」とも；*最後の晩餐の席上〔ヨハ13:12-17:26〕及び*復活の後〔マタ28:18-20〕に、イエスが弟子たちに与えた別れの言葉、訓戒)；die ～n des Paulus pl. パウロの別辞(使20:17-38).

Abschluss (Abschluß) m. -es, ..schlüsse, 閉祭(*ミサの締めくくりの部分；*ローマ式典礼では、*聖体拝領後の会衆へのお知らせと「行きましょう、主の平和のうちに」〔Gehet hin in Frieden；なおラテン語原文の „Ite, missa est." が「ミサ」の語源となった〕の言葉により、会衆の祝福と派遣が行われる).

ab|schwören i. (h) jm. (et.³) ～（或人に或事からの) 離反を誓う；seinem Glauben ～ 信仰を棄てる；dem Teufel ～ 悪魔と手を切る. **Abschwörung** f. -, -en, ①誓絶、誓棄(*洗礼の際に、あらゆる悪と罪からの離脱を公に誓うこと). ②→ Abjuration.

Absetzung f. -, -en, (Deprivation)〔聖職〕剥奪(*教会法上の犯罪に対する刑罰として、聖職者が職務を解かれること〔CIC. 196, 1389 §１他〕；Degradation参照)；die ～ des Papstes 教皇退位(*教会大分裂や、聖俗両権の対立において、当該の教皇に何らかの犯罪的要因が認められた場合に、*教会会議あるいは世俗の王権によって、教皇の意思に反して廃位されたこと).

Absis f. -, Absiden, → Apsis.

absolut【lat.(-fr.)】adj. 絶対の、無制限の、完全な；das ～e 絶対(あらゆる事物に対する神の超越性を表す概念)；der ～e 絶対者(キリスト教の神の別称).

Absolution【lat.*免訴】f. -, -en, (*ゆるしの秘跡における) 罪のゆるし、赦罪、赦免(教会罪からの；Lossprechung参照)；jm. [die] ～ erteilen (或人に)罪のゆるしを与える. **Absolutions・befugnis** f. -, -se, 赦免の権能(司祭が有する；CIC. 965-76).

absolvieren t. (h) ①(学校、*修練期などを)終える、修了する. ② jn. ～（或人に）罪のゆるし〈赦免〉を与える.

Abstinenz【lat.】f. -, ①節制、節食(罪の償い、欲望の抑制、霊的向上の目的で、食事の量を制限し、また肉食その他の飲食物の摂取を控えること；一般には年中の毎金曜日に行われる〔CIC. 1251〕；及び、そのための徳). ②小斎(*大斎とともに、食物を節制することによる罪の償いの方法；食事の分量と回数を制限する大斎に対し、小斎は、肉食及び*司教協議会が定める種類の食物の摂取を控えることをいい、満14歳に達した全信徒に義務付けら

れている〔CIC. 1249-53〕; Abstinenztag参照).

Abstinenz・tag *m.* -[e]s, -e, 小斎日(*小斎を守るべき日; 現行*教会法の規定では, 祭日を除く年中の毎金曜日と*灰の水曜日及び*聖金曜日〔CIC. 1251〕; なお日本では, 毎金曜日の小斎は, 愛徳の業または*信心業, 制欲をもってこれに代えることができる).

Abt【< spätlat.→ Abba】*m.* -[e]s, Äbte, 大修道院長, 大修道院長(*大修道院における「キリストの代理」として, 院内に定住してその財産の管理, 及び所属する修道士の規律遵守の監督を行い, *大修道院区の*裁治権を有する者; CIC. 370, 1427§1). **Abt・bischof** *m.* -s, ..bischöfe, 大修道院司教(大修道院長であると同時に, *司教区の司教でもある高位聖職者); または, 司教区と同格の大修道院の長で*名義司教のこと). **Abtei**【kirchenlat.】*f.* -, -en, ①大修道院, 大修院(*大修道院あるいは女子大修道院長の統轄下で, 所属する修道者〔最低12名〕が共同の隠世生活をおくる, 自治権をもった*隠修士会, 隠修道女会, *聖堂祭式者会の修道院; 現在その多くは*ベネディクト会または*厳律シトー会に属する; 日本では函館市郊外, 当別のトラピスト修道院〔正式名は, 厳律シトー会灯台の聖母大修道院; 1896年創立, 1935年大修道院昇格〕のみ; Kloster参照). ②大修道院領(及び大修道院の建物群, 財産); 大修道院長職.

Abtei=bistum *n.* -s, ..tümer, 大修道院司教区 (中世において, *司教座が*大修道院にあり, 大修道院の*上長が*司教を務める司教区). **~gut** *n.* -[e]s, ..güter, 大修道院領(財産). **~kirche** *f.* -, -n, 大修道院内聖堂.

abteilich *adj.* 大修道院の(に属する, から生じる); 大修道院領の. **Abt・einsetzung** *f.* -, -en, 大修道院長任命. **Äbte・liste** *f.* -, -n, → Abtsliste. **Abt・haus** *n.* -es, ..häuser, → Abtshaus. **äbtisch** *adj.* 大修道院の(に属する, に帰せられる). **Äbtissin** *f.* -, -nen, 女子大修道院長, 尼僧院長(Abt参照). **Äbtissin・weihe** *f.* -, -n, 女子大修道院長祝別(式)(Abtsweihe参照).

ab|töten *t.* (*h*)(情欲などを)抑える, 抑制する; das Fleisch ~ 禁欲する, 制欲する. **Abtötung** *f.* -, 禁欲, 制欲; 苦行(Kasteiung, Mortifikation 参照).

Abt=präses【< lat. abbas praeses】*m.* -, ..sides *u.* ..siden, 大修道院総長(*ベネディクト会や*厳律シトー会の総長). **~primas**【< lat. abbas primas】*m.* -, -se *u.* ..maten, 首席大修道院長(系列の全修道院〔修道院連合〕を管轄する者〔CIC. 620, 1405§3〕; 特に*ベネディクト会, *アウグスチノ修道参事会の総長).

abtrünnig【< trennen】*adj.* 背いた, 離反した; der ~e Engel 堕天使(神に背いて堕落した天使, つまり*悪魔のこと; イザ14:12-15参照); seinem Glauben ~ werden 信仰に背く. **Abtrünnige**# *m. u. f.* -n, -n,《形容詞的変化》背教者. **Abtrünnigkeit** *f.* -, 背教(Apostasie参照).

Abts=erhebung *f.* -, -en, 大修道院長への昇格. **~gesten** *pl.* 大修道院長の事績. **~haus** *n.* -es, ..häuser, 大修道院長居館. **~hut** *m.* -[e]s, ..hüter, 大修道院長帽. **~liste** *f.* -, -en, 大修道院長名簿. **~stab** *m.* -[e]s, ..stäbe, 大修道院長杖(*司教杖に似ているが, それよりもやや簡略化された形状の杖で, 大修道院の司牧者としての地位や権威を象徴する). **~thron** *m.* -[e]s, -e, 大修道院長座. **~wahl** *f.* -, -en, 大修道院長選挙(中世期, *私有修道院の場合はそれを所有する貴族が, *王国修道院の場合には国王が, 修道院長を任命しており, 818年*ザンクト・ガレンの修道院に自主選挙の特権が与えられた後も, 世俗的支配者の影響力は残った; 現在は*盛式誓願を立てた男子会員の無記名投票によって選出され, 通常は終身制; CIC. 615§2, 616). **~weihe** *f.* -, -n, 大修道院長祝別(式)(通常は*司教によって行われる*準秘跡). **~wohnung** *f.* -, -en, 大修道院長居館. **~würde** *f.* -, -n, 大修道院長位.

Abwesenheit *f.* -, -en, 不在(a. *定住義務を有する聖職者が正当な理由によって, 最大限1ヶ月間任地を離れること; CIC. 395, 410, 533§2. b. 修道者が*上長の許可を得て〔通常最長1年間〕, あるいは不法に共同生活を離れ, 修道院外に居住すること; CIC. 665).

Accentus【lat.】*m.* -, -, アッチェントゥス(*コンチェントゥスに対し, *グレゴリオ聖歌のうち, 単調な音節的朗唱形式のものの総称; または, 専門の歌手ではなく司祭が歌うものをいう).

a. Chr. [n.]《略》→ ante Christum [natum].

Acht【原義 "追跡, 訴追"】*f.* -, 破門(Exkommunikation参照); die ~ über jn. aussprechen <verhängen> / jn. in die ~ erklären / jn. in die ~

(od. in ～ und Bann) tun (或人を)破門する.
Acht・brief *m.* -[e]s, -e, 破門状. **ächten** *t.* (*h*) 破門する. **Acht[s]・erklärung** *f.* -, -en, 破門宣告. **Ächtung** *f.* -, -en, 破門.

Achtzehn・bitten・gebet, Achtzehngebet【< hebr. Shemone Esreh"18"】*n.* -[e]s, シュモーネ・エスレー, 十八祈禱文(ユダヤ教の礼拝の中心をなす, 神を賛美する18箇条の祝禱からなる祈り).

Acta Apostolicae Sedis【lat."使徒座の行い"】*pl.* アクタ・アポストリカエ・セーディス, 使徒座官報(1908年9月以降, 定期的に刊行されている*教皇庁で唯一の公式広報; ローマ教皇の*教令, *回勅, 説教, 教皇庁の決定事項, 高位聖職者の任命などの記事が掲載される; CIC. 8§1参照). **Acta Apostolorum**【lat."使徒たちの事績"】*pl.* アクタ・アポストロールム, 使徒言行録, 使徒行伝(Apostelgeschichte 参照). **Acta Martyrum**【lat.】*pl.* アクタ・マルテュールム, 殉教者言行録, 殉教記録(4世紀初頭までのローマ帝国内, 及び6世紀までのペルシア帝国内での迫害における*殉教者たちの実録; 裁判記録, 裁判の目撃報告, 第三者による殉教の報告が含まれる). **Acta Sanctae Sedis**【lat.】*pl.* アクタ・サンクタエ・セーディス, 聖座文書(*アクタ・アポストリカエ・セーディスの前身で, 1865-1908年ローマで毎月刊行された). **Acta Sanctorum**【lat."聖人たちの事績"】*pl.* アクタ・サンクトールム(聖人列伝, 聖人伝集;特に*ボランディストの編纂によるもの).

Actio Catholica【lat.】*f.* - -, アクティオ・カトリカ(*Katholische* Aktion参照).

A. D.《略》→ Anno Domini.

Adam【hebr."人"】;人間, 人類を表す普通名詞が固有名詞化したもの】《固》(*m.*) アダム(*天地創造の6日目に「土」(ʾª)の塵から*神の似姿として創られた最初の「人」(ʾª);助け手として創られた*エバとともに*エデンの園に暮らしていたが, *蛇に誘惑され, 神の禁じた「*善悪の知識の木」の果実を食べて楽園を追放された〔原罪〕;創2:7-3:24);der alte ～《比》以前からの弱点(習慣, 意見), 人間の原罪;den alten ～ ablegen <ausziehen>《比》生まれ変わったようになる, 古い習慣を捨てる(古いアダムを脱ぎ捨てる, から転じて;コロ3:9にちなむ);der zweite ～ 第2のアダム(イエス・キリストのこと;ロマ5:18参照);seinen ～ in Ordnung bringen《比》男らしい身なりをする;bei ～ und Eva anfangen <beginnen>《比》そもそもの初めから説き起こす(長々と話の前置きをする);seit ～ [und Eva] / seit ～s Tagen <Zeiten>《話》太古(大昔)から;von ～ und Eva stammen《比》大昔からのことである, 昔から知られている. **Adam・bücher** *pl.* アダム諸書(前20-後70年頃に成立した『アダムとエバの生涯』や『モーセの黙示録』など, 楽園を追放された後のアダムとエバの*贖罪の生涯に関するユダヤ教起源の説話風伝承記録;世界創造から*キリスト昇天までを描いた*グノーシス派起源の文書を含む). **Adamit** *m.* -en, -en, (通常複数で) アダム派(a. アダムのように裸の生活を実践して, *人祖の堕落以前の無垢で完全な人間への復帰を目指した2世紀の異端的グループ;性的放縦の傾向があったとされる. b. *カタリ派, *ヴァルドー派など中世の様々な*異端派を非難する際に用いられた蔑称;15世紀南ボヘミアの*ターボル派や*ピカルディ派についてもこの名称が用いられた).

adamitisch *adj.* ① アダムの;アダム派の. ②《比》裸の;不道徳な.

Adams=apfel *m.* -s, ..äpfel,《戯》のどぼとけ. ～**kind** *n.* -[e]s, -er, 人間. ～**kostüm** *n.* -s, -e,《戯;通常は次の用法で》im ～kostüm (男が)真っ裸でいる.

Adaptation, Adaption【mlat.】*f.* -, -en, ①(宣教地の習俗への, 教義や典礼様式などの)順応, 適応. ②(ある土地や信徒たちが慣行としている)典礼の採用.

Adels=kloster *n.* -s, ..klöster,(中世の)貴族修道院. ～**mönchtum** *n.* -s, 貴族修道制(das aristokratische *Mönchtum*参照).

Adespota【gr."無主物"】*pl.* (特に聖歌, 賛美歌で)作者不明の作品.

Adiaphora【gr."善悪の区別のつかないもの"】*pl.* アディアフォラ(信仰や救いにとっては非本質的で価値中立的とみなされ, 自由裁量に任される事柄;ただし, 自由意志によって方向付けをした後には, 倫理性を帯びる).

adiaphorisch *adj.* アディアフォラの;der ～e Streit アディアフォラ論争(ある問題がキリスト教信仰にとってアディアフォラか否かにつ

いての論争；a. 1548年，カトリックの*堅信や*病者の塗油などの*秘跡，*聖人崇敬，*按手，教皇庁をアディアフォラとする*ライプツィヒ仮信条協定を容認した*メランヒトンと，これに反対した厳格*ルター派との間の論争．b. 17世紀後半，観劇やダンスなどの世俗的快楽を罪とみなした*敬虔主義者や*シュペーナーの一派と，これをアディアフォラとした*ルター派正統主義の間の論争）．**Adiaphorismus** *m*. -, アディアフォラ説，自由裁量説．

Adjunkt【lat."付け足し"】*m*. -en, -en,《古》(司祭・牧師などの）助手，補佐；副司祭，副牧師．

Adjuvant【< lat. adjuvare "補助する"】*m*. -en, -en, **Adjuvant·chor** *m*. -[e]s, ..chöre, アトユヴァント (17-19世紀，中部・北ドイツの地方のプロテスタント教会で，ミサの挙行を支援した一般信徒の楽団，聖歌隊）．

Ad-limina-Besuch【lat."墓所へ" + Besuch】*m*. -[e]s, -e, [使徒*ペトロ及び*パウロの] 墓参 (*教会法の規定で，*教区司教には*ローマ訪問とともに，5年毎の履行が義務付けられている；CIC. 400).

ad maiorem <majorem> Dei gloriam【lat.】アド・マヨーレム・デイ・グロリアム（「神のより大いなる栄光のために」〔zur größeren Ehre Gottes〕の意で，*イエズス会の標語；1 コリ 10:31に基づく；略: A.M.D.G.).

Administrator【lat.】*m*. -s, -en, (*小教区や教会財産などの臨時の）管理者，職務代行者 (Diözesanadministrator, Pfarradministrator参照); der Apostolische ～ → der *Apostolische* Administrator. **Administratur** *f*. -, -en, 管理区; die Apostolische ～ → die *Apostolische* Administratur. **administrieren** *t*. (*h*) ① (臨時に）管理する．② das Sakrament ～ *秘跡を授与する．

Admission【lat.】*f*. -, -en, ① (教会法上支障のある聖職者を，教会職位に就けるための）認可，許可；(修道会への）入会免許 (Zulassung参照). ② 謁見，引見．

admonieren【lat.】*t*. (*h*) 《古》(懲戒罰に先立って）訓戒する，諭論する．**Admonition**【lat.】*f*. -, -en, (教会法上の懲戒罰に先立つ）訓戒，諭論．

Adonai【hebr."主"】*m*. -,《無冠詞で》アドナイ（直接口に出すことが躊躇された〔出 20:7 参照〕神の名*ヤハウェの代わりに用いられた語；聖書朗読の際，→ JHWH〔YHWH〕と記されている箇所で「アドナイ」ないし「*エロヒム」と発音された）．

Adoptianer *m*. -s, -, *キリスト養子説の信奉者．**Adoptianismus**【lat.】*m*. -, →Adoptionismus. **Adoption**【lat.】*f*. -, -en, 養子〔縁組〕(a. 教会法上の；CIC. 110. b. 神が*恩寵によって人間を自分の子供とし，天国の相続人に定めること). **Adoptionismus** *m*. -, キリスト養子説 (「キリスト猶子説」とも；8 世紀スペインの謬説で，イエス・キリストは神の第 2 の*位格としての本性〔神性〕をもつ一方で，その*人性においては*恩寵によって神の「養子」とされたとする；また，イエスは*洗礼を通じ，神によって「養子」とされた普通の人間だとする．2-3 世紀ローマの異端や*エビオン派の説，人間イエスに神のロゴスが内在していると唱えた 3 世紀*アンティオケイアの司教サモサタのパウロス〔生没年不詳〕の説も養子説と呼ばれる；der dynamische *Monarchianismus*参照).

Adorant【lat.】*m*. -en, -en, ① 礼拝者, 崇拝者．② (神の礼拝や聖人の崇敬を行っている形姿で描かれた）礼拝者像．**Adoration**【lat.】*f*. -, -en, (Anbetung) ① 礼拝 (神だけに向けられる崇敬，賛美，祈りの表明；特に，*聖櫃内または祭壇上の*聖体に対し崇敬の念を表すこと). ② (*十字架や*聖人に対する）崇敬．③ (新たに選出された教皇に対する*枢機卿の*跪拝と*足への接吻による）表敬．**adorieren** *t*. (*h*) (anbeten) 礼拝する．

Adveniat【lat."（あなたの国が）われらに来たらんことを"】*n*. -s, -s, (旧西ドイツで 1961年に始まった，中南米の教会援助のため*待降節中に行われる）クリスマス募金．

Advent【lat."（キリストの）到来"】*m*. -[e]s, -e, ① アドヴェント，待降節（使徒聖アンデレの祝日〔11月30日〕に最も近い日曜日から始まる*クリスマスを迎える準備をするための 4 週間；*教会暦における 1 年の始まり);《聖》降臨節．②《序数を伴って》(Adventssonntag) 待降節の主日〈日曜日〉(計 4 日ある); der erste (zweite / dritte / vierte) ～ 待降節第 1 (2, 3, 4) 主日．③《稀》キリストの再臨 (Parusie参照).

Adventismus【lat.-engl.-amerik.】*m*. -, キリスト再臨説 (1843/ 4 年にこの世の終わりとキ

リストの*再臨があるとしたアメリカの*バプティスト派説教者ウィリアム・ミラー〔1782-1849〕が1831年に唱えた説で，聖書の個人的解釈を認め，教会の*教導権を否定した．

Adventist *m.* -en, -en, 《通常複数で》アドヴェンティスト［派］，［キリスト］再臨派（W・ミラーの影響下で*キリスト再臨説を強調するプロテスタントの一派；エレン・グールド・ホワイト〔1827-1915〕の創立した*セブンスデー・アドヴェンティストはその分派；広義では，キリストの*再臨が近いことを説く*使徒時代以来の信者グループ）．**adventistisch** *adj.* キリスト再臨説の．**adventlich** *adj.* 待降節の．

Advents=kerze *f.* -, -n, アドヴェント・キャンドル，待降節のろうそく（*待降節の日曜日毎に1本ずつ火を点していく計4本のろうそく〔クリスマス直前の日曜日には4つとも灯される〕；しばしばアドヴェント・クランツと組み合わされる）．**～kranz** *m.* -es, ..kränze, アドヴェント・クランツ（樅など常緑樹の小枝で編み，様々な飾りを付けた環で，横に置き，*待降節の4回の日曜日毎に，内部に立てたろうそくを1本ずつ灯す；この風習は，1833年頃*ルター派の伝道者，*内国宣教の創始者ヨハン・ハインリヒ・ヴィヒェルン〔1808-81〕がハンブルクで始めたとされる）．**～leuchter** *m.* -s, -, アドヴェントの（キャンドルの）燭台．**～markt** *m.* -[e]s, ..märkte, クリスマス市，クリスマスマーケット（Weihnachtsmarkt参照）．**～samstag** *m.* -[e]s, -e, 待降節の土曜日．**～sonntag** *m.* -[e]s, -e, 待降節の日曜日〈主日〉．**～spiel** *n.* -[e]s, -e, 待降［祭］劇（Weihnachtsspiel参照）．**～zeit** *f.* -, -en, アドヴェント，待降節（の時期）．

Advocatus Dei【lat."神の代理人"】*m.* - -, ..ti -, アドヴォカトゥス・デイ，列聖列福調査官（ある人物を*聖人や*福者の列に加える教皇庁の手続きにおいて，候補者の徳行や*奇跡を調査するために任命された聖職者）．**Advocatus Diaboli**【lat."悪魔の代理人"】*m.* - -, -, アドヴォカトゥス・ディアボリ（アドヴォカトゥス・デイの俗称；*列聖や*列福の手続きにおいて，提示された候補者の徳性や奇跡の証拠に対して反対尋問をする検事の役割を併せもつことから）；der ～ ～ sein / den ～ ～ spielen《比》（あえて）反対の立場に立つ，反対の立場から発言する．

Adyton【gr."立入不可"】*n.* -s, ..ta, アデュトン（ギリシアの神殿などの*至聖所；→Abaton の意味で使われるの）．

Affekt・gebet *n.* -[e]s, -e, 情緒的祈禱（*念禱のうち，推理的，分析的，動的な性格の*黙想と，直観的，静的な*観想の中間に位置付けられるもの）．

Affiliation【mlat.】*f.* -, -en, 合併（*教会法において，小さな会や団体を，それと類似のより大きなものと合同させること；Inkorporation 参照）．

After・glaube *m.* -ns, **Afterglauben** *m.* -s, 《古》→ Aberglaube, Irrglaube.

Agape【spätgr.-kirchenlat.】*f.* -, -en, アガペー（a. 《単数で》ギリシア語，ギリシア神話における利己的な愛〔Eros〕に対して，献身的で無私の愛を表す語；*ヨハネによれば「神は愛」〔„Gott ist die Liebe."〕であり，御子キリストを遣わすことによって，*原罪を負った人間に対する神の無償の愛が示された；人間は神の愛のうちに生き，神の愛に倣って，神とキリスト，そして兄弟〔隣人〕を愛さなければならないとされる〔1ヨハ4:7-21参照〕；Caritas, Nächstenliebe参照．b.「愛餐」とも；初期キリスト教会で*最後の晩餐を手本に，兄弟的な結合と愛を表現し，また貧者に施しをするために行われた宗教的会食；酒宴に堕する傾向があったため，単独での愛餐の実施は4世紀末に教会によって禁止された）．

agendarisch【lat.-mlat.-nlat.】*adj.* 祭式の（に関する）．**Agende**【lat."なすべきこと"】*f.* -, -n, ①アジェンダ，祭式書（典礼その他の儀式で用いられる祈りや祭文，指示を収めた司式者用の指示書；特にプロテスタントの）．②（祭式，慣習，祈りに関する）信者用便覧．

Aggada *f.* -, ..doth, アガダー（Haggada参照）．

Aggiornamento【lat.-fr.-it."時代への適応"】*n.* -s, アジョルナメント，現代化（ヨハネ23世教皇〔在位1958-63；聖人〕が第2*ヴァティカン公会議の開催に際して用いた語；教会の精神的刷新を図り，教会の法規や諸制度を現代社会に適合させること）．

Agnoet【< gr. agnoēma "無知"】*m.* -en, -en, 《通常複数で》アグノエタイ派，無知派（a. 人間としてのイエス・キリストの知識には限界が

あり，ある領域においては無知であると主張した6世紀*アレクサンドリアの助祭テミスティオスの一派；緩和された*キリスト単性説で，8世紀まで存続した．b. 神の全知は現在に限定され，過去は記憶に，未来は予知によって知るに過ぎないと主張した，4世紀後半，カッパドキアのテオフロニオスの一派）．

Agnostiker【< gr. ágnōstos "知られざる"】*m.* -s, -, 不可知論者．**agnostisch** *adj.* 不可知論の．**Agnostizismus** *m.* -, 不可知論（人間の認識は経験の及ぶ現象界に限定され，絶対者，無限，根源的な実体，神は認識できないとする立場；さらに，これらの神的領域は，ただ信仰によって把握しうるとする立場を含む場合もある；用語自体は，1869年頃，イギリスの生物学者トマス・ハクスリー〔1825-95〕が自身の立場を表現するために造語したとされる）．**agnostizistisch** *adj.* → agnostisch.

Agnus Dei【lat.】*n.* - -, - -, アニュス・デイ，アグヌス・デイ（a.「神の小羊」の意で，キリストの呼称；Lamm Gottes参照．b.「平和の賛歌」：古くは「神羔誦（しんこうしょう）」とも，洗礼者*ヨハネの言葉〔ヨハ1:29〕に基づき，ミサ中司祭が聖体のパンを分割している間に会衆が唱える〔または歌う〕キリストへの賛歌；「神の小羊，世の罪を除きたもう主よ，われらをあわれみたまえ．」〔lat. *Agnus Dei, qui tollis peccata mundi: miserere nobis.* / dt. *Lamm Gottes, du nimmst hinweg die Sünde der Welt: erbarme dich unser.*〕が繰り返され，「…われらに平安を与えたまえ．」〔lat. ... : *dona nobis pacem.* / dt. ... : *gib uns Deinen Frieden.*〕で締めくくられる．c.「神羔（しんこう）」とも；片面に小羊，他方の面に教皇の名や紋章を刻印した〔前年の*復活祭のろうそくの〕蜜蠟製のメダルで，教皇によってその任期初年と以降7年毎に*聖別される；*準秘跡）．

Agrapha【gr."書かれていないもの"】*pl.* アグラファ，聖書外聖言資料（4*福音書以外において記録された，イエスが語ったとされる言葉；4福音書以外の新約聖書の文書〔使20:35，1コリ7:10，1テサ4:16-17など〕，新約聖書の*外典・偽典，*パピルス写本，初期の*教父文書などに含まれる）．

Agrypnie【gr.-nlat."不眠，徹夜"】*f.* -, ..nien, 《東》（*大祭及び*主日の前夜に行われる）徹夜禱．

Ägypter・evangelium *n.* -s, エジプト人（びと）福音書（a. [Griechisches] ～ 2世紀初頭にエジプトで成立した*グノーシス的傾向のギリシア語による*外典福音書；アレクサンドリアのクレメンスやオリゲネスら教父による引用でのみ伝わる；イエスと女弟子サロメの対話を通じ，欲望の徹底した否定を説く．b. Koptisches ～ コプト語エジプト人の福音書：150年頃に成立した*コプト語による〔原文はギリシア語〕*グノーシス派の外典福音書；*ナグ・ハマディ文書の第3*コーデックスに2つの異本が含まれる）．

Ahasver【hebr."君主"】《(I)》《固》(*m.*) アハシュエロス（a. 旧約の*エステル記に登場するペルシア王クセルクセス1世〔在位前486-65〕のヘブライ語名；*エステルを妃とし，その願いを容れてハマンのユダヤ人絶滅の計画を挫折させた〔Purim参照〕．b. 刑場に向かうキリストを休息させなかったために永遠に放浪するという罰を受けた靴屋で，「永遠のユダヤ人」，「さまよえるユダヤ人」とも呼ばれ，これと中世期，*プリムの祭に上演されたaを記念する芝居で，アハシュエロス役のユダヤ人旅芸人とが混同されてこの名がある）．《(II)》*m.* -s, -s *u.* -e, (Iから転じて:)あてどもなくさまよう人．**ahasverisch**【hebr.-lat.】*adj.* 《比》あてどもなくさすらう．**Ahasverus**《(I)》→ Ahasver I. 《(II)》*m.* -, (まれに:)-se, → Ahasver II.

Ähren・kleid *n.* -[e]s, -er, 麦穂柄の服；Maria <Madonna> im ～, ～maria 麦穂のマリア〈聖母〉(14-16世紀，ドイツやイタリアで流行した，麦穂の模様の衣服を身にまとったマリア像；しばしば*奉納画に描かれた；古代の穀物女神信仰との関連が指摘される他，乙女座のα星の名称スピカ〔Spica〕が「穂（先）」の意味をもつため，麦穂が聖母のシンボルとなったことや，聖体のパン〔すなわち，キリストの焼き釜であるマリアの胎〕からの連想などがその由来とされる）．

Akademie【gr.-lat.(-fr.)】*f.* -, -n, アカデミー，学院（キリスト教教理，教会史，布教学，音楽，その他の学問の上級教育・研究機関；CIC. 761）．

Akathistos【gr."座らずに"】*m.* -, ..toi, アカティストス聖母賛歌，起立唱マリア賛歌（*ビザンティン典礼で*四旬節中の*聖務日課におい

て，立って唱えられる聖母の賛歌).

Akatholik【gr.】*m.* -en, -en, 非カトリック教徒. **Akatholikin** *f.* -, -nen, →Akatholik（の女性形）. **akatholisch** *adj.* 非カトリック教徒の.

akazianisch【< Akakios】*adj.* アカキオス（コンスタンティノポリス総主教；在職420頃-89）の；das ～e Schisma アカキオスの離教（484-519年，アカキオスが*キリスト単性説を支持したことに端を発する，東西教会の間に生じた最初の教会分裂）.

Akklamation【lat.】*f.* -, -en, ①全会一致推挙（*教皇選出会で全*枢機卿が投票などによらず，満場一致で声を上げ，拍手して特定の候補者を新教皇に選出すること）. ②歓呼（教皇の戴冠式や叙教の選出に際して上げられる典礼上の歓声）. ③応唱（典礼で司式者の言葉に対する会衆の短い応答；例えば，祈りのあとの「*アーメン」，司式者の「主は皆さんとともに」に対する会衆の「また司祭とともに」など）. ④呼び声（ミサ中に司式者あるいは会衆が，神に呼びかける言葉；例えば「アーメン」，「*キリエ・エレイソン」など）.

Akkommodation【lat.-fr.】*f.* -, en, 適応（a.「順応」とも；本質を変えることなく，それぞれの場所，時代，文化に相応しい形で，教義や典礼様式など，*福音の表現を変化させること. b. 聖書の一節を，本来とは別の意味で援用すること）.

Akkord【lat.-fr.“一致”】*m.* -[e]s, -e, 和議（Konkordat, Religionsfriede参照）.

Akkulturation【lat.】*f.* -, -en, （異文化圏へのキリスト教の）適応，順応；文化変容（ある社会が，異文化，例えばキリスト教と接触することによって被る文化形態の変化）. **akkulturieren** *t.* (*h*)（布教地の異文化にキリスト教を，またはキリスト教に異文化を）適応させる，順応させる.

Akoimet【< gr. akoimētoi "眠らない人"】*m.* -en, -en,《通常複数で》アコイメートイ修道派（420年頃ユーフラテス河畔に創設された修道院の修道者たち；労働をせず，昼夜分かたず交替で賛美の祈りを唱え続けたことからこの名がある；修道院は*コンスタンティノポリスに移るが，後に*ネストリオス主義に陥ったため，534年排斥された；12世紀まで存続した）.

Akoluth → Akolyth. **Akoluthie**【gr.-nlat.“順序，規則”】*f.* -, -n,（ギリシア正教会の）聖務日課. **Akolyth**【gr.-nlat.“従者”】*m.* -en u. -s, -en, 祭壇奉仕者，教会奉仕者（1972年までは「侍祭」と呼ばれた；*叙階の秘跡の対象とならない*下級聖職位のうち最高位の男性聖職者；現在では，教会によって任命され，*助祭を補佐し*司祭に奉仕する人をいう；カトリック教会の典礼委員会は訳語として「教会奉仕者」を採用しているが，現*教会法の日本語訳では法律的に概念が広すぎるとの理由で「祭壇奉仕者」としている；CIC. 230他）；ミサ答え，侍者. **Akolythat** *n.* -[e]s, -e, 祭壇奉仕者〈教会奉仕者〉の職位.

Akosmismus【gr.-nlat.】*m.* -, 無宇宙論，無世界論（世界の実在性を否定し，世界は神における一時的な現象とみなす哲学的宗教的立場；元来はヘーゲル〔1770-1831〕がスピノザ〔1632-77〕の*汎神論を評して用いた語）. **Akosmist** *m.* -en, -en, 無宇宙論〈無世界論〉の主張者.

Akrostichon【< gr. akron "先端" + stichos "詩行"】*n.* -s, ..chen *u.* ..cha, アクロスティコン，アクロスティック（「折句」とも；詩や言葉遊びなどで，各行の最初の文字〔または音節や単語〕を続けて読むと，特定の意味をもった語ないし文となるもの；例えば，Fischを参照；聖歌に組み込まれていることもある；また，各段落の語頭の文字がヘブライ語のアルファベット順になっている詩37, 111, 112, 119なども アクロスティックの一種とされる；なお，行末の文字などによるものは，テレスティコン〔→ Telestichon〕，行末の最初と最後のそれぞれの文字などによるもの〔通常同じ語ないし文となる〕はダブル・アクロスティック〔Akroteleuton〕と呼ばれる）. **Akroteleuton**【< gr. telos "終わり"】*n.* -s, ...ten *u.* ..ta, ダブル・アクロスティック.

Akt【lat.】*m.* -[e]s, -e, ①（教会行政上の，または宗教上の）行為；祭儀, 儀式（Handlung参照）；der liturgische ～ 典礼儀式. ②現実態（「現実有」とも；アリストテレス及び*スコラ学の用語で，ある存在が変化するということは，それが前提として有する変化の可能性が，非限定的・不完全な状態〔可能態〕から，限定的・完全な現実性の状態〔現実態〕へと移行することと説明される；したがって神は，変化もそれ以上の完成もないがゆえに，究極的

な現実態である）．

aktiv【lat.】*adj.* 活動的な，能動的な；das 〜e Leben [< lat. vita activa]活動生活（*観想生活に対して，外的実践的な活動に専念する生活；特に，修道生活における労働や宣教，社会事業活動のこと；das *tätige* Lebenとも）．**Aktivismus** *m.* -, 活動主義（*宣教をはじめとするキリスト者の行動において，祈りと活動が合致すべきところ，祈りに比して活動が重視されるようになる傾向）．

Aktualisierung *f.* -, -en, 現在化，現実化（Vergegenwärtigung参照）．

Aktuar【lat."会計係"】*m.* -s, -e, 公証官（Notar参照）．

Akzess (Akzeß)【lat."立ち入り"】*m.* ..zesses, ..zesse, ①神に近づくこと．②祈禱集（司祭がミサに向けて心の準備をするのに用いる，*詩編や祈りを集めた中世の祈禱書）．

Akzidens【lat."追加された（非本質的な）もの"】*n.* -, ..denzien *u.* ..dentia, ①偶有性，偶性（*実体に対し，ある主語に偶然的・非本質的に付随する性質；アリストテレスの用語）．②外観，形色（ぎょうしき）（例えば，*聖変化において*実体変化の後もそのままに残るパンとぶどう酒の外的形態）．③《複数で》聖職者の副収入（例えば*奉納金）．**akzidentell, akzidentiell**【mlat.-fr.】*adj.* 偶有的な，非本質的な．**Akzidenz**【lat.】*f.* -, -en, → Akzidens. **Akzidenzien** *pl.* → Akzidens（の複数形）．

Alba【lat."白"】*f.* -, ..ben, **Albe** *f.* -, -n, アルバ（西方教会で最も基本的な祭服で，カトリックでは典礼におけるすべての奉仕者が共通して着用する；くるぶしまでの長さの白衣で，布地には一般的に麻が用いられる；通常，腰部を*チングルムで縛り，上に*ストラや職位に応じた祭服を付ける）．（聖）アルブ．

Albertus Magnus【Magnus "大" はその博識に対する敬称】《固》(m.) アルベルトゥス・マグヌス（1200頃-80；*聖人，*教会博士；シュヴァーベン，ドナウ河畔のラウインゲン生まれ；1223年*ドミニコ会士となり，パリ大学で神学教授〔1245-48〕を務めた後，弟子の*トマス・アクィナスとともに，*ケルンにドミニコ会学院を設立して教鞭を執る；その後レーゲンスブルク司教〔1260-62〕など，ドイツを中心に教会行政に手腕を振るう一方で，膨大なアリストテレス注解や神学，哲学，自然学など多方面にわたる著作を行った；祝日：11月15日）．

Albigenser, Albingenser【< Albi, Albigeois】*m.* -s, -, 《通常複数で》アルビ派，アルビジョア派（12-13世紀，南フランスの都市アルビ〔及びその周辺のアルビジョア〕を中心に展開した*マニ教的，*グノーシス的二元論を主張する*異端で*カタリ派の一派；肉体を悪とみなすため，キリストの*人性や*復活を否定し，また*秘跡や婚姻に反対した；教皇インノケンティウス3世〔在位1198-1216〕は，ラングドック及びピレネー地方のアルビ派討伐のため，1209年*十字軍〔アルビジョワ十字軍〕を派遣した）．

Alexandria, Alexandrien【gr.; < Alexander der Große】《固》アレクサンドリア，アレクサンドレイア（マケドニアのアレクサンドロス3世〔大王；在位前336-23〕が前332/1年エジプト，ナイル河口に建設した都市；新約時代の人口は約100万で，ローマに次ぐ世界第2の都市だった）．**Alexandriner** *m.* -s, -, ①アレクサンドリアの人．②アレクサンドリア学派の学者．**alexandrinisch** *adj.* アレクサンドリアの；die 〜e Schule アレクサンドリア学派（a. 2世紀末-5世紀アレクサンドリアに活動した古代キリスト教神学者たち；プラトン哲学とストア哲学の援用により，キリスト教とギリシア哲学との理論的総合を試み，また聖書の注解〔例えばオリゲネス；184頃-253頃〕，*グノーシス派及び*アレイオス派に対する*護教学を展開した．b. 4-7世紀アレクサンドリアの*新プラトン主義；プロティノス〔205頃-70〕以前のプラトン哲学への回帰とプラトン哲学のキリスト教化を試みた）；die 〜e Theologie アレクサンドリア神学（アレクサンドリア学派〔a〕の神学）．

Alexianer【< Alexius von Edessa】*m.* -s, -, 《通常複数で》アレクシウス修道会（エデッサのアレクシオス〔?-430頃/417頃〕を*守護聖人として，14世紀半ばのペスト流行の時代，ベルギー中部のブラバントに病人看護の目的で設立された信徒修道会；フランス革命後は衰退したが，1854年に*アーヘンで再興された；略: CFA）．

aliturgisch【gr.-lat.】*adj.* ミサを挙行しない；der 〜e Tag ミサを挙行しない日（*ローマ式典礼では*聖金曜日のみ〔*聖体拝領は行われる

allerkatholisch

が，パンとぶどう酒の*聖別はない〕；以前は*聖土曜日にもミサが行われなかったが，1951年以降はこの日に*復活徹夜祭の開催が認められている）．

Alkantariner【< Pedro de *Alcántara* (Peter von *Alkantara*)】*m.* -s, -, 《通常複数で》アルカンタラ派（スペイン，アルカンタラの聖ペドロ〔1499-1562〕により16世紀半ばペドロソ修道院で設立された厳格な*フランシスコ会改革派〔*跣足修道会〕で，極度の*清貧を厳守した）．

Allegat【lat.-nlat】*n.* -[e], -e, （聖書や教父の著作からの）引用箇所，引用文，引用句．**Allegation**【lat.】*f.* -, -en, （聖書や教父の著作からの）引用，援用．**allegieren** *t.* (*h*) （聖書や教父の著作から）引用する，引証する．

Allegorese【gr.-lat.】*f.* -, -n, （聖書などの）寓意的解釈．**Allegorie**【gr.-lat. "（或事を）別のものによって語ること"】*f.* -, -n, アレゴリー，寓意，諷喩（ふうゆ）（文字どおりとは異なる意味が底流にある言葉，物語，または美術作品；抽象的なもの，例えば，*三位一体の神の観念や*終末，*復活，*永遠の命といった信仰上の概念を具象化するために用いられる；物語の場合は「寓話」という；聖書中で代表的なものは*雅歌；Parabel参照）．**allegorisch** *adj.* 寓意的な．**allegorisieren** *t.* (*h*) 寓意的に（アレゴリーによって）表現する．

allein・seligmachend *adj.* 唯一成聖の（救いと*成聖をもたらす唯一の）；die 〜e Kirche 唯一成聖の教会（カトリック教会の自称）．

Allein・wirksamkeit *f.* -, （神の）単独活動（*ルターの教説で，ただ神の恩恵のみ〔人間の側からは*信仰のみ〕によって人間に救済がもたらされ，ここに人間意志の協力はないということ；Synergistenstreit参照）．

alleluja[h]【hebr. "神（ヤハ）を賛美せよ"】*int.* アレルヤ，(halleluja[h]) ハレルヤ（旧約では詩編104-6, 111-13, 115-17, 135, 146-50, 新約では黙示録19:1-6で用いられ，現在は，主に*教会の祈り〔*聖務日課〕や聖歌で，歓喜と神の賛美の表現として使われている言葉）．**Alleluja[h]** *n.* -s, -s, アレルヤ唱, (Halleluja[h]) ハレルヤ唱（ミサ中では福音の朗読の前に歌われる唱句〔ただし*四旬節の期間を除く〕；及び，アレルヤに基づく音楽作品）．

All・erbarmer *m.* -s, der 〜 すべての人を憐れまれる御方（神，まれにキリストのこと；知11:23参照）．

aller・christlichst *adj.* 最もキリスト教の信仰深い；Seine 〜e Majestät【lat. Rex christianissimus; fr. Sa Majesté très-chrétienne】いとも信仰篤き国王陛下（1469年教皇パウルス 2 世〔在位1464-71〕からフランス国王ルイ11世〔在位1461-83〕に贈られた称号）．

Aller・heiligen【< lat. (Festum) Omnium Sanctorum; 本来は複数 2 格形で 〜 Tagの略】*n.* -, 《付加語を伴わない場合は無冠詞で》諸聖人の祝日（古くは「万聖節」とも；すべての聖人の記念日で，元来は教皇ボニファティウス 4 世〔在位608-15〕がローマのパンテオンを「殉教者の聖母マリア聖堂」として奉献した〔609年〕5 月13日だったが，グレゴリウス 4 世〔在位828-44〕はこの日を諸聖人を崇敬する日に変更し，835年に現在の11月 1 日に移動した；聖公会では「諸聖徒日」という；*東方正教会では，*五旬祭〔ペンテコステ〕後の最初の日曜日を「衆聖人の主日」としている）．

Allerheiligen=fest *n.* -[e]s, -e, → Allerheiligen. **〜litanei** *f.* -, -en, 諸聖人の連願（種々の*聖人への呼びかけと祈願を中心部分とする*連願；「神の母聖マリア」，大天使，そして主な聖人の名前を次々と呼び，それぞれの後に「われらのために祈りたまえ」〔lat. ora pro nobis / dt. bitte für uns〕と唱える）．

aller・heiligst *adj.* 至聖の，最も神聖な；die 〜e Jungfrau 至聖なる処女（おとめ）（*聖母マリアのこと）；das 〜e Sakrament 至聖なる秘跡（*聖体のこと）；der 〜e Vater 至聖なる父（ローマ*教皇のこと）；das 〜e《単数で》① (Sanktuar[ium]) 至聖所（*モーセの*幕屋や*ソロモンの神殿で，*契約の箱と一対の*ケルビムの像が安置された最奥部，内陣〔出25:18-22, 王上 6 :23-22〕；転じて，特別に神に奉献された場所）．② 〔至聖なる〕聖体（*聖櫃に収められた*聖別された*ホスティアのこと）；die Aussetzung des 〜en〔至聖なる〕聖体の顕示（Aussetzung参照）．

aller・höchst *adj.* 至高の，至尊の；das 〜e《雅》至高者（神のこと）．

aller・katholisch *adj.* 最もカトリック的な (a.→ katholischを強調した形容詞．b. Seine 〜e Majestät【span. Su Majestad Católica】いと

もカトリック信仰の篤き国王陛下：1496年教皇アレクサンデル6世〔在位1492-1503〕からカスティーリャのイザベル1世〔1451-1504〕及びアラゴンのフェルディナンド2世〔1452-1516〕の「*カトリック両王」に与えられ，スペイン国王によって代々継承された称号．

Aller・seelen【< lat. [Festum] Omnium animarum; 元来は複数2格形で 〜 Tagの略】*n.* -, 《無冠詞で》, **Allerseelen・tag** *m.* -[e]s, -e, (Totenfest) 死者の日(11月2日，古くは「奉教諸死者の記念日」；死亡した信徒を記念し，その魂の*煉獄からの解放を祈る日；998年*クリュニー修道院で，大修道院長オディロ〔在職994-1049〕が同院の死者を記念して行ったことに始まる；聖公会では「諸魂日」，一般には「万霊節」とも呼ばれる；Totenfest参照).

aller・seligst *adj.* 至福の，至幸の；die 〜e Jungfrau Maria 至福なる処女(おとめ)マリア(聖母*マリアの呼称).

Allgegenwart *f.* -, (Omnipräsenz) 遍在(至る所に，同時に存在するという神の属性；詩139: 7-10, エフェ4: 6参照). **allgegenwärtig** *adj.* (omnipräsent) 遍在の．

allgemein *adj.* 普遍の，一般の，全般の，全員の；das 〜e Gebet → das allgemeine *Gebet*；das 〜e Gericht → das Allgemeine *Gericht*；die 〜e Offenbarung → das allgemeine *Offenbarung*；das 〜e Priestertum → das allgemeine *Priestertum*；das 〜e Schuldbekenntnis → das allgemeine *Schuldbekenntnis*；die 〜e Synode 一般教会会議(→ Konzil 1と同じ). **Allgemein・konzil** *n.* -s, -e *u.* -ien, 教会総会議，一般公会議(→ Konzil 1と同じ).

Allgewalt *f.* -, → Allmacht. **allgewaltig** *adj.* → allmächtig.

All-in-Gott-Lehre *f.* -, 万有［内］在神論(Panentheismus参照).

Allmacht *f.* -, 《雅》(Omnipotenz) (神の)全能(神の属性としての無限の能力で「神にできないことは何一つない」ということ；ルカ1:37). **allmächtig** *adj.* 《雅》(omnipotent) 全能の(神)；der 〜e 全能者(神のこと)；Ich bekenne Gott, dem 〜en, und allen Brüdern und Schwester...「全能の神と，兄弟の皆さんに告白します」(「*回心の祈り」の冒頭部)；Ich glaube an Gott, den Vater, den 〜en, den Schöpfer des Himmels und der Erde...「天地の創造主，全能の父である神を信じます」(*使徒信条の冒頭部). **Allmächtigkeit** *f.* -, → Allmacht.

Allokution【lat."話し(呼び)かけること"】*f.* -, -en, 教皇演説 (a. 教会及び政治に関する重要事項について，ローマ*教皇が行う勧告の演説，訓示. b. 19世紀の秘密の*枢機卿会議における教皇の談話).

All・vater *m.* -s, 《通常無冠詞で》①造物主(キリスト教の神のこと). ②主神(北欧神話のオーディン〔ヴォータン〕の異称).

All・wirksamkeit *f.* -, (神の)全般的活動(神は被造物のあらゆる活動〔例えば救霊を祈求する人間意志〕に対し，絶えず協力的に作用するということ).

All・wissen *n.* -s, 全知，全智. **allwissend** *adj.* 全知の，全智の；der 〜e Gott, der 〜e 全知(全智)の神. **Allwissenheit** *f.* -, (Omniszienz) 全知，全智(神の知性が完全であり，その知識は無限であるということ；詩139: 1-16参照).

Almosen【gr.-kirchenlat."同情，憐れみ"】*n.* -s, -, 喜捨，施し(貧しい人，組織に対する経済的物質的援助；キリスト教徒に義務付けられている愛徳の1つ；CIC. 222§2)；jm. ein 〜 geben (或人に)施しをする．

Almosen=amt *n.* -[e]s, ..ämter, → Almosenierの職位. **〜büchse** *f.* -, -n, 献金箱(Opferstock参照).

Almosener *m.* -s, -, → Almosenier 1. **Almosengeber** *m.* -s, -, 施設付き司祭(軍隊，病院，刑務所などの；Kaplan参照). **Almosenier** *m.* -s, -, ①(中世における教会や宮廷の聖職者の)施物係. ②(フランスの軍隊・宮廷などの)施設付き司祭(の称号).

Almosen=pfleger *m.* -s, -, ①→ Almosenier. ②→ 〜geber. **〜stock** *m.* -[e]s, ..stöcke, 献金箱(Opferstock参照).

Almoser *m.* -s, -, → Almosenier 1.

Alpha【hebr.-gr."牛"(古ヘブライ語の当該文字が牛の頭部に似ていることから)】*n.* -[s], -s, アルファ(ギリシア語アルファベットの最初の文字A〔α〕；キリストは，自らを「アルファであり，オメガである．最初の者にして，最後の者，初めであり，終わりである」〔Ich bin das 〜 und das Omega, der Erste und der Letzte, der Anfang und das Ende.；黙22:13〕と称し，アルファによって世界の根源，創造者

であること，*オメガでその終局的完成であること，そして両者をもって神の実在の永遠性を言い表した（黙1:8, 21:6, イザ44:6参照）．

also sei es【→Amenのドイツ語訳】かくあれかし；（キリストの言葉の場合は，約束に対する確証としての）然（$\frac{x}{y}$）り，まことに．

alt *adj.* 古い，以前の；老齢の；der ～e Bund → der Alte *Bund*；das ～e Testament → das Alte *Testament*.

Altar【lat.-spätlat.】*m.* -[e]s, Altäre, 祭壇（ミサ執行のために特に*奉献，*祝別された*祭卓で固定式と移動式の別がある〔CIC. 1235-39〕；旧約時代の祭壇は*いけにえを供えるための土製または石積みの台〔出20:24-26他〕だった）；der feststehende ～ 固定式祭壇（通常は単一の自然石製で，教会堂の床面に固定された祭壇；CIC. 1236§1）；sich (et.) auf dem ～ (der Freundschaft / der Liebe) opfern（友情，愛のために）身を献げる，（或事，或物を）いけにえにする；mit jm. vor den ～ treten / jn. zum ～ führen《雅》（ある女性と）結婚する．

Altar=aufsatz *m.* -es, ..sätze, リアドス（engl. reredos；祭壇の背後の装飾が施された飾り壁〔～retabel参照〕；または，絹製の垂れ幕やタペストリー）．～**bekleidung** *f.* -, -en, 祭壇前飾り（Antependium参照）．～**bild** *n.* -[e]s, -er, ～**blatt** *n.* -[e]s, ..blätter, 祭壇画．～**brot** *n.* -[e]s, -e, *聖体用のパン（Hostie参照）．～**decke** *f.* -, -n, 祭壇布（～tuch参照）．～**diener** *m.* -s, -, 祭壇奉仕者（Akolyth参照）．～**einband** *m.* -[e]s, ..bände,（中世の豪華な）*ミサ典書の装丁（表紙）．～**flügel** *m.* -s, -, *翼祭壇（の側部）の扉．

～**geld** *n.* -[e]s, ミサ中の献金．～**gemälde** *n.* -s, -, → ～bild．～**gerät** *n.* -[e]s, -e, 祭具（ミサその他の祭式に用いられる特別な道具）．

～**gesang** *m.* -[e]s, ..gesänge,（司祭によって歌われる）*歌ミサの式文．～**geschenk** *n.* -[e]s, -e, → ～geld．～**glocke** *f.* -, -n, 祭壇用鈴，祭鈴（ミサ中に，*サンクトゥスの際や，パンとぶどう酒の*聖別の直前に，会衆の注意を喚起するため*助祭によって3回鳴らされる；Glöckchen参照）．～**himmel** *m.* -s, -, 祭壇の天蓋（Baldachin参照）．

Altarist【mlat.】*m.* -en, -en, ①（*司牧の義務がない）ミサ聖祭専従司祭；（特定の祭壇でミサを挙行する）団体付き司祭（Kaplan参照）．②《雅》→ Küster.

Altar=karte *f.* -, -n, 祭壇祈禱文表（*ミサ典書を見るのに不便な場所ـで，ミサ司式者の記憶を助けるために祭壇上に置かれるカード）．～**kreuz** *n.* -es, -e,（祭壇の中央に立てられる）祭壇十字架．～**leuchter** *m.* -s, -,（祭壇十字架の両脇などに立てられる）祭壇燭台．～**nische** *f.* -, -n, → Apsis．～**platte** *f.* -, -n, 祭台（祭壇の上部の平板な石台）．～**platz** *m.* -es, ..plätze, 内陣（教会堂内で*主祭壇の設置されている場所；Chor参照）；《ブ》チャンセル．

～**privileg** *n.* -[e]s, -ien *u.* -e, 祭壇特権（a. 個人に与えられる特権で，特定の祭壇で独占的にミサを執行する権利，または*宣教師などが*移動式祭壇でミサを執行する権利．b. 祭壇に付与される特権で，そこで典礼法規上の制限を超えて特定の祭儀を執行することができる権利，またはその祭壇で執行されるミサによって*全免償が与えられること）．～**raum** *m.* -[e]s, ..räume, 内陣．～**retabel** *n.* -s, -, 祭壇衝立（$\frac{x}{y}$），背障（祭壇の背後に立てられた飾り壁；複数の聖画パネルないし彫刻群によって装飾されている；～aufsatz, Flügel～参照）．

～**[s]・sakrament** *n.* -[e]s, 祭壇の秘跡（「*聖体の秘跡」の古称・神学用語）．～**schelle** *f.* -, -en, → ～glocke．～**schranke** *f.* -, -n, 祭壇胸壁（教会堂の*内陣と会衆席を隔てる低い仕切り；Chorschranke参照）．～**schrein** *m.* -[e]s, -e, *翼祭壇の（中央の）匣部．～**staffel** *f.* -, -n, → Predella．～**stein** *m.* -[e]s, -e, ①祭壇用聖石（祭壇の中央部にはめ込まれた*聖別された小さな石板で，ミサの執行中はこの上に*聖体と*カリスが置かれる）．②→ Tragaltar．～**stück** *n.* -[e]s, -e, → ～retabel．～**stufen** *pl.* 祭壇の階段（祭壇の周囲に至る階段で，主祭壇の場合は通常3，5，7段のいずれか）．～**tafel** *f.* -, -n, → ～retabel．～**tisch** *m.* -[e]s, -e, 祭台，祭卓．～**tuch** *n.* -[e]s, ..tücher, 祭壇布（ミサのとき祭壇の上に敷く，刺繡を施した布）；祭壇垂布．～**verkleidung** *f.* -, -en, → ～bekleidung．～**vorsatz** *m.* -es, ..sätze, 祭壇前飾り（Antependium参照）．～**weihe** *f.* -, -n, 祭壇奉献，祭壇聖別（式）（通常は，*司教によって執り行われる，祭壇を*聖別して神に奉献する儀式；祭儀の中核部分では，祭壇への*塗油と*献香が行われ，*祭壇布を掛ける；CIC. 1237§1参照）．～**wein** *m.* -[e]s,（まれに：）-e,

altchristlich 16

ミサ（聖餐式）用ぶどう酒．

alt・christlich *adj.* 古代キリスト教の；die 〜e Kirche 古代キリスト教会（一般に，1世紀のエルサレムにおける原始教会の成立から，聖グレゴリウス1世皇〔在位590-604〕の頃までの時代をいう；die alte *Kirche* 参照）．

Alternatim【lat.】*n.* -s, アルテルナティム（*グレゴリオ聖歌における独唱部と合唱部の交代，*オルガヌムでの合唱部と斉唱部の交代，あるいは合唱とオルガンが交互に演奏すること；*ルター派では，会衆と聖歌隊，オルガンが交互に演奏する17-18世紀の賛美歌の歌唱の方式をいう）．

Älteste#【< alt（の最高級）】*m.* -n, -n,《形容詞的変化》長老（Presbyter l, 3参照）．

alt・gläubig *adj.*《東》古儀式派の，旧儀式派の，旧習墨守派の．**Altgläubige**# *m. u. f.* -n, -n,《形容詞的変化；通常複数で》古儀式派，旧儀式派，旧習墨守派（Starowerzen参照）．

alt・hebräisch *adj.* 古代《古典》ヘブライ語（旧約聖書に用いられている*ヘブライ語）の．

Alt-hessische Kirche *f.* 古ヘッセン教会（Renitente参照）．

Alt・katholik *m.* -en, -en, 復古カトリック主義者，アルト・カトリチスムスの信徒；《複数で》復古カトリック教会．**altkatholisch** *adj.* 復古カトリック主義（者）の，アルト・カトリチスムスの．**Altkatholizismus** *m.* -, 復古カトリック主義，アルト・カトリチスムス（第1*ヴァティカン公会議で1870年に決定された，教皇の*首位権と*不可謬性，教会の*教導権などの*教理に反対し，翌年ローマ・カトリック教会から分離したオランダ，ドイツ，スイス，オーストリアなど国母の教派；10世紀までの*信条や，最初の8回の*公会議決議だけを受け容れ，これをそれ以外の教理決定の拠り所とする；1889年に発足した*ユトレヒト同盟のもとで国際的連合体を形成した；現在は，*聖公会，*東方正教会，*ルター派，*カトリック教会と*エキュメニカルな合同を図っている）．

alt・lateinisch *adj.* 古ラテン語の；〜e Übersetzungen *pl.* 古ラテン語訳〔聖書〕(Itala, Vetus Latina参照）．

Alt・lutheraner *m.* -s, -,《通常複数で》古ルター派，ルター旧派（プロイセン王フリードリヒ・ヴィルヘルム3世〔在位1797-1840〕が企てた*ルター派と*改革派の教会合同〔1817〕に反対し，*領邦教会から分離したルター派の守旧派；*一致信条書〔1580年刊〕を固守する；1838年ザクセンからアメリカ，ミズーリ州に移住した人々はミズーリ・シノッド〔engl. Missouri Synod〕を形成し，後に全米的な教会に発展，日本ルーテル教団の母体ともなった）．**Altluthertum** *n.* -s, 古ルター主義．

Altötting《固》アルトエッティング（ドイツ，オーバーバイエルン地方，オーストリアとの国境近くに位置する15世紀末以来の聖母マリア崇敬の巡礼地で「恵みの礼拝堂」〔Gnadenkapelle〕に「黒い聖母」〔Schwarze Maria <Madonna>〕が安置されている）．

Alt・protestantismus *m.* -, 古プロテスタンティズム（*新プロテスタンティズムに対し，16-17世紀，*宗教改革から啓蒙主義時代までのプロテスタンティズム；ドイツの神学者エルンスト・トレルチ〔1865-1923〕の用語）．

alt・reformiert *adj.* 古改革派の；die 〜e Kirche 古改革派教会（19世紀前半，啓蒙主義に対抗してオランダとドイツに興ったプロテスタントの一派で，*改革派教会の古い制度，教理，典礼への復帰を提唱した）．

alt・testamentarisch *adj.* → alttestamentlich. **Alttestamentler** *m.* -s, -, 旧約聖書学者．**alttestamentlich** *adj.* 旧約聖書の，旧約聖書的な．

Alumbrados【span."照らされた者"】*pl.* アルンブラドス，光明派，照明派（16-17世紀スペインで起こった神秘主義的運動；*念禱による忘我的状態において，神から直接*照明を受けると主張し，禁欲や修徳，典礼を否定した；*異端として訴追され，17世紀半ばに消滅した）．

Alumnat【lat.】*n.* -[e]s, -e, <östr.> 神学校（寄宿舎制の；Priesterseminar参照）．**Alumne** *m.* -n, -n, **Alumnus** *m.* -, ..nen, 神学校学生，神学生（Priesteramtskandidat参照）．

Ambitus【lat."めぐること"】*m.* -, -, ①アンビトゥス（教会旋法で用いられる音域）．②周歩廊（a.《古》→ Chorumgang. b. → Klostergang. c. 教会堂の外壁と囲繞壁または隣接する建物との間の空間，通路）．

Ambo【spätgr.-kirchenlat."登る"】*m.* -s, -nen, **Ambon** *m.* -s, -en, アンボ，朗読台，奉読台（a. *バシリカ式教会堂における典礼で，*福音

と*使徒書簡を朗読する人が立った，ある程度の高さのある台；第2*ヴァティカン公会議後の典礼改革で，各教会堂の適切な場所の設置が定められた．b.聖書や典礼書を乗せる一種の書見台）．

Ambrosianer【< Ambrosius von Mailand】*m.* -s, -,《通常複数で》アンブロシウス修道会(1578年ミラノ大司教聖カルロ・ボロメオ〔1538-84〕によって，大司教の司牧援助や司教区刷新などの目的でミラノに創設された*教区付き司祭の会；1611年以降は「聖アンブロシウスと聖カルロ献身者会」〔Oblaten der heiligen Ambrosius und Karl〕と呼ばれる）．**Ambrosianisch** *adj.* 聖アンブロシウスの；der ～e Gesang アンブロシオ聖歌（4世紀の聖*アンブロシウスに由来するとされ，現在はミラノやスイス南部で用いられているカトリックの典礼聖歌；*グレゴリオ聖歌以前の典礼聖歌の特徴を残している）；die ～e Liturgie, der ～e Ritus アンブロシウス〔式〕典礼(*ミラノ式典礼の別称；ただし，アンブロシウス自身に由来するわけではなく，ミラノ司教を代表する人物としてその名を戴く）；der ～e Lobgesang【lat. Hymnus Ambrosianus】アンブロシウスの賛歌(*テ・デウムのこと；聖アンブロシウスの作と誤って伝えられてきたことから）．**Ambrosiaster** *m.* -s, アンブロジアスター（370年頃ローマで成立した，新約聖書の*パウロ書簡13通のラテン語注釈書；*アウグスティヌス以前のパウロ解釈を示す；聖*アンブロシウスが著者とされていたが，*エラスムスが偽書であることを明らかにした上でこう命名した）．**Ambrosius**《固》(*m.*) アンブロシウス(339頃-97；西方4大*教会博士の1人，ミラノの司教で同地の*守護聖人；*バシレイオスなど東方のキリスト教神学を西方教会に移入し，さらに*マニ教的二元論を論駁した；387年*アウグスティヌスに洗礼を授けた；祝日：12月7日）．

AMDG《略》→ ad maiorem <majorem> Dei gloriam.

amen【hebr.-gr.-lat. "確かに；そうなりますように"】*int.* アーメン（祈りや説教の結びで，神の意思や言葉への強い賛同を表す語；イエス自身の言葉の場合は，神の約束に対する確証で「まことに」の意味；新共同訳では「はっきり言っておく」〔マタ5:18〕，「確かに言っ

ておく」〔ルカ9:27〕などと訳されている）；mit jm. (et.³) ist es aus und ～《比》完全に終わりだ（失われた，死んでしまった；祈りの締めくくりにアーメンと唱えることから）．**Amen** *n.* -s,（まれに:)-,①アーメン（という語）；同意，賛成；das ist so sicher wie das ～ in der Kirche <in der Bibel / im Gebet>《比》それは絶対に確実なことだ；das ～ sagen <singen> アーメンを唱える；sein ～ zu et.³ geben <sagen>《比》(或事に）同意する；zu allen Ja und ～ <ja und amen> sagen《話》何にでも同意する．②《無冠詞；単数で》Er, der ～ heißt「アーメンである方」（神の約束を確証するキリストの称号；黙3:14).**Amen・sager** *m.* -s, -,《比》何にでも同意する人（自分の意見がない人）．

Amerikanismus *m.* -, アメリカニズム（教会の権威の制限，教義や規律の緩和と時代精神への順応，民主主義・個人主義の導入，*聖霊の働きの強調など，19世紀末アメリカにおける司牧推進と教会改革の運動；*近代主義の先駆で，1899年教皇レオ13世〔在位1878-1903〕により排斥された）．

Amikt【lat."巻き付ける(布)"】*m.* -[e]s, -e, アミクト，アミクトゥス，肩衣（_{けんえ}，_{かたぎぬ})（西方教会で最も基本的な祭服の1つで，*アルバとともに着用する長方形の襟掛け）；《プ》アミス．

Amische【engl. Amish; < Jacob *Ammann*】*pl.* アーミッシュ，アマン派（スイスのヤーコプ・アマン〔1644-1730頃〕が*メノナイト派から別れてチューリヒで興した*再洗礼派の一派で，その信奉者がアメリカへ移民後に普及した；現在は，ペンシルヴァニア州などアメリカ中西部やカナダ，オンタリオ州を中心に居住し，一種のドイツ語方言を用いた，移民当時のままの禁欲的な生活様式で知られる）．

Amor Dei【lat.】*m.* - -, アモール・デイ，神の愛(a. 神の〔人間に対する〕愛；Agape a参照．b.〔人間の〕神への愛，対神愛；Liebe参照）．

Amortisation【lat.-fr.】*f.* -, -en, 死手譲渡（教会や修道会などの法人が不動産を取得した場合，通常の譲渡や一般の所有者死亡の場合のような所有権の移転や王権への不動産復帰はありえず，その所有が永久に継続することから，教会や修道会は「死手」〔→ *Tote* Hand〕と呼ばれた；中世以降は，法律によってその

不動産取得が制限された）;（教会や修道会などへの)不動産譲渡. **Amortisations・gesetz** n. -es, -e, 死手譲渡法, 教会財産取得制限法（遺言などを通じて教会や修道院などが取得する不動産の最高額を制限する, 13世紀以降各国で制定された法律).

Amos【hebr."担う（担われる）者"】《固》(m.) アモス（旧約聖書の12人の*小預言者の1人; ユダのテコア地方の牧者だったが*召命を受け, 前8世紀半ば, イスラエル近郊の聖所ベテルやサマリアなどで活動した); das Buch 〜 アモス書（旧約聖書中の第3の*小預言書; 紀元前8世紀半ば, ヤロブアム2世の治下〔前781-42〕に隆盛を誇った北イスラエル王国の支配階級の横暴を戒め, 神の審判が下ることを預言した).

Ampel【lat."小瓶, 油存れ"】f. -, -n, 聖体ランプ, 常明灯（教会の*内陣で, *聖体が安置されている*聖櫃の近くで常に灯されているランプ〔油, 蠟, または電気〕;「世の光」であるキリストが現存していることを示す).

Amphiktyone【gr.-lat."周囲に住む者"】m. -n, -n, アンフィクティオニア〈アンピクティオニア, 隣保同盟〉の成員. **Amphiktyonie**【gr.】f. -, -n, アンフィクティオニア, アンピクティオニア, 隣保同盟（政治的結合が成立する以前に存在した宗教的部族連合で, 各部族は共通の聖所を中心に結び付き, 輪番制でその維持管理を受けもった; 元来は, 古代ギリシアなどの社会形態をいう語だが, 国家形成以前のイスラエル*十二部族の構成を説明するために援用されている).

Ampulle【lat.】f. -, -n, アンプッラ, 小祭瓶（持ち手の付いた首の長い瓶で, ミサ用のぶどう酒と水, また*聖香油や*聖油を入れる).

Amt【原義"奉仕"】n. -[e]s, Ämter, ① (教会, 修道院での)職位, 職務, 任務; drei Ämter Christi【< lat. munus (officium) Christi triplex】キリストの三職位（神の子, *救世主としてのキリストに備わっている, 預言職・祭司職・王職〔Königtum Christi参照〕の3つの職位; キリスト信者は各々の立場に応じて, キリストの*来臨までこれを代行する使命を有する; CIC. 204§1, 1コリ12章参照); das geistliche 〜 聖なる奉仕職, 聖職. ②（通常単数で)《古》歌ミサ（Singmesse参照）;《プ》聖餐(式) (Abendmahl参照); ein 〜 singen <[ab]halten> ミサを歌う（歌ミサを行う）; dem 〜 beiwohnen ミサに与る. **amten** i. (h) <*schweiz.*>, **amtieren** i. (h) (司祭などが)ミサを挙げる.

Amts=eid m. -[e]s, -e, 服務誓約（聖職者が就任の前に*使徒座に対して, 定式に従って忠誠を誓うこと; CIC. 380). 〜**enthebung** f. -, -en, (Abberufung, Deposition) 免職, (教会職からの)罷免（*異端, *背教, *離教, あるいは婚姻の締結などの理由により, 聖職者の身分を喪失すること; CIC. 192-95). 〜**kirche** f. -, -n, 教区教会, 教区聖堂. 〜**träger** m. -s, -, 教会職にある人; der geistliche 〜träger 聖務者（*叙階の秘跡を受けた男性の信徒で「*聖職者」と同義; Minister参照). 〜**übertragung** f. -, -en, 叙任（教会職位の授与〔CIC. 146-83; Provision参照). 〜**verzicht** m. -[e]s, -e, (Abdankung) 辞任（自由意志に基づいて教会職を離れること; CIC. 187-89).

Anabaptismus【gr.-nlat.;< gr. ana-"再び"】m. -, 再洗礼派〈アナバプティスト〉の教義, 再洗礼論. **Anabaptist**【mlat.】m. -en, -en,《通常複数で》再洗礼派, アナバプティスト (Wiedertäufer参照).

Anachoret【gr.-lat."隠遁者"】m. -en, -en, 隠修士, 隠修者, 独住〈独居〉修士（俗世からのより厳しい離脱と沈黙のうちに, 祈りと罪の償いに専心するため, 修道院での共同生活ではなく, 砂漠, 荒野, 山岳などで単独生活を営む修道士〔CIC. 603〕; 2世紀半ばのエジプトに始まる; Eremit, Wüstenmönch参照).

Anachoretentum n. -s, 隠修制（2世紀半ばの最初期の*隠修士のように, 完全な孤独のうちに修徳的生活を送る修道制). **anachoretisch** adj. 隠修士(者)の, 独住〈独居〉修士の.

Anagnost【gr.】m. -en, -en, 読師 a. 古代キリスト教会の礼拝において聖書の朗読のため特に任命された一般信徒; 後には下級の聖職者; Lektor 1 参照. b. 東方教会の典礼で福音書以外の聖書を朗読する下級聖職位).

Anagoge【gr.-lat."上へ導くこと"】f. -, -n, アナゴーゲー, 寓意的解釈（特に, 聖書に隠された来世と*永遠の命に関する神秘的意味を読み取ること);（聖書の)神秘的意味. **anagogisch**【gr.】adj. 神秘的な, 寓意的な; die 〜e Auslegung 寓意的解釈.

Anamnese【gr.-spätlat."記念, 想起"】f. -, -n, アナムネーシス, 記念 (a. 歴史上に展開され

た神の業，特にキリストを通して実現された神の救いの業を，礼拝や祈りにおいて*現在化し，直に追体験すること；例えば，*最後の晩餐を，キリストの語ったとおり「わたしの記念」〔1コリ11:24-25〕として再現すること．b. 記念唱：ミサにおいて，*最後の晩餐のイエスの言葉と所作を再現した直後に，「わたしたちはいま，主イエスの死と復活の記念を行い…」〔So gedenken wir, heiliger Vater, des Todes und der Auferstehung deines Sohnes...〕第二*奉献文〕と司祭が唱えるように，その意味を記念〔確認〕する祈りのこと）．

Anaphora【gr.-lat."高く挙げること；奉献"】f. -, ..rä, アナフォラ（a. *東方典礼における*叙唱から*栄唱までの部分，典文．b. 東方典礼の*聖体機密の際の祝文．c.〔*ローマ式典礼の〕奉献文；das eucharistische *Hochgebet*参照．d. 復活；Auferstehung参照）．

Anastasis【gr.-lat."立ち上がること；復活"】f. -, アナスタシス（a. *ビザンティン美術でキリストの*陰府降下と*復活を描いた図像．b.*エルサレムの*聖墳墓教会の内部にある，*聖墳墓を中心とする円形の建物；*コンスタンティヌス大帝により聖墳墓教会が創建された際に，*ゴルゴタと聖墳墓付近の岩盤の上に造られた）．

Anathem【gr.-lat."(呪認され取り戻すことのできない)奉納物（レビ27:28-29）"】n. -s, -e, **Anathema** n. -s, -ta, アナテマ（*異端排斥のために行われる最も厳重な*破門制裁；*パウロはこの語を罪のため教会から排除すること，または異端者に対する呪詛という意味で用いたが〔ガラ1：8-9〕，後には，*秘跡と礼拝からの排除を「破門」，教会からの完全な追放を「アナテマ」と呼んで区別するようになった）．**anathematisieren** t. (h)（或人を）アナテマに処する，異端として排斥する．**Anathematisierung** f. -, -en, アナテマに処すること，破門．

anatolisch【gr."日の出"】adj. アナトリア（小アジアとも；黒海，エーゲ海，地中海に囲まれた半島；現在はトルコ共和国に属する）の；orthodox-〜 adj.《雅》ギリシア正教の（→ griechisch-orthodoxと同じ）；die 〜e Kirche アナトリア教会（*コンスタンティノポリスと*アンティオケイアを中心に*パウロ，*ペトロ，*ヨハネによって設立された小アジアの教会）．

an|beten t. (h) 崇拝する，崇敬する，礼拝する．**Anbetung** f. -, -en, 崇拝，崇敬，礼拝（特に*聖体に対する；Adoration 1, 2参照）；die Ewige 〜【< lat. adoratio perpetua】聖体永久礼拝，常時〈継続〉聖体礼拝（*聖櫃や*聖体顕示台に収められた*聖体に対する，昼夜不断で行われる賛美の祈り；1592年教皇クレメンス8世〔在位1592-1605〕はローマの諸聖堂での執行を推奨し，1705年にクレメンス11世〔在位1700-21〕が聖体永久礼拝令を発布した；*ベネディクト女子修道会など多くの修道会は，これを主要目的として設立された）；die 〜 der Eucharistie / die 〜 des Heiligen Sakramentes 聖体〔の〕礼拝（キリストが聖体のうちに現存していることを認め，これを礼拝すること；CIC. 942参照）；die 〜 des Kreuzes 十字架の崇敬（Kreuzanbetung参照）；die 〜 des Lammes 小羊の礼拝，小羊礼賛図（黙5：6に基づき，キリストの贖罪の*いけにえを象徴する*小羊を礼賛する図像；1432年にフーベルト〔1385/90頃-1426〕及びヤン〔1395頃-1441〕のファン・エイク兄弟が制作した「ゲント祭壇画」〔ベルギー，ゲント（ヘント）の聖バーフ大聖堂所蔵〕の中央下段の「神秘の小羊の礼拝」〔niederl. Het Lam Gods〕が特に有名）．

Anbetungs=opfer n. -s, -, 礼拝の*いけにえ．〜**schwester** f. -, -n,《通常複数で》聖体礼拝女子修道会（*聖体永久礼拝を主要な目的として設立された女子修道会；例えば，1653年にパリでカトリーヌ・ド・バル〔1614-98〕が設立した聖体永久礼拝女子ベネディクト会，1856年マドリッドでマリア・ミカエラ〔1809-65〕が創始した，女子救護に従事する聖体礼拝会など）．

Anch【ägypt."命"】n. -s, **Anch-Kreuz** n. -es, -e, アンク十字〔架〕，エジプト十字〔架〕（取っ手付き十字；*ラテン式十字の上部がループ状になった，古代エジプトに見られるシンボル〔♀；魂の不滅を表すとされる；初期の*コプト教会でも用いられた；das *koptische* Kreuz参照）．

Andacht f. -, -en, ①（朝夕の短い）礼拝，祈禱；eine 〜 halten <verrichten> 祈禱する，祈りを献げる；an der abendlichen 〜 teilnehmen 夕べの祈りに与る．②《単数で》潜心，観想；信心，敬虔（な気持ち；Frömmigkeit参照）；mit frommer 〜 die Kirche betreten 厳かな(敬虔な)気持ちで教会に足を踏み入れる．**Andächtelei** *f.* -, -en, 信心ぶること．**andächteln** *i. (h)* 信心ぶる．**andächtig** *adj.* 敬虔な，信心深い；厳かな．**Andächtler** *m.* -s, -, 信心ぶった人，偽信者．**andächtlich** *adj.* 《古》→ andächtig.

Andachts=bild *n.* -[e]s, -er, ①聖画像(一般信徒用の小さな*聖画，特に祈祷書などに挟んでおく信心用のカード)．②祈念像(13-14世紀に神秘主義的な信心，瞑想のために作られた，キリストの*受難をテーマとする木彫；*ピエタ，*エッケ・ホモ，*苦難のキリスト，*キリスト・ヨハネ群像のモチーフが多く見られる)．〜**buch** *n.* -[e]s, ..bücher, 信心書，祈禱書．〜**gegenstand** *m.* -[e]s, ..stände, (Devotionalie) 信心用具(*十字架，聖画，聖像，*メダイ，*ロザリオ，*スカプラリオ，*祈祷書，*ろうそくなど，信仰心の覚醒や強化，宗教的真理の理解の助けに用いられる物品)．〜**lied** *n.* -[e]s, -er, 聖歌(礼拝，特に*聖体拝領の際に歌われるもの)．〜**los** *adj.* 不信心の，敬虔でない．〜**losigkeit** *f.* -, 不信心(な態度)．〜**stunde** *f.* -, -n, 祈禱時間．〜**übung** *f.* -, -en, 信心業(信心を深めるために行われる様々な修練)．〜**voll** *adj.* 《雅》→ andächtig.

Andreas【gr."勇敢"】《固》(*m.*) アンデレ，アンドレアス(元はガリラヤ湖畔の漁師で，*洗礼者ヨハネの弟子だったが，兄のシモン・*ペトロとともにキリストの最初の弟子となった〔ヨハ1:35-42〕；伝承によれば，*聖霊降臨の後は*使徒として小アジア，スキュティアまたはアカイアで活動し，ギリシア南部のパトラスでX字型の十字架〔アンデレ十字〕に付けられて*殉教した；祝日：11月30日)．

Andreas=akten *pl.* アンデレ行伝(使徒アンデレの宣教旅行と多くの説教〔失われた部分では，その殉教まで〕を記録した新約聖書*外典で，2世紀後半に*グノーシス主義の影響下に成立したと考えられるが，わずかな断片以外は散逸した)．〜**kreuz** *n.* -es, -e, アンデレ十字〔架〕，傾斜十字架(X字型の十字架；使徒アンデレが，逆さに架けられて殉教したと伝えられる十字架の形)．

Aneignung *f.* -, 帰責(本来は3つの*ペルソナに共通する神の属性や働きを，1つのペルソナに属するものとして説明する方法；例えば：a.「神」という名詞を父に，「主」を子にあてはめること．b. 力・単一性・永遠性は父に，知恵・同等性・美は子に，善・調和・幸福は聖霊にあてはめること．c. 神の働きのうち能動因を父に，模倣因を子に，目的因を聖霊にあてはめること．d. 父を礼拝と*いけにえを受けるもの，子と聖霊を神と人間の*仲介者とみなすこと)．

Anerkennung *f.* -, -en, 認可，承認(教会の合法的*上長者，権威者による；例えば，修道会設立の*使徒座による認可〔CIC. 589〕，修道会などでの修道生活形態の教会法上の承認〔CIC. 576〕，*使徒座による大学設立及び学則の認可〔CIC. 816〕，国または国際的巡礼所の承認〔CIC. 1231〕など)．

Angelolatrie【gr.-nlat.】*f.* -, 天使崇敬(特に，*ミカエル，*ガブリエルの2*大天使に対する崇敬；カトリックでは*ラファエルを加えた3大天使への崇敬も行われている；Engel参照)．**Angelologie** *f.* -, 天使学(各々の天使の果たす役割などに関する学；最初の体系的著作は，ディオニュシオス・アレオパギテースの『天上位階論』〔500年頃〕で，その後は，特に12-13世紀になって神秘主義や錬金術との関連で発展した)．**Angelophanie** *f.* -, -n, 天使の出現．**Angelus**【gr.-lat.“(主の)み使い”】*m.* (*n.*) -, (まれに:-) ①天使(Engel参照)；〜 Domini 主のみ使い，主の天使(*ガブリエルのこと)．②アンジェラス，アンジェルス，お告げの祈り(*大天使*ガブリエルが処女*マリアに*受胎告知したことを記念して，毎日3度，朝6時・正午・夕6時に唱えられる祈り；3つの唱句，それぞれの後に唱えられる*天使祝詞〔アヴェ・マリアの祈り〕，結びの祈願からなる；名称は，ラテン語唱句の冒頭語 „*Angelus* Domini nuntiavit Mariae"〔主のみ使いがマリアに告げた，dt. *Der Engel des Herrn brachte Maria die Botschaft.*〕による)．③→ Angelusläuten.

Angelus=gebet *n.* -[e]s, -e, →Angelus 2．〜**läuten** *n.* -s, お告げ(アンジェラス)の鐘(14世紀に始まった習慣で，*お告げの祈りの時間に合わせ，毎日3度，朝昼夕に鳴らされる時鐘；毎度，教会の塔の鐘が，3つずつ3回，最後に9回鳴らされる)．

Angelus Silesius【lat."シレジアの天使"】《固》(*m.*) アンゲルス・シレージウス(ドイ

ツの宗教詩人ヨハン・シェフラー〔1624-77〕の筆名；シレジアのブレスラウに生まれ，ライデン，パドヴァに留学して医学を学ぶ；1653年*ルター派からカトリックに改宗，61年には司祭となり，ルター派と論争を重ねた；*ベーメらの神秘主義の強い影響のもと，幻視と理性が渾然一体となったエピグラム集『ケルビム風の巡礼者』〔Cherubinischer Wandersmann; 1674〕などを著す）.

Anglikaner *m.* -s, -, 英国国教徒，聖公会の信徒. **anglikanisch** *adj.* 英国国教会の，聖公会の；die 〜e Kirche 英国国教会，イングランド国教会，アングリカン・チャーチ，［英国］聖公会（イングランド王ヘンリー8世〔在位1509-47〕が，教皇クレメンス7世〔在位1523-34〕による結婚無効宣言を契機に，1534年自らを「唯一至上の首長」〔Supreme Head〕と定めた*首長令〔国王至上法〕を発布し，ローマ教会から分離独立して建てた*国教会；エリザベス1世〔在位1558-1603〕は，首長令の再公布，祈禱書の制定〔1559〕と「39箇条」〔Thirty-nine Articles＝「聖公会大綱」とも；1563〕によって国教会としての基礎を確立した；その後，カトリック的，プロテスタント的両要素が混在していることから改革が繰り返されたが，19世紀に積極的な海外宣教を展開し，現在では，イングランド国教会を母教会とする*アングリカン・コミュニオンを形成して，プロテスタント最大の教会組織となった）；die 〜e Gemeinschaft【< engl. The Anglican Communion】アングリカン・コミュニオン，英国国教会派（イングランド国教会と教義，典礼を同じくし，カンタベリー大主教座と交流をもつ，各国毎に独立した諸教会〔管区〕の総称）. **Anglikanismus**【nlat.】*m.* -, アングリカニズム，英国国教会［派］主義（カトリックと*ルター主義の折衷的性格をもつ；*国教会，*監督教会制度による*位階制〔主教制〕，*聖書主義を採り，*公会議の*不可謬性や*実体変化，*聖人崇敬は否定する；また，離婚や聖職者の妻帯を認める；典礼と祈禱は『*一般祈禱書』〔1549-〕に集成されている）.

Anglo・katholizismus *m.* -, アングロ・カトリック主義（*英国国教会の*ハイ・チャーチの中でも，カトリック的要素を最も強調する立場；*オックスフォード運動の影響下で，*使徒継承に基づく主教制，カトリック及び*東方正教会との教義，慣行の一致を主張し，また7つの*秘跡を重視する）.

an|hauchen *t.* (*h*) (或人に*聖霊を授けるため)息を吹きかける；Nachdem er das gesagt hatte, *hauchte* er sie *an* und sprach zu ihnen: Empfangt den Heiligen Geist!「（イエスは）そう言ってから，彼ら（弟子たち）に息を吹きかけて言われた．『聖霊を受けなさい．』」(ヨハ 20:22)；vom Tod *angehaucht* sein《比》死相が顔に現れている. **Anhauchung** *f.* -, -en, 息, 息吹 (Insufflation参照).

Anhimmelei *f.* -, -en,《話》熱狂的崇拝. **an|himmeln** *t.* (*h*) (或人を)熱狂的に崇拝(熱愛)する，崇める；心酔して見つめる.

Animismus【< lat. anima "霊魂, 生気"】*m.* -, アニミズム（万物には霊魂ないし精霊が宿り，すべての自然現象をその作用と考える世界観；及び，そうした霊的存在への信仰).

Anker【gr.-lat.】*m.* -s, -, 錨，碇(いかり)（初期キリスト教において，希望と安全を象徴し，教会のしるしとして墓碑や印章などに用いられた記号；ヘブ 6 :19). **Anker・kreuz** *n.* -es, -e, 錨型十字［架］(a. 縦木と横木の長さが同じで，4端が2つに分かれて碇の形に開いている十字架．b. 全体が碇の形で下部が2つに分かれて開いている，または2本の横木のうち下のものが弓形に彎曲している十字架〔そのため → Mondsichelkreuzとも〕；迫害を受けていた初期キリスト教の時代に，キリスト教徒を表す秘密の符号や墓標として用いられた).

Ankündigung *f.* -, (まれに:)-en, 知らせ，予告；die 〜 der Geburt キリスト生誕の告知(処女*マリアへの*受胎告知のこと；Mariä *Verkündigung*参照).

Ankunft *f.* -, die 〜 [Christi]［キリストの］降誕；［キリストの］到来 (Parusie参照).

Anmaßung *f.* -, -en, 思い上がり，僭越(自己の能力と神の*恵みに過度の期待をかけ，自らなすべき事をせず，いたずらに救霊を求めること；*望徳に関する罪).

Anna [hebr."恵み"]《固》(*f.*) アンナ (a. 新約聖書*外典の*ヤコブ原福音書などに現れる聖母マリアの母；長く夫*ヨアキムとの間に子がなかったが，老齢でマリアを生み，3歳の時にエルサレムの神殿に献げて，そこで自ら教育にあたったとされる；母親の*守護聖人；祝日:7月26日．b. エルサレムの神殿に仕え

る女預言者で，84歳の時，両親に神殿に連れてこられた幼子イエスを目撃し，救いを待ち望む人々にそれを述べ伝えた；ルカ 2:36-38）；～ selbdritt アンナ三代図 (selbdritt参照）.

Annaten【lat.-mlat. "年間の収益"】*pl.* ［聖職禄］初年度献上金，初年度献上聖職禄（11世紀頃，新たに聖職禄を受けた者が，司教に対して初年度分の収入の全部，後には半分を上納したことに始まる；14世紀以降，聖職禄の授与は教皇が直接行うことが多くなったため，初年度献上金は教皇庁の恒久的財源となった；宗教改革とフランス革命の時代には，納入先が王権に変えられた）.

Annihilation【lat."無にすること"】*f.* -, -en, 帰滅（a. 神は自由意志によって創造した世界を，同じく自由意志により無の状態に戻すことができるということ．b. *静寂主義における，神への献身を徹底することによる自己の無化，霊魂の徹底した受動的態度）. **Annihilationismus** *m.* -, ［霊魂］絶滅説，［霊魂］消滅説（人間の霊魂はその本性において不死ではなく，罪人は神によって完全に滅ぼされるとする説；現世で正しい生活を送ることで，神の恵みにより不滅となる；北アフリカ出身のローマの修辞学者アルノビウス〔?-327〕に端を発し，第2回*コンスタンティノポリス公会議〔553〕や第5回*ラテラノ公会議〔1512-17〕で異端として排斥されたが，宗教改革後に再三復興した）.

Anniversar【lat.-mlat. "毎年めぐってくる（日）"】*n.* -s, -e, **Anniversarium** *n.* -s, ..rien, ①記念日（教皇の戴冠式，司教の叙階式，献堂式などの）．②年忌（Jahrgedächtnis参照）.

anno, Anno【lat. annus "年"の奪格】(im Jahre) 西暦紀元…年に（略: a. *od.* A.）；～ Domini【lat."主の年に"】アンノ・ドミニ，西暦紀元（キリスト生誕後）…年に（現行の西洋公用暦はローマの修道士ディオニュシウス・エクシグスス〔470頃-540頃〕が，525年，*復活祭周期表の作成の際に，キリストの*受肉の翌年を第1年として定めたもの；ただしその計算にはずれがあり，現在ではキリストの生誕は紀元前4年より以前と考えられている；略: a.D. *od.* A.D.）；～ mundi アンノ・ムンディ，世界［創造］紀元（天地創造後）…年に（東ローマ帝国〔ビザンティン帝国〕で，988年から帝国滅亡の1453年まで公式に用いられていた紀年法で，5509/8A.D.が元年とされた；ロシアでは1700年頃まで用いられた；略: a.m. *od.* A.m.）；その他に，ユダヤ教や初期キリスト教の世界創造紀元もあった；～ Salutis【lat."救済の年"】アンノ・サルーティス，キリスト紀元…年に（18世紀まで用いられていた紀年法で，キリストによる*救済史を強調したもの；～ Dominiと同数）.

Annulus → Anulus（の古い綴り）.

Annuntiations・stil *m.* -s, お告げの暦（キリストの*受肉を誕生ではなく受胎時とする考えから，*お告げの祝日〔3月25日〕を年始とする，中世ヨーロッパの暦の1つ；*聖母崇敬の高まりとともに，特にイタリアのフィレンツェ，ピサ，ドイツの*トリーア，またイギリスで普及し，18世紀半ばまで用いられた）. **Annunziat** *m.* -en, -en,《通常複数で》お告げ修道会（1501年フランス，1604年イタリアで設立された厳律派の修道会）. **Annunziaten・orden** *m.* -s, -, **Annunziatin** *f.* -, -nen,《通常複数で》［マリア］お告げ修道会（1408年イタリア，ロンバルディアで病人介護を目的に設立された*アウグスティヌスの戒律に基づく修道女会など，14世紀以降，同名の複数の修道女会が設立された）. **Annunziation**【lat."告知"】*f.* -,（まれに:)-en,（マリアへの）お告げ（*受胎告知；Mariä *Verkündigung*参照）.

Annunziations・stil → Annuntiationsstil.

Anomismus *m.* -, → Antinomismus.

Anomoianer【< gr. anomoios "非類似の"】*m.* -s, -,《通常複数で》アノモイオス派（最も極端な*アレイオス派で，父〔神〕と子〔キリスト〕の本質の間にはいかなる類似性もないとするアエティオス〔300頃-66頃〕やエウノミオス〔335-92/95〕らの立場）.

an|rufen *t.* (h) 呼びかける，嘆願する；jeder, der den Namen des Herrn *anruft*, wird gerettet werden「主の名を呼び求める者はだれでも救われる」（ロマ10:13；なお「御名を呼び求める人」〔alle ..., die deinen Namen *anrufen*；使9:14〕はキリスト教徒に対する最初期の呼称の1つ）. **Anrufung** *f.* -, -en, 呼びかけ，嘆願；die ～ der Heiligen 聖人への祈願（*諸聖人の連願など，聖人に物的・霊的な助けや神への取り成しを願う祈り）.

Anschauung *f.* -, -en, ①物の見方，見解．②《単数で》直観，観照（推理など，知性によらず，

神や宗教的真理を直接に認識すること）；die 〜 Gottes 神の直観，至福直観（*天国において，神の*恵みにより，一切の媒介なしに神を認識すること；究極的かつ*至福の神認識とされる）．

Anstalts・geistliche# *m.* -n, -n,《形容詞的変化》施設付き司祭（Kaplan参照）．

Anstoß【＜ lat. scandalum】*m.* -es, ..stöße, 障害［物］，躓（ｻﾞ）き（道徳的宗教的な成長の妨げとなり，人を悪へと導く可能性のある，不正の言葉や行為，怠り〔Ärgernis参照〕；一方，*福音書においては，従来の生き方や常識を覆し，新たな決断と*回心をもたらすキリストの態度や言葉をいう場合がある）；der Stein des 〜es 躓きの石（イザ 8 :14；ユダヤ人たちにとってのキリストのこと；ロマ 9 :33, 1 コリ 1 :23, 1 ペト 2 :8 参照）；Ihr werdet alle (an mir) 〜 nehmen und zu Fall kommen.「あなた方は皆わたしにつまずく．」（マコ14:27；キリストが*弟子たちの離反を予告した言葉）；Selig ist, wer an mir keinen 〜 nimmt.「わたしにつまずかない人は幸いである．」（マタ11: 6 ；自らが告げ知らせた福音が，或者にはかえって，神からの離反をもたらす可能性があることを述べたキリストの言葉）．

ante Christum [natum]【lat."キリスト生誕の前に"】西暦紀元前（略: a.Chr.[n.]）．

antediluvianisch【nlat.】*adj.* *ノアの洪水以前の；太古の．

Antependium【lat.-mlat. "前掛け"】*n.* -s, ..dien, アンテペンディウム，祭壇前飾り，祭壇前側垂帳（ｽｲﾁｮｳ）（祭壇の前面脚部を飾る織物，ないし多くは彫刻や彩色の施された木，金属，石などの素材で作られた覆い）．

Anthem【gr.-lat.-engl.】*n.* -s, -s, アンセム（*英国国教会やその系列の教会の礼拝式で，聖歌隊によって歌われる英語の楽曲）．

Anthologion, Anthologium【gr.】*n.* -s, ..gia *u.* ..gien, アントロギオン（*ギリシア式典礼の典文，祈禱文，*賛歌などを集成した*聖務日課書）．

anthropomorphisieren *t.* (*h*) （神などを）擬人化する．**Anthropomorphismus**【gr.-lat.】*m.* -, 擬人神観，神人同形法（論）（神を人間の身体的特徴や行動，機能，感情などにおいて描写，表象すること，またその方法；例えば，「神は御自分にかたどって人を創造された」〔創 1 :27〕との記述に基づき，霊的存在である神を外見的に人間と同じ形態をとるものとしてイメージすること）；der psychische 〜 → Anthropopathismus.

Anthropopathismus *m.* -, 神人同感説（論）（神と人間を心理的に同類視することで，人間の感情の動きを神にあてはめ，神も人間も同様の情動と行動をとると考える）．

Anthroposophie【gr.-lat.】*f.* -, 人智学（オーストリア出身の思想家ルドルフ・シュタイナー〔1861-1925〕が，ヘレナ・P・ブラヴァツキー〔1831-91〕の*神智学，ゲーテ〔1749-1832〕の自然哲学，*新プラトン主義，*ドイツ神秘主義などを融合して，20世紀初頭に興した，宗教，教育，芸術，医学，経済など，あらゆる分野にわたる総合的な神秘主義の運動；人間の内なる超感覚的知覚能力の覚醒と育成によって，ヨーロッパ・キリスト教文化と伝統的な人間像の刷新を図った）．**anthroposophisch** *adj.* 人智学（上）の．

anthropozentrisch *adj.* 人間中心論（主義）の；人間中心的な（theozentrisch参照）．**Anthropozentrismus**【gr.-lat.】*m.* -, 人間中心論（主義）（近世以降の人間観にしばしば見られる立場で，例えば，神存在を人間精神の完成のための要請と考えること，人間を宇宙の中心に位置付け，万物は人間に奉仕すべく造られたとする説，人間はこの世界において特権的な存在であり，宇宙の完成に奉仕する責務が与えられているという説などがある）．

Anti・christ【gr.-spätlat.】《(I)》*m.* -[s], -e, アンチ（アンティ）・キリスト，反キリスト（新約の*ヨハネの手紙で言及される，イエスが*メシアであることを認めず，謬説を広め人々を惑わす者〔1 ヨハ 2 :18,22, 同 4 :3, 2 ヨハ 7 〕；複数形の場合は*異端者を表す；また，キリストの*再臨の前兆として現れ，キリストを自称し，偽の*奇跡をもって正しい信仰からの離反を誘起する存在；「滅びの子」，「不法の者」〔2 テサ 2 :3, 8 〕とも呼ばれる；*黙示録13章には，*ダニエル書 7 章にある「獣」に基づき，神を冒瀆し世界を支配するが，最終的にキリストによって滅ぼされる〔黙19:20〕悪魔的存在が，アンチ・キリストとして描かれる；16世紀の*宗教改革者は，教皇制ないし教皇，高位聖職者をアンチ・キリストとみなした）．《(II)》*m.* -en, -en, キリスト

(教)の敵対者(反対者)，反キリスト教徒．
antichristlich *adj.* 反キリスト教の，キリスト教に敵対する．

Antidikomarianit【mlat.; < gr. antidikeīn "反論する" + Maria】*m.* -en, -en,《通常複数で》マリア反対派，マリアの母性否定論者(マリアの処女性と*神の母であることを否定した，3-4世紀アラビア地方の異端派).

Antidoron【gr.】*n.* -s, ..ra, アンティドロン(*ギリシア式典礼で聖体用に使う部分を切り取った残りのパン；聖体祭儀の後で食用として会衆に分け与えられる).

Antifon → Antiphon. **antifonal** → antiphonal. **Antifonale** → Antiphonale. **Antifonar** → Antiphonar. **Antifone** → Antiphone. **Antifonie** → Antiphonie. **antifonisch** → antiphonisch.

Antijudaismus【gr. + hebr.-gr.-nlat.】*m.* -, 反ユダヤ主義(ユダヤ教及びユダヤ人に対する宗教的，政治的，人種偏見的な憎悪とそれに基づく言動；Antisemitismus参照).

antikatholisch *adj.* 反カトリック主義の，反カトリック的な．**Antikatholizismus**【+ lat.】*m.* -, 反カトリック主義(ローマ・カトリック教会に対して組織的に反対する立場).

antiklerikal *adj.* 反聖職者［至上］主義の，反教権主義の．**Antiklerikalismus**【gr. + lat.】*m.* -, 反聖職者［至上］主義，反教権主義(*聖職者［至上］主義［*クレリカリズム］に対する，18世紀末から19世紀，特にフランス，イタリア，スペインにおける反教会運動の総称；聖職者の特権廃止，教会と国家の完全分離などを主張し，さらに合理主義の立場からキリスト教の教説のすべてに異議を唱えた).

Antilegomena【gr. "反論される(書)"】*pl.* アンティレゴメナ(→ Antilegomenonの複数形). **Antilegomenon** *n.* -s, ..mena, アンティレゴメノン(5世紀半ばに新約聖書の*正典が確定するまで，東西両教会の*教父の間で，*使徒起源かどうか議論がなされた書［Homologoumena参照］；聖書正典目録の確定後は，正典の27書中で，かつて異論があった，*ヘブライ人への手紙，*ヤコブの手紙，*ペトロの手紙二，*ヨハネの手紙二・三，*ユダの手紙，*黙示録の7書を指した；その後，旧約正典についてもこの語が用いられる).

Antimodernisten・eid *m.* -[e]s, 反近代主義者宣誓(*近代主義に対し，1910年聖ピウス10世〔在位1903-14〕によって公布された*教皇自発教令；すべてのカトリック聖職者に，近代主義の誤謬に反対する誓いを義務付けたものだが，1967年パウルス6世〔在位1963-78〕により廃止された).

Antinomismus【gr.-nlat.】*m.* -, 反律法主義，戒律不要論(キリストによってあらゆる道徳律〔特に，旧約の*律法〕は破棄されたため，義とされたキリスト者は律法を守る義務から全面的に解放されているとする，人間の自由意志と神の*恩恵を拡大解釈した説；16世紀*ルター派で提唱され論争が生じたが，*和協信条書の第5, 6条では，律法の重要性が確認されている). **Antinomist** *m.* -en, -en, 反律法主義者，戒律不要論者．**Antinomisten・streit** *m.* -[e]s, 反律法主義〈戒律不要論〉論争(*反律法主義を採った*ルター派の内部で，宗教的道徳の堕落を恐れた*メランヒトンの一派が戒律の必要性を説いたことに対して生じた16世紀の論争).

Antiochener *m.* -s, -, ①アンティオケイアの人(キリスト教徒). ②アンティオケイア学派の学者．**antiochenisch** *adj.* アンティオケイアの；die 〜e Liturgie, der 〜e Ritus アンティオケイア典礼(シリアのアンティオケイア総大司教区で用いられている*東方典礼；die *syrische* Liturgie参照)；die 〜e Schule アンティオケイア学派(3-5世紀，シリアのアンティオケイアで活動した一群の古代キリスト教神学者；アリストテレス哲学に基づき，聖書の歴史的・文献学的解釈を展開した；キリストの*人性を強調して*位格的結合を否定した；*アレクサンドリア学派と対立関係にあった)；die 〜e Theologie アンティオケイア神学．**Antiochia, Antiochien**【gr.】《固》アンティオケイア，アンティオキア(a. オロンテス川南岸に位置するローマ帝国第3の商業都市で，前64年シリア州の総督府がおかれた；同地ột非ユダヤ人へのキリスト教伝道が開始され，また初めて「キリスト者」の名称が生じた〔使11:19-26〕；*パウロらによる異邦人伝道の拠点となった．b. ピシディアとフリギアの境界に位置する中都市；パウロの第1次*宣教旅行で教会が建てられた；使13:13-49)

Antipapismus *m.* -s, 反教皇主義(Papismus参照). **Antipapist** *m.* -en, -en, (対義語: Papist) 反教皇至上主義者，反教皇派．**Antipapst** *m.*

-[e]s, ..päpste, 対抗教皇(Gegenpapst参照).

antiphon *adj.* → antiphonisch. **Antiphon**【gr.-spätlat.; < gr. antiphōneîn "反対側から響く；応える"】*f.* -, -en, アンティフォナ(a.「交唱」とも；元来は, 聖堂の中で2組の聖歌隊ないし会衆, または独唱者と聖歌隊が*詩編などを応答形式で交互に歌うこと. b.*詩編または*カンティクムの前後に歌う短い固有文；次に歌う曲の音程と旋律を示す先唱ないし先唱句. c. ミサ文におけるイントロイトゥス〔*入祭の歌〕, オッフェルトリウム〔*奉納の歌〕, コムニオ〔*拝領の歌〕の短い繰り返しの歌詞〔リフレイン〕. d.「*聖母マリアのアンティフォナ」のように, 交唱や詩編唱とは無関係の独立した楽曲で, マリアや聖人を記念したり, 特定の意向で行われる儀式や行列などで歌われる聖歌のこと). **antiphonal**【gr.-lat.-nlat.】 *adj.* → antiphonisch. **Antiphonale**【gr.-lat.-mlat.】 *n.* -s, ..lien, **Antiphonar**【gr.-lat.-mlat.】 *n.* -s, -ien, **Antiphonarium** *n.* -s, ..rien, アンティフォナーレ, 聖務日課聖歌集(年間の*聖務日課で斉唱される固有式文のすべてを収録した聖歌集). **Antiphone**【gr.-spätlat.】 *f.* -, -n, **Antiphonie** *f.* -, -n, → Antiphon. **antiphonisch** *adj.* アンティフォナの, 交唱の.

Antisemit *m.* -en, -en, 反セム主義者. **antisemitisch** *adj.* 反セム主義の. **Antisemitismus** *m.* -, 反セム主義(反ユダヤ的ジャーナリスト, ヴィルヘルム・マル〔1819-1904〕の『ゲルマン民族に対するユダヤ民族の勝利』〔Der Sieg des Judenthums über das Germanenthum; 1879〕における造語で, 19世紀以降, 特にナチス政権下〔1933-45〕のユダヤ人に対する人種主義的憎悪とそれに基づく迫害や敵対的言動をいう).

Antistes【lat."統轄者"】*m.* -, ..stites, アンティステス(a. 古代における祭司, 神官の称号. b. カトリックの*司教及び*大修道院長に対する名誉称号. c. 16-19世紀スイスの*改革派教会の*牧師長に与えられた称号；当初は非公式に, *ツヴィングリに冠せられた名誉称号).

Antitrinitarianismus【gr.-lat.】*m.* -, 反三位一体論(*三位一体を否定する立場の総称；例えば, *エビオン派, *グノーシス主義, *モナルキアニズム, 一部のプロテスタントな ど). **Antitrinitarier** *m.* -s, -, 反三位一体論者. **antitrinitarisch** *adj.* 反三位一体論(者)の.

Antityp *m.* -s, -en, → Abbild 1.

Antizipation【lat."先取り；予想"】*f.* -, -en, ①予唱(公に定められた時間以前に*聖務日課を個人的に唱えること；これによって, 午後2時以後に翌日の*朝課を唱えることができる). ②聖職禄予授(*聖職禄の期待権を授与すること).

Antonianer【< Antonius der Große】*m.* -s, -,《通常複数で》アントニオス修道会, アントニオ修道会(エジプトの大*アントニオスの遺骸が起こした*奇跡により, 息子が「*アントニオスの火」と呼ばれる疫病から快癒したことに感謝して, 貴族のガストン・ド・ヴァロワールが1065年フランス, ヴィエンヌに病人看護の目的で創立した信徒修道会；最古の*病院修道会の1つで, 1298年教皇ボニファティウス8世〔在位1295-1303〕により*アウグスティヌスの戒律に従う*律修参事会として認可された；1777年*ヨハネ騎士修道会と合併し, 1803年に消滅した；なお, エジプトの大アントニオスに由来する同名の修道会は, *マロン教会や*アルメニア教会に属するもの, *シナイ山のギリシア正教のものなど多数ある).

Antoni=feuer *n.* -s, -, → Antoniusfeuer. **~kloster** *n.* -s, ..klöster,《隠》監獄(エジプトの大アントニオスの隠修生活にちなむ).

Antoniter・orden *m.* -s, → Antonianer.

Antonius《固》(*m.*) アントニウス(a. ~ der Große / ~ der Ägypter エジプトの大アントニオス；251/2 -356；富農の家に生まれたが, キリスト教徒だった両親と死別後, 隠修生活を始め, 285年頃からはナイル川東岸の荒野の岩窟に隠遁した〔Wüstenmönch参照〕；305年以降は多数の修道共同体を組織するとともに戒律を制定し, キリスト教修道制の基盤を形造った；*アタナシオスによる『アントニオス伝』〔357年頃〕は広く読まれ, その生涯は初期修道生活の規範とされた；砂漠での隠遁生活において悪魔の様々な誘惑に苛まれたことは, 後世の美術のモチーフとなった；家畜, 特に豚の*守護聖人, 火難に際しての*救護聖人；祝日：1月17日. b. ~ von Padua パドヴァのアントニウス；1195-1231；リスボン生まれのフランシスコ会士, *教会博士；アッシジの*フランチェスコに雄弁が認められて説教師として活躍した；死者の復活, ろばの聖体拝礼, 魚への説教など, イタリアやスペ

インに奇跡譚が多く伝えられる；結婚や婦人，及びリスボンとパドヴァの守護聖人；祝日：6月13日）．

Antonius=brot n. -[e]s, -e, アントニウス施物（パドヴァのアントニウスの祝日〔6月13日〕にその*代願を得，彼を崇敬するための施物；1890年トゥーロンに始まる）．~**dienstag** m. -[e]s, -e, アントニウス火曜日（パドヴァのアントニウスの遺体が1231年6月17日の火曜日にパドヴァに安置されたことを記念し，17世紀以降，特別の*信心業が行われた）．~**feuer** n. -s, -, アントニオスの火（a. 丹毒，脱疽，麦角（ばっかく）中毒など，中世，特にフランスで流行した伝染病；エジプトの大アントニオスへの祈願で治癒すると信じられていた．b. 豚丹毒）．~**kreuz** n. -es, -e, アントニオス十字〔架〕（*ラテン式十字の縦木の上部がないT（タウ）型十字で，エジプトの大アントニオスの表号）．~**orden** m. -s, → Antonianer.

Antwort・psalm【dt. + → Psalm】m. -s, -en, 答唱詩編（ミサ中で旧約聖書の朗読〔第1朗読〕の後に，会衆によって歌われる，朗読箇所と関係の深い*詩編の章句）．

Anulus【lat."小さい輪"】m. -, ..li, (Bischofsring, Pastoralring) アヌルス，司教指輪（*司教職の標章の1つで，司教と教会との霊的結合，契約を表すとされる；4世紀頃から司教*叙階の際に授けられ，当初は右手人差し指に，9世紀頃からは中指にはめた）．

Anwärter m. -s, -, 修道志願者（修道生活の第1段階に入った者；Aspirant, Ordenskandidat参照）．

Äon【gr.-lat.; < gr. aión "永遠"】m. -s, -en,《通常複数で》アイオーン（a. 新約聖書では，時と歴史に対する神の主権が永続に持続すること〔ロマ16:26参照〕，または世の終わりまでの期間〔マタ24:3, 28:20参照〕をいう．b.*グノーシス主義で，究極的存在，至高者に由来する〔複数の〕神的存在．c.*マニ教や*ミトラ礼拝における神）．

Aphthartodoket m. -en, -en, 不朽体論の信奉者（主張者）．**Aphthartodoketismus**【< gr. aphtharton "腐敗しない"】m. -, 不朽体論（「キリスト受難不可能論」とも；6世紀のハリカルナッソスの主教ユリアノス〔?-517頃〕の厳格な*キリスト単性説で，罪のないキリストの地上における身体は，本質的に不朽・死・不可受苦だが，その特別な自由意志により苦難を受け，死を迎えたとする説；*アンティオケイアの主教セウェロス〔465頃-538〕に論駁された）．

Apokalypse【gr.-kirchenlat.; < gr. apokálypsis "覆いを取り除くこと；啓示"】f. -, -n, ①黙示文学，黙示文書（人間に隠されていた神の意思，終局史，天上界・地下界などの超越的現実とその意義を，幻や象徴によって開示，解明する，後期ユダヤ教や初期キリスト教の物語；*終末論的な傾向があり，多くは苦難のただ中にある義人を激励する意図をもつ；例えば，旧約聖書の*ダニエル書，新約のヨハネの*黙示録）；～ des Paulus → Paulusapokalypse. ②《単数で》〔ヨハネの〕黙示録（もくしろく）（新約聖書最終巻の文書；伝統的に，*使徒・*福音記者のヨハネが，後1世紀末パトモス島で天使によって与えられた幻〔黙示〕を記録したのともされる〔実際の著者は不明〕；迫害下のキリスト教徒を督励する目的で，天上界，信徒の被る患難，*最後の審判，新しい*エルサレム，キリストの*再臨など，救済に至る終局史が多くの象徴をもって描かれる）．③黙示録（ないしは，世の終わり）の図像．**Apokalyptik** f. -, -en, ①黙示思想（ヨハネの*黙示録や*ダニエル書に現れる*終末論的思想；目前に迫る神の審判により，義人が最終的に勝利して神の祝福を受ける一方で，罪人には永遠の罰が与えられるというもの）．②→Apokalypse 1（の総称）．**Apokalyptiker** m. -s, -, *黙示文学の著者（または，その解釈者）．**apokalyptisch** adj. 黙示録の；die ～e Literatur 黙示文学（Apokalypse 1 参照）；die [Vier] ～en Reiter 黙示録の〔四〕騎士（ヨハネの*黙示録で，小羊が第1-第4の封印を開いたところ現れ出た，白・赤・黒・青白の各色の馬にまたがった4人の騎士；第1の騎士はキリストの託身で神の勝利を，第2-第4の騎士はそれぞれ戦争，飢饉，死をもたらす者を表す；また4騎士とも災い〔ペスト・戦争・飢饉・死〕をもたらす神の罰の代行者と解釈されることもある；黙6:1-8）；die ～en Tiere 黙示録の獣（ヨハネの黙示録で，海中と地中から現れ，神を冒瀆し地上を支配する2頭の怪獣；黙13章）；das ～e Weib 黙示録の女（ヨハネの黙示録で，太陽を身にまとい，月の上に立ち，12の星の冠を戴いた姿で天に

現れた妊婦；通常，婦人は聖母マリア及び教会，生誕後に神の玉座に上げられた男児はキリスト，襲撃する竜は*悪魔と，それぞれ解釈される；黙12章）；die 〜e Zahl 黙示録の数字（黙示録の獣がすべての人々の右手か額に刻印させた666という数字；「人間を指す」とされ，ローマ皇帝ネロ〔在位54-68〕，*アンチ・キリストなど様々な解釈がある；黙13:16-18）．

Apokatastase, Apokatastasis【gr.-lat.; < gr. apokatástasis "回復，復旧"】f. -, ..stasen, ①万物復興（人間をはじめとする被造物のすべては，世の終わりに，罪ゆえに失われた原初の状態に復帰し，神の栄光に与って，完全な状態に至るということ，及びその希望；使3:21, ロマ8:18-25他）．②普遍救済説（*地獄も一種の*煉獄であり，そこでの罪の償いの後にすべての人が救われるという6世紀の*異端説；Universalismus b参照）．

apokryph【gr.-lat.; < gr. apókryphos "真正ではない"】adj. （対義語: kanonisch）〔聖書〕外典の；die 〜en Apokalypsen pl. 外典黙示録（*アブラハム，*モーセ，*エリヤなど旧約聖書の人物，及び*ペトロ，*パウロ，*トマス，*マリアなど新約聖書の人物の名前が冠された*黙示文書）；die 〜en Aposteiakten pl. 外典行伝（後2世紀後半以降に書かれた，新約聖書の*正典以外の使徒物語；多くは特定の*使徒を主人公として，宣教活動における*奇跡や英雄的行為を描く）；die 〜en Evangelien pl. 外典福音書（新約聖書の*正典に含まれる4*福音書以外の福音書で，多くは断片または引用のみによって今日に伝わる；*グノーシス主義に由来するもの，*ユダヤ人キリスト教徒など特定の信徒集団により正典として用いられたもの，正典福音書を補足する目的で書かれた特にキリストの生涯に関するもの，正典福音書に並行するが正典にはないキリストの言葉などの付加部分を伴うものがある）．

Apokryph【spätlat.】n. -s, -en, **Apokryphe** f. -, -n,（通常複数で）アポクリファ，〔聖書〕外典（a. 旧約聖書外典：前3-2世紀に成立したギリシア語の*七十人訳聖書のうち，ヘブライ語旧約正典として認められなかった文書群；カトリックでは*正典に準じた扱いを受け*第二正典〔新共同訳の「旧約聖書続編」から*エズラ記（ギリシア語，ラテン語）と*マナセの祈りを除いた10書〕とされるが，プロテスタントはヘブライ語正典のみを用いる．b. 新約聖書外典：教会によって，異端的空想的文書として正典から排除，排斥されてきた諸書；例えば*グノーシス主義起源の*外典福音書；一方で正典にないキリストの幼年期や受難の物語，聖母マリアの生涯などは民衆の間で愛好され，またしばしば美術作品の主題にも用いられた，*トマス福音書などは，キリストの言葉の伝承資料として研究対象とされる）．**apokryphisch** adj. → apokryph. **Apokryphon** n. -s, ..krypha u. ..kryphen, → Apokryph.

Apollinar|ian|ismus【< Apollinaris von Laodicea】m. -, アポリナリオス主義（ラオディケイアの司教アポリナリオス〔310頃-92頃〕が*ニカイア公会議による*三位一体の定義を厳守しようとしたことに起因する異端説；キリストにおいては人間の肉体に*ロゴスが宿っているとし，キリストの霊魂の*人性を否定した；381年第1*コンスタンティノポリス公会議で排斥されたが，後の*キリスト単性論に大きな影響を及ぼした）．**Apollinarist** m. -en, -en,（通常複数で）アポリナリオス派．

Apologet【gr.-spätlat.; < gr. apologeîsthai "弁護する"】m. -en, -en, 護教家，弁証家（広義では*護教的著述を行う者全般のことだが，特に2世紀ギリシアの教父〔護教家教父〕たちを指す；迫害，誹謗する者に対して，キリスト教徒の道徳性を強調し，またキリストは*メシアであり，キリスト教が異教や*グノーシス主義の異端信仰に優越することを論証した；例えばユスティノス〔100頃-65頃〕）．

Apologetik【gr.-spätlat. "弁護，釈明"】f. -, -en, 護教学，護教論，弁証学（*啓示された真理，キリスト教と教会の正当性を理性的歴史的に立証する神学の1分野で，基礎神学とも；特に，カトリック教会へのキリスト教内外からの反論や疑念に対して，教義や制度が理性に適うものであり，カトリックが真の教会であることを証明する学）．**apologetisch** adj. 護教学(上)の．**Apologie**【gr.-spätlat.】f. -, -n, 護教，護教論（キリスト教を攻撃する宗教，宗派や思想などに対して，キリスト教における*啓示された真理や信仰を擁護し，その優越性，正当性を立証すること；例えば，2世紀半ばにユスティノス〔100頃-65頃；聖人〕がローマ皇帝アントニヌス・ピウス〔在位138-61〕

に宛てた『第一弁明』〔Erste ～〕，ローマの元老院またはマルクス・アウレリウス帝〔在位161-80〕に宛てた『第二弁明』〔Zweite ～〕）．**apologisieren** *t.* (*h*)（教義・宗教的真理などを）弁護する．

Apophthegmata patrum【lat.】*pl.* 師父たちの金言（4-5世紀エジプトの初期修道者〔Wüstenvater参照〕たちが自身の修道生活について述べた折々の金言で，5世紀末頃に集成され〔元はおそらくギリシア語〕，6世紀半ばにラテン語訳された文書；初期修道制の重要資料とされる）．

Apostasie【gr.-spätlat."離反"】*f.* -, -n, ①背教，棄教（洗礼を受けた者がキリスト教の信仰を，公に，全面的に放棄すること，または基本的な*教理を否認すること；CIC. 751）．②修道生活の放棄（*終生誓願を立てた修道者が，誓願の免除を受けず，復帰する意志をもたずに許可なく修道院を去ること）．③聖職位（聖職者の身分）の放棄．**Apostat** *m.* -en, -en, 背教者，棄教者，信仰の背棄者（CIC. 1364§1 参照）．

Apostel【gr.-kirchenlat."遣わされた人，使者"】*m.* -s, -, 使徒（狭義では，イエス自らが選び，宣教のために派遣した12人の*弟子たちのことで，その*昇天後に「使徒」と呼ばれる〔die Zwölfte参照〕；広義では，使徒を自称する*パウロをはじめ，キリストの教えを広め，原始教会の基礎を形作った人々をいう）；der ～ der Heiden 異邦人の使徒（パウロのこと；ロマ11:13）；die zwölf ～ → die *Zwölfte*；das Pferd der ～（*od.* auf dem ～pferde) reiten《比》徒歩で行く．

Apostel=amt *n.* -[e]s, ..ämter, 使徒職(Apostolat 参照）．～**brief** *m.* -[e]s, -e, ①使徒書簡（*使徒の*パウロ，*ヤコブ，*ペトロ，*ヨハネ，*ユダ・タダイが書いたとされる新約聖書*正典中の全21の手紙形式の文書）．②→ das *Apostolische* Schreiben．～**bruder** *m.* -s, ..brüder, 《通常複数で》使徒兄弟派(Apostoliker 1 参照）．～**dekret** *n.* -[e]s, -e, 使徒教令(a. エルサレムの*使徒会議で決議された，*異邦人キリスト教徒に対する4項目の必要最小限の禁令；神聖法集〔レビ17-26章〕に基づき，*偶像に献げられたもの，血，絞め殺した動物の肉，淫らな行い〔近親相姦〕を避けること；使15:29．b.→ Dekret）．～**fest** *n.* -[e]s, -e, ～fest Peter und Paul 使徒聖ペトロ・使徒聖パウロの祭日（6月29日）．～**fürst** *m.* -en, -en, 使徒の長（頭）（単数のときは*ペトロを，複数ではペトロと*パウロの2人を指す）．～**geschichte** *f.* -, -n, ①《単数で》使徒言行録(ᵃᴾᵒˢᵗᵉˡ)（カトリックでの旧称は「使徒行録」；新約聖書の第5書で，*聖霊降臨の後，約30年にわたる伝道活動の経緯を，*ルカによる福音書の続編として，同書の著者が'80-90年頃に記した文書；前半〔1-12章〕で*ペトロを中心としたエルサレム，ユダヤ，サマリアでの初代教会の発展が，後半〔13-28章〕では*パウロらによる3回の*宣教旅行が描かれ，ローマでのパウロの軟禁で終わる）；《プ》使徒行伝，《東》聖使徒行実．②使徒物語（新約聖書*外典における；→ die *apokryph*en Apostelakten参照）．～**konvent** *m.* -[e]s, →**konzil** *n.* -s, 使徒会議（後48-49年頃エルサレムで，*パウロと*バルナバら*アンティオケイア教会の代表者とエルサレム教会の使徒及び長老たちとの間で行われた会議；*異邦人キリスト教徒も*割礼をはじめとする*モーセの律法を遵守すべきかが話し合われ，*使徒教令〔a〕以外の律法には拘束されないことを決議した；使15: 1-29, ガラ2: 1-10）．～**kreuz** *n.* -es, -e, 使徒十字架（教会堂の壁面に設けられた12個の十字架で，*十二使徒を象徴し，教会が使徒の「土台の上に建てられて」〔エフェ2:20〕いることを表す）．～**krug** *m.* -[e]s, ..krüge, 十二使徒のジョッキ（十二使徒が描かれた琺瑯引きの蓋付き炻器；17世紀のクロイセン〔オーバーフランケン，バイロイトの南〕製のものが有名）．～**lehre** *f.* -, →Didache．～**löffel** *m.* -s, -, 【engl. apostle spoon】使徒スプーン（柄の先に十二使徒とキリストの像を刻した13本組みの銀製〔ないし銀メッキ〕のスプーン；15-17世紀のイギリスで*幼児洗礼の祝いに贈られ，ドイツでも普及した）．

Apostelschaft *f.* -,（総称的に：）使徒．**Apostel・spiel** *n.* -[e]s, -e, 使徒劇（使徒，特に*パウロの生涯の出来事〔例えば，パウロの*回心と死，使徒の派遣〕を主題として15-18世紀に西ヨーロッパで創作，上演された宗教劇，学校劇）．**Aposteltum** *n.* -s, 使徒職（の活動，組織）．**Apostolat**【kirchenlat.】*n.* (*m.*) -[e]s, -e, 使徒職(a. 直接キリストによって派遣された弟子たちの宣教の活動・職務；マタ28:19-20

参照．b. aを受け継いで遂行すべき聖職者及び修道者〔CIC. 673-683〕，一般信徒の使徒的活動・職務；Laienミ参照）．**Apostoliker**【kirchenlat.】*m.* -s, -, ①(通常複数で)使徒〔兄弟〕派(*使徒たちの*清貧な生活への復帰を主張した以下のグループをいう；a. 3-4世紀小アジアに興った財産と結婚を否定した一派．b. 12世紀の低部ライン地方の*カタリ派の一部．c.【it. Apostolici】1260年，上部イタリアにパルマの商人ゲラルド・セガレッリ〔1240頃-1300〕が創始した反教会の一派で，*異端として断罪された)．② → Neuapostoliker.

Apostolikum【< lat. [Symbolum] apostolicum】*n.* -s, (das Apostolische Glaubensbekenntnis) ①使徒信条，使徒信経(*使徒伝来とされる基本的教義を12ヵ条にまとめた*信仰宣言で，おそらく*カール大帝による典礼統一に伴って成立した；*ニカイア・コンスタンティノポリス信条よりも短く端的で，*ロザリオの祈りの前に唱えられるなど，しばしば個人の祈りにも用いられる)．②《古》→ Apostolos.

Apostolikum・streit *m.* -[e]s, -e,《プ》使徒信条論争(a. 17世紀*ルター派が使徒信条を共通信仰基盤として採用しようとした際に，*義認への言及がないといった正統主義の側からの異議に端を発する論争．b. 19世紀末から20世紀初頭，典礼での使徒信条の使用義務化に対し，自由主義・合理主義的神学の立場から生じた種々の批判に始まる論争).

apostolisch【gr.-kirchenlat.】*adj.* ①使徒の；使徒的な(聖書に描かれている使徒たちの信仰，聖なる生活，厳しい修行に倣った)；使徒継承の．②(päpstlich) 教皇の，教皇庁の，使徒座の；der ミe Administrator ①使徒座管理区長(教皇の委託を受けて*使徒座管理区を統治する聖職者；CIC. 371§2)．②使徒座任命臨時管理者(修道院，学校，教会財産などの)；der ミe Administratur 使徒座管理区(特別かつ極めて重大な理由により，教皇から*教区として設立されていない区域；CIC. 371§2)；der ミe Brief ① → Apostelbrief. ② → das ミe Schreiben；der ミe Delegat → Delegat；die ミe Exhortation 使徒的勧告(教皇の公文書のうち，*回勅の次に位置付けられるもので，聖職者や修道士などに向けて，霊的生活の向上などのために送られる勧告；第2*ヴァティカン公会議後，*世界代表司教会議〔シノドス〕の結論に基づいて出される教皇文書はこの名で呼ばれる)；die 〜e Gemeinde 使徒教区(die 〜e Kirche参照)；das ミe Glaubenbekenntnis → Apostlikum；der ミe Internuntius → Internuntius；die ミe Kammer 教皇庁会計院(特に教皇空位期間中，教皇庁の世俗的財産・権利の管理にあたる機関)；die ミe Kanzlei 教皇庁尚書院(11世紀以来*大勅書や*小勅書その他の文書の起草と公布などを行った教皇庁の事務局；1973年教皇庁再編により廃止)；die 〜e Kirche ①使徒教会(使徒によって直に設立，統治された*エルサレム，*ローマ，*アレクサンドリア，アテネなどの教区)．②使徒継承の教会(ローマ・カトリック教会のこと；die ミe Sukzession参照)；das 〜e Kollegium 使徒団(*ペトロを目に見える長として，*十二使徒が構成する1つの団体；これに倣ってローマ*教皇を頭とする*司教団が組織される；CIC. 330参照)；die ミe Konstitution → die Apostolische *Konstitution*；der ミe Legat → Legat；die ミe Lehrgesellschaft 教育使徒会，使徒的教職会(ドイツの司祭ヨハン・バプティスト・ヨルダン〔1848-1918〕らが1881年，様々な社会層，職業の人々が共同して使徒的活動を行うことを目的にローマで創設した；1883年に*サルヴァトール修道会と改称)；die ミe Majestät 使徒的国王(皇帝)陛下(1000年，教皇シルヴェステル2世〔在位999-1003〕からハンガリー初代の王，聖ステファヌス〔イシュトヴァーン〕1世〔在位1000-38〕に対して，1758年には，クレメンス13世〔在位1758-69〕からマリア・テレジア〔神聖ローマ帝妃；在位1745-65〕とその後継者に贈られた敬称)；die 〜e Nachfolge → die ミe Sukzession；der ミe Nuntius → Nuntius；die ミe Pönitentiarie → Pönitentiarie；der ミe Präfekt → Präfekt；die ミe Präfektur → Präfektur；der ミe Protonotar → Protonotar；das ミe Schreiben 使徒的書簡(教皇が書簡の形式で出す公文書；*回勅，*使徒的勧告に次ぐ位置付けのもの)；der ミe Segen ① → der Apostolische *Segen*. ② → der päpstliche *Segen*；die ミe Signatur【< lat. Signatura Apostolica】使徒座署名院最高裁判所(das höchste *Gericht* der ミen Signatur参照)；der ミe Stuhl → der Apostolische *Stuhl*；die ミe Sukzession 使徒継承(現在の*司教，*司祭が*十二使徒の直

系, 正当の後継者であり, その職位をキリスト及び使徒たちから間断なく受け継いでいるとするカトリックの教理; Apostolizität参照); die 〜en Väter 使徒教父(*十二使徒の弟子など, 使徒と直接的関係をもったか, *使徒継承性の高度の担い手と認められる〔しかし新約聖書の記者には加えられない〕1世紀末-2世紀半ばのキリスト教著述家たち); die Schriften der 〜en Väter 使徒教父文書(使徒教父による, キリスト教信仰の本質の模索, 各地の教会の指導や訓戒を旨とする著作群; 例えば, *ディダケー, *クレメンス文書, *バルナバの手紙, アンティオケイアの聖イグナティオスやスミルナの聖ポリュカルポスの手紙, *ヘルマスの牧者など); der 〜e Vikar → der Apostolische *Vikar*; das 〜e Vikariat → das Apostolische *Vikariat*; das 〜e Zeitalter 使徒時代(*十二使徒及び彼らから訓育を受けた者によって教会の基礎が作られた, キリスト*昇天から2世紀半ばまでの時期; *十二使徒を含む第1世代のキリスト者の活動期だけを指す場合もある).

Apostolizität *f.* -, 使徒継承性, 使徒性(カトリック教会が, *十二使徒によって基礎付けられ, その*教理, *秘跡, 祭式, 組織が*使徒時代の教会と本質的に同一であり, また使徒の職位が連綿と継承されているということ). **Apostolos**【gr."使徒"】*m.* -, アポストロス(a. 新約聖書のうち, 4*福音書以外の使徒による文書の総称. b.「使徒の書簡」: *ギリシア正教会で, 典礼での朗読用に編纂された*使徒書簡の抜抄集).

Apotheose【gr.-lat.】*f.* -, -n, 神格化(政治的権力者, 特にアウグストゥス〔在位前27-後14〕以後のローマ皇帝など, 特定の英雄的な人間を神的存在にまで高め, 崇拝すること; 以前は「神化」と訳されたが, 人間が神の本性に与る Theosis〔→ Vergöttlichung〕とは区別される). **apotheotisch** *adj.* 神格化された.

Applikation【lat.】*f.* -, -en, ① [功徳] 適用(祈りや善業の効力を他者, 特に[煉獄にある者に振り替えること). ② → Meßapplikation. **Appikations・pflicht** *f.* -, -en, ミサ適用義務(*司教や*主任司祭が, 自己に委ねられている教区民のために, *主日及び*守るべき祝日に無償でミサを献げるという教会法上の義務規定; CIC. 388, 534).

Approbation【lat.】*f.* -, -en, 承認, 認可(教会の合法的*上長者, 裁治権者による, 聖職者, 修道会, 典礼書, 出版, 婚姻などの). **approbatur**【lat."認可された"】印刷 [出版] 許可(教会による出版許可を表す定型; Imprimatur参照). **Approbatur** *n.* -s, 印刷 [出版] 許可. **approbieren** *t.* (*h*) 承認する, 認可する, 許可する.

Appropriation【lat.】*f.* -, -en, → Aneignung.

Apside【gr.-lat."弓型のもの"】*f.* -, -n, **Apsis** *f.* -, Apsiden, アプス, アプシス(後陣, 奥陣とも; *バシリカ式教会堂などの教会建築で, *主祭壇の後方が半円形 [後には多角形] に, 東に向かって張り出し, 半円蓋の付けられた部分; 十字架や天使, *十二使徒, キリスト, 聖母*マリアなどの図像が置かれ, *司祭座とこれを取り囲むように司祭席が設けられている; *内陣の構造物全体を指す場合もある).

Aquamanile【lat.-mlat.】*f.* -, -n, アクアマニレ(ミサ中に手を洗浄するための水を入れる, 特に司教用の容器; 中世のものは動物〔司教用は獅子〕の形態であることが多い; Ablutionsgefäß参照).

Aquarier *m.* -s, -, **Aquarist** *m.* -en, -en, (通常複数で) (Hydroparastat) 飲水派(水餐主義者, 拝水主義者とも; *エンクラティス派など, 飲酒を避けるため, *聖体の秘跡でぶどう酒の代わりに水を用いた人々).

Äquiprobabilismus【lat.】*m.* -s, 同等蓋然説(倫理神学上の学説で, 自由の側の意見が, 法の側の意見と同程度に蓋然的である場合には〔より蓋然的でなくとも〕自由の側に従うことができるとする; イタリアの倫理神学者アルフォンソ・マリア・デ・リグオーリ〔1696-1787; 聖人〕の支持した説; *高度蓋然説と*蓋然説の中間の立場であることから「中間蓋然説」とも).

Araber【arab.-gr.-lat.; < arab.`arab "荒野の住民"】*m.* -s, -, アラビア人(シリア, アラビアの砂漠に生活する*セム族系遊牧民族の総称; 隊商により地方間の交易に従事したとされる; 王上10:15).

Aramäer【aram."高地の人"】*m.* -s, -, (通常複数で) アラム人(メソポタミア及び北部シリアの*セム族系の遊牧民族; 創10:21). **aramäisch** *adj.* アラム [人, 語] の. **Aramäisch** *n.* -[s], アラム語(北西セム語系の言語; *バ

ビロニア捕囚からの帰還後，*ヘブライ語に代わってイスラエルの日常語となったため，旧約聖書のごく一部〔エズ 4:8-6:18, 7:12-26, ダニ 2:4-7:28など〕に用いられている；イエス・キリストの時代には，知識階級のヘブライ語に対する民衆の日常語となり，キリストと*使徒たちもこれを話した；*マタイによる福音書は，アラム語で記された後にギリシア語に翻訳されたと考えられている）．

Arbeiter=bewegung f. -, -en, 労働者運動（19世紀中頃に始まった労働者独自の社会的，文化的，及び宗教的価値観を育成しようという，カトリック教会による組合運動〔例えば→ Katholische *Arbeitnehmer-Bewegung*, → Kolpingwerk〕；なお，キリスト教労働者の*守護聖人は「労働者聖*ヨセフ」で，祝日は5月1日）．**~bischof** m. -s, 労働者司教（1949年レーゲンスブルクで*カトリック労働者運動を創始した，マインツ司教ヴィルヘルム・エマヌエル・フォン・ケッテラー〔1811-77〕の呼称）．**~enzyklika** f. -, ..ken, 労働者に関する回勅（社会主義の方法を否定し，労働者の宗教的，社会的，自助的努力による労働問題の解決を提唱した，キリスト教的労働運動の基底をなす*回勅；教皇レオ13世〔在位1878-1903〕の「レールム・ノヴァールム」〔1891〕や，その40周年に出されたピウス11世〔在位1922-39〕による「クアドラジェシモ・アンノ」〔1931〕などがある）．**~pfarrer** m. -s, -, 労働者牧師（カトリック教会とともに工場などで働き，その司牧や社会的，文化的，宗教的諸問題の解決のために活動するプロテスタントの牧師）．**~priester** m. -s, -, 労働者司祭（特に1910年代以降フランスで，自ら労働者となって労働者の宗教的指導にあたった司祭；例えば，1943年パリ大司教・枢機卿のエマニュエル・シュアール〔1874-1949〕が創立したミシオン・ド・フランスの会員）．**~seelsorge** f. -, 労働者司牧（精神的拠り所を失っている労働者に対する，社会的配慮を伴った*司牧）．**~verein** m. -[e]s, -e, der Katholische ~verein カトリック労働者会（カトリックの*労働者運動の中で，労働者身分に適合する宗教的倫理的価値観の育成や社会的経済的向上のため，19世紀半ば以降に教会の主導で設立された，国別ないし国際的な連帯組織）．

Arbeitnehmer-Bewegung f. -, die Ka-tholische ~ カトリック労働者運動（ドイツ，オーストリア，スイスのカトリック教会による労働者支援運動；略：KAB）．

Arche【< lat. arca "箱"】f. -, -en,《単数で》① die ~ [Noah[s]]〔ノアの〕箱舟（*ノアが神〔ヤハウェ〕の命によって建造し，家族とつがいの動物とともに乗って神の怒りによる*大洪水の難を逃れた箱状の船〔創 7-8章〕；救済に向かって進む教会の象徴及び*予型とされる）．②→ Bundeslade.

Archibischof【gr.-lat.】m. -s, ..bischöfe, 大主教（*東方教会で，*教皇または*総主教に直属する職位）；《カ》大司教（Erzbischof参照）．

Archidiakon【gr.-lat.】m. -s u. -en, -e[n], ①助祭長（4世紀頃は*司教座教会の*助祭及び下級聖職者の長だったが，教会の行政事務や下級聖職者の監督など，*司教から委任される職務が増大するに伴い司教の補佐役〔司教代理〕となった；10-13世紀には司教に匹敵する固有の*裁治権を行使するようになったため，12世紀以降，特に*トリエント公会議でその権能に厳しく制限がかけられた）．②《プ》教区長補佐；大執事．③《東》首輔祭．**Archidiakonat**【spätlat.】n. (m.) -[e]s, -e, ①助祭長職．②助祭長区；助祭長居宅．③→ Archidiakonatssprengel. **Archidiakonats・sprengel** m. -s, -, 小教区，主任司祭管区（*司教区の下位の司牧単位；→ Landkapitel や → Ruralkapitelと同義で用いられる）．

Archimandrit【gr.-lat.; < gr. arché + mándra "修道院の指導者"】m. -en, -en, 掌院（しょういん），アルヒマンドリト（*東方教会で，*主教もしくは修道院長に叙聖〔叙階〕される前の段階にある高位の修道司祭；*主教から複数の*典院を監督することを委託された修道司祭に与えられる名誉称号としても用いられる）．

Archiprebyster【gr.-lat.】m. -s, -, ①（古代，中世の）首席司祭（Erzpriester参照）．②《プ》地区長（功労のある聖職者に与えられる名誉称号，及びこの称号の所有者）．

Archiv【gr.-spätlat."庁舎"】n. -s, -e, 記録保管庫（*教区または*小教区の各々の教会に関するすべての文書，歴史的に重要な書類が整理・保管される部屋；CIC. 486-91）；公文書館．②（1に保管されている，教会の歴史的な）公文書，史料，記録集．

Arcosolium → Arkosolium.

Areios《固》(m.) アレイオス（ラテン語表記ではアリウス〔Arius〕；256頃-336；リビア出身で、*アンティオケイアの神学者ルキアノス〔240頃-312〕のもとで学び、*アレクサンドリアの司祭となったが*三位一体を否定する教派を唱導した；325年第1*ニカイア公会議で破門、追放された；Arianismus参照）．

areligiös〔gr. a- "非，無" + → religiös〕*adj.* 非宗教的な；die ～e Ethik 無宗教的倫理．

Areopag・rede【gr.-lat.; < gr. Areiópagos + Rede】*f.* -, アレオパゴスの演説（*パウロが第2回*宣教旅行の際、古代アテネの会議場・法廷があったアレスの丘で「知られざる神」について語り、キリストの福音を説いた演説；使17:16-34）．

Ärgernis *n.* -ses, -se, ①（他人に与える道徳的、宗教的な）不快の念；義憤、公憤．②躓（つまづ）き（他人を悪へと導く道徳及び宗教上の障害，Anstoß参照）；das gegebene ～ 与えられた躓き、能動的躓き（意図的に他人を罪に誘惑する行為ないし怠り；ルカ17:1-3参照）；das genommene ～ 受け取られた躓き、受動的躓き（他人の無知や弱さ、その時々の法、制度、世論、または*律法学者や*ファリサイ派のように名望のある者の悪意〔マタ15:12-20〕に由来する躓き；Es ist unvermeidlich, dass Ärgernisse kommen. Aber wehe dem, der sie verschuldet.「つまずきは避けられない．だが、それをもたらす者は不幸である．」（ルカ17:1）；der Berg des ～ses 躓きの山（Berg参照）；ein Fels（*od.* Stein）des ～ses 躓きの岩（石）（der Stein des *Anstoß*es参照）．

Arianer【< Arius von Alexandria】*m.* -s, -,《通常複数で》アレイオス派（「アリウス派」とも；*アレイオスに端を発する諸派の総称）．**arianisch** *adj.* アレイオス派（主義）の．**Arianismus** *m.* -, アレイオス主義（「アリウス主義」とも）、318年頃アレイオスが提唱した、父と子の同一性、*三位一体を否定する異端説；*ロゴスは被造物中、最初でかつ完全な存在〔デミウルゴス〕ではあっても、父とは本質的に異なる有限の被造物であり、その優れた善・徳によって*養子とされた〔したがって、御子の存在しなかった時がある〕と主張した；*受肉したロゴスであるキリスト、及び*聖霊は、父なる神の単なる被造物で、真の神ではないとする；最初の*公会議である第1*ニカイア公会議〔325年〕はこの説の排斥のために召集され、父と子〔キリスト〕の同一本質性〔*ホモウーシオス〕を教理決定した；その後アレイオス派は独自の教会をたて、厳格な*アノモイオス派や穏健な*ホモイウーシオス派〔半アレイオス派とも〕などに分裂したが、*ウルフィラスを介して*西ゴート族を皮切りに東ゴート族、ヴァンダル族、ロンゴバルド族などの公認宗教となり、7世紀まで存続した）．

Ariel【hebr. "祭壇の炉；神の獅子"】《固》アリエル（a. *イザヤ書における*エルサレムの呼称；イザ29:1-2, 7. b. (*m.*) 後期ユダヤ教の天使の1人；*ケルビムと同一視されることも）．

Aristeas・brief *m.* -[e]s, アリステアスの手紙（前100年頃に成立した旧約聖書*外典；エジプト王プトレマイオス2世〔在位前285-46〕の宮廷官吏アリステアスを自称する著者が、*モーセ五書のギリシア語翻訳の経緯を報告し、またモーセの*律法の正当性とギリシアの知恵に対する優越を主張する）．

aristokratisch *adj.* 貴族（制）の；das ～e Mönchtum（中世の）貴族修道制．

aristotelisch【< Aristoteles】*adj.* アリストテレス的な；アリストテレス哲学の．**Aristotelisch** *adj.* アリストテレスの．**Aristotelismus** *m.* -, アリストテレス主義、アリストテリズム（ギリシアの哲学者アリストテレス〔前384-22〕の思想、及びこれに基づいて構築されたキリスト教神学・哲学体系；アリストテレスの思想は12世紀頃からイスラム・アラブ世界を経由して西欧に移入され、13世紀半ばにはその全著作が直接ギリシア語からラテン語に翻訳されたことにより、西方キリスト教世界で本格的な受容をみた；特に*トマス・アクィナスは、アリストテレス哲学における知識の分類・体系化の手法、術語、認識論及び存在論的原理〔霊魂や第一原理としての神存在など〕、倫理学上の原理、目的論的世界観などをキリスト教に移植し、*スコラ学を完成期に導いた）．

Arius《固》(*m.*) アリウス（→ Areiosのラテン語表記）．

Arkan・disziplin【< lat. arcanus "秘密の"】*f.* -, 秘密保持内規（未信者〔洗礼志願者〕または異教徒に対し、キリスト教の教義、祭儀

〔特に洗礼や聖餐〕を秘守するという，特に3-5世紀の古代教会の慣習・制度を表す17世紀以降の名称）．

Arkosol *n.* -s, -ien, **Arkosolium**【lat.-mlat. "アーチ状の座"】*n.* -s, ..lien, アルコソリウム（*カタコンベ内部のアーチ型の*壁龕(ﾆｯﾁ)〔ニッチ〕または壁面の凹みで，中に石棺が置かれ，祭壇として用いられた）．

Arma Christi【lat."キリストの武器"】*f.* - -, アルマ・クリスティ（キリストが死に打ち勝ったことを象徴する，十字架，茨の冠，釘，槍などの*受難具，及び図像・彫像におけるその表現）．**Arma-Christi-Engel** *m.* -s, -, アルマ・クリスティの天使（*受難具を手にした天使の図像；受難具は，天使が手にしている盾の上に，紋章のように描かれることもある）．

Arma-Christi-Kreuz *n.* -es, -e, アルマ・クリスティの十字架（キリストの十字架像の縦木と横木に多数の*受難具が取り付けられたもので，民衆の信心道具として家庭内の祭壇や家屋の壁面，戸外などに設置された）．

Armarium【lat."棚"】*n.* -s, ..rien, アルマリウム（a.*ホスティア，*聖遺物，*祭具などを収納するための祭壇横の*壁龕(ﾆｯﾁ)または*聖具室．b. 12-13世紀の修道院の歩廊に設けられた，修道士が所有する本を収納するための壁龕，書庫）．

Armee・bischof *m.* -s, ..bischöfe, 従軍司教（軍隊司牧に関して裁治権を有し*従軍司祭を統轄する，*教区をもたない*名義司教；Militärbischof参照）．

Armen=bibel【< lat. Biblia pauperum】*f.* -, -n, 貧者の聖書，ビブリア・パウペルム（13-15世紀に広く普及した図解入り宗教読本で，新約聖書の重要場面の図版に，その*予型である旧約の当該箇所を描いた図版を対応させ，それぞれに解説を付したもの）．〜**büchse** *f.* -, -n, (貧しい人のための献金を入れる教会内の)慈善箱．〜**fürsorge** *f.* -, 貧民救済，生活扶助（*隣人愛の実践として，経済的に困窮している者に対して，公的ないし私的に助力すること）．

armenisch *adj.* アルメニア（カスピ海と小アジアの間の高原地域；ティリダテス3世〔トルダト3世；在位297頃-330〕の改宗により世界初のキリスト教国となった）の；アルメニア教会（語，人）の；die 〜e Kirche アルメニア教会（a. *カルケドン公会議で排斥された*キリスト単性説を採用して551年に*離教した；以来，高い民族意識のもと，独自の教義，典礼，言語，芸術を発展させてきた；現在は，ティリダテス3世に授洗した「照明者」グレゴリオス〔240頃-330頃〕が創始した教会という意識を保ちつつも，組織的にはいくつかの独立自治教会に分かれている．b. アルメニア・カトリック教会：カルケドン公会議を支持するアルメニア教会の一部が12-14世紀にローマと結び付き，1742年に*カトリック東方教会として承認されたもの；総主教座は現在ベイルートに置かれている）；die 〜e Liturgie アルメニア〔式〕典礼（アルメニア教会〔東方教会，カトリック教会ともに〕で用いられている古アルメニア語の祭式；実質的には聖*バシレイオスの*ギリシア式典礼で，これにシリア式，ローマ式典礼からの追加や独自の変更が行われたもの）．

Armen・seelen *pl.* 煉獄の霊魂（*煉獄において，犯した罪に対する有限の罰の償いをしている死者たち；自力では煉獄を脱することができず，地上の信者の祈り〔*代禱〕や善業などの贖罪的行為に頼らざるをえないという意味で「哀れな」〔arm〕という形容が用いられる；„arme Seelen" とも表記する）．

Arminianer【< Jacobus *Arminius*】*m.* -s, -, 《通常複数で》アルミニウス派．**arminianisch** *adj.* アルミニウス派（主義）の．**Arminianismus**【nlat.】*m.* -, アルミニウス主義（*アルミウスの提唱した説で，*カルヴァンの絶対的な*予定説に反対して，神の救いは一部の人だけでなく，全人類に及ぶという普遍的救済説を採り，救いの「*選び」は将来生じるべき信仰・不信仰の，神による予知に基づくとする；1618-19年の*ドルトレヒト会議で排斥され，*カルヴァン派から分離した；Remonstrant参照）．**Arminius**《固》(*m.*) Jacobus 〜 ヤコブス・アルミニウス（本名は Jacob Hermanns〔*od.* Harmensen, Harmanszoon〕；1560-1609）オランダの*改革派教会の説教家，神学者；1603年以降レイデン大学神学教授を務めたが，カルヴァンの予定説に反対して同僚のフランツィスクス・ゴマルス〔1563-1641〕と対立し，さらにオランダの改革派教会を二分する論争を引き起こした）．

Armut *f.* -, (Paupertät) 清貧（*福音的勧告の1

つ；神を全面的に信頼し，キリストに倣って現世の富への執着を自由意志によって棄てること；マタ19:21, CIC. 600参照). **Armutsgelübde** *n.* -s, -, 清貧の誓願(所属する修道会固有の財産処分に関する規定に従い，現世の財産の所有権と所有欲を自由意志をもって放棄することを公に誓うこと).

Ars moriendi【lat."死ぬ技法"】*f.* - -, アルス・モリエンディ，往生術(キリスト者が善き最期を迎えるための正しい生活法，死への希望，慰めを記した小冊子で，ペスト大流行後の15世紀に普及した；多くは，悪魔が瀕死者のもとに現れ，信仰への疑念，絶望，財物への執着，短気，傲慢の念を次々と呼び覚ましていくのに対し，その都度天使が慰撫を与え悔悛を促して，誘惑への勝利と救霊をもたらすという内容の詩文と木版画から構成される).

Artikel【lat. (-fr.); < lat. articulus "関節；部分，章節"】*m.* -s, -, 箇条(神から*啓示された信じるべきこととして，教会が公に定めた事柄の個々の条項；略: Art.；Glaubensartikel参照); Organische ～【fr. Articles organiques】*pl.* 付属条項(ナポレオン・ボナパルト〔1769-1821〕が，1801年ピウス7世〔在位1800-23〕との間に締結した*政教協約に，教皇の同意なしに付加した77の条項，フランス国内での教皇権の行使を統制しようとする*ガリカニズム的条令で，またカトリックに加えてプロテスタント〔*ルター派と*カルヴァン派〕及びユダヤ教を公認した；教皇はこれを拒否したが，廃止されたのは1905年のこと).

Artolatrie【< gr. ártos "パン" + → Latrie】*f.* -, パン礼拝(a.*ホスティアに対する礼拝；カトリックの*聖体礼拝に対する異端的立場からの批判として用いられる場合もある. b.*聖餐に関して「パンとぶどう酒は実体を保持したままで，それとともにキリストの血肉が実在する」という*ルター派の*共存説に対してなされた*カルヴァン派からの非難を表す語；後者は*象徴説を主張した；Sakramentsstreit参照).

Asarja【hebr."神(ﾔｰ)は助け"】《固》(*m.*) アザルヤ(a. 8世紀半ばのユダ王国の王，ウジヤ〔Usija〕の別名；農牧を振興し，軍備を増強したが，傲慢に陥り神に背いて「重い皮膚病」となった；代下26:8-23. b. *ダニエルの友人で，別名アベド・ネゴ〔Abed-Nego〕; *偶像崇拝を拒否して，*ネブカドネツァルの命により，2人の仲間とともに燃えさかる炉に投げこまれたが，天使に守られ無事だった；ダニ3:12-30. c. その他，旧約聖書に頻出する人名); das Gebet von ～ und Lied der Drei Heiligen Kinder「アザルヤの祈りと三人の若者の賛歌」(旧約聖書*第二正典の*ダニエル書補遺に含まれる，アザルヤ〔b〕ら3人の若者が，激しく燃えさかる炉の中で歌った，悔悛の祈りと神を崇める賛歌).

Asche *f.* -, -n, 《通常単数で》灰(無常なもの，死，悲嘆，謙遜，悔悛，贖罪などの象徴；さらに，自身の灰から再生する*不死鳥にちなみ，浄化や復活も象徴する); die geweihte ～ 聖灰(ﾊｲﾘｶﾞｲ)(*灰の水曜日に，前年の*枝の主日〔*受難の主日〕に祝福された*棕櫚の枝を焼いてつくった灰に，*聖水をかけて祝別したもの〔*準秘跡〕で，当日聖職者及び一般信徒は額に悔悛と贖罪を象徴する十字をこの灰で印し，あるいは頭上に灰を受ける); Friede seiner ～³! 彼の霊の安からんことを(埋葬などの意); sich³ ～ aufs Haupt streuen / sein Haupt mit ～ bestreuen 悔い改める，後悔する(サム下13:19, 1マカ3:47にちなむ); in Sack und ～³ gehen <büßen> 贖罪をする(粗布をまとい，灰をかぶって悔い改める；マタ11:21, イザ58:5にちなむ); zu [Staub und] ～ werden <zerfallen>(死んで)〔塵と〕灰になる(創18:27にちなむ).

Aschen=kreuz *n.* -es, -e, 灰の十字架(人間が塵に帰るものであること，また悔悛と贖罪を象徴するしるしとして*灰の水曜日に司祭が信者の額に描く十字；または*献堂式の際に，床に灰で印される大きなX形の十字で，その上にラテン語とギリシア語のアルファベットが記される). ～**weihe** *f.* -, -n, 灰の祝別(式)(die geweihte *Asche*参照).

Ascher・mittwoch *m.* -[e]s, -e, 灰の水曜日(*復活祭の46日前の水曜日で，*四旬節の最初の日；この日，悔悛と贖罪の象徴として祝別された灰〔*聖灰〕を，聖職者及び一般信徒の頭上に撒くか，額に灰で十字架を印すことからこう呼ばれる；*小斎及び*大斎);《プ》(*聖公会の)大斎始日. **äschern** *t.* (*h*) jn. (et.) ～ (或人の額，或物に)祝別された灰(*聖灰)で十字架のしるしを付ける，灰を撒く.

Aseität【lat.-mlat; < lat. a se "自分から"】*f.* -, 自存性(神の属性の1つで、自己の存在が他にまったく依存せず、それ自身でのみ存立していること).

Askese【gr.-lat.; < gr. áskēsis "(身体の技術的)訓練；生き方"】*f.* -, ①修徳(キリスト教的完徳を目指し、先行する神の*恵みの助力のもと、*福音的勧告に従って、*原罪の結果として生じた内なる罪への傾向、欲望や激情を抑制し、継続的に霊的努力や修行をすること)；禁欲(霊的向上を目指して、肉体の物質的な欲望の実現を否定、断念する努力). ②修業、修行(肉体的・精神的鍛錬によって霊的向上を図ること). ③苦行(Kasteiung参照). **Asket**【gr.-mlat.】*m.* -en, -en, 修徳者；禁欲者；苦行者. **Asketik** *f.* -, ①修徳、禁欲(の教え). ②修徳神学(die *asketische* Theologie参照). **Asketiker** *m.* -s, -, 修徳(禁欲)を説く人. **Asketin** *f.* -, -nen, → Asket(の女性形). **asketisch** *adj.* ①修徳の、修業の、苦行の；die ～e Theologie 修徳神学(*聖人たちの生涯とその聖性、神の*恵みの助力と人間の努力や祈りとの関係、キリスト教的完徳に至る成聖の方法などを研究する実践的な神学). ②苦行者のような.

aspergieren【lat. aspergere "濡らす、注ぐ"】*t.* (h)《古》(或物・或人に*聖水を)振り(注ぎ)かける. **Aspergill**【spätlat.】*n.* -s, -e, 灌水棒、聖水刷毛、散水棒(Weihwasserwedel参照).

Aspersion【lat.】*f.* -, -en, ①散水(式)、灌水、聖水散布(*主日のミサの前〔*洗礼を想起させる目的で〕や*祝別、埋葬などの際に行われる、*聖水を振りかける典礼上の行為). ② → Aspersionstaufe. **Aspersions・taufe** *f.* -, -n, 散水礼(受洗者が多数の場合など、個々人の頭部へ聖水を注ぐのではなく、離れた所から全員の頭に振りかかるように聖水を撒いて洗礼を授ける方法；現在では一部の教派でのみ行われている). **Aspersorium**【lat.-mlat.】*n.* -s, ..rien, 散水器、灌水器(散水用の聖水を容れる鉢、または中に聖水を容れて振ることによって、一端の小孔から散水する棒状の*祭具；Weihwasserbecken 2, Weihwasserwedel参照).

Aspirant【lat.-fr.; < lat. aspirare "得ようと努力する"】*m.* -en, -en, 修道志願者(修道会への入会志望者；多くの修道院では、*修練者となる前の半年から2年間、修道院での共同体生活を体験する修道志願期が設けられている).

Aspiration【lat."呼吸"】*f.* -, -en, 呼禱、射禱(一気に唱えることのできる、数語からなる短い祈り；Schussgebet参照).

Assistent【lat.】*m.* -en, -en, ①補佐、立会人(a. ミサなどの祭儀において司式者を補助する*司祭や*助祭. b. 教会の裁判において訴訟の当事者を補佐する者；CIC.1550§2). ②der geistliche ～ 補佐司祭、助任司祭(CIC. 317 §1,3 ; Kaplan, Pfarrvikar参照). ③修道院長補佐. **Assistenz**【lat.-mlat.】*f.* -, -en, ①補佐(眼などに障害のある司祭がミサを挙行する際の；CIC. 930§2). ②(ミサの執行に際し、他の司教または教皇の)参列、列席.

Assumptionist【lat.-nlat.】*m.* -en, -en,《通常複数で》聖母被昇天修道会(正式名称は「マリア被昇天アウグスチノ会」；1845年エマヌエル・ダルゾン〔1810-80〕が東ヨーロッパやロシアでの宣教活動などを目的に、南フランスのニームで創立；1880年、月刊誌『十字架』〔La Croix；1883年からは日刊〕を刊行し、宗教的反ユダヤ主義を展開した；現在は、アフリカ、ラテンアメリカを中心に活動する；略: AA). **Assumtion**【lat."受け入れ"】*f.* -, -en, ①《単数で》被昇天(聖母マリアが霊魂、肉体ともに天国に受け入れられたとするカトリックの教義；Mariä *Himmelfahrt* 参照). ② → Assunta. **Assunta**【lat.-it."(天に)受け入れられた(女性)"】*f.* -, ..ten, 聖母被昇天(の図像；マリアの死から聖母戴冠までの一連の出来事〔*ガブリエルにより死が予告され、*使徒たちがマリアの家に集まり、死後、キリストによってその魂が受け取られて、遺体は埋葬される；3日目に大天使*ミカエルによって肉体は天に運ばれ、魂と再結合する；被昇天の後、キリストによるマリアの戴冠が行われる〕の一部として描かれることが多い).

Asteriskos【gr."小さな星"】*m.* -, 星型金具、星架、星型十字架(コの字型の金または銀製の金具を2つ、十字型に組み合わせた東方教会の祭具で、パンを覆う布が直接パンに触れないよう支柱の役目をする).

Asyl【gr.-lat."不可侵のもの"】*n.* -s, -e, 避難所、保護所(かつて逃亡犯罪者や負債者などが逃げ込んだ場所、特に中世において世俗の法律

Asyl=recht *n.* -[e]s, 庇護権(逃げ込んできた犯罪者に対して避難場所を与える教会、修道院、病院などの特権;中世末期以降制限され、現在では教会法や国法の規定はない). **~stadt** *f.* -, ..städte, (Zufluchtsstadt) 逃れの町(旧約において、過失によって殺人を犯してしまった者が、被害者遺族による復讐を逃れ、正しい裁判を受けられるよう、避難場所として定められたヨルダン川西側・東側の各3つの町;民 35:14-15, 申 4:41-43, ヨシュ20:7-9).

Aszension【lat.】*f.* -, 《古》(キリストの)昇天 (Christi *Himmelfahrt* 参照).

Aszese → Askese. **Aszet** → Asket. **Aszetik** → Asketik. **Aszetiker** → Asketiner. **aszetisch** → asketisch.

A. T.《略》→ das Alte *Testament*.

Athanasianer【< Athanasius von Alexandria】*m.* -s, -, (通常複数で)(*アレイオス派に対して)アタナシオス派;アタナシオス(の教説)の信奉者. **athanasianisch** *adj.* アタナシオス派の、アタナシオス(の教説に従う); das ~e Glaubensbekenntnis → Athanasianum. **Athanasianum**【nlat.】*n.* -s, アタナシオス信条(西方教会の基本的*信条の1つ;*三位一体とキリストの神人両性及びその*再臨を述べた42節からなり、*ネストリオス派の排斥文を含む;*アタナシオスの作ではなく、5-6世紀におそらく南フランスまたはスペインで成立した;別名→ Quiqumque). **Athanasius**【< gr. Athanasios "不死の人"】《固》(*m.*) ~ der Große / ~ von Alexandria アタナシオス(ラテン語名アタナシウス;295頃-373;アレクサンドリアの司教、*聖人、*教会博士;第1*ニカイア公会議で*アレイオス派を排撃したが、反アタナシオス勢力の策謀により、前後5回17年間の追放を受けた;*三位一体における父と子の本質的同一性を主張、*正統信仰の教義を確立、擁護して「正統信仰の父」、「教会の柱石」と呼ばれる;祝日:5月2日).

Atheismus【gr.-lat.; < gr. átheos "無・神"】*m.* -, 無神論(神、特に*一神教における人格神の実在、またはその認識可能性を否定する思想上の立場の総称;自然主義、唯物論、実証主義、懐疑論など多種多様な思想と結合する).

Atheismus・streit *m.* -[e]s, 無神論論争(ヨハン・ゴットリープ・フィヒテ〔1762-1814〕が、同僚のフリードリヒ・カール・フォルベルク〔1770-1848〕の論文をめぐり、道徳的世界秩序としての神への信仰や、実体としての神の存在を認めない汎神論を表明したため、無神論の罪を問われて1799年にイェーナ大学を罷免された際の論争). **Atheist** *m.* -en, -en, 無神論者. **atheistisch** *adj.* 無神論の、無神論的な.

Äthiop[ian]ismus【gr.-lat.】*m.* -, エチオピア独立教会運動(1890年頃南アフリカの黒人たちの間で起こった、アフリカのキリスト教会における白人の影響力を制限または排除しようとした動き).

Athos《固》アトス山(エーゲ海北西部ハルキディキ半島のアトス半島の先端に位置する、俗界から隔絶された山〔標高2033m〕で、*東方正教会の聖地;大小20の修道院が散在し、その代表者による自治統治が行われている; Mönchsrepublik ~参照).

Atrium【lat.】*n.* -, Atrien, アトリウム(*バシリカ式及び*ロマネスク様式の教会堂入口前の柱廊で囲まれた前中庭;→Paradiesとも).

Attribut【lat.】*n.* -[e]s, -e, ①属性(ある事物に属する恒常的、根本的な性質); die ~e Gottes 神の属性(無限性、永遠性、善性、全知、全能など神の本質から演繹される様々な特性). ②アトリビュート、表号(キリスト教美術において、*聖人、*殉教者など、表現された人物を象徴的に特徴付け、他と区別する標識となる「持物」で、人物像に添えて描かれる;例えば、*ペトロの鍵、*パウロや大*ヤコブらの剣、*マタイの有翼の人または天使、*マルコの獅子、*ルカの牡牛、*ヨハネの鷲、*ヨセフの大工道具、また*セバスティアヌスなど多くの殉教者は矢をアトリビュートとする).

Attrition【< lat. attritio "こすり取ること"】*m.* -, (die unvollkommene Reue) 不完全痛悔(対神愛に起因する*完全痛悔に対して、罪の醜さを恥じたり、神の罰、地獄の責め苦、天国を失うことを恐れるなど、自己中心的な動機に基づき罪を悔いること). **Attritionismus**【lat.】*m.* -, 不完全痛悔充足説(*不完全な痛悔は、*ゆるしの秘跡を受けるための十分な準備であるとする*トリエント公会議で決議されたカトリックの教説;*ルターはこの説を激しく攻撃して*完全痛悔説を提唱した).

Audianer【< Audius】*m.* -s, -, 《通常複数で》アウディウス派(4世紀、シリアの隠修士アウディウス〔3世紀末-370頃〕が創始した禁欲主義的分派；*コンスタンティヌス大帝による追放後、アウディウスは*ゴート族への宣教活動を行ったが、その死後、教派の一部が、創1:27に基づく*擬人神論を採用し、また*グノーシス主義を受容したため異端視された).

Audienz【lat."傾聴"】*f.* -, -en, 謁見(聖職者や一般信徒などがローマ*教皇との会見を許されること；国家元首との公式謁見、個別団体との特別または個別謁見、一般公開謁見などの別がある). **Audition**【lat.】*f.* -, -en, 幻聴(*預言者などが*啓示において神の声を聴き取り、これを人々に告げ知らせること). **Auditor**【lat."聞く人"】*m.* -s, -en, ① (Vernehmungsrichter) 聴取官 (a. 教会法による裁判手続きに基づき、裁判官の委任によって証拠の収集、証人の召喚と尋問、裁判官への書類による報告をとる訴訟行為をする者〔CIC. 1428〕；裁判官・合議制裁判所の長または司教によって、裁判官のうちの1名が任命されるが、特別の場合を除き最終判決の権利をもたない. b. *ローマ控訴院の裁判官；CIC. 1445§1,(3)). ②〔ローマ〕教皇庁職員.

auf|bieten *t.* (*h*) jn. ～ (或人の)婚姻予告をする(*婚姻障害の確認のため、司祭、牧師により説教壇から口頭でなされるか、掲示される).

auf|erstehen *i.* (*s*)《通常不定詞または過去分詞の形で》(死から)復活する、蘇(よみがえ)る (Auferstehung参照)；ich weiß, dass er ～ wird bei der Aufstehung am Letzten Tag「彼(*ラザロ)が終わりの日の復活の時に復活することは存じております」(ラザロの姉*マルタの言葉；ヨハ11:24)；er ist vom Toten *auferstanden*「あの方は死者の中から復活した」(空となったイエスの墓で、天使がマグダラの*マリアスに告げた言葉；マタ28:7). **Auferstehung** *f.* -, (まれに:) -en, 復活、蘇り (a. die ～ Christi キリストの復活：キリスト教の最も基本的な教理〔1コリ15,14参照〕で、キリストが十字架上の刑死と翌日の埋葬の後、3日目に墓から蘇り、*弟子たちをはじめ多くの人の前に姿を現したこと；マタ28:1-7, マコ16:1-8, ルカ24:1-7, 1コリ15:1-11他. b. die ～ der Toten 死者の復活〔1コリ15:42〕；→ Auferweckung b)；die ～ des Fleisches 体の復活、肉身の蘇り(*世の終わりにおける死者の復活；Auferweckung b参照)；ich bin die ～ und das Leben「わたしは復活であり、命である」(ヨハ11:25)；wir erwarten die ～ der Toten und das Leben der kommenden Welt「(私たちは)死者の復活と来世のいのちを待ち望みます」(*ニカイア・コンスタンティノポリス信条の最後の部分)；das Fest der ～ 復活祭(Ostern参照).

Auferstehungs=feier *f.* -, -n, 〔キリスト〕復活の大祝日；復活を記念する式典. **～fest** *n.* -[e]s, -e, 復活祭(Ostern参照). **～tag** *m.* -[e]s, -e, 〔キリスト〕復活の大祝日、復活日.

auf|erwecken *t.* (*h*)《通常、不定詞または過去分詞の形で》(死者を)復活させる、蘇らせる (Auferweckung参照)；Gott aber hat ihn von den Wehen des Todes befreit und *auferweckt*.「しかし、神はこのイエスを死の苦しみから解放して、復活させられました.」(使2:24)；er ist am dritten Tag *auferweckt* worden, gemäß der Schrift「彼(=キリスト)は、聖書に書いてあるとおり三日目に復活した」(1コリ15:4)；die Posaune wird erschallen, die Toten werden zur Unvergänglichkeit *auferweckt*, wir aber werden verwandelt werden.「ラッパが鳴ると、死者は復活して朽ちない者とされ、わたしたちは変えられます.」(1コリ15:52). **Auferweckung** *f.* -, -en, 復活 (a. die ～ Christi キリストの復活：キリストは自力で復活したが、*位格的結合においては、父なる神によってその*人性が「復活させられた」と解釈することができるため、この表現がある；Auferstehung a参照. b. die ～ der Toten 死者の復活：*世の終わりにキリストが*アダムによってもたらされた死を滅ぼし、死者の肉体と霊魂を再結合して、霊肉を備えた「朽ちない者」として復活させること〔1コリ15:12-58〕で、キリスト教の中心的信仰・希望；旧約聖書では前3世紀頃の*黙示文書において復活信仰が現れている；イザ26:19, ダニ12:2. c. イエスが起こした奇跡としての死者の蘇生：会堂長ヤイロの娘〔マコ5:38-42〕、ナインの若者〔ルカ7:11-15〕、ベタニアの*ラザロ〔ヨハ11:1-45〕の件が記録されている；また*ペトロ〔使9:36-42〕と*パウロ〔使20:9-12〕も蘇生の奇跡を行った).

auf|fahren *i.* (*s*) 昇天する；(Christus) ist am dritten Tage aufgestanden nach der Schrift und *aufgefahren* in den Himmel.「(キリストは)聖書にあるとおり三日目に復活し，天に昇り…」(*ニカイア・コンスタンティノポリス信条の一節). **Auffahrt** *f.* -, <*südd., schweiz.*> (キリストの)昇天；<*schweiz.*> (キリストの)昇天の祝日(Himmelfahrt参照).

Aufgebot → Eheaufgebot.

Auflegung *f.* -, (まれに:) -en, (手や布などを)のせること，あてること；die ～ der Hände 按手(Handauflegung参照).

Aufnahme *f.* -, -n, ① (*洗礼による教会への)受け入れ；(修道会への)入会. ② die ～ Marias in den Himmel マリアの被昇天(Mariä *Himmelfahrt*参照).

auf|opfern *t.* (*h*) et. für jn. (et.) / jm. (et.³) et. ～ (或人，或物のために，物事を)いけにえにする. **Aufopfernd** *p.a.* 献身的な，犠牲的な.

Augsburg【< Augustus（初代ローマ皇帝；在位前27-後14）；原義"尊厳なる人"（ローマの聖職者の称号）】《固》アウクスブルク(ドイツ南部の商工業都市；8世紀以来*司教座が置かれ，1276年に自由都市となる；15-17世紀フッガー，ヴェルザー両家によりヨーロッパ商業の中心地として繁栄した；1534年*宗教改革によって*ルター派となり，1555年プロテスタントとカトリックの調停のための帝国議会が開催された). **Augsburger** *adj.*《不変化》アウクスブルクの；das ～ Bekenntnis (*od.* die ～ Konfession) → das *Augsburgische* Bekenntnis；das ～ Interim アウクスブルク仮信条協定(1548年5月皇帝カール5世〔在位1519-56〕によって発布された，カトリックとプロテスタントの合同のための〔公会議までの〕暫定協定；プロテスタント側に聖職者の妻帯とぶどう酒の*形色による聖体拝領を暫定的に認めたが，内容的にはカトリック寄りでその教義，儀礼，組織を保持するものだった；両陣営からの反発を受け，ほとんど実施されなかった)；der ～ Religions・friede アウクスブルク宗教和議(1555年9月カトリック，プロテスタント両派の対立を調停するため開催されたアウクスブルク帝国議会の決議；諸侯及び自由都市に宗派選択権が与えられ，住民はこれに従うべきことなどが決定された；両陣営間の対立は一応終息したが，*ルター派だけが容認され*カルヴァン派の選択は許されず，また不徹底で妥協的な内容だったため*三十年戦争の一因となった). **Augsburgisch** *adj.* アウクスブルクの；das ～e Bekenntnis, die ～e Konfession【< lat. Confessio Augustana】アウクスブルク信仰告白(1530年アウクスブルク帝国議会に際し，*メランヒトンによって起草されたルター派最初の*信条；6月25日にドイツ語版が議会で朗読された；*義認を強調するプロテスタント教理の要約で，ローマ・カトリック教会に対する批判が背景にあるものの，分離を意図したものではなく，むしろ和解的な論調だった).

Augustana【< lat. Confessio *Augustana*】*f.* -, → die *Augsburgische* Konfession.

Augustiner【lat. Ordo Sancti Augustini; < Aurelius *Augustinus*】*m.* -s, -, 《通常複数で》アウグスチノ会(1969年までは「アウグスチノ隠修士会」〔lat. Ordo Eremitarum Sancti Augustini; dt. Augustiner-Eremiten〕と称した，トスカナ地方を中心に*アウグスティヌスの戒律に基づく隠修生活を営んでいた修道士たちが，1244年教皇イノケンティウス4世〔在位1245-54〕の認可によって設立した*隠修士会；1256年に他の隠修士会と合同して*ドミニコ会と*フランシスコ会の会憲を取り入れる；その後，観想と宣教をともに重視しつつ，海外宣教を含む司牧活動と学問研究を推進した；*ルターは1505年，エアフルトの同会修道院に入り，*叙階後は神学研究に専心した；略：OSA).

Augustiner=-Chorherr *m.* -n, -en, 《通常複数で》アウグスチノ修道祭司者会，アウグスチノ修道参事会(*修道院改革の行われた11世紀末に，*アウグスティヌスの戒律を共住生活規則として正式に採用した各地の*聖堂参事会〔聖堂祭司者会〕の総称；大部分は16-18世紀，*宗教改革以降に消滅したが，イタリアのラテラノ修族，オーストリア修族，スイスのグラン・サン・ベルナール修道院とアゴーヌ修道院を母院とする2つの修族などが現在まで存続している). **～-Eremiten** *pl.* アウグスチノ隠修士会(Augustiner参照). **～orden** *m.* -s, → Augustiner. **～regel** *f.* -, アウグスティヌスの戒律〈会則〉(*アウグスティヌス自身，あるいは彼が示した共住修道生活の指針に基づいて弟子たちが作成し，11世紀

末以降多くの修道会で会則として採用された複数の文書;*完徳の本質としての愛を強調し，個人の完徳への努力と共住生活を結合する;*ベネディクトゥスの戒律などに比べて規定が緩やかなため，修道士ではない聖職者の共住生活の規則として用いられることが多かった)．~-**Rekollekten** pl. 瞑想アウグスチノ会(1588年，*アウグスチノ会内部の刷新運動において，原会則の厳守と祈りを目的としてスペインで創立された改革派;ナポレオン時代に衰微したが，1912年アウグスチノ会から独立した修道会として承認された)．

Augustinismus m. -, アウグスティヌス主義，アウグスティニズム(*アウグスティヌスの思想に基づく中世キリスト教哲学・神学，また特に*フランシスコ会，*ドミニコ会によって展開された学派;*人祖の堕落によって，人間から善の意志と行為能力は失われたが，予定された神の恵みによって初めて，人間は堕落の結果を克服するという恩恵論を主張した;*アリストテレス哲学の本格的受容後に見られる神学の保守的傾向をいう場合もある)．**Augustinus**《固》(m.) Aurelius ~ アウレリウス・アウグスティヌス(354-430;西方教会最大の*教父，*聖人，*教会博士;聖寵博士〔Doctor Gratiae〕とも呼ばれる;北アフリカのタガステに生まれ，青年期には*マニ教の信奉者だったが，386年ミラノで*回心する;翌年*アンブロシウスから洗礼を受け，396北アフリカ，ヒッポの司教に就任;*ドナトゥス派，*ペラギウス派，*マニ教などの*異端を排撃した;自叙伝『*告白』〔397-401〕，『三位一体論』〔399-419〕,『*神の国』〔413-27〕をはじめとする多数の著作や書簡を残し，キリスト，*三位一体，*恩寵，*秘跡，教会の教導職など，あらゆる教理上の問題に関して正統信仰の基盤を確立した;また，西方教会の修道院制度にも大きな影響を及ぼした)．

Augustinus・regel → Augustinerregel．

Aula【gr.-lat.】f. -, ..len u. -s, (*バシリカ式教会堂の)前庭(及び*身廊の部分)．

Aureole【mlat.; < lat. aureolus "美しい，黄金の"】f. -, -n, ①栄冠(生涯貞潔を保った者〔黙14:4〕，*殉教者〔マタ5:11〕，神の掟を守り教える者〔マタ5:19〕など，神に奉仕し苦難や*悪魔に打ち勝った人々に与えられる特別な報償;「目覚めた人々は大空の光のように輝き／多くの者の救いとなった人々はとこしえに星と輝く」〔Die Verständigen werden strahlen, wie der Himmel strahlt; und die Männer, die viele zum rechten Tun geführt haben, werden immer und ewig wie die Sterne leuchten.; ダニ12:3〕)．②アウレオーラ，光背(キリストや聖人たちの図像でその全身を囲むように描かれる，栄光や聖性を象徴する光，後光; Glorie, Mandorla, Nimbus参照)．

aus|erwählen t. (h)《雅》選び出す．**auserwählt** p.p.《雅》(神によって)選び出された; die ~en Gottes 神に選ばれた者(原始キリスト教徒の自称;ロマ8:33); das ~e Volk 選ばれた民，選民(ユダヤ民族のこと); viele sind gerufen, aber nur wenige ~ 「招かれる人は多いが，選ばれる人は少ない」(マタ22:14)．**Auserwählung** f. -, (まれに:)-en, 選び(神の*救いの計画において，救済される者が既に決められ，選出されているということ; Prädestination参照)．

aus|gießen t. (h) 注ぐ(*聖別，清め，*いけにえ，*叙任などの際に，水や油を注ぎかける典礼的行為); ich werde von meinem Geist ~ über alles Fleisch 「わたしの霊をすべての人に注ぐ」(使2:17)．**Ausgießung** f. -, -en, 注ぐこと; die ~ des Heiligen Geistes 聖霊降臨(Pfingsten参照)．

Auslands・mission f. -, -en, [外国]宣教(非キリスト教国の人々に*福音を伝えること; Mission参照)．

aus|pfarren t. (h)《古》(或人を)教区から追放する，(牧師，*主任司祭を)教区から転出させる;(ある地区を)教区から除外する．**Auspfarrung** f. -, -en,《古》教区外への放逐．

Aussatz【原義"隔離(分離)された人"】m. -es, 癩(らい)病(歴史的用語として;新共同訳では「重い皮膚病」とされている; Lepra参照)．**Aussätzige*** m. u. f. -n, -n,《形容詞的変化》癩病者(歴史的用語として;新共同訳では「重い皮膚病を患っている人」;マコ1:40他)．

Aussätzigen・mission f. -, -en, 癩病伝道(癩病者及びその治癒者に対する伝道;かつて癩病者は「*ラザロの家」と呼ばれる施設において，教会の指導のもとで宗教的共同生活を営んだ; Lazarusorden参照)．

Ausschluss・recht (Ausschlußrecht) n. -[e]s, (*教皇選挙における候補者の)除外要求

権，異議申立権（Exklusive参照）．

aus|segnen *t.* (*h*) 祝福（祝別）する（segnen参照）；聖別する（weihen参照）；eine Wöchnerin ～ 産婦を祝福する（産後初めて子を連れて教会に来た際に；聖母マリアが清めの期間の後，エルサレムの神殿に詣でたこと〔ルカ2:22〕を記念する）；einen Toten <Verstorbenen> ～（出棺の前に）死者を祝福する．**Aussegnung** *f.* -, -en, 祝福，聖別，祝別；die ～ der Wöchnerin 産婦の祝別（式）．

Außen・propst *m.* -[e]s, -e, 大修道院外務担当副院長（特に*ザンクト・ガレン修道院の）．

äußer *adj.*《付加語的にのみ》外（部）の，外国の；die ～e Mission → die äußere *Mission*；die ～e Schule（修道院の）院外学校（die *innere Schule*参照）．

aus|setzen *t.* (*h*)（外へ）出す；das Allerheiligste ～（礼拝のために）*聖体を顕示する．**Aussetzung** *f.* -, -en, [聖体］顕示（*司祭または*助祭が*顕示台や*聖体容器に収めた*聖体を，礼拝の目的で祭壇の上に安置し，礼拝のために会衆に示すこと；ミサ中の*聖体の秘跡とは別に，単独の祭儀として行われるものを「聖体賛美式」という）；die ～ des Allerheiligsten 聖体賛美式（以前の邦訳は「聖体降福式」；ラテン式典礼で14世紀以降普及した*聖体を賛美する短い祭儀；聖体を*聖体容器のままか*顕示台に入れて*司祭または*助祭が顕示し，これをもって会衆の上に十字を切って祝福を授け，会衆は聖体に対し礼拝と賛美を献げる〔CIC. 941-43〕；伝統的には聖体に対する*献香〔撒香〕，*賛歌，*黙想を伴うが，現在では簡略化される場合が多い）；das Amt mit ～ 聖体顕示を伴うミサ（聖体顕示が行われる*荘厳ミサのこと）．

Ausspruch【< aussprechen】*m.* -[e]s, ..sprüche, 陳述；箴言，名言；der ～ Gottes 託宣，神託（Orakel 1 参照）．

aus|teilen *t.* (*h*)（聖体，秘跡を）授ける；die Kommunion ～ 聖体を授与する；《プ》das Abendmahl ～ 聖餐を授ける．

aus|treten *i.* (*s*) 退会する，退く；aus der Kirche ～ 教会から離脱する．**Austritt** *m.* -[e]s, （まれに:) -e, ①退会する（a. der ～ aus einem Ordensinstitut 修道会からの；*誓願を宣立した者が重大な事由により総長の許しを得て，誓願及びこれに伴う*禁域法などの義務を免除されること；CIC. 686-93. b.*在俗会〔CIC. 726-28〕や*使徒的生活の会〔CIC. 742-43〕を離脱し，*登簿に伴う権利と義務を失うこと）．②→ Kirchenaustritt．

Auszug *m.* -[e]s, ..züge, （一団となって）出て行くこと，出発；der ～ der Kinder Israel aus Ägypten *イスラエルの子らのエジプト脱出（強制労働をさせられていた*イスラエル人が*モーセと*アロンに導かれ，神の約束した*カナンの地を目指してエジプトを逃れ出たこと；Exodus参照）．

Autodafé【lat.-port.; < port. auto-de-fé "信仰についての判断"; < lat. actus fidei "信仰の業"】*n.* -s, -s, アウト・ダ・フェ，異端判決宣告式（a. 15世紀末から18世紀のポルトガル及びスペインの宗教裁判所における*異端審問で，判決の最終的公式宣告を行うこと；*異端を公に誓棄する者には赦免が宣告され，有罪の者はその場で国家当局の手に引き渡されて処刑された〔そのため「火刑」の意味で使われることもある〕．b. 焚書．

autokephal【spätgr.; < gr. kephalé "頭"】*adj.* 独立自治の；die ～e Kirche 独立正教会（*東方正教会の中で，信仰や礼拝形態，法規は正教会のものと同一だが，独自の*総主教，大主教を戴き，完全な自治を守っている14の地方教会；*コンスタンティノポリス〔の一部〕，*アレクサンドリア，*アンティオケイア，*エルサレムの古代4総主教庁，及びロシア，セルビア，ルーマニア，ブルガリア，ギリシア，キプロス，ジョージア，ポーランド，アルバニア，チェコ及びスロバキアの正教会〔アメリカ正教会を含むこともある〕）．**Autokephalie** *f.* -, （独立正教会の）独立自治．**autozephal** → autokephal．

Auxiliar・bischof【< lat. auxiliari "助ける"】*m.* -s, ..bischöfe, (Weihbischof) 補佐司教（*使徒座の任命による*教区司教の辛苦分担者，代行者；*協助司教とは異なり，司教区の継承権を有しない*名義司教の一種；CIC. 403-11）．

Ave【lat."幸いあれ"】*n.* -[s], -[s], → Ave-Maria（の略）．**Ave・läuten** *n.* -s, お告げの鐘（Angelusläuten参照）．**Ave-Maria**, **Ave・maria** *n.* -[s], -[s], ①アヴェ・マリア，天使祝詞（天使*ガブリエルと洗礼者*ヨハネの母*エリサベトによる，マリアへの挨拶と祝辞〔ルカ1:28,

42〕を合わせて作られた，聖母マリアを讃える祈り；名称はラテン語原文の „Ave Maria Gratia plena" 〔めでたし聖寵満ち満てるマリア〕の冒頭語にちなむ；6世紀から16世紀にかけて現在の唱句が段階的に成立した；及び，これに作曲した音楽作品）．②《単数で》→ Aveläuten．**Ave-Maria-Läuten**，**Ave・maria・läuten** n. -s, お告げの鐘（Angelusläuten参照）．**Ave maris stella**【lat.】n. - - -, アヴェ・マリス・ステラ（9世紀以前に作られた聖母の賛歌で，聖母マリアの祝日の*晩課で歌われた；聖母の呼称の1つである „Maris Stella" 〔海の星〕で始まる）．

Averroismus【< Averroës】m. -, アヴェロエス主義（アリストテレスの著作の膨大な注釈書を著したスペインのイスラム哲学者，医学者アヴェロエス〔1126-98〕の哲学・神学説；*単心論，永遠の創造者たる神とともに世界も不滅であること，神学〔*啓示〕上の真理と哲学的真理の併存〔*二重真理説〕，哲学の認識の神学に対する優位などを説いた；繰り返し*異端として排斥されるが，パリの*ラテン・アヴェロエス主義を経て，イタリア*ルネサンスにも影響を及ぼした；der lateinische 〜 ラテン・アヴェロエス主義（13世紀，パリ大学人文学部のアリストテレス学者たちが，アヴェロエス及びそのアリストテレス注釈書のラテン語訳に依拠して提示した*単心論や*二重真理説などの異端的教説で，これを論駁するため，同時期パリ大学に在職した*トマス・アクィナスが『知性の単一性について—アヴェロエス派を駁す』〔1270〕を発表した；第5回*ラテラノ公会議〔1512-17〕で異端として排斥された）．**Averroist** m. -en, -en, 《通常複数で》アヴェロエス派（主義者）．

Ave verum [corpus]【lat.】n. - -[-], アヴェ・ヴェルム〔・コルプス〕（おそらく13世紀に作られた聖体賛美の祈禱文で，パンとぶどう酒の聖別の際，及び*聖体賛美式で歌われた；名称は，ラテン語唱句の冒頭 „Ave verum corpus natum de <ex> Maria Virgine" 〔めでたし真の御身体よ乙女マリアからお生まれになった〕による；及び，これに作曲した音楽作品）．

Avignon《固》アヴィニョン（フランス南東部の町；12世紀末，共和制の都市国家となるが，*アルビ派の拠点になったため，1226年ルイ8世〔在位1223-26〕が率いるアルビジョワ十字軍によって破壊された；1305-77年フランス王権の圧力下に，教皇庁が設置された）．**Avignoner** adj. 《不変化》アヴィニョンの；〜 Exil n. アヴィニョン幽囚（アヴィニョンに7代の教皇が居住した，1305-77年の*バビロニア捕囚の別称）．

Azyma pl. → Azymon（の複数形）．**Azymit**【gr.-lat.】m. -en, -en, 《通常複数で》無酵母パン主義者（聖体祭儀の際に*種なしパンを用いるローマ・カトリック教会〔及び，*カトリック東方教会の*アルメニア教会，*マロン派など〕を指して，発酵パンを用いるギリシア正教会の信徒が使用する呼称）．**Azymon**【gr.-lat.】n. -s, ..ma, ①種入れぬパン，種なしパン（酵母を使用せずに作られるパン；Barches, Matze参照）．②《複数で》除酵祭，種入れぬパンの祭（Matzenfest参照）．

B

Baal【hebr. "主，所有者"】m. -s, -e u. Bealim, バアル（旧約聖書において*偶像崇拝の対象とされている多神教の神；元来は西セム族の豊饒と天候〔嵐〕の神で，*ヤハウェ宗教によって排除された；王上18-19章参照）．**Baalit** m. -en, -en, バアル崇拝者．

Baals=diener m. -s, -, ①→ Baalit．②偶像崇拝者．〜**dienst** m. -[e]s, ①バアル崇拝．②偶像崇拝．

Baal-Sebub【aram. "蠅の主"】《固》(m.) -, バアル・ゼブブ（ペリシテ人の町エクロンの守護神，蠅の神；王下1:2, 6）．

Babel【hebr.】(I)《固》バベル（→ Babylonのヘブライ語名）；der Turm von <zu> 〜 バベルの塔（「天まで届く塔」の建設を企図した*ノアの子孫たちの高慢に対して，神〔*ヤハウェ〕は全地で用いられていた単一言語を混乱させ〔バラル〕互いに言葉が通じないようにし，そのため人々は四散して多数の言語が用いられるようになったという旧約聖書中の出来事，及びその舞台となった建造物；創11: 1 - 9）．(II) n. -s, die Stadt ist ein 〜《比》

Babylon

その町はバベルのよう(a. 退廃した場所. b. 言語の坩堝(るつぼ))だ.

B **Babylon**【babyl.-gr.; < babyl. bābilāni "神々の門"】《固》バビロン(チグリス及びユーフラテス河畔の古代都市;前18世紀ハンムラビ王らのバビロニア第1王朝時代や前7-6世紀の新バビロニア王国の首都などとして繁栄した;*黙示録では神に反逆する,退廃の町の象徴とされる〔黙14:8,18:2他〕). **babylonisch** adj. バビロンの,バビロニアの;das 〜e Exil バビロニア捕囚(*ユダ王国が,*ネブカドネツァル2世治下〔前604-562〕の新バビロニア王国の攻撃を受けて,前597年ヨヤキン王らがバビロニアに連行され〔第1回バビロニア捕囚;王下24:10-16〕,前587/6年には首都エルサレムが陥落してユダの住民の大部分がバビロン周辺に強制移住させられた事件〔第2回バビロニア捕囚;王下25:1-12〕;ペルシア帝国のバビロン侵攻により前538年に終結した); die 〜e Gefangenschaft (教皇の)バビロニア捕囚(アヴィニョン幽囚とも;教皇権の衰微した中世末期,リヨンで即位したクレメンス5世〔在位1305-14〕からグレゴリウス11世〔在位1371-78〕までの7人の教皇が,フランス王の圧力下,南仏ローヌ川左岸の*アヴィニョンに居住したこと,及びその時代〔1309-77〕;ペトラルカ〔1304-74〕がこれをユダヤ人のバビロニア捕囚になぞらえて付けた名称といわれる); der 〜e Turm → der Turm von Babel; die 〜e Sprachverwirrung, das 〜e Sprachengewirr (バベルのような)言語の混乱(創11:9にちなむ).

Bach 《固》(m.) Johann Sebastian 〜 ヨハン・ゼバスティアン・バッハ(1685-1750;*バロック盛期のドイツの作曲家,オルガン奏者;16世紀来の音楽家一族の1人としてアイゼナハに生まれる;リューネブルクで教育を受け〔1700-〕,アルンシュタット〔1703-〕やミュールハウゼン〔1707-〕でのオルガニスト,ザクセン・ヴァイマール公爵の宮廷オルガニスト及び楽師長〔1708-〕,アンハルト・ケーテン公爵の宮廷楽長〔1717-〕を経て,1723年*ライプツィヒの聖トマス教会付属学校*カントルに就任した;約200曲の教会*カンタータをはじめ,*受難曲〔現存するのは,*ヨハネ受難曲(1724)と*マタイ受難曲(1727)の2つ〕,*クリスマス・オラトリオ〔1734/5〕,*モテットなど,主として*ルター派礼拝のための教会音楽や,カトリック的要素をもつミサ曲ロ短調〔1748/9〕の他,世俗カンタータ,〔特にケーテン時代に〕数多くの様々な楽器のための独奏曲や協奏曲,管弦楽曲を作曲して,中世以来の西洋音楽の伝統や技法を集大成した).

Backen・streich m. -[e]s, -e, 頬の軽打(カトリックの*堅信式において司教〔ないし司祭〕が受堅者に対して行う習慣).

Baden【原義"浴場"】《固》バーデン(a. スイスのアールガウ州,リマット川沿いにあるローマ時代からの温泉地. b. ドイツ南西部,現在のバーデン・ヴュルテンベルク州の西側部分にあった領邦;1556年辺境伯カール2世〔在位1553-77〕により*ルター派の宗教改革が行われるが1563-4年には*改革派となる).

Badener adj. 《不変化》バーデンの; 〜 Disputation f. バーデン論争(1526年5-6月,スイスのバーデンで,カトリック教会の代表者ヨハネス・エック〔1486-1543〕と*改革派の代表者,*バーゼルのエコランパディウス〔1482-1531〕及びベルンのベルヒトルト・ハラー〔1492-1536〕の間で,特に*聖餐に関して行われた論争;その結果,バーゼルとベルンは*ツヴィングリの陣営に入った).

Bahnhofs・mission f. -, -en, **Bahnhof・sozialdienst** m. -[e]s, -e, 〈östr.〉駅構内キリスト教奉仕団(ドイツやオーストリアの駅構内に置かれた,キリスト教団体による旅行者,婦人,身体障害者などのための援助施設;1894年ベルリンにプロテスタント団体,97年ミュンヘンにカトリック及びプロテスタント団体によって,地方出身の若い女性工場労働者のための救護施設が作られたのが始まりとされる).

Baldachin【< it. Baldacco "バグダッド(のイタリア語古名)"】m. -s, -e, バルダキヌム,天蓋(a. 中央祭壇,説教壇,聖像,教皇・枢機卿・司教の座席などの上に設置される,柱で支えられたドーム型ないし屋根型の装飾付き覆い;Ziborium〔b〕参照. b.*聖体行列で用いられる携帯式の傘のような覆い;Traghimmel参照).

Ballei【lat.-mlat.】f. -, -en, 管区,管轄区域(*騎士修道会の;Deutschordensballeien参照).

Balsam【semit.-gr.-lat.】m. -s, (まれに:) -e, バ

ルサム，乳香（芳香性の含油樹脂；オリーブ油とともに*聖香油の原料となる）．

Balthasar【hebr."（王に）神（*バアル）の加護がありますように"】《固》(m.) バルタザール（*東方の三博士の1人の伝統的呼称；イエスの誕生に際し，贈り物として乳香を携えてきた）．

Bambino【it.】m. -s, ..ni u. (俗に:) -s, バンビーノ，幼児キリスト（イタリアのキリスト生誕の図像・彫像における*幼子イエスのこと；特に，クリスマスに飾られる → Krippeの中の）．

Band・verteidiger【< lat. defensor vinculi】m. -s, -, 絆の保護官（*叙階や婚姻の無効や解消に関わる訴訟のため司教によって任命され，無効または解消の合理的反証となりうる，あらゆる事柄を提示，解明する義務をもつ，聖職者または信徒；CIC. 1432, 1435）．

Bann m. -[e]s, -e, ①破門［制裁］(Exkommunikation参照)；jn. mit dem ～ belegen / jn. in den ～ (od. in Acht tun)（或人を）破門（追放）する．②（中世の王権による）罰令；罰令権（場所や人を国王の保護下に置く権利，罰則のある*禁令や命令を布告する権利など）；罰令区．③（抗いがたい）魅力，魔力．

Bann=brief m. -[e]s, -e, ～**bulle** f. -, -n, （ローマ教皇による）破門状．

bannen【原義"禁制を布く"】t. (h) ①（或人を共同体，教会から）追放する，破門する．②《雅》（悪魔・悪霊などを）祓う．③《雅》魅了する，呪縛する．

Banner【< altfr. bannière】n. -s, -, （教会の*行列などで掲げられる）のぼり，職旗．

Bann=fluch m. -[e]s, ..flüche, （中世におけるローマ*教皇による）破門（の呪い）；den ～fluch gegen jn. schleudern （或人に）破門を宣告する．～**spruch** m. -[e]s, ..sprüche, 破門［宣告］．～**strahl** m. -[e]s, (まれに:) -en, 《雅》→ ～fluch．

Baptismus【gr.-engl.; < gr. baptismós】m. -, ①洗礼，浸礼 (Immersion, Taufe参照；プロテスタント訳聖書では，ギリシア語から「バプテスマ」〔マタ3：6-16〕と音訳表記され，日本語新共同訳では「洗礼」〔バプテスマ〕とルビが付されている）．②バプテスト派の教義．

Baptist【gr.-engl.; < gr. baptistés "洗礼者"】m. -en, -en, 《通常複数で》バプテスト派（「浸礼派」とも；17世紀初頭，*英国国教会の*ピューリタン分離派の牧師ジョン・スミス〔スマイス；1554頃-1612〕が亡命先のアムステルダムで創立し，イギリス及び北米で発展したプロテスタントの一派；アメリカでは同国最大の教派を形成するが，多くの分派を生んだ；*聖書主義，個々人と各教会の独立性を重視する会衆主義，政教分離などを唱え，*幼児洗礼を認めず，*信仰告白を行った成人の*浸礼による洗礼〔バプテスマ〕のみが有効であると主張する）．**Baptisten・gemeinde** f. -, -n, バプテスト教会．

Baptisterium【gr.-lat.-kirchenlat.; < gr. baptistérion"浴室"】n. -s, ..rien, ①洗礼堂，授洗所（*洗礼の秘跡を授けるために設けられた，教会堂の一部または別棟の建物；Taufkapelle参照）；授洗聖堂(Taufkirche参照)．②洗礼盤（1に備えられている*浸礼のための浴槽状の水盤；Piscina参照）；(*バプテスト派の洗礼〔バプテスマ〕で用いられる）バプテストリー，浸礼槽．**baptistisch** adj. バプテスト派（教会）の．

Barches【hebr."祝福（の言葉）"】m. -, -, 種入れぬパン，種なしパン，除酵パン（ユダヤ教の*過越祭で食される酵母を用いないパン；Matze参照）．

Bardesanit【< Bardesanes】m. -en, -en, 《通常複数で》バルデサネス派（占星術的運命論を唱えた古代シリアのバルデサネス〔シリア語名バル・ダイサンBardaiṣān；154-222〕の一派；キリストの肉体は仮象であり〔*キリスト仮現説〕，その*復活はないとした；数世紀にわたり，ユーフラテス南岸から中国まで広まった）．

Barett【lat.-mlat.】n. -[e]s, -e u. -s, ビレッタ，四角帽（聖職者，軍人または芸術家などが職務上着用する円形ないし四角形の平たい縁なし帽子；ルターやワーグナーの肖像に見られるベレー帽型や，裁判官や教授が着用するモルタルボードの別がある；Birett参照）．

Barfüßer m. -s, -, 跣足修道［会］士（特に，*フランシスコ会士を指す場合がある）．**Barfüßerin** f. -, -nen, 跣足修道［会修道］女．

Barfüßer=mönch m. -[e]s, -e, → Barfüßer．～**orden** m. -s, -, 跣足修道会（所属する修道士，修道女が素足で歩くか，サンダルのみを用いる修道会；裸足はキリストに従って〔マタ10:10参照〕12世紀末にアッシジの聖*フラ

ンチェスコと聖クララが導入した慣習で、13世紀及び16世紀の戒律緩和の後も、原始会則を厳守する*フランシスコ会、*カルメル会、*アウグスチノ会、*カプチン会などの分派〔原始会則派〕が固持している；unbeschuht参照）．

Barmer Theologische Erklärung *f.* バルメン宣言（1934年5月，ナチス政権による*ドイツ福音主義教会の教理・組織への介入に対抗して，ルター派教会，改革派，合同教会がヴッパータールのバルメン・ゲマルケ〔Barmen-Gemarke〕教会における信仰告白会議で採択した「ドイツ福音主義教会の現状に向けての神学的宣言」〔Die Theologische Erklärung zur gegenwärtigen Lage der Deutschen Evangelischen Kirche〕の通称；カール・*バルト〔1886-1968〕らが起草した）．

barmherzig【< lat. misericors】*adj.* 慈悲深い，憐れみ深い；～e Brüder *pl.* 慈悲の友〔修道〕会（病人看護，慈善，救貧，教育を主たる目的とする男子修道会の総称；例えば，1540年聖ヨハネス・デ・デオ〔1495-1550〕がグラナダに創立した聖ヨハネ病院修道会，貴族のガストンが1065年創立した*アントニウス修道会）；～er Gott <Himmel>! ああ神様，ああなんということだ（驚き，悲嘆の言葉）；die ～e Schwester 《ブ》 → Diakonisse；～e Schwestern *pl.* 慈悲の友〔女子修道〕会（病人看護，慈善，救貧，教育を主たる目的とする女子修道会の総称；1633年創立の聖ヴィンセンシオ・ア・パウロの愛徳姉妹会，*ボロメオ修道女会など）．**Barmherzigkeit** *f.* -，慈悲（他者の苦しみに深く同情し，慰撫，援助する徳，マタ25:35-40参照）；der Sonntag der göttlichen ～ → Barmherzigkeitssonntag．**Barmherzigkeits・sonntag** *m.* -[e]s, -e, 神のいつくしみの主日（→ der Sonntag *Misericordias Domini* とも；*復活祭後の最初の*主日〔*復活節第2の主日〕；2000年教皇ヨハネ・パウロ2世〔在位1978-2005〕によって「*白衣の主日」から名称が変更された；Quasimodogeniti参照）．

Barnabas【aram.-gr."慰めの子"?】《固》(*m.*) バルナバ（*十二使徒の1人で，自己の財産を処分し教会を援助したキプロス島出身の*レビ人〔本名はヨセフ；使4:36〕；当初*パウロとともに*アンティオケイアと小アジアのリストラで宣教したが，*使徒会議の後にパウロと対立し，*マルコの郷里キプロスに戻った〔使15:39〕；祝日：6月11日）．**Barnabit**【it.; < Barnaba】*m.* -en, -en,《通常複数で》バルナバ〔修道〕会（1530年医師のアントニオ・マリア・ザッカリア〔1502-39；聖人〕らが，ミラノで創立した男子修道会；聖パウロ律修聖職者会とも呼ばれるが，1538年以降同地の聖バルナバ修道院を母院としたことからこの名がある）．

Barth《固》(*m.*) Karl ～ カール・バルト（1886-1968；*バーゼル出身のプロテスタント神学者；「神の言葉の神学」〔Wort-Gottes-Theologie〕と「教会教義学」〔die kirchliche Dogmatik〕という立場から独自の神学の構築を目論むが，同時にナチス批判を深め，1934年*告白教会を指導，*バルメン宣言を起草した；35年にドイツを追放されると，スイスのバーゼル大学神学教授に就任し，反ナチズム・ユダヤ人救援活動に従事した；戦後は東西の和解の推進，西側の核武装に対する批判などの政治的発言をはじめとして，神学のみならず様々な領域での言論活動を行った）．

Bartholomäer【< Bartholomäus Holzhauser】*m.* -s, -,《通常複数で》 → Bartholomit 2．

Bartholomäus【aram.-gr."タルマイ（勇者）の子"?】《固》(*m.*) バルトロマイ（*十二使徒の1人で，使徒の人名表〔使1:13他〕にのみ登場する；*ナタナエルと同一視されることがあるが特に根拠はない；祝日：8月24日）．

Bartholomit *m.* -en, -en,《通常複数で》① バルトロマイ派（1296年エジプトのアルメニア侵攻によりジェノヴァに逃れ，1307年同地でバルトロマイに献げた教会堂を建立して，アルメニア式典礼を行った修道士の一団；その後，イタリア各地に修道院を建てたが，1650年教皇インノケンティウス10世〔在位1644-55〕により廃止された）．② バルトロマイ修道会（バルトロメウス・ホルツハウザー〔1613-58〕により，*三十年戦争後の倫理，規律の復興を目的として，1640年ザルツブルク近郊で組織された在俗司祭の修道会；共同生活を営むが*修道誓願は立てない；1804年以降に消滅した）．

barock【port.-it.-fr.; < port. barroco "いびつな（真珠）"?】*adj.* ①バロック（様式，時代）の．②《比》(ひどく)誇張された，装飾過多の；異様な，奇怪な，奇異な．**Barock** *n. u. m.* -[s], ①バロッ

ク様式(16世紀後半から18世紀前半にかけて，特に17世紀における*対抗宗教改革，*三十年戦争，絶対主義王制を背景に，ヨーロッパ各地(さらに南米やアジアの植民地)に広まった，優れて演劇的・装飾的な諸芸術の様式；17世紀半ばの盛期バロック〔Hoch～〕はローマを中心に展開し，ジャン・ロレンツォ・ベルニーニ〔1598-1680〕による大理石彫刻，建築及び都市計画を代表とする；Jesuiten～参照)．②バロック時代，バロック期．

Barock=altar m. -s, ..altäre, バロック(様式の)祭壇．**～bau** m. -[e]s, -ten, バロック建築．**～dichtung** f. -, -en, バロック文学．

barockisieren 《I》 i. (h) バロック様式を模倣する．《II》 t. (h) (教会などを)バロック様式に(改変，改築)する．

Barock=kirche f. -, -n, バロック(様式の)教会(聖堂)．**～kunst** f. -, ..künste, バロック芸術．**～musik** f. -, バロック音楽(16世紀末から18世紀前半，ヨーロッパの絶対主義王制の宮廷や教会を中心に展開した音楽の総称；通奏低音の技法が多用され，オペラ，*オラトリオなど劇的で大規模な声楽曲，ソナタやコンチェルト形式による器楽曲の成立と発展を特徴とする；ドイツ語圏の代表的作曲家は，ドレスデンで活躍したハインリヒ・シュッツ〔1585-1672〕，ザルツブルク宮廷楽長を務めたハインリヒ・イグナツ・フランツ・フォン・ビーバー〔1644-1704〕，イギリスに帰化したゲオルク・フリードリヒ・ヘンデル〔1685-1759〕，J. S.*バッハなど)．**～stil** m. -[e]s, → Barock 1；im ～still バロック様式の．**～zeit** f. -, バロック時代，バロック期．

Baruch【hebr. "祝福された者"】《固》(m.) バルク(*エレミアの友人，弟子で書記を務めた；前605年*エレミアの預言を巻物に書き記し，彼に代わって神殿で民衆に読み聞かせた；*ユダの王によって焼却が命じられた後には，新たに増補した巻物本を著す；エレ36章)；das Buch ～ バルク書(旧約聖書*第二正典の1書；序及び*バビロニア捕囚民のための祈り，神の知恵の賛美，捕囚民の激励の3部からなる；バルクの名を借りて前1世紀頃に成立；「第一バルク書」とも)．**Baruchschriften** pl. バルク諸書(*バルク書の他に，*バルクの名を騙りシリア語，ギリシア語，エチオピア語などで記された*偽典；第二バルク書〔シリア語バルク黙示録〕，第三バルク書〔ギリシア語バルク黙示録〕などがある)．

Basel《固》バーゼル(スイス北西部，ドイツとフランスの国境にあるライン川の港湾都市)．**Baseler** → Basler.

Basilianer【< Basileios】m. -s, -, ①《通常複数で》バシレイオス修道会(西方教会では，東方系の修道士を全般的にバシレイオス修道士と呼ぶ習慣があった；*バシレイオスの名を戴いた修道会には，「*バシレイオスの戒律」を採用した修道会はもちろん，それとは直接の関係はなく東方系修道士の流れを汲んだ南欧の修道会，イエズス会の影響下で17世紀初頭に成立した，東方教会の聖ヨサファトのバシレイオス修道会，そしてローマと合同した*メルキト教会に属し，17世紀末から18世紀に成立した3つの修道会〔本部レバノン〕など，様々な起源のものがある)．②東方正教会の修道士(*バシレイオスの戒律を用いていると誤解されて，この名で呼ばれる)．**Basilianerin** f. -, -nen,《通常複数で》バシレイオス女子修道会(バシレイオスの名を戴いた女子修道会の総称；聖ヨサファトのバシレイオス修道会，聖マクリナのバシレイオス女子修族，*メルキト派の女子ソアリタ会がある)．

Basilidianer【< Basileides】m. -s, -,《通常複数で》バシレイデス派(130-40年頃アレクサンドリアで活動したキリスト教的*グノーシス主義者のバシレイデス〔?-140頃〕の一派；4世紀頃まで存続した；至高神が人類の解放のためにこの世にヌースを送り，これがイエスに宿ったと主張したとされるが詳細は不明)．

Basilika【gr.-spätlat.; < gr. basiliké (stoá) "王の(広間)"】f. -, ..ken, バシリカ(a. バシリカ式教会堂：指向性のある長方形の構造をもち，列柱によって*身廊と左右の〔身廊より天井が低い〕*側廊が分けられ，身廊の一端に祭壇のある*内陣が位置する三廊式の教会堂；ローマ時代の市場や裁判所など公共施設の建築様式で，4世紀以降キリスト教の教会建築に採用された．b. 教皇によって特権が与えられ，他の教会堂より上位と認められている教会堂；ローマにある4つの「大バシリカ」〔Basilica maior；ジョヴァンニ・イン・ラテラノ大聖堂(Sankt Johannes im Lateran), *サン・ピエトロ大聖堂(Petersdom), サンタ・マリア・

マッジョーレ大聖堂(Groß Sankt Marien), サン・パオロ・フォリ・レ・ムーラ聖堂(Sankt Paul vor den Mauern)〕と「小バシリカ」〔Basilica minor〕をはじめとして世界各地にある. c. ローマとパレスチナにおける古代教会の信徒の集会場のこと). **basilikal**【gr.-lat.】*adj.* バシリカ(式)の.

Basilius【gr.-lat.; < gr. Basíleios】《固》(*m.*) ~ der Große 大バシレイオス, 大バシリウス(330頃-79；*聖人, *教会博士でカッパドキアの3*教父の筆頭に挙げられる；370年以降カイサレイアの司教となり, *アレイオス派を排撃し, *三位一体論, 特に聖霊の*神性の論証に努め, また*共住修道制の基礎を確立した).

Basilius=liturgie *f.* -, バシレイオス典礼(大バシレイオスの典礼文による*ギリシア正教会の典礼で, 現在, 年間10回行われている；日本のギリシア正教会では「聖大ワシリイの聖体礼儀」と呼ばれる). **～regel** *f.* -, バシレイオスの戒律(大バシレイオスによって358-64年に書かれた, 『修道士大規定』〔55項目〕と『修道士小規定』〔313項目〕からなる問答形式の共住修道生活の規則；隠遁, 定住, 祈りと労働, 節制などを定め, 今日まで東方教会のみならず, *ベネディクトゥス経由で受容した西方教会においても, 修道生活の基礎とされている).

Basler *adj.*《不変化》バーゼルの；~ Bekenntnis *n.* バーゼル信条(1534年バーゼル市参事会により公布された*改革派の信条)；~ Konzil *n.* バーゼル公会議(バーゼルで1431-49年に開催された*公会議；*フス派問題の解決や東西教会統合, 教会制度の抜本的改革を企図したが, 教皇エウゲニウス4世〔在位1431-47〕と度々衝突し, 37年に決裂した；教皇側はフェラーラ, フィレンツェに移って公会議を継続するが, *公会議首位説をとる出席者はバーゼルに残り, 39年に*対立教皇のフェリクス5世〔在位1440-49〕を選出した；49年, 対立教皇が辞職し公会議は解散した).

Bauern・krieg *m.* -[e]s, Deutscher ~ ドイツ農民戦争(*ルターの*宗教改革を契機に, 聖書に照らした既存の制度, 秩序の刷新を企図して, 1524-25年南西ドイツの他, ティロル, 中部ドイツ各地で勃発した農民と下層市民による大規模な社会変革運動；中部ドイツでは*ミュンツァーの影響で過激化したが, 1525年5月フランケンハウゼンの戦いで領邦諸侯によって鎮圧され, ミヒャエル・ガイスマイアー〔1490-1532〕の指導したティロルの農民蜂起も弾圧された).

Baum *m.* -[e]s, Bäume, 木；der ~ der Erkenntnis [von Gut und Böse]〔善悪の〕知恵の木(*エデンの園の中央に*命の木と並んで立っていた木〔ラテン教会の伝統ではりんごの木とされる〕；*エバと*アダムは*蛇の誘惑によって, 神に禁じられていたその果実を食べ, 不従順の罪を犯して楽園を追放された〔創2：9-3章〕；Erbsünde参照)；der ~ des Lebens → Lebensbaum.

Baxterianismus【< Richard *Baxter*】*m.* -, バクスター主義(イングランドの牧師リチャード・バクスター〔1615-91〕の唱えた穏健な*ピューリタニズム).

Beata Maria Virgo【lat.】*f.* - - - *u.*《無冠詞で》Beatae Mariae Virginis, ベアタ・マリア・ヴィルゴ, 祝福された処女(聖)マリア(*聖母マリアに対するカトリック教会でのラテン語呼称；ルカ1：48に基づく；その2格形は, 各地の聖母マリアに献げられた教会, 聖堂の名称や祈禱文のタイトルなどに付せられている；略: B.M.V., BMV).

Beatifikation【lat.-nlat."祝福された(状態)"】*f.* -, -en, (Seligsprechung) 列福(ある死亡した信徒の生前の聖なる生活や著作, *殉教, *奇跡などが, 司教及び教皇庁の*列聖省の厳密な調査によって立証された結果, 教皇が*福者であると公に宣言すること；*列聖の前提とされる). **beatifizieren** *t.* (*h*) (或人を)列福する, *福者の列に加える.

Beelzebub, Beelzebul【hebr.；原義不明】《固》(*m.*) -, ベルゼブブ, ベルゼブル(*悪魔または*悪霊(聖)たちの頭；ルカ11：14-23, マタ12：26-27参照；なお → Baal-Sebubと関連させる説があるが, その根拠は薄い)；den Teufel mit <durch> ~ austreiben 悪霊の頭ベルゼブルの力で悪霊を追い出す(ルカ11：15；転じて：小難を避けて大難を招く).

Beffchen【< mlat. biffa "マント"?】*n.* -s, -, 垂れ襟(プロテスタントの聖職者が, 襟元から胸に垂らす2枚の白いリネン製リボン；長さは10-15cmほどで, 17世紀頃から用いられている).

Begard【niederl."乞食"?】*m.* -en, -en, **Begar-**

de *m.* -n, -n,《通常複数で》ベガルド［会］(「男子ベギン」とも；13世紀に南ネーデルラントやドイツで自然発生的に形成された在俗修道会的な〔ただし*修道誓願は立てない〕半聖半俗の男性信徒の集団；多くは毛織物業などの手工業者や商人で、財産を共有し、都市部で共住生活を行ったが〔一部は遍歴、托鉢した〕、異端的傾向が強まり、1312年ヴィエンヌ公会議でベギンとともに排斥された).

Beghard → Begard.

Beghine → Begine. **Beghinen・hof** → Beginenhof.

Begier *f.* -,《雅》, **Begierde** *f.* -, -n, 欲情、情欲 (*原罪に起因する罪への傾向のうち、理性に反する、特に性的な欲求；ガラ5:16-17参照). **Begierde・taufe** *f.* -, (Wunschtaufe) 望みの洗礼(キリストの*福音と教会を知らず、水による*洗礼を受けていないとしても、真摯に神を求め、*恩恵の働きのもと、良心の命令を通して認められる神の意思を実践しようとする人であれば、万人に対する神の普遍的救済意志によって、キリストの*復活に与り、永遠の救済の恵みを受けることができるというカトリックの教理).

Begine [mlat.-mfr.-mhd.;語源不詳] *f.* -, -n,《通常複数で》ベギン［会］(12世紀末から13世紀初頭、ネーデルラントやライン地方の主に都市部で自然発生的に始まった、*使徒的生活を希求する半聖半俗の女性信徒、及びその集団；未婚女性ないし寡婦が*修道誓願を立てずに、単独で〔家族とともに生活する場合も〕あるいは修道会的な共同生活の中で、神秘主義的瞑想、托鉢、手作業、病人・貧者の介護、初等教育などを行った；聖俗の権威者から保護されることもあったが、時にその異端的傾向が危険視され、ヴィエンヌ公会議〔1311-12〕では*ベガルドとともに排斥された；フランス革命時にその多くは消滅したが、一部は現在も存続している). **Beginen・hof** *m.* -[e]s, ..höfe, ベギン会院(ベギナージュ[fr. Béguinage]とも；ベギンたちが俗世から隔絶された、厳格な規約のもと、自律的共同生活を営んだ修道院に類似の居住施設；例えば、ユネスコ世界遺産のフランドル地方のベギン会院群).

begnaden *t.* (*h*)《雅》jn. mit et.³ ～(神が或人に或事をもって)恵みを垂れる、恩恵を授ける. **begnadet** *p.p.*《雅》*恩寵に恵まれた、天分に恵まれた；Sei gegrüßt, du ～e, der Herr ist mit dir.「おめでとう、恵まれた方、主があなたとともにおられる」(*マリアに対する*ガブリエルの*受胎告知の挨拶；ルカ1:28).

begnadigen *t.* (*h*) ① (或人を)ゆるす、赦免する. ② 《古》 → begnaden.

Beicht *f.* -, -en, <*südd.*> → Beichte.

Beicht=befugnis *f.* -, -se, (*ゆるしの秘跡における)告白を聴く権能(*教皇、*枢機卿、*司教、*教区司祭などが職務上有する；CIC. 966-76). **～buch** *n.* -[e]s, ..bücher, → Bußbuch. **～denar** *m.* -s, -e, → ～geld.

Beichte *f.* -, -n, 告白(古くは告解、懺悔(ざんげ)とも；*ゆるしの秘跡の一要素として、適時に自由意志によって自己の罪を糾明し、これを資格ある*司祭に言い表して*赦免を受けること；CIC. 988参照)；die ～ ablegen (罪を)告白する；jm. die ～ abnehmen (司祭が或人の)告白を聴く；der Pfarrer hört <sitzt> ～ *主任司祭が(*告白場にいて)聴罪する；zur ～ gehen 告白をしに行く. **beichten**【原義"話す、語る"】*t.* (*h*) 告白する；bei jm. ～ 或人に告白を聴いてもらう；～ gehen 告白をしに行く.

Beicht=formel *f.* -, -n, ①告白の形式(*ゆるしの秘跡において告白を行う際の、典礼上の定型、典文). ② → Sündenregister. **～gänger** *m.* -s, -, 告白(をしに行く)者. **～gebet** *n.* -[e]s, -e, (罪の)告白の祈り. **～geheimnis** *n.* -ses, -se, ①告白の守秘義務(*ゆるしの秘跡において、*聴罪司祭は*告白者の述べた内容及び関連するすべてについて漏洩したり、またはそこで得た知識を一切利用してはならないということ；この義務に違反した司祭には*破門を含む厳しい処罰が下される；CIC. 983-84, 1388). ②告白の秘密(告白された内容). **～geistliche**# *m.* -n, -n,《形容詞的変化》→ ～vater. **～geld** *n.* -[e]s, **～groschen** *m.* -s, -, 告白謝礼(8世紀以来、罪の告白の後で、*告白者から謝礼として聴罪司祭に贈られた金銭その他の贈り物；*トリエント公会議以降、この慣習は厳禁された).

beicht|hören *i.* (*h*) <*östr.*> 告白を聴く、聴罪する. **Beichtiger** *m.* -s, -, ① → Beichtvater. ②《稀》→ Bekenner.

Beicht=jurisdiktion *f.* -, -en, → ～befugnis. **～kammer** *f.* -, -n, 告白室、告白場(～stuhl参

照). ~**kind** n. -[e]s, -er, → Beichtling.

Beichtling m. -s, -e, 告白者, 告解者.

Beicht=opfer n. -s, -, ~**pfennig** m. -s, -e, ~**geld**. ~**register** n. -s, -, (かつて用いられていた:)告白証明書発行原簿. ~**schein** m. -[e]s, -e, → zettel. ~**siegel** n. -s, -, 告白の秘密厳守(~geheimnis 1 参照). ~**spiegel** m. -s, -, 告白の鑑(かがみ), 告解の手引き, 良心糾明のしおり(告白に先立って, 良心を糾明するための質問〔例えば, *十戒のそれぞれの掟に反した行いがなかったかどうか〕が列挙された小冊子; Sündenregister参照). ~**stuhl** m. -[e]s, ..stühle, 告白席, 告白場, 告白室(*ゆるしの秘跡の授受のため, 教会堂や礼拝堂内に設置された施設で, 通常3室の小部屋からなる; 中央部分に*聴罪司祭が入り, 格子で隔てられた両脇のブースで*告白者がそれぞれ祈禱台に跪いて告白を行う; CIC. 964). ~**vater** m. -s, -..väter, 聴罪司祭, 聴罪師(信徒の*告白を聴き, 秘跡的ゆるしを与える権能が付与された*司祭, CIC. 965-86). ~**vollmacht** f. -, → ~befugnis. ~**zettel** m. -s, -, (かつて用いられていた, 個々人の以前の告白の内容が記された)告白証明書. ~**zimmer** n. -s, -, → stuhl.

Bein・haus n. -es, ..häuser, 納骨堂(墓地の改修などで掘り出された遺骨を安置するための施設).

bekehren 《I》 t. (h) 改宗(回心)させる; die Heiden ~ 異教徒を改宗(回心)させる; jn. zum Christentum ~ (或人を)キリスト教に改宗させる. 《II》 refl. sich ~ 改宗する, 回心する; sich zu Gott ~ 回心して神に従う.

Bekehrer m. -s, -, 宣教者, 宣教師, 伝道者 (Missionar参照). **Bekehrte**# m. u. f. -n, -n, 《形容詞的変化》改宗者, 回心者. **Bekehrung** f. -, -en, 回心, 改宗(Konversion参照). **Bekehrungs・reise** f. -, -n, 宣教旅行, 伝道旅行; die ~ Pauli <des Paulus> パウロの宣教旅行(伝道旅行)(*パウロによる計3回の異邦人伝道のための旅行; 第1次: キプロス及び小アジア〔46-49年頃; 使13:1 -14:28〕, 第2次: 小アジア, マケドニア, ギリシア〔50/1 -52年頃; 使15:36-18:22〕, 第3次: ガラテア, フリギア, エフェソス, マケドニア, ギリシア〔54-57/58年頃; 使18:23-21:16〕; パウロは最後の旅行の後に, エルサレムで逮捕された).

bekennen 《I》 t. (h) 告白する; einen Glauben ~ 或る信仰をもっていることを表明する; eine Schuld ~ 罪を告白する; die ~de Kirche 告白教会(1934-44年, カール・*バルトやマルティン・ニーメラー〔1892-1984〕を中心とする*ドイツ福音主義教会による反ナチズム運動; 1934年, 州教会の代表者によりバルメンで開催された第1回告白会議で*バルメン宣言を採択した; 36年までの計4回の告白会議を通じ, ナチスの教会体制に対抗してキリスト中心主義を唱えたが, 指導者の追放, 逮捕により, 38年頃には運動は頓挫した; 略: B.K.). 《II》 refl. sich schuldig ~ 罪を犯したことを告白する; sich zu einem Glauben (zum Christentum) ~ 或る信仰をもっている(キリスト教徒である)ことを公言する. **Bekenner** m. -s, -, 証聖者(元は, 初代教会でキリストの*福音を公に表明し, 多くの苦難や迫害を受けたが, *殉教には至らなかった者を指したが, 今日では*殉教者以外のすべての男子聖人及びその称号; また, キリストの教えを守って生活し, これを証したキリスト教信者のすべてを指す場合もある. **Bekenntnis** n. -ses, -se, ①(特定の宗教, 宗派, 思想を信奉していることの)告白, 表明; ein ~ zum Christentum ablegen キリスト教を信仰していることを表明する. ②信仰告白, 信条(Glaubensbekenntnis参照); Augsburger ~ → das *Augsburgische ~*. ③宗派, 教派; das katholische (evangelische) ~ カトリック(プロテスタント)教徒; katholischen <evangelischen> ~ses sein カトリック(プロテスタント)教徒である. ④(罪の)告白(Beichte, Schuldbekenntnis参照).

Bekenntnis=buch n. -[e]s, ..bücher, 《通常複数で》→ ~schrift. ~**frei** adj. (特定の)宗派(教派)と関わらない; eine ~freie Schule 無宗派の学校. ~**freiheit** -, 信教の自由(Glaubensfreiheit参照). ~**kirche** f. -, → die Bekennende Kirche. ~**los** adj. (特定の)宗派(教派)に属さない; 宗派(的)の. ~**mäßig** adj. 信仰告白〈信条〉に関する; eine ~mäßig organisiertes Schulwesen 宗派〔別〕学校制度. ~**schrift** f. -, -en, 《通常複数で》信仰告白文書(それぞれの宗派〔教派〕において定式化, 公表された*信仰告白, 信仰宣言の総称); ~schriften der evangelisch-lutherischen Kirche pl. ルター派教会信仰告白文書集(1930年に*アウクスブルク信仰告白400周年を記念して刊行された16世紀

ルター派の信仰告白文書の批判版全集；2014年，新訂版）．**～schule** *f.* -, -n, → Konfessionsschule．**～verschiedenheit** *f.* -, -en, 信仰の相違；混宗［障害］(Mischehe 参照)．**～zwang** *m.* -[e]s, (まれに:)..zwänge, (特定の)信仰の強制．

bekreuzen《I》*t.* (*h*) ① jn. ～ (或人に対し)十字を切って祝福する．②《古》(或物に)十字のしるしを付ける．《II》*refl.* → bekreuzigen．

bekreuzigen *refl.* sich ～ 十字を切る；er hat sich vor dem Altar bekreuzigt 彼は祭壇の前で十字を切った；sich vor jm. (et.³) ～ (話)(或人・或事を)忌み嫌って十字を切る（厄払いのために）．

Bel und Drache ベルと竜（旧約聖書*第二正典の*ダニエル書補遺に含まれる物語；*ダニエルが，バビロニア人の*偶像であるベル神と巨大な竜を滅ぼし，それに怒ったバビロニア人はダニエルをライオンの洞窟に閉じ込めたが〔ダニ6：1-25とは別の話〕，神が*ハバククに食糧を運ばせてその命を救った）．

Bema【gr."(祭壇の)段，台"】*n.* -s, -ta, ベーマ（聖堂内の一段高い所；a. 初代キリスト教における*バシリカの*内陣の一段高くなっている場所で，司祭席〔*プレスビテリウム〕を設置する．b. ビザンティンの聖堂で*イコノスタスによって*至聖所と仕切られた高い部分，至聖所．c. ユダヤ教の会堂やシリアの初期ビザンティン教会の朗読用の壇）．

benedeien (*p.p.* benedeit *u.* gebenedeit)【kirchenlat.; < lat. bene "良く" + dicere "言う"】*t.* (segnen) 祝福する，讃える；die [ge]benedeite Jungfrau / die Gebenedeite 祝福された処女(※)(聖母マリアのこと)；du Gebenedeite unter den Weibern「あなたは女の中で祝福された方です」(*ガブリエルの*受胎告知*の挨拶；ルカ1：28)．

Benedicite【lat.】*n.* -, ベネディチテ，ベネディキテ（旧約聖書*第二正典の*ダニエル書補遺の「*アザルヤの祈りと三人の若者の賛歌」〔ないしは*外典，ダニ3：57-88, 56〕に基づく*カンティクムで，名称はラテン語唱句の冒頭語 „Benedicite, omnia opera Domini, Domino; laudate et superexaltate eum in saecula."〔主の造られたすべてのものよ，主を賛美し，代々にたたえ，あがめよ；*Preist* den Herrn, all ihr Werke des Herrn; lobt und rühmt ihn in Ewigkeit!；アザ34(ダニ3：57)〕による；及び，これに基づく合唱曲)．

Benedictionale【lat.】*n.* -, ..lien, **Benedictionarium** *n.* -s, ..rien, ベネディクツィオナーレ，祝福定式書，祝禱書(*聖務日課で用いられる祝福の祈禱文を収めたもの)．

Benedictus【lat. "祝福されますように"】*n.* -, -, ベネディクトゥス (a.【lat. *Benedictus* Dominus Deus Israel】「ザカリアの賛歌」とも；祭司*ザカリアが，洗礼者*ヨハネの誕生に際し，聖霊に満たされて唱えた預言の歌〔ルカ1：68-79〕による賛歌；古来，マリアの歌〔*マニフィカト〕の対として唱えられた．b.【lat. *Benedictus* qui venit in nomine Domini. Hosanna in excelsis】ミサ中の*感謝の賛歌で「聖なるかな」〔Sanktus参照〕を3度唱えた後に歌われる，イエスのエルサレム入城の際の群衆の歓呼〔マタ21：9〕に基づく短い賛歌；「ほむべきかな，主の名によりて来る者．天のいと高きところにホザンナ」〔*Hochgelobt* sei, der da kommt im Namen der Herrn. Hosanna in der Höhe.〕)．

Benedikt《固》(*m.*) ベネディクトゥス (a. ～ von Aniane アニアーヌのベネディクトゥス：750頃-821；*聖人，*証聖者；779年南仏アニアーヌ河畔に修道院を創設，*カール大帝とその子*敬虔王ルートヴィヒ〔1世〕の支援のもと，フランク王国内の*修道院改革を推進した；*アーヘンの戒律の起草にも参与した；祝日：2月12日．b. ～ von Nursia ヌルシアのベネディクトゥス：480頃-547頃；聖人；中部イタリアのヌルシアの上流階級に生まれ，ローマで自由学芸や法律を学ぶが，*回心して学業を放棄し，ローマ近郊のスビアコの洞窟で*隠修生活を行う；529年頃モンテ・カッシーノに修道院を創立するとともに，いわゆる「*ベネディクトゥスの戒律」を定めた；「*西方修道制の父」〔Vater des abendländischen Mönchtums〕，さらには「ヨーロッパの父」〔Vater Europas *od.* Vater des Abendlandes〕とも呼ばれる；ヨーロッパの*守護聖人；祝日：7月11日)．**Benediktiner** *m.* -s, -, ①ベネディクト会［修道］士；der weiße ～ 白衣のベネディクト会士(*カマルドリ会士の別称；白い修道服を着用することから)．②ベネディクティン(フランスのベネディクティン社製リキュールの商標名；16世紀初めフランス，ノルマンディーの漁港フェーカンのベネディクト修道院で作られたものを18世紀半ばに復元

した；*ベネディクト会の標語→ Deo optimo maximoの頭文字のDOMがラベルに記されている）．**Benediktiner・abtei** *f.* -, -en, ベネディクト会大修道院．**Benediktinerin** *f.* -, -nen, ベネディクト会修道女．

Benediktiner=kloster *n.* -s, ..klöster, ベネディクト会修道院．**~kongregation** *f.* -, -en, ベネディクト会修族（*ベネディクトゥスの戒律に従う複数の自律修道院が，首席大修道院長のもとで連帯ないし中央集権的な組織を形成したもの；Kongregation 2 参照）．**~mönch** *m.* -[e]s, -e, → Benediktiner 1．**~nonne** *f.* -, -n, → Benediktinerin．**~orden** *m.* -s, ベネディクト会（ベネディクトゥスの戒律に従って定住修道生活を行う，各々独立性の強い修道院の総称；現在は20余の*修族がベネディクト会連盟を形成している；女子修道会はヌルシアの*ベネディクトゥスがその妹の聖スコラスティカ〔480-543頃〕らとともに設立した．**~regel** *f.* -, ベネディクトゥスの戒律〈会則〉（540年頃，ヌルシアのベネディクトゥスが「*師父の戒律」の影響下で，モンテ・カッシーノの修道士たちのために著した共住修道生活に関する規則；7世紀頃から西欧各地の修道院で用いられるようになり，*カール大帝とアニアーヌの*ベネディクトゥスの尽力によって，816年カロリング朝フランク王国のすべての修道院の規範と定められた；*清貧，*沈黙，*貞潔，*謙遜，*従順の強調，修道院長をキリストの代理たる最高権威〔家父〕とする家長制組織，*聖務日課，「祈りかつ働け」〔→ ora et labora〕を旨とする共同定住生活などを規定し，ベネディクト会系修道院のみならず西方教会の修道院で広く採用された）．

Benediktion【lat.】*f.* -, -en, ① 祝福（Segen参照）；祝福式（病者や宣教師などの人間，聖堂以外の建物，聖堂に付属する*洗礼盤，*聖櫃，十字架，聖像，オルガンなどの物品，*メダイ，聖画，*ロザリオなど信心用具，その他の祝福について，それぞれに固有の挙行法に従って行われる儀式）．② 《稀》聖体賛美式（die *Aussetzung* des Allerheiligsten参照）．**Benediktus** → Benedictus．**benedizieren** *t.* (*h*) 祝福する．

Benefiziar【mlat.】*m.* -s, -e, **Benefiziat**【mlat.】*m.* -en, -en, 聖職禄受領者, 教会禄受領者．

Benefizium【lat."恵み"】*n.* -s, ..zien, (Pfründe, Präbende) 聖職禄（「教会禄」とも；聖職者の生計維持のために*教会法で認められている，その職位に相応の収入；聖職位に付随する動産・不動産収益，*教会税，信徒からの献金や謝金など；CIC. 1272）．

Benjamin【hebr."幸いの子"】《固》(*m.*) ベニヤミン（*ヤコブと*ラケルの末子〔創35:18〕；イスラエル*十二部族の1つで，武勇に優れたベニヤミン族の始祖；使徒*パウロはこの部族の出身とされる〔フィリ3:5〕）；der ~ sein《比》（あるグループ，家族で）最年少である．

Beräucherung *f.* -, -en, (Inzens) 献香，撒香（*盛式ミサ，*聖体賛美式，*聖体行列，*献堂式，葬儀などの祭儀で，*香炉〔振り香炉〕を用いて*香を焚き撒くこと；祈りが天に届くこと〔詩141:2〕や罪の贖い〔民17:11-12〕を象徴する）．

Berg *m.* -[e]s, -e, 山（*パレスチナではヨルダン川と死海を挟んで高原が広がり，その頂上は神の座とみなされて礼拝所や神殿が設けられた；また山は，*啓示をはじめとする聖なる事件が起こる場所であり，例えば，旧約における*イサクの*いけにえ〔創22章〕，*モーセの召命〔出3章〕や*十戒の授与〔出19,20〕，新約聖書では*山上の説教〔マタ5-7章〕，*十二使徒の選出〔マコ3:13-19〕，*変容〔マタ17:1-9〕，*オリーブ山での終末の預言〔マタ24:3-14〕，十字架刑〔マタ27:32-56〕が行われた）；der ~ des Ärgernisses 躓(つまづ)きの山（オリーブ山のこと；イエスが*ペトロの離反を予告したことから；マタ26:30-35）；der ~ des bösen Rates 悪だくみの山（大祭司カイアファら祭司長と*ファリサイ派がイエスの死を謀ったとされる*エルサレムの*最高法院のこと；ヨハ11:47-53）；der Glaube kann ~e versetzen 信仰は山をも動かす（マタ17:20に基づく）．**Berg・predigt** *f.* -, 山上の説教（「山上の垂訓」とも；イエスがガリラヤ湖畔の山上で行ったとされる新約聖書中で最も総括的な説教で，*真福八端に始まり，*律法や*預言者に関する新しいメシア的解釈とその成就を告知する；マタ5-7章）．

Berichte・erstatter *m.* -s, -, 報告官（教会の合議制裁判所において，裁判官の中から指名される主任裁判官；裁判官会議における訴訟

Bernhard《固》(*m.*) ～ von Clairvaux クレルヴォーのベルナルドゥス(ラテン名Bernardus Claraevallensis；フランス名ベルナール〔Bernard〕；1090/1-1153；フランスの神秘家，*聖人，*教会博士；1112年シトー会に入会直後から頭角を現し，若くしてシャンパーニュ地方南部のクレルヴォー修道院〔1115年創設〕の院長に任命された；シトー会発展の功労者であるだけでなく，第2回*十字軍の派兵など王侯への霊的・政治的影響力も大きかった；神学上では*アベラルドゥスらの合理主義を批判し，神との神秘的合一〔霊的結婚〕を中心に据えた神秘思想を展開した；雄弁と文体の流麗さにより15世紀頃から「蜜の流れる博士」〔lat. Doctor Mellifluus；dt. honigfließender Lehrer〕の異名をとる). **Bernhardiner** *m.* -s, -, ベルナルドゥス会修道士.

Bernhardiner=kloster *n.* -s, ..klöster, ベルナルドゥス会〈ベルナール会〉修道院(ベルナルドゥスによって新設されたシトー会系修道院). **～mönch** *m.* -[e]s, -e, → Bernhardiner. **～nonne** *f.* -, -n, ベルナルドゥス会修道女. **～orden** *m.* -s, ベルナルドゥス会，ベルナール会(クレルヴォーのベルナルドゥスによって大きく発展した*シトー会の修道院の別称；しばしば誤ってフランスのシトー会自体がこの名で呼ばれる).

bernhardinisch *adj.* ベルナルドゥス(ベルナール)の；das ～e Zeitalter ベルナルドゥス時代(クレルヴォーのベルナルドゥスが教会政治家として手腕を発揮し，またその指導下でシトー会を中心に*修道院改革が推進された12世紀前半の呼称；das *zisterziensische* Zeitalter参照).

Beruf *m.* -[e]s, -e, ① 職業. ② 《単数で；雅》→ Berufung. **Berufung** *f.* -, -en, 《通常単数で》召命, 召し出し(神によって個々人が特定の身分・職業において聖性に達するように召され，使命を与えられること；特に，聖職や修道生活への).

beschauen《I》*t.* (*h*) 観察する，じっくり眺める；sich innerlich ～ 内省する.《II》*i.* (*h*) 観想する，瞑想に耽る. **Beschauer** *m.* -s, -, 観想者. **beschaulich** *adj.* 観想的な；das ～e Leben 【< lat. vita contemplativa】観想生活(*観想に専念する生活；特に孤独，沈黙，労働の内に祈りを献げる共住修道生活の1形態；Kontemplation参照）；der ～e Orden → der *kontemplative* Orden. **Beschauung** *f.* -, 観想(Kontemplation参照).

Bescheidenheit *f.* -, 謙遜, 謙虚(Demut参照).

bescheren *t.* (*h*) jm. et. *od.* jn. mit et.³ ～ (或人に或物を)クリスマスプレゼントとして贈る；授ける. **Bescherung** *f.* -, -en, クリスマスプレゼントの山，贈り物の山；Das ist [mir] eine schöne ～！/ Da haben wir die ～！《話》有り難いことだよ(ひどい話だ)，とんでもないことになった.

Beschneidung *f.* -, 割礼(神〔*ヤハウェ〕と*アブラハムの間で結ばれた*契約のしるしとして，生後8日目に行われる男児の性器包皮切除〔創17:10-14〕；*使徒会議の決議により，*異邦人キリスト教徒はこの義務を免れた)；die ～ Jesu イエスの割礼(イエスが誕生8日目に*律法に従って割礼を受け，天使*ガブリエルの命じたとおり〔ルカ1:31〕イエスと命名されたこと〔ルカ2:21〕；1月1日はこれを記念して，6世紀以来「主の割礼の祝日」〔～ des Herrn〕だったが，1931年教皇ピウス11世〔在位1922-39〕により「神の母聖マリア」の祭日〔Hochfest der Gottesmutter Maria〕に変更された).

beschuht *p.p.* 履靴(ᵘ)の. **Beschuhte**# *m. u. f.* -n, -n,《形容詞的変化》履靴修道会(16世紀に多数設立された*跣足修道会に対して，会則を緩和し履き物を用いることを認めた修道会；例えば，*コンヴェンツァル会，履靴アウグスチノ女子隠修会)の修道者.

Beschuldigung *f.* -, -en, 〔罪の〕帰負, 転嫁(*人祖による神からの離反が，*原罪として全人類に帰されること〔ロマ5：12〕；また，キリストの義が，神を信じる者すべてに転嫁されること〔ロマ4：22-24〕；Imputation参照).

besessen《< besitzen》*p.p.* (悪霊(ᵃᵏ)・悪魔などに)憑かれた，取り憑かれている；ein Mann, der von einem unreinen Geist ～ war 汚れた悪霊に取り憑かれた男(マコ1:23). **Besessene**# *m. u. f.* -n, -n,《形容詞的変化》悪霊(悪魔)に憑かれた者. **Besessenheit** *f.* -, 悪魔憑き, 憑依(悪霊などの超人的超自然的な力が，ある人の身体と意識を支配し，*異言，予言，病気，精神障害，異常行動などを引き起こす

こと；厳密には，当人とは別の，神聖なものに敵対する人格的存在が内在していることが認められる状態をいう）．

besonder *adj.*《付加語的にのみ》特別の，個別の；das 〜e Gericht → das besondere *Gericht*；die 〜e Gewissenserforschung → die besondere *Gewissenserforschung*；die 〜e Offenbarung → die besondere *Offenbarung*．

besprengen *t. (h)* jn. *od.* et. mit Weihwasser 〜（或人・或物に）*聖水をかけ（て祓い清め）る．**Besprengung** *f. -, -en*，散水，灌水（一般的には，聖水を人や物に振りかけ，祓い清める典礼上のすべての行為を指すが，まれに*散水礼をいう場合もある；Aspersion, Aspersionstaufe参照）．

bestatten *t. (h)*《雅》（死者を）埋葬する，葬る．**Bestattung** *f. -, -en*，《雅》埋葬，葬儀．

Bet=bank *f. -, ..bänke*，祈禱台（跪いて祈るための；〜pult参照）．**〜bruder** *m. -s, ..brüder*，《蔑》（教会に頻繁に行き，大げさに祈って）信心家ぶる人，信心に凝りかたまった人．**〜buch** *n. -[e]s, ..bücher*，祈禱書．

beten《I》*i. (h.)* 祈る，祈りを献げる；für die Toten 〜 死者のために（冥福を）祈る；vor (nach) Tisch 〜食前(食後)の祈りを献げる；zu Gott für <um> et. 〜 (或事を)神に祈る(祈願する)；bete und arbeite! → ora et labora；lasset <lasst> uns 〜「祈りましょう」（ミサ中の*集会祈願などで司祭が会衆の祈りを促す言葉）；Not lehrt beten．《諺》苦しいときの神頼み；《中性名詞化して》Da hilft kein Singen und 〜 mehr．《話》じたばたしてもしょうがない．《II》*t. (h)*（祈りの文句を）唱える，唱えて祈る；das Vaterunser (den Rosenkranz) 〜 *主の祈り（*ロザリオの祈り）を唱える．**Beter** *m. -s, -*，**Beterin** *f. -, -nen*，お祈りをする人，祈禱者；《蔑》お祈りばかりしている人．

Bet=fahrer *m. -s, -*，《古》→Wallfahrer．**〜fahrt** *f. -, -en*，《古》→ Wallfahrt．**〜formel** *f. -, -n*，祈りの形（定型）．**〜gang** *m. -[e]s, まれに:) ..gänge*，行列祈禱（Prozession参照）．**〜glocke** *f. -, -n*，祈りの（時を告げる教会の）鐘．

Bethanien【hebr.-gr.“貧しい者の家”】《固》ベタニア（a. *オリーブ山の東南斜面に位置する*ラザロの故郷の町；同地での会食の際，その妹マリア〔Maria c参照〕がイエスの足に高価な*香油を注いだ；ヨハ12：1-8．b. 洗礼者*ヨハネが*洗礼を行ったヨルダン東岸の地；ヨハ1：28)．

Bet・haus *n. -es, ..häuser*，①祈りの家（神殿のこと；イエスはイザ56：7を引用して神殿の境内から商人を追い払った；マコ11：17)．②礼拝堂，会堂（カトリック及びプロテスタント以外の；特にユダヤ教の；Synagoge参照）．③《稀》教会．

Bethel【hebr.“神(㊙)の家”】《固》ベテル（a. *エルサレム北方に位置する聖所及びその近傍の町；*ヤコブが梯子の夢を見，神に与えられた土地〔Himmelsleiter参照；創28：11-19, 35：1-7〕；王国分裂後は，南王国のエルサレムに対して北の聖地となり，*金の子牛の像が置かれたことから*偶像崇拝の地とされた〔王上12：28-29〕．b. ベーテル：正式には，Von Bodelschwinghsche Stiftungen 〜；*内国伝道の一環としてビーレフェルト近郊に1867年設立された癲癇医療施設に始まり，フリードリヒ・フォン・ボーデルシュヴィング父子〔父1831-1910；子1877-1946〕によって発展された，精神医療，障害者・貧困者支援，教育事業などを行うプロテスタント系組織)．

Bethlehem【hebr.-gr.“パンの家”】《固》ベツレヘム，ベトレヘム（*エルサレム南方に位置する町；*ダビデの父エッサイの故郷で〔サム上17：12〕，*ルカによれば，その血筋の*ヨセフが戸籍登録のため妻マリアを伴って帰郷していた時，預言〔ミカ5：1-3〕のとおり*メシアが生まれた〔ルカ2：4-7, マタ2：1；Nazareth参照〕；4世紀，同地に*コンスタンティヌス帝が*降誕聖堂を建造した)；nach 〜 gehen《戯》寝る（Bettと音の類似から)．

bethlehemitisch *adj.* ベツレヘムの；der 〜e Kindermord → der bethlehemitische *Kindermord*．

Bet=kapelle *f. -, -n*，《稀》礼拝堂（Kapelle 1参照)．**〜nuss**〈**〜nuß**〉[< fr. noix de prière ?] *f. -, ..nüsse*，祈りのくるみ（*ロザリオなどに結び付けられる開閉可能なくるみ型のロケット；特に15-6世紀に普及し，柘植(ﾂｹﾞ)，後には象牙製で，内部に聖人の生涯やキリストの*受難などの場面の精緻な彫刻が施されている)．**〜pult** *n. -[e]s, -e*，祈禱台（前部に跪いて祈るための足台と肘を支える台が付いたベンチ)．

Betrachter *m. -s, -*，観想者，黙想者．**Betrachtung** *f. -, -en*，①観想，黙想（Kontemplation

参照). ②念禱 (das innere *Gebet*参照).

Bet=saal *m.* -[e]s, ..säle, 礼拝室 (比較的小さな団体が礼拝や祈りを行う場;多くは臨時に使用する). **～säule** *f.* -, -n, → Bildstock. **～schemel** *m.* -s, -, → ～bank. **～schwester** *f.* -, -n,《蔑》信心家ぶる女;信心に凝り固まった女 (～bruder参照). **～sonntag** *m.* -[e]s, -e,《稀》→ Rogate. **～stuhl** *m.* -[e]s, ..stühle, → ～pult. **～stunde** *f.* -, -n, 祈りの時間, 定時信心 (定時または特定の目的のために信徒が集まって行う祈禱). **～tag** *m.* -[e]s, -e, 祈願日 (教会によって, 祈りと償いのために特に指定された日; Buß- und Bettag参照).

Bettel=bruder *m.* -s, ..brüder, **～mönch** *m.* -[e]s, -e, 托鉢修道〔会〕士. **～orden** *m.* -s, -, (Mendikantenorden) 托鉢修道会 (*使徒たちの*清貧に倣って, 会員は一切の共有財産をもたず, また*ベネディクト会などの大修道院制と異なり, *定住の誓願に拘束されずに, 労働と物乞いをしながら主に都市部での巡回説教を行った修道会; 本来は, 13世紀に成立した*フランシスコ会と*ドミニコ会だけを指したが, 以降*アウグスチノ会や*カルメル会が加わり, さらに*マリアの僕会など多くの修道会にもこの名称が与えられた). **～orden・streit** *m.* -[e]s, → Mendikantenstreit. **～pfaffe** *m.* -n, -n,《蔑》→ ～mönch.

Beuge・strafe *f.* -, -n, 懲戒罰 (被破門者など*教会法上の犯罪者に対する, ミサや*秘跡などからの排除, 聖職の停職などの制裁措置; CIC. 1331-35).

Beuron《固》ボイロン (南ドイツ, バーデン・ヴュルテンベルク州のドナウ渓谷に位置する巡礼地;及び, 1863年同地に創立され*典礼運動の中心地となった*ベネディクト会の聖マルティヌス大修道院の別称). **Beuroner** *adj.*《不変化》ボイロンの; ～ Kongregation ボイロン修族ベネディクト会 (聖マルティヌス大修道院〔1077年頃創立, 1802廃院, 1863復興〕を母院とする*ベネディクト会の修道院連合).

Bewährungs・lehre *f.* -, 神性証明説 (キリストは現世での苦難と闘いにおいて, 自身の「神の子」としての徳性を実証した〔bewähren〕, その報いとして, *復活後に初めて*位格的結合が与えられ, *神人〔Gottmensch〕となったとする*ネストリオス派の異端説; モプスエスティアの司教テオドロス〔350頃-428〕が提唱し, 第2*コンスタンティノポリス公会議〔553年〕で排斥された)

beweglich *adj.* 動く, 可動の; die ～en Feste → die beweglichen *Feste*.

beweihrauchen, beweihräuchern *t.* (*h*) ①(或物に)香を焚きしめる. ②《比》(或人に)阿(おもね)る, (或人を)誉めそやす.

Beweinung *f.* -, (死・死者に対する)哀悼, 悲嘆;die ～ Christi キリスト哀悼, 死せるキリストへの哀悼 (十字架から下ろされたイエスの周囲に, その死を嘆き悲しむ聖母*マリア, マグダラの*マリア, 使徒*ヨハネ, その他の人物が配された図像表現; Pieta参照).

Bibel【gr.-kirchenlat.;< gr. byblion "(パピルスの)巻き紙,書物"】*f.* -, -n, ①《単数で;定冠詞を伴って》die ～ 聖書 (*神感を受けた様々な時代の多数の著者によって記され,キリスト教会によって伝統的に神の言葉,*啓示の記録として受け入れられてきた「聖なる書」の集成. ユダヤ教伝承で, *モーセと神〔*ヤハウェ〕の間に結ばれた*契約を中心とする*旧約聖書と,イエス・キリストによる「*新しい契約」を主軸とする*新約聖書に大別される; Kanon 1参照); auf die ～ schwören 聖書に(手を置いて)誓う; in der ～ lesen 聖書を読む; das steht schon in der ～《話》それは古くから言われている (先刻承知の)ことだ. ②聖書(の個々の版;その写本や印刷本, 刊本). ③《比》最高の権威がある書,最も大切な本, 聖典; das Buch ist ihm zur ～ geworden その本は彼のバイブルとなった; et. als seine ～ betrachten 或物(本)を金科玉条とする. ④《比》分厚い本.

Bibel=abschnitt *m.* -[e]s, -e, 聖書の章節. **～anstalt** *f.* -, -en, 聖書出版社; 聖書協会 (～gesellschaft参照). **～archäologie** *f.* -, 聖書考古学 (聖書の記述やその時代背景を遺跡発掘などの実証的方法に基づいて調査, 研究する考古学の1分野). **～ausleger** *m.* -s, -, 聖書解釈(釈義)学者. **～auslegung** *f.* -, -en, 聖書解釈, 聖書釈義 (Exegese参照). **～bewegung** *f.* -, -en, 聖書運動 (聖書の普及を目的とした様々な活動; 翻訳, 関係書籍の出版, 講演会, 研究会, メディアを通じた啓蒙活動など; カトリックとプロテスタント諸派による*共同訳聖書もその1つ). **～christ**【engl. Bi-

ble Christians】*m.* -en, -en,《通常複数で》バイブル・クリスチャンズ(1815年にウィリアム・オブライアン〔1778-1868〕がデヴォンシャで創設したイギリスの*メソジストの分派).
～**fest** *adj.* 聖書に精通した. ～**forscher** *m.* -s, -, ①聖書学者. ②《複数で》die Ernsten ～forscher 聖書研究者(1872年に設立された聖書研究会に始まる*エホバの証人の古い呼称だったが, 1931年に分裂して以降は, エホバの証人とは別組織をなす). ～**forschung** *f.* -, 聖書学, 聖書研究. ～**fresser** *m.* -s, -,《話》聖職者.
～**geschichte** *f.* -, -en, → die *biblische* Geschichte. ～**gesellschaft** *f.* -, -en,《プ》聖書協会(聖書の普及, 翻訳, 販売のための諸団体;1710年*敬虔主義の影響下, ハレに設立されたカンシュタイン聖書協会〔Cansteinsche Bibelanstalt〕がドイツ最古といわれる). ～**glaube** *m.* -ns, ～**glauben** *m.* -s, -, 聖書信仰;聖書主義(Biblizismus参照). ～**gläubig** *adj.* 聖書信仰の;聖書を字義どおりに信じている. ～**glosse** *f.* -, -n, 聖書注釈(Glosse参照). ～**handschrift** *f.* -, -en, 聖書写本(活版印刷術の発明以前の手書きによる聖書本文;例えば, 旧約聖書の*死海文書, 新約のパピルス写本や4世紀のシナイ写本など). ～**hermeneutik** *f.* -, 聖書解釈学(広義ないし古典的には, 聖書本文の意味を正確に読み取り, それを第三者に説明するという釈義のプロセス全体に関する学;狭義では, *シュライエルマッハー〔1768-1834〕以降の, 解釈者とテキスト及びその著者〔さらにはキリスト〕との実存的レベルでの関係, また文化社会学的, 言語学的等々あらゆるコンテキストにおいて聖書理解の可能性を考究する学をいう). ～**inspiration** *f.* -, -en, 聖書霊感(新約・旧約聖書の成立に際し, 本来の作者である神が, 誤謬なく真理を記述させるため記者に及ぼした特別な*霊感のこと〔2テモ3:16, 2ペト1:21参照〕;第2*ヴァティカン公会議において, 神によって選ばれた聖書記者たちは, 単なる神の道具ではなく, 固有の人格と才能, 創造的な能力をもって, 一方で神の霊に対しては従順に, 聖書の各文書を記述したと宣言された;「神の啓示に関する教義憲章」〔Dei verbum〕参照).
～**institut** *n.* -[e]s, Päpstliches ～institut 教皇庁立研究所(聖書学者の養成, 聖書研究の推進などを目的に, 1909年教皇ピウス10世〔在位1903-14〕によって設立された;聖書学の学位授与の権限を有し, 創立当初より*イエズス会が運営にあたっている). ～**kenner** *m.* -s, -, 聖書に精通した人, 聖書学者. ～**komission** *f.* -, Päpstliche ～komission 教皇庁立聖書委員会(聖書解釈の促進, 聖書に関わる論争の解決のため, 1902年教皇レオ13世〔在位1878-1903〕によって設立された;1971年以降は*教理省に所属する). ～**konkordanz** *f.* -, -en, 聖書コンコルダンス, 聖書索引(Konkordanz参照). ～**kreis** *m.* -es, -e, 聖書[研究]会.
～**kritik** *f.* -, 聖書批判, 聖書批評学(17-18世紀の啓蒙主義に始まる, 神学的立場を離れた聖書の歴史的批判的研究;*正典の成立の歴史的解明, 聖書本文の精密な復元と確定, 聖書に含まれるテキストの文献学的研究などを行う). ～**kunde** *f.* -, → ～wissenschaft. ～**lesen** *n.* -s, ～**lesung** *f.* -, -en, 聖書朗読(*ミサや*聖務日課〔*教会の祈り〕の*定時課, *秘跡の授与などの際に, 聖書の特定箇所を読み上げること). ～**lexikon** *n.* -s, ..ka *u.* ..ken, 聖書事典. ～**manuskript** *n.* -[e]s, -e, → ～handschrift. ～**mäßig** *adj.* 聖書の;聖書に従った.
～**schule** *f.* -, -en, 聖書学校(a. 1889年*ドミニコ会士が*エルサレムで創立した聖ステファノ聖書学校が最初のもので, 頂点に教皇庁立聖書研究所が位置する. b. 19世紀の*信仰覚醒運動の中で, 宣教者〔伝道師〕養成と一般信者の聖書学習促進を目的に設立されたプロテスタントの教育施設;ドイツ語圏では, クリスティアン・フリードリヒ・シュプリッター〔1782-1867〕が, 1840年バーゼル近郊のザンクト・クリショーナ〔St. Chrischona〕に創設したのが最初). ～**sprache** *f.* -, -n, 聖書用語, 聖書語法(特に*ルター訳聖書におけるドイツ語の). ～**spruch** *m.* -[e]s, ..sprüche, ～**stelle** *f.* -, -n, ①聖句, 聖書の言葉. ②聖書の記述に基づく格言(成句). ～**stunde** *f.* -, -n, ①聖書朗読(を伴う祈禱)の時間. ②聖書研究会, 聖書講義, バイブルクラス(教会などで行われる). ～**text** *m.* -[e]s, -e, 聖書本文(原文).
Bibeltum *n.* -[e]s, ①聖書の本質. ②聖書主義, 聖書遵奉(Biblizismus参照).
Bibel=übersetzung *f.* -, -en, 聖書翻訳;翻訳聖書(各国語の);die Luthersche ～übersetzung ルターの聖書翻訳, ルター訳聖書(Lutherbibel参照). ～**verbot** *n.* -[e]s, -e, 聖書[判読]禁

止（聖書，特に国語訳聖書を個々人で読むことや翻訳，出版を禁止または制限すること；信仰規準から外れ，異端に至る可能性のある，個々の読者による主観的解釈を排除する目的をもつ；なお，カトリック教会はその危険性を顧慮しつつも過去に禁止令を発布したことはないが，国語訳聖書の刊行に際しては*使徒座または*司教協議会の認可が必要とされる；CIC. 825§1）．～**vers** *m.* -es, -e, 聖書の［小］節．～**werk** *n.* -[e]s, -e, ① Katholisches ～werk カトリック聖書事業社（1933年ドイツにおける聖書普及を目的に設立され，聖書関連図書・雑誌の出版及び啓蒙活動を行っている団体；本部シュトゥットガルト；略：KBW）．②（注釈や対訳付きの）聖書．～**wissenschaft** *f.* -, 聖書学（文献学，歴史学，言語学，考古学，民族学，等々の手法による聖書の科学的研究，聖書本文についての批判的歴史的研究など，聖書に関するあらゆる学問の総体；狭義では特に，「神の言葉」，*啓示としての聖書テキストを釈義する学をいう）．～**woche** *f.* -, -n, 聖書週間（聖書の普及，集中的な聖書講読，信仰の強化などを目的に，様々な催しが行われる特定の週）．～**wort** *n.* -[e]s, -e, 聖書の言葉（語句），聖句．

Biblia pauperum【lat. "貧者の（聖）書"】*f.* - -, -e -, ビブリア・パウペルム（Armenbibel参照）．

Bibliolatrie *f.* -, （過度の）聖書崇拝．

biblisch *adj.* 聖書の，聖書に関する，聖書ふうの；die ～e Archäologie → Bibelarchäologie；die ～e Chronologie 聖書年代学（聖書の年代的記述を，関連する諸学の援用によって補足・修正し，人物や事件の時代を確定ないし推定する学）；die ～e Einleitung 聖書入門（広義では，聖書研究の前提や予備知識に関する学；狭義では，聖書諸巻の著者，時代，場所などに関し，周辺諸学を援用して説明する学）；die ～e Erzählung → die ～e Geschichte；die ～e Frage 聖書問題（聖書記述の*神感や*無謬性と，歴史学的・自然科学的知識との緊張関係のこと）；die ～e Geographie 聖書地理学（聖書中の事件の地理的背景に関する学）；die ～e Geschichte 聖書物語（学校や家庭などでのキリスト教教育において，聖書の歴史的*救済史的叙述を分かりやすく教授するため，これをやさしく書き換えたもの；及び，聖書についての教育，授業科目）；die ～en Glossare 聖書注解［集］（聖書の難解な語句・固有名詞などに付した注釈，及びその集成）；die ～e Hermeneutik → Bibelhermeneutik；die ～e Theologie 聖書神学（聖書に含まれる教理的・倫理的真理を理性及び信仰の両面から*救済史的に体系化する神学の1分野）；sie erreichte das ～e Alter《比》彼女は非常な高齢に達した．

Biblizismus *m.* -s, 聖書主義（*啓示と聖書を同一視し，聖書を唯一絶対の信仰規準として，その他の教義や*信条，教会の制度・権威などを否定ないし軽視する傾向；特に，18-19世紀ドイツのプロテスタントに見られた*敬虔主義的な立場）．**Biblizist** *m.* -en, -en, 聖書主義者．

bigott【fr.】*adj.* ①信心に凝りかたまった；視野の狭い，狭量な．②信心ぶった．

Bikonfessionalität *f.* -, 二教派同権（*宗教改革後，*アウクスブルクなどの帝国都市でカトリックとプロテスタント両教派が法的に同等の権利を認められて共存したこと；Parität参照）．

Bild *n.* -[e]s, -er, ①絵，像，絵画，彫像；das heilige ～ 聖画像（Heiligenbild参照）．②似姿，写し；das ～ Gottes 神の似姿（Abbild参照）；Gott schuf den Menschen zu seinem ～e（ルター訳）「神は御自分にかたどって人を創造された」（創1:27）.

Bilder=bibel *f.* -, -n, 絵入り聖書，絵解き聖書．～**dienst** *m.* -[e]s, -e, ～**kult** *m.* -[e]s, -e, →～verehrung．～**streit** *m.* -[e]s, [der byzantinische] ～streit 聖画像破壊論争（Ikonoklasmus参照）．～**sturm** *m.* -[e]s, ..stürme, 聖画像破壊運動（16-17世紀の*宗教改革期，教会美術は*偶像崇拝に結び付き，また*清貧の教えにも反するとしてヨーロッパ各地に起こった，キリストや聖人たちの図像，彫像，ステンドグラス，その他教会装飾の破壊運動；例えば，*ツヴィングリや*カルヴァン派による）．～**stürmer** *m.* -s, -, 聖画像破壊主義者．～**stürmerei** *f.* -, -en, → ～sturm．～**verehrung** *f.* -, 聖画像崇敬（Ikonodulie参照）．～**wand** *f.* -, ..wände, → Ikonostas.

Bild・stock *m.* -[e]s, ..stöcke, <*südd., östr.*> キリスト十字架像，聖像柱（十字架上のキリストまたは聖人の像が刻まれた柱で，路傍などに立てられる）．

Billigung *f.* -, (まれに:) -en, 承認(教会の*上長者などによる; Approbation参照).

Bilokation【lat.-nlat.】*f.* -, -en, 同時両所存在(1個の肉体が, 互いに離れた2地点において同時刻に現存する奇跡的現象; パドヴァの*アントニウス, フランシスコ・*ザビエルなど, *聖人に関してしばしば報告されている).

Bination【lat.-nlat.】*f.* -, -en, ミサ重祭(同一の*司祭が1日のうちに〔通常1回のところ〕2回ミサを挙行すること; 司祭の不足など正当な理由がある場合にのみ許可される〔CIC. 905〕; Trination参照).

Binde- und Lösegewalt *f.* - - -, 繋釈(けいじゃく)権(キリストが*ペトロ及び*使徒たちに語った「あなたがたが地上でつなぐことは, 天上でもつながれ, あなたがたが地上で解くことは, 天上でも解かれる。」〔Alles, was ihr auf Erden *binden* werdet, das wird auch im Himmel gebunden sein und alles, was ihr auf Erden *lösen* werdet, das wird auch im Himmel gelöst sein. マタ18:18; 16:19参照〕という言葉に基づき, 罪をゆるし〔つなぐ〕あるいはこれをゆるさない〔解く〕という使徒〔教会〕に与えられた権能; Schlüsselgewalt参照).

Birett【mlat.】*n.* -[e]s, -e, ビレット, ビレッタ, 四角帽(厚紙の芯が入った四角形の聖職者用帽子; 頭頂部に3ないし4の弓状の耳がついていて, つばはない; *枢機卿は赤, *司教は赤紅, *司祭が黒など, 職階によって色が異なる; 元はベレー帽型だったが15世紀に現在の形態になった; Barett参照).

Birgitten・orden【< Birgitta】*m.* -s, ビルギッタ会, ビルイッタ会(1346年, スウェーデンの*守護聖人, 幻視者のビルギッタ〔ビルイッタ; 本名はBirgitta Birgersdotter; 1302/3 -73〕によって1334年に創立され, 聖母崇拝を強調した会則に従う*男女併存修道会会; *救世主会とも; 北欧を中心にヨーロッパ中に広まったが, *宗教改革期に衰微した).

Bischof【gr.-kirchenlat.; < gr. epískopos "監視者"】*m.* -s, Bischöfe, 司教(教会の*位階制における職位の1つ; *使徒の座を継承し, *聖化する任務, *教導権, *裁治権を受けた聖職者; *教皇によって任命・認証され, *司教団を構成する; *教区司教と*名義司教の別がある; CIC. 370-80); (*東方正教会, *英国国教会, *聖公会の)主教; (プロテスタント*州教会の)監督. **bischöflich** *adj.* 司教の, 主教の, 監督の; das 〜e Hochamt 司教盛儀ミサ (Pontifikalamt参照).

Bischofs=amt *n.* -[e]s, ..ämter, 司教職, 主教職, 監督職. 〜**dom** *m.* -[e]s, -e, 司教座聖堂, 司教座教会(Kathedrale参照). 〜**hut** *m.* -[e]s, ..hüte, 司教帽(司教がミサの式司以外で被る黒い扁平な帽子); 《比》司教の位. 〜**kirche** *f.* -, -n, 司教座聖堂(Kathedrale参照). 〜**koadjutor** *m.* -s, -en, 協働司教(*教区司教の辛苦分担のため, 教皇によって任命される司教; 教区司教の不在または障害のある場合にその職務を代行し, *司教座が空位になったときには当該司教区の司教となる; CIC. 403-11).

〜**kollegium** *n.* -s, 司教団(ローマ*教皇のもと, 1つの司教共同体を構成するカトリック教会の全司教の総体; 全体として教会における最高かつ十全な権限の主体となる〔Kollegialität 参照〕; CIC. 336-41). 〜**konferenz** *f.* -, -en, 司教協議会(司教たちが結束して当該地区での司牧任務を遂行し, 教会の善益を推進するため, 国または地域単位で構成される常設の機関; CIC. 447-59); (*ドイツ福音主義教会の)監督会議. 〜**konvent** *m.* -[e]s, -e, (*教会管区, *教会地方区の)司教会議 (CIC. 434, 952§1). 〜**kreuz** *n.* -es, -e, 佩用十字架(胸に掛け, *司教職を象徴する; Brustkreuz参照).

〜**liste** *f.* -, -n, 司教名簿(ある*司教座の創設以来の司教の名が記されたリスト). 〜**mantel** *m.* -s, ..mäntel, → Pallium 1. 〜**mütze** *f.* -, -n, 司教冠(Mitra参照). 〜**ornat** *m.* (*n.*) -[e]s, -e, 司教用祭服(Ornat, Pontifikalien 1参照). 〜**rat** *m.* -[e]s, ..räte, 司教評議会(*教区司教が司牧活動を適正に推進するため, 必要に応じて設置することのできる*司教総代理及び*司教代理からなる組織; CIC. 473§4). 〜**ring** *m.* -[e]s, -e, 司教指輪(Anulus参照). 〜**sitz** *m.* -es, -e, ① 司教座〔聖堂〕所在地. ②→ stuhl. 〜**stab** *m.* -[e]s, ..stäbe, 司教杖(Hirtenstab, Krummstab参照); 《聖》牧杖, 主教杖. 〜**stadt** *f.* -, ..städte, 司教都市(中世において, *司教座のある聖堂や修道院を中心として形成された都市で, 後に司教領, 修道院領の中心地として, 聖職者の*裁治権に服した; 13世紀以降は, 商工業の発達により自由都市化する傾向にあった; 例えば*ケルン, *マインツ, *シュパイアー). 〜**stuhl** *m.* -[e]s, ..stühle, 司教座(a.

*司教座聖堂の*アプスまたは*内陣に設置された司教のための儀式用座席．b.《単数で》*教区司教に合法的に就任することによって与えられる司教としての職位，権威；CIC. 382他）．**~synode**【< lat. synodus episcoporum】 *f.* -, -n, 世界代表司教会議（「シノドス」とも；世界中の異なる地域から選出され，一定時に会合する司教たちの集まり；教皇と司教間の関係を緊密化し，信仰及び倫理の擁護と向上，教会規律の遵守及び強化のために，助言をもってローマ教皇を補佐するもので，通常総会と臨時総会とがある；1965年に設置された；CIC. 342-48他）．**~thron** *m.* -[e]s, -e, → ~stuhl．**~vikar** *m.* -s, -e, 司教代理（*教区司教の任命により，ある期間，教区内の特定の地域または信徒団体の司牧，その他の業務を委任され，教区司教を補助する*司祭；CIC. 476-81他）．**~wahl** *f.* -, -en, 司教選出（*教会管区の司教または*司教協議会により*司祭のうちから秘密裡に選び出され，教皇がこれを認証する；CIC. 377）．**~weihe** *f.* -, -en, 司教叙階（式）（「司教聖別」とも，ある人を司教に*叙階する儀式で，その中心部分は，列席した司教全員による*按手と叙階の祈り；任命から3ヶ月以内に行われ，これをもって正式に就任する；CIC. 375§2, 379他）．**~würde** *f.* -, 司教〔職〕位．**~zeremoniale**【< lat. Caeremoniale Episcoporum】*n.* -, ..lien *u.* ..lia, 司教儀典書（司教が行う典礼儀式における祈りと式次第，様々な指示を記した典礼書；1600年教皇クレメンス8世〔在位1592-1605〕が公刊し，現在まで繰り返し改訂されている）．

Bischoftum *n.* -s, ..tümer,《古》→ Bistum.

Bistum【< Bischof】*n.* -s, ..tümer, 司教区（*司祭団とともに司牧すべく司教に委任された区域；司教は*裁治権を行使する；その設置，分割，統合，廃止は*教皇の決定による；→ Diözeseと同じ）．

Bistums=blatt *n.* -[e]s, ..blätter,《通常複数で》教区報（司教区において，*裁治権者の許可のもとで定期的に発行される情報誌）．**~verweser** *m.* -s, -,〔空位〕司教区管理者（Diözesan-administrator参照）．

Bittag *m.* -[e]s, -e, → Bitttag（の旧比書法綴り）．

Bitt=gang *m.* -[e]s, ..gänge, ①→ ~prozession. ②（祈願のための）巡礼（Wallfahrt参照）．**~gebet** *n.* -[e]s, -e, 祈願，嘆願（*感謝の祈りに対し，特定の願い事の成就を神に祈り求めること；Invokation参照）．**~gesang** *m.* -[e]s, ..sänge, 祈願の歌．**~gesuch** *n.* -[e]s, -e,（教皇などへの）請願〔書〕，訴願．**~gottesdienst** *m.* -[e]s, -e, 祈願の祭儀（*感謝の祭儀に対し，神に特定の願い事をするために挙行されるミサ；特に*祈願日に行われる）．**~opfer** *n.* -s, -, 祈願の*いけにえ（神の助力や特別の恵みを求めるために献げられる供物）．**~prozession** *f.* -, -en, 祈願行列（神に特定の願い事をするため，信徒たちによって行われる*行列；特に*祈願日の）．**~schreiben** *n.* -s, -, → ~gesuch. **~tag, ~-Tag** *m.* -[e]s, -e, （Rogationstag）祈願日（祈りと償いのために特に定められた日で，第2*ヴァティカン公会議の典礼改革まで*祈願行列が行われた；a. 福音記者聖*マルコの祝日の4月25日は「大祈願祭」〔Litaniae maiores〕と呼ばれ，ローマの農耕神ロービーグスの例祭〔疫病回避を願う春祭り〕を起源とする．b.《複数で》祈願節：*主の昇天の祝日に先立つ月曜日から水曜の3日間で「小祈願祭」〔Litaniae minores〕と呼ばれる；Rogationes参照）．**~woche** *f.* -, -n, 祈願週〔間〕（*主の昇天の祝日の前週）．

Blas・engel *m.* -s, -,（Posaunenengel）①ラッパ（トロンボーン）を吹く天使．②《比》頬のふっくらした人（子供，少女）．

Blasius・segen *m.* -s, ブラシウスの祝福（*十四救護聖人の1人，アルメニア，セベステの聖ブラシオス〔?-316頃〕の祝日〔2月3日〕に，頸部疾患の人の回復のため与えられる祝福；ブラシオスが魚の骨が喉につかえた少年を救ったという伝説があり，祝別された2本のろうそくを喉の前にX字型に掛けて祝福文が唱えられる；ローマでは油に浸したろうそくで軽く喉に触れる）．

Blasphemie【gr.-lat.; < gr. blasphēmia "中傷，悪口"】*f.* -, -n, （Lästerung）冒瀆，瀆神，汚瀆（言葉，行い，思いによって神及び*聖人，聖なる物などを軽蔑すること，貶めること；Sakrileg参照）．**blasphemieren**（I）*t.*（*h*）（神や神聖な人・物を）冒瀆する．（II）*i.*（*h*）冒瀆（瀆神）的行為をする．**blasphemisch** *adj.* 冒瀆な，瀆神的な．**Blasphemist** *m.* -en, -en, 冒瀆者，瀆神者．**blasphemistisch** *adj.* → blasphemisch.

blau *adj.* 青い，青色（聖母のマント〔純潔や貞

節の象徴として〕，死〔die *Apokalyptische* Reiter参照〕などの絵画表現に用いられる，また永遠，真理，希望など超俗的なものを象徴する色彩〕のアメリカで設立さ，die ~e Armee Mariens マリアの青色軍団（*ファティマでのマリア出現のメッセージを宣布するため，1947年にアメリカで設立され，2005年ヴァティカンの認可を受けた「ファティマの世界使徒職」〔Fatima-Weltapostolat〕の別称；旧西ドイツの初代連邦首相コンラート・アデナウアー〔1876-1967〕が会員だったことでも知られる）；das ~e Kreuz 青十字（ *ᔍᔍ* ）会（アルコール依存症患者の救済と禁酒運動を目的に，1877年ジュネーブで設立されたプロテスタント系の自助的組織；及び，その徽章としての青十字）．

Blend・bogen *m.* -s, - *u.* <*südd.*> ..bögen, ブラインド・アーチ（engl. blind arch；古くは「盲アーチ」とも；*ロマネスクや*ゴシック様式の教会建築などで，壁面に連続的に造られた，開口部のないアーチ状装飾．

Blut【原義"流れるもの"】*n.* -[e]s, 血, 血液；das ~ Christi キリストの血（ミサ，聖餐式に用いる赤ぶどう酒；Konsekration参照）；das Heilige ~ 聖血（ *ᔍᔍ* ）（世の罪を償い，人類の救済のために流されたキリストの血；ロマ3：25参照）；das kostbare ~ Christi キリストの尊い血（1ペト1：19；das Heilige ~ 参照）；Fleich und ~ 肉と血（現世に捕らわれている罪深い人間のこと；1コリ15：50）；Das ist das ~ des Bundes, den der Herr aufgrund all dieser Worte mit euch geschlossen hat. 「これは主がこれらの言葉に基づいてあなたたちと結ばれた契約の血である.」（*モーセが献げ物の雄牛の血を，民に振りかけて語った言葉；出24：8）；das ist der Kelch des neuen und ewigen Bundes, mein ~, das für euch und für viele vergossen wird zur Vergebung der Sünden. 「これはわたしの血の杯，あなたがたと多くの人のために流されて，罪のゆるしとなる新しい永遠の契約の血である.」（ミサ中の*聖変化の際に唱えられる*奉献文の最後の部分；*最後の晩餐でのキリストの言葉に基づく；マタ26：28）；Sein ~ komme über uns und unsere Kinder ! 「その血の責任は，我々と子孫にある.」（キリスト断罪の際の民衆の言葉；マタ27：25）．

Blut=acker *m.* -s, 血の畑（*ユダの自殺の後，「*血の代金」で*祭司長たちが購入し，外国人墓地とした土地；マタ27：8）．~**geld** *n.* -[e]s, 血の代金（キリストを裏切ったユダに与えられた報酬；汚れた金とみなされ神殿の収入とはされず，*血の畑の購入にあてられた〔マタ27：6〕；転じて，依頼した殺人への謝金，殺人の密告者への賞金，また〔ゲルマン法の慣習で：〕殺人者またはその氏族から被害者の氏族に対して支払われた賠償金）．~**hostie** *f.* -, -n, 血のホスティア（冒瀆か*瀆神などの際に，ミサ中に*聖別された*ホスティアから血が流れたとする*奇跡，伝説；1300年頃，南バイエルンを中心に報告が頻出した）．~**schweiß** *m.* -es, 血の汗（逮捕直前の*オリーブ山での祈りの際に，キリストが苦しみのあまりに「血の滴るように地面に落ちた」汗；ルカ22：44）．~**taufe** *f.* -, -n, 血の洗礼（正式な洗礼を受ける前にキリスト教信仰のために*殉教することで，殉教者が多く出た初代教会において，水による*洗礼と同等とみなされた；マタ10：39，ルカ9：24に基づく）．~**wunder** *n.* -s, -, 血の奇跡（キリスト像，マリア像，聖人像，*聖遺物，*聖別されたぶどう酒や*ホスティアにおいて，超自然的に血のような液体が現れること；また*殉教者の流した血に，超自然的な力が宿る〔と信じられた〕こと）．~**zeuge**【< gr. mártyr】*m.* -n, -n, 血の証人（殉教者のこと；Märtyrer, Zeugnis参照）．

BMV《略》→ Beata Maria Virgo.

Bogomile【bulgarisch "神(bog)の寵児"】*m.* -n, -n, 《通常複数で》ボゴミール派（*グノーシス的な善悪二元論を唱える*異端で，マケドニアの司祭ボゴミールが10世紀前半に創始した；11世紀に小アジアとバルカン半島で普及し，12世紀には*カタリ派，*アルビ派の勃興に影響したが，14世紀には衰微した；神の子サタナエル〔悪魔〕による物質界の創造と支配，神の第2子イエスによる悪魔の駆逐と魂の現世からの救済を主張した）．

Böhme《固》(*m.*) Jakob ~ ヤーコプ・ベーメ（1575-1624；ドイツ *バロック期の神秘思想家，ゲルリッツの靴匠；自身の神秘体験を通じて，神は「底なしの無」から自己産出的に発し，明・暗，善・悪などの対立，葛藤において顕現すると考えた；『曙光』〔Aurora；1612〕をはじめとするその著作は，ドイツ観念論哲学からロマン主義に多大な影響を及ぼ

した）.

Böhmen《固》ボヘミア（現在のチェコ中西部の歴史的地域名）. **böhmisch** adj. ボヘミアの；die 〜en Brüder ボヘミア兄弟団（ボヘミア南部でペトル・ヘルチツキー〔1380頃-1457頃〕の指導を受けて, 武力行使反対, 全信徒の平等などを唱えた「キリストの掟の兄弟会」に端を発する；*ターボル派, *ヴァルドー派と合流した「兄弟団」は, 1467年カトリックから完全に分離し, 独自の教会組織を発展させた；聖書のみを信仰の規範とし, 16世紀末までにチェコ語訳聖書, チェコ語文法書を刊行した；1602年には神聖ローマ皇帝ルドルフ2世〔1576-1612〕により認可されるが, *三十年戦争で四散した；1722年*モラヴィアに残存していた一派〔モラヴィア兄弟団〕が*ヘルンフート兄弟団として再発足した）.

Bohnen・sonntag m. -[e]s, -e, 豆の主日（a. *白衣の主日のこと；スイス北西部, ゾロトゥルンの聖ウルズス大聖堂で, その日, 会衆に向けて豆が撒かれることから. b. *四旬節の第1日曜日のこと；スイスやルクセンブルクの風習で, その日, 新婚夫婦が結婚式のときに新婦の靴下止めを受け取った人に贈り物〔以前は豆〕をすることから）.

Bollandist【< Johannes *Bollandus*】m. -en, -en, ボランディスト（1643年ベルギーを拠点に刊行が開始された『*聖人伝集』〔Acta sanctorum〕の歴代の編纂者〔大半は*イエズス会士〕たち；名称は, 初代編集・刊行者のベルギー人イエズス会司祭ボランドゥス〔フランス名Jean Bolland；1596-1665〕にちなむ）.

Bonaventura《固》(m.) ボナヴェントゥラ（1217頃-74；*聖人, *教会博士；イタリア, トスカナ地方の生まれで, パリ大学と*フランシスコ会で神学を学ぶ；1257年2月フランシスコ会総長に選出され, また同年8月には*トマス・アクィナスとともにパリ大学の正教授として認可される；61年『聖フランシスコ大伝記・小伝記』を執筆；73年アルバーノの司教・枢機卿に任命されたが, 翌年, 東西教会の和解を図った*リヨン公会議の最中に死去した）.

Bonifatius【lat."善の告知者"】《固》(m.) ボニファティウス（675頃-754；イングランド出身の*聖人；722年ローマで*叙階され, 教皇直属の司祭としてフランク王国と周辺のゲルマン地域で宣教活動を行い「ドイツ人の使徒」〔Apostel der Deutschen〕と呼ばれる；ガイスマルでドーナル神に献げられたオークの木を切り倒し, それで教会を建てた逸話が有名；フルダをはじめドイツ各地に多数の修道院を建設し, またフランク王国の教会改革を推進した；746年マインツ大司教；754年フリースラントで宣教中に*殉教した；祝日：6月5日）.

Bonifatius=verein m. -[e]s, 〜**werk** n. -[e]s, ボニファティウス協会〔事業団〕（ドイツ, 北欧, バルト三国のプロテスタント地域におけるカトリック信徒, 特に青少年への司牧活動を目的とする1849年に創立された信徒団体；本部パーダーボルン）.

Borromäerin【< Karl *Borromäus*】f. -, -nen, 《通常複数で》ボロメオ修道女会（カルロ・ボロメオ愛徳修道女会；病人看護・学校経営などを目的としてナンシー〔1652〕, トリーア〔1849〕, プラハ〔1837〕, トレプニッツ〔1847；当初はシレジアのナイセ〕, ウィーン〔1854〕, マーストリヒト〔1837〕に創設された女子修道会の総称）. **Borromäus**《固》(m.) Carlo 〜 カルロ・ボロメオ（1538-84；聖人；北イタリアの貴族の一族に生まれ, 22歳で枢機卿, 27歳でミラノ大司教に就任；伯父の教皇ピウス4世〔在位1560-65〕の片腕として, *トリエント公会議の終結, 教会・修道会の風紀刷新に尽力し, 1576年ミラノでのペスト流行時には献身的に患者救援を行った）. **Borromäus・verein** m. -[e]s, ボロメオ協会（良書の普及とキリスト教精神の涵養を目的に, 1845年ボンで創立されたカトリック団体；図書の出版・販売, メディア関連事業, 司書の育成〔1921-2003〕を行っている）.

böse adj. 悪い, 邪悪な；der 〜e Feind 悪魔（Satan, Teufel参照）；der 〜e Geist 悪霊（Dämon参照）；der 〜e Wille 悪意.

Bote【< bieten（の古義"知らせる, 命じる"）】m. -n, -n, ①使者, 使い（神の代理者としては, *預言者や*天使のこと）. ②使徒（Apostel参照）；die zwölf 〜n Christi キリストの十二使徒（die *Zwölfe*参照）. **Botschaft** f. -, -en, （重要な）知らせ；die Frohe 〜 福音〔書〕（Evangelium参照）. **Botschafter** m. -s, -, 大使；der Päpstliche 〜 → Nuntius.

Boxer・aufstand m. -[e]s, 義和団事件（清朝

末期，民衆間のキリスト教への反感が高まる中，秘密結社の義和団〔拳匪；Boxer〕が中心となって行われた排外運動；1898年頃山東省に始まり，1900年には北京でカトリック及びプロテスタントの聖職者，信者，外交官，一般外国人が襲撃されたが，清朝西太后〔1835-1908〕は義和団を支持し，日本及び欧米列強と対立，連合軍は8月に北京を占領して義和団を鎮圧した；以降，清朝の弱体化，植民地化がさらに進行した）．

Brand・opfer n. -s, -, 燔祭(はんさい)（旧約聖書における*いけにえの1つ；新共同訳では「焼き尽くす献げ物」；雄の無傷の牛，羊または山羊などの家畜，山鳩または家鳩を丸焼きにして神に献げること；レビ1：1-17に詳細な規定がある）．

Braut f. -, Bräute, 婚約中の女性，フィアンセ；（婚礼の日の）新婦，花嫁；die ~ Christi キリストの花嫁（a. 教会のこと；2コリ11：2，黙21：2参照．b.*奉献生活を送る*修道女のこと）．

Braut=altar m. -s, ..altäre, (雅) → Traualtar. **~diener** m. -s, -, → ~führer. **~examen** n. -s, -u. ..mina, 新郎新婦の試問（結婚式前に，挙式の有効性及び適法性について何の障害もないことを確認し，また*主任司祭が婚姻当事者に夫婦の道を説き，結婚への心構えを問うこと；CIC. 1066）．**~führer** m. -s, -, (結婚式での男性の) 花嫁付添い人．**~führerin** f. -, -nen, → ~jungfer.

Bräutigam m. -s, -e (ugs.: -s), 婚約中の男性，いいなずけの男；（婚礼の日の）新郎，花婿；der himmlische ~ 天の花婿（キリストのこと；マタ25：1-13参照）．

Braut=jungfer f. -, -n, 花嫁の介添え（をする未婚の女性，少女）．**~messe** f. -, -n, 新郎新婦のためのミサ（結婚式に続いて行われる*随意ミサ；新郎新婦に対する祝福が行われる）．**~segen** m. -s, -, 新郎新婦[に対する]祝福(*主任司祭の職務の1つ；CIC. 530 n.4)．**~unterricht** m. -[e]s, (まれに：) -e, 新郎新婦のための[教理]授業(*婚姻の秘跡や結婚に付随する義務などに関し，婚約中の2人に対して行われる教理教育)．

Bretzel・sonntag m. -[e]s, -e, プレーツェルの主日(*四旬節の第4主日[*レターレの主日]のこと；名称は，この日ルクセンブルクの風習で，男子が好意を寄せる女子にプレーツェル〔8の字型のパン〕を贈ることにちなむ)．

Breve {spätlat.; < lat. brevis "短い"} n. -s, -n u. -s, 小勅書（略式の教皇文書で，恩典(*インドゥルトゥム) などの授与に際して用いられ，教皇の*漁夫の指輪で赤い蠟印が押される）．

Breviar {lat.} n. -s, -e, → Breviarium. **Breviarium** {lat."短くされたもの"} n. -s, ..rien, ① ブレヴィアリウム，聖務日課書(*聖務日課の各々の*定時課で唱えられる祈禱文，詩編，賛歌，朗読書などの全式文が，教会暦*に従って配列されたもの；1568年刊の『ローマ聖務日課書』〔~ Romanum〕が，第2*ヴァティカン公会議まで全カトリック教会で用いられていたが，その後の典礼改革で全面改訂された）．② → Breviergebet. **Brevier** n. -s, -e, → Breviarium.

Brevier=gebet n. -[e]s, -e, ① (Stundenbuch) 聖務日課(修道共同体において，毎日特定の時間に行われる礼拝；*ベネディクトゥスの戒律やローマ司教座聖堂の*聖堂参事会において，祈禱文や詩編の共唱や聖書朗読などが定式化され，これが9世紀頃から*ブレヴィアリウムとして集成されて広く用いられるようになった；第2*ヴァティカン公会議後の典礼刷新により「*教会の祈り」となった)．② 時課，定時課(Horen参照)．**~lesung** f. -, -en, (定時課における) 聖書朗読．

Brezel・sonntag → Bretzelsonntag.

Brigitten・orden → Birgittenorden.

Broad-Church {engl.} f. -, ブロード・チャーチ，広教会[派]，広教派(19世紀後半に*英国国教会の内部に生じた自由主義的な一派で，*ハイ・チャーチと*ロー・チャーチの中間的立場をとる；Latitudinarier 1参照)．

Brot n. -[e]s, -e, パン(a. *聖体用のパン：小麦粉から作られ，カトリック教会では酵母を入れない円いウェハース状の*種入れぬパンが用いられる〔CIC. 924；Hostie参照〕；*東方教会では発酵パンが使用されている．b. 天から与えられた「*永遠の命に至る」霊的な食べ物，すなわち神の子キリストのこと；ヨハ6：26-59参照）；~ und Wein パンとぶどう酒（キリストの体と血；*聖体のこと）；das ~ des Lebens 命のパン（キリストのこと；ヨハ6：35, 41, 48）；Ich bin das ~ des Lebens; wer zu mir kommt, wird nie mehr hungern, und wer an mich glaubt, wird nie mehr Durst haben.「わたしが命のパンである．わたしのもとに来る者は決して飢えることがなく，わたしを信じる者は決して渇くことがない．」(ヨハ6:35) ; das eucharistische ～ *聖体としてのパン，《プ》聖餐としてのパン; das geweihte ～ 聖別されたパン (Hostie参照) ; das himmlische ～ 天のパン(信仰を養い，*永遠の命に到達するための霊的な食物,「天から降って来た生きたパン」〔ヨハ6:51〕であるキリストのこと; Manna参照) ; das lebendige ～ 生きたパン(キリストのこと; ヨハ6:51) ; das tägliche ～ 日ごとの糧(⁀), 日用の糧 (毎日の生活及び信仰に必要なものの象徴) ; Unser tägliches ～ gib uns heute.「わたしたちの日ごとの糧を今日もお与え下さい」(「*主の祈り」の1節) ; das Fest der Ungesäuerten ～e 除酵祭，種入れぬパンの祭 (Matzenfest参照).

Brot=anbetung *f.* -, -en, パン礼拝 (Artolatrie参照). **～brechen** *n.* -s, **～brechung** *f.* -, パンを裂くこと (a. 1つのパンを分割して多くの人に分け，ともに食事をすること；兄弟の交わりを意味し，新約聖書ではイエスの「*パンを増やす奇跡」，*最後の晩餐，*使徒たちの共同の食事などの場面に描かれている；ルカ24:30, 使2:42, 1コリ10:16-17他参照．b. ミサ中に司祭が聖体のパン〔→ Hostie〕を分割すること；その間会衆によって*平和の賛歌が唱えられる). **～vermehrung** *f.* -, -en, パンを増やす奇跡 (説教を聴きに集まった群衆に，イエスがわずかのパンと魚を奇跡的に増やして分かち与えたこと; マタ14:15-21, 15:32-39他).

Bruder *m.* -s, Brüder, ①兄弟 (a. 血のつながりのある，または同じ共同体に属する男性，同信の者．b. 初代キリスト教徒の自称；使14:2) ; die Brüder Christi <Jesu> キリスト〈イエス〉の兄弟 (一般にイエスの従兄弟たちをいう; *ヤコブ，ヨセ〔*ヨセフ〕，*ユダ，*シモンをいう; マコ6:3) ; die Brüder in Christo キリストにおける兄弟(キリスト教の信者仲間，共同体) ; die Brüder und Schwestern vom freien Geist 自由なる霊の兄弟姉妹団 (13世紀ライン川周辺，ネーデルラント，北フランス，北イタリアの民衆間に生じ，各地で農民蜂起を引き起こした熱狂的，神秘主義的，汎神論的団体の総称で，統一組織をもたない；1311年ヴィエンヌ公会議で排斥されたが15世紀半ばまで存続した；軽蔑的に*アダム派とも呼ばれた) ; die Brüder vom gemeinsamen Leben 【< lat. Fratres commnis vitae】共同生活兄弟会 (オランダの巡回説教師フローテ〔1340-84〕とその友人が設立した，共住生活を営む一般信徒と聖職者からなる共同体で，*デヴォティオ・モデルナ運動の母体となった；14-16世紀，特に学校教育活動に従事した) ; die Barmherzigen Brüder → *Barmherzige* Brüder; die falschen Brüder 偽の兄弟たち (裏切り者，イエス・キリストを信じる共同体に属さない者; 1コリ11:26, ガラ2:4) ; die mährischen Brüder → *die mährischen Brüder*; die Minderen Brüder 小さき兄弟会 (*フランシスコ会の別称; Franziskanerorden参照). ②助修士，修道士 (以前は男子修道会の修道士に用いられた語だが，今日では*叙階を受けず聖職位をもたない修道者を指す；また，修道士相互の呼びかけにも用いられる).

Brüder=gemeinde, ～gemeine *f.* -, -n, 兄弟団 (die *mährischen* Brüder参照). **～genossenschaft** *f.* -, -en, 兄弟会，信徒修道者団体 (病人介護や貧者救済，その他の目的で一般信徒によって結成された団体).

Bruder=haus *n.* -es, ..häuser, ①共同生活兄弟会住院 (*共同生活兄弟会の会員たちが*修道誓願を立てずに，共同の修道生活を営んだ施設；1379年，女性会員が共住生活を始め，貧しい女性たちの無料宿泊所を開設したのが最初). ②《プ》国内伝道師養成所. **～liebe** *f.* -, 兄弟愛 (Nächstenliebe参照). **～rat** *m.* -[e]s, ..räte, 兄弟評議会 (1934年*告白教会の指導的神学者たちが，ナチスの教会・宗教政策に対抗するために結成した連合体).

Bruderschaft *f.* -, -en, ①【< lat. fraternitas】兄弟団，兄弟会，〔信徒〕信心会 (*修道誓願を立てず，また共住生活を営まずに，会独自の敬神事業の推進〔例えば，イエスの*聖心や*聖体への崇敬，*聖人崇敬，*ロザリオの祈りなど特定の*信心業の実践〕や葬儀，また相互扶助や慈善活動を行う，一般信徒〔及び聖職者〕の自主的な法人団体；13世紀頃，都市部の俗人が職業や身分の違いを越えて，兄弟の契りを結んで組織した，宗教的な相互扶助団体が始まり) ;《プ》(通常の生活，職業を保持した一般信徒及び聖職者からなる) 信

仰団体. ②《単数で》兄弟愛(Nächstenliebe参照). **Brüder・unität** f. -, → die *mährisch*en Brüder.

Brust・kreuz n. -es, -e, (Pektorale) 佩用十字架, 胸用十字架, 十字胸飾り(*司教など高位聖職者が胸に架ける, 金または銀製で宝石などの飾りや細工の付いた十字架; Bischofskreuz参照).

Buch n. -[e]s, Bücher, ①本, 書物; das ~ der Bücher 本の(中の)本(伝統的に*聖書の別名); das ~ des Lebens 命の書(永遠の生命が約束された人々の名前が記された, 天上にある書物〔黙13:8, 21:27他〕;*カルヴァンの*予定説の根拠の1つ); das ~ der Natur 自然という書物(自然を通じて現される神の*啓示のこと;*スコラ学においては, 神は聖書と自然という2冊の書物を著し, したがって自然の探求は, 神の計画を知ることに通じるとされた); ein ~ mit sieben Siegeln 《比》七つの封印で封じられた本(不可解な物・事のこと; 黙5:1-5に基づく); das pfarrliche ~ 教区台帳(Kirchenbuch参照); die verbotenen Bücher 禁書(Bücherverbot, Index参照). ②(聖書など, 1冊の書物に含まれる個々の)書, 巻; das ~ Genesis 創世記; das ~ Jeremia エレミア書.

Bücher=verbot n. -[e]s, -e, 禁書(カトリック教会が正統信仰と道徳に反するという観点から, 公刊したり重大な理由なしに読むことを信徒に禁じた書物; Index参照). **~zensor** m. -s, -en, 図書検閲者(Zensor参照). **~zensur**【< lat. censura librorum】f. -, -en, 図書検閲(Zensur参照).

Bullarium【lat.-mlat.】n. -s, ..rien, 大勅書集(中世から近世の*大勅書その他の重要な教皇文書を集成したもの). **Bulle**【lat.-mlat.; < lat. bulla "(カプセル型の)お守り; ボタン; (原義:) 水泡"】f. -, -n, ①封印, 封印された文書; die Goldene ~ 金印勅書(黄金の印章の付された公文書; 特に, 1356年*神聖ローマ帝国皇帝カール4世〔在位1355-78〕が発布した, マインツ大司教, トリーア大司教, ケルン大司教の3*宗諸侯と4人の*世俗諸侯を選帝侯に定めた帝国法). ②大勅書(*列聖, *司教任命, *司教区設置, 重要な*教理など, 盛式に宣布される*教皇文書; 鉛製の印章が付される).

Bund【< binden】m. -[e]s, Bünde, ①契約(神が人間に一方的無条件的に与えた約束によって〔例えば*ノアの契約〕; 創9:8-17〕, または人間の側からの忠誠や一定の義務の承認・履行に対し, 神が恩恵や救済を約束することによって〔例えば*シナイ契約; 出19:5-8〕両者間に締結された協定関係; Testament 1 a参照); der ~ mit Gott 神との契約(旧約聖書においては神とイスラエルとの協定〔出19:5-8〕, 新約聖書ではキリストの*贖罪死による神とその民との「新しい契約」のこと); der Alte ~ 古い契約(das Alte *Testament* 1 参照); der Neue ~ 新しい契約(das Neue *Testament* 1 参照); Dieser Kelch ist der Neue ~ in meinem Blut.「この杯は, わたしの血によって立てられる新しい契約である.」(1コリ11:25; Blut参照). ②同盟, 連盟; Reformierter ~ für Deutschland m.ドイツ改革派連盟(1884年*ツヴィングリ生誕400年を期して*改革派の牧師, 長老によって設立された; ナチス時代には*告白教会と連繋した); ~ Freireligiöser Gemeinde Deutschlands → Bund *Freireligiö*ser Gemeinde Deutschland.

Bundes=buch n. -[e]s, 契約の書(神が*モーセを通じてイスラエル人に伝えた祭儀及び刑法・民法的規定の集成で, 最古の*律法の1つ〔出20:22-23:33〕; 出24:7参照). **~lade** f. -, 契約の箱(古くは「契約の櫃」とも; *モーセが神の命により*十戒を刻んだ2枚の石板を納めたアカシヤ材の箱で, 全体が純金で覆われ, *幕屋の至聖所に置かれた; 出25:10-22, 申10:1-5他). **~theologie** f. -, 契約神学(神と人間の関係を*契約とみなし, *救済史の全体を契約という概念から捉える*改革派の神学的立場; *ツヴィングリとその後継者ハインリヒ・ブリンガー〔1504-75〕によって展開された; → Föderaltheologieとも).

Buß=andacht f. -, -en, → ~gottesdienst. **~buch** n. -[e]s, ..bücher, (Beichtbuch, Pönitenzial) 償いの規定書, 贖罪規定書(*ゆるしの秘跡を執行する*聴罪司祭, 及びこれを受ける者のための手引書で, 罪とそれに対応する償いのリストを含む; 特に中世の). **~disziplin** f. -, 贖罪制度(罪を犯した信徒に, 相応の償いの業を科して罪のゆるしを与える教会の諸規律).

Buße f. -, -n, ① (Pönitenz) 悔悛, 悔い改め(自分の犯した罪を悔やみ, これを償うことで, 罪によって損なわれた神との関係を回復しよう

とする徳）；[罪の] 償い、贖罪；～ predigen（説教などで*司祭が）悔悛を説く；～ tun 悔い改める、罪の償いをする；die öffentliche ～ 公的贖罪（特定の*大罪を犯した者が教会から公に排除されることで、基本的に終生の*破門を宣告された；第1回*ニカイア公会議で臨終の際の*聖体拝領が認められるなど4世紀末頃から緩和されたが、14世紀まで公の犯罪に適用された）；die Feier der ～ → Bußgottesdienst；den Sünder zur ～ ermahnen 罪人に罪の償い（悔い改め）を勧告（説諭）する．② [das Sakrament der] ～ → Bußsakrament．

büßen《I》t.(h) 償う；seine Sünden ～ 自分の罪の償いをする．《II》i.(h) für et. ～（或る行為の）償いをする、贖罪する；für eine Schuld ～ 罪の償いをする；in Sack und Asche ～ 粗布をまとい灰をかぶって悔い改める（Asche参照）．**Büßende**″ m. u. f. -n, -n,《形容詞的変化》、**Büßer** m. -s, -, 悔悛者、贖罪者（Pönitent参照）．

Büßer=gewand n. -[e]s, ..gewänder, → **~hemd** n. -[e]s, -en, 贖罪衣、苦行衣（馬やラクダなどの毛で織られた粗衣；かつては*苦行や*禁欲の目的で肌に直に着用した；*修道服としての着用を義務付ける修道会もあった）；das ~hemd anziehen / im ~hemd gehen《比》悔悛の情を示す、悔悟の念を表す．

Büßerin f. -, -nen, → Büßer（の女性形）．
Büßer・kleid n. -[e]s, -er, → Büßergewand.

Buß=feier f. -, -en, ～ gottesdienst. **~fertig** adj. 贖罪の意志（心構え）のある、悔悛（後悔）の念を抱いた．**~fertigkeit** f. -, 悔悛の情、後悔の念．**~fest** n. -[e]s, -e,《プ》→ ~tag. **~form** f. -, -en, 償い〈悔悛〉の形式．**~gang** m. -[e]s, ..gänge, 祈願行列（贖罪のための；Bittprozession参照）．**~gebet** n. -[e]s, -e, 悔い改め〈贖罪〉の祈り．**~geld** n. -[e]s, 罰金、過料、料金．
~gewand n. -[e]s, ..gewänder, → Büßergewand．
~gottesdienst【< lat. liturgia paenitentialis】m. -[e]s, -e, 回心のためのことば〈*回心を導く神の言葉としての聖書朗読の後、罪を神と共同体の前で認め、互いにゆるしを与えることを告白する祭儀；*共同回心式と同様の形態であるが、*赦免は行われない；第2*ヴァティカン公会議後に進められた*ゆるしの秘跡の改定により、罪と回心及びゆるしが共同体性において捉えられるようになったことに基づいて定められた）．**~gürtel** m. -s, -, 苦行〈悔悛〉用鎖帯（苦行、悔悛のために腰などに巻き付ける、刺状の突起のある金属製の鎖帯）．**~kanoniker** m. -s, -, *ゆるしの秘跡の祭式者（CIC. 968§1）．**~kleid** n. -[e]s, -er, → Büßergewand．**~lied** n. -[e]s, -er, 悔い改め〈贖罪〉の聖歌（賛美歌）．**~orden** m. -s, -, (Pönitentenorden) 贖罪会（*第三会の別称；世俗にあって、所属する修道会の精神と戒律のもとでキリスト教的完徳を目指す一般信徒の団体；特に*フランシスコ会や*カルメル会に属する信徒組織；*修道誓願を立てる*律修第三会〔der reguliere ~orden〕もある；Tertiarierorden参照）．**~ordnung** f. -, -en, *ゆるしの秘跡の執行規定．**~prediger** m. -s, -, 悔い改めを勧める説教師、懺悔説教師．**~predigt** f. -, -en,《プ》悔い改めを勧める説教、懺悔説教．**~psalm** m. -s, -en,《通常複数で》悔悛詩編、悔い改めの詩編（苦しみ、嘆き、悔い改めを内容とする詩編；詩6, 32, 38, 51, 102, 130, 143 の計7編）．**~ritus** m. -, ..riten, ①償いの儀式（教会などの聖なる場所が冒瀆され、ミサや秘跡が挙行できなくなった場合に、典礼書の規定に従って行われる、聖性を回復するための儀式）．②回心の儀（ミサの冒頭に行われる「*回心の祈り」の部分；Schuldbekenntnis参照）．**~sakrament**【< lat. sacramentum paenitentiae <poenitentiae>】n. -[e]s, -e, ゆるしの秘跡（「悔悛の秘跡」とも；第2*ヴァティカン公会議以前は「告解の秘跡」と呼ばれた；痛悔と資格ある司祭への*告白及び償い、司祭によって与えられる*赦免を通じて、信徒が洗礼後に犯した罪のゆるしを神から受け、神及び教会と和解する*秘跡；イエスが*復活後に制定した〔ヨハ20:23〕；CIC. 959-97）；《東》痛悔機密．**~tag** m. -[e]s, -e, 回心の日、償いの日（回心が特に勧められている日または期間；例えば、年中の金曜日と*四旬節の毎日には、祈り、*信心業、*大斎及び*小斎を行うよう定められている；CIC.1249-53）；《プ》贖罪日（→ Buß- und Bettagの略称）．**~übung** f. -, -en, 贖罪の行、罪の償いの実践（祈り、断食その他の節制や教会への献金、奉仕など）；苦行．**~- und Bettag** m. - - -[e]s, - - -e,《プ》贖罪祈禱日（プロテスタント教会暦の最終日曜日の前の水曜日、*死者の日の前の水曜日；1994年までドイツ全体の休日だったが、ザクセン州以外では廃止された）．

Büßung *f.* -, 悔い改め, 悔悛（Buße参照）; 贖罪.

Buß=werk *n.* -[e]s, -e, 償いの業. **～zeit** *f.* -, -en, 償いの時節（＊四旬節のこと; CIC. 1250）. **～zelle** *f.* -, -n, 告白室（Beichtstuhl参照）.

byzantinisch【< altgr. Byzantion】*adj.* ビザンティン［様式］の, ビザンツ式の; der ～e Gesang ビザンティン聖歌（＊クリュソストモス典礼及び＊バシレイオス典礼に伴うギリシア語の聖歌; ＊ギリシア正教会で用いられ, 人声のみで原則として楽器は使用しない）; die ～e Kirche ビザンティン教会（a. ビザンティン聖堂: ローマ帝国の首都コンスタンティノポリス〔古名ビザンティオン; 現在のイスタンブール〕を中心に5-6世紀に隆盛をみた集中式の教会建築様式; 中央に巨大な円屋根を戴く＊バシリカが位置し, 周囲に小さな円蓋と尖塔をもつ小堂を伴う; 内部には大理石やモザイクなどによる豪華な装飾が見られる; 537年に再建された＊ハギア・ソフィア大聖堂, 547年完成のラヴェンナのサン・ヴィターレ聖堂を代表とする. b. 1054年ローマと分離したコンスタンティノポリス総主教区から発展した諸教会; ＊東方正教会の別称. c.＊ビザンティン典礼を用いる, 東欧及び中近東などの＊カトリック東方教会のこと）; die ～e Kunst ビザンティン美術（324年＊コンスタンティヌス大帝がローマ帝国の首都をビザンティオンに遷してから, 1453年オスマン帝国によって滅ぼされるまでのローマ帝国〔ビザンティン帝国; das ～e Reich〕の美術; 古代ローマ, ヘレニズム, ササン朝ペルシアの様式とキリスト教が融合したもので, 聖堂内のモザイク, フレスコ, 板絵の＊イコン, 宝石や金銀をふんだんに用いた典礼具や写本装飾などにおいて発展したが, ＊聖画像論争の時代には一時停滞を余儀なくされた）; die ～e Liturgie ビザンティン典礼（コンスタンティノポリス総主教区を中心に発展し, 現在まで＊東方教会で用いられているヨアンネス・クリュソストモス〔347頃-407〕及び＊バシレイオスの名による典礼方式）. **Byzanz**《固》ビザンツ, ビザンティオン（コンスタンティノポリス, 現在のイスタンブールの古名）.

C

Cäcilia《固》(*f.*) ～ [von Rom]［ローマの］カエキリア（ツェツィーリア〔dt.〕, チェチリア〔it. Cecilia〕, セシリア〔engl. Cecilia〕, セシル〔fr. Cécile〕; 3世紀頃ローマの名門の出身で, 異教徒の夫ウァレリアヌスとその弟ティブルティウスを改宗させ, また貞潔を守り, 迫害を受けて3人とも殉教した; 16世紀以降, 音楽家や詩人の＊守護聖人として親しまれ, 図像ではオルガンや楽器とともに描かれる; 祝日: 11月22日）. **Cäcilianismus**【lat.】*m.* -, → Cäcilienbewegung. **Cäcilie**《固》(*f.*) ツェツィーリエ（→ Cäcilia の別綴り）.

Cäcilien=bewegung *f.* -, セシリア運動（＊セシリア協会を中心として19世紀半ばから20世紀初頭に進められた教会音楽の復古及び改革の運動）. **～verband** *m.* -[e]s, ..verbände, セシリア協会. **～verein** *m.* -[e]s, -e, [Allgemeiner Deutscher] ～verein［全ドイツ］セシリア協会（教会音楽の世俗化の傾向に対抗し, ＊グレゴリオ聖歌と＊パレストリーナを規範としたア・カペラ多声合唱の復興などを目的とする信徒団体; 1868年, レーゲンスブルクの聖歌隊長, 司祭のフランツ・ヴィット〔1834-88〕がドイツで創立し, その後他国に広まった）.

Caeremoniale → Zeremoniale.

Calatrava・orden *m.* -s, カラトラバ騎士団（1158年スペイン南部カラトラバで, アラブ軍に対抗する防衛拠点が作られた際に設置された戦闘騎士団; ＊シトー会傘下で15世紀末まで＊レコンキスタのため勇猛に戦った）.

Calendae【lat.】*pl.* → Kalenden.

Calixtiner → Kalixtiner.

Calvin《固》(*m.*) Jean ～ ジャン・カルヴァン（1509-64; 初期の＊宗教改革の指導者; パリ大学他で神学, 人文学, 法学を修めたが, 1533年頃「突然の＊回心」〔lat. subita conversio; dt. eine plötzliche <unerwartete> Bekehrung〕により＊福音主義に転じた; 1536年亡命先のバーゼルで『キリスト教綱要』を出版; 1541年以降, ジュネーヴを拠点として教会改革を強力

に推進し，同地で*福音に基づく厳格に組織化された*位階制と*神権政治の樹立を図る；膨大な著作を通して*信仰による義認，*予定説を強調した体系的・合理的なプロテスタント神学を展開した). **calvinisch** → kalvinisch. **Calvinismus** → Kalvinismus. **Calvinist** → Kalvinist. **calvinistisch** → kalvinistisch.

Camerlengo【it."会計係"】*m.* -s, -s, カメルレンゴ(*教皇庁の財政・財物の管理者で，*使徒座空位時には，教皇代理を務める*枢機卿；教皇死去の場合，その死を公式に確認し，3名の*枢機卿団の代表とともに，教皇の葬儀及び新教皇選出のための*枢機卿会議の準備と管理を行う).

Camisarde → Kamisarde.

Campanile → Kampanile.

Candidatus [reverendi] ministerii【lat.】*m.* -[-]-, ..ti[-]-, 聖職志願者，牧師志願者(特に*ルター派の；略: cand. [rev.] min. *od.* c. r. m.).

Canisius･werk【< Petrus *Canisius*】*n.* -[e]s, カニシウス［事業］会(1918年ヨーゼフ・モーザー〔1866-1931〕が司祭の*召命の奨励，司祭候補者の援助・養成などの目的でウィーンに設立したカトリック信徒団体；名称は，*カトリック改革を進め，各地にイエズス会学院を創設したペトルス・カニシウス〔1521-97；聖人〕にちなむ).

Canon【lat.】*m.* -s, -s *u.* -es, → Kanon. **Canonicus**【kirchenlat.】*m.* -, ..ci, → Kanonikus.

Canossa《固》カノッサ(北イタリアの山村で，その地の岩山に立つトスカーナ伯の城に滞在中だった教皇グレゴリウス7世〔在位1073-85〕を，*叙任権闘争において*破門されたドイツ王ハインリヒ4世〔在位1056-1105；神聖ローマ帝国皇帝1084-1105〕が，ドイツ諸侯の圧力により破門解除を請うため訪ね，雪の中3日間城外に佇んで赦免を得たという「カノッサの屈辱」〔1077〕の舞台となった)；der Gang nach ～ カノッサ詣で，カノッサの屈辱；Nach ～ gehen wir nicht. 「我々はカノッサ詣ではしない。」(教皇ピウス9世〔在位1846-78〕と対立したプロイセンの宰相ビスマルク〔1815-98〕が*文化闘争に際して，1872年議会で演説した言葉).

Cantate → Kantate (I, II). **Cantemus Domino**【lat.】カンテムス・ドミノ(*カンティクムの1つで「モーセの賛歌」とも；紅海を歩いて渡った後，*モーセとイスラエルの民が神を賛美して歌った歌に基づく；出15: 1 -19他). **Cantica**【lat.】*pl.* カンティカ(→ Canticumの複数形); ～ canticorum【lat."歌の(中の)歌"】*pl.* → Hohelied (の*ウルガタ訳ラテン語聖書における表題). **Canticum**【lat."短い歌"】*n.* -[s], ..ca, カンティクム，賛歌，讃歌(*詩編以外の聖書の句を基にした聖歌で*聖務日課の中で歌われる；旧約聖書の → Benedicite, → Cantemus Domino, 新約の → Benedictus, → Magnificat, → Nunc dimittis がある).

Cantus【lat."歌"】*m.* -, -, カントゥス(*聖歌で主旋律を歌う声部); ～ ambrosianus カントゥス・アンブロシアヌス(der *Ambrosianische* Gesang参照); ～ choralis カントゥス・コラーリス(単声の*グレゴリオ聖歌のこと); ～ gallicanus カントゥス・ガリカヌス(der *gallikanische* Gesang参照); ～ gregorianus カントゥス・グレゴリアヌス(der *Gregorianische* Gesang参照); ～ mensurabilis ‹mensuratus› カントゥス・メンスラビリス〈メンスラツス〉(一定の長さの音符によってリズムが厳格に規定されている，13-16世紀の定量的な音楽); ～ planus カントゥス・プラーヌス(音符の長短［音価］が規定されていない*グレゴリオ聖歌の13世紀以降の呼び名); ～ responsorium カントゥス・レスポンソリウム(Responsorium参照); ～ Romanus カントゥス・ロマーヌス(ローマ・カトリック教会の聖歌；der *Gregorianische* Gesang参照); ～ sacra カントゥス・サクラ(der geistliche *Gesang*参照).

Cappa【lat.】*f.* -, -s, カッパ(a. ケープ〔engl. cape〕とも；頭巾付きで袖のない長い外衣；中世においては，聖職者の普段着；現在では*聖体賛美式や通夜式などで用いる. b. ［雨］合羽；元来は，戸外での*行列などの典礼に用いられる，雨風を防ぐための服装；Pluviale参照).

Caritas【< lat. carus "貴い，高価な"】*f.* -, ① カリタス，愛［徳］(すべてのものを超えて神を愛し，それによって*隣人をも愛するに至る，神より注入される超自然愛；*対神徳のうち最高の徳とされる；*アガペーのラテン語訳として*教父たちが用いた，キリスト教的愛を表現する語；Nächstenliebe参照). ② → Caritasverband (の略称); ～ Internationalis カリタス・インターナツィオナーリス(各国

のカリタス活動組織の国際的な連合体で, 社会福祉事業や災害時の救援活動, 発展途上国の支援などに従事する；1924年アムステルダムでの*聖体大会における*ドイツ・カリタス連盟の提唱により組織され, 1951年教皇ピウス12世〔在位1939-58〕によって認可された).

Caritas=verband *m.* -[e]s, ..verbände, カリタス連盟〈協会〉(カトリック教会による各国の慈善・社会福祉のための組織)；der Deutsche ～verband ドイツ・カリタス連盟(ドイツにおける慈善活動を組織的に行う目的で, 1897年ローレンツ・ヴェルトマン〔1858-1921〕によって設立されたカトリックの社会福祉連合体；本部はフライブルク). **～wissenschaft** *f.* -, カリタス学(*カリタスの理論, 実践, 歴史を研究対象とする神学の1分野).

caritativ → karitativ.

Carol〔gr.-lat.-altfr.-engl.；< altfr. carole "(歌を伴う)円舞"；< lat. choraula "笛に合わせた踊り"〕*n.* -s, -s, キャロル(季節毎, 特にクリスマスに民衆間で歌われる英語の祝歌, 喜びの歌；英語のものと英語とラテン語が混交した歌詞のものがある；15世紀の畳句を伴う舞踏歌に由来する).

Carta Caritatis【ägypt.-gr.-lat.;"紙"＋< Caritas】*f.* - -, カルタ・カリターティス, 愛の憲章(*シトー会の第3代修道院長ステファヌス・ハルディング〔スティーヴン・ハーディング；1059頃-1134；聖人〕が起草し, 12世紀初頭に段階的に成立した同会の最初の*会憲；*母院を中心とする各々自律した支院〔*娘院〕の愛に基づく連合や, 統治組織など運営上の原則を制定したもので, *プレモントレ会など他の修道会の会憲の規範ともなった).

Cäsar[e]o・papismus【lat.; < lat. caesar "皇帝" ＋ Papismus】*m.* -, 皇帝皇権主義(皇帝や国王など世俗的統治者に対して, 教会における絶対的権威をも認める立場・制度；俗権が教会の権限, 特に教義問題に不当に介入することをも表す).

Casel → Kasel.

Caspar【pers."財務官"】《固》(*m.*) カスパール(*東方の三博士の1人の伝統的呼称；イエスの誕生に際し, 贈り物として*没薬を携えてきた).

Casula【mlat.】*f.* -, ..lae, → Kasel.

Cathedra【gr.-lat. "椅子, 座"】*f.* -, -e, 司教[高]座(a. *司教座教会の中に設置されている多くは天蓋付きの*司教の儀式用座席；初期キリスト教では*内陣中央, 中世以降は祭壇に向かって左側〔*福音書側〕に置かれる. b. 司教の権威, 権限)；～ Petri カテドラ・ペトリ, ペトロの司教座(a.*教皇座の別称；教皇はローマ司教*ペトロの後継者であることから；ex cathedra参照. b.*サン・ピエトロ大聖堂の内陣背後に, 1656-66年ベルニーニ〔1598-1680〕が制作した教皇用座席).

CDU《略》→ *Christlich*-Demokratische Union Deutschlands (の略称).

Celebret → Zelebret.

Cella【lat."小部屋"】*f.* -, -e, ①《古》独居房, 僧房(元来は, *隠修士が独居した庵のこと；後に, 修道院内の修道者の個室, 私室). ② → Kellion. **Cellarius** *m.* -, ..rii, → Cellerarius.

Cellerar〔kirchenlat."貯蔵庫係"〕*m.* -s, -e, **Cellerarius** *m.* -, ..rii, ② (Kellerer) 総務長, ケラリウス(*ベネディクトゥス戒律に定められた*修道院職位の1つで, 院内の物資の管理〔用度, 出納〕, 来客や貧者の応対などを行った).

Centurie → Zenturie. **Centurio** → Zenturio.

Certosa【it.】*f.* -, ..sen,(イタリアの)カルトゥジア会修道院(Kartause参照).

Chalcedon《固》カルケドン(*コンスタンティノポリスの対岸に位置する小アジアの古都で, 現在はイスタンブールのアジア側のカディキョイ地区)；das Konzil von <zu> ～ カルケドン公会議(451年, キリストの*神性と*人性をめぐる論争を決着させるため, 教皇レオ1世〔在位440-61〕の賛同のもと, 東ローマ皇帝マルキアヌス〔在位450-57〕が召集した古代教会最大規模の*公会議〔第4回公会議〕；1つの*ペルソナであり*ヒュポスタシスであるキリストが神性と人性の本性〔*フュシス〕を有することを宣言する「カルケドン信条」を採択した；コンスタンティノポリスの大司教区にローマに次ぐ地位を認めようとした条項を, 教皇が承認しなかったため, 東西両教会間の不和が先鋭化した).

chaldäisch【< Chaldäa】*adj.* カルデア(チグリス・ユーフラテス川下流の沼沢地帯の歴史的名称；旧約時代は*ネブカドネツァルのバビロニア帝国を指す)の；die ～e Kirche カルデア教会(伝承によれば使徒*トマスに由来す

る、ペルシアを中心に発達した*ネストリオス派のキリスト教会；東シリア語のカルデア典礼を用いる）；die 〜-katholische Kirche カルデア・カトリック教会（16世紀半ば，総主教の世襲問題からローマと合同して成立した*カトリック東方教会；主教座はバグダッドに置かれている）．

Chalkedon → Chalcedon.

Chaos【gr.-lat."深淵"】*n.* -, カオス，混沌（調和と秩序のある*コスモスに対し，万物の生成以前の無秩序状態；なお*創世記は神による天地の*創造から始まっており，創1：2にいう「混沌」や「深淵」は，創造直後の状態を表すと解釈される）．

Character indelebilis【lat.】*m.* - -, 消えることのない霊印（das unauslöschliche *Merkmal*参照）．**Charakter**【gr.-lat."刻み込まれたもの"】*m.* -s, -e, ①性格，性質；（ある性格をもった）人物；身分．② der sakramentale 〜 秘跡的霊印（神に由来するもので，取り消すことのできない霊的な刻印としての*洗礼，*堅信，*叙階の秘跡；das unauslöschliche *Merkmal*参照）．

Charisma【gr.-lat."賜物"】*n.* -s, ..men *u.* -ta, カリスマ（*聖霊の無償の賜物のことで，霊能，特能とも；教会共同体の全体の利益のため，聖霊によって個人または団体に与えられる超自然的能力〔１コリ12-14章参照〕；例えば*パウロは，知恵・知識の言葉，信仰，癒し，*奇跡，*預言，霊を見分ける力，*異言を挙げている〔１コリ12：8 -10〕；転じて，大衆を魅了し支配する特殊な能力を意味する）．**charismatisch** *adj.* カリスマの；カリスマをもった，カリスマ的な．**Charismen** *pl.* → Charisma（の複数形）．

Charitas → Caritas. **charitativ** → karitativ.

Charlemagne【fr.; < lat. Carolus <Karolus> Magnus】《固》(*m.*) シャルルマーニュ（Karl der Große参照）．

Chartreuse【fr.】⑴ *f.* -, [Grande] 〜 ［グランド・］シャルトルーズ修道院（フランス南東部のグルノーブル近郊にある*カルトゥジオ会の*母院；1084年，ケルンの聖ブルノ〔1030頃-1101〕が創立した）．⑵ *m.* -, シャルトルーズ (Kartäuser 2 参照).

Cheironomie【gr.-lat.; < gr. cheír "手" + nómos "法"】*f.* -, -n, ①（単数で）カイロノミー（楽譜に音程の指示のない，中世期以前の単声の教会合唱音楽における指揮法；朗唱のリズムだけでなく音高〔旋律線〕も手振りで示す）．②按手（*司祭叙階式の際に行われる；Handauflegung参照）．**cheironomisch** *adj.* カイロノミーの，カイロノミーによる．

Cherub【hebr.-gr.-kirchenlat."仲裁者；知識"】*m.* -s, -im *u.* -inen *u.* -e, ケルブ，（複数で：）ケルビム，智天使（*天使の歌隊における第１階級の２に位置する天使たち；*アダムと*エバが追放された後，*エデンの園の東で*命の木を守護し〔創3：24〕，*契約の箱の両脇にはその金の像が造られた〔出25:18-22〕；また４つの顔と４枚の翼を備え〔エゼ１：5 -14〕神の乗り物となる〔詩18:11〕）．**Cherubim** *pl.* → Cherub (の複数形). **cherubinisch** *adj.* ケルブ〈ケルビム〉のような；天使のような．

Chiliasmus【gr.-lat.; < gr. chilioi "千"】*m.* -, (Millenarismus) 千年至福説，千年王国（*最後の審判の前にキリストが再臨して，復活した義人たちとともに地上の王国を築き，世界終末までの1000年間これを統治するという，黙20：4 - 6 に基づく*黙示思想；各々の時代における社会的混乱や迫害を*終末論的に捉え，ユートピアの到来を待望する古今の異端的分派の形成に影響を及ぼしてきた）．**Chiliast**【gr.-lat.】*m.* -en, -en, 千年至福説の信奉者．**chiliastisch** *adj.* 千年至福説の．

Chi-Rho【gr.】*n.* -, キー・ロー（ギリシア文字のＸとＰを重ね合わせた記号，紋章〔☧〕；Christusmonogramm参照）．

Chirograf【gr.-lat."自筆の文書"】*n.* -s, -en, **Chirograph** *n.* -s, -en, **Chirographum** *n.* -s, ..phen, 教皇親書（特定人に宛てた教皇自筆の，または自筆署名のある個人的な書簡）．

Chironomie → Cheironomie. **chironomisch** → cheironomisch.

Chlyst【russ.】*m.* -en, -en, (通常複数で) 鞭身（派），フルィストゥイ（17世紀に*ロシア正教会から分離して成立した異端派；教会や聖書を否定し，熱狂的自虐的な鞭打ちの*苦行による神との直接的な交わりを目指した；性的堕落が批判され，18世紀半ばには*去勢派が分派した）．

Chor【gr.-lat.; < gr. chorós "円舞"】⑴ *m.* (まれに: *n.*) -[e]s, -e *u.* Chöre, ①内陣（通常，教会堂の東側に位置する*主祭壇の周辺部で，典礼祭儀を執行する場所；広義では，*アプシ

スやその回りの*周歩廊，及びそこに放射状に並ぶ祭室なども含むが，狭義では司祭席や聖歌隊席のある部分〔「共唱席」とも〕で，階段や*内陣障壁，*内陣格子などによって*身廊と区別される）．②（教会堂で，聖歌隊とオルガンのための）聖歌隊席．(II) *m.* -[e]s, Chöre, ①歌隊，聖歌隊，合唱団《東》詠隊；der 〜 der Engel → Engelchor. ② 合 唱 曲．

Choral【< mlat. (cantus) choralis】*m.* -s, ..räle, ①聖歌，（特に：）グレゴリオ聖歌；der Gregorianische 〜 グレゴリオ聖歌．②《プ》賛美歌；コラール（一般にドイツ・プロテスタント教会で会衆によって歌われる賛美歌のこと；特に*ルター以後17世紀までに作曲されたドイツ語の歌詞による単旋律のもの）．

Choral=amt *n.* -[e]s, ..ämter, → 〜messe． 〜**bearbeitung** *f.* -, -en, コラール編曲（コラールの旋律に基づいて書かれた楽曲，特にオルガン曲の総称）．〜**buch** *n.* -[e]s, ..bücher,《プ》（オルガン奏者のための）コラール集；賛美歌集．〜**fantasie** *f.* -, -n, コラール・ファンタジー，コラール幻想曲（コラール旋律に基づく大規模なオルガン曲）．〜**fuge** *f.* -, -n, コラール・フーガ（コラールの主題，特に第1節，第2節をフーガ主題とするオルガン曲）．

Choralist *m.* -en, -en,《古》①聖歌隊員；（教会の）合唱団員．②聖歌隊指揮者（教会の）合唱指揮者．

Choral=kantate *f.* -, -n,《プ》コラール・カンタータ（*コラールの歌詞や旋律を用いた*カンタータ；特にJ. S. *バッハの作曲した教会カンタータを指す）．〜**messe** *f.* -, -n, コラール・ミサ，歌唱ミサ（a. 司祭が典文を歌唱して司式し，合唱を伴うミサ；*読唱ミサと*盛儀ミサの中間的な形態とされる．b. 及び，同名の管弦楽伴奏付きミサ曲；例えば，ブルックナー「聖木曜日のためのミサ曲」〔1844〕，グノー「コラール・ミサ曲」〔1888〕）．〜**phantasie** → 〜fantasie.

Chor・altar *m.* -[e]s, ..altäre, (*内陣に設置された）主祭壇，本祭壇．

Choral=variation *f.* -, -en, コラール変奏曲（コラールの旋律に基づく変奏曲；特にオルガンのための）．〜**vorspiel** *n.* -[e]s, -e, コラール前奏曲（a. *ルター派の典礼で，会衆がコラールを歌い出す前に，オルガンによって提示されるその第1部分．b. オルガンのためのコラールの編曲）．

Chor=amt *n.* -[e]s, ..ämter, 祭壇奉仕．〜**apside** → Apside. 〜**apsis** → Apsis. 〜**bischof** *m.* -s, ..bischöfe, 地方専任司教(a.*東方教会で4世紀頃まで地方区域の*裁治権が委ねられていた*司教；または司教と*司祭の中間的地位．b.*ギリシア教会で地方教区を監督する首席司祭；カトリックの*デカーヌスに相当する．c. 西方教会では司教の補佐役，または司教座の空位時や司教に障害のある場合の代理人；9世紀末以降次第に*助祭長の地位にとって代わられた）．〜**buch** *n.* -[e]s, ..bücher, ①クワイアブック，合唱用楽譜［集］（合唱の各声部が見開きに記された大型の手書き楽譜本；14世紀末から16世紀半ばに用いられ，聖歌隊員はこれを取り囲み，見ながら歌った）．②《プ》コラール集，賛美歌集．

Chörchen *n.* -s, -, → Chor 1 の指小形．

Chor=dienst *m.* -[e]s, -e, (*参事会聖堂の*内陣で行われる*聖務日課〔*教会の祈り〕やミサなどの典礼において，荘厳に行われる）共唱祈禱，合唱祈禱．〜**frau** *f.* -, -en, ①《通常複数で》女子修道祭式者会，女子修道参事会(*終生誓願は立てずに，修道会に共住し，共同または個別に*聖務日課を唱えることを義務付けられている修道女；多くの場合，組織的に男子の*修道祭式者会に従属する；例えば，ラテラノ女子修道参事会，サン・ヴィクトル女子修道参事会）．② (Kanonisse) 律修共住修道会修道女，律修修女(*ベネディクトゥスの戒律以外の，その会独自の戒律〔多くは，*アウグスティヌスの戒律〕に従って共住生活を営む修道会の修道女）．③ → Stiftsdame 1. 〜**gang** *m.* -[e]s, ..gänge, → 〜umgang. 〜**gebet** *n.* -[e]s, -e, 共唱祈禱，合唱祈禱（される*聖務日課〔*教会の祈り〕）．〜**gesang** *m.* -[e]s, ..gesänge, コラール（集）；vierstimmige 〜gesänge *pl.* 4声のコラール（例えば，J. S. *バッハが1765-87年に作曲したBWV. 253-438）．〜**gestühl** *n.* -[e]s, -e, 〜**gestühle** *n.* -s,（集合的に：）内陣聖職者席，聖堂参事会員席，聖堂祭式者会員席(*参事会聖堂で共唱祈禱を行う聖職者のための祈禱席；複数人掛けで，多くは彫刻が施されている）．〜**gewand** *n.* -[e]s, ..gewänder, → 〜kleidung. 〜**haupt** *n.* -[e]s, ..häupter, 外陣，後陣（教会堂建築で*身廊の東端の*アプシスがある部分；13世紀初頭フラ

ンスの*ゴシック式聖堂などでは，シュヴェ〔fr. chevet〕と呼ばれ，その外側にはしばしば複数の放射状祭室が造られた）．**～hemd** n. -[e]s, -en, 短白衣（Superpelliceum参照）．**～herr** m. -n, -en, ①司教座聖堂祭式者会員，司教座聖堂参事会員（*司教座のある聖堂に所属して，*司教の補佐役を務める聖職者たち；Domherr参照）．②《通常複数で》修道祭式者会，修道参事会，律修参事会（11-12世紀の*グレゴリウス改革以降，*盛式誓願を立て，共住生活規則〔多くは*アウグスティヌスの戒律〕に従って，*聖務日課を共唱する〔元は*司教座聖堂祭式者会に属していた〕聖職者たちの修道共同体；例えば，*プレモントレ会，*サン・ヴィクトル修道参事会；Regularkanoniker参照）．**～herren・kloster** n. -s, ..klöster, 修道〈律修〉参事会修道院．**～herren・orden** m. -s, -, → ～herr 2．**～herren・stift** n. -[e]s, -e u. -er, 聖堂祭式者会，聖堂参事会（Kanonikerkapitel参照）．**～herren・stuhl** m. -[e]s, ..stühle, → ～stuhl．**～kleidung** f. -, -en, 祭服（*キャソック〔*タラール〕，*モゼッタ，*スペルペリケウム〔または*ロシェトゥム〕，*ピレッタなどの組み合わせからなる聖職者の平服；職位により色や形態が異なる）．**～knabe** m. -n, -n, ①（ミサの）侍者（Ministrant参照）．②少年聖歌隊員.

Chörlein n. -s, -, ①《雅》→ Chörchen．②張出し窓（中世の住宅建築で，壁面から半円形または多角形状に突き出た部分；元来は私聖堂として造られたもの〔Kapellenと呼ばれる〕；ニュルンベルク旧市街のものが有名）．

Chor=leiter m. -s, -, 聖歌隊指揮者．**～mantel** m. -s, ..mäntel, コープ，大外衣（engl. cope；司祭や司教が特定の典礼儀式で着用するマント型の長い外衣）．**～messe** f. -, -n, → Gemeinschaftsmesse．**～nische** f. -, -n, → Apsis．**～raum** m. -[e]s, ..räume, → Chor I．**～regent** m. -en, -en, 《südd.》聖歌隊長．**～rock** n. -[e]s, ..röcke, → ～hemd．**～schranke** f. -, -n, 内陣格子，内陣胸壁（教会堂の*身廊と*内陣を隔てる壁や柵；Lettner参照）．**～stuhl** m. -[e]s, ..stühle,《通常複数で》(*内陣の）聖堂参事会員席，聖堂祭式者会員席；内陣聖職者席．**～tracht** f. -, -en, → ～kleidung．**～umgang** m. -[e]s, ..gänge, 内陣回廊，周歩廊（教会堂建築で，*側廊が*内陣，*アプシスの後方まで，囲むように延長された通路部分；大規模な聖堂の場合，その外側に放射状祭室が造られることがある；～-haupt参照）．

Chrisam【gr.-lat."塗油"】n. (m.) -s, (Salböl) 聖香油，クリスマ（オリーブ油に*バルサム〔香料〕を混ぜて，「聖香油のミサ」で*司教が*聖別したもの，*洗礼，*堅信，司祭・司祭の*叙階，教会堂の*献堂式や祭壇・鐘の*奉献などに用いられる）．**Chrisam・messe** f. -, -n, 聖香油のミサ（現在，*聖木曜日の午前中または*復活祭の近くの日に，*司教が*司祭団とともに行う，香油の*聖別のためのミサ；*病者の塗油のための油の*祝福，*洗礼志願者の油と香油の聖別が行われる）．**Chrisma** n. -s, → Chrisam．**Chrismale**【gr.-nlat.】n. -s, ..lien u. ..lia, ①聖香油容器（*聖油及び*聖香油を保存するための金属製の筒型または箱型の容器；ラテン語名称 "sanctum chrisma" の頭文字 S. C. が記される）．②祭壇布（*祭壇奉献において，聖香油で塗別した後，天板を覆う蠟引きの白い布）．③聖香油白布（かつて，堅信や*司教祝別の塗油の際に，聖香油が垂れ落ちないよう額に当てたり，額の周囲に巻き付けた布）．**Chrismarium** n. -s, ..rien, ①聖香油容器．②堅信堂（教会堂の中で堅信の秘跡を授ける場所として特に区切られた領域；聖香油容器が保存されたことから，この名称がある）．③《中世の》聖遺物匣（Reliquiar参照）．**Chrismation** f. -, -en,《東》傅膏機密(ふこう)（*東方正教会における*堅信のこと；*洗礼を受けた直後に引き続き行われ，洗礼者の額，目，鼻，口，耳，胸，手足に「聖膏」〔香油〕を塗布することをもって行われる*機密）．

Christ【lat. christianus; < Christus】(I) m. -en, -en, キリスト教徒，クリスチャン，キリスト者（はじめ初代キリスト教徒は「*ナザレ人の分派」と呼ばれたが，その後*アンティオケイアの教会で初めてこの語が用いられたとされる；使11,26）；ein evangelischer (katholischer) ～ 新（旧）教徒；ein gläubiger ～ 敬虔なキリスト教徒；sich als ～ bekennen キリスト教徒であることを表明する；jn. zum ～en bekehren（或人を）キリスト教に改宗させる．(II) m. -, ①《稀》キリスト（民衆語または賛美歌などで）；～ ist erstanden 「キリストは蘇りたまえり」（12世紀初頭に成立した復活祭に歌われるドイツ語による最古の教会歌）；Erstanden ist der heil'ge ～「聖なるキリストは蘇りたまえり」(J. S. *バッハの作品；BWV. 306, 628). ② der Heilige ～ a. 幼児キリスト(Christkind 1 b 参照). b. クリスマス；zum Heiligen ～ クリスマスに.

Christ=abend m. -[e]s, -e, 《方》クリスマスイブ，キリスト*降誕祭の前夜. **～baum** m. -[e]s, ..bäume, 《方》クリスマスツリー(Weihnachtsbaum 参照); nicht alle auf dem ～baum haben 《話》頭が少しおかしい(クリスマスツリーにろうそくの数が足りない様子に譬えて). **～baum・behang** m. -[e]s, ..behänge, → ～schmuck. **～dorn** m. [e]s, -e, → Christusdorn.

Christe → Christus (のラテン語式呼格形); ～ eleison! キリスト，あわれみたまえ(Kyrieeleison参照).

Christen=feind m. -[e]s, -e, 反キリスト教徒，キリスト教の敵対者. **～feindlich** adj. 反キリスト教徒の，キリスト教に反対する. **～gemeinde** f. -, -n, ①《単数で》→ Christenheit. ②キリスト教徒の集団(共同体，共住団). **～gemeinschaft** f. -, キリスト者共同体(*人智学とキリスト教を融合する目的で，ルドルフ・シュタイナー〔1861-1925〕の助力のもと，1922年フリードリヒ・リッテルマイヤー〔1872-1928〕によって，スイス，ドルナッハで設立された宗教団体；宗教革新運動〔die Bewegung für die religiöse Erneuerung〕とも呼ばれる). **～glaube** m. -ns, **～glauben** m. -s, キリスト教信仰.

Christenheit f. -, ①(集合的に:)[全]キリスト教徒. ②キリスト教世界，キリスト教圏；Die ～ oder Europa「キリスト教世界あるいはヨーロッパ」(ドイツ・ロマン主義の詩人・思想家ノヴァーリス〔1772-1801〕が1799年に発表した，キリスト教とヨーロッパに関する歴史哲学的論考ないしマニフェスト；*位階制のもとで調和と秩序が保たれていた中世のヨーロッパ世界に，*プロテスタンティズムと学知によって分裂がもたらされ，以来フランス革命に至る混乱状態が続いてきたが，今やドイツを中心に，新たなる「永世平和の聖なる時代」の胎動が始まっていることを宣布する). ③キリスト教；die Neue ～ 新キリスト教(第2*ヴァティカン公会議以後，カトリック教会の抜本的改革を求める急進改革派の立場；人間中心の宗教，現世に対する関心の強調，位階制の否定などを特徴とする).

Christen=kind n. -[e]s, -er, (対義語: Heidenkind)洗礼を受けた子供，キリスト教徒の子供. **～lehre** f. -, ①(特に南ドイツで*堅信を受けた青少年に対して日曜日などに行われる)キリスト教教理の授業. ②(旧東ドイツにおける)キリスト教の宗教教育. **～mensch** m. -en, -en, キリスト教徒，キリスト者；Von der Freiheit eines ～menschen『キリスト者の自由について』(1520年に刊行された*ルターの第3の宗教改革文書；キリスト教信仰による律法からの自由と，無限の*愛に基づく*隣人への奉仕について論じる). **～pflicht** f. -, (まれに:) -en, キリスト教徒の義務(特に*隣人に対する). **～seele** f. -, -n, 《古》キリスト教徒；keine ～seele 《話》誰も…ない；weit und breit war keine ～seele zu sehen 辺り一帯には人っ子ひとり見かけなかった.

Christentum n. -s, ①キリスト教；キリスト教信仰(教義，精神); das evangelische (katholische) ～ プロテスタント(カトリック); das ～ annehmen キリスト教徒(キリスト教国)になる；jn. zum ～ bekehren (或人を)キリスト教に改宗させる；sich zum ～ bekennen キリスト教徒になる(ことを公言する). ②(集合的に:)キリスト教徒；キリスト教世界，キリスト教会; das griechisch-orthodoxe ～ ギリシア正教会(die *orthodoxe* Kirche参照). **christentümlich** adj. キリスト教の.

Christen=verfolgung f. -, -en, キリスト教〔徒〕迫害(国家権力によるキリスト教徒の組織的弾圧；特に，ローマ帝国第5代皇帝ネロ〔在位54-68〕による). **～volk** n. -[e]s, (集合的に:)キリスト教徒；キリスト教民族(国民).

Christ=fest n. -[e]s, -e, 《古;方》クリスマス. **～gehen** n. -s, クリスマスの訪(おとな)い(北ドイツなどで，クリスマスに子供たちが歌いながら各家を訪問して，菓子などプレゼントをもらう習俗). **～geschenk** n. -[e]s, -e, 《古》クリスマスプレゼント.

Christi → Christus (のラテン語式2格形); ～ Himmelfahrt → Himmelfahrt ～; im Namen ～ キリストのみ名によって; er sieht aus wie das Leiden ～ 《話》彼はひどく顔色が悪い; um ～ willen! お願いだから(嘆願); おやおや

（驚き）．**christianisieren** *t.* (*h*)（ある国・民族などを）キリスト教化する，キリスト教徒にする（改宗させる）．**Christianisierung** *f.* -,（まれに:) -en，キリスト教化（すること，されること）．**Christianitas**【*lat.*】*f.* -，キリスト教的精神（生活）．

Christian Science【*engl.*】*f.* - -，クリスチャン・サイエンス，キリスト教科学（正式には，科学者キリスト教会〔*engl.* The Church of Christ, Scientist / *dt.* Kirche Christi, Wissenschaftler〕；1866年メリー・ベーカー・エディー〔1821-1910〕が，マタ9：2に霊感を得，イエスの癒しの業における霊的法則を発見したとして，79年にボストンで創立した国際的キリスト教団体；神を正しく理解することで身体の調和が回復し，病気が治癒すると主張する）．

Christin *f.* -, -nen，→ Christ I（の女性形）．

Christ=katholik *m.* -en, -en，(スイスの) 復古カトリック主義者，アルト・カトリチスムスの信徒．**⁓katholikin** *f.* -, -nen，→ ⁓katholik（の女性形）．**⁓katholisch** *adj.*（スイスの）復古カトリック主義の；die ⁓katholische Kirche キリスト・カトリック教会（スイスの*復古カトリック主義教会）．**⁓katholizismus** *m.* -，(スイスの）復古カトリック主義，アルト・カトリチスムス（Altkatholizismus参照）．

Christ=kind *n.* -[e]s, ①幼児キリスト，幼子キリスト，クリストキント (a. 誕生時のイエス；及びその図像・彫像〔特に，*クリッペの中の影像〕；Jesuskind参照）．b. 良い子にクリスマスプレゼントをもって来るとされる，天使や子供の姿をした伝説上の存在．c. クリスマスイブに生まれた子供．d. 単純な人，お人好し，信じやすい人）．②<*südd., östr.*>《話》クリスマスの贈り物．**⁓kindchen** *n.* -s, -，**⁓kindl** *n.* -s, -n，<*südd., östr.*>，**⁓kindlein** *n.* -s, -，《雅》→ ⁓kind（の指小形）．**⁓kindles・markt**，**⁓kindl・markt** *m.* -[e]s, ..märkte，<*südd., östr.*> クリスマス市，クリスマス・マーケット（Weihnachtsmarkt参照）．**⁓könig** *m.* -s，王たるキリスト（万物の支配者，教会の主宰者としてのキリストを表す称号；Königtum Christi参照）．**⁓königs・fest** *n.* -[e]s, -e，王たるキリストの祝日（1925年教皇ピウス11世〔在位1922-39〕の*回勅によって，10月最後の日曜日と定められたが，現在は*教会暦の年間最後の主日，*アドヴェント直前の日曜日；世界の支配者，平和をもたらす*救世主としてのキリストを記念する祝日）．

christlich *adj.* ① a. キリスト教による（に基づく)；der ⁓e Glaube キリスト［教］信仰；die ⁓e Kirche キリスト教会；die ⁓e Religion キリスト教．b. キリスト教の（による），キリスト教的な，キリスト教を信仰（信奉）する；das ⁓e Abendland キリスト教ヨーロッパ（キリスト教信仰を共通項として，1つの共同体とみなされうる西欧世界）；die ⁓e Kunst キリスト教芸術；die ⁓en Länder キリスト教（諸）国；die ⁓e Nächstenliebe キリスト教的隣人愛（Nächstenliebe参照）；⁓er Verein Junger Männer (Frauen) キリスト教青年会（女子青年会）(YMCA, YWCA参照）；⁓e Wissenschaft クリスチャン・サイエンス (Christian Science参照）．⁓-Demokratische Union Deutschlands ドイツ・キリスト教民主同盟（ドイツの保守派の国民政党；連合軍占領下の1945年，旧*中央党を母体にカトリック，プロテスタント諸派の政治勢力が合同し，キリスト教的人間観・民主主義に基づいて結党した〔略: CDU〕；バイエルン州の地域政党であるキリスト教社会同盟（⁓-Soziale Union；略: CSU）と姉妹関係を保ち，連邦議会では院内会派のキリスト教民主・社会同盟〔CDU/CSU〕を形成している）．c. キリスト教徒〈クリスチャン〉としての（にふさわしい）；ein ⁓es Leben führen キリスト教徒として生活する；einen ⁓en Tod sterben キリスト教徒として死ぬ；er wurde ⁓ erzogen 彼はキリスト教徒として育てられた；⁓ handeln キリスト教徒らしく振る舞う；et. ⁓ teilen《話》或物を分ける時，他人の分を多くする．②［キリスト］教会の，キリスト教式の；ein ⁓es Begräbnis erhalten 教会で埋葬してもらう；jn. ⁓ trauen（司祭，牧師が）キリスト教式に（或人の）結婚式を挙行する．**Christlichkeit** *f.* -，キリスト教的であること；キリスト教精神．

Christmas-Carol【*engl.*】*n.* -s, -s，クリスマス・キャロル（クリスマスに民衆の間で歌われる英語の賛美歌；Carol参照）．

Christ=messe *f.* -, -n，クリスマス深夜ミサ，降誕祭夜半ミサ（12月24日の夜から25日にかけて行われるカトリックの）；クリスマス（に行われる*聖務日課）の*朝課．**⁓mette** *f.*

-n, -n, ～messe;《プ》(深夜の)クリスマス礼拝. **～monat** m. -[e]s, (まれに:) -e, **～mond** m. -[e]s, (まれに:) -e, 《古》クリスマス月(12月のこと). **～nacht** f. -, ..nächte, (12月24日から25日にかけての)クリスマス[イブ]の夜.

Christo → Christus (のラテン語式3格形).

Christogramm n. -s, -e, → Christusmonogramm (の略). **Christolatrie** f. -, (熱狂的な)キリスト崇拝.

Christologie f. -, ..gien, キリスト論(神の第2の*位格〔*ロゴス〕としてのキリストに関する学;特に、キリストにおける*神性と*人性の関係を究明する神学的理論;die *hypostatische* Union参照). **christologisch** adj. キリスト論の, キリスト論的.

Christomonismus m. -, キリスト一元論(a. キリストにおける神の第2の*位格〔ロゴス〕を強調するあまり, *三位一体の他の2つの位格を軽視する神学的立場;例えば*アポリナリオス説. b. カール・*バルトの神学が, イエス・キリストにおける神存在を中心として構造化されていることへの批判).

Christophanie【< gr. phaínesthai "出現する"】f. -, -n, キリストの顕現(特に, *復活した後の).

Christophorus【gr. "キリストを担う者"】《固》(m.) クリストフォロス(伝承によれば3世紀頃の怪力の巨人で, 最も偉大な君主に仕える望みをもって大河の渡し守をしていたが, ある時背負って川を渡した子供がキリストであったという;その後, 小アジアでの宣教中に*殉教したとされる;*十四救護聖人の1人で, 突然死を防ぎ, また巡礼者や旅行者, 交通一般の*守護聖人;祝日: 7月25日).

Christozentrik f. -, キリスト中心(キリストを神と人間の唯一絶対の仲介者とみなし, 教義, 典礼, 生活などの中心的位置に据えること). **christozentrisch** adj. キリスト中心(主義)の. **Christozentrismus** m. -, キリスト中心主義(神と人間の仲介者, *救済主としてのキリストの役割を強調し, 創造史, *救済史などの教義・神学体系, 典礼や生活形態などの中心にキリストを置く立場;*神中心主義, *人間中心主義との対比で用いられることもある).

Christ=schmuck m. -[e]s, -e, 《通常単数で》クリスマスツリーの飾り. **～tag** m. -[e]s, -e, 《方》クリスマス.

Christum → Christus (のラテン語式4格形); an Jesum ～ glauben イエス・キリストを信じる.

Christus【gr."油を注がれた者"; Gesalbte参照】(I)《固》(m.)《不変化またはラテン語式変化: 2格: -['] *od*. Christi, 3格: - *od*. Christo, 4格: - *od*. Christum, 呼格: - *od*. Christe》キリスト(Jesus ～参照);《年号とともに》... nach ～ (*od*. Christo / Christi Geburt) 西暦紀元…年(略: n. Chr. [G.]); ... vor ～ (*od*. Christo / Christi Geburt) 西暦紀元前…年(略: v. Chr. [G.]); sich wie ～ unter den Räubern vorkommen 無罪である(盗人の中のキリストのようだ, から転じて).《II》m. -, -, キリスト像.

Christus=bild n. -[e]s, -er, キリスト像. **～dorn** m. -[e]s, -e, キリストの茨(いば)(の冠を編んだと伝えられる, 西洋ひいらぎ, アメリカさいかちなどのトゲのある植物). **～dornenkranz** m. -es, ..kränze, キリストの茨の冠(死刑判決の後, 総督の兵士たちが嘲笑のための飾りとしてキリストの頭にのせた, 茨で編んだ冠〔マタ27:29他〕;及び, 彫像などで, これを模したもの). **～gläubige**″ m. u. f. -n, -n,《形容詞的変化》キリスト教信者. **～kind** → Christkind. **～monogramm** n. -s, -e, キリストの組み合わせ文字, キリストのモノグラム(a. キリストを表す聖なる略号で, ギリシア語綴りΧριστός〔ΧΡΙΣΤΟΣ〕の始めの2文字, Χ〔Chi〕とP〔Rho〕を組み合わせた形態〔図〕. b. → Labarum〔*コンスタンティヌス十字架〕の別称. c. 他に→ IHSなど). **～mysterium** n. -s, ..rien, キリスト[の]秘義(イエス・キリストの生涯, 死と復活において現れた〔それまで秘められていた〕神の*救いの計画;コロ1:26-27他). **～mystik** f. -, キリスト神秘説(キリストとの一致, キリストの*神秘体としての共同体の形成を中核とする, *パウロや*ベルナルドゥスらの神秘思想). **～nachfolge** f. -, キリストの信従(die *Nachfolge* Christi参照). **～orden** m. -s, -, ①キリスト[最高]勲章(教会への特別な功労に対して与えられる*教皇勲章のうち最高の等級のもの;キリスト教徒の国家元首に与えられる;1319年教皇ヨハネ22世〔在位1316-34〕が制定した). ②《単数で》キリスト騎士団, キリスト騎士

修道会(1319年，イスラム教徒排撃〔*レコンキスタ〕の目的で，ポルトガルに創立された騎士修道会；大航海時代には，1420年に総会長となったエンリケ航海王子〔1394-1460；ポルトガル，アヴィス朝ジョアン1世の5男〕のもと，北アフリカ及び大西洋諸島に勢力を伸ばした；1797年まで存続）．**~-Ritter・orden** *m.* -s, → orden 2．**~vesper** *f.* -, -n,《方》クリスマス・イブのミサ(礼拝)．**~-woche** *f.* -,《方》→ Weihnachtswoche.

Chronik【gr.-lat."日々の出来事"】*f.* -, -en, ① 年代史，年代記，編年史(特に，ヨーロッパ中世の歴史記述の一形式)．②《単数で》das [erste / zweite] Buch der ~ 歴代誌［上，下］(歴代史，歴代誌［略］とも；旧約聖書中の歴史書の1つ；*アダムから*サウルまでの系図，*ダビデ及び*サロモンの治世，*エルサレムの神殿再建，*バビロニア捕囚までの*ユダ王国の歴史が描かれる)．**Chronika** *pl.* 歴代誌(上下2書の総称)；das [erste / zweite] Buch der ~ 歴代誌［上，下］．

Chronos【gr."時(代)，日々"】*m.* -, クロノス(一般に，歴史の通時的な経過における，ある程度の長さの時間，期間を表し，決定的な意味合いをもった時点をいう*カイロスと区別される)．

Chrysostomus-Liturgie【< Johannes *Chrysostomos*】*f.* -,《東》クリュソストモス典礼(*東方典礼で最も一般的なミサ［聖体礼儀］で，*アンティオケイアのヨアンネス・クリュソストモス〔349/344-407〕が4世紀に，それ以前からの*バシレイオス典礼を短縮した上で，自身の祈禱文を加えて作ったとされる；日本のギリシア正教会では「聖金口イオアンの聖体礼儀」と呼ばれる)．

Church-Army【engl.】*f.* -, チャーチ・アーミー(1882年*救世軍に倣って*英国国教会の内部に作られた組織；社会福祉事業や*内国宣教に従事する)．

Ciborium → Ziborium.

CIC《略》→ Codex Iuris Canonici.

Cingulum → Zingulum.

Cisio-Janus, Cisiojanus【lat.】*m.* -, ..ni, キシオ・ヤーヌス(教会暦上の重要な祝日の日付を覚えるために作られた中世のラテン語韻文詩；その冒頭の1月1日が，cisio〔= circumcisio domini「*主の割礼の祝日」〕と Janus〔= Januarius「1月」〕であることから)．

Civitas Dei【lat.】*f.* -, -, 神の国(*アウグスティヌスの『神国論』〔De Civitate Dei; 413-26〕から採られた歴史哲学概念；アウグスティヌスは同書で，神に向かう愛を目的とする「神の国」と世俗的なものへの執着，欲望に基づく「悪魔の国」〔Civitas Diaboli〕の2つの共同体を対比し，歴史を両者の絶え間ない闘いとして捉えた；*最後の審判において「神の国」が最終的に勝利をおさめ，歴史が平和のうちに完成するとされる；Reich Gottes 参照)．

Claretiner【< Antonius Maria *Claret*】*m.* -s, -,《通常複数で》クラレチアン［宣教］会(アントニオ・マリア・クラレト〔1807-70；聖人〕らが1849年カタルーニャで創立した宣教修道会；内外の福音宣教，教職，出版などに従事する；正式には「幸いなる処女マリアの聖心の子宣教会」〔Söhne des unbefleckten Herzens der seligen Jungfrau Maria〕；略: CMF)．

Clausula【lat.】*f.* -, -e, → Klausel.

Cluniazenser → Kluniazenser. **cluniazensisch** → kluniazensisch. **Cluny**《固》クリュニー(フランス中東部ブルゴーニュ地方の小さな町；*クリュニー修道会の本拠地)．

Coadjutor → Koadjutor.

Codex → Kodex；~ argenteus【lat.】*m.* - -, 銀文字写本(*ウルフィラスの*ゴート語訳福音書の*写本で，紫色の*羊皮紙に銀色で文字が記されている；おそらく6世紀初頭，北イタリア，ラヴェンナで作製された；スウェーデンのウプサラ大学図書館所蔵)；~ aureus【lat.】*m.* - -, Codices aurei, 金文字写本(羊皮紙に金色の文字が記された中世の聖書写本；及び，金を用いた豪華な装丁のもの)；~ des katholischen Rechtes → ~ Iuris Canonici (のドイツ語訳表題)；~ Iuris <Canonis> Canonici【lat.】*m.* - - -, 教会法典(全世界の*ローマ式典礼のカトリック教会を規制する普遍的法規範；現行の教会法典は，1904年教皇ピウス10世〔在位1903-14〕によって編纂が開始され，1917年ベネディクトゥス15世〔在位1914-22〕によって公布された旧「教会法典」を全面改訂したもの；第2*ヴァティカン公会議の決議を受けて改正作業が開始され，1983年11月に聖ヨハネ・パウロ2世〔在位1978-2005〕が公布した；総則，神の民，教会の教える任務，教会の聖化する任務，教会財産，教会における制裁，

訴訟の全7集, 1752条からなる；原文はラテン語で, 邦訳は『カトリック新教会法典』〔有斐閣, 1992年刊〕；略：CIC；Kirchenrecht参照）．
～ Vaticanus【lat.】*m.* - -，ヴァティカン写本（*ヴァティカン図書館所蔵の, 350年頃にエジプト, *アレクサンドリアで成立したギリシア語の旧約・新約聖書写本）．

Coelestiner → Zölestiner.

Coemeterium → Zömeterium.

Coenobit → Zönobit. **Coenobitentum** → Zönobitentum. **Coenobitisch** → zönobitisch.

Coincidentia oppositorum【lat.】*f.* - -，反対〈対立物〉の一致（*ニコラウス・クザーヌスが提示した神の属性；「絶対的に最大のもの」としての神においては, 有限な世界におけるあらゆる矛盾や対立, 相違が解消されるというもの）．

Collane【< fr. collier "ネックレス"】*f.* -, -n，首飾り章, 頸章（*騎士修道会の勲章, 徽章を付ける, 貴石や*七宝焼をあしらった黄金の彫金細工のチェーン；金羊毛騎士団勲章〔15世紀中葉；ウィーン王宮宝物館所蔵〕が有名）．

Collegia pietatis【lat."敬虔なる者の集い"】*f.* - -，コレギア・ピエタティス, 敬虔集会（「祈祷集会」とも；*敬虔主義の指導者*シュペーナー〔1635-1705〕が1670年, 硬直化しつつあった*ルター派教会を刷新し, 聖書に基づく個々人の*回心と信仰の実践を促進するため, フランクフルト・アム・マインで創始した信徒の集まり；敬虔主義〔Pietismus〕の名称の由来となった）．

Collegium Germanicum【lat.; → Kollegium】*n.* - -，コレギウム・ゲルマニクム, ドイツ学院（1552年*イグナティウス・デ・ロヨラにより, ローマに設立されたドイツ人司祭の養成学校；伝統的に*イエズス会士が指導にあたっている）．**Collegium Romanum** *n.* - -，コレギウム・ロマーヌム, ローマ学院（1551年*イグナティウス・デ・ロヨラが, *イエズス会士の養成のため設立した神学院；教皇庁立*グレゴリアナ大学の前身）．

Columba, Columban《固》(*m.*) ～ von Iona アイオナのコルンバ〈コルンバヌス〉（大コルンバ〔Columban der Ältere〕とも；521頃-97；アイルランドとスコットランドの*守護聖人；563/5年頃, スコットランド南西に位置する小島アイオナに修道院を設立し, 同所をスコットランド及びアイルランドのキリスト教と修道院文化の中心地とした；祝日：6月9日）．

Columban, Columbanus《固》(*m.*) ～ von Luxeuil <Bobbio> リュクスィユ〈ボッビオ〉のコルンバヌス（小コルンバ〔Columban der Jüngere〕とも；543頃-615；聖人；*アイルランド人宣教者；590年頃からイングランド, ブルターニュ, 東フランク, ブルグントで宣教活動を行い, リュクスィユ, フォンテーヌなどに数多くの修道院を設立した；北イタリアのボッビオにも修道院を創設し, 同地に没す；6世紀末に彼が記した厳格な修道共住生活の規律〔コルンバヌスの規則〕は, しばしば*ベネディクトゥスの戒律と併用され, 広く普及した；祝日：11月23日）．**Columbanusregel** *f.* -，コルンバヌスの規則．

Columbus・ritter【< engl. Knights of Columbus】*m.* -s, -，《通常複数で》コロンブス騎士会（1882年アメリカ, コネティカット州のニューヘヴンにカトリック司祭マイケル・マギヴィニ〔1852-90〕によって創設されたカトリック男子信徒の友愛組織；会員相互の社会的文化的交流, 社会福祉事業などを行う）．

Common Prayer-Book【engl. The Book of Common Prayer】*n.* - -，一般祈禱書（「聖公会祈禱書」とも；カンタベリー大主教トマス・クランマー〔1489-1556〕が起草し, エドワード6世〔在位1547-53〕が1549年に公布, 1559年エリザベス1世〔在位1558-1603〕が改訂した*英国国教会派の英語による公式の典礼・*信条書；その後も改訂が行われ, 2000年からは「一般礼拝書」〔Common Worship〕が用いられている；*聖務日課, 様々な礼拝の典文, 聖書, 教義, 祈禱など, 聖公会の信徒の公私にわたる信仰生活に必要な一切のテキストが収められている）．

Commune Sanctorum【lat.】*n.* - -，聖人共通〔典礼〕の部（*ローマ・ミサ典礼書で, 聖人の祝祭日の*聖務日課に共通する典礼文をまとめた部分）．**Communio Sanctorum**【lat.】*f.* - -，→ Gemeinschaft der Heiligen.

Computus【lat."計算"】*m.* -, ..ti，コンプトゥス（Osterrechnung参照）．

Concelebratio【lat.】*f.* -, -nes, → Konzelebration.

Concentus【lat.】*m.* -, -，コンチェントゥス

(*アッチェントゥスに対し，*グレゴリオ聖歌のうち旋律的な歌の総称；または，典礼において*司祭ではなく専門の歌手が歌うもの)．

Conceptio immaculata【lat.】*f.* - -, → Immaculata conceptio．

Confessio【lat.】*f.* -, -nes, ①信仰告白，信仰宣言(Glaubensbekenntnis, Konfession参照)；信条〔書〕；～ Augustana *f.* - -, → die Augsburgische Konfession；～ Belgica *f.* - -, ベルギー信条(1561年に起草，出版，1618/9年の*ドルトレヒト会議で確定され，以降*ドルトレヒト信条とともに，オランダ及びベルギーの*改革派教会で用いられている公認の*信条)；～ Gallicana *f.* - -, ガリア信仰告白(1559年，パリにおけるフランス改革派教会の第1回教会会議で採択された信条；*カルヴァンが起草し，*聖書主義，*予定説，聖餐論を展開した)；～ Helvetica *f.* - -, スイス信仰告白(ハインリヒ・ブリンガー〔1504-75〕の起草によるスイスの改革派諸教会のための信条で，1536年〔第1〕及び66年〔第2〕に採択された；第2スイス信仰告白では，*ツヴィングリと*カルヴァンの両主義の一致が図られた)；～ Tetrapolitana *f.* - -, (Vierstädtebekenntnis) 四都市信仰告白(1530年アウクスブルク帝国議会に際し，シュトラースブルク〔ストラスブール〕，コンスタンツ，メミンゲン，リンダウの4都市が*アウクスブルク信仰告白に代えて採択した，マルティン・ブーツァー〔1491-1551〕とヴォルフガング・カピト〔1478-1541〕の起草による全23条の*信条)．②告白(Beichte参照)．③コンフェッシオ(a. 元来は：*殉教者の墓．b. 殉教者の遺骨の安置された中央祭壇の下の納室；特にローマの*サン・ピエトロ大聖堂にある聖ペトロの墓室；Krypta参照．c.〔a, bの上に造られた〕殉教者に献げられた祭壇). **Confessor**【lat.】*m.* -s, -es, ①証聖者(Bekenner参照). ②聴罪司祭.

Confiteor【lat."私は告白する"】*n.* -, コンフィテオール，告白の祈り(会衆が司祭とともに，神，聖母マリア，天使，聖人に対し，また会衆相互で，自身の罪を告白し，ゆるしを求めるミサの冒頭部の〔*回心の祈り〕).

Confrater → Konfrater.

Confutatio【lat."論破"】*f.* -, ～ [Augustana] 駁論(ルター派の*アウクスブルク信仰告白に対するカトリック側からの反駁を，*反宗教改革の牙城の1つだったインゴルシュタット大学の神学者ヨハネス・エック〔本名ヨハネス・マイヤー；1486-1543〕が起草し，1530年8月3日にアウクスブルク帝国議会で読み上げたもの).

Congregatio【lat.】*f.* -, -nis, → Kongregation.

Consensus【lat.】*m.* -, -, 一致，同意；～ communis *m.* - -, コンセンスス・コミュニス(「全般的一致」の意；相当の期間にわたって，教会の成員が一致して，ある*教義を信仰しているということ；伝統的に，カトリック教義の真理性を証明する際の根拠とされる)；～ Genevensis *m.* - -, ジュネーヴ一致信条(1552年，*カルヴァンが起草し，ジュネーヴの全牧師が署名した*予定説についての一般的確認文書)；～ gentium <universalis> *m.* - -, 万人の一致(ある事柄を万人が一致して承認しているということ；人間の理性は神的理性を分有しているため，真理に関して一致するとの前提のもとで，ある理念の真理確証，特に神の存在や霊魂の不滅の証明の根拠とされた)；～ Tigurinus *m.* - -, → *Züricher* Konsens.

Constantinus → Konstantin.

Convent → Konvent.

Conversos【span.】*pl.* コンヴェルソ，改宗者(Marrane参照). **Conversus**【lat."回心者"】*m.* -, -, 助修士，信徒修道士(Konverse, Laienbruder参照).

Cordelier【fr."縄(帯)を身に着けた人"】*m.* -s, -,《通常複数で》コルドリエ(フランスの*フランシスコ会原始会則派の通称).

Corpus【lat.】*n.* -, ..pora, ①体，身体；～ Christi *n.* - -, a. キリストの体(Leib Christi参照)．b. 聖体の祭日(Fronleichnam参照)；～ Christi mysticum *n.* - - -, キリストの神秘体(ローマ・カトリック教会のこと；[der mystische] *Leib* Christi参照)；～ Domini *n.* - -, 主の体(～ Christiと同じ)；～ <Iuris> Canonici *n.* - - -, 教会法大全(1582年教皇グレゴリウス13世〔在位1572-85〕が，『グラティアヌス法令集』〔Decretum Gratiani；1140年頃〕及びそれ以降に歴代の教皇によって制定された6つの教会法編纂物を集成したもの；ユスティニアヌス皇帝〔在位527-65〕による『市民法大全』〔Corpus Iuris Civilis〕に倣ってこの名がある；1917年ベネディクトゥ

ス15世〔在位1914-22〕による旧『*教会法典』の公布に伴って廃止された；Kirchenrecht 1参照）；~ Reformatorum *n.* - -, コルプス・レフォルマトールム, 宗教改革著述集（*ルターを除く宗教改革者たちの著作全集；第1部*メランヒトン〔1834-60〕, 第2部*カルヴァン〔1863-1900〕, 第3部*ツヴィングリ〔1904-〕からなる；略: CR.）. ③ (Körperschaft) 団体；~ Catholicorum *n.* - -, コルプス・カトリコールム, カトリック代表団（*神聖ローマ帝国の帝国議会におけるカトリック利益擁護団体；16世紀初めに市民運動として始まり, *ヴェストファーレン条約締結後には, *コルプス・エヴァンゲリコールムとの折衝にあたったが, そもそも皇帝やマインツ選帝侯がカトリック側に立っていたため, 政治的に大きな力を獲得するに至らなかった）；~ Evangelicorum *n.* - -, コルプス・エヴァンゲリコールム, 福音派代表団（*神聖ローマ帝国の帝国議会で, *福音主義の利益擁護のため, *コルプス・カトリコールムとの折衝にあたった*ルター派及び*カルヴァン派陣営の代表団；*ヴェストファーレン条約後の1653年にはザクセン選帝侯国の指揮下, 帝国議会における正式な政治団体となったが, 1717年に同国のフリードリヒ・アウグスト1世〔強王；在位1694-1733〕がカトリックに改宗したため内外で混乱が生じた）.

Credo → Kredo. **credo, quia absurdum [est]** 【lat.】クレド・クイア・アブスルドゥム〔・エスト〕（「不合理なるがゆえにわれ信ず」〔dt. ich glaube, weil es widersinnig ist〕の意；神の啓示, とりわけキリストの復活は, 不条理で反理性的であり, それゆえにこそ真理であるという, キリスト教信仰の逆説を表す；3世紀の神学者・*護教家のテルトゥリアヌス〔155頃-220頃〕に由来, あるいは『告白』に類似の思想が見られることから*アウグスティヌスの言葉ともされる, ともに異論がある）. **credo, ut intelligam** 【lat.】クレド・ウト・インテリガム（「知らんがためにわれ信ず」〔dt. ich glaube, damit ich erkenne〕の意；*スコラ学の父と呼ばれるカンタベリーのアンセルムス〔1033-1109〕の『プロスロギオン』〔Proslogion；1078〕にある, 信仰と理性の関係に関する言葉；知識によって信仰に至るのではなく, 信仰を前提とし, 信仰によって得られた真理の理解のために, 理性を駆使するということ）.

c. r. m. 《略》→ Candidatus [reverendi] ministerii（の略号）.

Crux 【lat.】 *f.* -, ①十字架；~ Christi キリストの十字架. ②《比》重荷, 困難, 難事；die ~ dabei ist, dass ... その際厄介なのは…という点だ；~ interpretum（写本などで）難解な箇所.

Cubiculum 【lat."寝室"】 *n.* -s, ..la, ①(*カタコンベ内のキリスト教徒の)墓室. ②墓地礼拝堂.

cuius regio, eius religio 【lat.】クイウス・レジオ, エイウス・レリギオ（「領土を治める者が領民の宗教を定める」〔dt. wessen das Land, dessen [ist] die Religion〕の意；*アウクスブルグ宗教和議〔1555〕及*ヴェストファーレン条約〔1648〕における*領邦教会制度の原則を簡潔に表す表現；グライフスヴァルトの法学教授ヨアヒム・シュテファニ〔1544-1623〕が1612年に記したもの）.

Curé 【lat.-fr. "配慮, 世話"】 *m.* -s, -s, (フランスの)〔小教区〕主任司祭（Pfarrer参照）；(フランスの)カトリック聖職者.

Cusanus 《固》→ Nicolaus Cusanus.

Custos → Kustos（Küster参照）.

CVJF 【Christlicher Verein Junger Frauenの略称】 *m.* -, キリスト教女子青年会（YWCA参照）.

CVJM 【Christlicher Verein Junger Männerの略称】 *m.* -, キリスト教青年会（YMCA参照）.

Cyrillus・liturgie 【< Cyrillus von Alexandrien】 *f.* -, キュリロス典礼（→ Markusliturgieの別称）.

D

Dalmatik 【lat."ダルマティアの"】 *f.* -, -en, **Dalmatika** *f.* -, ..ken, ダルマティカ（「帷衣(::)」とも；*助祭などが着用する*祭服の一種で, 丈の長いT字型の貫頭衣；ダルマティア地方〔現クロアチアのアドリア海沿岸〕からイタリアに伝わり, 2-3世紀からローマの民衆やキリスト教徒の間で用いられた）.

Damaskus《固》ダマスコ(シリアの商業都市；アラム王国の首都だったが*ダビデに征服されイスラエルの支配下に置かれた；前10世紀半ば*ソロモン王の時代に独立し，その後長くイスラエルと敵対する；前66年ローマに占領された；*ユダヤ人キリスト教徒が多く，*パウロはその迫害に向かったが，ダマスコの郊外で*回心した)；sein ～ erleben《比》(パウロのダマスコでの回心のように)決定的な体験をする，別人に生まれ変わる．

Damaskus=erlebnis *n.* -ses, -se,《比》(人生を変える)決定的体験，回心．**～schrift** *f.* -, ダマスコ文書(*死海文書の中の1文書).

Dämon【gr.-lat.; < gr. daimōn "神的存在；宿命"】*m.* -s, -en, 悪霊(ﾚｲ)(元来は，善悪両面をもつ半神的，超自然的存在のこと；キリスト教では特に，人間を悪へと誘い，また厄災をもたらす霊的存在，及びその力をいう；新約では*悪魔の支配下にあって，人間に精神的肉体的な障害をもたらし自由を奪う，或いは集団的な勢力のこと；イエスは神の支配の確立のため，これを追放した；マタ12:28).

Dämonen・glaube *m.* -ns, →Dämonismus. **Dämonie**【gr.-lat.】*f.* -, -n, ①(悪しき)霊力，魔力. ②悪魔憑き(Besessenheit参照). **dämonisch**【gr.-lat.】*adj.* ①悪霊の，悪魔の；不気味な；悪魔(悪霊)にとり憑かれた. ②魔力をもつ.

Dämonismus *m.* -, 悪霊信仰，悪魔信仰；鬼人(魔人)信仰. **Dämonologie**【gr.-nlat.】*f.* -, -n, 悪魔学，悪魔研究；悪霊論. **dämonologisch** *adj.* 悪魔学の，悪霊論の.

Daniel【hebr. "神(ｶﾐ)はわが審判者；わが神は強大"】《固》(*m.*) ダニエル(a.*ダニエル書の主人公で，旧約の4大*預言者の1人；*ユダ族出身の貴族の子弟だったが捕らえられ，バビロニア王*ネブカドネツァル〔在位前604-562〕の宮廷に仕えた；夢の解釈により名声を博し重用されるが，これを妬んだ高官たちの中傷を受け，ライオンの棲む洞窟に投げこまれた；信仰により無事に洞窟を逃れ出た姿は，イエスの*復活の暗示とされる；鉱夫の*守護聖人. b.*ダビデの第2子；代上3：1. c. イタマル一族の祭司の1人；エズ8：2. d.*ノア，*ヨブとともに義人として名が挙げられている人物，エゼ14:14)；das Buch ～ ダニエル書(旧約聖書中の1書；前半〔1-6章〕では*バビロンに捕らえられたダニエルと3人の友人が，異教の地にあって迫害を受けながらも*ヤハウェ信仰を保つ物語；ダニエルによる王の夢解釈や彼がライオンの洞窟に投げ込まれる話〔6章〕を含む；*黙示文学の後半〔7-12章〕では，4つの幻視がダニエルの1人称で語られる；旧約聖書*第二正典のダニエル書補遺は，「*アザルヤの祈りと三人の若者の賛歌」，*スザンナ及び「*ベルと竜」の物語).

Dank *m.* -[e]s, 感謝(の念)；～ sei Gott, dem Herrn.「神に感謝」(ミサの締めくくりの言葉).

Dank=altar *m.* -[e]s, ..altäre, 謝恩祭壇(a. 感謝の献げ物を供える祭壇. b. 感謝の気持ちから寄進された祭壇). **～feier** *f.* -, -n, (宗教的な)感謝祭. **～gebet** *n.* -[e]s, -e, 感謝の祈り(*祈願に対し，特定の願い事の成就を神に感謝するため，または一般に神の救いの業に感謝し，神を賛美するための祈り；特にミサ終了後の). **～gesang** *m.* -[e]s, ..gesänge, (神に対する)感謝の歌. **～gottesdienst** *m.* -[e]s, -e, 感謝の礼拝；感謝の祭儀(ミサ聖祭のこと). **～lied** *n.* -[e]s, -er, (神への)感謝の歌. **～opfer** *n.* -s, -, 感謝の*いけにえ〈献げ物〉(特に旧約において，感謝や賛美を込めて神に献げられた言葉や物；また，ミサ中に祭壇に供えられるパンとぶどう酒のこと). **～sagung** *f.* -, -en, → ～gebet.

Darbringung *f.* -, -en, (Oblation) 奉献(*いけにえを献げること，及び供された献げ物；Opfer参照)；～ Jesu im Tempel 神殿でのイエスの奉献(*Darstellung des Herrn*参照).

Darstellung *f.* -, -en, ①描写，表現；演技. ②《単数で》～ des Herrn【< lat. Praesentatio Jesu [in Templo]】主の奉献(誕生後40日目に*律法〔レビ12章〕に従い，幼子イエスが両親によってエルサレムの神殿に献げられたこと〔ルカ2：22-24〕を記念する祝日，2月2日；4世紀頃から行われ，中世以降は「マリア清めの祝日」〔Lichtmess参照〕として祝われてきたが，第2*ヴァティカン公会議後の典礼刷新によりこの名称となった；及び，これを主題とする美術作品)；《聖》被献日；《東》迎接祭.

David【hebr. "寵児"?】《固》(*m.*) ダビデ，ダヴィデ(イスラエル王国の第2代の王；エッサイの子として*ベツレヘムに生まれ，牧童となったが，後に堅琴の演奏家として*サウルに仕

える；サウル王とペリシテ人の戦争の際に，巨人の戦士*ゴリアテとの闘いで勇名を馳せ，王宮で重用されるが，その有能さが王の嫉妬を招いたため，宮廷から逃亡した；サウルの戦死後，王位に就いてイスラエルを統一し，*エルサレムを首都と定め，*契約の聖櫃をもたらした〔統治期間は紀元前1000/10頃-970/60〕；*ソロモンの父；*詩編の作者であり，キリストの*予型とみなされる）．

Davids=sohn *m.* -[e]s, ダビデの子（ユダヤ人が待望していた*メシアの称号；ダビデの子孫から理想の王が出ることを預言したナタンの言葉〔サム下 7 :12-16, 代上17:10-14〕に基づく；*マタイによる福音書は，冒頭でイエス・キリストがダビデの系譜にあることを明示する〔マタ 1 : 1 -17〕が，イエスは自身が政治的救済者としての「ダビデの子」であることは否定した〔マコ12:35〕）．**～stern** *m.* -[e]s, -e, ダビデの星（「六芒星」とも；2 つの正三角形を重ね合わせてできる〔正六角形の各辺を延長してできる〕6 つの頂点をもつ星形多角形で，ダビデの盾に刻まれた星に由来するとされる；ユダヤ教信仰の象徴として用いられる）．

Dechanat → Dekanat. **Dechanei** → Dekanei. **Dechant**【mlat.】*m.* -en, -en, 地区長，デカーヌス（近隣の*小教区を統括した*司教区の一定地域〔地区〕を監督するため，*教区司教によって任命された司祭；CIC. 553-55）． **Dechantei** *f.* -, -en, <*östr.*> → Dechantの管轄区域（及び，住居）．

Dechristianisierung *f.* -, 非キリスト教化（ある共同体からキリスト教信仰を排除し，世俗化すること）．

Dedikation【lat.】*f.* -, -en, 奉献（人，物，場所が，神への崇敬と奉仕のために本来の用途から別にされること；Weihung参照）；奉献式. **dedizieren**【lat.】*t.* (*h*) (weihen) 奉献する，献げる．

Deesis【gr."祈願"】*f.* -, Deesen, デイシス（*ビザンティン芸術で，特に*最後の審判における戴冠のキリスト坐像；キリストの右側に聖母マリア，左側には洗礼者*ヨハネが配され，3 者とも祈りの姿勢をとる）．

Defensor【lat.】*m.* -s, -en, 擁護者；～ fidei 信仰の保護者（後に*英国国教会を樹立したイングランド王ヘンリー 8 世〔在位1509-47〕が，*ルターへの反論の功労によって，1521年教皇レオ10世〔在位1513-21〕より受けた名誉称号；1544年以降，英国の王位継承者が世襲した；略: F.D.）；～ vinculi 絆の保護官（Band-verteidiger参照）．

Definition【lat."限定，規定"】*f.* -, -en, 定義（付け〕；[die lehramtliche] ～ 教理宣言，教理決定（*教皇により，また教皇の承認のもと*公会議によって，荘厳な形で行われる信仰や道徳に関する宣言；ex cathedra参照）．

Definitor *m.* -s, -en, 顧問（a. 修道会の*総会長，*管区長など*上長者の；Provinzial～参照. b.*司教区，*地区の特に財務上の）；管区長，地区長〔→ Dekant〕. **Definitorium** *n.* -s, ..rien, 顧問団（修道会*管区の顧問によって構成され，重要案件の審議などに際して総会長や管区長に助言し，あるいは*巡察を代行する；管区長とその代理を含む，管区の統治機関それ自体を表す場合もある）．

Defizient【< lat. deficiens "衰えた"】*m.* -en, -en, （特に南ドイツとオーストリアで，病気や高齢による）執務不能な聖職者；聖務不適格者．

Degradation【kirchenlat."降格"】*f.* -, -en, 聖職剥奪（*背教や*異端，*汚職などを犯した聖職者に対し，聖職者としてのすべての権利と義務を剥奪する，*教会法に基づく贖罪の刑罰；CIC. 1364, 1367；Suspension参照）. **degradieren**【kirchenlat.】*t.* (*h*) (或人の) 聖職を剥奪する. **Degradierung** *f.* -, -en, → Degradation.

Deifikation【lat.-nlat.】*f.* -, -en, 神格化. **deifizieren**【lat.】*t.* (*h*) (或人を) 神［格］化する（vergotten参照）．

Dei gratia【lat.】デイ・グラティア（「神の恩恵によりて」の意；司教や君主の肩書きに添えられる語；略: D.G.）．

Deismus【lat.-nlat.】*m.* -, 理神論（17-18世紀イギリス，ドイツ，フランスの啓蒙主義における合理的宗教観・世界観；*創造主としての神の存在は認めるが，創造後の世界は神によらず，自然法則にのみ従って運動するとし，*人格神，超自然的・超理性的な*啓示，*預言，*奇跡を否定する）. **Deist** *m.* -en, -en, 理神論者. **deistisch** *adj.* 理神論の.

Dekalog【gr.-kirchenlat."10の言葉"】*m.* -[e]s, 十戒（die Zehn *Gebot*e参照）．

Dekan【lat.-mlat.; < lat. decanus "十人長"】*m.*

-s, -e, ①首席枢機卿（Kardinalsdekan参照）. ②地区長（Dechant参照）. ③司教座聖堂祭式者会長, 教座聖堂参事会長, ④共住聖職者団聖堂祭式会長, 共住聖職者団聖堂参事会長（Kollegiatkapitel参照）. ⑤十人長（*ヒエロニムスの定めた共住生活様式において, 修道士たちの小グループを統率する*上長者）. ⑥（中世の修道院の）修士長, 首席修道士. ⑦（英国国教会の大聖堂または参事会聖堂の）首席司祭；ロンドン主教. ⑧《プ》（ルター派教会の）教区監督, 地区長. ⑨（カトリック大学の神学部, 教会法学部の）学部長. **Dekanat** n. -[e]s, -e, ①地区（Dechant参照）. ②*地区長の職（管区）. ③《プ》教区監督の職（管区）.

Dekanats=haus n. -es, ..häuser, → Dekanの公邸（宿舎）. ～**konferenz** f. -, -en, 地区講演会（ある地区の聖職者が, 学問及び司牧上の研鑽のため, 出席を義務付けられている神学講話会；CIC. 279§2, 555§2）.

Dekanei f. -, -en, → Dekanatshaus.

Dekret【lat."決議, 条令"】n. -[e]s, -e, 決定（a. (Erlass) 教皇や教会会議または教皇庁の諸省による法規定〔CIC. 29-33〕；教理上の決定は, 特に「教令」という〔CIC. 754〕. b. 教会裁判による規定, 判決. c. その他, 教会運営上の様々な規定）；die päpstliche ～【< lat. decretale pontificium】教皇教令（*司教や信徒から寄せられた教会規律や教会法上の問いに対して, 教皇の決定を伝える*教皇書簡；現在では, *教理や*列聖などの問題に関する*大勅書のこと）. **Dekretale**【mlat.; < lat. litterae *decretales*】n. -, ..lien, / f. -, -n,《通常複数で》教令集（特に, 教皇の権威のもとに集成された教会法令集）. **Dekretalist**, **Dekretist**【lat.-nlat.】m. -en, -en, （中世における）教会法の教員.

Delegant【< lat. delegare "委託する"】m. -en, -en, （教会の*裁治権の）委任者. **Delegat**【mlat.】m. -en, -en, 使節, 代表；der Apostolische ～ 教皇使節（*使徒座と外交関係にないが, *司教団とカトリック信者を有する国において, 教皇の代理として, その地域の教会の状態を監督・分析し, 教皇に報告する任務をもつ者；多くは*名義大司教があてられる）. **Delegation** f. -, -en, ①使節団, 代表団. ②委任（教会の職務に伴う固有の*裁治権の行使を他人に委ねること；CIC. 137）. **Delegations・theorie** f. -, 委任説（国家権力は神から国家に直接与えられたもので, 国家元首たる個人にその行使が委託されるとする説）. **Delegatur** f. -, -en, 教皇使節の職（管轄区域）. **Delegierte**" m. u. f. -n, -n,《形容詞的変化》①使節, 代表. ②（教会の*裁治権の）受任者. **Delegierung** f. -, -en, → Delegation 2.

Delila[h]【< hebr. dal "弱くする" *od*. dala "浮気な, わがままな女"?】《固》(f.) デリラ（*ペリシテ人の領主たちに買収され, 彼女を愛する*士師の*サムソンを誘惑し, 彼の怪力の秘密が髪にあることを聞き出した；就寝中にその髪を切り落として力を失わせ, ペリシテ人に引き渡した；士16: 4 -20）.

Demerit【mlat.; < lat. demerere "(罰)に値する"】m. -en, -en,（罪を犯して）聖職停止処分を受けた者, 破戒僧. **Demeriten・haus** n. -[e]s, ..häuser, 聖職停止者の再research所（矯正施設）.

Demiurg【gr.-lat."職人, 製作者"】m. -en *u.* -s, デミウルゴス（元来はプラトンの用語で, イデアに則って物質界を形成した人格的造物主；後に*グノーシス派の教義に採り入れられて至高者の下位にある〔またはこれに対立する悪の〕人格神とされた）.

Demut f. -, （対義語: Hochmut）謙遜, 卑下（神を畏れ, 感謝し, へりくだる心をもってその意志に従うこと, また*隣人に奉仕すること；マタ11:29, ルカ18: 9 -14）. **demütig** adj. 謙遜な, 謙虚な；Nehmt mein Joch auf euch und lernt von mir; denn ich bin gütig und von Herzen ～. 「わたしは柔和で謙遜な者だから, わたしの軛を負い, わたしに学びなさい.」（マタ11:29）

Denomination【lat."名称"】f. -, -en, （プロテスタント, 特にアメリカの）教派.

Deo gratias【lat.】デオ・グラティアス（「神に感謝」〔Dank sei Gott!〕の意；*ローマ式典礼で, 聖書朗読の後などにしばしば唱えられるラテン語の神への感謝の言葉）.

Deo optimo maximo【lat.】デオ・オプティモ・マクシモ（「至善至高の神に」の意；*ベネディクト会の標語；また, *ルネサンス期以降の碑銘にしばしば見られる；略: D. O. M.）.

Deposition【lat.】f. -, -en, 免職（聖職者の；Amtsenthebung参照）.

Depositum【lat.】n. -s, ..ten, 供託物；～ fidei n. -s -, 信仰の遺産（*使徒とその後継である教会が, キリストから委ねられた教えのこと；Glaubenshinterlage参照）.

Deprivation【lat.】*f.* -, -en, (教会職の)罷免, [聖職] 剥奪 (Absetzung参照).

De profundis【lat.】*n.* - -, デ・プロフンディス (詩130の名称; 冒頭の「深い淵の底から, 主よ, あなたを呼びます」〔*Aus der Tiefe* rufe ich, Herr, zu dir.〕の*ウルガタ訳より).

Designation【lat.】*f.* -, -en, 指名 (*司教などの; CIC. 377§5).

Deus absconditus【lat.】*m.* - -, 隠れたる神 (イザ45:15の「まことにあなたは御自分を隠される神」〔*Wahrhaftig, du bist ein verborgener Gott.*〕に基づき, 神は不可知的存在で, その語りかけ, *摂理においてのみ姿を現すという神観を表す語; *ニコラウス・クザーヌス及び*ルターが強調した主題).

Deuterojesaja【< gr. deúteros "2番目の" + → Jesaja】*m.* -, 第二イザヤ (3つの部分からなる*イザヤ書のうち, 成立時期から1-39章と区別される40-55章の部分, 及びこれを著したとされる*バビロニア捕囚期の預言者).

deuterokanonisch【gr.】*adj.* 第二正典の; die 〜en Schriften 第二正典 (*宗教改革後, プロテスタント諸派は*外典として*正典と区別したが, カトリック教会は*トリエント公会議〔1546年〕で聖書正典に含まれることを認めた, 旧約及び新約聖書の書や箇所; 例えば, 旧約の*トビト記, *知恵の書, *バルク書, *エステル記の一部や*ダニエル書補遺など; 新約では*ヘブライ人への手紙, *ヤコブの手紙, *ヨハネの黙示録など).

deuteronomisch【gr.-lat.】*adj.* 申命記の; das 〜e Geschichtswerk 申命記史書 (*申命記の強い影響下に成立した, *ヨシュア記, *士師記, *サムエル記, *列王記を, 単一の歴史書とみなすマルティン・ノート〔1902-68〕の仮説によばれる呼称); die 〜e Quelle 申命記資料 (*モーセ五書の文献批判的研究において, 申命記の成立に関し, その存在が仮定されている資料文書〔4資料説〕; 前7世紀頃に書かれたとされる; 略: D; Jahwist, Elohist, Priesterschrift参照). **Deuteronomist**【gr.-lat.-nlat.】*m.* -en, -en, 申命記史家 (*申命記史書の成立に関わったとされる1人ないし複数の著者). **Deuteronomium**【gr.-spätlat. "第2の律法"】*n.* -s, 申命記 (*モーセ五書の最後の書で, *イスラエル人が*カナンの地に入る直前の, 死期を迎えたモーセの行為と告別の言葉を伝える; *約束の地に入るにあたって, *律法と儀式の遵守を勧告し, *十戒その他, 神との契約を再確認させる).

Deutrojesaja → Deuterojesaja.

deutsch *adj.* ドイツの; 〜er Caritas・verband → der Deutsche *Caritas*verband; 〜e Christen *pl.* ドイツ・キリスト者[運動] (ナチズムの政策・思想を支持するドイツ国内のプロテスタント諸教会が合同して推進した民族主義的信仰運動); 〜e Evangelische Kirche ドイツ福音主義教会 (1933年, ナチス政権のもとで統合された*州教会〔ルター派教会, 改革派, 合同教会〕の連盟組織); 〜er Kirchenkampf ドイツ教会闘争 (ナチス政府による画一的教会支配と*ドイツ福音主義教会との対立); die 〜e Messe ドイツ・ミサ (a. ドイツ語によるプロテスタントの典礼; *ルターがラテン語典文を一般人向けに翻訳・簡略化し1526年に刊行した同名書にちなむ. b. 18-19世紀にカトリックのミサで歌われた, 典礼文の内容を含むドイツ語聖歌); die 〜e Mystik ドイツ神秘主義 (die deutsche *Mystik*参照); 〜er Orden → *Deutscher* Ritterorden; Ein 〜es Requiem 「ドイツ・レクイエム」(*ルターのドイツ語訳聖書に基づき, ヨハネス・ブラームス〔1833-97〕が作曲した全7楽章からなる宗教曲; 1869年全曲初演); 〜er Ritterorden ドイツ騎士団, ドイツ騎士修道会 (「テュートン騎士団」とも; 3大*騎士修道会の1つ; 1190年頃, 第3回十字軍の際にブレーメンとリューベックの商人たちによって中東のアッコンに建てられた野戦病院に起源をもち, 1199年教皇インノケンティウス3世〔在位1198-1216〕により騎士修道会として公認された; 主としてドイツ系の騎士, 巡礼者の保護にあたった; 13世紀にはバルト海南岸の異教徒平定とプロイセン地方の教化, 征服に従事し, 13世紀末に*ドイツ騎士団国を建てた; 1309年本部をプロイセンのマリーエンブルクに移転した; 1410年に東プロイセン, タンネンベルクでリトアニア人・ロシア人・ポーランド人の連合軍に敗れ, さらにポーランドとの十三年戦争〔1454-66〕に敗北, 第2トルン条約〔1466〕で領土の大部分を失った; 1525年には総長アルブレヒト・フォン・ブランデンブルク=アンスバッハ〔1490-1568; 総長在職1510-25〕が*ルター派に改宗し, 騎士団国は世俗のプロイセン公

国となった；白地に黒十字の修道服や紋章でも知られる). **deutsch・christlich** adj. ドイツ・キリスト者の；～e Bewegung ドイツ・キリスト者［信仰］運動 (*Deutsche* Christen参照).

Deutsch=herr m. -n, -en, （通常複数で）ドイツ〈テュートン〉騎士団, ドイツ騎士修道会；ドイツ騎士修道会士. **～herren・orden** m. -s, → *Deutscher* Ritterorden. **～katholik** m. -en, -en, ドイツ・カトリシズムの信奉者. **～katholizismus** m. -, ドイツ・カトリシズム, ドイツ・カトリック主義（聖職停止処分を受けた司教ヨハネス・ロンゲ〔1813-87〕とヨハネス・チェルスキー〔1813-93〕が*教皇至上主義に対抗し, ローマから分離して1844年に開始した人文主義的・啓蒙主義的傾向の信仰運動；聖書を唯一の信仰規準とし, *教導職やローマ*教皇をはじめとするカトリックの教会制度, *洗礼と*聖体以外の*秘跡を否定したが, 世俗化・急進化が進み, まもなく分裂, 消滅した). **～kirche** f. -, ドイツ教会（第1次大戦直後, ドイツのプロテスタント内部で起こった民族主義的運動；1933年ナチスに迎合する*ドイツ・キリスト者運動と連携し, 国粋主義的傾向を強めた). **～meister** m. -s, -, ドイツ騎士団ドイツ管区長. **～ordens・balleien** pl. ドイツ〈テュートン〉騎士団領 (a.*ドイツ騎士団の所領の総称で, 14世紀後半の最盛期には, ヨーロッパから中東にかけて12の管区〔Balleien〕が設置され, ラント・コムトゥール〔→ Landkomtur〕あるいはラント・マイスター〔→ Landmeister〕の管理下に置かれた. b. a のうち特に, 13世紀末から16世紀初めまでドイツ騎士団が領有し, 教皇に直属していたプロイセンのバルト海南部の4管区をいう；行政上はドイツ帝国の封建諸侯国家の1つとされた；*Deutscher* Ritterorden参照). **～ordens・dichtung** f. -, ドイツ〈テュートン〉騎士団文学（ドイツ騎士修道会士とその周辺の人々によって, 特に13世紀末から14世紀に書かれた, 中高ドイツ語及びラテン語の文学作品の総称). **～ordens・land** n. -[e]s, ドイツ騎士団国（～ordensballeien b参照). **～ordens・ritter** m. -s, -, ドイツ〈テュートン〉騎士修道会士. **～ordens・staat** m. -[e]s, → ～ordensland. **～ritter・orden** m. -s, → *Deutscher* Ritterorden.

Devolution 【lat.-nlat.】f. -, -en, 任命権移転, 任職権移動（教会職位の直接の任命権者が, 怠慢や過失によって一定期間内に任命権を行使しない場合や, 違法にこれを行使した場合に, 上位の権威者に任命権が移動すること；CIC. 155参照).

Devotio moderna 【lat."新しい信心"】 f. - -, デヴォティオ・モデルナ（ネーデルラントの巡回説教師ヘールト・フローテ〔1340-84〕が唱導した神秘主義的信仰浄化運動；*スコラ学を否定し, 聖書とイエスの生涯の黙想を中心とした個人的内面的な信仰の深化を強調した；『*イミタティオ・クリスティ』が代表的著作).

Devotion 【lat.】f. -, -en, 信心, 敬虔 (Frömmigkeit参照). **Devotionalie** f. -, -n, 信心用具 (Andachtsgegenstand参照). **Devotions・tag** m. -[e]s, -e, 守るべき祝日 (die gebotenen *Feste* 参照).

Dezennal・fakultäten pl. 10年間の権能（*裁治権者に対して, 原則として10年の期限で授与される〔通常10年毎に更新される〕教会法上の権限；Fakultät 2参照).

Diabolie, Diabolik 【gr.】f. -, 悪魔的（邪悪）な態度. **diabolisch** 【gr.-lat.】adj. 悪魔的な, 悪魔の（ような）；ein ～es Lächeln 残忍な微笑み；das ～e <magische> Quadrat 魔方陣. **Diabolismus** 【gr.-lat.】m. -, 悪魔崇拝 (Satanismus参照). **Diabolos, Diabolus** 【gr.-kirchenlat."誹謗者"】m. -, 悪魔 (Satan参照).

Diakon 【gr.-kirchenlat."奉仕者, 従者"】m. -s u. -en, -e[n], ①助祭（ミサ, 説教, 聖書朗読, 洗礼の授与, 結婚式その他の事項において司祭を補佐する奉仕者；*叙階の秘跡を受け, 聖職位階の下位に位置付けられるが, 妻帯者にも認められている)；《プ》執事（信徒の中から選ばれた教会役職者)；（ルター派教会の）副牧師；《東》輔祭（正教会で, *主教, *司祭に継ぐ第3位の聖職者〔*神品(しんぴん)）]；der ständige ～ 終身助祭（終生にわたり*助祭として教会に奉仕する者；独身または妻帯の身分を選択できる)；《プ》生涯の執事；der verheiratete ～ 妻帯助祭（執事, 輔祭). ②（*初代教会の）奉仕者（1テモ3：8以下参照). **diakonal** adj. 助祭の；die ～e Klasse 助祭職階；Kardinal der ～en Klasse 助祭職階の枢機卿 (Kardinal参照). **Diakonat** 【kirchenlat.】n. (m.) -[e]s, -e, ①助祭職（*司教職, *司祭職に次ぐ第

Diakonenweihe　3の教会職階；CIC. 1009§1）；die Erteilung des 〜[e]s 助祭叙階；《東》輔祭職．②助祭の住居．**Diakonen・weihe** *f.* -, -n, 助祭叙階式；die Erteilung der 〜 助祭叙階．**Diakonie**【gr.-lat.】*f.* -, ①《プ》ディアコニー（ドイツにおけるプロテスタント系の社会福祉組織；特に*ルター派の伝道者ヨハン・ハインリヒ・ヴィヒェルン〔1808-81〕が19世紀半ばに創始したもの；die innere *Mission* 参照）；（病院などにおける）奉仕［活動］．②助祭の活動．③助祭教会（*教皇によって*助祭職階の枢機卿に各自固有のものとして指定されるローマ市内の教会；CIC. 350§2）．**Diakonik** *f.* -, -en, 《プ》福祉事業論（教会の慈善活動を扱うプロテスタント神学の1分野）．**Diakonikon**【gr.-spätgr.; < gr. diakonikós "奉仕の"】*n.* -[s], ..ka, ①《東》ディアコニコン（*イコノスタスの南扉；北扉は→ Parakonikon）；（その裏にある）聖器物室．②助祭用典書．**Diakonin** *f.* -, -nen, 《プ》女性執事．**diakonisch** *adj.*《プ》奉仕［活動］の；〜es Werk《プ》ディアコニー事業団（→ Diakonie 1 に属する諸団体）．**Diakonisse**【spätgr.-kirchenlat.】*f.* -, -n, ①女執事, 奉仕女（*初代教会において*司祭の輔佐役として任命された未婚女性や寡婦）．②《プ》（慈善活動に従事する）奉仕女, 婦人社会奉仕者, ディアコニッセ；（女性の）副牧師, 執事．

Diakonissen=anstalt *f.* -, -en, 〜**[mutter]-haus** *n.* -es, ..häuser, 《プ》婦人社会奉仕者養成所（病院・養老院を併設する）．

Diakonissin【spätgr.-kirchenlat.】*f.* -, -nen, → Diakonisse．**Diakonus**【gr.-lat.】*m.* -, ..kone[n], 《プ》副牧師（ある教区で, 第2ないし第3の地位の牧師）．

dialogisch *adj.* 対話［形式］の；die 〜e Formel 対話句（ミサ中, 司式者と会衆の間で対話形式で行われる祈りの言葉；例えば, 「主は皆さんとともに」〔Der Herr sei mit euch.〕と「また司祭とともに」〔Und mit deinem Geiste.〕）；der 〜e Gottesdienst 対話ミサ；die 〜e Predigt 対話説教（Dialogpredigt 参照）．**Dialog・predigt** *f.* -, -en, 対話説教（1960-70年代のドイツで, ミサにおいて会衆が一方的に*司祭の説教を聴くのではなく, これに対話的に参加したり, あるいは2名の司祭が対話形式で説教を行ったりした典礼刷新の試み；説教のテーマは, 事前の討論によってその時々の社会状況に即応したものが選ばれた）．

Diaspora【gr."離散"】*f.* -, ディアスポラ（異邦人や異教徒のただ中で, 彼らとは隔絶された少数者として生活する宗教的・民族的少数者, 特に*パレスチナ以外の地へ離散したユダヤ人たち；及びその居住地域）．

Dichotomie【gr."2分割"】*f.* -, -n, 二項対立, 二分説（*人性における肉体と魂の；Trichotomie 参照）．

Didache【gr."教え"】*f.* -, ディダケー（a. 広義では, 原始キリスト教会における, 信仰生活のための実践的な教示, 訓育．b. 狭義では, 『*十二使徒［によって諸民族に語られた主］の教訓』〔Die Lehre des Herrn durch die zwölf Apostel für die Heiden *od.* Die Lehre der zwölf Apostel〕のこと；1世紀末頃に書かれた*使徒教文文書の1つで, 1873年に写本が発見された；「生命の道」と「死の道」の対比による洗礼準備のための教訓, 典礼と教会生活及び教会職位の規定, キリストの*再臨へ向けての*終末論的勧告を内容とする）．

Diener *m.* -s, -, 召使い, 奉仕者；〜 Gottes 神の僕(しもべ)（a. 聖職者のこと．b.*聖人のこと．c.*列福調査中の人物〔*尊者〕に対するかつての呼称；venerabilis 参照）；〜 der 〜 Gottes【< lat. Servus servorum Dei】神の僕らの僕（神の僕の中の僕；ローマ教皇が発布する公式文書の冒頭で自己に用いる称号；教皇グレゴリウス1世〔在位590-604〕が初めてこれを常用し, グレゴリウス7世〔在位1073-85〕以降一般化した）．

Dienst *m.* -[e]s, -e, ①（教会における）務め, 任務, 奉仕［職］；der seelsorgliche 〜 司牧奉仕；〜 am Wort Gottes 神のことばの奉仕職（全世界に*福音を告げる任務, CIC. 756以下）．②（Gottes〜）礼拝, ミサ．③（*ゴシック式教会建築で丸天井を支える）付け柱, 添え柱, 片蓋(かた)柱．

Dies irae【lat."怒りの日"】*n.* - -, ディエス・イレ（*レクイエムで用いられていた中世ラテン語の*続唱の1つ；名称は*最後の審判を表現する冒頭句 „Dies irae, dies illa, solvet saeclum in favilla." 〔ゼファ1:15の*ヴルガタ訳；「怒りの日, その日こそ, 世界を灰に帰するだろう」の意〕にちなむ；フランシスコ会士チェラーノのトマス〔1190頃-1260頃〕の作とされる；第2*ヴァティカン公会議後の典礼改

革で, 死後の恐怖を必要以上に強調するものとして, *トリエント公会議で公認された続唱から除かれ, *教会の祈り〔*聖務日課〕の*賛歌に移された).

Dignitar, Dignitär【lat.-mlat. (fr.); < lat dignitas "尊厳, 高位"】*m.* -s, -e, 高位聖職者 (*司教座聖堂首席司祭や*司教座聖堂祭式者会長などに与えられる名誉称号の1つ). **Dignität**【lat.】*f.* -, -en, ①高位聖職. ②→ Dignitar.

Dikasterien【gr.-nlat. "(古代ギリシアの) 法廷"】*pl.* 教皇庁, 使徒座 (ローマ*教皇庁を組織する国務省, 省, 裁判所, 評議会, 事務局の総称).

Dimissoriale【lat.-nlat.】*n.* -s, ..lien, (Entlass-schreiben) 叙階委託書 (*司教や修道院長などが他の司教などに, 自己に従属する者の*叙階を委託するため, 当該者が叙階を受ける適性があることを証する書状; CIC. 1018-23).

diözesan【kirchenlat.】*adj.* 〔司〕教区の. **Diözesan** *m.* -en, -en, 〔司〕教区の信徒, 〔司〕教区民.

Diözesan=administrator *m.* -s, -en, 教区管理者 (*司教座に障害事態が生じたときや空位になった場合に任命される教区の暫定統治者; CIC. 414, 421). **～archiv** *n.* -s, -e, 教区記録保管庫 (各教区本部事務局に設置される, 教区の業務に関わるすべての書類の保管施設〔CIC. 486〕; Archiv参照). **～behörde** *f.* -, -n, 司教区庁. **～bischof** *m.* -s, ..bischöfe, 教区司教 (特定の教区の司牧を委ねられた*司教). **～gemeinschaft** *f.* -, -en, 教区共同体. **～gericht** *n.* -[e]s, -e, 教区裁判所 (教区内の訴訟を審判するため, 教区毎に設置される*教区司教を裁判官とした第1審の*教会裁判所; CIC. 1419). **～heiligtum** *n.* -s, ..tümer, 教区巡礼所 (多くの信者が特別の信心のために巡礼する教区内の教会堂, またはそれ以外の聖なる場所; CIC. 1232). **～konsultor** *m.* -s, -en, 教区協議員 (Konsultor参照). **～kurie** *f.* -, -n, 教区本部事務局 (教区全体の統治, 特に司牧活動の指導, 教区行政の遂行及び裁判権の行使において*教区司教を援助するために設置される機関; CIC. 469-74). **～ökonom** *m.* -s, -en, 教区会計係 (教区の財産管理のため*教区司教によって任命される者; CIC. 494). **～pastoral・rat** *m.* -[e]s, ..räte, 教区司牧協議会 (司教のもとで司牧活動に関する諸問題を研究, 検討し, それについて実際的な結論を出すため, 聖職者や信徒によって構成される組織; CIC. 511). **～patron** *m.* -s, -e, 教区の*守護聖人. **～priester** *m.* -s, -, 教区司祭 (直接の*上長たる*司教の協力者として, 任地として入籍した*小教区における*司牧活動と奉仕職に従事する*司祭のこと; 任地以外の教区で働く場合もある〔CIC. 265, 266, 271〕; *在俗司祭と同じ). **～rat** *m.* -[e]s, ..räte, 教区評議会 (Katholikenrat参照). **～richter** *m.* -s, -, 教区裁判官 (教区内の訴訟を審判する裁判官で*司教によって聖職者, 場合によっては信徒の中から任命される; 第1審の裁判官は*教区司教; CIC. 1419). **～statut** *n.* -[e]s, -e, 教区の規則. **～synode** *f.* -, -n, 教区代表者会議 (*教区の運営について協議し, *教区司教を補佐する目的で選出された司教や司祭などの聖職者, 修道者, 及びその他の信者による集会; 教区司教が唯一の立法者であり, 教区司教によって召集, 解散される; CIC. 460-68). **～vermögen** *n.* -s, -, 教区財産. **～vermögens-verwaltungsrat** *m.* -[e]s, ..räte, 教区経済問題協議会 (教会財産管理の他, 教区の予算書の作成と収支決算書の承認の責務を有する組織で, *司教またはその受任者が主宰する; CIC. 492). **～wohnsitz** *m.* -es, -e, 教区の住所 (教会法上, 自然人の居住する教区内の住所; これによって自己の*主任司祭及び裁治権者が定まる; CIC. 102, 107).

Diözese【gr.-kirchenlat.; < gr. dioíkēsis "行政 (区域)"】*f.* -, -n, 教区, 司教区 (*司教が統括する教会の行政区域; 現行*教会法では「司祭団の協力のもとに司牧すべく司教に委託された神の民の一部分」と定義されている; CIC. 369; → Bistumと同じ);《ブ》(*監督の管轄下にある) 教区, 管区.

Diptychon【gr.】*n.* -s, ..chen *u.* ..cha, ディプティカ, ディプティク (engl. diptych; 2枚の聖画像パネルが, 蝶番によって「く」の字型に組み合わされた信心道具; 祭壇で用いられるもの〔二連[式]祭壇画〕の他に, 個人が携帯するための小型のものもある).

Direktorium【lat.】*n.* -s, ..rien, ①指導書;(特に:) 聖務案内 (毎日のミサや*聖務日課についての簡単な指示を与えるため, 教区や修道会において毎年発行される暦);《ブ》礼拝規則書. ②(修道会の) 会則細則.

Discantus 【lat.-mlat.】 *m.* -, -, → Diskant.

Disciples of Christ【engl."キリストの弟子たち"】*pl.* (Jünger Christi) ディサイプル派, ディサイプルス(アイルランドの*長老派教会の牧師だったトマス・キャンベル〔1763-1854〕とその子アレクサンダー〔1788-66〕が, 移住先のペンシルヴァニアで長老派教会及び*バプテスト教会から分離して, 1827年に興したプロテスタントの一派;聖書のみを信仰の基準とする;*キャンベル派とも).

Diskalzeat【lat.】 *m.* -en, -en, 跣足修道会修道士(Barfüßerorden参照).

Diskant【lat.-mlat.】 *m.* -s, -e, (Discantus) ディスカントゥス, ディスカント(a. 多声楽〔ポリフォニー〕における最上声部;及び, 高音域を担当する楽器. b. 13世紀には, 多声の全声部が同一のリズムで動くポリフォニー曲. c.*ノートルダム楽派の*オルガヌムでは, テノール声部がより活発なリズムをとって, 対旋律と一緒に動く部分の様式. d. 広義ではポリフォニーそのものを指すなど, 様々な意味で用いられた).

Diskus【gr.-lat."円盤"】*m.* -u. -ses, ..ken *u.* -se, 《東》ディスコス, 聖盃(ﾊｲ), 聖体皿(*東方正教会の典礼で用いられる縁付きの大皿; Patene参照).

Dispens【lat.-mlat."解放, 赦免"】*f.* -, -en, **Dispensation** *f.* -, -en, 免除, 特免(ある信者の霊的利益に貢献すると判断されるような特別の場合に, *教区司教や権限を与えられた者が教会法上の遵守義務を免除すること; CIC. 85-93); 〜 erteilen (或人に教会法の)免除を付与する; mit 〜 heiraten 免除によって結婚する.

Dispens=ehe *f.* -, -n, 免除による結婚(合法的権威者が*混宗婚などの*婚姻障害を免除し, 有効に婚姻を締結させること; CIC. 1079). 〜**gewalt** *f.* -, -en, 免除権. 〜**grund** *m.* -[e]s, ..gründe, 免除の理由.

dispensieren【mlat.】*t.* (*h*) jn. von et.³ 〜 (或人に或事を)免除する. **Dispens・vollmacht** *f.* -, ..mächte, → Dispensgewalt.

disponieren【lat."分割する,整理する"】*i.* (*h*) 心構えを整える(特に, *ゆるしの秘跡を受けるに際して, 犯した罪を退け, 自らを正して神に立ち帰るための; CIC. 987). **disponiert** *p.p.* 心構えを有した. **Disposition**【lat.】*f.* -, -en, 心構え(特に*ゆるしの秘跡を受けようとする者の).

Dissenter【lat.-engl."考えの異なる人"】*m.* -s, -[s], (通常複数で)非国教徒, ディセンター(イギリスで*英国国教会に所属しないキリスト教徒). **dissentieren** *i.* (*h*) ①(英国で)国教会の教義に従わない; 離教する. ②意見を異にする.

Dissident【lat."離脱した人"】*m.* -en, -en, ①(一般に:国家公認の宗教を信仰しない)離教者; (特に:)非国教徒; 無宗教の人, 無宗派の人. ②離教徒(神学関係の著作において, ローマと交流がない東方諸教会に属する信徒を指す語). **dissidieren** *i.* ①(*s*)(教会から)離脱する, 離教する. ②(*h*)異なった考え(意見)をもつ.

Distribution【lat.】*f.* -, -en, (*聖体などの)配布, 分配.

Disziplin【lat."科目;(学校での)規律"】*f.* -, -en, ①((単数で)(教会や修道会の)規律, 宗規; die 〜 des Klerus 聖職者規律; die kirchliche 〜 教会規律; die klösterliche 〜 修道規律. ②科目, (学問)分野; die theologische 〜 神学(の学科目). ③(鞭打ちなどの)苦行, 禁欲;苦行用の鞭(ﾑﾁ). **Disziplinar・gesetz** *n.* -es, -e, (教会法における)規律に関する法.

Ditheismus【gr.-lat.】*m.* -, 二神論(a. 善悪二神論;*マニ教における善の神と悪の神のように, 異なる神性をもつ2体の神が相対しつつ存在するという説, 宗教観. b.*三位一体の解釈において, 聖子を聖父の被造物, 第2の神とみなす*聖子従属説や, 聖子と聖霊を混同する異端説をいう).

Diurnal【lat.-mlat."日々の事"】*n.* -s, -e, **Diurnale** *n.* -, ..lia, 日中聖務日課書, ディウルナーレ(*聖務日課書から朝課を除いた典礼書).

Divinität【lat.】*f.* -, (特に:キリストの)神性, 神格;神.

Docta ignorantia【lat.】*f.* -e -e *u.* -, -, ドクタ・イグノランティア(「知ある無知」,「無知の知」の意:a.*ニコラウス・クザーヌスの提示した概念;理性は, 自らの本質的無知を悟ることで, あらゆる対立を総合する無限の存在である神〔反対の一致〕に, 直観において到達しうるということ. b.*スコラ学の概念で, 人間はその有限的な知において, 神やその無限性などについては知りえないということ

Dodekalog【gr.-lat.】*m.* -s, 十二戒(出34:14-26に記された唯一神の崇拝, 近親相姦や偶像の禁止, 祭日や*いけにえなどに関する祭儀的規定;*モーセに対する戒めの再授与で,*十戒との類比でこの名称がある).

Dogma【gr.-lat.“意見,規定”】*n.* -s, ..men, 教義, 教理, ドグマ(神から*啓示された真理として, 教会が権威的, 確定的に信者に教える定理〔CIC. 750-51参照〕;なお「教義」と「教理」の使い分けについてはDoktrinの項を参照);《東》定理. **Dogmatik** *f.* -, -en, 教義学, 教理神学(教会が公に確定した信仰や道徳上の真理と, これを信じることの正当性を体系的組織的に立証, 叙述する神学の1分野). **Dogmatiker** *m.* -s, -, 教義学者, 教理神学者. **dogmatisch** *adj.* 教義上の;die ～e Entscheidung 教理決定, 教義決定(*教皇または*公会議が*不可謬的, 権威的に信仰や道徳上の真理を確定すること);die ～e Tatsache 教義的事実(神の*啓示によるものではないが, 啓示と不可分に結び付いていることにより, 教会が不可謬的に確立する自然的事実;例えば, 教皇の正統連綿性や*不可謬性, *公会議の有効性). **dogmatisieren** *t.* (*h*) 教義化する. **Dogmatisierung** *f.* -, -en, 教義化. **Dogmen** *pl.* → Dogma (の複数形).

Dogmen=geschichte *f.* -n, -n, ①(単数で)教義史, 教理史(教会の教えの歴史的発展や変化の学問的批判的な叙述). ②教義史(教理史)の叙述. **～geschichtlich** *adj.* 教義史的な, 教理史的な.

Doket【gr.-nlat.】*m.* -en, -en, 〔キリスト〕仮現論の信奉者. **doketisch** *adj.* 〔キリスト〕仮現論の. **Doketismus** *m.* -, 〔キリスト〕仮現論(霊的存在であるキリストは肉体を仮の宿として, 見かけ上人間の姿をとったに過ぎないとするグノーシス主義的異端説;キリストの*受肉, *人性を否定し, *受難と*復活も仮象とみなす;すでに*使徒時代に提唱され, *パウロ及び*ヨハネがこれを反駁している;2ヨハ7参照).

Doktrin【lat.“教え”】*f.* -, -en, 教理(教会の権威が信者に対して信ずべきものとして教える真理;なお*三位一体や*復活など, キリスト教信仰の根幹をなす普遍的真理に係る「教義」〔Dogma参照〕に対し, 教派によって異なる場合があるものを「教理」と呼んで区別する場合がある). **doktrinal**【lat.-fr.】*adj.* 教理上の, 教理に基づく. **Doktrinär** *m.* -s, -e, 教理の信奉者;教条主義者.

Dom¹【kirchenlat.-it.-fr.; < gr. oîkos tēs ekklēsías “(主の, キリスト教徒の)家”】*m.* -[e]s, -e, ①大聖堂(一般に, 規模の大きな教会堂), ドーム. ②司教座聖堂, 司教座教会(Kathedrale参照;特定の司教座教会〔大聖堂〕の固有名の一部に用いられることがある;例えば, Aachener ～〔*アーヘン大聖堂〕, Bamberger ～〔バンベルク大聖堂〕, Freisinger ～〔フライジング大聖堂〕, Fuldaer ～〔フルダ大聖堂〕, Kölner ～〔*ケルン大聖堂〕, Mainzer ～〔*マインツ大聖堂〕, Regensburger ～〔*レーゲンスブルク大聖堂〕, Trierer ～〔*トリーア大聖堂〕);参事会聖堂(Stiftskirche参照).

Dom²【gr.-provenzalisch-fr.】*m.* -[e]s, -e, 丸屋根, 円蓋, ドーム(Kuppel参照).

Dom³【lat.-port.“主人”】*m.* -, ドム(元来は教皇, 司教及び修道者に対する尊称であったが, 後に*ベネディクト会と*シトー会の修道士の伝統的称号となった).

D. O. M.《略》→ Deo optimo maximo.

Dom=archive *n.* -s, -e, 大聖堂記録保管庫. **～burg** *f.* -, -en, 大聖堂城郭. **～chor** (I) *m.* -[e]s, ..chöre, 大聖堂聖歌隊. (II) *m.* (*n.*) -[e]s, -e *u.* ..chöre, 大聖堂内陣. **～dechant** *m.* -en, -en, **～dekan** *m.* -s, -e, 大聖堂祭式者会長, 大聖堂参事会長. **～freiheit** *f.* -, -en, 司教座聖堂直轄領(司教座聖堂の構内や周囲などの, 世俗の司法権が及ばない領域). **～herr** *m.* -n, -en, 司教座聖堂祭式者会員, 司教座聖堂参事会員(*司教を補佐し, 荘厳な典礼を行うことを任務とする聖職者団体の構成員;中世においては, 司教の空位期間に*教区を裁治し, 新司教を選出する権限が与えられていた;Kanonikerkapitel参照). **～herrlich** *adj.* 司教座教会祭式者の, 司教座聖堂参事会員の.

Domina【lat.“女主人”】*f.* -, ..nä *u.* -s, 女子修道院長.

Dominica【< lat. *dominica* dies “主の日”の略】*f.* -, 主日, 日曜日(Sonntag 参照);～ in albis 白衣の主日(*Weißer* Sonntag 参照);～ in Palmis [de passione Domini] / ～ Palmarum 枝の主日(Palmsonntag 参照).

Dominikaner【< → Dominikus】 *m.* -s, -, ドミニコ会〔修道〕士. **Dominikanerin** *f.* -, -nen, ドミニコ会修道女. **Dominikanerinnen・orden** *m.* -s, ドミニコ修道女会(1205年聖*ドミニクスが南フランス, プルイユで*アルビ派から改宗した貴族の女性のために設立した女子修道院に始まる；14世紀に著述活動が盛んになり, シエナのカタリナ〔1347-80〕はその時期の在俗修道女；*禁域制を遵守し共住・観想生活を行う*第二会と, 院外で*使徒的活動に従事する*第三会の別がある).

Dominikaner=kloster *n.* -s, ..klöster, ドミニコ会修道院. **~orden** *m.* -s, ドミニコ会(正式には「説教者兄弟会」〔Ordo Fratrum Praedicatorum；→ Orden der *Predigerbrüder*〕；1215年聖*ドミニクスが*観想及び*説教と救霊を目的に創設し, 16年教皇ホノリウス3世〔在位1216-27〕によって認可された*托鉢修道会；*アウグスティヌスの戒律のもと, 神学研究, 教育, 宣教, 異端審問の活動などに従事した；独自の教育制度に基づく高等学院が各地に設置され, *アルベルトゥス・マグヌスや*トマス・アクィナスらを輩出した；ラテン語名称 „Dominicani" からの連想で „Domini canes"〔主の番犬〕の異名がある；略: OP〕. **~ritus** *m.* -, ドミニコ会式典礼(13世紀以来のドミニコ会独自の聖務方式；*ローマ式典礼を基本とするが, *入祭や*聖体拝領など部分的に特色を有する).

dominikanisch *adj.* ドミニコ会の. **Dominikus**【span. Domingo de Guzmán Garcés；lat. "主のものである"】《固》(*m.*) ドミニクス(1170頃-1221；聖人；スペインのカスティリアに生まれ, 1201年オスマの*司教座聖堂祭式者会員となったが, 南フランスの*アルビ派の台頭に対して説教者兄弟会〔*ドミニコ会〕を創設し, 説教による異端者の*回心に努めた；*ロザリオの祈りの創始者；祝日: 8月8日).

Dominus【lat.】 *m.* -,《無冠詞で》〔神なる〕主；～ Noster Jesus Christus われらの主イエス・キリスト；～ vobiscum ドミヌス・ヴォビスクム(「主は皆さんとともに」；ラテン語ミサにおける司祭の挨拶；ドイツ語のミサでは „Der Herr sei mit euch.").

Domizellar【lat.-mlat.】 *m.* -s, -e,《古》 ① → Domschüler. ②若年の聖職者；(若年で投票権などをもたない)司教座聖堂祭式者会員補, 司教座聖堂参事会員補.

Dom=kapellmeister *m.* -s, -, 大聖堂聖歌隊指揮者. **~kapitel** *n.* -s, -, 司教座聖堂祭式者会, 司教座聖堂参事会(Kanonikerkapitel, Kathedralkapitel参照). **~kapitular** *m.* -s, -e, 司教座聖堂祭式者会員. **~kirche** *f.* -, -n, 司教座聖堂, 司教座教会(Kathedrale参照). **~kloster** *n.* -s, ..klöster, 司教座聖堂修道院. **~platz** *m.* -es, ..plätze, 大聖堂前広場. **~prediger** *m.* -s, -, 司教座聖堂説教者. **~propst** *m.* -[e]s, ..pröpste, 司教座聖堂首席司祭. **~sänger** *m.* -s, -, 司教座聖堂聖歌隊員, 大聖堂聖歌隊員. **~schule** *f.* -, -n, 司教座聖堂学校, 司教座教会付属学校(中世期, *司教座聖堂祭式者会によって特に聖職者養成のために運営された教育施設). **~schüler** *m.* -s, -, 司教座聖堂学校生徒. **~stadt** *f.* -, ..städte, 大聖堂都市(中世の大聖堂を中心とする囲壁を備えた, *公吏不入権地域から発展した都市). **~stift** *n.* -[e]s, -e *u.* -er, → kapitel. **~tor** *n.* -[e]s, -e, 大聖堂(入り口の)門. **~vikar** *m.* -s, -e, ①司教座聖堂主任司祭. ②司教座聖堂祭式者会の代表者.

Don【lat.-span. *u.* lat.-it. "主人"】《無冠詞で人名の前に置かれる》ドン(イタリアでは聖職者及び貴族, スペインでは一般に男子, ポルトガルでは貴族に対する敬称；…様, …さん；Donna参照).

Donatismus【nlat.; < Donatus von Karthago】 *m.* -, ドナトゥス主義(4世紀初頭, ローマ帝国皇帝ディオクレティアヌス〔在位284-305〕によるキリスト教迫害後の混乱期に, 北アフリカのカルタゴで興った*厳格主義的異端説；教会史上最初の*離教で, 厳しい迫害を受けたが, 7世紀のイスラム教徒のアフリカ侵攻まで継続した；*秘跡の有効性は授与者の聖性に支配されるとし, 教会迫害者に迎合して*背教した司祭による*叙階は無効であると主張した. **Donatist** *m.* -en, -en,《通常複数で》ドナトゥス派. **Donatus**《固》(*m.*)ドナトゥス(?-355；北アフリカ, カルタゴの司教選出に際して分裂した*厳格主義者たちにより, 313年同地の*対立司教に立てられ, 離教派〔ドナトゥス派〕を指導したが, 同年*ラテラノ教会会議で排斥された).

Donna【lat.-it.】 *f.* -, -s *u.* Donnen,《無冠詞で人名の前に置かれる》ドンナ(イタリア, スペ

イン，ポルトガルで女子の洗礼名に冠される敬称；…様，…さん；Don参照）．

Donnerstag *m.* -s, -e, 木曜日；Hoher ～, Heiliger ～ Weißer ～ 聖木曜日（の別称；Gründonnerstag参照）．**Donnerstag・gebet** *n.* -[e]s, -e, 木曜日の祈禱（*最後の晩餐を記念する*聖体の信心のための）．

Doppel=bistum *n.* -[e]s, ..tümer, 二重司教区（ある地域に互いに独立した２つの*教区組織が存在する状態；例えば，11-14世紀*対立司教が存在した*ヴュルツブルクや，1823-36年スイスのクール＝ザンクト・ガレン二重司教区）．～**chor** *m. (n.)* -[e]s, -e u. ..chöre, 双聖歌隊席（*参事会堂など大規模な教会堂で，*身廊の両側に設置された聖歌隊席）．～**kirche** *f.* -, -n, 二重聖堂（礼拝堂が上下の二重構造になっている教会；宮廷礼拝堂の場合，会衆は身分によって階上と階下に分かれて礼拝を行った）．～**kloster** *n.* -s, ..klöster, 男女併存修道院，男女複合修道院（「二重修道院」とも；修道士と修道女が，共住生活を営んだ修道院；多くの場合，*女子修道院長が全体を統率し，聖堂を共有しつつも，男女の居住区は区別された；例えば，*ビルギッタ会）．～**kreuz** *n.* -es, -e, 二重十字架（横木を２本備えている十字架；上部の横木は罪標から発達した；*総大司教十字架や*ロレーヌ十字架などがある）．～**moral** *f.* -, 二重道徳（言行不一致や対外的・対内的な態度の差違など，２つの道徳的基準を同時に容認すること；１ヨハ3:18参照）．～**orden** *m.* -s, -, 男女併存修道会（～kloster参照）．

doppelt【lat.-(m)fr.-niederrheinisch】*adj.* 二重の；Theorie von der ～en <zweifachen> Wahrheit 二重真理説（*啓示に基づく信仰と理性的な哲学的認識を厳然として分離し，信仰によれば真理であるものも，哲学の立場では偽となる場合がある〔またはその逆〕とする説；*アヴェロエス主義などに13-14世紀に現れた考え方）．

Dordrecht《固》ドルトレヒト（オランダ南西部，南ホラント州の港湾・商業都市）．**Dordrechter** *adj.*《不変化》ドルトレヒトの；～ Konfession *f.* ドルトレヒト信条〈信仰告白〉；～ Synode *f.* ドルトレヒト会議（ヨーロッパ全域の*改革派教会の代表者らにより，1618年11月13日-1619年５月９日，ドルトレヒトで開催された国際的な教会会議；正統派

*カルヴァン主義と*アルミニウス主義〔*レモンストラント派〕の調停を目的としたが，救いは無条件的な神自身の*選びにより，キリストの贖罪は選ばれた者に限定されるとする，*カルヴァン主義的な「ドルトレヒト信条」を制定した）．

Dorment *n.* -s, -e,《古》, **Dormitorium**【lat.】 *n.* -s, ..rien, ①（修道院の）共同寝室．②（修道士の*独居房が設けられた修道院内の）居住用建物．

dornen・gekrönt *adj.* 茨（いばら）の冠を被せられた；der ～e Christus 茨の冠を被った（被せられた）キリスト（の像）．

Dornen=kranz *m.* -es, ..kränze, ～**krone** *f.* -, -n, 茨の冠，荊冠（けいかん）（*ポンティオ・ピラトの兵士がキリストを侮辱して被せた，茨で編んだ輪〔マタ27:29〕；受難，試練，苦悩，罪などの象徴とされる）．

Doxa【gr."栄光；思い"】*f.* -, ドクサ（新約聖書において神・キリストの「栄光」を表すギリシア語；神の超自然的な栄光，尊厳とその表現を表し，原始キリスト教における重要概念となった）．

Doxale【mlat.】*n.* -s, -s, ドクサーレ，内陣格子（特に*バロック教会建築で*内陣と*身廊を隔てる装飾付きの壁；Lettner参照）．

Doxologie【gr.-mlat."誉め讃えること"】*f.* -, -n, 栄唱，《プ》頌栄（礼拝において*三位一体の神を賛美し，これに栄光を帰する祈り）；die große ～ 大栄唱（「天のいと高き所には神に栄光」〔Ehre sei Gott in der Höhe〕で始まる*栄光の賛歌〔*グローリア〕の別称）；die kleine ～ 小栄唱，《プ》頌栄，《東》光栄讃詞（単に「栄唱」ないしはラテン語典文の冒頭語にちなみ「グロリア・パトリ」とも呼ばれる；「栄光は父と子と聖霊に．初めのように今もいつも世々に．アーメン．」(lat. *Gloria Patri, et Filio, et Spiritui Sancto, sicut erat in principio, et nunc, et semper, et in saecula saeculorum. Amen.* / dt. *Ehre sei dem Vater* und dem Sohn und dem Heiligen Geist, wie im Anfang, so auch jetzt und alle Zeit und in Ewigkeit. Amen.）．**doxologisch** *adj.* 栄唱の；《プ》頌栄の．**Doxophanie** *f.* -, -n,（神の）栄光の顕現．

Dragonade【gr.-lat.-fr.】*f.* -, -n,《通常複数で》ドラゴナード（フランス王ルイ14世〔在位1643-1715〕の治下の1681年と85年，*ユグノー

派をカトリックへ強制改宗させるため，竜騎兵〔Dragoner〕をユグノー居住地に駐屯させることによって行った弾圧）．

drei Ämter Christi *pl.* キリストの三職位（Amt参照）．

drei·einig *adj.* 三位一体の．**Dreieinigkeit** *f.* -, 三位一体(Trinität参照)．**Dreieinigkeits·fest** *n.* -[e]s, -e, 三位一体の祝日(Trinitatisfest参照)．

Dreier·vorschlag *m.* -[e]s, ..vorschläge, 三名連記候補者名簿（*教区司教及び*協働司教，または*補佐司教の任命の必要がある場合，*使徒座に候補として推薦される司祭3名の名簿；CIC. 377§3-4)．

drei·fach *adj.* 三重の；die 〜e Krone 教皇三重冠(Tiara参照)．

Dreifaltigkeit *f.* -, 三位一体(神の3*位格を表すドイツ語表現；Trinität参照)．

Dreifaltigkeits=fest *n.* -[e]s, -e, **〜sonntag** *m.* -[e]s, -e, → Dreieinigkeitsfest.

Dreikapitel·streit *m.* -[e]s, 三章論争(*ネストリオス派に同情的な3つの著作を*異端として排斥した東ローマ帝国皇帝ユスティニアヌス1世〔在位527-65〕の勅令〔543/44〕と，それに関する教皇ウィギリウス〔在位537-55〕の判断をめぐる論争)．

Drei·könige *pl.*《無冠詞で》→ Dreikönigsfest.

Dreikönigs=fest *n.* -[e]s, -e, 三王来朝の祝日（*東方の三博士がメシアの誕生を知って，幼子イエスとマリアを訪問したことを記念する日で，1月6日；ドイツでは „Heilige Drei Könige" と呼ばれ，バイエルン，バーデン・ヴュルテンベルク，ザクセン・アンハルトの各州でのみ法定休日になる；日本ではその前後〔つまり1月2日から8日の間〕の日曜日が「*主の公現の祝日」として祝われている；Epiphanienfest参照)；《プ》顕現日，《東》神現祭．**〜spiel** *n.* -[e]s, -e, 三王来朝劇〔*東方の三博士のキリスト誕生の際の訪問を主題とする中世の宗教劇；1月6日に上演される*典礼劇として，11-12世紀に成立した〕．**〜tag** *m.* -[e]s, -e, → 〜fest.

Druck·erlaubnis *f.* -, -se, 印刷［出版］許可(Approbatur, Imprimatur参照)．

Dualismus【lat.】*m.* -, 二元論（世界は，相互に対立する，それぞれ独立の2つの原理〔例えば，善・悪，光・闇，魂・肉〕に基づいていると考える世界観；例えば*グノーシス主義における創造神と救済神の対立や，*マニ教の善神・悪神の根源的対立などに見られる*二元論；キリスト教にも創造・被造，善・悪などの二元性が認められるが，イエス・キリストにおいて対立は解消されたとみなされる)．

Dulie【gr.-lat."隷属"】*f.* -, (Verehrung) 崇敬（*天使や*聖人及びその遺物〔*聖遺物〕，聖画像に対する尊敬；神やキリストに対する→ Latrieと区別される)．

Dunkers【engl.】*pl.* → Tunker.

Duplex【lat."二重"】*n.* -, ..lices, 復唱の祝日（中世から第2*ヴァティカン公会議までの，重要度に応じた祝日の分類の1つ；かつて*教会暦は数多くの祝日で占められていたが，それらは大きく「復唱」と「単唱」〔Simplex〕の祝日に分けられ，さらに細かく等級付けられていた；名称は，祝日が週日にあたった場合*聖務日課を1日に2度行ったことにちなむ)．

Dyophysit【gr.-nlat.】*m.* -en, -en, キリスト両性説の信奉者．**dyophysitisch** *adj.* キリスト両性説の．**Dyophysitismus** *m.* -, (Zweinaturenlehre) キリスト両性説（「キリスト複性説」とも；*キリスト単性説に対して，キリストの*位格においては，*神性と*人性の2つの本性が混合も分離もなく並存し，かつ不可分に結合している〔*位格的結合〕とする説；451年*カルケドン公会議で正統的教義として採択，宣言された)．

Dyotheletismus【gr.-lat.】*m.* -, キリスト両意説（「キリスト複意説」とも；*キリスト単意説に対して，キリストにおいては，*神性と*人性のそれぞれに対応する神の意志と人間の意志が存在し，両者は常に一致するという説；681年，第3*コンスタンティノポリス公会議で正統的教義とされた)．

E

Ebenbild *n.* -[e]s, -er, 似姿，生き写し；das 〜

Gottes【< lat. imago Dei】神の似姿, 神の像（人間のこと；神は自らの像として〔我々にかたどり, 我々に似せて〕;創 1:26]、また「見えない神の姿」〔コロ 1:15〕であるキリストの像に従って、人間を創造したという神学思想を表現する語；2 コリ 4:4 参照).

Ebionit【hebr.-mlat."貧しい者たち"】*m.* -en, -en,（通常複数で）エビオン派（2世紀前半以降、ヨルダン川東部に存在したユダヤ人原始キリスト教の一派；キリストの*神性と*処女懐胎を否定し、*モーセの律法の遵守、*パウロの書簡の放棄などを唱え、独自の福音書をもっていたとされる).

Ecce Homo【lat.; < gr. idoù ho ánthropos】*n.* -[s], - -[s], エッケ・ホモ（「この人を見よ」；新共同訳は「見よ、この男だ」〔Seht, da ist der Mensch!"〕；*ルター訳では „Sehet, welch ein Mensch."; a.《単数で》ユダヤの総督*ポンティオ・ピラトが、*茨の冠と紫の服を着けられて群衆の前に引き出されたイエスを指して、その無実を確信しつつ言った言葉〔ヨハ 19:5〕；原文ギリシア語の*ヴルガタ訳；なおドイツ語での発音は[ˈɛktsə ˈho(ː)mo]）. b. a の場面を題材にした*受難図・受難像). **Ecce-Homo** *n.* -[e]s, -[s], → Ecce Homo b.

Ecclesia【gr.-lat."（呼び出された者の）集まり"】*f.* -, エクレシア (a. 教会のこと；新約では、信徒の共同体. b. 新約聖書とキリスト教会を擬人化した、中世の聖堂扉口の彫刻や写本などに見られる婦人像；冠をかぶり、*十字杖と*カリスを手にした姿で、これと組で描かれる失意の女性 → Synagoge と対照され、ユダヤ教に対するキリスト教の勝利を表す); ～ audiens → die hörende *Kirche*; ～ Catholica カトリック教会; ～ docens → die lehrende *Kirche*; ～ invisibilis → die unsichtbare *Kirche*; ～ militans → die kämpfende *Kirche*; ～ patiens <purgans> 浄めの教会（*煉獄の霊魂たちのこと）; ～ triumphans → die triumphierende *Kirche*; ～ visibilis → die sichtbare *Kirche*; ecclesiola in ～ 教会内小教会（既存の教会の内部に、霊的に目覚めたキリスト者の共同体〔中核的教会; Kerngemeinde〕を打ち立てようとする*ルター及び*敬虔主義時代のルター派教会の理念). **Ecclesiasticus** → Ekklesiastikus.

Eckhart 《固》(*m.*) Johannes ～ ヨハネス・エックハルト (Meister ～ マイスター・エックハルトはその尊称；1260頃-1327頃；*ドイツ神秘主義の代表的神学者；テューリンゲンに生まれ、エアフルトで*ドミニコ会に入会する；1277年以降*パリと*ケルンで学ぶ（ケルンでは*アルベルトゥス・マグヌスの教えを受けた）；1302年にパリで神学の学位を取得して „Meister" と呼ばれるようになり、パリ及びケルン両大学で神学教授を務めた他、各地で説教家、霊的指導者として活動した；またドミニコ会の要職を歴任した；神〔＝絶対無〕からの万物の産出、「魂の火花」による「魂の内奥における神の子の誕生」など、*新プラトン主義的・汎神論的神秘説を唱え、没後ヨハネス22世〔在位1316-34〕により異端宣告された；中高ドイツ語でも著作、説教を行い、ドイツ語の発展に寄与した).

Eden【hebr."悦楽"?】*n.* -[s], エデン;（比喩的に：）楽園; der Garten ～[s] エデンの園（神が*アダムと*エバのために設けた*楽園；創 2:8）.

Edikt【lat."告示"】*n.* -[e]s, -e, 勅令, 布告; das ～ von Mailand ミラノ勅令 (313年、*コンスタンティヌス大帝と東方正帝リキニウス〔在位308-24〕が連名で発布した、キリスト教を含むすべての宗教の信仰の自由を公認し、迫害時の教会財産の返還を命じたとされる告示；ただしその実在性には異論がある); das ～ von Nantes ナント勅令 (1598年、フランス王アンリ4世〔在位1589-1610〕がロワール河口の町ナントで発した宗教寛容令で、プロテスタント、特に*ユグノー派に信教、礼拝、教育、教会建築などの自由を認めた).

Ehe【原義"（大昔からの）決まり、法"】*f.* -, -n, 結婚, 婚姻（カトリックでは1563年*トリエント公会議で発布された*教令において、キリストによって制定された*秘跡と宣言された；一夫一婦の間にのみ結ばれ〔単一性; Einheit〕、離婚は認められていない〔不解消性; Unauflöslichkeit〕; CIC. 1056);《東》婚配; die gemischtkonfessionelle ～ der Mischehe; die religionsverschiedene ～ 異宗婚[姻]（宗教を異にする二者の結婚；特に、カトリック信者と非キリスト教徒〔非受洗者〕との婚姻；結婚式の前に、教会権威者により障害の*免除が認められることで許可されるが、その場合は*秘跡とはならない).

Ehe=aufgebot *n.* -[e]s, -e, 婚姻予告（挙式に

Eheband

先立って、その結婚に*婚姻障害や異議がないことを確認するため、掲示または*主任司祭が口頭で行う結婚予定者の公示〔CIC. 1067〕；12世紀、フランス、イギリス*聖公会〕に始まる）．**~band** *m.* -[e]s, -e,（通常複数で）婚姻の絆（婚姻の*秘跡による夫婦間の永続的，排他的な結び付き）．**~band・verteidiger** *m.* -s, -, 婚姻の絆の保護官（婚姻無効に関する*教会法上の訴訟において，あらゆる合法的手段を用いて婚姻の有効性を弁護する検事役；Bandverteidiger参照）．**~buch** *n.* -[e]s, ..bücher, 婚姻台帳（婚姻の挙式後，教会法の定めに従って，*主任司祭またはその代行者によって夫婦，立会人，証人の署名，挙式の場所と日付が記載される；CIC. 1121§1）．**~bund** *m.* -[e]s, ..bünde, 婚姻の誓約（永続的な婚姻関係を締結するために当事者同士が行う誓い；CIC. 1055§1）．**~enzyklika** *f.* -, ..ken, 婚姻に関する回勅（a. 教皇レオ13世〔在位1878-1903〕が1880年に発布した „Arcanum divinae sapientiae". b. 及び教会の伝統的理解に基づき，結婚と性についての基本的指針としてピウス11世〔在位1922-39〕が1930年に発布した „Casti connubii"）．**~güter** *pl.* 婚姻の善（教会の伝統的な婚姻観における，子供，夫婦間の忠実，*秘跡の3つの善）．**~hindernis** *n.* -ses, -se, 婚姻障害（*秘跡としての婚姻を有効に締結する能力や資格を失わせる要件；年齢，血縁関係，性的不能，前婚，〔当事者の一方の〕非受洗，終生誓願，誘拐による強制など，現行の教会法では12の無効障害が挙げられている；CIC. 1083-94）；das aufschiebende <trennende> ~hindernis 婚姻を見合わすべき（解消するに足る）障害．**~losigkeit** *f.* -, （特に：聖職者の）独身．**~prozess** *m.* -es, -e, 婚姻訴訟（婚姻が*教会法上，有効に成立していないことを争う「婚姻無効訴訟」，及び夫婦別居に関する申請や配偶者の死亡推定などに関わる訴訟）．**~recht** *n.* -[e]s, 婚姻法（結婚に関する教会法の規定の総体）．**~sakrament** *n.* -[e]s, 婚姻の秘跡（結婚は，イエスの言葉〔マタ19: 4-6〕のとおり，単一性と*不解消性を有し，キリストと教会との一致に関連づけられている；12世紀以来，*秘跡の1つに数えられ，司祭と証人の前で，新郎と新婦がお互いにこれを授け合う；Ehe参照）；《東》婚配機密（結婚指輪の交換を行う聘定式（ﾋﾞｼｭ）と，新郎新婦に王冠を被せる戴冠式からなる）．

Ehrbarkeit *f.* -, 立派さ，真面目，実直；das Hindernis der öffentlichen ~【< lat. impedimentum publicae honestatis】公義障害（以前に無効な婚姻，または公の私通関係を結んだことのある相手の1親等直系血族との婚姻を無効とする教会法上の規定〔CIC. 1093〕；Ehehindernis参照）．

Ehren=diakon *m.* -s *u.* -en, -e[n], 名誉助祭（*司教盛式ミサの典礼において，*司教の左右にあって補佐的な役割をする者）．**~domherr** *m.* -n, -en, 名誉司教座聖堂祭式者会員，名誉司教座聖堂参事会員（*司教座聖堂祭式者会の名誉会員で，*教区への特別な貢献を認められた者に授与される名誉称号）．**~kaplan** *m* -s, ..kapläne, 名誉付司祭（der Päpstliche ~kaplan；功績のあった聖職者に教皇によって与えられる名誉称号のうち最下位のもの）．**~prälat** *m.* -en, -en, 名誉高位［聖職］者（der Päpstliche ~prälat；ローマ教皇により教会に貢献があったと認められた司祭に授与される称号；教皇を補佐し，助言する責務を有する；2014年教皇フランシスコ〔在位2013-〕が授与を停止した）．**~predigt** *f.* -, -en, <*schweiz.*> (Festpredigt)（教会の）祝日の説教．

Ehrwürden -[s],《無冠詞；単数で》(カトリックの修道士，修道女に対する呼びかけ，及び尊称として) [Euer] ~ブラザー；[Eure] ~シスター．**ehrwürdig** *adj.* 尊敬すべき；~er Herr Pfarrer! 司祭様！；~er Vater! ブラザー！（修道士への呼びかけ）；~e Mutter! シスター！（修道女への呼びかけ）；die ~e Schwester Anna シスター・アンナ，~e [Dienerin Gottes]【< lat. Venerabilis Dei serva】*f.* / ~er [Diener Gottes]【< lat. Venerabilis Dei servus】*m.*［神の僕（ｼﾓﾍﾞ）］尊者（に対する尊称；venerabilis参照）．

Eigen=kirche【< lat. ecclesia propria】*f.* -, -n, 私有教会（中世において，国王や領主が所領内に建て，聖職者の任免権を有していた教会）．**~kirchentum** *n.* -s, **~kirch・wesen** *n.* -s, 私有教会制度（特に9-10世紀，世俗の権力者が，教会及び教会財産の所有・処分権と，任命権などの聖職者に対する支配権を保有する制度）．**~kloster** *n.* -s, ..klöster, 私有修道院

(中世, 特に9世紀に国王や貴族が所領内に建てて財政的支援を行い, 子弟を養育させ, また家族及び自身の将来の受け入れを予定した*自家修道院).

ein|binden *t.* (*h*) <*schweiz.*> 洗礼の際にお祝いに贈る(*親が子供に;赤ん坊のおむつに金品を「結び付けた」ことから). **Einbund** *m.* -[e]s, ..bünde, <*schweiz.*> 代親からの贈物(Patengeschenk参照).

einfach *adj.* 単一の, 単式の;簡素な, 単純な; das ~e Gelübde → das einfache *Gelübde*; die ~e Profess → die einfache *Profess*. **Einfachheit** *f.* -, 単一性; die ~ Gottes【*lat.* simplicitas Dei】*f.* 神の単一性(神は, いかなる意味でも複合体ではなく, 純然たる単一であることを表す神学上の概念).

eingeboren【< *lat.* unigenitus】*adj.* 神のひとり子として生まれた; der ~e Sohn Gottes / Gottes ~er Sohn 神の御(み)ひとり子(キリストのこと).

Eingebung *f.* -, -en, 思いつき;霊感(Inspiration参照); die höhere ~ *göttliche* ~ 霊感, 霊感.

eingegossen *p.p.* 注ぎ(流し)込まれた; die ~en Tugenden【< *lat.* virtus infusa】注入徳(神の超自然的な*恩恵によって与えられる徳;特に, *信仰, *希望, *愛の3つの*対神徳のこと;個々人が努力や鍛錬によって身に付けることのできる*習得徳と区別される).

Eingliederung *f.* -, -en, ①組み込み, 合体(人が*洗礼によってキリスト及び教会と1つになり, 神の民とされること). ②(Inkorporation)登簿(*修道会, *在俗会または*使徒的生活の会に入会すること;在俗会では, *修練期を終えて3つの*福音的勧告を引き受けることで最初の登簿が行われ, 適性を認められた場合に, 終生ないし最終的な登簿〔die ewige <endgültige> ~〕が許可される; CIC. 723).

Einheit *f.* -, ①一体性;統一, 結合; die hypostatische ~ → die *hypostatische* Einheit. ②単一性(結婚の~; Ehe参照).

Einheits=gesang・buch *n.* -[e]s, ..bücher, 共通聖歌集. ~**katechismus** *m.* -, ..men, 共通公教要理. ~**übersetzung** *f.* -, -en, 聖書の共同訳, 共同訳聖書(第2*ヴァティカン公会議以降, カトリックとプロテスタント諸教会が協力して行った聖書の原典訳;ドイツ語版〔改訂版〕は, 1979年に新約, 1980年に旧約が刊行された;日本語版は1987年に『聖書 新共同訳』として刊行された).

Einkehr *f.* -, -en, 内省;静修(毎月, 霊的指導者のもとで, 1日をかけて行う自己内省のための祈り). **Einkehr・tag** *m.* -[e]s, -e, 静修日.

Einkleidung *f.* -, -en, 着衣式(*修道志願者が*修練期に入ることを認められて, その修道会の服を正式に与えられる儀式).

Einleitungs・wissenschaft *f.* -, 序説; die biblische ~ 聖書序説(Isagogik参照).

ein|segnen *t.* (*h*) ①(或人・或物を)祝福する, 聖別(祝別)する(weihen参照); ein Brautpaar ~ 新郎新婦を祝福する; eine neue Kirche ~ 新しい教会堂を祝福する. ②(或人を) *叙階する, (或人に)聖職を授ける;einen Bischof ~ 司教の叙階を行う; sie wurden in das kirchliche Amt des Diakons *eingesegnet* 彼らは教会で*執事の職に任ぜられた. ③(或人に) *堅信を施す(konfirmieren参照); er wurde *eingesegnet* 彼は堅信礼を済ませた. **Einsegnung** *f.* -, -en, ①祝福;聖別, 奉献. ②堅信(Firmung参照); (プ) 堅信式, 堅信礼(Konfirmation参照).

Einsetzung *f.* -, -en, 叙任(式)(*聖職者への任命とそのための祭式).

Einsiedel *m.* -s, -n, 《古》 → Einsiedler. **Einsiedelei** *f.* -, -en, ①隠修士の住居(庵), 独居房. ②隠修生活, 独居生活. **ein|siedeln** *i.* (*h*) 隠修生活をおくる. **Einsiedler** *m.* -s, -, 隠修士 (Eremit参照). **Einsiedlerei** *f.* -, -en, → Einsiedelei.

Einsiedler=krause *f.* -, -n, 隠修士の庵. ~**leben** *n.* -s, 隠修生活.

ein|siedlern *i.* (*h*) → einsiedeln.

Eintauchung *f.* -, -en, 浸礼, 浸水礼(受洗者の全身を, 水槽の水に浸して行う*洗礼の一形式; Immersion参照).

ein|weihen *t.* (*h*) ①(或人・或物を)祝福する, 聖別(祝別)する; eine Kirche ~ 教会を聖別する(*献堂式を行う). ②(或人を)祝福する; jn. zum Priester ~ (或人を)司祭に叙階する. **Einweihung** *f.* -, -en, 祝福, 聖別, 祝別, 奉献.

Einweihungs=feier *f.* -, -n, ~**fest** *n.* -[e]s, -e, 祝福式, 聖別式, 祝別式, 献堂式.

Einwohnung *f.* -, 居住;内在, 内住; die ~ der Heiligen Geistes 聖霊の内在(*洗礼によって, 受洗者の内部に*聖霊が送られ, 永遠にその「内に住んでいること」; 1コリ3:16参

照).

Einzel・beichte f. -, -n, 個別告白 (Privatbeichte参照).

Ekklesia → Ecclesia. **Ekklesiastes**【gr.-kirchenlat.; < gr. ekklēsiastés "演説者"】 m. -, → das Buch Kohelet. **Ekklesiastik** f. -, → Ekklesiologie. **Ekklesiastikus**【gr.-lat.】 m. -, 集会の書(旧約聖書*第二正典の*シラ書の別称;das Buch Jesus Sirach参照). **ekklesiastisch** adj. 教会組織の. **Ekklesiologie** f. -, 教会論(*救済史における教会の本質と意義に関して、理論と実践の両面から総合的に考察する、*教義学の１部門). **ekklesiologisch** adj. 教会論の、教会論に関する.

Ekstase【gr.-kirchenlat. "(意識の)外に置くこと"】 f. -, -n, 脱魂, 恍惚, 忘我, エクスタシス, エクスタシー (engl. ecstasy；神の直接的な現前にあって、強烈な歓喜と感動のうちに自己超越を体験する、ある種の超自然的状態;*トマス・アクィナスは、外的及び内的感覚の中止、神的本質の直接的観想の３段階を区別する).

Ektenie【gr."心身の傾注"】 f. -, -n, 《東》連禱 (*輔祭の祈願朗唱の度毎に、*詠隊が「主、憐れめよ」〔Herr, erbarme dich〕などと応答する、東方教会の礼拝に特徴的な形式;カトリックの → Litaneiに相当する).

Eleison【< Kyrieeleison】 n. -s, -s, エレイソン (→ Kyrieeleisonの短縮形).

Elevation【lat."持ち上げること"】 f. -, -en, 聖体奉挙(ミサの中で*聖変化の後、司祭が*ホスティアと、聖別されたぶどう酒の入った*カリスを高く掲げて会衆に示すこと).

Elias → Elijah (のドイツ語表記). **Elijah**【hebr."ヤハウェは神($\frac{1}{x}$)である"】《固》(m.) エリヤ(前９世紀に*イスラエル王国で活動した*預言者で、その事績は*列王記〔王上17-19, 21章、王下１・２章〕に記されている；また新約では、洗礼者*ヨハネがエリヤの再来と思われたり〔マタ16:14、ヨハ１:21〕、キリストの*変容〔マタ１:１-８〕においては*モーセとともにキリストの両脇に現れるといった記述があり、旧約を代表する預言者として扱われている；*バアル崇拝を弾劾し、*カルメル山でその預言者たちと戦って勝利した〔王上18章〕；フェリックス・メンデルスゾーン〔1809-47〕に同名のオラトリオ〔Elias；作品70, 1846年初演〕がある).

Elisabet《固》(f.) エリサベト (*アロンの家系で、祭司*ザカリアの妻〔ルカ１:５〕；高齢になって洗礼者*ヨセフを身籠る〔ルカ１:5-25〕；おそらく聖母*マリアの親族〔ルカ１:36〕で、*受胎告知後にその訪問を受けた〔Mariä Heimsuchung参照〕). **Elisabeth**《固》(f.) ~ von Thüringen テューリンゲンのエリーザベト (1207-31；聖人；ハンガリー王アンドレアス２世の娘として生まれ〔そのためハンガリーのエリーザベト ~ von Ungarnとも呼ばれる〕、14歳で政略結婚によりテューリンゲン伯ヘルマンの子、ルートヴィヒの妻となる；夫が十字軍に参加して死去すると、*マールブルクに移り住み、1228年フランシスコ*第三会の会員となって24歳で病没するまで病人、貧者の看護に専心した). **Elisabeth[er]in** f. -, -nen,《通常複数で》エリザベト修道女会 (テューリンゲンのエリーザベトに倣って、13世紀以降、ドイツ、イタリア、フランスなどで病人看護その他の福祉活動を行っている複数の同名のフランシスコ*第三会).

Eloah【hebr.】 m. -[s], Elohim,《単数で》(旧約聖書の)神；《複数で》(ユダヤ教から見て、異教の)神々. **Elohim**《Ⅰ》m. -, エロヒム(旧約聖書において、*イスラエル人が自分たちが礼拝する神を呼ぶ際の名称；この語は元来は複数形だが、神々の中の一神という意味〔文法でいうPluralis Majestatis〕をもつ；→ JHWHを発声するとき、*アドナイとともに用いられた；Jahwe参照).《Ⅱ》pl. → Eloah (の複数形). **Elohim・quelle** f. -, エロヒスト資料 (*モーセ五書の成立の過程で、その使用が想定されている資料文書の１つ〔４資料説〕；前800年前後に成立したとされる；名称は、神名として、*ヤハウェではなく*エロヒムが用いられていることに由来する；略: E；die deuteronomische Quelle, Jahwist, Priesterschrift参照). **Elohist** m. -en, -en, エロヒスト(*エロヒスト資料の仮説において想定される、個人または集団の著者).

Email【altfr.-fr.】 n. -s, -s, エマイユ、七宝焼(金属などの素地板の上に、ガラス質の釉薬で図像を描き、焼き付けた美術工芸；*ビザンティン美術に多く見られ、多数の七宝板が嵌め込まれた*サン・マルコ寺院〔ヴェネツィア〕の中央祭壇の黄金祭壇扉〔Pala d'oro〕が特

有名).

Emanation【lat.】 f. -, -en, 流出(万物は, 完全な「一者」たる神から必然的に段階を追って発出するという形而上学的概念). **Emanations・theorie** f. -, **Emanatismus** m. -, 流出説(*流出を主張する*汎神論の1形態で, 特にプロティノスらの*新プラトン主義や*グノーシスの宇宙論において展開され, *トマス・アクィナスなど中世のキリスト教思想に大きな影響を与えた;「無からの創造」に対立する説). **emanieren** i. (s) 流出する.

Emblem【gr.-lat.-fr.】 n. -s, -e, エンブレム, 寓意[画](標語やエピグラム, 抽象概念, 徳, また特定の物や人物〔特に*聖人〕を図解するための画像表現;例えば, ゲオルギウスは竜, エジプトのアントニオスは豚, シュロは殉教を表す;アンドレア・アルチャーティ『エンブレム集』〔Emblemata;1531年アウクスブルク刊〕を嚆矢とする). **Emblematik** f. -, ①エンブレム, 寓意(による表現形式). ②エンブレム学, 標章研究. **emblematisch** adj. ①エンブレム(学)の. ②《雅》象徴的な, 寓意的な.

Embolismus【gr.*"挿入"】 m. -, 副文(ミサの中で*主の祈りに続けて, *司祭によって唱えられる「いつくしみ深い父よ, すべての悪から私たちを救い, 現代に平和をお与えください.」〔Erlöse uns, Herr, allmächtiger Vater, von allem Bösen und gib Frieden in unseren Tagen.〕で始まる祈り).

Emerit【lat.】 m. -en, -en, (聖職の)定年退職者. **emeritieren** t. (h) 定年退職させる. **Emeritierung** f. -, -en, (聖職者の)定年退職, 退任(満75歳になった*教区司教〔CIC. 401§1〕や*主任司祭〔CIC. 538§2〕の). **Emeritus** m. -, ..ti, 名誉司教(定年退職した*教区司教に与えられる称号;CIC. 402§1).

Eminenz【lat.*"卓越したもの"】 f. -, -en, ①《単数で》エミネンス, 猊下(猊)(*枢機卿及び*ヨハネ騎士団総長に対する尊称;1630年教皇ウルバヌス8世〔在位1623-44〕が枢機卿, 3人の選帝侯大司教, ヨハネ騎士団総長の尊称として定めた);(呼びかけとして:) Eure ～!〔枢機卿〕猊下. ②(エミネンスの称号をもつ)枢機卿(Kardinal参照).

Emmaus〔hebr.-gr.-lat.; < hebr. Hemmat "温泉"〕《固》エマオ, エマウス(*復活したキリストがその日の夕方, クレオパともう1人の弟子の前に現れた場所;当初2人はキリストと気付かなかったが, 夕食時にパンを祝福して手渡されたことでそれと悟った〔ルカ 24:13-35〕;中世以来エルサレム北西11kmのエル・クベイバとされるが, 異説もある). **Emmaus・bewegung** f. -, エマウス運動(貧困者の救済を目的に, フランスの*カプチン会士, 国会議員だったアベ・ピエール〔本名アンリ・グルエ;1912-2007〕が1949年パリ郊外に設立したエマウス・センターに始まる, 国際的なカトリック慈善活動).

Empfängnis f. -, -se, 《通常単数で》受胎;die Unbefleckte ～【< lat. Immaculata conceptio】無原罪の〔御〕宿り(聖母マリアがその母*アンナの胎内に宿った瞬間から, 神の恵みによって予め特権的に*原罪の汚れから保護されていたというカトリックの*教理;1854年教皇ピウス9世〔在位1846-78〕によって教理宣言された;これを記念する「無原罪の聖マリアの祭日」〔Hochfest der ohne Erbsünde empfangenen Jungfrau und Gottesmutter Maria〕は12月8日;及び, これを主題とする美術作品).

Empore f. -, -n, トリビューン, 階上廊(engl. tribune;教会建築で, *側廊, *ナルテクスの上階に造られた, *身廊に面して開いたアーケード状の2階部分);(正面入口の上の)聖歌隊席.

Emporen=basilika f. -, ..ken, トリビューンをもつ*バシリカ式教会堂(特に11-12世紀に多く造られた). ～**halle** f. -, -n, トリビューンをもつ*ハレン・キルヒェ. ～**kirche** f. -, -n, トリビューンをもつ聖堂.

Empor・kirche f. -, -n, ①→ Empore. ②→ Emporenkirche.

Emser Kongress (Kongreß)【< Bad *Ems*】 m. ..gresses, エムス会議(1786年ドイツ中西部のバート・エムスで開催された領主司教の会議;ドイツ教会における教皇の*裁治権を制限し, *教皇大使を廃して司教の権限を拡大することを目的とした).

Engel【gr.-lat.; < gr. ággelos "(神の)使い"】 m. -s, -, 天使(神によって造られ, 神に仕える霊的, 超自然的, 人格的存在;必要に応じて, 神によって人間のもとに使者として遣わされ, 中間的存在として両者を仲介する;ただ

し，被造物であるため*礼拝の対象とはならない；自由意志と知性をもち，堕落したものを「堕天使」〔der gefallene ～〕すなわち*悪霊，*悪魔になった；なお*天使の階級における第３階級の３に位置する天使たちを特に指す場合もある）; mein ～ 愛しの…，愛する…; ein ～ fliegt [geht / schwebt] durchs Zimmer《比》話題が途切れる; ein ～ mit einem B davor sein《比》無邪気な子供である，腕白坊主だ（Bengel〔腕白小僧の意〕；「B付きのEngel」のしゃれ〕にちなむ）; du ein ahnungsloser ～《比》お前はおめでたい(ばかな)やつだ; ein gefallener ～ sein《比》罪を犯す; das hat jm. ein <sein> guter ～ eingegeben《比》(愚かなことをするのを)ぎりぎり思い留まった(天使は困難なときにあっても人を庇護してくれるという信仰に基づく；トビ5:22参照); die ～ [im Himmel] singen <pfeifen> hören《比》耐えがたい痛みを覚える；瀕死の状態である，死ぬ；(喜び，感動で)ぼんやりしてしまう; kein ～ / nicht gerade ein ～ sein いつも模範的というわけではない，欠点がないわけじゃない，普通の人間である; mit dem ～ geigen 死んでいる(兵隊用語；天使とヴァイオリンを弾く，から転じて); ein Kind zu einem ～ machen (密かに，非嫡出などのため望まれない)子供を殺す(俗信で，死んだら天使になるとされたことから); aus jm. einen ～ machen (或人を)首にする; bis man ～ wird 生きているうちに(兵隊用語); Wenn ～ reisen, [dann] lacht der Himmel. 天使が旅するとき，空は晴れる(天気はその人の行い次第だ，の意).

Engel=amt n. -[e]s, ..ämter，(通常単数で)天使ミサ (a. ロラーテ：*待降節第４主日に行われるミサ〔Rorate参照〕；名称は，当日の典礼で朗読されるルカ１:26-38〔天使*ガブリエルによる*受胎告知〕にちなむ．b. 7歳以下で亡くなった子供のためのミサ；子供は死ぬと天使になると信じられたことから．c.*降誕祭の３つのミサのうち第１のもの；通常は深夜に行われ，ルカ２:14〔天使たちによる神の賛美〕が唱えられる．d. 天使を賛美する*盛式ミサ；*グレゴリオ聖歌のミサ曲第８番〔Missa de angelis〕が用いられる．e. 読唱ミサ〔die stille *Messe*参照〕．f. かつて木曜日に*聖体の秘跡を記念して行われたミサ). **~bild** → Engelsbild. **~brot** → Engelsbrot.

Engelchen n. -s, -, 小さな天使 (→ Engelの指小形).

Engel=chor m. -[e]s, ..chöre, ①天使の歌隊，天軍の九隊(擬ディオニュシオス・アレオパギテース『天上位階論』〔500年頃〕の*新プラトン主義的な段階宇宙説に基づく天使論によれば，聖書に登場する天使には３つの階級があり，これがさらに３段階に細分されて計９隊の天使群をなす；上から順に，〔上級三隊:〕*熾(し)天使〔*セラフィム〕，*智天使〔*ケルビム〕，*座天使，〔中級三隊:〕*主天使，*力天使，*能天使，〔下級三隊:〕*権天使，*大天使，*天使〔一般天使〕). ②天使の合唱団.

Engelein n. -s, -, → Engelchen.

Engel=fürst m. -en, -en, 大天使 (Erzengel参照). **~knabe** → Engelsknabe. **~kopf** → Engelskopf. **~lehre** → Engelslehre. **~macher** m. -s, -, **~macherin** f. -, -nen, (密かに堕胎を行う)闇の産科医(産婆) (ein Kind zu einem *Engel* machen参照).

Engelologie《稀》→ Angelologie.

Engels=bild n. -[e]s, -er, ①天使像．②天使のように美しい子供. **~brot** n. -[e]s, 天使のパン (a. 天から与えられたパン；マナのこと〔Manna参照〕．b. → Panis angelicus).

Engelschaft f. -, (総称的に：)天使.

Engel=schar f. -, -en, 天使の群. **~schön** adj. 天使のように美しい.

Engels=chor → Engelchor. **~erscheinung** f. -, -en, 天使の出現(及び，その図像). **~flügel** m. -s, -, 天使の翼(聖書において翼をもつ*天使は，元来*ケルビムと*セラフィムのみだが〔イザ6:2；*幕屋内の*契約の箱が置かれた*至聖所には，大きな翼を広げた一対のケルビムの像がある；出25:18-22〕，4世紀半ば以降に，有翼の天使の図像が一般化した).

~geduld f. -, 天使の(ように計り知れない)寛大さ. **~gesang** m. -[e]s, ..gesänge, 天使の歌(天使の歌う，または天使のように美しい声で歌われる歌). **~gruß** m. -es, ①天使祝詞(*アヴェ・マリアのこと；祈りの前半に，天使*ガブリエルが*マリアに対して*受胎告知をした際の祝詞を含むことから)．②天使の挨拶(受胎告知の際の天使ガブリエルの挨拶「おめでとう，恵まれた方．主があなたとともにおられる.」〔Sei gegrüßt, du Begnadete, der Herr ist mit dir.〕のこと；ルカ１:28）．**～knabe** m. -n, -n, 少年の姿をした天使．**～kopf** m. -[e]s, .. köpfe, 天使像の頭部，天使のような頭．**～lehre** f. -, 天使学（Angelologie参照）．**～messe** -, -n, → Engelamt．**～stimme** → Engelstimme.

Engel・stimme f. -, -n, 天使の声〔天使の話す，または天使のように美しい声で話される声〕．**Engels・zungen** pl. 天使のような（よどみない）弁舌；mit [Menschen- und mit] ～ reden 雄弁をふるう，弁舌さわやかに語る（１コリ 13:1 にちなむ）．**Englein** n. -s, -, 《雅》 → Engelchen.

englisch[1] adj. 天使の，天使のような；der ～e Gruß → Engelsgruß.

englisch[2] adj. 英国の，イギリスの；～e Fräulein pl. イギリス修道女会（1609年，イギリスの修道女メアリ・ウォード〔1585-1645〕が女子教育・司牧のため，*イエズス会に倣って当時ベルギーのサントメールに創設した女子修道会〔メアリ・ウォード会〕；イギリス人の会員が多かったことから，ドイツ語圏ではこの名称で呼ばれた；現在はドイツ，オーストリアを中心に世界各国で活動している；正式名称はマリア会〔Institutum Beatae Mariae Virginis〕だったが，2004年に „Congregatio Jesu" と改称した；なお，マザー・テレサ〔1910-97〕が1928年に入会したロレト会〔Loretoschwestern〕はアイルランド系のウォード会）；die ～e Kirche イギリス教会（イギリスにゆかりのある教会堂；なお教派としての英国教会〔*聖公会〕は → die *anglikanische* Kirche）．

Enkolpion【gr."胸に付ける"】n. -s, ..pien, エンコルピオン（a. 古代キリスト教時代に聖句や*聖遺物などを入れた胸掛け用のカプセル．b. 東方教会で*主教が用いるキリストまたはマリア像をはめ込んだ円形のメダルで，首に掛けた鎖に付ける）．

Enkratit【gr."節制"】m. -en, -en,《通常複数で》エンクラティス派（170年頃，*護教家のタティアーヌス〔170頃没〕が創始し，３世紀末までシリアを中心に広まった*グノーシス主義・禁欲主義の一派で，肉食，飲酒，結婚〔ないし性交〕を厳しく禁じた；*聖餐式でのぶどう酒の使用を禁じ，代わりに水を用いたことから → Aquarierとも呼ばれた；１テモ 4:2-3 参照）．

Enneateuch【gr.-lat."９冊の本"】m. -s, 九書（*旧約聖書の初めの，*創世記，*出エジプト記，*レビ記，*民数記，*申命記，*ヨシュア記，*士師記，*サムエル記〔上，下〕，*列王記〔上，下〕の総称；全体としてひとまとまりの歴史書と認められることから）．

Enoch《固》(m.) → Henoch.

entchristen《稀》，**entchristlichen** (I) t. (h) 非キリスト教化する．(II) refl. sich ～ キリスト教を離れる，キリスト教信仰をなくす．**Entchristlichung** f. -, 非キリスト教化（Dechristianisierung参照）．

entgotten t. (h) ① (或人を) 神［への信仰］から引き離す；eine *entgottete* <entgötterte> Welt 神不在の（信仰を失った）世界，末世．② (或人の) 神性（カリスマ性）を剥奪する．**entgöttern** t. (h) → entgotten．**Entgötterung**, **Entgottung** f. -, ①神の喪失．②神性剥奪．

Enthaltsamkeit f. -, -en, 貞潔（聖職者に義務として求められる，完全かつ終生の純潔さ〔CIC. 277〕；Keuschheit参照）．

entheiligen t. (h) (或人)(或物)の神聖を汚(けが)す；die Ehe ～ 婚姻の神聖を汚す；den Sonntag ～ *主日の神聖さを汚す．**Entheiligung** f. -, 汚聖（Sakrileg参照）．

Entheismus m. -, 一神論（唯一絶対の神を信じる → Monotheismusとは別概念で，神と人間との間に，唯一の*仲保者〔キリスト〕を認める立場；１テモ 2:5）．

Enthusiasmus【gr.】m. -, 熱意，熱情，熱狂（神的・霊的な力に満たされ，恍惚の状態になること，あるいは狂信，神がかりの状態に陥ること〔１ヨハ 4:1 参照〕；また，宗教的使命感に駆られ，並外れた意気込みをもって集中的な宗教活動を行うこと）．

Entkirchlichung f. -, (社会や個々人に対する)教会の影響力の衰微；(信徒の)教会からの離反（離脱）．

Entlass・schreiben（Entlaßschreiben） n. -s, -, 叙階委託書（Dimissoriale参照）．

Entlassung f. -, ①派遣（*聖体拝領に続く，ミサを締め括る「閉祭」の部分；また司祭が閉祭にあたって，キリストによって与えられた各々の使命を果たすよう，会衆を祝福すること）．②解雇，解任；die ～ aus dem Klerikerstand 聖職剥奪（Degradation参照）．

Entlohnung f. -, -en, 報酬の給付（聖職者に対する，それぞれの身分にふさわしい賃金の支

払い；CIC. 281)．

entmythologisieren *t.* (*h*) 非神話化する．**Entmythologisierung** *f.* -, 非神話化(a. 一般的には，神話の表れとして古来，*礼拝ないし畏怖の対象であった非日常的な事象を，自然科学，文献学，歴史学などの実証的な立場から，多くは聖性を失わせる形で，合理的に再解釈すること．b. 聖書解釈においては，成立当時の神話的古代的宇宙観に基づいて書かれている，聖書の叙述の背後にある本質的メッセージを，主体的に明らかにしようという立場；*ルター派教会の新約聖書学者ルドルフ・ブルトマン〔1884-1976〕が1941年に提唱した実存論的聖書理解の方法)．

Entrücktheit *f.* -, 《雅》, **Entrückung** *f.* -, 脱魂，恍惚，忘我，法悦(意識が神的事物の洞見にまで高められ，身体の感覚の機能が停止される状態；Ekstase参照)．

entsakralisieren *t.* (*h*) 瀆聖する．**Entsakralisierung** *f.* -, 瀆聖(神に献げられ，聖なるものとなった人，物，場所，行為を侮辱し，その聖性を汚すこと；Sakrileg参照)．

Entstehungs・geschichte *f.* -, ①(文書，制度などの)成立史．②創世記(の別称；Genesis参照)．

entsühnen *t.* (*h*) (或人の)罪(汚れ)を清める；sich ～ 贖罪する．**Entsühnung** *f.* -, (まれに:) -en, 贖罪(Buße参照)．**entsündigen** *t.* (*h*) → entsühnen．**Entsündigung** *f.* -, (まれに:) -en, → Entsühnung．

entweihen *t.* (*h*) (或物の)神聖を汚(けが)す，瀆聖する；eine heilige Sache ～ 聖なる物を汚す(CIC. 1376参照)．**Entweihung** *f.* -, (まれに:) -en, 瀆聖；(教会堂などの)聖別喪失(Entsakralisierung参照)．

Enzyklika【gr.-lat.】*f.* -, ..ken, (Rundbrief) 回勅(ローマ*教皇が，*司教を通じて全カトリック教会に与える*司牧的内容をもった*教書；教皇の出す公文書の中で最も重要な文書だが，通常は不可謬的な*教理の決定には用いられず，社会問題や道徳など，信仰生活に関わる問題が扱われる)．

Eparchie【gr."統治"】*f.* -, -n, ①エパルキア(ローマ帝国，ビザンチン帝国の属州)．②主教区(*東方教会の*主教の管轄区域；西方教会の*司教区にあたる)．

Epheser・brief *m.* -[e]s, エフェソの信徒への手紙(「エペソ人(びと)への手紙」とも；*パウロの名のもとに書かれた新約聖書中の書簡；キリスト及び彼の教会における一致を強調する；実際の著者とともに，宛先〔*エフェソス〕については議論がある)．

Ephesos《固》エフェソ，エフェソス(ローマ帝国アジア州，カイストロス河口の港湾都市；*パウロが第3次*宣教旅行で2年間滞在した；伝承によると，*使徒*ヨハネが聖母*マリアとともに暮らした)；das Konzil von ～ エフェソス公会議(431年，東ローマ皇帝テオドシウス2世〔在位408-50〕が召集した第3回*公会議；アレクサンドリア総主教のキュリロス〔?-444〕によって，聖母*マリアの称号を「*神の母」ではなく「キリストの母」とすべきであると主張するネストリオスが断罪され〔Nestorianismus参照〕，その結果彼はコンスタンティノポリス総主教を解任された)．

Ephorat【gr.-nlat.】*n.* -[e]s, -e, 《プ》(*改革派教会の)監督の職．**Ephorie**【gr.】*f.* -, -en, (改革派教会の)監督教区．**Ephorus**【gr.-lat.】*m.* -, ..ren, ①(改革派教会の教区の)監督．②(プロテスタントの)神学校長．

Epigraf → Epigraph．**Epigrafik** → Epigraphik．**Epigrafiker** → Epigraphiker．**Epigraph**【gr.】*n.* -s, -e, 碑銘，碑文(2-7世紀頃，初代キリスト教徒が*カタコンベの壁面や墓石などに刻み込んだラテン語やギリシア語の碑文は，教会史研究の重要資料とされている)．**Epigraphik** *f.* -, 碑文学．**Epigraphiker** *m.* -s, -, 碑文学者．

Epikie【gr."節度，適切"】*f.* -, エピケイア(元来，一般的性格を備えている法〔例えば*教会法〕を，個別的偶然的な人間の行為に適用するにあたって，法の目的ないし立法者の意図に則して，その弾力的な運用を図ること；アリストテレスの『ニコマコス倫理学』で提起された概念で，*トマス・アクィナスが『神学大全』で詳論している)．

Epiklese【gr."呼びかけ，嘆願"】*f.* -, -n, エピクレーシス(ある人や物の上に，*聖霊の降下を求める祈り；*東方教会では，伝統的に司祭がエピクレーシスを唱えることで，聖霊の働きによってパンとぶどう酒がキリストの体と血に変化〔聖変化〕するとされている；カトリックでは現在，キリストの聖餐制定の言葉〔ここで聖変化が起こるとされる〕の直

前〔*奉献文の冒頭〕と直後に,司祭によって聖霊の働きを祈り求めるエピクレーシスが唱えられる).

Epiphania【gr."出現"】f. -, エピファニア(Epiphanie 1 参照). **Epiphanias** n. -s, ① → Epiphanie. ② → Epiphanienfest. **Epiphanie**【gr.】f. -, ①公現, エピファニア(一般に, 神が姿を現すこと;キリスト教では, キリストがこの世への神の*啓示として顕現したこと;したがって,キリストの降誕,洗礼,*東方の三博士〔*マギ〕の礼拝,カナの婚礼,さらにキリストの復活と昇天も「公現」とされる). ② → Epiphanienfest(の省略形). **Epiphanien・fest** n. -[e]s, -e,〔主の〕公現の祝日(非ユダヤ人〔異邦人〕である*東方の三博士に対してキリストが現れたこと〔Dreikönigsfest参照〕, すなわち全世界に神が顕現したことを記念する祝日;1月6日〔日本など, 同日が法定休日でない国ではその前後の日曜日, すなわち1月2日から8日の間の主日に行われる〕で, この日から13日までを「公現節」という;4世紀中葉,降誕祭が12月25日に定着するまでは,1月6日がキリストの誕生日とされていた;イエスの洗礼とカナの婚礼における最初の奇跡を記念する祝日でもある);《プ》公現日〔祭〕,顕現日;《東》神現祭,主の洗礼祭.

episkopal【kirchenlat.】adj. 司教の,主教の,監督の. **Episkopale** m. (f.) -n, -n, 司教制主義者. **Episkopalismus** m. -, ①司教制主義,司教団首位説(全教会を教導, 統治する権威は,キリストによって選ばれた*使徒とその後継者たる*司教たちにあるという考え;その際*教皇は名誉上の首長に過ぎず,司教団中の*首位権,最高権威が認められない;また,教会の首位権は,教皇と彼を補佐する*枢機卿にではなく, *公会議に参集した司教にあるというカトリック教会内部での主張をいう場合もある;対義語: Kurialismus, Papalismus). ② → Episkopalsystem 2. **Episkopalist** m. -en, -en, ①司教制主義者. ②《複数で》監督教会.

Episkopal=kirche f. -, -n, 監督教会(権威ある監督〔教派〕によって,司教,主教とも〕が教会を教導, 統治する体制をもつ教会のこと;例えば,各国の*聖公会〔英国国教会〕,ドイツや北欧の*ルター派教会, アメリカとアフリカの*モラヴィア兄弟団, *メソジスト教会など;キリストの定めた*使徒職を歴史的連続性をもって受け継いでいく*使徒継承の教会とそうでないものとの別がある;カトリックや*東方正教会も監督制〔司教制, 主教制〕をもつが「監督教会」の名称は用いていない). **〜konferenz** f. -, -en, → Bischofskonferenz. **〜system** n. -s, ① → Episkopalismus 1. ②《プ》領主司教権説(*宗教改革の結果, 司教の教会統治権が各々の領邦君主に継承されたとする法理論).

Episkopat【kirchenlat.】m. (n.) -[e]s, ①司教団(全世界の*司教の総体を集合的に表す語). ②司教職(*叙階の秘跡による教会の職階の1つ〔Bischof参照〕; CIC. 1009§1). **episkopisch** adj. → episkopal. **Episkopus**【kirchenlat.】m. -, ..pi, 司教(Bischof 参照);《プ》監督, 主教;《東》主教.

Epistel【gr.-lat.】f. -, -n, ①(新約聖書中の)手紙, 書簡;(特に:)使徒書簡(Apostelbrief 参照). ②使徒書〔簡〕朗読(ミサの中で, *使徒書簡または*使徒言行録の特定箇所を読み上げること). **Epistel・seite** f. -, -n, 使徒書側(会集席から見て祭壇の右側;ミサの中で司祭が使徒書簡を朗読するのが,祭壇の右側だったことから; Evangelienseite参照).

Epistolar n. -s, -e, **Epistolarium**【mlat.】n. -s, ..rien, 使徒書〔簡〕集(*荘厳ミサにおいて*副助祭が朗読する聖句, 特に使徒書簡または使徒言行録の箇所を掲載した典礼書).

Epitaph【gr.-lat.】n. -s, -e, ①墓碑銘, 墓誌碑文, エピタフ. ②(墓碑銘などの碑文を刻んで教会の壁面や柱などに嵌め込まれた)板碑(ばんぴ). ③《東》(*聖金曜日に*イコノスタスの前に, キリストの墓を模して設置される)キリスト像.

Epitrachelion【gr.-mgr."うなじ"】n. -s, ..lien, 《東》エピトラケリオン(*東方正教会の*主教及び*司祭の着用する祭服で, 刺繍などの飾りが施された細長い帯状の布;一端の開口部に頭を入れ, 体の前面に垂らす;カトリックの*ストラに類似する).

Erasmus《固》(m.) Desiderius 〜 デシデリウス・エラスムス(1466/7/9 ?-1535;ネーデルラント, ロッテルダム出身の人文主義者; *アウグスチノ会の修道士だった1492年に司祭叙階を受けるが, 95年頃よりパリ大学で神

学を修めるとともに，ギリシア・ローマの古典研究を深め，さらにイギリス，イタリア，スイスで研鑽を積んだ；『格言集』〔1500初版〕，『痴愚神礼讃』〔1511〕，校訂版新約聖書〔1516〕をはじめとする膨大な量の著作・書簡を発表した；またローマ教会を批判し*福音主義を唱えながらも，自由意志論やキリスト者の一致と平和，寛容の精神において，*ルターらの*宗教改革とも距離を置いた）．

Erbärmde=bild *n.* -[e]s, -er, **～christus** *m.* -, キリスト受難像，キリスト受難図（Schmerzensmann参照）．

Erbärmede・bild → Erbärmdebild. **Erbarme・dich** *n.* -, -, エレイソン（「*あわれみの賛歌」〔Kyrieeleison〕のこと；そのドイツ語典礼文„Herr, *erbarme dich* (unser).“による名称）．

erbarmen (I) *refl.* sich jn. (*od.* über jn.) ～（或人を）憐れむ；Herr, erbarme dich unser. Christus, erbarme dich unser.「主よあわれみたまえ．キリスト，あわれみたまえ．」（ミサ中の「*あわれみの賛歌」の典礼文）．(II) *t.* (*h*)（或人に）憐憫の情を起こさせる．**Erbarmer** *m.* -s,《雅》憐れみに満ちたお方，慈悲深いお方（神のこと）．**Erbarmung** *f.* -, 憐れみ，慈悲．

erbauen *t.* (*h*)《雅》（或人の）心を高める，敬虔な気持ちにさせる．**Erbauung** *f.* -, -en, 心が高められること，精神修養，建徳；敬虔な気分．

Erbauungs=buch *n.* -[e]s, ..bücher, 信心書，修徳書（信仰心を強め，徳を高めるのに有益な宗教書；聖人の著作や伝記，言行録，霊操書，黙想書，プロテスタントでは*ルターの著作やジョン・ミルトン〔1608-74〕『*失楽園』〔1667〕などの敬虔文学をいう）．**～lektüre** *f.* -, **～literatur** *f.* -,（集合的に：）信心書，修徳書，敬虔文書．**～schrift** *f.* -, -en, → ～buch. **～stunde** *f.* -, -n, 祈りの時．

Erb・sünde【< lat. peccatum hereditarium】*f.* -, 原罪（神の*恩恵により，一切の罪の汚れを免れて創造され，*原始義の状態にあった*人祖が，神の命令に背き，堕落したことによって，その子孫たるすべての人間が生まれながらに共有する罪科〔ロマ5:12参照〕；神と人間の調和的関係の破綻を意味する；イエスと聖母*マリアのみが，原罪を免れて生まれた；またイエス・キリストの救いの業により，神と人間の和解がもたらされ，個々人は*洗礼によって原罪のゆるしを得る）．

Eremit【gr.-lat.; < gr. erēmos "孤独な"】*m.* -en, -en, 隠修士（独住修士，隠者とも；荒地や砂漠，山岳地帯などに居住し，祈りや黙想などを通じて，ひとり修道生活にはげむキリスト者；キリスト教では，エジプト〔例えば，エジプトの大*アントニオス, 251/ 2 -356〕に始まり，西シリア，小アジア，パレスチナに広まった；この伝統は，東方・西方教会ともに現代に続くが，西方では，修道院制の中に隠修生活を組み入れた*隠修士会が発展した）．**Eremitage**【fr.】*f.* -, -n, ①隠修士の住居（庵），独居房．②（1を模して造られた18世紀の庭園施設の）洞窟，庵．③《単数で》（ロシア，サンクト・ペテルブルクの）エルミタージュ美術館（Ermitageとも）．**Eremitei**【gr.-lat.】*f.* -, -,《雅》→ Einsiedelei．

Eremiten=dasein *n.* -s, **～leben** *n.* -s, 隠修生活，独居生活．**～orden** *m.* -s, -, 隠修士会（Eremit参照）．

Eremitentum *n.* -s, 隠修［士］制．**eremitisch** *adj.* 隠修士の（ような），隠修制の，独居の．

Erfahrungs・theologie *f.* -, 経験神学（もっぱら主観的な信仰体験に基づいて，キリスト教的真理の体系を構築しようという反思弁的な神学の立場；特に*シュライエルマッハーやその影響を受けた*エアランゲン学派の*ルター派神学者ラインホルト・フランク〔1827-94〕らが展開したプロテスタント神学の一傾向）．

Erforschung *f.* -,（まれに:) -en, 糾明，究明（神及び人に対する，自身の思い，言葉，行いにやましいところがないか，神に祈り，良心に照らして糺すこと；*ゆるしの秘跡の前提となる）．

Erhöhung *f.* -, 高挙（キリストが十字架上の死の後で，*復活，*昇天し，神によって「神の右」の栄光の座へと「高く上げ」られたこと；マコ16:19，フィリ2:9）．

Erklärung *f.* -, -en, 説明，表明；die ～ des Heiligen Sakraments 聖体顕示（Aussetzung 参照）．

Erlangen《固》エアランゲン（ドイツ，バイエルン州北部，ニュルンベルク近郊の都市；大学は，ブランデンブルク＝バイロイト辺境伯フリードリヒ3世〔在位1735-63〕によっ

て1742年バイロイトに創立され，翌年エアランゲンに移転した）．**Erlanger** *adj.*《不変化》エアランゲンの；〜 Schule f., エアランゲン学派（*信仰覚醒運動や*シュライエルマッハーの*経験神学の影響下，19世紀にエアランゲン大学を中心に展開されたプロテスタントの信条主義神学）．

Erlass (Erlaß) *m.* ..lasses, ..lasse (*östr.*: ..lässe). ①免除，赦免；罪のゆるし，赦罪（Lossprechung参照）；免属（Exemtion参照）. ②教令（Dekret a参照）. **Erlass・jahr** *n.* -[e]s, -e, 免償年（その年一定の条件を満たした信徒に*全免償が与えられる；Jubeljahr参照）. **erlässlich (erläßlich)**《古》*adj.* 免除しうる；die 〜e Sünde 微罪（「小罪」と同じ；die *lässliche* Sünde参照）.

Erlass・sünde f. -, -n, → die *lässliche* Sünde.

erleichtern *t.* (*h*) 軽くする，楽にする；durch Gebete werden die Qualen im Fegefeuer *erleichtert* 祈りにより*煉獄（にある死者の魂）の苦しみが軽減される．**Erleichterung** f. -, -en, 緩和，軽減；die 〜 der Leiden im Fegefeuer 煉獄（にある霊魂）の苦しみの軽減．

erleuchten *t.* (*h*) 照らす；er sei vom Heiligen Geist *erleuchtet* 彼の心が聖霊の光で照らされますように．**Erleuchtung** f. -, -en, 照明（普遍的な真理の認識に至るよう，神の光である*聖霊によって人間の知性が照らし出されること；Illumination参照）.

erlösen *t.* (*h*) 救う，救い出す；Christus hat alle Menschen *erlöst.* キリストが全人類を救済した．**Erlöser** *m.* -s, 救い主，救世主，贖い主，贖罪主（キリストのこと；Messias参照）；Kongregation des Heiligsten 〜s 至聖贖罪主修道会（→Redemptoristenの別称）；Schwestern vom Heiligsten 〜 至聖贖罪主女子修道会（→Redemptoristinnen 1 の別称）.

Erlöser=bild *n.* -[e]s, -er, 救世主像，キリスト像．〜**bund** *m.* -[e]s, 救世主会（1916年，エルゼ・マイヤー〔1891-1963〕らによって，女性解放，女子教育を目的に設立された修道女会；ボンに本部が置かれ，ドイツ各地で厚生事業を行ったが，2005年後継者不足のため解散した）．〜**orden** *m.* -s, 救世主会，至聖贖罪主会（→ Birgittenordenの別称）．

Erlösung f. -, -en, (Heil, Salvation) 救い，救済，救世，救霊，贖い（個々人と共同体が，犯した罪と死から解放され，*永遠の命に与れるよう，イエス・キリストを通して行われる神の業）.

Erlösungs=stunde f. -, (キリストによる) 救いの時. 〜**werk** *n.* -[e]s, 救いの御業（御業）；〜werk Christi キリストの救いの御業.

Erneuerung f. -, -en, 修復，刷新，更新；die 〜 des Taufversprechens → die Erneuerung des *Taufversprechens*.

Eröffnung f. -, -en, 開始；初めの祈り（1日の初めの*聖務日課の最初に唱えられる祈り；Invitatorium参照）；die 〜 [der Feier] 開祭（ミサの導入部分；通常の場合，*入祭の歌と行列，あいさつ，*回心，*あわれみの賛歌，*栄光の賛歌，*集会祈願の各部分からなり，「*ことばの典礼」へと繋がる）．

erschaffen *t.* (*h*)《雅》創造する，作り上げる；Gott hat Himmel und Erde *erschaffen.* 神は天と地を創造された；jn. hat Gott im Zorn *erschaffen*《比》（或人は）不愉快な存在（鼻持ちならないやつ）だ．**Erschaffer** *m.* -s,《雅》創造主（Schöpfer参照）；〜 der Welt 世界の創造主（神のこと）．**Erschaffung** f. -, (まれに:)-en, ①（神による世界の）創造. ②（教皇による）枢機卿任命.

Erscheinen *n.* -s, → Erscheinung. **Erscheinung** f. -, -en, 出現，顕現（神，特にキリスト，*天使，聖母*マリア，*聖人，あるいは*悪魔など，通常の感覚では捉えられない存在が，目に見える形で現れること；例えば，*ルルドや*ファティマでの聖母マリアの出現）；die 〜 Christi キリストの出現；das Fest der 〜 Christi → Epiphanienfest；die 〜 des Herrn 主の公現（Epiphanie 参照）；Mariä 〜 → Marienerscheinung.

Erscheinungs・fest *n.* -[e]s, -e, → Epiphanienfest.

Erst=beicht f. -, -en, <*südd.*>, 〜**beichte** f. -, -n, 初告解（*主任司祭による十分な信仰教育を経て，適齢を迎えた児童が受ける「初めての*ゆるしの秘跡」；CIC. 777§2）．

Erster Freitag → Erster *Freitag*.

Erst=kommunikant *m.* -en, -en, 〜**kommunikantin** f. -, -nen, 初聖体拝領者（*教会法の規定に従って，理性を働かせることができる年齢〔通常，7歳前後〕と認められ，初めて*聖体を受ける子供〔CIC. 913〕；または*洗礼及び*堅信の秘跡を受けて後，初めて聖体拝領をする成年）．〜**kommunion** f. -, 初聖体

[拝領]（*幼児洗礼を受け，*主任司祭による十分な信仰教育を経た適齢の児童が*ゆるしの秘跡とともに行うことができる，初めての*聖体拝領〔CIC. 777§2〕；成人の場合は，洗礼式のミサで最初に聖体を拝領する）．

Erstlings=früchte pl., **～gabe** f. -, -n, 初物，初穂［の*いけにえ］（旧約聖書では，1年で最初に収穫された穀物あるいは家畜の初子の献げ物をいう〔レビ23:10-20, 出23:19〕；新約では，例えば，"霊"の初穂〔ロマ8:23〕，「眠りについた人たちの初穂」〔死者から最初に復活したキリストのこと；1コリ15:20〕，「造られたものの初穂」〔キリスト教徒のこと；ヤコ1:18〕のようにしばしば比喩的に用いられ，特に，初期の改宗者である*初代教会の信徒〔ロマ16:5, 1コリ16:15〕を指した）．

Erwachsenen・taufe f. -, -n, 成人の洗礼（→ Kindstaufeに同じ）．

erwählen t. (h)《雅》選ぶ． **Erwählte**# m. u. f. -n, -n,《形容詞的変化》（神によって）選ばれし者． **Erwählung** f. -, (まれに:) -en, 選び（神が，特定の個人〔*預言者，御子キリスト，*使徒など〕や民族〔*イスラエル民族〕，また教会共同体を救済するため，彼らに特別な*恩恵を与える*愛の業; Prädestination参照）．

Erweckungs=bewegung f. -, -en, 信仰覚醒運動（18世紀，ヨーロッパ各国及び北アメリカに起こった一連のキリスト教再生運動で，プロテスタント正統主義の主知主義的，教条主義的傾向に対して，個々人の内的感情的な宗教体験，*回心を強調する；*敬虔主義の影響を受けたドイツの*モラヴィア兄弟団，イギリスの*メソジスト派などの活動をいう）．**～theologie** f. -, 信仰覚醒神学（19世紀初頭の思弁的主知主義的傾向に対して，個人の心情に重きをおいたプロテスタント神学；ベルリン大学の教会史学者アウグスト・ネアンダー〔1789-1850〕や，その影響を受けたアウグスト・トールック〔1799-1877〕らによって展開された）．

Erz=abt m. -[e]s, ..äbte, 大修道院総長 (Abtpräses参照)． **～bischof** m. -s, ..bischöfe, (Archibischof, Oberbischof) 大司教 (a. *司教の上位の聖職者；複数の*教区を統括する*教会管区の長；*管区大司教とも．b. 教会管区の長ではなく，1つの大司教区の長．c. 他に，名義大司教，名誉称号としての定住教区司教の別がある)；大司教（プロテスタント諸派，*英国国教会，*東方正教会などでの名称；*州教会，*ルター派教会などでは「大監督」とも)．**～bischöflich** adj. 大司教の；大主教の，大監督の． **～bistum** n. -s, ..tümer, 大司教区（複数の*司教区からなる〔その規模により1教区の場合も〕教会の行政単位）；大主教区． **～bruderschaft** f. -, -en, 大兄弟会（ある*兄弟会〔信心会〕が発展して他の会を併合したもの）．**～diakon** m. -s, -e, u. -en, -en, 助祭長；《聖》大執事；《東》長輔祭． **～diakonat** n. (m.) -[e]s, -e, 助祭長職；《聖》大執事職． **～diözese** f. -, -n, → ～bistum． **～engel** m. -s, -, 大天使（広義では高位の天使；狭義には，*天使の歌隊における第3階級の2に位置する天使たちを指す；*ミカエル，*ガブリエル，*ラファエルの3大天使，及び*外典に登場する*ウリエルはこの位階に属する）．**～feind** m. -[e]s, -e, 悪魔，サタン． **～kanzler** m. -s, 大書記長，尚書長官（*神聖ローマ帝国の選帝侯であったマインツ，ケルン，トリーアの各大司教の名誉称号; Reichserzkanzlerとも）．**～katholik** m. -en, -en, こちこちの（頑冥な）カトリック教徒． **～katholisch** adj. カトリックに凝り固まった，あまりにもカトリック的な． **～märtyrer** m. -s, -, 最初の殉教者 (Protomärtyrer参照)．**～priester** m. -s, -, 首席司祭（ある地区の司祭の長；→ Dechantの別称）；《東》長司祭（功績によって主教から与えられる司祭の名誉称号）．**～stift** n. -[e]s, -e, u. -er, 大参事会．**～vater** m. -s, ..väter, ①（イスラエル人の）族長，太祖 (Patriarch 1, 2参照)．②総大司教；《東》総主教 (Patriarch 3参照)．

Esau [hebr."毛深い"od. "赤い"]《固》(m.) エサウ（*イサクの長男で狩人となった；空腹のあまりパンとレンズ豆の煮物と引き換えに，双子の弟*ヤコブに長子権を譲った〔創25:27-34〕；また，相続権をめぐりヤコブと争うが，後に兄弟は和解し，エサウはエドム人の始祖となった；ロマ9:11-13参照)．

Eschatologie【< gr. éschatos "最後の事柄"】f. -, 終末論（この世の終わりと人間の究極的運命について考察しつつ，歴史の全体像を目的論的に捉えようとする思想；キリスト教では，例えば，キリスト*再臨と*最後の審判，死者の*復活，神の国の到来に至る*救済史について考究すること）．**eschatologisch** adj. 終

末論(的)の；das 〜e Spiel 終末論劇(*最後の審判など，この世の終わりを主題とする中世の宗教劇).

Esel【< lat. asellus（asinusの指小形）】*m.* -, ろば(古来イスラエル人の運搬や乗用のための家畜；旧約では忍耐強さを表す一方，愚鈍さや強情な人間の象徴でもある；イエスはろばに乗って*エルサレムに入場し，民衆の歓呼を受けるが，この場合ろばは謙譲と王位の象徴とされる〔マタ21：1-11他〕；またイエスの誕生の絵画表現では，*ベツレヘムの馬小屋で牛とともに描かれる〔イザ1：3に由来〕).

Esoterik【gr."内部"】*f.* -, -en, 秘義, 奥義, 秘伝；秘教(ある集団の内部の，特別に選ばれたごく少数の者にのみ真理や儀礼が伝えられる宗教思想・形態；*神智学にもその傾向が見られる). **Esoteriker** *m.* -s, -, 奥義, 秘伝(奥義)を授けられた人；秘教徒. **esoterisch** *adj.* 秘義的な，奥義的な.

Esra【hebr."(主は)助け"】《固》(*m.*) エズラ(旧約の*エズラ記と*ネヘミヤ記の主要人物の1人；紀元前5世紀頃のユダヤ教の祭司・*書記官で，*律法に精通していた〔エズ7：6b〕；*モーセ以降の*預言者の最後に位置付けられている)；das Buch 〜 エズラ記(旧約聖書中の歴史書の1つで，元は*ネヘミヤ記と1巻をなしていた；*バビロニア捕囚から帰還して後の*エルサレムの神殿再建と，エズラの律法による法的秩序の回復を内容とする；なお，上記の*正典のエズラ記の他にいくつか同名の書が存在し，その中で新共同訳の旧約聖書続編には，別の底本に基づく「エズラ記（ギリシア語）」〔*七十人訳ギリシア語旧約聖書に含まれる*外典〕と，エズラの幻視を中心とする「エズラ記（ラテン語）」が収められている).

Essener【aram."敬虔な人"?】*m.* -s, -, 《通常複数で》エッセネ派(前2世紀から後1世紀のユダヤ教の一派；俗世を離れ，私有財産を否定して，禁欲的な共同生活を営み，エルサレム神殿の礼拝に際しては独自の*いけにえを献げた；*死海文書の*クムラン教団との関連が指摘されている；洗礼者*ヨハネが属していたともいわれる).

Ester, Esther【pers."星"】《固》(*f.*) エステル(*エステル記の主人公；絶世のユダヤ人美女で，ペルシャ王*アハシュエロスの妃；養父の宮廷役人モルデカイとともに，大臣ハマンのユダヤ人殲滅の策略を暴き，これを防いだ；聖母*マリアの*予型とされる)；das Buch 〜 エステル記(旧約聖書中の歴史書の1つで，ペルシア帝国でのユダヤ人迫害と*エステルによる民族の解放，これを記念する*プリム祭の制定に至る物語).

Estomihi【lat.】*m.* -, 《無冠詞で》《プ》エストミヒ(*復活祭前の第7の主日〔*五旬節の主日〕；当日のラテン語*入祭文の冒頭語 „*Esto mihi* in Deum protectorem, et in locum refugii, ut salvum me facias"〔砦の岩，城塞となってお救いください；*Sei mir* ein schützender Fels, eine feste Burg, die mich rettet；詩31：3〕にちなむ；Quinquagesima参照).

et cum spiritu tuo【lat."そして汝の霊とともに"】エト・クム・スピリトゥ・トゥオ(「また司祭とともに」〔und mit deinem Geiste〕；ミサ中で行われる司祭の挨拶の „Dominus vobiscum"〔主は皆さんとともに；Der Herr sei mit euch.〕に会衆が応答して唱えるラテン語典文).

Ethik【gr.-lat.】*f.* -, 道徳；倫理学. **Ethikotheologie** *f.* -, → Moraltheologie. **ethisch**【gr.-lat.】*adj.* 倫理の；倫理的な，道徳的な；der 〜e Gottesbeweis → der *moralische* Gottesbeweis.

Eucharistie【gr.-kirchenlat."感謝"】*f.* -, -n, ① 聖体[の秘跡]，エウカリスティア(a. カトリック教会で行われる7つの*秘跡の1つ. b. ミサにおいて，*聖別されたパン〔ホスティア〕とぶどう酒の形態で現れるキリストの体と血；Transsubstantiation参照. c. 聖体拝領〔Kommunion参照〕；また，a, b, cの3つを複合的に表すこともある). ② ミサ，感謝の祭儀，ミサ聖祭；《プ》聖餐；聖餐式；《東》聖体機密. ③ 感謝(と聖別)の祈り(das eucharistische *Hochgebet*参照).

Eucharistie=austeilung *f.* -, (まれに:) -en, (通常，ミサ中の*司祭による)聖体の授与. 〜**feier** *f.* -, -n, 感謝の祭儀，ミサ；感謝の典礼(「*ことばの典礼」に続くミサの中核部分で，*奉納から*聖体拝領までを指す).

Eucharistiner *m.* -s, -, 《通常複数で》聖体修道会(1856年，ピエール＝ジュリアン・エマール〔1811-68；聖人〕が，特に聖体礼拝の促進のため，パリで創立した男子修道会).

eucharistisch *adj.* 聖体の；感謝の；das 〜e Fasten 聖体拝領前の断食（カトリック教会で，*聖体拝領の前の一定時間〔現在では，通常その1時間前から〕飲食を避けること）；das 〜e Hochgebet → Hochgebet；〜er Kinderkreuzzug 聖体幼年十字軍（1914年に*ルルドで開催された国際聖体大会で，児童の聖体への信心育成と聖体拝領の促進のために提案，組織された団体及びその教育活動）；〜er Kongress 聖体大会（聖体への崇敬・信心，教会の一致を推進するため，各地方で，また国際的に開催されているカトリック信徒による研究や討論の催し；第1回の国際聖体大会〔Internationaler 〜er Kongress *od.* 〜er Weltkongress〕は，教皇レオ13世〔在位1878-1903〕の認可のもと，1881年フランスのリール大学で開催され；近年はほぼ4年に1度，参加者数万人規模の大会がヨーロッパ内外の都市で行われている）；〜er Kreuzzug 聖体〔幼年〕十字軍（〜er Kinderkreuzzug参照）；die 〜e Taube 鳩形聖体容器（鳩の形態の*聖体容器で，古くは覆いを掛け祭壇上に吊した；Peristerium参照）；〜er Verein der Priester der Anbetung 聖体礼拝司祭会（1858年，ピエール＝ジュリアン・エマール〔1811-68；聖人〕が聖体永久礼拝を主目的として設立した）；〜er Völkerbund 聖体国際連盟（1920年，イエズス会士アントン・プンティガム〔1859-1926〕がウィーンで設立した；聖体の崇敬を通して信徒の団結，離教者の復帰などを目指す）．

Euchemerismus【< Euhēmeros】*m.* -, エウヘメリズム，エウヘメロス説（神話や宗教を合理的に解釈し，神々とは，王や英雄的な人間が死後に*神格化されたものにすぎないとする学説で，*アウグスティヌスが異教徒を論駁する際にも用いられた；名称は，前4世紀のギリシアの神話学者エウヘメロスが唱えたことにちなむ）．

Euchit【gr.】*m.* -en, -en,《通常複数で》耽禱派（→ Messalianerの別称）．

Eulogie【gr.-lat."良き言葉"】*f.* -, -n, エウロギア（a.〔*司祭や*司教ないし*主教による〕祝福の言葉，*聖別（*祝別）の祈り；聖別（祝別）されたもの．b.*ギリシア正教会で，聖別されていないが「祝福のパン」として礼拝後に食べるパン．c.新約聖書中の書簡の冒頭部に見られる定型の賛美の祈り；例えば，「わたしたちの主イエス・キリストの父である神は，ほめたたえられますように．」〔エフェ1：3〕）．

Eva【hebr."命"?】《I)《固》(*f.*) エバ，エヴア（*人祖*アダムの妻として，2番目に創造された人間；*蛇に誘惑されて，神の禁じた*知恵の木の実をアダムとともに食べ，*楽園を追放された〔創3章；Erbsünde参照〕；*カインと*アベル，セトの母〔創4章〕；神は「女」〔ルター訳では→ Männin〕と呼び，*堕罪後にアダムによってエバと命名された；*七十人訳聖書はこの名を「命」〔Leben〕の意味と解しているが〔創3：20〕，語源には諸説がある）．《II》*f.* -, -s,《戯》女；裸の女；sie ist eine echte 〜 <eine Tochter 〜s / 〜s Tochter> 彼女は実に女らしい．**Eva・kostüm** → Evaskostüm.

Evangeliar【mlat.】*n.* -s, -e *u.* -ien, **Evangeliarium** *n.* -s, ..rien, 礼拝用福音〔奉読〕集（ミサで朗読する4*福音書の本文と朗読箇所の一覧表を収録した本；中世初期以来，装飾画や豪華な装丁が施された写本が作製された；例えば，1173-75年頃，バイエルン・ザクセン大公のハインリヒ〔獅子公；1129/30頃-95〕の命により，ヘルマルスハウゼンのベネディクト会修道院で制作された福音書〔Evangeliar Heinrichs des Löwen〕）．**Evangelicals**【engl.】*pl.* 福音派（→ Low-Churchの別称）．**Evangelien** *pl.* → Evangelium（の複数形）．

Evangelien=buch *n.* -[e]s, ..bücher, → Evangeliar．**〜harmonie** *f.* -, -n, 四福音書の調和，総合福音書（4つの*福音書の中から類似の題材を扱った個所を集め，一致点を示したもの；一覧表化したものは共観福音書和合表〈対照表〉ともいう）．**〜kritik** *f.* -, -en, 福音書批判．**〜seite** *f.* -, -n, 福音書側（礼拝参加者から見て，祭壇の左側；かつてその位置でミサ中に福音書が朗読されたことから；→ Epistelseiteに対して）．**〜synopse** → Synopse．

evangelikal【engl.】*adj.* ①福音書に基づく．②福音主義的な；福音絶対主義的な．③→ evangelisch 2．**Evangelikale**# *m. u. f.* -n, -n,《形容詞的変化》福音主義者；福音絶対主義者．

Evangelikalismus *m.* -, 福音主義（a.「福音絶対主義」とも；18世紀の*信仰覚醒運動の影響下で個人の*回心を強調し，聖書の権威を絶対視する，特にイギリスやアメリカに見られた原理主義的傾向．b.→ Evangelismus）．

Evangelimann *m.* -[e]s, ..männer, <östr.>エヴア

ンゲリマン，福音伝道者（週末や祭日に街角などで福音書の朗読をしたり聖歌を歌って喜捨を受ける者；ヴィルヘルム・キーンツル〔1857-1941〕に同名のオペラ〔1895年初演〕がある）．**Evangelisation** *f.* -, -en, 福音伝道，福音宣教，福音化，（キリスト教の）布教．

evangelisch *adj.* ①福音書の，福音に従った．②プロテスタントの，新教の，福音主義の（略：ev.）；～e Allianz 福音主義同盟（1846年，カトリック及び*ハイ・チャーチに対抗すべく，ロンドンで結成されたプロテスタント諸派の連合運動）；～er Bund 福音主義同盟（1886年，カトリック勢力に対抗するため結成されたドイツのプロテスタント教会の同盟）；～e Kirche in Deutschland ドイツ福音主義教会（第2次世界大戦後，ドイツ各州の*領邦教会によって結成された連盟；1948年に制定された基本法のもとにあるが，加盟している～ルター派教会，*改革派，*福音主義合同教会は各々の*信条を保持する；冷戦時代でも，東西両ドイツにまたがる活動を行っていたが，1969年東独独自の組織〔ドイツ民主共和国福音主義教会連盟；Bund der ～en Kirchen in DDR〕が発足して分裂，その後ドイツ統一に伴って1991年再統合された；略：EKD）；die ～en Räte 福音的勧告（*福音に基づき，神と*隣人への愛を実践して，より高い生活を送ることの勧め；特に，イエス・キリストによる*貞潔，*清貧，*従順の3つの徳の勧告；*修道誓願と結び付き，あらゆる修道会で規範とされている）．**evangelisch-lutherisch** *adj.* ［福音］ルター派の，ルター派教会の（略：ev.-luth.）．**evangelisch-reformiert** *adj.* 福音改革派［教会］（*ルター派と*改革派教会が合同したもの；略：ev.-ref.）の．

evangelisieren *t.* (h)（或人・地域に）キリストの福音を説く，福音を広める，福音化する；（或人・地域を）プロテスタントに改宗させる；ein Land ～ ある国に福音を伝える．**Evangelisierung** *f.* -, 福音化，宣教（キリストが伝えた*福音を広く告知する教会の使命，及びその活動；特に，キリスト教を知らない人々に対し，信仰を呼びかけること；プロテスタントでは後者を特に「伝道」ということもある）；Kongregation für die ～ der Völker【lat. Congregatio pro Gentium Evangelizatione】福音宣教省（*教皇庁の省の1つで，1967年*布教聖省の改組により発足した；全世界での福音宣教及び宣教協力の指導と調整，宣教に関する調査と研究にあたる）．**Evangelismus** *m.* -, ①福音主義（a.*宗教改革前の16世紀初頭フランスにおけるカトリック教会内の刷新運動；*スコラ学を脱して，聖書に根ざした教会改革を企図した．b. ドイツの*プロテスタンティズムにおいて，伝統的な教義や教会制度ではなく「聖書のみ」を信仰の規範として認める立場．c.→ Evangelikalismus）．②福音伝道．**Evangelist**〔gr.-lat.〕*m.* -en, -en, ①福音［書］記者，福音史家（新約聖書の*正典中の4福音書の著者とされる*マタイ，*マルコ，*ルカ，*ヨハネの4人のこと）．②福音伝道者；（プロテスタントの）巡回説教師．③《東》福音経朗読輔祭．**Evangelistar** *n.* -s, -e, **Evangelistarium** *n.* -s, ..rien, 礼拝用福音［書抜粋章句］集（*教会暦の各々の祝日のミサで朗読されるべき福音書の章句を集めた本；中世以来，豪華な装飾や細密画が施されたものが作製された；例えば，*カール大帝が作らせた「ゴデスカルクの福音書」〔Godescalc-Evangelistar；781-83〕）．**Evangelisten・symbol** *n.* -s, -e, 福音［書］記者〈福音史家〉の象徴（4人の*福音記者を表現する伝統的な象徴；*マタイは天使〔Engel；または人〕，*マルコは獅子〔Löwe〕，*ルカは雄牛〔Stier〕，*ヨハネは鷲〔Adler〕；最初期の事例は，6世紀に造られたサン・ヴィターレ聖堂〔ラヴェンナ〕の丸天井のモザイク画に見られる）．**Evangelium**【gr.-kirchenlat.；< gr. euangélion "よい知らせ"】*n.* -s, ..lien, ①《単数で》福音（イエスが宣べ伝えたメッセージ，及びイエスに関する物語；特に，イエスの*贖罪死と*復活のこと；1コリ15:2参照）．②福音書（新約聖書の*正典のうち，後1世紀に成立したとされる*マルコ，*マタイ，*ルカ，*ヨハネによる4つの福音書；その他にトマス福音書，ペトロ福音書など，50以上の*外典福音書がある）；das ist ihm ～《比》それは彼には疑いようもない事実（原則）だ．③（ミサ中に行われる）福音朗読．

Evas=kostüm *n.* -s,《戯》裸体；im ～kostüm（楽園での*エバのように，女性が）裸で．～**tochter** *f.* -, ..töchter,（女らしい）女；sie ist eine rechte ～tochter 彼女はいかにも女らしい女だ．

ewig *adj.* 永遠の，永久の；das ～e 永遠なるもの，神的なもの；der ～e 永遠なるもの（神のこと）；die ～e Anbetung, das ～e Gebet → die Ewige *Anbetung*；das ～e Gelübde → das ewige *Gelübde*；der ～e Jude 永遠のユダヤ人，さまよえるユダヤ人（Ahasver b参照）；die ～e Lampe, das ～e Licht → das Ewige *Licht*；das ～e Leben 永遠の命（イエス・キリストの死と*復活によってもたらされた，イエスを信じ，*洗礼を受けることで〔死後の永続的な生命のみならず〕今・ここで，個々人において実現される，神のまったき生命に与る状態；ヨハ 3:16, 11:25）；die ～e Profess → die ewige *Profess*；die ～e Stadt 永遠の都（ローマの異名）．**Ewigkeit** *f.* -, 永遠；永遠性（人間を含む被造物の有限的な存在様式に対し，時間を越えた神の属性のこと；また，被造物の有限的歴史的な存在様式に意味を与える，神の*救いの計画のあり方をいう）．**Ewigkeits・sonntag** *m.* -[e]s, -e, 永遠の主日（*教会暦年最後の日曜日；→ Totensonntagと同じ）．**ewiglich** *adv.*《雅》(ewig) 永遠に．

Exarch【gr.-lat."統括者；(東ローマ帝国の)総督"】*m.* -en, -en,《東》エクザルフ，総主教代理 (a. 元来は：*総主教以外で，他の*主教を越える権威を有する者に与えられた称号．b. 現在の*総主教区から離れた地域〔例えばアメリカ〕において総主教の代理を行う者．c. ブルガリア正教会の首座主教).**Exarchat** *n.* (*m.*) -[e]s, -e, エクザルフ〈総主教代理〉の職（管区).

Exaudi【lat."聴け"】*m.* -,《無冠詞で》エクサウディの主日（*復活祭後の第6の主日；名称は，当日のラテン語*入祭文*Exaudi, Domine, vocem meam, qua clamavi ad te.*「主よ，呼び求めるわたしの声を聞き／憐れんで，わたしに答えてください；dt. *Vernimm*, o Herr, mein lautes Rufen; sei mir gnädig und erhöre mich!；詩 27:7〕の冒頭語にちなむ).

ex cathedra【gr."司教座より"】エクス・カテドラ，聖座宣言（ローマ*教皇が，最高の*教導権をもって，全世界の教会が信ずべき信仰あるいは倫理に関する教えを表明する際の様式の表現；そこで示された*教理は*不可謬性を有するとされる；第 1*ヴァティカン公会議以降の用語).

Exeat【lat."出よ"】*n.* -s, 教区移転許可書（ある聖職者が，別の*教区に移って職務を遂行することを*司教が許可する際の文書).

Exegese【gr."解釈"】*f.* -, -n, 聖書釈義（広義では，聖書本文を解釈することだが，厳密には，聖書テキストの本来的な意味を，それが書かれた当時の読者と社会の状況に照らして解明しようとすること；Hermeneutik参照）；die theologische ～ 神学的聖書釈義（聖書を文献学的歴史学的に解釈するのでも，主観的に読むのでもなく，聖書において，絶えず*啓示の瞬間へと直接的に還元されること；聖書を通して，神の言葉を今現在に対する言葉として聞くこと；K.*バルトの聖書解釈の立場).**Exeget** *m.* -en, -en, 聖書釈義学者．**Exegetik** *f.* -, 聖書釈義学．**exegetisch** *adj.* 聖書釈義の．**exegieren** *t.* (*h*)《古》(聖書のテキストを)釈義する．

Exekration → Exsekration．**exekrieren** → exsekrieren．

exempt → exemt．**Exemption** → Exemtion．**Exemptions・privileg** → Exemtionsprivileg．**exemt**【lat.】*adj.* 免属の．**Exemtion** *f.* -, -en, 免属（修道会，修道会員，教区，その他の個人，集団，場所などが，*教会法上の通常裁治者の*裁治権を免れて，別の高位の権威に直属すること；例えば，修道会を教区の裁治権者〔司教など〕ではなくローマ*教皇の裁治権下におくこと；CIC. 591, 431§2, 他).**Exemtions・privileg** *m.* -[e]s, -ien *u.* -e, 免属特権（本来の裁治者の裁治権を免れて，教皇など別の権威者に直属するよう，修道院，修道会，聖堂その他に与えられる権利).

Exequatur【lat."実施せよ"】*n.* -s, -en, 教会教書の国家認可制（キリスト教を国教とする国家において，世俗の支配者は，*教皇や*司教などによる行政行為〔または*教書の発布〕を事前に審査，認可する権利を有するという，政教分離が確立される以前の制度).

Exequial・messe *f.* -, -n, 葬儀ミサ，埋葬ミサ（Exsequien 1 参照).**Exequien** → Exsequien．

Exercitien → Exerzitien．**Exercitium**【lat."練習"】→ Exerzitium．**Exerzitien** *pl.* ① (die Geistlichen Übungen) 霊操，心霊修業（一定期間において集中的に，祈り，*黙想，霊的読書，内省などの方法により，自身の霊魂を鍛え，キリスト教信仰を深める霊的修行；*イグナティウス・デ・ロヨラの同名の書は，自らの

神秘体験を基に，霊操の具体的な実践プログラムを示したもので，4週間〔厳密な期間規定ではない〕をかけて，(1)自身の罪の内省と痛悔，(2)キリストの救済活動と彼に従う道，(3)*受難，(4)*復活についての観想を行う．②黙想会(一定期間，日常の活動を離れ，それに相応しい環境，施設において，多くは霊的指導者のもとで黙想や祈りに専心する催し；プロテスタントでは「修養会」とも)．

Exerzitien=haus *n.* -es, ..häuser, 黙想の家(個人または複数の信徒が，一定期間，霊的指導者のもとで黙想と祈りに専念するための施設)．～**leiter** *m.* -s, -, 霊操指導者(*霊操において，実践者の霊的身体的状況を判断しながら，観想を指導する者)．

Exerzitium *n.* -s, ..tien, 《通常複数で》→ Exerzitien.

Exhortation【lat.】*f.* -, -en, 勧告，熱心な勧め(の言葉，説教)；die Apostolische ～ → die *Apostolische* Exhortation.

Exil【lat."追放"】*n.* -s, -e, 捕囚(古代オリエントで，大国が，支配に抵抗した国家ないし民族を，その本来の居住地から別の土地へ強制的に移住させたこと〔ただし捕虜ではない〕；例えば，前586/7-539年，バビロニア王*ネブカドネツァルによるユダヤ民族のバビロニア強制入植〔*バビロニア捕囚；王下25:1-12〕)；das Babylonische ～ der Päpste 教皇のバビロニア捕囚(die *babylonische* Gefangenschaft 参照)．

Exkardination【lat.】*f.* -, -en, 教区除籍(ある聖職者が正当な理由によって，所属する司教区を離れ，他の司教区へ移籍すること；CIC. 267-272)．

Exklaustration【lat.】*f.* -, -en, **Exklaustrations・indult** *m.* u. *n.* -[e]s, -e, 禁域法免除(特別の理由があるとき，修道者に対して3年を超えない期間，修道院外の居住を許可すること；修道会の総会長，隠修女の場合は教皇庁がこれを与えることができる；CIC. 286)．**exklaustrieren** *t.* (*h*) 禁域法を免除する．**Exklaustrierung** *f.* -, -en, → Exklaustration.

Exklusive【lat."除外"】*f.* -, (Ausschlussrecht) 異議申立権(かつての*教皇選挙において，望ましくない候補者の除外を求めることができると主張，行使された，カトリック諸国の世俗君主の特権；1904年，教皇選挙方式の法令化に伴って否定された；1996年2月に聖ヨハネ・パウロ2世〔在位1978-2005〕が発布した教皇選挙に関する憲章でも，俗権による候補者除外の要求は明確に禁止されている．

Exkommunikation【lat."共同体からの排除"】*f.* -, -en, (Kirchenfluch) 破門［制裁］(*教会法上の犯罪に対し，特定人を信者の共同体から全面的ないし部分的に排除する懲戒罰〔CIC. 1364以下〕；Anathem参照)．**Exkommunikations・bulle** *f.* -, -n, (教皇による)破門状．**exkommunizieren** *t.* (*h*) 破門する．**Exkommunizierung** *f.* -, (まれに:) -en, 破門(すること，また破門制裁を受けている状態)．

Exodus【gr.-lat."出ること"】*m.* -, 出エジプト記(*モーセ五書の第2の書；3つの部分からなり，第1部では，エジプトでの*イスラエルの民の奴隷状態，*モーセの誕生と召命，モーセに率いられたイスラエルの民が「葦の海」の奇跡を経て，エジプト脱出に成功する過程，第2部では*荒野の旅の逸話，第3部で*シナイ山における神とイスラエルの間の*契約の締結，*十戒をはじめとする*律法の授与が語られ，*幕屋の建設をもって締めくくられる)．

ex opere operantis【lat.】エクス・オペレ・オペランティス，人効的効力(「行為者の業によって」〔durch das Werk des Handelnden〕の意；*秘跡の効力は，その執行者と受領者の聖性や功徳の状態に依存しているということの表現)．**ex opere operato**【lat.】エクス・オペレ・オペラート，事効的効力(「行われた業によって」〔durch die vollzogene Handlung〕の意；*秘跡は，キリスト自身の行為に基づくものであるため，現実の執行者と受領者の状態には依存せず，それ自体として客観的確定的な効力をもつということ；*トリエント公会議で教義決定された)．

exorzieren, exorzisieren *t.* (*h*) (*悪魔，*悪霊(れい)などを)追い出す，祓う．**Exorzismus**【gr.-lat."誓約"】*m.* -, ..men, ① (Teufelsaustreibung) 悪魔祓い，祓魔(ふつま)式(人，物，場所に憑依した悪魔や悪霊を追い払うこと，またそのための儀式；新約聖書にはイエス自身と*使徒たちによる悪魔祓いが記されており〔例えば使10:38, 16:18〕*初代教会の時代よりしばしば行われてきた；*聖別や*洗礼の儀式にも悪魔祓いの要素が組み入れられているが，

現在, 狭義の悪魔祓いは, 徹底した調査の後, 有資格の司祭が司教の許可を得て実施する; CIC. 1172). ②《単数で》解放を求める祈り(カトリックで), *洗礼志願者に, 悪や罪との戦いに打ち勝ち「暗やみの力から解放されて」, 洗礼を準備させる祈り). **Exorzist** m. -en, -en, 祓魔師, エクソシスト(元は*下級聖職位の1つだったが, 第2*ヴァティカン公会議で, *位階としては廃止された).

Exposition【lat."説明;提示"】f. -, -en, [聖体]顕示(Aussetzung参照).

Expositur【lat.】f. -, -en, 支教区, 支聖堂区(*小教区〔聖堂区〕の内部に設置される司牧のための単位; 固有の財産管理権をもたない). **Expositus** m. -, ..ti, 支教区〈支聖堂区〉付き司祭(通常は*助任司祭がこれにあたる).

Exsekration【lat.】f. -, -en, 瀆聖(Entsakralisierung参照); 呪い, 呪詛. **exsekrieren** t. (h) 瀆聖する; 呪う.

Exsequien【< lat. exsequi "送り出す;葬列に付き従う"】pl. (Exequien) ①葬儀ミサ(カトリックで, 埋葬の当日や命日に死者の所属していた教区教会で挙げられる「*死者のためのミサ」); 埋葬式. ②エクセクイエ (lat. exsequiae; 教会での葬儀の際に用いられる*グレゴリオ聖歌の中の音楽; プロテスタントでは, 例えばハインリヒ・シュッツ〔1585-1672〕作曲の「葬送音楽」〔Musicalische 〜; 1635/6〕がある).

Exspektant【lat."待機"】m. -en, -en, 《古》(教会職位の)継承予定者, 継承権保持者. **Exspektanz** f. -, -en, (教会職位の)継承権.

Exsultet【lat."喜べ"】n. -, エクスルテト(*復活徹夜祭の*光の祭儀で, ろうそく行列に続いて唱えられる「復活賛歌」〔典礼聖歌342番〕; 名称は〔*アンボ上に立つ〕*助祭によって唱えられるラテン語先唱句の冒頭語 „Exsultet iam angelica turba caelorum"〔神の使いよ天に集い, 声高らかに喜び歌え; *Frohlocket, ihr Chöre der Engel*〕にちなむ).

extra ecclesiam nulla salus【lat.】エクストラ・エクレシアム・ヌッラ・サールス(「教会の外に救いなし」〔außerhalb der Kirche [ist] kein Heil〕の意; 救いには教会が不可欠であり「あらゆる救いが, 頭であるキリストから, そのからだである教会を通って来ること」〔「カトリック教会の*カテキズム」, 846〕を表す*教理上の表現; 文字どおりには, カルタゴの司教で*教父の聖キプリアヌス〔?-258〕の言葉とされる).

Exvoto【lat."誓いをこめて"】n. -s, -s u. ..ten, 奉納物, 奉納額(巡礼地の聖堂などに, 感謝のしるしとして, または願い事や誓願のために献げる, 額面やろうそくなどの物品).

Exzellenz【lat.-fr."卓越(した人)"】f. -, -en, 閣下, 猊下(司教, 大司教に対する, また外交上の尊称; 略: Exz.; 直接の呼びかけではEure <Euer> 〜, 3人称の場合はSeine 〜).

Ezechiel【hebr."神が強めて下さいますように"】《固》(m.) エゼキエル(*バビロニア捕囚期の*預言者の1人; 捕囚中〔前593年〕に人間, 獅子, 雄牛, 鷲の4つの顔と4つの翼をもつ4体の輝く生き物を幻視し〔エゼ1:5-14; 4人の*福音記者の象徴とされる〕, 預言者として召命された); das Buch 〜 エゼキエル書(旧約の3大*預言書の1つ; エゼキエルの1人称で, 彼の召命体験, *ユダと*エルサレムへの審判, 諸外国への預言, 新イスラエルの回復が, 象徴的表現をもって描かれている).

F

Fächer m. -s, -, 《東》リピタ(古くは「聖扇」とも; → Rhipidion参照).

Fahne f. -, -n, 旗, 征旗(勝利のしるし; *大天使*ミカエル, *ゲオルギウスやジャンヌ・ダルク〔1412-31〕他, 多くの聖人たちの*アトリビュート; また, キリストは*復活のときに, 白地に赤い十字の旗〔死への勝利を表す復活の旗〕を手に現れるとされる; ローマ皇帝の軍旗は, *キリストの組み合わせ文字〔モノグラム〕がついた十字の旗; Labarum参照).

Fakultät【lat.】f. -, -en, ①(大学の)学部; die evangelisch-theologische 〜 プロテスタント神学部; die katholisch-theologische 〜 カトリック神学部. ②(通常複数で)権能(本来, 権限を有する*上長から下位の者へ, 例えば*教皇から*司教や*教皇庁使節へ, また*裁治権

者から*司祭に対して、一定期間または恒常的に付与される教会法上の権限；10年間限定の場合は→ Dezennalfakultäten、5年間の場合は→ Quinquennalfakultätenといわれる；司祭に付与される権能としては、教話〔説教〕[CIC. 764]、*堅信の秘跡の執行〔882〕、*ゆるしの秘跡における罪の*赦免〔966§2〕、*告白を聴くこと〔969〕、*婚姻に立ち会うこと〔1111〕などがある）.

Faldistorium【germ.-lat.】*n.* -s, ..rien, (Faltstuhl)（盛式の典礼儀式に用いる司教、大修道院長用の）折り畳み腰掛け.

falsch *adj.* 偽の、偽りの；der 〜e Christus 偽キリスト；der 〜e Messias 偽メシア；der 〜e Prophet 偽預言者（この世の終わりに、キリスト、救世主、また預言者を自称して、人々を惑わし、*背教へと誘う者〔マタ24:23, 2コリ11:4〕；その出現は逆に、キリストの*再臨が近いことを表すとされる；Antichrist参照）.

Falt・stuhl *m.* -[e]s, ..stühle、折り畳み腰掛け（Faldistorium参照）.

Familiare【lat.】*m. u. f.* -n, -n,《形容詞的変化》①（修道院の）使用人、雇人. ②教皇昵従(じっ、じゅう)、教皇宮廷内居住者.

Familien・rosenkranz *m.* -es、家庭のロザリオ（信徒が各々の家庭で*ロザリオを唱える*信心業；教皇パウルス6世〔在位1963-78〕による1974年の勧告「聖マリアへの崇敬について」に基づく）.

Fasching *m.* -s,（まれに:) -e *u.* -s,《*südd., östr.*》ファッシング（南ドイツやオーストリアにおける*カーニバルの異称；仮装行列や仮面舞踏会などの催しが行われる）；〜 feiern ファッシング（カーニバル）を祝う；jn. zum 〜 einladen（或人を）ファッシング（カーニバルの催し物、パーティー）に招待する.

Faschings=ball *m.* -[e]s, ..bälle、ファッシング（カーニバル）の仮面舞踏会. **〜krapfen** *m.* -s, -, ファッシング（カーニバル）のクラプフェン（南ドイツなどのカーニバルの期間中に作られる、中にマーマレードなどが入った一種の揚げパン）. **〜umzug**, **〜zug** *m.* -[e]s, ..züge, ファッシング（カーニバル）の仮装パレード(*仮装行列).

Faschnacht *f.* -, <*schweiz.*>, **Fasnacht** *f.* -, → Fastnacht.

Fassade【lat.-it.-fr.「顔」】*f.* -, -n, ファサード（教会などの建築物の正面部分）. **Fassaden・turm** *m.* -[e]s, ..türme, 教会ファサードの塔（教会正面の、またはこれに隣接して造られた塔、鐘塔）.

Faste *f.* -, -n,《古》① → Fasten¹ 1. ② → Fastenzeit. **fasten**（Ⅰ）*i. (h)* 断食する.（Ⅱ）**Fasten**¹ *n.* -s, ①断食（*贖罪や内省などの実践や*回心のしるしとして、また宗教上の規定によって、一定期間、すべての、または特定の飲食物を摂らないこと；das *eucharistische* Fasten参照）. ②大斎(たいさい)（飲食物の種類や回数に一定の制限を加える償いの行の一種；現行の規定では、1日に1回十分な食事を摂るが、あとの2食は少量とし、18歳以上60歳未満の健康な成人信徒に課せられる〔なお*小斎は、食物の種類についての制限をいう〕；現在カトリックで全教会に定められている「大斎日」は*灰の水曜日と*聖金曜日のみだが〔CIC. 1251〕、古くは*四旬節の期間中に遵守されており、また1966年までの大斎規定では灰の水曜日、四旬節中の金・土曜日、*四季の斎日、特定の祭日の前日などに断食〔ただし1回の十分な食事と、少量の朝食及び*付加軽食が認められる〕が行われた；*聖公会では「たいさい」、*東方正教会では「おおものいみ」と読み、後者では聖枝祭〔枝の主日〕までの6週間とその時期に行う禁食をいう；Abstinenz参照）. **Fasten**² 【< Faste】*pl.* → Fastenzeit.

Fasten=almosen *n.* -s, -, *四旬節の特別喜捨. **〜bohne** *f.* -, -n,《複数で》①豆の主日（Bohnensonntag参照）. ②四旬節の豆（ルクセンブルクで、*レターレの主日に子供たちが新婚家庭を訪れて、ブレーツェル〔8の字型のパン〕や少額の金銭を貰う習慣）. **〜bre[t]zel** *f.* -, -n, 四旬節のブレーツェル（四旬節に作られるブレーツェルの形の菓子；元は功徳を積むため貧者に施した固いパン）. **〜gebot** *n.* -[e]s, -e, 大斎の掟. **〜mahlzeit** *f.* -, -en,（肉食を避け、節制するための）四旬節の食事. **〜opfer** *n.* -s, -, 四旬節の特別献金. **〜prediger** *m.* -s, -, 四旬節の説教者. **〜predigt** *f.* -, -en, 四旬節の説教（四旬節の期間、日曜日のミサとは別に、多くは日曜日の夜に行われる一連の特別説教）. **〜sonntag** *m.* -[e]s, -e, 四旬節中の主日（*灰の水曜日と*復活祭の間の計6回の日曜日）. **〜speise** *f.* -, -n, → 〜mahl-

Fastentuch

zeit. ～**tuch** *n.* -[e]s, ..tücher, 四旬節の幕絵（特に15-16世紀に，四旬節の期間，祭壇の前や*内陣に掲げられたキリスト*受難図などの描かれた幕，緞帳）．～**vorschrift** *f.* -, -en, 大小斎規定（四旬節の間の食事に関する規定）．～**zeit** *f.* -, （まれに:) -en, ①断食日，大斎日．②四旬節（*灰の水曜日から*復活祭前日までの40日の大斎期間；→ Quadragesimaのドイツ語での通称）．

Fast・nacht【原義"→ Fastenの前夜"】*f.* -, ① カーニバル，謝肉祭（Karneval参照）．② 懺悔の火曜日，告解火曜日（カーニバルの最終日で*灰の水曜日の前の晩；中世期，翌日からの*四旬節に向けて司祭に罪を告白する習慣があったことから）；die alte ～ 《方》カーニバルの次の日曜日；wie die alte ～ hinterherkommen《比》遅刻する，手遅れになる．**fastnachtlich** *adj.* カーニバルの，謝肉祭の．

Fastnachts=ball *m.* -s, ..bälle, → Faschingsball. ～**brauch** *m.* -[e]s, ..bräuche, カーニバルの習慣．～**dienstag** *m.* -[e]s, -e, → Fastnacht 2． ～**fest** *n.* -[e]s, -e, → Karneval. ～**kostüm** *n.* -s, -e, カーニバルの仮装行列の衣装．～**krapfen** *m.* -s, -, → Faschingskrapfen. ～**lied** *n.* -[e]s, -er, カーニバルの（祝宴で歌われる民衆間の流行り）歌．～**maske** *f.* -, -n, カーニバルの（仮装用の）仮面．～**montag** *m.* -[e]s, -e, 懺悔の月曜日（*灰の水曜日の前々日；Rosenmontag参照）．～**narr** *m.* -en, -en, カーニバルの道化；*謝肉祭劇の道化役．～**posse** *f.* -, -n, → ～spiel. ～**schlager** *m.* -s, -, → ～lied．～**spiel** *n.* -[e]s, -e, 謝肉祭劇（15-17世紀に，ドイツ，スイスなどの町でカーニバルの期間，手工業者らによって上演された仮装・仮面芝居；裁判や結婚など民衆の日常的な事件を風刺的に描く；靴屋の親方だったハンス・ザックス〔1494-1576〕の作品が有名）．～**stimmung** *f.* -, -en, カーニバルの（浮かれた）気分．～**trubel** *m.* -s, -, カーニバルの浮かれ騒ぎ（雑踏）．～**umzug** *m.* -[e]s, ..züge, カーニバルの仮装パレード（仮装行列）．～**veranstaltung** *f.* -, -en, カーニバルの催し．～**zug** *m.* -[e]s, ..züge, → ～umzug.

Fast・tag *m.* -[e]s, -e, 断食日，大斎日．

Fátima《固》ファティマ（ポルトガル中央部サンタレン県にある国際的な巡礼地；1917年5月13日，同地の3人の牧童に聖母*マリアが現れ*啓示を与えた；同年10月までの計6度にわたる聖母の出現は，ローマ教皇庁より*奇跡の認定を受けている）．**Fátima-Gebet** *n.* -[e]s, ファティマの祈り（ファティマにおける1917年7月13日の3回目の出現の際，聖母が子供たちに教えた短い祈り；イエスに罪のゆるしと天国への導きを祈るもので，*ロザリオの祈りに付け加えて用いられる）．

Febronianismus【< Justinus *Febronius*】*m.* -s, フェブロニウス主義（*教皇は*司教団と*公会議に従属し，*不可謬性をもたず，その*首位権は名誉的なもので*統治権はローマに限定されると主張する説で，1763年，ユスティヌス・フェブロニウスなる仮名のもと，トリーア大学副学長・補佐司教ヨハン・ニコラウス・フォン・ホントハイム〔1701-90〕が提唱した；1764年，教皇クレメンス13世〔在位1758-69〕は*禁書目録に載せたが，第1*ヴァティカン公会議まで大きな影響力をもった）．

Fege・feuer，Feg・feuer【< lat. purgatorius ignis "浄めの炎"】*n.* -s, (Purgatorium) 煉獄（*小罪を負し，また罪の完全な償いを果たさぬままに死んだ人の霊魂が，*天国に入る前に，浄化のための苦しみを受けている状態，またその場所；生きている信者は，死者のための祈り，ミサ，償いの業などによって，煉獄にある霊魂の苦しみを軽減することができるとされる；*カルヴァンなど宗教改革者は，煉獄の存在を否定した）；durch das ～ gehen《比》充実した時を過ごす；苦難を乗り越える；im ～ schmoren 煉獄の火に焼かれる．

Feier【lat."休業日"】*f.* -, -en, 祭式，典礼，祝典；die ～ der Eucharistie 感謝の典礼（ミサ中の「*ことばの典礼」に続く部分；Eucharistiefeier参照）；die ～ der Taufe 洗礼式；die ～ des heiligen Abendmahls 聖体拝領（式）；《プ》聖餐式（Abendmahl参照）．**feierlich** *adj.* 荘厳な，盛式の，あらたまった；das ～e Gelübde → das feierliche *Gelübde*；das ～e Hochamt 荘厳ミサ（Missa solemnis参照）；die ～e Profess → die feierliche *Profess*.

Feier・tag *m.* -[e]s, -e, 祝日（Fest参照；die festen ～e 固定祝日（die unbeweglichen *Fest*e参照）；die gebotenen ～e → die gebotenen *Fest*e.

Feiertags・verpflichtung *f.* -, 守るべき祝日の義務（教会の*守るべき祝日において，ミサに与り，労働を控えるという信者の義務）；CIC.

1247〕.

Feige f. -, -n, イチジク, 無花果（の木, 実；古来, 豊穣の象徴とされる；その葉についてはFeigenblatt参照；キリストがエルサレムに入った後, 季節外れで実をつけていないイチジクに呪いの言葉をかけ, その木を枯らしたという出来事〔マタ21:19, マコ11:12-21他〕は, それに続く神殿から商人を追い出した事件〔マコ11:15-17他〕と関連して, イスラエルへの神の裁き, 最後の審判を表すとされるが, 諸説がある).

Feigen=baum m. -[e]s, ..bäume, イチジクの木. **~blatt** n. -[e]s, ..blätter, イチジクの葉（古来イチジクは豊穣の象徴だが, *知恵の木の実〔絵画ではリンゴに代えてイチジクが描かれることもある〕を食べた*アダムと*エバが, 恥部を隠すのにその葉を用い〔創3：7〕, *原罪や罪深さのシンボルともなった）；sich ein ~blatt umhängen《比》覆い隠す, ごまかす.

Feld=bischof m. -s, ..bischöfe, 従軍司教（Armeebischof, Militärbischof参照). **~geistliche** m. -n, -n,《形容詞的変化》従軍司祭, 従軍牧師（Militärgeistliche参照). **~gottesdienst** m. -[e]s, -e, 陣中礼拝, 陣中ミサ. **~kaplan** m. -s, ..kapläne, 従軍司祭. **~messe** f. -, -n, → ~gottesdienst. **~prediger** m. -s, -,《古》→ ~geistliche.

Felix《固》(m.) フェリクス；~ und Regula フェリクスとレグラ（兄妹；*チューリヒの*守護聖人；*テーベ軍団の一員で虐殺の際に逃れたが, 302年頃〔以降〕チューリヒで, 従者のエクスペランティウス〔Exuperantius〕とともに断首され殉教した；図像では*首持ち聖人として表される；祝日：9月11日).

Felsen=kapelle f. -, -n, (Höhlenkapelle) 石窟礼拝堂（巨大な岩や岩壁をくりぬいて造られた礼拝堂；17世紀に建造されたシュヴェービッシュ・グミュントの石窟礼拝堂, 東ティロル, マトライのマリア・シュネー礼拝堂が知られる). **~kirche** → Höhlenkirche. **~kloster** → Höhlenkloster.

Fels・kapelle → Felsenkapelle.

Fenster=gaden → Obergaden. **~rose** → Rose 2.

Ferula【lat."杖"】f. -, -e, ①苦行用の棒（または鞭). ②司教杖, 牧杖（Hirtenstab参照）；十字杖（教皇が用いる；Kreuzstab参照).

Fest【< lat. festum】n. -[e]s, -e, 祝日（教会が, キリスト, 聖母*マリア, *使徒, *福音記者, *天使, *殉教者, *聖人などの事績を記念して定めた*典礼暦上の特別な日；*祭日に次ぐ重要度をもつ）；die abgeschafften ~ 廃止された［守るべき］祝日（それぞれの国や地域の実情にあわせ, *使徒座の承認のもとで*司教協議会によって廃止された*守るべき祝日；CIC. 1246§2）；die beweglichen ~e 移動祝日（*典礼暦上, 毎年日付の変わる祝祭日の総称；*復活祭とその日を基にして日付が決められる*主の昇天の主日, *聖霊降臨の主日, *三位一体の主日, *灰の水曜日, *聖金曜日など）；die drei hohen ~e 三祭日（*降誕祭, 復活祭, *聖霊降臨祭の3つ）；die gebotenen ~e 守るべき祝日（信者が遵守義務を有する, *主日〔日曜日〕と*典礼暦上の祝祭日で, 国や地域により異なるが, ドイツ全体では, *主の降誕〔*クリスマス；Geburt unseres Herrn Jesus Christus〕と翌26日〔Zweiter Weihnachtstag〕, 神の母聖マリアの祭日〔1月1日；Hochfest der heiligen Gottesmutter Maria〕, *復活の月曜日〔Ostermontag〕, *主の昇天〔Christi Himmelfahrt〕, *聖霊降臨の月曜日〔Pfingstmontag〕で, 他に州毎に定められた守るべき祝日がある；日本では現在, すべての主日と神の母聖マリアの祭日）；die öffentlichen ~e 一般的祝日（ローマ教会祝日表に掲載され, 全世界のカトリック教会で行われる*守るべき祝日のこと）；die unbeweglichen <unveränderlichen> ~e 固定祝日（*典礼暦上で, 毎年同じ日に行われる祝祭日の総称；*主の降誕〔12月25日〕, *主の奉献〔聖母マリア浄めの祝日；2月2日〕, 洗礼者聖*ヨハネの誕生〔6月24日〕, *諸聖人〔11月1日〕, その他の*使徒, 聖人, *天使の祝日など；プロテスタント独自のものに, *宗教改革記念祭〔10月31日〕がある).

Fest=gottesdienst m. -[e]s, -e, 祝日の礼拝. **~predigt** f. -, -en, 祝日の説教. **~tag** m. -[e]s, -e, → Fest.

Feuer・taufe f. -, -n, ①聖霊による洗礼（洗礼者*ヨハネが, 自分の行う水の洗礼に対して, キリストが授ける洗礼を「聖霊と火で」授ける洗礼と呼んだ；マタ3：11). ②《比》厳しい試練；（兵隊用語で）初陣；die ~ bestehen 試練を切り抜ける.

Fiale【gr.-lat.-it."壺"】f. -, -n, 小尖塔, ピナク

ル(engl. pinnacle；*ゴシックの教会建築で，*バットレスなどの上に，構造上の必要から，あるいは装飾的に付けられた先の尖った小塔).

Fideismus【lat.】*m.* -s, 信仰主義(a. 神の存在や*啓示などの宗教的真理は，理性ではなく，信仰のみによって認識可能であるとする反合理主義的立場．b. 狭義では，パリ大学のプロテスタント神学者ルイ＝オーギュスト・サバティエ〔1839-1901〕らが提唱した，キリスト教教義は根源的な宗教的感情の象徴化によるという説で，カトリックにも影響を与えた).

Filiale【lat."娘"】*f.* -, -n, ①支教区，支聖堂区(*小教区に帰属するが，部分的ないし全的な独立性を有する教会法上の司牧単位)．② → Filialkirche.

Filial=gemeinde *f.* -, -n, → Filiale 1．**～kirche** *f.* -, -n, 娘聖堂，支聖堂(*小教区聖堂である*母聖堂に対し，これに所属する下位の聖堂)．**～kloster** *n.* -s, ..klöster, 娘院，支院(中央集権的な修道院組織において*母院の下に位置付けられる修道院；*シトー修道院では，まずラ・フェルテ，ポンティニー，クレルヴォー，モリモンの4娘院が設立され，以降さらに各系列の娘院が西欧各地に建てられていった).

Filiation【lat.】*f.* -, -en, ①(小教区聖堂〔母聖堂〕と娘聖堂の)母子系列関係；(*シトー会などの修道院組織における母院と娘院の間の)母子関係．②(修道者の修道会*上長への)従属関係(及び，それに伴う服従義務).

Firm=alter *n.* -s, -, 堅信(を受けられる)年齢(信者は，適切な信仰教育を受け，*洗礼の約束の更新をする心構えができた段階で*堅信の秘跡を受けることができる〔CIC. 890〕；*幼児洗礼者は7-12歳が目安とされるが，特に決まった年齢はない；成人の場合は通常，洗礼の直後に堅信を受ける〔CIC. 866〕)．**～befugnis** *f.* -, -se, 堅信を授ける権能(～spender参照)．**～buch** *n.* -[e]s, ..bücher, 堅信台帳(*教区本部事務局または*小教区の；CIC. 895).

firmeln *t.* (*h*)《稀》→ firmen. **Firmelung** *f.* -, -en, 《稀》→ Firmung. **firmen**【< lat. firmare "強める，確認する"】*t.* (*h*) (或人に)堅信を授ける(授与する)．**Firmling** *m.* -s, -e, 受堅者，堅信を受ける者．

Firm=name *m.* -ns, -n, 堅信名(*幼児洗礼の場合など，堅信に際して，*洗礼名とは別に付けられた名前)．**～ort** *m.* -[e]s, -e, 堅信授与の場所．**～pate** *m.* u. *f.* -n, -n, 堅信の代親(Pate 参照)．**～patin** *f.* -, -nen, 堅信の代親(Pate Ⅱ 1 参照)．**～spender** *m.* -s, -, 堅信の執行者(通常，堅信の執行者は*司教で，権威者による権能の特別の付与により，*司祭もこれを行うことができる；CIC. 882).

Firmung *f.* -, -en, 堅信(古くは「堅振」とも；カトリック教会で行われる7つの*秘跡の1つで，すでに*洗礼を受けた者が，*聖霊の特別の働きによって洗礼の恵みを堅固なものとし，また教会との結び付きを一層強めて，信仰を証する力と義務を受けること〔使8:14-17参照〕，及び，そのための儀式：額に*聖香油を塗る*塗油と*按手によって授与される)；das Sakrament der ～ 堅信の秘跡；die ～ spenden (empfangen) 堅信を授ける(受ける).

Fisch *m.* -[e]s, -e, 魚(ギリシア語の「イエス・キリスト・神の・子・救い主」〔Iesous CHristos Theou Yios Soter〕の各語のイニシャルを組み合わせると，魚〔ICHTHYS；ΙΧΘΥΣ〕になり〔Akrostichon参照〕，初期キリスト教時代から魚はキリストのシンボルとされた；また，イエスが4人の漁師を弟子にする際に「人間をとる漁師としよう」と語ったことから〔マタ4:18-22〕魚はキリスト教徒を表すこともある)；weder ～ noch Fleisch sein 《比》海のものとも山のものとも分からない，はっきりしない(この成句表現は，*小斎を守るべき金曜日に肉食を避け魚を食べることに関連しているか，あるいは*アウクスブルク宗教和議の後，カトリックとプロテスタントいずれを信仰すべきか，領民が混乱したことに由来するとされる)．**Fischer・ring** *m.* -[e]s, -e, 漁夫の指輪(*教皇が公式文書の認証の際に，捺印するための金の指輪で，漁をする*ペトロの像と教皇名が刻印されている；新教皇が就任時に交付され，その死後は破壊される).

Flabellum【lat."扇"】*n.* -, ..bella, 聖扇，羽扇(典礼の際に，教皇の前などで捧持される大きな白い羽の扇).

Flacianer【< Matthias *Flacius* Illyricus】*m.* -s, -, 《通常複数で》フラキウス派(→ Gnesiolutheranerの別称).

Flagellant【< lat. flagellare "鞭で打つ"】*m.* -en, -en, 鞭打ち行者, 鞭打(ﾍﾞﾝﾀﾞ)苦行者(政情不安と*終末論が広まった13-14世紀に, 各地を放浪しながら, キリストの*受難を回想しつつ自らの上半身を鞭で打って苦行した異端的な人々で, イタリアからヨーロッパ中に広まった). **Flagellantentum** *n.* -s, 鞭打苦行, 鞭打ちによる贖罪.

Fleisch・werdung *f.* -, 受肉(Inkarnation参照);die ~ Christi キリストの受肉.

Floriani・jünger【< Florianus】<*bayr., östr.*>, **Florians・jünger** *m.* -s, -, 《戯》フローリアンの弟子(消防士のこと;オーストリアの*守護聖人フロリアヌス〔?-303/4頃;祝日:5月4日〕は, 幼年時1杯の桶の水で火事を消し止めたという伝説をもち, また溺死刑で殉教したことから, 消防士の守護聖人とされる).

Florilegium【lat."花摘み"】*n.* -s, ..gien, 名句集, 名言録(a. 聖書名言集:聖書の重要箇所や名文句のアンソロジー. b. 教父文集抄:初代キリスト教の*教父たちの著作などから重要な個所を体系的に抜粋して編まれた中世の書物).

Fluch・psalmen *pl.* 呪いの歌, 呪詛詩編(苦境に立っている者が, 自身〔特にイスラエル民族〕の敵に対し, 神の復讐を願う内容の*詩編;例えば, 詩58, 69, 109;中世の民間信仰で, 個人的な恨みを晴らすための魔術などに用いられた).

Flüchtling *m.* -s, -e, 避難者, 難民(身体的・精神的な危険を避けるため, 自国を逃れ出て他所に滞在することになった人々;例えば, 16-17世紀フランスからドイツなどに亡命した*ユグノー派をいう). **Flüchtlings・kloster** *n.* -s, ..klöster, 亡命〔貴族〕修道院(5世紀初頭, ガリア北東部へのゲルマン民族の侵入により, 南ガリアに逃亡した貴族たちが設立した修道院;例えば, カンヌ沖サン=トノラ島のレランス修道院;歴史学者フリードリヒ・プリンツ〔1928-2003〕の用語).

Flügel *m.* -s, -, 羽(庇護の象徴;例えば, 詩57:2〔Im Schatten deiner ~ finde ich Zuflucht, bis das Unheil vorübergeht;災いの過ぎ去るまで, あなたの翼の陰を避けどころとします〕);der ~ des Engels → Engelflügel;die ~ über jn. breiten《比》(或人を)庇護する, 匿う.

Flügel・altar *m.* -[e]s, ..altäre, 〔多〕翼祭壇, 扉式祭壇(祭壇の背後に設置された, 複数の聖画像パネルからなる飾り壁;2枚のパネルからなるもの, 中央の祭壇画は固定されて, その両脇に2枚ないし4枚の翼部が組み合わされたもの, あるいはその他の数のパネルから構成されたものがある;Diptychon, Pentaptychon, Polyptychon, Triptychon参照).

Flur=gang *m.* -[e]s, ..gänge, **~prozession** *f.* -, -en, **~umgang** *m.* -[e]s, ..gänge, 耕地回り, 耕地行列(*キリストの昇天の祝日の頃, 聖職者, 役人, 同業者組合などが, 農耕地を*祝福しながら, 村内を練り歩く祈願行列;1年に1度, それぞれの土地の所有者が境界線と所有権を確認する意味合いもあった).

Föderal・theologie *f.* -, 契約神学(神と人間の間の契約関係において*救済史の全体を捉える, プロテスタント, 特に*改革派や*長老派の神学の立場;*アダムが神との「業(ｶﾞﾝ)の契約」を破ったことから人間は堕落したが, キリストによる新しい「恵みの契約」において罪が贖われ, *永遠の命が得られるとする).

Formel・gebet *n.* -[e]s, -e, 定型の祈り(*主の祈り, *天使祝詞, *使徒信条, *栄唱など, 定型文による祈禱).

Form・geschichte *f.* -, 様式史(20世紀初頭に始まる聖書の批判的研究の1手法で, 神話, 伝説, 物語, 預言, 詩歌, 書簡, 等々, 聖書の個々の記述の背景にある文学類型を区別し, 口伝が今日ある文書の形式になるまでの過程とその特質を明らかにしようとする).

form・geschichtlich *adj.* 様式史の;die ~e Forschung (聖書の)様式史的研究.

Fra【it.】フラ(→ Frateの略).

Franken・apostel *m.* -s, -, フランケンの使徒 (Apostel der Frankenとも;*アイルランド人宣教師・司教の*キリアン〔640頃-89頃;聖人〕とその2人の従者〔司祭コロナトと助祭トトナン;ともに聖人〕のこと;キリアンはフランケンとテューリンゲンで布教を行い, *ヴュルツブルクでフランケン大公ゴツベルトを改宗させたが, 大公が自身の兄弟の未亡人ガイラナと結婚していることを非難したため, 689年頃ガイラナにより従者とともに殺害された;8世紀, 殉教地とされる場所に記念聖堂が造られ, 1060年頃同所にノイミュンスター参事会聖堂〔現ノイミュンスター教会〕

が建てられた).

- **Frankfurter** (*m.*) -s, Der 〜 フランクフルター (→ Theologia deutschの別称; 著者がフランクフルト近郊ザクセンハウゼンの出身とされたことから).

- **franko-flämische Schule** *f.* die 〜〜 フランドル楽派 (15世紀後半から16世紀, フランドル地方を中心に活動した作曲家の総称; 対位法を駆使したポリフォニー技法によりルネサンス様式を完成させ, 16世紀に入るとヨーロッパ各地の教会や宮廷で主導的役割を果たした).

- **Franz** 《固》(*m.*) 〜 von Assisi【it. Francesco d'Assisi】アッシジのフランチェスコ (フランシスコとも; 1181/2-1226; 聖人; イタリア中部ウンブリアのアッシジに裕福な織物商人の子〔本名ジョヴァンニ・ベルナルドーネ〕として生まれ, 放縦な生活を送っていたが, 捕虜や重病などの体験を経て1205年頃に*回心し; 世俗を棄て, *清貧, 無所有と病者の介護などキリストの模倣に専念し, また巡回説教を行う; 次第に追随者を得て, 1208年頃に修道規則を作り*フランシスコ会を設立した; 神と被造物〔自然〕への純粋な愛と, 信仰及び修道生活の改革によって, 中世期の教会や社会に多大な影響を与えた; 1224年ラ・ヴァルナ山で手足と脇腹に*聖痕を受けたと伝えられる; 1228年, 死後2年を経ずして*列聖された). **Franziskaner** *m.* -s, -, **Franziskaner・bruder** *m.* -s, ..brüder, フランシスコ会〔修道〕士. **Franziskanerin** *f.* -, -nen, 《通常複数で》フランシスコ修道女会 (アッシジのフランチェスコとクララ〔イタリア名キアーラ; 1194-1253〕に倣い, 清貧, *貞潔, *従順の*単式誓願を立て, 会則やその活動において, 3つのフランシスコ会のいずれか, または聖*クララ会〔フランシスコ会*第二会〕と連繋している女子修道会の総称).

- **Franziskaner=kloster** *n.* -s, ..klöster, フランシスコ会修道院. **〜mönch** *m.* -[e]s, -e, → Franziskaner. **〜nonne** *f.* -, -n, → Franziskanerin. **〜orden** *m.* -s, フランシスコ会 (アッシジの*フランチェスコが創設した*托鉢修道会で, 1209年教皇イノケンティウス3世〔在位1198-1216〕により口頭で, 1223年ホノリウス3世〔在位1216-27〕によって文書で認可された; 当初「小さき兄弟会」の名で, *清貧, 巡回説教, 労働, 托鉢などを特徴としていたが, 会員数が急増し修道院が設立されると, 清貧の実践や会則の解釈などをめぐって内部分裂が生じ, 1226年フランチェスコの死後に対立が顕在化した; 厳格主義の*スピリトゥアル派は14世紀前半に衰退したが, その流れから*フラティチェリ, *オブセルヴァント〔*原始会則派〕, *カプチン会などが生じた; 一方で会則緩和派は, *コンヴェンツァル会として1415年部分的に, 1517年完全に独立した; その後も諸会派が生滅を繰り返したが, 1897年教皇レオ13世〔在位1878-1903〕のもとで, 当時並立していた4つの会派が「小さき兄弟会」〔Ordo Fratrum Minorum, 略: OFM; dt. Minderbrüder〕として再統合された; 現在は「小さき兄弟会」の他に, *コンヴェンツァル聖フランシスコ修道会, *カプチン・フランシスコ修道会の3つのフランシスコ会がある; 在俗のまま聖フランチェスコに倣って福音的生活を営む一般信徒の会〔*第三会; 1221年設立〕は「在世フランシスコ会」と呼ばれる). **〜regel** *f.* -, フランシスコの戒律 (アッシジのフランチェスコが修道会設立にあたって, 個人及び共同体の一切の所有権の放棄〔清貧の遵守〕, 回心, 説教, 労働, 托鉢の生活などを定めた生活規則; 1209年教皇イノケンティウス3世〔在位1198-1216〕が口頭で, 23年ホノリウス3世〔在位1216-27〕が文書をもって認可した;「第二会則」は, 1221年頃からフランチェスコが執筆し, 23年総会で認証されたもので, 全12章からなり, 修道生活及び修道組織を規定する).

- **franziskanisch** *adj.* フランシスコ会の; 〜e Gemeinschaft 在世フランシスコ会 (フランシスコ*第三会〔Franzikanerorden参照〕; なおドイツ語表記のFranziskanische Gemeinschaftは旧称で, 現在の正式名称はOrdo Franciscanus Saecularis Deutschland); 〜er regulierter Dritter Orden フランシスコ律修第三会 (在俗のフランシスコ*第三会〔在世フランシスコ会〕とは異なり, 会員は*盛式誓願を立て修道院で隠修共同生活を行う; 男子のフランシスコ律修第三会は13世紀半ば, 女子は16世紀以来の歴史をもつ; 正式名称はTertius Ordo Regularis Sanctii Francisci). **Franziskus** → Franz (it. Francescoのラテン語形によるドイツ語表記).

- **Frate**【lat.-it.】*m.* -, ..ti, フラーテ (イタリアの

修道士の称号，または呼びかけに用いる；特に母音で始まる名前の前で；例: Frate Elia）．

Frater【lat."兄弟"】*m.* -s, Fratres, ①修道士；(*司祭の*叙階を受けていない)神学生．② → Laienbruder. **Frater・herren [vom gemeinsamen Leben]** *pl.* → Brüder vom gemeinsamen Leben. **Fraternität**【lat.】*f.* -, -en, ①(単数で) 兄弟愛(Nächstenliebe参照)．② → Bruderschaft 1．

Fraticellen【lat."小さき兄弟たち"】*pl.* フラティチェリ(14-15世紀後半のフランシスコ会の厳格主義〔*スピリトゥアル派〕の分派で，極端な*清貧を追求し，会則の一切の緩和に反対して教皇とも対立したため，*異端として排斥された)．

Fratres *pl.* → Frater（の複数形）． **Fratres minores**【lat."小さき兄弟"】*pl.* フランシスコ[修道]会士(Franziskaner参照)．

Frau *f.* -, -en, (Klosterfrau, Ordensfrau) 修道女(*ベネディクト会，*シトー会などの)；Unsere Liebe ～ 聖母マリア(の呼称)；die Kirche Unserer Lieben ～[en] 聖母[マリア]教会(なおFrau*en*は，Frauの単数2格の古形)．

Frauen=dreißiger *m.* -s, 聖母三十日(*聖母被昇天〔8月15日〕からマリアのみ名〔9月12日〕までの期間；ドイツ語圏，特にバイエルン，ティロル地方のカトリック信徒にとって，聖母マリアの祝福に満ちた重要な期間とされる；ゲルマンの言い伝えでは，その間に採取された薬草は通常の3倍の効果があるとされ，薬草にまつわる様々な習俗が行われる)．～**kirche** *f.* -, -n, 聖母教会，フラウエン教会(聖母*マリアに奉献された〔特にドイツ各地の〕教会堂；例えば，ミュンヘン〔1468-88年に建造された後期*ゴシック様式の2つの塔をもつ大聖堂〕，ニュルンベルク〔神聖ローマ帝国皇帝カール4世の命により*金印勅書の公布を記念して建設されたゴシック様式の教会堂〕，ドレスデン〔1726-43年に建設された*バロック様式の教会堂；1945年2月のドレスデン爆撃で倒壊したが，東西ドイツ統一後の1993年に再建が始まり2005年に完成；現在はザクセン福音ルター派州教会に属する〕が有名)．～**kloster** *n.* -s, ..klöster, 女子修道院．～**orden** *m.* -s, -, (Schwesternorden) 女子修道会(*修道誓願を立て，固有の戒律〔会則〕に従って共同生活を営む修道女の団体；Orden参照)．～**seel・sorge** *f.* -, -n, 婦人司牧(特に女性を対象に，キリスト教信仰の深化を促し，様々な問題について精神的社会的支援を行うこと；またその目的で*司教区などに設置されている相互扶助的な組織)．～**stift** *n.* -[e]s, -e *u.* -er, ①(修道院内に設置された，特に貴族の独身の)女性用老人養護施設，(婦人のための)老人ホーム．②共唱祈禱修道会(*終生誓願を立てず共住生活を営む〔中世においては特に貴族の〕女性たちの修道会；Chorfrau参照)．～**tag** *m.* -[e]s, -e, 聖母[マリア]の祝日(聖母マリアを記念する祝日；Marienfest参照)．

frei *adj.* 自由な，空いている；～e Evangelische Gemeinden *pl.* 自由福音教会(1854年ヴッパータールで，ヘルマン・ハインリヒ・グラーフェ〔1818-80〕が設立した教会が基となって作られた*自由教会の連合体；あらゆる国家的権威や既成の教会制度からの自由と*福音主義を唱える；日本では，日本福音自由教会と称する)． **Frei・kirche** *f.* -, -n, 自由教会(国家ないし*国教会の組織や教義から独立し，個々人の信仰の自由を尊重しつつ，それ自身の権威によって運営されるプロテスタントの諸教会・教派；*バプテスト教会，*メソジスト教会，*クエーカー，*福音〔ルター派〕教会，*長老派教会，*会衆派教会，等々で，特に19世紀以降アメリカで発達した)．

Freimauer【engl."自由な(?)石工"】*m.* -s, -, フリーメイソン(*フリーメイソンリーの会員)． **Freimauerei**【engl. Freemasonry】*f.* -, フリーメイソンリー(18世紀初頭のロンドンで，おそらく中世の石工組合を起源として組織された国際的団体〔本来「フリーメーソン」とは個々の会員をいう〕；友愛，寛容，互助などを標榜し，独特な入会儀礼と徒弟・職人・親方の3つの階位をもつ；思想的政治的寛容を謳うため，特定の*信条はない；18世紀以来カトリックと対立し，1917年の旧*教会法では反教会的結社として会員は*破門の対象だったが，その後，教会法上の禁止規定はなくなり，宥和が進んでいる)．

frei・religiös *adj.* 自由宗教の；die ～e Bewegung 自由宗教運動(19世紀半ばドイツに興った，既存の教会組織や*信条から離れ，人間精神の完全な自由，宗教における理性の働きの強調，あらゆる宗教に対する寛容を主

Freitag 張した信仰刷新の運動）；Bund ～er Gemeinde Deutschland ドイツ自由宗教団連盟（1859年ゴータで設立された自由宗教運動の上部機構；現在の名称は，Bund freier religiöser Gemeinden Deutschlands；略: BFGD）.

Freitag【原義"女神Freyjaの日"；< lat. Veneris dies "ヴィーナスの日"】*m.* -[e]s, -e, 金曜日；Erster ～ 初金曜日（毎月の第1金曜日における信心業；イエスの*出現を体験したマルグリット・マリー・アラコック〔1647-90；聖人〕が，月の最初の金曜日にミサに与ることによって"*イエスの聖心"に受け入れられると語ったことに由来する）；Stiller ～ 沈黙の金曜日（→ Karfreitagの別称）.

Freuden Mariens *pl.* → die [Sieben] Freuden Mariens.

Freunde *pl.* die [religiöse] Gesellschaft der ～ キリスト友(ゆう)会, フレンド会（Quäker参照）.

Friede・fürst *m.* -en, -en, 《古》→ Friedensfürst；Du ～, Herr Jesu Christ「汝，平和の君，主イエス・キリスト」(J. S. *バッハの*カンタータ〔BWV. 116；1724年作曲〕の冒頭句，及びその作品名）.

Friedens=engel *m.* -s, -, 平和の天使（棕櫚の枝を手にした天使で，平和の象徴；及びその図像・彫像）. ～**fürst** *m.* -en, 平和の君（キリストのこと；イザ9:5に基づく）. ～**gebet** *n.* -[e]s, -e, 平和の祈り（ミサ中の*交わりの儀で，*聖体拝領の準備として行われる，教会における平和と一致を願う祈り）. ～**gruß** *m.* -es, ..grüße, 平和のあいさつ（a. ミサ中の*交わりの儀で，司祭と会衆，また会衆同士で交わされる和解のあいさつ；その仕方は各地域の習慣に従って定められているが，ドイツでは „Der Friede des Herrn sei immer mit dir."〔主の平和がいつもあなたとともにありますように〕— "Amen." あるいは „Der Friede sei mit dir."〔平和があなたとともにありますように〕— „Auch mit dir."〔ご同様に〕などと言い交わしながら近くにいる人たちと握手をし，日本では「主の平和」と唱えて相互に一礼する；ヨハ14:27参照. b. ～gruß des heiligen Franziskus「聖フランチェスコの平和の祈り」；「主よ，わたしをあなたの平和の道具としてください」〔Herr, mach mich zu einem Werkzeug Deines Friedens〕で始まる祈祷文；1912年フランスのカトリック団体の雑誌に匿名で発表された のが最初で，1927年頃からアッシジの*フランチェスコの名が冠されるようになったが，その由来に根拠はない）. ～**königin**【lat. Regina pacis】*f.* -, 平和の元后(げんこう)（聖母マリアの呼称；*ロレトの連禱中の呼びかけの1つ）. ～**kuss**（～**kuß**）*m.* ..kusses, ..küsse, 平和の接吻（a.*平和のあいさつの1方式；特に初代教会における〔1ペト5:14参照〕；最初に司式者と補佐役の間で，続いて同性の会衆間で取り交わされた. b.*カタリ派の儀礼の1つ）. ～**prinz** *m.* -en, 平和の君（キリストのこと；→ ～fürstと同じ）.

Fried・hof【原義"囲まれた地所"】*m.* -[e]s, ..höfe, 墓地（Kirchhof参照；CIC. 1240-43参照）.

Friedhofs=kapelle *f.* -, -n, 墓地内礼拝堂. ～**weihe** *f.* -, 墓地の*祝別（式）(CIC. 1208参照）.

Fries【lat.-fr.】*m.* -es, -e, フリーズ（古代，中世の教会その他の建築で，彫刻などが施された壁面上部の帯状装飾）.

Froh・botschaft *f.* -, 《雅》→ Evangelium.

Fröhlichianer【< Samuel Heinrich *Fröhlich*（同派の創始者）】*m.* -s, -, 《通常複数で》フレーリヒ派（使徒キリスト教会〔→ Gemeinschaft Evangelischer *Taufgesinnter*〕の別称）.

fromm【原義"有用（有能）な"】*adj.* 敬虔な, 信心深い；信心ぶった；おとなしい；善良な；der ～e 信心深い男；Ludwig der ～e 敬虔王ルートヴィヒ（ルートヴィヒ1世〔778-840〕の異称；*カール大帝の第3子で，その死後，フランク王国カロリング朝を継ぎ，また西ローマ帝国皇帝〔在位814-40〕となった）；ein ～er Christ (Mensch) 敬虔なキリスト教徒（人）；der ～e Gott 正しい神（詩25:8による）；～e Lieder 聖歌, 賛美歌.

Frömmelei *f.* -en, -, 信心ぶること. **frömmeln** *i.* (h) 信心ぶる. **frömmelnd** *p.a.* 信心ぶった, 見かけだけの；eine ～e Heuchelei 偽善.

Frömmigkeit *f.* -, ① (Andacht, Devotion) 敬虔（神に対する賛美と絶対的依存・献身，及びその表現として礼拝や*信心業を行うこと；Schleiermacherの項を参照）；信心, 信仰心. ② (Pietät) 敬神徳（万物の創造主, 救世主である神を崇敬し, 愛と*礼拝を通してそれを表す徳）；孝愛（*聖霊の賜物の1つ；神や教会に対して崇敬の念を抱くこと）. **Frömmig-**

keits・übung *f.* -, -en, 信心業(Andachtsübung参照).

Fron=altar *m.* -s, ..altäre, 《古》→ Hochaltar. **～amt** *n.* -[e]s, ..ämter, → Hochamt.

Fron・leichnam【原義"主の身体"】*m.* -[e]s, 《通常無冠詞で》[キリストの]聖体の祭日(*聖体の秘跡に献げられる祭日で, 全教会で*守るべき祝日の1つ〔CIC. 1246§1〕; 伝統的には*三位一体の主日の次の木曜日だが, 日本のように, その次の日曜日に行うこともできる).

Fron・leichnams=fest *n.* -[e]s, -e, → Fronleichnam. **～prozession** *f.* -, -en, (Sakramentsprozession) 聖体行列(*聖体の祭日などに, 聖体に対する崇敬の公の証として, 聖体を収めた*聖体顕示台を奉じて, 屋外で行われる*行列; CIC. 944). **～tag** *m.* -[e]s, -e, → Fronleichnam.

Frontale【lat.】*n.* -[s], ..lien, 祭壇前飾り(Antependium参照).

Frucht *f.* -, Früchte, 果実; die Früchte des Heiligen Geistes 聖霊の実(*聖霊の導きによって得られる*恩恵; カトリックでは伝統的に, 以下の12が挙げられている; 愛〔Liebe〕, 喜び〔Freude〕, 平和〔Friede〕, 忍耐〔Geduld〕, 親切〔Freundlichkeit〕, 善意〔Güte〕, 寛容〔Langmut〕, 柔和〔Sanftmut〕, 誠実〔Treue〕, 謙遜〔Demut〕, 節制〔Enthaltsamkeit〕, 貞潔〔Keuschheit〕; ガラ5:22-23参照); die verbotenen Früchte 禁断の木の実(神から食べることを禁じられていた → der *Baum* der Erkenntnisの実).

früh=christlich *adj.* 初期キリスト教(一般に, 2世紀半ばから4世紀半ば*コンスタンティヌス大帝の治下までの期間を指すが, 芸術に関して6世紀のユスティニアヌス1世〔在位527-65〕の時期までをいうこともある; urchristlich参照)の; die ～christliche Kunst 初期キリスト教芸術. **～gebet** *n.* -[e]s, -e, → Morgengebet. **～gottesdienst** *m.* -[e]s, -e, 早朝礼拝; (特に:)日曜日第1礼拝. **～katholizismus** *m.* -, 初期カトリシズム(一般に, 2世紀半ばから3-4世紀までの, *位階制など教会の組織化が進行しつつあった時期のキリスト教をいう).

Frühlings・quatember *m.* -s, -, 《通常複数で》春の斎日(Quatember参照).

Früh=messe *f.* -, -n, **～mette** *f.* -, -n, 早朝ミサ; 《プ》早朝聖餐式.

Führung *f.* -, -en, 指導, 導き; die ～ durch den Heiligen Geist 聖霊の導き; die geistliche ～ 霊的指導.

Fundamental・artikel *m.* -s, -, 《プ》基礎信条, 根本信条(17世紀, プロテスタント内部で教義に様々な違いが生じたことから, *ルター派正統主義において, 救済を得るために最も本質的とされる*信仰箇条を基準化したもの). **Fundamentalismus** *m.* -, 《プ》根本主義, ファンダメンタリズム(イギリス及びアメリカで19世紀から20世紀初頭にかけて, プロテスタント教会内の自由主義的傾向を排し, 聖書の無謬性を強調した保守的*福音主義の運動). **Fundamentalist** *m.* -en, -en, 根本主義者, ファンダメンタリスト. **fundamentalistisch** *adj.* 根本主義の, ファンダメンタリズムの. **Fundamental・theologie** *f.* -, 基礎神学(*啓示と信仰の学としての神学の体系に, 学問的基礎付けを行うカトリック神学の1部門; 護教的機能をもつことから*護教論と同一視されることもある).

Fundation【lat."基盤作り"】*f.* -, -en, (教会への)寄付[金]; die fromme ～ 寄進.

fünf Solas *pl.* → die fünf *Solas*.

fünfundneunzig Thesen *pl.* → die fünfundneunzig *Thesen*.

Fürbitte *f.* -, -n, ① (Rogation) 代願, 代祷(すべての, ないしは特定の生者や死者のため, 聖母*マリア, *天使, *聖人などに神への「執り成し」を求める祈り). ②《複数で》共同祈願(ミサ中の「*ことばの典礼」の締めくくり, あるいはその他の教会の祈りの機会に, 会衆一同が, 全教会とすべての人々のため, また困難に苦しむ人々や各々の共同体のために, 神に救いを嘆願する祈り; 通常, 先唱者の祈りに続いて, 会衆が答唱句を唱える; das allgemeine *Gebet*参照). **Fürbitt[en]・gebet** *n.* -[e]s, -e, → Fürbitte. **Fürbitter** *m.* -s, -, **Fürbitterin** *f.* -, -nen, 《古》代願者, 代祷者.

Fürst=abt *m.* -[e]s, ..äbte, 領主大修道院長(*神聖ローマ帝国において, *寄進などによって得た領地と農奴に対して, 帝国諸侯として世俗的な統治権を行使した*大修道院長). **～bischof** *m.* -s, ..bischöfe, 領主司教(a.*神聖ローマ帝国の帝国諸侯を兼ねていた*司教; 通常の場合, その世俗的な支配権の及ぶ領域は*司

教区と等しい．b. オーストリアで，1740年以前に設置された管区の司教または大司教に対する名誉称号）．**～bistum** *n.* -s, ..tümer, 領主司教区．

Fürstentümer【< lat. Angeli principatus】*pl.* 権天使（「支配」とも；*天使の歌隊における第3階級の1に位置する天使たち；国や都市の指導者を守護するとされる；コロ1:16）．

Fürst=erzbischof *m.* -s, ..bischöfe, 領主大司教（*神聖ローマ帝国の帝国諸侯を兼ねていた*大司教；ケルン，マインツ，トリーアの3領主大司教は，1356年カール4世の*金印勅書により選帝侯にも任ぜられた）．**～erzbistum** *n.* -s, ..tümer, 領主大司教区（ケルン，マインツ，トリーアの他，ザルツブルクなどがある；1806年の*神聖ローマ帝国の崩壊をもって廃止されたが，ザルツブルク領主大司教区は1951年まで存続した）．**～primas** *m.* -, 領主首席大司教（ライン同盟〔1806-13〕に属する諸侯の首位；その発足に際してはナポレオン〔1764-1821〕によって，マインツ大司教・選帝侯で*神聖ローマ帝国最後の宰相だったカール・テオドール・フォン・ダールベルク〔1744-1817〕が任命された）．

Fuß=kuss（～kuß）【< lat. osculatio pedum】*m.* ..kusses, ..küsse, 足への接吻（畏敬や恭順の表現として，例えば皇帝，諸侯，*枢機卿が，*教皇の足にキスをすること）．**～waschung** *f.* -, -en, 洗足（式）(*最後の晩餐で，イエスが他者に仕える態度の模範として，たらいの水で弟子たちの足を洗い，自身の腰の手ぬぐいで拭いたこと〔ヨハ13:4-17〕；及び，それを記念して行われる*聖木曜日の儀式；Mandatum参照）．

G

Gabe【< geben】*f.* -, -n,《雅》(Geschenk) ① 賜物，贈り物；天分，（天与の）才能；die ～n des Heiligen Geistes 聖霊の賜物（人が神の呼びかけに応えることができるよう，*聖霊によって賦与される恒久的な心構え；伝統的に，上智〔Weisheit〕，聡明〔Einsicht〕，賢慮〔Rat〕，勇気〔Stärke〕，知識〔Erkenntnis〕，孝愛〔Frömmigkeit〕，主への敬畏〔Gottesfurcht〕の7つ）；die ～ der Tränen 涙の賜物（a. 罪によって，神の救いの恵みを拒絶する結果となることに心を痛め，涙を流すこと；例えば，イエスが*エルサレムのために流した涙；ルカ19:41．b. 救いに至るための悔悛の涙；例えば，*ペトロがイエスを裏切ったことを悔やんで流した涙；マタ26:75）；die außernatürlichen <übernatürlichen> ～n 超自然的賜物（神から人に特別に与えられ，この世で神に奉仕するために永続的な助けとなる超自然的な備え；例えば，癒し，*奇跡，*預言）．② (信徒から教会への) 奉納（金）；喜捨，施し物；eine milde ～ spenden（貧者などに）施しをする．

Gaben=bereitung *f.* -, -en, (Offertorium) 奉納（ミサ中の「*感謝の典礼」で，パンとぶどう酒を*いけにえとして供える用意をし，また*献金その他の奉納物を祭壇に供えること；*ローマ・ミサ典礼書の「供えものの準備」〔Bereitung der Opfergabe〕の部分をいう）．**～gebet** *n.* -[e]s, -e, (Opfergebet) 奉納祈願（ミサ中の「*感謝の典礼」で，供えものの奉献が終わった後に，それが神に受け入れられることを願う沈黙の祈り；その後で，*奉献文が唱えられる）．

Gabriel【hebr."神の人"*od.* "神はわが勇士"】《固》(*m.*) ガブリエル（*大天使の1人で神の使者；*ダニエル書では*メシア到来までの「七十週」について語り〔ダニ9:21-27〕，*ルカによる福音書では，ザカリアに，その妻*エリサベトが洗礼者*ヨハネを産むことを〔ルカ1:5-20〕，そしてマリアに対しては，*聖霊によって身籠もり*救世主イエスを産むことを告げた〔*受胎告知；ルカ1:26-38〕；このため「*お告げの天使」とも呼ばれる；祝日：9月29日）．

Gaden → Obergaden

Galater・brief *m.* -[e]s, ガラテヤの信徒への手紙（「ガラテヤ人（ﾋﾞﾄ）への手紙」とも；新約聖書の*パウロ書簡の1つで，後54/5年頃，小アジア中央部ガラテヤ地方〔Galatien〕の諸教会に宛てて書かれた；パウロが説く*福音の真正さと自身の*使徒職の正当性を論証し，*割礼の遵守などユダヤの律法とキリス

トの福音との関係を明らかにすることで，信仰による*義認とキリスト者の自由，*隣人愛の実践について論じる）．

Galiläa【hebr.“(異邦人の)地域”】《固》ガリラヤ（パレスチナ北部の地方名；イエスが少年期を過ごした*ナザレ，初めて奇跡を行った*カナ，弟子たちを召命し，舟からの説教や奇跡を行ったガリラヤ湖は同地方にあり，彼の宣教活動の舞台となった；また*復活して弟子たちに姿を現したのもガリラヤとされる）．**Galiläer** *m.* -s, -, ガリラヤ人 (⁈) (a. ガリラヤ出身の人，b. イエス・キリストのこと，c. ガリラヤのキリスト教徒)；Judas der ～ ガリラヤのユダ（後6年，課税のための戸籍調査をきっかけに，ローマ帝国に対して反乱を起こした；使5:37）．

gallikanisch【fr. gallican；< lat. Gallia “フランス（の古名）”】*adj.* ガリア主義の，ガリカニズムの（一般に，ローマ的でないことの謂い）；der ～e Gesang ガリア聖歌（8世紀半ばに*グレゴリオ聖歌が成立するまで，4世紀頃からフランス〔南フランス，リモージュのサン・マルシャル修道院など〕で用いられていた典礼音楽）；die ～e Kirche ガリア教会（ローマ教皇と一定の距離を置こうとした，中世以来のフランス・カトリック教会の別称）；die ～e Liturgie ガリア〔式〕典礼（狭義では，8世紀後半，ピピン3世と*カール大帝がフランク王国で*ローマ式典礼を採用するまで，6世紀以来ガリア地方で用いられていた典礼様式；また広く，*ミラノ式典礼，*モサラベ式典礼〔スペイン〕，*ケルト式典礼〔イギリス〕，そして狭義のガリア式典礼を含む，非ローマ式典礼の総称として用いられる場合もある）．**Gallikanismus** *m.* -, ガリア主義，ガリカニズム（15世紀初めから18世紀末までのフランス・カトリック教会〔ガリア教会〕の宗教的・政治的立場；世俗事項におけるフランス国王の教会からの自由，*公会議の*教皇に対する優位，教皇の不可謬的権威の制限，ガリア教会の自主権の主張などを内容とする）．

Gallion・inschrift *f.* -, ガリオン碑文（20世紀初頭デルフォイで発見されたギリシア語の断片的碑文；アカイア総督のガリオン〔使18:12-17〕にローマ皇帝クラウディウス〔在位41-54〕が宛てた書簡で，これにより使徒*パウロのコリントでの活動時期が，51-52年であることが確定された）．

gallisch *adj.* ガリア（古代ローマ時代，*ケルト人が居住していた地域〔現在のフランス全土とその周辺〕及び住民の，ローマ人による呼称）の；die ～e Liturgie → die *gallikanische* Liturgie；das ～e Mönchtum → das gallische *Mönchtum*.

Gallus《固》(*m.*) ガルス（550頃-645頃；聖人；*アイルランド人宣教者で，師の聖*コルンバヌスとともに*ガリアでの布教に従事したが，その後，ボーデン湖畔のブレゲンツで隠修生活を送った；*ザンクト・ガレン修道院の礎を作ったとされる；祝日：10月16日）．

Gamaliel【hebr.“神の報い”】《固》(*m.*) ガマリエル（*ファリサイ派の著名な律法学者で，*回心前の使徒*パウロの師〔使22:3〕；*最高法院の議員を務め，大祭司らが*使徒たちを殺そうとしたときに，彼らを弁護し，釈放させた〔使5:34-40〕）．

Ganz・inspiration *f.* -, 十全霊感，完全霊感（聖書に記されている一切は，信仰や救済に関する部分のみならず，歴史学的ないし科学的に解釈されうる箇所を含め，*聖霊の作用のもとで記述された神の言葉，*啓示であるということ；2テモ3:16参照）．

Gär[be]・kammer → Gerbekammer．

Gast・freundschaft *f.* -, 歓待（客をもてなす親切さのこと；キリストが示した，救いに至る条件の1つ；マタ25:35-36）．

Gaudete【lat.“喜べ！”】《無冠詞；不変化》①ガウデーテ〈ガウデテ〉〔の主日〕，喜びの主日（*待降節の第3の主日；名称は，当日のラテン語*入祭文の冒頭語 „Gaudete in Domino semper"〔主において常に喜びなさい；*Freuet euch allezeit im Herrn*／フィリ4:4〕にちなむ；償いと節制が緩和され，また典礼色は，待降節で通常用いられる紫ではなく〔*レターレの主日とともに〕バラ色が認められている；オルガンの演奏や祭壇の花の飾りも許される）．②ガウデーテ（16世紀以来のクリスマスの聖歌 „Gaudete, Christus est natus / ex Maria virgine, gaudete!"〔Freut euch, Christus ist geboren / von der Jungfrau Maria, *freut euch*！；喜べ，キリストはお生まれになった／処女マリアから，喜べ〕の略称）．

Gebenedeite *f.* -n,《形容詞的変化》祝福され

た処女(ほとり)(聖母マリアのこと；benedeien参照).

Gebet *n.* -[e]s, -e, 祈り, 祈禱(神に心を向けること；特に, イエス・キリストを通し, *聖霊の導きによって, 個人的に, また共同体として, 神に語りかけること)；das ～ der Einfachheit 単純性の祈り(推理的思考を排して自らを神に委ね, 愛を込めて神を見つめる内的な祈り)；das ～ des Herrn 主の祈り(Vaterunser参照)；das ～ der Kirche 教会の祈り(聖務日課の現在の名称；Stundengebet参照)；das ～ für die Toten <Verstorbenen> 死者のための祈り；das allgemeine ～ 普遍的な祈り(*共同祈願のこと)；das betrachtende ～ 黙想(Meditation参照)；das gemeinsame ～ 共同祈願(Fürbitte 2参照)；das innere <innerliche> ～【< lat. Oratio mentalis】念禱(*黙想または*観想の形で行われる内面的な祈り, 沈黙の祈り；言葉を口に出して祈る「*口禱」に対して)；das mündliche ～ → das *mündliche* Gebet；das öffentliche ～ 公的祈禱(教会が制定した祈祷文を用いた祈り)；das stille ～ 沈黙の祈り(das innere ～ 参照)；das tägliche ～ (毎日, 朝晩に唱えられる)日常の祈り, 日々の祈り；das Vierzigstündige ～ 四十時間の祈り〈信心〉(十字架刑の後, キリストの身体が40時間墓に横たわっていたとされることから, 40時間にわたり*聖体を顕示し, これに祈りを献げる16世紀初め以来の祈りの形式；特に*カーニバルの期間に*贖罪のための*信心業として行われる；*聖木曜日の夜から*復活祭前夜までの40時間聖体を安置する*聖週間の習慣に由来する)；ein ～ sprechen <verrichten> 祈りを唱える；jn. [scharf] ins ～ nehmen《話》(或人に)厳しく注意する, (或人を)厳しく叱る(なじる).

Gebet=buch *n.* -[e]s, ..bücher, 祈禱書(教会公認の祈りを収めた本；一般には, 個人ないし共同体で用いるものをいうが, 広義では典礼書や*聖務日課書も含む)；des Teufels ～buch《戯》トランプ. ～**läuten** *n.* -s, <*östr.*> 祈禱の鐘の音(→ Angelusläutenと同じ). ～**sammlung** *f.* -, -en, 祈禱集.

Gebets=apostolat【fr. L'Apostolat de la Prière】*n.* -[e]s, 祈禱の使徒会(1844年, *イエズス会士フランソワ=グザヴィエ・ゴートルレ〔1807-86〕が, 「*イエスの聖心」への信心を推進するため, フランス, ヴァルスの神学校で始めた活動を端緒とし, その後フランス全土に広まった*信心会). ～**fabrik** *f.* -, -en, 《戯》祈禱工場(a. 殺風景で飾り気のない近現代的な作りの教会建築. b. 多人数によって〔しばしば, 心が籠もっていない〕祈りの文句が唱えられ, 騒音のようになっている状態). ～**formel** *n.* -, -n, 祈りの定型, 定型の祈り(Formelgebet参照). ～**glocke** *f.* -, -n, 祈禱の(時間を知らせる)鐘の音(朝昼晩に教会で鳴らす；Angelusläuten参照). ～**verbrüderung** *f.* -, -en, 祈禱兄弟〔団〕盟約(中世において, 複数の修道院の間で結ばれた祈禱契約で, それぞれの修道院の名簿, 特に*物故者名簿を交換し, そこに記載されている者〔特に*煉獄にある死者〕のため互いに祈りを献げたこと；また, *クリュニー修道院に見られるように, 修道院に対して*寄進をした俗人が, 修道士と兄弟の契りを結び, 自身と一族の魂の救済のため, *執り成しの祈りを求めたこと). ～**versammlung** *f.* -, -en, (共同の祈りのための)祈禱集会. ～**woche** *f.* -, -n, 祈禱週間(例えば, カトリックとプロテスタント諸派が共同して毎年開催する「キリスト教一致祈禱週間」〔～woche für die Einheit der Christen〕).

Gebiets・abtei *f.* -, -en, 大修道院区(特別な事情により, *司教区から分離独立して, その地の信徒と聖職者の司牧と統治が, *大修道院長に委ねられている*教会管区；CIC. 370).

Gebot【< [ge]bieten】*n.* -[e]s, -e, 掟(おきて), 戒律(a. 神が人間に与えた戒め；特に, *十戒と, イエスが定めた神への愛と*隣人に対する愛〔*「新しい掟」；マタ22:36-40〕のこと. b. die ～e der Kirche)；die ～e der Kirche 教会の掟(カトリック*カテキズム〔1997年〕では, 以下の5つを信徒にとって不可欠な教会の掟としている；主日と教会の*祝祭日を守り, その日にミサに与ること, 少なくとも1年に1度は*ゆるしの秘跡を受けること, 少なくとも*復活節の間に*聖体の秘跡を受けること, 教会が定めた日に*大斎と*小斎を守ること, 応分の教会維持費を負担すること)；das neue ～ 新しい掟(イエスが弟子たちに命じた「わたしがあなたがたを愛したように, あなたがたも互いに愛し合いなさい.」〔Liebt einander! Wie ich euch geliebt habe, so sollt auch ihr einander lieben.；ヨハ13:34〕という*隣人愛の掟)；die Zehn ～e 十戒(じっかい)(神〔*ヤハウェ〕

が*シナイ山で*モーセを通して*イスラエルに啓示し，神自身によって2枚の石盤に刻まれた10箇条の戒め〔出20：1-17, 申5：6-22〕；それぞれの戒めの区切りには諸説があるが，*申命記及びカトリックのカテキズムによれば以下のとおり：(1)わたしのほかに神があってはならない〔また，*偶像崇拝の禁止；申5：8〕，(2)あなたの神，主の名をみだりに唱えてはならない〔5：11〕，(3)主の日〔*安息日〕を心に留め，これを聖とせよ〔5：12-15〕，(4)あなたの父母を敬え〔5：16〕，(5)殺してはならない〔5：17〕，(6)姦淫してはならない〔5：18〕，(7)盗んではならない〔5：19〕，(8)隣人に関して偽証してはならない〔5：20〕，(9)隣人の妻を欲してはならない〔5：21〕，(10)隣人の財産を欲してはならない〔5：21〕；神と*イスラエル，及び人間相互の関係を定めたもので，キリストは*山上の説教でこれを確認し再規定するとともに，神及び隣人に対する愛と要約した〔マコ12:28-34〕）；jm die zehn ～ e ins Gesicht schreiben《比》(或人の)横面を張る，平手打ちを食らわせる(十戒を数え上げるのに10本の指が必要なことから)；Er versteht sich aufs elfte ～.《戯》彼は第11戒をよく心得ている(十戒をもじった11個目の処世訓〔例えば，捕まるな，余計なことは言うな，等々〕を了解している).

Geburts・kirche *f.* -, 降誕教会(イエス・キリストの誕生の地とされる，*ベツレヘムの洞窟の上に建てられた教会；335年頃*コンスタンティヌス大帝とその母堂*ヘレナが創建した；現在の建物は，6世紀にユスティニアヌス1世〔在位527-65〕が再建したものを基礎としている).

Gedächtnis *n.* -ses, -se, ①(*殉教者や死者についての)記憶. ②記念(特に，キリストの*受難，死と*復活を想起し，ミサ中の*感謝の典礼においてこれを現在化すること；ルカ22:19)；das ～ der Heiligen 聖人の記念(ローマ典文の第1*奉献文などにおいて，聖母*マリア，*ヨセフ，*使徒，*殉教者，*聖人たちの行いを思い起こすこと)；das ～ der Toten 死者の記念(ミサにおいて，パンとぶどう酒の*聖別の後で，死亡した信者の名を献げて祈ること). **Gedächtnis・kirche** *f.* -, -n, 記念教会(特定の人物や出来事を記念する教会堂；例えば，初代ドイツ皇帝ヴィルヘルム1世〔在位1871-88〕を追悼して1891-95年ベルリンに建造された*ルター派のカイザー・ヴィルヘルム記念教会〔Kaiser-Wilhelm-～〕；1943年11月23日のベルリン大空襲で破壊された後も，記念碑として保存されている).

Gefangennahme *f.* -, 逮捕，捕虜；die ～ Christi キリストの捕縛〈逮捕〉(イエスが*ゲツセマネでの3度の祈りの後，*ユダの接吻〔イエスであることを示す合図〕を受けて*祭司長と長老，兵たちに捕らえられ，*最高法院に連行されたこと；及び，これを主題とする図像；マタ26:47-57). **Gefangenschafts・brief** *m.* -[e]s, -e,《通常複数で》獄中書簡(*パウロが後60年代初頭，ローマの獄中から書き送ったとされる，*エフェソ，*フィリピ，*コロサイの各信徒への手紙，及び*フィレモンへの手紙の4書).

Gefäß *n.* -es, -e, 容器，(液体状のものの)入れ物；das liturgische ～ 祭器(Gerät参照)；Du geistliches ～, bitte für uns! / Du ehrwürdiges ～, bitte für uns! / Du vortreffliches ～ der Andacht, bitte für uns!「霊妙なる器，われらのために祈り給え. 崇むべき器，われらのために祈り給え. 信心の優れたる器，われらのために祈り給え.」(*聖マリアの連願における聖母への呼びかけの一部；geistlicher *Kelch*参照)

Gegen=bischof *m.* -s, ..bischöfe, 対立司教(5世紀の*キリスト単性説と両性説の対立，また11-14世紀の*神聖ローマ帝国における教会権威者の不和や聖俗の対立に際して，同一の*司教区に任命された2人の*司教のこと).

～**papst** *m.* -[e]s, ..päpste, 対立教皇(*教会法上正当に選出された*教皇に対して，政治的宗教的理由からこれに反対する人々によって立てられた別の教皇；3世紀初頭のローマのヒッポリュトス〔在位217-35〕が最初で，*神聖ローマ帝国と教皇の厳しい対立が続いた11-12世紀や，*西方離教の起こった14-15世紀に多く見られた). ～**reformation** *f.* -, 対抗宗教改革，反宗教改革(*トリエント公会議の頃から*三十年戦争の終結〔1648〕までのローマ・カトリック教会における改革・復興運動；*プロテスタンティズムに対抗する形での，*イエズス会をはじめとする新修道会の設立や，カトリック陣営の巻き返しや覇権の拡大などについて，プロテスタントの視座からこの名称が用いられた；なお*ルター以前から

の，そして*宗教改革とは無関係に進められたカトリック内部での刷新運動を指す語に「*カトリック改革」がある）．

Gegenwart f. -, ①現在．②現存，現前（今，ここに厳として存在すること）；die ～ Christi キリストの現存（キリストは常に，祈りを献げる信徒の共同体とともにあること〔マタ28:20参照〕；また，*聖別されたパンとぶどう酒の形態において，キリストが実体として存在すること〔Transsubstantiation参照〕）．

geheim adj. 秘密の，内密の，隠（さ）れた，神秘の；die ～ geschlossene Ehe 内密婚（*トリエント公会議及び教皇ピウス10世〔在位1903-14〕の教令〔1908〕で定められた*婚姻の秘跡の規定から外れて締結された婚姻関係；CIC. 1130-33）；die ～e Offenbarung → Apokalypse．**Geheimnis** n. -ses, -se, ①秘義，奥義，玄義，神秘（神の*救いの計画や*啓示，とりわけ*三位一体や*受肉といったキリスト教信仰の中核的真理や，*秘跡を通じて実現される救いの神秘への参与などについて用いられる語）；～ des Glaubens【< lat. Mysterium fidei】「信仰の神秘」（ミサ中の*奉献文の後で，*司祭が唱える言葉；会衆はこれに「主の死を思い，復活をたたえよう，主が来られるまで．」〔Deinen Tod, o Herr, verkünden wir, und deine Auferstehung preisen wir, bis du kommst in Herrlichkeit.〕と応答する）．②秘儀，密儀（異教の神々を崇める秘密の祭儀）．

Gehennna【hebr.-gr.-lat.; < hebr. gê ben hinnōm "ヒノムの息子の谷"のギリシア語音写】f. -, ゲヘンナ，ゲヘナ（元来は，*エルサレムの南のベン・ヒノムの谷〔エレ7:32〕のことで，モロク神への人身御供が行われ，後には罪人の死体処理やごみ捨ての場所ともされた；新約聖書ではしばしば，死後に罰を受ける所，*地獄の意で用いられる〔マタ5:29-30〕）．

Gehorsam m. -s, 従順（服従，恭順とも；*福音の勧告の1つで，例えば，聖職者が*教皇及び自己の*裁治権者に，信徒が教会の統治者に〔CIC. 212§1参照〕，修道者が*上長に向かって，その権威に自分の意志を従わせること；また*パウロによれば，イエスは生涯にわたって父なる神に「従順」であったことで人類に救いをもたらした〔フィリ2:7-8, ロマ5:19〕）．**Gehorsams・gelübde** n. -s, 従順の誓願（福音的勧告に基づき，修道会の上長に従うことを自発的な誓願によって自らに義務付けること；CIC. 601）．

Geißel=bruder m. -s, ..brüder, → Geißler．～**buße** f. -, -n, 鞭打ちによる贖罪．

Geißelung f. -, -en, 鞭打ち，鞭打（ﾑﾁｳﾁ）苦行．

Geißler m. -s, -, 鞭打ち行者，鞭打苦行者（Flagellant参照）．**Geißlung** → Geißelung．

Geist m. -[e]s, -er, 精神，霊（a. 神そのもの，またその本質〔ヨハ4:24〕；der Heilige ～ 参照．b. 人間の魂，霊魂；神から与えられた生命の本質的原理，「命の息」〔Lebensatem；創2:7〕；また感情や意志の源泉．c. [der böse] ～ 災いをなす悪しき非物質的存在，悪霊；Dämon参照）；der Heilige ～ 聖霊〔三位一体の第3の*位格；処女*マリアを受胎させ〔マタ1:18〕，イエスが*神の子であることを明らかにし，彼を導き，力を与え〔ルカ4:16-21, マコ1:12〕，さらに復活後のイエスによって*弟子たちに授けられた〔ヨハ20:21〕；*聖霊降臨の後は，常に教会とともにあって，これを強化・更新する；*恩恵であると同時に，それを与える存在でもある；*秘跡においては，*按手と*塗油によって授けられる；美術作品では，*鳩や火炎の形の舌として描かれることが多い；Inspiration参照）；die Früchte des Heiligen ～es → Frucht；die Gaben des Heiligen ～es → Gabe．

Geistes=abwesenheit f. -, （祈りの際の）放心．～**erneuerung** f. -, -en, 静修（修道院などで*黙想や指導司祭の講話を通して信仰を深めること；Einkehr参照）．

geistig adj. 精神の，精神的な，霊的な．**geistlich** adj. 宗教（上）の，聖職（者）の；(geistig)精神的な，霊の，霊的な；der ～e Amtsträger → der geistliche *Amtsträger*；die ～e Begleitung <Führung>（修道士や信徒の）霊的指導；die ～en Fürsten → die ～en Reichsfürsten；der ～e Gesang → der geistliche *Gesang*；das ～e Gewand 僧衣，僧服；der ～e Herr 聖職者；die ～e Kommunion 霊的聖体拝領（*聖体におけるイエス・キリストを切望し，これと一致することをひたすら願うことで，実際には*聖体拝領をしなくても，聖体の*秘跡の恩恵に与ることができるという考え，及びその実践）；das ～e Leben【< lat. vita spiritualis】霊的生活（*聖霊の導きにより，完徳と*永遠の命を目指して生活すること）；die ～e Lesung（聖書，*教

父の文書，*聖人についての文書，黙想書などの）霊的読書；die 〜en Lieder 賛美歌；die 〜e Musik 宗教音楽；der 〜e Orden 教団；der 〜e Rat ①司教座聖堂祭式者会，司教座聖堂参事会．②功労のあった司祭に与えられる名誉称号；die 〜en Reichsfürsten 宗教諸侯，聖界諸侯(*神聖ローマ帝国において，*大司教，*司教，*大修道院長にして，かつ封建領土を統治する諸侯〔領邦君主〕でもあった者；12世紀に始まり，1803年ナポレオンによる宗教諸侯領の世俗化によって消滅した)；der 〜e Ritterorden → Ritterorden；das 〜e Schauspiel 宗教劇(中世以来の，*復活祭劇，*降誕祭劇，*受難劇，*奇跡劇，*聖史劇，16-17世紀の*イエズス会劇など，主に宗教的道徳の教化を目的に上演された芝居)；der 〜e Stand 聖職者階級；die 〜e Theologie 霊性神学(キリスト教信仰に基づく，個々人の霊的生活についての学；狭義では，神秘神学，修徳神学からなる神学の1部門)；die 〜e Trägheit 霊的倦怠(アケディア〔gr. aked[e]ia; lat. acedia〕とも；信仰生活，修道生活の実践，継続に対して，無気力になること)；die 〜en Übungen → Exerzitien；die 〜e Vermählung 霊的結婚（*観想的祈りにおいて経験される，神・キリストと人間の霊魂の神秘的合一の最終段階；特に12世紀以降の神秘家たち，例えばアヴィラの聖テレサ〔1515-82〕や十字架の聖ヨハネ〔1542-91〕らがその体験に独自の文学的表現を与えた)；die 〜e Verwandtschaft 霊的親族関係(受洗者と洗礼授与者，受洗者と*代親，受堅者と代親の間の霊的な家族関係；旧*教会法では，受洗者と霊的親族関係のある者にとって，*婚姻の無効障害とされた)；der 〜e Vorbehalt 聖職者留保〔条項〕(*世俗諸侯には宗派決定権が認められる一方で，プロテスタントに改宗した*宗教諸侯は，聖職位と世俗的支配権を失うという*アウクスブルク宗教和議〔1555〕の決定事項). **Geistliche**" *m. u. f.* -n, -n, 《形容詞的変化》聖職者；神学者.

Geistlichkeit *f.* -, (集合的に：ある地域のすべての) 聖職者.

gekreuzigt【< kreuzigen】*p.p.* 十字架につけ(架け)られた，磔(はりつけ)にされた. **Gekreuzigte**" *m.* -n, 《形容詞的変化》der 〜 十字架につけ(架け)られた方(イエス・キリストのこと)；Fürchtet euch nicht! Ich weiß, ihr sucht Jesus, den 〜n. Er ist nicht hier (...)「恐れることはない．十字架につけられたイエスを捜しているのだろうが，あの方は，ここにはおられない．」(イエスの墓を訪れた2人のマリアに対し，イエスが復活したことを伝える*天使の言葉；マタ28:5-6).

geloben *t.* 誓約する，誓う． **Gelobende**" *m.* u. *f.* -n, -n, 《形容詞的変化》(Votant) 立願者(*誓願を表明した人). **gelobt** *p.p.* 約束された；das 〜e Land 約束の地(神が*契約によって*アブラハムとその子孫に与えることを約束した土地〔創15:18〕；Kanaan a参照)；im 〜en Land sein《比》安楽(裕福)な暮らしをする．

Gelübde【< geloben】*n.* -s, -, 誓願(善行や神慮に適う生活をすることを，熟慮と自由意志に基づいて神に約束すること；特に，*福音的勧告を受け入れ，修道生活において自らを奉献することを神に誓うこと〔修道誓願；Profess参照〕)，《束》誓約；〜 ablegen 誓願を立てる(宣立する)；das bedingte 〜 条件付き誓願(例えば，願い事が叶ったときには貧者のために寄付をするといった神への約束)；das dingliche 〜 物的誓願(立願者がある事物を誓約する場合の誓願のこと；CIC. 1192§3)；das einfache 〜 単式誓願(通常誓願とも；教会が*盛式誓願と区別する誓願〔CIC. 1192§2〕；なお，4つの*修道会会則のいずれかに準拠する*盛式誓願修道会と異なり，それぞれの*会憲のみによる修道会を*単式誓願修道会という)；das ewige 〜 → die ewige *Profess*；das feierliche 〜 盛式誓願(教会が盛式と認める公式の誓願；*バシレイオスの戒律，*ベネディクトゥスの戒律，*アウグスティヌスの戒律，*フランシスコの戒律の4つのうち，いずれかの修道会会則に準拠する修道院〔盛式誓願修道会〕や*イエズス会などにおける誓願のこと；盛式誓願を立てる修道者は，自己の財産を完全に放棄しなければならない〔CIC. 668§4-5〕)；das öffentliche 〜 公的誓願(誓願が教会の名において，その適法な*上長によって受理された場合の誓願；CIC. 1192§1)；das persönliche 〜 人的誓願(立願者の行為が誓約される場合の誓願；CIC. 1192§3)；das private 〜 私誓願(公的誓願と区別される，その他の誓願；CIC. 1192§1)；das religiöse 〜 修道立願(Profess参照)；das ständige 〜 終生誓願(die ewige *Profess*参照)；

das zeitliche 〜 → die zeitliche *Profess*.

Gemara【aram."完成；学習"】*f*. -, ゲマラ（200年頃までに成立した*ミシュナに、それ以降の賢者たちによって加えられた注解のこと；これを集成し、ミシュナーと合わせた書が*タルムードと呼ばれる）.

Gemeinde *f*. -, -n, ①教区（Diözese参照）；教会. ②（集合的に：）教区民，教区の信者（の全体）. ③会衆（典礼の一般参加者）.

Gemeinde=altar *m*. -s, -altäre, 一般信徒〈平信徒〉用祭壇（教会堂の*身廊と*内陣の間に設置される中央祭壇；→ Laienaltarと同じ）. 〜**glaube** *m*. -ns, 民衆信仰（神学的・哲学的思弁とは無関係に民衆間に広まった，しばしば非合理的，通俗的〔時には異端的〕な性質を帯びたキリスト教信仰形態；特に，*初代教会の信徒共同体や中世期における）. 〜**glied** *n*. -[e]s, -er,《通常複数で》教区民. 〜**gottesdienst** *m*. -[e]s, -e, 教区における礼拝（ミサ）. 〜**haus** *n*. -es, ..häuser, （教区の）信徒会館. 〜**helfer** *m*. -s, -, 〜**helferin** *f*. -, -nen, 教区のヘルパー（世話係，協力者）；《プ》執事（Diakon 1, Diakonin参照）. 〜**kirchen・rat** *m*. -[e]s, ..räte, (*長老派教会の)中会，地域長老会「地域プレスビテリー」とも；Presbyterium参照）. 〜**lied** *n*. -[e]s, -er, （礼拝時に）会衆が歌う聖歌（賛美歌）. 〜**mitglied** *n*. -[e]s, -er, → 〜glied. 〜**pflege** *f*. -, -n, 教区内の福祉〈厚生〉（特に，老人，子供，病人，青少年に対するもの）. 〜**schwester** *f*. -, -n, → Diakonisse. 〜**versammlung** *f*. -, -en, 教区の信徒集会. 〜**zentrum** *n*. -s, ..tren, 教区センター，信徒会館.

gemeinsam *adj*. 共同の，共有の，共通の；das 〜e Leben【< lat. vita communis】共同生活，共住〔修道〕生活（独居〔独住〕生活に対し，*上長者に服従して共通の戒律，規律を遵守し，衣食住をともにする，神学校〔CIC. 245 §2〕や修道院〔CIC. 665§1，*修道生活〕などにおける修道生活）；die Brüder vom 〜en Leben 共同生活兄弟会（フローテの*デヴォティオ・モデルナの運動に共鳴して集まった一般信徒と聖職者からなる団体で，15世紀半ばから特に教育事業に取り組んだ；*トマス・ア・ケンピスが所属し，同会経営の学校では，*ニコラウス・クザーヌスや*エラスムス，*ルターらが学んだ）.

Gemeinschaft *f*. -, -en, 共同体，共同社会（特に，信仰共同体としての教会）；交わり（信徒同士，及び神との；1ヨハ1：3参照）；die 〜 der Heiligen【< lat. Communio Sanctorum】聖徒の交わり（a. カトリックで，古くは「諸聖人の通功（?)」とも；*ミサで唱えられる*使徒信条にある語句で，地上の信徒，天国の*聖人，*煉獄の霊魂のすべてが，キリストのうちに愛をもって一致，交流し，超自然共同体としての教会を構成していることをいう. b.《プ》神に選ばれ，洗礼を受けた信徒一般の交流）. **gemeinschaftlich** *adj*. 共同体の，共同の，一緒の；der 〜e Bußgottesdienst 共同回心式（通常は個人個人で行われる*ゆるしの秘跡とは別に，第2*ヴァティカン公会議以降，広く行われている共同の*告白の祭儀；「*ことばの典礼」の後で，複数の参加者が*司祭に対しそれぞれ個別告白を行って，互いに祈り合い，その後司祭から個別に赦免が与えられる；なお*一般告白，*一般赦免のみの共同回心式は，緊急時に限られる）；die 〜e Feier 共同〔体的〕祭儀（*小教区などで，司牧者のもとで，信者の参集と行動的参加を得て共同で行われる，ミサや*秘跡の授与などの典礼儀礼）.

Gemeinschafts=beichte *f*. -, -n, 共同告白（*共同回心式や通常のミサの中で，公に罪を告白し，互いにゆるし合い，また祈ること）. 〜**bewegung** *f*. -, -en, 共同体運動（信徒の交わりや信仰の連帯を通して教会の刷新を企図する運動；例えば，18世紀の*モラビア兄弟団，19世紀終わりにドイツの*州教会毎に興った*敬虔主義的な*信仰覚醒運動など）. 〜**messe** *f*. -, -n, 共唱ミサ（会衆の積極的参加が強調されるミサの方式；1920-30年代の*典礼運動で推進され，第2*ヴァティカン公会議後の典礼改革によって一般化した；Chormesseとも）. 〜**schule** *f*. -, -n, 無宗派学校，超教派学校（キリスト教の様々な*教派に属する子供〔場合によっては非キリスト教徒も含む〕が，区別なくともに教育を受けることができる学校組織；→ Bekenntnisschuleに対して）.

General【lat.】*m*. -s, -e *u*. ..räle, ①総会長，総長（中央統治組織をもつ修道会の最高責任者）. ②(*救世軍の)総司令官.

General=absolution *f*. -, -en, 一般赦免（自然災害や戦時において差し迫った死の危険が

ある場合や，その他，重大かつ緊急の必要がある場合に，個別の*告白なしに，同時に複数の懺悔者に対して，一般的な形で与えられた秘跡的赦免(*CIC. 961). ～**abt** *m.* -[e]s, ..äbte, 総院長(a. *シトー会，*厳律シトー会，*プレモントレ会などで，修道院総会の長，かつ修道会の代表者. b. *アウグスチノ修道祭式者会の*修族の*上級上長).

Generalat *n.* -[e]s, -e, (修道会の)総会長職；総会長居館.

General=auditor【< lat. auditor generalis】*m.* -s, -en, 総聴取官(教皇*空位期間に教皇庁の財政を管轄する者). ～**beichte** *f.* -, -n, ①総告白(ゆるしを得ていない*大罪の他に，すでにゆるしを得た過去のすべての罪を繰り返し告白すること；*イグナティウス・デ・ロヨラの『*霊操』で推奨されている). ②(罪の)一般告白(das allgemeine *Schuldbekenntnis* 参照). ～**definitor** *m.* -s, -en, (修道会の)総会長顧問. ～**erforschung** *f.* -, (まれに:) -en, 一般糾明(1日の終わりに，その日のすべての出来事とその際の自身の心の反応を振り返り，必要に応じて痛悔し，神にゆるしを願い，あるいは感謝すること；イグナティウス・デ・ロヨラの『霊操』でも推奨されている). ～**inquisitor** *m.* -s, -en, → Großinquisitor. ～**kapitel** *n.* -s, -, 総会(それぞれの修道会において，*会憲により最高の権威が与えられている会議). ～**kongregation** *f.* -, -en, 総会(a. 司教区庁や教皇庁において，投票権を有する全構成員が参加する会議；また修道会〔特にイエズス会〕の最高決定機関. b.【< lat. congregatio generalis】第2*ヴァティカン公会議の全体会議). ～**obere**" *m.* -n, -n, (形容詞的変化)(修道会の)総会長. ～**oberin** *f.* -, -nen, (女子修道会の)総会長. ～**superintendant** *m.* -en, -en, 《プ》管区総監督. ～**superior** *m.* -s, -, → ～obere. ～**speriorin** *f.* -, -nen, → ～oberin. ～**synode** *f.* -, -n, ①《プ》【engl. general assembly】全体総会，総会議(*長老派教会で)地方総会〔Regionalsynode 2 参照〕の代表者からなり，毎年ないし隔年で開催される全国レベルの最高統治機関. ②《古》 → [das allgemeine] *Konzil* (の旧称). ～**versammlung** *f.* -, -en, → ～synode 1. ～**vikar** *m.* -s, -e, 司教総代理(各*司教区全体の統治において*教区司教のもつすべての行政権が委任された司教の補佐；CIC. 475, 479). ～**vikariat** *n.* -[e]s, -e, 教区本部事務局(各*教区の司牧や行政などにおいて，*教区司教を補助する機関と人々によって構成される；Ordinariat参照).

Generatianismus【lat.】*m.* -, 霊魂出生説(Traduzianismus参照).

Genesis【gr.-lat.「創造, 起源」】*f.* -, 創世記(*旧約聖書の巻頭，*モーセ五書の第1の書で，宇宙と人類の歴史の発端と*イスラエルの民の起源を内容とする；*天地創造，人間の創造と*人祖の*堕罪による*エデンの園の追放，*カインと*アベル，*ノアの洪水，*バベルの塔，イスラエルの3人の父祖〔*アブラハム，*イサク，*ヤコブ〕，ヤコブの12人の子供たち，特に*ヨセフの運命などが物語られる)；die kleine ～ 小創世記(das Buch der *Jubiläen*参照).

Genetiv・theologie *f.* -, -n.《通常複数で》属格神学(例えば，Theologie *der Befreiung*〔解放神学〕，Theologie *der Revolution*〔革命神学〕のように，属格〔2格〕の付加語によって規定される神学).

Geneviève《固》(*f.*) ジュヌヴィエーヴ(ドイツ名ゲノフェーファ〔Genoveva〕；422-502；パリ*守護聖人；451年アッティラが率いるフン族がパリに侵攻したとき，祈りをもって立ち向かい，これを退却させたとの伝承がある；祝日：1月3日).

Genf《固》ジュネーヴ(fr. Genève；スイス西端，レマン湖畔の都市；1536年より*宗教改革が行われ，41年以降*カルヴァンによって神政的な共和制が布かれた；59年アカデミー〔Genfer Akademie；現ジュネーヴ大学〕創設，「プロテスタントのローマ」と呼ばれた).

Genfer *adj.*《不変化》ジュネーヴの；～ Katechismus *m.* ジュネーヴ教理問答(1542年*カルヴァンがフランス語で執筆，刊行した全373項目からなる*教理問答書；1545年ラテン語版刊)；～ Psalter *m.* ジュネーヴ詩編歌(*カルヴァンの提唱により，礼拝において母国語〔フランス語〕で歌うために翻訳，作曲された*改革派教会の公式の詩編歌集；桂冠詩人クレマン・マロ〔1496-1544〕と，その後を継いだテオドール・ド・ベーズ〔1519-1605〕による翻訳に，フランスのルネサンス期の作曲家が音楽を付け，1562年に150編の全訳が完成した；1573年にはアンブロジウス・ロー

プヴァッサー〔1515-85〕によるドイツ語訳が刊行された).

Genossenschaft f. -, -en, 組合，団体；die ～ der Krankenschwestern nach der dritten Regel des heiligen Franziskus 聖フランシスコ病院修道女会(1844年，ナポレオン軍による占領下，ミュンスターの*フランシスコ会司祭ヨハン・クリストフ・ベルンスマイヤー〔1777-1858〕が，貧しい病者の救済を目的に，4人の女性たちとともに創立した；日本を含む世界各地で，病院や高齢者施設を運営している).

Genoveva 《固》(f.) ゲノフェーファ (→ Genevièveのドイツ語名).

genug|tun [< lat. satisfacere "満足させる"] i. (h) für et. ～ (或事〔罪など〕の) 償いをする，償う. **Genugtuung** f. -, 償い，贖(あがな)い，贖罪 (a. キリストの*贖罪死によって，人間と神の和解が実現し，神から救いがもたらされたこと．b. *ゆるしの秘跡において，犯した罪に対し，教会が科す償いの行い；祈り，節制，施し，その他の*信心業).

geoffenbart [< → offenbaren] p.p. 啓示された；die ～e Religion → Offenbarungsreligion.

Georg, Georgius【gr. "農夫"】《固》(m.) ゲオルギウス(ドイツ語名はゲオルク；*十四救護聖人の1人；3世紀のローマ軍の戦士で*殉教者とされるが，詳細は不明；*十字軍の時代，キリスト教徒の騎士として理想化され，現在に至るまで広く人気を博している；リビアで悪竜を退治し，いけにえの王女を救出したという伝説から，白馬にまたがり竜を踏みつける姿が図像・彫像として多く描かれている；中世イングランドで，セント・ジョージ〔engl. Saint George〕は国の保護者とされた；祝日：4月23日).

Georgius=orden m. -s, -, ゲオルギウス修道会. **～ritter** m. -s, -,《通常複数で》ゲオルギウス騎士団(聖ゲオルギウスを*守護聖人としてその名を戴く*騎士修道会；ビザンティン皇帝イサキオス2世〔在位1185-95, 1203-04〕が1191年に創設したというコンスタンティヌス騎士団〔詳細不詳〕の他，ハンガリー〔1326年創立〕やオーストリア〔1469〕など，多くの同名の修道会がある).

Gerät n. -[e]s, -e, 用具，道具；das heilige ～ 祭器 (*典礼で用いる*祭具のうち，パンやぶどう酒を入れるのに用いるもの；*カリスと*パテナの他に，*ピクシス，*聖体顕示台などがある)；das liturgische ～ 祭具，祭器具(日常の使用と区別され，教会の規定に基づいて*典礼に用いられる道具；*祭器の他，*聖水，香，香油に関するもの，十字架やろうそく，布類や祭服などを含む).

Gerbe・kammer f. -, -n, 祭具室(教会堂の；Sakristei参照).

gerecht adj. 正当な，公正な；～er Gott! 義なる神よ(詩7:9). **Gerechte**# m. u. f. -n, -n, (形容詞的変化) 義人，(神に従って生きる)正しき者；Der ～ handelt klug am Haus des Frevlers, / wenn er die Frevler ins Unheil stürzt. 「神に従う人は逆らう者の家を識別し／神に逆らう者を災いに落とす.」(箴21:12). **Gerechtigkeit** f. -, 義，正義(信仰と愛をもって，神と*隣人それぞれに帰すべきものを帰すること；また，神の定めた世界の秩序，救済の計画，*律法に適うこと，及びそのための思い，行い；神に対する正義は特に*敬神徳〔Frömmigkeit 2参照〕と呼ばれる；マタ6:33参照)；Spiegel der ～【< lat. Speculum iustitiae】正義の鑑(かがみ)(*聖マリアの連禱にいう聖母マリアの呼称).

Gerhardinger-Schwestern【< Karolina *Gerhardinger*】pl. → Arme *Schulschwester*n von Unserer Lieben Frau（の創設者の名にちなんだ別称).

Gericht n. -[e]s, -e, ①《単数で》(神の)裁き，審判；das Allgemeine ～ 公審判(「*最後の審判」と同じ)；das besondere <partikulare / persönliche> ～ 私審判(公審判に対し，個々人がその死の直後に，生前の行いに関して，神またはキリストによって個別に下される裁き；「金持ちとラザロ」の譬え話〔ルカ16:19-31〕を参照；各人は報いとして，*煉獄での清めの後に天の至福に入るか，あるいは地獄の永遠の苦しみが与えられるとされる；2コリ5:10, ヘブ9:27)；das Jüngste <Letzte> ～ 最後の審判(この世の終わりに，キリストの*再臨に際して，すべての人間〔及び天使〕の行為について，キリスト自身を審判者として行われる最終的な裁き；「*正しき者」は*天国で*永遠の命を得，呪われた者は*地獄の*劫罰を受けるとされる；マタ25:31-46；及び，その美術的表現). ②裁判所；das ～ des Apostolischen Stuhles 使徒座裁判所(*教区裁判所から上訴される問題を扱う通常裁判所の*ロー

マ控訴院，及びその上級審の*使徒座署名院最高裁判所がある；CIC. 1442-45）；das höchste 〜 der Apostolischen Signatur 使徒座署名院最高裁判所（カトリック教会の最高裁判所で，主に裁判手続きの問題を扱い，法と権利が正しく守られていることを確定する；ローマ控訴院に対して破棄院の働きをもつ）；das 〜 der Diözese 教区裁判所（各*教区内の民事及び刑事の一般的訴訟にあたる；*教区司教または教区司教が聖職者の中から任命する教区裁判官が第1審の裁判権を行使する；CIC. 1419）．③（集合的に：）裁判官，判事．**Gerichtsbarkeit** f. -, 裁判権（一般的訴訟における第1審の裁判権は教区司教またはその代理人に〔CIC. 1419〕，第2審は管区大司教に〔CIC. 1438§1〕あり，修道者の場合は，第1審は管区長，第2審は総長に〔CIC. 1427§1, 1438§3〕，そして国家元首，枢機卿，使徒座使節あるいは刑事事件における司教などの事項の場合はローマ教皇に〔CIC. 1405〕，それぞれ裁判権が属する．

gesalbt【< salben】*p.p.* （*聖香油を塗って，または注いで）聖別された．**Gesalbte** *m.* -n, -n,《形容詞的変化》油を注がれた者（a. der 〜 *キリストのこと〔Jesus Christus参照〕；「女が言った．『わたしは，キリストと呼ばれるメシアが来られることは知っています．その方が来られるとき，わたしたちに一切のことを知らせてくださいます．』」〔Die Frau sagte zu ihm: Ich weiß, dass der Messias kommt, das ist: der 〜 (Christus). Wenn er kommt, wird er uns alles verkünden.；ヨハ4:25〕．b. 旧約においては，聖なる職務に就く者として，油を注がれ聖別された祭司，預言者，王たち；der 〜 des Herrn 主の油を注がれた方〔サム上14:11〕）．

Gesang *m.* -[e]s, Gesänge, ①《単数で》歌うこと．②歌；der geistliche 〜 聖歌，賛美歌（一般的に，プロテスタントでは主に賛美歌，カトリック，東方正教会，聖公会では聖歌という語を用いる）．**Gesang・buch** *n.* -[e]s, ..bücher, (Hymnar) 聖歌集，賛美歌集（典礼などで会衆が歌う歌を収録した本）．

Geschenk *n.* -[e]s, -e, 贈り物（Gabe参照）；ein 〜 des Himmels 天の賜物（望外の幸運）．

Geschichtlichkeit f. -, 歴史性（a. ある出来事が，特定の時代における客観的事実として検証可能であること．b. 被造物である人間の生が，歴史的制約のうちにあること）；die 〜 Jesu Christi イエス・キリストの歴史性（*シュライエルマッハーがそのキリスト論で提起した概念．キリストは*人性においてはひとりの「歴史的個人」でありながら，同時に人類の「原型」〔Urbild〕であって，その強力かつ完全な神意識のゆえにすべての人間から区別されているということ）．

Geschichts・theologie f. -, 歴史神学（神学の1部門で，歴史において*啓示された真理と，教会や信仰の歴史を扱う学；教会史，教理史，宣教史，キリスト教芸術史などを含む）．

geschlossen【< schließen】*p.p.* 閉じた，閉ざされた；〜er <Verschlossener> Garten 閉ざされた園（Hortus conclusus参照）；〜e Zeit【< lat. Tempus clausum】テンプス・クラウズム，結婚禁止期間（*教会暦において，*贖罪や祈りを行い，*大斎と*小斎を遵守するため，結婚式のミサ及び公の祝宴や娯楽の催しが制限されている期間），„Verbotene Zeit"〔lat. Tempus feriatum〕とも呼ばれ，旧教会法では，*待降節から*公現の祝日まで，*四旬節と*復活祭後の8日間だったが，現在は*待降節，四旬節中の日曜日，復活祭の当日，*聖週間の最後の3日間〔聖木・金・土曜日〕，大祝日，復活祭後の8日間には，結婚式のミサが禁止されている）．

Geschöpf【< schöpfen】*n.* -[e]s, -e, 被造物，（神の）創造物；（集合的に：）生物；人間（Kreatur参照）．

Gesellen・verein *m.* -[e]s, 徒弟団，職人組合（1849年カトリック司祭アドルフ・コルピング〔1813-65〕が，急速な産業化・工業化の中で苦境に喘ぐ青年熟練労働者の支援を目的に，ケルン近郊エルバーフェルトで創設した職業団体；キリスト教信仰の育成や教育振興及び福祉事業のための相互扶助的な組織で，1935年に改称して→ Kolpingwerkとなる）．

Gesellschaft f. -, -en, ①社会．②（特定の目的または共通の利害をもつ人々の）団体，協会；die 〜 des apostolischen Lebens 使徒的生活の会（*修道誓願を立てずに，それぞれの会に特有の*使徒的目的を追求しながら，兄弟的生活を営む人々の集まり；CIC. 731-46）；die 〜 Jesu【< lat. Societas Jesu】イエズス会（Jesuitenorden参照）；die 〜 vom Göttlichen Wort【< lat. Societas Verbi Divini】神言（ごん）〔修道〕会

(1875年，アーノルト・ヤンセン〔1837-1909；聖人〕によってオランダで設立された最初のドイツ系*宣教修道会；*三位一体への信心を強調し，福音宣教活動，学術研究，青少年教育，出版事業，農園経営にあたる；略：SVD）. **Gesellschafts・enzyklika** *f.* -, ..ken, 社会回勅(*回勅の中で，特に社会，政治，経済の問題を扱ったもの；教皇レオ13世〔在位1878-1903〕の「レールム・ノヴァルム」〔Rerum novarum, 1891年〕が最初で，ピウス11世〔在位1922-39〕「クアドラゲシモ・アンノ」〔Quadragesimo anno, 1931〕，聖ヨハネ23世〔在位1958-63〕「パーチェム・イン・テリス」〔Pacem in terris, 1963〕が特に知られる).

Gesetz *n.* -es, -e, 法，法律，法規；das allgemeine ～ 普遍法(*使徒座官報〔アクタ・アポストリカエ・セーディス〕への掲載をもって公布され，全教会に適応される法規定；CIC. 8 §1)；das ewige ～ 永遠法(すべての被造物の秩序を統率する神の叡智)；das göttliche ～ 神法(万物の創造主であり支配者である神の世界統治の理念で，すべての法の基となる；Jus divinum参照)；das liturgische ～ 典礼法規；das partikulare ～ 特別法(普遍法に対し，特定管区の長から発せられ，その効力が地域的に限定される教会の法律；CIC. 8 §2).

Gesprächs・gottesdienst *m.* -[e]s, -e, 対話ミサ(Dialogpredigt参照).

Geständnis〔< gestehen〕*n.* -ses, -se, 告白(a. 信仰の；Konfession参照. b. 罪の；Schuldbekenntnis参照).

getauft〔< taufen〕*p.p.* 洗礼を受けた(略：get.)；ein ～er Jude (キリスト教に)改宗したユダヤ人. **Getaufte**# *m. u. f.* -n, -n, 《形容詞的変化》受洗者(*洗礼の秘跡を授けられた者).

Gethsemane【aram.-gr."油搾り"】《固》ゲツセマネ(*エルサレムの東，オリーヴ山の西麓にあった園；*最後の晩餐を終えるとイエスは「いつものように」〔ルカ22:39〕ここで祈り，*血の汗を流し，その後逮捕された〔マコ14:32-50〕；同地には現在，カトリックや正教会の教会堂とイエス時代に遡るとされるオリーブの老木がある).

Getto【hebr.-it."隔離"?】*n. (m.)* -s, -s, ゲットー(a. ユダヤ人をキリスト教徒から分離し，強制隔離するために設置された，周りを壁を囲った居住地区；1516年以降ヴェネチアに存在したユダヤ人強制居住区を範として，1555年教皇パウロ4世〔在位1555-59〕が，勅書をもってローマに設置したことに始まるが，内部ではユダヤ人の自治組織・社会が発達した；フランクフルト・アム・マインでは，1462年市参事会によって作られ，1796年フランス革命軍による解放まで存続した；他にプラハのユダヤ人街が知られる. b. ナチス・ドイツ占領下の東欧諸国で，1940年以降，ワルシャワなど大都市圏のごく狭い範囲に設定されたユダヤ人強制居住区域；ユダヤ人撲滅を目的とした強制収容所もゲットーと呼ばれる).

Gewalt *f.* -, -en, ①力，権能，権力；die heilige ～ 聖なる権威(神に由来し，教会構成員を聖化し，統治するためにキリストによって教会に与えられている権能). ②《複数で》【lat. Angeli potestates】能天使(「権威」とも；*天使の歌隊における第2階級の3に位置する天使たち；悪魔の軍勢の攻撃に対抗する；コロ1:16参照).

geweiht【< weihen】*p.p.* 聖別(祝別)された，奉献された；die ～e Asche → die geweihte *Asche*；das ～e Brot → das geweihte *Brot* (Hostie参照)；das ～e Leben【< lat. vita consecrata】奉献生活(神の呼びかけに応え，*福音的勧告の実践を*修道誓願などをもって公に宣言し，永続的に「奉献生活の会」〔*修道会や*在俗会；das *Institut* des ～en Lebens参照〕その他の形態において生活すること，あるいは「隠修ないし隠遁生活」〔CIC. 603〕を行うこと)；das ～e Öl → das geweihte *Öl*；das ～e Wasser → Weihwasser.

Gewissen *n.* -s, -, 良心(旧約聖書では，*律法に関しては多く語られるが，良心が論じられることはほとんどなく，また*福音書でも扱われない；新約では主にパウロ書簡に登場し，律法をもたない異邦人でも「律法の要求する事柄がその心に記されていること」を，良心が証しているとされる；ロマ2:14-15).

Gewissens=ehe【< lat. matrimonium conscientiae】*f.* -, -n, 良心〔結〕婚(特別の事情により結婚式が行われず，また公にされていないという点では内縁関係であるが，*教会法の要件を満たし，神の前で締結され，また契約上の保証もある婚姻のこと). ～**erforschung** *f.* -,

(まれに:) -en, 良心の糾明 (Erforschung参照) ; die besondere 〜erforschung (Partikularexamen) 良心の特別糾明 (特定の克服すべき罪を避けたか、実行すべき徳を行ったかなどに関して、個別に、定期的に反省すること).

Gewohnheit f. -, -en, 習慣；慣習 (現行の*教会法においては、世俗世界よりも、慣習の重要度は高く、たとえ教会法に反する慣習であっても、100年を経過したもの、起源が想起できないほどの過去から行われているものは、法規定に優先されうる；CIC. 26).

Gewohnheits=recht n. -es, 慣習法 (現行の*教会法の規定では、それが合理的なものであり、当該の共同体が法として創設する意志をもって、30年間継続的に遵守していると認められたものは、法としての効力を有する；CIC. 23-28). 〜**sünder** m. -s, -, 罪習者 (頻繁に罪を犯す人；なお、改善の意志も可能性もない罪習者に対しても、*ゆるしの秘跡においては、罪の赦免が与えられる).

Gewölbe【< wölben】n. -s, -, ヴォールト、穹窿 (きゅうりゅう)(engl. vault；教会建築などで、石や煉瓦などを用いて作られたかまぼこ型の天井構造；尖頭アーチないし半円が水平方向に連続する筒型ヴォールト、2つの筒型ヴォールトを直交させた構造の交差ヴォールト、交差ヴォールトの稜線をリブで補強したリブ・ヴォールトなどがある).

Ghetto → Getto.

Ghibelline, Gibelline【< it. ghibellino】m. -n, -n,《通常複数で》ギベリン、皇帝派、皇帝党 (12-14世紀のイタリアにおける*神聖ローマ帝国皇帝とローマ教皇の対立で、教皇派の*グェルフに対抗し、ホーエンシュタウフェン家の皇帝を支持したピサ、シエナ、モデナなどの勢力；また都市内部での抗争においては、新興市民層がしばしばグェルフだったのに対し、貴族や大商人にギベリンが多く見られた；Waiblinger参照).

Gideon・bund m. -[e]s, Internationaler 〜【engl. The Gideons International】国際ギデオン協会 (1899年にアメリカ、ウィスコンシン州でジョン・H・ニコルソン〔1859-1946〕ら3人の青年によって創設された、プロテスタントの事業家などを会員とする、聖書普及のための国際的な非営利団体；ホテル、病院、学校、老人施設、刑務所などへの聖書の贈呈活動を行っている；名称は、ミディアン人の侵攻からイスラエルを防いだ*士師のギデオン〔士6・8章〕にちなむ).

glagolitisch adj. グラゴール文字の；die 〜e Schrift グラゴール文字. **Glagoliza**【slaw."言葉"】f. -, グラゴール文字 (ギリシア人修道士キュリロス〔827頃-69〕とその兄メトディオス〔815頃-85〕が、スラブ人布教に際し、聖書や祈禱書の翻訳のため、860年代にギリシア語小文字体から作ったスラブ語最古のアルファベット；現在スラブ語圏で用いられているキリル文字は、これを改良したもの).

Glaube m. -ns, -, **Glauben** m. -s, -,《通常単数で》信仰 (キリストにおいて*啓示された、第一の真理である神からの招きを、知性と自由意志をもって受容し、これに従うこと；*愛、*希望とともに*対神徳の1つ).

Glaubens=abfall m. -[e]s, 信仰離反 (カトリックの*洗礼を受けた者が、*啓示を信じることをやめ、自由意志をもって教会から離脱すること；*背教、*棄教、異端など). 〜**abtrünnige**# m. u. f. -n, -n,《形容詞的変化》背教者、棄教者. 〜**akt**【< lat. actus fidei】m. -[e]s, -e, 信仰行為 (a. 自由意志をもって神を信じるという行いそのもの. b. 聖書やキリストに対する信仰を、実際に善き行いとして表すこと；特に*ルター派、*改革派で重視される). 〜**änderung** f. -, -en, 改宗 (ある特定の宗派・教派から、必要な手続きや儀式を経て、別の宗派・教派に移行すること). 〜**artikel** m. -s, -,《通常複数で》信仰箇条、信条 (教会公認の中心的教義、*信仰告白、*信仰宣言を箇条書きしたもの、及びその個々の条文；例えば*使徒信条). 〜**bekenntnis** n. -ses, -se, 信仰告白、信条 (以前は「信経」とも；a. 自らの宗教・教派の正統性ないし独自性の公的、対外的な表明のため、また信徒及び信仰共同体が自身のアイデンティティーを確立、確認するために、権威的に成文化した信仰規準；カトリックには、*ニカイア・コンスタンティノポリス信条、*使徒信条、*アタナシオス信条などがあり、また*宗教改革以降はプロテスタントの諸派によって、例えば*ルター派による*アウクスブルク信仰告白、*改革派の*バーゼル信条、*長老派教会のウェストミンスター信仰告白などが作成された；他に*ドイツ福音主義教会が、1934年バルメンでの信

Glaubensbewegung

仰告白会議で決議した*バルメン宣言がある．b．カトリックのミサ中の「*ことばの典礼」において，聖書朗読と説教の後，会衆がこれに応答する形で行われる信仰の表明；通常，ニカイア・コンスタンティノポリス信条か，これを簡略化した使徒信条のいずれかが唱えられる；日本では通常，さらに短縮された「洗礼式の信仰宣言」が用いられる）；das Apostolische 〜bekenntnis 使徒信条(Apostolikum参照)；ein 〜bekenntnis ablegen 信仰告白する；das 〜bekenntnis sprechen 信条を唱える．〜**bewegung** f. -, -en, 布教(宣教)活動．〜**bote** m. -n, -n, 使徒；宣教師．〜**bruder** m. -s, ..brüder, 信仰を同じくする人，同信の友．〜**buch** n. -[e]s, ..bücher, 教理学習書，カテキズム(Katechismus参照)．〜**delikt** n. -[e]s, -e, 信仰に対する犯罪(〜abfall参照)．〜**dinge** pl. 信仰に係わる問題．〜**eifer** m. -s, -, 熱烈な信仰，宗教的熱意；狂信．〜**eiferer** m. -s, -, 狂信者．〜**entscheidung** f. -, -en, 信仰に係わる意志決定．〜**erfahrung** f. -, -en, 信仰体験．〜**feind** m. -[e]s, -e, 信仰(教派)の敵対者．〜**fest** adj. 固い信仰をもっている，信仰の堅固な．〜**frage** f. -, -n, 信仰(信教)の問題．〜**freiheit** f. -, 《単数で》信教の自由(基本的人権の1つで，個々人の内心において宗教を選択する，あるいは特定の宗教をもたない内的自由「「信仰の自由」とも〕，及び宗教的行為や宗教的結社の自由をいい，通常はそれが法によって保証されることも含む)．〜**gemeinschaft** f. -, -en, 信仰共同体．〜**genosse** m. -n, -n, → 〜bruder．〜**gericht** n. -[e]s, -e, 宗教裁判(所) (Inquisition参照)．〜**gewissheit** f. -, 信仰の確実性(信仰の成立，存続の根拠が何によって確かなものとされるかという問題)．〜**gut** n. -[e]s, → 〜hinterlage．〜**held** m. -en, -en, 信仰の勇者〈英雄〉(特に*殉教者のこと)．〜**hinterlage** [< lat. depositum fidei] f. -, 信仰の遺産(神に発し，旧約の*預言者を経て，最終的にキリストによって*啓示され，歴代の教会が保持，解釈すべく委託されている真理；1テモ6:20, 2テモ1:14)．〜**inhalt** m. -[e]s, -e, 信仰内容(信仰の対象)．〜**kraft** f. -, ..kräfte, 信仰の力．〜**krieg** m. -[e]s, -e, 宗教戦争．〜**krise** f. -, -n, 信仰の危機(個人ないし特定の時代の人間が，自身の信仰の正当性について疑念を抱き，精神的な不安定状態に陥ること)．〜**lehre** f. -, -n, 教理学，教理神学(カトリック信仰と道徳に関する教理の学)；《プ》信仰論(主体的な信仰の本質やその成立過程を考究する学；17世紀後半，概念的形式的傾向の強まった*教義学への批判から始まる；*シュライエルマッハーの『キリスト教信仰』〔Der christliche Glaube；1821/22, 第2版30/31〕は「信仰論」とも呼ばれ，教義を信仰者の宗教体験の所産と捉えている)；Kongregation für die 〜**lehre**【lat. Congregatio pro doctrina fidei】教理省(ローマ*教皇庁の省の1つ；全カトリック教会において信仰と道徳に関する教理の実践を促進し，擁護することを目的とする；信仰に反すると考えられる思想や行為を審査し，必要な場合には誤謬，危険な教理，違法行為として排除する；1542年パウルス3世〔在位1534-49〕が設立した異端審問聖省に始まり，1908年ピウス10世〔在位1903-14〕による*検邪聖省への改組を経て，1965年パウルス9世〔在位1963-78〕によって教理省に改称された)．〜**lehrer** m. -s, -, 教理学者．〜**los** adj. 信仰のない，無神論の；der 〜lose 無神論者．〜**partei** f. -, -en, 宗派，教派．〜**philosophie** f. -, 信仰哲学(悟性的論証を絶対視することなく，信仰にあらゆる認識の基盤を見出そうとする哲学的宗教的立場；フリードリヒ・ハインリヒ・ヤコービ〔1743-1819〕の立場をこの語で表すこともある)．〜**privileg** n. -[e]s, 信仰の特権(*結婚は神の定めた制度として，単一性と*不解消性を有するが〔Ehe参照〕，当事者の信仰の擁護のために，一定の条件のもとでのみ教会の権威によって婚姻が解消されうるということ)；(1)非受洗者同士の結婚後，一方が受洗したことで婚姻が破綻した場合，受洗者は新たな婚姻を締結することで，最初の結婚を解消できる〔*パウロの特権；CIC. 1143§1〕，(2) 非受洗者同士の結婚が破綻した後，その一方と第三者である受洗者が婚姻を望む場合や，受洗者と非受洗者の*異宗婚において，非受洗者が不貞を働いたり，受洗者の信仰の妨げとなることを行ったために婚姻が破綻した場合，またはその他のケースで，*教皇は婚姻関係を解消することができる；教皇だけがこの特権を与えられるので「ペトロの特権」〔Privilegium Petrinum; das Petrinische Privileg〕とも呼ばれる)．〜**regel** f. -, -n, 信仰基準(規準)，宗規(聖書や伝承など

を通して*啓示された真理を，教会が権威をもって，正しい教えとして示すこと，またそれを*信条や*信仰宣言の形で表したもの）．　～**sache** *f.* -, -n, 信仰に係わる事柄，信仰の問題．　～**satz** *m.* -es, ..sätze, 教義（Dogma参照）．　～**schwärmer** *m.* -s, -, 狂信者．　～**schwärmerei** *f.* -, 狂信．　～**spaltung** *f.* -, -en, 信仰共同体の分裂．　～**stark** *adj.* → **fest**．　～**stärke** *f.* -, 信仰の強さ（堅固さ）．　～**streit** *m.* -[e]s, -e, ～**streitigkeit** *f.* -, -en, 信仰上の争い，宗派間の戦い；宗教戦争．　～**treue** *f.* -, 篤信，変わることのない信仰．　～**verbesserung** *f.* -,（古）宗教改革（Reformation参照）．　～**verbreitung** *f.* -, -en, 布教，宣教，伝道（Mission参照）．　～**verfolgung** *f.* -, -en, 信仰に対する迫害．　～**verleugner** *m.* -s, -, 背教者．　～**verschieden** *adj.* 宗派の異なる．　～**vorschrift** *f.* -, -en, → **regel**．　～**wahrheit** *f.* -, -en, 宗教上の真理．　～**wechsel** *m.* -s, -, 改宗，回心（Konversion参照）．　～**wut** *f.* -, 狂信．　～**zeuge** *m.* -n, -n, 信仰の証人，殉教者．　～**zunft** *f.* -, ..zünfte, 宗派．　～**zwang** *m.* -[e]s, 信仰の強制．　～**zweifel** *m.* -s, -, 信仰に関する疑い．　～**zwist** *m.* -es, -e, 宗教上の不和（確執，論争）．

gläubig *adj.* 信心深い，敬虔な．**Gläubige** *m. u. f.* -n, -n, 《形容詞的変化》信者，信仰者，信徒（なお，Gläubiger［*m.* -s, -］は「債権者」の意）．**Gläubigen・messe** *f.* -, -n, 信者ミサ（ミサ中の「*感謝の典礼」の部分のこと；中世のミサでは，*奉納を始める前に，*洗礼志願者や*悔悛者が聖堂を退出したことから）．

Gläubigkeit *f.* -, 信心深いこと，信仰の篤いこと．

Gleichnis *n.* -ses, -se,（*宣教の際などに用いられる）譬え［話］，比喩；die ～se Jesu イエスの譬え話（イエス・キリストが宗教的真理を伝える際に，身近な出来事や事物を比喩的に用いて語ったもの〔マタ13:10-16参照〕；*福音書には，*迷える羊〔マタ18:12-14］，種蒔く人〔マコ4:3-9〕，*良いサマリア人〔ルカ10:30-37］，*放蕩息子〔ルカ15:11-32〕の話など41種がある）．

Glöckchen【< lat. campanula（campanaの指小形）】*n.* -s, -, 鈴，振鈴（りん），ベル，カンパネラ（典礼の開始を知らせたり，ミサ中の*聖別の前に，パンと*カリスのぶどう酒を会衆に示す際などに*侍者によって鳴らされる）．

Glocke *f.* -, -n, 鐘（教会の楼塔に設置される鐘は通常，朝顔状に下部が広がる形体で，これを鳴らして周辺住民に時刻やミサの開始を知らせる；Angelsläuten参照）；an die ～ kommen《話》世間に言い触らされる；et. an die große ～ hängen《話》（私事を）世間に触れ回る．

Glocken・turm *m.* -[e]s, ..türme, 鐘楼，カンパニーレ（it. campanile；教会堂とは独立してその傍らに建てられた，上階に鐘が吊された塔；イタリアで7世紀頃から造られ，現存する最古のものはラヴェンナのサンタポリナーレ・イン・クラッセの円筒状の鐘楼で，9世紀の作）．

Gloria【lat."栄光"】（I）*n.* -s, -s, グロリア，栄光の賛歌（「栄光頌」とも；ミサの開祭で唱えられる神を賛美する歌，及びこれに作曲した声楽曲；主の降臨を告げる*天使の言葉〔ルカ2:14〕に基づく「天のいと高きところには神に栄光，／地には善意の人に平和あれ．」〔lat. *Gloria* in excelsis Deo et in terra pax hominibus bonae voluntatis. / dt. *Ehre* sei Gott in der Höhe und Friede auf Erden den Menschen seiner Gnade.〕で始まり，神の賛美とキリストへの呼びかけ，憐れみを願う祈りの3つの部分からなる；名称はラテン語典文の冒頭語による；Doxologie参照）；～ in excelsis Deo グロリア・イン・エクスチェルシス・デオ（「栄光の賛歌」のこと；そのラテン語典文の冒頭句による名称）；～ Patri グロリア・パトリ，［小］栄唱（die kleine *Doxologie*参照）．（II）*n.* -s, / *f.* -,（神の）栄光．**Glorie** *f.* -, -n, ①《単数で》（神の）栄光；in Glanz und ～《比》見事に，立派に．②光背，光輪，後光（キリストや*聖人の画像などで，その背後に描かれる光の輪で，栄光や聖性の象徴表現；Aureola, Mandorla, Nimbus参照）．

Glorien・schein *m.* -[e]s, -e, **Gloriole**【lat. gloriaの指小形】*f.* -, -n, → Glorie 2．

Glossator *m.* -s, -en,《通常複数で》注釈学派，グロッサトーレン（ローマ法学におけるボローニャ学派のこと；12世紀初頭，ボローニャのイルネリウス〔?-1125以後〕がユスティニアヌス法典の行間や欄外に注釈を施したことからこの名があり，12世紀半ば，ヨハンネス・グラティアヌス〔1100頃-58〕の教会法研究でもこの手法が用いられた）．

Glosse【gr.-lat."舌"】*f.* -, -n, グロッサ，注解，注釈（聖書や*教会法などの本文の難語難句に

Glossolale# *m. u. f.* -n, -n, 《形容詞的変化》異言を語る人. **Glossolalie**【gr. glôtta "舌" + lat. laléo "話す"】*f.* -, グロッソラリア, 異言（無意識, 恍惚の状態において, 理解不能な言葉, ないし「異国語」を話すこと；コリントの教会でしばしば行われ〔1 コリ14章〕, *聖霊の作用と考えられた〔使10:46, 19: 6〕；Zungenreden参照).

Glottolale# *m. u. f.* -n, -n, → Glossolale. **Glottolalie** *f.* -, → Glossolalie.

Gnade【原義 "(神の)助け"】*f.* -, -n, (Segen) 恵み, 恩恵, (古くは：) 恩寵（神の自由意志により, 愛と憐れみをもって人間に授けられる無償の超自然的賜物；人間の知性や意志, 行為に先行するし, 罪ある人間が主体的に*三位一体の神の命に与ることを可能にする); die aktuelle ～ 助力の恵み (die helfende ～参照); die habituelle ～ 常住の恵み（神の呼びかけに適った, 善に向かう行動や生活をする, 心の傾きを与える恩恵); die heiligmachende ～ 成聖の恵み(*洗礼の秘跡を通じて与えられる神の恩恵で, 霊魂の内に常住する*聖霊の働きにより, *原罪と自罪を負った人間が恒常的に聖化され, 神との正しい関係を保ち続けること；神化の恵み〔die vergöttlichende ～〕ともいう); die helfende ～ 助力($\begin{smallmatrix}じよ\\りき\end{smallmatrix}$)の恵み（悪を避け善を行うよう, 適宜人の心を動かす神の働きで, キリスト教信者のみならず, すべての人間に与えられる); die rechtfertigende ～ 義化の恵み（キリストを通して, 人が神との完全な関係を回復するという恩恵; Rechtfertigung参照); die sakramentale ～ 秘跡の恵み（それぞれの*秘跡に固有の恩恵); die vergöttlichende ～ 神化の恵み（→ die heiligmachende ～と同じ); von Gottes ～n ①神の恩恵によって, 神授の（王の称号として：von Gottes ～n König ...). ②《比》天性の, 生まれつきの；ein Künstler von Gottes ～n 天性の芸術家. **gnaden** *i.* (*h*)《古》jm. ～ (或人に)恵みを垂れる;《現在は以下の用法でのみ》gnade dir Gott! 君は, ひどい目にあうよ；nun *gnade* [uns] Gott! さあ大変なことになるぞ.

Gnaden=bild *n.* -[e]s, -er, (霊験あらたかな)聖像, (特に：)聖母像. **～brief** *m.* -[e]s, -e, 贖宥状 (→ Ablassbriefの別称). **～brot** *n.* -[e]s, 恵みのパン（老齢者など働くことができなくなった人に同情し, また長年の労をねぎらって与えられる物品や金銭). **～bund** *m.* -[e]s, 恵みの契約（神とイスラエル民族との間に結ばれた契約, 約束). **～gabe** *f.* -, -n, 賜物. **～kirche** *f.* -, -n, （通常複数で）恩寵教会（*神聖ローマ皇帝ヨーゼフ1世〔在位1705-11〕の「恩寵」により, 1707年シレジア〔現ポーランド南部〕に建立が認可された6つのプロテスタント教会). **～mittel** *n.* -s, -, 恵みの手段（神の*恩寵を媒介するもの, 特に7つの*秘跡のこと；プロテスタントでは〔説教や典礼を通して伝えられる〕神の言葉をいう). **～mutter** *f.* -, 慈しみ深い母（恵みを施してくれる聖母*マリアのこと). **～novene** *f.* -, -n, (霊験あらたかな)九日間の祈り（特定の目的や機会に, 公的ないし私的に行われる連続9日間の祈禱; Novene参照). **～ort** *m.* -[e]s, -e, 巡礼地 (Wallfahrtsort参照). **～schatz** *m.* -es, 恵みの宝庫（キリストや聖人たちの功績によって蓄えられた無尽蔵の恩恵のことで, 信徒の*免償に際して分かち与えられるとされる; Kirchenschatz, Thesaurus参照). **～stand** *m.* -[e]s, 恵みの状態（*大罪を犯すことなく, 神との親交, 調和的関係を保っている人の状態). **～streit** *m.* -[e]s, (まれに：) -e, 恩恵論争（魂の救済における神の恵みと人間の自由意志との関係についての教義上の論争；5世紀前半, 人間の自由意志を強調するペラギウス〔Pelagianismus参照〕と, 恩恵がそれに先行するとした*アウグスティヌスの論争に端を発する；16世紀末, ルイス・デ・モリナ〔1535-1600〕に代表される*イエズス会神学者が自由意志に力点を置く〔Molinimus参照〕, バニェスら*ドミニコ会神学者たちは人間を行為へと動かす恩恵の働きを強調し〔Prädeterminismus参照〕, 両者間で激しい論争が展開されたが, 1607年教皇パウルス5世〔在位1605-21〕は両説をともに認める裁定を行った；他に17-18世紀, 恩恵は, 救いの予定された特定の人にのみ与えられると主張する*ジャンセニズムが, 教皇によって繰り返し排斥された). **～stuhl** *m.* -[e]s, ..stühle, 贖いの座 (a.《単数で》*契約の箱の黄金の蓋；年に1度, その上に献げ物の雄牛と雄山羊の血が注がれた

〔出25:17-22, レビ16:13-15〕. b. 父なる神に抱かれ、その頭上に*聖霊の鳩が配された、*磔刑(はりつけ)のキリストの図像；*三位一体の特別な表現で、キリストの十字架上の贖(あがな)いが強調されている). 〜**tisch** m. -[e]s, -e, 《雅》祭壇(Altar参照). 〜**wahl** f. -, 恩恵の*選び（個々の人間の救済は、神の自由な恩恵の選択、*救いの計画によるという説；Prädestination参照). 〜**werk** n. -[e]s, -e, (神の)恵みの御業.

gnädig adj. 慈悲深い、憐れみ深い；Gott sei uns 〜 und segne uns.「神がわたしたちを憐れみ、祝福し(…)てくださいますように」(詩67:2).

Gnesio·lutheraner【< gr. gnesios "真正の"】m. -s, -, (通常複数で)純正ルター派(*ルターの死後、*メランヒトンの一派に対して、純粋にルターの神学を継承しようという一群の神学者たち；マティアス・フラキウス・イリリクス〔1520-75〕が中心人物の1人だったことからフラキウス派〔→ Flacianer〕とも).

Gnosis【gr.-lat.; < altgr. gnósis "認識、知識"】f. -, グノーシス(Gnostizismus参照). **Gnostik** f. -, グノーシス説、グノーシス主義. **Gnostiker** m. -s, -, グノーシス主義者、グノーシス派(の人). **gnostisch** adj. グノーシス派の、グノーシス主義的. **Gnostizismus**【gr.-lat.; < gr. gnōstikismós】m. -, グノーシス主義(キリスト教の成立とほぼ同時期、地中海の東部において、ユダヤ教、オリエント、ヘレニズムの様々な神話的、宗教的、哲学的要素が混交して発生し、2-3世紀に複数のグループにおいてそれぞれに体系化された世界観・思想運動；3世紀に地中海全域から中国に至る拡がりをみせた*マニ教は、グノーシス主義の1典型；神的超越的実体と物質的肉体的実体の*二元論において人間と世界を捉え、人間の救済は、個々人の内なる神的実体が〔過失あるいは悪の結果として創造された〕肉体・物質界を越え出て、本来的に同質である超個人的な神的実体へと回帰、合一することによって実現されると説く；その際人間は、神的存在からの*啓示や啓示者によって、自らの内なる神の本質の来し方行く末を認識しなければならず、この「覚知」が「グノーシス」と呼ばれる；2世紀には、バシレイデス〔?-140頃；Basilidianer参照〕やウァレンティノス〔100頃-165頃〕が、キリスト教的グノーシス主義を展開した).

Godel, Gödel <süd.> f. -, -n, **Goden** f. -, -, **Godl** <bayr., östrr.> f. -, -n, -n, 代母(Pate II 1参照).

golden adj. 金の、黄金の；この上なくすばらしい；das 〜e Haus 黄金(おうごん)の堂(*聖マリアの連禱にいう聖母マリアの呼称)；das 〜e Kalb 金の子牛(*モーセが*シナイ山に留まっている間、忍耐を失った*イスラエルの民が*アロンに造らせて礼拝した、黄金製の若い雄牛の鋳像；*偶像崇拝に立ち戻ったことに神は怒り、モーセは*十戒の板を砕くとともに像も破壊し尽くした；出32)；das 〜e Kalb anbeten / um das 〜e Kalb tanzen《比》金銭を崇める；der Tanz ums 〜e Kalb《比》金銭欲、拝金主義；die 〜e Regel 黄金律(*山上の説教においてキリストが説いた理想的道徳原理：「人にしてもらいたいと思うことは何でも、あなたがたも人にしなさい.」〔Alles, was ihr also von anderen erwartet, das tut auch ihnen!；マタ7:12, 及びルカ6:31〕；隣人愛の説明であり、また*マタイにおいては*律法の全体を総括する言葉)；die 〜e Rose → die Goldene Rose；der 〜e Sonntag 黄金の主日(*クリスマス直前の日曜日)；die 〜e Zahl 黄金数(前433年アテナイの数学者メトンが発見した数で、ある年が19年周期〔メトン周期〕の何番目の年かを示す；*復活祭の日付けを求める指標の1つとされる).

Golgat[h]a, Golgot[h]a【aram.(hebr.)-gr.-lat. "髑髏"】(I)《固》ゴルゴタ(キリストが十字架に架けられた場所で、*エルサレムの城壁の外に位置した〔マコ15:22, ヘブ13:12〕；ラテン語名のカルワリア〔Calvaria〕から「カルワリオの丘」と呼ばれることもある。ドイツ語共同訳での綴りは„Golgota"、ルター訳では„Golgatha"). (II) n. -[s], (比喩的に:)受難；苦難の場所.

Goliat[h]【hebr.】(I)《固》(m.) ゴリアテ(*ペリシテ人の巨人戦士；*ダビデがその額に小石をあてて倒した；サム上17). (II) m. -s, -s, (比喩的に:)巨人、怪力の持ち主.

Gomorra[h], Gomorrha【gr. "湿地"】《固》ゴモラ(ヨルダン低地の町で、住民の道徳的頽廃のゆえに神によって*ソドムとともに焼き滅ぼされた；創19:24-25).

- **Gonfaloniere**【germ.-it."旗手"】*m.* -s, ..ri, ゴンファロニエーレ(中世イタリアの都市国家や教皇領における最高執政官〔行政長官〕及びその称号；フィレンツェでは13世紀末以降「正義の旗手」〔~ di Giustizia〕と呼ばれた)；~ della chiesa【it.】, der ~ der Kirche ゴンファロニエーレ・デッラ・キエーザ, 教会の旗手(11-17世紀, ローマ教皇が, 教皇領の護衛に当たる諸侯に与えた軍事的政治的職位, 及びその称号；軍旗に付ける紋章の意匠に, 教皇の*三重冠や「*ペトロの鍵」を用いることが許された).

- **Gote**[1] *m.* -n, -n, ゴート人, ゴート族(ゲルマン民族の一部族；スカンジナビア半島南部に発し, 3世紀までに黒海北岸〔東ゴート〕から同北西部ドナウ下流域〔西ゴート〕に居住したが, 民族大移動後, イタリア半島の東ゴート王国〔Ostgotenreich；493-555〕とイベリア半島の西ゴート王国〔Westgotenreich；418-711〕を建国した；*アレイオス派の東ゴート王国は, 東ローマ〔ビザンティン帝国〕と対立し, 555年に滅ぼされた；西ゴート王国は589年にアレイオス派からカトリックに改宗し, ローマ系住民との融合を図ったが, 711年イスラムの侵攻により滅亡した；Gotisch, Westgote参照).

- **Gote**[2]【< ahd. gotfater, gotmuoter „Vater, Mutter in Gott"の短縮形(愛称)】(I) *m.* -n, -n, 代父(Pate I 1参照). (II) *f.* -, -n, 代母(Pate II 1参照).

- **Gotik**【fr.; 原義"ゴート民族"(「粗野」の意で)】*f.* -, ゴシック様式(12世紀半ばイル・ド・フランス地方〔パリとその周辺域〕に始まり, 15世紀に*ルネサンスに移行するまで西欧全体に広まった教会建築, 及び美術, 彫刻, 工芸の様式). **gotisch** *adj.* ①ゴシックの, ゴシック様式の；die ~e Kirche ゴシック教会, ゴシック聖堂(尖頭アーチ, *リブ・ヴォールト, *フライング・バットレス, 昂揚感のある広大な内部空間, 絢爛たる彩色のステンドグラス〔壁面に開口部が大きく取れたことから発達した〕などを特徴とする, 広壮かつ複雑な構造をもつ教会建築；ドイツ圏では, ケルン大聖堂〔1248-1880〕, レーゲンスブルク大聖堂〔1273-1872〕, シュテファン大聖堂〔ウィーン；1258年の火災後, 1304-40年に*内陣が再建された〕, ヴィート大聖堂〔プラハ；1344-1929〕などが知られる)；der ~e Schwung ゴシック曲線(ゴシックの人物彫刻に特徴的に見られる, 緩やかなS字状に捩れた姿態のライン). ②ゴート人(族)の, ゴート語の；die ~e Bibelübersetzung ゴート語訳聖書(西ゴートの司教*ウルフィラスにより350年頃行われた, ギリシア語*七十人訳聖書から*ゴート語への聖書翻訳；旧約・新約聖書のほぼ全体が訳されたが, 現存するのは*福音書の一部のみ)；die ~e Schrift ゴート文字(Gotisch参照).

- **Gotisch** *n.* -[s], ゴート語, ゴート文字(東ゲルマン語族に属するゴート人の言語；*ウルフィラスがゴート人布教のために作った*ゴート語訳聖書として今日に伝わるが, それは死語になった東ゲルマン語族のほぼ唯一の資料とされている；ウルフィラスは翻訳に際して, ギリシア文字, ルーン文字, ラテン文字を基に, ゴート語表記のための音素文字を案出した).

- **Gott**【原義"呼びかけられたもの"】*m.* -[e]s, Götter,《(I)《単数で》(一神教の；キリスト教の)神(万物の創造主であり, 唯一でありながら3*位格として存在する〔*三位一体〕, 全能, 永遠の人格的存在者, 超越者, 絶対者)；《通常は無冠詞・単数で；付加語がある場合には, 定冠詞〔男性〕を付ける》》~, der Allmächtige 全能の神；~ der Herr 主なる神；~ [der] Vater 父なる神；der allmächtige ~ 全能の神；der allwissende ~ 全知の神；der dreieinige <dreifaltige> ~ 三位一体の神；der liebe ~ 神様；die Mutter ~es 神の母(聖母マリアのこと；Gottesgebärerin 参照)；das Reich ~es → das *Reich* Gottes；~es Sohn 神の子(イエス・キリストのこと)；~es Wort verkünden 神の御言葉(聖書のこと)を伝える；an ~ glauben (zweifeln) 神を信じる(疑う)；auf ~ vertrauen <bauen> 神に頼る；bei ~ (nicht) 神かけて(な い), 絶対に(ない)；bei ~ schwören 神かけて誓う；bei ~ sein 神の御許(天国)にいる；in ~ entschlafen 永眠する；Hier ruht in ~ ... (墓碑銘として：)…ここに眠る；zu ~ beten 神に祈る；~ anbeten (loben) 神に祈る(神を誉め讃える)；~ fürchten 神を畏れる；~ lästern 神を冒瀆する.《驚き, 当惑, 感動, 祈願, 挨拶などの成句の中で：》 ~ in Himmel! / Mein ~! / Allmächtiger <Gerechter / Großer / Guter> ~! / Du lieber ~! / O <Ach> ~! 何てことだ, 大変だ, おやおや；~[3] befohlen! / ~ mit dir! / [Geh] mit 〜! ごきげんよう，さようなら；〜 behüte <bewahre>! / Da sei 〜 [vor]! / 〜 verhüte es! / das wolle 〜 nicht! そんなことはいやだ，とんでもない；〜 gebe es! / 〜 geb's! そうなるように；Gnade dir 〜! ただじゃすまないぞ；Grüß [dich / euch / Sie] 〜! / 〜 grüße dich! <südd.> おはよう，こんにちは，今晩は；Helf' 〜! (くしゃみをした人に対して)お大事に；かわいそうに；So wahr mir 〜 helfe! 神かけて誓います；〜 segne dich! 神の祝福がありますように；〜 sei bei uns! / 〜 steh' mir <uns> bei! / 〜 steh' bei mir! 何てことだ，大変だ，しまった；〜 sei mit euch! 成功を祈る，ごきげんよう；〜[3] sei Dank! / 〜 sei gedankt <gelobt>! / 〜 sei's getrommelt und gepfiffen! / 〜 Lob! やれやれ，よかった；〜[3] sei's geklagt! / Leider 〜es! / Beim Leiden 〜es 残念ながら，気の毒だが；〜 vergelte es dir! / Vergelt's 〜 (方)(慣用的に:)ありがとう；〜 verdamm mich! ちくしょう；〜 weiß es! 誓って；Wollte <Gebe> 〜, dass ... 願わくば…でありますように；〜es Donnerwetter! / 〜 noch [ein]mal! ちくしょう，いまいましい；Mann 〜es! こら(警告)；um 〜es willen とんでもない，大変だ；お願いだから．《その他の比喩的な慣用表現で：》und die Welt ありとあらゆるもの(人々)；〜 soll mich strafen, wenn ... 絶対に…でない；wie es 〜[3] gefällt / wie 〜 will 神の御心(思し召し)のままに；〜 weiß, wann er kommt. 彼がいつ来るのか，皆目見当が付かない(誰も知らない)；er ist jetzt 〜 weiß wo 彼が今どこにいるのか分からない；weiß 〜 本当に，実際；so 〜 will うまくいけば，支障がなければ；alles liegt <steht> in 〜es Hand すべては神の御手のうちにある；in 〜es Namen ご随意に，まあ仕方ない，お好きなように；um 〜es Lohn <Willen> tun 無報酬でする；du bist [wohl] ganz und gar von 〜 verlassen 君はまったくどうかしているよ；jn. hat 〜 im Zorn erschaffen (或人は)まったく嫌なやつだ，(或人とは)関わりをもちたくない；sie stand da, wie 〜 sie geschaffen hatte 彼女は丸裸で立っていた；wie [der liebe] 〜 in Frankreich leben 裕福(快適)な生活をする；das Geld ist sein 〜 彼には金がすべてだ；dem lieben 〜 den Tag stehlen 無為に(のらくら)過ごす；dem lieben 〜 einen guten <frommen> Mann sein lassen あくせくしないで

(のんきに)暮らす；seinen Frieden mit 〜 machen 心安らかに死を迎える．《諺などで：》Hilf dir selbst, so hilf dir 〜．天は自ら助くる者を助く；An 〜es Segen ist alles gelegen. すべては神のお恵みしだい(ルカ24:50-52)；Bei 〜 ist kein Ding unmöglich. 神に不可能なし(ルカ1:37)；Der Mensch denkt, 〜 lenkt. 事を計るは人，事をなすは神(箴19:21)；Wer 〜 vertraut, hat recht gebaut. 主を信頼する者は高い所に置かれる(信仰があれば迷うことがない；箴29:25)； 〜 lässt uns wohl sinken, aber nicht ertrinken. 神は私たちを沈ませることはあっても，溺れさせることはない(天道人を殺さず；マタ14:24-33)； 〜es Mühlen mahlen langsam, aber stetig <trefflich fein>．神の臼はゆっくりと，不断に〈きめ細かに〉挽く(天網恢々疎にして漏らさず)；Was 〜 zusammengefügt hat, das soll der Mensch nicht scheiden. 神が結び合わせて下さったものを，人は離してはならない(結婚に際して；マタ19: 6)．《(II)》(多神教の)異教の)神；die griechischen (heidnischen) Götter ギリシアの(異教の)神々．《(III)》神格化された(神のごとく崇められている)人．

gott=ähnlich adj. 神のような，神のごとき．〜**begnadet** adj. 神の恵みを受けた，天分豊かな，天才的な．〜**behüte** int. <östr.>, 〜**bewahre** int. とんでもない，決して．

Gottchen (I) int. [Ach] 〜! (驚いて：)なんということだ，大変だ．《(II)》n. -s, -, <schweiz.> 代子(Patenkind参照)．

Gotte f. -, -n, <schweiz.> 代母(Pate II 1 参照)．

Gott•ebenbildlichkeit f. -, 神の似姿(神は自らにかたどって人間を創造したということ；das Ebenbild Gottes 参照)．

gotten=froh adj. <schweiz.> → gottfroh. 〜**kind** n. -[e]s, -er, <schweiz.> 代子(→ Gotteの子供)．

Gott•erbarmen n. 《次の用法でのみ》zum 〜 世にも哀れに，痛々しいばかりに；情けないほどに，ひどく下手に．

Götter•bild n. -[e]s, -er, 偶像(Idolatrie参照)．

gott•ergeben adj. 神に身を委ねた，敬虔な，信心深い；恭順な．

Gottes=acker m. -s, -äcker, 《雅》墓地． 〜**anbeter** m. -s, -, 信心家． 〜**anbeterin** f. -, -nen, ①(女性の)信心家． ②【< lat. Mantis religiosa】(昆虫の)カマキリ科． 〜**anwalt** m. -[e]s, ..anwälte, → Advocatus Dei． 〜**begriff** m. -[e]s,

Gottesbeweis

-e, 神(についての)概念. **～beweis** *m.* -es, -e, 神の存在証明(der *kosmologische* ～beweis; der *moralische* ～beweis; der *ontologische* ～beweis; der *teleologische* ～beweis参照). **～bild** *n.* -[e]s, -er, ①神の観念, 神の表象; das christliche (mittelalterliche / pantheistische) ～bild キリスト教的(中世的, 汎神論的)神観念. ②(芸術的表現としての)神像. ③ → das *Ebenbild Gottes*. **～braut** *f.* -, ..bräute, 神の花嫁(人間の霊魂, 聖母*マリア, 修道女の比喩的表現). **～diener** *m.* -s, -, 神の僕(しもべ)(神父や牧師など, 聖職者のこと). **～dienst**【原義"神への奉仕"】*m.* -[e]s, -e, 礼拝;(カトリックの)ミサ. **～dienstlich** *adj.* 《述語的には用いられない》①礼拝の;ミサの; eine ～dienstliche Handlung 礼拝の儀式. ②信心の, 敬虔な. **～dienstordnung** *f.* -, -en, ①ミサ時間(カトリック教会で掲示, 告知される, 特に日曜日のミサの日程や開催場所). ②《プ》礼拝次第(Agenda参照). **～erde** *f.* -, → ～welt. **～erfahrung** *f.* -, -en, 神体験. **～erkenntnis** *f.* -, -se, (Theognosie)(理性ないし*啓示による)神の認識. **～erscheinung** *f.* -, -en, 神の顕現, 神現(Theophanie参照). **～fahrt** *f.* -, -en, ① 巡礼. ②十字軍の遠征. **～ferne** *f.* -, → Gottferne. **～freund** *m.* -[e]s, -e, 神の友(a. 一般に, 神との特別な親密さを体験する人間. b. シュトラースブルク〔ストラスブール〕の商人・神秘家ルルマン・メルスヴィン〔Rulman Merswin; 1307-82〕が創始し, ヨハネス・*タウラーやハインリヒ・*ゾイゼによって主導された, 主に一般信徒のための神秘主義的信仰運動で, *宗教改革の先駆ともいわれる;『オーバーラントの偉大な神の友』〔Großer ～freund im Oberland〕はメルスヴィンの知人の神秘家の思想を記したものとされるが, おそらく彼自身の著述). **～friede** *m.* -ns, -n, ①【< lat. pax Dei】神の平和(10世紀末南フランスで始まり, 11世紀末までにフランス全土, ドイツ, イタリア, スペインに広がった教会主導の平和運動;教会会議が決議した平和令により, 特定の階級〔聖職者, 農民, 商人, 貧者など〕や場所〔教会や修道院の敷地内, 農地, 公道, 広場など〕を保護する). ②【< lat. treuga Dei】神の休戦(aの運動が発展し, 教会の権威により一定の期間, フェーデ〔Fehde;武力による紛争解決制度〕を中止させたこと;

第2・第3 *ラテラノ公会議〔1139, 1179年〕は, その期間を, 水曜日の日没後から月曜日の朝まで, 及び*待降節や*四旬節とその前後などと定め, 違反者は*破門, 財産没収に処した). **～furcht** *f.* -, 神への畏敬, 敬神. **～fürchtig** *adj.* 神を畏れる, 敬神の念の篤い. **～fürchtige**# *m.* -n, -n, 《形容詞的変化》神を崇める人, 主を畏れる人(ユダヤ教の祭儀に加わり, 部分的に律法を遵守しているが, *割礼を受けるには至っていない異邦人;完全にユダヤ教に改宗した → Proselytと区別される). **～gabe** *f.* -, -n, 神の賜物, 神からの授かり物;天賦の才. **～gebärerin**【< gr. Theotókos; lat. Dei genetrix】*f.* -, 神の母, テオトコス(マリアは人間キリストの母〔Christotokos〕であると主張するネストリオス〔Nestorianismus参照〕に対抗して, 431年*エフェソス公会議で定義された聖母*マリアの称号〔Theotókos〕のドイツ語訳;キリストの*受肉において*神性と*人性が*位格的結合をし, マリアは神の第2の*位格を懐胎したことを表す;これを記念する「神の母聖マリア」の祝日は, 1月1日);《東》生神女(しょうしんじょ)〔マリヤ〕. **～gefällig**, **～gegeben** *adj.* 神の御心に適った. **～gelahrtheit** *f.* -, → ～gelehrtheit. **～gelehrte**# *m.* u. *f.* -n, -n, 《形容詞的変化》《古》(Theologe, Theologin)神学者. **～gelehrtheit** *f.* -,《古》神学(Theologie参照). **～gericht** *n.* -[e]s, → ～urteil. **～geschenk** *n.* -[e]s, -e, → ～gabe. **～gewollt** *adj.* 神の御心に適った, 神の定めた. **～glaube** *m.* -ns, 神への信仰. **～gnade** *f.* -, -n, 神の恵み(Gnade参照). **～gnadentum**【君主の称号に添えられた„von Gottes Gnaden"に由来】*n.* -s, 王権神授説(王権は, 神の恵みによって授けられたものであり, 国王は国民や議会はもとより, ローマ教皇や神聖ローマ帝国皇帝の権力に拘束されることもないとする, 国王の絶対的支配権に関する説;例えば, イングランド王ジェームズ1世〔在位1603-25〕, フランスのルイ14世〔1643-1715〕の絶対王政の理論的根拠となった;ジャック=ベニーニュ・ボシュエ〔1627-1704〕がその代表者). **～haus**【< lat. domus Dei】*n.* -es, ..häuser, 神の家(教会堂, 特に*聖体が安置されているカトリックの聖堂を指す). **～herrschaft** *f.* -, 神政統治(Theokratie参照). **～kasten** *m.* -s, ..kästen, (教会の)献金箱. **～kind** *n.* -[e]s, -er, 神の子

(としての人間);durch die Taufe zu ~kindern werden *洗礼を受けて神の子になる. **~kindschaft** f. -, (人間が)神の子であること. **~lamm** 【< lat. agnus Dei】n. -[e]s, 神の小羊(キリストのこと;Lamm Gottes参照). **~lästerer** m. -s, -, 瀆神者. **~lästerisch**, **~lästerlich** adj. 瀆神的な. **~lästerung** f. -, -en, 瀆神, 神の冒瀆 (Blasphemie参照). **~lehre** f. -, ①宗教. ②神学;神学説. ③神論. **~leugner** m. -s, -, 無神論者. **~leugnerisch** adj. (atheitisch) 無神論的. **~leugnung** f. -, 無神論(Atheismus参照). **~liebe** f. -, ①神への愛. ②《稀》(人間に対する)神の愛. **~lohn** m. -[e]s, (善行に対する)神の報い;《多くは次の用法で》et. für <um> [einen] ~lohn tun (或事を)無報酬で(ただで)する. **~mann** m. -[e]s, ..männer, ①《雅》司祭, 聖職者(特に職務に熱心な). ②(しばしば反語的に:)極めて敬虔な人, 信心家. **~mutter** f. -, 神の母(聖母*マリアの別称);~gebärerin参照);das Hochfest der [heiligen] ~mutter Maria 神の母聖マリアの祭日(1月1日;この日は1931年まで → Beschneidung des Herrnと呼ばれていた). **~raub** m. -[e]s, 瀆神 (Blasphemie参照). **~reich** n. -[e]s, -e, ①《単数で》神の国, 天国. ②神政国家(Theokratie参照). **~segen** m. -s, 神の恵み. **~sohn** m. -[e]s, ..söhne, ①《単数で》神の子(キリストのこと). ②《複数で》神の子ら(a. 天使, 預言者, 天国にある*選ばれた民のこと. b. 新約聖書では神を信じ, 神の意志を行う人々, 特にキリストの弟子たち. c. キリスト教信者). **~staat** m. -[e]s, -en, ①神政国家(Theokratie参照). ②(地上において実現される)神の国; Vom ~staat『神の国』、『神国論』(*アウグスティヌスの晩年の著作 „De civitate Dei contra paganos"〔413-26〕のこと;410年ゴート族によるローマ攻略に際して起こったローマ批判に対抗する護教的作品;前半でローマと異教徒への批判が, 後半では地上の国と天上の国の歴史が対比的に描かれる). **~stadt** f. -, → ~staat 2. **~streiter** m. -s, -, ①神の戦士. ②十字軍の戦士. **~tag** m. -[e]s, -e,《雅》主日, 日曜日. **~tisch** m. -[e]s, -e,《稀》祭壇, 聖餐台. **~tracht** f. -, -en,《方》聖体行列(特に*聖体の祭日に, *聖体を奉じて行われる*行列; Fronleichnamsprozession参照). **~urteil** n. -[e]s, ① (Ordal) 神明裁判(古代ゲルマン民族の間や中世において, 物事の正邪を決め, 神意を伺うため, 火, 水, 油などを用いる〔しばしば残虐な〕試練を課したり, 決闘を行わせたこと;正しい側の人には, 神の加護があり, それゆえに無事であるとされた;1215年, 第4回*ラテラノ公会議で禁止された). ②神の裁き(Gericht参照). **~verächtung** f. -, 神の侮蔑, 神を軽視すること. **~verehrung** f. -, 敬神;die Tugend der ~verehrung 敬神徳(Frömmigkeit 2 参照). **~vergessen** adj. 不信心の. **~verlassen** adj. 神に見放された, 呪われた;荒涼とした, 辺鄙な. **~volk** n. -[e]s, ①神の民(a. *イスラエルの民のこと. b. キリスト教を信じ, キリストの教会を構成するすべての人間のこと;CIC. 204-746). ②《雅》キリスト教社会. **~weisheit** f. -, ①神の知恵. ②神智学, 接神論(Theosophie参照). **~welt** f. -, 世界, 宇宙. **~wort** n. -[e]s, (聖書の中に記されている)神の御言葉;聖書. **~wunder** n. -s, -,《雅》神の奇跡, 神が起こした奇跡.

Gott=ferne f. -, 神の不在. **~froh** adj. <schweiz.>《通常は述語的用法で》大喜びである. **~gefällig** adj. 神意に叶った. **~gegeben** adj. ①神から与えられた. ②どうしようもない, 変えようもない. **~gesandt** adj.《雅》神から遣わされた. **~geweiht** adj. 神に身を献げた;神に献げられた, 神聖な. **~gewollt** adj. 神の御心に叶った, 神が定めた. **~gläubig** adj. ①《古》敬虔な. ②(ナチス用語:)(教会とは無関係に)神を信じている. **~gläubige** m. u. f. -n, -n,《形容詞的変化》敬虔な人, 信心深い人.

gotthaft adj. 神のような.

Gottheit f. -, -en, ①《単数で》神性;die ~ Christi キリストの神性(キリストが真の神であるということ; *キリスト論においてはキリストの*位格において, *人性〔理性的魂と肉体からなる, 完全な人間であること〕と神性の関係が問題とされた;Dyophysitismus, Monophysitismus参照). ②《単数で;定冠詞を伴って》(キリスト教の)神;die ~ in den drei Personen: Vater, Sohn und Heiliger Geist 父と子と聖霊, *三位一体の(3つの*位格において存在する)神. ③(異教の)神;神像, 偶像; griechische ~en ギリシアの神々.

Götti m. -s, -, <schweiz.> 代父(Pate I I 参照).

Götti=bub m. -en, -en, <schweiz.> (男の)代子.

~kind *n.* -[e]s, -er, <*schweiz.*> 代子（Patenkind 参照）．

göttlich *adj.* ①神の；神へ（向かって）の．②神のような、神々しい；すばらしい；die ~e Botschaft 福音（Evangelium参照）；das ~e Buch 聖書；die ~e Gnade (Offenbarung / Vorsehung / Weisheit) 神の恵み（啓示、摂理、叡智）；das ~e Leben führen 神の思し召しに適った（敬虔な）生活をおくる；die Einheit der drei ~en Personen 三位一体（Trinität参照）；nach ~em Ratschluss 神の思し召しのままに；die [drei] ~en Tugenden → die göttlichen *Tugend*en；das ~e im Menschen 人間における神性．**Göttlichkeit** *f.* -, 神性；神々しさ．

gottlob 【< ahd. got sī lob „Gott sei Lob"】 *int.* ありがたい、ありがたいことに．

gottlos *adj.* ①神を畏れない、瀆神の、背徳の、不埒な．②神を信じない、無信仰の．**Gottlose** *m.* u. *f.* -n, -n, 《形容詞的変化》①神を畏れぬ人、②無神論者、**Gottlosen・bewegung** *f.* -, 無神論運動（政教分離や思想・良心の自由の主張のため、あるいは共産主義を推進するため、神の存在自体を否定し、さらにこれを社会的に強くアピールすること；特に旧ソヴィエト連邦において、1925年に結成された無神論者協会〔Verband der Gottlosen〕による反キリスト教的プロパガンダを指す）．**Gottlosigkeit** *f.* -, gottlosなこと（＊瀆神、無信仰、背徳など）．

Gott・mensch *m.* -en, 神人（その本性において真の神であり、同時に真の人間であるキリストのこと；Dyophysitismus参照）．**Gottmenschtum** *n.* -s, das ~ der Menschheit 人類の神人性（キリストにおいて実現された、人間が究極的に到達すべき、＊神化された状態のこと）．

Gotteseibeiuns 【< Gott sei bei uns!（悪に対抗するため、神の助力を願う言葉より）】 *m.* -, 《話》〈婉曲的に：〉悪魔．

gott・selig *adj.* ①信心深い、信仰の篤い、敬虔な．②亡くなった、故…．**Gottseligkeit** *f.* -, 信心深さ、敬虔さ（Frömmigkeit参照）．

gotts=erbärmlich, ~jämmerlich *adj.* 《話》ひどく痛ましい（哀れな）、悲惨極まりない；途轍もなくひどい．

Gott・sucher *m.* -s, -,（禁欲生活を通して）神を求める人、求道者．**Gottsuchertum** *n.* -s, ①求神、求道．②求神主義（20世紀初頭の帝政ロシアにおいて、唯物論、共産主義に対抗しキリスト教再生を図った、ニコライ・ベルジャーエフ〔1874-1948〕らによる神秘主義運動）．

Gott・vater *m.* -s, 《通常無冠詞で》父なる神．

gott=verdammich 【< Gott verdamme mich!】 *int.* ちくしょうめ．**~verdammt, ~verflucht** *adj.* ①《付加語的に》神に呪われた；忌しい．②《話》忌々しい．**~vergessen** *adj.* ①神を忘れた、背徳の．② → ~verlassen 2．**~verlassen** *adj.* ①神に見捨てられた．②《話》荒涼とした、ひどく寂しい（辺鄙な）．**~verlassenheit** *f.* -, 神に見捨てられたという気持ち、孤独．**~vertrauen** *n.* -s, 神への信頼．**~voll** *adj.* ①《古》霊感に満たされた、霊感を感じた．②《話》すばらしい、優れた；ひどく滑稽な．**~wesen** *n.* -s, -, 神的存在；神．

Götze *m.* -n, -n, 偶像（Abgott参照）；《雅》〈侮蔑的に：〉崇拝の神．

Götzen=altar *m.* -s, ..altäre, 偶像を祀る祭壇．**~anbeter** *m.* -[e]s, -er, → ~diener．**~anbetung** *f.* -, -en, → ~dienst．**~bild** *n.* -[e]s, -er, 偶像（Abgott参照）．**~diener** *m.* -s, -, 偶像崇拝者、偶像を崇める人．**~dienerei** *f.* -, **~dienst** *m.* -[e]s, 偶像崇拝（Idolatrie参照）；mit jm. (et.³) [seinen] ~dienst treiben 《雅》(或人・或物を）神のごとく崇める、盲目的に崇拝する．**~glaube** *m.* -ns, 偶像信仰．**~priester** *m.* -s, -, 異教の祭司．**~tempel** *m.* -s, -, 偶像（異教）の寺院．

Götzentum *n.* -s, → Götzenglaube．**Götzenverehrung** *f.* -, → Götzendienst．

Grab *n.* -[e]s, Gräber, 墓、墓穴、墓所；（比喩的に：）死、終焉；das Heilige ~ 聖墳墓（十字架刑の後、キリストが埋葬された墓；＊ゴルゴタ近くの園の中にあり、岩を穿って造られた未使用の墓所で、入り口は埋葬後に岩で塞がれた〔ヨハ19:41, マタ27:60〕；326年頃、聖＊ヘレナが遺跡を発見し、その地に＊聖墳墓教会を建てた）；die Kirche vom heiligen ~ → Grabeskirche．**Grabes・kirche** *f.* -, 聖墳墓教会、聖墳墓聖堂（キリストの＊贖罪死と＊復活を記念する、キリスト教界において最も重要な聖地；エルサレム旧市街の北西部に位置する；＊コンスタンティヌス大帝とその母ヘレナによって建造され、335年献堂式が行われ

(続)の後，弟子たちが墓所からイエスの死体を掠奪するのを防ごうと，*ピラトの命により配置された番兵；イエスの*復活を目撃した；マタ27:65-28:11).

Graduale【lat."階段"】*n*. -, ..lien, ①グラドゥアーレ，昇階唱（ミサ中の第1朗読〔旧約聖書の朗読〕の後に歌われる*答唱詩編の伝統的な呼称；かつて先唱者が祭壇の階段の所で，または聖書朗読台の階段を上がる際にこれを歌ったことにちなむ）. ②ミサ聖歌集（の12世紀以来の通称；グラドゥアーレを含むミサ中に斉唱されるすべての聖歌譜が収められている；かつて昇階唱を中心に収録されたことから，この名称がある）；～ Romanum ローマ聖歌集（*ローマ式典礼のミサで用いられる聖歌集）.

Gradual=lied *n*. -[e]s, -er,《プ》グラデュアル（*聖公会の聖餐式で，旧約聖書の朗読のあとに唱えられる*詩編）. ～**psalm** *m*. -s, -en, → Graduale 1.

Gral【altfr. "(聖なる)器"】*m*. -s, 聖杯，グラール（*最後の晩餐で用いられ，*十字架降下の際には，アリマタヤの*ヨセフが脇腹の傷から流れ出る血を受けたとされる伝説上の器；おそらくケルト説話に由来する；中世フランスの詩人ロベール・ド・ボロンの『聖杯の由来の物語』〔1190頃〕以降，アーサー王の円卓の騎士たちの物語と結合し，聖杯探索と聖杯のもたらす奇跡は，芸術上の主題として，時代を超えて好まれた；ドイツ語圏ではヴォルフラム・フォン・エッシェンバッハ『パルツィヴァール』〔Parzival；1210頃〕，ワーグナーの『パルジファル』〔Parsifal；1882初演〕が知られる；*聖遺物とされるが，教会が教義として認めたことはない）.

Grals=burg *f*. -, 聖杯の城（聖杯の騎士の守護のもとで*聖杯が保管されている場所）. ～**dichtung** *f*. -, -en, 聖杯文学. ～**hüter** *m*. -s, -,《通常複数で》聖杯の守護者（*聖杯の騎士のこと）. ～**legende** *f*. -, -n, → ～sage. ～**ritter** *m*. -s, -, 聖杯の騎士（*聖杯の城で聖杯を護持する騎士団の騎士）. ～**sage** *f*. -, -n, 聖杯伝説（Gral参照）. ～**suche** *f*. -,（例えば，アーサー王の円卓の騎士たちによる）聖杯の探求.

grau *adj*. 灰色の；die ～en Schwestern 灰色の修道女会（1842年シレジアで，クララ・ヴォルフ〔1805-53〕，マリア・メルケルト〔1817-72；

た；7世紀以降，繰り返しイスラム教徒の攻撃を受け，11世紀に再建後，*十字軍による増改築が行われたが，13世紀からは再びイスラム教徒の支配下におかれた；現在は，聖墳墓を中心とする*アナスタシス〔b〕と，カトリック及びギリシア，コプト，シリア，アルメニア，エチオピアの各正教会の小聖堂などからなる複合建築物で，これらの教派により共同管理されている).

Grab=geläut *n*. -[e]s, -e, ～**geläute** *n*. -s, -, 弔いの鐘. ～**gesang** *m*. -[e]s, ..sänge, 弔歌，葬送歌，挽歌. ～**gewölbe** *n*. -s, -,（一族の）地下納骨堂. ～**inschrift** *f*. -, -en, 墓碑銘. ～**kapelle** *f*. -, -n, ①葬祭用礼拝堂. ②墳墓礼拝堂（*司教や貴族が埋葬されている墓所の上に建てられた礼拝堂）. ～**kirche** *f*. -, -n, 墳墓教会，墳墓聖堂（国王，貴族，君主，司教などの墓所の上に建てられた教会堂）. ～**kreuz** *n*. -es, -e, 十字架墓標. ～**lege** *f*. -, -n, ①《古》埋葬，②（墳墓教会の中の，王族や貴族などの）墓所. ～**legung** *f*. -, -en, ①《稀》埋葬. ② die ～legung Christi キリストの埋葬（a.《単数で》*福音書〔マコ15:42-47, ヨハ19:39-42〕及び*外典に記述された，キリストの*十字架降下から遺体が埋められるまでの一連の出来事. b. aの図像；福音書によれば，アリマタヤの*ヨセフ，マグダラの*マリア，ヨセの母マリアが立ち会っているが，多くの図像には聖母*マリアや使徒*ヨハネをはじめ，様々な人物が描き加えられている）. ～**lied** *n*. -[e]s, -er, → ～gesang. ～**mal** *n*. -[e]s, ..mäler *u*.（雅:）-e, 墓標，墓石. ～**platte** *f*. -, -n, 平石碑；（教会の壁などに嵌め込まれた）板碑（Epitaph 2参照）. ～**predigt** *f*. -, -en,（司祭による）埋葬時の説教. ～**rede** *f*. -, -n, 埋葬時の弔辞. ～**schrift** *f*. -, -en, → ～inschrift. ～**stätte** *f*. -, -n,《雅》墓所. ～**stein** *m*. -[e]s, -e, 墓石. ～**tuch** *n*. -[e]s, ..tücher, 遺体を包む白布，屍衣(し:)；das ～tuch Christi 聖骸布（トリノの聖骸布〔das Turiner ～tuch〕；十字架から降ろされたキリストの遺骸を包んだと伝えられている亜麻布〔縦4.415m，横1.137m，厚さ0.3mm〕で，髭のある男性の全身像がネガフィルムのように写し出されている；1353年フランスのリレで発見，1578年にトリノに移され，現在は同地の聖ヨハネ大聖堂に保管されている）. ～**wächter** *m*. -s, -,（キリストの）墓の番人（*磔刑

福者〕らによって巡回訪問看護を目的に設立された聖エリーザベト修道女会〔Kongregation der Schwestern von der hl. Elisabeth〕の旧名〔会員が灰色の帽子を被っていたことから;1968年まで〕;現在は中欧, ロシア, 南米, アメリカをはじめ, 世界各地で病院や社会福祉施設を運営している).

Gregorianik【< Gregorius; dt. Gregor】*f.* -, グレゴリオ聖歌の様式;グレゴリオ聖歌学.

gregorianisch *adj.* グレゴリウス〔教皇〕の; der ～e Choral, der ～e Gesang 【lat. Cantus Gregorianus】グレゴリオ聖歌(8世紀後半から9世紀半ばにかけてフランク王国を中心に組織化されたラテン語による単旋律の典礼聖歌;ローマ・カトリック教会の公式聖歌〔「ローマ聖歌」;Cantus Romanus〕で, 770年頃から, 聖グレゴリウス1世教皇〔在位590-604〕の名にちなみ「グレゴリオ聖歌」と呼ばれた; 当初は口承だったが, 10世紀初頭から*ネウマで記譜された); der ～e Kalender グレゴリウス暦, グレゴリオ暦(1582年教皇グレゴリウス13世〔在位1572-85〕が, *ユリウス暦に代えて制定した現行の太陽暦); die ～e Messe グレゴリオ・ミサ(a.《通常複数で》*煉獄にある死者の霊魂の救出を願って, 同一死者のため30日間継続して行われるミサ;教皇グレゴリウス1世が聖アンドレアス修道院院長だったとき〔574/5〕, 修道者ユストゥスの死に際して30日間ミサを献げた〔ユストゥスはその後出現して煉獄からの解放を告げた〕ことにちなむ. b. *グレゴリオ聖歌を用いたミサ); die ～e Reform グレゴリウス改革(聖グレゴリウス7世〔在位1073-85〕及びその前後の教皇たちによって進められた, 教皇を頂点とする*位階制の確立, *聖職売買〔*俗人叙任〕や司祭の蓄妾の禁止など聖職者の綱紀粛正, 聖俗分離, 教会の社会的活動〔*司牧〕の強化を内容とする一連の教会改革);die Universität → die *päpstliche* Universität Gregoriana; das ～e Wasser グレゴリオ聖水(ぶどう酒, 塩, 灰を入れ, 司教によって祝別された水で, 以前は*献堂式で祭壇や壁に撒いて清めるのに用いられた〔1977年廃止され, 現在では水のみ〕;聖グレゴリウス1世教皇に由来するとされる).

Gregorius=messe *f.* -, -n, ① → die *Gregorianische* Messe. ② → Gregorsmesse. **～orden** *m.* -s, -, 大グレゴリウス勲章(1831年教皇グレゴリウス16世〔在位1831-46〕が創設した, 俗人に授けられる最高位の教皇勲章;軍人と一般人用の別がある).

Gregors・messe *f.* -, -n,〔聖〕グレゴリウスのミサ(の図像;教皇グレゴリウス1世〔在位590-604〕が, ローマのエルサレム聖十字架聖堂で*聖金曜日のミサを行っている際に, 会衆の中に*聖変化を疑う者があり, 教皇が祈りを献げると, 祭壇上にキリスト〔*苦難のキリスト〕が出現し, 血の流れ出る傷口を指し示しつつ, 復活を自ら明らかにした;15-16世紀, この伝承を主題とする図像が流行した).

griechisch【lat.】*adj.* ギリシア(ギリシャ)の, ギリシア(ギリシャ)語の; die ～e Kirche ギリシア教会(a. 現在のギリシア共和国における*東方正教会. b. → die *griechisch-orthodoxe* Kirche. c. → die *griechisch-katholische* Kirche); das ～e Kreuz ①ギリシア式十字〔架〕(縦木と横木が同じ長さで, それぞれの中央で直角に交差する十字の形;一般に正教会で用いられるが, 西方教会でも*ラテン式十字架とならんで頻繁に見られる). ②ギリシア十字型(縦軸と横軸が同じ長さの十字型); die ～e Liturgie ギリシア〔式〕典礼(*ローマ式典礼に対し, *東方正教会〔及び*カトリック東方教会〕で行われている*東方典礼のこと;典礼用語としてギリシア語が採用されたことから); die ～en Väter ギリシア教父(*アレクサンドリア, *コンスタンティノポリス, *アンティオケイアなど, ギリシア語圏において2世紀以降に活動した*教父たち;ギリシア哲学の影響下, *キリスト論及び*三位一体論を主要なテーマとして著述を行った). **Griechisch** *n.* -[s], ギリシア語(古代ギリシア及び東地中海を中心とするその植民地で話されていた言語で, キリスト教成立期に広く用いられていた;*七十人訳聖書と*新約聖書, 初期のキリスト教文書, ギリシア教父の著作は, 共通ギリシア語である*コイネーで記されている).

griechisch-katholisch *adj.* ギリシア・カトリック教会の; die ～e Kirche ギリシア・カトリック教会(ギリシア式典礼を用いるカトリック教会; die *unierte* Kirche参照). **griechisch-orthodox** *adj.* ギリシア正教会(ハリストス正教会)の; die ～e Kirche ギリシア正教

会 (die *orthodoxe* Kirche 参照). **griechisch-uniert** *adj.* → griechisch-katholisch.

Groß=almosenier【fr. Grand Aumônier】*m.* -s, -e, (15世紀以降、フランス王宮最高位の) 宮廷付き聖職者. **～inquisitor** *m.* -s, -en, 大審問官(ある国や地域の*異端審問所の統括責任者). **～kirche** *f.* -, -n, 大教会 (a. 所属信徒の多い、規模が大きな教会. b.《単数で》2世紀末からローマ帝国によるキリスト教公認〔313年〕までの初期キリスト教の時代区分；*位階制など教会の内部組織、信仰生活の様式、典礼や洗礼の方式などが確立されていく時期). **～kloster** *n.* -s, -klöster, 大修道院(Abtei 参照). **～meister** *m.* -s, -, 騎士修道会総長(Hochmeister参照).

Gruft *f.* -, Grüfte, ①墓穴. ②地下墓所、霊廟(Krypta参照).

Grün・donnerstag【< lat. dies viridium "緑の日"】*m.* -[e]s, -e, 聖木曜日(*聖週間の5日目、キリストが*聖体を制定した*最後の晩餐を記念する日；この日の典礼で*洗足式が行われることから「洗足木曜日」とも呼ばれる；「緑」には、この日の罪の償いによって「枯れた木」〔ルカ23:31〕が緑の葉を付けて生まれ変わる、かつてこの日の*典礼色が緑だった〔現在は白のため „Weißer Donnerstag" とも呼ばれる〕、あるいは古い習慣で緑の野菜を食べた、などの語源の説明があるがはっきりしない).

Grundstein・legung *f.* -, -en, 定礎式；礎石の祝別式(特に教会堂の).

Gruppen・seelsorge *f.* -, 集団司牧(学生、軍人、囚人などの団体を対象とする*司牧活動；及び、そのための施設や組織).

Guardian【it."監視者"】*m.* -s, -e, (*フランシスコ会及び*カプチン会修道院で3年ごとに任命される)修道院長.

Güdel・montag, Güdis・montag【< Güdel "満腹"?】*m.* -[e]s, -e, *schweiz.* → Rosenmontag.

Guelfe【germ.-it.；< → Welfe】*m.* -n, -n,《通常複数で》グエルフ(ゲルフ)、教皇派、教皇党(中世イタリアにおける、*神聖ローマ帝国シュタウフェン家の皇帝とローマ教皇の対立に際し、教皇側を支持して*皇帝派〔*ギベリン〕に対抗した、ボローニャ、フィレンツェ、ナポリなどの勢力；また都市内部では新興市民層に多く見られ、皇帝派の貴族や大商人と政権を争った；名称は、教皇との協調を表明したバイエルンのヴェルフェン家に由来する).

Gugel【mlat.】*f.* -, -n, カウル(engl. cowl; a. 聖職者、修道士が着用する、大きな頭巾〔フード〕付きのマント. b. 肩を覆う長さの中世の僧帽、修道士の頭巾).

gut *adj.* 良い、善い、善良な、優良な；敬虔な；das ～e Gottes 神の全善(*全知、*全能とともに神の性質の1つ)；der ～e Hirt → der gute *Hirt*；～e Werke *pl.* 善業(*聖霊の働きによって、また信仰の必然から、助けを必要としている人に対して*隣人愛を実践すること；マタ25:31-46参照)

Gut=achten *n.* -s, -, 鑑定、〔図書〕検閲(Zensur 参照). **～achter** *m.* -s, -, 鑑定人、〔図書〕検閲者(Zensor参照).

Gut・hirten・sonntag *m.* -[e]s, -e, 良い羊飼いの主日、良い牧者の主日(Hirtensonntag参照).

Gyrovage【< lat. vagus "安住しない"】*m.* -n, -n,《通常複数で》放浪修道士(古代、特にビザンティン帝国において、*使徒の生活を規範として、修道院に定住せず、また特定の戒律に従わずに、各地を放浪しながら修業を行った修道士たち；その不品行がしばしば問題となり、中世に至るまで批判の対象とされた；Wandermönch参照).

H

Habakuk【hebr."抱擁"】《固》(*m.*) ハバクク(前600年前後の預言者とされるが、詳細は不明)；das Buch ～ ハバクク書(*旧約聖書の*小預言書の8番目の書；*ユダ王国で不正と暴虐をなすカルデア人が栄え、ユダの民が苦しんでいる状況を嘆きながらも、神の*救いの計画における善の最終的な勝利を預言する).

Habaner【slowak. habáni；< hebr. ha-banim "(神の)子ら"?】*m.* -s, -,《通常複数で》ハバン派(16世紀半ば、迫害によりドイツからモラヴィアや西スロヴァキアに移住した*再洗礼派

〔*フッター派〕；スロヴァキアには20世紀初頭まで，ドイツ語を用いる同派の共同体が存続していた；ファイアンス焼〔白地に彩色を施した錫釉(ﾎﾞ)陶器〕の製作でも知られる）．

Habemus Papam [Pontificem]【lat.】ハベムス・パパム［・ポンティフィチェム］（「われら教皇を得たり」の意；*教皇選挙の直後，新教皇を公示する際に，*枢機卿団代表によって叫ばれる言葉）．

Habit【lat.-fr.】*m. (n.)* -s, -e, 修道服（Ordenskleid参照）；（聖職者などの）職服．**Habitus**【lat.“所有；性格”】*m.* -, 習性（*スコラ学の用語で，人間の行為や性向を決定し，善ないし悪に向かわせる変更困難な特質のこと；Tugend, Laster参照）．

Hadschi【arab.“旅”】*m.* -s, -s, ①（イスラム教の）メッカ巡礼者．②（キリスト教の）エルサレム巡礼者．

Hagar【hebr.“逃亡”】《固》(f) ハガル（*アブラハムの妻*サラのエジプト人女奴隷；サラに子供ができなかったことから，当時の慣習により，アブラハムの子供*イシュマエルを産む；懐妊中とその後の2度，荒野に逃亡ないし追放された；創16: 1-16, 21: 1-21）．

Hagenau《固》ハーゲナウ（フランス名アグノー〔Haguenau〕；シュトラスブルク〔ストラスブール〕の北35kmに位置するドイツとフランスの国境近くの町；1260年に帝国都市，1648年*ヴェストファーレン条約によりフランス領となった）．**Hagenauer** *adj.*《不変化》ハーゲナウの；〜 Religionsgespräch *n.* ハーゲナウ宗教討論会（1540年6-7月，カール5世〔在位1519-56〕の提議により，プロテスタントとカトリックの争点について議論するため開催された；翌年にかけて*ヴォルムス，*レーゲンスブルクでも討論が重ねられたが不首尾に終わる）．

Haggada【hebr.“説話”】*f.* -, ..doth, ハガダー（アガダー〔Aggada〕とも；*ラビによって1-7世紀に作られた口伝律法のうち，法規的なもの〔*ハラカー〕以外の，譬え話，寓話，ラビの逸話など文学形式による教え）．**haggadisch** *adj.* ハガダーの（に関する，に基づく）；die 〜en Midraschim *pl.* ミドラシュ・ハガダー（ハガダーを集成した4-11世紀の文書群）．

Haggai【hebr.“祭”】《固》(m.) ハガイ（前520年頃に活動した，旧約聖書の12*小預言者の1人；*ゼカリヤとともに*バビロニア捕囚から帰還したイスラエル人の神殿再建に尽力した）；das Buch 〜 ハガイ書〔旧約聖書の*小預言書の10番目の書；神殿再建に向けてイスラエル人を激励し，復興後の栄光を預言する；前520年に再建事業が開始され，神殿は前515年に完成した）．

Hagiasmos【gr.“聖化，聖別”】*m.* -, 《東》聖水式（イエスの洗礼を記念して*神現祭〔der große 〜 大聖水式〕及び毎月1日〔der kleine 〜 小聖水式〕に行う水の聖成〔*祝別〕の儀式）．

Hagia Sophia【gr.“聖なる智（キリストのこと）”】*f.* - -, ハギア〈アギア〉・ソフィア大聖堂（現在のトルコ，イスタンブールにある世界最大規模の教会建築；325年，*コンスタンティノポリスへの遷都に伴って建造が開始され，360年に献堂式が行われた*ビザンティン様式の聖堂だったが，404年と532年の2度の火災で焼失した；537年ユスティニアヌス1世〔在位527-65〕により，天球を表す巨大なドーム〔天蓋〕を戴いた集中式の教会堂として再建され，コンスタンティノポリス総大主教座が置かれた；1453年オスマン帝国によって東ローマ帝国が滅ぼされた後は，イスラム教のモスクへと改築された；オスマン帝国滅亡後の1934年に世俗化され，アヤソフィア〔türk. Ayasofya〕博物館となった）．

Hagiograf, Hagiograph【gr.-lat.】*m.* -en, -en, ①聖人伝の著者．②《複数で》→ Hagiographa．**Hagiographa, Hagiographen**【gr.“聖なる書”】*pl.* 諸書（*ケトゥビームとも；*旧約聖書のユダヤ人による3分類のうち，*律法〔*トーラー〕，*預言書〔*ネビイーム〕以外の文書の総称；*詩編，*ヨブ記，*箴言，*ルツ記，*雅歌，*コヘレトの言葉，哀歌，*エステル記，*ダニエル書，*エズラ記及び*ネヘミア記，*歴代誌〔上，下〕の11文書が含まれる．**Hagiographie**【gr.-lat.】*f.* -, -n, 聖人伝，聖人伝研究（*聖人またはこれに準ずる者についての著作；例えば，*ボランディストによる*聖人列伝）．**hagiographisch** *adj.* 聖人伝〔研究〕の；die 〜e Schrift（聖人の事績や文献の歴史批判的研究に基づく）聖人伝．

Hagiolatrie【gr.-lat.】*f.* -, -n, （Heiligenverehrung）聖人崇敬（*聖人における神の*恵みを賛美すること；またその功徳を模範とし，保護

と神への*執り成しを求めること；CIC. 1186-87）．

Hagiologie【gr.-lat.】*f.* -, 聖人伝記学（*聖人とその霊性に関する神学的研究）．**Hagiologion**【gr.】*n.* -, ..gien,《東》ハギオロギオン（*正教会で用いられる聖人伝を伴う典礼書）．**hagiologisch** *adj.* 聖人伝記学の（に基づく）；聖人伝の．

Halacha【hebr."歩くこと；慣例"】*f.* -, ..choth, ハラカー，ハラハー（*ラビによって1-7世紀にまとめられた口伝律法のうち，ユダヤ人の生活のすべて〔＝正しい「歩き方」〕を律する法規範；*モーセ五書とその合理的解釈，古代からの慣習に基づいて定められた）．**halachisch** *adj.* ハラカーの（に関する，に基づく）；die 〜en Midraschim *pl.* ミドラシュ・ハラカー（ハラカーを集成した文書）．

Halb・fasten *pl.* 四旬節の中日（Mittfasten参照）．

Hallel【hebr."賛美せよ"】*n.* -s, ハレル（*過越祭，*五旬祭，*仮庵祭などのユダヤ教の祝祭日に唱えられる賛歌；詩113-118, 135）．

halleluja[h] *int.* → alleluja[h]．**Halleluja[h]** *n.* -s, -s, → Alleluja[h]．

Hallen・kirche *f.* -, -n, ハレン・キルヒェ，ホール式〈広間式，等高式〉教会堂（*身廊と*側廊が同じ高さをもつ*ゴシック式の聖堂）．

Hall・jahr【その年の初まりが角笛の「響き」(Hall) をもって告げ知らされることから】*n.* -[e]s, -e, ヨベルの年（→ Jobeljahr〔1〕にあたる*ルターの訳語）．

Hand=auflegen *n.* -s, -, 〜**auflegung** *f.* -, -en, 按手，按手礼（手を伸ばし，掌を対象となる物や人に向けてかざす，ないしは直にあてる行為；旧約聖書においては，祝福〔創38:14他〕，供犠〔レビ1：4他〕，祭司の叙任〔権能の授与；民27:18〕などの儀礼で，新約聖書では，キリストによる子供の祝福〔マコ10:16〕や治癒の奇跡〔ルカ4：40他〕，*使徒による教会職の叙任〔使6：6, 13：1 他〕や*聖霊の分与〔使8:17, 19：6〕などの際に行われた；教会ではこれらに倣って，*洗礼，*堅信，*病者の塗油，*叙階の秘跡やミサ中のパンとぶどう酒の*聖別の際などに按手が行われる；現在，典礼的には，両手の掌を下に向けて頭に置く「按手礼」と，両手または右手の掌を物や人に向ける「按手」の別がある）．

Hände・waschung *f.* -, -en, → Handwaschung．

Hand=glocke *f.* -, -n, 鈴（ミサ中の*聖別の直前，及び*パンと*カリスが会衆に示される際などに，会衆の注意を喚起するために鳴らされる；Glöckchen参照）．〜**kommunion** *f.* -, -en, 掌での聖体拝領（拝領者が*司祭から*ホスティアを掌で受け，自ら口に運ぶ*聖体拝領の方法；現在では，直接口に聖体を受ける方法〔→ Mundkommunion〕よりも一般的に行われている）．〜**kuss**（〜**kuß**）*m.* -..kusses, ..küsse, (教皇，司教など高位聖職者の）手の甲（または指輪）へのキス．

Handlung *f.* -, -en, (宗教的)儀式, 祭儀；die heilige 〜 神聖な儀式(ミサ典礼, 洗礼式など)．

Hand・waschung *f.* -, -en, 洗手式(Lavabo 1 参照)．

Hanna[h]【hebr."恵み"】《固》(*f.*) ハンナ(エフライム人エルカナの2人の妻の一方だったが子供に恵まれず，シロの神殿で祈ったところ*サムエルを得た；ハンナの祈りは，マリアの賛歌〔*マニフィカト〕の原型でもある；サム上2：1 -10)．

Häresiarch【gr.】*m.* -en, -en, 異端の首魁(古代キリスト教において異端説を唱導した者；例えば，*アレイオス，*ネストリオス，*ペラギウスをいう)．**Häresie**【gr.-lat."選択；分派"】*f.* -, -n, (Ketzerei) 異端(広く正統と認められている教義からの分離；特に*洗礼を受け，自らをキリスト教徒と公言しながら，正統信仰に反する言動を執拗に続け，カトリック教会から積極的意図的に離脱すること；CIC. 751)．**Häresie・bekämpfung** *f.* -, (まれに:) -en, 異端攻撃，異端撲滅．**Häretiker** *m.* -s, -, (Ketzer) 異端者(*異端の説を執拗に公言するキリスト教徒)．**häretisch** *adj.* 異端の；異端の．

Harmagedon【hebr.-gr."メギド(古戦場の地名;ゼカ12:11)の丘"】《固》ハルマゲドン(*黙示録における*終末論的表象で，悪霊が神との最後の戦いに備えるため全世界の王を集める場所；黙16:16)．

Hasmonäer *m.* -s, -, (通常複数で) ハスモン家(*マカバイの別名)．

Haupt *n.* -[e]s, Häupter, 《雅》頭(こうべ), 首長；das 〜 der katholischen Christenheit カトリック世界の首長(ローマ*教皇のこと)．

Haupt=altar *m.* -[e]s, ..altäre, (教会堂の)主

祭壇，大祭壇，中央祭壇．**～kirche** f. -, -n, 主教会，中央教会（*ドイツ福音主義教会で*監督の座のある教会；特にハンブルクの聖ミヒャエル教会〔St. Michaelis〕，聖ヤコビ教会〔St. Jacobi〕，聖ニコライ教会〔St. Nikolai〕，聖カタリーネン教会〔St. Katharinen〕，聖ペトリ教会〔St. Petri〕をいう）．**～mann** m. -[e]s, ..leute, 百人隊長（→ Zenturioのドイツ語共同訳）；[中] 隊長，傭兵隊長；大尉．**～pastor** m. -s, -en (<nordd.> -e u. <ugs.> ..pastöre), （特に，ハンブルクの）主教会主任牧師．**～schiff** n. -[e]s, -e, （教会堂の）身廊，中廊，ネーブ（Mittelschiff参照）．**～sünde** f. -, -n, [die sieben] ～-sünden〔七つの〕罪源（人間を罪へと導く*習性で，傲慢，貪欲，邪淫，嫉妬，貪食，憤怒，怠惰の７つ；Todsünde参照）．

Haus n. -es, Häuser, 家，住まい，建物；das Gottes <des Herrn> 神〈主〉の家 (a. 教会のこと；１コリ 3:10, １テモ 3:15. b. *聖体を安置しているカトリックの教会堂）；das ～ für Ordensleute 修道院；das goldene ～ → Goldene Haus；das religiöse ～ 修道院；Im ～ meines Vaters gibt es viele Wohnungen.「わたしの父の家には住む所がたくさんある．」（ヨハ14:2）．

Haus=altar m. -s, ..altäre, 家庭祭壇．**～andacht** f. -, -en, 家庭での礼拝（祈禱）．**～armen・pflege** f. -, -n, 貧者の保護（世話）．

Häuser・segnung f. -, -en, 住宅祝別．

Haus=gottesdienst m. -[e]s, -e, 家庭礼拝．**～kapelle** f. -, -n, （宮廷，司教館，病院などに設けられた，特定人のための）自家用〈私用〉礼拝堂．**～kloster** n. -s, ..klöster, 自家修道院（特に中世の貴族が宗教界と緊密な関わりを結ぶため，自分の所有地に設立した*私有修道院）．**～postille** f. -, -n, 家庭用祈禱集（家庭での信心業のために作られた祈禱書；教会での朗読や司祭の説教の手引きとしても用いられた）．**～prälat** m. -en, -en, der Päpstliche ～prälat 教皇宮廷付き高位聖職者（かつて*四旬節の毎金曜日と*待降節に４回，*教皇その他に対し説教を行った；その後，教皇から与えられる中位の名誉称号〔→ der Päpstliche *Ehrenkaplan* の下位，→ der Apostolische *Protonotar* の上位〕となったが，→ der Päpstliche *Ehrenprälat* に名称が変更され，2014年には教皇フランシスコ〔在位2013-〕がその授与を停止した）．**～segen** m. -s, -, （玄関や壁に掛けられる）家の祝福の言葉（の額）；bei jm. hängt der ～segen schief 《比》（或人の）家ではもめ事が絶えない，家庭がうまくいっていない．**～tafel** f. -, -n, 家庭訓（聖書などに記された，家庭での倫理的義務についての勧告；例えば，エフェ 5:21-6:9, コロ 3:18-4:1）．

Hebdomadar【gr.-lat."７日間"】m. -s, -e, **Hebdomadarius** m. -, ..rien, 週番（*参事会聖堂や修道院で１週間にわたって司式の任にあたる司祭や修道者）．

Hebräer【hebr."（ユーフラテス川の向こうから）渡来した人"】m. -s, -, 《通常複数で》ヘブライ人（旧約聖書では他民族が*イスラエルの民を指していう呼称；新約では*ヘブライ語を用いるユダヤ人〔イスラエル人〕の呼び名）；der Brief an die ～ → Hebräerbrief.

Hebräer=brief m. -[e]s, ヘブライ人(ﾋﾞﾄ)への手紙（「ヘブル人(ﾋﾞﾄ)への手紙」とも；１世紀終わり頃に成立した新約聖書中の書簡；実際には説教の原稿で，中世までは一般にパウロが著したとされていたが，*ルターはアポロ〔*アレクサンドリア出身のユダヤ人雄弁家〕説を提唱するなど，著者には諸説がある；旧約との比較によるキリスト論，大祭司キリストがもたらす救済，*終末論，信仰に関する勧告などからなる）．**～evangelium** n. -s, ヘブライ人［による］福音書（後２世紀前半までにエジプトで*ユダヤ人キリスト教徒によって成立した*グノーシス的傾向の*外典福音書；キリストの洗礼と誘惑，兄弟*ヤコブに対する復活したキリストの出現の物語を含む；引用を通してわずかの断片のみが伝わる）．

hebräisch adj. ヘブライ［人，語］の．**Hebräisch**【lat.-gr.】n. -[s], ヘブライ語（旧約聖書の大部分に用いられているセム語系の言語；*カナンの言葉で，移入したイスラエル人の日常語となったが，*バビロニア捕囚から帰還すると，*アラム語に取って代わった；いわゆる聖書ヘブライ語は，後8-10世紀に*マソラ学者によって規範化されたもの）．**Hebräismus** m. -, ..men, ヘブライズム (a. 他言語，特に*ギリシア語に借用されたヘブライ語の語彙や言い回し．b. 旧約聖書に見られるヘブライ人特有の思考や行動の様式）．

Heer n. -[e]s, -e, 軍勢，大群；das große himmlische ～ 天の大軍（*ベツレヘムの羊飼いたち

にイエスの誕生を告げ知らせ，神を賛美した*天使の軍勢；ルカ2:13）．**Heer・schar**【< hebr. zebaot】*f.* -, -en, (通常複数で)軍勢；der Herr der ～en 万軍の主（旧約聖書における神〔*ヤハウェ〕の呼び名〔サム上1:3他〕; Zebaot[h]参照）．

Hegumen *m.* -s, -, **Hegumenos**【gr."指導者"】*m.* -, ..noi, (Igumen) 典院（*東方教会で，修道院を管轄する高位の修道司祭〔修道院長〕の称号；現在は名誉称号としても用いられる）．

Heide *m.* -n, -n, 異教徒（キリスト教徒，ユダヤ教徒またはイスラム教徒から見た場合の他宗教〔特に多神教〕の信者；また，自宗教に改宗させるべき人々のこと）；（聖書では：イスラエル人以外の）国々の民，異邦人; die ～n zum Christentum bekehren 異教徒をキリスト教に改宗させる；wie ein ～ fluchten《比》大声で(激しく)呪う．**heiden.**《名詞の前に置かれて「異教徒の…」，あるいは口語で「ものすごい，非常な，大量の」といった意味を名詞や形容詞に付加する；例えば：Heidenangst ひどい不安；heidenmäßig 非常に大きな，膨大な》．

Heiden=christ *m.* -en, -en, (対義語: Judenchrist) 異邦人キリスト教徒（原始キリスト教時代，特に*パウロの宣教活動によってキリスト教に改宗したユダヤ人以外の者）．～**kind** *n.* -[e]s, -er, (対義語: Christenkind) 異教徒の子供．～**mission** *f.* -, -en,（異教徒に対する）布教，伝道．～**missionar** *m.* -s, -e,（異教徒に対する）宣教師，伝道者．

Heidentum *n.* -s, ①異教徒であること；異教的な考え方（振る舞い）．②異教徒(の総体；また古くは，キリスト教徒，ユダヤ教徒，イスラム教徒以外の，唯一神を信じない者の総体をも指した)；異教世界，非キリスト教世界．**Heidin** *f.* -, -nen, → Heide (の女性形)．**heidnisch** *adj.* 異教の，異教徒の；非キリスト教的な；無宗教の，不信心の．

Heil *n.* -[e]s, ①救い, 救霊, (特に：罪からの)救済(Erlösung参照)；im Jahre des ～s 1759 キリスト紀元(西暦) 1759年に (Anno Salutis参照)．②(魂の永遠の)至福(Seligkeit参照)．

Heiland【< lat. salvator（の翻訳借用語）】*m.* -[e]s, 救世主，救い主（イエス・キリストのこと）；また，キリストの添え名）；Jesus Christus unser ～「イエス・キリスト，われらの救い主」(*ルター他による賛美歌；J. S. *バッハの*コラール編曲〔BWV. 665他〕がある）; Gesellschaft des Göttlichen ～es 救世主修道会 (Salvatorianer参照)．

heil・bringend *adj.* 救いをもたらす；die ～e Botschaft 福音 (Evangelium参照)．**Heilbringer** *m.* -s, -, 救いをもたらす者；(特に：)救世主（イエス・キリストのこと）．

heilig *adj.* ①（略: hl., *pl.* hll.) 神聖な, 聖なる；der ～e Abend 聖夜, クリスマスイブ；das ～e Abendmahl ①主の晩餐, 最後の晩餐（ルカ 22:14-22他). ②聖餐（式); der ～e Albertus Magnus 聖アルベルトゥス・マグヌス；die ～e Allianz, der ～e Bund 神聖同盟（1815年, ロシア皇帝アレクサンドル1世〔在位1801-25〕の提唱により, ロシア, オーストリア, プロイセンの間で締結され, 後にイギリス, オスマン朝トルコ, ローマ教皇を除く全ヨーロッパ諸国が参加した同盟；ナポレオン戦争後のヨーロッパにおいて, キリスト教精神に基づく平和協調関係を構築する目的があった); der ～e Christ「聖なる」キリスト; die ～e Dreifaltigkeit 聖三位一体（Dreieinigkeit参照）; die ～en Drei Könige → die Heiligen Drei *König*e; die ～e Ehe 婚姻（の秘跡）; die ～e Familie 聖家族(*幼子イエス, 聖母*マリア, 聖父*ヨゼフの三者；及び, これを主題とする図像・彫像); der ～e Festtag (宗教上の)祝日; der ～e Gegenstand (宗教上の崇敬の対象となる)神聖物; der ～e Geist → der Heilige *Geist*; ～e Geräte *pl.* → heilige *Geräte*; die ～e Gewalt → die heilige *Gewalt*; das ～e Grab → das Heilige *Grab*; das ～e <Heiligste> Herz Jesu → Herz Jesu; das ～e Jahr 聖年（Jubeljahr参照）; die ～e Jungfrau 聖処女〔マリア〕; das ～e Kollegium 枢機卿団（Kardinalkollegium参照); das ～e Kreuz → das Heilige *Kreuz*; der ～e Krieg oder heilige *Krieg*; das ～e Land 聖地（*パレスチナのこと); die ～e Liga → *Liga*; die ～e Messe ミサ聖祭; die ～e Mutter 聖母〔マリア〕; die ～e Nacht 聖夜, クリスマスイブ; der ～e Ort 聖なる場所 (*奉献や*祝別により, 神に対する崇敬や信者の埋葬にあてられる場所; CIC. 1205-13); der ～e Rock 聖衣（イエスが着用していたとされる縫い目のない1枚の布から作られた長衣〔ヨハ19:23〕; *コンスタンティ

ヌス大帝の母*ヘレナや*カール大帝によって発見されたとの伝承がある）；das ～e Römische Reich Deutscher Nation 神聖ローマ帝国（中世ヨーロッパ最大の超国家的政体；800年フランク王*カール大帝が戴冠し，西ローマ帝国の再興を志したが，*カロリング朝は衰退，断絶した；962年に東フランク〔ドイツ〕王国のオットー1世〔在位936-73〕神聖ローマ帝国皇帝962-73〕が帝位について以降は，その後継のドイツ王が，ローマ教会を基盤とするキリスト教世界の防衛を最大任務として，帝国の支配と版図拡大を進めた；*叙任権闘争やドイツ国内の分裂，大空位時代〔1256-73〕を経て，教皇との対立や帝権の衰微が進行する中，ハプスブルク家のルドルフ1世〔在位1273-91〕が皇帝位に就く；*三十年戦争後の*ヴェストファーレン条約による諸侯と領邦の主権確立によって帝国は形骸化していき，1806年ライン同盟の脱退宣言と皇帝フランツ2世〔在位1792-1806〕の退位をもって帝国は完全に解体した；なお「神聖ローマ帝国」の国号は13世紀半ばから用いられ，「ドイツ国民の」〔Deutscher Nation〕が付加されたのは15世紀末以降のこと）；das ～e Sakrament 聖なる*秘跡；die ～e Schrift 聖書，聖なる書（マタ21:42）；die ～e Sippe 聖親族（中世末期から16世紀，*聖家族への信仰が拡大され，聖母マリアの母*アンナや，さらに数代前まで遡るキリストの家系に対する崇拝が行われた；及び，これを主題として*対抗宗教改革期までに作られた美術作品）；die ～e Stadt 聖都（*エルサレムのこと）；die ～e Stätte 聖地（キリストの生涯，死と*復活に関わる地域，特に*エルサレムのこと）；der ～e Stuhl → der Heilige *Stuhl*；die ～e Stunde 聖時間（*ゲツセマネの園でのキリストの言葉〔マタ26:40〕に従って，顕示された*聖体の前で「イエスの聖心」を崇敬し，イエス・キリストの*受難と救いの秘義を賛美する*信心業）；die ～e Taufe 洗礼（の秘跡）；der ～e Vater 教皇（に対する尊称）；die ～e Weihe 叙階（の秘跡）；die ～e Woche 聖週間，受難週（*復活祭直前の1週間）；alle ～en Zeiten《比》めったにない；et. hoch und ～ versprechen <betreuern>（或事を，手を高く上げて）誓約する，確約する，固く約束する．②敬虔な，信仰の篤い．

Heilig・abend *m*. -[e]s, -e, 聖夜，クリスマスイブ．**Heilige**" *m*. u. *f*. -n, -n,《形容詞的変化》①聖人，聖女（a. 広義では「聖徒」または「聖なる者たち」（コロ1:2）のことでキリスト教信者全般をいう．b. 称号としての「聖(人)」は，*殉教した者，または特に敬虔な生涯を送って神の格別な*恵みを受けた者であることを，教会が*列聖の手続きをもって公に宣言した人々に冠せられる；*崇敬の対象となり，信徒は神への*執り成しを願うことができる）；der ～ 神（聖なる御方）；alle ～n anrufen《比》大変に困った状態にある；あらゆる手をつくす（あらゆる聖人に助力を呼びかける，から転じて）．②《話》とても信心深い人．

Heilige・dreikönigs=fest *n*. -[e]s, -e, ～**tag** *m*. -[e]s, -e,《Heilige-が形容詞的変化をすることもある》→ Dreikönigsfest.

heiligen *t*. (*h*) ①（或人を）*聖化する，*成聖させる；(heiligsprechen)*列聖する；(weihen)*聖別する；(segnen)*祝別する．② (heilighalten) 神聖なものとして崇める；den Feiertag <Sonntag> ～ 祝日〈主日〉を守る（教会の*祝日や日曜日に労働をせず，ミサに与ること）；geheiligt werde dein Name「み名が聖とされますように」（*主の祈りの一節；以前は「み名の尊まれんことを」；マタ6:9参照）．③ (rechtfertigen) 正当化する．

Heiligen=akten *pl*. → Acta Sanctorum. ～**attribut** *n*. -[e]s, -e, 聖人のアトリビュート（Attribut参照）．～**bein** *n*. -[e]s, -e, 聖人の遺骨．～**bibliographie** *f*. -, -n, 聖人伝（Hagiographie参照）．～**bild** *n*. -[e]s, -er, 聖画像（キリスト，聖母*マリア，*使徒，その他の聖人の図像・影像）．～**buch** *n*. -[e]s, ..bücher, 聖人伝集，聖人暦（聖人の祝日順にその略伝を掲載した，多くは挿絵入りの書籍；～kalender参照）．～**dienst** *m*. -[e]s, -e, → Gottesdienst. ～**fest** *n*. -[e]s, -e, 聖人の記念日，聖人祝日．～**figur** *f*. -, -en, 聖像．～**gebein** *n*. -[e]s, -e, → ～bein. ～**geschichte** *f*. -, -n, 聖人伝，聖人物語（Hagiographie, Legende参照）．～**glanz** *m*. -es, → Glorie. ～**haus** *n*. -es, ..häuser, 修道院．～**kalender** *m*. -s, -, 聖人暦（1年を通じて日付順に掲載された聖人の祝日のカレンダー）．～**katalog** *m*. -[e]s, -e, 聖人録，聖人暦（～buch参照）．～**kult** *m*. -[e]s, -e, 聖人崇敬（Hagiolatrie参照）．～**leben** *n*. -s, 聖人伝（Hagiographie参照）．～**le-**

gende f. -, -n, 聖人伝［説］, 聖人物語（通俗的に書かれた聖人の伝記；Legende 1 参照）. 〜**lied** n. -[e]s, -er, 聖歌. 〜**litanei** f. -, -en, → Allerheiligenlitanei. 〜**sage** f. -, -n, 聖人伝説（Legende参照）. 〜**schein** m. -[e]s, -e, → Glorie. 〜**schrein** m. -[e]s, -e, 聖遺物箱（Reliquiar参照）. 〜**schrift** f. -, -en, 聖書. 〜**statue** f. -, -n, 聖像. 〜**tag** m. -[e]s, -e, 聖人の祝日. 〜**verehrung** f. -, -en, 聖人崇敬（Hagiolatrie参照）. 〜**vita** f. -, ..viten, 聖人伝（Hagiographie参照）.

Heiliger・dreikönigs・tag m. （2格:）Heilige[n]dreikönigstag[e]s, (pl.:) Heilige[n]dreikönigstage, → Heiligedreikönigstag.

Heiligkeit f. -, 聖, 聖性, 神聖［さ］；Eure 〜 聖下（ローマ教皇など, ある宗教・宗派における最高権威者への呼びかけ）；Seine 〜 ［教皇］聖下（教皇に対する尊称）. **Heiligkeitsgesetz** n. -es, ①神聖法集, 聖性法典（神が*モーセを通じて*イスラエル人との間に結んだ, 聖なる場所, 死刑, 祭司, 献げ物, 祝祭日, *ヨベルの年, *偶像崇拝の禁止などに関する, レビ17: 1 -26:46の*律法；1887年, ドイツの*ルター派神学者アウグスト・クロスターマン〔1837-1915〕の命名による). ②聖化律法（*モーセ五書が成立した際の副次的資料；略: H）.

heilig・machend adj. 成聖の, 聖なるものとする；die 〜e Gnade → die heiligmachende *Gnade*.

heilig|sprechen t. (h) (kanonisieren) 列聖する, *聖人の列に加える；Papst Franziskus hat Johannes XXIII. und Johannes Paul II. *heiliggesprochen.* 教皇フランシスコはヨハネ23世とヨハネ・パウロ2世を列聖（聖人として宣言）した.

Heiligsprechung f. -, -en, （Kanonisierung）列聖, 列聖式（*列福によって*福者とされた者を, さらに*聖人の列に加え, 公の崇敬の対象とすべきことを教皇が宣言すること；及び, そのための儀式）.

Heiligtum n. -s, ..tümer, ①巡礼所（聖地, 聖域, 聖堂など, 地区裁治権者の承認のもと, 多くの信者が特別の信心のために巡礼する「聖なる場所」；CIC. 1230-34）. ②聖物；（特に:）聖遺物（Reliquie参照）.

Heiligtums=entweihung f. -, -en, 汚聖, 瀆聖（Sakrileg参照）. 〜**raub** m. -[e]s, 聖物窃盗. 〜**schänder** m. -s, -, 汚聖者, 瀆聖者. 〜**schändung** f. -, -en, 汚聖, 瀆聖.

Heiligung f. -, (まれに:) -en, 聖化, 成聖（人が聖なるものとされること；*洗礼により神の*成聖の恵みを受け, 生涯をかけて神に近づく努力を重ねて, その結果として*天国で神と一致するに至る一連の過程をいう）.

Heiligungs=bewegung【engl. Holiness movement】f. -,《プ》ホーリネス運動, 聖化運動（19世紀後半における*メソジスト教会の分派運動で, 同教会の創設者ジョン・ウェスリー〔1703-91〕の「聖潔」「きよめ」「聖化」とも〕と「キリスト者の完全」〔Christian perfection; dt. Perfektion des Christen〕に関する教説を重視, 敷衍して, *聖霊による個々人の清めの体験を強調する；多様な分派がある）. 〜**dienst** m. -[e]s, -e, （教会の）聖化する任務（CIC. 834-1253）.

Heils=armee【engl. The Salvation Army】f. -, 救世軍（英国の*メソジスト派の牧師ウィリアム・ブース〔1829-1912〕が1865年ロンドンで創始した, 軍隊的組織の布教団体；生活困窮者の支援と積極的な伝道活動を国際的規模で展開する）. 〜**armee・soldat** m. -en, -en, 〜**armist** m. -en, -en, 救世軍兵士. 〜**botschaft** f. -, 福音（Evangelium参照）；（神の）救いのメッセージ（CIC. 211, 225-1）. 〜**bringer** m. -s, -, → Heilbringer. 〜**erwartung** f. -, -en, 救済の期待（近い将来に「*世の終わり」〔*終末〕が到来し, 救世主によって〔自分自身を含む〕特定の宗教・教派の信者のみが救われることを待望すること）. 〜**geheimnis** n. -ses, -se, 救いの神秘（現行の*教会法は, 神学生に対し, *教理神学の授業において*トマス・アクィナスを師として「救いの神秘」をより深く理解することを要求する；CIC. 252§3）. 〜**geschichte** f. -, 救済史（旧約・新約聖書に示されている歴史の全体が, 人間の救済のための目的論的構造をもち, 個々の事象は*予型論的に対応し合って*終末論的な方向性を有すると考える歴史観）. 〜**gewiss** (〜**gewiß**) adj. キリスト教を信仰する. 〜**gewissheit** (〜**gewißheit**) f. -, 救済の確信（特にプロテスタント神学において, 神の救済意志に絶対的な信頼を置くこと）. 〜**lehre** f. -, -n, 救済の教義, 救済論（キリストによる人類救済に関する教え）. 〜**notwendigkeit** f. -, -en, 救いに必須の行為（救霊に至るために必要不可欠な行い；

例えば，信仰を深め，*洗礼を受けてキリスト教会の一員となること)．**～ökonomie** *f.* -，救いの計画，神の摂理(Providenz参照)．**～ordnung** *f.* -，救済の秩序(神の*摂理に基づいて，*召命，*照明，*回心，*再生，*聖化を経て，最終的に救済に至る過程の全体)．**～plan** *m.* -[e]s，(*救済史において示される神の)救いの計画．**～sendung** *f.* -，(教会の)救いの使命(CIC. 207§2参照)．**～soldat** *m.* -en, -en，→ ～armeesoldat．**～spiegel** *m.* -s, -，救済の鑑(カガミ)(1324年ストラスブール〔シュトラースブルク〕のドミニコ会修道院で作られた『人間の救済の鑑』〔Speculum humanae salvationis〕，及びこれを規範として中世末期以降，民衆のために書かれたドイツ語やフランス語による挿絵入り*信心書)．**～tat** *f.* -, -en，(神の)救いの御業．**～tatsache** *f.* -, -n，救済の事実(キリストの*受肉，*処女懐胎，*復活，*昇天など，神の*恵みの存在を証する，*救済史における諸事実)．**～wille** *m.* -ns, der ～wille Gottes 神の救済意志(すべての人間を*永遠の命へ導こうとする神の思い，愛)．

Heiltum *n.* -s, ..tümer，《雅》→ Heiligtum．

Heilung *f.* -, -en，癒し(身体的な病気を治癒すること；新約聖書では，イエスの*奇跡の業に見られるほか，*使徒たちには癒しの*カリスマが与えられており，これらに基づいて*病者の塗油の秘跡が定められている)．

heim|suchen *t.* (*h*)（或人を，不幸や災難などが)襲う，苦しめる；(或人に神が)試練を与える(Heimsuchung 2参照)．**Heimsuchung** *f.* -, -en，① 《単数で》Mariä ～ 聖母の訪問［の祝日］（*受胎告知を受けた聖母*マリアが，洗礼者*ヨハネを懐妊した*エリサベトを訪問したこと〔ルカ1:39-56〕を記念する祝日；エリサベトはマリアの挨拶を受けて*聖霊に満たされ，「あなたは女の中で祝福された方です．胎内のお子さまも祝福されています」〔segnen参照〕と語った；ローマでは8世紀より*待降節中に，東方教会では7月2日に行われていたが，1969年以降，ローマ暦においては5月31日)．② (神の)裁き，(神の与える)試練，天罰(エレ23:12, 46:21, 50:31, エゼ9:1参照)．**Heimsuchungs・orden** *m.* -s, (Salesianerinnen, Visitantinnen) 聖母訪問会(1610年，フランソワ・ド・サル〔1567-1622；聖人〕とジャンヌ・フランソワーズ・ド・シャンタル〔1572-1641；聖人〕が病人介護，教育，女性扶助の目的で南フランスのアヌシーに設立した女子修道会)．

Heirats=altar *m.* -s, ..altäre，婚姻祭壇．**～alter** *n.* -s，結婚年齢(現行の*教会法の規定では，男子は満16歳，女子は満14歳に達しなければ有効な婚姻の締結ができない；CIC. 1083)．

Helena 《固》(*f.*) Flavia Iulia ～ フラウィア・ユリア・ヘレナ(248/50頃-330頃；聖人；*コンスタンティヌス大帝の母で，312年頃受洗して熱心なキリスト教徒となり，数多くの教会を建築した；326年頃にはエルサレムを巡礼し，その際*ゴルゴタで*聖十字架，*聖釘，*聖槍などの*聖遺物を発見したとされる；祝日：8月18日)．

Heliand【altsächs."救世主"】*m.* -s，ヘーリアント(830年頃*敬虔王ルートヴィヒ〔1世〕の命によりゲルマン人布教のため，キリストの生涯を素材に古ザクセン語で書かれた叙事詩；キリストはゲルマンの王，*使徒たちはその重臣として描かれるなど，ゲルマンの英雄叙事詩の伝統を踏まえている)．

Hellenismus【< gr. hellēnismós; < gr. Hellás "ギリシア"】*m.* -s，ヘレニズム(マケドニアのアレクサンドロス大王〔在位前356-23〕の東方遠征〔前333-23〕により始まった，以後300年に及ぶギリシア文化とオリエント文化の融合，及びその時代；また*ディアスポラとして生活するユダヤ人が，ユダヤ教を信仰しながらもギリシア語・ギリシア文化の環境において生活，思索する中で生成した，ギリシア古代哲学とユダヤ教との融合体；あるいは，*ヘブライズムのギリシア化などをいう)．

Hellenist *m.* -en, -en，ヘレニスト(*初代教会において，ギリシア語を母国語として話した*ユダヤ人キリスト教徒；使6:1)．

helvetisch【< lat. Helvetia (スイスのラテン語古名)】*adj.* スイスの；das ～e Bekenntnis, die ～e Konfession → Confessio Helvetica．

Henkel・kreuz *n.* -es, -e，エジプト十字，エジプト式十字架(*ラテン式十字架の上部が取っ手〔Henkel〕のようなループ状になっているもの；Anch参照)．

Henoch【hebr."召使い"】《固》(*m.*) エノク(*カインの子〔創4:17〕，イエレドの子〔創5:18〕；「エノクは神とともに歩み，神が取られたの

でいなくなった。」〔＝ war seinen Weg mit Gott gegangen, dann war er nicht mehr da; denn Gott hatte ihn aufgenommen.；創5:24〕とされ，死ぬことなく天に迎えられたとの解釈がある〔シラ44:16参照〕）；das Buch 〜 エノク書（旧約聖書*偽典で，ヘブライ語またはアラム語からエチオピア語に訳されたユダヤ教の*黙示文学〔第1エノク書〕；死ぬことなく天に上げられたエノクが，*天使の世界，死後や未来の歴史，神の報いについて，天界で受けた*啓示を内容とする；他にスラブ語〔第2エノク書〕，ヘブライ語〔第3エノク書〕の断片が伝わる）．**Henoch・buch** n. -[e]s, ..bücher, → das Buch *Henoch*.

Henotheismus【gr.-lat.】m. -, 単一神教（古代インドのヴェーダ宗教にみられるように，複数の神の存在を認めつつ，機会や祭祀の場に応じて，その中から特に一神を主神として優越的に崇拝する宗教形態；祭祀が変わると尊崇される主神もまた交替する；Kathenotheismus, Monolatrie参照）．**henotheistisch** adj. 単一神教の．

Heortologie【gr.-nlat.；< gr. héortē "祭"】f. -, 教会祝祭学，祝日学(*教会暦の祝祭日の歴史や意義を研究する学問）．**Heortologium** n. -s, ..gien, 教会祝祭暦．

Heptateuch【gr.-lat."7冊の本"】m. -s, 七書(*旧約聖書の初めの，*創世記，*出エジプト記，*レビ記，*民数記，*申命記，*ヨシュア記，*士師記の総称）．

Herbst・quatember m. -s, -, 《通常複数で》秋の斎日（Quatember参照）．

Herde f. -, -n, 群れ，群衆；《雅》教区の信者，教区民；〜 Christi（総称的に：）キリスト教徒．

Hermannsburger Mission f. -, -, ヘルマンスブルク伝道団（1849年*ルター派の牧師ルートヴィヒ・ハルムス〔1808-65〕によってニーダーザクセンのヘルマンスブルクに設立された，宣教師養成及び宣教事業のための組織）．

Hermeneutik【< gr. hermēneúein "解釈する"】f. -, 〔聖書〕解釈学（Bibelhermeneutik, Exegese参照）．**hermeneutisch** adj. 〔聖書〕解釈学の．

Hermesianismus【< Georg *Hermes*】m. -s, ヘルメス主義（ミュンスター及びボン大学神学教授・司祭のゲオルク・ヘルメス〔1775-1831〕が，カントとフィヒテの影響下で提唱した，人間理性にキリスト教信仰の基盤をおく神学の立場；1835年，教皇グレゴリウス16世〔在位1831-46〕により*合理主義として排斥された）．

Hermetik【< Hermes Trismegistos】f. -, ヘルメス文書（知恵の神人ヘルメス・トリスメギストスに由来するとされる前3-後3世紀に成立した文書の総称；*新プラトン主義，*グノーシス主義，占星術，ピタゴラス哲学など極めて多様な要素の混交体で，プラトン的な対話形式をとる；*ルネサンスやロマン主義に影響を及ぼした）．

Herodes【gr. "英雄的"】《固》(m.) ヘロデ (a. ヘロデ1世〔〜 der Große ヘロデ大王；前74頃-前4〕：ユダヤ人ではなかったが皇帝アウグストゥス〔前63-後14〕らの支持により前37年以降*ユダヤを支配した；領土を拡張するとともに，各地にローマ風の都市，劇場や宮殿を建築し，前20年頃にはエルサレム神殿の大改修を行った；イエス・キリストの誕生は，彼の治下〔在位前37-前4〕の末期にあたり，救世主の誕生の予言を聞き，王位が脅かされることを恐れて，*ベツレヘムの嬰児を皆殺しにしたとされる〔der bethlehemitische *Kindermord*参照〕；マタ2:1-16．b. ヘロデ・アンティパス：ヘロデ大王の第2子で，その死後遺言によりガリラヤとペレアを支配した〔在位前4-後39〕；異母兄弟の妻ヘロディアとの結婚を洗礼者*ヨハネに反対され，その娘*サロメの願いに乗じて彼を斬首した〔マコ6:16-28〕；また*ピラトから送られてきたイエスを尋問した〔ルカ23:7-12〕．c. ヘロデ・アグリッパ1世：前10頃-後44；ヘロデ大王の孫で，37年頃ユダヤの王に即位した；キリスト教徒を迫害し，大*ヤコブを斬首，*ペトロを投獄した；使12章）．

Herr【< mlat. senior（の翻訳借用語）】m. -n, -en, ① 《単数で》主（旧約聖書では神〔*ヤハウェ〕を，新約ではキリストを表す称号）；[Gott] der 〜 / der 〜 der Welt 主なる神；der 〜 über Leben und Tod 生と死を統べる御方（神のこと）；der 〜 Jesus / Jesus Christus, der 〜 主イエス・キリスト；mein lieber 〜! / 〜 je (*od.* → herrje) / 〜 Jemine (*od.* → herrjemine)! えっ，ああ，おやおや（驚き，憐憫などの表現）；〜 [du] meines Lebens 何てことだ（[汝] わが命の主よ；驚きの表現）；das Gebet des 〜n 主の祈り（Vaterunser参照）；das Haus des 〜n 主の家（教

会堂，聖堂のこと）；im Jahre des 〜n ... 西暦…年に（Anno Domini参照）；der Tag des 〜n 主日（日曜日）；der Tisch des 〜n《雅》祭壇；zum Tisch des 〜n gehen *聖餐に与る；im 〜n einschlafen 主の御許で眠る，永眠する；er ist ein großer Jäger vor dem 〜n 彼は腕のよい猟師だ（創10: 9に基づく）；wen der 〜 lieb hat, den straft <züchtigt> er「主は愛する者を懲らしめられる」（箴3:12〔ヘブ12: 6参照〕；転じて「ざまをみろ」の意で用いられることも）．②主人，主君；der geistliche 〜《方》(Pfarrer) 牧師．

Herren・mahl n. -[e]s, 主の晩餐，最後の晩餐．**Herrenmahl・meister** m. -s, -, ヨハネ騎士修道会会長．

Herr・gott【親しみを込めた神への呼びかけ】m. -[e]s, ①神様，主なる神；unser 〜 神様；〜 noch [ein]mal! 何てことだ，ちくしょう（不快感，怒りを表す）；dem lieben 〜 den Tag stehlen《比》無為に日を送る．② <südd., östr.> (Kruzifix) キリスト十字架像．

Herrgotts=frühe f. -,《次の成句で》in aller 〜frühe 朝まだきに，早朝（のまだ暗いうち）に．**〜tag** m. -[e]s, -e, <schweiz.> → Fronleichnam．**〜winkel** m. -s, <südd., östr.>（特にカトリックの農家の居間などで）キリスト十字架像を安置した一隅．

herr・je[・mine]，herr・jes，herr・jeses，herr・jesses【< Herr Jesus [Domine] !】int.（驚き，同情，憐憫などを表して）えっ，何たること，おやおや，これはこれは．

Herrlichkeit f. -, 栄光，光栄；die 〜 Gottes 神の栄光（神の崇高さ，完全性，偉大さなどの表現）．

Herrnhuter《I》m. -s, -,《通常複数で》ヘルンフート派（*ツィンツェンドルフがモラヴィアの*敬虔主義の一団〔ボヘミア兄弟団〕らに対し，1722年ラウジッツの領地の一部をヘルンフート〔「主の守り」の意〕と名付けて与えたことにより発足した超教派的な信仰共同体；その後，*モラヴィア兄弟団としてヨーロッパのみならず世界規模の宣教を展開した；ヨハン・ヴォルフガング・フォン・ゲーテ〔1749-1832〕例えばその『ヴィルヘルム マイスターの修業時代』(Wilhelm Meisters Lehrjahre；1796) の「美しき魂の告白」(Bekenntnisse einer Schönen Seele)〕や*シュライエルマッハーに影響を与えた）．《II》adj.《不変化》ヘルンフート［派］の；die 〜 Brüdergemeinde ヘルンフート兄弟団（ヘルンフート派と同じ）．**herrnhutisch** adj. ヘルンフート［派］の．

Herrschaft f. -, -en, ①《単数で》支配［権］；die 〜 des Teufels 悪魔の支配（*原罪により堕落と死の恐怖にさらされている状態；ヨハ12:31, 14:30参照）．②《複数で》[< lat. Angeli dominationes] 主天使（「主権」とも；*天使の歌隊における第2階級の1に位置する天使たち；*力天使と*能天使を指導する；王の服と冠を着け，笏（しゃく）を手に権威を示す；コロ1:16)．③《複数で》(身分の高い，高貴な) 人々，紳士淑女；meine 〜en! 皆さん（会衆への呼びかけ）．

Herz n. -ens (3格: -en, 4格: -), -en, 心臓，心；Selig, die ein reines 〜 haben; denn sie werden Gott schauen.「心の清い人々は，幸いである，その人たちは神を見る．」(*真福八端の一句〔マタ5 : 8〕；ルター訳：Selig sind, die reinen 〜ens sind; denn sie werden Gott schauen.)；Wes das 〜 voll ist, des geht der Mund über. / Wem das 〜 voll ist, dem geht der Mund über.「心の内にあふれている思いは，おのずから言葉となって出る．」(マタ12:34に基づく；共同訳：wovon das 〜 voll ist, davon spricht der Mund「人の口からは，心にあふれていることが出て来るのである」)；jn. (et.) auf 〜 und Nieren prüfen（或人・或物を）徹底的に調べる，本質を見極める (詩7 :10「心とはらわたを調べる方／神は正しくいます」〔gerechter Gott, der du auf Herz und Nieren prüfst〕に基づく)；aus seinem 〜en keine Mördergrube machen 心に秘密をもたない，思っていることを率直に述べる（マタ21:13に基づく）．

Herz Jesu【< lat. Cor Jesu】n. -ens -, (3格: -en -, 4格: - -), das Heilige <Heiligste> 〜 〜 イエスの聖心（せいしん）（人類の*贖罪のために死んだキリストの心臓のこと；十字架上で槍に刺し貫かれた心臓を神人的愛の象徴とみなしたもので，中世以降*崇敬の対象とされた；17世紀，マルグリット＝マリー・アラコック〔1647-90；聖人〕の幻視〔1673-74〕と，彼女の*聴罪司祭でイエズス会士クロード・ド・ラ・コロンビエール〔1641-82；聖人〕の尽力によって，イエスの心臓への信心が拡大し，1756年ピウス9世〔在位1846-78〕が全

教会に対して聖人の祝日〔イエスのみ心〕を公認した）．**Herz-Jesu-Bild** n. -[e]s, -er, イエスの聖心の図像（中世にはハート形のシンボルに傷や*受難具〔1本または7本の剣など〕が配されたものがしばしば描かれ，今日でも，茨が巻かれた心臓が胸部に描き込まれたイエス像が各地で見られる）．**Herz-Jesu-Fest** n. -[e]s, -e, イエスのみ心の祝日（*聖霊降臨の主日後，第2主日の後の金曜日，つまり「*キリストの聖体」の主日直後の金曜日）．

Herz-Jesu-Freitag m. -[e]s, -e, イエスの聖心の金曜日（「*イエスの聖心」に対する特別の崇敬を行い，償いの*聖体拝領をする毎月の第1金曜日）．**Herz-Jesu-Litanei** f. -, イエスの聖心の連願（冒頭の*三位一体に対する祈りと「*イエスの聖心」に対する33の祈求からなる*連願）；アラコクと交流のあったイエズス会士ジャン・クロアゼ〔1656-1738〕の祈り〔1718年〕に由来し，1899年レオ13世〔在位1878-1903〕によって公認された）．

Herz-Jesu-Schwestern pl.〔イエズスの〕聖心会（1800年，マグダレナ・ソフィア・バラ〔1779-1865；聖人〕がパリで創立した女子修道会；フランス革命後，キリスト教信仰の低迷した時代状況にあって「*イエスの聖心」の愛により人々を神に立ち返らせようとした；ドイツ語での正式名称は，Gesellschaft vom Heiligen Herzen Jesu (Sacré-Cœur)；略：RSCJ）．**Herz-Jesu-Verehrung** f. -, イエスの聖心の崇拝．

Herz Mariä n. -ens -, (3格: -en -, 4格: - -), das Unbefleckte 〜 〜 〔聖母〕マリアの汚れなき御心 (das Unbefleckte Herz Mariens とも；*原罪を免れた聖母*マリアの心臓のことで，慈愛と清純の象徴として，特に17-18世紀以降に崇敬の対象となった；及び，これを記念する祝日）．**Herz-Mariä-Fest** n. -[e]s, -e, マリアの汚れなき御心の祝日，聖母のみ心の祝日（*聖霊降臨の主日後，第2主日の後の土曜日，つまり「*イエスのみ心の祝日」の翌日；1944年ピウス12世〔在位1939-58〕によって制定された；1855年から1944年までは8月22日）．

Herz-Mariä-Schwestern pl. マリアの御心〔子女〕会（1791年パリでイエズス会士ピエール・ド・クロリヴィエール〔1735-1820〕とマリー＝アデライド・ド・シセ〔1749-1818；初代総長〕によって創立された女子修道会；ドイツ語での正式名称は，Gesellschaft der Töchter vom Herzen Mariä；略：SFCM）．

Hesekiel《固》(m.) → Ezechiel（の*ルター訳聖書の表記）．

Hesychasmus【gr.-lat.; < gr. hēsychmós】m. -, 《東》ヘシカズム（ヘシュカスモス），静寂主義（14世紀に正教会の修道士がギリシアの*アトス山で創始した禁欲的神秘主義；心身技法を伴う「イエスの祈り」によって，神の光を見る神秘体験ができるとした）．**Hesychast** m. -en, -en, ヘシカスト（ヘシュカスト），静寂主義者．

heterodox【gr.-lat."正統と異なる"】adj.（対義語: orthodox）正統信仰に反する，異端の；他宗教を信じる．**Heterodoxer** m. -, -, 異端者；他〔宗〕教者．**Heterodoxie** f. -, -n,（対義語: Orthodoxie）異端 (Häresie 参照)；他宗教，他教．

Heterousianer【< gr. hetero-ousios】m. -, -, ヘテロウシオス派，異質〈異体〉論者（キリストと聖父は「本質的に異質」〔ヘテロウシオス〕であるとし，*三位一体を否定した厳格な*アレイオス派；325年第1*ニカイア公会議で排斥された；Homousianer 参照）．**Heter[o]usiast** m. -en, -en, → Heterousianer.

Hethiter, Hettiter m. -s, -, ヘト人，ヒッタイト（前17世紀半ば頃，高度な製鉄技術を駆使してアナトリアに強大な帝国を建設し，エジプトと対等の勢力を有した，インド・ヨーロッパ語族に属する民族〔王下7:6-7〕；ただし旧約聖書においては，セム系カナン先住民〔創10:15〕を表すなど，多義的に用いられている）．

Heu・schrecke f. -, -n, いなご（エジプトに災害をもたらしたバッタ科の昆虫〔出10:4-19〕；旧約聖書には食用としての記述がしばしば見られるが，*終末の接近の*黙示録的象徴としても登場する；黙9:3-7）．

Hexaemeron【gr.-lat."6日間"】n. -s, ヘクサエメロン，天地創造の六日間（*創世記第1章に描かれた6日間の*天地創造の物語）．

Hexateuch【gr.-lat."6冊の本"】m. -s, 六書（*旧約聖書の初めの，*創世記，*出エジプト記，*レビ記，*民数記，*申命記，*ヨシュア記の総称；神が約束した土地にイスラエル民族が入り，さらに各部族に割り振られるまでを1つの物語とみなしうることから）．

Hexe【原義"柵の上の魔(の女)"】f. -, -n, 魔女

（13-18世紀，特に17世紀の前半に，悪魔と結託し，個人や共同体に対して害悪をなしたとして弾劾された女性〔男性の場合は → Hexer〕；ペストの流行，飢饉，戦争などによる社会的混乱・不安を背景に，またときには関係する人々の畏怖や憎しみ，嫉妬といった感情から，一種の*スケープゴートとして迫害されたと考えられる；*ドミニコ会の*異端審問官ハインリヒ・クラマー〔1430頃-1505〕とヤーコプ・シュプレンガー〔1437頃-95〕による『魔女への鉄槌』〔lat. Malleus Maleficarum；dt. Der Hexenhammer；1486年*シュパイアー刊〕は，教会から異端視される著作だったが，版が重ねられ，その魔女の定義と断罪法は後世まで大きな影響力を及ぼした；またプロテスタント地域でも厳しい魔女狩りが行われた）．**hexen**（I）*i.*(h) 魔法を使う．《II》*t.*（或事を）魔法で生じさせる，魔法で起こす．

Hexen=besen *m.* -s, -, 魔女の箒．～**glaube** *m.* -ns, 魔女信仰．～**hammer** *m.* -s, 魔女への鉄槌（のドイツ語版表題；Hexe参照）．～**jagd** *f.* -, -en, 魔女狩り（13-18世紀ヨーロッパのキリスト教社会において，魔女，異端者と見なされた人々を対象に行われた苛烈な迫害；政治的，思想的あるいは人種的に異質な少数者・弱者を，共同体から徹底して排撃しようとする集団の異常心理・行動を比喩的にいう場合も）．～**kessel** *m.* -s, -, 魔女の鍋（民間伝承で，魔女が秘薬を作るために用いるとされる）；《比》喧嘩の巷．～**küche** *f.* -, -n, 魔女の厨（民間伝承で，魔女が秘薬を調合する場所）．～-**meister** *m.* -s, -,（民間伝承で）魔法使い，魔術師．～**probe** *f.* -, -n, 魔女審問（魔女の嫌疑がかけられた人々〔多くは女性〕に対する，拷問を含む取り調べ）．～**prozess**（～**prozeß**）*m.* -es, -e, 魔女裁判（14-18世紀，教会や世俗権力によって行われた，魔女に擬された特定人への厳しい糾問）．～**sabbat** *m.* -s, -e, 魔女の集会（民間伝承で，悪魔と魔女たちが，特に*ヴァルプルギスの夜に山上で繰り広げたとされる饗宴）；《比》乱痴気騒ぎ．～**tanz** *m.* -es, ..tänze,（魔女の集会などにおける）魔女のダンス；《比》馬鹿騒ぎ．～**verfolgung** *f.* -, -en, 魔女迫害，魔女狩り（～jagd参照）．～**wahn** *m.* -[e]s, 魔女幻想，魔女妄想．

Hexer *m.* -s, -, 悪魔と結託した者（→ Hexeの男性形）；魔法使い．

Hierarchie【gr.-lat."聖なる起源，統治(者)"】*f.* -, -en, ヒエラルキア，ヒエラルヒー（a. 神を頂点として被造物の全体が作る位階的秩序．b. 神に由来し，キリストが*使徒とその後継者に授与した，教会における聖なる*権能．c.〔聖職〕位階制〔度〕，教階制〔度〕：*教皇を頂点とする*司教，*司祭，*助祭の聖職階級〔CIC. 1009§1〕，また，*枢機卿，*管区大司教，*司祭総代理などの職制によってピラミッド状に構成される，bの権能の行使者の全体，あるいはその組織や制度）．**hierarchisch** *adj.* 〔聖職〕位階制〔度〕の，教階制〔度〕の．

hieratisch *adj.* (priesterlich) 聖職者の；（古代エジプトの）神官の．

Hierokrat【gr."聖なる統治"】*m.* -en, -en, 教権制〈教権統治〉主義者．**Hierokratie** *f.* -, -n, (Priesterherrschaft) 教権制，教権統治，聖職者政治（宗教的権力による国家統治；例えば，17-18世紀のパラグアイにおける*イエズス会宣教師による統治）．**hierokratisch** *adj.* 教権統治(主義)の．**Hierokratismus** *m.* -s, 教権統治主義（ローマ*教皇の*裁治権を拡大し，聖俗のすべての権力に対するその優位性を認め，旧約時代の*神政政治を教皇のもとで復活させようというグレゴリウス7世〔在位1073-85〕の宗教的政治的企図）．

Hieromant【< gr. hierós + manteia "聖なるものを予言する"】*m.* -en, -en, *いけにえ占い師．**Hieromantie** *f.* -, いけにえ占い（神に献げた供物，特に*いけにえの獣によって行われる占い）．**hieromantisch** *adj.* いけにえ占いの（による）．

Hieromonachos【gr.】*m.* -, ..choi,《東》修道司祭（*ギリシア正教会で，*司祭に*叙階された修道士；または在俗司祭で修道士になった者）．

Hieronymit *m.* -en, -en,《通常複数で》〔聖〕ヒエロニムスの隠修士（14世紀半ば，スペイン及びポルトガルにおいて*ヒエロニムスの生活様式に従う*隠修士たちの集団が，教皇グレゴリウス11世〔在位1371-78〕より*アウグスティヌスの戒律が与えられ，観想生活を主目的とする修道会として発足したもの；現在は，教皇庁立男子修道会）．**Hieronymus**【< gr. hierós + ónoma "聖なる名前"】《固》(*m.*) ヒエロニムス (a. 347頃-420；聖人，ラテン*教父，*教会博士；372年，真の修道生活を求め

て東方巡礼を行う最中、*アンティオケイアで病を得て8年滞在するが、その間聖書研究に専念した；教皇ダマスス1世〔在位366-84〕の依頼を受けて、382年からのローマ滞在中に4*福音書のラテン語翻訳を行い、385年*ベツレヘムに定住して以降は厳格な禁欲生活を営みつつ、旧約聖書の翻訳に取り組んで、*ウルガタ訳聖書の基礎を作った；また、東方・ギリシア教父の神学をラテン世界に紹介した．b. ～ von Prag プラハのヒエロニムス；1365-1416；ボヘミアの宗教改革者で*フスの同志；プラハを中心に*ウィクリフの教説を広めたが、*コンスタンツ公会議で異端宣告を受け、焚刑に処せられた）．

Hieroskopie【gr. hierós + skopein "聖なるものを観察する"】f. -, → Hieromantie.

High-Church【engl.】f. -, ハイ・チャーチ、高教会［派］(*英国国教会内で、教会の権威、典礼儀式、伝統的慣習を重んじるカトリック接近派の17世紀以来の呼称；→ Low-Church に対して）．

Hildegard《固》(f.) ～ von Bingen ビンゲンのヒルデガルト(1098-1179；聖人〔2012年*列聖〕、*教会博士、*ベネディクト会修道女、神秘家；1141年から、幼年期以来の*幻視体験を記録した『道を知れ』〔Sci vias；dt. Wisse die Wege〕の著述を行い、聖*ベルナルドゥスの仲介で教皇エウゲニウス3世〔在位1145-53〕より正式な執筆の認可を得て51年に完成した；1147-50年ライン河畔ビンゲンの近郊、ルペルツベルクに女子修道院を創設した；薬草学、医学に通じ、多方面にわたる著作や数多くの書簡を残した他、典礼音楽の創作でも知られる）．**Hildegardis-Verein**【< Hildegard von Bingen】m. -[e]s, ヒルデガルディス会(1907年ケルンでマリア・シュミッツ〔1885-1967〕により、経済的に困窮している女子学生の後援のため創立された；奨学金の貸与や女子学生寮の建設、メンタリングによる高等教育及び職業教育の支援などを行っている）．

Hilfs=geistliche# m. -n, -n,《形容詞的変化》、**～prediger** m. -s, -, 助任司祭(規模の問題など、小教区固有の特殊事情により、*主任司祭を恒久的に補佐するために任命された聖職者；→ Pfarrvikarとは別)；《プ》副牧師、牧師補．

Himmel【原義 "(地の)覆い"】m. -s, (まれに:) -, ①(対義語: Erde) 天［空］(神の座所〔イザ6:1〕；「天」と「地」を合わせて被造物の総体とされる)；Am Anfang schuf Gott ～ und Erde.「初めに、神は天地を創造された。」(創1:1)；Vater unser im ～, geheiligt werde dein Name. Dein Reich komme. Dein Wille geschehe, wie im ～ so auf Erden.「天におられるわたしたちの父よ、み名が聖とされますように。み国が来ますように。みこころが天に行われるとおり地にも行われますように。」(*「主の祈り」の前半部分)；～, tu dich auf! 天よ開け(絶望の表現)；die Fenster des ～s 天の窓(*ノアの箱舟の物語で、大雨が降り始めたときに開いた、創7:11)；aus allen ～n fallen <stürzen>《比》ひどくがっかりする、仰天する；vom ～ fallen <schneien>《比》突然現れる．②(対義語: Hölle) 天国(完全かつ永遠の幸福のうちにある状態、場所；神の玉座の在処であり、キリストは*昇天して、そこで「神の右の座に着いて」いる〔wo Christus zur Rechten Gottes sitzt；コロ3:1〕)；der sieb[en]te ～ 第七天(ユダヤ教に由来する民間信仰で、神の座とされる天の最上層)；～ und Hölle <Erde> in Bewegung setzen《比》あらゆる手段を試みる、死力を尽くす(天と隠府〈地〉をも動かす、から転じて)；den ～ auf Erden haben《比》とても安楽(気楽)な生活をする(地上で天〔国〕をもつ、から転じて)；et. in allen [siebten] ～ erheben《比》(或物を)褒めそやす(第七天の高みにまでもち上げる、から転じて)；in den ～ aufgenommen werden / zum ～ entrückt werden 天に召される、昇天する．③(間接的に:) 神；Barmherziger ～! おお(神よ)! (驚きや悲嘆の叫び)；das weiß der [liebe] ～! そんなこと分かるものか(神のみぞ知る)；ein Bote des ～s 天の使い(*天使のこと)；eine Braut des ～s《雅》天の花嫁(修道女のこと)；den ～ um Hilfe angelangen 神に助力を求める；beim ～, das ist wahr 天(神)に誓って本当だ．④天蓋(Baldachin参照)．

Himmel=dach n. -[e]s, ..dächer,《雅》天蓋(Baldachin参照)．**～fahrt** f. -, ①昇天(キリスト、聖母マリア、聖人、預言者らが天〔神の栄光に満たされた状態〕に上げられること)；Christi ～fahrt キリストの昇天(キリストが復活の後、40日目に〔自ら〕天へ昇っていったこと；マコ16:19, ルカ24:51, 使1:9-11；

及び，その図像的表現）；Mariä ～fahrt (Assumtion)〔聖母〕マリアの被昇天(a. 聖母マリアが地上での生涯を終えて，霊魂と肉体がともに天国に上げられたとする教義；聖書の*正典には直接の言及はないが，カトリック教会は*啓示による真理として古代教会以来これを伝承し，1950年教皇ピウス12世〔在位1939-58〕が公認した；及び，その図像．b. aを記念する「聖母の被昇天」の祝日で，8月15日；マリアに関係する祝日中で最古のもので，863年教皇ニコラウス1世〔在位858-67〕が制定した；《東》生神女就寝祭)．② 《無冠詞で》主の昇天（を記念する祝日；*移動祝日で原則として，*復活祭の後40日目の木曜日〔ドイツでは法定祝日〕だが，日本のように*守るべき祝日でない国では，その次の日曜日に祝われる）；《東》昇天祭．

Himmel・fahrts=fest n. -[e]s, -e, → Himmelfahrt 2． **～komiker** m. -s, -, 従軍司祭(牧師)（天国行きの道化，から転じて）． **～kommando** n. -s, -s, 《話》決死的任務；危険(無謀)極まりない企て． **～tag** m. -[e]s, -e, → Himmelfahrt 2．

Himmel・reich n. -[e]s, 天国，天の国(Himmel 2 参照)；Des Menschen Wille ist sein ～．《比》人間はやりたいことをやるのが（思いどおりにできることが）天国である．

Himmels=braut f. -, ..bräute, 《詩》天の花嫁(a. 修道女のこと．b. 《定冠詞を伴って》die ～braut 聖処女マリア)． **～brot** n. -[e]s, -e, 天のパン，マンナ(Manna参照)． **～fürst** m. -[e]s, 天の頭(天にあってこの世を支配する神のこと)． **～königin** f. -, → die Königin des Himmels. **～leiter** f. -, (Jakobsleiter) 天国の梯子(はしご)（「ヤコブの梯子」とも）；*ヤコブが兄*エサウから逃亡中，*ベテルで夢に見た，天にまで達する〔おそらく石積みの〕階段で，*天使が登り降りしていた〔創28:10-12〕；旧約聖書*偽典に，同名の書がある)． **～pforte** f. -, → die Pforte des Himmels. **～schlüssel** m. -s, 天国の鍵(*ペトロがキリストから授けられた，教会の*教導権の象徴；マタ16:19)． **～speise** f. -, -n, 天の食物，マンナ(Manna参照)． **～stürmer** m. -s, -,《雅》夢想家，怖い物知らず． **～tor** n. -[e]s, 天の門「天国の梯子」の夢を見た直後，*ヤコブに神が出現して*ベテルの地を与えたことから，彼はそこが天国に通じる聖なる地であると認め，この名で呼んだ；創28:17)． **～trost** m. -[e]s, 《雅》天(神)の慰め． **～tür** f. -, 天の門，天の扉(聖マリアの*連願にいう聖母*マリアの呼称(die Pforte des Himmels参照)．

himmlisch adj. （対義語: irdisch）①天の，天国の，神の；der ～e Bräutigam 天の花婿（キリストのこと）；die ～en Heerscharen 天の軍勢(*天使たちのこと)；das ～e Reich 天国；der ～e Vater 天父(てんぷ)，天の父，神．② 《比》すばらしい，崇高な；とてつもない，絶大な．
Himmlische m. -n, -n, 《形容詞的変化》①《単数で》神(複数形の場合は，通常ギリシア神話の神々を表す)．②天使(Engel参照)．

Hindernis n. -ses, -se, 妨げ，障害，支障；das ～ der öffentlichen Ehrbarkeit → das Hindernis der öffentlichen *Ehrbarkeit*; Ehe～ 婚姻障害.

Hiob【hebr.】《固》(m.) ヨブ(Ijob参照)．
Hiobs=botschaft f. -, -en, 悲報，よくない知らせ（ヨブ1:14-19にちなむ)；eine ～ botschaft bringen (erhalten) 不吉な報せをもたらす(受ける)． **～geduld** f. -, (ヨブのような)非常な忍耐；eine ～geduld haben とても忍耐(我慢)強い． **～nachricht, ～post** f. -, -en, → ～botschaft.

Hirt【< Herde】m. -en, -en, **Hirte** m. -n, -n, ①牧者，羊飼い；神（の呼称）；Der Herr ist mein *Hirte*, nichts wird mir fehlen.「主は羊飼い，わたしには何も欠けることがない．」(詩23:1)；der gute ～ 良い羊飼い(ヨハ10:1-18の*譬え話におけるイエス・キリストの象徴的呼称；しばしば信徒は「羊の群れ」，聖職者は「牧者」，そしてキリストは「大牧者」〔der oberste ～〕に譬えられる〔1ペト5:2-4；またルカ15:1-7参照〕；Ich bin der gute *Hirt*. Der gute *Hirt* gibt sein Leben hin für die Schafe.「わたしは良い羊飼いである．良い羊飼いは羊のために命を捨てる．」〔ヨハ10:11〕；及び，これを主題とする図像)；～ des Hermas ヘルマスの牧者(*使徒教父文書の1つで，ヘルマス〔ロマ16:14〕を自称する語り手によって140年頃ローマで作られ，広く読まれた*黙示文学；原題は『牧者』；Poimēn)；5つの幻，12の戒め，10の譬えによって，キリスト教的道徳や悔い改めを説く)．②司祭，牧師；der ～ der Gemeinde 教区の牧者(教区付き司祭，牧師)．

Hirten=amt n. -[e]s, ..ämter, ① (Pastoralien) 牧職, 司牧職(自身に委ねられた*教区の信徒を教導する*司祭や牧師の職位, 権能). ②羊飼いのミサ(降誕祭の第2ミサ;12月25日の, 通常は払暁に行われ, ルカ2:15-20〔羊飼いたちによる*幼児イエス礼拝〕が奉読される). 〜**brief** m. -[e]s, -e, ①司牧教書, 司教教書(*司教の名で教区内のすべての信者, 司祭, 修道者たちに宛てて出される書簡体の通知;信仰, 道徳, 礼拝など, 宗教上のあらゆる重要問題が取り扱われる). ②《通常複数で》(新約聖書中の)司牧書簡, 牧会書簡(Pastoralbrief参照). 〜**dienst** m. -[e]s, -e, → 〜amt 1. 〜**schreiben** n. -s, -, → 〜brief 1. 〜**sonntag** m. -[e]s, -e, 〔良い〕羊飼いの主日, 良き牧者の主日(*復活祭後の第2の*主日〔復活節第3の主日〕;当日のミサが〔*良い羊飼い〕〔詩23〕を主題とすることから;ドイツのプロテスタント教会では → Misericordias Dominiと同じ). 〜**stab** m. -[e]s, ..stäbe, 牧杖, 司教杖(高位聖職者がもつ一端が曲がった形状の杖で, *司牧職を象徴する;Krummstab参照).

Hoch=altar m. -s, ..altäre, (教会堂の)中央祭壇, 大祭壇, 主祭壇. 〜**amt** n. -[e]s, ..ämter, [das feierliche / levitierte] 〜amt 盛儀ミサ, 盛式ミサ(Missa solemnis a参照);das bischöfliche 〜amt 司教盛儀ミサ(Pontifikalamt参照). 〜**fest** n. -[e]s, -e, 祭日(*典礼暦中の祝祭日のうち特に重要なもの;キリストの生涯の秘義を記念するものが中心で, 主の*降誕, *神の母聖マリア, 主の*公現, 聖*ヨセフ, *神のお告げ, *復活, 主の*昇天, *聖霊降臨, *三位一体, キリストの*聖体, *イエスの聖心, 洗礼者聖*ヨハネの誕生, 聖*ペトロと聖*パウロ, 聖母の*被昇天, *諸聖人の祭日, *王たるキリスト, *無原罪の聖マリア). 〜**gebet** n. -[e]s, -e, [das eucharistische] 〜gebet (Offertorium) 奉献文(ミサ聖祭の中心をなす感謝と*聖別の祈り;a. 広義では, *奉納祈願に続く, 叙唱前句, *叙唱, *感謝の賛歌, 奉献文〔=狭義の奉献文〕, 記念唱, *栄唱の部分. b. 狭義では, 神への感謝と賛美, 聖霊の働きを求める祈り, *最後の晩餐の再現〔聖体制定〕の部分をいう;1968年に基本となる4つの奉献文が発表されたが, 第1奉献文は, 4-5世紀に成立し伝統的に用いられてきたローマ・ミサ典文に基づくもの, 第2奉献文は, ローマの司教ヒッポリュトス〔170頃-235〕に由来し, 最も簡潔な形のもの, 第3奉献文は, 第2*ヴァティカン公会議の典礼刷新の理念をよく表したもの, 第4奉献文は*天地創造からの*救済史をまとめた不変の叙唱を伴う東方教会の奉献文に倣ったもの;他にも新しい奉献文が発表, 認可されており, ミサではいずれか1つが選ばれて用いられる). 〜**kirche** f. -, ①→ High-Church. ②→ die 〜*kirchliche* Vereinigung. 〜**kirchlich** adj. ハイ・チャーチの, 高教会〔派〕の;die 〜kirchliche Bewegung ハイ・チャーチ運動(20世紀初頭, カトリックから*ルター派教会に転向しつつも「福音主義的カトリック」を唱導した宗教学者フリードリヒ・ハイラー〔1892-1967〕らによるカトリックとプロテスタントの教会一致運動);die 〜kirchliche Vereinigung [Augsburgischen Bekenntnisses] ハイ・チャーチ連合(ハイラーが, プロテスタントとカトリックの合同を目的に, 1918年ベルリンで創立した超教派団体). 〜**meister** m. -s, -, 騎士修道会総長, 騎士団長(特に*ドイツ騎士修道会の総長の称号). 〜**messe** f. -, -n, → Missa solemnis. 〜**mut** m. -[e]s, (対義語: Demut)高慢, 傲慢(自己を過大に評価し, 神に帰すべき栄光を自身のものとする悪徳;Hauptsünde参照). 〜**neujahr** n. -[e]s, -e, → Hohneujahr. 〜**religion** f. -, -en, → Weltreligion.

Hochschul•gemeinde f. -, -n, (各大学のカトリック学生の)学生会.

höchst【hochの最上級】adj. 最高の, 至高の;das 〜e Gut 最高善(人間の究極目標である無限なる善としての神);das 〜e Wesen いと高きもの, 至高者(神のこと). **Höchste**[#] m. -n,《形容詞的変化;詩》至高者, 神.

Hoch=stift n. -[e]s, -e u. -er, ①司教領(*神聖ローマ帝国で司教が*宗教諸侯として統治していた*領邦国家);(後に, 本来は誤用で)〔大〕司教区. ②〔大〕司教区本部(大司教区, 司教区の管理本部). 〜**stifts•kirche** f. -, -n, 司教座聖堂(Kathedrale参照). 〜**würden** [e]s, 《無冠詞で》猊下(🕮)(カトリックの司祭やプロテスタントの高位聖職者に対する呼称及び尊称);Euer <Eu[e]re> 〜würden! 神父(牧師)様, 師よ, 猊下. 〜**würdig** adj. 大いに尊ぶべき(聖職者に対する呼称で名前の前に付ける;

…様);《(プ)》～würdiger Herr Pfarrer ... ～牧師様. **～würdigst** adj. この上なく尊むべき(*枢機卿, *修道院長, *司教座聖堂祭式者会員, *司教など, カトリックの高位聖職者に対する呼称；…様);～würdigste Exzellenz 猊下；～würdigster Herr Abt 大修道院長様；das ～würdigste [Gut]【< lat. sanctissimum】至聖なるもの, 聖体(の秘跡).

Hof[f]man[n]ianer m. -s, -, 《通常複数で》ホフマン派(→ Melchioritの別称).

Hoffnung f. -, -en, 希望(*対神徳の1つ；神に対する信頼に基づく超自然的徳で, いずれは神の*恵みによって, この世では助力を, 来世では*永遠の生命が得られることを期待させるもの；以前は「望徳」〔die Tugend der ～〕とも).

Hof=kapelle f. -, -n, ①(中世の諸侯の)宮廷(王宮)内礼拝堂. ②宮廷楽団. **～kaplan** m. -s, ..kapläne, ①(中世の諸侯の)宮廷(王宮)内礼拝堂付き司祭. ②司教秘書. **～kirche** f. -, -n, (中世の諸侯の)宮廷(王宮)内教会. **～prediger** m. -s, -, (プロテスタント諸侯の)宮廷[内教会]説教師.

Hohe・lied n. 《Hohe-は形容詞的変化；単数1・4格: das Hohelied / ein Hoheslied, 2格: des (eines) Hohenlied[e]s, 3格: dem (einem) Hohenlied[e]》雅歌(旧約聖書中の*諸書に属する一連の恋愛詩；伝統的に*ソロモンが著者に擬せられているが, 異論が多い；神と*イスラエルとの愛の関係を, 愛し合う1組の男女の段階的な結び付きの寓意によって表現しているとされる);das ～ der Liebe 愛の賛歌(*コリントの信徒への手紙一〔第13章〕に含まれる使徒*パウロによる愛〔Agape, Caritas参照〕の勧告のこと；派閥争いと道徳的堕落が見られたコリントの教会に対して「愛は忍耐強い. 愛は情け深い. ねたまない. 愛は自慢せず, 高ぶらない.」〔Die Liebe ist langmütig, die Liebe ist gütig. Sie eifert nicht, sie prahlt nicht, sie bläht sich nicht auf.；1コリ13：4〕に始まるキリスト教的愛の定義を示し, 3つの*対神徳のうち愛が最も重要であることを説く〔13：13〕).

Höhen・dienst m. -[e]s, -e, 崇邱祭(すうきゅうさい)(神殿の建立以前に行われていた, 聖なる「高台」で神に*いけにえを献げる儀式；*バアル崇拝に起源をもち, *預言者たちが根絶しようとしたが*バビロニア捕囚まで存続した；サム上9：12, 王上3：3, 王下18：4).

Hohe・priester m. 《Hohe-は形容詞的変化；単数1格: der Hohepriester / ein Hohepriester, 2格: des (eines) Hohenpriesters, 複数1格: die Hohenpriester / zwei Hohepriester》①大祭司, 祭司長(a. ユダヤの*祭司の長, *最高法院議長；レビ21：10, マタ2：4. b. 神の子キリストの称号；ヘブ4：14. ②教皇(Papst参照). **Hohepriester・amt** n. -[e]s, ..ämter, 《Hohe-は形容詞的変化》大祭司職(キリストの大祭司職に関しては, ヘブ4：14-5：10, 特に5：5を参照).

hohepriesterlich adj. 大祭司(司祭長)の；das ～e Gebet 大祭司の祈り(*最後の晩餐の後, 神の栄光を賛美し, *使徒と彼らの建てる教会を祝福したキリストの祈り；ヨハ17：1-26).

Hohe・rat m. -[e]s, ..räte, → Hoher Rat. **Hoherpriester** → Hohepriester. **Hohes・lied** → Hohelied.

Höhlen=kapelle f. -, -n, 石窟〈岩窟〉礼拝堂(Felsenkapelle参照). **～kirche** f. -, -n, 石窟〈岩窟〉教会(巨石や岩壁を穿って造られた教会堂；例えば, エチオピア正教会のラリベラ岩窟教会群). **～kloster** n. -s, ..klöster, 石窟〈岩窟〉修道院(例えば, ウクライナのキエフ・ペチェールスカヤ大修道院).

Hoh・neujahr【< hoch + Neujahr】n. -[e]s, -e, 主の公現の祝日(Epiphaniefest参照；*十二夜の最終日で, 民間の習俗ではこの日に新しい年が始まるとされた).

Hölle f. -, (まれに:) -n, ①(対義語: Himmel) 地獄(神から意識的に離れ*大罪の状態で死んだ悪人が, 悪魔とともに永遠の罰〔マタ25：46〕を受ける状態, 及び〔地下の〕場所；新約聖書では, 「永遠の火」〔das ewige Feuer；マタ25：41〕, 「硫黄の燃えている火の池」〔(der) See von brennendem Schwefel；黙19：20〕などと表現されている);Die ～ ist los. 《話》①上を下への大騒ぎが始まる, 大事件が起こる, 大荒れ(の天気)だ, 大激戦だ；der Fürst der ～ → Höllenfürst；die ～ auf Erden haben 大変に不幸だ；jm. die ～ heiß machen 《話》(或人を)脅かす, 厳しく叱る；うるさく責め立てる；Himmel und ～ in Bewegung setzen 全力(手)を尽くす；Es führen viele Wege in die ～, aber keiner heraus. 《諺》地獄に通じる道は多いが,

地獄から出る道は１本もない；Der Weg zur ～ ist mit guten Vorsätzen gepflastert.《諺》志は高くても、行いが伴わなければだめだ（意図はよくても結果は地獄ということもある、の意のことも；地獄への道はよい意図で舗装されている、から転じて；シラ21:10参照）；Fahr <Scher dich> zur ～！地獄へ落ちろ、くたばれ；jn. zur ～ wünschen《雅》呪う（或人が地獄に落ちることを願う）．②→ Limbus.

Höllen=brand m. -[e]s, ..brände, ①《雅》地獄の炎、焦熱地獄．②《話》焼けつくような喉の渇き．**～fahrt** f. -, ① die ～fahrt [Christi][キリストの]古聖所〔陰府(ﾖﾐ)〕降下（キリストが*復活前の３日間に、旧約時代の預言者をはじめとする、それ以前に死んだ義人の霊魂を天国に導くために*古聖所を訪れたこと〔１ペト3:19, 4:6参照〕；1215年第４*ラテラノ公会議で教義とされた〔Apostolikum参照〕；及び、これを主題とする図像）．②地獄巡り、地獄落ち．**～feuer** n. -s, 地獄の［業］火（*地獄に落ちた罪人を苛む外的な苦痛）．**～fürst** m. -en, 地獄の領主（→ Teufelの別称）．**～grund** m. -[e]s, ..gründe,《詩》地獄の底；bis in den ～grund 地獄の底まで．**～pein** f. -, -en, **～qual** f. -, -en,《話》地獄の責め苦．**～strafe** f. -, 地獄の［劫］罰．**～tor** n. -[e]s, -e, 地獄の門．

Holocaust【gr.-lat.】m. -[s], -[s], ホロコースト、大量殺戮（ナチス政権によって行われたユダヤ人迫害、大虐殺；旧約聖書にいう「焼き尽くす献げ物」〔燔祭；Brandopfer参照〕のギリシア語 „holokautōma" に由来し、ルーマニア出身でアメリカ国籍のユダヤ人ノーベル平和賞作家エリ・ヴィーゼル〔1928-2016〕が1960年代初めに用いた；Schoa参照）．

Holz・kreuz n. -es, -e, 木の十字架、木製十字架．

Homilet【< gr. homilein "交際；対話"】m. -en, -en, ①説教学者．②説教師、説教家（福音の*宣教や、信徒に対しては［多くは教会の説教壇から］聖書の文句の解説や道徳的実践について説諭を行う聖職者）．**Homiletik**【gr. "話術"】m. -, 説教学（説教、聖書訓話などの理論と実践、歴史を扱う*司牧神学の１部門）．**homiletisch**【gr.-lat.】adj. 説教学〔上〕の．**Homiliar**【mlat.】n. -s, -e,（中世の）説教集（教会暦に従って、その日のミサで朗読される聖書の一節とそれに関する説教や祈禱文を集めたもの）．**Homiliarium**【mlat.】n. -s, ..rien,《稀》→ Homiliar. **Homilie**【gr.-kirchenlat.】f. -, -n, (Predigt) 説教、聖書訓話（聖書の章句に関する説教や講話；その日のミサで朗読された箇所を解説するとともに、社会及び霊的生活における実践的応用を会衆に教示する、ミサ聖祭の重要な構成部分；行為としての説教は、イエスに由来するとされる；ルカ4:16-21参照）．

Homöaner【< gr. homoios "似ている"】m. -s, -,《通常複数で》ホモイオス派（*アレイオス派の中で、父〔神〕と子〔キリスト〕は「似ている」とするに留めて、それ以上の明確な立場をとることを避けた調停的な一派）．**Homöer** m. -s, -,《通常複数で》アレイオス派（の別称；父は子とまったく「似ていない」〔anomoios〕と主張する厳格なアレイオス派に対して、両者は「似ている」〔homoios〕とする緩和された一派；さらにその中でも、本質ではなく意志や作用において類似していると主張する一派をいう場合がある；Arianer参照）．

Homologumenon【gr. "意見が一致している（書）"】n. -s, Homologumena,《通常複数で》ホモログメナ（新約聖書の*正典のうち、当初から*使徒継承のものと認められていた諸書；４つの*福音書、*使徒言行録、*パウロによる13の書簡、*ペトロの手紙一、*ヨハネの手紙一で、これに*黙示録が加えられる場合もあった）．

Homousianer【< gr. homoousios "本質的に同じ"】m. -s, -,《通常複数で》ホモウーシオス派（同一実体論者、同質論者とも；*アレイオス派に対し、子〔キリスト〕は父〔神〕と同一本質〔*ホモウーシオス〕であり、２つの*位格は単一、同質であるとする、325年第１*ニカイア公会議で採択された正統説の信奉者）．

Homöusianer【< gr. homoousios "本質的に似ている"】m. -s, -,《通常複数で》ホモイウーシオス派（相似実体論者、類質論者、*半アレイオス派とも；357年*アノモイオス派と分かれ、キリストは父〔神〕の被造物であり、その意味で父とすべてにおいて類似しているが、しかし同一実体ではないと主張する、穏健な*アレイオス派；325年第１*ニカイア公会議で排斥された）．

Homousie【gr. "本質的同一"】f. -, ホモウー

シオス〔父〔神〕と子〔キリスト〕は本質を同じくする同一実体であるという，アレクサンドリアの主教アタナシオスの唱えた正統説で，*ニカイア信条で採用された）．**Homöusie**【gr."本質的相似"】f. -, ホモイウーシオス，類似［論］（父と子はホモウーシオス〔同一本質〕であるというより，類似の本質をもつと主張する立場）．

Hora【gr.-(kirchen)lat."時間"】f. -, -ren,《通常複数で》→ Horen. **Horarium**【lat.-spätlat.】n. -s, ..rien, 時禱書（*聖務日課書を一般信徒用に編集した中世の装飾写本；Stundenbuch 参照）．**Hore** f. -, -n, → Hora；die mittlere ~【< lat. hora media】昼の祈り（*朝の祈りと*晩の祈りの間の，日中の適切な時間に行われる*時課；第2*ヴァティカン公会議による典礼刷新で，*小時課が1つにまとめられたもの）．**Horen**【gr.-lat.】pl. 時課，定時課，時禱（信徒が集合して，詩編唱和，聖書朗読，賛歌，共同祈願などから構成される*聖務日課を行うよう定められた1日の時間区分；*ベネディクトゥスの戒律は，*朝課，*一時課，*三時課，*六時課，*九時課，*晩課，*終課，*夜課を規定していたが，第2*ヴァティカン公会議以降の典礼刷新により，基本的に，*朝の祈り，*昼の祈り，*晩の祈り，寝る前の祈り〔終課〕，読書課〔以前の朝課〕の5ないし7つの時課が行われている；ただし*共唱祈禱修道会などでは3つの昼の祈り〔三時課，六時課，九時課〕は別個に実施される）；die kleinen ~【< lat. horae minores】小時課，小定時課（主要時課に含まれない，三時課，六時課，九時課の3つの定時課）．**Horolog** n. -s, -e,《古》，**Horologion**【gr.】n. -s, ..gien, **Horologium**【lat.】n. -s, ..gien,《東》ホロロギオン，時課経（年間及び1日の特定の時間に唱えられる詩編〔聖詠〕や祈禱を収めた，*東方正教会の典礼書；カトリックの*聖務日課書にあたる）．

Hortulus animae【lat."霊魂の小庭園"】m. (n.) - -, ..li - -, ホルトゥルス・アニメ（中世後期，特に16世紀前半に広く用いられた，ラテン語及びドイツ語の小祈禱書；後の版では彩色木版による挿絵が付された）．**Hortus conclusus**【lat."閉ざされた園"】m. - -, ホルトゥス・コンクルスス（塀で囲まれ，泉や井戸のある庭〔楽園〕の中に，*幼子イエスと聖母*マリアが描かれる中世の図像表現；「わたしの妹，花嫁は，閉ざされた園．閉ざされた園，封じられた泉．」〔Ein verschlossener Garten ist meine Schwester Braut, ein verschlossener Garten, ein versiegelter Quell.；雅4:12〕に由来し，マリアの*処女懐胎を表す）．**Hortus Deliciarum**【lat."悦楽の園"】m. - -, ホルトゥス・デリキアールム（12世紀の終わりにエルザス地方ホーエンブルクの女子修道院長ランツベルクのヘラート〔1125頃-95〕が編纂した多数の彩色細密画を伴う百科全書的著作；1870年戦火で消失し，一部の複写のみが伝わる）．

hosanna【hebr.-gr.-spätlat.；<hebr. hosi'ah-na "われらに救いを"】int. ホザンナ（神に助けを請い求める叫び，祈りの声〔詩118:25〕；また，キリストのエルサレム入城の際に，民衆の上げた歓呼の叫び〔マタ21:9，マコ11:9-10，ヨハ12:13；新共同訳では「ホサナ」と表記〕で，これに倣って*枝の主日の典礼で唱えられる）．**Hosanna** n. -s, -s, ホザンナ，ホサナ（ヘブライ語の歓呼の声；ミサ中の*感謝の賛歌では「天のいと高き所にホサンナ」〔lat. Hosanna in excelsis / dt. Hosanna in der Höhe〕と唱えられる）．

Hosea【hebr."(神は)救う"】《固》(m.) ホセア（前8世紀の北イスラエル王国で活動した，旧約聖書の12*小預言者の1人）；das Buch ~ ホセア書（旧約聖書の第1の*小預言書；妻ゴメルの不倫の体験に絡めて，神を裏切った*イスラエルに悔悛を勧め，愛に基づいたゆるしによる救済を預言する）．

hosianna int. ホシアナ（→ hosanna のヘブライ語に基づく表記）．**Hosianna** n. -s, -s, ホシアナ（Hosanna 参照）．

Hospitaliter【lat.-nlat.】m. -s, -,《通常複数で》病院修道会（病人看護，病院運営，貧者援助などを主目的に設立された男子修道会の総称；11世紀頃から愛徳の実践として病者の介護活動が重視され，また12世紀初頭には*十字軍との関連において，*病院騎士団が創設された；以降，近代に入って病院の運営主体が国家，都市，個人に移るまで，全欧的な病院組織を備えた修道会が各地で創設された）．**Hospitaliterin** f. -, -nen,《通常複数で》病院修道女会（1633年創立のヴィンセンシオ・ア・パウロの愛徳姉妹会など；特に17世紀以降，多数の病院修道女会が設立され，現

Hospital=orden *m.* -s, -, → Hospitaliter. **～ritter・orden** *m.* -s, -, 病院騎士団（*騎士修道会の中で，特に病人看護を目的としたもの；*ヨハネ騎士団，*ドイツ騎士団〔テュートン騎士団〕，12世紀エルサレムに設立された聖ラザロ病院修道会など）．

Hospitarius *m.* -, ..rien, (修道院の)接待係（*ベネディクトゥスの戒律に定められた修道院職位のうち，来客接待の担当者）．

Hospiz【< lat. hospitium "宿屋"】*n.* -es, -e, ホスピス（a. 元来は：中世に聖地巡礼者や旅行者のため用意されていた修道院や教会付属の宿泊施設，宿坊．b. プロテスタント教会が大都市での*内国伝道の一環として経営した宿泊施設；また，修道院〔例えば，ヴィンセンシオ・ア・パウロの愛徳姉妹会〕が孤児，貧者，病者の救援のために運営する宿泊施設．c. 末期ケアのための医療施設：1967年ロンドンでシシリー・ソンダース〔1918-2005〕が設立した聖クリストファー・ホスピス〔St Christpher's Hospice〕が現代のホスピス運動の嚆矢で，ドイツで最初のホスピスは1986年，アーヘンに建てられたハウス・ヘルン〔Haus Hörn〕）．

Hostie【lat. "*いけにえ(の獣)"】*f.* -, -n, ホスティア，ホスチア，聖体（*聖別されたパン；*初代教会及び*東方教会では発酵させたパン，*西方教会では発酵させていない*種なしパンを用い，9世紀頃からホスティアと呼ばれる；現在カトリック教会で，信徒の*聖体拝領に用いられるのは，小麦粉のみから作られた円形の薄いウエハース状のもの；ミサ中*聖変化によって*キリストの体へと*実体変化し，いけにえとして神に献げられた後，信者が拝領する）；die heilige ～ 既聖ホスティア（*聖別されたホスティアで，*聖櫃に安置される）．

Hostien=behälter *m.* -s, -, 聖体〔容〕器（*聖体拝領用の*ホスティアを保存するための蓋付きの容器で，*カリスに似た形状の*チボリウムと，小型で携帯用の*ピクシスがある）．**～büchse** *f.* -, -n, ホスティア入れ（*聖別される前の*ホスティアを保存する容器）．**～kelch** *m.* -[e]s, -e, ホスティア用聖杯（Ziborium a 参照）．**～mühle** *f.* -, -n, ホスティアの磨臼（$\frac{5 \, 5}{5 \, 5}$）（中世盛期における*実体変化の比喩的，絵画的表現；上から*福音史家が穀物〔聖書の言葉〕を入れ，*使徒や*教父が臼を回すと，下から*キリストの体に変化した*ホスティアが出てきて，これを*聖杯が受ける；*エデンから流れ出る4つの川〔創2:10〕が水を供給する）．**～schrein** *m.* -[e]s, -e, 聖櫃（Tabernakel 1 参照）．**～teller** *m.* -s, -, 聖体皿，パテナ（Patene 参照）．

Hubert, Hubertus【原義"知性"】《固》(*m.*) フベルトゥス（655頃-727；聖人；フランス南西部アキテーヌの名家の出で，狩りを好んだが，*聖金曜日に白い牡鹿の角の間に黄金の十字架を見て*回心したと伝えられる；後にマーストリヒトとリエージュの*司教となった；猟師，森番，射手の*守護聖人；祝日: 11月3日）．**Hubertus・tag** *m.* -[e]s, -e, フベルトゥスの祝日（11月3日）．

Hugenotte【dt.-fr.; < dt. Eidgenossen "組合員"】*m.* -n, -n, 《通常複数で》ユグノー〔教徒，派〕（16-17世紀フランスの*カルヴァン派の呼称で，元来はカトリック側からの蔑称；1540年代にカルヴァンの影響がフランスに広まると，カトリック陣営と厳しく対立して宗教戦争〔*ユグノー戦争〕が起こった；1598年ナントの勅令によりユグノーは信教の自由を得たが，1685年ルイ14世〔在位1643-1715〕がこれを廃止し，カトリックへの強制改宗を命じたため，その多くがオランダ，スイス，プロイセンに亡命した）．

Hugenotten=kreuz *n.* -es, -e, ユグノー十字〔架〕（十字架，百合，鳩を組み合わせたユグノー派の印章；現在もフランスのプロテスタント信者の間で用いられている）．**～krieg** *m.* -[e]s, -e, 《通常複数で》ユグノー戦争（「宗教戦争」〔fr. guerres de Religion〕とも；16世紀後半のフランスにおけるカトリック対ユグノー陣営の宗教的政治的内乱；摂政カトリーヌ・ド・メディシス〔1519-89〕の宥和政策に反発する，カトリック強硬派のギーズ家によるユグノー惨殺〔ヴァシーの虐殺〕；1562〕に始まる；同家と*カルヴァン派のブルボン家の対立にヴァロア家の思惑が絡み，さらに地方の農民及び都市勢力，スペインなど外国の介入があって複雑化し，サンバルテルミーの虐殺〔1572〕を頂点として断続的に8回に及ぶ戦争となった；1598年カトリックに改宗したブルボン家のアンリ4世〔在位1589-

1610〕による*ナント勅令で，ユグノーに*信教の自由が与えられて一応の終結をみた)．

hugenottisch *adj.* ユグノー〔教徒，派〕の．

Huld【原義"好意"】*f.* -, 《雅》慈愛, 恩恵, 恵み(Gnade参照); Gottes ～ 神の慈しみ．

Humerale【spätlat.-mlat.; < lat. [h]umerus"肩"】*n.* -s, ..lien *u.* ..lia, フメラーレ, 肩衣(かた, けん) (Amikt, Velum参照)．

Humiliat【mlat.-it."謙虚な人"】*m.* -en, -en, 《通常複数で》フミリアティ, 謙遜者団, 謙抑派 (12世紀半ば, イタリア, ロンバルディア地方に興った, 贖罪, 禁欲, 使徒的生活の実践を目的とした集団; 1134年ミラノに*ベネディクトゥスの戒律を遵守する修道院を創設した; 教皇への不従順により, 1184年に*異端として弾劾される; 13世紀に*カタリ派との論戦で重要な役割を果たしたが, それ以降は衰微し, 16世紀に廃絶された)．

Hunger・tuch *n.* -[e]s, ..tücher, 断食節の幕絵(特に15-16世紀, *四旬節の*断食期間に祭壇の前や*内陣などに掛けられた*受難図などが描かれた幕, 緞帳)．

Hus【出身地のHusinecにちなむ】《固》(*m.*) Jan ～ ヤン・フス(ドイツ名Johannes Hus[s]; 1370頃-1415; ボヘミアの*宗教改革者; *ウィクリフの影響下で*予定説と教会刷新を唱えて, プラハ大司教より破門されるが, これと対立するボヘミア王の支持により断罪を免れ, さらに1409年プラハのカレル大学総長に就任した; *免罪符を厳しく批判し, 12年ローマから*破門された; 14年には*コンスタンツ公会議で異端宣告がなされ, 焚刑に処された; チェコ文学の古典とされる数々の著作や, 国語による礼拝, チェコ語訳聖書改訂, 正字法の改革などにより, チェコ語の発展にも寄与した)．**Hussit** *m.* -en, -en, 《通常複数で》フス派(フスに従った15-16世紀南部ボヘミア及びポーランドの宗教改革派; *モラヴィア兄弟団はこの系列に属する)．**Hussitenkrieg** *m.* -[e]s, フス戦争(フス派と*神聖ローマ帝国皇帝ジギスムント〔在位1433-37〕の間の紛争; フス処刑後の1419年に起こったフス派の反乱に対し, 教皇マルティヌス5世〔在位1417-31〕が5回に及ぶ十字軍をもって弾圧を試みたが失敗した; 1434年のリパニの戦いで, *ターボル派などフス派の急進派がカトリック軍に滅ぼされた後, 36年になって和協が図られた)．**Hussitismus** *m.* -, フス主義(特に, 一般信徒にもパンとぶどう酒による聖餐が不可欠とする*両形色論をいう; 他に, 民族主義的立場からの, 国語〔チェコ語〕による説教, *大罪を犯した者の教会による処罰, 聖職者の使徒的*清貧の要求などがある)．

Hutter《固》(*m.*) Jakob ～ ヤーコプ・フッター (1500頃-36; *再洗礼派の指導者; 南ティロル生まれの帽子職人だったが, 1533年頃からモラヴィアの再洗礼派の共同体を指導した; その後追放されてティロルに移るが, 36年インスブルックで火刑に処された)．**Hutterer** 【< Jakob *Hutter*】*m.* -s, -, 《通常複数で》フッター派, フッタライト, ハッタライト(16世紀モラヴィアで, フッターに率いられた再洗礼派の一派; 財産を共有する信仰共同体を営んでいたが, 迫害を受け, 1770年東欧からロシアへ, また1874年には北アメリカに移住し, 各地で排他的隔絶的なコロニーを形成した; アメリカやカナダのコロニーでは, 現在も独自のドイツ語〔フッター・ドイツ語; Hutterisch〕が用いられている)．

Hydroparastat *m.* -en, -en, 飲水派(Aquarist参照)．

Hyliker【< gr. hylikós "物質的な"】*m.* -s, -, 物〔質〕的人間(*グノーシス主義でいう人間の3段階のうち最下位にある異教徒たち; あらゆる霊的なものが欠如し, 救済への道が閉ざされた状態にあるとされる; Pneumatiker 3, Psychiker参照)．

Hymnar【gr.-lat.-mlat.】*n.* -s, -e *u.* -ien, **Hymnarium** *n.* -s, ..rien, 聖歌集, 賛美歌集 (Gesangbuch参照)．**Hymne**【gr.-lat."(ギリシアの神々, 英雄を)賛美する詩歌"; 原義"(音の)組み立て"】*f.* -, -n, ①賛歌, 讃歌(神を誉め讃える詩歌の総称; 狭義では, *詩編など聖書中の賛歌に倣って創作された賛美の歌; Canticum参照)．②聖歌, 賛美歌(典礼の内外でラテン語または各国語で歌われる, 神, 聖母マリア, *聖人, *奇跡などを讃える歌; der geistliche *Gesang*参照)．

Hymnen=buch *n.* -[e]s, ..bücher, 聖歌集, 賛美歌集．～**dichter** *m.* -s, -, 賛歌(聖歌, 賛美歌)作家(例えば, ミラノの司教*アンブロシウス; プロテスタントでは*ルターが知られる)．～**dichtung** *f.* -, (集合的に:)賛歌, 聖歌, 賛美歌．～**sammlung** *f.* -, -en, 聖歌集, 賛美

歌集.

Hymnik【gr.-lat.】*f.* -, 賛歌(聖歌, 賛美歌)形式(韻律や詩形など詩学上の様式); die frühchristliche 〜 初期キリスト教の賛歌形式. **Hymniker** *m.* -s, -, 《稀》賛歌(聖歌, 賛美歌)作家. **hymnisch** *adj.* 賛歌(聖歌, 賛美歌)の; 賛歌(聖歌, 賛美歌)形式の. **Hymnodie**【gr.】*f.* -, 賛歌文学(宗教的叙情詩). **Hymnologe**【gr.-nlat.】*m.* -n, -n, 聖歌学者, 賛美歌学者. **Hymnologie** *f.* -, 聖歌学, 賛美歌学(聖歌, 賛美歌の成立史, 歌詞や音楽についての学). **hymnologisch** *adj.*《述語的には用いられない》聖歌学(上)の, 賛美歌学(上)の. **Hymnos**【gr."賛歌"】*m.* -, ..nen, **Hymnus** *m.* -, ..nen, → Hymne.

Hyperdulie【gr.-lat."他に勝る崇敬"】*f.* -,〔聖母マリアの〕特別崇敬(*スコラ学の用語で, 神との結び付きの緊密さゆえに, *神の母*マリアに献げられる特別な*崇敬; 伝統的に, 父・子・聖霊のみに献げられる「*礼拝」〔Latrie〕の下位, *天使や他の*聖人に献げられる「崇敬」〔Dulie〕の上位に位置付けられる; Mariolatrie参照).

Hypostase【gr.-lat."基盤,支持,実体"】*f.* -, -n, **Hypostasis** *f.* -, ..sen, ヒュポスタシス, 基体(それ自体のみで存立する完全な実体, 自立存在; *三位一体論においては, 神は1つの実体〔*ウーシア〕であり, 父・子・聖霊の3つの*位格〔*ペルソナ; Person参照〕すなわちヒュポスタシスをもつとされる; またキリスト論においては, キリストは1つのヒュポスタシスであるが, *神性と*人性の2つの*ヒュシスがあると説明される). **hypostatisch**【gr.】*adj.* ヒュポスタシスの, 基体の, 位格の; die 〜e Union <Einheit> 位格的結合(1つのヒュポスタシス, *位格であるキリストにおいて, *神性と*人性が, それぞれが完全で不変の個別的実体でありながら, 分離することなく結合しているという, 451年*カルケドン公会議で宣言された教理).

Ideen・fest *n.* -[e]s, -e, 教理の祝日(*聖人や具体的な出来事ではなく, *教義上の理念を記念する*典礼暦上の祝日; 例えば, *三位一体の祝日や*聖体の祭日など).

Idior・rhythmie【gr."独自の尺度"】*f.* -,《東》独居修道制(*東方正教会の修道生活方式の1つで, 霊的指導者のもと修道士は*聖務日課〔奉神礼〕以外の労働などを, 個人またはごく少人数で行う; *ラウラ修道とも). **idiorrhythmisch**【gr.-spätgr.-ngr.】*adj.* 独居修道制の; das 〜e Kloster 独居制修道院.

Idol【gr.-lat.; < gr. eidōlon "像, 幻想"】*n.* -s, -e, 偶像(Abgott参照). **Idolatrie**【gr.-lat.】*f.* -, -n 偶像崇拝, 偶像礼拝(唯一神以外の人, 物, 動物, 像などを, *神格化して崇めること; *十戒における第1の禁止事項で, キリスト教では最大の罪とされる; 出20: 3 - 4).

Ignatius《固》(*m.*) 〜 von Loyola イグナティウス・デ・ロヨラ(1491-1556; 聖人; スペイン, バスク地方のロヨラ城で生まれ〔本名Íñigo López de Loyola〕, 軍人になったが, 1521年対仏戦で重傷を負い, 療養中に*回心する; 23年エルサレム巡礼の後, アルカラ, サラマンカで学ぶ; 28年パリ大学に移り, 34年モンマルトルの丘でフランシスコ・*ザビエルら6名の同志とともに*清貧と*貞潔の誓願を立てた; 40年パウルス3世〔在位1534-49〕により, *イエズス会が正式認可されると初代総会長となった; 48年, 巡礼中の心霊体験に基づき『*霊操』を著す; 51年*ローマ学院を設立; 1622年ザビエルとともに*列聖された; 祝日: 7月31日).

Igumen *m.* -s, -, → Hegumen.

IHS【gr.】《略》イエス[のモノグラム](イエスの名前のギリシア語大文字表記IHΣOYΣをラテン文字に移した綴り〔IHSOUS〕の最初の3文字; 後には「人類の救い主イエス」を意味する, 初期キリスト教の碑文に記されたギリシア語の*Iesous Hometeros Soter*, またはラテン語の*Iesus Hominum Salvator*の略号とも

いわれた；俗に，ドイツ語のJesus *H*eiland, *S*eligmacherの略とされることがある；「*イエスの聖名」の信心の普及に貢献したシエナのベルナルディヌス〔1380-1444〕他の聖人の*アトリビュートであり，また16世紀以来*イエズス会が会章に用いている）．**I. H. S.**《略》① → in hoc salus． ② → in hoc signo [vinces]．③ → IHS．

Ijob【hebr."父（神）は何処に"】《固》(*m*.) ヨブ（*ヨブ記の主人公で，ユダヤの*族長；神の試練によって財産と家族を同時に失い，さらに重い皮膚病を患ったが，篤い信仰をもってこれに耐えた）；das Buch ～ ヨブ記（旧約聖書中の*諸書の1つで，ヨブが見舞われた神の試練と信仰による勝利の物語；枠物語の中心部をなすヨブとその友人たちの韻文による対話及び弁論は，信仰と現世の善悪との関連を扱った一種の神学論争となっている）．

Ikon【mgr.-russ.; < gr. eikón "像"】*n*. -s, -e, **Ikone** *f*. -, -n,《東》イコン（キリスト，聖母*マリア，*聖人，及び関連する出来事を，板や壁に金銀などの装飾を施して描いた東方教会の礼拝用の*聖画像；8‐9世紀に*イコノクラスムによってその多くが破壊されたが，*崇敬の対象はイコンそのものではなく，聖画像の原体であると規定され，特に*ギリシア正教会において独自の発展をみた；なお広義では，教化，崇敬の目的で描かれた聖画像一般をいう場合もある）．

Ikonen=kunst *f*. -, イコン芸術, 聖画[像]芸術． **～maler** *m*. -s, -, イコン作者, 聖画像作家（特に，修道院内で，模写などにより聖画像の技法を専門に学んだ修道士）．**～malerei** *f*. -, -en, ②《単数で》イコン芸術, 聖画[像]芸術．②《稀》→ Ikon． **～museum** *n*. -s, ..museen, 聖画像美術館．**～wand** *f*. -, ..wände, → Ikonostasis．

ikonisch *adj*. イコンの, 聖画[像]の；聖画[像]のような．

Ikonodule【gr.-nlat.】*m*. -n, -n, 聖画像崇敬者. **Ikonodulie** *f*. -, (Bilderverehrung) 聖画像崇敬（キリストや*聖人などの図像に対して示す敬意；*トリエント公会議の決議によれば，図像それ自体を*礼拝する*偶像崇拝とは異なり，信徒は画像を通してそこに描かれているものの原体を*崇敬する；CIC. 1188-89参照）．

Ikonograf → Ikonograph． **Ikonografie** → Ikonographie． **ikonografisch** → ikonographisch．
Ikonograph【< gr. eikonográphos "画家"】*m*. -en, -en, 聖画像学者, 図像学者．**Ikonographie** *gr.-lat.*"描写"】*f*. -, イコノグラフィー, 図像学（聖像, 聖画などにおける象徴的寓意的表現を歴史的, 教理的に研究する学問；*ルネサンス期の寓意的擬人像を解説したアンドレーア・アルチャーティ〔アルチャート；1492-1550〕の『エンブレム集』〔1531〕やチェーザレ・リーパ〔1555頃-1662〕の『イコノロギア』〔1593〕を嚆矢とする；現代の図像学は，エミール・マール〔1862-1954〕，アビ・ヴァールブルク〔1866-1929〕，エルヴィン・パノフスキー〔1892-1968〕らの研究によって方向付けられた）．**ikonographisch** *adj*. 聖画像の；図像学の．

Ikonoklasmus【gr.-lat.】*m*. -, ..men, (Bilderstreit) イコノクラスム, 聖画像破壊論争（726年，*十戒〔申 5：8参照〕に従って*聖画像を排斥しようとした小アジアの主教たちを，ビザンティン皇帝レオ3世〔在位717-41〕が支持し，730年すべての聖人像を破壊する命令を発布したことに端を発する紛争；その子コンスタンティノス5世〔在位741-75〕により，762年以降，イコン擁護派は厳しく迫害された；787年第2*ニカイア公会議で*聖画像崇敬の正当性が宣言されて一旦は終息したが，815年レオ5世〔在位813-20〕によって，破壊令が再公布された；聖画像破壊を推進したテオフィロス〔在位829-42〕の没後, 843年に皇后テオドーラが摂政として聖画像の崇敬を復活させた〔イコンへの崇敬は，描かれた原像に帰されると規定した〕；広義では，宗教改革期のもの〔Bildersturm参照〕など，聖画像を否定する思想や破壊運動の全般をいう場合もある）．**Ikonoklast**【gr.-mgr.】*m*. -en, -en, 聖画像破壊論者, 聖像否定論者（特に，レオ3世及び5世とその後継者, 支持者を指す）．**ikonoklastisch** *adj*. 聖画像破壊[論]の．

Ikonolatrie【gr.-nlat.】*f*. -, 聖画像礼拝（→ Ikonodulieと同義だが，「礼拝」〔Latrie参照〕は聖画像自体ではなく，その原体を対象とする）．

Ikonologe *m*. -n, -n, 図像解釈学者．**Ikonologie**【< gr. eikonología "比喩的に語ること"】*f*. -, イコノロジー, 図像解釈学（エルヴィン・パ

ノフスキー〔1892-1968〕は，イコノロジーにおいては，研究対象となる画像を生みだした特定の時代の社会史的精神史的背景や世界観から，画像の内的意味が解明されるとして，描かれた事物の寓意的意味などを扱う*イコノグラフィーとこれを区別した).

Ikonostas【mgr.-russ.】*m.* -, -e, **Ikonostase** *f.* -, -n, **Ikonostasis** *f.* -, ..sen, (東)イコノスタス，イコノスタシス，聖障(*東方正教会の教会堂で，*至聖所〔ベーマ〕と*聖所を隔てる，*イコンが掲げられた衝立状の設備).

Illuminat【< lat. illuminatus "照らされた"】*m.* -en, -en, (通常複数で)光明派(a. 16-18世紀，神の*照明を過度に重視した神秘主義的熱狂的異端派の総称；特に，スペインの*アルンブラドスやドイツの*光明会. b. 照明派とも；*光明主義を信奉する*グノーシス主義の一派).

Illuminaten=bund *m.* -[e]s, ～**orden** *m.* -s, 光明会，啓明結社(1776年インゴルシュタットで，哲学者・教会法学者アダム・ヴァイスハウプト〔1748-1830〕が創立した啓蒙主義秘密結社；学問的認識による道徳的自己完成と博愛を目的として，バイエルン選帝侯国を中心に活動したが，1785年カール・テオドール〔バイエルン選帝侯;在位1777-99〕により，他の秘密結社とともに禁止された).

Illumination【lat.(-fr.)】*f.* -, -en, ①照明，光被(神の*啓示を受け入れ理解できるよう人間の知性に内在的に与えられている神の*恩恵；ヨハ1:9に基づき*アウグスティヌスが体系化した；初期キリスト教では*洗礼を意味した); die evangelische ～ 福音による照明. ②(中世の写本の)装飾，彩飾. **Illuminations・theorie** *f.* -, 照明説(*アウグスティヌスとその流れをくむ*スコラ学(特にフランシスコ会学派)の認識論において，神認識のみならず形而下の対象についての理性的認識も神の恩恵に基づくとする*新プラトン主義的教説). **illuminatistisch** *adj.* 光明派の，照明派の. **Illuminator**【mlat.】*m.* -s, -en, (中世の)写本装飾師，(写本の)挿絵画家. **illuminieren**【lt.-fr.】*t.*(*h*)(写本を)装飾する. **Illuminismus** *m.* -s, ①イルミニズム，啓明主義(18世紀から19世紀の初頭にかけて，*カバラー，錬金術，*ベーメなどの影響下で展開された神秘主義的世界観；ドイツ・ロマン派の思想形成に大きな影響を与えた); 光明派〔→Illuminat a〕の教義. ②光明主義(自分自身は神から特別の*照明を受け，他の人々を照らす使命を授けられていると信じる，教会の*教導職に反する教説で，*グノーシス主義の1形態).

Imago Dei【lat."神の似姿"】*f.* -, -, イマゴ・デイ (das *Ebenbild* Gottes参照).

Imitatio Christi【lat."キリストの模倣"】*f.* -, -, イミタティオ・クリスティ(14世紀末に*デヴォティオ・モデルナの運動の中で作られた信心書〔De imitatione Christi〕；キリストを見習い，*禁欲，*謙遜，*従順，祈りによって完徳に至ることを勧告する；伝統的にオランダのアウグスチノ会士*トマス・ア・ケンピスの著作とされてきたが確証はない；『キリストのまねび』，『キリストにならいて』などの邦訳がある; die *Nachfolge* Christi参照).

Immaculata【lat.】*f.* -, 汚れなき処女(けがれなきおとめ) (カトリック教会における聖母*マリアの呼び名). **Immaculata conceptio**【lat.】*f.* -, イマクラータ(インマクラータ)・コンセプツィオ，無原罪の御宿り(Unbefleckte *Empfängnis*参照).

Immanentismus【lat.】*m.* -, 内在論(a. 神を，世界の内部にあって作用する第一原因〔内在因〕と理解する，スピノザ的汎神論. b. 宗教や信仰を個人的内的体験という点から捉える説で，*シュライエルマッハーにより基礎付けられ，*近代主義の原理となった). **Immanenz**【< lat. immanere "内に留まる"】*f.* -, (対義語: Transzendenz)内在〔性〕(物または人の内部における存在やその作用；例えば，人間は神と緊密に結び付いており，その不断の協力を受けていること，あるいはスピノザのいう神の世界内存在). **Immanenz・apologetik** *f.* -, -en, 内在〔論的〕護教論(個々人の主観的動機を判断基準として，キリスト教信仰の正当性を証明しようとする，*護教学の対近代主義的傾向).

Immanuel【hebr."神は我々とともにおられる"】《固》(*m.*)インマヌエル(イザ7:14にいう「おとめ」が産む男児の名；イスラエルの王位継承者，救済者など諸説があるが，*マリアの懐妊に不安を抱く*ヨセフに対し，*天使はこれが*イザヤの預言の語義どおりの成就，つまり*メシアの誕生であることを示し

た；マタ1:23)．

Immersion【lat.-spätlat."水につけること"】*f.* -, -en, 浸礼, 浸水礼(イエスがヨルダン川で洗礼者*ヨハネから受けた洗礼〔マコ1:9-10〕に倣って, 洗礼志願者の全身または体の一部を水に浸す授洗の方法で, *滴礼や*灌礼と区別される；現在, *東方正教会〔幼児洗礼など〕及び*バプテスト派などで行われている)．

Immersions・taufe *f.* -, 浸水による洗礼, 浸礼．

Immunität【lat."拘束されないこと"】*f.* -, (まれに:) -en, インムニタス(a. 公務免除特権：聖職者, 修道者がその身分と相容れない兵役その他の公職を免れること；CIC. 289. b.〔公吏〕不入権：中世において国王が教会や修道院に与えた自治権で, 公吏の立入禁止, 賦課租の免除, 独自の裁判権などの不干渉特権をいう．c. 教会堂などの*聖別された場所が世俗の使用に供されること)．**Immunitäts・bezirk** *m.* -[e]s, -e, 〔公吏〕不入域(*不入権に基づく教会や修道院の自治区域)．

Immutabilität【lat.】*f.* -, (神の)不変性, 不易性(神とその作用は永遠に同一・連続的であり, いかなる変化も被らないということ)．

Impanation【< lat."パンの中にある"】*f.* -, インパナティオ(正統説の*実体変化と異なり, *聖変化においてはパンとぶどう酒の実体は変化しないまま, それに包含される形でキリストの体と血の実体が存在するという, 中世末期から宗教改革期の「パン内聖体」説；*トリエント公会議〔1545-63〕で排斥された；Konsubstantiation参照)．

Impetus【lat."攻撃, 突進"】*m.* -s, (信仰, *回心などへの)起動力, きっかけ．

Imprimatur【lat."印刷してよい"；dt. es werde (hinein)gedruckt】*n.* -s, インプリマートゥル, 印刷認可(聖書, 典礼書, *カテキズム, 宗教教育や神学の教科書類, その他信仰や道徳に関する書籍の刊行に際し, *司教の委託を受けた*検閲者が内容を事前に審査し, 適正と認めたことを意味する語；印刷認可を与えた司教の名前, 日付とともに出版物に明記される；CIC. 823-29)．**Imprimi potest**【lat.; dt. es kann gedruckt werden】インプリミ・ポテスト, 出版認可(→ Imprimaturと同様, 刊行が認められた書籍の巻頭ないし巻末に記される語)．

Improperien【lat."非難"】*pl.* インプロペリア(*聖金曜日の十字架の崇敬と賛美の際に歌われる「咎(とが)めの交唱」；十字架上のキリストに向けたユダヤ人及び不信仰の民による侮蔑を非難する内容をもつ)．

Imputation【< lat. imputare "勘定につける"】*f.* -, -en, 転嫁, 帰負(キリストを信仰することで, キリストの義は罪ある人間に帰され, その罪責が問われなくなるとする*ルターの説〔義の帰負〕；また, キリストが人類の救済のため, その罪を負ったことや, アダムの*原罪が全人類に及ぶこと〔罪の帰負〕をいう場合もある；Beschuldigung参照)．**imputativ** *adj.* 転嫁の, 帰負の；die ～e Rechtfertigung 義の帰負．

In coena Domini【lat.】イン・コエナ(チェナ)・ドミニ(Abendmahlsbulle参照)．

I. N. D.【lat.】《略》→ in nomine Dei (Domini)．

Independent【lat.-fr.-engl.】*m.* -en, -en,《通常複数で》独立派(17世紀イングランドの*ピューリタンの一派で, *英国国教会から分離し, 各地域の教会会衆組織の自律的独立を主張した；*ピューリタン革命の際には, オリヴァー・クロムウェル〔1599-1658〕の指導下で, 軍事的革命を推進する勢力として議会を主導し, 1649年1月国王チャールズ1世〔在位1625-49〕を処刑して独立体制を確立した)．

Index【lat."目録, 索引"】*m.* -[es], -e, ～ [librorum prohibitorum] インデックス, 禁書目録(教会が信者に対して, 教会権威者の許可なしに読むことや所持, 出版, 販売, 頒布, 翻訳を禁じた, 信仰や道徳に関し危険な謬説を含む書物とその著者のリスト；5世紀から作成されていたが, 1559年に教皇パウルス4世〔在位1555-59〕により公布されたものが「インデックス」と題された最初の禁書目録で, 以降39回版が重ねられ, 1948年刊の最終版には6000件以上が掲載された；1966年に廃止されたが, 現行の*教会法には図書検閲についての規定がある〔CIC. 822-32；Zensur参照)；der ～ der verbotenen Bücher → Index librorum prohibitorum；ein Buch auf den ～ setzen ある本をインデックス〈禁書目録〉に載せる．**indizieren** *t.* (*h*) (ある書物を)インデックス〈禁書目録〉に載せる, 禁書に指定する．

Indulgenz【< lat. indulgere "寛大である"】*f.* -,

-en, 贖宥, 免償, 免罪(Ablass参照).

Indult【spätlat.】*m. (n.)* -[e]s, -e, インドゥルトゥム, 恩典, 特許(かつて, *聖職禄に関して*使徒座から王侯に与えられた特典を意味したが, 現在は, 元来*教会法で認められていない行為を, 正当かつ重大な理由がある場合に, 一時的, 恩典的に許可することをいう; 例えば, *終生誓願宣立者に対する*禁域法の免除〔CIC. 686〕や退会のゆるし〔CIC. 691-93〕).

infallibel【mlat. "誤ることのない"】*adj.* 不可謬の, 不謬の, 無謬の. **Infallibilismus** *m.* -, 教皇不可謬論(説). **Infallibilist** *m.* -en, -en, 教皇不可謬論者. **Infallibilität** *f.* -, 不可謬性, 不謬性, 無謬性(教皇の*教導権の; Unfehlbarkeit参照). **Infallibilitäts・dogma** *m.* -s, 教皇不可謬性の教義(1870年第1 *ヴァティカン公会議で*教理宣言された).

Infamie【lat.-fr.】*f.* -, -n, 汚名(教会法上の犯罪に対する刑罰として, 職務上の権利や特権の行使が停止されること, あるいは伴事的〔犯罪を行ったことによって自動的に生じる〕不名誉が帰せられること).

Inferno【spätlat.-it.】*n.* -s, 地獄(Hölle参照).

Infirmar *m.* -s, -e, → Infirmarius. **Infirmarium**【< lat. infirmus "弱った, 病気の"】*n.* -s, ..rien, (修道院内の)医務室, 病室. **Infirmarius** *m.* -, ..rien, 医務室係, 看護係(*ベネディクトゥスの戒律に定められた修道院職位のうち, 修道院内で病人の治療や看護を担当する修道者の職務; Mönchsarzt参照).

Infralapsarianismus【< lat. infra lapsum "堕罪のもと(後)に"】*m.* -, 堕罪後予定論, 堕罪以後説(*カルヴァン派の*予定説のうち, *人祖*アダムの自由意志に基づく*堕罪の後になって, 神は人間の各々について, 救われる者と滅びる者の予定を決したとする説; *堕罪前予定説への批判として提唱された). **Infralapsarier** *m.* -s, -, 堕罪後予定論者. **Infralapsarismus** → Infralapsarianismus.

Inful【lat. "帯, リボン"】*f.* -, -n, 司教冠(Mitra参照); 司教冠垂飾(司教冠の後部に垂れ下がっている2本の飾りの帯). **infulieren** *t. (h)* (或人に)司教冠を授与する; 司教に任ずる. **infuliert** *p.p.* 司教冠をかぶった; 司教に叙任された; der 〜e Abt → Abtbischof.

Infusion【lat. "注ぎかけること"】*f.* -, -en, ① 灌[水]礼, 注水[礼], 滴[水]礼(受洗者の額に*聖水を注ぎかける洗礼の方式; 14世紀頃から一般化し, 現在カトリック及び多くのプロテスタント諸派で広く用いられている; なお, 注がれる聖水が, ある程度の分量の場合を灌礼または注水礼, ごく少量の場合は滴礼〔Tropf〜〕と呼んで区別する). ② 注入(神が人間の受胎の瞬間に理性的魂を身体と結合させることや, *恩恵によって徳を魂に注ぎ入れることなど, 神の人間に対する超自然的な作用をいう). **Infusions・taufe** *f.* -, 灌水(注水, 滴水)による洗礼.

Ingremiation【lat.-mlat.】*f.* -, -en, (宗教団体への)受け入れ, 入会許可.

in hoc salus【lat.】イン・ホック・サルス(「これ〔=キリスト, または十字架〕に救いあり」の意; また*イエスのモノグラム〔IHS参照〕の解釈の1つ). **in hoc signo [vinces]**【lat.】イン・ホック・シグノ[・ウィンケス]('この〔=十字架〕のしるしによりて〔汝勝利を収めん〕'の意; *コンスタンティヌス大帝が, 312年, ミルウィウス橋におけるマクセンティウス軍との決戦の前に, この言葉の刻まれた十字架の幻を見, 全軍の兵士の盾に十字架を記して勝利を収めたという伝承に基づく; 初期キリスト教芸術の銘に多く見られる; 略: I. H. S.)

Initial【< lat. initium "最初"】*n.* -s, -e, (《箱》), **Initiale** *f.* -, -n, イニシャル, 装飾頭文字(中世の手写本などで, 各章の最初の単語の頭文字を大きく描き, これに細かな装飾を施したもの).

Initiation【lat.】*f.* -, -en, イニシエーション, 加入[儀]礼(ある宗教的, 社会的集団に加入するために必要とされる一連の手続きと儀式; カトリック教会では, 入門講座への参加から, *入門式, *洗礼志願式を経て, *洗礼, *堅信, *聖体の秘跡を受け, 教会共同体に迎え入れられるまでの信仰育成のプロセスをいう); 奥義伝授, 秘義伝授. **initiieren** *t. (h.)* (或人を)入会させる; (或人に)奥義(秘義)を伝授する.

Inkardination【lat.-mlat.】*f.* -, -en, (対義語: Exkardination) 入籍(聖職者が特定の*教区, 部分教会または修道会などにその一員として*登簿されること; 聖職者の無所属は厳禁されている; CIC. 265-72).

Inkarnation【lat.-it.-kirchenlat.】*f.* -, -en, (Fleischwerdung, Menschwerdung) 受肉(*三位一体の神の第2の*位格が，人類の救済のために，ナザレのイエスにおいて*人性と結合し〔*位格的結合〕地上に現れたという，キリスト教の中心的教理；「言は肉となって，わたしたちの間に宿られた」〔das Wort ist Fleisch geworden und hat unter uns gewohnt；ヨハ1：14〕こと)；《東》藉身（<ruby>籍身<rt>せきしん</rt></ruby>）. **inkarnieren** *refl.* sich ~《雅》具現化する，具象(肉体)化する；(神が)受肉する. **inkarniert** *p.p.* 受肉した；Christus ist der ~e Sohn Gottes. キリストは受肉した神の子である．

Inklusen【lat.-mlat."閉じ込められた人々"】*pl.* (Reklusen) 独房螢居隠修者(特に6-15世紀に，禁欲と祈りのため，長期ないし全生涯を独房内で生活した男女の修道者たち). **Inklusorium** *n.* -s, 独居房(通常，教会堂に隣接して建造され，*隠修士は小窓を通してミサに参与できるが，それ以外は外界と遮断されて生活する；Klause参照).

Inkorporation【spätlat.】*f.* -, -en, ①合併(*使徒座の認可のもと，*修道会などが吸収合併ないし対等合併すること〔CIC. 582〕；中世においては，経済的理由から*教会禄や小教区を修道院など他の法人に移管することを意味した). ②登簿(*修道会や*在俗会などへの入会；Eingliederung参照). **inkorporieren** *t.* (*h*) (*小教区や*教会禄を)合併する，結合する．

Inkunabel【lat. "おむつ，揺り籠"】*f.* -, -n, (Wiegendruck) インキュナブラ，揺籃期本(1450-1500年頃の活版印刷の揺籃期に作られた印刷本；多くは聖書，祈禱書，神学関係のラテン語による著作で，ドイツ，フランス，イタリアで制作された).

in maiorem <majorem> Dei gloriam 【lat.】イン・マヨーレム・デイ・グロリアム(「神のより大いなる栄光において」の意；→ ad maiorem <majorem> Dei gloriamと同じ).

inner *adj.* 《付加語的にのみ》内(部)の，国内の；die ~e Mission → die innere *Mission*；die ~e Schule (修道院の)院内学校(789年*カール大帝の命により，修道者を志願する児童の教育のため，修道院内に設けられた教育施設；所属する修道院の修道士育成を目的とする；修道院外部の児童が学び，将来，各地の教会に配属される教区付き聖職者を育成する → die *äußere* Schuleと区別される；Klosterschule参照).

inner=kirchlich *adj.* 教会内部の．**~klösterlich** *adj.* 修道院内部の．

innerlich *adj.* 内的な，静心的な；das ~e Gebet → das innere *Gebet*．

in nomine【lat.】イン・ノミネ(「…の名において」〔im Namen ...〕の意)；~ ~ Christi キリストのみ名によって(略: I. N. C.)；~ ~ Dei 神のみ名によって(略: I. N. D.)；~ ~ Domini 主のみ名によって(祈願の結びの言葉として用いられることが多い；略: I. N. D.)；~ ~ Patris et Filii et Spiritus Sancti 父と子と聖霊のみ名によって(dt. im Namen des Vaters und des Sohnes und des Heiligen Geistes；*洗礼式，説教，祈願など様々な場面で，しばしば[*十字架のしるし]とともに唱えられる言葉)；~ ~ Sanctae Trinitatis 聖三位一体のみ名によって(略: I. N. S. T.).

in paradisum【lat.】イン・パラディスム(「楽園歌」とも；カトリックの*告別式，特に出棺のときに歌われる*交唱；名称は，ラテン語唱句の冒頭詩 „*In paradisum* deducant te Angeli"〔楽園へ，天使たちがあなたを導いてくださいますように；dt. *Zum Paradies* mögen Engel dich geleiten.〕にちなむ；及び，これに基づいて作曲され，*レクイエムに含まれる楽曲)

in partibus infidelium【lat. "異教徒の領域で"】イン・パルティブス・インフィデリウム(自分の*司教区をもてず，代わりにイスラム教徒の侵攻によって失われた小アジア，北アフリカ，バルカン諸国などの司教座を名義的に割り当てられていた司教に対する称号；1882年レオ13世〔在位1878-1903〕による改称以降は → Titularbischof；i. p. i.).

in pectore【lat. "胸中に(秘めて)"】イン・ペクトーレ(教皇が決定事項の詳細の発表を暫時控えること；特に，新しい*枢機卿の決定の際に混乱を避けるため，教皇が意中の任命予定者の名前をしばらくの間発表しないでおくこと).

in pontificalibus【lat.】イン・ポンティフィカリブス(「祭服を着用して」の意)；《戯》威儀を正して，盛装して．

Inquisition【lat."審理"】*f.* -, -en, ①《単数で》異端審問所，宗教裁判所(12世紀以降，*カタ

リ派や*ワルドー派などの*異端の摘発と撲滅のために，教会が設置した裁判所；1549年にはローマで，最初の省としてプロテスタントの教義を対象とする異端審問省が開設され，後に*検邪聖省と改称されて*禁書目録の作成にもあたった）．②異端審問，宗教裁判（1184年教皇ルキウス3世〔在位1181-85〕は司教による異端審問を制度化し，さらに1215年の第4*ラテラノ公会議で手続きが整備された；主に*フランシスコ会と*ドミニコ会が審問にあたり，特に，ドミニコ会士ベルナール・ギー〔1261頃-1331〕によってその方法が確立された）．

Inquisitions=gericht n. -[e]s, -e, 異端審問所，宗教裁判所．**〜prozess（〜prozeß）** m. ..zesses, ..zesse, 異端審問，宗教裁判．

Inquisitor【lat.】"審査する人"】m. -s, -en, (Ketzermeister) 異端審問官，宗教裁判官（当初は教区司教や教皇特使が審問にあたったが，1232年教皇グレゴリウス9世〔在位1227-41〕が*ドミニコ会士に委託し，後に*フランシスコ会士及び他の*托鉢修道会士が任命された）．

inquisitorisch adj. 異端審問の；異端審問的な．

I. N. R. I.《略》→ Jesus Nazarenus Rex Judaeorum.

in saecula saeculorum【lat."世々限りなく"】イン・セクラ・セクロールム（*パウロの手紙にしばしば見られる表現で〔例えばフィリ4：20，1テモ1：17〕，典礼中の祈願や説教の結びに用いられる；die kleine *Doxologie*参照）．

Insel・kloster n. -s, ..klöster, → Klosterinsel．

Inspiration【lat."息を吹き込むこと"】f. -, -en, 霊感，神感（人間に対する*聖霊の直接的な作用；これによって人は神の意志と真理を知り〔*啓示〕，*助力の恵みを得る；特に，聖書における霊感〔→ Bibelinspiration〕をいう）．

I. N. S. T.《略》→ in nomine Sanctae Trinitatis.

Installation【lat.】f. -, -en,《古》(聖職者の) 叙任；着座(式)（聖職者が正式に*叙任されること，及びその儀式；Inthronisation参照）．

installieren t. (h)（聖職者を）叙任する；着座させる．

Institut【lat.】n. -[e]s, -e, ①（教育，調査，研究のための）施設，研究所（Institution参照）；（大学の）学部，学科；das 〜 für Theologie（大学の）神学部．②会，協会；das 〜 des geweihten Lebens 奉献生活の会（*修道会や*在俗会など，*福音的勧告の遵守と会固有の*誓願を宣立したキリスト教徒からなる信仰共同体；CIC. 573-602）；Ordens〜 修道会．**Institution**【lat.】f. -, -en, ①（*教皇庁立聖書研究所など，ローマ*教皇庁の）研究所，学院．②制度．③《雅》〔聖職〕任用（教会権威者による教会職の授与と任務遂行権の承認）．

Instruktion【lat.】f. -, -en, 訓令（法律の規定や執行の際に遵守すべき事項について，法律の執行者に対して説明，指示したもの；CIC. 34）．

Insufflation【lat.】f. -, -en, (Anhauchung) 息，息吹（*聖霊を与え祝福するため，息を吹きかけること〔ヨハ20：22〕，及びその象徴的動作；anhauchen参照）．

Integralismus【lat.-mlat.-nlat.】m. -, インテグラリスム（20世紀初頭，教会史家・教皇庁国務省広報担当官ウンベルト・ベニーニ〔1862-1934〕と彼が組織した*ピウス結社によるカトリック教会内の反*近代主義運動；*トマス・アクィナスの思想のみを認め，歴史学的な聖書研究への批判，教皇の*不可謬性の極端な拡大解釈，キリスト教における民主主義と自由主義の排除を推進したが，1921年，結社が教皇庁から追放されて運動は終結した）．**Integralist** m. -en, -en, インテグラリスト．

Intellektualismus m. -, (まれに:) ..men, 主知説，主知主義（意志，感覚，信仰等々に対して，知性や理性の優位性を強調する様々な哲学・神学説について用いられる語；例えば，後期*スコラ学の神秘主義的傾向や*主意主義に対する*アルベルトゥス・マグヌス及び*トマス・アクィナスらの立場，また啓蒙主義時代の*理神論など）．

intelligo, ut credam【lat.】インテリゴ・ウト・クレーダム（「信ぜんがために知解する」〔dt. ich gebrauche den Verstand, um zum Glauben zu kommen〕の意；フランスの*スコラ学者ペトルス・*アベラルドゥス〔1079-1142〕の言葉；→ credo, ut intelligam と対比される）．

Interdikt【lat.】n. -[e]s, -e, インテルディクトゥム，禁止制裁（*司教に暴力を揮ったり，無資格でミサや*ゆるしの秘跡を執行しようとした聖職者や信徒に対する*教会法上の懲戒罰

で，ミサなど礼拝行為への奉仕者としての参与，*秘跡・*準秘跡の執行，秘跡の受領が禁止される；CIC. 1332, 1370, 1378）．

Interim【lat."差しあたり，当分の間"】*n.* -s, -s, 仮信条協定，暫定規約（信仰の問題に関して*教会会議などで確定される前に，当事者間で暫定的に締結される協定）；das Augsburger 〜 → das *Augsburger* Interim. **Interimistikum** *n.* -s, ..ken, 《古》→ Interim.

Interkalar・früchte【< lat. fructus intercalares】*pl.*, **Interkalarien**【lat.】 *pl.* (Kommendenwesen) 空位聖職禄（正式な*聖職禄の保有者が欠員の場合，*司教その他の高位聖職者，または*裁治権のない一般信徒が一時的に受ける収入）．

Interkommunion【lat.】*f.* -, -en, 相互聖餐，相互陪餐（キリスト教の異なる*教派の間で，それぞれの相手方の信徒に対し，*聖餐に与ることを認め合い，ともに*聖体拝領を行う「教派間の交流」のこと）；die eucharistische 〜 相互聖体拝領（カトリックの司祭が他教派の信者に*聖体を授けること，またはカトリック教徒が他教派の聖職者から聖体拝領すること；カトリックでは*東方正教会にのみこれを認めているが〔ただし東方正教会の側では認めていない〕，他教派の聖職者と共同での聖餐の執行は原則的に禁止されている〔CIC. 908〕；なお*聖公会と*復古カトリック教会の間では1931年以降，相互聖餐が公式に行われている）．

Interkonfessionalismus *m.* -, 信条協調主義（共通する政治的，社会的その他の問題を解決するため，*信仰告白や教説の違いを越えて，諸教派が合同して事にあたること；特に，第1次世界大戦前のイギリスやアメリカにおける）．**interkonfessionell** *adj.* 信条協調（主義）の；諸教派共同の，諸教派間の；die 〜e Ehe 混宗婚，混信婚（同一宗教内の異教派の信者間で締結される婚姻；Mischehe参照）．

interlinear【mlat.】*adj.* 行間に記された（翻訳，注釈など）；die 〜e Übersetzung → Interlinearübersetzung.

Interlinear=glosse【< lat. glossa interlinearis】*f.* -, -n, 行間グロッサ（中世初期の*写本などで，原文の行間に記された注釈；Glosse参照）．**〜übersetzung** *f.* -, -en, **〜version** *f.* -, -en, 行間逐語訳（中世初期の写本などで，原典，特にラテン語原文の行間に記された逐語訳）．

Internuntius【lat."交渉者"】*m.* -, ..tien, 教皇〔庁〕公使（*教皇の代理者として比較的小さな国に駐在し，その国の教会の現状を教皇に報告するとともに，ヴァティカンとの友好関係を増進させることを任務とする；*教皇庁大使の下位の外交官）．

Interperiodismus *m.* -, 時期断絶説（*創世記の冒頭に記された*天地創造の六日間の各「日」を，地質学上の諸時代に断続的に対応させる試み；Periodismus参照）．

Interpretatio Christiana【lat.】*f.* - -, インテルプレタティオ・クリスティアーナ，キリスト教的［再］解釈（他宗教，特に宣教地の土俗宗教の教えや習慣，神話などをキリスト教の教理に合わせて解釈し直し，これを*布教に利用すること）．**Interpretatio Romana**【lat.】*f.* - -, インテルプレタティオ・ロマーナ，ローマ的［再］解釈（a. ギリシアやゲルマンなどの神々をローマの神々と同一視して，その名で呼ぶこと．b. ゲルマン世界の神話や風習を，カトリックの教理に合わせて解釈し，これに採り込むこと）．

Interstitien【< lat. interstitium】*pl.* 中間期（*叙階と叙階の間に必要な一定の間隔；助祭叙階と司祭叙階の間，また*祭壇奉仕者と助祭職の授与の間におかれる，それぞれ最低6ヶ月の期間；CIC. 1031§1, 1035§2）．

Inthronisation【mlat.；< gr. thrónos "（王の）座"】*f.* -, -en, 着座（式）（*教皇座や*司教座に新教皇ないし司教が正式に就くこと，また*大修道院長が就任すること；及び，それを公にする儀式；*教会法上は，新教皇は選出を受諾した時点で教皇の権威を受け〔CIC. 332§1〕，司教の着座は通常，当該教区において，顧問団に使徒座任命書を提示することによって，またこれが新設の教区の場合は，*司教座聖堂に参列する聖職者及び信徒に任命書を伝達することによって行われる〔CIC. 382§3〕）．**inthronisieren**【gr.-mlat.】*t.* (*h*)（或人を新しい教皇，司教，大修道院長として）着座させる．**Inthronisierung** *f.* -, -en, → Inthronisation.

Intinktion【lat.】*f.* -, -en, インティンクション，浸し（パンとぶどう酒の両形態による*聖体の授与の方法の1つで，*聖体拝領の際，

司祭が*ホスティアをぶどう酒に浸してから信者に与える；信者は舌の上に直接これを受ける).

Intoleranz【lat.-fr.】*f.* -, -en,《単数で》(対義語: Toleranz) 不寛容, 狭量(さ)(自己の思想と異なるもの, 特に他宗教, 他教派を受け入れうとしないこと；また, 他者の罪過を咎め立てすること).

Introitus【lat.-mlat."入口, 入場"】*m.* -, -, イントロイトゥス, 入祭の歌(以前は「入祭唱」とも；*司祭が*助祭や奉仕者とともに入堂し, 祭壇につく際に唱えられるミサ導入部〔入祭〕の歌, *交唱；冒頭の語がそのミサや, これが行われる*主日の呼び名となる).

Intuition【lat.-mlat."直接見ること"】*f.* -, -en, 直観(Anschauung 2参照). **intuitiv** *adj.* 直観的な.

Investitur【mlat.; 原義 → Einkleidung】*f.* -, -en, 叙任(a. 中世において, 世俗の君主が*司教や*大修院長などの高位聖職者を任命し, これに財産や俗権を与えた行為, またその特権. b. 現在は*主任司祭などの聖職者を教会職に任命すること；Provision参照). **Investiturstreit** *m.* -[e]s, 叙任権闘争(*聖職売買などの弊害のあった叙任権をめぐる*教皇と世俗君主の間の紛争；1075年*神聖ローマ帝国皇帝ハインリヒ4世〔在位1084-1105〕に対し, 教皇グレゴリウス7世〔在位1073-85〕が*叙任を禁止, 相互罷免と77年の*カノッサの屈辱を経て, 聖俗両権の対立は深まったが, 1122年教皇カリクストゥス2世〔在位1119-24〕と皇帝ハインリヒ5世〔在位1111-25〕との間で結ばれた*ヴォルムス協約により妥協的決着をみた).

Invitatorium【lat.-mlat.】*n.* -s, ..rien, (Eröffnung) インヴィタトリウム, 初めの祈り, 招詞(ラテン語*聖務日課〔*教会の祈り〕の*朝課〔*朝の祈り, または*読書課〕の冒頭に, 神の賛美と祈りへの誘いとして唱えられる「主よ, わたしの口を開いてください. わたしはあなたに賛美を献げます.」〔lat. Domine, labia mea aperies. / Et os meum annuntiabit laudem tuam.；dt. Herr, öffne meine Lippen. / Damit mein Mund Dein Lob verkünde.〕及び詩95；現在では詩95の他に, 詩24, 67, 100を用いることができる).

Invocabit【lat.】*m.* -,《無冠詞で》インヴォカビト(*四旬節第1の*主日；名称は, 当日のミサの*ラテン語*入祭文の冒頭語 „*Invocabit me, et ego exaudiam eum*"〔彼がわたしを呼び求めるとき, 彼に答え…；Wenn er mich *anruft*, dann will ich ihn erhören；詩91:15〕にちなむ). **Invocavit**《プ》, **Invokabit** → Invocabit.

Invokation【lat."呼びかけ"】*f.* -, -en, ①嘆願, 懇願, 祈願(神や*聖人などに対して助力を祈り求めること)；(礼拝の冒頭に唱えられる)祈願の言葉, 招詞. ②(悪魔や悪霊などを呼び出す)呪文, まじない.

Inzens【lat.；< lat. incendere "火を点ず"】*m.* -es, -e, / *f.* -, -ationen, **Inzensation**【lat.-nlat.】*f.* -, -en, 献香, 撒香(Beräucherung参照). **inzensieren**【lat.-mlat.】*i.* (h) 献香する, 撒香する.

Irenik【< gr. eirene "平和"】*f.* -, (対義語: Polemik) 融和神学, 平和神学(教派や*信条間の対立を調停, 融和しようとする神学上の試み；*宗教改革直後の*ルター派と*改革派の協和, 17世紀ルター派におけるカトリックとの和解説, また*東方教会を帰一させようとするカトリックの試みなどをいう). **Irenismus** *m.* -, → Irenik.

Iroschotte[#]【Irlandのラテン語古名Scotia Maiorにちなむ】*m.* -n, -n,《形容詞的変化》アイルランド人〔宣教者〕(6 - 8世紀及び11世紀頃, イングランドを経てヨーロッパ大陸各所で福音宣教を行ったアイルランド出身の修道者；11世紀以降は, マリアヌス・スコトゥス〔?-1081頃〕が*レーゲンスブルクに創建した*ベネディクト会系の聖ペトロ修道院〔1075〕や聖ヤコブ修道院〔1090〕などを拠点として, 南ドイツ, オーストリア各地に修道院を設立した). **iroschottisch** *adj.* アイルランド人〔宣教者〕の.

irre *adj.* ①気の狂った. ②迷った；~ Schafe *pl.* を一匹の失われた羊.

irregulär【spätlat.】*adj.* ①(*叙階されるのに)不適格な, 叙階に適さない. ②非正統的な, 異端の. **Irregularität**【spätlat.】*f.* -, -en, 叙階の不適格障害, 受階障害(Weihhindernis参照).

irreligiös【fr.-lat.】*adj.* 無信仰の, 無宗教の, 不信心な. **Irreligiosität**【kirchenlat.】*f.* -, 無宗教, 不信心.

Irr・glaube *m.* -ns, (まれに:) -n,《古》, **Irrglauben** *m.* -s, (まれに:) -,《古》誤った信仰, 異端；異教, 邪教. **irrgläubig** *adj.* 謬説を信

じている，異端の（häretisch参照），異教の．**Irrgläubige**″ m. u. f. -n, -n,《形容詞的変化》異端者（Häretiker参照），異教徒．**Irrgläubigkeit** f. -, 異端（異教，謬説）(を信じること)．

Irr・lehre f. -, -n, 異端［説］，謬説（Häresie参照）．**Irrlehrer** m. -s, -, 異端（謬説）の宣布者（Häresiarch参照）．

Irvingianer〖< Aman Edward *Irving*〗m. -s, -,《通常複数で》アーヴィング派（1832年スコットランドで創始された，カトリック使徒教会〔Katholisch-apostorische Kirche〕の通称で，創立者の1人のアーヴィング〔1792-1834〕の名にちなむ；*英国国教会とカトリックの教義と典礼の多くを踏襲するが，アーヴィングによって12人の「使徒」が立てられるなど*初代教会の職制に倣った独自の位階組織をもち，*千年至福説を唱えて再三にわたり*終末の予言〔1855, 1866, 1877年〕を行った）．**irvingianisch** adj. アーヴィング派の．**Irvingianismus** m. -, アーヴィング派の教説．

Isaak〖hebr."彼（神）は笑う"〗《固》(m.) イサク（*アブラハムとその正妻*サラの息子で，*ヤコブの父；神はアブラハムに，高齢になって得た子イサクを*いけにえとして供えるよう命じ，その従順を試した；創22: 1 -19）．

Isagogik〖gr.〗f. -, ① (die biblische Einleitungswissenschaft) 聖書序説（聖書の文献学的研究，特に聖書諸巻の成立史研究への入門の学）．② 信仰告白文書研究入門（17世紀*ルター派の；Bekenntnisschrift参照）．

Isidor〖gr."イシスの賜物"〗《固》(m.) ~ von Sevilla セビリャのイシドルス（560頃-636；聖人，*教会博士，セビリャの大司教；教育活動と博学で知られ，聖俗のあらゆる知識を体系的に集約した百科全書『語源誌』〔Etymologiae sive origines；全20巻，死後完結〕の他，多数の著述を通じて，中世キリスト教界に大きな影響を及ぼした）．

Ismael〖hebr."神は（願いを）聞く"〗《固》(m.) イシュマエル（*アブラハムとエジプト人奴隷*ハガルの間に生まれた子；*イサクの誕生後，母とともに荒野に追放され〔創16:21〕，イシュマエル人の祖となった；創25:12-18）．

Ismaelit m. -en, -en, ① イシュマエル族（イシュマエルとその12人の子供を祖とする北アラブの部族；イスラム教の開祖ムハンマド〔570頃-632〕はその子孫）；《比》除け者，追放者，世の憎まれ者．② イスマーイール派（8世紀に興ったイスラム教シーア派の分派）．

Israel〖hebr."神（$\frac{\pi}{\lambda}$）が闘う；(*ヤコブが) 神と戦う"〗《固》イスラエル（a. ヤコブに神〔エル〕が与えた名前；創32:25-29, 35: 9 -10. b. （ヤコブの子孫で旧約における）ユダヤ民族；die Kinder <das Volk > ~[s] イスラエルの子ら〈民〉（ヤコブの子孫のユダヤ人のこと）；der Auszug der Kinder ~[s] イスラエルの子ら（のエジプトから）の脱出（ヘブ11:22）. c. イスラエル王国（イスラエル諸部族が*サウルのもとに設立した統一王国；前10世紀初頭*ダビデは，*エルサレムを首都とするユダ・イスラエル連合王国を建てたが，その子*ソロモンの死後，前922年に分裂した；北側のイスラエル王国は前722年アッシリアに占領され，南側の*ユダ王国も前586年の*バビロニア捕囚によって消滅した）. d. 「神の民」のこと（イザ1 : 3，ルカ7 : 9）. e. *シオニズム運動の後，1948年に建国されたイスラエル国；首都は→ Jerusalem. **Israeli** m. -[s], -[s], イスラエル人，イスラエル国民．**israelisch** adj. イスラエル（国）の．**Israelit** m. -en, -en, イスラエル人，ユダヤ人（Jude参照）．**Israelitin** f. -, -nen, → Israelit の女性形；Jüdin参照．**israelitisch** adj. イスラエル（民族）の，ユダヤの（jüdisch 参照）．

Itala〖< lat. Vetus *Itala* "古いイタリア語"〗f. -, イタラ訳（*ウルガタ訳の成立以前，2 - 4世紀の古ラテン語訳聖書の総称で → Vetus Latinaと同じ；ただし北イタリアなど特定地方の古ラテン語訳，*ヒエロニムス〔a〕による校訂版，ウルガタ訳そのものを指すなど，定義が曖昧なため，近年この語はあまり用いられない）．

ite, missa est〖lat.〗イテ・ミッサ・エスト（*司祭または*助祭が会衆に向かって，ミサの終了を告げるラテン語典文；原意は「行きなさい，あなたがたは遣わされている」で，日常生活への派遣に際し，会衆を祝福するための言葉；現行のミサ典文の「感謝の祭儀を終わります．行きましょう．主の平和のうちに．」〔Gehet hin in Frieden.〕の部分にあたる；会衆はこの言葉に対し「神に感謝．」〔lat. Deo gratias. / dt. Dank sei Gott, dem Herrn.〕と応答する；このうちの„missa"が，6世紀頃から聖体祭儀の全体を指すようになった；Messe参

Itinerar【lat.】 *n.* -s, -e, **Itinerarium**【lat.】 *n.* -s, ..rien, ①旅行記, 巡礼記(古代から中世に作られた, エルサレム, ローマなどの聖地を実際に旅した*巡礼者たちによる, 巡礼者のための旅行ガイド). ②旅行祝福祈禱文(神や*聖人の保護を願って, *巡礼その他の旅行の出立時に唱える祈り).

ius → Jus.

Jahres・gedächtnis → Jahrgedächtnis.

Jahr=gedächtnis *n.* -ses, -se, (Anniversarium) ①年忌. ②追悼ミサ, 年忌ミサ(命日に故人を偲んで行われるミサ). **〜zeit** *f.* -, -en, <*schweiz.*> → gedächtnis 2.

Jahrzeit=amt *n.* -[e]s, ..ämter, → Jahrgedächtnis 2. **〜buch** *n.* -[e]s, ..bücher, <*schweiz.*> 追悼ミサ簿(追悼ミサの行われるべき日が記入されたカレンダー). **〜messe** *f.* -, -n, <*schweiz.*> → Jahrgedächtnis 2.

Jahve → Jahwe. **Jahvist** → Jahwist. **Jahwe**【hebr."わたしはある"(出3:14)】《固》(*m.*) ヤハウェ(ヤハヴェ, ヤーウェ, ヤーヴェとも表記される;旧約聖書における古代イスラエルの唯一神の固有名 → JHWHの音訳;称名することが憚られたため, 紀元1世紀までにその実際の発音は失われ, 18世紀における旧約文書の歴史批判的研究により „yāhweh" として復元された). **Jahwist**【hebr.-nlat.】 *m.* -en, -en, ①《単数で》ヤハウィスト資料, ヤーウィスト資料(*モーセ五書の成立史研究において存在が仮定されている資料文書〔4資料説〕;前10世紀に書かれたとされる〔前6世紀頃の成立とする説もある〕;名称は, 神名が一貫してヤハウェであることによる;略:J;die *deuteronomische* Quelle, Elohist, Priesterschrift参照). ②ヤハウィスト(神をヤハウェと呼び, ヤハウィスト資料を著した個人または集団).

Jakob【hebr."かかとをつかむ者;神は守る"】《固》(*m.*) ①ヤコブ(*イサクとリベカの双子のうち弟の方で, 3人の*族長の1人;策略を用いて長子権を奪った兄*エサウの報復を恐れて, 伯父*ラバンのもとに逃亡し, 彼によって長年酷使された後に, その娘の*レアと*ラケルを妻とした〔創29:16-30〕;神によって*イスラエルと改名され〔創35:10〕, 彼の12人の息子はイスラエル*十二部族の祖となった). ② → Jakobus(のヘブライ語形);das ist der wahre 〜《話》これこそ本物だ, これはまさに願ったりかなったりだ(一説によれば, 大*ヤコブの墓が, *サンティアゴ・デ・コンポステーラ以外にも数多くあることから).

Jakobi【lat. Jakobusの2格形】 *n.* -,《無冠詞で》使徒聖ヤコブの祝日(大*ヤコブを記念する祝日;かつて民間では農産物の取り入れ開始の日とされた;7月25日);an <zu> 〜 beginnt die Ernte 大ヤコブの祝日に収穫が始まる.

Jakobiner *m.* -s, -, ①《稀》(フランスの)ドミニコ会修道士(パリの聖ヤコブ街〔Rue Saint-Jacques〕にドミニコ会修道院〔サン・ジャック修道院〕があったことにちなむ). ②《通常複数で》ジャコバン派(フランス革命期の急進的政治結社;1789年以降に, 1の修道院に本拠を置いていたことから).

Jakobit【< *Iacobus* Baradaios】 *m.* -en, -en,《通常複数で》ヤコブ教会, ヤコブ派(*カルケドン公会議の決議に反対し, *キリスト単性説を採って6世紀に成立したシリアの国教会;創立者であるニシビスの司教ヤコブ・バラダイオス〔490/500-578〕の名にちなむ;現在の正式名称はシリア正教会〔→ die *syrisch-orthodoxe* Kirche〕).

Jakobi・tag *m.* -[e]s, -e, → Jakobi.

Jakobs=leiter *m.* -s, ヤコブの梯子(Himmelsleiter参照). **〜muschel** *f.* -, -n, ヤコブの貝(帆立貝の一種で, 大*ヤコブの聖地*サンティアゴ・デ・コンポステーラへの巡礼者は, その貝殻または徽章を首から吊すか帽子に付ける習慣がある;Pilgermuschel参照). **〜stab** *m.* -[e]s, ..stäbe, ヤコブの杖, 十字儀(中世期, 航海や測量に用いられた十字架状の測量器具;天体の高度角を測定し, 緯度を知るために使用された). **〜tag** *m.* -[e]s, -e, → Jakobi. **〜weg**【span. Camino de Santiago】 *m.* -[e]s, -e, ヤコブの道(主にフランス各地からピレネー山脈を越えてサンティアゴ・デ・コンポステーラに

向かう巡礼路；ヨーロッパ全土に広がる道路網と繋がり，11世紀前半から各国の巡礼者が利用していた）．

Jakobus《固》(*m.*) ヤコブ (a. ~ [der Ältere]：「大ヤコブ」とも；*十二使徒の1人で*ヨハネの兄；ともにガリラヤ湖の漁師だったが，イエスの「人をすなどる」ようにとの言葉に応じて弟子となった〔ルカ5：10，マコ1：19〕；43年頃ヘロデ・アグリッパ1世〔前10頃-後44〕によって斬首され，使徒中最初の殉教者となる〔使12：1〕；遺骸は9世紀に北スペインの*サンティアゴ〔＝聖ヤコブ〕・デ・コンポステーラで発見され，同地は中世最大の巡礼地になった；祝日：7月25日．b. ~ [der Jüngere]：「小ヤコブ」とも；*十二使徒の1人で「アルファイの子」〔マコ3：18〕；イエスの従兄弟ともいわれる；祝日：5月3日）；der Brief des ~ ヤコブの手紙（新約聖書中の書簡；「主の兄弟」〔ガラ1：19〕と呼ばれるエルサレム教会の初代司教ヤコブ〔62年殉教；大ヤコブとは別人で，小ヤコブと同一人物かは不明〕の作とされる；信仰にとって行いが重要であることを説き，キリスト教信者の生き方について具体的に教示する）．

Jakobus=brief *m.* -[e]s, → der Brief des *Jakobus*. **~evangelium** *n.* -s, → Protevangelium [des Jakobus]. **~liturgie** *f.* -, ヤコブ典礼（*初代教会時代のエルサレムで用いられた典礼様式で，名称は「主の兄弟ヤコブ」〔ガラ1：19〕にちなむ；*キリスト単性説の*ヤコブ教会に受け継がれた；現在は，エルサレムの正教会で「聖イアコフの聖体礼儀」として年に1度行われる）．

Jammer・tal *n.* -[e]s, 嘆きの谷（das Tal der Tränen参照）．

Jansenismus【nlat.; < Cornelius *Jansen*】*m.* -, ジャンセニスム，ヤンセン主義（オランダの司教・神学者のコルネリウス・ヤンセン〔1585-1638〕の*アウグスティヌス研究に立脚し，17-18世紀のフランスでポール・ロワイヤル運動として広まった*恩恵に関する神学体系；人間の自由意志よりも，神の*恵みを強調し，*カルヴァン派的な*予定説を採る；また教皇の*不可謬性と教会の*教導権を否定し，*イエズス会と対立した；同派の中核的な「五命題」は，1653年教皇イノケンティウス10世〔在位1644-55〕により異端として排斥された）．**Jansenist** *m.* -en, -en, ジャンセニスト，ヤンセン主義者（1635年以降，ジャンセニスムの拠点となるパリ郊外のポール・ロワイヤル修道院の指導者サン＝シラン〔ジャン・デュヴェルジエ・ド・オーランヌ；1581-1643〕と修道女たちなど；ラシーヌやパスカルにもジャンセニスムの影響が見られる）．**jansenistisch** *adj.* ジャンセニスムの，ヤンセン主義の．

Jehova[h]【hebr.】《固》(*m.*) エホバ（16世紀以降に普及した → Jahweの誤読形）．**Jehovist** *m.* -en, -en, → Jahwist.

Jenseits *n.* -, (対義語: Diesseits) あの世，来世，彼岸（キリスト教では*天国と*地獄のこと；カトリックにおいては，これに両界の中間状態として*煉獄が加わる）；ins ~ abgehen あの世へ行く；jn. ins ~ befördern《話》殺す，亡き者とする．

Jeremia【hebr. "主は立てる；主は贈る"】《固》(*m.*) エレミヤ（旧約の3大*預言者の1人で，前627-587年，エルサレム陥落と*ユダ王国の滅亡までの約40年間，迫害と孤独の中，同国で活動した；その後は，ユダ残留者とともにエジプトに移った）；der Brief des ~ エレミヤの手紙（旧約聖書*第二正典の1書；*偶像を徹底して嘲笑し，*バビロニアに捕囚されているユダヤ人に対して，その地で盛んだった*偶像礼拝を避けるよう警告する，著者不明の手紙；*ウルガタ訳では*バルク書の第6章とされる）；das Buch ~ エレミヤ書（ユダ王国の没落と滅亡を預言，目撃したエレミヤによる，王国の不道徳と偶像崇拝を弾劾し，回心を促す言葉，及び彼の活動の記録；一部は*バルクによって記された）．**Jeremiade** *f.* -, -n, ①《雅》哀歌，嘆きの歌（ユダ王国の滅亡を嘆き歌ったエレミヤにちなむ；Klagelied, Lamentation参照）．②《比》悲嘆，嘆き；(長々と続く) 嘆き節．**Jeremias**《固》(*m.*) → Jeremia.

Jerusalem【hebr. "シャレム（先住民の神）が基を置いたもの(?)；平和の都"】《固》(*n.*) エルサレム（パレスチナ中央部の山地にある古都で，ユダヤ教，キリスト教，イスラム教の聖地；*ダビデが*契約の箱を同地の天幕に搬入して〔サム下6：12〕王国の首都に定め，その子*ソロモンによって神殿が建設されると，イスラエル人の宗教・政治の中心地と

なった；またキリストの*受難，*復活，*昇天の地で，*初代教会の根拠地ともなった；現在は，1948年に独立宣言したイスラエル国の首都）；das neue ～ 新しいエルサレム（*最後の審判の後に到来する「聖なる都」；黙21:2, 10-27）．**Jerusalem・kreuz** *n.* -es, -e, エルサレム十字［架］（4枝の先端がT字形で，それぞれの間に計4つの小さな十字が配されている十字架；キリストと4人の*福音記者，またはキリストの5つの傷を表すとされる；1099年，第1回*十字軍を率いた下ロレーヌ公ゴドフロワ・ド・ブイヨン〔1060頃-1100〕が紋章として用い，エルサレム王国のしるしとした）．

Jesaja【hebr."神（<small>ヤハウェ</small>）は救う"】《固》(*m.*) イザヤ（前760年頃*エルサレムに生まれ，前739年頃から同地で活動した*ユダ王国の*預言者；民の罪と為政者の不信仰を厳しく批判し，再三にわたり悔い改めを勧告したが聞き入れられなかった；前701年のアッシリアによるエルサレム攻囲後，民が自暴自棄に陥るのを見て，絶望のうちに預言を止めた〔イザ22:1-14〕）；das Buch ～ イザヤ書（旧約聖書中，最長編の*預言書でキリストに関する預言を多く含み，アッシリアとエジプト両大国の狭間にあったユダ王国に対し，兵力ではなく神助を頼むべきことが語られる；3つの部分からなり，1-39章〔第1イザヤ〕はイザヤ自身の預言及び彼の物語；前6世紀に成立した40-55章〔第2イザヤ〕は*バビロニア捕囚末期に解放が近いことを預言し，エルサレムへの帰還を勧めるもの，前6-5世紀の56-66章〔第3イザヤ〕は，捕囚の終結とその後の混乱，エルサレムを中心とする祖国への帰還，神殿再建など，長期にわたる多様な内容をもち，複数の預言の集成と考えられている；Deuterojesaja, Tritojesaja参照）．

Jesuit *m.* -en, -en, イエズス会士，イエズス会員．

Jesuiten=barock *n.* u. *m.* -[e]s, イエズス会バロック（～stil参照）．**～brief** *m.* -[e]s, -e, イエズス会士書簡，イエズス会通信（16-17世紀，海外布教地に派遣されたイエズス会宣教師がヨーロッパの上司や同僚に宛てて出した手紙のうち，布教の資料として公にされたもので，今日では民俗学資料としても重要視される）．**～dichtung** *f.* -, (まれに:) -en, イエズス会文学（16-18世紀，布教，教育目的でイエズス会士によりラテン語で著された文学作品，特に戯曲や聖歌）．**～drama** *n.* -s, ..men, イエズス会劇（青少年教育の一環としてイエズス会の創立から解散までの200年間〔1550-1750頃〕，世界各地のイエズス会経営の学校でイエズス会士または生徒たちによって創作，上演された宗教劇；聖書や聖人〔特に殉教者〕の物語などに取材し，当初はラテン語での上演が義務付けられていたが，ラテン語を解さない観客のために，各国語のシノプシスが作られたり，各国語の歌や滑稽な幕間劇が挿入されるなどした；17世紀には大規模な編成の器楽曲やバレエを伴うことも多くなり，また18世紀には劇自体にドイツ語やフランス語の使用が認められるようになった）．**～general** *m.* -s, -e u. ..räle, イエズス会総長．**～gymnasium** *n.* -s, ..sien, イエズス会学校（ギムナジウム；イエズス会士によって運営される，古典語，人文学の学習のための教育施設；～schule参照）．**～kirche** *f.* -, -n, ①イエズス会聖堂．②イエズス会様式の聖堂（Jesuitenstil参照）．**～kolleg** *n.* -s, -s u. (まれに:) -ien, イエズス会学院（イエズス会が，青少年のキリスト教的人間形成を目的に設立し運営する教育機関；一般信徒の青少年〔かつてその多くは貴族の子弟だった〕向けと司祭志願者向けの別がある）．**～moral** *f.* -, (軽蔑的に:) イエズス会〔ふう〕の倫理（例えば「目的が認められるならばどんな手段も認められる」〔Wenn der Zweck erlaubt ist, sind auch die Mittel erlaubt.〕；「目的のためには手段を選ばない」の意；イエズス会士ヘルマン・ブーゼンバウム（1600-68）の言葉〕といったような）．**～orden**【< lat. Societas Jesu】*m.* -s, イエズス会（*対抗宗教改革とカトリックの失地回復，異教地布教を目的に，1534年*イグナティウス・デ・ロヨラとフランシスコ・*ザビエルら7人の同志がパリのモンマルトルで*誓願を立て，1540年教皇パウルス3世〔在位1534-49〕によって正式認可された男子修道会；アジア，アフリカ，中南米など，全世界的な宣教活動を行った；1773年敵対する諸勢力の圧力により解散させられたが，1814年に再興した；現在はカトリック修道会中最大規模の団体で，イグナティウスの「イエズス会*会憲」に基づく厳格な軍隊的中央集権的統制組織と*教皇への忠誠，

る；略：SJ）．**~schule** f. -, -n, イエズス会学校（イエズス会創立直後よりヨーロッパ全域，次いでアジア及び中南米各地に設立された；1599年に公布された「学事規定」〔Ratio Studiorum；1773年の同会解散まで用いられた〕に基づいて，古典語から神学・哲学まで体系的な高等教育が行われた）．**~staat** m. -[e]s, -en, イエズス会国家（17世紀ラテン・アメリカ諸国におけるイエズス会の宗教的文化的支配；特に，1609-1767年のパラグアイにおける保護統治地区を指す；Reduktion 2参照）．**~stil** m. -[e]s, イエズス会様式（16-18世紀，イエズス会がヨーロッパ各地及び宣教地での聖堂建築において用いた*バロック様式；イエズス会の母教会としてローマに建設されたイル・ジェス教会〔Il Gesù；1568-84〕がそのモデルとなった；また17世紀，宣教地のラテン・アメリカに見られる，過剰な装飾性をもった教会建築様式をもいう）．**~theater** n. -s, → ~drama．

Jesuitentum n. -s, イエズス会の精神〈本義〉（一致団結して「神のより大いなる栄光のために」〔→ ad maiorem <majorem> Dei gloriam〕神と教皇の戦士として*使徒職に献身すること）．**Jesuiten・universität** f. -, -en, イエズス会（経営の）大学（イタリア：*グレゴリアナ大学〔1551年創立〕；アメリカ：ジョージタウン大学〔1789〕，フォーダム大学〔1841〕；アジア：上智大学〔1913〕，アテネオ・デ・マニラ大学〔1859〕；アルゼンチン：コルドバ・カトリック大学〔1856〕など，現在世界各地に約80校ある）．**jesuitisch** adj. ①イエズス会〔士〕の．②《蔑》狡猾な，狡賢い，詭弁的な（イエズス会士は，目的のためには手段を選ばないとみなされたことから）．**Jesuitismus** m. -s, ①→ Jesuitentum．②《蔑》狡猾さ，狡賢さ．

Jesus【hebr.-gr.-lat.；< hebr."神($\substack{ヤハ\\ ウェ}$) は救い"】《固》(m.)《不変化またはラテン語式変化：2格: Jesu, 3格: - u. Jesu, 4格: - u. Jesum, 呼格: - u. Jesu》イエス（以前はイエズスとも；ヘブライ語の一般的な人名 Jeschua (Joschua) のギリシア語化の Iesous のラテン語形；Jesus Christus参照）．

Jesus=bewegung f. -, → Jesus-People-Bewegung．**~bild** n. -[e]s, -er, イエス像（図像）．

Jesus Christus【hebr.-gr.-lat.】《固》(m.)《不変化またはラテン語式変化：2格: Jesu Christi, 3格: - - u. Jesu Christo, 4格: - - u. Jesum Christum, 呼格: - - u. Jesu Christe》イエス・キリスト（キリスト教の開祖，キリスト教信仰の対象；人類の罪の救済のため神によって遣わされた神の第2の*位格；*ルカ及び*マタイによれば，前4年頃大工の*ヨセフとその妻*マリアを両親として*ベツレヘムで誕生し，*ナザレで少年期，青年期を送った；洗礼者*ヨハネよりヨルダン川で*洗礼を受けた後，後27年頃から*ガリラヤを皮切りに*公生活を開始し，「*神の国」の到来を告げ知らせる；30年頃*エルサレムでの活動開始直後，政治的反乱の首謀者として逮捕され，*ゴルゴタの丘で*十字架に架けられ刑死したが，死後3日目に預言どおり*復活して*弟子たちの前に現れた；40日間彼らと交わり，*宣教を命じ，*聖霊の派遣を約し，*ペトロに教会を託して後に*昇天した；一般に „Jesus" は歴史的人物であり，処女マリアより生まれた神の子を指し示し，„Christus" はギリシア語〔ヘブライ原語からの意訳 „Christos"〕の「油を注がれた者」との原義より，*使徒たちが宣べ伝えた，旧約の成就による*救世主としての存在を表す）；～～！《間投詞的に》わー，えー（驚き，疑い，同情，不満などを表す）．

Jesus=figur f. -, -en, イエス像（彫像）．**~gebet** n. -[e]s, イエスへの祈り，《東》イイススの祈り（*東方正教会などで，絶え間なく祈るのに用いられる短い祈禱文で，定型文はなく，例えば，イエス・キリスト〔イイスス・ハリストス〕の名をひたすら連呼するもの，「主イイスス・ハリストス，神の子よ，我，罪人を憐れみ給え」〔Herr Jesus Christus, [du] Sohn Gottes, hab Erbarmen mit mir [Sünder].〕と唱えるものがある）．

Jesus hominum salvator【lat.】イエズス・ホミヌム・サルヴァトール（「人類の救い主イエス」の意；イエスのモノグラム〔→ IHS〕の解釈の1つ）．

Jesus=kind n. -[e]s, **~knabe** m. -n, 幼子イエス，幼児イエス（a. 幼年時代のイエス．b. 幼児としてのイエスの図像・彫像；聖母*マリアに抱かれている姿や*聖家族の他，誕生，*羊飼いの礼拝，*割礼，神殿奉献〔*主の奉献〕，*マギの礼拝，*幼児殺戮，エジプトへの逃避

など，*福音書の記述，あるいは*外典福音書の記事，伝説〔例えば → Christophorus〕，あるいはまったくの想像に基づいて描かれる；多くは誕生から12歳位までの姿；Christkind 1参照). ～**-litanei**, **～-Litanei** f. -, -en, イエスの連願(歴代教皇によって認可されたものに「イエスのみ名の連願」〔→ Namen-Jesu-Litanei〕，「イエスの聖心の連願」〔→ Herz-Jesu-Litanei〕，「尊い御血の連願」〔Litanei vom Kostbaren Blut Jesu Christi〕があるが，その他にもイエスへの呼びかけによる，新たに作られた*連願が用いられている). ～**monogramm** n. -s, イエスのモノグラム(IHS参照).

Jesus Nazarenus Rex Judaeorum〔lat.; Iesus Nazarenus Rex Iudaeorumとも〕イエズス・ナザレヌス・レックス・ユダエオルム(「ナザレのイエス，ユダヤ人の王」〔dt. Jesus von Nazaret[h], König der Juden〕の意；キリストの*磔刑の際，*ピラトが十字架の上に掲げさせた罪標のラテン語；他にヘブライ語，ギリシア語で記されていたという〔ヨハ19:19-22〕；「ユダヤ人の王」は，ローマ皇帝の直轄領であるユダヤで，王を僭称したことの謂いで，イエスの罪状の1つとされ，また嘲りとしても用いられた〔マタ27:11-44, マコ15: 1 - 32, ルカ23: 1 -38〕；磔刑図・像では，一般に略号のI. N. R. I.が用いられる).

Jesus-People〔engl.〕pl. ジーザス・ピープル(ジーザス・ピープル運動のヒッピー風の参加者たち；組織をもたず，多くは原始的共同生活を営んだ). **Jesus-People-Bewegung**【engl. the Jesus People Movement】f. -, ジーザス・ピープル運動〈ムーヴメント〉，イエス〈ジーザス〉運動(1967年頃から70年代，ヒッピー文化の影響下，アメリカ西海岸を中心に広まった極端に平和主義的で熱狂的な青年運動；ドイツではJesus-People-Pastorと呼ばれた旧西ベルリンの牧師フォルクハルト・シュプリッツァー〔1943-〕が主導した).

Jesus Sira[c]h《固》(m.) イエスス・シラ(シラの子イエスス；前2世紀に活動した*エルサレムの律法及び伝統の研究家，教育者); das Buch ～ ～シラ書(*集会の書とも；旧約聖書*第二正典の1書で，序文によれば，律法学者のイエスス・シラが前2世紀初め頃に著したヘブライ語原典を，その孫がギリシア語に翻訳したもの；生活全般に関わる格言や処世訓，礼儀作法などを集めたもので，先祖伝来の知恵の意義と律法遵守の大切さを強調する).

JHWH【hebr.】聖四文字(ヘブライ語旧約聖書〔→ Tanach〕において4つの子音文字で表記された古代イスラエルの神の固有の名；YHVHのように，JをY〔またはI〕，WをVにそれぞれ換えて記述することもある；聖書を朗読する際には，神名を口にすることを憚り〔そのため元来の発音が失われた；出20: 7参照〕「*アドナイ」，「*エロヒム」，「ハ・シェーム」〔hebr. HaShem; dt. der Name「御名」の意〕と発音される；日本語新共同訳では，ほとんどを「主」と訳す；「エホバ」〔→ Jehovah〕はその誤読形；Jahwe, Adonai, Elohim参照).

Joachim【hebr. "神は起こす"】《固》(m.) ヨアキム(聖母*マリアの父，*アンナの夫；新約聖書*外典の*ヤコブ原福音書によると，結婚後20年を経て子供がなく，それを理由にエルサレムの神殿への献げ物を拒否された；荒野での40日間の断食と祈りの後，神に願いが聞き入れられて，子マリアを得た；その際の誓いにより，マリアが3歳になると神殿に献げた；祝日: 7月26日〔正教会では9月9日〕).

Job → Ijob.

Jobel・jahr【hebr. "雄牛の角"+ Jahr】n. -[e]s, -e, ①ヨベルの年(旧約時代，ユダヤ人の50年に一度〔7年周期の安息年が7回あった後の50年目〕の年；その始まりは雄牛の角笛を吹いて告げられ，農業が行われず，罪の赦免，奴隷の解放，債務免除，売却地の返還などが実施された；レビ25章). ② → Jubeljahr.

Joel【hebr. "ヤハウェは神(㊣)である"】《固》(m.) ヨエル(a. *サムエルの長男；サム上8：2． b. *ユダ王国で活動した，旧約聖書の12*小預言者の1人で，*聖霊の*恩恵を預言したことにより「聖霊降臨の預言者」とも呼ばれる；使 2 :16-21); das Buch ～ ヨエル書(旧約聖書の第2の*小預言書；*いなごの大群が来襲する「主の日」の黙示録的描写と聖霊降臨の預言を含む).

Johanneisch adj. ヨハネの；der ～e Brief → Johannesbrief; die ～e Literatur ヨハネ文書(新約聖書の文書のうち，使徒*ヨハネが著したとされる第4の*福音書，3通の手紙，*黙示録の総称). **Johannes**【hebr. "神(㊣)は慈悲深い"】《固》(m.) ヨハネ(a. ～ der Täufer 洗礼

者ヨハネ：祭司の家系に生まれ，後20年代半ばにヨルダン川流域の荒野で，人々に悔い改めを要求する洗礼授与の活動を行って*救世主の到来を準備した；6ヶ月後に誕生したイエスとは親戚関係にあり，彼を*メシアと認めて洗礼を授けた〔マタ3:13-15〕；*ガリラヤの領主*ヘロデ・アンティパスの不義を告発したために捕らえられ，斬首された〔マタ14:1-12〕；古代ユダヤ教の一派*エッセネ派に属していたとされる；「洗礼者聖ヨハネの誕生」の祭日は6月24日．b. ～ der Apostel 使徒ヨハネ：*十二使徒の1人；漁夫ゼベタイの子で，兄の大*ヤコブとともに，イエスの側近となった；十字架上の死後，*復活したイエスを*ガリラヤ湖畔で目撃した；イエス自身から母*マリアを託され，またエルサレムの原始教会を導く；伝統的に「ヨハネによる福音書」の記者と同一視される；「聖ヨハネ使徒福音記者」の祝日は12月27日．c. ～ der Evangelist 福音史家ヨハネ：第4の*福音書の著者；これと*十二使徒の1人ゼベタイの子ヨハネ，また*ヨハネの手紙のそれぞれの著者，*黙示録の著者が同一人である可能性は低い；ただし美術においては，使徒と福音史家は同じ人物として，常に青年の姿において，書物や巻物，毒蛇が這い出る杯〔迫害時の伝説に由来；Johannis wein参照〕，鷲などの*アトリビュートとともに描かれる）；der [erste / zweite / dritte] Brief des ～ → ～brief；das Evangelium nach ～ → ～evangelium.

Johannes=akten【lat. Acta Johannis <Ioannis>】*pl.* ヨハネ行伝（3世紀シリア東部で，*グノーシス主義の強い影響下に成立した新約聖書*外典の1書；本文全体の約70%がギリシア語で今日に伝わる；使徒ヨハネの2度のエフェソス滞在とその間に起こった奇跡，そして彼の死が描かれる）．～**brief** *m.* -[e]s, -e, der [erste / zweite / dritte] ～brief ヨハネの手紙〔一，二，三〕（伝統的に，使徒ヨハネが著したとされている新約聖書中の3書簡；110年頃に成立した；*ヨハネによる福音書と共通点が多いことから，実際の著者は，同福音書の著者の弟子，あるいは信仰共同体における同僚と考えられている；第1の手紙は，手紙としての形式を欠いており，おそらく小アジアの信仰者を励ます回状；第2，第3の手紙は「長老」を自称する著者により，特定の地方教会に宛てて書かれたもの；キリスト教の本質としての*愛について語るとともに，神の子の*受肉を否定する異端説を退けるよう警告する）．～**evangelium** *n.* -s, ヨハネによる福音書（1世紀末に成立した第4の*福音書；伝統的に使徒ヨハネが，*エフェソスにおいて著したとされるが，実際の著者の名は不明；キリストの*神性を強調し，また彼の言行のうち，特に意義深いものを独自の資料に基づいて記すことで*共観福音書を補う）．～**minne** *f.* -, キリスト・ヨハネ群像（*最後の晩餐の場面に基づき，キリストとその胸に寄りかかっている使徒ヨハネの彫像〔ヨハ13:25〕で，ドイツ・ゴシック美術に見られるモチーフ）．～**Passion** *f.* -, ヨハネ受難曲（*ヨハネによる福音書〔18-19章〕の記述に基づき，キリストの*受難を音楽化したもの；例えば，1724年に初演されたJ. S.*バッハのBWV. 245）．～**teller** *m.* -s, -, ヨハネの皿（*ヘロデの前で踊った娘*サロメが，褒美として洗礼者ヨハネの首を欲したことから，その首を皿に乗せて与えたというマコ6:17-29の記述に基づき，*ヨハネ祭の日に，各地のヨハネ教会で奉納される風習がある）．～**wein** *m.* -[e]s, (まれに:) -e, → Johanniswein.

Johanni[s] *n.* -, 《通常無冠詞で》→ Johannistag.

Johannis=beere *f.* -, -n, スグリ（の実；*ヨハネ祭のころに熟するためこの名称がある）．～**brot** *n.* -[e]s, -e, イナゴマメ（地中海原産のマメ科；洗礼者*ヨハネが荒野で食べたとされる）．

Johannisch *adj.* 《稀》→ Johanneisch.

Johannis=fest *n.* -[e]s, -e, 〔洗礼者〕ヨハネ祭（6月24日に行われた洗礼者*ヨハネの生誕祭で，キリスト教の布教以前から行われていた夏至祭と一致し，当日または前夜にかがり火を焚く習慣がある）．～**feuer** *n.* -s, -, ヨハネの火，夏至の火（ヨハネ祭〔夏至〕または夏至の次の週末などに，丘の上などで焚かれるかがり火）．～**käfer** *m.* -s, -, ホタル（*ヨハネ祭のころによく飛ぶことから）．～**mond** *m.* -[e]s, -e, 《古》（*ヨハネ祭の行われる）6月．～**nacht** *f.* -, ..nächte, ヨハネの夜（*ヨハネ祭の前夜，民間では盛大な夏至祭が行われる；この夜には様々な霊験があるとされ，かがり火を焚き，また火の輪や松明を振り回した

り，わら人形を燃やすなどの習俗が各地に伝わる）．**~tag** *m.* -[e]s, -e, 洗礼者聖ヨハネの［誕生の］祝日（6月24日；~fest参照）．**~trunk** *m.* -[e]s, (まれに:) ..trünke, **~wein** *m.* -[e]s, (まれに:) -e, ヨハネぶどう酒（使徒*ヨハネの祝日の12月27日に*祝別されたぶどう酒で，結婚や危機に瀕した際に飲む；使徒ヨハネがドミティアヌス皇帝〔在位81-96〕または異教の祭司から強要されて毒杯をあおいだが，毒は蛇に変じて，無事だったという伝説に基づく）．**~würmchen** *n.* -s, -, → **~käfer**.

Johanniter【mlat.】*m.* -s, -, ヨハネ騎士団員，ヨハネ騎士修道会士．

Johanniter=kreuz *n.* -es, -e, ヨハネ騎士団十字［架］(Malteserkreuz参照)．**~orden** *m.* -s, ヨハネ騎士団，ヨハネ騎士修道会(最古の*騎士修道会で，1070年頃イタリア南部，アマルフィの商人たちが，*エルサレムに巡礼者救護の目的で設立した；洗礼者*ヨハネを*守護聖人とすることからこの名がある；第1回*十字軍がエルサレムを占領すると病院組織として認証され，さらに1113年教皇パスカリス2世〔在位1099-1118〕によって，アウグスティヌスの戒律に従う「エルサレム聖ヨハネ救護修道会」として認可を受けた；12世紀半ばからは第2代総長レーモン〔?-1160頃〕のもとで軍事的性格を強め，エルサレム・ラテン王国の常備軍として活動した；十字軍の撤退に伴って本拠はキプロス島，ロードス島に移り，1530年本部がマルタ島に置かれると，それ以降は*マルタ騎士修道会と呼ばれ，地中海警護にあたった)．

Jona[s]【hebr."鳩"】《固》*(m.)* ヨナ(前8世紀中頃に活動した，旧約聖書の12*小預言者の1人)；das Buch ~ ヨナ書(旧約聖書中の12*小預言者の第5の書；ヨナは，アッシリアの都ニネベの壊滅を預言するよう召命を受けたが，困難を恐れて逃亡する間に大風に遭遇し，巨大な魚に飲み込まれた；3日3晩魚の腹の中に留まった後に*回心し，ニネベに赴く民は即座に悔い改め，神は裁きを撤回した；ヨナは，神の変心を不満に思い，怒りをぶつけたところ，人間の価値判断によって世の不条理を解釈し，神への信頼を失うことの愚を戒められた；大魚の腹の中に閉じ込められたことは，死後3日目に*復活したキリストの*予型とされる；マタ12:40)．**Jonas-zeichen** *n.* -s, ヨナの徴（しるし）(預言者ヨナの説教によってニネベの人々が直ちに悔い改めたように〔ヨナ3章〕，キリスト自身が神の徴であり，キリストにおける*神の国の実現を，その言行，死と復活をもって信じるべきこと；キリストが*律法学者と*ファリサイ派より*終末論的な証を要求されたのに対して，ヨナの事例に自らをなぞらえてこれを拒絶した際の言葉；マタ12:38-41, 16:4)．

Jonathan【hebr."神（ヤハウェ）が与えた"】《固》*(m.)* ヨナタン(*サウル王の長男で勇敢な戦士；*ダビデの親友となり，父親がその命を狙ったときに彼を守った；サム上18-20章)．

Josef → Joseph. **Josefs・ehe** → Josephsehe.
Joseph 《固》*(m.)* ヨセフ (a.【hebr."神（ヤハウェ）が（もう1人男児を）加えてくれるように"】ヤコブ*とラケル*の子で，兄弟に妬まれエジプトに売られる者が，夢解きの才によってファラオに司政官として重用された；ファラオの夢から飢饉の到来を予告し，穀物の備蓄を行ったが，食料調達のためエジプトを訪れた兄弟と再会，彼らの裏切りを許した〔Josephsgeschichte参照〕；苦難から栄光に至る彼の生涯は，キリストのそれの*予型とされる；創37-50章．b.【hebr."神（ヤハウェ）が強めて下さるように"】大工を生業とする聖母*マリアの夫で，イエス・キリストの養父〔マタ1:16〕；労働者の*守護聖人；祝日：3月19日，5月1日．c. ~ von Arimathäa <Arimathia> アリマタヤのヨセフ：密かにイエスの教えを信奉していた*最高法院議員；イエスの遺体を引き取って埋葬した；ルカ23:50-56；祝日：3月17日．d. *バルナバの別名；使4:36)；die Litanei vom heiligen ~ → Josephslitanei.

Josephinismus【< Joseph II】*m.* -, ヨゼフィニズム，ヨーゼフ主義(*神聖ローマ帝国皇帝ヨーゼフ2世〔在位1765-90〕及びその後継者たちによる，教会及び宗教活動を国家の全面的な管理下におく啓蒙絶対主義的な国家教会主義政策；カトリックに絶対的優位を認めながらも，教会への監督の強化，ユダヤ教，プロテスタントなど，非カトリック教徒への寛容令の公布，修道会の解体を行った)．

Josephs=ehe *f.* -, ヨセフの結婚，ヨセフ婚(聖母*マリア*と*ヨセフ〔b〕との結婚に倣い，自由意志に基づく当事者間の合意により，性的交渉を伴わない結婚生活の形態）．~-

geschichte *f.* -, ヨセフ物語(創世記37-50章の*ヨセフ〔a〕を主人公とした物語;トーマス・マン〔1875-1955〕の全4部からなる長編小説『ヨセフとその兄弟』〔Joseph und seine Brüder;1933-43〕の典拠ともなった). ～**litanei** *f.* -, 聖ヨセフの連祷(イエスの養父ヨセフへの呼びかけを含む*連願;1909年, 教皇ピウス10世〔在位1903-14〕により認可された).

Josquin des Préz (Desprez)《固》(*m.*) ジョスカン・デ・プレ(1440頃-1521;盛期*ルネサンス, *フランドル楽派の代表的作曲家, 声楽家;1459-72年ミラノ大聖堂聖歌隊歌手, 76年からアスカニオ・スフォルツァ枢機卿の聖歌隊, 86-94年ローマ教皇庁聖歌隊に属した;その前後フェッラーラ公エスコレ・デステ1世の宮廷礼拝堂楽長を務め, さらにフランス国王ルイ12世〔在位1498-1515〕にも仕えたとされる;1504年にフランドル, コンデ司教座聖堂の主任司祭となり, ここで彼の最高傑作の1つ「ミサ・*パンジェ・リングァ」を作曲した).

Josua【hebr."神(ﾔｨﾊｳｪ)は救う"】《固》(*m.*) ヨシュア(*モーセの後継者で*イスラエルの民を*カナンの*約束の地へと導き, 征服地をイスラエル*十二部族に分配した);das Buch ～ ヨシュア記(旧約聖書の第6の書で歴史書の1つ;ヨシュアに率いられたイスラエル人がカナンを征服し, そこに定着するまでの物語).

Jubal《固》(*m.*) ユバル(*カインの家系のレメクとアダの子で「竪琴や笛を奏でるすべての先祖」;創4:21).

Jubel・jahr【hebr.-lat. + Jahr;< lat. annus iubilaeus】*n.* -[e]s, -e, ① → Jobeljahr. ② (das Heilige Jahr) 聖年(ローマの他の*巡礼指定教会の参詣など, 一定の条件を満たした信者全員に, 教皇が罪のゆるしと償いの免除〔聖年免償〕を与える年;教皇ボニファティウス8世〔在位1295-1303〕が1300年を聖年としたのが最初で, 1400年以降は, 原則として25年毎〔通常聖年〕に行われ, 2000年は大聖年〔Großes ～〕とされた;他に教会の特別な意向のために実施される特別聖年があり, 教皇フランシスコ〔在位2013-〕は第2*ヴァティカン公会議50周年を記念して, 2015年12月から2016年11月を「いつくしみの特別聖年」〔Jubiläum der Barmherzigkeit〕とした);[nur] alle ～e [einmal]《話》めったにない, 当分ない.

Jubiläen *pl.* ① → Jubiläum(の複数形). ② das Buch der ～ ヨベル書(前2世紀の半ばから終わり頃に書かれた旧約聖書*外典;*天使が*モーセに現れ, *天地創造からエジプト脱出までの歴史〔創1章から出12章〕を啓示する;7年及び*ヨベルの年〔49年〕毎の時間区分によって歴史が再編成されている;小創世記〔die kleine Genesis〕とも). **Jubiläenbuch** *n.* -[e]s, → das Buch der *Jubiläen*.

Jubilate【lat.】《無冠詞;不変化》① ユビラーテの主日, 喜び呼ばわれの主日(*復活祭後の第3の主日;名称は, 当日のラテン語*入祭文の冒頭語 „Jubilate Deo, omnis terra."〔全地よ, 神に向かって喜びの叫びを上げよ;*Jauchzt* vor Gott, alle Länder der Erde!〕 詩66:1〕にちなむ). ② ～ [Deo, omnis terra] ユビラーテ〔・デオ・オムニス・テラ〕(詩100のこと;名称は冒頭の「全地よ, 主に向かって喜びの叫びを上げよ」〔*Jauchzt* vor dem Herrn, alle Länder der Erde!〕にちなむ;日曜日の*聖務日課の*賛歌などで唱えられる).

Jubilatio, Jubilation【spätlat.-kirchenlat.;< lat. iubilare "歓声を上げる"】*f.* -, → Jubilus.

Jubiläum【(hebr.-)spätlat.】*n.* -s, ..läen, ① 聖年(Jubeljahr 2参照). ②〔聖年〕大赦(全免償). ③(*叙階, 修道立願, 結婚などの周年の)記念祭, 記念日.

Jubilus【lat.-vulgärlat.-mlat.】*m.* -, ユビルス(*グレゴリオ聖歌で, → allelujaの最後の母音aを長く伸ばして歌い, 歓喜を表現する歌唱法).

Juda【hebr."神(ﾔｨﾊｳｪ)を誉め讃えよ"】《固》(*m.*) ①ユダ(*ヤコブと*レアの第4子〔創29:35〕で, イスラエル*十二部族の1つ, ユダ族の祖). ②ユダ族(イスラエル十二部族中の最強の部族で, エルサレムの南の西ヨルダン山地に定住した;*ダビデはその出身). ③ユダ王国(*ソロモンの没後, 前922年に2つに分裂した*イスラエル王国の南半部;十二部族中のユダ及びベニヤミンの2部族が前926年に建国した;エルサレムを中心に栄えたが, 前586年*バビロニアによって滅ぼされた).

Judäa【aram.-gr."ユダヤ人の地"】*n.* -[s], ユダヤ(広義ではパレスチナ全域を, 厳密には*バビロニア捕囚からの帰還〔前358〕後, ユダヤ人が定住した*エルサレムを中心とするパレスチナの南部地帯をいう).

judaisieren《I》*t.*(*h*)（或人・或物を）ユダヤ化する，ユダヤ教徒にする．《II》*i.*(*h*)（14-15世紀スペインの隠れユダヤ教徒が，密かに）ユダヤ教信仰を保つ．**Judaisierung** *f.* -, -en, ユダヤ化．**Judaismus**【gr.-spätlat.】*m.* -s, ①ユダヤ精神，ユダヤ文化，ユダヤ主義(Judentum参照)．② → Judenchrist．**Judaist** *m.* -en, -en, ① → Judenchrist．②ユダヤ学者．**Judaistik** *f.* -, ユダヤ学，ユダヤ研究．**judaistisch** *adj.* ユダヤ学(研究)の．

Judas《固》(*m.*) ユダ(a. ～ Iskariot イスカリオテのユダ：イエスの*弟子で*十二使徒の1人；グループの会計係を務め，常にイエスと行動をともにしていたが，彼を裏切って*祭司長たちに引き渡した；イエスの*磔刑(たっけい)の直前に自らの行為を後悔して縊死したとされる，マタ26:14-16, 48-50, 27:3-5他；美術作品では，*最後の晩餐やイエスを同定するための接吻〔マコ14:44-45〕の場面が多く描かれる；ein ～ sein《比》裏切り者である．b. ～ Makkabäus ユダス・マカバイオス：「マカバイのユダ」とも；前167年，シリアのユダヤ教弾圧に対するユダヤ人の抵抗運動の指導者で，兄弟とともに戦って*エルサレムを解放し，前164年に神殿を再奉献した〔2マカ 8:1-10:8〕；ゲオルク・フリードリヒ・ヘンデル〔1685-1759〕は彼の事績に取材して，*オラトリオ『ユダス・マカベウス』を作曲した〔1747年ロンドン初演〕．c. ～ Thaddäus ユダ・タダイ：*十二使徒の1人〔ルカ6:16, 使1:13〕でヤコブの子；マコ3:18とマタ10:3でタダイ〔おそらく添え名〕，ヨハ14:22では「イスカリオテでない方のユダ」と呼ばれている；図像では書物や巻物とともに描かれる；祝日：10月28日．d. イエスの兄弟〔マタ13:55, マコ6:3〕で詳細は不明．その他，*使徒言行録に同名の複数の人物が登場する)；der Brief des ～ → Judasbrief．

Judas=brief *m.* -[e]s, ユダの手紙(新約聖書中最小の文書で，イエスの兄弟のユダ〔マコ6:3〕に帰せられる，1世紀末に成立した書簡；偽教師が教える*異端に対してキリスト教信仰を純粋に保つよう説く)．～**evangelium** *n.* -s, ユダの福音書(イスカリオテのユダに関する*グノーシス派起源の*外典福音書；リヨンの司教エイレナイオス〔在位177-78〕の『異端反駁』を通じて名称のみが知られていたが，1970年代に3-4世紀のパピルス写本〔著作内容は2世紀のもの〕がエジプトで発見された；その後，修復と解読が進められて2006年に公刊された)．～**kuss**(～**kuß**) *m.* ..kusses, ..küsse, ユダの接吻(比喩的に，好意を装った偽りのキス，見せかけだけの振る舞いをいう；マタ26:49参照)．～**lohn** *m.* -es,《比》裏切り行為への報酬(マタ26:15参照)．

Jude【hebr.-gr.-lat.】*m.* -n, -n, ユダヤ人；ユダヤ教徒(元来はユダ〔→ Juda 1〕を祖とする*ユダ王国の国民を指したが，*バビロニア捕囚後は*ユダヤ教を信じるヘブライ〔イスラエル〕人の総称)；der Ewige ～ 永遠のユダヤ人(Ahasver b参照)．

Juden=christ *m.* -en, -en, (対義語: Heidenchrist) ユダヤ人キリスト教徒(a. *使徒時代とその前後に*ユダヤ教からキリスト教に改宗した人々；洗礼者*ヨハネの弟子たちを含む；ユダヤの*律法と慣習の遵守，特に*割礼に拘泥したが，エルサレムの*使徒会議で大幅に譲歩した；使15:1-5．b. 律法を遵守する現代のユダヤ教から改宗したキリスト教徒)．～**christentum** *n.* -s,《集合的に》ユダヤ人キリスト教徒，ユダヤ人キリスト者．～**christlich** *adj.* ユダヤ人キリスト教徒の．

Judentum *n.* -s, ①ユダヤ教(唯一神*ヤハウェとの契約による，選民思想に基づいたユダヤ人固有の民族宗教，*啓示宗教；*バビロニア捕囚から帰還したユダヤ人たちによるエルサレム神殿再建〔前358〕の後に成立した；*シナゴーグを中心として，*ラビの指導のもと，ユダヤ教の聖典〔旧約聖書〕，特に*トーラーとミツヴァ〔戒律〕に基づく信仰生活を営む；歴史的にはキリスト教及びイスラム教の祖)；ユダヤ主義，ユダヤ文化．②《集合的に》ユダヤ人，ユダヤ民族，ユダヤ文化．

Judica, Judika【lat.】*m.* -,《無冠詞で》ユディカの主日(*四旬節の第5の主日〔御受難第1の主日〕，*復活祭の前々週の日曜日で，この日から2週間の*受難節が始まる；名称は当日のラテン語*入祭文の冒頭語 „Judica me, Deus"〔神よ，私を裁いてください； *Richte* mich, o Gott；共同訳では「主よ，あなたの裁きを望みます」 *Verschaff* mir Recht, o Gott；詩43:1〕にちなむ)．

Judikum【< lat. Judicum liber "判士の書"】*n.* -s, 士師記(das Buch der Richter参照)．

Jüdin *f.* -, -nen, → Jude（の女性形）.

Judit[h]【hebr."ユダヤの女"】《固》(*f.*) ユディト（*ユディト記の女主人公でベトリアの美しい寡婦；アッシリア軍のイスラエル侵攻の際，神〔ヤハウェ〕の指示を受け，智略をもって将軍ホロフェルネスの寝首を掻き，イスラエルを守った）；das Buch 〜 ユディト記（旧約聖書*第二正典の1書；前2世紀後半から1世紀前半に書かれた歴史物語だが，史実や地理において不正確な点が多いことから，物語自体は架空で，ユダヤ国家を人格化したユディトの姿形を通じて，神への信頼の大切さを説くものと解釈される）．

Jugend=arbeit *f.* -, （教会による）青少年福祉事業. 〜**feier** *f.* -, -n, → weihe a. 〜**pfarrer** *m.* -s, -, 青少年司牧を行う主任司祭（CIC. 776参照）；青少年福祉事業に従事する司祭（牧師）．〜**sünde** *f.* -, -n, 若気の至り，若い頃の過ち；Denk nicht an meine 〜sünden und meine Frevel! / In deiner Huld denk an mich, Herr, denn du bist gütig.「わたしの若いときの罪と背きは思い起こさず／慈しみ深く，御恵みのために／主よ，わたしを御心に留めてください。」（詩25: 7）. 〜**weihe** *f.* -, -n, 成年式（a. ドイツ*自由宗教運動において，義務教育を終えた子供〔通常14歳〕に対し，キリスト教の*堅信式や*初聖体拝領の代わりに行う式典．b.《稀》ユダヤ教徒の*割礼の儀式．c. → Initiation）．

Jünger *m.* -s, -, ① (Schüler) 弟子，使徒；die 〜 Jesu Christi イエス・キリストの弟子たち（*十二使徒のこと〔マタ10: 1〕；広義では，キリストの教えに従う者すべてを指す）．②《複数で》→ Disciples of Christ.

Jung・frau *f.* -, -en, 処女（おとめ）, 乙女；[Heilige] 〜 Maria 処女（おとめ）[聖]マリア；《東》童貞女〈永貞童女〉マリヤ；der Stand der 〜 処女の身分（自らを神に奉献し，キリストの神秘的花嫁として教会に奉仕する修道女などの身分；CIC. 604）．

Jungfrauen=geburt【< lat. partus virginalis】*f.* -, 処女降誕（*マリアが*ヨセフとの交わりによらず，*聖霊によって処女のままイエスを宿し，産んだとするキリスト教の教義；マタ1 :18-25, ルカ1 :26-38参照；なお，その預言とされるイザ7 :14「見よ，おとめが身ごもって，男の子を産み」〔Seht, die Jungfrau wird ein Kind empfangen, sie wird einen Sohn gebären〕のヘブライ語原文における「若い女」〔hebr. `almâ〕は，結婚適齢期の女性全般を指すが，*七十人訳聖書はこれを「処女」〔gr. parthenos〕とした）．〜**weihe** *f.* -, -n, 処女祝別，処女奉献（「おとめの奉献式」とも；自身の女性をキリストと教会に奉献しようとする修道女または在俗の女性を，司教が*祝別すること；及び，そのための荘厳な儀式；11-12世紀には衰微した）．

jungfräulich *adj.* 処女の，純潔な；die 〜e Empfängnis〔< lat. conceptio virginalis〕処女懐胎（Jungfrauengeburt参照）．**Jungfräulichkeit** *f.* -, 処女性；貞潔，純潔.

jüngst【jungの最上級】*adj.* 最後の；der 〜e Tag（この世の終わりの）最後の審判（の日）；das 〜e Gericht → das Jüngste *Gericht*.

Jurisdiktion【lat."裁判権"】*f.* -, (まれに:) -en, （教会裁判所及び裁判官が有する特定区域内の）管轄権（CIC. 1512§2；Leitungsgewalt参照）．

Jurisdiktions=gebiet *n.* -[e]s, -e, 管轄区域（教会裁判所と裁判官の管轄権が及ぶ特定の区域；CIC. 1469参照）．〜**gewalt** *f.* -, -en, 裁治権（Leitungsgewalt参照）．

Jus【lat.】*n.* -, Jura,《通常無冠詞で》《古》<*östr., schweiz*> 法［律］, 法［律］学；〜 <ius> canonicum *n.* - -, 教会法（Codex Iuris Canonici, Kirchenrecht参照）；〜 <ius> divinum *n.* - -, 神法（神がその永遠の計画において定めた天地万物の秩序，*摂理のことで「永遠法」〔→ das ewige *Gesetz*〕とも呼ばれる；宇宙については物質的秩序に関わる自然法則が，人間の行為については精神的秩序に関わる道徳律，特に*預言者及びキリストを通して*啓示された*律法がこれにあたる）．

Justifikation【lat."正当化"】*f.* -, -en, 義認，成義，義化（Rechtfertigung参照）．

K

Kabbala【hebr."継承"】*f.* -, カバラー（12-13世紀に成立したユダヤ教神秘主義；*トーラー

に記されなかったユダヤの伝統ともいわれる；*グノーシス主義的，*新プラトン主義〔*流出説〕的な世界観をもち，ヘブライ文字の数霊術的象徴性に基づいて，宇宙と旧約聖書の秘義的解釈を図る；フランス，プロヴァンス地方に起源をもち，中世以降，スペイン，ドイツ，イタリアのキリスト教世界に多大な影響を及ぼした）. **Kabbalist**〔hebr.-nlat.〕 *m.* -en, -en, カバラー学者，カバラー主義者，カバラーの信奉者. **Kabbalistik** *f.* -, カバラー主義，カバラー研究，カバラーの秘法，カバラー的解釈. **kabbalistisch** *adj.* カバラーの；《比》神秘的な，（素人には）難解な.

Kain〔hebr."槍；鍛冶工"〕《固》(*m.*) カイン（*アダムと*エバの長子で農夫となったが，神が羊飼いの弟*アベルの献げ物だけを嘉納し，自分のそれを無視したことから，アベルを妬んで殺害した；神の怒りにふれ，罪のしるしを受けて放浪者となった；追放後「エデンの東」に町を建て，妻子とともに定住した；創4:1-17；その子孫*ケニ人もカインと呼ばれる；民24:22）.

Kains=mal *n.* -[e]s, -e, **～zeichen** *n.* -s, -, カインのしるし（*カインが弟殺しの罪によって農耕地を追放されたとき，敵対者から殺されることがないよう神に付けられたしるし〔創4:15〕；転じて，犯罪者の烙印）.

Kairos〔gr."時"〕*m.* -, ..roi, カイロス（一回的，決定的な意味をもつ時点，*啓示や*回心に関わるような，人生における転機をいう；線分的な長さをもった時間を表す*クロノスと対比される場合もある；マコ13:33, コロ4:5参照）.

Kaiser・dom *m.* -[e]s, -e, 皇帝大聖堂（神聖ローマ帝国皇帝の命により建造された*大聖堂；*ロマネスク様式の*ヴォルムス大聖堂，*シュパイアー大聖堂，*マインツ大聖堂の他，*アーヘン，バンベルク，フランクフルト・アム・ラインの大聖堂もこの名で呼ばれる）.

Kajetaner〔< Kajetan von Thiene〕*m.* -s, -,《通常複数で》ガエターノ会（→ Theatinerの創立者の1人ティエネのガエターノ〔it. Gaetano；lat. Cajetanus；1480-1547；聖人〕にちなんだ別称）.

Kalands・bruder *m.* -s, ..brüder,《通常複数で》カレンダエ兄弟会（13-16世紀，北ドイツ，ネーデルラント，フランスに広まった互助的性格の*兄弟会；名称は，毎月1日〔lat. calendae〕に集会をもったことによる）.

Kalb *n.* -[e]s, Kälber, 子牛（食用や*いけにえのための動物で，*偶像崇拝の対象ともされた；レビ9:2-3，王上12:28-30参照）；das Goldene ～ → das *Golden*e Kalb.

Kalchedon → Chalkedon.

Kalendarium【spätlat.-mlat."債務台帳"；< lat. calendae "（古代ローマで支払の期日だった）毎月の1日"】*n.* -s, ..rien, 教会祝日表, 教会暦.

Kalende *f.* -, -n, ①（教会の公式文書でいう）毎月の第1日，朔日．②（中世に毎月1日に行われた）聖職者の会合．③教会への物納〔税〕. **Kalender** *m.* -s, -, ①〔教会〕暦，カレンダー．②暦法；der Gregorianische ～ → der *Gregorianische* Kalender；der Julianische ～ ユリウス暦（ユリウス・カエサル〔シーザー；前100-前44〕がそれまでの太陰暦を廃し，前45年1月1日に実施した太陽暦；平年を365日とし，4年に1度閏年を置いたが，16世紀には実際の太陽年との差が10日に広がったため，1582年*グレゴリウス暦に代えられた）.

Kalixtiner【lat.-nlat.；< lat. calix "カリス"】*m.* -s, -,《通常複数で》カリクスト派（*両形色論者，*ウトラキスト派とも；*フス派の穏健派で，一般信徒にもパンとぶどう酒の2つの*形色による*聖体拝領を行うことを要求した；*バーゼル公会議により二種陪餐が認可されたため，カトリックと連合して*ターボル派と戦い，*フス戦争を終結させた）.

Kalotte【it.-fr.】*f.* -, -n, カロッタ，〔半〕球帽（16-17世紀頃から，カトリックの聖職者がかぶる半球状の小型帽子；教皇は白色，枢機卿が緋色，大司教と司教は深紅色，その他の聖職者・修道士は黒色，托鉢修道士は茶色など，職階によって色が異なる）.

Kalvarien【lat."髑髏"】《固》カルワリオ〔の丘〕（アラム語*ゴルゴタのラテン語名；エルサレム北郊外のキリスト*磔刑（㊟）の地で丘の形が「されこうべ」に似ていることからこの名がある；ルカ23:33他）. **Kalvarien・berg**《I》*m.* -[e]s, → Kalvarien.《II》*m.* -s, -e, カルワリオ〔の丘〕(a. キリストの*受難を記念し，Iを模して建造された丘状の*巡礼地；十字架像が立ち並ぶ中腹の巡礼路で*十字架の道行が行われ，山頂には巡礼教会がある；「巡礼山」とも. b. 多数の人物像の中央に十字架

像が配され，キリストの*受難を再現する路上または丘上の一群の彫像で，フランス，ブルターニュ地方に多く見られる．c. キリスト磔刑〔受難〕の図像・彫像）．

Kalvin → Calvin. **kalvinisch** *adj.* カルヴァンの，カルヴァン的な．**Kalvinismus** *m.* -, カルヴァン主義，カルヴィニズム（*カルヴァンの思想，及びその継承者たちによる*改革派教会の神学体系；*アダムの*堕罪の後，人間は自由意志を失い，無力で盲目的な存在となったが，一方で神の意志，*恩恵はこの世のすべてに及んでいる；人間は，キリストの*贖(あがな)いによる救済を確認することで，神への感謝から善を行い，これをもって義とされる；したがってキリスト者は，その生活の実践のすべてを神の栄光を表す業としなければならない，と唱える；なお，救いは個々人の努力とは無関係に神の計画において完全に予定されているという，いわゆる*予定説は，後代のカルヴィニズムによって強調されたもので，カルヴァン自身の中心的教説ではない）．**Kalvinist** *m.* -en, -en, カルヴァン派，カルヴァン主義者，カルヴィニスト．**kalvinistisch** *adj.* カルヴァン派（主義）の．

Kamaldulenser【< Camaldoli】*m.* -s, -,《通常複数で》カマルドリ修道会（聖ロムアルド〔952-1027〕が1012年イタリア中部アレッツォ近郊のカマルドリに創立した*ベネディクト会系の隠棲修道会；独居房での厳格な隠棲生活と，ミサや祈り，食事での共同生活を共存させている；白い修道服を着用することから「白衣のベネディクト会」〔weiße Benediktiner〕とも呼ばれる）．**Kamaldulenserin** *f.* -, -nen,《通常複数で》カマルドリ女子修道会．

Kamillianer【< Camillo de Lellis】*m.* -s, -, カミロ会士．**Kamillianer・orden** *m.* -s, カミロ〔修道〕会（聖カミロ・デ・レリス〔1550-1614〕が，1582年ローマで組織した病人奉仕者会に端を発し，1591年正式に認可された，病人看護を主目的とする修道会）．

Kamisarde【< fr. camiso《方》"シャツ"】*m.* -n, -n,（通常複数で）カミザール派（1702-05年，*ナント勅令を廃したルイ14世〔在位1643-1715〕に対して蜂起したフランス，セヴェンヌ及びラングドックの*ユグノー派；名称は，夜襲の際に，味方の識別のため白いシャツを着用したことに由来するといわれる）．

Kämmerer【< Kammer】*m.* -s, -, 用度係，給養係（修道院内で衣服や厨房の監督などを行う職位）．

Kampanile【mlat.-it.】*m.* -, -, カンパニーレ（特に，イタリアの鐘楼；Glockenturm参照）．

Kampbellist【< Campbell】*m.* -en, -en,（通常複数で）キャンベル派（アイルランド出身のキャンベル親子が北米で創立した*ディサイプル派の別称）．

Kana【hebr."葦"】《固》カナ（*ガリラヤの村；イエスはこの地での婚礼で，水をぶどう酒に変える奇跡を行い，また瀕死の役人の子を癒した；ヨハ2：1-11, 4：46-54）；die Hochzeit zu ～ カナの婚礼（婚宴に弟子たちとともに招かれたイエスが，ぶどう酒がなくなっているのを見て，6つの瓶を満たした水をぶどう酒に変えた；イエスによる最初の*奇跡；ヨハ2：1-11；及び，これを主題とする図像）．

Kanaan【hebr."(特産の)紫紫料；低地"】《固》(*m.*) カナン（a. *パレスチナの古称，エジプトの新王国〔前16-13世紀〕時代の属州名；神が*アブラハム，*イサク，*ヤコブに対して，その子孫に与えることを約束したヨルダン川西岸地域，つまり「*約束の地」；創12：1-7, 15：18-21, 17：8，出23：31他．b. *ノアの孫で*ハムの子）．**Kanaanäer** *m.* -s, -, → Kanaaniter. **kanaanäisch** *adj.* → kanaanitisch. **Kanaaniter** *m.* -s, -, カナン人（カナン〔b〕を祖とし，イスラエル人の入植までヨルダン川西岸地域に居住して，*バアルを礼拝していた多神教の人々の総称；創10：6）．**kanaanitisch** *adj.* カナン（人）の．

Kandelaber【lat.-fr.; < lat. candela "ろうそく"】*m.* -s, -, 多枝燭台（*祭具の1つで，いくつにも枝分かれしているろうそく台；Menora, Leuchter参照）．

Kanon【gr.-lat.-spätlat.; < gr. kanón "葦，棒；規則，表"】*m.* -s, -s, (Canon) ①教会規律，教理規準（*公会議などで定められた信仰の規範）；生活規律（聖職者や修道者の生活に関する諸規定）．②(*pl.*: -es) 教会法典，教会法（Codex Iuris Canonici参照）；（及び，その個々の）条文．③《単数で》聖書正典〔目録〕, 正典（まれに「聖典」とも；キリスト教の典礼や神学の基盤となる旧約・新約聖書の目録，及び，これに含まれる文書；教派によって異同があり，カトリック教会では*ウルガタ訳

聖書に基づいて，1546年*トリエント公会議で公に確定された；旧約聖書はユダヤ教のヘブライ語正典に*第二正典を加えたもの，新約は，367年に*アタナシオスが定め，397/419年カルタゴ教会会議で議決された27文書が公式のものと認められている；プロテスタント教会は，1616年のウエストミンスター信仰告白などで同じ27文書を正典とし，旧約はユダヤ教のヘブライ語正典のみを認めている）．④《単数で》聖人目録(*聖人の一覧表)；聖職者名簿．⑤《単数で》〜 der Messe 奉献文(ミサ内で唱えられる*奉献文のテキスト；→ das eucharistische *Hochgebet*の別称)．⑥カノン(ポリフォニーの一形式で，ある声部が他の声部の旋律を一定の間隔を空けて模倣しながら追唱する対位法的楽曲形式)．**Kanones** pl. → Kanon（2の複数形）．

Kanonikat n. -[e]s, -e, 聖堂祭式者職，聖堂参事会員職〔CIC. 509参照〕．**Kanoniker**【kirchenlat.，原義"教会規律(canones)を遵守する者"】m. -s, -, 祭式者，聖堂祭式者会員，聖堂参事会員(Kanonikerkapitel参照)．

Kanoniker=kapitel n. -s, -, 聖堂祭式者会，聖堂参事会(*司教座教会またはその他の*団体的教会に属して，盛式の荘厳な典礼儀礼を共同で行い，司教座教会の場合には*司教を補佐する*在俗司祭たちの団体〔CIC. 503-10〕；8世紀半ば，メッツ〔メス〕の司教クローデガング〔715頃-66〕によって*司教座聖堂祭式者会のための共住生活規律が作られ，制度化された）．〜**stift** n. -[e]s, -e u. -er, → Kollegiatstift.

Kanonikus【kirchenlat.】m. -, -ker, (Canonicus) → Kanoniker.

Kanonisation f. -, -en, 列聖，列聖式(Heiligsprechung参照)．**Kanonisations・kongregation** f. -, 列聖省(*Kongregation* für die Selig- und Heiligsprechungsprozesse参照)．

kanonisch【lat.】adj. ①教会法(上)の，教会法で規定された；das 〜e Alter 教会法上の年齢(*教会法の規定により同法上の権利・義務が生じる年齢；例えば，現行の教会法の適応を受けるのは満7歳以上〔CIC. 11〕で，秘跡については，*聖体〔CIC. 914〕と*堅信〔CIC. 891〕は*理性をもち分別を働かせることのできる年齢とされ，司祭叙階は満25歳，司教叙階は35歳以上〔Weihealter参照〕，婚姻は，男子満16歳，女子満14歳〔CIC. 1083〕などと定められている)；das 〜e Recht 教会法(Kirchenrecht 1参照)；die 〜e Sendung = Missio canonica；die 〜en Stunden (*聖務日課の)定時課(Horen, Stundengebet参照)；die 〜e Visitation 教会法上の巡察(教会法の規定により，*教区司教が自ら，あるいは代理人を立てて*教区の巡察を行うこと〔CIC. 396〕；また，修道会の*上長が，自身の会の修道院と会員を巡察すること〔CIC. 628§1〕；Visitation参照)；die 〜e Wahl 教会法上の選挙(教会法の規定に従って，空位の*教会職に相応しい人物を，多数決をもって選出すること；CIC. 164-79)．②〔聖書〕正典の；die 〜en Bücher 聖書正典(Kanon 3参照)．③カノン形式の(Kanon 6参照)．

kanonisieren t. (h) (或人を)列聖する(heiligsprechen参照)．**Kanonisierung** f. -, -en, 列聖，列聖式(Heiligsprechung参照)．

Kanonisse【< mlat. canonissa】f. -, -n, **Kanonissin** f. -, -nen, ①律修共住修道会修道女，律修修女(Chorfrau 2参照)．②女子聖堂祭式者会員，女子聖堂参事会員(Stiftsdame 1参照)．

Kanonist m. -en, -en, 教会法学者．**Kanonistik** f. -, 教会法学．

Kanon・tafel f. -, -n, 《通常複数で》①読唱額(ミサ典文を記した額で，1968年までミサ〔*トリエント式ミサ〕の際に司式者のため，*主祭壇の中央と左右の計3ヶ所に掲げられていた)．②福音書対照表(*福音書の章番号と*コンコルダンスが記された中世の彩色一覧表)．

Kanossa → Canossa. **Kanossa・gang** m. -[e]s, ..gänge, 《比》カノッサ詣で，屈辱的な謝罪(Canossa参照)；einen 〜 antreten カノッサ詣でをする(nach Kanossa gehen とも)．

Kantate【①【lat.; < lat. cantare "歌う"】n. -, 《無冠詞で》カンターテの主日(*復活祭後の第4の主日；当日のラテン語*入祭文の冒頭語 „*Cantate* Domino canticum novum."〔新しい歌を主に向かって歌え；*Singt* dem Herrn ein neues Lied；詩98：1〕にちなむ)．《II》【lat.-it.】f. -, -n, カンタータ(17-18世紀に普及した独唱，重唱，合唱，器楽伴奏などからなる多楽章の声楽作品；ドイツでは*ルター派教会の礼拝音楽として用いられ〔*教会カンタータ die geistliche ～, Kirchen～〕, 一方イタリアでは, 主に社交のための室内用楽曲として発展した〔世俗カンタータdie weltliche ～, または室内カンタータKammer～〕;古くは「交声曲」とも). **Kantaten・messe** f. -, -n, 歌ミサ, 荘厳ミサ(*ローマ式典礼のミサ通常文の全体に作曲がなされたミサ, 及びその音楽作品;例えば, J. S. *バッハ「ロ短調ミサ」〔BWV. 232;1733-49年作曲〕, ベートーヴェン「ミサ・ソレムニス」〔op. 123；1823〕, シューベルト「ミサ曲第6番」〔D. 950；1828〕).

Kantor【lat.-mlat."歌手"】m. -s, -en, カントル(a. 先唱者:*答唱詩編や*賛歌などを会衆に先んじて歌う, 聖歌隊員などの数名の先唱者〔CIC. 230§2〕;Vorsänger参照. b. 詩編唱者:聖書朗読後の答唱詩編や聖書賛歌を朗唱する奉仕者. c.《プ》教会で合唱の指導や指揮, オルガンを担当する楽長, 音楽監督;または, 教会付属学校の音楽教師;例えば, J. S. *バッハが1723年に就任した, ライプツィヒの聖トーマス教会合唱長, 同付属音楽学校教師;Thomas～参照). **Kantorat**【lat.-mlat.】n. -[e]s, -e, カントルの職(及び, その任期). **Kantorei** f. -, -en, ①聖歌隊(聖歌学校で訓練を受けた聖職者, または男児からなる中世の合唱団). ②カントライ(15-16世紀ドイツの宮廷や教会所属の合唱団). ③《プ》(教区の)教会合唱団. ④カントルの住居.

Kantoren=amt n. -[e]s, ..ämter, ～**stelle** f. -, -n, カントルの職.

Kanzel【< lat. cancelli (pl.) "格子, 柵"】f. -, -n, (Predigtstuhl)説教壇, 講壇(*説教または聖書朗読のため, 聖堂内に設けられた高い壇;木や石で造られ, 多くは*天蓋をもち, 階段で登る).

Kanzel=altar m. -[e]s, ..altäre, 説教壇付き祭壇. ～**beredsamkeit** f. -, (聖職者などの, 強い説得力のある)説教術, 雄弁〔術〕. ～**deckel** m. -s, -, (Schalldeckel)説教壇の天蓋(装飾のためだけではなく, 説教者の声が会衆によく聞こえるよう, 反響板の働きをする;Baldachin参照). ～**fuß** m. -es, ..füße, (説教壇を支える形状の人物, 天使, 動物の像や建築物などの彫刻が施された)説教壇の脚部(支柱).

Kanzelle【< lat. cancelli (pl.) "格子, 柵"】f. -, -n, 内陣障壁, 内陣格子(*バシリカ式聖堂などで, *内陣と*身廊を区切る構造物;Chor-schranke参照).

Kanzel=lied n. -[e]s, -er, 説教前後の聖歌. ～**miss・brauch** (～**mißbrauch**) m. -[e]s, 説教壇濫用(～paragraph参照).

kanzeln i. (h) 説教する.

Kanzel=paragraph m. -en, -en, 《通常単数で》説教壇条項(聖職者が教会などで公安秩序を乱す発言〔説教壇濫用〕をすることを禁じたドイツ帝国刑法の条項;*文化闘争下の1871年に制定された;1953年, 旧西独で廃止).

～**rede** f. -, -n, (説教壇からの)説教. ～**redner** m. -s, -, (説教壇上で語る)説教者. ～**schwalbe** f. -, -n, (戯)熱心に教会に通う人. ～**sprung** m. -[e]s, ..sprünge, (説教壇から*司祭によって行われる)婚姻予告(Eheaufgebot参照). ～**ton** m. -s, 説教(の)口調. ～**träger** m. -s, -, 説教壇の脚部の彫像. ～**treppe** f. -, -n, 説教壇への階段. ～**wort** n. -[e]s, -e, <östr.>《雅》説教.

Kanzlei【原義"柵(cancelli)で囲まれた部局"】f. -, -en, 書記局, 秘書局(教会の公式文書を司る部局);die Apostolische ～ → die *Apostoliche Kanzlei*. **Kanzler**【spätlat.】m. -s, -, 事務局長(*司教の秘書役で, *司教区内の文書の作成と管理にあたる;CIC. 482-83).

Kapelle f. -, -n, ①【lat.;660年頃, トゥールの聖*マルティヌスの*聖遺物のcappa(マント)を保管するため, フランク王が建てた記念堂にちなむ】礼拝堂(特定の共同体や信者の小集団の便宜のため, 裁治権者の許可を得て設置される比較的規模の小さな礼拝場所);(学校, 修道院, 宮廷, 病院, 教会堂などの)付属礼拝堂, チャペル;(教会堂の主聖堂とは別に, 少人数の信徒グループないし個人が礼拝や黙想などに用いる)小聖堂. ②【lat.-it.】(中世の)教会付属の聖歌隊;(小編成の)楽隊.

Kapell=knabe m. -n, -n,《古》→ Chorknabe. ～**sänger** m. -s, -,《古》教会合唱団団員.

Kapitel【< lat. capitulum "小さな頭"】n. -s, -, ①(聖書などの)章, 章区分(略: Kap.). ②聖堂参事会, 聖堂祭式者会(a. *司教座聖堂ないしその他の*団体的教会付きの聖職者の団体〔Stift 1参照〕;名称は, 定期集会で規則を1章ずつ読んだことにちなむ. b. → Kanoni-kerkapitel). ②聖堂参事会の集会(会議);(修道会などの)総会, 会議(CIC. 631-33).

kapitel=fest adj. (bibelfest) 聖書に精通した.

～saal *m.* -[e]s, ..säle, 聖堂祭式者会〈参事会〉会議室、聖堂参事会室、チャプターハウス；修道院会議室.

Kapitels=dekan *m.* -s, -e, 聖堂祭式者会長、聖堂参事会長. **～vikar** *m.* -s, -e, 司教座聖堂祭式者会員司教代理（司教座*空位時に司教座聖堂祭式者会によって選ばれ、新司教が着座するまでの間、司教の代行をした、教区の暫定統治者；現行の教会法の公布により → Diözesanadministratorに代わった）.

Kapitular【mlat.】*m.* -s, -e, 聖堂祭式者会員、聖堂参事会員（Kanonikerkapitel参照）. **Kapitular・vikar** *m.* -s, -e, → Kapitelsvikar.

Kaplan【mlat.；< → Kapelle】*m.* -s, ..läne, ①団体付き司祭、施設付き司祭、礼拝堂付き司祭、チャプレン（engl. chaplain；礼拝堂や小聖堂、あるいは孤児院、学校、刑務所、病院、軍隊などの施設で、特定の共同体や信者集団に対して*司牧や*聖務を行う*司祭；CIC. 564-72）；（元来は*フランク宮廷礼拝堂付き聖職者．②助任司祭（Pfarrvikar参照）. **Kaplanei** *f.* -, -en, 団体付き司祭（チャプレン）の職.

Kapuze【lat.-it.】*f.* -, -n, （修道服に作り付けの）頭巾. **Kapuzinade**【lat.-it.-fr.】*f.* -, -n, → Kapuzinerpredigt. **Kapuziner**【lat.-it.；< Kapuze】*m.* -s, -, カプチン会［修道］士（Kapuzinerorden参照；なお、コーヒーの飲み方の一種であるカプチーノの名称は、その色がカプチン会士の修道服の茶色に似ていること、あるいは泡立てたミルクが剃髪した修道士の頭を思わせることに由来するといわれる）；einen ～ geschluckt haben <bayr., östr.> 喉が嗄れた（修道服の布地が粗いこと、ないしは厳しい説教にちなむ）. **Kapuzinerin** *f.* -, -nen, （通常複数で》女子カプチン会（1538年ナポリでマリア・ラウレンティア・ロンゴ〔1469-1542〕によって*クララ会から分かれて創立された → Klarissen-Kapuzinerinの別名）.

Kapuziner=kloster *n.* -s, ..klöster, カプチン会修道院. **～mönch** *m.* -[e]s, -e, → Kapuziner. **～nonne** *f.* -, -n, → Kapuzinerin. **～orden** *m.* -s, カプチン会、カプチン・フランシスコ修道会（マテオ・ダ・バショ〔1495頃-1552；聖人〕が1525年*フランシスコ会原始会則派から分離して創始した修道会で、1528年クレメンス7世〔在位1523-34〕によって正式に認可された；フランシスコ会創立時の精神に基づく、*清貧に徹した厳格な修道生活を旨とし、*対抗宗教改革にも貢献した；名称は同会の修道服の長く失った頭巾〔it. cappuccino〕に由来する；略：OFMCap）. **～predigt** *f.* -, -en, 厳しい説教、訓戒（*対抗宗教改革期におけるカプチン会修道士の極めて厳格な説教に由来する表現；フリードリヒ・シラー〔1759-1805〕の『ヴァレンシュタインの陣営』〔Wallensteins Lager；1798〕にその一例が見られる）.

Karäer【hebr."（聖書を）読む人"】*m.* -s, -, **Karait**【hebr.-nlat.】*m.* -en, -en, 《通常複数で》カライ派（8世紀後半アナン・ベン・ダヴィド〔715頃-95頃〕が創始したユダヤ教の正統的分派；*ミシュナー、*タルムードを認めず、直接自分で聖書〔旧約〕を読むことを主張して、9-10世紀にメソポタミア、ペルシアで勢力を拡大した）.

Kardinal【(spät)lat.；< lat. cardo "蝶番"】*m.* -s, ..näle, 枢機卿（カトリック教会におけるローマ*教皇の次位の高位聖職者で、*枢機卿団を構成して教皇の補佐を務め、また教皇の選挙権及び被選挙権をもつ；教皇によって任命され、*公会議の議席及び議決権を有し、*教皇庁の諸官庁の長官や顧問の職務を果たす；原則として*司教の中から選出され、司教職階〔*司教枢機卿〕、司祭職階〔*司祭枢機卿〕、助祭職階〔*助祭枢機卿〕の3つの階級がある；1586年から1962年までは定員70名だったが、現在は人数規定はなく、160人程度が任命されている；CIC. 349-59）. **Kardinalat**【mlat.】*n.* -[e]s, -e, 枢機卿の職位.

Kardinal=bischof *m.* -s, ..bischöfe, 司教［職階］枢機卿（ローマ近郊の教区を称号として与えられている、6名の最高位の*枢機卿；及び、1965年パウルス6世〔在位1963-78〕により*枢機卿団の構成員とされた*カトリック東方教会の総大司教；CIC. 350§1, 3）. **～dekan** *m.* -s, -e, 首席枢機卿（枢機卿の互選及びローマ*教皇の承認により、*枢機卿団の首位を占める枢機卿；ただし、他の枢機卿に対しては支配権をもたない；*コンクラーヴェでは議長を務める；CIC. 352）. **～diakon** *m.* -s *u.* -en, -e[n], 助祭［職階］枢機卿（枢機卿職の第3の*位階；*教区司教ではなく、ローマの教会で名義上*助祭の地位にある；CIC. 350 §2, 5）. **～kämmerer** *m.* -s, -, → Camerlengo

Kardinalkanzler

（のドイツ語訳）．**～kanzler** *m.* -s, -, 教皇庁尚書院長枢機卿（*教皇庁尚書院の長官）．**～kollegium** *n.* -s, ..gien, → Kardinalskollegium. **～legat** *m.* -en, -en, 教皇特使枢機卿（*教皇特使を兼務する枢機卿；CIC. 358). **～präfekt** *m.* -en, -en, 教皇庁長官枢機卿（→ Kurienkardinalの別称). **～priester** *m.* -s, -, 司祭〔職階〕枢機卿（枢機卿職の第2の*位階；*教区司教で，ローマに*称号教会をもつ枢機卿；CIC. 350§2). **～protektor** *m.* -s, -en, 保護枢機卿（15-19世紀，教皇より，修道会や国家などに対する保護統治権が与えられていた枢機卿). **～proto・diakon** *m.* -s *u.* -en, -e[n], 助祭職階の第一枢機卿（教皇選挙後に新教皇の氏名を発表し，また教皇代理としては*管区大司教〔またはその代理人〕に*パリウムの授与を行う枢機卿；CIC. 355§2).

Kardinals=hut *m.* -[e]s, ..hüter, 枢機卿帽（13世紀半ばから1969年まで用いられていた，丸く幅の広いつばと両側にふさ飾りが付いた緋色の平帽子で，枢機卿の権威を象徴した). **～kollegium** *n.* -s, ..gien, 枢機卿団（*枢機卿の総体；その全員が*枢機卿会議などの団体的行為をもって*教皇を補佐する場合の呼称). **～kongregation** *f.* -, -en, 枢機卿会議（教皇の召集，主宰により，全枢機卿が教会の重大問題を協議し，教皇を補佐するために開催される会議〔CIC. 353〕；枢機卿のみが出席する秘密会議，大司教やローマ在住の司教も参加する半公開会議，その他の高位聖職者，場合によっては特に選ばれた信者も参加する公開会議の別がある).

Kardinal=staats・sekretär *m.* -s, -e, 国務長官枢機卿（特に教会の政治・外交に関する教皇の首席顧問；教皇庁の首相兼外相). **～tugend** *f.* -, -en, 《通常複数で》枢要徳（他の多くの徳の源となる主要な人間的徳で，ギリシアの倫理思想に由来する，賢明〔Klugheit〕，正義〔Gerechtigkeit〕，勇気〔Tapferkeit〕，節制〔Mäßigung〕の4元徳をいう〔知8:7参照〕；信仰〔Glaube〕，希望〔Hoffnung〕，愛〔Liebe〕の3つの*対神徳が加えられる場合もある). **～vikar** *m.* -s, -e, 教皇代理枢機卿（ローマ司教区〔*ヴァティカン市国を除く〕の司教としての教皇の総代理を務める枢機卿).

Karenz・jahr【lat. "欠乏" + Jahr】*n.* -[e]s, -e, 停止年（かつて，新規の*司教座聖堂祭式者会員など聖職禄受領者に対して，その聖職禄収入の一部または全部が留保された年).

Kar・freitag【< ahd. chara "悲嘆" + Freitag】*m.* -[e]s, -e, 聖金曜日（*復活祭直前の金曜日；キリストの十字架上の死を記念する日；*大斎及び*小斎；年間でミサの行われない唯一の日で，午後3時頃に始まる固有の祭儀では，*ヨハネによる福音書〔ヨハ18:1 -19:42〕の朗読，教会と非キリスト教徒を含む全人類のための*共同祈願，*インプロペリアと*十字架の礼拝，*聖体拝領〔1955年以降；前日に*聖別された*ホスティアが用いられる〕などが行われる；ドイツ全土で法定祝日とされている)；《聖》受苦日.

Karitas【lat.】*f.* -, → Caritas；～ üben 慈善を行う. **karitativ** *adj.* 愛徳〈カリタス〉に基づく，慈善の.

Karl【< ahd. karal "男，夫"】《固》(*m.*) ～ der Große <der Erste> カール大帝〈1世〉（フランス名は → Charlemagne；742-814；父ピピン〔3世；714-68〕の死後，弟カールマン〔751-71〕とともに*カロリング朝フランク王国第2代国王に就き，3年後に弟が死去すると単独で統治した〔在位768-814〕；外征を繰り返して領土を拡張し，同時にキリスト教を広めた；イングランド，イベリア半島，イタリア半島南端などを除く西ヨーロッパ全土を統一し，800年に教皇レオ3世〔在位795-816〕から*サン・ピエトロ大聖堂でローマ帝国皇帝に加冠された〔在位800-14〕；またアングロ・サクソン人の神学者アルクイン〔Alkuin, lat. Alcuinus Flaccus；730頃-804〕ら高名な学者を*アーヘンの宮廷に招聘し，文字の改革〔*カロリング小文字〕と写本制作，教会改革，*アーヘン大聖堂の建築などキリスト教芸術・学問の振興に努め，*カロリング・ルネサンスの一時代を築いた.

Karmel【hebr."果樹園"】《固》カルメル山（パレスチナ北西部，南東から北西方向に約20kmにわたって連なる石灰岩質の尾根状の山〔海抜546m〕；現在のハイファ付近で岬となって地中海に及ぶ；その美しさは旧約聖書中で賞賛され〔イザ35:2他〕，*エリヤはここで*バアルの預言者たちと戦って勝利した〔王上18:19-40〕；500年頃からギリシア人修道士が共同生活を行っており，12世紀以降は*カルメル会の本拠地となった)；Unsere Liebe Frau auf dem <vom> Berge ～ カルメル山の聖母（カルメル会の*守護聖人としての聖母*マリアの称号；祝日：7月16日）. **Karmelit** *m*. -en, -en, カルメル会［修道］士. **Karmeliter** *m*. -s, -,《話》→ Karmelit. **Karmeliter・geist** *m*. -[e]s, カルメルの精（メリッサが主成分のため「メリッサの精」〔Melissengeist〕とも；他にナツメグ、シナモン、レモンなどの薬効ハーブやスパイスを用いた薬用のリキュール；名称は、カルメル会士が作ったことにちなむ）.

Karmeliterin *f*. -, -nen,《話》→ Karmelitin.

Karmeliter=orden *m*. -s, カルメル会（カルメル山の聖母［修道］会〔Orden der Brüder der allerseligsten Jungfrau Maria vom Berge Karmel〕；創立者や創立年は不詳だが、すでに12世紀より*カルメル山上で隠修生活をしていた修道士たちが、13世紀初頭、エルサレムの総大司教聖アルベルトゥス〔1149-1214〕による観想生活に関する会則を得たことで、正式に修道会として発足した；13世紀半ばの会則改定によって*托鉢修道会となり、観想生活の他、宣教活動と神学研究を目的に加えた；1452年にカルメル修道女会が創立される；戒律は独居と不断の祈りを強調する非常に厳格なものだったが、15-16世紀にその緩和が進んだことに対して、1562年にスペイン、アビラで原始会則を遵守する跣足派が、アビラの聖テレサ〔1515-82〕と十字架の聖ヨハネ〔1542-91〕の改革によって発足した；1593年教皇クレメンス8世〔在位1592-1605〕がこれを認可し、*跣足カルメル会〔→ Orden der *Unbeschuht*en Karmeliten〕として分離独立した）. ～**regel** *f*. -, カルメル会会則（聖アルベルトゥスが1207年頃に定めた*カルメル会の原始会則）；*清貧、独居、沈黙、肉食の禁止、労働などを厳格に規定する）.

Karmelitin *f*. -, -nen, カルメル会修道女.

Karneval 〔lat.-it.；< lat. carne, vale! "肉よさらば" *od*. mlat. carne levale "肉を取り除く"?〕*m*. -s, -e *u*. -s, (Fastnacht) カーニバル、謝肉祭（カトリック諸国で、*大斎及び*小斎で肉食を断つ*四旬節の直前に行われる、3-8日間の世俗の祝祭；民間古来の冬至祭などの春祭りの風習と融合した；南ドイツやオーストリアでは → Faschingと呼ばれる）. **karnevalesk** *adj*. カーニバル（謝肉祭）ふうの、カーニバルに由来する. **Karnevalist** *m*. -en, -en, カーニバル（謝肉祭）の参加者（特に、催し物での演説者や歌手）. **karnevalistisch** *adj*. カーニバル（謝肉祭）の.

Karnevals=brauch *m*. -[e]s, ..bräuche, カーニバル（謝肉祭）の風習（カーニバル期間に催される仮装行列や仮面劇など）. ～**dienstag** *m*. -[e]s, -e, カーニバルの火曜日（*灰の水曜日の前日；Fastnacht 2参照）. ～**fest** *n*. -[e]s, -e, → Karneval. ～**gesellschaft** *f*. -, -en, カーニバル協会（謝肉祭の催しを毎年実施するための民間組織）. ～**kostüm** *n*. -s, -e, カーニバルの仮装衣装. ～**lied** *n*. -[e]s, -er, カーニバルの（祝宴で歌われる民衆の）歌. ～**maske** *f*. -, -n, カーニバルの（仮装用の）仮面. ～**montag** *m*. -[e]s, -e, カーニバルの月曜日（*灰の水曜日直前の月曜日；Rosenmontag参照）. ～**narr** *m*. -en, -en, カーニバルの道化［師］；*謝肉祭劇の道化役. ～**schlager** *m*. -s, -, → ～lied. ～**sonntag** *m*. -[e]s, -e, カーニバルの日曜日（*懺悔の月曜日の前日）. ～**stimmung** *f*. -, -en, カーニバルの（浮かれた）気分. ～**treiben** *n*. -s, カーニバルの（賑やかな）往来. ～**trubel** *m*. -s, -, カーニバルの浮かれ騒ぎ（雑踏）. ～**umzug** *m*. -[e]s, ..züge, カーニバルの仮装行列. ～**veranstaltung** *f*. -, -en, 謝肉祭の催し. ～**zug** *m*. -[e]s, ..züge, → ～umzug.

Karolinger 【< Karl der Große】*m*. -s, -, カロリング朝（王家）の人. **Karolinger・zeit** *f*. -, カロリング朝時代. **karolingisch** *adj*. カロリング（朝、家）の；die ～e Dynastie カロリング朝（751年カロリング家の小ピピン〔ピピン3世；714-68〕がメロヴィング家に代わって王位に就き、フランク王国の2番目の王朝として開いた；その子*カール大帝は、800年教皇レオ3世〔在位795-816〕より西ローマ帝国皇帝号を授与され、イギリスやイベリア半島を除く西ヨーロッパ世界の大部分を支配した；カール大帝の第3子*ルートヴィヒ1世〔敬虔王；在位814-40〕の死後、王家及び王国は分裂して弱体化し、カロリング朝は東フランク王国〔ドイツ〕で911年に、西フランク王国〔フランス〕では987年に断絶した）；die ～e Minuskel カロリング小文字［書体］（カロリング王朝期、イングランドから*アーヘンに招聘されたアルクィン〔Alkuin, lat. Alcuinus Flaccus；735頃-804；ヨーク出身の神学者・教育者〕によって古典文献の筆写・保存

のため，機能的に作られた小文字体で，現在のローマ字体の原型となった；12世紀まで全ヨーロッパ諸国で使用される）；die 〜e Renaissance カロリング・ルネサンス（アーヘンのカール大帝の宮廷を中心に興った，ゲルマン民族，古典後期，初期キリスト教の文化を模範とする，西ヨーロッパ史上最初の大規模な学芸復興運動；王国の内外からアーヘンの宮廷に集められた，アルクィン〔782年宮廷学校長に就任〕をはじめとする高名な学者を中心に，ラテン語浄化やラテン語原典の翻訳・注釈，*ウルガタ訳の全面改訂，典礼の改新，写本や工芸品の制作などが進められた）．

Kar・samstag【*Kar*freitag 参照】*m.* -[e]s, -e, 聖土曜日（*復活祭の前日；イエスが墓の中で安息した日にあたり，特に催しはないが，日没後に*復活徹夜祭が行われる）．

Kartause【< fr. [La Grande] Chartreuseのラテン語名Cartusia】*f.* -, -n, カルトゥジア会修道院．**Kartäuser** *m.* -s, -, ①カルトゥジア［修道］会士．②《単数で》シャルトリューズ（17世紀初めにカルトゥジア会で創製された，多数の薬効ハーブが調合されたリキュール；製法はカルトゥジア会士の秘伝で，現在もヴォワロンの同会修道院でのみ製造されている）．

Kartäuserin *f.* -, -nen, カルトゥジア会修道女．

Kartäuser=mönch *m.* -[e]s, -e, → Kartäuser 1. 〜**nonne** *f.* -, -n, → Kartäuserin. 〜**orden** *m.* -s, カルトゥジア［修道］会（カルトゥジオ会，シャルトルーズ会とも；1084年ケルンの聖ブルノ〔1030頃-1101〕が，南フランス，グルノーブル近郊のラ・グランド・シャルトルーズ山系で創立した観想修道会；1176年教皇アレクサンデル3世〔在位1159-81〕によって正式に認可された；会員は厳格な会則に従って，徹底した*沈黙の中，独居〔各個室における祈りと手作業〕と共住〔聖堂での朝晩の祈りや主日・祝日の食事など〕を組み合わせた隠修生活を送る；数多くの聖人，霊性家，神学者を輩出した；略: OCart[h]）．

Kar・woche【*Kar*freitag参照】*f.* -, (まれに:) -n, 聖週間（受難の主日〔*枝の主日〕から*聖土曜日までの，キリストの受難を記念する*復活祭直前の1週間〔→ Passionswocheと同じ〕；枝の主日にエルサレム入城の記念，*聖木曜日に*最後の晩餐〔*聖体の制定と*洗足式〕，*聖金曜日に主の受難の典礼，聖土曜日の夜に*復活徹夜祭が行われる；なお，*福音書の記述によれば，月曜日は*イチジクの木の呪いと神殿からの商人の排除，火曜日に終末の預言，水曜日に*ユダの裏切りがあった）；《プ》受難週，聖週，《東》受難週間（月曜日からの6日間）．

Kasel【mlat.】*f.* -, -n, (Casel, Casula) カズラ（ミサ聖祭の際に，*司祭が*ダルマティカの上に着る，袖なしの貫頭衣；*ローマ式典礼ではプラネタ〔→ Planeta〕とも呼ばれる）．

Kaspar → Caspar.

Kassis *m.* -, -, (*コプト教会の) 司祭 (Komos参照)．

kasteien (*p.p.* kasteit)【< (m)lat. castigare "罰する，叱責する"】*refl.* sich 〜 苦行する．**Kasteiung** *f.* -, -en, 苦行 (*完徳に達する手段として自らに課す，身体的苦痛を伴った厳しい修行；断食や快楽の放棄など)．

Kasten・altar *m.* -[e]s, ..altäre, 箱型祭壇（直方体の祭壇で，内部に*聖遺物や*祭具が収納される）．

Kastrat【it.; < lat. castrare "去勢する"】*m.* -en, -en, カストラート（ソプラノまたはアルトの声域を維持するため，思春期前に去勢された男性歌手；16-19世紀，聖歌隊員として，また特に*バロック期のオペラ歌手として活躍した）．

Kasualien【< spätlat. casualis "不意の"】*pl.* ①臨時（の場合の）聖務（聖職者の日課外の職務；*洗礼，婚姻，埋葬，*献堂式など）．②（聖職者の）臨時収入，聖式謝礼（洗礼や婚約の謝礼など；Stolgebühr参照）．

Kasuistik【lat.】*f.* -, 決疑論（宗教または道徳上の規範を，具体的な個々の事例や良心の問題に適用する際に，一義的な確定が困難な場合，事例を一般化〔ないし類型化〕することによって，その善悪を決定する方法；特に17世紀，カトリック倫理神学の方法として重視された）．

Katakombe【spätlat.-it.】*f.* -, -n, (通常複数で) カタコンベ（地下墓所；初代キリスト教徒が礼拝及び遺体の土葬に用いた地下の回廊；ローマでは2世紀半ばから建造され，3世紀には教会の所有となった；4世紀が最盛期で，併せてカタコンベに埋葬された*殉教者への崇敬が盛んに行われる；5-6世紀には

ゲルマン民族による征服の影響もあって衰退し、16-17世紀に研究及び信仰の対象となるまで、その存在は忘れ去られていた）. **Katakomben・heilige**# *m.* u. *f.* -n, -n,《形容詞的変化》カタコンベ聖人(17-19世紀、ヨーロッパ各地の聖堂に運ばれて崇敬の対象となったローマのカタコンベの遺骨；実際は4世紀頃のキリスト教信者の遺骨だが、殉教者〔いわゆるローマ殉教者〕のものと誤認されたことでこう呼ばれた）.

Katechese【gr.-kirchenlat."授業"】*f.* -, -n, 信仰教育(*秘跡の執行に先立って、またそれ以降にも、信者、特に青少年信者のカトリック教理のより深い理解のために行われる宗教教育；多くは問答形式をとるため「教理問答」とも). **Katechet** *m.* -en, -en, 教理教師(特に学校外でカトリック要理の教育に従事する者；CIC. 776). **Katechetik** *f.* -, 教理教授学、教理教授法(教会及び学校における信仰教育のための理論、教育学；CIC. 780). **Katechetin** *f.* -, -nen, → Katechet (の女性形). **katechetisch** *adj.* 信仰教育の、教理教授の. **Katechisation** *f.* -, -en, → Katechese. **katechisieren** *t.* (*h*) (或人に)教理を教える. **Katechismus**【gr.-kirchenlat.】*m.* -, -men, ①カテキズム；der katholische 〜 カトリック要理、公教要理、信仰教育書(カトリック教理入門の際に用いられる、多くは問答形式で書かれた学習書、教科書；CIC. 775);《プ》教理問答書、信仰問答書；Großer (Kleiner) 〜 大(小)教理問答(1529年、*ルターがそれまで説教や著作の中で論じてきた教理をまとめたもの；問答形式にした『小教理問答』と、説教の形式の『大教理問答』がある). ②*洗礼志願者のための教理授業.

Katechismus=lehre *f.* -, -n, ① → Katechetik. ② → Katechese. 〜**schüler** *m.* -s, -, 教理授業の受講者(生徒；特に、*洗礼志願者).

Katechist【gr.-kirchenlat."教師"】*m.* -en, -en, カテキスタ(a. 特に養成を受けて、*宣教者の指導のもとに、宣教地において教理教育や信徒共同体の指導に従事する信徒、伝道師〔士〕；CIC. 780, 785. b. → Katechet). **Katechumenat** *n.* (*m.*) -[e]s, ①(成人の)洗礼志願者の教理教育、受洗準備. ②洗礼志願期(成人が*受洗または*改宗にあたって*信仰教育を受けるべき期間；CIC. 788, 851§1, 865§1).

Katechumene【gr.-kirchenlat."受講者、学習者"】*m.* -n, -n, ①(成年の)洗礼志願者(*聖霊に導かれ、明白な自己の意志をもって、教会の一員となることを熱望している者；CIC. 206, 788§2). ②《プ》(2年間の*堅信準備期間の1年目にある)堅信志願者(Konfirmand参照).

Katechumenen=messe *f.* -, -n, 志願者ミサ(*初代教会において、*洗礼を受けた者のみが参加できた*共同祈願以降のミサの後半部〔信者ミサ〕に対し、*洗礼志願者の出席が許されていた前半部分をいう). 〜**öl** *n.* -[e]s, 洗礼志願者用聖油(*洗礼の前に、受洗者に塗布される*聖油). 〜**unterricht** *m.* -[e]s, (まれに:) -e,《プ》(堅信準備期間の1年目の)堅信志願者のための教理授業.

Katene【lat."鎖"】*f.* -, -n,《通常複数で》カテナ、連鎖式教父聖書解釈集(1名ないし複数の*教父の著作から、聖書〔特に*詩篇〕の釈義を抜粋し、聖書の当該個所と対照させて連鎖的に配列したもの；例えば*トマス・アクィナスが、1265年に4*福音書の釈義を80名以上の著作家の作品から抜粋して作った『黄金の鎖』〔Catena aurea〕).

kath.《略》→ katholisch.

Katharer【gr.-mlat.; < gr. katharós "清浄な"】*m.* -s, -,《通常複数で》カタリ派(「清浄派」とも)；12-14世紀、南フランス、ドイツ、フランドル、北イタリアなどに広まった、*マニ教的異端集団の総称；善・悪、霊・肉などの二元論に基づく現世の徹底的な軽視と極端な禁欲主義、キリストの*人性の否定〔キリストは善神の使いで、救済を告げる*天使に過ぎないとした〕、反*教皇・反カトリック教会、社会制度や階級組織の否定などを主張したため、教会のみならず国家からも厳しく禁圧され、15世紀初頭までに消滅した；例えば、南フランスの*アルビ派).

Katharsis【gr."清め"】*f.* -, カタルシス、浄化(a. 情緒や良心の純化作用；特に*神秘主義における. b. 元来は、血の穢れを祓うこと；例えば、産婦の清めの期間〔レビ12:4〕). **kathartisch** *adj.* カタルシスの(作用をもつ).

Kathedra → Cathedra. **Kathedrale**【< mlat. ecclesia *cathedralis* "司教座の(ある)教会"】*f.* -, -n, 司教座聖堂、司教座教会、カテドラル(ある*司教区において*司教高座の置かれた母教会；建築様式や構造に特段の規定はないが、

司教区の中心となるため大規模で壮麗なものが多い；特に，フランス，スペイン，イギリスの*ゴシック様式の教会堂をいう）；大聖堂（Dom¹ 参照）．

Kathedral=entscheidung *f.* -, -en, 教皇座宣言，聖座宣言（*教皇が「聖座から」〔→ ex cathedra〕発する，*不謬性をもった教義決定宣言）．～**glas** *n.* -es, カテドラルガラス（教会の窓などに用いられ，強度のある多くは彩色の施された不透明ガラス）．～**kapitel** *n.* -s, -, 司教座聖堂祭式者会，司教座聖堂参事会（*司教座教会において共同で盛式の典礼祭儀を行う司祭の団体〔CIC. 503-10〕；Kanonikerkapitel 参照）．～**kirche** *f.* -, -n, → Kathedrale．～**schule** *f.* -, -n, 司教座聖堂付属学校（中世期，*司教座聖堂に付設され，*司教の監督下で，聖職者の育成が行われた学校；多くは，*司教座聖堂祭式者会の会員が教育にあたった）．

Kathenotheismus *m.* -, 交替神教（オックスフォード大学の宗教学者マックス・ミューラー〔1823-1900〕の用語で，複数の神々の中で，機会に応じて特定の一神が崇拝の対象となる宗教形態；→ Henotheismus とも呼ばれる）．

Katholik 【gr.-lat.】 *m.* -en, -en, カトリック教徒，旧教徒．

Katholiken=emanzipation 【engl. Catholic Emancipation Act】 *f.* -, カトリック〔教徒〕解放法（1829年，公職を*国教徒に限定した1673/78年制定の審査法〔Test Act〕を廃止し，カトリック教徒にも同等の政治的権利を認めたイギリスの法律）．～**rat** *m.* -[e]s, ..räte, (Diözesanrat) カトリック評議会（ドイツで*司教区毎に設置される，管轄下の教区評議会から選出された一般信徒と聖職者の代表者及び諸団体の代表者による会議体；司教区における*信徒使徒職の活動支援やその統轄を行う）．～**tag** *m.* -[e]s, -e, Deutscher ～tag ドイツ・カトリック教徒会議〈教徒大会〉（ドイツの各地域・分野のカトリック教会の代表者による全国大会；1848年*マインツで始まり，2度の世界大戦による中断を挟み，1950年以降は隔年で開催されている；2016年ライプツィヒで第100回大会；オーストリア〔1879-〕，スイス〔1903-〕にも同様のカトリック教徒会議がある）．

Katholikin *f.* -, -nen, → Katholik（の女性形）．

Katholikos 【gr.-mgr.】 *m.* -, ..koi, カトリコス，総大主教（*ネストリオス教会，*アルメニア教会，*カルデア教会などの*東方教会の最高指導者で*総大主教区の長，及び区の呼称）．

katholisch 【gr.-kirchenlat. "普遍的な；全体の"】 *adj.* カトリック〔教会〕の（2世紀初めアンティオケイアの聖イグナティオス〔?-108/18〕が地方の部分教会に対する「全」教会〔gr. katholikē ekklēsia〕の意味で初めて使用した語；380年のローマ皇帝テオドシウス1世〔在位379-95〕の勅令では，*ペトロがローマ人に伝えた信仰を保持する者が「カトリック」と呼ばれた；現在は一般に，*東方正教会や*プロテスタント諸派に対し，ローマ*教皇を首長とし，キリストとその*使徒以来の伝統〔*使徒継承性〕の連続性と正統信仰の保持に自ら任ずるキリスト教最大の教派をいう；略: kath.）；die ～e Aktion 【lat. Actio Catholica】カトリック・アクション，アクティオ・カトリカ，カトリック使徒運動（教会の指導と委任のもとに行われる，一般信徒による使徒的布教活動〔*信徒使徒職〕のこと；教皇ピウス9世〔在位1846-78〕の時代に始まり，ピウス11世〔在位1922-39〕が推進，第2*ヴァティカン公会議ではその意義がさらに強調された）；die ～en Briefe 公同書簡，公書（1世紀末から2世紀前半，特定人にではなく，キリスト教徒全体に宛てて書かれたとされる，新約聖書中の7通の書簡の総称；*ヤコブの手紙，*ペトロの手紙〔一，二〕，*ヨハネの手紙〔一，二，三〕，*ユダの手紙）；der ～e Club <Klub> カトリック・クラブ（1848-49年フランクフルト国民議会で，憲法制定の際の発言力を強めるために，各派のカトリック系議員により，ヨーゼフ・フォン・ラドヴィッツ〔1797-1853〕を長として結成された連携組織；*ドイツ・カトリシズムの運動の1つで，*中央党の先駆となった）；die ～e Katechismus → Katechismus 1；die ～e Kirche カトリック教会（古くは「公教会」とも；1054年の*東方離教の後の東方諸教会〔特に*正教会〕，16世紀の*宗教改革により分離した*プロテスタント諸派，また1534年に分離して，以来国王を首長と定めたイングランド*国教会〔聖公会〕に対して，*ペトロの後継者であるローマ*教皇の*首位権を認め，*位階制を有するキリスト教会のこと；katholisch参照）；～e Könige 【< span. Reyes Católicos】カトリック

両王(アラゴン王フェルナンド2世〔在位1479-1516〕とカスティーリャの女王イザベル1世〔在位1474-1504〕の2人〔1469年に結婚してスペインが統一された〕に対して、イベリア半島におけるイスラム勢力の最後の牙城だったグラナダを制圧し〔1492〕、*レコンキスタを完了させた功績を讃えて、教皇アレクサンデル6世〔在位1492-1503〕が授与した称号;Seine *Allerkatholische* Majestät 参照);die ～e Liga → die Katholische *Liga*;～e Ostkirche → die *unierte* Kirche 1;die ～e Reform → die katholische *Reform*;die ～e Restauration → die katholische *Restauration*;der ～e Volksbund カトリック国民同盟(1905年ウィーンで設立された、オーストリアにおける*カトリック・アクションの中央機関;1908年*ピウス協会と合併し、オーストリア・カトリック信徒国民同盟〔Volksbund der Katholiken Österreichs〕と改称したが、38年に解散した).

katholisch-apostolisch *adj.* カトリック使徒教会(*アーヴィング派)の;die ～e Kirche <Gemeinde> → Irvingianer. **katholisch-orthodox** *adj.* ①カトリックと正教会の(*エキュメニカルな合同に向けて行われた様々な試み)の. ②〔東方〕帰一教会の、カトリック東方教会の;die ～e Kirche カトリック東方教会(die *unierte* Kirche参照).

katholisieren【gr.-lat.】(I) *t.* (h) カトリック化する、(或人を)カトリック(教徒、信者)にする(カトリックに改宗,帰依させる).(II) *i.* (h) カトリック的な考え方をする. **Katholizismus** *m.* -、カトリシズム、カトリック主義(カトリック教会の信仰、教義、実践、及びローマ*教皇を頂点とする*位階制の全体;さらに、これに基づく世界観、倫理観、芸術創作活動、政治活動などをいう). **Katholizität** *f.* -、カトリック性、公同性(カトリック教会が、歴史的・地理的な普遍性、キリストと*使徒以来の連続性〔*使徒継承〕を有し、*ニカイア・コンスタンティノポリス信条にいう「聖なる、普遍の、使徒的、唯一の教会」〔die eine, heilige, katholische und apostolische Kirche〕であるということ).

Kelch【lat. "深皿、コップ"】 *m.* -[e]s, -e, ①カリス、聖杯(*祭器の1つで、ミサ中に*聖別されるぶどう酒を入れるための脚台付きの杯);《東》祭爵. ②《比》受難、苦しみ(の象徴);gehe dieser ～ an mir vorüber「この杯をわたしから過ぎ去らせてください」(キリストの*ゲツセマネでの祈り;マタ26:39);der ～ geht an jm. vorüber《雅》(或人は)ようやく難を逃れた;den [bitteren] ～ bis auf den Grund leeren 辛酸をなめ尽くす;geistlicher ～【lat. Vas spirituale】霊妙なる器(*聖マリアの連願における聖母マリアの呼称の1つ;→ geistliches *Gefäß*とも).

Kelch=kommunion *f.* -, -en,(パンとぶどう酒の*両形色での*聖体拝領における)聖別されたぶどう酒の拝領. ～**tüchlein** *n.* -s, -、プリフィカトリウム、清浄巾(Purifikatorium参照). ～**weihe** *f.* -, -n、カリスの*聖別(儀式書の定めるところに従い、通常はミサにおいて司教または司祭が*聖香油を塗ることで行う;*パテナの聖別も同様).

Kellerer *m.* -s, -、→ Cellerarius.

Kellion【ngr. "小部屋"】 *n.* -s, ..lien、ケリオン(*東方正教会の小修道院).

Kelte *m.* -n, -n,《通常複数で》ケルト人(インド・ヨーロッパ語族のうちケルト語派の言語を用いた西方系の民族;前2000年頃〔青銅器時代〕中央ヨーロッパに生じ、前10世紀頃より各地に移動、鉄製の武器を用いてイベリア半島、ガリア、ブリテン諸島を征服した;前4-前2世紀に最盛期を迎え、イベリア半島からイタリア北部、バルカン半島、小アジアに至る広大な土地を支配したが、前1世紀にローマ、後5世紀にはゲルマン民族に征服され、以降アイルランド、スコットランド、ブルターニュ地方のみに居住する;5世紀半ば以降の同地へのキリスト教布教により、ケルト教会が設立された;『ケルズの書』〔The Book of Kells;800頃〕など固有の装飾文様が描き込まれた彩色写本の制作の他、独特な美術工芸が発達した;また*アーサー王伝説、*聖杯伝説を生んだ). **keltisch** *adj.* ケルト(人、文化、教会)の;die ～e Liturgie ケルト〔式〕典礼(イングランド、スコットランド、アイルランド、ブルターニュの各地域で、*ローマ式典礼が導入される以前に用いられていた典礼様式;宣教者たちがもたらしたそれぞれの出身地の典礼が混交したもので、ローマ式典礼の採用に伴い、7-12世紀に消滅した).

Keniter【hebr. "巣"】 *m.* -s, -、ケニ人(*カインを始祖とする*カイン人の別称〔民24:21〕で、

パレスチナの遊牧民). **Keniter・hypothese** *f.* -, ケニ人仮説 (*モーセの義父でミデヤンの祭司エテロはケニ人で、*ヤハウェという神の名と礼拝は、エテロからモーセを経て*イスラエルに受容されたとする説).

Kenosis【gr.-mlat. "(自己の)無化"】*f.* -, ケノーシス (キリストは神の子でありながら、人類の救済のために、父なる神の意志に従い、自らを無にして人間としての苦難を*謙遜に受け入れたということ〔フィリ2:6-8〕;*受肉とほぼ同義で用いられることもある;受肉によりキリストの*神性は自発的に放棄されたとする19世紀の説〔ケノーシス説〕は、*位格的結合の教理と相容れるものではなく、正統的立場においては、ケノーシスは神の子キリストの意志であるとともに、*三位一体の全体の意志として行われたとされる). **Kenosis・theorie** *f.* -, ケノーシス説.

Kenotaph【gr.-lat.; < gr. kenós "空の" + táphos "墓"】*n.* -s, -e, セノタフ (engl. cenotaph;遺骸・遺骨の埋葬地とは別の場所に、またはその所在が不明の場合に、死者を記念するために作られた「空墓」、墓碑).

Kenotiker *m.* -s, -, ケノーシス説の主張者 (Kenosis参照).

Kephalophor【gr."頭を運ぶ者"】*m.* -en, -en, 首持ち聖人 (斬首刑によって殉教した際に、切断された自らの頭を手にして相当の距離を〔埋葬されるべき場所などに向かって〕歩いたという伝説がある聖人;例えば、パリの初代司教ディオニシウス〔サン・ドニ;250以降没〕、チューリヒの守護聖人*フェリクスとレグラ).

Kern・gemeinde *f.* -, -n, 中核的教会 (ecclesiola in ecclesia参照).

Kerub → Cherub. **Kerubim** *pl.* → Kerub (の複数形).

Kerwe *f.* -, -n, <*hessisch, pfälzisch*> → Kirchweih, Kirmes.

Kerygma【gr. "(伝令による)布告"】*n.* -s, ケリュグマ (原始キリスト教会における*福音の宣教;特に、*福音書が書かれる以前の*使徒たちによるキリストに関する証言〔使2:22-24、ロマ16:25参照〕;また、書簡に記された*パウロによる福音の要約〔例えば、1コリ15:3-5〕から窺い知ることができる、原始教会における宣教の核心的内容). **kerygmatisch** *adj.* ケリュグマ的、宣教に関する;die ～e Theologie ケリュグマ[的]神学 (ルドルフ・ブルトマン〔1884-1976〕の*非神話化による聖書研究において、ケリュグマを現代人への実存論的呼びかけとして捉える聖書解釈の方法論;またK.*バルトの弁証法神学〔ないし危機神学〕の別称としても用いられる).

Kerze *f.* -, -n, ろうそく (自らを燃やし尽くすことから、すべてを神に献げるキリスト教徒とその生命を象徴する;また、*祭具として用いられるろうそくは、純粋な蜜鑞から作られることから清浄なキリストの体、また光明を与えてくれる神の象徴でもある;*復活祭で点灯される大ろうそくは、キリストの*復活を表し、*主の昇天日まで40日間灯され続ける).

Kerzen=ständer *m.* -s, -, 燭台、ろうそく立て (元来は、*行列の際に火を点したろうそくを持ち歩くための*祭具で、11世紀頃からミサ中、祭壇上にろうそくを立てるのに用いられ、美術工芸品としても重視された;現在は、すべての典礼におけるその使用が、ミサ典礼書に定められている). **～weihe** *f.* -, -n, ろうそくの祝別 (2月2日の*主の奉献の祝日〔1960年以前は「聖母マリア御潔めの祝日」〕のミサで行われる1年分のろうそくの祝福式;会衆は、火を点したろうそくを手に行列を行う;Lichtmess参照).

Ketten=bruderschaft *f.* -, [聖ペトロの]鎖の信心会 (ローマのサン・ピエトロ・イン・ヴィンコリ教会〔dt. St. Peter in den Ketten;439年、*使徒*ペトロが投じられた牢獄があったとされる場所に建てられ、彼が繋がれていた鎖を*聖遺物として保存する〕で1866年に創立された、聖ペトロ崇敬を目的とする*信心会). **～buch** *n.* -[e]s, ..bücher, 鎖付き写本 (活版印刷術の発明以前、中世の教会、修道院、大学などの図書館で、窃盗防止のため、鎖で書見台に繋ぎ留められた形で閲覧されていた聖書その他の貴重な写本).

Ketubim, Ketuvim【hebr."書かれた言葉"】*pl.* ケトゥビーム、諸書 (ユダヤ人による旧約聖書の分類のうち、*律法〔*トーラー〕と*預言書〔*ネビイーム〕以外の第3群をなす → Hagiographaのヘブライ語形).

Ketzer【mlat.; < → Katharer】*m.* -s, -, 異端者 (Häretiker参照). **Ketzerei** *f.* -, -en, 異端 (Hä-

resie参照). **Ketzer・gericht** n. -[e]s, -e, 宗教裁判(所), 異端審問(所)(Inquisition参照).
ketzerhaft adj. → ketzerisch. **Ketzerin** f. -, -nen, → Ketzer（の女性形）. **ketzerisch** adj. 異端の, 異教の. **Ketzer・meister** m. -s, -, 宗教裁判官, 異端審問官(Inquisitor参照). **ketzern** i. (h.) 異端的(異端者的)なことを主張する.

Ketzer=richter m. -s, -, 宗教裁判官, 異端審問官(Inquisitor参照). ~**taufe** f. -, -n, 異端者(による)洗礼. ~**tauf・streit** m. -[e]s, 異端者洗礼論争(*異端者, *離教者による授洗の有効性に関する3-4世紀の論争；カルタゴの司教・*教父のキプリアヌス〔200頃-58〕は, *洗礼は授与者の恩恵状態に依存するため異端者や離教者による授洗は無効であり*再洗礼の必要があると主張した；これを教皇ステファヌス1世〔在位254-57〕が退けたことから, 256年カルタゴで教会会議が開催された；アフリカ教会の再洗礼の慣習を確認した；258年ウァレリアヌス帝による迫害でキプリアヌスが*殉教したことで論争は終結し, 以降ローマの主張通り, 異端者によるものであっても受洗者は洗礼の*霊印を受けており, *事効的効力によってその洗礼は有効とされた). ~**verbrennung** f. -, -en, 異端者の火刑(焚刑). ~**verfolgung** f. -, -en, (中世の)異端者迫害.

Keuschheit f. -, 貞潔(*福音的勧告の1つで, 性を人格に関わる要素, 愛の表現とみなし, 理性と信仰に基づいて自身の性欲を正しく統御する徳). **Keuschheits・gelübde** n. -s, -, 貞潔の誓願(*福音的勧告に従い, 聖職や修道生活のため, 自由意志によって結婚の権利と性的快楽を放棄する*誓願；CIC. 573§2).

Kilian《固》(m.) ~ [von Würzburg]〔ヴュルツブルクの〕キリアン(Frankenapostel参照；*ヴュルツブルク, フランケン・ワインの*守護聖人；ブドウ栽培を奨励したとされ, 7月にはヴュルツブルクで「聖キリアニ祭」〔Kilianifest〕と呼ばれるワイン祭が盛大に開催される；祝日：7月8日).

Kinder=bibel f. -, -n, 子供の聖書, 児童用聖書(子供のためにやさしく書き直された, 挿し絵付きの聖書). ~**bischof** m. -s, ..bischöfe, 子供司教, 少年司教(中世の教会の祝祭日〔例えば12月6日の聖*ニコラウスの祝日や同28日の*幼子殉教者の祝日〕などに, 地域共同体で選ばれた少年, 修道院学校や教会付属学校の生徒を司教に擬して, その盛装をさせ, 説教など職務の一部を委ねた風習や催し物). ~**gebet** n. -[e]s, -e, 子供の祈り(幼児や子供向けにやさしく書かれた祈禱文, 祈禱集). ~**glaube** m. -ns, 子供のように純粋な信仰；子供っぽい信仰. ~**gottes・dienst** m. -[e]s, -e, ①子供のミサ(主要部分以外を子供が理解しやすいように変更した子供のためのミサ；1973年から). ②(プロテスタント教会の)日曜学校. ~**kirche** f. -, (まれに:) -n, → ~gottesdienst. ~**kommunion** f. -, -en, 子供の聖体拝領(理性を働かせるに十分な年齢に達し, そのための準備教育が施された上で行われる；CIC. 913-14). ~**kreuz・zug** m. -[e]s, ..züge, 子供十字軍, 少年十字軍(1212年の春から秋にかけて, 第4回と第5回*十字軍の間に, *啓示を受けた少年の主導でドイツ, フランスで組織された, 数千から数万の少年少女による十字軍運動；いずれも聖地に到達することなく, 途中で解散させられるか, 奴隷に売られたり, 病死・事故死したとの伝承がある). ~**lehre** f. -, -n, ①《単数で》子供のための信仰(教理)教育. ②(プロテスタント教会の)日曜学校. ~**messe** f. -, -n, → ~gottesdienst 1. ~**missions・werk** n. -[e]s, 児童福祉会(*教皇庁の*福音宣教省の1部門で, 宣教地における子供のキリスト教教育の推進を目的として, 1843年パリに設立された；ドイツでは「シュテルンジンガー」〔→ Die *Sternsinger*；元来は, *公現の祝日に*東方の三博士に扮して歌いながら家々を回る子供たちのこと；本部アーヘン〕の名で活動している). ~**mord** m. -[e]s, -e, 幼児殺戮, 幼児虐殺(a. エジプトでイスラエル人の力が増大することを恐れたファラオが, 新生児のうち男児を皆殺しにする命令を下した事件；助産婦の反逆により計画は頓挫し, *モーセはナイル河畔に遺棄されたがファラオの王女に助けられた；出1:15-2:10. b. der bethlehemitische ~mord ベツレヘムの幼児殺戮；未来のユダヤの王, *メシアの誕生を知った*ヘロデ王が権力喪失を恐れて, *ベツレヘム一帯の2歳以下の男児を虐殺した事件；イエスは両親とともにエジプトに逃れた；マタ2:3-18；及び, これを主題とした図像). ~**oblate** m. -n, -n, 児童献身者(Oblate II, 1a参照). ~**taufe** f. -, -n, 幼児

洗礼(乳幼児や子供の*洗礼；子供は十分な理性をもたず，信仰の自覚的表明ができないとして，幼児洗礼は*宗教改革期，*再洗礼派によって否定され，現在も*バプテスト派，*ペンテコステ派，*メノー派などは認めていない；カトリック教会では通常，誕生後数週間以内に洗礼が授けられ，*信仰宣言は親及び*代父母が行う；CIC. 867-68).

Kindheits=erzählung *f.* -, die 〜erzählung des Thomas トマスによる幼時物語(〜evangelium a参照). **〜evangelium** *n.* -s, 幼年福音書, 幼児福音書(a. das 〜evangelium [nach Thomas] *外典福音書の「トマスによるイエスの幼時物語」の別称；エジプトから*ナザレへの帰還後，5歳頃から12歳までの，イエスの幼年期の奇跡的エピソードが記されたギリシア語文書で，2世紀末頃に不明の著者によって書かれた；正典福音書や様々な奇跡譚に取材したもので，グノーシス的傾向があったとして教会から排斥されたが，ラテン語や各国語に翻訳され，中世にかけて民衆間で広く用いられた；略: KThom. b. das Arabische 〜evangelium アラビア語による幼時福音書：おそらく6世紀に成立した*シリア語版が，7世紀にアラビア語に翻訳されたもので，aには見られないイエスの誕生やエジプトでの奇跡譚が記され，エジプトに避難する途上での2人の盗賊〔後にゴルゴタでともに処刑される〕との遭遇の物語を含む).

Kinds・taufe *f.* -, -n, ①幼児洗礼(式)(Kindertaufe参照). ②幼児洗礼式の(家庭での)祝い.

Kirch=bau → Kirchenbau. **〜dorf** *n.* -[e]s, ..dörfer, (*小教区の中心となる)教会のある村.

Kirche 【< spätgr. kyrikón "神の家"；原義"主に属するもの"】*f.* -, -n, ①教会，教会堂，聖堂(キリスト教の礼拝，儀礼などを行うための建築物；CIC. 1214-22); die gotische 〜 → die *gotische* Kirche; die romanische 〜 → die *romanische* Kirche; die 〜 im Dorf lassen《比》節度を保つ，ほどほどにする，思慮深く振る舞う；die 〜 ums Dorf tragen / mit der 〜 ums Dorf laufen <[herum]-fahren>《比》無駄な回り道をする，回りくどいことをする；die 〜 wechseln《話》飲食店をはしごする，河岸を変える；zur <in die> 〜 gehen 教会に行く．②教会(a. キリストを信じ，キリストの*恵みによって*聖化された人々〔死者を含む〕の共同体；「キリストの[神秘]体」(Leib Christi 2参照)のこと．b. 教派：特定の教義に従って，イエス・キリストへの信仰を告白をする人々の共同体；及び，その個々の組織);die alte 〜 a. 古代教会：教会史において，1世紀末から6世紀までの時代の教会のこと；*教父時代と重なる．b. 古い教会(聖堂); die anglikanische 〜 → die *anglikanische* Kirche; die Bekennende 〜 → die *Bekennende* Kirche; die christliche 〜 キリスト教会; Evangelische 〜 in Deutschland → *Evangelische* Kirche in Deutschland; die gallikanische 〜 → die *gallikanische* Kirche; die griechische 〜 → die *griechische* Kirche; die herrschende 〜 国教(Staatskirche参照); die hörende 〜【< lat. ecclesia discens】聞き従う教会, 聴従する教会(一般信徒全体のこと); die kämpfende 〜【< lat. ecclesia militans】戦う教会, 戦闘の教会(世の罪と戦う地上の信者たちの共同体); die katholische 〜 → die *katholische* Kirche; die Lebende <Lebendige> 〜 生きる教会(1921-23年頃ボリシェビキ・ソ連政府が*総主教管下の教会に対抗して創設した教会組織で，共産主義政府に迎合的な司祭が指導したが，まもなく衰退した); die lehrende 〜【< lat. ecclesia docens】教える教会, 教導する教会(信徒たちを教え導く，ローマ*教皇を長とする*司教の全体のこと); die leidende 〜 ①【< lat. ecclesia purgans <patiens>】忍苦の教会(*煉獄で罪の償いを果たすために苦しみを受けている霊魂のこと). ②(ある政治的・宗教的体制化で迫害されている)受苦の教会; die lernende 〜【< lat. ecclesia discens】学ぶ教会(一般信徒のこと); die presbyterianische 〜 → die *presbyterianische* Kirche; die protestantische 〜 → die *protestantische* Kirche; die reformierte 〜 → die *reformierte* Kirche; die römisch-katholische 〜 → die *römisch-katholische* Kirche; die schweigende 〜 沈黙の教会(かつて共産主義政権下で，信仰を公言したり他国の教会との連絡をとることができなかったキリスト教徒たち); die sichtbare 〜 可視の教会(この世の信徒による組織化された信仰共同体のこと); die streitende 〜 → die kämpfende 〜; die triumphierende 〜【< lat. ecclesia triumphans】勝利〈凱旋〉の教会(地上での戦い〔die kämpfende 〜 参照〕に勝利して，天国に凱旋した霊魂たち，特に*聖人たちの群れのこと); die unsichtbare 〜 不可視の教会(地上，*煉獄，*天国にあるキリスト教徒の総体,

「*キリストの［神秘］体」のこと；*アウグスティヌスの概念で，その後は特に*改革派教会が好んで用いた）；die Trennung von ～ und Staat 政教分離．③《単数で》ミサ，礼拝；die ～ ist aus 礼拝が終わる；《比》事は済んだ，それはもう聞きたくない；heute ist (keine) ～ 今日はミサがある（ない）；morgen früh um 10 Uhr ist ～ 明朝10時に礼拝がある．

Kirchen=abgabe f. -, -n, 《通常複数で》教会献金(*教会維持費など)．**～agende** f. -, -n, 礼拝定式書(Agende参照)．**～älteste**" m. u. f. -n, -n, 《形容詞的変化》長老 (a. *長老派教会の；Presbyter 3 参照．b.《男性名詞としてのみ》*正教会の；Starez参照)．**～amt** n. -[e]s, ..ämter, ① (Offizium) 教会職(*教会法に基づく固有の権利・義務を伴った教会の職務；CIC. 145-96)；(教会運営などにおける特定の)教会の任務．②教会事務局．**～anwalt** m. -[e]s, ..anwälte, 公益保護官(公益の問題となりうる民事・刑事訴訟において，公益保護のため*司教によって任命される，徳に優れ*教会法に通じた聖職者または一般信徒；CIC. 1430-36)．**～asyl** n. -s, (まれに:) -e, → ～schutz．**～austritt** m. -[e]s, -e, 教会からの脱退，教会離脱，聖職離脱(信仰の放棄，婚姻その他の理由により聖職者の身分を喪失し，教会から公に離れること)．**～bank** f. -, ..bänke, (教会堂の)信徒席．**～bann** m. -[e]s, -e, 破門［制裁］(Exkommunikation参照)．**～bau** m. -[e]s, -ten, ①(単数で)教会建築．②(建築物としての)教会［堂］，聖堂．**～beamte**" m. u. f. -n, -n,《形容詞的変化》教会役員．**～becken** n. -s, -, 献金皿(聖堂の入り口付近にある，信徒が少額の教会献金を置くための盆)．**～bedienter** m. -s, -, → Küster．**～behörde** f. -, -n, 教会事務局．**～beitrag** m. -[e]s, ..träge, 教会維持費(キリスト信者が，教会における典礼儀式，司牧活動，福祉事業，聖職者・教会関係者の生活，教会建築物の保全などに必要な費用のため，それぞれの分に応じて負担する自発的な献金〔CIC. 221, 281, 1260-65〕；なお，18世紀末頃までキリスト教国では，収入の10分の1を納めること〔*十分の一税〕が国民に義務付けられていた)．**～besuch** m. -[e]s, -e, (礼拝に列席するため)教会に行くこと，礼拝への出席．**～besucher** m. -s, -, (礼拝の)列席者，参列者．**～bettler** m. -s, -, ①教会乞食(教会の入り口付近などに座り込んで，入堂する信者などに喜捨を願う貧者)．②教会勧進僧(聖堂の新築などの資金調達のため，寄金を募って各地をまわる修道士)．**～blatt** n. -[e]s, ..blätter, 教会新聞，教区新聞．**～buch** n. -[e]s, ..bücher, 教会台帳(各小教区において記録・保存される*洗礼台帳，*婚姻台帳，*死亡台帳，その他の台帳；CIC. 535)．**～bund** m. -[e]s, [Deutscher Evangelischer]～bund［ドイツ福音主義］教会同盟(1922年結成されたドイツの*州教会の連盟組織；1933年に → Deutsche Evangelische Kirche に改組された)．**～burg** f. -, -en, 城塞教会(中世から15-16世紀にかけて，特に*三十年戦争の際に造られた，周囲に堅固な防壁を廻らし，一種の城塞としての機能をもつに至った教会建築；Wehrkirche参照)．**～buße** f. -, (*初代教会において公に課せられた)贖罪の行(Bußübung参照)．**～chor** (I) m. (まれに: n.) -[e]s e u. ..chöre, 聖堂内陣，聖歌隊席．《II》m. -[e]s, ..chöre, 聖歌隊．**～chronik** f. -, -en, → ～buch．**～dieb** m. -[e]s, -e, (教会からの)聖物泥棒．**～diebstahl** m. -[e]s, ..stähle, (教会からの)聖物窃盗［罪］．**～diener** m. -s, -, ① → Küster. ② <schweiz.> 教会の守衛，聖堂番．**～dienst** m. -[e]s, -e, 礼拝．**～disziplin** f. -, 教会規律．**～dogma** n. -s, ..dogmen, → Dogma．**～fabrik** [< lat. fabrica ecclesiae；原義"教会堂"] f. -, -en, 教会［基本］財産(教会の建物とその付属物)．**～fahne** f. -, -n, (教会の*行列の先頭や特別の日に教会で掲げられる)教会旗．**～feindlich** adj. 教会に敵対する，反教会的な．**～fenster** n. -s, -, 教会の窓(ステンドグラス)．**～fest** n. -[e]s, -e, 教会の祝日(Fest参照)．**～fluch** m. -[e]s, ..flüche, 破門(Exkommunikation参照)．**～freundlich** adj. 教会に好意的な(友好的)な．**～fromm** adj. (非常に)敬虔な，教会に身を委ねた．**～führer** m. -s, -, ①教会の指導者．②教会案内(旅行者用のガイドブック)．**～fürst** m. -en, -en, 高位聖職者(カトリックの特に*司教，*大司教，*枢機卿)．**～gänger** m. -s, -, → Kirchgänger．**～gebet** n. -[e]s, -e, 《古》(司祭が唱える，ミサ中の)祈禱［文］．**～gebet・buch** n. -[e]s, ..bücher, 祈禱書．**～gebot** n. -[e]s, -e, 教会の掟(die Gebote der Kirche参照)．**～gegner** m. -s, -, 教会の敵対者．**～geld** n. -[e]s, (*教会税とは別に自発的に支払われる，通常は少額

Kirchengemeinde

の）教会献金，教会［維持］費．～**gemeinde** *f.* -, -n, ①小教区，聖堂区．②小教区所属の信徒（の総体），教区民．③礼拝の会衆．～**gemeinde・rat** *m.* -[e]s, ..räte, 教区会議．～**gemeinschaft** *f.* -, -en, 信者組合，信徒連合．～**gerät** *n.* -[e]s, -e, 祭具，礼拝用具（祭壇や祈禱台など教会堂内の施設を含む）．～**gesang** *m.* -[e]s, ..gesänge, ①聖歌（特に，グレゴリオ聖歌）；賛美歌．②（教会での）聖歌（賛美歌）の合唱．～**geschichte** *f.* -, -n, 教会史（の学問的研究，及びその教科書）．～**geschichts・wissenschaft** *f.* -, -en, 教会史学．～**gesetz** *n.* -es, -e, 教会法［規］．～**gestühl** *n.* -[e]s, -e, ～**gestühle** *n.* -s, 教会の座席（の全体）．～**gewalt** *f.* -, -en, 教権，教会権（教会，*教区を教導し，*秘跡を授与する聖職者の権限）．～**gewand** *n.* -[e]s, ..gewänder, 祭服，式服．～**glaube** *m.* -ns, （まれに:)-n, 教会の教義．～**glocke** *f.* -, -n, 教会の鐘．～**gut** *n.* -[e]s, ..güter, 教会財産（CIC. 1257§1参照）；教会領．～**heilige**# *m.* u. *f.* -n, -n, 《形容詞的変化》教会の聖人（Heilige参照）．～**historiker** *m.* -s, -, 教会史学者．～**hoheit** *f.* -, -en, 教会高権（国家の教会に対する支配権）．～**inspektion** *f.* -, -en, 教会巡察（～visitation参照）．～**jahr** *n.* -[e]s, -e, 教会暦年，典礼暦年（*待降節第1の主日に始まり，年間第34週の土曜日に終わる1年間と，これを周期とする暦）．～**kalender** *m.* -s, -, 教会暦，典礼暦，教会カレンダー（キリストの生涯の出来事〔*受肉，*降誕，*受難，死と*復活，*昇天，*聖霊降臨など〕，聖母マリア，*使徒，*殉教者〔*聖人〕，*天使，あるいは*教義などを記念する祭式を，1年間に配分した教会の暦）．～**kampf** *m.* -[e]s, ..kämpfe, 教会闘争（a. 教義を異にする教派間の争い．b. 教会と国家間の戦い；特に，1933-45年ドイツのプロテスタント教会が，ナチス政権による教会組織や教義への干渉に対して行った抵抗運動）．～**kantate** *f.* -, -n, 教会カンタータ（特に18世紀ドイツの*ルター派教会で用いられた，宗教的内容の歌詞をもつ声楽曲；例えば，J. S. *バッハによる200曲余りの作品群；Kantate参照）．～**kasse** *f.* -, -n, 教会基金．～**kastell** *n.* -s, -e, → ～burg．～**kollekte** *f.* -, -n, → Kollekte．～**konferenz** *f.* -, -en, 教会会議（*ドイツ福音主義教会で年に2-3回開催される代表者会議）．～**konstitution** *f.* -, -en, 教会規律．～**konzert** *n.* -[e]s, -e, ①（聖堂内で行われる）宗教音楽会，教会コンサート．②教会コンチェルト（16-17世紀に作曲された器楽伴奏付き声楽曲〔無伴奏合唱曲と区別して〕；その後は，聖堂内での演奏用に作られた協奏曲）．～**land** *n.* -[e]s, ..länder, 教会領．～**latein** *n.* -s, 教会ラテン語（古典ラテン語から派生し，中世以降，西方教会の公用語・共通語として，典礼，公式文書，神学研究などに用いられてきたラテン語）．～**lehen** *n.* -s, -, （中世の君主から授与された）教会の封土．～**lehre** *f.* -, -n, 教義（Dogma参照）；教会の教え．～**lehrer** *m.* -s, -, ①【< lat. Doctor ecclesiae】教会博士（聖なる生活を送り，優れた学識と著述，正統的な教義によってキリスト信者の教導に特に貢献した人に対し，*教皇または*公会議が与える称号；カイサレイアの*バシレイオス〔330頃-79〕，ナジアンゾスのグレゴリオス〔329/30-389/90〕，ヨアンネス・クリュストモス〔347頃-407〕，以上のギリシア*教父が東方の3大博士〔アレクサンドリアの*アタナシオス〔295頃-373〕を加えて4大博士とも〕，*アンブロシウス〔339頃-97〕，*ヒエロニモス〔340頃-420〕，*アウグスティヌス〔354-430〕，グレゴリウス1世〔540-604〕が西方の4大博士と呼ばれる；その後，古代から現代までの著述家が加えられ，2015年現在で36名を数える）．②→*vater．～**lehrerin** *f.* -, -nen, →～lehrer 1（の女性形；2015年現在で，ビンゲンの*ヒルデガルト〔1098-1179〕，シエナのカタリナ〔1347-80〕，アビラのテレサ〔1515-82〕，リジューのテレーズ〔1873-97〕の4人）．～**leitung** *f.* -, -en, ①《単数で》教会の運営（指導）．②教会運営役員会（理事会）．～**licht**（I）*n.* -[e]s, -e, 教会堂のろうそく．《II》【< lat. lumen ecclesiae】*n.* -[e]s, -er, 卓越した聖職者，神学者；（通常は次の用法で;戯）kein <nicht gerade ein> [großes] ～licht sein あまり利口ではない；Ihm ging ein ～licht auf. 彼はようやく事態が摑めてきた．～**lied** *n.* -[e]s, -er, 聖歌，賛美歌（会衆によって歌われる，ラテン語の歌詞をドイツ語に訳した聖歌；ドイツでは他国に先駆けて，1300年頃にはドイツ語版の聖歌が用いられていた）．～**mann** *m.* -[e]s, ..männer, （高位の）聖職者．～**maus** *f.* -, ..mäuse, 教会（に住み着いている）ネズミ (a. 《以下の用法で》arm wie eine ～maus sein ひ

どく貧しい. b.《通常複数で》教会の託児〔保育〕サークル, 及びそこの幼児たち). ～**modus** *m.* -s, ..modi, 教会旋法(*グレゴリオ聖歌の集成とともに組織化, 完成された中世・ルネサンス期の音階；中世は8つだったが, 16世紀に4つが加わり, 計12種類ある). ～**musik** *f.* -, 教会音楽, 宗教音楽. ～**musikalisch** *adj.* 教会音楽の；教会(礼拝)で演奏するのにふさわしい. ～**musiker** *m.* -s, -, 教会音楽家, 宗教音楽家. ～**noten** *pl.* ①【＜ lat. notae ecclesiae】教会の特徴(*ニカイア・コンスタンティノポリス信条にいう, カトリック教会を特徴づける「一, 聖, 公, 使徒継承」の4つのしるし；Katholizität参照). ②教会音楽. ～**obere** *m.* -n, -n,《形容詞的変化》教会の*上長者(*位階制における；Obere参照). ～**oberhaupt** *n.* -[e]s, ..häupter, 教会の首長(ローマ*教皇のこと). ～**ordnung** *f.* -, -en, ①(ドイツ・プロテスタント*州教会の)教会戒律(規則). ②信条規定(*宗教改革後, プロテスタント領邦君主が定めた宗派の制度など, 領邦内の教会・領民が遵守すべき規定). ③ die altchristliche ～ordnung 初代教会法令集. ～**ornat** *m.(n.)* -[e]s, -e, 祭服. ～**patron** *m.* -s, -e, 教会の*守護聖人. ～**patronin** *f.* -, -nen, → ～patron (の女性形). ～**pfleger** *m.* -s, -, 教区委員(教区運営の財政面を担当して*主任司祭または*小教区管理者を補佐する者). ～**politik** *f.* -, ①(国家の)[対]教会政策, 宗教政策. ②教会の国家対策；教会内の政治(活動)；(ある)教会の他教派対策. ～**politisch** *adj.* 教会政策(上)の；教会政治の. ～**portal** *n.* -s, -e, (堂々たる)教会の表玄関. ～**präsident** *m.* -en, -en, (ヘッセン・ナッサウ, アンハルト, プファルツなどの*福音主義教会の)教会長. ～**provinz** *f.* -, -en, 教会管区(a. 共同の司牧活動などの目的で, 近隣の複数の*教区が構成する教会の行政単位で, *教会管区会議及び*管区大司教が管轄する；CIC. 431-32. b. 1945年までプロイセンの州毎に設置されていたプロテスタントの教会組織；Landeskirche参照). ～**rat** *m.* -[e]s, ..räte, ①教会役員会, 長老会, 宗務局(*ルター派教会, *改革派教会, または*州教会組織などの, 一般信徒ないし聖職者による教会運営機関；及びその構成員). ②《単数で》教会役員, 教会顧問, 長老会役員(1の構成員の称号). ～**raub** *m.* -[e]s, → ～diebstahl. ～**räuber** *m.* -s, -, → ～dieb. ～**raum** *m.* -[e]s, ..räume, 教会境域(礼拝, 祈り, 秘跡を行うために定められた聖堂とその周辺の地所). ～**recht** *n.* -[e]s, -e, ①《通常単数で》教会法(カトリック教会の全構成員がキリスト者として生き, *義化と救済に至るための生活規範, 及び「*キリストの[神秘]体」としての教会に属する個々人や個々の機関の諸権限と義務を権威的に定めた法体系；12世紀半ば「教会法学の父」と呼ばれるボローニャのヨハンネス・グラティアヌス〔1100頃-1158〕が, 散逸していた法規を収集し体系化した『グラティアヌス法令集』〔Decretum Gratiani；1140頃〕が歴史上最初のもの；Codex Iuris Canonici参照). ②教会の(有する)権利(特権). ③(国家の)教会統治権. ～**rechtlich** *adj.* 教会法(上)の. ～**rechtsgeschichte** *f.* -, -n, 教会法史. ～**reform** *f.* -, -en, 教会改革, 宗教改革(Reform, Reformation参照). ～**regiment** *n.* -[e]s, (まれに:) -e, ①(聖職者の)教権, 教導権. ② [das landesherrliche] ～regiment [領邦]教会統治権, [領邦]教会首長権(1918年まで, プロテスタント領邦君主に認められていた*領邦内の教会監督権；Summepiskopat参照). ～**region** *f.* -, -en, 教会地方区(多数の*部分教会が存在する国などで, 近隣の複数の*教会管区が統合されて作られる教会の行政単位；CIC. 433-34). ～**register** *n.* -s, -, → ～buch. ～**rektor**【＜ lat. rector ecclesiae】*m.* -s, -en, 教会主管者司祭(*教区司教の任命により, 自己に固有の教会〔または修道院など〕とは異なる教会の管理を委託された*司祭；CIC. 556-63). ～**sammlung** *f.* -, -en, 教会での募金. ～**sänger** *m.* -s, -, 聖歌隊[員]. ～**satzung** *f.* -, -en, 教会法[規], 教会規律. ～**schänder** *m.* -s, -, 教会冒瀆者, 瀆聖者. ～**schändung** *f.* -, -en, 教会に対する冒瀆. ～**schatz** *m.* -es, ..schätze, ①【＜ lat. thesaurus ecclesiae】《単数で》教会の贖宥の宝蔵(教会は, キリストと諸聖人の功徳を財産として保有しているという教義；教会が信者に与える*免償はこの無尽蔵の功徳の*宝蔵を根拠としている). ②教会(所蔵)の宝物. ～**schiff** *n.* -[e]s, -e, → Schiff 2. ～**schlaf** *m.* -[e]s,《話》熟睡. ～**schriftsteller** *m.* -s, -, 教会著述家(広義では, キリスト教徒の思想家で著述を行った者のすべて；中でも, *初代教会の神学書の著者で, *教父とは異なり, 正統教義に部分

的に反する主張があったり，聖性が欠如しているなどの理由から教会によって公認されてはいないが，歴史的ないし神学的に重要な人物をいう）．~**schutz** *m.* -es, (まれに:) -e, 教会による庇護（治外法権を有した修道院や教会などが，生命の危機などに見舞われている逃亡者や避難民を保護すること）．~**sitz** *m.* -es, -e, 教会堂〈聖堂〉内の座席．~**slawisch** *n.* -[e]s, 教会スラヴ語（ロシアやブルガリアなどの*東方正教会における*ビザンティン典礼などで使用される言語）．~**sonate**【< it. sonata da chiesa】*f.* -, -n, 教会ソナタ（17世紀*バロック時代以降のソナタの1形式で，緩–急–緩–急の4楽章を基本とする）．~**spaltung** *f.* -, -en, → Schisma b．~**spiel** *n.* -[e]s, -e, → Kirchspiel．~**sprache** *f.* -, -n, 教会用語，典礼用語（教会の典礼で用いられるラテン語，及び各国語への訳の翻訳）．~**sprengel** *m.* -s, -, → Sprengel．~**staat**【< lat. civitas ecclesiae】*m.* -[e]s, -en, ①教皇領，教会領，教会国家（756年フランク王ピピン4世〔小ピピン；在位751-68〕による旧ラヴェンナ太守領他の寄付に始まり，以降，皇帝や貴族たちの遺贈や寄付によって教皇庁の所領となった中南部イタリア，シチリアなどの土地；14世紀の*アヴィニョン幽囚の時期に，教皇の支配力は弱体化したが，その後，領地の再統一が図られ，17世紀に最盛期を迎えた；ナポレオン戦争後のフランスへの併合，ウィーン体制での復活，そしてナポレオン3世による教皇領保護を経て，1870年イタリア王国によるローマ教皇領の占領によって，すべての教皇領は消滅した）．②《単数で》ヴァティカン市国（1929年*ラテラノ条約により，ローマ市内に象徴的な教皇領として創設された；Vatikanstaat参照）．~**staatstum** *n.* -s, 教会による国家統治制度．~**steuer** *f.* -, -n, 教会税（国家が教会に代わって，納税義務者が所属する*教区，教会の維持費を税金の形で徴収し，その上で税務署が各教区に払い込む制度；現在はドイツ語圏でのみ行われている）．~**steuer・pflicht** *f.* -, 教会税納付義務（特定の信徒団体に所属することによって生ずる納税義務；したがって教会からの正式な離脱を申告することで，その義務を免れる）．~**steuer・pflichtig** *adj.* 教会税納付の義務がある．~**stiftung** *f.* -, -en, 教会基本財産．~**strafe** *f.* -, -n, 教会［刑］罰（教会の法律，規律に違反した信者に加えられる刑罰的制裁；改善的刑罰〔*懲戒罰〕と*贖罪的刑罰の別がある；CIC. 1311-12）．~**streit** *m.* -[e]s, -e, 教派間（または教会内）の争い，教義論争．~**stuhl** *m.* -s, ..stühle, 教会堂〈聖堂〉の座席（会衆席）．~**tag** *m.* -[e]s, -e, [Deutscher] Evangelischer ~tag［ドイツ］福音主義教会信徒大会（*ドイツ福音主義教会の一般信徒による全国大会；1949年ハノーファーで第1回大会が催され，以降ほぼ隔年で開催されている；1週間にわたって政治，経済，社会あるいは国際平和の問題などが議論され，しばしば対外的アピールが採択される；略: DEKT）．~**ton** *m.* -[e]s, ..töne, ~**ton・art** *f.* -, -en, → ~modus．~**tor** *n.* -[e]s, -e, ①教会堂〈聖堂〉の門．②【< lat. janna ecclesiae】教会の門（*洗礼のこと；受洗によってキリスト教会の成員となることから）．~**treu** *adj.* 教会の（教え）に忠実な．~**tür** *f.* -, -en, 教会堂〈聖堂〉の（入口の）扉（~tor参照）．~**übertritt** *m.* -[e]s, -e, 改宗．~**uhr** *f.* -, -en, (教会の塔や*ファサードなどに設置されている)教会の大時計．~**vater** *m.* -s, ..väter, ①教父（1世紀末-8世紀頃の, (a)古代キリスト教会における優れた著作家のうち, (b)教説の正統性と, (c)その生涯の聖性が, (d)教会によって公認された者；カトリック教会では以上(a)-(d)の4つが教父の条件とされ，いずれかを満たさない場合には*教会著述家と呼ばれる）．②→ ~älteste．~**verbesserung** *f.* -, -en, 教会改革, 宗教改革．~**verfassung** *f.* -, -en, 教会法［規］．~**verfolgung** *f.* -, -en, （国家による）教会弾圧．~**vermögen** *n.* -s, -, 教会財産．~**versammlung** *f.* -, -en, 教会会議, 公会議（Konzil, Synode参照）．~**vertrag** *m.* -[e]s, ..träge, 政教協約（特に, 国家と, 1つないし複数のプロテスタント*領邦教会との間で締結された取り決め；Konkordat参照）．~**verwaltung** *f.* -, -en, 教会運営, 教会統治；教会管理者．~**visitation** *f.* -, -en, 教会巡察（*司教などが管下の教会・*教区などの状況を視察して回ること；Visitation参照）．~**vogt** *m.* -[e]s, ..vögte, 教会フォークト, 教会在俗代理人（*公宼不入権をもつ教会領や修道院領内の治安維持と住民の保護, 及び世俗的諸裁判においては領民の代理を務めた中世の官吏；Klostervogt参照）．~**vorstand** *m.* -[e]s, ..stände, ①《プ》教区委

員会，長老会(牧師と選出された一般信徒からなる*教区の自治組織；Presbyterium 1 a参照)．②教会［財産］管理者(*教区の教会財産〔不動産，動産，及びその他の財産〕の管理において司教を補佐する者；CIC. 1279)．
～**vorsteher** m. -s, -, 教区委員長，長老．
～**weihe** f. -, -n, → Kirchweihe. ～**wesen** n. -s, 教会制度，教会組織；教会の業務(事務)．
～**zehnt** m. -en, -en, 教会の十分の一税(Zehnt a参照)．～**zeit** f. -, -en, → Kirchzeit. ～**zeitung** f. -, -en, 教会新聞，教区新聞．～**zelt** n. -[e]s, -e, テント式教会(キャンプ場など，戸外で礼拝を行うための仮設テント)．～**zierde** f. -, -n, 教会の装飾．～**zucht** f. -, 教会規律，教会戒律(一般信徒と聖職者が，キリスト教的共同生活や教会制度を維持ないし復興するために用いられる，処罰を含む厳格な規範の総体；プロテスタント，特に*改革派教会で重要視された概念)．

Kirch=fahrt f. -,-en, ①教会行列(教会堂に向かって歩みを進める儀式的行列；特に南ドイツなどで行われる)．② <schweiz.> 教区．
～**gang** m. -[e]s, ..gänge, ①(礼拝に参列するため)教会に行くこと；der sonntägliche ～gang 日曜日のミサ参列．②産婦祝別式(出産後，多くは新生児を伴って教区の教会で受ける*祝別の儀式；カトリックでは期間の定めはないが，*ギリシア正教会では出産40日目に「産後の祈禱」が行われる；ユダヤ教で，産後の清めの期間の後に行われた，*いけにえの奉納〔レビ12:6〕に由来する)．③教会の通路(道)．④教会の*側廊の通路，聖堂の廊下．～**gänger** m. -s, -, (礼拝に参列するため)教会に(定期的に)行く人．～**geld** → Kirchengeld. ～**gemeinde** → Kirchengemeinde. ～**genosse** m. -n, -n, 教会員．～**glocke** → Kirchenglocke. ～**hof** m. -[e]s, ..höfe, ①教会(に隣接する付属の)墓地．②教会の庭．
～**hofs・mauer** f. -, -n, 教会墓地の囲壁．

Kirchlein 【Kircheの指小形】 n. -s, -, 小さな教会堂(聖堂), 礼拝堂．**kirchlich** adj. ①教会の，教会法(上)の，礼拝(上)の，聖職(者)の，信仰(上)の，宗教(上)の；der ～e Feiertag 教会の祝日；die ～ geschlossene Ehe, die ～e Trauung 教会での結婚．②教会の儀式に則った，教会の教えを守る；der ～e Mann 厳格な信者；～ gesinnt sein 信心深い，教会の教えを厳守する．**Kirchlichkeit** f. -, ①教会の本質(あり方)．②教会性(教会に忠実であること)，教会［至上］主義，教会法遵守，教会の伝統(儀礼)に固執すること．**Kirchmesse** f. -, -n, → Kirchweih. **Kirchner** m. -s, -, 《古》 → Küster. **Kirchnerei** f. -, -en, → Küsterei.

Kirch=platz m. -[e]s, ..plätze, 教会前広場, 教会の前庭．～**spiel** n. -[e]s, -e, ～**sprengel** m. -s, -, 小教区, 聖堂区, 教区(Sprengel参照)．
～**stuhl** → Kirchenstuhl. ～**tag** m. -[e]s, -e, <südd., östr.> → ～weih. ～**turm** m. -[e]s, ..türme, 教会の塔, 鐘楼．～**turm・politik** f. -, 偏狭な政治, 旧弊な政治理念(オットー・フォン・ビスマルク〔1815-98〕の造語)；(比；蔑) (視野の狭い)田舎根性．～**turm・spitze** f. -, -n, 教会の尖塔(塔の先端)．～**turm・uhr**, ～**uhr** → Kirchenuhr. ～**vater** m. -s, ..väter, ① → Kirchenälteste. ② → Kirchenvater. ～**weih** f. -, -en, ①教会開基祭, 献堂式(の日). ②歳の市, 祭市(1に合わせて教会前の広場に市が立つことから). ～**weihe** f. -, -n, 献堂式(新しく建てられた教会堂を, 礼拝での使用に先立って, *聖別, *奉献するための儀式；通常*司教によって行われる；CIC. 1217-19参照)；教会寄進式．～**weih・fest** n. -[e]s, -e, → ～weih. ～**zeit** f. -, -en, 礼拝時間．

Kirmes, Kirmeß f. -, ..messen, **Kirmesse** f. -, -n, **Kirmse** f. -, -n, <md., nordd.>, **Kirtag** m. -[e]s, -e, <östr.>, **Kirwe** f. -, -n, <bayr., östr.> → Kirchweih.

Klage=lied n. -[e]s, -er, ①嘆きの歌，哀歌(苦境に陥った民族や個人の嘆き, 神への哀訴を歌う詩形式で*詩編に多く見られる)．②《複数で》～lieder [Jeremiä]［エレミヤの］哀歌(旧約聖書中の*諸書の1書で, 前587/6年の新バビロニアによるエルサレム破壊や第2回*バビロニア捕囚を嘆く5つの詩からなる；伝承では預言者*エレミヤの作とされるが, 異なる時代の複数の著者が想定されている；及び, これに作曲した音楽作品)．～**mauer** f. -, (Westmauer) 嘆きの壁(エルサレム旧市街の東部にある石壁の西側部分で, ユダヤ教の聖地；同地には前10世紀*ソロモンによって建てられた神殿があり, 前6世紀の破壊, 再建を経て, *ヘロデ王が大規模な増改築を行った；この神殿は後70年, ローマ軍によって徹底的に破壊されたが,「西壁」のみが残存し,

ユダヤ民族の歴史的不幸と復興の象徴として聖なる祈りの場となっている）．

klandestin【lat.-fr.】*adj.*《古》密かな，内密の，人目につかない（ように行われた）；die 〜e Ehe 教会法に基づかない（教会で挙げられていない，無効の）結婚．

Klapp・altar *m.* -s, ..altäre, 折り（畳み式）祭壇（a. 小型の携帯用祭壇．b. → Flügelaltar）．

Klapper *m.* -, -s, クラッパー（*聖木曜日の*栄光の賛歌から*復活徹夜祭の栄光の賛歌までの期間，*鈴による合図の代わりに侍者が鳴らす木製の音具，鳴子；キリストが十字架に打ち付けられる際の槌の音を模したともいわれる）．

Klarisse【lat.-fr.; < Klara von Assisi (it. Chiara d'Assisi)】*f.* -, -n, クララ会修道女．

Klarissen=-Kapuzinerin *f.* -, -nen,《通常複数で》クララ・カプチン会（Kapuzinerin参照）．**〜orden** *m.* -s, クララ会（「キアーラ会」とも；1212年，アッシジの*フランチェスコとその弟子のアッシジのクララ〔イタリア名キアーラ；聖人；1194-1253〕がポルチュンクラで創立したフランシスコ会*第二会，*観想修道女会；フランチェスコの精神に則った厳格な戒律に従い，*禁域制と*清貧〔1253年に所有権の放棄が認可された〕を強調した；1263年，所有を認める緩和された新会則に従う*ウルバヌス派が分派した）．**〜-Urbanistin** *f.* -, -nen, → Urbanistin.

Klarissin【lat.-fr.】*f.* -, -nen, → Klarisse.

Klause【mlat.; < lat. claudere "閉鎖する"】*f.* -, -n, （修道院内の修道者の個別の）独居房，居室；（隠者の）庵．**Klausel**【< lat. clausula "終結（部）"】*f.* -, -n, クラウズラ（12-13世紀の*ノートルダム楽派の*オルガヌムにおいて，テノール声部の定旋律に活発なリズムの対旋律を乗せて書き換えた短いフレーズ；*オルガヌムの*ディスカントゥス様式の部分が独立したもの；これから後に*モテットが派生した）．

Klausner *m.* -s, -, 隠修士（観想生活を目的として，修道院内で独居する修道士；Eremit参照）．**Klausnerin** *f.* -, -nen, 隠修女．**Klausur**【spätlat.「閉鎖」】*f.* -, -en, ①《単数で》禁域制，閉域制（祈りと潜心に必要な環境を確保するため，修道院内の修道者の居住区などへ，世俗の人間が立ち入ることを厳しく制限ないし禁止すること；及び，修道者が正当な理由なしに，修道院の外部に出るのを禁じること；CIC. 667）．②［修道］禁域，閉域（修道院の居住域のうち，所属する修道者以外の立ち入りが厳しく禁じられている区画）．

Kleeblatt・kreuz *n.* -es, -e, クローバー型十字［架］，三葉型十字［架］（4肢の先端が三つ葉状になっている十字架）．

Kleider=ablage *f.* -, -n, **〜kammer** *f.* -, -n, **〜raum** *n.* -[e]s, ..räume, 祭具室，香部屋（Sakristei参照）．

Klein・ostern *n.* -, -,《通常は無冠詞単数で》, **Klein-Oster・tag** *m.* -[e]s, -e, 小復活祭（*復活祭後の最初の*主日〔復活節第2の主日〕の別称；「*復活の八日間」の最終日にあたる；Quasimodogeniti, *Weißer Sonntag*参照）．

Klemens・schriften *pl.* クレメンス文書（第4代教皇聖クレメンス1世〔在位92-101頃〕が96-98年頃，*コリント人の教会の内部対立を調停するために書いた手紙〔第1クレメンス書簡〕；その他に，最古の説教を含む，2世紀半ばに成立した第2クレメンス書簡，「純潔について」と題された3世紀の手紙，聖クレメンスの伝説小説があるが，後の3書はクレメンスの自作とは認められていない）．

klerikal【kirchenlat.】*adj.* ①（対義語: laikal）（カトリックの）聖職者の．②聖職者［至上］主義の，教権主義の．**Klerikale** *m. u. f.* -n, -n,《形容詞的変化》聖職者［至上］主義者，教権主義者．**Klerikal・faschismus** *m.* -, → Klerikofaschismus. **klerikalisch** *adj.*《軽蔑的に》聖職権［至上］主義の，教権主義の．**Klerikalismus** *m.* -, 聖職者［至上］主義，教権主義，クレリカリズム（聖職者や教会が本来の職務を逸脱して，政治，社会など世俗的領域にまで権限を拡大し，影響力を及ぼそうとすること；しばしば批判的軽蔑的に用いられる語）．**Kleriker**【kirchenlat.】*m.* -s, -, （対義語: Laie）聖職者（カトリックの；以前は「教役者」とも）．

Kleriker=gemeinschaft *f.* -, -en, 聖職者共同体（共住生活を営む聖職者の団体）．**〜kloster** *n.* -s, ..klöster, 聖職者修道会（会員の多くが*司祭である男子修道会）．

Kleriko・faschismus *m.* -, 教権ファシズム，聖職者ファシズム（1930年頃からカトリック諸国の極右勢力とカトリック聖職者が連合して樹立しようとした教権支配による反動的独裁体制）．**Klerisei**【gr.-lat.-mlat.】*f.* -,《古》

Klosterleben

→ Klerus. **Klerus**【gr.-spätgr.-kirchenlat.；原義"(籤で)選ばれた人"】*m*. -, (集合的に：)聖職者［階級］(カトリックの；特に*助祭, *司祭, *司教のこと)；《東》神品（ﾁﾝ）(正教会の聖職者のこと；*主教, 司祭, *輔祭の3つの役職がある；そのうち司祭, 輔祭は, *叙階〔叙階のこと〕前にすでに結婚している場合, 妻帯が認められている). **Klerus・versammlung** *f*. -, -en, 聖職者会議.

Klingel・beutel *m*. -s, -, 献金袋(ミサの最中, 献金のため会衆の間で回される, 鈴の付いた布袋).

Kloster【(kirchen)lat.-vulgärlat.；< lat. claustrum "(閉ざされた)空間"】*n*. -s, Klöster, ①修道院, 修院(*修道士または*修道女が, 俗界から隔絶され, 完徳と他者の救霊を目的として, 特定の戒律のもと, 禁欲的な共同生活を営むための建物・場所；Abtei 1参照)；ins ～ gehen <eintreten>修道院に入る(修道者になる). ②《比》(王侯の)官房, (諸侯の宮廷の)執務室兼会議室；《戯》トイレ；(学生語で：)女子校.

Kloster=alltag *m*. -[e]s, 修道院生活. ～**amt** *n*. -[e]s, ..ämter, 修道院職位(修道院内の職務を, 所属する修道者がそれぞれに分担したもの).

Klosteraner *m*. -s, -, 修道院学校の生徒.

Kloster=angehörige[#] *m. u. f*. -n, -n,《形容詞的変化》修道者, 修道院の成員. ～**anlage** *f*. -, -n, 修道院(の建物, 地所などの)施設. ～**annalen** *pl*. 修道院年代記；修道院年鑑(年報). ～**archiv** *n*. -s, -e, 修道院文書室. ～**bau** *m*. -s, -ten, ①修道院の建物. ②《単数で》修道院の組織. ～**besitz** *m*. -es, 修道院財産(地所). ～**besitzung** *f*. -, -en, ①修道院の財産(地所). ②《複数で》修道院領. ～**bezirk** *m*. -[e]s, -e, 修道院［禁］域. ～**bibliothek** *f*. -, -en, 修道院図書室. ～**brauch** *m*. -[e]s, ..bräuche, 修道院の慣習. ～**bruder** *m*. -s, ..brüder, ①修道士. ②→ Laienbruder. ～**burg** *f*. -, -en, 修道院城塞(外敵に対する防御の必要から, 城塞機能をもつことになった中世の修道院).

Klösterchen【Klosterの指小形】*n*. -s, -, 小修道院, 小修院.

Kloster=chronik *f*. -, -en, 修道院年代記. ～**disziplin** *f*. -, 修道院戒律, 修道会会則. ～**druckerei** *f*. -, -en, 修道院内印刷所. ～**eigen** *adj*. 修道院所有の. ～**eintritt** *m*. -[e]s, -e, 修道院に入ること(修道者になること). ～**frau** *f*. -, -en,《古》修道女, 修女(Nonne参照). ～**fräulein** *n*. -s, -, ①修道院で教育を受けた(貴族の)娘. ②→ Stiftsdame. ～**gang** *m*. -[e]s, ..gänge, クロイスター, 回廊, 周歩廊(engl. cloister；修道院や教会の中庭を囲む, 方形の屋根付き列柱廊；通路の他に, 読書や執筆, 教育の場としても用いられた). ～**garten** *m*. -s, ..gärten, 修道院の庭. ～**gebäude** *n*. -s, -, 修道院の建物. ～**geistliche**[#] *m. u. f*. -n, -n,《形容詞的変化》修道者, 修道士, 修道女. ～**gelübde** *n*. -s, -, 修道誓願(Profess参照). ～**gemeinde** *f*. -, -n, 修道者の団体. ～**gemeinschaft** *f*. -, -en, (修道院という)修道者の共同社会；(ある修道院で共住生活する)修道者(の全体). ～**geschichte** *f*. -, -en, 修道院史. ～**gewand** *n*. -[e]s, ..gewänder, 修道［会］服. ～**gewohnheit** *f*. -, -en, 修道院の慣習. ～**gewölbe** *n*. -s, -, 僧院式ヴォールト. ～**gründer** *m*. -s, -, 修道院創立者. ～**gründung** *f*. -, -en, 修道院創立(設立). ～**gut** *n*. -[e]s, ..güter, 修道院財産(所有地), 修道院領；修道院付属農場. ～**heilige**[#] *m. u. f*. -n, -n,《形容詞的変化》修道院の*守護聖人. ～**herr** *m*. -n, -en, 修道参事会員(Chorherr 2参照). ～**hierarchie** *f*. -, -n, 修道院内の*位階制. ～**hof** *m*. -[e]s, ..höfe, 修道院の内庭. ～**insasse** *m*. -n, -n, ～**insassin** *f*. -, -nen, 修道者. ～**insel** *f*. -, -n, 修道院島(修道院の建築物が散在, または占有している, 湖上または海上の島；例えば, ライヒェナウ修道院島〔～insel Reichenau；ボーデン湖中の島に724年聖ピルミニウス〔?-753〕によって建てられた*ベネディクト会大修道院で中世学芸の中心地), モン・サン＝ミシェル〔Mont-Saint-Michel；フランス, ノルマンディー地方のサン・マロ湾上の島にある巡礼地；708年アヴランシュの司教オーベールが大天使*ミカエルの命により建てた聖堂を起源とし, 966年ノルマンディー公リシャール1世がロマネスク様式の聖堂を備えたベネディクト会大修道院を建てた〕が有名). ～**keller** *m*. -s, -, 修道院の地下貯蔵室(ワイン蔵). ～**kind** *n*. -[e]s, -er, (修道者にするため)修道院に預けられた子供, 小僧. ～**kirche** *f*. -, -n, 修道院付属聖堂. ～**komplex** *m*. -es, -e, 修道院内の建物(の全体). ～**konvent** → Konvent. ～**kultur** *f*. -, -en, 修道院文化. ～**leben** *n*. -s, -, 修道［院］

生活.

Klösterlein【Klosterの指小形】*n.* -s, -, 小修道院, 小修院.

Kloster=leiter *m.* -s, -, 修道院長, 修院長. ～**leute** *pl.* 修道者, 修道士, 修道女.

klösterlich *adj.* ①修道院の, 修道院に属する; die ～e Kultur 修道院文化. ②修道院のような; die ～e Stille 修道院のような静けさ. ③《比》隠遁的な.

Kloster=likör *m.* -s, -e, 修道院(特製の)リキュール. ～**mauer** *f.* -, -n, 修道院の囲壁. ～**name** *m.* -ns, -n, 修道名(修道院内で本名の代わりに用いられる修道者の呼び名; ＊着衣式のときに与えられる). ～**obere**# *m. u. f.* -n, -n, 《形容詞的変化》修道院の＊上長者. ～**ordnung** *f.* -, -en, 修道院規則. ～**patron** *m.* -s, -e, 修道院の＊守護聖人. ～**pfarrei** *f.* -, -en, 修道院(の教会において設立される)小教区. ～**pforte** *f.* -, -n, ①修道院の入り口(門). ②修道院受付(＊修道院職位の1つで, 敬虔で人あたりのよい年長の修道士が任ぜられることが多い). ～**plan** *m.* -[e]s, ..pläne, 修道院設計図(中世の修道院の施設や構造を今日に伝える重要な史料; 825-30年にコンスタンツ湖のライヒェナウ修道院で作られた＊ザンクト・ガレン修道院図書館所蔵の修道院平面図〔112cm×77cm〕が特に有名; それは現存するヨーロッパ最古の建築図面で, 当時の修道院空間の理想を描いたものとされる). ～**politik** *f.* -, (まれに:) -en, (国家の)修道院政策. ～**recht** *n.* -[e]s, -e, ①《単数で》修道院法. ②修道院の権利. ～**reform** *f.* -, -en, 修道院改革(9世紀後半, ＊私有修道院制度によって修道院の俗化が進行したことに対し, 秩序の刷新, 戒律の厳格な遵守や, 初期の修道精神の復興を目的として, 10世紀に＊クリュニー修道院を中心に起こった改革運動; その後も, 11世紀末からは＊シトー会, ＊アウグスチノ会, 13世紀には＊托鉢修道会, 16世紀には＊カルメル会などにおいて, 繰り返し修道制の改新が図られた). ～**regel** *f.* -, -n, 修道院戒律. ～**roman** *m.* -s, -e, 修道院(を舞台とする)小説. ～**satzung** *f.* -, -en, 修道院規則. ～**schatz** *m.* -es, ..schätze, 修道院所蔵の宝物. ～**schenke** *f.* -, -n, 修道院〔付属〕客人館(修道院が敷地内で運営し, 一般にも開放した旅館兼飲食店). ～**schule** *f.* -, -n, ①修道院〔付属〕学校(本来は, 聖職者の育成のため中世期に設立されたものだが, 後に世俗の子供をも受け入れた; 所属する修道院の聖職者を志す者が学ぶ＊院内学校と, 将来各地の＊教区司察となる者が学ぶ＊院外学校の別がある). ②(修道院が運営する)ミッション・スクール. ～**schüler** *m.* -s, -, 修道院〔付属〕学校の生徒. ～**schwester** *f.* -, -n, ①修道女, シスター. ② → Laienschwester. ～**staat** *m.* -[e]s, -en, 修道院国家(a. 国王が居住することで, 修道院が王宮としての機能を有したり, 修道院長が有力な帝国貴族であるなどして, 国家統治と緊密に結び付いた中世の修道院のあり方. b. 《単数で》アトス山の聖山〔アギオン・オロス〕修道院自治州のこと; Mönchsrepublik参照). ～**stadt** *f.* -, ..städte, 修道院都市(中世以来, 単一あるいは複数の修道院と, その景観及び政治的機能とが融合した〔場合によっては聖俗が緊張状態にあった〕都市; 例えば, ＊パリ, ＊リヨン, ＊ケルン, ＊トリーア, ＊レーゲンスブルク, ＊ザンクト・ガレン). ～**theologie** *f.* -, 修道院神学(日々の修道生活における聖務と典礼, 祈りの中から生まれる神学). ～**tod** *m.* -[e]s, (まれに:) -e, 修道者の認定死亡(中世期, 修道院に入った者は, 俗界において法的に死亡したとみなされ, 土地などに関するその所有権や財産権が消失したこと; 「ザクセンシュピーゲル」〔1225年〕では, 修道院入会により封建法上の権利能力を失うことが定められており〔1.25.3〕, これが18世紀末のプロイセンのラント法まで受け継がれた). ～**tradition** *f.* -, -en, 修道院の伝統(慣習). ～**vater** *m.* -s, ..väter, (＊托鉢修道会の)修道院会計係, 修道院財産管理者. ～**verband** *m.* -[e]s, ..bände, 修道院連合(＊大修道院の傘下にある同系列の修道院の連合組織). ～**vermögen** *n.* -s, 修道院財産. ～**verwaltung** *f.* -, -en, 修道院管理部(管理者, 事務局). ～**vogt** *m.* -[e]s, ..vögte, 修道院フォークト, 修道院在俗代理人(中世初期, ＊公吏不入権を与えられた修道院の自治区域内で, 国王の保護権, 支配権, 裁判権などを代行した者; Kirchenvogt参照). ～**vorsteher** *m.* -s, -, 修道院長, 修院長. ～**wesen** *n.* -s, 修道院制度. ～**zelle** *f.* -, -n, 修道院内私室, 修道院独房居室(修道院内の＊禁域に設けられた各修道者の居住空間). ～**zucht** *f.* -, 修道院戒律, 修道院規律.

Kluniazenser【< → Cluny】*m.* -s, -, 《通常複

数で）クリュニー［修道］会(909/10年フランス中東部ブルゴーニュ地方のクリュニーに，アキテーヌ公ギヨーム1世［敬虔王；875-918］による所領の寄進によって創立された*ベネディクト会修道会）；ローマ*教皇への直属によって司教裁治権からの自由を得，クリュニーの本院を中心とする中央集権的組織〔クリュニー修族〕を確立した；また*ベネディクトゥスの戒律を厳守し，11-12世紀の*修道院改革の中心となったが，豪奢な生活は*シトー会から批判を受け，また組織の封建化や*托鉢修道会の発展などにより12世紀後半には衰退した）． **kluniazensisch** *adj.* クリュニーの；die 〜e Reform クリュニー［修道院］改革（クリュニー修道院に始まる中世盛期の*修道院改革；聖俗の権威者による修道院の私有化に対抗して，修道院の自立性を強め，厳格な修道会会則の遵守，祈りと奉仕活動の重視，使徒的生活の追求，典礼の刷新などを進めた）．

Knecht *m.* -[e]s, -e, 奴隷，家臣；〜 Gottes 神の僕(しもべ) (a. 旧約聖書において，神に祈る人間の自称；または*モーセなど神と特別の関係にある人物〔出14:31〕；*イザヤ書では特にイスラエルの民〔イザ42:1-4〕を指す．b. 新約では，イエス・キリストの呼称；また*使徒のこと；使4:24-30)；〜 Ruprecht《固》(*m.*) クネヒト〈従僕〉・ループレヒト（北・中部ドイツなどの民間伝承や行事で，*幼子イエスあるいは聖*ニコラウスの従者とされ，聖ニコラウスの祝日〔12月6日〕に良い子には贈り物を，悪い子には鞭打ちなどの罰を与える）． **Knechts・gestalt** *f.* -, (キリストが*受肉することで身に受けた）僕(しもべ)の姿；(er) nahm 〜 an, ward den Menschen gleich「（彼＝キリストは）僕の身分になり，人間と同じ者になられました」(*ルター訳；フィリ2:7).

Knie=bank *f.* -, ..bänke, (聖堂の一般信徒席や祈禱台などの）膝つき台． **〜beuge** *f.* -, -n, **〜beugung** *f.* -, -en, 跪拝し（一般に，両膝〔時には片膝〕を直立させ，手を合わせて行う，祈りなどの典礼上の姿勢）．

knien (I) *i.* (*h; südd.: s*) 跪(ひざまず)いている，跪く，膝をついている；vor dem Altar 〜 祭壇の前に跪いている．(II) *refl.* sich 〜 跪く，膝をつく；《話》 sich in et. 〜 (ある事に) 没頭する，熱心に取り組む．

Knie=pult *n.* -[e]s, -e, **〜schemel** *m.* -s, -, → **〜bank**.

Knights of Columbus【engl.】*pl.* → Columbusritter.

Koadjutor【lat."補助者，助手"】→ Bischofskoadjutor.

Kodex【lat. "（木製の）写字盤；本"】*m.* -[es], -e *u.* Kodizes, ①コーデックス（古代末期から中世に制作された冊子体の写本）；(聖書などの)［手］写本，古写本．②(*教会法やローマ法の)法典，法令集．③（ある社会・団体における行動の）規範．

Kodifikation【lat.】*f.* -, -en, ①法典編纂．②法典；(修道院などの）会則規範集．**kodifizieren** *t.* (*h*) (法典を)編纂する；体系化する，集大成する． **Kodifizierung** *f.* -, -en, → Kodifikation 1.

Kogel *f.* -, -n, (修道服に作り付けの）頭巾．

Kohelet[h]【hebr.】(*m.*) -, コヘレト（固有名ではなく，会衆を「召集する人」「伝道者」「説教者」の意味の普通名詞とされる)；旧約の「コヘレトの言葉」の著者は，自身を「エルサレムの王，ダビデの子」〔コヘ1:1〕，つまり*ソロモンに擬する）；das Buch 〜 コヘレトの言葉（旧約聖書中の*諸書のうち，前3世紀末に成立した1書；「コヘレトは言う．なんという空しさ／なんという空しさ，すべては空しい．」〔Windhauch, Windhauch, sagte Kohelet, Windhauch, Windhauch, das ist alles Windhauch.〕の言葉で始まり，万物の無常，現世における労苦，知恵，富の空虚さを主題とする〔vanitas vanitatum参照〕；コヘレトの原義から「伝道の書」とも）．

Köhler・glaube *m.* -ns, ①炭焼きの信心（無分別で馬鹿正直な信仰のこと；ある炭焼きの男〔Köhler〕が，何を信じるか尋ねられたとき，教会が信じるものを信じると答え，次に，教会は何を信じているかと問われて，自分が信じているもの，と答えたとの古い伝承に由来する）．②誤った信仰，異端．

Koimesis【gr."眠り"】*f.* -, Koimesen, コイメーシス (a.《単数で》*東方正教会で聖母*マリアの被昇天〔の祝日〕のこと．b. [聖母の] 御眠り；聖母の死と*被昇天を主題とした芸術作品；聖母に対する*ガブリエルによる死の告知，臨終の聖母，その霊魂〔多くは産着に包まれた幼児の姿で描かれる〕を抱くキリ

Koimeterium

スト，哀悼する*十二使徒などの主題からなる）．**Koimeterium** → Zömeterium．

Koine【gr."共通(語)"】*f.* -, コイネー（古代ギリシア語のアッティカ方言とイオニア方言を基に形成された，前4世紀後半から後6世紀半ばのヘレニズム時代のギリシア共通日常語で，*七十人訳聖書，*新約聖書，多くの*使徒教父文書などに用いられた）．

Koinobit → Zönobit．**Koinobiten・leben** *n.* -s, 共同生活（das *gemeinsame* Leben参照）．**Koinobitentum** → Zönobitentum．**koinobitisch** → zönobitisch；das 〜e Mönchtum → Zönobitentum．

Kollaborator【lat.-nlat."協力者"】*m.* -s, -en, 《古》助任司祭（Hilfsgeistliche参照）；《プ》副牧師．**Kollaboratur** *f.* -, -en, 《古》助任司祭（副牧師）の職位．

Kollane → Collane．

Kollation【lat.】*f.* -, -en, ①付加軽食（1966年までの規定で，*大斎の日，1回の通常量の食事と少量の朝食の他に，もう1度だけ摂ることが許されていた軽食）；(修道院で客に供される，食事時以外の)軽食．②聖職任命，聖職授任，聖職禄授与(教会権威者による，空位聖職禄の聖職者への授与)．③(印刷の)照合．**kollationieren** *t.*(*h*)①(修道院で)軽食をとる．②(印刷や写本製作などの際に原本と)照合する；丁合を調べる，落丁がないか調べる．**Kollator**【lat.】*m.* -s, -en, 聖職任命権者，聖職禄授与権者(例えば*司教)．**Kollatur**【lat.-nlat.】*f.* -, -en, **Kollatur・recht** *n.* -[e]s, -e, 聖職任命権，聖職禄授与権．

Kolleg【lat."同業者組合，仲間"】*n.* -s, -s *u.* (まれに:) -ien, ①(カトリック学生，神学生のための)学生寮．②(寄宿施設のある*イエズス会の)神学院，イエズス会学校(Jesuitenkolleg参照)．③ → Kollegium．**Kollegialität**【lat.】*f.* -, 団体性(*ペトロと他の*使徒たちが結束して1つの使徒団をなしていたことに倣い，*教皇を頭にすべての*司教が一致団結しているということ；*公会議はその現れ；Bischofskollegium参照)．

Kollegial=kapitel → Kollegiatkapitel．**〜kirche** → Kollegiatkirche．

Kollegiat【lat.】*m.* -en, -en, (同じ*聖堂祭式者会，*修道院，神学校の)同僚，仲間，共住[生活]者．

Kollegiat=kanoniker → Kanoniker．**〜kapitel** *n.* -s, -, 共住聖職者団聖堂祭式者会，共住聖職者団聖堂参事会(*司教座のない大聖堂に属する*聖堂祭式者会で，その会員〔在俗司祭〕は共住生活を営み共同で典礼を行う)．**〜kirche** *f.* -, -n, 団体的教会(*参事会聖堂，共住聖職者団聖堂とも；司教座をもたず，*聖堂祭式者会〔聖堂参事会〕の司祭たちが共住生活をする教会；CIC. 503)．**〜stift** *n.* -[e]s, -e *u.* -er, 聖堂祭式者会，聖堂参事会(Kanonikerkapitel参照)．

Kollegium【lat."(古代ローマの)同職組合"】*n.* -s, ..gien, ①(同業者の)組合(特に，教授団や16-18世紀ドイツの音楽愛好家の集まり)，結社．②(教会法上の)団体，法人；司教団(Bischofskollegium参照)；das 〜 der Kardinäle 枢機卿会；das apostolische 〜 使徒団；das heilige 〜 枢機卿団．③司教区評議会．

Kollekte【lat."寄付金；集会"；< lat. colligere "集める"】*f.* -, -n, ①献金，奉納金(Oblation参照)．②集会祈願(以前は「集禱文」とも；ミサの*開会の儀の最後〔聖書朗読の前〕に，司祭が会衆に黙禱を促した後に行われる祈り〔lat. collecta〕；司祭は各自の祈りを「1つに集めて」その日の教会の祈願〔Tagesgebet参照〕とするとともに，祭儀の性格を表現する；伝統的に，*聖霊において，キリストを通し，父なる神に向けられ，*三位一体への言及をもって結ばれる)；《聖》特禱．**Kollekten・gebet** *n.* -[e]s, -e, → Kollekte 2．

Köln《固》ケルン(ノルトライン＝ヴェストファーレン州，ライン河畔の都市；前1世紀よりローマ人の軍事・政治の拠点；すでに4世紀初めには*司教座が存在し，785年に大司教座に昇格した；ケルン大司教は1257年に選帝侯となり，*神聖ローマ帝国の政治に深く関わった；ライン川及び陸路交通の拠点として，ハンザ同盟でも重要な地位を占め，またラインラントの経済的文化的中心地となった)．**Kölner** *adj.* 《不変化》ケルンの；〜Dom *m.* ケルン大聖堂[正式名はザンクト・ペーター・マリア聖堂〔Dom St. Peter und Maria〕；800年頃に創建された*カロリング朝の聖堂に端を発し，1164年*東方の三博士の*聖遺物がローマからもたらされたことで巡礼者が増加，1248年に*ゴシック様式の聖堂が着工された；1322年に*内陣が完成し，献堂を

れたが、その後長く工事は中断され、最終的な完成は1880年のこと；2本の塔の高さは約157.3mで、*ウルム大聖堂〔161.53m〕に次ぐヨーロッパ第2の規模を誇る）．

Kolosser *m.* -s, -, コロサイ人(⁽ﾋﾞﾄ⁾)（小アジア〔現在のトルコ〕、フリギア地方のリュコス渓谷にあった古都コロサイ〔Kolossä〕の住民；*パウロの協力者でともに獄にあったエパフラス〔コロ1：7, 4：12, フィレ23〕によって教会が創設された）；der Brief an die 〜 = Kolosserbrief. **Kolosser・brief** *m.* -[e]s, コロサイの信徒への手紙（「コロサイ人への手紙」とも；新約聖書中の*獄中書簡の1書だが、著者は*パウロとは別の、しかしその思想を継承した人物で、前80-70年代に成立したとされる；異端的教説が蔓延するコロサイのキリスト教徒に宛てて、使徒パウロの名と権威のもとで、正しい信仰に立ち帰るよう勧告する；またキリストの主権を強調し、これを「教会の頭」〔das Haupt〕と位置付けた〔コロ1：16-18〕）．

Kolping=familie【< Adolph *Kolping*】*f.* -, -n, コルピング家族、コルピング・ファミリー（コルピング会の地域毎の組織；2015年現在、全世界で5800、ドイツ国内で2700余を数える）．〜**haus** *n.* -es, ..häuser, コルピング・ハウス、コルピング寮（コルピング会が経営する、労働者や学生の教育及び寄宿のための施設；及び、一般客のための比較的安価なホテル）．〜**werk** *n.* -[e]s, [das Internationale] 〜werk [国際]コルピング会（「職人の父」〔Gesellenvater〕と呼ばれる、司祭で元靴工徒弟のアドルフ・コルピング〔1813-65〕が、青年熟練労働者の社会的地位向上を目的に創設した*徒弟団を基盤とするカトリックの社会事業団体；第2次世界大戦後は、年齢や社会層を問わず、60ヶ国以上の会員の国際的連繋において教育・社会・文化事業などに従事している；本部ケルン）．

Kolumban《固》(*m.*) → Columba, Columban, Columbanus. **Kolumban・regel** *f.* -, コルンバヌスの戒律（*コルンバヌス〔小コルンバ〕が著した『修道士の規則』、『共住生活の規則』による厳格な修道院戒律；*ベネディクトゥスの戒律の成立以前に広く用いられていた）．

Kolumbus-Ritter → Columbusritter.

Kommemoration【lat."記憶"】*f.* -, -en,《古》記念(祭, 式)（一般に、死者を思い出すこと；特に、キリストや*聖人の事績、聖なる出来事などを、*教会暦上の記念日の典礼において想起し、神への*執り成し〔代願〕を祈念すること）．**kommemorieren** *t.* (*h*)《古》(或人を)記念する．

Kommendatar・abt【< lat. abbas in commendam】*m.* -[e]s, ..äbte, 空位聖職禄［管理］大修道院長、空位期間臨時大修道院長（本来は、空位大修道院区の臨時管理者に与えられた称号；後には、大修道院区の聖職禄収益所得権をもつ〔しかし教導権や職位に伴う義務を有しない〕聖職者または一般信徒に与えられた称号）．**Kommende**【lat.-mlat."委託, 管理"】*f.* -, -n, ①(教会法に基づく)空位聖職禄の臨時管理（中世期、その権限が売買されたり、教導権や職位に伴う義務を有しない俗人が、聖職禄収入を得るなどの弊害を生んだ）．②騎士修道会管区（中世の*ヨハネ騎士修道会または*ドイツ騎士修道会の修道院；及び、その管轄区域）．**Kommenden・wesen** *n.* -s, 空位聖職禄(Interkalarien参照)．

Kommentar【lat."記録"】*m.* -s, -e, 注解書、注釈書(聖書や教会法などの学習のための；Glosse参照). **Kommentator**【lat.】*m.* -s, -en, (聖書や教会法の)注解者、解説者．

Kommissar【lat.-mlat.】*m.* -s, -e, 代理(教会職の；CIC. 318§1；Vikar参照)．

Kommorant【mlat."(一時的な)居住者"】*m.* -en, -en, 一時滞在の(*司牧を行わない)聖職者．

Kommunikant【kirchenlat."参加者"】*m.* -en, -en, ①聖体拝領者(ミサにおいて*聖体を受ける人；または名目上の信徒と区別して、教会活動に積極的に参与しているカトリック信徒のこと). ② → Erstkommunikant. **Kommunion**【lat.-kirchenlat."交わり"】*f.* -, -en, ①聖体拝領（ミサ中に*聖別されたパンとぶどう酒〔通常はパンのみ〕を、信徒の共同体、「交わり」において拝受して、キリストの命に与り、また*聖体の*助力の恵みによって、キリストと拝領者の霊魂の一致を促進する*秘跡；Eucharistie参照）；《東》領聖；《プ》聖餐、陪餐；die häufige 〜 (Oftkommunion) 頻繁な聖体拝領（インノケンティウス10世〔在位1644-55〕、レオ13世〔1878-1903〕、ピウス10世〔1903-14〕、ピウス12世〔1939-58〕が、*教令や訓令などを通じて奨励した、神との一致をいっそう

深めるために行われる毎日の聖体拝領）；die [heilige] ～ empfangen (austeilen) 聖体を拝領する（授ける）；zur ～ gehen 聖体拝領する，聖体拝領に行く．②交わりの儀（*ローマ・ミサ典文の式次第のうち，*主の祈りに始まり，*平和のあいさつ，*平和の賛歌，拝領前の信仰告白，拝領，拝領後の感謝，拝領祈願までの部分；これら一連の式儀とそこで行われる祈りにより，信徒は聖体拝領による神との一致，教会との交わりへと導かれる）．③初聖体拝領（→ Erstkommunionの略）．

Kommunions=austeilung f. -, -en, → ～-spendung. ～**bank** f. -, (まれに:) ..bänke, 聖体拝領台（教会堂の*内陣と会衆席を隔てている一種の柵で，信徒はこの前に横並びで跪き*司祭から*聖体を拝領する；現在では，拝領者は立ったまま手で聖体を受けることが一般化したため，あまり見られない）．～**empfang** m. -[e]s, 聖体の拝領．～**kind** n. -[e]s, -er, 初聖体拝領児（Erstkommunikant参照）．～**kleid** n. -[e]s, -er, （子供が）初聖体拝領の日に着る服（晴れ着，白いドレス）．～**lied** n. -[e]s, -er, 拝領の歌（以前は「拝領唱」とも；司祭が聖体を拝領している間，また会衆が聖体拝領を行っている間に歌われる歌；拝領者の霊的一致，聖体拝領の際の*行列の共同体的性格を際立たせる）．～**patene** f. -, -n, 聖体拝領皿（聖体拝領の際，*聖別されたパンの小片やぶどう酒の滴が床に落ちないよう，奉仕者によって拝領者の顎の下に差し出される柄付きの受け皿；現在はあまり用いられない）．～**spender** m. -s, -, 聖体授与の奉仕者（通常は*司教，*司祭，*助祭で，緊急ないし臨時の場合は一般信徒もこれを行うことができる；CIC. 910）．～**spendung** f. -, -en, 聖体の授与．～**tuch** n. -[e]s, ..tücher, 聖体拝領布（聖体拝領の際，パンの小片が床に落ちないよう，*聖体拝領台の上に広げられる白麻の布）．～**unterricht** m. -[e]s, (まれに:) -e, 初聖体拝領者のための（教理）授業．

Kommunität【lat.】f. -, -en, 共同体（教会権威者の指導下にある，一般信徒または共住生活をする聖職者の集まり）；《プ》コミュニティー（特定の宗教的目的のため，牧師と一般信徒を同じ生活戒律で結合する修道・伝道団体；Bruderschaft 1 参照）．**kommunizieren**【lat.】《(I)》i. (h)①聖体を拝領する；聖体拝領に行く．②関係する．③話し合う，（意思を）伝える．《(II)》t. (h) （考えなどを）述べる．

Komos【gr.】m. -, -, 首席司祭（*コプト教会で，司教と一般の司祭〔→ Kassis〕の中間の地位；カトリックの → Erzpriesterにあたる）．

Komplet【kirchenlat.; < lat. completorium】f. -, -e, 寝る前の祈り，終課（*教会の祈り〔*聖務日課〕の中で，1日の締めくくりとなる，その日の最終の祈り）．

Komtur【lat.-mlat.-fr.】m. -s, -e, 騎士修道会管区長，コムトゥール（特に，*ドイツ騎士団領の各管区を管理する騎士団長；Deutschordensballeien参照）．**Komturei** f. -, -en, 騎士修道会管区（*騎士修道会の修道院；及び，その管轄区域；Kommende 2 参照）．

Konferenz【lat.-mlat."話し合い"】f. -, -en, ①協議会（司教協議会〔Bischofs～参照〕，あるいは，*聖座によって設立される，修道会の*上級上長協議会〔CIC. 708-09；修道会管区長協議会，修道会総長協議会〕など）．②講演会（教理や司牧方法に関する，司祭や信徒のための；CIC. 279§2, 761）．**Konferenz・predigt** f. -, -en, （*説教的な内容の）講演〔会〕．

Konfession【lat."告白"】f. -, -en, ①信仰告白，信仰宣言（Glaubensbekenntnis参照）；die evangelische ～ プロテスタント；die katholische ～ カトリック．②（集合的に:）宗徒；教派，宗派；die christlichen ～en キリスト教徒（の全体）；Er gehört keiner ～ an. 彼は無宗派だ．③信条〔書〕（Kredo参照）．④《雅》(Geständnis) 告白，告解．**konfessionalisieren** i. (h) （生活や学問などの全般において）信条（教派の教え）に徹する．**Konfessionalismus** m. -, 信条主義（a. 特定の教派に過度に執着し，自身の*信条を絶対化しようとする態度．b. 諸教派間の信条の差異を強調し，キリスト教の分裂状態をやむをえないものとみなす神学上の立場）．**konfessionalistisch** adj. 信条主義的な；特定教派に執着している．**konfessionell** adj. 《付加語的にのみ》①信仰告白の（に関する），信条の．②（特定の）教派の，宗派の．

Konfessions=kunde f. -, [比較]信条学，宗派論（Symbolik参照）．～**los** adj. 無宗教の，特定の教派に属さない．～**schule** f. -, -n, (対義語: Gemeinschaftsschule)宗派学校（プロテスタント諸派やカトリック教会に属する団体が自身の*信条を広めるため，また同じ教派に

属する子供の教育のために運営する初等教育機関．**～wechsel** *m.* -s, -, 改宗, 教派変更．

Konfirmand【lat."強められるべき人"】*m.* -en, -en, 《プ》堅信志願者(*堅信のための教理教育を受けている人, 若者), 受堅者.

Konfirmanden=stunde *f.* -, -n, **～unterricht** *m.* -[e]s, (まれに:) -, 《プ》(通常, 12-14歳の堅信資格者が受講する, 牧師による)堅信(準備)のための教理授業.

Konfirmandin *f.* -, -nen, → Konfirmand (の女性形). **Konfirmation**【lat.-kirchenlat.; 原義"力づけること, 激励"】*f.* -, -en, 《プ》(Einsegnung)堅信礼, 信仰告白式,《聖》堅信式, 信徒按手式(カトリックの → Firmung とは異なり, プロテスタントの多くの教派では*聖餐や*洗礼などと同等の聖礼典とは認められず, 一定の教理教育を受けた青少年が他の成人信者の前で信仰告白を行って, 教会の正会員として承認される, 一種の入会式としての性格をもつ); die ～ empfangen / zur ～ gehen 堅信を受ける, 受堅する.

Konfirmations=anzug *m.* -[e]s, ..züge, 堅信服(男性受堅者が堅信式の際に着用する服; 通常はダークスーツ). **～kleid** *n.* -[e]s, -er, 堅信服(女性の受堅者が堅信式の際に着用するドレス; 通常は黒ないし暗い色調の服装).

konfirmieren【< lat. confirmare "強める"】*t.* (h) (牧師が堅信志願者に)堅信を施す; Er ist voriges Jahr *konfirmiert* worden. 彼は昨年堅信を受けた; *konfirmiert* sein《比》事情に通じている.

Konfitent【lat.】*m.* -en, -en,《古》(罪の)告白者, 告解者(Beichte参照). **Konfitentin** *f.* -, -nen, → Konfitent (の女性形).

Konföderation【spätlat.】*f.* -, -en, 連合(*使徒座の認可による修道院や修道会の; CIC. 582).

Konformismus【lat.-engl.】*m.* -, (対義語: Nonkonformismus) 国教〔会〕主義(イギリスのように, 国家が特定の宗教, 教派を公認し, これに特権を与えること; Staatskirche参照).

Konformist *m.* -en, -en, (対義語: Nonkonformist) 国教徒(特に, *英国国教会の信徒).

konformistisch *adj.* 国教徒の; 国教会の.

Konformität【lat.】*f.* -, (対義語: Nonkonformität) 国教随順(特に, *英国国教会における).

Konfrater【mlat.】*m.* -s, ..fratres, (Confrater)同僚, 同職者, 同輩(修道者, 聖職者などの; 特に, 呼びかけで用いられる語). **Konfraternität**【< mlat. confraternitas】*f.* -,《古》兄弟会, 兄弟団, 信心会(Bruderschaft 1 参照).

Konfratres *pl.* → Konfrater (の複数形).

Konfutation【lat.】*f.* -, -en, 反論, 論破;《単数で》→ Confutatio.

Kongregation【lat."集合, 集会"】*f.* -, -en, ① 単式誓願修道会(*単式誓願を立てた会員によるキリスト教的完徳のための修道会; 会員が*盛式誓願を立てる*盛式誓願修道会と区別される). ② [die monastische] ～ 族(自治独立性のある複数の*隠世修道院が, 同一の戒律と*上長〔総大修道院長〕のもとで相互連絡を保つべく組織された連合体; 例えば, 10世紀の*クリュニー修道院, 17-18世紀の*サン・モール会, *ベネディクト会). ③信心会 (Bruderschaft 1 参照). ④(ローマ*教皇庁を構成する)省, 聖省(なお「聖省」は以前の訳語で, 現行の*教会法典の日本語訳では「省」とされている); ～ für die Bischöfe 司教省(*ラテン式典礼のカトリック教会の*教区設置, *司教の任免を行う); ～ für die Evangelisierung der Völker 福音宣教省(Kongregation für die *Evangelisierung* der Völker参照); ～ für die Glaubenslehre 教理省(Kongregation für die *Glaubenslehre*参照); ～ für den Gottesdienst und die Sakramentenordnung 典礼秘跡省(典礼, 特に*秘跡の促進と規則の制定を行う); ～ für die Institute geweihten Lebens und für die Gesellschaften apostolischen Lebens 奉献・使徒的生活会省(奉献生活の会と使徒的生活の会を通じ, *福音的勧告に従って生きることの奨励と規制を行う; 旧称は*修道会省); ～ für das Katholische Bildungswesen (für die Studieneinrichtungen) 教育省(*司祭の養成, カトリック教育の推進と組織化を行う); ～ für den Klerus 聖職者省(*教区司祭及び*助祭に関する諸事のすべてを管轄し, また教会財産の保全にあたる); ～ für die Orientalischen Kirchen 東方教会省(*東方典礼カトリック教会に関する諸事にあたる); ～ für die Selig- und Heiligsprechungsprozesse 列聖省(*列聖と*列福のための教会法上の手続きを監督する組織; 17世紀以来, 列聖には礼部聖省があたっていたが, 1988年以降は列聖省が担当し, 他に*教会博士の称号授与, *聖遺物の検

証などを行っている）；Heilige ～ des Heiligen Offiziums【lat. Sacra Congregatio Sancti Officii】検邪聖省(1908年教皇ピウス10世〔在位1903-14〕が異端審問聖省〔1549年設立〕を改組して設立した；信仰と道徳の保全・擁護，すべての秘跡に関する教理上の問題を扱う省で，1965年に*教理省と改称された）．⑤枢機卿会議(Kardinals～参照)．⑥〔雅〕会衆(聖堂で典礼に参加する，司式者と奉仕者以外の一般の人々，平信徒）；（信徒たちの）集会．⑦(*カルヴァン派の)牧師会．**Kongregationalismus**【lat.-engl.-amerik.】*m.* -, 会衆制，会衆〈組合〉派教会主義(各々の教会は，直接キリストと繋がる主権を有することから，内外の統制をいっさい受けずに自治と自立性を保持し，ただ契約によって相互協力のための組合組織をなすという*会衆派の立場）．

Kongregationalist【lat.-engl.】*m.* -en, -en, 《通常複数で》会衆派，組合派，コングリゲーショナリスト(1581年にロバート・ブラウン〔1550頃-1633〕らによって*国教会から分離して創始された*ピューリタンの一派；共通する特定の*信条をもたず，個々の信徒，各々の教会は，相互及び国家からの独立自治を保つ；信徒は，民主主義の原則に従って牧師，役員〔執事〕を選出する；*ピルグリム・ファーザーズはその分派で，*ピューリタン革命では*独立派の中核をなした）．**kongregationalistisch** *adj.* 会衆派の，組合派の；会衆制の．

Kongregationist *m.* -en, -en, 単式誓願修道会修道士；信心会員．**Kongregations・verband** *m.* -[e]s, ..bände, → Kongregation 2．

König【原義"(高貴な)一族"】*m.* -s, -e, 王(イスラエル民族の最初の王は，前1020年頃に位に就いた*サウルで，*ダビデ，*ソロモンがこれを継承し，その後*イスラエル王国は南北に分裂した）；der ～ der Juden ユダヤ人の王(a. ユダヤ民族の支配者．b. *メシア〔元来は，イスラエルの王の称号；マタ2:2参照〕；十字架の罪標〔→ Jesus Nazarenus Rex Judaeorum〕にいうキリストのこと；マコ15:26)；der ～ der ＜aller＞ Könige 王の中の王(神，キリストのこと)；das [erste / zweite] Buch der ～e 列王記[上，下](旧約聖書中の歴史書の1つ；*サムエル記以降の出来事，つまりダビデ王の後継者争いとソロモンの即位，イスラエル王国の分裂を経て，イスラエル及びユダ国が滅亡に至る歴史をアッシリア人の侵攻と*バビロニア捕囚まで描く)；die Heiligen Drei ～ [aus dem Morgenland] ①聖三王，東方の三博士(*メシアの誕生の兆しを未知の星の出現によって知り，東方，おそらく*バビロニアから，黄金，*乳香，*没薬の3種の贈り物を携えて，幼子イエスと*マリアのもとを訪ねた，占星術に通じた学者たち〔マタ2:1-12〕；ペルシアのゾロアスター教の祭司とされる；人数は3つの贈り物からの推測で，聖書には名前も記されていないが，6世紀頃からカスパール〔Caspar〕，バルタザール〔Balthasar〕，メルキオール〔Melchior〕と呼ばれるようになった；Magier参照)．②三王来朝の祝日，公現の祝日(1月6日；Dreikönigsfest, Epiphanienfest参照)．**Königin** *f.* -, -nen, 王妃，女王；die ～ des Himmels 天の元后，天の女王(聖母*マリアの別称；Krönung Mariä参照)．

Königs=buch *n.* -[e]s, ..bücher, → das [erste / zweite] Buch der *Könige．**～gastung** *f.* -, -en, 〔無償〕接待(国王に従属していた中世の修道院における国王奉仕義務の1つで，国内を巡回する王とその従者に対し，接待と供応をすること)．**～kloster** *n.* -s, ..klöster, 王国修道院(国王に従属し，その保護下にあった中世期の修道院で，国王のための祈祷や軍役その他の奉仕義務を有していた)．**～salbung** *f.* -, -en, 国王塗油(旧約聖書〔サム上10:1他〕に倣って行われた，中世における戴冠式での新王〔または皇帝〕の*塗油；新王が，神の恵みによって王位に就いたことを明らかにするもので，*カロリング朝初代の小ピピン〔ピピン3世；在位751-68〕がフランク王に戴冠した際に行われたのが最初とされる)．

Königtum Christi【＜ lat. Christus Rex】*n.* -[s] -, 王たるキリスト(「キリストの王国」としての教会を支配する，*ダビデの後裔キリストの権能・権威〔ルカ1:32-33参照〕；教皇ピウス11世〔在位1922-39〕は1925年の回勅で，これを*カトリック・アクションの基盤とし，その祝日を10月最後の日曜日と定めた〔Christkönigsfest参照〕；また*カルヴァンは，キリストが*仲保者として有する「3つの職」，つまり*預言者，*祭司，そして王の職能を強調した)；Missionare vom ～ ～ / Säkularinstitut des ～ ～ 王たるキリストの在俗布教会(フランシスコ会司祭アゴスティノ・ジェ

メリ〔1878-1956〕らにより、1919年アッシジで設立されたフランシスコ会*第三会の*在俗会).

Konklave【lat."施錠された小部屋"】*n.* -s, -n, コンクラーヴェ (a.〔秘密〕教皇選挙会：新教皇選出のための*枢機卿たちによる秘密会議；あらゆる干渉を避けるために、外界から完全に隔離された状態で行われることからこの名称がある〔1978年のコンクラーヴェまでは、枢機卿たちは選挙終了以前に、会場の*システィナ礼拝堂から退出することが許されなかった；現在は宿舎が用意されている〕；現行の規定では、教皇の死後〔ないし自発的な辞任後〕15-20日の間に開催される；選挙は80歳未満の枢機卿による無記名投票をもって行われ、投票総数の3分の2を獲得した被選出者が、教皇になることに同意することで終了となる；なお3日間の投票で決まらない場合は、日を置いて所定の回数選挙が繰り返され、最終的に上位2名で決選投票が行われる. b. 教皇選挙会場：1846年以降は、*ヴァティカン宮殿内の*システィナ礼拝堂).

Konklavist *m.* -en, -en, ①教皇選挙人(80歳未満の*枢機卿で、現在の定員は120名). ②教皇選挙人の随員(かつて教皇選挙会に列席する枢機卿が会場に伴った2-3人の補佐役).

Konkomitanz【lat.-mlat."随 行"】*f.* -、併 存〔説〕(*聖別されたパンとぶどう酒においては、それぞれの*形色のもとにキリストの体と血の両方が、全面的に現存しているという教義；したがってミサ中、会衆が*ホスティアのみで聖体拝領を行っても、キリストの血と体を同時に拝領することになる)；《プ》相伴説.

Konkordanz【mlat."一致"】*f.* -, -en, (Bibel〜) コンコルダンス、聖書索引(聖書に現れる語彙や概念を〔場合によっては、前後の語句を含め〕アルファベットや五十音順に並べ、それぞれの出典箇所を章・節の数字によって指示した検索用の資料；13世紀に*ウルガタ訳聖書のために作成されたのが最初で、15世紀にはユダヤ教の*ラビによってヘブライ語旧約聖書原典のコンコルダンスが作られた).

Konkordat【mlat."合意事項"】*n.* -[e]s, -e, 政教協約、政教条約、コンコルダート(政治と宗教の境界領域における問題解決のため、ローマ*教皇と国家権威者との間に結ばれる協定；*叙任権闘争を終結させた*ヴォルムス協約〔1122年〕が最初とされ、ピウス7世〔在位1800-23〕とナポレオン・ボナパルト〔フランス皇帝(在位1804-14/15)〕の間の「コンコルダ」〔fr. concordat；1801〕、*ヴァティカン市国成立に関わる*ラテラノ条約〔1929〕、ナチス時代の*帝国政教協約〔1933〕などがある；CIC. 365§1参照).

Konkordien=buch【lat.+dt.】*n.* -[e]s, 《プ》和協信条書、一致信条書、ルーテル教会信条書(1580年ドレスデンで刊行された*ルター派の教理集成；*使徒信条、*ニカイア・コンスタンティノポリス信条、*アタナシオス信条の3古典信条、*アウクスブルク信仰告白、同弁証、ルターの大小*教理問答、*シュマルカルデン条項、*和協信条が収録されている). **〜formel** *f.* -, 和協信条、一致信条(1546年のルターの死後、ルター派内部で起こった様々な教義論争を終結させるために、1577年に制定された統一的な信仰告白).

Konkordismus【lat.】*m.* -s, -, 一致説(*創世記における*天地創造の6日間と、地質学における諸時代とを一致させる試み；Periodismus参照).

Konkupiszenz【lat."強い欲求"】*f.* -, 欲望(人間の内にある、物質的身体的なものを「むさぼり」〔ロマ7：8〕たいという強い感情；また、悪ないし罪への生来の傾向)；(特に：)情欲、肉欲(理性によって抑制することが困難な、*原罪の結果としての官能的な快楽と罪悪への性向；ロマ7-8章、ガラ5章).

Konsekration【<lat. consecrare "神聖にする"】*f.* -, -en, ①聖別(式)、祝別(式)、叙階(式) (Weihe, Segnung参照). ②聖変化(ミサ中、*司祭が*奉献文において*最後の晩餐の際にキリストの定めた言葉〔聖別句〕を唱えることにより、パンとぶどう酒が、その*形色のまま、キリストの体と血に*実体変化するというカトリックの*教理). **konsekrieren** *t.* (*h*) ① (weihen) (或人・或物を)聖別する、祝別する、(神に)奉献する；叙階する. ② (wandeln) (ミサ中、司祭がパンとぶどう酒をキリストの体と血に)聖変化させる. **Konsekrierung** *f.* -, -en, 聖別、祝別、叙階(すること、されること).

konsistorial *adj.* ①枢機卿会議の. ②《プ》(*州教会の)教会役員会の、長老会の.

Konsistorial=gericht *n.* -[e]s, -e, （通常，聖職者と信徒によって構成される）教会裁判所．～**kongregation** → Kardinalskongregation．～**rat** *m.* -[e]s, ..räte,《プ》(*州教会の)教会役員会の構成員，長老．～**verfassung** *f.* -, -en, ①枢機卿会議制度．②《プ》(教会の)役員会制度，長老制度(Synodalverfassung参照)．

Konsistorium【lat.-spätlat. "（協議，助言のための）会議場所"】*n.* -s, ..rien, ①枢機卿会議 (Kardinalskongregation参照)．②教区裁判所(*教区司教または*大司教が裁判官を務める第1審，第2審の裁判所; CIC. 1419-41);《東》主教区裁判所．③ <*östr.*> 教区事務局，教区秘書局．④(*州教会の)教会役員会，長老会．

Konstantin《固》(*m.*) ～ der Große <Erste> コンスタンティヌス大帝〈1世〉(lat. Gaius Flavius Valerius Constantinus；272頃-337；ローマ帝国皇帝〔在位：西部副帝306-，西部正帝310-，単独皇帝324-37〕；312年10月義弟マクセンティウス帝〔283頃-312〕をミルウィウス橋の戦いで破り，ローマ帝国西部の覇者となったが，その際に天空に輝く十字架を見て，キリスト教に改宗したという伝説がある；翌313年，*ミラノ勅令によりキリスト教を公認した；帝国統一の基盤確立の目的もあって，325年第1*ニカイア公会議を召集し，教会内の統一を図るが，当人は*アタナシオスを追放して*アレイオス派に接近し，死に臨んで同派の洗礼を受けた）．**Konstantinisch** *adj.* コンスタンティヌス〔大帝〕の；das ～e Kreuz コンスタンティヌス十字架(Christusmonogramm, Labarum参照); die ～e Schenkung【lat. Constitutum Constantini; Donatio Constantini】コンスタンティヌス寄進状(コンスタンティヌス大帝がキリスト教に改宗した際に，教権の皇帝権に対する優位を認め，教皇シルヴェステル1世〔在位314-35〕と教会に，宗教・政治上の特権とローマ〔及びラテラノ宮殿〕と西イタリア地方の世俗的統治権を与えたとする，8世紀後半に偽造された文書；*擬イシドルス法令集に含まれ，11世紀以降，教皇の世俗権を主張する論拠に用いられた；前半では，皇帝がシルヴェステル教皇の授洗により病が奇跡的に癒された経緯が述べられている；*ルネサンスの人文学者ロレンツォ・ヴァラ〔1405/7-57〕は，これが偽書であることを証明した）．

Konstantinopel・konzil *n.* -s, -e *u.* -ien, コンスタンティノポリス公会議(コンスタンティノポリス〔旧名ビザンティオン，現在はトルコのイスタンブール〕で開催された，計4回の公会議；第1回〔第2回公会議，381年〕：聖霊の神性を否定する*聖霊被造論者〔*マケドニオス派〕を排斥し，*ニカイア信条を補完した*ニカイア・コンスタンティノポリス信条を採択した；第2回〔第5回公会議，553〕：*ネストリオス派に同情的な3つの神学説〔三章〕と*オリゲネス主義を弾劾した；第3回〔第6回公会議，680-81〕：*キリスト単意説を排斥し，キリストは人及び神としての2つの意志をもち，前者が後者に従属していること〔*キリスト両意説〕を決議した；第4回〔第8回公会議，869-70〕：コンスタンティノポリス総大主教フォティオス〔在位858-67，877-86〕を弾劾し，ギリシア*離教を終結させた）．

Konstantinus → Konstantin.

Konstanz《固》コンスタンツ(南ドイツのバーデン＝ヴュルテンベルク州の都市；スイスとの国境に位置する)．**Konstanzer** *adj.*《不変化》コンスタンツの；～ Konzil *n.* コンスタンツ公会議(1414-18年コンスタンツで開催された中世最大の公会議〔第16回公会議〕；1378年以来の*教会分裂〔*西方離教〕を，2人の*対立教皇を廃位することで解決した；また*ウィクリフと*フスを異端として排斥し，フスを火刑に処することでフス戦争の因をなした）．

Konstitution【lat. "制度，指示"】*f.* -, -en, ①憲章；a. die Apostolische ～【lat. Constitutio Apostolica】使徒憲章(「教皇令」とも；*教皇の名前で，全教会に向けて荘厳な様式において発布される公文書；*教理または教会規律の上で特に重大な問題を扱うもの；近年では，例えば，ヨハネ・パウロ2世〔在位1978-2005〕による新教会法典の制定に関する「サクレ・ディシプリーネ・レージェス」〔1983〕，同教皇による使徒座空位と教皇選挙に関する「ウニベルシ・ドミニチ・グレジス」〔1996〕，ベネディクト16世〔在位2005-13〕が*聖公会の信徒のカトリック教会への受け入れについて定めた「アングリカノールム・チェティブス」〔2009〕などがある）．b. 第2*ヴァティカン公会議において公布された16文書のうち，特

に重要な4文書：「典礼憲章」(同公会議で最初に決議、1963年12月に公表された「聖なる典礼に関する憲章」〔Die 〜 über die heilige Liturgie; „Sacrosanctum concilium"〕；一般信徒が典礼への理解を深め、これに行動的に参加することを推進すべく、典礼刷新の方針を定めたもの；諸民族の特性と伝統への適応のため、典礼における国語の使用を認めた）；「教会憲章」(1964年11月に公布された、同公会議の最重要決議文書；正式には「教会に関する教義憲章」〔Die dogmatische 〜 über die Kirche; → „Lumen gentium"〕；教会の神秘、その位階的構造、*司祭職、信徒の使命、召命と修道者、教会の終末論的性格、聖母マリアなどについて考察、規定する）；「啓示憲章」(*啓示、聖伝、及び聖書を主題とする1965年11月に公布された「神の啓示に関する教義憲章」〔Die dogmatische 〜 über die göttliche Offenbarung; „Dei verbum"〕）；「現代世界憲章」(1965年12月に公布された、現代世界の諸問題〔例えば、人間の尊厳、無神論、結婚と家庭、文化、経済と労働、政治、平和と戦争〕に対する教会の態度を主題とする「現代世界における教会に関する司牧憲章」〔Die pastorale 〜 über die Kirche in der Welt von heute; „Gaudium et spes"〕). ② 会憲(修道者の生活や会の統治、会員の養成などに関する、個々の修道会に固有の法典、及び、*在俗会、*使徒的生活の会の基本的規定〔CIC. 587, 732〕；これに対し、16世紀以前から複数の修道会で共有されていた基本法は「会則」〔lat. regula / dt. Regel；Ordensregel参照〕と呼ばれる）. ③ → Dekret a.

Konsubstantiation【lat.-mlat.】*f.* -, 共在、両体共存、実体共存(*聖餐に関する*ルターの概念；*実体変化においては、キリストの体が「パンのうちに、パンとともに、パンのもとに」〔in, mit und unter Brot〕現臨すること、つまりパンの実体はキリストの体と、ぶどう酒の実体は血と、それぞれ同時にともに存在することをいう；カトリックの*実体変化の正統的教理に反し、*トリエント公会議で異端とされた). **Konsubstantiations・lehre** *f.* -, 共在説、両体共存説、実体共存説.

Konsultor【lat.】*m.* -s, -en, 顧問(a. *枢機卿会議の学問上の助言者. b. *教区の統治に関する助言を行うため、任期5年で*司祭評議会の構成員から*司教によって任命される司祭；CIC. 502). **Konsultor・kollegium** *n.* -s, ..gien, 顧問団(CIC. 502).

Kontemplation【< lat. contemplare "観察する、熟慮する"】*f.* -, -en, 観想(神の*恵みにより、高度に精神を集中させて、実践的・活動的な態度なしに、神的存在や真理を直観すること；非概念的な神認識として、*黙想とは区別される). **kontemplativ** *adj.* 観想的な；das 〜e Leben 観想生活(das *beschauliche* Leben 参照)；der 〜e Orden 観想修道会(会員が実践的な*活動生活ではなく、孤独と沈黙のうちに、観想に専念することを目的とする*隠世修道会；例えば、*カルメル会や*トラピスト会). **kontemplieren** *i.* (*h*) 観想する、観想生活に専心する.

Kontrafakt *n.* -[e]s, -e, **Kontrafaktur**【lat.-nlat.】*f.* -, -en, コントラファクトゥール(民衆間に流行していた世俗音楽の旋律に、歌詞のドイツ語訳詩を付けて教会音楽に転用したもの；周知の*グレゴリオ聖歌の旋律に、必要に応じて変更を加え、ラテン語の歌詞をドイツ語に訳す場合もある；16世紀の*宗教改革期、特に*ルター派教会の賛美歌に多く見られる).

Kontrition【< lat. contritio "すりつぶすこと"】*f.* -, -en, ([die vollkommene] Reue)〔完全〕痛悔(自らが犯した罪によって神から離反したことを悔やみ悲しんで、神との正しい関係を回復しようとする、*対神愛に基づいた意志の働き；神から罰を科せられること、天国を失い地獄に落ちるのを恐れることなど、信仰に基づくが自己中心的な動機による「*不完全痛悔」と区別される). **Kontritionismus**【lat.-nlat.】*m.* -, 完全痛悔説(罪の*ゆるしを得るには、対神愛のみに基づく完全な痛悔が不可欠であるとする*ルターの教説で、*トリエント公会議で決議された*不完全痛悔充足説に対するもの).

Kontrovers・theologie *f.* -, 論争神学(カトリックと他教派、特にプロテスタント諸派との教理上の違いを明らかにし、相互理解を深め、教会内の対立状態の克服を図る神学の1分野；Polemik参照).

Konveniat【lat."集合せよ"】*n.* -s, -s, 研修会、集会(ある特定の*地区に属する聖職者の集まり；CIC. 555§2). **Konvent**【< lat. conventus "人々の集まり"】*m.* -[e]s, -e, ①(投票権を有す

る修道士たちによる，修道院内の）総会．②修道院居住者（の総体）；修道院（Kloster参照）．③司教議会（ある教会地方区での協力及び共同司牧活動のため，*司教たちによって開催される会議；CIC. 434）；《プ》(*教区監督のもとで開かれる，*牧師たちの定例）集会．

Konvent・flügel *m.* -s, -, 修道院翼部（修道院の建物で，横に張り出した部分，袖部）．**Konventikel**【< lat. conventiculum (conventusの指小形；→ Konvent)】*n.* -s, -, ①コンヴェンティクル(16-17世紀イングランドの非国教徒による「秘密集会」；1664年，非国教徒の弾圧のために制定されたコンヴェンティクル条令〔Conventicle Act〕が禁じた，5名以上の非国教徒による非合法集会のこと）；秘密集会所．②信徒集会，小集会(17-18世紀ドイツの*敬虔主義において，聖書研究などの目的で行われた少人数の会合；*シュペーナー〔1635-1705〕が1670年にフランクフルトで創始した*敬虔集会〔collegia pietatis〕に由来する；敬虔主義の分派的傾向の要因となった）．

Konvent[s]=messe *f.* -, -n, 修道院[内]ミサ（修道院内で日々行われる，通常は*共唱祈禱を伴う*盛式ミサ）．**〜siegel** *n.* -s, -, 修道院印章．

Konventuale【mlat.】*m.* -n, -n, ①（ある修道院内で投票権をもつ）修道士．②（通常複数で）コンヴェンツァル［聖フランシスコ修道］会，コンヴェントゥアル派(14世紀後半に始まった「*小さき兄弟会」内部の改革運動により，1517年*オブセルヴァント〔原始会則派〕と分かれて発足した，*清貧の戒律を緩和し修道院財産を認める一派；「修道院派」の意で，*共住修道生活の強調と*マリア崇敬を特徴とする；略: OFMConv)．**Konventualin** *f.* -, -nen, ①→ Konventuale 1 （の女性形）②（通常複数で）（コンヴェンツァル［聖フランシスコ修道］会と連携関係にある）フランシスコ修道女会．**Konventual・messe** → Konvent[s]messe.

Konverse【lat.】*m.* -n, -n, 助修士（元来は，5世紀以降の修道制において，壮年を過ぎて「*福音的勧告への回心」を目指して修道院に入った「回心者」〔→ Conversus〕，すなわち修道士のこと；7-13世紀には，修道院に属するが*修道誓願は立てず，修道院の労務などに従事する者を意味したが，その後，*司祭の*叙階を受けずに，*単式誓願ないし*盛式誓願を立てた修道士を指すようになった；現在では「*信徒修道士」という；Laienbruder参照).**Konversion**【lat."回転, 回帰"】*f.* -, -en, (Bekehrung, Metanoia) ①回心（神に逆らって生きてきた人間が，神の*恵みにより，自らの罪を自覚，悔悛して，自由意志をもって神へと立ち帰り，教会共同体に参与すること）；改心（罪の状態を悔い改めること）．②改宗(a. 一般に，ある宗教・教派から別の宗教・教派に移ること．b. キリスト教に関しては，他宗教を離れて，あるいは無宗教の状態からキリスト教信仰に入ること；またキリスト教諸教派間の移動，例えばプロテスタント諸派からカトリック教会〔またはその逆〕への転入をいう；カトリックへの移転は，かつて「帰正」と呼ばれた).**konvertieren**【lat.-(fr.)】*i.* (*h, s*) ①回心する；改心する．②改宗する；Er hat (*od.* ist) zum katholischen Glauben konvertiert. 彼はカトリックに改宗(帰正)した．**Konvertit**【fr.-engl.】*m.* -en, -en, ①回心者；改心者．②改宗者(特に，あるキリスト教教派を離れ，一定の教会法規上の手続きを経てカトリック教会に加入した者)．**Konvertitin** *f.* -, -nen, → Konvertit（の女性形）．

Konvikt【lat."共同生活"】*n.* -[e]s, -e, ①（多くは教会によって運営される，カトリック神学生のための）学生寮，寄宿舎．② <*östr.*> *修道院付属学校の寮．**Konviktuale**【lat.】*m.* -n, -n, (神学生寮や修道院付属学校寮などの)寄宿生．

Konzelebrant【lat.】*m.* -en, -en, 共同司式者，共同司式司祭(ミサを2人以上で挙式する場合の司祭)．**Konzelebration**【lat.】*f.* -, -en, (ミサの) 共同司式，共同祭式(CIC. 902).**konzelebrieren** *t.* (*h*) 共同で(ミサで)司式する；die Messe 〜 共同でミサを挙げる．

Konzil【lat."集会"】*n.* -s, -e *u.* -ien, ①[das ökumenische *od.* allgemeine] 〜［全世界，エキメニカル，一般］公会議(ローマ*教皇の召集により，全世界の*司教が一所に会して，教義，典礼，教会規律などの重要事項を審議・決定する，カトリック教会で最高の会議体；*使徒会議に倣って開催され，第1回は第1*ニカイア公会議〔325年〕で，直近の第2*ヴァティカン公会議〔1962-65〕は第21回になる；その決定は*不可謬性を有する；

CIC. 337-41；なお，*東方正教会では，第1回から第7回〔第2ニカイア公会議；787〕までの公会議〔全地公会〕で決議された教義内容だけを認めている）．②教会会議(Synode参照；なおSynodeとKonzilは同義語で，公会議史上区別なく用いられる場合がある）．③→ Partikularkonzil. **konziliar, konziliarisch** *adj.* 公会議の（に関する，が公布する）；die 〜e Theorie → Konziliarismus. **Konziliarismus**【lat.】 *m.* -,（対義語: Papalismus）公会議首位説，公会議主義（公会議を教会の最高決定機関とし，これに*教皇以上の権威を認める説；その場合，教皇は行政の首長として執行権を有するに過ぎないとされる；*教皇首位権が揺らいだ14世紀に台頭し，*コンスタンツ公会議や*バーゼル公会議で採択されるに至ったが，第1*ヴァティカン公会議で完全に排斥された；CIC. 341参照）． **konziliaristisch** *adj.* 公会議首位説の，公会議主義の． **Konziliarität** *f.* -, 教会会議制（キリスト教各教派において，全体会議を教会の最高決定機関とする教会統治制度）． **Konzilien** *pl.* → Konzil（の複数形）．

Konzils=kongregation *f.* -, Heilige 〜kongregation 会議聖省（ローマ*教皇庁において，現在は*聖職者省と呼ばれる省の1987年までの旧称；聖職者と儀式の諸問題を扱う権限を有した）． 〜**papst** *m.* -[e]s, ..päpste, 公会議教皇（広義では，公会議を召集し主宰する教皇のこと；特に，第2*ヴァティカン公会議を開催したヨハネス23世〔在位1958-63〕及びその後を継いだパウルス6世〔在位1963-78〕を指す）． 〜**stadt** *f.* -, ..städte, 公会議〔開催〕都市． 〜**vater** *m.* -s, ..väter,《通常複数で》公会議教父（公会議で決議権をもつ*司教たち；CIC. 338§2）．

Kooperator【kirchenlat. "共働者"】 *m.* -s, -en, <östr., landsch.> 助任司祭(Hilfsgeistliche参照)．

Koordinations・theorie【< mlat. coordinare "並置する" + Theorie】 *f.* -, 教会国家同権論（*政教協約において，教会と国家の権能は法的に同等であり，両者はそれぞれの領分において独立性を有するという説）．

Kopf・reliquiar *n.* -s, -e, 頭首型聖遺物箱（中に収納される*聖遺物に関係した*聖人の頭部を模して形作られ，しばしば豪華な装飾が施された容器）．

Kopte【gr.-arab. "エジプト人"】 *m.* -n, -n, コプト人(a. キリスト教化された古代エジプト人の子孫で，*コプト教会の信徒．b. *コプト式典礼を用いる*カトリック東方教会の教徒）．

koptisch *adj.* コプト人（語，教会）の；die 〜e Kirche コプト教会(a. コプト正教会：*カルケドン公会議〔451年〕で*キリスト単性説を信奉するアレクサンドリア総主教ディオスコロス〔在位444-51〕が異端宣告された後，〔エジプトの民族意識が加わって〕彼を支持するエジプト教会の多数派がローマより分離して成立した；現在は，エジプト，エチオピアを中心に活動し，南北アメリカ，オーストラリア，ヨーロッパ各地にも小教区をもつ．b. コプト式典礼を用いるエジプトの*カトリック東方教会）；das 〜e Kreuz コプト十字〔架〕（コプト教会で用いられる十字架のシンボル；初期のものは縦木の上部にループを伴う*アンク十字，後には，縦木と横木が同じ長さで，多くは4端に装飾あるいは金銀線細工が施され，全体として正方形をなす形状の十字架）；die 〜e Kunst コプト芸術（4-8世紀に最盛期を迎えたエジプトの民族的キリスト教芸術；ヘレニズム，ビザンティン的要素とシリア，エジプトの中東的な装飾性が融合し，独自の修道院建築，絵画，彫刻，工芸，織物が生まれた；9世紀以降はイスラム美術の傾向が強まった）；die 〜e Liturgie コプト〔式〕典礼（アレクサンドリア典礼様式に分類されるコプト教会の典礼；聖マルコの典礼に由来し，コプト語とアラビア語を典礼用語とする）；die 〜e Sprache コプト語（古代エジプト語から派生し，2-10世紀にエジプトで一般に用いられていたが，その後アラビア語に取って代わられた；表記は主にギリシア文字を用いる；3-11世紀のコプト教会の公用言語で，現在はコプト式典礼にのみ残存する）．**koptisch-orthodox** *adj.* コプト正教会の．

Korach → Korah. **Korachiter** → Korahiter. **Korah**【hebr. "雹"】《固》 *(m.)* コラ(a. *エサウとオホリバマの子で，エドム人の首長の1人；創36:5, 18. b. *レビの子イツハルの子；*モーセと*アロンに反逆した集団の指導者の1人で，神〔*ヤハウェ〕に滅ぼされた；民16章．c. レビの子でケハトの孫，*コラ人の名祖；出6:24)；eine Rotte 〜《比；古》コラの一党（騒ぎを起こす連中，暴民；Korah b参

照）．**Korahiter** *m.* -s, -, コラ人(％), コラの子（*ダビデによって任命された神殿に仕える詠唱者及び門衛の家系；代上9：19, 代下20：19；その詩は*詩編に収録されている；詩42-49, 84, 85, 87, 88）．

Korinther【< gr. Kórinthos】*m.* -s, -, コリント人(％)（*パウロが第2次*宣教旅行〔50-52年〕の際に1年半滞在し布教活動を行った，ギリシア，ペロポネソス半島の付け根に位置する港湾・商業都市コリント〔コリントス〕の信徒）；der [erste / zweite] Brief an die 〜 → Korintherbrief. **Korinther・brief** *m.* -[e]s, -e, コリントの信徒への手紙〔一，二〕（「コリント人への手紙」とも；新約聖書中の*パウロによる書簡；パウロがコリントの改宗者に宛てた，少なくとも3通の書簡のうち現存する2通；56年頃エフェソから送った第1の手紙は，分裂したコリントの教会を一致させようとするもので「*愛の賛歌」〔13章〕を含む；第2の手紙は，パウロの複数の書簡をまとめたものと考えられ，自身の*使徒職と権威について，エルサレムの教会への援助金の訴え，批判への反論と自らが体験した困難などの自伝的記述の3つの部分に大別される）．

Korporale【lat.-mlat. "(キリストの)体を乗せる布"】*n.* -s, ..lien, (Messtuch) コルポラーレ，聖体布（ミサ中，祭壇に*カリスと*パテナを置くときに下に敷く，約50cm四方の白い麻布）．

Korpus【lat. "身体"】(I) *m.* -, -se, ①キリスト磔刑(📖)像（十字架に架けられたキリストの像）．②（戯）（人の）体，身体．(II) *n.* -, ..pora, ①資料集成（Corpus 2参照）．②（弦楽器の）共鳴体．

koscher【hebr.】*adj.* ①掟（ユダヤ教の食事規定；レビ11章）に叶っていて清浄な．②（比）非の打ち所がない，問題のない；das Geschäft ist nicht ganz 〜 その商売にはどことなくいかがわしい所がある．

Kosmogonie【gr.】*f.* -, -n, 宇宙起源論，宇宙開闢説（世界，宇宙の始まりに関する宗教的，神話的ないしは科学的な考察；カトリックでは基本的に，特定の科学的学説に与せず，信仰の立場から全能の唯一神による無からの世界創造を強調する）．

Kosmokrator【gr.】*m.* -s, コスモクラトール（「世界の支配者」としてのキリスト像；宇宙の総体を表す球体の上に座すか，これを踏まえる姿で描かれる）．

Kosmologie【gr.】*f.* -, -n, 宇宙論（宇宙の発生とその展開に関する理論的な学）．**kosmologisch** *adj.* 宇宙論の，宇宙論的な；der 〜e Gottesbeweis 神の存在の宇宙論的証明（自然界における原因と結果の連鎖を遡って，究極的な原因〔起動因，第一原因〕に至り，この根源的な存在〔知恵〕において，世界の創造主としての神の実在を推論するもの）．

Kosmos【gr.】*m.* -, コスモス（*秩序ある全体としての世界，宇宙；あらゆる秩序を欠いた「*カオス」に対して）．

Kragen【原義"喉"】*m.* -s, -(südd., östr., schweiz.: Krägen), (聖職服の)カラー，襟．

Kranken・besuch *m.* -[e]s, -e, 病者訪問（*主任司祭が自己の*教区の病人，特に死の危険のある者を慰問すること；必要に応じて*ゆるしの秘跡，*聖体の秘跡，*病者の塗油の秘跡を授ける；CIC. 529§1）．

Krankenhaus=kaplan *m.* -s, ..kapläne, 病院付き司祭（Kaplan参照）．**〜kloster** *n.* -s, ..klöster, 病院修道院（病人や巡礼者の看護，救護を主目的として創設され，病院を付設している修道院；例えば，聖ヨハネス・デ・デオ〔1495-1550〕が設立した聖ヨハネ病院修道会の修道院；Hospitalorden参照）．

Kranken=kommunion *f.* -, -en, 病者の聖体拝領（病気ないし老齢の信徒，特に重篤な状態にある者が*司祭の訪問を受け，病床で*聖体拝領をすること；しばしば*ゆるしの秘跡や*病者の塗油と同時に行われる；Viatikum, Wegzehrung参照）．**〜öl**【< lat. Oleum infirmorum（略：O. I.）】*n.* -[e]s, 病者の聖油（*教区司教によって*聖木曜日に祝別される，*病者の塗油の秘跡に用いられるオリーブ油；緊急の場合は他の植物油で代用できる）．**〜ölung** *f.* -, -en, **〜salbung** *f.* -, -en, 病者の塗油〔の秘跡〕（キリストの制定した*秘跡〔マコ6：13, ヤコ5：14-15参照〕で，重篤な状態にある信徒の額と手に*司教または*司祭が*塗油をして祈る儀式；罪のゆるしを含む霊的な治癒の恵みが与えられ，終末的な救いへの準備を助ける；以前は「終油の秘跡」〔Letzte Ölung〕と呼ばれ，臨終が迫ったときにのみ行われていたが，現在は，老齢や重病の場合や大手術の前などでも受けることができる；

CIC. 998-1007);《東》聖傅(臨終)機密．**～seelsorge** *f.* -，病者司牧(司祭が病者を訪問し，秘跡の授与によって霊的・身体的に力づけること；～-besuch参照)．**～segnung** *f.* -, -en，病者の祝福(司祭が定式書の規定に従って，病者に神の恵みを願うこと)．

Kranz *m.* -es, Kränze，冠(Krone参照)；der ～ des Lebens 命の冠(「*永遠の命」のこと；黙 2:10)；der dreifache ～ 三重冠(教皇冠のこと；冠を三段に重ねた形態であることからこの名があり，司祭・司牧・教導の三権，*三位一体，天国・煉獄・この世の教会など，様々な表象をもつ；Tiara参照)．

Kräuter=garten *m.* -s, ..gärten，薬草の園(旧約聖書で，*偶像崇拝が行われる場所のこと；異教の祭儀に用いる薬草が植えられたことから，イザ17:10-11参照)．**～weihe** *f.* -, -n，薬草の祝別(*聖母被昇天の祝日〔8月15日〕にドイツ語圏カトリック地域〔特にティロル，バイエルン地方〕で行われる風習で*準秘跡；司祭は，*聖母三十日の間に採取され，その当日に教会に持ち込まれた薬草の束を*祝別する；これらは家庭内で様々な魔除けに用いられる；なお，束を作る薬草の種類や数は地区毎に異なる)．

Kreatianismus【lat.-nlat.】*m.* -，霊魂創造説(個々の人間の霊魂は，人間としての存在が始まる瞬間に，直接神によって無から創造されるとするカトリックの教義；霊魂の創造と身体への注入の時期は受精の時とされることが多いが，異説もある)．**Kreation**【lat.(-fr.)】*f.* -, -en,《古》創造(Schöpfung参照)．**Kreator**【lat.】*m.* -s,《古》創造主，造物主，造り主(Schöpfer 参照)．**Kreatur**【kirchenlat.】*f.* -, -en, (Geschöpf) 被造物(神によって，無から創り出された森羅万象のすべて)；(特に:)人間．

Kredenz【lat.-mlat.-it.“配膳台”】*f.* -, -en，祭器卓，祭器棚(聖堂の*内陣や祭壇の近く〔通常は右脇〕に設置される小さなテーブルまたは棚で，ミサで用いるぶどう酒や水，*祭器などを載せておく)．**Kredenz・tisch** *m.* -[e]s, -e，祭器卓(Kredenz参照)．

Kredo【lat. "(私は)信じます"；使徒信条の冒頭語 "*Credo* in Deum"による】*n.* -s, -s, ①使徒信条(Apostolikum参照)．②信条,信仰告白(それぞれの教派において権威的に定式化された信仰の表明；Glaubensbekenntnis a参照)．③信仰宣言(カトリックのミサ中，全会衆によって唱えられる信仰告白；Glaubensbekenntnis b 参照)．

kreieren【lat.-fr."創造する"】*t.* (*h*) ①(流行などを)創案する，創始する；eine Rolle ～ ある役柄を初演で演じる．②jn. zum Kardinal ～(或人を) *枢機卿に任命する．

kreuz..《名詞や形容詞の前に置かれて「十字(架)の…」を意味するが，口語的には「非常な」の意味を付加する；例えば：kreuzdumm 大馬鹿の；kreuzgut ものすごくよい；kreuzunglücklich ひどく不幸(不運)な)．

Kreuz【lat.-spätlat.】*n.* -es, -e, ①(刑具としての)十字架；das Heilige ～ 聖十字架(後30年頃，イエス・キリストが*ゴルゴタの丘で，処刑のために架けられた十字型の刑具；Kreuzauffindung, Kreuzigung参照)；am ～ hängen (sterben) 十字架上に磔(はりつけ)になる(十字架上で刑死する)；jn. ans ～ heften <schlagen / nageln> (或人を)十字架に架ける；jn. aufs ～ legen <schmeißen / werfen>《比》(或人を)騙す，脅迫する．②十字架のしるし(Kreuzzeichen参照)；das Zeichen des ～es machen / das <ein> ～ schlagen <machen> 十字を切る．③十字架，十字標(キリスト教の象徴として，キリストの*受難と死に対する勝利を表す)；das achtspitzige ～ 八端十字架(*ロシア十字架のこと；1本の縦木と3本の横木〔2本の並行の横木と短い斜めの1本〕からなる；名称は，端が計8つあることから)；das griechische ～ → das *griechische* Kreuz；das lateinische ～ → das *lateinische* Kreuz；das lebende ～ 生体の十字架(キリストの架けられた十字架を一個の生命体とみなし，4端をそれぞれ人間の腕として描いた中世後期の図像)；das päpstliche ～ → das *päpstliche* Kreuz；das russische ～ → das *russische* Kreuz．④十字架像(Kruzifix参照)．⑤《雅；単数で》(キリスト及びキリスト教徒の受ける苦難の象徴としての)十字架；sein ～ [geduldig] tragen / sein ～ auf sich nehmen《比》自分の十字架を担う(辛いことを引き受ける)，苦難に耐える („Nehme sein ～ auf sich und folge mir nach."〔「自分の十字架を背負って，わたしに従いなさい」；マコ8:34〕というイエスの言葉が慣用表現になったもの)；ein ～ <drei ～e> hinter jm. (et.³) machen《話》(或人・或物を)厄介払いしてほっとする，

仕事が片付いて安心する；es ist ein wahres ～ mit ihm《話》彼は本当に困ったやつだ；zu ～e kriechen 屈服する．⑥十字軍(Kreuzzug参照)；das ～ nehmen (predigen) 十字軍に参加する（十字軍への参加を説く）．

Kreuz=abnahme f. -, (まれに:) -n, die ～abnahme [Christi]［キリストの］十字架降下(a. 磔刑(はっけい)の執行後，アリマタヤの*ヨセフがピラトに頼んで，*ニコデモとともにキリストの遺体を十字架から降ろしたこと；ヨハ19:38-40. b. aを主題とした図像；ビザンティンでは9世紀，西方では10-11世紀から描かれるが，時代が下るに伴って2人の*マリア〔マグダラのマリア，小ヤコブとヨセの母マリア；マコ15:40〕，使徒*ヨハネ，聖母*マリア他が付け加えられた）．～**abnehmung** f. -, (まれに:) -en, → ～abnahme. ～**altar** m. -s, ..altäre, 十字架祭壇（十字架に奉献された祭壇；中世の*修道院聖堂や*司教座聖堂などの*身廊と*内陣の間，*内陣格子の前などに設置された中央祭壇で，一般民衆のためのミサに用いられる；Laienaltar参照）．～**anbetung** f. -, -en, 十字架の崇敬（十字架に対する特別の*崇敬；特に*聖金曜日に十字架を覆っていた布を外す際に行われる「十字架の礼拝」をいう）．～**arm** m. -[e]s, -e, ①十字架の横木〈横梁〉．② → ～flügel. ～**auffindung** f. -, 聖十字架発見(326年9月14日*コンスタンティヌス大帝の母*ヘレナにより，*ゴルゴタでキリストの十字架が発見されたという伝承；かつては5月3日が十字架発見の日，9月14日は十字架称賛の日とされていたが，第2*ヴァティカン公会議後の*教会暦では両者が統合され，9月14日が「*十字架称賛」の祝日となっている）．～**aufrichtung** f. -, (まれに:) -en, die ～aufrichtung [Christi]［キリストの］十字架昇架(a. キリストが*ゴルゴタの丘で2人の強盗とともに十字架に架けられたこと；マコ15:24-27. b. aを主題とした図像）．～**bau** m. -[e]s, -ten, ① → ～flügel. ②（一般に：平面図が）十字型の建築物．～**baum** m. -[e]s, ..bäume, 十字架の樹（キリストの流した血によって命が吹き込まれ，芽や果実をつけた十字架で，聖*ボナヴェントゥラの標識；Lebensbaum c参照）．～**bild** n. -[e]s, -er, (キリストの)十字架像．～**blume** f. -, -n, 頂華，ファイニア (engl. finial；ゴシック式教会堂の塔や小尖塔，切妻の先端に付けられた十字型の花飾り）．～**bruder** m. -s, ..brüder, 《通常複数で》 → ～herren. ～**bund** m. -[e]s, 十字架連盟（*ドイツ・カリタス協会に属するアルコール及び薬物依存症患者のための自助組織；1896年*アーヘンでカトリック司祭ヨーゼフ・ノイマン〔1856-1912〕が創設した）．

Kreuzchen n. -s, -, → Kreuz (の指小形).

Kreuz=chor m. -s, [Dresdner] ～chor［ドレスデン］聖十字架合唱団（ドレスデン*聖十字架教会を拠点とする聖歌隊で，13世紀以来の歴史をもつヨーロッパ最古の少年合唱団の1つ；現在はドレスデン市によって運営され，同市内の寄宿舎で共同生活を営む，9-19歳の約150名の青少年団員で構成される）．～**enthüllung** f. -, -en, 十字架の除幕（*受難節から十字架を覆っていた布を*聖金曜日の「十字架の礼拝」の中で司祭が取り外すこと）．～**erfindung** f. -, → ～auffindung. ～**erhöhung** f. -, 十字架称賛(326年の聖*ヘレナによる*聖十字架発見，*コンスタンティヌス大帝による十字架聖堂と復活聖堂の献堂式，628年東ローマ帝国皇帝ヘラクレイオス〔在位610-41〕によるペルシアからの聖十字架奪回を記念する，カトリック及び，とりわけ*東方正教会〔十字架挙栄祭〕の祝日；7世紀頃*コンスタンティノポリスで十字架を高く掲げて祝われたことからこの名称がある；9月14日).

Kreuzes=baum → Kreuzbaum. ～**erfindung** → Kreuzerfindung. ～**inschrift** → Kreuzinschrift. ～**stamm** → Kreuzstamm. ～**titel** m. -s, -, → Kreuzinschrift. ～**tod** m. -[e]s, (キリストの)十字架上の死，磔死(たくし)；den ～tod erleiden 十字架上で死ぬ．～**weg** → Kreuzweg. ～**worte** pl. → die Sieben letzten Worte Jesu Christi am Kreuz. ～**zeichen** 《稀》 → Kreuzzeichen.

Kreuz=fahne f. -, -n, ①十字軍（従軍者の）旗．②十字旗（先端に十字架が配された長い柄に，白地に赤い〔またはその逆〕十字架の描かれた長旗ないし幟が取り付けられたもの；10-11世紀頃から，キリストの死への勝利の象徴として用いられ，特に*バロック期に愛好された；*復活したキリストや，洗礼者*ヨハネ，*大天使*ミカエル他の*アトリビュートとしても用いられる）．～**fahrer** m.

-s, -, 十字軍従軍者, 十字軍の戦士. ~**fahrer・lied** n. -[e]s, -er, 十字軍の歌（*十字軍に直接・間接に取材し, これを正当化して称揚する, プロヴァンス語や中高ドイツ語の宮廷叙情詩；しばしば従軍とミンネとの葛藤が描かれる）. ~**fahrer・staat** m. -[e]s, -en, 十字軍国家（第１回*十字軍によるエルサレム占領後, 地中海のパレスティナ沿岸からシリア内陸部に成立した封建制のラテン国家；エルサレム王国〔Königreich Jerusalem；1099-1291〕とこれを宗主とするエデッサ伯領〔Grafschaft Edessa；1098-1144〕, アンティオキア公領〔Fürstentum Antiochia；1098-1268〕, トリポリ伯領〔Grafschaft Tripolis；1101-1289〕の４国をいう）. ~**fahrt** f. -, -en, 十字軍［の遠征］（~zug参照）. ~**flügel** m. -s, -, 翼廊, 袖廊（そでろう）, トランセプト（engl. transept；*ロマネスク及び*ゴシック様式の十字型プランの教会堂建築で, *身廊の左右（通常, 南北方向）に張りだしている翼部；*内陣と*身廊の境界となる）. ~**förmig** adj. 十字架状の, 十字型の. ~**gang** m. -[e]s, ..gänge, ①十字架回廊（*クロイスターのこと；おそらく, 十字架を掲げた*行列の通り道となっていたことから；Klostergang参照）. ②十字架行列（先頭に十字架を奉じて進む祈願*行列のこと）. ~**gewölbe**, ~**grat・gewölbe** n. -s, -, 十字ヴォールト, 交差穹窿（きゅうりゅう）（*ロマネスク様式の教会建築で, 同形の２つの筒型ヴォールトが直交した形状の構造体）. ~**gymnasium** n. -s, クロイツ・ギムナジウム（正式には, Evangelisches ~gymnasium Dresden；ドレスデン市立のギムナジウムで, 男女の生徒が学ぶ通常の学科の他に, 第５学年から, 聖十字架少年合唱団団員〔Kruzianer〕のための特別なカリキュラムが設けられている）. ~**heer** n. -[e]s, -e, 十字軍（を編成する軍隊）. ~**herren** pl. 十字架［修道］会（主に12-13世紀の*十字軍の時代に, *共唱祈禱や病人看護などを目的として, ヨーロッパ各地及び*エルサレムに創設された修道会の総称；例えば, 1211年セルのテオドルス〔1166-1236〕によってリエージュに創立され, *アウグスティヌスの戒律に従った盛式祭式者会）. ~**herren・rosenkranz** m. -es, ..kränze, 十字架会士のロザリオ（オランダの十字架会の修道士によって祝別された*ロザリオで, 1516年及び1884年に公認された；*玄義の黙想や祈りの全体を行わなくとも, *主の祈りと*天使祝詞に対して*免償が与えられた）. ~**holz** n. -es, das クロイツ・ホルツ, *Christi キリストの十字架（a. キリストが磔（はりつけ）にされた木製の十字架. b. Lebensbaum c 参照）.

kreuzigen t. (h)（或人を）十字架に架ける, 磔（はりつけ）にする. **Kreuzigung** f. -, -en, ①磔刑（たっけい）, 十字架刑（古代ペルシアから伝わったとされるローマ人による処刑法で, １本の杭に串刺しにするか, 十字架〔T（タウ）型または十字型〕に罪人を架けて執行する；ローマ時代, 奴隷の身分やローマ市民権をもたない重罪者, 反逆者に適用された, 最も残酷かつ屈辱的な死刑の形態で, イエス・キリストは後30年頃*ゴルゴタの丘の上で２人の罪人とともにこの刑に処せられた〔マタ27:35-56他〕；*コンスタンティヌス大帝により313年公式に廃止された）. ②［キリスト］磔刑像（Kruzifix参照）.

Kreuzigungs=bild n. -[e]s, -er, ［キリスト］磔刑像（図）. ~**gruppe** f. -, -n, キリスト磔刑［群］像（十字架上のキリストとその左側に聖母*マリア,〔後には〕キリストの右側に使徒*ヨハネを配する構図が一般的；*ルネサンス以降はさらにマグダラの*マリア, ２人の罪人, 兵士たち及びその他数多くの人々や天使が描き込まれたが, *バロック期には群衆の描写を避け, キリストの姿が強調されるようになった）. ~**strafe** f. -, -n, → Kreuzigung 1.

Kreuz=inschrift f. -, 十字架の罪標（キリストのつけられた十字架の上部に*ピラトが掲げさせた罪標；Jesus Nazarenus Rex Judaeorum 参照）. ~**kantor** m. -s, -, -en, クロイツ・カントル（ドレスデン*聖十字架合唱団の合唱指揮者）. ~**kappen・gewölbe** → ~gewölbe. ~**kirche** f. -, -n, ①聖十字架教会（*聖十字架の破片を*聖遺物として保管していたり, あるいは一般に聖十字架に奉献された教会；例えば, 1215年ニコライ教会として設立され, *聖遺物の*聖十字架を得て1388年再献堂されたドレスデン聖十字架教会, 17世紀末にワルシャワに建造され, ショパンの心臓が安置されている同名の*バロック様式の教会堂）. ②十字型聖堂（*ギリシア十字型ないし*ラテン十字型のプランをもつ教会堂建築）. ~**kruzifix** int. → Kruzifix 2. ~**kuppel・kirche** f. -, -n, 十字円頂聖堂（*ギリシア十字型のプラン

Kreuzlied

で，*身廊と*翼廊が交差する中央部〔クロッシング〕の上方に円蓋を頂く，9-11世紀*ビザンティン様式に典型的な教会建築様式）．
～lied → **～fahrerlied**．**～nagel** m. -s, ..nägel,（通常複数で）聖釘($\frac{\text{せい}}{\text{てい}}$），聖十字架の釘（326年聖*ヘレナが*ゴルゴタで*聖十字架とともに発見したと伝えられる*聖遺物）．**～nimbus** m. -, -e, 十字ニンブス（*ギリシア式十字架と組み合わされた*光輪；父〔神〕，子〔キリスト〕，聖霊の図像に限定的に用いられ，当該の図像を*聖人や*天使などのそれと区別する指標となる）．**～partikel** f. -, -n, 聖十字架の断片（聖*ヘレナが発見したと伝えられる*聖十字架の欠片で，世界各地の*聖十字架教会などが*聖遺物として分有する；*十字軍以降その数が激増した）．**～predigt** f. -, -en, 十字軍説教（*教皇をはじめ，各地の修道士や説教師たちによる*十字軍への参加や挙兵の呼びかけ；例えば，第2回十字軍〔1147/8年〕の際の聖*ベルナルドゥスのもの）．**～reliquie** f. -, -n, 聖十字架遺物（*聖十字架の断片や*聖釘など）．
～rippen・gewölbe n. -s, -,（半円の交差部分が肋材〔Rippe〕で補強された）十字ヴォールト（～gewölbe参照）．**～ritter** m. -s, -, ①十字軍（に従軍した）騎士．②騎士修道会士（特に，*ドイツ騎士団の会員）．**～schiff** n. -[e]s, -e, → ～flügel．**～schule**【< lat. schola crucis】f. -, 聖十字架学校（ドレスデンの；～gymnasium参照）．**～stab** m. -[e]s, ..stäbe, ①十字杖（一端に十字架の付いた杖；ローマ*教皇や洗礼者*ヨハネ他の標識）．②十字架；Ich will den ～-stab gerne tragen.「われは喜びて十字架を負わん」（1726年J. S. *バッハが作曲した*教会カンタータ；BWV. 56）．③十字儀（Jakobsstab参照）．**～stamm** m. -[e]s, ..stämme,（キリストの）十字架像．**～tag** m. -[e]s, -e,《通常複数で》請願日（*主の昇天の祝日の前の3日間；折々で，十字架を先頭に野畑を練り歩く請願行列が行われたことから；Bitttag参照）．**～tod** m. -[e]s, → Kreuzestod．**～träger** m. -s, -, ①（*行列の際に先頭を歩く）十字架捧持者．②十字架を負った者（キリストや*殉教者のこと；また*受難を模した*行列で，キリストに扮して十字架を担う者；Gekreuzigte参照）．**～tragung** f. -,（まれに:) -en, 十字架を負う（a. キリストが*ゴルゴタの丘を自ら十字架を背負って登ったこと〔ヨハ19:17〕；また，偶然通り

かかったキレネ人のシモンが，力尽きたキリストの代わりに十字架を担がされたこと〔マコ15:21〕．b.「十字架荷($\frac{\text{に}}{\text{か}}$）い」とも；aを主題とした図像）．**～weg**【< lat. Via crucis】m. -[e]s, -e, ①《単数で》十字架の道（キリストが*ピラト邸から*ゴルゴタの刑場まで十字架を背負って歩いた道）．②十字架の道行($\frac{\text{みち}}{\text{ゆき}}$）(a. キリストの*受難の場面を表す，教会堂の壁面や屋外に掲げられた14の絵画，影像，あるいは木製十字架．b.「*十字架の道行の留」毎に立ち留まって，キリストの受難を*黙想し，祈りを献げる中世末期以来の*信心業；*四旬節の間は毎金曜日に行われる〔ただし第14留まで〕；元来は，実際にエルサレムのピラトの総督邸跡からゴルゴタの丘までを祈りながら歩く巡礼者の信心業をいった）；den ～weg beten 十字架の道行（の信心を）を行う．
～weg・andacht f. -, -en, 十字架の道行の信心．**～weg・station** f. -, -en, 十字架の道行の留($\frac{\text{と}}{\text{め}}$）（第1留「キリストは死刑の宣告を受ける」〔Jesus wird zum Tode verurteilt.〕，第2留「キリストは十字架を担う」〔Jesus nimmt das Kreuz auf seine Schultern.〕，第3留「キリストは初めて倒れる」〔Jesus fällt zum ersten Mal unter dem Kreuz.〕，第4留「キリストは母に会う」〔Jesus begegnet seiner Mutter.〕，第5留「キリストはキレネのシモンに助けられる」〔Simon von Zyrene hilft Jesus das Kreuz tragen.〕，第6留「キリストは布で顔をぬぐう」〔Veronika reicht Jesus das Schweißtuch.〕，第7留「キリストはふたたび倒れる」〔Jesus fällt zum zweiten Mal unter dem Kreuz.〕，第8留「キリストは婦人たちに言葉をかける」〔Jesus begegnet den weinenden Frauen.〕，第9留「キリストはみたび倒れる」〔Jesus fällt zum dritten Mal unter dem Kreuz.〕，第10留「キリストは衣服をはぎ取られる」〔Jesus wird seiner Kleider beraubt.〕，第11留「キリストは十字架に釘付けられる」〔Jesus wird an das Kreuz genagelt.〕，第12留「キリストは十字架で息を引き取る」〔Jesus stirbt am Kreuz.〕，第13留「キリストは十字架から降ろされる」〔Jesus wird vom Kreuz abgenommen und in den Schoß seiner Mutter gelegt.〕，第14留「キリストは墓に葬られる」〔Jesus wird ins Grab gelegt.〕，以上に第15留「キリストは蘇る」〔Jesus ist auferstanden von den Toten.〕が加わる）．**～woche** f. -,（

れに:) -n, 十字架週間, 請願週 (*聖霊降臨祭の前の週；かつて*教区司祭が先導して畑や野原を練り歩く*祈願行列〔十字架行列〕が行われた；～tag, Bitttag参照). ～zeichen n. -s, -, 十字架のしるし (キリスト教信仰を表明する動作の代表的なもので*準秘跡；14世紀以降カトリックでは, 右手の親指, 人差し指, 中指を合わせ〔残りの指は掌に軽く付ける〕, これを額→胸→左肩→右肩〔*ビザンティン典礼では, 右肩→左肩〕の順にあてて十字を切りながら「父と子と聖霊のみ名によって」〔im Namen des Vaters und des Sohnes und des Heiligen Geistes；in nomine参照〕と唱える；またミサの初めの挨拶と終わりの*派遣の祝福においては, 司式者が会衆に向かって十字を切り, *祝別や*聖別の際には, 人の身体や物品に対して祝福のしるしとしてこれを行う)；ein ～zeichen schlagen 十字を切る；ein ～zeichen über jn. <jm.> machen 十字を切って（或人を）祝福する. ～zug m. -[e]s, ..züge, 十字軍 (a. 通常複数で) 西欧のキリスト教徒による, 中東イスラム勢力からの聖地*エルサレム奪回を目的とした軍事的遠征で, 宗教的熱狂, 領土拡大政策, 経済的利欲, 騎士的冒険心等が絡み, 1096-1270年に通算8回行われた；セルジューク朝の地中海東岸進出によりエルサレム巡礼が困難になったことや東ローマ皇帝アレクシオス1世コムネノス〔在位1081-1118〕からの救援要請を契機に, 教皇ウルバヌス2世〔在位1088-99〕が1095年クレルモン教会会議で派兵を提唱した；第1回十字軍〔1096-99〕は, エルサレムを占領し, また*十字軍国家を設立することに成功したが, その後, サラーフッディーン〔サラディン；1137-93〕によりエルサレムが再占領され, 第6回十字軍〔1228-9〕で一時奪回したものの, 第8回〔1270〕に至るまでエルサレム回復は叶わなかった；その間, *コンスタンティノポリス占領とラテン帝国の建国〔第4回十字軍；1202-4〕や*子供十字軍の悲劇もあった. b. イスラム教徒などの異教徒, *カタリ派〔*アルビ派〕や*フス派といった異端者集団, あるいは教皇の敵対者に対する, 教会の祝福を受けた挙兵). ～zugs・bulle f. -, -n, 十字軍大勅書 (*十字軍への参加を呼びかけるために発布された教皇の*大勅書；従軍者には罪のゆるしと*全免償を与える他, 物心両面にわたる様々な特権を保障した). ～zugs・dichtung f. -, 十字軍文学 (十字軍を直接・間接に主題とする, 主に12世紀から14世紀初頭の文学作品；イスラム教徒との戦いで「殉教」した*カール大帝の甥コンラートを十字軍の騎士になぞらえて描いた, レーゲンスブルクの*僧コンラートの『ローラントの歌』〔Rolandslied；1170頃〕やその典拠となった『ローランの歌』〔Chanson de Roland；11世紀末〕を先駆とし, *アーサー王伝説と関連するクレティアン・ド・トロワ『クリジェス』〔Cligès；1176頃〕, グランドール・ド・ドゥエ『アンティオケアの歌』〔Chanson d'Antioche；1180頃〕などが知られる；Kreuzfahrerlied参照).

Krieg m. -[e]s, -e, 戦争, 争い；der Dreißigjährige ～ 三十年戦争 (1618年から48年までドイツ〔*神聖ローマ帝国〕を中心に, 30年間断続的に行われた戦争；ボヘミアにおけるフェルディナント2世〔在位1619-37〕のプロテスタント弾圧を契機として勃発し, 当初はカトリックとプロテスタントの諸宗派の宗教的対立による内戦だったが, 周辺諸国が勢力版図拡大の思惑をもって両陣営に荷担し, さらにスペイン及びオーストリアのハプスブルク両家とフランスのブルボン家の政治的対立が加わって国際紛争へと発展した；*ヴェストファーレン条約をもって終結したが, 激しい戦火によってドイツ全土は著しく荒廃し, また神聖ローマ帝国の解体が急進した)；der heilige ～ 聖戦 (神の意志に従って, 神聖な目的のために行われる戦争〔中20章参照〕；教皇グレゴリウス7世〔在位1073-85〕は, 教皇権をもって義勇軍を召集し, 聖戦を遂行できるとして, 後の十字軍派兵の理論的基盤を作った；イスラム教では特に「ジハード」〔Dschihad od. Djihad〕という). **Kriegs・dienst** m. -[e]s, -e, 軍役 (中世における*王国修道院の国王奉仕義務の1つで, 国王の命令によって修道院長が王の出征軍や修道士を兵力とする軍隊を率いたり, 修道院内に騎兵団を配置するなどした).

Krippe 【原義"編み細工"】 f. -, -n, ①飼い葉桶 (イエスが誕生直後に寝かされた, 家畜の飼料を入れるための桶；ルカ2：7). ② (Weihnachtskrippe) クリッペ, 〔クリスマスの〕馬小屋, 厩（うまや）, 馬槽（まぶね）(*ベツレヘムの馬小

屋の模型に，*聖家族，*天使，3人の羊飼い，雄牛とろば〔イザ1：3や*外典福音書の記事による〕の像を配し，イエスの誕生の場面を再現したもので，*降誕節に教会堂や*クリスマスマーケット，各家庭などで飾られる）．

Krone【gr.-lat.】f. -, -n, 冠(王位，支配，名誉，勝利，栄光，知恵〔箴4：9〕等々の象徴；*王たるキリスト，*天の元后〔聖母*マリア〕，*殉教者や世俗の高い地位を棄てて信仰に献身した*聖人などの*表号；Kranz参照). **Kronkardinal** m. -s, ..näle, 重臣枢機卿(16世紀末頃から17世紀にかけ，王侯の推挙により任命された*枢機卿；しばしば*教皇に対するよりも自身を推した俗権に忠誠を示したため，君主は教皇庁への影響力を強めることができた；→ Nationalkardinalとも). **Krönung** f. -, -en, 戴冠(a. die 〜 Mariä 聖母〔マリア〕の戴冠：*被昇天の後，聖母*マリアが天国において「*天の女王」として冠を受けたという思想；13世紀，ヤコブス・デ・ウォラギネ『黄金伝説』により広まった；また，神，キリスト，*聖霊，及び*天使らによる聖母の戴冠を描いた図像．b. → Papstkrönung. c. Königs〜国王戴冠式：中世初期以来のカトリック挙式法に則った国王の即位式；800年*カール大帝が教皇レオ3世〔在位795-816〕から加冠されたのが最初といわれる；現在でもイギリス国王の戴冠式にその伝統が残る). **Krönungs・messe** f. -, -n, 戴冠〔式〕ミサ(a. 教皇や国王の戴冠に際して挙行される*荘厳ミサ．b. aのために作曲されたミサ曲；モーツァルト〔1756-91〕の同名の「ミサ曲ハ長調」〔K.317〕が知られるが，1779年のザルツブルク大聖堂における*復活祭で初演されたもので，名称はおそらく91/92年プラハでの神聖ローマ皇帝〔レオポルト2世ないしフランツ2世〕の戴冠式での使用に由来する).

Krumm・stab m. -[e]s, ..stäbe, ① (Bischofsstab, Hirtenstab, Pastorale) 司教杖，牧杖，バクルス(lat. baculus)：羊飼いの杖を模した，片端の曲がった杖；*司教，*司教冠を受けた*大修道院長，その他の高位聖職者がもつことができ，*司牧職を象徴する). ②《比》教権；unterm 〜 ist <lässt sich> gut leben <wohnen> 司教杖のもとでは安全に(楽に)暮らせる(例えば，大修道院があると町は潤う，安心だ，の意).

Krux → Crux.

Kruzianer【lat.-nlat.】m. -s, -, (ドレスデンの*聖十字架教会の)聖十字架少年合唱団団員．

Kruzifix【mlat.】n. -es, -e, ①〔キリスト〕十字架像，十字架磔刑(㊙)像(十字架上のキリストを描写した彫像). ②《間投詞的に；話》ちくしょう，くそ，くたばれ(呪い，罵倒の言葉；〜 und Alleluja <alle Heiligen>! / Kreuz〜!とも). **Kruzifixus**【< lat. cruci "十字架に" + fixus "架けられた"】m. -, → Kruzifix 1. **Kruzitürken**【< Kruzifix + Türken】int. <südd.>《話》ちくしょう，くたばれ，おやまあ(呪い，怒り，驚きの叫び声).

Krypta【gr.-lat.; < gr. krýptein "隠す"】f. -, ..ten, クリュプタ，クリプト(*ロマネスク式または*ゴシック式教会堂の*内陣の下に造られた，*聖人の遺骸の埋葬，*聖遺物の保管や礼拝のための地下室室).

Krypto・kalvinismus m. -, クリプトカルヴァン主義．**Kryptokalvinist** m. -en, -en,《通常複数で》クリプトカルヴァン派(16世紀半ばの*ルター派内部で，*聖餐論に関して*メランヒトンに従い*カルヴァン的解釈を容認した一派；厳格なカルヴァン派から「隠れ」カルヴァン派として非難された；パンとぶどう酒におけるキリストの現存を否定した).

Krypto・katholizismus m. -, クリプトカトリック主義(*ルター派，*カルヴァン派及びカトリックを調停し，教会合同を図った17世紀のルター派神学者ゲオルク・カリクストゥス〔1586-1656〕とその一派の立場；狭義では，これに影響を受けたケーニヒスベルク大学のヨハネス・エルンスト・グラーベ〔1666-1711〕らによるカトリックへの改宗運動をいう).

Küchen=bruder m. -s, ..brüder, 〜**dienst** m. -[e]s, 〜**meister** m. -s, -, 調理室係，炊事係(中世の修道院職位の1つ；及び，その職位に就いている修道士).

Kukulle【lat.】f. -, -n, ①上衣(*ベネディクト会などで用いられる頭巾〔Kapuze参照〕の付いた男子修道服；襞が多く，幅広の袖をもち，長さは様々だが足首までものが一般的；礼拝の際などに着用される). ②(*東方教会で)総主教や修道院の高位の聖職者が被る，2本の長い垂飾の付いた)僧帽.

Kult【lat.-mlat."保護，陶冶；尊敬"】m. -[e]s, -e, ①祭祀，祭儀(ある信仰共同体において一

定の形式に則って挙行される宗教的儀式）；祭式（ある種の礼拝の形式）．②（聖母や聖人，あるいは特定の人間や物などに対する，しばしば過度の）崇拝，礼拝，礼賛；Götzen～偶像崇拝；Marien～マリア崇敬（崇拝）；[einen] ～ mit jm. (et.³) treiben（或人・或物を）熱狂的に崇拝する．③カルト（新興宗教の，しばしば反社会的な活動を行う団体）．

Kult=gemeinschaft *f.* -, -en, 祭祀共同体（a. ある祭祀を執り行う人々の集まり．b. 教派の異なるキリスト教信徒が，ある教会祭儀において一同に会すること）．**～gerät** *n.* -[e]s, -e, 《通常複数で》祭具．**～handlung** *f.* -, -en, 祭儀（における一定の典礼的行為）．

kultisch *adj.* 祭祀の，礼拝の，祭式の．**Kult・stätte** *f.* -, -n, 礼拝（の場）所．

Kultur=kampf *m.* -[e]s, 文化闘争（1871-87年ドイツ帝国におけるオットー・フォン・ビスマルク〔1815-98〕による一連のカトリック弾圧政策；帝国議会においてカトリック勢力を代表する*中央党が議席数を伸ばしたことに危機感を強めたビスマルクは，バイエルンを中心とするカトリック地域を，プロテスタント優位のプロイセンの統制下に置いて帝国の中央集権化を進めるとともに，政治のみならず生活全般へのカトリック教会の影響力を排除しようと企てた；1872年ドイツ帝国はローマ*教皇庁と断交，73年に成立した「5月法」〔Maigesetze〕は聖職者育成に国家が介入することを認めるものだった；しかし1878年保守的な教皇ピウス9世〔在位1846-78〕が死去し，79年に文化闘争を推進してきた文相アーダルベルト・ファルク〔1827-1900〕が辞任すると，ベルリンと新教皇レオ13世〔在位1878-1903〕との間で和平交渉が進んだ；その結果，聖職者の政治的説教や学校監督を制限する法律は残存したものの，86/87年には弾圧に関する法規は廃止された）．**～protestantismus** *m.* -, 文化プロテスタント主義（キリスト教，特に*宗教改革以後の伝統を，近現代文化の展開に寄与するものとして捉える傾向；フマニテートの陶冶とキリスト教を歴史的に関連付けるヨハン・ゴットフリート・ヘルダー〔1744-1803〕や*シュライエルマッハー，アルブレヒト・リッチュル〔1822-89〕らによる19世紀のプロテスタント*自由主義神学の立場をいう；またプロテスタント教養市民層に関してこの語を用いることもある）．

Kultus【lat.】*m.* -, ..te, → Kult.

Kultus=freiheit *f.* -, 信教の自由（Glaubensfreiheit参照）．**～kongregation** *f.* -, 典礼省（ローマ*教皇庁のうち典礼に関して権限をもつ機関；1969年に設置されたが，75年*典礼秘跡省の1部門に改組された）．

Kumran → Qumran.

Kuppel【lat.-it.; < lat. cupula "（逆さまの）樽"】*f.* -, -n, 円蓋, 穹窿（きゅうりゅう），キューポラ（engl., it. cupola；イタリアの教会建築に関しては「クーポラ」とも；教会堂の*身廊と*翼廊が交差する中央方形部の上方などに位置する半球状の屋根，ドーム〔→ Dom²〕；横から見ると概ね半円だが，平面図では円形，楕円形，六角形，八角形またはその複合体）．

Kuppel=dach *n.* -[e]s, ..dächer, **～gewölbe** *n.* -s, -, → Kuppel. **～kirche** *f.* -, -n, 円頂教会堂（キューポラを戴いた教会建築；*ビザンティン様式に多く見られ，好例はイスタンブールの*ハギア・ソフィア大聖堂）．

Kurat【mlat. "（魂の）世話人，監督"】*m.* -en, -en, ①助任司祭（*小教区の司牧において*主任司祭の補佐ないし代理を務める司祭，あるいは*助祭；Pfarrvikar参照）；*支教区付き司祭（Expositus参照）；《プ》牧師補，副牧師．②司牧者（人々の霊魂の世話人としての聖職者のこと；Seelsorger参照）．③（ボーイスカウトなどの）監督聖職者．**Kuratie**【nlat.】*f.* -, -n, 助任司祭（牧師補，副牧師）の職（及び，その管轄区域）．**Kuratus**【lat.-mlat.】*m.* -, ..ten *u.* ..ti,《古》→ Kurat.

kurial【spätlat.-mlat.】*adj.*［ローマ］教皇庁の，聖庁の．**Kuriale**（I）*f.* -, クーリエ［書体］（元来は，8-15世紀に教皇宮廷で用いられていたイタリック字体；タイプライターの字体として普及した）．（II）*m. u. f.* -n, -n,《形容詞的変化；通常複数で》［ローマ］教皇庁職員．**Kurialismus** *m.* -, 教皇庁中心主義，ヴァティカン主義（ローマ*教皇及び教皇庁が，*司教に対して絶対的な優位性を保持していることを認めるカトリックの中央集権的傾向；対義語: Episkopalismus）．**Kurialist** *m.* -en, -en, 教皇庁中心主義者，ヴァティカン主義者．

Kurie【lat.; 原義"古代ローマ市民の30の区分単位；元老院（議事堂）"】*f.* -, -n, ① (Offizium) [die Römische] ～〔ローマ〕教皇庁(「聖庁」とも;*ヴァティカンにあるカトリック教会の司法・行政機関〔国務省,諸省,裁判所,評議会,事務局など〕の総称;*教皇はこれらの諸機関を通じて,全教会に対する*裁治権を行使する〔CIC. 360〕;なお,邦訳として「法王庁」があり,日本政府はこれを外交上の名称として用いるが,日本の司教団は「教皇庁」を正式名称としている);教皇宮廷内居住者,教皇側近(Papstfamilie参照). ② → Diözesankurie.

Kurien=kardinal *m.* -s, ..näle, 教皇庁付き枢機卿(ローマに定住し,教皇庁の諸省または他の常設機関の長を務める枢機卿;CIC. 354). ～**kongregation** *f.* -, -en, 教皇庁の(各所轄)省,聖省(Kongregation 4 参照).

Kurrendaner【lat.-nlat.】*m.* -s, -, 学生聖歌隊員;少年聖歌隊員. **Kurrende**【< lat. currere "走る"】*f.* -, -n, ①学生聖歌隊(特に16-17世紀ドイツで,結婚式や葬儀などの催しや待降節に,家々の前で聖歌を歌って報酬を受けた,貧しい学生からなる合唱隊). ②《プ》少年聖歌隊. **Kurrende・sänger** *m.* -s, -, → Kurrendaner.

Kuss・tafel (Kußtafel) *f.* -, -n, 接吻牌(Paxtafel参照).

Küster【lat.-mlat. "(教会の宝物の)番人"】*m.* -s, -, (Mesner) ①教会番(聖堂の清掃や管理などを行う「番人」,門の開閉を行う「門番」,鐘撞きなどの雑務一般を担い,教会堂の付設住居に暮らす用務員〔寺男〕のこと;旧教会法典では,教会の職制の1つとされ,僧服を身に付けることが認められていた). ②(元来は:)祭具室係(典礼で用いられる*祭具・祭器の準備や管理を行う者〔Sakristan参照〕;歴史的には,この職務に付随して教会の雑務が委ねられるようになり,それが独立して1の職となった). **Küster・amt** *n.* -[e]s, ..ämter, 教会番の仕事(職務). **Küsterei** *f.* -, -en, 教会番の職(住居,事務室). **Küsterin** *f.* -, -nen, (女性の)教会番;教会番の妻.

Kustodia【lat. "保護,保管"】*f.* -, ..dien, 聖体容器(*ホスティアを携帯するための金属製容器,またはホスティアを*聖体顕示台や*聖櫃に収める際の容器;通常,中のホスティアが見えるように透明のガラスが嵌められた,円い開閉式の本体部分と脚部からなる;Pyxis, Ziborium参照). **Kustodie** *f.* -, -n, (*フランシスコ会修道院の)準管区;die ～ vom Heiligen Land <des Heiligen Landes>【lat. Custodia Terrae Sanctae】聖地準管区《パレスチナにおける*フランシスコ会の修道院組織体,及びその歴史的任務;13世紀の設立時は,地中海東部全域における*十字軍兵士の司牧やイスラム世界への宣教活動を目的とし,その後はラテン教会の唯一の常駐機関として,聖地での典礼遂行,諸聖堂の管理運営,聖地居留者の司牧,巡礼者の援助,学問研究などを行ってきた).

Kustos【lat.】*m.* -, ..toden,《古》→ Küster.

Kutte【germ.-mlat.】*f.* -, -n, 修道服(頭巾付きで腰紐や縄を締めて着用する,裾や袖の長い僧服);die ～ anlegen / zur ～ kommen 修道者になる;aus der ～ springen《戯》聖職を棄てる;jm. in die ～ stecken(或人を)修道院に入れる.

Kutten・träger *m.* -s, -,《古》修道士.

Kybernetik【gr. "操舵術"】*f.* -, ①(プ)教会・教区指導法(実践神学の1部門で,教会・教区の指導と管理運営などに関する方法の研究;Oikodomik参照). ②サイバネティックス(アメリカの数学者ノーバート・ウィーナー〔1894-1964〕が提唱した,通信・情報理論に基づく生物と機械の制御機構に関する学).

Kyriale【gr.-lat.】*n.* -s, キリアーレ(ミサ通常式文,つまり*キリエ・エレイソン〔あわれみの賛歌〕,*グロリア〔栄光の賛歌〕,*クレド〔信仰宣言〕,*サンクトゥス〔及び*ベネディクトゥス;感謝の賛歌〕,*アニュス・デイ〔平和の賛歌〕などを収録した聖歌集;通常は*グレゴリオ聖歌集だが,広義では各国語のものを含む;名称は,巻頭の「キリエ・エレイソン」にちなむ). **Kyrie**【gr. "主よ"】*n.* -s, -s, キリエ(→ Kyrieeleisonの省略形). **Kyrie eleison**【gr. "主よ,あわれみたまえ"】*int.* キリエ・エレイソン(キリストを救い主として祈求する言葉;ミサ冒頭の「あわれみの賛歌」において繰り返し唱えられるほか,*聖務日課の中や*連願の前後,*行列,葬儀,*聖別式などでは独立の祈禱として用いられる;元は東方教会のキリスト賛美の*連禱で唱えられていたもので,5世紀後半*ローマ式典礼にギリシア語のまま取り入れられた). **Kyrie・eleison** *n.* -s, -s, キリエ・エレイソン,あわれみの賛歌(ミサの導入部〔開祭〕の*回心の祈りの後で,会衆が自らの罪を認め,主

の慈しみを願って唱える祈り；「主よ、あわれみたまえ」〔lat. Kyrie eleison. / dt. Herr, Erbarme dich.〕——「キリスト、あわれみたまえ」〔lat. Christe eleison. / dt. Christus, erbarme dich.〕——「主よ、あわれみたまえ」、以上3つの祈りが、先唱者と会衆の*交唱の形で繰り返し唱えられる；及び、ミサ曲などでこれらの唱句に作曲された部分）. **Kyrieleis** *int.* → Kyrie eleison（の省略形；特に、聖歌の結びやリフレインで用いられる形）. **Kyrios**【gr."主, 主人"】*m.* -, キュリオス（*七十人訳聖書ではヘブライ語の神名である*聖四文字に代わるギリシア語単語として、新約聖書においてはキリストの称号の「主」として用いられている；Herr参照）.

L

Laban【hebr."白い"】《固》(*m.*) ラバン（*アブラハムの兄弟ナホルの孫、ベトエルの子で、リベカの兄；*アブラハムの下僕が持参した贈り物を見て、リベカとイサクの結婚を認めた；また逃亡してきた甥の*ヤコブを長年酷使して財を蓄え、代わりに2人の娘〔*レアと*ラケル〕と結婚させた；後にヤコブとラバンは和解して*契約を結ぶ；創24, 29-31章）； ein langer ～ 背の高いやせた男（由来は不明）.

Labarum【lat.】*n.* -s, ラバルム（*コンスタンティヌス大帝が幻視して、ミルウィウス橋の決戦〔312年〕で旗印として用いた「*キリストの組み合わせ文字」〔䍃；→ Chi-Rho〕、「コンスタンティヌスの十字架」の別称；戦勝を記念して、ローマ帝国軍軍旗に定められ、また皇帝の標章として貨幣〔317年〕の刻印にも用いられた）.

Lacrimosa【< lat. lacrima "涙"】*n.* -, ラクリモーザ、ラクリモーサ（*レクイエムにおける*ディエス・イレ〔怒りの日〕の*セクエンツィアの最後の部分；名称は、ラテン語典文の冒頭語 „*Lacrimosa* dies illa"〔涙の日、その日こそ（罪ある人が裁かれるため灰から蘇る）；*Tränenreich* ist jener Tag〕による）.

Lade *f.* -, -n, ①《方》抽斗（ひきだし）. ②《古》櫃（ひつ）, 長持；《単数で》契約の箱（Bundeslade参照）.

Laie【gr.-kirchenlat."民衆"】*m.* -n, -n, 〔一般〕信徒（聖職者〔→ Kleriker〕に対して、それ以外のキリスト教徒のこと；以前は、平信徒、平信者とも）；俗人.

Laien=abbatiat *n.* -[e]s, 信徒大修道院長制（俗人の貴族が封緑として与えられた*大修道院の院長職に就くこと；*カロリング朝後期にしばしば行われた）. ～**abt** *m.* -[e]s, ..äbte, 信徒大修道院長. ～**altar** *m.* -[e]s, ..altäre, 一般信徒〈平信徒〉用祭壇（中世の教会建築で*身廊と*内陣の間、*内陣格子の前に設置され、一般民衆のためのミサに用いられる中央祭壇；→ Gemeindealtarとも；多くは*聖十字架に奉献されており、その場合は → Kreuzaltarと呼ばれる）. ～**apostolat** *n.* (*m.*) -[e]s, -e, 信徒使徒職（聖職者の*使徒職への協力ないし参加に留まらず、教会権威者の指導、委任または認可のもとに行われる、一般信徒による能動的・組織的な使徒的活動のこと〔「信徒使徒職に関する教令」、1965年〕；*カトリック・アクションにおいて、また第2*ヴァティカン公会議以降に特に強調された；CIC. 225）. ～**beichte** *f.* -, -n, ①一般信徒への告白（a. 緊急の場合であって*司祭が不在時に、一般信徒を相手に行われる*告白. b. 良心の*糾明に有益であり、悔悟の念を深めるとして*トマス・アクィナスが推奨したもの；ただし*秘跡でないため、*罪のゆるしは与えられない）. ②（*東方正教会における）修道士への告白（正教会では修道者は*神品（しんぴん）ではなく、そのため一般信徒に対するものと同等とみなされる）. ～**bewegung** *f.* -, -en, 信徒〔使徒職〕運動（*Katholische* Aktion参照）. ～**brevier** *n.* -s, -e, 一般信徒用聖務日課〔書〕（一般信徒が個人ないし共同で行う*聖務日課での使用のため、公式の*聖務日課書から抜粋、編纂したもの）. ～**bruder** *m.* -s, ..brüder, 信徒修道士（以前は、助修士、平修士、労働修士とも；*聖職者修道会の成員のうち、*修道誓願は立てたが*叙階を受けておらず*司祭の身分にない者、またはその準備に至っていない者；かつては、特に*聖務日課の*交唱の義務がない者、また修道院内の労務に従事する者を指していたが、第2*ヴァティカン公会議以降、信徒修道士と聖職者会員の権利・義務や労働

内容の差異は小さくなっている). **~genossenschaft** f. -, -en, 信徒組合. **~helfer** m. -s, -, 一般信徒［司牧］協力者, 司牧助手. **~investitur** f. -, -en, 俗人叙任(俗権による高位聖職者の任命；Investitur a参照). **~kelch** m. -[e]s, 一般信徒のぶどう酒の拝領(一般信徒は通常, パンの*形色のみで*聖体を受けるところを, ぶどう酒の形色でも〔またはぶどう酒のみで〕*聖体拝領を行うこと；CIC. 925参照). **~kommunität** f. -, -en, 一般信徒修道会(*叙階の秘跡を受けていない一般信徒からなる修道会；例えば, 独身女性たちによるもの). **~missions・gesellschaft** f. -, -en, 一般信徒布教会(布教地において医療, 教育, 技術援助などの実際的活動を通して布教活動に従事する一般信徒の団体). **~mönch** m. -[e]s, -e, → ~bruder. **~organisation** f. -, -en, 信徒団体(*信徒使徒職の実践のため, 教会の認可や指導のもとで, 福音宣教や聖化, 慈善活動などを行うために組織された一般信徒の団体). **~pfründe** f. -, -n, 俗人聖職禄(*聖職売買などによって聖職者以外の者の所有となった*司教区や修道院などの*聖職禄). **~prediger** m. -s, -, 信徒説教師, 俗人説教師. **~predigt** f. -, -en, 一般信徒による教話(説教)(ミサ中に行われる；CIC. 766参照). **~priester** m. -s, -,《古》在俗司祭(Weltgeistliche参照). **~rat** m. -[e]s, ..räte, 信徒評議会(a. 一般信徒を交えた教会運営の機関. b. der Päpstliche ~rat *教皇庁の評議会の一機関で, 信徒の*使徒職や信仰生活, 信徒団体を管轄する).

Laienschaft f. -,［一般］信徒(の総体).
Laien=schule【< fr. école laïque】f. -, -n, 世俗学校(教会の介入を受けず, 聖職者を排除し, 宗教教育を一切行わない初等教育機関；特にフランス第3共和制下, 世俗教員のみによる公教育を規定した初等教育組織法〔ゴブレ法；1886年〕に基づくもの). **~schwester** f. -, -n, 信徒修道女(助修女, 平修女とも; →~bruder参照). **~stand** m. -[e]s, 一般信徒の身分; einen Kleriker in den ~stand zurückversetzen ある聖職者を*還俗させる. **~theologe** m. -n, -n, (*聖職者の身分にない)神学者; (*叙階の意志のない)神学生.
Laientum n. -s, ①［一般］信徒であること, 信徒の身分. ②［一般］信徒(の全体). **Laienverein** m. -[e]s, -e, 信徒の会(キリスト教的生活の促進, 使徒的活動などの目的で設立された一般信徒の団体；CIC. 327-29).

laikal【kirchenlat.】adj. (対義語: klerikal)［一般］信徒の(に関する); 俗人の. **Laikal・institut** n. -[e]s, -e,［一般］信徒の会, 非聖職者の会(*叙階を受けない会員からなる, 教会公認の*奉献生活の会；CIC. 588§3).

laisieren【gr.-lat.-rom.】t. (h) 還俗させる; einen Geistlichen ~ 聖職者を還俗させる; sich ~ lassen 還俗する. **Laisierung** f. -, -en, (Reduktion) 還俗(^{かん})(聖職者や修道者が, 認可を受け, 合法的に一般信徒の身分と世俗の生活に戻ること; *叙階の秘跡は*霊印として消えることはないが, 聖職者の身分とこれに付随する権利・義務を喪失する〔CIC. 290-93〕; 修道者の場合は, *修道誓願が有期であれば, 本人の自由意志による退会をもって還俗できるが, *終生誓願者は, 教会権威者の許可が必要となる〔CIC. 688, 691〕). **Laizisation** f. -, -en, 世俗化(a. → Laisierungと同じ. b. *聖別された物ないし人を世俗の用途に戻すこと. c. 俗権による教会財産の強制的国有化, または教会事業の国営化). **Laizismus**【gr.-lat.】m. -, ①世俗主義(元来, 聖職者に委ねられるべき教会内外の宗教活動を, 一般信徒がこれに反対して代行すること；また, 世俗的生活領域の全般から教権の介入を排除し, 国家と教会とを完全に分離しようとする反教会的思想・傾向；例えば, フランス革命や第3共和制, また共産主義政権のもとでの; Antiklerikalismus参照). ②(宗教的議論における)俗っぽい意見. **Laizist** m. -en, -en, 世俗主義者. **laizistisch** adj. ①世俗主義の. ①一般信徒の身分にあることを(過度に)強調する.

Laktizinien【lat.-mlat.】pl. 乳製品(かつてカトリック教会では*四旬節の間, 卵や肉などとともに摂取が禁じられていた；現在も*東方正教会では*大斎の期間中, あらゆる乳製品の節制が定められている).

Lamech《固》(m.) レメク(a. *カインの子孫で, 遊牧民の祖ヤバル, 楽師の祖ユバル, 鍛冶の祖トバル・カインの父；創4 :19-22. b. *ノアの父；創5 :28-29). **Lamech・lied** n. -[e]s, レメクの歌(レメク〔a〕が妻たちに対し, 自分の受けた傷の77倍の報復をすると豪語した復讐の歌；ヨハン・ゲオルク・ハーマン

〔1730-88〕とヨハン・ゴットフリート・ヘルダー〔1744-1803〕以降、「剣の歌」〔Schwertlied〕とも呼ばれる；創4:23-24）．

Lamentation【lat.-fr.】*f.* -, -en, ①悲嘆、嘆き．②《複数で》a.［エレミアの］哀歌（の*ウルガタ訳〔Lamentationes〕に基づく名称；Klagelied 2参照〕．b. 哀歌、嘆きの歌（かつて*聖週間の最後の3日間〔*過越の三日間〕の*朝課に、典礼の中で朗読された*エレミアの哀歌の一部；「聖週間のための［エレミアの］哀歌集」として*パレストリーナ、アレッサンドロ・スカルラッティ〔1660-1725〕、ヤン・ディスマス・ゼレンカ〔1679-1745〕など多くの音楽家が作曲している）．

Lametta【lat.-it."薄い金属板"】*n.* -s, / *f.* -, ラメッタ（クリスマスツリーなどを装飾するのに用いられる金色や銀色の金属箔のモール）．

Lamm【< lat. agnus】*n.* -[e]s, Lämmer, 小羊（a. 柔和、*従順、無垢、可憐、*純潔、忍耐、*謙遜などの象徴．b. 旧約時代に*過越祭などに屠られた*いけにえの獣〔出12:3他〕；正教会などで、*聖土曜日に祝別されて*復活祭の料理に用いられる習慣がある．c. キリストのこと〔イザ53:7；〜 Gottes参照〕；小羊像（特に中世の装飾彫刻に見られ、キリストの表現として、しばしば*十字杖や*十字旗を伴う）．d. *使徒たちのこと；初期キリスト教のモザイクなどに見られる；ルカ10:3．e. キリスト教信者のこと；Schaf, der gute *Hirt*参照．f. アグネス〔304年頃殉教したローマの聖女；Agnesの綴りがagnusに似ていることから〕や洗礼者*ヨハネなどの*アトリビュート）；〜 Gottes【< lat. Agnus Dei】神の小羊（人間の罪の償いのために、いけにえとされるイエス・キリストのこと；洗礼者*ヨハネがキリストを指して言った「世の罪を取り除く神の小羊」〔das 〜 Gottes, das die Sünde der Welt hinwegnimmt；ヨハ1:29〕に基づく；Agnus Dei参照）．**lamm・fromm** *adj.*（小羊のように）従順な、おとなしい、忍耐強い．

Lampe【gr.-lat.-vulgärlat.-(alt)fr.】*f.* -, -n, 灯火（燈）、ランプ（a. 神の言葉、知識の象徴〔詩119:105；Licht 1参照〕．b. 知性、思慮深さの象徴；*最後の審判への備えを勧める「賢い乙女たちと愚かな乙女たち」の譬え〔マタ25:1-13〕を参照．c. 信仰や善き行いの象徴；「無くした銀貨」の譬え〔ルカ15:8〕、*山上の説教〔マタ5:15-16〕を参照〕；die Ewige 〜 → das Ewige *Licht*.

Land *n.* -[e]s, Länder（詩: -e）, ①土地；das 〜, wo Milch und Honig fließt 乳と蜜の流れる土地（非常に豊かな国の譬え；出3:8）；das 〜 der Verheißung / das Gelobte 〜 約束の地（Kanaan a参照）；das Heilige 〜 聖地（パレスチナ）．②国；州（ドイツやオーストリアの行政単位）；領邦（Territorium参照）．

Landes=bischof *m.* -s, ..bischöfe, （*ドイツ福音主義教会の）州教会監督．〜**kirche** *f.* -, -n, ①国教会（Nationalkirche参照）．②領邦教会（*領邦国家毎に独立したプロテスタントの教会組織；領邦国家の独立、及び領主と領民の宗派の一致を認めた*アウクスブルク宗教和議〔1555年〕と*ヴェストファーレン条約〔1648年〕によって制度的に成立した）．③州教会、ラント教会（*領邦教会に基づいて、第2次世界大戦後に成立した*ドイツ福音主義教会の民主主義的な地方教会組織で、その管轄は州の行政領域とほぼ一致する；現在、ドイツ国内に20の州教会がある）．〜**kirchentum** *n.* -s, ①国教会制度（Staatskirchentum参照）．②領邦教会制度；州教会制度．〜**staat** *m.* -[e]s, -en, → Territorialstaat．〜**synode** *f.* -, -n, ドイツ福音主義教会総会、州教会総会（毎年開催されるドイツ福音主義教会の最高議決機関）．

Land=geistliche *m.* -n, -n,《形容詞的変化》→ 〜pfarrer．〜**kapitel** *n.* -s, -, 小教区、主任司祭管区（→ Ruralkapitelと同じ）．〜**kirche** → Landeskirche．〜**kloster** *n.* -s, ..klöster, 田舎の修道院、地方修道院．〜**komtur** *m.* -s, -e, ラント・コムトゥール（Komtur参照）．〜**meister** *m.* -s, -, ラント・マイスター（*ドイツ騎士修道団領を管轄する騎士団長）．〜**pfarre** *f.* -, -n,（方）→ 〜pfarrei．〜**pfarrei** *f.* -, -en, 地方司祭（田舎牧師）の教区（小教区）．〜**pfarrer** *m.* -s, -, 地方司祭、田舎牧師．〜**pfleger**【lat. procurator（の*ルター訳）】*m.* -s, -, 総督（Prokurator a参照）．

Lang=haus *n.* -es, ..häuser, 〜**schiff** *n.* -[e]s, -e, 長廊、長堂（*バシリカ式教会堂や*ホール式教会堂の*身廊と*側廊の部分を合わせた空間；通常は東西方向に伸びている）．

Lanze【lat.-(alt)fr.】*f.* -, -n, ①［長］槍；die Heilige 〜 聖槍（十字架上のキリストの右脇腹を

刺したローマの兵士ロンギヌスの槍〔ヨハ19:34〕；兵士の名前(Longinus)は*正典の福音書にはなく，*外典の*ニコデモ福音書にのみ記されている〕；326年聖*ヘレナが*聖十字架とともにエルサレムで発見したとされ，その穂先は*コンスタンティノポリスを経て，13世紀にパリに渡ったが，フランス革命以降所在不明となった；柄の部分は現在*サン・ピエトロ大聖堂が所蔵する；ウィーンの王宮宝物館にある聖槍は，*神聖ローマ帝国の宝物〔Reichskleinodien〕の1つ；他にも複数の聖槍の現物ないし伝説が存在する）．②《東》聖戈(ほこ)，ほこ(東方正教会の*聖体機密で供物のパンを切り分けるのに用いられる両刃のナイフ；聖槍のかたどり)．

Laodizener・brief *m.* -[e]s, ラオディキア人への手紙(a. 小アジア，フリギアの都市ラオディキア〔ラオディケイア；Laodikeia〕の信徒を督励するために*パウロが書いた手紙〔コロ4:16〕で，現存しない；*エフェソの信徒への手紙と同一とする説があるが正体は不詳；*ウルガタ訳に含まれるものは新約聖書*外典の1書で*偽書．b. 黙2-3章にある7教会の天使宛の書簡の1つで「ラオディキアにある教会にあてた手紙」；緊張感を失った同地の教会の現状を嘆き，キリストの*再臨が近いことを告知する；黙3:14-22)．

Lapsi【*lat.*"脱落者"】*pl.* 背教者(3世紀頃迫害を逃れるため，自身のキリスト教信仰を否定して異教的祭儀を行った人々の総称；その後に*回心し教会への復帰を望んだ者の受け入れに関して，第1回*ニカイア公会議〔12-13年の償いを科すことを決議〕などで議論が重ねられたが，*ノヴァティアヌス派や*ドナトゥス派の*離教が起こった)．

lässlich (läßlich)【< lassen】*adj.* とるに足らない；（宗教的に）罰するにあたらない；die ~e Sünde【< *lat.* peccatum veniale】小罪(*大罪とは異なり，無知や無意識のゆえに神の戒を破ったことによる一時的な神からの離反；または，知識や同意に基づくものであっても，重大な罪とはみなされないもの)．

Laster【原義"誹謗，汚辱"】*n.* -s, -, (対義語: Tugend) 悪徳(自発的かつ習慣的に，道徳的悪へ向かう堕落した性質，状態)．**Lästerei** *f.* -, -en, (神，神聖とされた人や物，信仰などに対する)冒瀆，瀆聖，汚聖；冒瀆的言辞．**Lästerer** *m.* -s, -, 冒瀆者，瀆神者．**Lästerin** *f.* -, -nen, → Lästerer (の女性形)．**Laster・katalog** *m.* -[e]s, -e, 悪徳表(新約聖書や*使徒教父文書に見られる悪徳の一覧；例えば，ロマ1:29-31，ガラ5:19-21)．**lästerlich** *adj.* 冒瀆の，瀆神的な；~e Worte 冒瀆の言葉．**Läster・maul** *n.* -[e]s, ..mäuler,《話》①冒瀆者，瀆神者；悪への性向(箴4:24の*ルター訳 „Tu von dir die Falschheit des Mundes und sei kein ~."〔曲がった言葉をあなたの口から退け／ひねくれた言葉を唇から遠ざけよ〕にちなむ)．②《比》毒舌(家)，中傷(者)．**lästern** *t.* (*h*) (神，神聖な人や物，信仰などを)冒瀆する，瀆聖する．**Läster・rede** *f.* -, -n, 冒瀆的言辞；~n führen 冒瀆的な言葉を弄する．**Lästerung** *f.* -, -en, 冒瀆，瀆神，汚聖(Blasphemie, Sakrileg参照)．**Läster・zunge** *f.* -, -n,《話》→ Lästermaul.

Lätare【*lat.*】《無冠詞；不変化》レターレ〔の主日〕，喜びの主日(*四旬節の第4の主日；名称は，当日のラテン語*入祭文の冒頭語 „*Laetare*, Ierusalem"〔喜べ，エルサレムよ；*Freue dich*, Jerusalem；イザ66:10〕にちなむ；四旬節中であるが，祭壇の花飾り，オルガンその他の楽器の演奏，〔ガウデーテの主日とともに〕バラ色の祭服の着用が許されており，またこの日*教皇によって*黄金のバラの祝別が行われる；Rosensonntag参照)．

Latein【*lat.*】*n.* -s, ラテン語(古代ローマ，ラティウム地方の一方言であったが，ローマ帝国の公用語となり，その支配圏の拡大とともに使用領域が広がる；すでに2世紀後半から，*ギリシア語に代わる*西方教会の公用語となって，聖書〔Vetus Latina, Vulgata参照〕，典礼，神学，またその他の学問などでも広く用いられた；第2ヴァティカン公会議で，典礼における自国語の使用が認められたが，現在もなおローマ・カトリック教会で唯一の公用語とされる；*ヴァティカン市国では，公式文書にはラテン語が，日常業務では主にイタリア語が使用され，他にフランス語やドイツ語も用いられている)．**lateinisch** *adj.* ラテン語(文字)の，ラテン教会の，ラテン式〔典礼〕の；die ~e Kirche ラテン教会(カトリック教会の大半の部分で，*ラテン式典礼を用い，ラテン教会*総大司教〔ローマ*教皇〕の管轄下にある；*カトリック東方教会あるいは*東方正教会及び*英国国教会に対する語

で、*西方教会と同じ）；das ～e Kreuz ①ラテン式十字［架］（縦木が横木より長い十字架；上部と左右の枝の長さは同一で、下部はその2倍程度が一般的），②ラテン十字型（縦軸が横軸より長い十字型で、教会建築の平面図に用いられる場合には、縦軸が*身廊、横軸が*翼廊に対応する）；die ～e Liturgie ラテン［式］典礼（広義では、東方教会の典礼に対し、ラテン語を典礼語とする西方教会の典礼諸様式のこと；*ローマ式典礼の他、*ガリア式典礼、*モサラベ式典礼、*ミラノ式典礼、*ケルト式典礼、北アフリカ式典礼などがある；狭義は、その中で、*カロリング朝以降、西方の統一典礼様式とされてきたローマ式典礼をいう；die *römische* Liturgie参照）；die ～e Sprache ラテン語（Latein参照）.

Lateran【ローマ時代の所有者Laterani家にちなむ】*m.* -s, ①ラテラノ宮殿（ローマのモンテ・チェリオに立つ教皇宮殿；*コンスタンティヌス大帝の寄進により、312年教皇の宮廷となって、以降5回の公会議が開催されるなど、1308年までの約千年間、ローマ教会の中心だった；しかし1305-77年の*アヴィニョン幽囚時代はほとんど用いられず、1308年と60年、2度の災禍で壊滅的被害を受けたため、77年以降教皇は*ヴァティカン宮殿に居住している；1841年より美術館として用いられている建物は、16世紀末、教皇シクストゥス5世〔在位1585-90〕時代に小規模に再建されたもの）, ②ラテラノ大聖堂（正式には、サン・ジョヴァンニ・イン・ラテラノ大聖堂〔San Giovanni in Laterano〕；ラテラノ宮殿に隣接するキリスト教界最高位の*バシリカ；コンスタンティヌス大帝の寄進によるが、13世紀に*ゴシック様式に改築され、また1308年と60年の大火災後の改装のため、当初の姿から大きく変わった；1650年の*聖年に向け、教皇インノケンティウス10世〔在位1644-55〕は建築家フランチェスコ・ボッロミーニ〔1599-1667〕に依頼して内部の大改修を行い、1735年にはアレッサンドロ・ガリレイ〔1691-1737〕のデザインによるバロック式の壮麗な*ファサードが付け加えられた）. **Lateranbasilika** *f.* -, ラテラノ大聖堂（Lateran 2参照）. **Lateranensisch** *adj.* ラテラノ（大聖堂、修族）の；der ～e Abt ラテラノ大修道院長（ラテラノ修道参事会の長の称号）；～e Chorherren【lat. Canonici regulares Lateranenses】*pl.* ラテラノ修道参事会（*アウグスティヌスの戒律を用いる「ラテラノ至聖救世主修道参事会」〔dt. ～e Chorherren vom heiligsten Erlöser；lat. Congregatio sanctissimi Salvatoris Lateranensis〕のこと；1059年に設立された最古の*律修参事会の1つで、15世紀半ばよりラテラノ大聖堂を拠点とする；現在イタリア、ポーランド、モラヴィア、オーストリアなどに同一の会憲を用いる修族がある；略: CRL）.

Lateran=konzil *n.* -s, -e, *u.* -ien, ラテラノ公会議（a. ラテラノ宮殿で開かれた計5回の*公会議；第1回〔第9回公会議, 1123年〕：西欧で行われた最初の公会議で、カリストゥス2世〔在位1119-24〕のもと、*ヴォルムス協約の公認と宣布により*叙任権闘争を終結させた；第2回〔第10回公会議, 1139〕：イノケンティウス2世〔在位1130-43〕が召集；*対立教皇アナクレトゥス2世〔在位1130-38〕を支持した司教、修道院長の*破門を宣言；聖職者の妻帯禁止を法的に明確化した；第3回〔第11回公会議, 1179〕：アレクサンデル3世〔在位1159-81〕が召集；教皇選挙が、選挙権をもつ*枢機卿の3分の2の多数決によることや、*カタリ派、*ヴァルド派の処置を決定；第4回〔第12回公会議, 1215〕：イノケンティウス3世〔在位1198-1216〕のもと、広範にわたる信仰及び教会改革の教令を決議した中世最大の教会会議；*アルビ派、ヴァルド派を排撃するために*実体変化の概念を初めて用いた；また最低でも年1回の*ゆるしの秘跡と*復活祭の頃の*聖体拝領を信徒に義務付けた；第5回〔第18回公会議, 1512-17〕：ユリウス2世〔在位1503-13〕とレオ10世〔在位1513-21〕のもとで開催された；ピサ教会会議の無効宣言；*公会議首位説を排斥し、教皇の権威を強化した；また人間の霊魂が死すべきものだとする*ラテン・アヴェロエス主義の認識を排斥した. b. ラテラノ教会会議：ラテラノで開かれた*教会会議のうち公会議と認められないもので、313年〔*ドナトゥス主義の排斥〕, 649年〔*キリスト単意説の排斥〕, 769年, 863年〔コンスタンティノポリス総主教フォティオス1世の廃位〕, 1059年〔教皇選挙の規定〕, 1112年, 1116年〔ストリの政教条約の排斥〕などに開催された）. **～palast** *m.* -[e]s, ラテラノ宮殿（Lateran 1参照）.

Lateransynode

~**synode** f. -, -n, → ~konzil. ~**universität** f. -, ラテラノ大学（ラテラノ宮殿内にある教皇庁立大学；1773年教皇クレメンス14世〔在位1769-74〕が*ローマ学院の哲学部と神学部を*イエズス会以外の聖職者に委託したことに始まる；1824年ローマ学院のイエズス会復帰に伴って独立し，サンタポリナーレ宮殿で教育活動を継続，1913-14年にラテラノに移転した；1959年教皇庁立大学に昇格）. ~**vertrag** m. -[e]s, ..träge, （通常複数で）ラテラノ条約〈協約〉(1929年ラテラノ宮殿で，ローマ教皇庁とベニート・ムッソリーニ〔1883-1945〕のイタリア政府との間で締結された；イタリア政府が教皇を元首とする*ヴァティカン市国の発足を認め，イタリア国内におけるカトリック教会の自由な活動を保証する一方で，教皇庁もイタリアを国家として承認した；1984年の改正により，カトリックをイタリアの唯一の国教と認定したことや公教育における教理教育の義務化などに関する規定が廃止された）.

Laterne【gr.-(spät)lat.】f. -, -n, ①ランタン，提灯. ②頂塔（教会建築で*キューポラの頂上部に造られた採光用の小塔）. **Laternen・umzug** m. -[e]s, ..züge, 提灯行列（例えば，聖マルティン〔トゥールの司教聖*マルティヌス〕の祝日の11月11日に，ドイツやオーストリア各地の学校や幼稚園で子供たちによって行われる催し）.

Latinisation f. -, -en, **Latinisierung** f. -, -en, （*東方教会などの典礼や習慣の）ラテン化，カトリック化.

Lätitia【< lat. laetitia "喜び"】《無冠詞》Maria ~【< lat. Laetitiae Mariae】聖母マリアの喜び (die Sieben Freuden *Mariens*参照).

Latitudinarier【< engl. latitudinarian】m. -s, -, ①（しばしば軽蔑的に：*英国国教会の）自由主義者，広教〔会〕派の信徒(Broad-Church参照), ラティトゥーディナリアニズムの信奉者. ②《古》（宗教・信条上の）無関心主義者，自由主義者；宗教的に寛容な人. **Latitudinarismus**【< engl. latitudinarianism】m. -, ①広教〔会〕主義，ラティトゥーディナリアニズム（*アルミニウス主義の影響下で，17-18世紀の*英国国教会内部に生じた自由主義的傾向；教義，典礼，教会組織上の寛容を強く主張した). ②（宗教・信条上の）無関心主義，自由主義.

Latrie【gr.-spätlat. "(神に*いけにえを献げて)仕えること"】f. -, 礼拝（神，キリストだけに献げられる絶対的な崇拝；*天使や*聖人を対象とする → Dulie, 聖母*マリアに向けた → Hyperdulieと区別される).

Laubhütten・fest n. -[e]s, -e, 仮庵祭 (סֻכּוֹת) （ユダヤ教3大祭のうち最大のもの〔出23:14；他の2つは，*過越祭と七週の祭り〕；ティシュレイの月〔第7の月；太陽暦の9-10月〕の15日からの1週間〔後には8日間〕，エジプトを脱出したイスラエルの民が，40年間*荒野で*幕屋に仮住まいしたことを記念する；元来は，秋の果物の収穫を感謝する農耕祭；レビ23:34-43, 民29:12-39).

Lauda【mlat.-it. "賛美"】f. -, -de, **Laude** f. -, ..di, ラウダ（13-16世紀のイタリア語〔またはラテン語〕による単旋律の通俗的宗教歌曲；「宗教的賛美の歌」〔it. Lauda spirituale〕とも；典礼外で広く民衆によって歌われた．アッシジの*フランチェスコの「太陽の賛歌」〔Il canto del sole〕は中世のラウダの代表作).

Laudes【< lat. laudes matutinae "朝の賛美"; < lat. laus "賛美"の複数形】pl. ①賛課, 讃課（以前の*聖務日課で，1日のうち2番目〔6-8時頃〕に行われた*定時課；名称は，1911年までの「ローマ聖務日課」でその際に唱えられた*詩編148-50が「（主を）賛美せよ」の語で始まることにちなむ). ②朝の祈り（第2*ヴァティカン公会議後の典礼改革による現在の「*教会の祈り」のうち，その日1日を奉献し，自らの仕事を聖化するための朝の祈り〔lat. preces matutinae〕のこと). **Laudist**【lat.-nlat.】m. -en, -en, （通常複数で）ラウデージ，賛歌詠唱者(lat. laudesi；特に13-16世紀イタリアで*ラウダを創作，演奏，伝承した人々，信徒会).

Laura【gr.-mgr.; < gr. laúrē "(狭い)廊下"】f. -, ..ren, （対義語: Zönobium）ラウラ, ラヴラ（a. 散居修道院：4世紀パレスチナに始まる修道生活の1形態；共通の修道院長のもとで*隠修士がそれぞれ独居生活を送り，土曜日と日曜日のミサ〔聖体礼儀〕のみを共同で行う；*アトス山のメギスティ・ラウラ修道院やロシアのキエフ，サンクト・ペテルブルグ，ザゴルスク，ポチャイフの修道共同体などに見られる. b. 聖堂を中心に一定区域内に群立

するaの隠修士の独居房；通路で繋がっていることから).

Laurentianisch【< Laurentius】*adj.* ラウレンティウス(?-506/7；ローマの首席司祭)の；das ～e Schisma → das Laurentianische *Schisma*.

lauretanisch【lat.；→ Loretoのラテン名Lauretum "月桂樹の森"にちなむ】*adj.* ロレトの；die ～e Litanei ロレトの連願(1587年教皇シクストゥス5世〔在位1585-90〕によって公認された聖マリアの*連願；16世紀，聖母巡礼地の*ロレトで盛んに行われたため，この名がある；聖母に対する様々な称号による呼びかけと会衆の応唱からなる).

Lausanne《固》ローザンヌ(スイス西部，レマン湖北岸に位置する都市；6世紀末に聖マリウス〔530/1-94〕により司教座が置かれ，12-13世紀に*ゴシック様式のノートルダム大聖堂〔直径9mの*バラ窓が有名〕が建てられた；1536-1798年，ベルンの支配下にあった). **Lausanner** *adj.*《不変化》ローザンヌの；die ～ Weltkonferenz ローザンヌ世界会議(1927年8月ローザンヌで開催された約90のプロテスタント諸教派による第1回*信仰と職制世界会議；教会統一と世界に対する教会の使命などが論議された).

Läuterung *f.* -, -en, ①《単数で》煉獄(Fegefeuer参照). ②(煉獄における魂の)浄化.

Lavabo【lat. "(私は手を)洗う"】*n.* -[s], -s, ①洗手式(ミサ中の*奉献の儀で，*司祭が「清めの祈り」を黙誦しながら手指を洗う部分；名称は，その際に唱える「主よ，わたしは手を洗って潔白を示し…」〔*Lavabo* inter innocentes manus meas...〕〔詩26：6〕のラテン語典文の冒頭語にちなむ). ②ラヴァボ(a. 水受け皿，聖水盤；1で司祭が指をすすいだ*聖水を受けるための浅い小皿. b. 1のための聖水を入れる水差し. c. 1で司祭が手を拭くのに用いる白布).

Lawra → Laura.

Laxismus【lat.-nlat.】*m.* -, 弛緩説(自由と法が相剋する行為において，良心に疑いがある場合，自由の側に少しでも蓋然性があるならば，法より自由の側の意見に従ってよい〔法に反する行為が認められる〕とする倫理神学上の学説；17世紀，アレクサンデル7世〔在位1655-67〕とインノケンティウス11世〔在位1676-89〕の両教皇によって再三排斥された).

Lazarist【< fr. Saint-Lazare】*m.* -en, -en,《通常複数で》ラザリスト会(聖ヴァンサン・ド・ポール〔ヴィンセンシオ・ア・パウロ；1581-1660〕が1625年パリに創立した「*ヴィンセンシオの宣教会」の別称；1633年教皇ウルバヌス8世〔在位1623-44〕に認可されると，本部をサン・ラザール修道院に置いたことからこの名がある；共同生活をする*教区司祭からなる司祭宣教会で，〔当初はイスラム圏を中心とした〕宣教活動，信徒の黙想の指導，聖職者の育成などを目的とする；略: CM).

Lazarus【hebr."神は助ける"】《I》《固》(*m.*) ラザロ(a. ベタニアに住むマリアとマルタの兄弟で，病没して4日後にイエスが蘇らせた；*ファリサイ派はイエスに対する民衆の信仰がこの奇跡によって強まることを警戒し，イエスとラザロをともに殺害する計画を立てた；ヨハ11：1-53, 12：10. b. イエスの来世の*譬え話に登場する人物；ある金持ちが死後は*陰府に落ちて苦しみを受けたのに対し，生前その邸宅の門前で病と貧困に苦しんでいたラザロは*アブラハムのもとで安息を得た；ルカ16：19-31).《II》*m.* -[ses], -se,《話》(貧しく病気の)哀れな人；ein armer ～ sein 気の毒な人だ.

Lazarus=kreuz *n.* -es, -e, ラザロ十字[架](→ Kleeblattkreuzと同じ形の十字架). **～orden** *m.* -s, ラザロ騎士修道会, 聖ラザロ騎士団(11世紀半ば, *エルサレムで*癩病者看護を目的に創設された騎士修道会；後に聖地における軍事活動にも従事した；1772年に*世俗化し, フランス王家に従属して消滅したが, 1956年フランスで修道会として再興され, 教皇ヨハネ23世〔在位1958-63〕の認可を得た).

Lea【hebr."野生の雌牛"】《固》(*f.*) レア(*ラバンの長女で*ラケルの姉；妹の方を妻に望んでいた*ヤコブは, ラバンの策略によって, 7年の労務の後, まずレアと結婚しなければならず, その7年後にようやくラケルと結婚することができた；レアは*イスラエルの部族の祖となったルベン, シメオン, レビ, ユダ, イサカル, ゼブルンと末娘ディナを産んだ；創29：15-30：21).

Leben *n.* -s, -, 人生, 命, 生涯, 生活(Vita 2参照)；das aktive <tätige> ～ → das *aktive* Leben；das geweihte ～ → das *geweihte* Leben；

Lebensbaum

das beschauliche <kontemplative> Leben → das *beschauliche* Leben；das Institut des geweihten 〜s → das *Institut* des geweihten Lebens.

Lebens=baum *m.* -[e]s, (der Baum des Lebens) 命の木, 生命の木 (a. 生命力の源泉, 象徴；*善悪の知恵の木とともに*エデンの園の中央にあって, その実を食べた者は*永遠の命を得る〔創2:9, 3:22〕. b. 救済の象徴；「天のエルサレム」の「*命の水」の川辺にあって毎月実を結び, その葉は諸国民の病を癒す〔黙22:2〕. c. 【lat. lignum vitae】キリストが架けられた十字架は, その血によって命が吹き込まれ芽を出したという伝説があり, 13世紀に*ボナヴェントゥラの著作『生命の木』〔Lignum vitae〕を通して広まった；及び, これを主題とする図像〔1328-38年, フィレンツェのサンタ・クローチェ修道院の食堂に, タッデオ・ガッディ〔1290頃-1366〕が描いた壁画が有名〕). **〜beichte** *f.* -, -n, 生涯の〔総〕告白 (それまでの生涯で犯した罪のすべてを告白すること；修道生活に入る際や司祭職に就くときなどに行われる). **〜buch** *n.* -[e]s, 命の書 (a. 救済の予定されている人の名が記されている神の書；詩69:29. b. 誕生前から各人の生涯が記されている神の書；詩139:16). **〜wasser** *n.* -s, 命の水 (キリストによる救済と*永遠の命の象徴；霊的な渇きを癒し, これを飲む者は*永遠の命が与えられる；黙21:6, 22:17, ヨハ4:14, 7:38). **〜weihe** *f.* -, -n, 命の奉献 (修道者が自己の人生のすべてを神に*奉献すること；*殉教を意味する場合もある).

Legat【lat.】*m.* -en, -en, [der Apostolische *od.* Päpstliche] 〜 教皇特使 (外交, 荘厳な儀式, 重要会議, または教会の監督のため, 他国に派遣されるローマ*教皇の代理人〔CIC. 358〕；狭義では, 一時的な特別任務を帯びた教皇の全権特使〔=教皇特派使節〕で, *枢機卿がこれにあたる；他に, *教皇〔庁〕大使, *教皇〔庁〕公使, 及び単なる名誉称号としての職位的特使がある). **Legation**【lat.】*f.* -, -en, ①教皇使節団. ②枢機卿管区 (かつての*教皇領の一部で, *枢機卿が管轄した区域).

Legenda aurea【lat.】*f.* -, 黄金伝説 (ヤコブス・デ・ヴォラギネ〔1228/9-98；ジェノヴァ大司教, *ドミニコ会士〕が1263-73年に著した*聖人伝集；*典礼暦の聖人の祝日毎に, 当該聖人の奇跡譚, 殉教譚などを含む伝記を掲載したもので, 中世以降*信心書として広く人口に膾炙し, 各種の*聖人伝のみならず, 聖人の事績を描く美術作品の最も重要な典拠ともなった).

legendar《古》→ legendär. **Legendar**【mlat.】*n.* -s, -e, 聖人伝集, 聖人物語集 (各々の聖人の祝日に朗読するため, *教会暦に従って聖人伝を並べたもの). **legendär** *adj.* ①聖人伝の；伝説的な, 伝説上の. ②《比》信じられない (あり得ない) ような. **legendarisch** *adj.* 聖人伝の, 聖人伝に関する；聖人伝風の. **Legendarium** *n.* -s, ..rien, → Legendar.

Legende【mlat.; < lat. legere "読む"；原義 "(聖人の祝日の典礼や修道院での食事中に) 読まれるべきもの"】*f.* -, -n, ① (Heiligenlegende) 聖人伝 (古くは「聖譚」とも；しばしば通俗的に脚色された聖人の事績の記録, 特に奇跡譚をいう；民間伝承やおとぎ話, 空想なども融合しており, *聖人伝記学はその根幹にある史的事実を批判的に探求するが, 元来聖人伝は歴史的な正確さよりも, 宗教的神学的真実に基づく民衆の霊的高揚や強化を旨としている)；《比》伝説, (荒唐無稽な) 作り話. ②譚詩曲, 聖譚曲 (聖人伝に基づいて作曲された音楽作品；Oratorium参照).

Legenden=buch *n.* -[e]s, ..bücher, → Legendar. **〜dichtung** *f.* -, -en, 聖人文学 (a. 聖人伝に取材して創作された文学作品. b.《単数で》ある時代や民族における, 聖人に関係する文学作品の総体). **〜epos** *n.* -, -epen, (中世の) 聖人叙事詩. **〜haft** *adj.* → legendär 1. **〜sammlung** *f.* -, -en, → Legendar. **〜spiel** *n.* -[e]s, -e, 聖人劇 (ある聖人の起こした*奇跡や*殉教などを主題とした15-17世紀の宗教劇；特に, ミュラの聖*ニコラオスを扱った劇が人気を博した).

Legitimität【lat.-fr.】*f.* -, 正統性 (a. 各々の*教皇が聖*ペトロの正統な後継者であり, その*教理決定は*不可謬性を有するということ. b. *王権神授説において, 君主の身分や権能が神に由来するということ).

Lehr=amt *n.* -[e]s, ..ämter, (Magisterium) 教導職, 教導権 (信仰及び道徳に関する*教理を提示し, 人々を霊的に指導する教会の権能と責務；使徒*ペトロの後継者であるローマ*教皇と, それ以外の*使徒たちの後継者たる*司教

〔及び*公会議〕が，キリストに由来する〔マタ28:18-20参照〕教導権を，全信徒に対して行使する；教皇による一定の条件下〔ex cathedra参照〕での教導職の遂行は不可謬性をもつ；CIC. 749-54）. **~amtlich** adj. 教導職の，教導権に基づく；die ~amtliche Definition → die lehramtliche *Definition*. **~autorität** f. -, 教導権（Lehramt参照）.

Lehre f. -, -n, 教え，教理（Dogma参照）；die christliche (katholische) ~ キリスト教（カトリック）教理. **Lehrende Kirche** → die lehrende *Kirche*.

Lehr=gottesdienst m. -[e]s,-e, ①説明付きミサ，入門ミサ（教会に来始めたばかりの人や洗礼志願者のために行われる，ミサ典礼についての解説を伴うミサ）. ② → Katechumenenmesse. **~orden** [< lat. ordines docentes] m. -s, -, 教育修道会（学校教育事業や孤児院，保育園などの経営を行う目的で創立された修道会；修道士に教育の義務を課している*バシレイオスの戒律，*ベネディクトゥスの戒律に従って設置された*修道院学校に端を発し，特に*宗教改革以降は，*ベネディクト会，*フランシスコ会，*ドミニコ会，*アウグスチノ会，*イエズス会など多くの修道会が教育活動に従事している）. **~schwester** f. -, -n, 《通常複数で》教育修道女会（特に，女子教育や幼児保育活動を目的として設立され，学校などの運営にあたる女子修道会；17世紀初頭に始まり，例えば，*イギリス修道女会，*ウルスラ修道会，*サン・モール会，*聖心修道会，*ノートルダム教育修道女会などがある）. **~verkündigung** f. -, -en, 教理宣示（*教導職の一部で，決定された*教理を*教皇，*司教が公にすること；荘厳な形で行われる場合は → die lehramtliche *Definition*という；CIC. 749, 752参照）. **~zensur** f. -, -en, 教理判定（die theologische *Zensur*参照）.

Leib Christi [< lat. Corpus Christi] m. -[e]s -, ①キリストの体（a. *聖体の*ホスティアのこと；及び，聖体に現存するキリストの体と血のこと. b. der ~ *ローマ典礼のドイツ語ミサにおいて，*聖体拝領の際に，*司祭が拝領者のそれぞれにホスティアを示しながら言う言葉；拝領者は「アーメン」と応答してホスティアを受ける）. ② [der mystische] ~ ~ キリストの［神秘］体（信徒の有機的共同体としての教会を表象する*パウロの用語；教会の成員は各々に課せられた任務を遂行することで「キリストの体」の肢体となり，キリストを頭として，相互に緊密に結び付くとされる；ロマ12: 4 - 8，1コリ12:12-31）. **Leib des Herrn** [< lat. Corpus Domini] m. 主の体（→ Leib Christiと同じ）.

Leiden n. -s, -, 苦しみ，苦難（旧約の時代，「苦難」は一般に罪に対する応報的処罰を意味したが，*ヨブ記に見られるように，その意義は本質的に不可知のものだった；新約では，神が*救いの計画において，*原罪を負って生まれた人間を個別に試み，各人を新たな命へと浄化するための一手段とされる）；das ~ Christi (Passion) キリストの受難（人類の救済のため，直接的には反体制的な宣教活動の結果として，イエス・キリストが受けた苦しみ〔逮捕，弟子たちの裏切り，鞭打ち，茨の冠，等々〕と十字架上の死のこと）；er sieht aus wie das ~ Christi《話》彼は見るも哀れな様子をしている（ひどく顔色が悪い）. **Leidende Kirche** → die leidende *Kirche*.

Leidens=geschichte f. -, 受難史，受難記；die ~geschichte Christi <Jesu> (Passionsgeschichte) キリスト〈イエス〉の受難物語(a. 4つの*福音書に描かれた，キリストの捕縛から十字架上の死に至る一連の出来事；マタ26-27章，マコ14-15章，ルカ22-23章，ヨハ18-19章. b. 3人の朗読者が劇形式で，キリスト，ユダヤ*衆議所またはローマ総督，群衆の言葉を交互に唱える典礼の一部分；*受難曲はこれに作曲したもの). **~station** f. -, -en, ①（キリストや*殉教者などの）受難の地. ②十字架の道行の留(♱)（Kreuzwegstation参照）. **~weg** m. -[e]s -, der ~weg Christi (Passionsweg) キリストの受難の道（捕縛された*ゲツセマネから*磔刑(㊑)に処された*ゴルゴタまでの，キリストが歩んだ道のり；Kreuzesweg参照）. **~werkzeug** → Passionswerkzeug. **~woche** → Passionswoche.

Leipzig 《固》ライプツィヒ（ドイツ中西部，ザクセン州最大の都市；14世紀初めに帝国都市となり，15世紀以降は商業都市として栄えた；16世紀*ルターが宗教論争を繰り広げ，その後彼によって*宗教改革が進められた；*三十年戦争で壊滅的な被害を受けたが，フランスの*ユグノー教徒らにより手工業が発

達, 市民層が拡大し, *ドレスデンと並ぶ経済と芸術の中心地となった; 1212年に創設された*トーマス教会少年合唱団は, 同地のトーマス教会及ニコライ教会を拠点に活動し, J. S. *バッハ〔1685-1750〕は1723-50年トーマス教会合唱長・同付属学校教師〔→ Thomaskantor〕の任にあった). **Leipziger** *adj.*《不変化》ライプツィヒの; ~ Disputation *f.* ライプツィヒ論争〈討論〉(1519年6-7月ライプツィヒにおいて, *ルター及びその同僚のアンドレアス・ボーデンシュタイン〔別名カールシュタット; 1480頃-1541〕とカトリック神学者ヨハン・エック〔1484-1543〕との間で繰り広げられた議論; エックの追及に対し, ルターは教皇の*首位権や*公会議の*不謬性を否定した; 翌年レオ10世〔在位1513-21〕は, エックの起草による*大勅書「エクスルゲ・ドミネ」を公布し, ルターの教説を*異端として断罪した); ~ Interim *n.* ライプツィヒ仮信条協定(1548年ライプツィヒで, カトリックと*ルター派の両諸侯の間に結ばれた暫定規約; 教義に関してはカトリック寄りだったが, *アディアフォラの領域が拡大した; *メランヒトンはこれを認容する一方, 反対したルター派厳格派との間に*アディアフォラ論争が起こった). ~ Missions・werk *n.* ライプツィヒ伝道事業団(1836年*ドレスデンでルター派の伝道教会として発足した; 48年ライプツィヒに移り, 伝道者の養成及びインドとアフリカで布教活動を行う; 現在は, ルター派の*州教会が運営している).

Leis *m.* -[es], -e[n], ライス, 祈禱歌(中世のドイツ語による宗教的民謡で, *行列などの機会に民衆によって歌われた; *ルターは数多くのライスを*コラールに編曲した; 名称は → Kyrie eleison が短縮されたkrileis, またはleisの反復句をもつことにちなむ).

Leiter *f.* -, -n, 梯子 (a. 天と地, 神と人間の結び付きの象徴; 例えば, *ヤコブが夢にみた天使の登り降りする梯子; Himmels~ 参照. b. キリストの*受難具の1つとして14世紀以来信心の対象となり, *十字架昇架及び*十字架降下の*受難像に描き込まれた).

Leitung *f.* -, -en,《通常単数で》指導, 統治; die geistliche ~ 霊的指導. **Leitungs・gewalt** *f.* -, -en, (Jurisdiktionsgewalt) 統治権, 裁治権 (*教会法の規定に基づき, 教会の立法, 行政, 司法において特定の職務にある聖職者〔場合によっては一般信徒にも〕に授与される, キリスト信者を統率する権能; キリストが*ペトロとその後継者に託した権能で, 信者が成聖に達することを目的とする; CIC. 129-44; Ordinarius参照).

Lektion【lat.-kirchenlat. "(聖書を)読むこと"】*f.* -, -en,《古》誦誦(よみ)(Lesung参照). **Lektionar** *n.* -s, -e *u.* -ien, **Lektionarium**【kirchenlat.】*n.* -s, ..rien, ①レクティオナリウム, 読唱集, 朗読集(その日のミサや*教会の祈り〔*聖務日課〕で朗読すべき聖書の箇所〔通常, 福音書と使徒書簡集〕や聖歌を, *典礼暦に従って並べ記した典礼書). ② → Lesepult. **Lektor**【lat.】*m.* -s, -en, ①宣教奉仕者(ミサなど典礼儀式で*福音書以外の聖書の箇所を朗読するために教会から任命された一般信徒; 恒常的に任用され*奉仕職を授与された男性の信徒は, 特に「朗読奉仕者」という(CIC. 230); 1972年までは*下級聖職位の第2に位置する「読師」〔または「朗読者」〕がこれにあたった; *初代教会では男児が, 後には司祭職への準備段階にある*副助祭が担当した). ②《プ》聖書朗読者(礼拝で聖書の朗読を担当する信徒; 一般には教会の役員が任せられ, *聖餐に際して補助をする; 牧師が不在のときなど, 代理で礼拝式を挙行することもある). ③《東》誦経者(しょうけいしゃ)(正教会の*奉神礼において祈禱文を専門的に唱える者; 通常は, 訓練を受け祝福された一般信徒が担当する). **Lektorat** *n.* -[e]s, -e, 宣教奉仕者(朗読奉仕者, 読師)の職〔位〕. **Lektoren・pult** *n.* -[e]s, -e, → Lesepult. **Lektorin** *f.* -, -nen, → Lektor 2 (の女性形).

Lentulus-Brief【< Publius *Lentulus*】*m.* -[e]s, レントゥルス書簡(ポンティオ・*ピラトの前任者ブブリウス・レントゥルス〔実在しない〕がローマの元老院または皇帝ティベリウス〔在位14-37〕に宛てて書いたとされる, おそらく13-14世紀に成立した*偽書; キリストの外貌, 性格, 活動に関し, 他の資料には見られない記述があり, *ルネサンス期の美術表現に影響を与えた).

Leo・gesellschaft *f.* -, レオ協会(1892年, 政治家・歴史学者のヨーゼフ・アレクサンダー・フォン・ヘルファート〔1820-1910〕が, カトリック的学問及び芸術の振興を目的に,

ウィーンで設立したカトリック学者の同盟組織；神学，哲学，歴史学，自然科学など13の部門に約1800名の会員を擁した；名称は教皇レオ13世〔在位1878-1903〕にちなむ；1938年に解散した）．

Leopold《固》(m.) ～ III. von Österreich レオポルド3世（1073頃-1136；オーストリア辺境伯〔在位1095-1136〕；オーストリア及び下部オーストリア州，ウィーンの*守護聖人；敬虔さと*教皇への忠誠で知られ，クロスターノイブルク〔1114年創立；後にレオポルドの遺骸が埋葬される〕，ハイリゲンクロイツ〔1133〕，クライン・マリアツェル〔1134/6〕など数多くの修道院，教会を寄進した）；der Tag des heiligen ～ → Leopolditag. **Leopoldi**【Leopoldのラテン語名 Leopoldus の2格形】《無変詞》→ Leopolditag；zu（まれ: an）～ レオポルドの祝日に．**Leopoldi•tag** m. -[e]s, -e, レオポルドの祝日（11月15日；下部オーストリア州とウィーンの法定休日；クロスターノイブルクで祝祭が行われる）．

Lepra【gr.-lat.；< gr. leprós "鱗状の，ざらざらの"】f. -, （Aussatz）レプラ，癩(らい)〔病〕（歴史的用語として；現在は「ハンセン病」と呼ばれ，新共同訳では「重い皮膚病」とされる；聖書中に皮膚病の総称としてたびたび描かれており，旧約時代には高慢な人間に対する神の罰，あるいは悪魔の所業と考えられた；レビ13-14章に症状や対処法が詳述されている；キリストは宣教中に同病者を癒し，12人の*弟子にもその力を与えた；マコ1:40-42, マタ10:8）．

Lese=gang m. -[e]s, ..gänge, 読書用廊下（中世の修道院で，図書室や書庫に隣接する*回廊などの通路に，室外での読書ができるよう石の長椅子が設置されているところ）．**～hore**【< lat. officium lectionis】f. -, -n, 読書課（かつての*定時課の1つで，夜半ないし早朝，*朝の祈り〔*賛課〕の前に行われる日最初の聖務日課；現在は，1日の任意の時間に行うことができ，福音書以外の聖書，及び教父の説教集や聖人の伝記などが読まれる；Matutin参照）．**～messe**【< lat. missa lecta】f. -, -n, 読唱ミサ，読誦(どくじゅ)ミサ（*歌ミサに対し，ほとんど音楽を伴わず*司祭が低声で典礼文や祈りを唱える形式のミサ〔特に*私唱ミサ〕；第2*ヴァティカン公会議で典礼音楽の意義が強調される以前には，最も一般的なミサの形式だった）．**～pult** n. -[e]s, -e, 朗読台（a. 典礼中に聖書や典礼書を載せる，木製または金属製の，多くは可動式の書見台．b. 祭壇とは別に設置され，典礼の中での聖書朗読に用いられる台，朗読檀）．

Lesung f. -, -en, 朗読（a. *ミサ，*秘跡の授与，*教会の祈り〔*聖務日課〕などで，聖書の一部，場合によっては*聖人伝や*教父の著作の一節を読み上げること；なお*ミサ典礼書では，福音書の朗読は「福音」〔Evangelium〕，その前の旧約聖書や*使徒書簡の朗読を「朗読」〔Lesung〕と呼んで区別している．b. aにおいて朗読される聖書本文）．

Lettner【mlat."朗読台"】m. -s, -, ①内陣前仕切り，内陣格子，内陣障壁（中世の教会建築〔特に*大聖堂や*参事会聖堂〕で*内陣と*身廊，一般信徒席とを隔てる格子付きの壁；多くは高架歩廊の形をとり，*初代教会の*アンボの代わりにその上で聖書が朗読されたり，また説教や聖歌の合唱が行われた；Doxale参照）．② → Lesepult.

letzt adj. 最後の，臨終の，（この世の）終わりの；das ～e Abendmahl 最後の晩餐（Abendmahl 1参照）；die ～en Dinge【< lat. novissima】終末の出来事（*終末論において，個々の人間ないし世界全体が究極的に直面することになる現実；個人については「四終」〔die vier ～en Dinge〕と呼ばれ，*私審判，*煉獄〔ないし浄化〕，*天国，*地獄をいう；全被造物については，キリストの*再臨，*復活，*公審判，*世の終わりと*新しいエルサレムを意味する；das ～e Evangelium 終わりの福音（かつての*ローマ式典礼でミサの終わりに朗読された福音書の一節；通常は*ヨハネによる福音書の冒頭部）；das ～e Gericht 最後の審判，公審判（das Jüngste Gericht参照）；die ～e Ölung 終油〔の秘跡〕（重篤な状態にある信徒に授けられる*病者の塗油の秘跡）の第2*ヴァティカン公会議以前の名称）；die Sieben ～en Worte Jesu → die Sieben letzten Worte Jesu Christi am Kreuz.

Leuchter m. -s, -, （典礼用の）燭台，ろうそく立て（カトリックではミサの際，祭壇かその周囲に2基，4基ないし6基の燭台が置かれ，*ろうそくが灯される；中世期以降*復活祭などでは，ユダヤ教起源の7枝の燭台〔Menora参照〕が用いられた；Kandelaber参照．

Leuchter・bank f. -, ..bänke，(祭壇の周辺に設置される)燭台置き，燭台立て．

Leut=kirche f. -, -n，〔小〕教区教会（→ Pfarrkircheの上部ドイツ地方における13世紀来の名称）．**〜priester** m. -s, -，《古》教区司祭，在俗司祭（Diözesanpriester, Weltgeistliche参照）．

Levi【hebr."馴染む，親しむ"?】《固》(m.) レビ (a. *ヤコブと*レアの第3子で*レビ族の祖；妹のディナがシケムに暴行を受けた後に求婚されたとき，兄シメオンとともに復讐のためシケムを殺害し，さらにその町を襲って暴虐の限りを尽くした；創29:34，34章．b. カファルナウムの徴税人で，イエスに従った〔マコ2:14〕；使徒*マタイ〔マタ9:9〕と同一人物かは不明）．

Leviatan, Leviathan【hebr."体をくねらせる，とぐろを巻いた（動物）"】m. -s, レビヤタン（古代オリエント神話起源で，旧約聖書は水中に住む巨大な怪物；日食・月食を起こすとされ〔ヨブ3:8〕，また神〔*ヤハウェ〕に反抗する悪の象徴；蛇〔イザ27:1〕，アッシリアの象徴，竜〔詩74:14；エジプトの象徴〕，鰐〔ヨブ42:25〕などの姿をとる；詩104:26では神の創造物の1つに挙げられ，神の強大な力，海の豊饒や広大さを表す）．

Levirat【lat."夫の兄弟"】n. u. m. -[e]s, -e, **Levirats・ehe** f. -, -n, 嫂婚（ぅ゙）制，レビラト婚（夫が死んで男子〔後の時代には子供〕がない場合，寡婦は夫の兄弟またはその血族と結婚する義務をもつという古代イスラエルの慣習；*モーセの律法に規定がある；申25:5-10, マタ22:24）．

Levit【hebr.-gr.-kirchenlat.; < Levi】m. -en, -en, ①レビ人，レビ族（a. → Levi〔a〕の子孫；*イスラエルの*十二部族の1つで祭儀を司った；*モーセと*アロンはレビの第2子ケハトの子孫．b. 神殿司祭，祭司補佐：当初，すべての祭司はレビ人だったことから，レビは「祭司」の職名となったが，後にアロンの直系のみが祭司職に就くことになると，他のレビ部族は「祭司補佐」として，祭司の補助，聖所の警護，礼拝の音楽を担当した；民3-4章，代上6章他）；jm. die 〜en lesen《話》(或人に)厳しい説教をする，(或人を)厳しく叱る（*レビ記に記された祭司職の掟をレビ人が定期的に〔後には，司教が司祭たちに対して〕読み上げたことにちなむ）．②《複数で》侍者（*盛式ミサにおいて司祭の助手を務める*助祭と*副助祭のこと；メッツの司教クロデガング〔在位742-60〕が760年頃，会則の中でこの語を採用した）．**Leviten・amt** n. -[e]s, ..ämter, (*盛式ミサの)侍者の職務．**levitieren**【lat.-nlat.】《I》i. (s) (*奇跡として，ないしはオカルティズムにおいて，空中に)浮遊する．《II》t. (h) 宙に浮かべる．**levitiert** p.p. 侍者(助祭・副助祭)のついた；das 〜e Amt <Hochamt> → das levitierte *Hochamt*, Missa solemnis. **Levitikus**【mlat.; < Levit】m. -, [das Buch] 〜 レビ記(*モーセ五書の第3の書；*出エジプト記の最後に描かれた臨在の*幕屋と祭壇の建設を受け，そこで祭司によって守られるべき礼拝儀礼〔*いけにえ，祭司の聖別，穢れと清め，贖い，*神聖法集などを詳細に記す）．**levitisch** adj. ①レビ人の．②祭司(祭司補佐)の．③(*盛式ミサの)侍者の．

Lex【lat.】f. -, Leges, 法〔律〕；〜 aeterna (神の)永遠法 (Jus divinus, das ewige *Gesetz*参照)；〜 divina 神法 (Jus divinus参照)．

Liber【lat.】m. -, Libri, 本，書物；〜 pontificalis m. - -, リベル・ポンティフィカーリス(*ペトロからピウス2世〔在位1458-64〕までの歴代教皇とその事績を年代順に記した歴代教皇伝記集；ボニファティウス2世〔在位530-32〕時代に初めて作成され，その後順次追加された)．

liberal【lat.-fr.】adj. 自由主義的な，リベラルな；die 〜e Theologie 自由主義神学(広義では，教会による信仰や教義の強制からの自由を要求する神学上の立場；通常は，19世紀の*シュライエルマッハーやアルブレヒト・リッチュル〔1822-89〕，エルンスト・トレルチ〔1865-1923〕らに端を発する，聖書や教理の歴史的批判的研究，人間の主体的実践的な信仰を強調する神学の傾向を指す)．**liberal・katholisch** adj. リベラル・カトリックの；die 〜e Kirche【< engl. Liberal Catholic Church】リベラル・カトリック教会(1916年，ジェイムズ・I・ウェッジウッド〔1883-1951〕とチャールズ・W・リードビーター〔1847-1934〕が*神智学の影響下にイギリスで設立したオカルティズム的傾向の強い一派；教義的にはカトリックと仏教の諸概念の自由な混交が見られ，既存の教派，教会とは関係をもたない)．**Liberti-**

ner *m.* -s, -, ①解放された奴隷(奴隷身分から解放されたエルサレムのユダヤ人とその子孫；使6:9). ②《古》(軽蔑的に：宗教的な)自由思想家.

Licht *n.* -[e]s, -er, ①《単数で》光(信仰, 愛, 聖寵, 真理などの象徴；Lampe参照)；das ~ der Welt 世の光(a. キリスト教信徒のこと；マタ5:14. b. キリスト自身が自らを指して言った比喩的表現；ヨハ8:12〔ヨハ11:9-10参照〕)；das natürliche ~ → Lumen naturale；das übernatürliche ~ → Lumen supranaturale；Dein Wort ist meinem Fuß eine Leuchte, / ein ~ für meine Pfade.「あなたの御言葉は, わたしの道の光／わたしの歩みを照らす灯.」(詩119:105)；So soll euer ~ vor den Menschen leuchten, damit sie eure guten Werke sehen und euren Vater im Himmel preisen.「そのように, あなたがたの光を人々の前に輝かしなさい. 人々が, あなたがたの立派な行いを見て, あなたがたの天の父をあがめるようになるためである.」(マタ5:16)；sein ~ leuchten lassen《話》自分の能力(才能)を世に示す(マタ5:15-16にちなむ). ②灯火, 明かり；《*pl.* -er u. (詩:-) -e》ろうそく(Kerze参照)；das Ewige ~ 常明灯, 聖体ランプ(*聖体における イエスの現存や愛を示すため, 聖堂内の*聖櫃の前やその近辺で常に灯されている蜜蝋やオリーブ油のランプまたは電灯；CIC. 940). **Lichter・prozession** *f.* -, -en, ろうそく行列(*聖体の祭日や*主の奉献の祝日〔旧称, *マリア清めの祝日〕などで, 聖職者や会衆が各々, *世の光としてのキリストを象徴する, 点火したろうそくを手にして行う*行列).

Licht=feier *f.* -, -n, 光の祭儀(*復活徹夜祭の典礼の第1の部分で, 司祭によって祝福された火〔復活したキリストの象徴〕を*復活ろうそくに灯し, 会衆はそれを手に暗闇の中, 光の*行列を行い, 復活賛歌を歌う). **~mess**(**~meß**)《無冠詞；不変化》[Mariä] ~ 聖燭祭, キャンドルマス(engl. Candlemas；2月2日；聖母マリアがモーセの清めの律法〔レビ12章〕に従って, 出産後40日目に神殿に詣で, イエスを神に奉献したこと〔ルカ2:22-24〕を記念する「*主の奉献」の祝日〔1960年までは「マリア清めの祝日」「聖母マリア御潔めの祝日」と呼ばれた；→ Mariä Reinigung〕の別称, 及びその日のミサ；ろうそくの祝別とろうそく行列が催される；ろうそくは, *シメオンがイエスを指して言った「異邦人を照らす啓示の光」〔ルカ2:32〕にちなむ). **~prozession** → Lichterprozession.

Liebe *f.* -, 愛, 愛徳(キリスト教の中心概念で, *信仰, *希望, 愛の3つの*対神徳のうち最高のもの；絶対的な神に対して無条件に自己を献げ, その意志に自らの意志を一致させるよう不断に努めること；及び, 神を愛するように, *隣人を躊躇なく心から受け入れようとする徳；1コリ13章参照；Agape, Nächstenliebe参照).

Liebes=mahl *n.* -[e]s, -e u. ..mähler, 愛餐(Agape b参照). **~tat** *f.* -, -en, 愛に基づく行為, 慈善事業. **~tätigkeit** *f.* -, -en, *隣人愛に基づく(無私の)行為.

Liebfrauen・kirche *f.* -, -n, 聖母教会(聖母*マリアに*奉献された教会堂；Frauenkirche参照). **Liebfrau[en]milch** *f.* -, リープフラウ[エン]・ミルヒ(ラインラント＝プファルツ及びヘッセン州のいくつかのメーカーで大量生産されている白ワイン〔等級: Qualitätswein〕；元来は, 18世紀半ばに*ヴォルムス〔ラインヘッセン〕の聖母教会のぶどう園で生産されたもの).

Liga【lat.-span.】*f.* -, ..gen, 同盟；die Katholische ~ カトリック[諸侯]同盟(1608年に結成された*プロテスタント諸侯同盟に対抗し, 翌09年バイエルン公マクシミリアン1世〔在位1597-1651〕のもと, 南ドイツ及びライン地方のカトリック諸侯及び都市が連合して発足した；*三十年戦争の際には皇帝側を軍事的に支援して, ボヘミアの新教徒を弾圧し, プファルツ選帝侯軍を破ったが, 1630年スウェーデン王グスタフ・アドルフ〔在位1611-32〕が参戦するとカトリック同盟軍は劣勢となり, 35年の*プラハ条約締結後に連合は解消された).

Liguorianer【< Alfonso Maria de' *Liguori*】*m.* -s, -, 《通常複数で》リグオリー会(アルフォンソ・マリア・デ・リグオリー〔1696-1787；聖人〕が1732年に創設した*レデンプトール会の別称；Redemptorist参照).

Lilie【lat.】*f.* -, -n, ユリ, 百合(白いユリは純潔, 無垢の象徴として, *受胎告知, *エリサベト訪問, *被昇天, *聖母戴冠, *無原罪の御宿りなどの図像において聖母*マリアとともに

描かれ〔Madonnenlilie参照〕，またキリスト自身の象徴や多くの聖人の*アトリビュートとしても用いられる；なお，王権の象徴や紋章とされるのはアヤメ〔Iris, Schwertlilie〕）．

Limbus【lat.-kirchenlat."境界，縁"】*m*. -, ..bi,《単数で》(Vorhölle) リンボ（莰所(ｺﾞｼｮ)，辺獄とも；*原罪を負うが，それ以外の罪を犯さなかった霊魂が，*天国での救いの可能性をもって留まっている場所，及びその状態〔苦痛や苦悩はないとされる〕；ただしカトリックの教義には含まれず，国際神学委員会の文書「洗礼を受けずに死去した幼児のための救いの希望」〔2007年〕では「考えうる神学上の意見」とされた；伝統的に以下の2種類が区別される）；～ infantium <puerorum> *m*. - -, 幼児のリンボ（*洗礼を受けず，自罪はなく，*原罪のみを負って死んだ無垢の幼児が，永遠に留まる場所，及びその状態；洗礼を受けずに死んだ幼児は，*至福直観の喜びは得られないが，神の善の完全性に参与することで自然的幸福状態にあり，世の終わりにキリストの救いがすべてに及ぶことで，天国に迎えられる）；～ patrum *m*. - -, 父祖〈太祖〉のリンボ（古聖所，陰府(ｲﾝﾌ)とも；旧約時代の義人がキリストの来臨と*贖罪死までの間，一時的に留まっていた場所，及びその状態；Höllenfahrt Christi参照）．

Lioba・schwestern【< Lioba von Tauberbischofsheim】*pl*. リオバ修道女会（聖リオバ〔?-782；イングランドの貴族出身で，親戚の聖*ボニファティウスとともにドイツ宣教に尽力した；タウバービショッフスハイム女子修道院長；祝日：9月28日〕の名を戴いてマリア・ベネディクタ・フェーレンバッハ〔1883-1961〕が1920年代にフライブルク近郊で設立，27年に認可された「聖リオバのベネディクト修道女会」〔Benediktinerinnen von der heiligen Lioba〕の略称）．

Litanei【gr.-kirchenlat."祈求，嘆願"】*f*. -, -en, ①連願，リタニア（以前は「連禱」とも；先唱者がイエス，聖母，聖人，天使などに対して呼びかけ，会衆はその都度，決まった形の小句〔例えば「われらのために祈りたまえ」〕で応唱する形式の祈り；*イエスの連願〔イエスの名の連願，イエスの聖心の連願など〕，*聖マリアの連願，*聖ヨセフの連願，*諸聖人の連願などがある）；《聖》（祈禱書中の連願形式の）嘆願；eine ～ beten 連願（連禱）を唱える．②《話》繰り言，長たらしい話，くどい話；eine ～ herunterbeten 同じ話をくどくど言い聞かせる．

Liturg【gr.-spätlat.-mlat."公僕"】*m*. -en, -en, Liturge *m*. -n, -n, 司式者，典礼〈ミサ〉挙行者；司祭，祭司．**Liturgie**【gr.-kirchenlat."民衆への奉仕，公務"】*f*. -, -n, ①典礼（「*キリストの体」としての教会において，特定の形式に則り，公的・共同体的に神への奉仕〔Gottesdienst参照〕と賛美を行うとともに，救霊を求める祭式；*ミサ，*秘跡や*準秘跡の授与，*教会の祈り〔聖務日課〕，その他の共同の*信心業がある；CIC. 837-38）；《東》奉神礼，《聖》〔合同〕礼拝；die römische ～ → die *römische* Liturgie. ②（*ルター派教会の礼拝式中の）応答祈禱．

Liturgie=buch *n*. -[e]s, ..bücher, 典礼書（典礼儀式の挙行法，祈り，聖歌，朗読箇所など，典礼に関わる規定が記された教会公認の文書）．**～wissenschaft** *f*. -, → Liturgik.

Liturgik *f*. -, 典礼学，典礼論，祭拝学（*典礼の理論〔典礼神学〕，歴史〔典礼史学〕，祭式の実践〔司牧典礼学〕などを研究対象とする神学の1分野）．**liturgisch** *adj*. 典礼（礼拝）（上）の，典礼（礼拝）に関する；die ～e Bewegung 典礼運動（*ベネディクト会，特に同会の司祭プロスペル＝ルイ＝パスカル・ゲランジェ〔1805-75〕によって19世紀より進められ，教皇ピウス10世〔在位1903-14〕の*自発教書「トラ・レ・ソレチトゥディニ」〔教会音楽について〕で基礎付けられた教会革新運動；一般信徒による典礼の意義のいっそうの理解と能動的な参与を促す；1947年ピウス12世〔在位1939-58〕の*回勅により典礼運動はさらに推進され，第2*ヴァティカン公会議の「*典礼憲章」〔Sacrosanctum concilium；1963〕の制定に繋がった）；das ～e Buch → Liturgiebuch；das ～e Drama 典礼劇（中世以降，民衆の宗教教育を目的に，聖書を題材にして作られ，教会の祝祭日などに典礼と連動する形で上演された芝居；*受難劇，*復活祭劇，*降誕祭劇，*奇跡劇などがある）；die ～e Farbe 典礼色（祭式の性格によって使用が規定され，象徴性を与えられている*祭服の色で，*教会暦には1日毎に記載されている；*祭壇や*聖櫃の覆いは祭服と同じ色となる；基本

色は赤，白，紫，緑）；die 〜e Formel 典礼上の慣用句（*アーメン，*アレルヤなど典礼の中で繰り返し用いられる決まり文句）；das 〜e Gefäß <Gerät> → das liturgische *Gerät*；der 〜e Gesang〔典礼〕聖歌；das 〜e Gewand 祭服（祭式を執行する際，聖職者が教会の規定に従って身に付ける衣類；大別して上衣，下衣，その他の標章があり，聖職位階や聖なる職務を示すなど，象徴的・装飾的意義を有する）；das 〜e Institut 典礼研究所（*典礼委員会の活動を補佐するために設置される，*典礼学や音楽，美術など各分野の専門家よりなる研究機関）；das 〜e Jahr 典礼暦年（Kirchenjahr参照）；der 〜e Kalender 典礼暦（Kirchenkalender参照）；die 〜e Kommission 典礼委員会（*司教協議会のもとに組織され，典礼司牧活動に関して指導，研究及び*使徒座への報告などを行う委員会）；der 〜e Kongress (Kongreß) 典礼大会（*典礼運動の一環として開催される，典礼刷新のための国内的ないし国際的な大会；1950年フランクフルト・アム・マインで第1回，1955年ミュンヘンで第2回のドイツ典礼大会が開催された）；die 〜e Kunst 典礼芸術（典礼における神の賛美のために用いられる芸術，特に造形芸術）；die 〜e Musik 典礼音楽（典礼に奉仕するために作曲，演奏される音楽作品；特に，第2*ヴァティカン公会議以降の，会衆の典礼への積極的参加を促進するための音楽）；das 〜e Recht 典礼法規（*典礼の執行に関する，教会の公的な諸規定；*使徒座が刊行する*典礼書として明文化されている）；die 〜e Sprache 典礼用語，教会用語（典礼に用いられる教会の公用語；西方教会では伝統的に*ラテン語〔及び一部は*ギリシア語〕だが，*宗教改革において国語による礼拝の導入が推進された；第2*ヴァティカン公会議以降はカトリックでも自国語の使用が認められている）；der 〜e Tag 典礼日（*典礼暦を構成する各々の日；*主日，*祭日，*祝日，記念日，週日〔週の中で主日以外の平日〕などの別がある）．

Lizentiat, Lizenziat【lat. "認可（教授資格）が与えられた者"】(I) *n*. -[e]s, -e, リツェンツィアート，教授資格（カトリック大学の神学部で授与される学位で，大神学校〔19歳以上の学生のための神学校〕で神学，聖書学，教会法学を講義する資格；博士号の下位で，修士号と同義に用いられることがある；CIC. 378 § 1 n.5, 478§1, 1435）．(II) *m*. -en, -en, リツェンツィアート（Iの学位取得者；略: Lic., Liz.）．

Lob *n*. -[e]s, (まれに:) -e, 称賛，賛美，〜 sei dir, Christus【lat. Laus tibi, Christe】「主に賛美」（ミサ中，*福音書の朗読の終わりに司祭と会衆が唱える言葉）；Gott^3 sei 〜 [und Dank] 神に賛美［と感謝］を（a. 祈りの文句，b.《話》安堵の気持ち：ああよかった！）；zum 〜e Gottes 神を讃えて．**loben** *t.* (*h*) 誉め［讃え］る，称賛する，賛美する；Gott 〜 [und danken] 神を讃え［神に感謝す］る；wir 〜 dich (= den Herrn), wir preisen dich, ...【lat. Laudamus te, benedicimus te, ...】「われら主をほめ，主をたたえ」（ミサ中の*栄光の賛歌の一節）；gelobt sei Gott <Jesus Christus> 神〈イエス・キリスト〉に讃えあれ（祈り，挨拶の言葉）．

Lob=gedicht *n*. -[e]s, -e, 賛歌，頌歌（神，キリスト，聖母*マリア，*聖人などを誉め讃える詩歌）．**〜gesang** *m*. -[e]s, ..gesänge, 賛歌，頌歌；賛美歌；**〜gesang der Drei Männer im feuerigen Ofen** 三人の若者の賛歌（旧約聖書中の*ダニエル書〔*第二正典のダニエル書補遺に含まれる〕の，被造物すべてに対し神を賛美するよう呼びかける内容の歌；*偶像崇拝を拒絶したため，燃えさかる炉に入れられた3人のヘブライ人の若者が，この歌を唱えながら炎の中を歩んだところ無事だったという；初期キリスト教美術で*カタコンベの壁画などの主題に用いられ，また伝統的に*教会の祈り〔聖務日課〕の*朝の祈りで唱えられた）；einen 〜gesang <ein 〜lied> auf jn. (*od. et.*) anstimmen <singen>（或人・或事を）誉め讃えて賛歌を歌う；《比》（或人・或事を）大いに誉め讃える，誉めちぎる，（必要以上に）誉めそやす．**〜lied** *n*. -[e]s, -er, = 〜gesang．**〜preis** *m*. -es,《雅》(神，及び神による)*天地創造や様々な御業の)賛美．**〜preisen** (〜preiste, gelobpreist / 〜pries, 〜gepriesen; zu 〜preisen / まれに: 〜zupreisen) *t.* (*h*)《雅》誉め讃える，賛美する；*lobpreiset den Herrn (den Namen des Herrn)* 主（主の名）を誉め讃えよ．**〜preisung** *f*. -, -en, ①（神，及び神の業を）賛美すること．②栄唱（Doxologie参照）．**〜psalm** *m*. -s, -en, 賛美の詩編（*詩編のうち，特に神への賛美を主題とするもの；例えば，詩29, 95-99や，かつて*賛歌で唱えられた詩149-50）．**〜singen**

(〜sang, 〜gesungen; zu 〜singen) *i.* (*h*) Gott (dem Herrn) 〜singen 神（主）を誉め［讃えて］歌う; *lobsinget dem Herrn* 主を誉め［讃えて］歌え.

Logien・quelle【< gr. logion "発言"】*f.* -, die 〜 Q語録資料（QはQuelleの頭文字; → Q-Quelleの別称）.

Logos【gr. "言葉; 理性"】*m.* -, ロゴス（世界創造における神の理性的創造力; *ヨハネによる福音書では, *三位一体における神の第2の*位格であり*受肉した神の言(ことば), すなわちキリストのことをいう; ヨハ1:1-18).

Lollarde【engl. Lollards; < lat. lolia "毒麦" *od.* dt. lullen "小声で唱える"?】*m.* -n, -n, （通常複数で）ロラード派（a. 14-15世紀イングランドの*ウィクリフ派の別称; *位階制, *実体変化, *免罪など教会の伝統的制度や教理を否定し, 聖書を唯一の権威とした; *異端として弾圧されながらも巡回説教を行い, 労働者や農民階級を中心に支持を得た. b. 14世紀フランドルやドイツで, 疫病者の看護や埋葬にあたった異端的な苦行者たちの集団).

Loreto《固》ロレト（イタリア中部アンコナ州の聖母巡礼地; 伝承によると, ナザレのサンタ・カーサ〔*受胎告知のあった聖母マリアの「聖なる家」〕が, 天使によってアドリア海沿岸のテルサットを経て, 1294年この地に移された; 聖マリア聖堂〔サンタ・カーサ聖堂〕は, これを囲むように建造された教会堂で, 1468年に起工し1468年に完成を見た）.

los|sprechen *t.* (*h*) jn. von einer Sünde 〜 （或人の）罪をゆるす, (或人に) 罪の赦免を与える.

Los・sprechung *f.* -, -en, (Abolution, Erlass) 罪のゆるし, 赦免（a. *ゆるしの秘跡によって, 権能を有する*司祭が*告白者の罪に対する罰をゆるすこと; Absolution, Bußsakrament参照. b. *教会法上の犯罪と刑罰を赦免すること; CIC. 1354-61参照).

Los・tage *pl.* ①節日（民間信仰で, その日の天候が一定期間の天候を左右するとされる年間84の日; 例えば, → Johannistag, → Lichtmess, → Siebenschläfer). ②十二夜（クリスマスと*公現の祝日の間の12日間; 民間信仰では, この12日の天候によってその後の12ヶ月の天候が占えるとされた; die *Zwölften* 参照).

Losung【原義"籤(くじ)を引くこと"】*f.* -, -en,《通常複数で》[Herrnhuter] 〜en ローズンゲン, 年間聖書通読表, 日々の聖句集（*ヘルンフート兄弟団で日々の生活を律する標語として, 籤によって聖書から選ばれた言葉; 及び, 聖句集; 旧約聖書からの言葉と, それに関連する新約聖書のテキスト〔Lehrtextと呼ばれる〕, 賛美歌, 祈りが並記されている; 今日では, 地域や教派と無関係に使えるよう編纂され, 各国語で刊行されている).

Los-von-Rom-Bewegung *f.* -, ローマ離脱運動（19世紀末から20世紀初頭オーストリアで興った, カトリック信徒の教会離脱運動; 汎ゲルマン主義, 反スラブ・反ユダヤ主義を標榜する帝国国会議員ゲオルク・フォン・シェーネラー〔1842-1921〕が, カトリックを排斥することで, オーストリアのドイツ併合, 統一的なドイツ民族国家を実現しようと呼びかけたもので, 約10万のカトリック教徒がプロテスタントないし*復古カトリック教会に改宗した).

Lot《固》(*m.*) ロト（*アブラハムの甥で, ともに*カナンに移ったが, 牧草のことで彼と争い, 別れて悪徳の町*ソドムに住んだ; その滅亡直前に妻及び2人の娘と町を逃れるが, 妻は神の使いの命に反して途中で振り返ったため「塩の柱」〔Salzsäule; 創19:26〕になった; Moab参照).

Lothringen・kreuz *n.* -es, -e, ロレーヌ十字［架］（2本の横木をもち, 通常, 下の横木が上方のものより長い; 古い形のものでは, 2本の横木は同じ長さで, 十字架を構成する7本の線分の長さが等しい; 第1回*十字軍に参戦した下ロートリンゲン公ゴドフロワ・ド・ブイヨン〔1060頃-1100〕が旗章に用いたことからこの名がある). **lothringisch** *adj.* ロートリンゲン（フランス北東部, ドイツ, ルクセンブルクとの国境付近の地域, ロレーヌ〔Lorraine〕のドイツ名）の; das 〜e Kreuz → Lothringenkreuz.

Lourdes《固》ルルド（フランス南西部, スペインとの国境近くのピレネー山麓にある聖母*マリア崇敬の聖地, 世界的な巡礼地; 1858年2-7月に当時14歳のベルナデット・スビルー〔1844-79; 聖人〕に18回にわたり聖母が出現した; 湧出する泉には, 奇跡的な病気治癒力があるとされる; 「ルルドの聖母」の記念日は2月11日).

Low-Church【engl.】*f.* -, ロー・チャーチ,

低教会〔派〕(*英国国教内で, ジョン・ウェスリー〔1703-91〕の*メソジスト教会の影響を受け, 教会の権威や儀礼よりも, 個人の回心や聖化を重視し, *福音主義的傾向をもつ一派の18世紀以来の呼称;福音派〔Evangelicals〕とも; → High-Churchに対して).

Löwe【gr.-lat.】*m.* -n, -n, ライオン, 獅子(神の属性である強さ, 勇気, 威厳, 愛, 高貴などの象徴として度々聖書に登場するが, 悪魔の象徴でもある〔詩17:12; 1ペト5:8〕;ライオンは死んで生まれても, 親が息を吹きかけると3日後に命を得ると信じられたことから, キリストの復活と勝利を表す〔黙5:5〕;また目を開けたまま眠るとされたことから, 教会の守護者として, 教会堂入口の装飾彫刻にしばしば用いられる; *アトリビュートとしては聖*ヒエロニムスの他, 多くの*聖人に用いられ, *福音記者*マルコは有翼の獅子〔der geflügelte ～〕を伴う).

Lucernar *n.* -s, -e *u.* -ien, **Lucernarium** *n.* -s, ..rien, → Luzernar.

Lucifer → Luzifer.

Ludwig《固》(*m.*) ルートヴィヒ (a. ～ I. der Fromme ルートヴィヒ1世〔敬虔王〕:778-840; *カロリング朝フランク王国国王, 西ローマ帝国皇帝〔在位814-40〕; *カール大帝の第3子, 信仰心に篤く, 教会や修道院への寄進により*カロリング・ルネサンスの展開に寄与した. b. ～ IV. der Bayer ルートヴィヒ4世〔バイエルン人〕:1287頃-1347; ヴィッテルスバッハ家出身の*神聖ローマ帝国皇帝〔在位1314-47〕; ハプスブルク家のフリードリヒ3世〔美王; Friedrich III. der Schöne; ドイツ王在位1314-30〕の対立国王; 皇帝位は選帝侯の決議のみに依拠し, ローマ*教皇の承認は不要とし, 皇帝権への教皇の干渉を排除した). **Ludwig-Missions・verein** *m.* -[e]s, ルートヴィヒ布教事業後援協会(バイエルン王ルートヴィヒ1世〔在位1825-48〕がドイツ出身のデトロイト司教フリードリヒ・レーゼ〔1791-1871〕の求めに応じて1838年に創設した; 北アメリカ及びアジアでの布教活動の経済的援助や, ドイツのアメリカ移民に対する司牧支援を行った; 1972年以降はアーヘンのザビエル協会とともに, 教皇立の宣教事業団〔missio〕の名で活動を続けている; 本部ミュンヘン).

Lukas【ラテン名Luciusの短縮形のギリシア語表記;原義"光を与える者"】《固》(*m.*) ルカ (伝統的に, 第3の*福音書と*使徒言行録の著者とされる〔ただしいずれにも著者は明記されておらず異論がある〕; *アンティオケイアのおそらく異教徒ギリシア人の家に生まれ, その著作は異教から改宗した人々を対象とする; 生前のイエスと直接会ったことはないが, *パウロの「協力者」〔フィレ24〕として数回の*宣教旅行に同行し, また医師としても活動した〔コロ4:14〕; 医師及び画家の*守護聖人; 祝日:10月18日); das Evangelium nach ～ → ～evangelium.

Lukas=brüder *pl.* 聖ルカ兄弟団(～bund参照). **～bund** *m.* -[e]s, 聖ルカ組合(1809年, ヨハン・フリードリヒ・オーファーベック〔1789-1869〕らウィーン美術アカデミーの6名の学生たちが, 中世の画家ギルド「聖ルカ組合」に倣って同地に創立〔翌年ローマに移転〕した芸術家団体; アカデミズムに反発し, 敬虔なキリスト教信仰に基づく宗教画の再興を図る; *ナザレ派の前身). **～evangelium** *n.* -s, ルカによる福音書(新約聖書中の第3の*福音書; 紀元80年代に*アンティオケイアでルカが書いたとされる; 根幹となる*マルコによる福音書とQ資料に独自の資料を加えて執筆された; 特に*異邦人キリスト教徒に対し*救世主の来臨を告げ知らせ, *福音の普遍性を強調する; 美しい*コイネーによって記述され, 文学的にも高く評価されている). **～gilde** *f.* -, -n, 聖ルカ組合(15世紀から18世紀末まで, ニーダーラインやネーデルラントにおける, 画家, 彫刻家など芸術家の同業者組合で用いられた一般的名称; 芸術家の*守護聖人ルカにちなむ). **～-Passion** *f.* -, ルカ受難曲(ルカによる福音書〔22-23章〕に基づいて作曲された*受難曲; 例えば, ハインリヒ・シュッツ〔SWV 480; 1653-66年〕, クシシュトフ・ペンデレツキ〔1966〕の作品が知られる).

Lumen【lat.】*n.* -, 光; ～ gentium *n.* - -, ルーメン・ジェンツィウム(「諸国民の光」の意; 第2*ヴァティカン公会議で決議された「*教会憲章」のラテン語表題; 略: LG). ～ gloriae *n.* - -, 栄光の光(死後救済された人々が神を直観すること〔至福直観〕を可能にする神の照らし); ～ gratiae *n.* - -, 恩寵の光 (～ supranaturale参照）；〜 naturale n. - -, (das natürliche Licht) 自然の光（人間の理性に備わっている自然的・有限的な認識能力の比喩的表現；神の*恵みや*啓示，信仰に係る「超自然的光」に対して）；〜 supranaturale n. - -, 超自然の光（「自然の光」に対し，超自然的存在者である神を認識する特別な能力；神の*恵みによって与えられる）；〜 Vitae ルーメン・ヴィタエ（*イエズス会により1935年ブリュッセルに設立された，司牧者養成のための国際的な教育センター；及び，その研究誌の名称）．

Lund《固》ルンド（スウェーデン南西部の大学都市；1104年大司教区となり，45年大聖堂が建てられたが，*宗教改革によって1534年に大司教区は廃絶され，以降*ルター派教会の管轄下にある；同地では，1947年*ルテル世界連盟が設立され，また52年には第3回*信仰と職制世界会議が開催された）．

Lunula【lat. "(小さな) 月"】f. -, ..lae u. ..len, 半月形聖体容器(*聖体顕示台や*聖体容器に*聖別された*ホスティアを立てるために用いられる三日月型の留め具；多くは，金製または金メッキを施された銀製）．

Lur・tage → Lostage 1．

Lustration【lat.】f. -, -en, 清め［の儀式］(*ラテン式典礼においては*散水によって行われる；元来は古代ローマで，*いけにえの獣を献げた大祓の儀式）．**lustrieren** t. (h) (*聖水によって，人や物を)［祓い］清める，聖水をかけ(て祓い清め)る．

Luther《固》(m.) Martin 〜 マルティン・ルター (1483-1546；ドイツの宗教改革者；ザクセンのアイスレーベンに生まれ，1501年からエアフルト大学で人文学と法律を学んだ；1505年頃落雷の恐怖をきっかけとしてエアフルトの*アウグスチノ隠修士会に入り，07年司祭叙階，13年にはヴィッテンベルク大学の聖書学教授となり，17年*免償〔免罪符〕その他に関する*九十五箇条提題を公示して*宗教改革の発端をなした；*ライプツィヒ討論を経て，1521年にレオ10世〔在位1513-21〕より*破門宣告を受ける；同年*ヴォルムス勅令によって*異端として公民権を剥奪，追放されたが，ザクセン選帝侯フリードリヒ3世〔在位1486-1525〕のヴァルトブルク城に隠れ住み〔1521-22〕，ここで新約聖書のドイツ語翻訳を行った；1534年，聖全巻のドイツ語訳を出版する；*信仰義認論をはじめとするルターの理念は*メランヒトンによって体系化され，*ルター派教会の最初の*信条である*アウクスブルク信仰告白にまとめられた；会衆の典礼への積極的参加を可能にしたドイツ語賛美歌の創始者でもある；なお，1525年に元シトー会修道女カタリーナ・フォン・ボラ〔1499-1552〕と結婚して3男3女をもうけた）；als 〜 noch katholisch war《比》ずっと昔，古き良き時代には（ルターがまだカトリックだった頃，から転じて）．**Lutheraner**【< Luther】m. -s, -, ① (宗教改革期の)ルター派(主義)の人．②ルター派(ルター教会)の信徒．

Luther=bibel f. -, -n, ルター訳聖書(1522年，ギリシア語原典からの最初のドイツ語聖書翻訳として新約が公刊され，同年夏からはヘブライ語原典による旧約の翻訳が開始された；1534年秋，*外典と*偽典を含む聖書全巻の翻訳が完成したが，その後も加筆改訂が重ねられた；マイセン〔ザクセン〕の官庁用語を基本に，大衆の言葉に留意した簡明で生き生きとした表現が用いられ，印刷術の普及に伴い大量に流布した）．〜**deutsch** n. -[s], ルター・ドイツ語(*ルターが聖書翻訳に用いたドイツ語で，マイセンの官房語に民衆語の平明さと率直さを加味して作り出された；低地，中部，上部の3方言に分かれていたドイツ語を統一し，新高ドイツ語〔Neuhochdeutsch〕の成立に大きく寄与した）．

lutherisch adj. ①ルター派の，ルター主義の．②ルター派教会の，ルター教会の；die 〜e Freikirche ルター派自由教会（Freikirche参照）；die 〜e Kirche ルター派教会，ルター派，ルター教会（「ルーテル教会」とも）；*プロテスタントの中で最大の教派；国や地域によって，また制度的にも数多くの分派がある）；die 〜e Reformation ルター派（による）宗教改革；der 〜e Weltbund ルーテル世界連盟（ルター派教会の国際的な連合組織；1947年スウェーデンの*ルンドで設立された；現在，本部はジュネーブに置かれ，プロテスタント内外での*エキュメニズム運動を推進し，1999年にはカトリック教会と*義認に関する共同宣言を発表した；神学及び教理研究の他，世界各地で発展途上国支援，自然災害救助，紛争地域での人道の援助にも尽力している；加盟教会は，2016年6月現在，98

の国々で145を数え，信徒数は公称7200万人超；略：LWB）．③ → evangelisch-lutherisch（の略）．**Lutherisch** → lutherisch.

Luther=rock *m.* -[e]s, ..röcke，（プロテスタント，特にルター派教会の牧師が平服として着用する，詰め襟で通常は黒の）僧服，キャソック，カソック（engl. cassock；→ Soutane, Talarと同じ）．**～rose** *f.* -, -n, ルターの[白]バラ（ルターが著作のタイトルページに刻し，また紋章や封印として用いたしるし；白いバラの花弁の中央に赤いハート，さらにその中に黒い十字が配されている；Rose参照）．

luthersch, Luthersch, Luther'sch *adj.* ルターの；die ～e Bibelübersetzung ルターの聖書翻訳（Lutherbibel参照）．**Luthertum** *n.* -s, ルター主義，ルターの教え（『大*教理問答』，『小教理問答』などのルターの著作，*メランヒトンによる*アウクスブルク信仰告白，及びこれを含む*和協信条書』に基づいた，ルター派教会の教義；*原罪を強調し，堕罪した人間は救いにおいて完全に無力であると説く；贖罪者キリストへの絶対の信頼，「*信仰のみ」によって人間は救いと*義認に至り，その唯一の基準が聖書〔福音〕であるとする；またカトリック教会の*司祭職を否定し，*万人祭司主義を唱える；*聖餐については*共在説を採る）；（全般的に：）プロテスタンティズム．

Luzernar【< lat. lucerna "ランプ"】*n.* -s, -e *u.* -ien, ルチェルナリウム（初代の教会や修道院における夜の典礼で，祈りの開始を示すため暗闇の中でランプの火を灯した冒頭の部分；西方教会では徐々に廃れたが，*復活徹夜祭の*光の祭儀にその名残が見られる）．

Luzifer【kirchenlat.；原義"光をもたらす者"】《I》《無冠詞で》(*m.*) ルシフェル，ルキフェル（a. 神に背き「稲妻のように天から落ち」た〔ルカ10:18〕*堕天使のこと；イザ14:12の「お前は天から落ちた／明けの明星，曙の子よ」〔du bist vom Himmel gefallen, / du strahlender Sohn der Morgenröte〕と関連付けられ，*悪魔，*サタンの別称とされる．b. 傲慢のゆえに没落したバビロニア王〔イザ14:12〕；aと関連付けられ，悪魔の比喩とされることがある．c.「明けの明星」としてのキリスト；2ペト1:19）．《II》*m.* -s, 明けの明星（金星）．

Luziferianer *m.* -s, -,《通常複数で》ルシフェル派（a. 悪魔を神の子として礼拝し，あらゆる*瀆聖を行い，幼児を*いけにえに献げたとして告発され，*異端審問官コンラート・フォン・マールブルク〔1180/90頃-1233〕によって厳しく断罪された13世紀ドイツの異端集団；ただし現在では，その実在性は否定されている．b. ルキフェル派とも；4世紀*アレイオス派に強硬に反対して追放された，サルディーニャのカラリスの司教ルキフェル〔?-370頃〕に従った厳格主義的離教者）．**luziferisch** *adj.* ルシフェル（悪魔，サタン）の（ような）．

Lyon《固》リヨン（フランス南東部，ローヌ川とソーヌ川の合流地点に発達した都市；11世紀にガリア首座大司教座が置かれ，中世においてはフランスの宗教的中心地の1つだった；*宗教改革期，出版業が盛んだったことから，1562-63年には*改革派に支配されたが，まもなくカトリック勢力が復興した；フランス革命期に一時衰退したものの，17世紀以来，絹織物の町としても知られた；現在はフランス第2の商業・工業都市）；Pauperes von ～ *pl.* リヨンの貧者（12世紀後半，リヨン出身の商人・*巡回説教者ヴァルドーに従って使徒的清貧生活を追求した異端的民衆宗教運動である*ヴァルド一派の別称）．**Lyoner** *adj.*《不変化》リヨンの；～ Konzil *n.* リヨン公会議（リヨンで開催された2度の*公会議；第1回〔第13回公会議，1245年〕：教皇インノケンティウス4世〔在位1243-54〕と対立した*神聖ローマ帝国皇帝フリードリヒ2世〔在位1194-1250〕の破門・罷免宣言と，ラテン帝国援助と新*十字軍遠征のための寄付の呼びかけなどを決議した；第2回〔第14回公会議，1274〕：*東方正教会との一時的合同を実現，*教皇選挙会議の細則を決議した）；～ Missionäre *pl.* リヨン・アフリカ宣教会（西アフリカ沿岸での宣教を目的に，司教メルキオール・マリオン〔1813-59〕が1856年リヨンに設立した，*教区司祭及び*助修士からなる外国宣教会；略：SMA）．

Macht

M

Macht f. -, Mächte, ①《単数で》権威, 権力, 力(神, キリストの;及び, 神に由来する*使徒, 聖書, 教会, 聖職者, 場合によっては国家, 王などの). ②【lat. Angeli virtutes】《複数で》力天使(「権力」とも;＊天使の歌隊における第2階級の2に位置する天使たち;＊奇跡を司る天使たちで, 絵画表現では白百合や赤いバラを伴う).

Madonna【lat.-it."わが女主人"】f. -, ..donnen, ①《単数で》マドンナ(聖母*マリアの称号). ②聖母[マリア]像(通常, 幼児キリストを抱いた聖母マリアの図像・彫像〔聖母子像〕;またキリストの死を悼む → Mater dolorosaの像).

Madonnen=bild n. -[e]s, -er, 聖母[マリア]像. 〜**gesicht** n. -[e]s, -er, 聖母のような(優しい, 美しい, 素敵な)顔. 〜**kult** m. -[e]s, -e, 聖母崇敬, 聖母崇拝(Marienkult参照). 〜**lilie** f. -, -n, マドンナリリー(ニワシロユリ;ヨーロッパ南西部から地中海沿岸, 近東などを原産とする純白のユリ;聖母*マリアの純潔さを象徴し, *受胎告知〔*ガブリエルの*アトリビュートとして〕など, 処女マリアの図像表現にしばしば描かれる;*ヴァティカン市国の国花).

Magd f. -, Mägde, ①下女, 女中;(農家などの)下働きの女, 雇われ農婦. ②《雅》少女, 処女;Maria, die reine 〜 汚れなき処女(おとめ)マリア(聖母*マリアの呼称);シューベルト〔1797-1828〕の「アヴェ・マリア」〔「エレンの歌」第3番, D. 839;1825年作曲〕の歌詞〔ウォルター・スコット(1771-1832)による叙事詩の一部をアダム・シュトルク(1780-1822)が独訳したもの〕の第3連には „Ave Maria! Reine Magd!" とある).

Magdalenen pl. → Magdalenerin.

Magdalenen=haus n. -es, ..häuser, 〜**heim** n. -[e]s, -e, マグダレーナ・ハウス(回心した売春婦らの更生及び保護のため, 教会や修道院などによって運営された福祉施設).

Magdalenerin【< Maria *Magdalena*】f. -, -nen,《通常複数で》マグダレナ修道女会(1224年頃*ヴォルムスで司祭ルドルフ〔生没年不詳〕が, 更生した売春婦たちのため, マグダラの*マリアにちなんで設立した;1227年に教皇グレゴリウス9世〔在位1227-41〕の認可を得てドイツ最古の女子修道会となった;白衣の修道服を身に付けたことから「白衣の女性たち」〔Weißfrauen〕とも呼ばれた;13世紀半ばには, 性行に問題のない女性も受け入れ, ドイツを中心に周辺諸国に拡大したが, 15世紀末には衰微;現在はバイエルン州ザイボルツドルフとポーランドのルバンに修道院がある).

Magdeburg《固》マグデブルク(ドイツ, ザクセン＝アンハルト州の州都で, エルベ川中流域に位置する古くからの商業都市;968年に大司教座が置かれ, スラブ人宣教の拠点となったが, *宗教改革期の1524年に*ルター派に転じた). **Magdeburger** adj.《不変化》マグデブルクの;〜 Zenturien <Centurien> pl. マグデブルク諸世紀教会史(フラキウス・イリリクス〔1520-75〕が, *ルター派教会の歴史的正統性を示すべく, 反ローマ・カトリックの立場から編纂したプロテスタントで最初の教会史;世紀別に叙述され, キリスト生誕から13世紀までを扱う全8巻〔1559-74年刊〕が出版されたが未完となった;フラキウスがマグデブルク滞在中〔1549-57〕に構想されたことからこの名がある;Zenturiator参照).

Magier【altpersisch-gr.-lat."賢者;魔術師"】m. -s, -, ①マギ, 東方の三博士(元来は, 古代ペルシアのゾロアスター教の聖職者;新約聖書では, 星の動きから*メシアの誕生を知って幼子イエスとマリアのもとを訪ねた, 占星術に通じた3人の学者たちを指す;die Heiligen Drei *Könige*参照);die Anbetung der 〜 マギ〈東方の三博士〉の礼拝(マタ2:1-16;及び, その図像・彫像). ②魔術師(新約聖書では, 偽預言者バルイエス〔使13:6〕や*シモン・マゴスなど, 魔術, 占い, まじないを行う者をいう;使19:19);Simon der 〜 魔術師シモン(Simon g参照). **Magier・spiel** n. -[e]s, -e, 三王来朝劇(Dreikönigsspiel参照).

Magisterium【lat.】n. -, 教導権, 教導職(Lehramt参照). **Magister・regel**【< lat. Regula Magistri】f. -, レグラ・マギストリ, 師[父]

の戒律（6世紀初頭に成立したラテン語の修道戒律；「師」と呼ばれる著者や成立場所に関しては不詳だが，*ベネディクトゥスの戒律の規範となったと考えられている）．

Magnificat, Magnifikat【< lat. magnificare "崇める"】*n.* -[s], -, マニフィカト，マグニフィカト，マリアの［賛］歌（「聖なる処女（$\substack{\text{しょう}\\\text{じょ}}$）マリアの頌」とも；a.《単数で》聖母*マリアが*受胎告知の後，*エリサベトを訪問して，祝福を受けた際に唱えた賛歌〔ルカ1:46-55〕；*カンティクムの1つで*聖務日課〔教会の祈り〕の*晩課〔晩の祈り〕などで唱えられる；名称は，ラテン語典文冒頭の „Magnificat anima mea Dominum"〔わたしの魂は主を崇め；Meine Seele *preist* den Herrn〕にちなむ．b. aに作曲された合唱曲；クラウディオ・モンテヴェルディ〔1567-1643〕「聖母マリアの夕べの祈り」〔1610〕の一部や，J. S. *バッハのBWV. 243〔1723作曲；1728-31改訂〕が知られる）．

Mähren【lat. Moravia; dt. Morawien】《固》メーレン，モラヴィア（のドイツ名；現在のチェコ共和国の東部を占める丘陵地帯で，ブルノがその中心都市）．**mährisch** *adj.* メーレンの，モラヴィアの；die 〜en Brüder *pl.* モラヴィア兄弟団（*三十年戦争期に迫害を受けて，ボヘミアから各地に逃れた*ボヘミア兄弟団のうち，モラヴィアに残存していた一派；1722年にザクセンの*ツィンツェンドルフ伯爵領に地所の提供を受け，*ヘルンフート派として再興した）；die 〜e Kirche【engl. Moravian Church】モラヴィア教会（1730年代以降の宣教活動によって世界展開したモラヴィア兄弟団の教団組織；「聖書のみ」の原則に従い，*使徒信条，*アウクスブルク信仰告白を用いる；職位として監督，牧師，執事の3つがあり，*ルター派教会，*聖公会とは密接な関係を保っている）．

Mai=altar *m.* -[e]s, ..altäre, 5月の祭壇，マリア祭壇（一部のカトリック地域で，聖母*マリアの崇敬のため各戸で5月に作られる家庭用祭壇；マリアの図像ないし彫像，ろうそく，花などが置かれ，家族全員で祈りを献げる）．**〜andacht** *f.* -, -en, 5月〈聖母月〉の信心（カトリック教会で聖母マリアに特別の崇敬を献げる5月〔*聖母月〕に，日々行われる*信心業，ないしその伝統；ゲルマン人やローマ人の春の訪れを祝う祭と結び付き，特に18世紀以降盛んに行われた）．

Mailand《it. Milano》《固》ミラノ（北イタリア，ロンバルディア州の州都，商工業都市）；das Edikt von 〜 ミラノ勅令（313年2月*コンスタンティヌス大帝とリキニウス帝〔在位308-24〕がミラノで会談した際に発布された，キリスト教を公認する勅令；他宗教とともにキリスト教の信教の自由を確認し，迫害中に没収された教会財産の返還を命じるものだが，その実在性には疑義が呈されている）．

Mailänder *adj.*《不変化》ミラノの；〜 Ritus *m.* → die *mailändische* Liturgie；〜 Seminar *n.* ミラノ外国宣教会（1926年，教皇ピウス11世〔在位1922-39〕により既存の2つの宣教会が合併されて発足した教皇庁立宣教会；アジア，アフリカ，南北アメリカなどで宣教活動に従事する）．**mailändisch** *adj.* ミラノの，ミラノ式の；die 〜e Liturgie ミラノ［式］典礼（ミラノ大司教区などで古くから用いられている西方教会の典礼形式；4 - 7世紀頃に成立し，*トリエント公会議による典礼改革以降も存続した；*アンブロシウス典礼とも呼ばれる）．

Mainz《固》マインツ（ドイツ，ラインラント＝プファルツ州の州都；ライン川とマイン川の合流地にあり，ローマ時代から河川交通の要所だった；8世紀半ばに*ボニファティウスが司教に就任，8世紀末には大司教座が置かれた；同地の大司教は1356年の*金印勅書で選帝侯の1人に定められた；*グーテンベルクの生誕地）．**Mainzer** *adj.*《不変化》マインツの；〜 Dom *m.* マインツ大聖堂（マインツ旧市街に立つ*ロマネスク様式の大聖堂；975年大司教ヴィリギス〔在位975-1011；聖人〕により起工された；1009年完成直後に焼失するが再建，1036年に献堂された；*十字ヴォールト構造をもち，*身廊の東西両端に2つの*内陣がある）．

Majestas Domini【lat."主の荘厳（栄光）"】*f.* - -, マイェスタス・ドミニ（イザ6:1-3，エゼ1:26-28, 10:1-19, 黙4:2-10などに記された*幻視に基づき，天の玉座に着いている神やキリストの栄光ある姿を表現する図像・影像；旧約の4大*預言者，*聖母や*使徒などを伴う場合もある）．

Majorist【lat.】*m.* -en, -en, 上級聖職者（「上級品級」とも；カトリック教会の1972年以前の

職階で，上級三段〔*司祭，*助祭，*副助祭〕の職にある者のこと；対義語→Minorist；*司教，*司祭，*助祭をいう場合もある〕．

Makarismus【gr.-nlat.】*m.* -, ..men,《通常複数で》①「幸い」章句「幸いである」〔gr. makarios; dt. selig〕の語で始まり，その後に，祝福に相応しい人が列挙される古典ギリシアや聖書に見られる様式；詩1:1, ヨブ5:17他．②(Seligpreisungen)真福八端(*山上の説教において，1の様式によって示された，キリストに従う者に約束される幸福，ないし8つの祝福の言葉；マタ5:3-12〔ルカ6:20-26〕)．

Makedonianer【< Makedonios】*m.* -s, -,《通常複数で》マケドニオス派(*聖霊の神性を否定する4世紀の異端派〔そのため → Pneumatomachenとも〕；第1*コンスタンティノポリス公会議で弾劾された；元来は，4世紀*コンスタンティノポリスの司教マケドニオスが支持した*ホモイウーシオス派〔半アレイオス派〕を指した．

Makkabäer【hebr. *od.* aram. "槌"；< Judas *Makkabäus*】*m.* -s, -,《通常複数で》マカバイ［の人々］(紀元前2世紀，シリア王アンティオコス4世エピファネス〔顕現王〕によるユダヤ民族のヘレニズム化，ユダヤ教迫害政策に対して武装蜂起した一族；名称は指導者*ユダス・マカバイオスにちなむ）；das Buch der 〜 → Makkabäerbuch．**Makkabäer·buch** *n.* [e]s, ..bücher, das [erste / zweite] 〜 マカバイ記［一，二］(旧約聖書*第二正典に属するギリシア語で記された歴史書；第1マカバイ記は，アレクサンドロス大王の東征に始まり，紀元前2世紀半ばにおけるアンティオコス4世のシリア王国とユダヤ民族の間の戦史を内容とする；第2マカバイ記はキレネ人のヤソン〔前100頃〕が著した歴史書を要約したもので，前180年前後の大祭司オニアス3世の時代に起きた神の力の現出，*ユダス・マカバイオスの反乱とシリアの将軍ニカノルの死などの物語を含む；その他に2書〔旧約聖書*外典・*偽典〕が伝わる；正教会は第3のマカバイ記〔マカウェイ第3巻〕を正典と認めている）．**makkabäisch** *adj.* マカバイ(人・族)の；die 〜en Brüder【gr. Makkabaioi】*pl.* マカバイ兄弟(a. 前170/169年にユダヤ教を禁じようとしたアンティオコス4世に対して，父親の祭司マタティアとともに決起した〔マカバイ戦争；Makkabäraufstand〕5人の兄弟，すなわちヨハネ，シモン，ユダ〔ユダス・マカバイオス〕，エレアザル，ヨナタン〔1マカ2:1-5〕；彼らは父親の死後も戦いを続け，前134年ユダがエルサレムを制圧して，神殿の再興と祭壇の再奉献を行った〔1マカ4:36-59〕；シリアの反撃によってユダは戦死したが，ヨナタンとシモン，さらにシモンの子孫が大祭司職と王位を継いだ；彼らの建てたハスモン朝は，前37年*ヘロデ王に滅ぼされるまでパレスチナを支配した．b. ユダヤの律法に反する豚肉食を拒んだため，母親とともに捕らえられ，拷問によって次々と惨殺された7人のユダヤ人の兄弟〔2マカ7:1-42〕；初期キリスト教時代から，*殉教者の模範とされてきた〔ヘブ11:35-36参照〕；祝日：8月1日）．

malabarisch *adj.* マラバル(インド南西部のアラビア海に面する海岸地方)の；die 〜e Kirche マラバル教会(*ネストリオス派の東シリア教会と交流のあったインドのトマス派〔使徒*トマスのインド宣教によって創始されたと自称する一派〕の教会；1599年のディアンペル教会会議以降，一部はカトリックに帰属したが〔*カトリック東方教会〕，これに反発した多くの信徒は*ヤコブ派に加わり，その後も分裂を繰り返した）．

Maleachi【hebr. "私の使者"】(*m.*) マラキ(マラキ書の預言者を指すが，固有名ではなく，おそらく「見よ，わたしは使者〔マルアーキー〕を送る」〔マラ3:1〕に由来する同書の匿名の著者)；das Buch 〜 マラキ書(旧約聖書の巻末に位置する12*小預言書の最後の書；神殿における祭司及び祭儀のあり方を批判し，結婚など宗教的秩序の回復を要求する；また審判の日の到来を預言した）．

Malteser【< Malta "(地中海のほぼ中央部，シチリア島の南に位置する)マルタ島"】*m.* -s, -, → Marteserritter．

Malteser=-Hilfsdienst *m.* -[e]s, マルタ救護奉仕会(1953年*ドイツ・カリタス協会とマルタ騎士修道会の支部会員によって創設されたカトリックの民間ボランティア組織；病人や高齢者の看護，救急出動，災害時の被災者救護，その他の社会福祉活動に従事している）．〜**kreuz** *n.* -es, -e, マルタ十字［架］(同じ大きさの4つのV字を，それぞれの底部で繋げて

形作られた，8つの角〔*真福八端や騎士道の8つの美徳を象徴するとされる〕をもつ十字の紋章〔*ヨハネ騎士団十字架と同形で，*マルタ騎士修道会その他の記章として用いられる〕．**～orden** *m.* -s, マルタ騎士修道会，マルタ騎士団(*ヨハネ騎士修道会の後身；同会が1522年トルコ軍によってロードス島を逐われ，1530年に*神聖ローマ帝国皇帝カール5世〔在位1519-56〕から譲渡されたマルタ島に本拠地を移したことで名称が変更された；1798年ナポレオンのマルタ島占拠により領土を喪失するが，現在はローマ市内に本部をもち，国連にオブザーバーとして参加，世界105ヶ国〔2015年現在〕と外交関係を結ぶ；1953年教皇ピウス12世〔在位1939-58〕により修道院として認可され，医療・福祉活動，難民救済事業などを行っている；ドイツ語での正式名称は「ロードス及びマルタにおけるエルサレムの聖ヨハネ病院独立騎士修道会」〔Souveräner Ritter- und Hospitalorden vom Hl. Johannes zu Jerusalem von Rhodos und von Malta〕で，その略称として [Souveräner] ～orden ないしは Souveräner Ritterorden von Malta が用いられている)．**～ritter** *m.* -s, -, マルタ騎士修道会士(なお国家としてのマルタ騎士修道会の人口は，2014年現在男女合わせて13500人超).

Mammon【aram.-gr.-kirchenlat."所有物"；原義"信頼しうるもの"?】*m.* -s, マモン，富(不正な手段で得られた現世の財産；ただしルカ16:9, 11では，これを手段として真の富を獲得することができるとされる)；Ihr könnt nicht beiden dienen, Gott und dem ～.「あなたがたは，神と富とに仕えることはできない.」(マタ6:24, ルカ16:13)；Macht euch Freunde mit Hilfe des ungerechten ～s, damit ihr in die ewigen Wohnungen aufgenommen werdet, wenn es (mit euch) zu Ende geht.「不正にまみれた富で友達を作りなさい，そうしておけば，金がなくなったとき，あなたがたは永遠の住まいに迎え入れてもらえる.」(ルカ16:9)；um des schnöden ～s willen 卑しい富のために．**Mammonismus**【aram.-gr.-nlat.】*m.* -s, 拝金主義．**Mammons・diener** *m.* -s, -, 拝金主義者，金の亡者．

Manasse【hebr. "忘れさせる(者)"】《固》(*m.*) マナセ(a. *ヨセフ〔a〕の長男〔創41:50-51〕；*ヤコブ〔a〕の祝福を受け〔創48:13-20〕，マナセ族の祖となった. b. ユダ王国の王〔前687-42〕；アッシリアに忠実で，*バアル，アシェラに対する偶像崇拝を行い，国民を苦しめた不敬虔な王とされ，ユダ王国滅亡の原因をなした；列下21:2 -18)；das Gebet des ～[s] マナセの祈り(旧約聖書*外典の1書で，マナセ王に帰される祈り；全15節からなり，自身の罪を深く悔やんで神に告白し，慈悲を請う内容で，マナセがアッシリアに捕えられた後に悔悟し，神に祈ったという代33:11-13の記事に関連付けて，70年エルサレム陥落前に作られたと考えられている).

Mandatum【kirchenlat."掟"】*n.* -s, ..ta, 洗足(㊥)式(*聖木曜日のミサで行われる，足を洗う儀式〔Fußwaschung参照〕；キリストが*最後の晩餐の前に*弟子たちの足を洗うことで，愛をもって他者に仕える者の規範を示したことから，洗足の行為は伝統的に「掟」と呼ばれた；ヨハ13:14-15).

Mandorla【spätlat.-it."アーモンド"】*f.* -, ..len, マンドルラ，大光輪(*光背の一種で，キリストや聖母*マリアの図像を囲むアーモンド型または楕円形の光環；栄光を表し，中世及び初期*ルネサンス美術にしばしば見られる).

Manichäer【< Mani】*m.* -s, -, マニ教徒．**Manichäismus**【lat.】*m.* -, マニ教(サ サ ン朝ペルシアにおいてマニ〔216-77〕が創始した，初期キリスト教，ユダヤ教，ヘレニズム，*グノーシス主義，イラン宗教などが混交した折衷的宗教思想；4 - 6世紀に地中海全域に拡大，キリスト教会及びローマ皇帝の禁圧を受けて衰微するが，6世紀以降東方に伝播し，8世紀には中国にまで拡大した；明・暗〔善・悪〕の永続的闘争を世界の根本原理とし，物質界の徹底した軽視と厳格な禁欲生活によって救済に至ると主張した).

Manipel【lat."腕章"】*m.* -s, -, / *f.* -, -n, マニプルス，腕帛(㊥)(*祭服の一部で，上衣の左前腕部に付ける帯状の装飾用絹布；第2 *ヴァティカン公会議以降，祭服の規定から外されたが，以前は*祭器などの取り扱いの際に，左手を覆うために用いられた).

Manna【hebr.-gr.-spätlat.】*n.* -[s], / *f.* -, マナ(エジプトを脱出して*荒野を彷徨うイスラエル人が神から与えられた奇跡的食物；空から降って地表を霜のように覆い，味は蜜入りのウェファースのようだったという〔出16:14,

31〕;新約では「マンナ」と表記され〔ヨハ6:31以下〕,「命のパン」たるイエス〔ヨハ6:35〕の,そして*聖体〔1コリ10:3以下〕と天の*至福〔黙2:17〕の*予型とされる).

Männer=kloster n. -s, ..klöster, 男子修道院. ～**orden** m. -s, -, 男子修道会 (der erste *Orden*参照).

Männin f. -, 《単数で》女 (*エバのこと;ヘブライ語の「男〔isch〕から取られたもの」として創造された「女〔ischah〕」の*ルターによるドイツ語訳;創2:23).

Mantel 【< lat. mantellum "覆い"】 m. -s, Mäntel, マント (修道者が着用する丈長の上衣;または*大司教の*パリウム); et. mit dem ～ der [christlichen] Nächstenliebe zudecken <bedecken / verhüllen> / den ～ der Nächstenliebe über et. breiten 《比》(或人の過ちを)かばう, 大目に見る, (失敗などに)目をつぶる (1ペト4:8参照). **Mantelletta** [lat.-it.; < lat. mantellum (の指小形)] f. -, ..letten, マンテレッタ (*枢機卿・*司教・大修道院長など高位聖職者が着用する, 前開き, 袖なしで, 膝までの長さの上衣;位階によって色・素材が異なる). **Mantellone** 【lat.-it.】 m. -s, -s, マンテローネ (教皇宮廷内の業務を行う聖職者が着用する, 袖なし長上衣;両肩に長い垂れ布を付ける).

Manual 【< lat. manus "手"】 n. -s, -e, **Manuale** n. -[s], -[e], 提要, 綱要書 (*秘跡など典礼の式次第や祈禱文が記された中世の*定式書).

Maphorion 【ngr.】 n. -s, ..rien u. ..ria, マフォリオン (a. 修道者が着用するヴェール状の衣装. b. 聖母*マリア〔まれに*エバや聖女たち〕の図像で, 頭部と上半身を覆う青, 茶, 紫ないし緋色のヴェールまたはマントで, 主にビザンティン芸術に見られる;その下に多くの信徒や聖職者を庇護している構図は → Schutzmantelmariaを参照;なお473年に東ローマ帝国皇帝レオ1世〔在位457-74〕によって建てられた, コンスタンティノポリスのブラケルネ聖堂〔Blachernen-Kirche〕には, 5世紀末以来, 聖母の*聖遺物で*聖骸布でもあったマフォリオンが安置されていたが, 1434年火災により焼失した).

Mappa 【lat."前掛け"】 f. -, 《古》① 祭壇布, 祭壇垂れ布 (Altartuch参照).② *祭壇奉仕者 (侍祭) の肩衣.

maranata, maranatha 【aram. maranâ' thâ' od. maran 'athâ'】 int. マラナ・タ (「主よ, 来てください」〔Unser Herr, komm!〕の意で, キリストの*再臨を待望する祈りの言葉〔1コリ16,22〕;特に*初代教会の*聖餐式で, 典礼の定式として用いられた;黙22:20参照).

Marandana 【< Maria und Anna】, **Marandjosef** 【< Maria und Josef】 int. ああっ!えっ! (驚いたときの叫び声).

Marane → Marrane.

Marantana → Marandana. **Marantjosef** → Marandjosef.

Marburg 《固》 マールブルク (ドイツ, ヘッセン州中部, ラーン河畔の都市;1228年以降テューリンゲンの聖*エリーザベト〔1207-31〕が居住し, 施療院を設立した;1235年に*列聖されると, 同年その墓所には*ドイツ騎士団によって, ドイツで最初となる*ゴシック式教会堂〔Elisabethkirche〕が建てられ, 巡礼地となった;1526年からヘッセン方伯フィリップ1世〔在位1509-67〕が宗教改革を進め, 27年には史上初のプロテスタント系大学であるマールブルク大学〔現在の名称はPhilipps-Universität Marburg〕が創設された).

Marburger adj. 《不変化》 マールブルクの; ～ Religions・gespräch n. マールブルク宗教対話 (1529年10月, *ルター派と*ツヴィングリ派の一致のため, フィリップ1世の召集によりマールブルクで開催された両派の会談;*聖餐におけるキリストの現存に関して, ルターが*共在説を提唱し, 一方ツヴィングリは, パンとぶどう酒はキリストの現存を表示的・象徴的に表すに過ぎないと主張〔*象徴説〕して対立した;またカトリックとの和解についても合意を見ず, プロテスタントの内部分裂が決定的となった).

Marcionite 【< Marcion】 m. -n, -n, 《通常複数で》マルキオン派 (黒海沿岸シノペ出身で富裕な船主のマルキオン〔1世紀末-160頃〕に由来する二元論的異端説;旧約の神と新約の神を区別し, 前者は創造神で, 義・律法・復讐の神であるのに対し, 後者はキリストにおいて自らを啓示する, これとは無関係の新しい神, 愛と善の, 真実の神であるとした;したがって旧約聖書は否定, 拒絶され, *パウロの思想に依拠しつつ, ユダヤ的なものを排除した新約聖書の独自の*正典を編んで用いた;マルキオンはその教説ゆえに, 司教だっ

Marcosianer → Markosianer.

Marginal・glosse〖< lat. glossa marginalis〗*f.* -, -n, 欄外グロッサ(中世の写本などで、テキストの難解な箇所について、同一ページの欄外部分に記入された注釈；Glosse参照).

Maria【hebr.-gr.; < hebr. Mirjam (*モーセと*アロンの姉で預言者；出15:29)】《固》(*f.*) 2格: Mariä (auch: Mariae, Marias, Mariens), マリア (a. 神の子イエスの母、聖母；*ヨセフとの婚約中に*聖霊によって*処女懐胎し、ヨセフの故郷*ベツレヘムでイエスを生んだ〔マタ1:18-25、ルカ2:4-7〕；イエスの宣教生活の開始後は、その弟子たちと同道して、*カナでのイエスによる最初の*奇跡にも立ち会った〔ヨハ2:1-12〕；イエスのエルサレム入城に随伴し、*磔刑(はっけい)に際してイエスは十字架上からその場に佇む母を*ヨハネに託した〔ヨハ19:25-27〕；キリストの*昇天の後は、*聖霊降臨まで*使徒たちとともにあった〔使1:14〕；伝承によれば、その後はヨハネとエルサレム及びエフェソで暮らし、キリスト昇天の12年後に没して天に上げられた；カトリック教会はマリアの処女懐胎、*無原罪、*被昇天を教義とし、「*神の母」に対して*特別崇敬を献げるよう定めている．b. ~ von Magdala マグダラのマリア：マリア・マグダレナ〔~ Magdalena〕とも；マグダラはガリラヤ湖西岸の町；イエスに「7つの悪霊」を追い払ってもらった後、彼に最も献身的に仕えた女性たちの1人〔ルカ8:2〕で、十字架上の死に立ち会い〔マタ27:56, 61〕、*復活したイエスと最初に出会った〔ヨハ20:11-18〕；これと、自身の髪の毛でイエスの足を拭い、香油を塗った「罪深い女」〔ルカ7:36-5〕が同一視されたり、ベタニアのマリア〔c 参照〕やエジプトのマリア〔f 参照〕、後世の伝説における悔悛した娼婦の主題などが混ざり合って、中世以降、長い髪が全裸ないし半裸を覆ったその図像が数多く作られて民衆の崇敬を集めたが、新約聖書における記述には本来痛悔のテーマは含まれない；祝日：7月22日．c. ~ von Bethanien ベタニアのマリア：*マルタの妹でイエスの言葉に熱心に耳を傾け〔ルカ10:38-42〕、自宅を訪れたイエスの足に香油を注ぎ、自分の髪の毛で拭った女性とされる〔マコ14:3-9、ヨハ12:1-8〕；イエスが蘇らせた*ラザロを兄弟とする〔ヨハ11:2〕．d. 小*ヤコブとヨセの母；イエスに付き従い十字架上の死、埋葬、復活に立ち会った；マコ15:40, 47, 16:1 他．e. マルコと呼ばれるヨハネの母で、その家はエルサレムの大きな教会だった；使12:12．f. パウロの友でローマの教会のために尽力した女性；ロマ16:6．g. ~ von Ägypten エジプトのマリア：聖人；4世紀頃のアレクサンドリアの娼婦で、回心後、贖罪のため47年間パレスチナの*荒野で隠修女として過ごしたという；しばしばマグダラのマリアと混同される)；~ der Engel【< lat. Regina Angelorum】天使の元后(*聖マリアの連願にいう聖母マリアの呼称；及び、これに奉献された各地の教会堂やその名を冠する修道院；祝日：8月2日)；~, Hilfe <Helferin> der Christen【< lat. Auxilium Christianorum】キリスト信者の助け、扶助者聖マリア(聖マリアの連願にいう聖母マリアの呼称；及び、この名を冠する教会や教区、共同体など；祝日：5月24日；Mariahilf参照)；~ Königin【< lat. Maria Regina】天の元后聖マリア (a. *被昇天の後、天で戴冠し万物の女王となった聖母マリアを記念する日；1954年教皇ピウス12世〔在位1939-58〕により制定された；8月22日．b. 戴冠した聖母の図像・影像．c. 聖マリアの連願にいう聖母マリアの呼称)；~, Mutter vom Guten Rat【< lat. Mater boni consilii】善き勧めを賜う御母(カトリック教会で用いられる聖母マリアの呼称；1903年教皇レオ13世〔在位1878-1903〕により聖マリアの連願に付け加えられた〔dt. Du Mutter des guten Rates〕；及び、これに奉献された各地の教会堂)；~ mit dem Kind 聖母子像(聖母マリアと幼児キリストの図像表現、及びその主題)；~ vom Berge Karmel カルメル山の聖母 (a. 1251年、ケンブリッジで*カルメル会総長聖シモン・ストック〔1165頃-1265〕に聖母が出現し、カルメル山の*スカプラリオを授けたことを記念する日；「*スカプラリオの祝日」とも；7月16日．b. カルメル山の聖母に奉献された教会堂やその名を冠する修道院、教区)；~ von den Engeln → ~ der Engel；~ von der Erlösung der Gefangenen 奴隷解放の聖母、贖虜の聖マリア (1218年、ペドロ・ノラスコ〔1182/86-1249/56〕に聖母が出現し、イスラム教徒に捕らえられ奴隷とされた北アフリカのキリスト教徒

Mariä

を解放する目的で,修道会〔奴隷救済修道会; 贖虜の聖母会,*メルセス会とも〕を設立するよう命じたことを記念する祝日;9月24日);Heilige 〜, Mutter von der immerwährenden Hilfe【< lat. Mater de perpetuo succursu】絶えざる御助けの聖母(14世紀頃おそらくクレタ島の無名の画家によって制作された*ビザンティン様式の聖母子の*イコン;1866年教皇ピウス9世〔在位1846-78〕によって*レデンプトール会本部のローマ,聖アルフォンソ・デ・リゴリ教会に安置され,崇敬を集めている;Gnadenbild Unserer Lieben Frau von der immerwährenden Hilfeとも;祝日: 6月27日; 及び,これに献げられた各地の教会堂);Jesus 〜 und Josef! / Jesses 〜! *int.* たいへんだ,何てことだ(驚嘆の叫び声).

Mariä → Maria (のラテン語式2格形); [Unbefleckte] 〜 Empfängnis 無原罪の聖マリアの祭日;カトリック教会暦上の祭日,またドイツ語圏においてはオーストリアやリヒテンシュタインの法定祝日〔12月8日〕;Unbefleckte *Empfängnis*参照); 〜 Erscheinung ① → Marienerscheinung. ② → 〜 Heimsuchung (の異称); 〜 Erwartung 聖マリアの期待(イエス誕生を待ち望むマリアを記念する,元来はスペインの祝日〔span. Maria Esperanza〕で後にイタリア,フランスに伝わった〔12月18日〕; 及び,それを主題とする懐妊中のマリアの図像); 〜 Freuden → die Sieben Freuden *Mariens*; 〜 Geburt 聖マリアの誕生(*ヤコブ原福音書に基づき,聖*アンナがマリアを出産したことを記念する7世紀以来の祝日〔9月8日〕;及び,それを主題とする図像);Gesellschaft 〜 マリア会(Marianisten参照); 〜 Heimsuchung → Mariä *Heimsuchung*; 〜 Himmelfahrt → Mariä *Himmelfahrt*; 〜 Lichtmess (Lichtmeß) → Lichtmess; 〜 Namen 聖マリアの御名(1683年ウイーンでキリスト教徒が聖母マリアの名を唱えてトルコ軍に勝利したことを記念する日〔9月12日〕;及び,それに奉献された各地の教会堂); 〜 Opferung 聖マリアの奉献(マリアが3歳の時,両親の聖*アンナと聖ヨアキムにより*エルサレムの神殿に献げられ,12歳までその至聖所で教育を受けたという*ヤコブ原福音書の記述に基づく記念日〔11月21日〕;元来は*エルサレムの聖マリア・ノヴァ聖堂の献堂式〔543年の同日〕を記念した;及び,これを主題とする図像); 〜 Reinigung → Lichtmess; 〜 Schmerzen → die Sieben Schmerzen *Mariens*; 〜 <Maria> Schnee 雪の聖母マリア(ローマの聖マリア・マジョーレ教会の献堂式〔432年〕を記念する祝日〔8月5日〕;358年〔?〕ローマの富裕な貴族ヨハネスが聖堂を寄進しようとしたところ,建築すべき土地〔エスクイリーノの丘〕を,聖母が真夏の8月に雪を降らせることによって示したとの伝承に由来する;及び,当のローマの大聖堂の他,これに献げられた各地の教会堂); 〜 Schutzfest マリアのご加護の祝日(1701年スペインで,11月の第3主日に聖母マリアへの*特別崇敬を行うことが認可され,1725年教皇ベネディクトゥス13世〔在位1724-30〕がこれを全教会に広めたもの); 〜 Tempelgang 聖マリアの神殿入り(→ Opferungの別称); 〜 Verkündigung〔聖母マリアの〕お告げ(天使*ガブリエルによる*受胎告知を記念する5世紀以来の祝日〔3月25日;現在は,主の祭日である「神のお告げ」としてその日に行われる〕;及び,それを主題とする図像); 〜 Verlobung 聖マリアの婚約(エルサレムの神殿に仕えていたマリアに対し,司祭長*ザカリアが*ヨセフとの結婚を告げたという*外典ないし伝説に基づく祝日〔1月23日〕;15世紀初頭,シャルトルで行われて以来の祝日で,1725年ベネディクトゥス13世〔在位1724-30〕が全教会に対して認可した; 及び,それを主題とする図像); 〜 Vermählung 聖マリアの結婚(ヨセフとの結婚を記念する日;→ 〜 Verlobungと同じ1月23日に行われ,1725年ベネディクトゥス13世が全教会に対して認可した;及び,それを主題とする図像).

Maria・hilf《無冠詞で》マリアヒルフ,救いのマリア(a. 戦場などで「マリアの助け」を嘆願する祈りないし叫び〔dt. Maria Hilf〕が,1500年頃に*聖マリアの連願に採り入れられた;1537年頃ルーカス・クラナッハ〔父;1472-1553〕は,おそらくこれを主題として,ドレスデンの*聖十字架教会のために聖母子像「救いのマリア」を描いた;その後同作は,パッサウを経て,1650年以降インスブルックの聖ヤーコプ大聖堂〔Dom zu St. Jakob *od.* Jakobskirche〕の中央祭壇に安置されて信仰を集め,また多数の模写が作られて広く流布した.

b.「救いのマリア」に奉献されたミュンヘン，パッサウ，ウィーンなどの教会堂や，これにちなむ地区，団体の名称).

Maria Laach《固》マリア・ラーハ(ドイツ西部ラーハ湖畔に1093年創建された*ベネディクト会大修道院;15世紀以来, 厳格な*クリュニーの戒律の遵守と学術研究で知られた;フランス革命時に世俗化され, その後はプロイセンや*イエズス会の所領となるが, 1892年*ボイロン修族ベネディクト会の修道院になった;1914年以降はドイツにおける*典礼運動の中心として典礼研究が盛んに行われた;付属教会堂〔1156年献堂〕は*ロマネスク様式の代表的建造物とされる).

marianisch【mlat.】adj. 聖母マリアの, 聖母マリアに関する;聖母マリア崇敬のための;die ～e Antiphon → Marienantiphon;das ～e Jahr〔聖母〕マリア年, 聖母〔聖〕年(聖母マリアに対して特別の崇敬を献げるべき年として, 教皇が布告する期間;第1回:〔*無原罪の宿り〕の教理宣言100周年を記念してピウス12世〔在位1939-58〕が布告した1953年12月8日-54年12月8日;第2回:ヨハネ・パウロ2世〔在位1978-2005〕が*ファティマでの*マリア出現70周年を記念して告知した1987年6月7日-88年8月15日;同教皇の定めた「ロザリオの年」〔Jahr des Rosenkranzes;2002年10月-03年10月〕が第3回とされることもある);die ～e Kongregation【< lat. Congregatio Mariana】マリア信心会(1563年*イエズス会士ジャン・レウニス〔1532-84〕がローマで創始した*マリア崇敬を目的とする集会に端を発し, イエズス会の宣教活動とともに全世界に広まる;ドイツ語圏ではウィーン〔1573〕が最初;各国で職業別, 性別, 年齢別の組織をもちローマの総本部〔Prima Primaria〕がこれを統括した;1967年以降その多くがクリスチャン・ライフ・コミュニティー〔Christian Life Community (CLC); dt. Gemeinschaft des Christlichen Lebens〕へと改編された);der ～e Messbund マリア・ミサ連盟(1729年インゴルシュタットの*フランシスコ会修道院で聖母崇敬の目的をもって設立された信心会);die ～e Schlussantiphon 聖母マリアの終わりの交唱〈結びの交唱〉(Marienantiphon参照);die ～e Sodalität → die ～e Kongregation;die ～e Theologie → Mariologie;das kleine ～e Offizium【< lat. Officium parvum Beatae Mariae virginis】幸いなる処女(おとめ)マリアの小聖務日課(中世盛期の小聖務日課〔*聖務日課に付加された日課〕を代表するもので, 聖母に賛美と感謝を献げる*信心業;編者や成立時期は不明だが, 10世紀に行われた記録があり, また聖ペトルス・ダミアニ〔1007-72;*枢機卿, *教会博士〕がその普及に尽力した;12世紀から*トリエント公会議後の聖務日課改訂まで, 多くの修道会で義務的に用いられ, また一般信徒にも*時禱書を通じて広まった).

Marianist m. -en, -en,《通常複数で》マリア会(1817年ギョーム・ヨゼフ・シャミナード〔1761-1850;*福者〕がフランス, ボルドーで創立した*単式誓願の男子修道会;会員は3つの*福音的勧告の遵守に加え, 聖母マリアへの献身とその事業への堅忍〔Stabilität〕の誓願を立てる;世界各国で中・高等教育事業及び司牧活動などに従事している;略: SM). **Marianisten・schwester** f. -, -n, **Marianistin** f. -, -nen,《通常複数で》聖マリア修道女会, 汚れなきマリア修道会(通称「マリアニスト・シスターズ」;1816年シャミナードとアデル・ド・バッツ・ド・トランケレオン〔1789-1828〕がフランス, アジャンで創立した女子修道会;教育・司牧活動に従事する;略: FMI). **marianistisch** adj. マリア会の;die ～e Familie マリアニスト家族(信徒マリアニスト共同体, アリアンス・マリアル〔Alliance Mariale;*在俗会〕, 汚れなきマリア修道会及びマリア会から構成される, 一般信徒と修道者からなる国際的な信仰共同体). **Marianit** m. -en, -en, → Marianist.

Mariavit【hebr.-gr.-lat.-poln.】m. -en, -en,《通常複数で》マリア模倣会, マリア模倣派(ポーランドで修道女マリア・フランシスカ・コズウォフスカ〔1862-1921〕とヤン・コワルスキ〔1871-1942〕によって, 貧者救済と労働者奉仕を目的に創設された, カトリックの修道女と司祭による神秘主義的一派だったが, 1906年教皇庁より破門された;その後, 復古カトリック・マリア模倣会〔Altkatholische Kirche der ～en〕とカトリック・マリア模倣会〔Katholische Kirche der ～en〕に分裂し, ドイツにはこれらとは別に, マリア模倣派修道会〔Orden der ～en in Deutschland - Auslandsjurisdiktion〕があるが，いずれもカトリック教会とは無関係)．

Maria-Ward-Schwestern *pl.* メアリ・ウォード会 (*Englische* Fräulein参照).

Mariazell 《固》マリアツェル (オーストリア南東部シュタイアーマルク州の町；12世紀以来の*マリア崇敬の巡礼地で,「大いなるオーストリアの母」〔Magna Mater Austriae〕と称される木製の聖母子像を安置する*バシリカ〔Basilika Mariä Geburt〕がある)．

Marien=altar *m.* -[e]s, ..altäre, マリア祭壇 (a. 教会堂の*側廊などに造られる聖母崇敬のための祭壇；マリア像やその生涯を題材とした図像が設置されている．b. → Maialtar). **~anbetung** *f.* -, -en, 《通常単数で》マリア礼拝 (Mariolatrie参照). **~andacht** *f.* -, -en, (特に5月に行われる聖母) マリア[特別]崇敬 (Maiandacht参照). **~antiphon** *f.* -, -en, 聖母マリアの[終わりの]アンティフォナ，聖母への結びの交唱〈終わりの交唱〉(「聖母賛歌」とも；*聖務日課〔*教会の祈り〕の*終課〔寝る前の祈り〕の最後に唱えられる，聖母を讃える歌；1568年ローマ聖務日課書で，以下のとおり時節毎に用いられるべき4つの賛歌が決められていたが，1971年の改正により，レジナ・チェリ・レタレが*復活節に定められている以外は，いずれの賛歌を用いてもよいことになった；アルマ・レデンプトーリス・マーテル〔「贖い主の恵み深い母」Erhabene Mutter des Erlösers；*待降節第1主日前晩の晩課から*聖母の清め (*主の奉献，2月2日) の祝日の晩課まで〕，アヴェ・レジナ・チェロールム〔「めでたし天の女王」Ave, du Himmelskönigin；聖母の清めの祝日から*聖水曜日の終課まで〕，レジナ・チェリ・レタレ〔「天の女王，お喜び下さい」Himmelskönigin, freue dich；復活の主日 (*聖土曜日) の終課から*聖霊降臨の祝日後の金曜日の終課まで〕，*サルヴェ・レジナ〔「栄えあれ女王」Sei gegrüßt, o Königin；*三位一体の祝日前晩の晩課から待降節第1主日の前日の*九時課まで〕). **~betrachtung** *f.* -, -en, マリアの観想(「*聖母マリアの悲しみ」や「*聖母マリアの喜び」など，その生涯の事蹟と神秘を追想する*信心業). **~bild** *n.* -[e]s, -er, マリア像 (聖書*正典及び*外典・*偽典の記述や伝承に基づくマリアの図像・彫像；聖母マリアだけを描いたもの, 幼児キリストを抱いた*聖母子像，親族を伴う*聖家族像などがある). **~bruder** → Maristenschulbruder. **~dichtung** *f.* -, マリア文学 (*聖母崇敬を背景とする文芸作品全般，及び民間の説話；題材は*ヤコブ原福音書など*外典から採られることが多い). **~dienst** *m.* -[e]s, -e, マリア礼拝 (Mariolatrie参照). **~erscheinung** *f.* -, -en, マリア出現 (聖母マリアが超自然的・超感覚的な形で，ある人間に立ち現れ，それに伴って*啓示や*奇跡がもたらされること；教会の権威者によって検証，公認されたものには*ルルド〔1858年〕や*ファティマ〔1917年〕などがある). **~evangelium** *n.* -s, マリア[による]福音書 (2世紀半ばに成立した*グノーシス派起源の新約聖書*外典で，複数のギリシア語の断片が伝わる；前半は*復活したキリストと弟子たちとの対話，後半でマグダラの*マリアが，彼女に与えられた救世主についての*啓示を*使徒たちに教示して福音の宣教を促す). **~fest** *n.* -[e]s, -e, 聖母マリアの祝祭日 (*典礼暦において「*神の母」マリアに特別の崇敬を献げる祝祭日；現在のローマ暦において全教会で守るべき*祭日と定められているのは，「神の母聖マリア」〔→ Hochfest der *Gottesmutter* Maria；1月1日〕，「聖母の被昇天」〔→ Mariä *Himmelfahrt*；8月15日〕，「無原罪の聖マリア」〔Hochfest der ohne Erbsünde empfangenen Jungfrau und Gottesmutter Maria (→ Unbefleckte Mariä *Empfängnis*)；12月8日〕の3つ〔CIC. 1246§1〕；*祝日は，「聖母の訪問」〔→ Mariä *Heimsuchung*；5月31日〕と「聖マリアの誕生」〔→ Mariä Geburt；9月8日〕；全教会で義務的に祝われる記念日としては，「聖母のみ心」〔→ Herz-Maria-Fest；*聖霊降臨後の第2主日の後の土曜日〕，「天の元后聖マリア」〔→ Maria Königin；8月22日〕，「悲しみの聖母」〔Gedächtnis der Schmerzen Mariens (→ Schmerzenstag)；9月15日〕，「ロザリオの聖母」〔Unsere Liebe Frau vom Rosenkranz (→ Rosenkranzfest)；10月7日〕，「聖マリアの奉献」〔Gedenktag Unserer Lieben Frau in Jerusalem (→ Mariä Opferung)；11月21日〕；この他にも，特定の地方や修道会でのみ行われる記念日がある). **~kapelle** *f.* -, -n, 聖マリア礼拝堂，聖母礼拝堂 (聖マリアに*奉献された〔祭壇を有する〕礼拝堂). **~kirche** *f.* -, -n, 聖マリ

ア聖堂，聖マリア教会，聖母教会(聖母マリアに奉献された教会堂；Frauenkirche参照)．～**klage** *f.* -, -n，マリア哀歌(13世紀初頭に成立した*神秘劇の一種；当初はキリストの*磔刑(㋕)や*十字架降下，埋葬の際の聖母〔ないしマグダラの*マリア〕の嘆きを叙情詩的，独自的に歌うものだったが，次第にキリストや*ヨハネとの対話の要素が加わって演劇化され，*受難劇の重要な構成部分とみなされるようになった)．～**kult** *m.* -[e]s, -e，①マリア崇敬(「神の母」，神と人の仲介者たる聖母マリアに特別の*崇敬を献げること〔Hyperdulie参照〕で，中世期に大きく発展，普及した；*カルヴァンは聖母への過熱した信心を*偶像崇拝として批判した)．② → Mariolatrie．～-**leben** *n.* -s，マリアの生涯(新約聖書*正典及び*外典〔特に*ヤコブ原福音書〕，*偽典などに記された聖母マリアの事蹟を題材とした一連の絵画表現，ないしは詩や物語文学)．～-**legende** *f.* -, -n，マリア伝説(特に，*マリア崇敬が盛んになった12世紀以降，民間に流布した聖母の生涯と奇跡に関する多種多様な伝説；多くは，マリアによる神への*執り成しと神の憐れみ，救済を主題とする)．～**messe** *f.* -, -n，聖母ミサ(聖母マリアに対する*崇敬として行われる*随意ミサ；Rorate参照)．～**mirakel** *n.* -s, -，マリア奇跡劇，聖母奇跡劇(14世紀後半から15世紀に好んで上演された聖母マリアの奇跡を主題とした*神秘劇；その多くは，聖母の慈悲によって悪人が回心し，救済される内容をもつ)．～**monat** *m.* -[e]s, -e，マリアの月，聖母[聖]月(マリアに対し，特別の崇敬が献げられる5月のこと；併せて*ロザリオの月〔10月〕を指すことがある)．～**offizium** *n.* -s，マリア聖務日課(das kleine *Marianische* Offizium参照)．～**präfation** *f.* -, -en，マリアの叙唱(*聖母マリアの祝祭日に唱えられる*叙唱)．

Mariens → Maria (の2格形)；die [Sieben] Freuden ～ 聖母マリアの〔七つの〕喜び(聖母の生涯における喜ばしい7つの出来事〔一般的に，*受胎告知，*エリサベト訪問，主の*降誕，*東方の三博士の礼拝(*公現)，エルサレムの神殿での少年イエスの発見(ルカ2:41-52)，*復活，*被昇天と戴冠；「復活」に代えて*シメオンとの出会い(*主の奉献)が加わることも〕を記念する*信心業；特に*フランシスコ会における*ロザリオの祈り〔1422年認可，*全免償付き〕；祝日：8月27日)；die [Sieben] Schmerzen ～ 聖母マリアの〔七つの〕悲しみ(聖母の生涯における7つの苦しみ〔*シメオンの預言(ルカ2:28-35)，エジプトへの逃避行(マタ2:14-15)，エルサレムで12歳のイエスを3日間見失う(ルカ2:43-45)，十字架を負って*カルワリオに向かうイエスに会う，十字架のもとで佇む，*十字架降下，埋葬〕を主題とする信心業で，「聖母マリアの喜び」に対応するものとして15世紀以降広まった；祝日：9月15日〔Schmerzenstag参照〕；Mater dolorosa参照)．

Marien=schrein *m.* -[e]s，聖母の聖遺物箱(→ *Aachener* Dom所蔵の)．～**schwester** *f.* -, -n，《通常複数で》① Schönstätter ～schwestern *pl.* シェーンシュタット・マリア信心会(ドイツ西部コーブレンツ近郊ファレンダーのシェーンシュタットでヨーゼフ・ケンテニヒ〔1885-1968；*パロッティ会司祭〕が1926年に設立した*在俗会；*終生誓願は行わず，独身で共同生活を営む；ヨーロッパの他，南アフリカ，南米，北米，オーストリア，インドなどで活動している)．② ～schwestern vom Karmel *pl.* カルメル山のマリア修道女会(1861年マリア・ベック〔1826-72〕によってリンツで設立されたカルメル会*第三会；上部オーストリア及びバイエルンを中心に，女性・児童・老人救護の活動に従事している)．③ Evangelische ～schwestern *pl.* マリア福音姉妹会(バジレア・シュリンク〔1904-2001〕とマルテュリア・マダウス〔1904-99〕が1947年ダルムシュタットで設立した*ルター派の女子修道会)．～**stunden** *pl.* → offizium．～**tag** *m.* -[e]s, -e, → fest．～**töchter** *pl.* → Marianistinnen．～**verehrung** *f.* -，マリア崇敬(～-kult, Hyperdulie参照)．～**vesper** *f.* -, -n，聖母の晩課，聖母マリアの夕べの祈り(a. 聖母マリアに献げられた*晩課．b. aの全体に作曲された声楽曲；クラウディオ・モンテヴェルディ〔1567-1643〕の作品〔Vespro della Beata Vergine；1610年ヴェネツィア刊〕が有名)．

Mariolatrie【hebr.-gr.-lat. + → Latrie】*f.* -，(Marienanbetung, Mariendienst, Marienkult) マリア礼拝，マリア崇拝(*三位一体の神だけに献げられる*礼拝〔Latrie〕を，人間である聖母マリアに対して行うこと；カトリック及びプロ

Mariologe *m.* -n, -n, マリア学者. **Mariologie** *f.* -, [聖母] マリア学, マリア論, 聖母神学 (聖母マリアに対する崇敬や信仰, 教理全体におけるその位置付けなどを研究する, *教理神学の1部門). **mariologisch** *adj.* [聖母] マリア論(学)の.

Marist【< lat. Societas Mariae】*m.* -en, -en, 《通常複数で》マリスト修道会(ジャン=クロード・コラン〔1790-1875〕が, *リヨンの神学校生時代の1816年, 聖母マリアにちなんだ新しい修道会の設立を企図し, 1836年男子修道会として教皇庁の認可を受けた; *マリア崇敬の普及, 青少年教育, 海外布教に従事し, 特に太平洋諸島での宣教に活躍した; 略: SM). **Maristen・schulbruder**【< lat. Institutum Fratrum Maristarum a Scholis】*m.* -s, ..brüder, 《通常複数で》マリスト教育修道士会(1817年*リヨン近郊のラ・ヴァラでマルセラン・シャンパニェ〔1789-1840; 聖人〕が設立し, 63年教皇庁の認可を受けた男子修道会で, 聖母マリアに倣い, 世界各国で青少年のキリスト教教育などに従事する; 略: FMS).

Markosianer【< Marcus】*m.* -s, -, 《通常複数で》マルコス派(*ウァレンティノスの弟子で2世紀中頃小アジアで活動したマルコスの一派; 数の神秘を強調し, 特殊な秘跡的儀式を行ったとされる).

Markus【lat. 原義"軍神マルスの子"; 当時はごく一般的な男性名】《固》(*m.*) マルコ(聖人, *福音記者; *ペトロの弟子〔1 ペト 5:13〕で, ローマでは彼のギリシア語の通訳を務めた; かつてはペトロの説教に基づく*福音書を執筆したともいわれたが, 今日その説は概ね否定されている; *パウロの第1次*宣教旅行に参加したが, 途中で1人*エルサレムに帰還したため両者間に不和が生じ〔使13:13〕, 第2次宣教旅行にはパウロによって同行を拒絶された〔使15:38〕; その後, *ペトロとローマに滞在し, 獄中にあったパウロと和解したと考えられる〔2テモ4:11, フィレ23-24〕;「バルナバのいとこ」〔コロ4:10〕,「マルコと呼ばれていたヨハネ」〔使12:12〕などの呼称がある; 正確な人物像は不詳だが, 数多くの奇跡譚が伝わる; 図像表現においては, 書物や巻物, 筆記具, 有翼の*獅子とともに描かれる; 祝日: 4月25日); das Evangelium nach ～ → ～evangelium.

Markus=evangelium *n.* -s, マルコによる福音書(新約聖書第2の*福音書; 著者の人物像は不詳で, 同書を*ペトロのギリシア語通訳, ヨハネ・マルコに帰する伝承は一般に誤りとされる; 4福音書中最も短くまた最古のもので, おそらく紀元後70年頃に成立した; イエスの生誕の記述を欠くが, その宣教活動, 特に*受難を詳細に伝え, 主として異邦人の改宗者に対し「神の子」としてのイエスの本質を明らかにする). **～kirche** *f.* -, -n, マルコ教会(*福音記者マルコに献げられた各地の教会堂; 特に, ヴェネツィアのサン・マルコ大聖堂〔Basilica di San Marco〕: 聖マルコの遺骸を安置するために9世紀に建てられたが, 976年火災で倒壊し, 現在のものは1063-73年建立, 94年に献堂されたビザンティン・ロマネスク様式; 1807年にナポレオンの命によりヴェネツィア大司教座が置かれ, *司教座教会となった). **～liturgie** *f.* -, マルコ典礼(福音記者マルコに由来するとされる最古の典礼様式; 口承されていたものを330年に*アタナシオスが記録し, さらにアレクサンドリアの総主教キュリロス〔375?-444〕が増補した〔そのためキュリロス典礼〔Cyrillusliturgie〕とも呼ばれる〕; アレクサンドリアの正教会で年に1度だけ行われる). **～-Passion** *f.* -, マルコ受難曲(*マルコによる福音書〔14-15章〕の記述に基づく*受難曲; ゲオルク・フィリップ・テレマン〔1681-1767〕やJ. S.*バッハが演奏したラインハルト・カイザー〔1674-1739〕の作品がある; バッハにも1717年及び1731年に演奏された同名の曲〔BWV. 247〕が存在したが, 楽譜は失われ, 彼の*マタイ受難曲と同じピカンダー〔1700-64〕による台本のみが伝わる).

Maronit【< Maron】*m.* -en, -en, 《通常複数で》マロン派, マロン教会(*カトリック東方教会の1つ; シリアの隠修士聖マロン〔?-410〕の弟子たちが創立したマロン修道院を起源とする; 当初, *キリスト単意説を支持していたが, 1181年ローマ教会に復帰し, 以降カトリック教会に属しながらも独自の典礼を行っている; 現在レバノンやシリアを中心に, 南北アメリカなどに*主教区をもち, 特にレバノンでは強い政治的・文化的影響力を保持す

る)．**maronitisch** *adj.* マロン派の，マロン教会の；die 〜e Kirche マロン教会；die 〜e Liturgie マロン典礼（マロン教会が用いる典礼で，*アンティオケイア典礼の古い様式を残すが，ラテン化が進んでいる；*撒香を頻繁に行い，*種なしパンを用いる；典礼用語は*シリア語)．

Marrane【arab.-span. "(ユダヤ教で食べることを禁じられていた)豚"】*m.* -n, -n,《通常複数で》マラーノ（15世紀強制的にキリスト教に改宗させられた〔または迫害を逃れるため改宗した〕スペインとポルトガルのユダヤ教徒に対する蔑称；「新キリスト教徒」〔Neuchristen〕，「改宗者」〔Concersos; dt. → Konvertiten〕とも呼ばれたが，一部は改宗後も密かにユダヤ教信仰を守り，16世紀にはオランダを経て各地へ移住した)．

Marschälle *pl.* die vier [heiligen] 〜［聖なる〕四執事，四総督（*十四救護聖人の追補として，15世紀以降ペストなどの疫病やその他の個人的な困難に際して，信徒が神への*執り成し（*代願）を求めることができるとされた聖人たち；*アントニウス〔エジプトの大アントニオス〕，*フベルトゥス，コルネリウス〔Kornelius；第21代教皇，在位251-53；癲癇の際などに〕，ノイスのクイリヌス〔Quirinus von Neuss；ローマの軍司令官，130年頃殉教；騎士や馬の守護聖人〕の4人で，特に*ケルン周辺で崇敬が広まった)．

Marta【hebr."女主人"】《固》(*f.*) 〜 von Bethanien ベタニアのマルタ（*ラザロと*マリア〔Maria c参照〕の姉〔ルカ10:38-42, ヨハ11:1-12:2〕で，イエスがその家を訪問したときには主婦として手厚くもてなした；主婦や女性の使用人の*守護聖人；祝日：7月29日)．

Marter=holz *n.* -es, ..hölzer, 〜**kreuz** *n.* -es, -e,《雅；単数で》（キリストが架けられた刑具としての）十字架；キリスト十字架像．

Marterl【< Marter "苦痛，責め苦"の指小形】*n.* -s, -[n],《*bayr., östr.*》遭難碑，路傍十字架（カトリック地域，特にアルプス地方で，事件・事故の起きた場所に立てられる，十字架像や聖母子像などを収めた〔または刻んだ〕一種の慰霊碑，祠)．**Marter・tod** *m.* -[e]s, -e,《雅》→ Märtyrertod．**Martertum**，**Märtertum** *n.* -[e]s, → Märtyrertum．**Marter・woche** *f.* -, (まれに:) -n,《雅》→ Karwoche．

Martha【hebr.-gr.】→ Marta．

Martin【lat. Martinus】《固》(*m.*) 〜 von Tours トゥールのマルティヌス（マルティン，マルティノとも；316/7 -97；フランス及びドイツの*守護聖人；パンノニア〔現オーストリアとハンガリー〕に駐屯するローマ軍の将校を父に生まれ，洗礼志願者となるが異教徒の父に強いられて軍務に就く；18歳で受洗した；360年頃に，リギュジェにガリア〔フランス〕で最初の修道院を設立した；371年にトゥールの司教に就任するが，修道生活と苦行，宣教を続けた；多くの奇跡が報告され，殉教せずに聖人となった最初の人物；厳寒の中，半裸の乞食（実はキリスト）に自身の外套を裂いて半分を与えたという，後世の図像の主題となった出来事は，軍人としてアミアンに駐留中のことで〔355年〕，これを契機に回心したとされる；祝日：11月11日)．**Martini**【Martinusのラテン語式2格形】*n.* -,《通常無冠詞で》→ Martinstag; an <zu> 〜 聖マルティヌスの祝日に．**Martini・gans** <*östr.*> → Martinsgans．**martinisch** *adj.*［聖］マルティヌスの；die 〜e Krankheit 聖マルティヌスの病（酩酊のこと)；das 〜e Mönchtum 聖マルティヌスの修道生活（聖マルティヌスがトゥールの司教に就いたとき，司教館内に居住せず，その外に質素な小屋を建てて禁欲生活を続けたことにちなみ，世俗のただ中にあって修道生活を営むことをいう)．**Martini・tag** <*östr.*> → Martinstag．

Martins=fest *n.* -[e]s, -e, → Martini． 〜**feuer** *n.* -s, -, 聖マルティヌスの火（11月11日に牧人たちが焚く火；同日行われる子供の提灯行列の締めくくりの焚き火をいうこともある)． 〜**gans** *f.* -, ..gänse, 聖マルティヌスのガチョウ（聖マルティヌスの祝日に屠られ，調理されるガチョウ；マルティヌスがトゥール司教就任を逃れようと姿を隠していたところ，ガチョウが鳴いて居所が知れたという伝承に由来する)． 〜**spiel** *n.* -[e]s, -e, 聖マルティヌス劇（アミアンの市門前で，ぼろをまとった乞食に，自分の将校マントを切り裂いて半分を与えたという伝説を再現する民衆劇；例えば，白馬に乗った聖マルティヌスが提灯を手にした子供の行列を従えて町中を練り歩き，途中で乞食にマントを切って渡すという筋書きをもつ)． 〜**tag** *m.* -[e]s, -e,《通常無冠詞で》

聖マルティヌスの祝日,聖マルティヌス祭(11月11日;この日ドイツやオーストリアでは子供の*提灯行列があり,またガチョウが食されたり,ぶどうの産地ではワインの試飲や収穫祭が行われるなど,冬に向けての様々な民間行事が実施される).~**zug** *m.* -es, ..züge, 聖マルティヌス(の日)の行列.

Martyrer= <*oberd.*>, **Märtyrer**【gr.-kirchenlat.;< gr. mártyr "証人"】*m.* -s, -, 殉教者(a. キリスト教信仰を「証」〔Zeugnis参照〕するために自らの身命を犠牲にし,それが教会によって正式に認定された者;最初の殉教者は,石打の刑によって死んだ*ステファノ〔使7:54-60〕とされる. b. 元来は,初代キリスト教で,キリストの生涯と受難・復活・昇天の「証人」である*弟子たちのこと;さらに神の*救いの計画を証するキリスト自身〔1テモ6:13〕をも意味した);jn. (sich) zum ~ machen ひとりだけに責任を負わせる;(再帰表現として:)自分ひとりが責任をかぶる.

Martyrer= <*oberd.*>, **Märtyrer**=**akte** *f.* -, -n,《通常複数で》殉教者言行録,殉教記録(初代キリスト教殉教者の記録;特に,裁判や処刑などに関する公式の文書記録;Acta martyrum参照).~**geschichte** *f.* -, -en, 殉教の歴史;殉教者伝.~**gestalt** *f.* -, -en, 殉教者.

Märtyrerin *f.* -, -nen, → Märtyrer(の女性形).

Märtyrer=**krone** *f.* -, -n, 殉教(者の)冠(殉教者としての苦難と栄光を受けることの象徴);die ~krone tragen 殉教する. ~**tod** *m.* -[e]s, (まれに:) -e, 殉教の死(キリストの*贖罪死も意味する);den ~tod erleiden 殉教する.

Märtyrertum *n.* -s, 殉教(の苦しみ). **Märtyrin** → Märtyrerin. **Martyrion**【gr.】*n.* -s, ..rien, → Martyrium 2. **Martyrium**【gr.-kirchenlat.; < gr. martýrion "証(あかし)"】*n.* -s, ..rien, ①殉教, 殉難;das ~ Christi キリストの贖罪死(キリストが,全人類の罪を贖い,神と人間を和解させるため,自身を*いけにえとして神に献げ,十字架上で死んだこと〔ただし,聖書には贖罪についての直接の言及はない〕;マコ10:45, 1コリ15:3, ロマ3:24-25参照);《雅》大きな苦しみ,苦難. ②殉教者の墓,殉教者(の遺物などが納められている)廟;殉教者聖墓教会(*殉教者の埋葬地に建てられた教会堂;例えば,ローマの*サン・ピエトロ大聖堂). **Martyrologium**【mlat.】*n.* -s, ..gien, 殉教録, 殉教者祝日名簿(元来は,*殉教者〔ないしは*聖人〕を*典礼暦の記念日順に配列した典礼暦の名簿;例えば,5世紀半ばに編纂された『ヒエロニムス殉教録』〔~ Hieronymianum〕;その後, 殉教者の伝記や解説が並記されるようになった;現行の『ローマ殉教録』〔~ Romanum〕は,教皇グレゴリウス13世〔在位1572-85〕のもとで1584年に刊行され,今日まで改訂が繰り返されている).

Märtyrtum → Märtyrertum.

Maß *n.* -es, -e, **Mäßigung** *f.* -, 節制, 節度(現世的ないし本能的な欲望や衝動を,理性によって統御し,心身の健康を保つ徳;*枢要徳の1つ).

Masora → Massora. **Masoret** → Massoret.

Massilianer【< Massilia(現在のマルセイユ)】*m.* -s, -,《通常複数で》マッシリア派, マルセイユ派(→ Semipelagianerの当初の呼び名;*半ペラギウス主義を唱えた5-6世紀の南フランスの神学者・修道士たち;例えばカッシアヌス〔360頃-433〕).

Massora【hebr."伝承"】*f.* -, マソラ(6-10世紀にイスラエル〔東方学派〕及びバビロニア〔西方学派〕で行われたヘブライ語旧約聖書の校訂作業;及び,それによって作成された旧約聖書正典の歴史批判版テキスト). **Massoret**【hebr."伝統を保持する人"】*m.* -en, -en, マソラ学者(ユダヤの伝承や聖書の統計的研究,及びヘブライ語の文法研究に基づき,子音だけで記されていたヘブライ語の聖書〔旧約〕本文に,母音,アクセント,区切りを示す付点を施し,また章・節の区分けを明確化して,聖書正典の伝統的な書法と読法を精密に確定したユダヤ学者;Punktator参照).

massoretisch *adj.* マソラの, マソラ学者の;der ~e Text マソラ本文(ほん), 伝承本文(Massora参照).

Maß・werk *n.* -[e]s, -e, トレーサリー, 狭間(はざま)飾り(engl. tracery;中世の教会建築, 特に*ゴシック様式の聖堂で発展した,窓の上部や*バラ窓に組み込まれた石材による幾何学的模様の装飾的な骨組み, 格子).

Mater dolorosa【lat.】*f.* - -, マーテル・ドロローサ(「悲しみの聖母」の意;わが子キリストの苦難と死を目のあたりにして嘆き悲しむ聖母*マリア;及び,これを主題とする図像・彫像,音楽作品;美術においては,*カルワ

リオに向かうイエスと出会う〔*十字架の道行き〕の1場面、キリストが架けられた十字架の下に佇む姿〔*スターバト・マーテル〕、十字架から下ろされたキリストの遺体を抱く姿〔*ピエタ〕などが描かれる；祝日：9月15日). **Mater-Dolorosa-Kirche** f. -, -n, マーテル・ドロローサ聖堂, 悲しみの聖母教会（「*悲しみの聖母」や「*聖母マリアの七つの悲しみ」を記念する各地の教会堂).

Matrikel【spätlat.; < lat. matrix "母；（公の）記録簿"（の指小形）】n. -, -n, 信徒名簿, 教会台帳 (Kirchenbuch参照).

Matthäi → Matthäus（のラテン語式2格形). **Matthäus**【hebr. "神(ミ)の賜物"】《固》(m.) 2格: Matthäi, マタイ（聖人；レビと呼ばれる*徴税人だったが、イエスの呼びかけに応じて弟子となった〔マタ9：9, マコ2：14, ルカ5：27〕；*十二使徒の1人で, その生涯は不詳だが、宣教中のエチオピアで死去したともいわれる；なお使徒マタイと*福音記者の同一性は一般に否定されている；図像では, 髭のある老人として描かれ, 人間ないし天使〔有翼の人間〕を*アトリビュートとして伴う；祝日：9月21日); das Evangelium nach 〜 → 〜evangelium; bei ihm ist [es] *Matthäi am Letzten*《話》彼はもうおしまいだ（死や経済的破綻が間近い；*マタイによる福音書が「世の終わりまで」〔zum Ende der Welt〕の言葉で結ばれていることにちなむ).

Matthäus=evangelium n. -s, マタイによる福音書（新約聖書の巻頭に置かれている第1の*福音書；ギリシア語で記され, 紀元1世紀の終わり頃, おそらくシリア地方で成立した；イエスが*メシアであり, 旧約の*律法の成就者であることを強調しつつ, 同時代の*イスラエルの民やユダヤ教指導者に対しては批判的な立場をとる；*福音がユダヤの枠組みを超えて, 異邦人を含む世界全体に及ぶこと, そのためにイエス自身により「教会」〔マタ16：18〕が建てられたことを宣べ伝える).

〜-**Passion** f. -, マタイ受難曲（マタイによる福音書〔26-17章〕に基づき, キリストの*受難の物語を音楽化したもので, 教会では通常*枝の主日に上演される；1727年4月11日の*聖金曜日に*ライプツィヒの*トーマス教会で初演された, J. S.・*バッハの同名の作品〔BWV. 244；36年改訂版〕は, 教会音楽の最高傑作とされる).

Matthias【hebr. "神(ミ)の賜物"】《固》(m.) マティア（イエスが*洗礼を受けたときから*弟子として彼に付き従い, ユダの裏切りの後欠員が生じたため, 籤(ミ)によって*十二使徒に加えられた〔使1：21-26〕；ユダヤ各地で布教活動を行い, 63年頃*殉教したとされるが詳細は不明；*トリーア〔他にローマとパドヴァ〕に墓所があり, 同地の*守護聖人；祝日：5月14日, プロテスタントでは2月24日). **Matthias・evangelium** n. -s, マティア福音書（*グノーシス起源の*外典福音書).

Matutin【< lat. matutinus "朝に（の）"】f. -, -e[n], (Mette) 朝課（元来は, 真夜中過ぎに行われた*定時課で, 徹夜課, 読書課とも呼ばれた；Lesehore参照);《聖》朝禱, 早禱, 朝の祈り.

Matze【hebr.-jiddisch】f. -, -n, **Matzen** m. -s, -, 種入れぬパン, 種なしパン, 除酵パン（酵母を入れずに焼いた平たいパン；新約聖書では, 「純粋で真実」なキリスト教徒のあり方の象徴としても用いられる；1コリ5：7-8). **Matzen・fest** n. -[e]s, -e, 除酵祭, 種入れぬパンの祭（元来は新しい収穫年の始まりに行われた*カナンの農耕祭だったが, 後にニサンの月〔3-4月〕の7日間, 酵母を入れないパンを食べてエジプト脱出を記念する祭となり*過越祭と結び付いた；出12：15-20, 13：3-10, 申16：3, ルカ22：1；Pascha 1 参照).

Mauriner【< Maurus von Subiaco】m. -s, -,《通常複数で》サン・モール会, サン・モール学派（「マウルス会」とも；フランスの*ベネディクト会の*修族の1つで, 1621年パリで発足した, 厳格な中央集権制と学術, 特に*教父学と*教会史の研究で知られたが, 1790年フランス革命時に解散した；名称は*ベネディクトゥスの弟子で, フランスに初めてその戒律を伝えたとされるスビアコの聖マウルス〔510頃-80頃〕にちなむ).

Mazze → Matze. **Mazzen** → Matzen. **Mazzen・fest** → Matzenfest.

mea culpa【lat.】メア・クルパ（a.「わたしの罪〔によって〕」の意；ミサの初めの「*回心の祈り」で, 罪の*告白を行う際のラテン語の典文；lat. mea culpa, mea culpa, mea maxima culpa; dt. durch meine Schuld, durch meine Schuld, durch meine große Schuld. b.《話》大げさに謝罪する際の言葉).

Mechelen《固》メヘレン，メッヘレン（ベルギー北部アントウェルペン州の都市；フランス名はマリーヌ〔Malines〕；1559年に大司教座が置かれ，ベルギー布教の中心地となった；*ゴシック様式の*司教座聖堂〔聖ロンバウツ大聖堂〕があり，また*ベギン会の大修道院でも知られる）．**Mechelner** *adj.*《不変化》メヘレンの，マリーヌの；～ Gespräch *n.* / ～ Konferenz *f.* メヘレン会談，マリーヌ会談（1921-25年にメヘレンでカトリックと*英国国教会〔聖公会〕の間で行われた，教会合同のための非公式会議；*教皇首位権の問題などで対立して決裂したが，その後の両教会の協力関係を構築する第一歩となった）．

Mechitarist【< Mechitar von Sebasteia】*m.* -en, -en,《通常複数で》メヒタル会（1701年*コンスタンティノポリスで，ローマとアルメニア両教会の融和を目的に創設されたアルメニア系*ベネディクト会男子修道会；現在はヴェネツィアとウィーンで活動し，典礼及び出版活動にアルメニア語を用いる；名称は創立者のアルメニア人司祭セバステのメキタル〔本名Peter Manuk；1676-1749〕にちなむ；略：CAM）．

Medaille【lat.-vulgärlat.-it.-fr.】*f.* -, -n, メダイ，メダイユ（キリスト，聖母，聖人，宗教上の出来事，聖堂などを記念するため，図像，象徴的記号，文字などが刻印された正円ないし楕円の硬貨大のメダル）；die geweihte ～ *祝別されたメダイ；die Wundertätige <Wunderbare> ～【< fr. médaille miraculeuse】不思議〈奇跡〉のメダイ（「無原罪の御宿りのメダイ」とも；聖母の*無原罪と*処女懐胎を記念して，表面に聖母マリアの肖像とフランス語の祈りの言葉〔Ô Marie, conçue sans péché, priez pour nous qui avons recours à vous.「汚れなく宿られたマリアよ，あなたにより頼むわれらのために祈りたまえ」〕，裏面には十字とMの組み合わせ記号，及びイエスとマリアの心臓が刻印されている楕円形のメダイ；1830年フランスの聖ビンセンシオ愛徳姉妹会修道女カトリーヌ〔カタリナ〕・ラブレに対する*マリア出現に由来し，疫病の治癒などが報告されている；「不思議のメダイの聖母」の祝日：11月27日）．

Mediator【lat.-spätlat.】*m.* -s, -en, 仲保者，仲介者（Mittler参照）．

media vita in morte sumus【lat.】メディア・ヴィタ・イン・モルテ・スムス（おそらく8世紀半ばに成立したラテン語の*アンティフォナ，及びその冒頭語；「生のただ中で私たちは死に抱かれています」〔dt. Mitten im Leben sind wir vom Tode umfangen.〕の意；ハルトマン・フォン・アウエ〔1160頃-1210頃〕の『哀れなハインリヒ』〔Der arme Heinrich；1200年頃；92-93行〕に引用されており，また*ルターによるドイツ語訳〔„Mytten wir ym leben synd / mit dem todt vmbfangen.";1524年〕がある）．

Meditation【lat."熟考"】*f.* -, -en, 黙想（*念禱の中でも特に知性の働きに重点が置かれるもので「推理的念禱」とも呼ばれる；沈黙のうちに，特定の主題，例えば聖書のある箇所について思いをめぐらし，内的洞察と信仰の深化に至ろうとする内省的な祈り；一般に，非概念的な*観想と区別される）．**meditativ** *adj.* 黙想的な．**meditieren** *i.* (h) 黙想する．

Meeres・stern *m.* -[e]s, 海の星（聖母*マリアの呼称；der *Stern* des Meeres参照）．

Megilloth【hebr."巻物"】*pl.* メギロート（ユダヤ教の特定の祭日に朗読された，旧約聖書の*雅歌，*ルツ記，*哀歌，*コヘレトの言葉〔伝道の書〕，*エステル記の5書の総称）．

Meister Eckhart《固》(*m.*) マイスター・エックハルト（Johannes *Eckhart*参照）．

Melanchthon【本名のSchwarzerd[t]（原義"黒い土地"）のギリシア語訳】《固》(*m.*) Philipp ～ フィリップ・メランヒトン（1497-1560；ヴィッテンベルク大学のギリシア語教授，人文主義者だったが，*ルターによる*宗教改革に共鳴し，その影響下で新約聖書学を講じる；1521年プロテスタント神学を初めて体系化した『神学要綱』を著し，1530年には〔*アウクスブルク信条」を起草した；しかし*聖餐論において厳格なルター派と分かれ，*フィリップ派〔*クリプトカルヴァン派とも〕を立てた）．

Melchior【hebr."光の王"】《固》(*m.*) メルキオール（*東方の三博士の1人の伝統的呼称；イエスの誕生に際し，贈り物として黄金を献げた）．**Melchiorit**【< Melchior Hof[f]man[n]】*m.* -en, -en,《通常複数で》メルキオール派，メルヒオル派（毛皮職人メルキオール・ホフマン〔1495頃-1543〕の*終末論的思想の影響下

に形成された，16世紀ネーデルラントの*再洗礼派〔→ Hof[f]man[n]ianer とも〕；同地で迫害を受けた後，*ミュンスターに移入し，1534-35年，再洗礼派王国の樹立と暴動に関与した．

Melchisedek【hebr."義の王"】《固》(m.) メルキゼデク(*アブラハムがエラムの王らの連合軍を打破し，甥の*ロトを救出して帰還した際に，彼を祝福したサレム〔おそらくエルサレムのこと〕の祭司王〔創14:18-20〕；王の理想，また司祭職の模範であり，キリストは「メルキゼデクと同じような祭司」とされる；ヘブ5:5-6）．**Melchisedekianer** m. -s, -, 《通常複数で》メルキゼデク派（2世紀末から3世紀の初め，皮なめし職人テオドトスに従ってローマで興った*キリスト養子説の異端派〔→ Themistianer とも〕；ヘブ5:5-6 に基づいて，メルキゼデクをキリストの上位に置いた）．

Melchit → Melkit. **melchitisch** → melkitisch.

Meletianer【< Meletios】m. -s, -, 《通常複数で》メレティオス派（→ Melitianer と同じ）．**meletianisch** → melitianisch.

Melisma【gr."歌"】n. -s, ..men, メリスマ(*グレゴリオ聖歌の旋律類型の1つ；歌詞の1音節に多音符の装飾的旋律が当てられたもの；*アレルヤ唱やミサ曲中の*キリエ・エレイソンなどに聞かれる）．

Melitianer【< Melitios】m. -s, -, 《通常複数で》(Meletianer) メリティオス派(a. エジプトで306年，*離教者に対するアレクサンドリアの司教ペトロス1世〔在位300-11〕の寛大な復帰措置に異議を唱えたリュコポリスの司教メリティオス〔?-327頃〕の分派教会；8世紀頃まで存続した．b. *アンティオケイアの教会内で，*三位一体の解釈においてメリティオス〔メレティオス；?-381；聖人〕の説を支持し，これをアンティオケイアの司教とした一派；362年，前の司教エウスタティオス〔セバステの；300頃-80頃〕の一派により対立司教パウリノス〔?-388頃〕が立てられ，418年まで分裂状態が続いた）．**melitianisch** adj. メリティオスの；das 〜e Schisma メリティオス離教．

Melkit【< syr. malka "王，皇帝"】m. -en, -en, 《通常複数で》メルキト教会(*キリスト単性論を排斥した*カルケドン公会議〔451年〕の教理決定に従ったシリア，エジプト，パレスチナの教会；ビザンティン皇帝が擁護したカルケドン信条を用いるところから，「皇帝派」の意味でこの名称がある；現在では，18世紀にローマと一致した*カトリック東方教会のメルキト・ギリシア・カトリック教会〔Melkitische griechisch-katholische Kirche〕を指す；*東方正教会に留まったメルキト教会〔アンティオケイア正教会〕との合同が進められている）．

melkitisch adj. メルキト教会の．

Memento【lat.】n. -s, -s, メメント（ミサの第1*奉献文において〔パンとぶどう酒の*聖別の前に〕生者と〔聖別の後では〕死者を想起して，その救済を神に求める祈り；「…を心に留めてください」〔dt. gedenke ...〕の意）．

memento mori【lat.】メメント・モリ（「死を想え」〔dt. Gedenke des Todes!〕の意；この世の儚さや，自身の死は避けられないことを常に意識するよう勧告する言葉）．**Memento mori** n. - -, - -, メメント・モリ（死の警告，死の標章，*バロック期以降の絵画などに描かれる，髑髏など現世の空しさや死を想起させる事物；Vanitas 参照）．

Memorial・kirche → Gedächtniskirche.

Menäum【gr.-nlat."1ヶ月間"】n. -s, Menäen, メネウム(*東方正教会で用いられる月毎の典礼書で，*固定祝日の典礼文を含む）．

Mendikant【lat.; < lat. mendicare "物乞いをする"】m. -en, -en, 托鉢修道会士．

Mendikanten=orden m. -s, -, 托鉢修道会（Bettelorden 参照）．**〜streit** m. -[e]s, 托鉢修道会論争（13-14世紀，パリ大学などで展開された，*托鉢修道会の司牧活動及びローマ*教皇から与えられた特権に関する，托鉢修道会〔*フランシスコ会，*ドミニコ会〕と*教区司祭他との間の議論）．

Menetekel【< aram. Mene mene tekel u-parsin】n. -s, -, (凶事を知らせる) 予兆，前兆，警告のしるし（バビロン王ベルシャツァルの大宴会の最中，王宮の壁に現れた「メネ・メネ・テケル・ウ・パルシン」という謎の言葉にちなむ；*ダニエルが召喚され，「メネ」をアラム語の「数える」，「テケル」を「量を計る」，「パルシン」を「分ける」と判じて，神はベルシャツァルの治世を終わりまで数え上げ，不足と判定し，王国をメディアとペルシアに分割するの意と解釈した〔ダニ5:25-

28〕；ベルシャツァルはその晩に殺された）．**menetekeln** *i.*(*h.*) 凶事（不幸）を予言する．

Mennonit【< Menno Simons】*m.* -en, -en,《通常複数で》メノー派，メノナイト［派］(1536年頃フリースラント出身の司祭メノー・シモンズ〔1496-1561〕がカトリック教会を離れて創設した*再洗礼派の一派；1523年チューリヒに興った再洗礼派に端を発するが，*ミュンスターの再洗礼派王国の暴動〔1534-35〕の後，非暴力，絶対平和主義の理念のもとに組織された；17世紀以降，北米及びロシアにも広まったが，各地の共同体内ではドイツ語が用いられた；宣誓，兵役を拒否し，国家と教会の完全な分離を主張して公職には就かない；*アーミッシュはその最も保守的な一派）．**mennonitisch** *adj.* メノー派の，メノナイト［派］の．

Menologion【gr.-mgr.; < gr. menos "月" + logion "記載"】*n.* -s, ..gien, **Menologium**【gr.-lat.】*n.* -s, ..gien *u.* ..gia, メノロギオン，教会月暦(*東方正教会で用いられる典礼書の一種で，9月に始まる*典礼暦の*聖人の祝日毎に，*聖人伝が記載されているもの)；das Kaiserliche ～ 皇帝のためのメノロギオン（各聖人伝の末尾に，ビザンティン帝国皇帝に対する賛辞と祈りが添えられたもの；430点の美しい挿絵を伴うバシリオス2世〔在位976-1025〕のメノロギオン〔*ヴァティカン図書館所蔵〕が知られる）．

Menora【hebr.】*f.* -, -, メノラー（ユダヤ教の祭具の多枝燭台；通常7枝で，中央の幹の左右に3本ずつ枝が伸びた形状；ろうそくが計7本立てられる；*幕屋の燭台として規定されており〔出25:31-40〕，現在のイスラエル国の国章にもなっている）．

Mensa【lat."食卓"】*f.* -, -s *u.* ..sen, ①祭卓（ミサの執行に用いられる祭壇の天板；教会堂の固定祭壇の祭卓は，単一の自然石製と定められている；CIC. 1136). ② [< lat. Mensa academica] 学生食堂，学食，メンザ．

Mensal・gut *n.* -[e]s, ..güter,《通常複数で》聖職者生計資産(司教や修道院長など高位聖職者の個人的な生計維持のために支出される教会収入の一部)．

Menschen=amt *n.* -[e]s, ..ämter, 人の子のミサ(12月25日，クリスマスの午前中に行われるミサ；*ロゴスの*受肉〔ヨハ1:1-14〕が告知される）．**～sohn**【< aram. bar [e]nascha; hebr. ben-'adam】*m.* -[e]s, 人の子(*新約聖書〔*福音書〕ではイエス・キリストの自己呼称；*旧約では一般に，有限的で儚い存在としての人間〔詩8:5他〕，あるいは世の終わりに現れる超越的な存在としての救世主〔ダニ7:13〕を表す)．

Menschentum *n.* -s, **Menschheit** *f.* -, **Menschtum** *n.* -s, 人間性；人性，人間（としての）存在；das Mensch[en]tum (*od.* die Menschheit) Christi キリストの人性(キリストは，その唯一の*位格において神であると同時に，人間の本性〔人間としての意識と肉体〕をもつということ；451年*カルケドン公会議で教理〔キリスト両性説〕として宣言された；die *hypostatische* Union参照). **Mensch・werdung** *f.* -, 受肉(Inkarnation参照)；die ～ Christi キリストの受肉．

Mercedarier【lat.-mlat.-span."（聖母の）慈悲"】*m.* -s, -,《通常複数で》メルセス［修道］会(1218年ペドロ・ノラスコ〔ペトルス・ノラスクス；1182/86-1249/56；聖人〕がスペイン，バルセロナで創立し，1235年教皇グレゴリウス9世〔在位1227-41〕によって認可された男子*騎士修道会；イスラム教徒の奴隷とされたキリスト教徒の解放を目的としたことから奴隷救済修道会，贖虜の聖母会，あるいは創立者名にちなんで*ノラスコ会〔Nolasker-Orden〕とも；会員は通常の3*誓願に加え，第4の「買い戻しの誓願」を立てた；14世紀には騎士修道会から*托鉢修道会へと性格を転じた)；Unbeschuhte ～ 跣足メルセス会(1603年設立，06年認可)．**Mercedarierin**, **Mercedarin** *f.* -, -nen,《通常複数で》メルセス女子修道会(1265年マリア・デ・セルベヨン〔1230-90；聖人〕が，貧窮者や奴隷から解放されたキリスト教徒の救済を目的にスペイン，セビリャで創立した女子修道会)．

Meriba【hebr."争い"】《固》メリバ(出エジプトの後，シナイ山近くのレフィディムでイスラエルの民が不平を募らせた際，神の命により*モーセが杖で岩を打つと水が迸り出たので，民と家畜はこれを飲んだ；民が神を試し，モーセと争ったことから，モーセはこの地を「マサ(試し)とメリバ(争い)」„Massa und ～ (Probe und Streit)"と名付けた〔出17:1-7〕；同様の事件がカデシュ・バルネアでも起こった〔民1-13〕)；das Wasser von ～ メリ

バの水(ドイツ語共同訳では „Streitwasser"の訳語が付記されている；民20:13).

Merkmal *n.* -s, -e, 霊印, 証印, しるし(*洗礼, *堅信, *叙階の*秘跡によって, 霊魂に刻み込まれる霊的なしるしで, 信仰を表明, 強化し, 神に対する礼拝と個々人の*聖化を実現する〔CIC. 840〕；人は*洗礼によって教会と永続的に合一し〔CIC. 849〕, *堅信の秘跡で*聖霊をより豊かに受けて教会との結び付きをさらに強め〔CIC. 879〕, *叙階の秘跡をもってキリストの代理人となる〔CIC. 1008〕)；das unauslöschliche <unzerstörbare> 〜【< lat. character indelebilis】消えることのない霊印, 消えないしるし(*洗礼, *堅信, 叙階の秘跡は, 神の保護の約束であり保証であることから, 人がこれを取り消すことはできず, また生涯に1度だけ授与されうるということ；*トリエント公会議で教理決定された).

Mesmer *m.* -s, -, <*schweiz.*>, **Mesner**【lat.-mlat."(家の)番人"】*m.* -s, -, 教会番；祭具室係(Küster 参照). **Mesnerei** *f.* -, -en, 教会番の職(住居, 事務室). **Mesnerin** *f.* -, -nen, (女性の)教会番；教会番の妻.

Mesonyktikon【< gr. mesonýktios "真夜中の"】*n.* -s, ..tika, (東方正教会の)夜半の礼拝.

Messalianer【syr.-gr."祈る人"】*m.* -s, -, 《通常複数で》(Euchit) メッサリア[ネ]派(「恍惚禱派」とも；4世紀メソポタミアに興った敬虔主義的な一派；*原罪の結果, 人間の心に住み着いた悪魔は, *洗礼によってではなく, 絶え間ない祈りと禁欲を通じてのみ排除できるとして教会や秘跡を否定した；禁欲生活における幻や預言的夢において霊感を受けると主張し, 431年*エフェソス公会議で*異端として排斥されたが, シリア, 小アジアに広まって7世紀まで存続した).

Meß= (Meß=) amt *n.* -[e]s, ..ämter, ミサを執行する(司祭の)職務. **〜applikation** *f.* -, -en, ミサ[効力]適用(司祭が奉納金を受け取り, または無償で, ある信者の特定の意向に従ってミサを挙行すること；CIC. 945-51). **〜besucher** *m.* -s, -, ミサの会衆. **〜buch** *n.* -[e]s, ..bücher, ミサ典[礼]書(Missal 参照). **〜bund** *m.* -[e]s, ..bünde, ミサ連盟(会員のため, または何らかの宗教的目的で頻繁にミサを執行する一種の*信心会；例えば → der *Marianisch*e Messbund). **〜diener** *m.* -s, -, 祭壇奉仕者, 侍者(ミサ典礼に際して, 司式者の傍にあって補助的奉仕を行う者；通常は男子の一般信徒[多くは少年]；広義では, *祭具室係を指すこともある).

Messe【< lat. mittere "送り出す"；聖体祭儀の終わりに司祭が言う → ite, missa estより】*f.* -, -n, ①ミサ(キリストが*最後の晩餐で制定したとおり, その*贖罪死と「新しい*契約」が再現, 記念される, キリスト教会における中心的祭儀；*ローマ・ミサ典礼書に従って行われるカトリックのミサは, 「*ことばの典礼」と「*感謝の典礼」の2つの部分からなり, 後者において祭壇上に現存するキリストが, 司祭を通して自らを神に*奉献し, また信徒に対して自身を霊的食物として与えることで, 神との交わり, 教会共同体の一致を新たにする)；die gesungene 〜 歌ミサ(Singmesse 参照)；die große <hohe> 〜 荘厳ミサ(Missa solemnis参照)；die heilige 〜 ミサ聖祭；die öffentliche 〜 公唱ミサ(*小教区の所属信者などに対して公に行われるミサ)；die schwarze 〜 黒ミサ(神を冒瀆し, *悪魔を礼拝する反カトリック的儀式；中世初期の異端に起源をもつとされ, 16-17世紀の*魔女狩りの時代には, 魔女たちを告発するための罪状とされた；Satanmesse参照)；die stille 〜 低声ミサ(読唱ミサの別称；Lesemesse参照)；die 〜 besuchen ミサに行く；die 〜 halten <lesen / zelebrieren> ミサを執行する, ミサを挙げる；stille 〜 halten 《戯》(喧嘩して)夫婦の会話がない(低声ミサを挙げる, から転じて)；die 〜 hören ミサに与る；jm. die 〜 läuten 《比》(或人を)叱る；die 〜 mitfeiern ミサをともに祝う(会衆が, ミサの各部分の意義を知悉するなどして, ミサに精神的に深く参与する)；die 〜 stiften 随意ミサを挙げる, (特定の人や目的のために)ミサを立てる；zur 〜 dienen ミサに奉仕する；zur <in die> 〜 gehen ミサに行く；die 〜 ist gesungen《比》もうどうしようもない(ミサは終わった, から転じて). ②ミサ曲(ミサ典文のうち不可変的部分〔6つの*通常式文〕に作曲されたもの；15世紀以降は通常, *キリエ[あわれみの賛歌], *グロリア[栄光の賛歌], *クレド[信仰宣言], *サンクトゥス[及び*ベネディクトゥス；感謝の賛歌], *アニュス・デイ[平和の賛歌]の5部構成で[14世紀のミサ曲などでは, 最後に閉祭の挨拶「*イ

テ・ミッサ・エスト」が含まれる場合もある〕，フランスの作曲家ギヨーム・ド・マショー〔1300頃-77〕の「ノートルダム・ミサ」〔1340年代〕が，個人により全通常式文に作曲された最初のものとされる〕; eine ～ komponieren <schreiben> ミサ曲を作曲する．

Mess= (Meß=) feier f. -, -n, ミサ，聖体祭儀．**～gebet** n. -[e]s, -e, ミサ中の祈り．**～gefäß** n. -es, -e, ミサ用の器，祭器(ぶどう酒を容れる*カリスなど)．**～gerät** n. -[e]s, -e,《通常複数で》ミサ用祭器具．**～gewand** n. -[e]s, ..gewänder, (ミサ用の)祭服，(特に:)カズラ(Kasel参照)．**～glocke** f. -, -n, (ミサの開始を知らせる)ミサの鐘．**～hemd** n. -[e]s, -en, 白衣，アルバ(Albe参照)．

Messiade【hebr.-gr.-lat.】f. -, -n, メシアーデ(*救世主としてのイエス・キリストの生涯を，*福音書の記述に基づいて描いた宗教的叙事詩や音楽作品; 例えば，古ザクセン語の『*ヘーリアント』〔830年頃〕，フリードリヒ・ゴットリープ・クロプシュトック〔1724-1803〕のヘクサメーターによる『メシアス』〔1748-73〕，ゲオルク・フリードリヒ・ヘンデル〔1685-1759〕の*オラトリオ『メサイア』〔HWV. 56; 1741〕)．**messianisch** adj. ①メシアの，救世主の; der ～e Psalm メシア詩編(救世主イエス・キリストの来臨やその生涯を預言する内容の*詩編; 例えば，キリストの苦しみと死，*司牧職，王権をそれぞれ預言すると解釈されている詩22, 23, 24); die ～e Weissagung メシア預言(救世主イエス・キリストの出現と生涯を預言したとされる旧約聖書中の箇所; 例えば，イザ7:10-17, 8:23-9:6, 11:1-5)．②メシアニズムの．**Messianismus** m. -, メシアニズム，メシア思想，救世主信仰(*イスラエル民族が抱いていた，神が現世的政治的な解放をもたらすために遣わす，理想的な王を待望する思想; *ダビデの子孫から現れ，恒久的な平和国家を建設すると信じられていた; サム下7:12-13)．**Messianist** m. -en, -en, メシアニズムの信奉者．**Messias**【hebr.-gr.-kirchenlat."油を注がれた者"】m. -, メシア，救世主，救い主(古代イスラエルで王や祭司が任職の際に「油を注がれた」ことにちなむ〔サム下2:4〕; イスラエル民族においては数世紀にわたり，他民族支配，政治的苦境からの解放をもたらす理想的な王が，将来*ダビデの子孫から出ると期待されていた; しかし「*ダビデの子」のキリスト〔gr. Christos; Jesus Christus参照〕は，自身に期待された政治的メシアニズムを否定し，苦難と十字架上の死によって自らが全人類の罪〔原罪〕からの霊的解放者であることを示した; なおユダヤ教は，今日に至るまでユダヤ国家を再興する救済者を待望し続けている)．

Messias・geheimnis n. -ses, メシアの秘密(イエスがメシアであることを知った者〔悪霊，癒された病者，弟子たちなど〕に対し，沈黙を守るようイエスが命令したこと〔マコ3:12, 5:43, 8:30他〕; ルター派神学者ヴィリアム・ヴレーデ〔1859-1906〕は『福音書におけるメシアの秘密』〔Das Messiasgeheimnis in den Evangelien; 1901〕で，この沈黙命令は*マルコによる福音書の編集に際し，*福音記者が神学上の意図をもって導入した動機であると説明した．

Mess= (Meß=) instrument n. -[e]s, -e, → ～gerät．**～kännchen** n. -s, -, ミサ用小瓶(ミサで用いられる水やぶどう酒を容れる器; ミサ中，*奉納の儀の際に司祭に手渡される)．**～kanon** → Kanon 4．**～kelch** → Kelch．**～knabe** m. -n, -n, 《古》→ ～diener, Ministrant．**～komposition** f. -, -en, → Messe 2．**～lesen** n. -s, ミサの執行〈挙行〉．**～liturgie** f. -, -n, ミサ[聖祭]，聖体祭儀．

Messmer → Mesner．**Messmerin** → Mesnerin．**Messner** → Mesner．**Messnerin** → Mesnerin．

Mess= (Meß=) opfer n. -s, -, ミサ(のカトリックで用いられる別称; キリストの*犠牲を記念する祭式であることから)．**～ordnung** f. -, -en, ミサ(の式)次第．**～perikope** → Perikope a．**～priester** m. -s, -, ミサを執行する司祭，司式者(ミサを執行できるものは有効に*叙階された*司祭のみ; CIC. 900)．**～pult** n. -[e]s, -e, 典書台(祭壇上で*ミサ典書を載せておく台)．**～stiftung** f. -, -en, ミサ寄進(自分自身や家族，あるいは聖人など，特定の人のために，一定の期間ミサを挙行してもらうこと; また，ある目的で永続的にミサを執行するための聖堂を献堂すること)．**～stipendium** n. -s, ..dien, ミサ奉納金，ミサ謝礼(依頼者が，その特定の意向に従って執行されるミサに対し，*司祭に支払う謝礼金; CIC. 945-

58)．**~tuch** *n.* -[e]s, ..tücher, → Korporale．**~wein** *m.* -[e]s,（まれに:）-e, ミサ用ぶどう酒（ぶどうの実から作られた天然のワインで，それ以外の成分の混入がなく，また腐敗していないもの；使用に際しては少量の水が加えられる；CIC. 924§3）．

Mesusa【hebr. "戸口（の柱）"】*f.* -, Mesusot, メズサ（ユダヤ教徒が家や部屋の入口の柱や壁に取り付け，出入りの際に手を触れる筒状ないし直方体の容器；及び，その中に入れられる申 6:4-9, 11:13-21 の文言を記した紙片）．

metanoeite【gr.】悔い改めよ（洗礼者*ヨハネ及びイエス・キリストの宣教の最初の言葉にちなむ；原義は「考えを（根本から）改めなさい」〔denkt um!〕で「悔悛」の意味を含まないが，共同訳では「悔い改めよ，天の国は近づいた」〔Kehrt um! Denn das Himmelreich ist nahe.〕，マタ 3:2, 4:17〕と意訳されている）．**Metanoia** *f.* -, 回心（Konversion 参照）；悔い改め，悔悛（Buße 参照）．

Metempsychose【gr.-lat.】*f.* -, -n, 輪廻（Seelenwanderung 参照）．

Methodismus【gr.-lat.-engl.】*m.* -, ① メソジスト教会，メソジスト派（*英国国教会〔聖公会〕の司祭ジョン・ウェスリー〔1703-91〕及び弟のチャールズ〔1707-88〕のもと，「聖書に示された方法〔engl. method〕に従って生きる」ことを目的に，オックスフォード大学で結成されたホーリークラブ〔Holy Club; 1729-35〕を端緒とする；国教会内の教会刷新・*信仰覚醒運動として展開，組織化され，ジョンの死後の 95 年に，国教会から分離独立した；神の恩寵と個々人の自由意志による救済を強調する；当初から大衆的伝道，福祉活動に従事し，英国及び北米を中心として世界的に伝播した）．② メソジスト教会の教義．**Methodist** *m.* -en, -en, メソジスト教徒，メソジスト派の信徒．**Methodisten・kirche** *f.* -, メソジスト教会．**methodistisch** *adj.* メソジスト教会の；die ~e Bewegung メソジスト運動；die ~e Kirche メソジスト教会．

Methusalem【hebr. "槍投げ"】《I》《固》*(m.)* メトシェラ（ドイツ語共同訳では Metuschelach；*ノアの祖父，レメクの父；*アダムの子孫の*父祖の中で〔したがって聖書中で〕最長寿の 969 歳まで生きたとされる；創 5:27）．《II》*m.* -[s], -s,《話》非常に長命の男；er ist ein ~ / er ist [so] alt wie ~ 彼はとてつもなく長生き（年寄り）だ．

Metropolit【gr.-kirchenlat."首都の司教"】*m.* -en, -en, 管区大司教（「首都大司教」とも；複数の*教会管区を監督し，そこに所属するすべての*司教を統括する権限をもつ*大司教；CIC. 435-37）；（東方正教会の）首都大主教，府主教．**metropolitan** *adj.* 管区大司教の，首都大司教の；《東》首都大主教の，府主教の．**Metropolitan・kirche** *f.* -, -n, 管区大司教座聖堂（例えば，*ケルン大聖堂，ウィーンのシュテファン大聖堂）．

Mette【lat."朝の"】*f.* -, -n, 朝課（Matutin 参照）．

Metuschelach → Methusalem（のドイツ語共同訳聖書の表記）．

Micha【hebr.；< Michaja "誰が神($\frac{m}{n}$)と比べられようか"の短縮形】《固》*(m.)* ミカ（前 8 世紀の最後の 4 半世紀に活動した，旧約聖書の 12*小預言者の 1 人；*イザヤの同時代人）；das Buch ~ ミカ書（旧約聖書の 12*小預言書の第 6 の書；*ユダ王国が繁栄する一方で，国内にはびこる社会的宗教的腐敗や貧富の拡大に対して警告を発し，第 2 の*ダビデの到来に関する*終末論的預言を行う）．

Michael【hebr."神($\frac{m}{n}$)のごとき者は誰か"】《固》*(m.)* ミカエル（旧約聖書では，ペルシア及びギリシアの天使長に対抗させるため，神が*ダニエルのもとに送った*イスラエルの*大天使の長〔ダニ 10:13-21〕；新約には，*モーセの埋葬に関し*悪魔と争った大天使〔ユダ 9〕，天から竜〔サタン〕を追放した天使長〔黙 12:7〕など，天軍の総師として現れる；その他，旧約の*外典・偽典に，*ガブリエル，*ラファエルとともに 3 人の大天使〔*ウリエルが加わることも〕として度々描かれる；ドイツの*守護天使であり，フランシスコ・*ザヴィエルと関係が深いことから，日本の守護天使ともされる；祝日: 9 月 29 日）；Deutscher ~ ドイツ人ミヒャエル（ドイツの守護聖人ミカエルにちなみ，ドイツを擬人化，戯画化したもの；ナイトキャップ〔三角帽子〕を被っていて，お人好し，善人といった意味合いがある）．**Michaeli[s]**《無冠詞；不変化》→ Michaelistag.

Michaelis=fest *n.* -[e]s, -e, 聖ミカエル祭（秋の収穫と結び付いて，大天使ミカエルの祝日に民間で行われる祭）．**~tag** *m.* -[e]s, -e, 大天

使ミカエルの祝日（9月29日；カトリックの教会暦では，*ガブリエル及び*ラファエルと合わせて3人の*大天使の祝日；493年，ローマ，サラリア街の聖ミカエル聖堂の献堂式に由来する）．

Midrasch【hebr. "(聖書の意味の)探究"】*m.* -, -im, ミドラシュ（ユダヤ教の伝統的解釈学に従って，*バビロニア捕囚以降，*ラビによって行われた旧約聖書の釈義；及び，これを集大成して3-11世紀に編纂された文書；*ハラカーと*ハガダーが区別される）．**Midraschim** *pl.* ミドラシーム（→ Midraschの複数形）．

Miles Christi <Christianus>【lat.】*m.* - -, キリストの戦士，キリストの兵士（a. キリストに従い，堅固な信仰をもって悪と戦うキリスト教徒のこと，及びその務め［エフェ6:10-18, 2テモ2:1-4］；したがって特に，*堅信の秘跡を受けた者をいう場合がある．b. 異端者や異教徒と戦う者，例えば，*十字軍の兵士，*騎士修道会の修道士．c.「*神の平和」の維持活動を行う者．d. ミーレス・クリスティ：1994年アルゼンチンで設立された男子修道会．e. その他，キリスト教信仰のために武器をとって戦った，修道者や一般信徒の呼び名，称号）．**Miles Dei**【lat.】*m.* - -, 神の戦士，神の兵士（→ Miles Christiと同じ）．

Militär=bischof *m.* -s, ..bischöfe, (Armeebischof, Feldbischof) 従軍司教（各国の軍人司牧のために設立される軍事司教区〔教会法上*司教区と同等〕を管轄する*司教；*ドイツ福音主義教会にも同様の職位がある）．**～geistliche**# *m.* -n, -n, 《形容詞的変化》(Feldgeistliche)（軍隊に士官などとして所属し，軍人を対象に司牧活動や典礼を執り行う）従軍司祭；従軍牧師．**～gottesdienst** *m.* -[e]s, -e, 兵士のためのミサ．**～kaplan** *m.* -s, ..kapläne, 軍隊付き司祭(CIC. 569)；従軍チャプレン．**～seelsorge** *f.*, 軍隊司牧，軍人司牧．**～seelsorger** *m.* -s, -, 従軍司祭，従軍牧師．

Millenarismus【lat.-nlat.】*m.* -, 千年至福説，千年王国(Chiliasmus参照)．**Millenium**【lat."1000年"】*m.* -s, ..nien, 千年王国（*千年至福説において，この*世の終わりにキリストが*再臨し，*復活した義人たちとともに1000年間統治するとされる地上の王国；その後，一般人の復活と*最後の審判がある；黙20:4-6）．

Minder・bruder【< lat. (Ordo) Fratrum Minorum】*m.* -s, ..brüder, 《通常複数で》[der Orden der] Minderbrüder 小さき兄弟会（*フランシスコ会の別称；Franziskanerorden参照）．**Mindere Brüder** *pl.* → Franziskanerorden．**Mindeste Brüder** *pl.* → Minimen．

Miniatur【lat.；原義は"鉛丹(Mennige)で彩色された"だが，16世紀に"より小さい(minor)"と混同された】*f.* -, -en, ミニアチュール（中世の写本〔主として聖書や祈禱書〕に描かれた彩色挿画；16世紀以降は，持ち運びに適した小型の肖像画などの「細密画」をいう場合もある）．

Minimen, Minimiten【< lat. (Ordo) Fratrum Minimorum; it. Ordine dei Minimi】*pl.* ミニモ会，ミニミ修道会（パオラ〔イタリア南部カラブリア地方〕の聖フランチェスコ〔1416/36-1507〕が15世紀半ばに創始した*隠修士共同体に端を発し，厳格な会則に基づく禁欲，祈り，教育，学問研究に専心して，16世紀前半から17世紀に隆盛を誇った；18世紀末から19世紀にかけての世俗化により衰微したが，現在も南北アメリカ，フランス，イタリア，スペインなどで活動している；*フランシスコ会が「小さき兄弟会」〔dt. Mindere Brüder〕と呼ばれるのに対し，いっそうの*謙遜の精神を表明するため「いとも小さき兄弟会」〔dt. Mindeste Brüder〕と自称した；略：OM）．

Minister【lat.-fr. "僕(しもべ)；(国家の) 奉仕者"】*m.* -s, -, ①聖務者（教役者，奉仕者とも；*叙階の秘跡によって授けられた職階〔*司教，*司祭，*助祭〕に応じて，教会の聖務を執行または補佐する「聖職者」のこと；カトリックでは洗礼を受けた男子に限られる；CIC. 1024）．②（*フランシスコ会などの）総会長，管区長，修道院長．**Minister＝amt** *n.* -[e]s, ..ämter, 奉仕職（聖務，聖職とも；教会における典礼祭儀，*司牧などに権能をもって従事すること；特に選ばれた一般信徒に委ねられる場合は「信徒奉仕職」という）．**Ministrant**【lat.】*m.* -en, -en, 奉仕者（ミサ典礼において，選任された一般信徒が務める*朗読奉仕者，及び*祭壇奉仕者・*侍者のこと〔CIC. 230〕；特に後者をいう〔Messdiener参照〕；他に，ミサその他の儀式を円滑に進行させるため，ミサ堂内で様々な補助的用務を行う信徒

を指す場合もある）．**ministrieren** *i.* (*h*) 教会の*奉仕職を遂行する；ミサの侍者（祭壇奉仕者）を務める．

Minorist【lat.-nlat.；< lat. minor "より小さい"】*m.* -en, -en, 下級聖職者（「下級品級」とも；1972年教皇パウルス6世〔在位1963-78〕の*教令「ミニステリア・クアエダム」が公布される以前の職階で，「下級四段」〔*守門，*読師，*祓魔師，*侍祭〕の職にある者；対義語： → Majorist）．**Minorit**【< mlat. minoritas "乏しいこと"】*m.* -en, -en, 《通常複数で》コンヴェンツァル小さき兄弟会（コンヴェンツァル会の別称；Konventuale 2参照）．

Miracula【lat.】*f.* -, ..len, ① 奇跡譚（*聖人や聖母*マリアの生涯と*奇跡にまつわる物語で，文学的に誇張されている場合が多く，史実に基づくVitaと区別される）．② → Mirakelspiel．**Mirakel** *n.* -s, -, ① 奇跡（Wunder参照）．② → Mirakelspiel．

Mirakel=bild *n.* -[e]s, -er, 《通常複数で》奇跡画（ある*聖人が起こした奇跡を主題として描かれた一連の図像）．**~buch** *n.* -[e]s, ..bücher, 奇跡物語集．**~spiel** *n.* -[e]s, -e, 奇跡劇，神秘劇，聖人劇（*聖人や聖母*マリアの生涯と奇跡を主題とする中世の宗教劇；当初ラテン語で，その後は俗語で作られ，町の祝祭などの機会に上演された；12-13世紀，特にフランス及びロマンス語圏で普及し，その後イギリスやドイツでも行われた；Mysterienspiel参照）．

mirakulös *adj.* 《古》奇跡の，奇跡による．

Misch=ehe *f.* -, -n, 混宗婚，混信婚（異宗教・異宗派信徒間の結婚；特にカトリック信者と非カトリック信者〔カトリック以外のキリスト教の受洗者，または非受洗者〕との婚姻のこと；現行の*教会法の規定では，カトリック信者と非カトリック受洗者との婚姻は一定の条件下で教区の裁治権者により許可されるが，非受洗者との婚姻は教会権威者による障害免除をもって初めて有効となる〔CIC. 1124-29〕；Ehehindernis参照）．**~ehen・streit** *m.* -[e]s, -e, 混宗婚紛争（混宗婚における子供の宗教教育権に関するプロイセン一般ラント法〔1794〕の規定及びフリードリヒ・ヴィルヘルム3世〔在位1797-1840〕の布告〔1803〕が1825年プロイセン全域に適用され，子供は父親の教派に従うとされたことにカトリック教会が反発して始まったプロイセン政府と教会間の争い〔ケルン紛争；Kölner Wirren〕；1837年にはケルン大司教らが逮捕される事態に至ったが，41年に新国王フリードリヒ・ヴィルヘルム4世〔在位1840-61〕と教会の間で和協が成立した）．**~lied** *n.* -[e]s, -er, 混合語聖歌，ラテン語俗語混交聖歌（ラテン語とドイツ語，英語，フランス語などの俗語による歌詞が混在している聖歌，賛美歌；例えば，14世紀以来クリスマスに歌われる „In dulci jubilo / Nun singet und seid froh"〔「もろびと声上げ」賛美歌102番〕）．

Mischna【hebr."繰り返し；研究"】*f.* -, ミシュナー（*タルムードの本文で，200年頃ラビ・ユダ・ハ＝ナスィ〔135頃-220頃〕がユダヤ教の口伝の律法〔主として*ハラカー〕を集大成したもの；種子〔農作物〕，祭日，女性〔婚姻〕，損害〔刑法〕，聖物〔神殿供物〕，清浄の全6巻からなり，ユダヤ人の宗教・社会生活の全般にわたる規定を含む）．

Miserere【lat."憐れみ給え"】*n.* -[s], ミゼレーレ（*ダビデによる痛悔の詩編51〔*ウルガタ訳詩編50〕の通称で，そのラテン語冒頭語 „*Miserere* mei, Deus"〔神よ，わたしを憐れんでください；Gott, sei mir gnädig〕にちなむ；*教会の祈り〔*聖務日課〕では，金曜日の朝の祈りで歌われる；及び，これに作曲された合唱曲で，ルネサンス期のジョスカン・デ・プレ〔1440頃-1521〕からアルヴォ・ペルト〔1935-〕まで，数多くの作曲家が手がけている）．**Misericordias Domini**【lat."主の慈悲"】《無冠詞；不変化》ミゼリコルディアス・ドミニ（*復活祭後の第2の*主日；名称は，当日のラテン語*入祭文の冒頭語 „*Misericordias Domini* in aeternum cantabo"〔主の慈しみをとこしえにわたしは歌います；Von den Taten deiner Huld, Herr, will ich ewig singen；詩89: 1〕にちなむ）；der Sonntag ～～ 神のいつくしみの主日（Barmherzigkeitssonntag 参照）．

Miserikordie【< lat. misericordia "慈悲"】*f.* -, -n, ミゼリコルディア（*内陣座席の跳ね上がり式の座面の裏側に取り付けられた突出部；立ち上がったときに凭れるためのもので，多くは彫刻が施されている）．**Miserikordien・bild** *n.* -[e]s, -er, キリスト受難像（受難図）．

Missa【lat.】*f.* -, Missae, → Messe（の*教会ラテン語形）；～ brevis *f.* - -, -e ..ves, ミサ・ブレ

ヴィス(「短いミサ」の意味で，多くは5つの通常文のうちクレド〔*信仰宣言〕を欠いたミサ曲；5つの部分を短縮して作曲したものもある)；～ cantata *f.* -, -e, -e, ミサ・カンタータ，歌ミサ(a. → Singmesse. b. 以前は，*司祭が*助祭と*副助祭の補佐のもとで行う*荘厳ミサに対して，補佐を伴わずに執り行われる*歌唱ミサを指した)；～ lecta *f.* - -, -e, -e, ミサ・レクタ，読唱ミサ(Lesemesse参照)；～pontificalis *f.* - -, -e - (*od.* ..les)，→ Pontifikalamt；～ solemnis *f.* - -, -e - (*od.* ..nes)，(Hochamt) ミサ・ソレムニス，盛儀ミサ(a. 以前の名称は「荘厳ミサ」；司祭が助祭と副助祭〔現在は廃止〕の補佐のもとに挙式する歌ミサ；かつては，*教皇や*司教が挙式し，司祭が補佐する歌ミサを意味した. b.「荘厳ミサ曲」とも；aの全体に作曲した音楽部分で，例えば，ルートヴィヒ・ファン・ベートーヴェン〔1770-1827〕がルドルフ大公〔1788-1831〕のオルミュッツ大司教就任を機に1817-23年に作曲し，24年に初演された大規模な交響的ミサ曲〔作品123〕；～ tota *f.* - -, -e, -e, ミサ・トータ(Vollmesse 参照). **Missal**【mlat.】*n.* -s, -e, **Missale** *n.* -s, -n *u.* ..lien, (Messbuch) ミサ典礼書，ミサ典書(特に*ローマ式典礼のミサで用いられる，すべての固有式文，聖書の朗読箇所，斉唱される聖歌のテキスト，典礼注規などを掲載した*典礼書). **Missale Romanum** *n.* - -, ミサーレ・ロマーヌム，ローマ・ミサ典礼書(ローマ・カトリック教会で用いられている公式のミサ典礼書；現在のラテン語規範版は1970年に刊行されたもの〔第3版，2002年発行〕で，これに基づいて各国語のミサ典礼書がそれぞれの国の司教協議会によって発行される；*トリエント公会議の決議を受けて編纂され，教皇ピウス5世〔在位1566-72〕によって1570年に公布されたものが最初).

Missio canonica【lat.】*f.* - -, ミッシオ・カノニカ(公立学校においてカトリックの教理教育，神学の教授を行う資格〔CIC. 815参照〕で，*教区司教より付与される；広義では，*教会職に伴う*裁治権の委譲，ないしは教会の*上長により，聖職者または一般信徒に対して特定の権限を委任することをいう).

Missiographie *f.* -, **Missiologie** *f.* -, 宣教学，布教学(*宣教の理論と実践，歴史などについて，地理学，文化人類学，民俗学等々，関連する周辺諸学を援用しながら考察する神学の1分野).

Mission【lat.-kirchenlat."派遣"】*f.* -, -en, ①《単数で》宣教，《プ》伝道(布教，派遣とも；*福音を全人類に伝え，人々を*回心と信仰に導き，*洗礼を授けるという，キリストによって定められた〔マタ28:19-20〕教会の任務とそのための活動の一切を指す；特に，キリスト教が未だ根付いていない地域に福音の伝達者を送り出すこと〔CIC. 786〕；また，キリスト教徒に対しては，信仰の強化を助けることをいう)；die äußere ～ 外国宣教(キリスト教会の根付いていない国外の民族・集団に対する布教活動；CIC. 786)；die innere ～ 内国宣教；国内伝道(*ルター派の伝道者ヨハン・ハインリヒ・ヴィヘルン〔1808-81〕が，福音伝道と信仰の覚醒，孤児・病者・貧者の支援を目的に，1849年ブレーメンで創始した組織的な社会奉仕事業；Diakonie 1参照)；～ treiben 宣教(伝道，布教)を行う. ②《単数で》派遣(この世の救いのため，*三位一体の神において第1の*位格である聖父が，第2の位格である子イエス・キリストを地上に送り出したこと；また，第3の位格である*聖霊を，聖父とキリストが地上に送ること). ③宣教団，伝道団. ④→ Missionsstation.

Missionar【lat.】*m.* -s, -e, 宣教者，宣教師(*宣教の目的で，権限ある教会権威者によって国内外に派遣される聖職者または一般信徒〔CIC. 784〕；プロテスタントでは一般に「伝道師」という)；der Apostolische ～ 教皇宣教師(教皇庁立大学の出身者，特別の教皇令によって福音宣教省の職務に専任する宣教師，または功績の多い宣教師に与えられた名誉称号；略: M[iss]. A[post].). **Missionär** <*östr., schweiz.*> → Missionar. **missionarisch** *adj.* 宣教(布教，伝道)の. **missionieren**《I》*t.* (*h*) 宣教(布教，伝道)する，改宗させる；ein Volk (Land) ～ ある民族(国)に布教する，ある民族(国)を(キリスト教に)改宗させる. 《II》*i.* (*h*) 宣教(布教，伝道)活動をする. **Missionierung** *f.* -, -en, 宣教(布教，伝道)活動；(宣教によってキリスト)教化されること.

Missions=anstalt *f.* -, -en, 宣教師(伝道師)養成所. ～**arbeit** *f.* -, -en, 宣教(布教，伝道)活動. ～**arzt** *m.* -es, ..ärzte, 宣教医，布教医. ～

ärztlich adj. 宣教(布教)医療の, 宣教(布教)医の; die ～ärztliche Fürsorge 宣教(布教)地医療(宣教地における教会の医療行為; ルカ10:9に基づくもので, 1926年教皇ピウス11世〔在位1922-39〕の*回勅で推奨された); ～ärztliches Institut 宣教医療研究所(1922年, 宣教地〔特にアフリカ〕における医療活動に従事する医師・看護師の養成のため, *サルヴァトール修道会の司祭クリストフ・ベッカー〔1875-1937〕がヴュルツブルクで創設した). ～**bezirk** m. -[e]s, -e, 宣教(布教)地教区. ～**bischof** m. -s, ..bischöfe, 宣教(布教)地司教(宣教地における暫定的教区の*名義司教). ～**geist** m. -[e]s, 宣教師(伝道師)の精神. ～**genossenschaft** f. -, -en, 宣教会, 布教会. ～**geschichte** f. -, -n, 宣教史, 布教史. ～**gesellschaft** f. -, -en, ①宣教会, 布教会(異教地宣教に従事する修道会, または一般信徒の団体); ～gesellschaft Bethlehem ベツレヘム外国宣教会(1985年に設立され, アフリカ, アジア, 南米で活動する男子宣教会; 本部はスイス, インメンゼー). ②(プ)伝道協会(プロテスタント教会における外国伝道のための組織; 例えば, *モラヴィア兄弟団〔1722年設立〕, *メソジスト派のメソジスト伝道協会〔1786年設立〕, 1799年ロンドンで設立された英国教会伝道協会〔「聖公会宣教協会」とも; Church Mission Society; dt. Kirchliche ～gesellschaft〕). ～**haus** n. -es, ..häuser, 宣教者養成神学校. ～**institut** n. -[e]s, -e, ①宣教学研究所(1910年ミュンスター大学にカトリック教会で最初の宣教学研究所が設立された; 教皇庁立*ウルバニアナ大学及び*グレゴリアナ大学では1932年に宣教学部が設置された). ②宣教修道会, 宣教会(宣教事業に従事する修道会, 及び修道会に準じた宣教者の諸団体). ～**kloster** n. -s, ..klöster, 宣教(布教)修道院(外国宣教を主目的とする修道会の修道院). ～**konferenz** f. -, -en, 宣教会議, 伝道会議(Weltmissionskonferenz参照). ～**kongregation** f. -, -en, 宣教(布教)修道会(会員が異教地での宣教の義務を有する*単式誓願修道会; 例えば, *ラザリスト会〔ヴィンセンシオの宣教会〕). ～**kongress (～kongreß)** m. ..gresses, ..gresse, 宣教(布教)大会(ある地域における, ないしは国際的な宣教活動に関する報告や討議を行う, 特定教派またはエキュメニカルな会合). ～**kranken・schwester** f. -, -n, 宣教(布教)看護師(宣教医療に従事する修道女ないし一般の女性信徒). ～**kunde** f. -, -n, 宣教学, 布教学. ～**land** n. -[e]s, ..länder, 宣教(布教)地(宣教活動が行われる国や地域). ～**lehre** f. -, 宣教学, 布教学; 宣教(布教)理論. ～**museum** n. -s, ..seen, 宣教(布教)博物館(歴代の宣教師により世界各地で収集された民俗学的・自然誌的資料などを恒久的に展示する施設; 例えば, 1887年ザンクト・オッティリエン大修道院〔バイエルン州〕に設立された宣教博物館, 1926年ピウス11世〔在位1922-39〕によって*ラテラノ宮殿内に設置されたラテラノ宣教博物館. ～**[priester]rat** m. -[e]s, ..räte, 宣教地区評議会(*使徒座代理区及び*使徒座知牧区において, 宣教司祭により構成される評議会; CIC. 495§2). ～**recht** n. -[e]s, 宣教法, 布教法(宣教活動を規制する法規範). ～**reise** f. -, -n, 宣教旅行, 伝道旅行(Bekehrungsreise参照). ～**religion** f. -, -en, 宣教宗教, 伝道宗教(信徒が特定区域内に限定される土俗的宗教〔Volksreligion〕に対し, 布教活動によって広範囲に信仰が広まり*世界宗教となった宗教; 例えばキリスト教, イスラム教, 仏教). ～**schule** f. -, -n, ミッションスクール(キリスト教の宣教師が布教の目的で創立・経営する学校). ～**schwester** f. -, -n, 宣教(布教)修道女; ～schwestern vom Heiligsten Erlöser pl. レデンプトール宣教修道女会(Redemptoristin 2参照); ～schwestern vom Heiligsten Herzen Jesu von Hiltrup pl. 聖心宣教修道女会(1899年ドイツ, ヒルトルプで設立された教皇庁立女子修道会; 宣教地における女子教育, 病人・老人看護に従事する). ～**sprengel** m. -s, -, 宣教(布教)地教区. ～**station** f. -, -en, 宣教(布教)根拠地(宣教師の定住場所; しばしば学校, 病院などの施設が付属する). ～**statistik** f. -, -en, 宣教(布教)統計. ～**tag** m. -[e]s, -e, 宣教の日(各教区において宣教活動の協働促進のため毎年特定の日に行われる; CIC. 791). ～**tätigkeit** f. -, -en, 宣教(布教)活動. ～**theorie** f. -, -n, 宣教(布教)理論. ～**verein** m. -[e]s, -e, 宣教事業後援会, 布教弘布会(宣教地における布教活動の物的・精神的援助を目的として設立された組織). ～**werk** n. -[e]s, ① → ～wesen. ② → ～verein. ～**wesen** n. -s, 宣教(布教)事業,

~**wissenschaft** f. -, 宣教学, 布教学 (Missiologie 参照).

Mit・bruder m. -s, ..brüder, ① → Konfrater. ② 《雅》(男性の) 同胞, 隣人.

Mithraismus 【< Mithras】 m. -, ミトラス教, ミトラ教. **Mithras・kult** m. -[e]s, ミトラス礼拝 (古代ペルシア起源とされる太陽神ミトラスを崇拝する密儀教; 前1世紀半ば, ローマ帝国に伝播し, 特に兵士の間に広まったが, 4世紀, キリスト教の普及とともに衰退, 消滅した). **Mithräum** 【pers.-gr.-nlat.】 n. -s, ..räen, ミトレウム (「牛を屠るミトラス」の神像を祀る地下洞窟の礼拝所).

Mit・konsekrator m. -s, -en, 共同聖別司教 (司教の*叙階式に, 司式司教を除いて最低2名陪席し, 共同司式をする司教; CIC. 1014).

Mitra 【gr.-lat.-mlat. "鉢巻き"】 f. -, ..ren, ミトラ, 司教冠 (*教皇, *枢機卿, *大修道院長, *司教が祭式の際に標章として被る冠; 芯の入った2枚の五角形の布を前後に組み合わせた縁なし帽で, 全面が刺繍で装飾されており, 後部には肩までの長さの2本の飾り帯が下がる);《聖》主教冠;《東》宝冠, 王冠.

Mittags=gebet n. -[e]s, -e, ~**hore** f. -, -n, 正午の祈り (12時, 昼食の前に行われる*定時課; または, 正午に実施される「*昼の祈り」〔die mittlere Hore〕; Sext 参照).

Mittel・schiff n. -[e]s, -e, 身廊, 中廊, ネーブ (engl. nave; *ロマネスクや*ゴシック様式の教会建築で, 入口から*内陣の*主祭壇に向かって延びる〔翼廊までの〕中央の空間; 柱列で仕切られた左右の*側廊に挟まれている).

Mitternachts=gottesdienst m. -[e]s, -e, ~**messe** f. -, -n, ①真夜中のミサ, 深夜ミサ (例えば, 12月24日の夜中に執り行われる降誕節前夜ミサ). ② → Matutin. ~**mette** f. -, -n, → Matutin.

Mitt・fasten pl. (Halbfasten) 四旬節の中日 (*レターレの主日の前の水曜日ないし木曜日, またはレターレの当日までの期間; 長期〔46日間〕にわたり節制が要求される*四旬節のほぼ折り返し時点で, 地方によって様々な行事がある).

Mittler m. -s, -, (Mediator) 仲保者, 仲介者 (a.《単数で》*贖(あがな)いによって神と人間の間を取りもち, 両者を和解させたキリストのこと〔1テモ 2:5〕. b. a の意味が拡大され, *聖人や個々の信徒を指すこともある). **Mittler・tod** m. -[e]s, (仲保者としての) キリストの贖罪死 (das Martyrium Christi 参照). **Mittlertum** n. -s, 仲保者の役割.

Moab 【hebr. "父親によって"】《固》(m.) モアブ (a. *ソドムを逃れ, 洞窟に居住していた*ロトの2人の娘は, 結婚相手を得られないと考え, ロトを酔わせてそれぞれ男子を得た; 姉の子がモアブ, 妹の子がベン・アミ〔私の肉親の子」の意で, アンモン人の祖〕と名付けられた; 創 19:30-38. b. a のモアブの子孫が, 死海東岸に定住して建てた旧約時代の王国). **Moabiter** m. -s, -, モアブ人 (モアブを祖とする死海東岸地方の古代セム人; イスラエル人はこれを敵視しないよう神に命じられたが〔申 2:9〕両者の対立は続き, 戦闘が繰り返された).

Modalismus 【lat.-mlat.-nlat.】 m. -, モダリズム, 様態論 (*三位一体に関する 2-3 世紀の*異端説; 神は単一であり, これが創造主〔父〕, 贖い主〔子〕, 聖化するもの〔聖霊〕という 3 つの歴史的「様態」〔modus〕において顕現すると主張した; Monarchianismus, Patripassionismus 参照).

Moderamen 【lat. "操縦 (装置)"】 n. -s, u. ..mina,《プ》理事会 (*改革派教会において, *教会会議が選任したメンバーから構成され, 教会会議の決議事項の遂行, 同会議が開催されていない時期に生じた用件への対処などを任務とする). **Moderator** 【lat. "指導者"】 m. -s, -en, ①事務局長 (*教区事務局の責任者で, *教区の行政業務の調整, 事務局の人事管理を行う*司祭; CIC. 473§2). ②《プ》(*改革派教会の理事会の) 理事長. **Moderatorin** f. -, -nen, → Moderator 2 (の女性形).

Modernismus 【< it. modernismo】 m. -, 近代主義 (18世紀末から20世紀初頭にかけてカトリック教会内部で興ったキリスト教信仰・教義の近代化運動; 18世紀来発展した主観主義的哲学, *自由主義神学, 歴史批判学的聖書学, 自然科学, 民主主義思想などの影響を受け, 信仰は*啓示や教会の権威の教導に由来するものではなく, 人間の本性のみに根ざした個々の内的経験であると主張した; 1907 年の*教令「ラメンタビリ」と聖ピウス 10 世

教皇〔在位1903-14〕による*回勅「パスケンディ」などによって厳しく排斥された；*英国国教会でも同様の運動が見られた）．**Modernist** *m.* -en, -en, 近代主義者．**modernistisch** *adj.* 近代主義的な；近代主義者の．

Molinimus【< Luis de *Molina*】*m.* -s, モリナ主義，モリニズム（スペインのイエズス会神学者ルイス・デ・モリナ〔1535—1600〕が提唱した，神の*恩恵と人間の自由意志の関係についての教説；神の恵みは，信仰や愛など人間の超自然的行為に先行し，その前提となっている〔神は「中知」(Scientia media) をもって人間が恩恵にどのように応えるか，予め知っている〕が，個々人が自由選択において恩恵を受け入れ，協働することで，恩恵は効果を発するとした）．**Molinist** *m.* -en, -en, 《通常複数で》モリニスト，モリノ派（イエズス会が公認したモリナ主義に従う人々；これを批判する*ドミニコ会のドミンゴ・バニェス〔1528-1604〕の一派と激しく対立した）．

Moloch【hebr.-gr."恥ずべき王"?】(I)《口》(*m.*) モレク（主にアンモン人が崇拝した偶像神〔王上11:7〕で，子供を火炙りにして，これを*いけにえとして献げる儀式が行われた〔エレ32:35他〕）．(II) *m.* -s, -e, (Iから転じて，すべてをいけにえにする恐るべき）魔物，悪魔．

Monarchianer *m.* -s, -, モナルキアニズムの信奉者．**Monarchianismus**【gr.-mlat.-nlat.; < lat. monarchia "(神の)単独支配"】*m.* -s, モナルキアニズム，モナルキア主義（神の本性の単一性を強調した2-3世紀の異端説；神の*位格の3つの区別を認めず，父・キリスト・聖霊は唯一の神の顕現様式の違いであるとする説〔Modalismus, Patripassionismus参照〕，及び，人間に過ぎなかったイエスが聖霊の力〔gr. dynamis〕を受けて，神により養子とされたという「デュナミス的モナルキア主義」〔der dynamische ～〕；[*キリスト養子説」とも〕の2つがは区別される）．

Monasterium【gr.-kirchenlat.】*n.* -s, ..rien, ① 〔隠世〕修道院(Kloster参照)；修道院〔付属〕聖堂．②大聖堂(Dom¹参照)；司教座教会(Kathedrale参照)；参事会聖堂(Kollegiatkirche参照)．**monastisch**【gr.-spätlat.】*adj.* 修道院の，修道士の；die ～e Kongregation 修族（複数の自治制の*世俗修道院の連合組織；Kongregation 2参照）；das ～e Leben 修道〔院〕生活；

der ～e Orden 隠世〔共住〕修道会（*誓願を立てた会員が世俗から隔絶された修道院内〔*禁域〕で，特定の戒律や会則に従って兄弟的共同生活を営む修道団体）．**Monastizismus** *m.* -, 修道〔院〕生活（世俗からある程度隔離された状態で，特定の会則と誓願のもと神に奉仕する禁欲的な生活様式）；修道院制度，修道制(Mönchtum参照)．

Mönch【gr.-kirchenlat.-vulgärlat.】*m.* -[e]s, -e, 〔隠世〕修道士（*誓願を立て，修道院内で特定の戒律に従って禁欲的な生活を営む男性の修道者；元来は*隠修士のこと；対義語: → Nonne）．**mönchisch** *adj.* 修道士の；修道士のような，隠遁的な．

Mönchs=arzt *m.* -[e]s, ..ärzte, 僧医（6-12世紀，*ベネディクト会などの修道院内の医務室，施療院，付属の救貧院で病者の治療や看護にあたった薬学・医学の心得のある修道士）．～**bischof** *m.* -s, ..bischöfe, 修道士司教（*上長の修道院長によって*叙階され，司教に任ぜられた修道士；*教区と緊密に連携していた中世の修道院でしばしば見られた）．～**geist** *m.* -[e]s, 修道士の精神．～**gemeinschaft** *f.* -, -en, 修道士共同体．～**gewand** *n.* -[e]s, ..gewänder, 男子修道服．～**kappe** *f.* -, -n, 僧帽（修道士の被る頭巾）．～**kleid** *n.* -[e]s, -er, ～**kleidung** *f.* -, (まれに:) -en, 男子修道服．～**kloster** *n.* -s, ..klöster, （対義語: Nonnenkloster）男子修道院．～**kukulle** → Kukulle. ～**kutte** *f.* -, -n, 男子修道服(Kutte参照)．～**latein** *n.* -s, （中世末期に修道士や大学生らの間でしばしば用いられた）崩れた(汚い)ラテン語．～**leben** *n.* -s, 修道〔院〕生活．～**liste** *f.* -, -n, 修道士名簿．～**name** → Klostername. ～**orden** *m.* -s, -, （対義語: Nonnenorden）男子修道会．～**reform** → Klosterreform. ～**regel** → Klosterregel. ～**republik** *f.* -, die ～republik Athos アトス自治修道士共和国（*東方正教会の自治領である聖山〔アギオン・オロス; gr. Ágion Óros〕修道院自治州の別称；ギリシア北部ハルキディキ半島の先端部〔アトス半島〕に位置する；885年東ローマ帝国皇帝ヴァシレイオス1世〔在位867-86〕の勅許により，*アトス山が修道士の聖域と認められて発足した；現在もギリシア共和国政府より治外法権が認められ，20の正教会の修道院の代表者によって自治統治されている；首都カリエ；

Klosterstaat参照）．**～schrift** f. -, -en, ①ブラック体，ブラックレター（13-16世紀にドイツ語やラテン語の書籍に広く用いられた角張った字体；*カロリング小文字から発展し，修道士が写本制作や諸文書の筆記を行う際に使われた；ゴシック体，フラクトゥール〔Fraktur；ドイツ文字，亀の子文字〕を指す場合もある）．②修道士の著作．**～schule** → Klosterschule. **～stand** m. -[e]s, ..stände, 修道士の身分．

Mönchstum → Mönchtum.

Mönchs=verzeichnis n. -ses, -se, 修道士一覧（名簿）．**～wesen** n. -s, → Mönchtum. **～zelle** f. -, -n, 男子修道院内私室，僧房（Klosterzelle参照）．**～zucht** f. -, 〔男子〕修道院規律．

Mönchtum n. -s, ①修道制, 修道院制〔度〕; das abendländische ～ 西方〈西欧，ヨーロッパ〉修道制（ヌルシアの聖*ベネディクトゥス〔480頃-547頃〕による修道会会則〔→ Benediktinerregel〕の制定を端緒とする，西方教会の*共住修道制）; das aristokratische ～ 貴族修道制（貴族階級と経済的・政治的にも精神的にも緊密に結び付いていたヨーロッパ中世の修道制度）; das byzantinische ～ ビザンツ〔の初期〕修道制; das gallische ～ ガリア修道制（特に，聖*マルティヌスがロワール河畔のトゥールで360-70年頃に設立した大修道院や南フランスのレランス修道院の初期修道制度）; das koinobitische <zönobitische> ～ → Zönobitentum. ②修道生活；修道士であること．**Mönchung** f. -, -en, 修道院拘置, 修道院強制収容（中世において，犯罪者，特に政治犯を死刑に処する代わりに修道院に強制的に収容したこと）．

Mondsichel・kreuz n. -es, -e, 三日月型十字〔架〕（*碇型十字架〔b〕の別称で，2本の横木のうち下部が，弓形ないし三日月の形状のもの）．

Monenergismus【gr.-lat.】m. -, キリスト単勢説（*キリスト単意説の初期形態で，キリストは*神性と*人性の2性をもつが，働き〔gr. energeia〕は1つのみであるとする，コンスタンティノポリス総主教セルギオス〔?-638〕の説）．

Monergismus【gr.-lat.】m. -, 単働説（人間の救済, *回心などの霊的更生は神の*恵みに完全に依存し，人間の自由意志に基づく主体的選択の余地はないとする説；*アウグスティヌス〔及び*パウロ〕に由来するが，*ルターや*カルヴァンらによって強調された；恩恵を受け入れるかどうかは，各人の自由意志に委ねられるという*協働説と対立する）．

Monogenismus【gr.-lat.】m. -, 人類一元説（すべての人間は共通の祖先である*アダム〔ないしアダムと*エバ〕から発生したとするカトリックの教理；それゆえ全人類は血縁であり，また*人祖の犯した*原罪を受け継ぐとされる; 対義語: Polygenismus）．

Monogramm【gr.-spätlat.】n. -s, ～[Christi]〔キリストの〕組み合わせ文字（Christusmonogramm参照）．

Monolatrie【gr.-lat.】f. -, 拝一神教，一神崇拝（*バビロニア捕囚以前の*イスラエルにおいて，他の神々に対する崇拝が厳禁され，*ヤハウェだけが神として崇められたように，ある共同体が複数の神の存在を認容しながらも，その集団内では特定の一神だけを排他的，継続的に崇拝する宗教形態）．

Monophysit m. -en, -en, キリスト単性説の支持者．**monophysitisch** adj. キリスト単性説の．**Monophysitismus**【gr.-lat.】m. -, キリスト単性説（キリストには単一の本性〔gr. physis〕たる*神性だけがある, すなわち*受肉による結合後，*人性は神性に吸収されて存在しないとする異端説；同説を表明したエウテュケス〔378頃-454以後〕は，451年*カルケドン公会議で断罪され，キリストの唯一の*位格において神性と人性をともに認める*キリスト両性説が正統とされた；現在でもエジプトの*コプト教会〔a〕，シリアの*ヤコブ教会，エチオピア及びアルメニア教会など東方の諸教会が主張している）．

Monopsychismus【gr.-nlat.】m. -, 単心論, 知性単一説（13世紀パリ大学を中心とする*ラテン・アヴェロエス主義の哲学説；すべての人に共通する単一・独立の能動的理性の存在とその不滅性を主張し，個々人の霊魂の不滅は否定した）．

Monotheismus【gr.-lat.】m. -, 一神教（一般に，*汎神論や*多神教に対し，単一の神を崇拝する宗教形態；広くは，複数の神の存在を認めつつ，特定の一神だけを選択的に祀る*単一神教や*拝一神教を含むが, 狭義では, キリスト教，ユダヤ教，イスラム教などのように，他の神の存在を原理的に否定し，唯一絶対の至高神を礼拝する「唯一神教」をいう）．

Monotheist *m.* -en, -en, 一神教の信徒；唯一神教の信徒. **monotheistisch** *adj.* 一神教の；唯一神教の.

Monothelet【gr.-mlat.】*m.* -en, -en, キリスト単意説の信奉者. **Monotheletismus**【gr.-nlat.】*m.* -, キリスト単意説(キリストに*神性と*人性を認めるが、両性は単一の神的意志をもち、人間的意志はその内に解消されるとした謬説；コンスタンティノポリス総主教セルギオス〔在位610-38〕が、*キリスト単性説と*カルケドン公会議で決議された両性説とを和解させるべく提出した説だが、681年第3*コンスタンティノポリス公会議で異端とされた).

Monseigneur【lat.-fr."わが主"】*m.* -s, -e *u.* -s, モンセニョール(a.《単数で》教皇が特定の職位にある聖職者に与えるフランス語の名誉称号；略: Mgr. b. aの称号の保持者). **Monsignore**【lat.-it.】*m.* -[s], ..ri, モンシニョール(a.《単数で》教皇が特定の職位にある聖職者に与えるイタリア語の名誉称号；略: Mgr. *od.* Msgr. b. aの称号の保持者).

Monstranz【lat.-mlat.; < lat. monstrare "指し示す"】*f.* -, -en, モンストランス, 聖体顕示台(*聖体の礼拝, 例えば*聖体行列の際に, 信徒に*聖別された聖体を示すために用いられる金属製の*祭具；中央部に透明なガラスや水晶が嵌め込まれ、その中に聖体を入れる*半円形聖体容器がある；全体はしばしば貴金属や宝石で装飾されている；1240年にこれを掲げてサラセン兵を撃退したというアッシジの聖クララ〔1194-1253〕の*アトリビュート).

Montanismus【lat.-nlat.; < Montanos】*m.* -, モンタニズム, モンタノス主義(2世紀中頃, 小アジア, フリギアのモンタノス〔?-157/7または172〕が始めた熱狂的, *終末論的な預言活動；*聖霊の特別の働き, キリストの*再臨の接近と*新しいエルサレムの到来, また厳格な禁欲主義を唱え, 北アフリカ, ローマ, ガリアにまで広がった；教会と国家から再三排斥されたが, 6世紀まで存続した). **Montanist** *m.* -en, -en, 《通常複数で》モンタノス派(の信徒), モンタニスト. **montanistisch** *adj.* モンタニズムの, モンタノス主義(派)の.

moralisch *adj.* 倫理(上)の, 道徳の；die ~e Aufrüstung【< engl. Moral Re-Armament（略: MRA)】道徳再武装［運動〕(フランク・ブックマン〔1878-1961〕が創始した*オックスフォード・グループ運動の1938年以降の名称；軍備に代わる「道義と精神の再武装」を提唱し, 第2次大戦後は, 社会変革運動の国際的組織として北米, 西欧, アジア, アフリカなどで広く展開した；2001年からは„Initiatives of Change"の組織名のもとで活動している)；der ~e Gottesbeweis 神の存在の道徳〔論〕的証明(悪を避け, 善を行うよう良心を促す, 絶対的普遍的な道徳律の源泉として, 神の存在を証明すること；イマヌエル・カント〔1724-1804〕は, 不完全な人間が道徳律に従い最高善を実践するには, 魂の不死と神の存在が実践的に「要請」されると論じた). **Moral・theologie** *f.* -, 倫理神学(人間の行為規範について, 神や救済との関係において考察する神学の1部門；人間の自由意志に基づく行為の一切がその研究対象となる).

Morawien【lat. Moravia】《固；稀》モラヴィア(Mähren参照).

Morgen=andacht *f.* -, -en, 朝の礼拝(祈り). ~**feier** *f.* -, -n, 朝礼(学校などで, 集団で朝に宗教的内容の講話を聞いたり, 聖歌〔賛美歌〕を歌ったりすること). ~**gebet** *n.* -[e]s, -e, 朝の祈り(Laudes参照). ~**ländisch** *adj.* 東方の；東方教会の；das ~ländische Schisma → das ~-ländische *Schisma*. ~**messe** *f.* -, -n, 朝のミサ, 朝課(Laudes参照). ~**stern** *m.* -[e]s, 明けの明星, 暁(あかつき)の星(a. 救いの実現〔2ペト1:19, 黙2:28〕や救いをもたらすキリスト〔黙22:16〕の象徴. b.【< lat. Stella Matutina】*聖マリアの連願にいう聖母マリアの呼称).

Mormone【創立者の説明によれば：< engl. more + ägypt. mon (= good)】*m.* -n, -n, モルモン教徒. **Mormonentum** *n.* -s, モルモン教(1830年ジョセフ・スミス〔1805-44〕が*幻視に基づいて創設したキリスト教系の*終末論的新宗教；ある天使の導きによって発見されたという, モルモンなる預言者に由来する「金属版」を英訳, 出版し〔『モルモン書』；The Book of Mormon；1830〕, これを教典の1つとして用いる；一般市民の反発と迫害を受け, また創立者は殺害されたが, 1847年に活動拠点となるソルトレークシティを建設し, 96年これを州都とするユタ州の合衆国加盟が認められた；正式名称は「末日聖徒イエス・キリスト教会」〔The Church of Jesus Christ of Latter-day Saints；dt. Kirche Jesu Christi der Heiligen der letzten Tage〕で，信徒は選ばれた「末日聖徒」を自称し，キリストの*再臨を準備する；*三位一体の教義を否定する）．

Mortifikation【spätlat."(押し)殺すこと"】f. -,（情欲の）節制，禁欲（罪への傾向，特に肉欲の衝動を，償いと苦行によって克服すること；ロマ8:12-13参照）；苦行（Kasteiung参照）．

mortifizieren t. (h)（情欲や感情などを）抑制する，克服する；jn. ～（或人に）苦行を課する．

mosaisch【< Moses】adj. ①モーセの；die ～en Bücher モーセ五書(Pentateuch参照)；das ～e Gesetz, die ～en Gesetze モーセの律法(*出エジプト記，*レビ記，*民数記，*申命記に記された旧約時代のユダヤの律法の総称；伝統的に，*十戒を基にモーセが制定したとされている）．②ユダヤの，イスラエルの；ユダヤ教の；das ～e Bekenntnis, die ～e Religion ユダヤ教(Judentum参照)．**Mosaismus** m. -,《雅》①ユダヤ教(Judentum参照)．②モーセの律法(を信奉すること)．**Mose** → Moses．**Mose・bücher** pl. モーセ五書(Pentateuch参照)．**Moses**【ägypt.-hebr."(川から)引き上げる"od."息子"】《固》(m.) 2格: Moses, Moses'u. Mosis, モーセ（前13世紀の*イスラエルの指導者，立法者，神との*契約の仲介者，*預言者；ファラオによりヘブライ人男児殺害の命令が出されるなか，生後3ヶ月でナイル河畔に棄てられたが，ファラオの王女に拾われてエジプト宮廷で育った〔Kindermord a参照〕；成人して後，あるエジプト人を殺害し，ミディアンの地〔アラビア半島〕に逃れた；その地で神〔*ヤハウェ〕の召命を受けて，兄*アロンとともにヘブライ人のエジプト脱出と40年にわたる*荒野の放浪を導いた；*シナイ山で*十戒を受け，イスラエルの律法を定めたが，*ヨシュアを新しい指導者に定めると，*約束の地を目前にしてピスガの山上で120歳で死去した）．～['] Himmelfahrt 【< lat. assumptio Mosis】f. モーセの昇天（前2/1世紀から後1世紀前半にかけて成立した旧約聖書*外典；元はヘブライ語またはアラム語で記されたが，そのギリシア語訳のラテン語重訳が伝わる；『モーセの遺訓』とも呼ばれ，モーセによる黙示的預言と後継者*ヨシュアに対する遺言を含む）；～ Lobgesang m. モーセの賛歌（「海の歌」とも；モーセとイスラエルの民が「葦の海」での奇跡〔出14:21-31〕に感謝して歌った賛歌；出15:1-21）；～ Stuhl m. モーセの座（ユダヤの礼拝所で*律法学者と*ファリサイ派の人々が座った石製の腰掛け；伝統的権威の象徴とされる；マタ23:2）；～ und die Propheten お金(Moos〔銭，お金〕との音の類似から；ルカ16:29 の „Sie haben Mose und die Propheten, auf die sollen sie hören."〔お前の兄妹たちにはモーセと預言者がいる〕にちなむ）；das andere Buch ～ モーセ第二の書(*出エジプト記の別称)；die Hörner des ～ モーセの角（ミケランジェロ〔1475-1564〕作のモーセ像〔サン・ピエトロ・イン・ヴィンコリ聖堂所蔵；1513-16〕をはじめとして，モーセの図像・彫像にしばしば見られる頭の「角」；*ウルガタ訳で，出34:29-30, 35におけるヘブライ語の「光り輝いている」モーセの顔の描写を「角のある」と誤訳したためともいわれる）；ein Kalb → 《話》お人好し(の若者)，ばかなやつ (das Goldene Kalb参照）**Mose・segen** → Mosessegen．

Moses=lied n. -[e]s, モーセの歌（死を前にしたモーセが*イスラエルの民に語り聞かせた，神〔*ヤハウェ〕の恵みとイスラエルの歴史的関係についての歌；申32:1-43）．～segen m. -s, モーセの祝福（モーセが死の直前に，イスラエルの人々に与えた祝福の言葉；申33章)．**Mosis** → Moses（のラテン語式2格形）；die fünf Bücher ～ <Mose> モーセ五書 (Pentateuch参照)．

Motette【mlat.-it.；原義"言葉の付いた"】f. -, -n, モテット，モテトゥス(13世紀初め，*グレゴリオ聖歌に基づく定旋律に，新しい歌詞を伴う上声部を付したものに始まり，ルネサンス期に*ミサ曲や*マニフィカト以外のラテン語宗教曲の総称となった；*バロック時代には，管弦楽伴奏付きの複数の合唱群によるものや，独唱と通奏低音だけの楽曲が作られるなど様々に分化したが，J. S.*バッハ以降は一般に，比較的短い多声部の宗教合唱曲をいう）．

Motuproprio【lat."自分から"】n. -s, -s, 〔教皇〕自発教令（ローマ*教皇の公文書の一種で，嘆願などによらず，教皇が自発的に起案し発布するもの；一般に書簡の様式を取る）．

Mozaraber【arab.-span.; < arab. musta'rib "アラブ化された"】m. -s, -,《通常複数で》モサラベ〔人〕（イスラム教アラブ人による占領下

〔711-1492〕のイベリア半島で，言語や生活様式は「アラブ化」されたが，租税など一定条件下で従来の信仰や典礼を認められていたキリスト教徒たち）. **mozarabisch** *adj.* モサラベの，モサラベ式の；der 〜e Gesang モサラベ聖歌（8世紀イスラム勢力のイベリア半島侵入以前に確立され，占領以降も独自の伝統を保持していた単声のラテン語典礼聖歌；1085年トレドを除いてローマ聖歌〔*グレゴリオ聖歌〕に代わられた）；die 〜e Kunst モサラベ芸術（9世紀末-11世紀にかけてイスラム支配下のスペインで発達したキリスト教芸術様式；イスラム建築の影響を受けた馬蹄形アーチや蔓草文様，『ベアトゥスによる黙示録注解』などの写本挿画が知られる）；die 〜e Liturgie モサラベ〔式〕典礼（イスラム支配以前に遡る古代スペインのラテン式典礼様式；モサラベが用いていたことからこの名がある；11世紀末に教皇グレゴリウス7世〔在位1073-85〕によってモサラベ聖歌とともに禁止されたが，トレド大聖堂と6つの教区では使用が認められ，現在もトレドやスペイン系南米の一部地域で用いられている）.

Mozetta, Mozzetta【< it. mozzo "断ち切られた"】*f.* -, ..zetten, モゼッタ（小頭巾付きの木綿または絹製の短い肩衣で，前部をボタンで留める；聖職者が典礼以外で用い，*枢機卿は緋色，*司祭は紫など，職階に応じて色が定められている）.

München【8世紀以来のベネディクト会系修道院の入植地 „forum apud Munichen" (「修道士(→ Mönch)のところの市場」の意)】《固》ミュンヘン（バイエルン州の州都，ベルリン，ハンブルクに次ぐドイツ第3の都市；ザクセン・バイエルン大公ハインリヒ獅子公〔Heinrich der Löwe；在位1156-80〕が塩輸送の税関としてイーザル川に橋を新設した1158年が，現存する最古の関連記録で，この年をもって同市の発足とされる；以降，商業都市として，またヴィッテルスバッハ家統治下〔1180-1918〕のバイエルンの首都として政治的・文化的にも発展した；16世紀にはドイツにおける*反宗教改革〔*カトリック改革〕の中心地となり，1821年以降ミュンヘン・フライジング大司教区の大司教座が置かれている；市発祥以前に遡る教区教会の聖ペーター教会〔通称Alter Peter〕，*司教座聖堂の*聖母教会，*イエズス会の建立による聖ミヒャエル教会〔1583-97〕，イタリア後期バロック様式のテアティーナ教会〔1663-75〕，アザム兄弟によるロココ様式の聖ヨハン・ネポムーク教会〔アザム教会とも；1733-46〕，パドヴァの*アントニウス〔1195-1231〕の聖遺物を保管する*フランシスコ会の聖アンナ修道院教会〔1727-37〕など，歴史的に重要な教会が市内各所に見られる）.

Mund・kommunion *f.* -, -en, 口での聖体拝領（*聖体への畏敬の念を表すため，拝領者が身を低くして口を開き，司祭に*ホスティアを舌の上に乗せてもらう*聖体拝領の方法；Handkommunion参照）. **mündlich** *adj.* ①口頭の；das 〜e Gebet 口禱（*念禱に対し，個人ないし共同体として，定型の祈禱文または自由な言葉を口に出しながら祈ること）. ②口伝（くでん）の；das 〜e Gesetz 口伝律法（成文化された「教え」である*トーラーと並ぶユダヤ教の聖典で，*ラビ伝承の律法；一般に*タルムードと呼ばれる）.

Münster【gr.-kirchenlat.; < gr. monastérion "修道院"】《I》*n.* (*m.*) -s, -, ①大聖堂（Dom¹ 1参照）. ②司教座教会，司教座聖堂（Kathedrale参照；特定の司教座教会〔大聖堂〕の固有名の一部として用いられることがある；例えば，Aachener 〜〔*アーヘン大聖堂〕，Bonner 〜〔ボン大聖堂〕，Essener 〜〔エッセン大聖堂〕，Freiburger 〜〔フライブルク大聖堂〕，Konstanzer 〜〔コンスタンツ大聖堂〕，Ulmer 〜〔*ウルム大聖堂〕）；参事会聖堂（Kollegiatkirche参照）. ③修道院教会，修道院聖堂（元来は*教区教会ではなく，ある修道院に付属する教会堂を意味したが，13世紀頃から*司教座聖堂など「大きな教会」一般を意味するようになった；さらに，大教会を中心とする地域名ともされた）.《II》《固》ミュンスター（ノルトライン＝ヴェストファーレン州の大学都市；*カール大帝により宣教地とされ，805年に*司教座が置かれる；14世紀にハンザ同盟に加わって大きく発展した；*宗教改革期の1534-35年には，ミュンスター市内に*再洗礼派が独裁的神政王制〔*新しいシオン〕を敷き，司教側の包囲軍との間で激しい戦闘となったが，カトリック陣営が同市を解放した；*三十年戦争では講和会議〔1645-48〕の開催地となって，*ヴェストファーレン条約

Münsterabtei

が締結された）

Münster=abtei → Abtei（と同じ）．**～bau** *m.* -[e]s, -ten, 大聖堂（または修道院）の建物．**～chor** *m.* -[e]s, ..chöre, 大聖堂聖歌隊, 修道院聖歌隊．**～gottesdienst** *m.* -[e]s, -e, 大聖堂（盛儀）ミサ．**～kirche** *f.* -, -n, 修道院教会（Münster 3 参照）．**～turm** *m.* -[e]s, ..türme, 大聖堂の尖塔．

Münzer《固》(*m.*) Thomas ～ トーマス・ミュンツァー（1490頃-1525；宗教改革者，ドイツ*農民戦争の指導者；*ルターの*宗教改革に最初期から関与し，1520年彼の推薦で*ツヴィッカウの説教者となるが，過激な反体制的思想と*義認論の否定により，その後対立した；*ドイツ神秘主義思想とボヘミアの*フス派の影響下で，急進的熱狂的な社会変革を主張，実践したため，各地の改革運動との間に軋轢が生じた；*再洗礼派，特に*フッター派に影響を与え，また*千年王国の樹立を唱えて*農民戦争を主導したが，1525年5月フランケンハウゼンの戦いで諸侯連合軍に敗北して処刑された）．

muratorisch【< Ludovico Antonio *Muratori*】*adj.* ムラトーリの；das ～e Fragment ムラトーリ断片(der ～e Kanon「ムラトーリ正典目録」とも；1740年，ルドヴィコ・アントニオ・ムラトーリ〔1672-1750；司祭，ミラノのアンブロジアナ図書館館長及びモデナのエステ家図書館司書，古典・歴史学者〕がアンブロジアナ図書館で発見した，ラテン語による最古の新約聖書*正典目録の断片；2世紀末〔4世紀との説もある〕に作られた原本を8世紀に筆写したもので，新約聖書正典の成立過程に関する重要な資料とされる；正典27文書〔Kanon 3 参照〕のうち，ヘブ，ヤコ，1ペト，2ペト，3ヨハが含まれていない）．

Mutter *f.* -, Mütter, ①母, 母親; ～ Gottes → Muttergottes．②マザー（女子修道院長；及び，それに対する呼びかけの語）; ～ Oberin 院長様．**Mutter·gottes**【< gr. Theotókos; lat. Mater Dei】*f.* -, ①神の母, テオトコス（聖母*マリアの称号; Gottesgebärin 参照）．② → Muttergottesbild.

Mutter·gottes=bild *n.* -[e]s, -er, 聖母〔マリア〕像．**～kirche** *f.* -, -e, 聖母教会（「*神の母」聖*マリアに奉献された各地の教会堂）．

Mutter=haus *n.* -es, ..häuser, ①母院, 母道修道院, 修道会本部修道院（系列の修道院〔*娘院〕に対して管轄権をもつ, 母体となる修道院; *シトー会では, 最初にシトーに設立された修道院のこと）．②母の家（プロテスタントや赤十字の女性看護師・社会奉仕員の養成所; Diakonissen[mutter]haus 参照）．**～kirche** *f.* -, -n, 母教会, 母聖堂(a. 小教区聖堂に対する*司教座聖堂のこと．b. 帰属する*娘聖堂をもつ小教区聖堂のこと．c. ある地域に最も古くからある教会）．**～kloster** *n.* -s, ..klöster, → ～haus 1．

Myrrhe【semit.-gr.-lat.】*f.* -, -n, 没薬（もつやく）, ミルラ(ミルラノキ属の灌木から採られる芳香のある高価なゴム状樹脂で, 止血作用や鎮痛などの薬効があり, 香料, 化粧品, 防腐剤にも用いられた；イエス降誕に際し, *東方の三博士の1人が献上した〔マタ2:11; Caspar 参照〕; 十字架上のキリストにぶどう酒に混ぜて差し出され〔マコ15:23〕, またその遺体に塗布された〔ヨハ19:39〕；*受難の象徴とされている).

Mystagog, Mystagoge【< gr. mystagōgós "密儀への導き"】*m.* ..gogen, ..gogen, ①秘義（奥義）解説者．②密儀（秘儀）伝授者（*密儀宗教の祭司など）．**mystagogisch** *adj.* ①秘義（奥義）の（を解明する）．②密儀の, 秘儀の（に関する）; die ～e Theologie 密儀伝授的神学（キリスト教の祭儀, *聖餐の象徴性を, 教義やキリストの生涯と関連付けながら徹底的に探求した, 例えばディオニュシオス・アレオパギテース〔5世紀-6世紀前半〕やマクシムス・コンフェッソル〔証聖者聖マクシモス; 580頃-662; ディオニュシオス・アレオパギテース『*神秘神学』などの注解者〕らの神学的立場をいう).

Mysterien *pl.* → Mysterium（の複数形）．

Mysterien=kult *m.* -[e]s, -e, 密儀宗教, 秘儀宗教（古代の地中海周辺地域を中心に広がっていた, 少数の参加者集団によって秘密裡に営まれる祭儀を中核とする宗教形態; 例えば, ギリシアのオルフェウス教, ディオニュソスの秘儀, エレウシスの秘儀)．**～spiel** *n.* -[e]s, -e, 神秘劇, 聖史劇(中世の宗教劇で, ミサ典礼の演劇的部分から発展し, *復活祭や*クリスマスなど教会の大きな祭日に俗語で演じられたもの; 聖書, 聖書外典や*聖人伝などに記された, 神秘的奇跡的な出来事を

題材とする；Mirakelspiel, Osterspiel, Weihnachtsspiel参照).

Mysterium【gr.-lat.; < gr. mýstēs "秘密を守る人"; < gr. mýein "(目や口を)閉じる"】*n*. -s, ..rien, (Geheimnis) ①秘義, 神秘, 玄義, 奥義(人知によって完全には把握しえない「神の奥深い御旨」〔知2:22〕, 「神の知恵」〔1コリ2:7〕のこと；新約聖書では, 神の「秘められた計画」は, キリストによって万人に対して開示, 実現されたと宣言されている〔コロ1:26-27〕). ②《通常複数で》密儀, 秘儀《*密儀宗教において, 奥義を伝授された少数の者だけに参加が認められた儀式》；die dionysischen Mysterien ディオニュソス密儀；die eleusinischen Mysterien エレウシス密儀. ③《複数で》→ Mysterienspiel.

Mystik【gr.-lat.】*f*. -, 神秘主義, 神秘思想(神との超自然的合一の直接的体験, 神の直観的認識を中心に据えた神学的, 哲学的立場)；die deutsche 〜 ドイツ神秘主義(12世紀ライン川流域の女子修道院を先駆とし〔例えば*ビンゲンのヒルデガルト〕, 13-14世紀に*ドミニコ会の*マイスター・エックハルトやその弟子ハインリヒ・*ゾイゼ, ヨハネス・*タウラーらによって展開, 深化された, 神と人間の霊魂との*神秘的一致の直接体験を中核とする霊性運動；特にエックハルトは*スコラ学の基盤に立ちつつも, 一切の所有からの*離脱と「魂における神の誕生」を説き, *宗教改革をはじめ, 以後のドイツ思想史に多大な影響を及ぼした；また民衆語〔中高ドイツ語〕による説教や論述が重んじられ, 深い内面性, 精神性をもつドイツ語語彙が発達した).

Mystiker *m*. -s, -, 神秘家, 神秘思想家, 神秘主義者. **mystisch** *adj*. ①神秘主義の, 神秘思想の. ②神秘的な；die 〜e Erfahrung 神秘体験(神的なものとの直接的な出会いの体験)；der 〜e Leib Christi → Leib Christi 2；die 〜e Theologie 神秘神学(a. 神の*恵みに重点をおき, *観想など霊的生活の理論と実践を扱う神学の1分野. b. 擬ディオニュシオス・アレオパギテース〔5世紀-6世紀前半〕の著作で, いわゆる「ディオニュシオス文書」の1つ〔lat. De mystica theologia〕；一種の*否定神学を展開する)；die 〜e Union → Unio mystica. **Mystizismus**【gr.-lat.】*m*. -, ..men, ①《単数で》神秘主義(神秘的存在を内的直観的に把握できるとする立場, 世界観；特に, 神秘体験への過度の傾向をもつ, 非合理的狂信的な態度や妄想をいう). ②神秘思想, 狂信的思考〔法〕. **mystizistisch** *adj*. 神秘主義的な；狂信的な.

Mythismus *m*. -, 神話説(*創世記における世界創造の記録〔→ Hexaemeron〕は古代オリエントの創造神話が*一神教的に改変されたものであるとする説；1909年聖書委員会によって排斥された). **Mythos**【gr.-spätlat."物語"】*m*. -, Mythen, 神話(一般に, 世界の起源や神々の系譜についての物語；新約聖書では, キリスト教信仰を惑わす「作り話」〔Fabeleien〕, 忌避されるべき異教の物語として批判されている；1テモ1:4参照). **Mythus** *m*. -, Mythen, 《稀》→ Mythos.

N

Nachahmung【< nachahmen】*f*. -, -en, 《通常単数で》模倣, まね, 見習うこと；die 〜 Christi キリストの模倣〈まねび〉(die *Nachfolge* Christi参照).

nach|beten *t*. (*h*) jm. et. 〜 (或人の言った事を)真似して唱える, (祈りの文句を或人の)後について唱える；《比》無批判に受け入れ, そのまま繰り返す, 受け売りする.

Nachfolge *f*. -, (まれに:) -n, 随順, 継承；die 〜 Christi ①キリストの信従, キリストに従うこと(キリストに倣い, *完徳に至るというキリスト教信者の課題, 努め；「わたしについて来たい者は, 自分を捨て, 自分の十字架を背負って, わたしに従いなさい.」〔Wer mein Jünger sein will, der verleugne sich selbst, nehme sein Kreuz auf sich und *folge* mir *nach*.；マタ16:24〕とのキリストの呼びかけに基づく；ヨハ13:15参照). ② → Imitatio Christi.

Nächsteʳ *m. u. f.* -n, -n, 《形容詞的変化》隣人(愛〔*アガペー〕の実践の対象となるべき, 困難な状況にあって助けを必要としている, 具体的な他者のこと；「*良いサマリア人」の譬え〔ルカ10:25-37〕参照). **Nächsten・liebe** *f*. -,

隣人愛(神と人間が相互に愛するように, 人間同士も互いを自身に最も近い存在として愛し, 神における一致を求めなければならないとする, キリストの定めた「新しい*掟」;「あなたがたに新しい掟を与える. 互いに愛し合いなさい. わたしがあなたがたを愛したように, あなたがたも互いに愛し合いなさい.」〔Ein neues Gebot gebe ich euch: Liebt einander! Wie ich euch geliebt habe, so sollt auch ihr einander lieben.〕; ヨハ13:34〕; et. mit dem Mantel der christlichen ～ bedecken <zudecken>《比》(失策などを)大目に見てやる(寛大に扱う, かばう), (失態などに)目をつぶる; Missionarinnen der ～【engl. Missionaries of Charity】神の愛の宣教者会(マザー・テレサ〔1910-97〕が最下層の貧者・病者の救護を目的としてインド, コルカタ〔カルカッタ〕に創設した女子修道会; 1950年教皇庁認可).

Nag-Hammadi-Bibliothek f. -, **Nag-Hammadi-Schriften** pl. ナグ・ハマディ文書(1945年12月に上エジプト, ナイル川中流域の村ナグ・ハマディの近くで発見された*コプト語のパピルス写本; 全13冊の*コーデックスに52の文書が記されており, 3世紀後半から4世紀中頃にかけて, ギリシア語原本から*グノーシス主義のグループにより翻訳, 編纂されて成立したと考えられている;「*トマスによる福音書」など, 新約聖書の*正典から排除された文書を多く含む).

Nahum【hebr."慰め"】《固》(m.) ナホム(前610年代半ばに活動した, 旧約聖書の12*小預言者の1人;詳細は不明); das Buch ～ ナホム書(旧約聖書中7番目の*小預言書;迫害を受けるイスラエル人を「慰める」ため, 神の報復によるアッシリア帝国の首都ニネベの陥落を預言する).

Name m. -ns, -n, 名, 名前(古来, 強大な力をもった者の名を知り, これを唱えることによって, 加護を求めたり, その力を自らのものとする, ないしはその力に与ることができると信じられていた; *モーセはエジプト脱出にあたって神の名を問う〔出3:13-14〕;教会では伝統的に*聖人の名前を*洗礼名や*堅信名に用い, 修道会の名称にも聖人名を冠することが多い; また祈禱は神の名において行われ〔in nomine参照〕, *射禱ではイエス・キリスト, 聖母*マリア, 諸聖人の名前が唱えられる; また, ものに名前を付けることは, 指示対象に対する支配力を行使することでもあった;人祖*アダムは神が*創造したばかりの獣と鳥に命名することをもって, これらを治めた〔創2:19-20〕); der ～ Gottes 神の名(Adonai, Elohim, Jahwe, JHWH参照); der ～ Jesu イエスの聖名(み)(キリストの*位格の端的な表現; *初代教会より畏敬の対象とされ, *組み合わせ文字などとして用いられた; ヨハ14:13, 16:23-24 参照); Du sollst den ～n des Herrn, deines Gottes, nicht missbrauchen; denn der Herr lässt den nicht ungestraft, der seinen ～n missbraucht.「あなたの神, 主の名をみだりに唱えてはならない. みだりにその名を唱える者を主は罰せずにはおかれない.」(*十戒の第3の戒め;出20:7); Hochgelobt sei, der da kommt im ～n des Herrn. Hosanna in der Höhe.「ほむべきかな, 主の名によりて来たる者. 天のいと高きところにホザンナ.」(ミサで唱えられる「*感謝の賛歌」の一部); im ～n des Vaters und des Sohnes und des Heiligen Geistes「父と子と聖霊のみ名によって」(カトリック信徒が祈りの最初と最後, 聖堂の出入りの際などに, 十字を切りながら唱える文句).

Namen-Jesu-Fest n. -[e]s, -e, イエスのみ名の祝日(正式には „das Fest des allerheiligsten Namens Jesu"; キリストの生後8日目に*割礼とともに命名がなされたことを記念する祝日で, 1530年より*フランシスコ会, 1721年以降は全教会で祝われた;第2*ヴァティカン公会議後の典礼刷新で全教会の祝日ではなくなったが, 2002年より任意の記念日として1月3日に行われている; 以前は1月1日-5日の間の日曜日, この間に日曜日のない場合は1月2日; *聖公会及び*ルター派では1月1日の「主の命名日」がこれにあたる). **Namen-Jesu-Litanei** f. -, イエスのみ名の連願(イエスの属性のそれぞれに向かって呼びかけ, 憐れみを願う*連願; 15世紀初頭以来*フランシスコ会を中心に用いられ, 1886年教皇レオ13世〔在位1878-1903〕が全教会に対して公認した).

Namens=patron m. -s, -e, 洗礼名(霊名)の聖人, 守護聖人(*洗礼名や*堅信名としてその名前を受けた聖人; Patron 1参照). **～patronin** f. -, -nen, → ～patron (の女性形). **～tag** m. -[e]s, -e, 霊名の祝日, 霊名日(れいめい)(*洗礼名

としてその名前を受けた聖人〔*守護聖人〕の祝日〔記念日〕で、信徒は自身の誕生日と同様、またはそれ以上に霊名日を祝う習慣がある);《東》聖名日(<ruby>命名日<rt>めいめいび</rt></ruby>).

Narde【semit.-gr.-lat."かぐわしい"】*f*. -, -n, ナルド(ヒマラヤ原産オミナエシ科の甘松(<ruby>甘松<rt>かんしょう</rt></ruby>);*雅歌には、「*閉ざされた園」〔花嫁の譬え〕に生えている薫り高い草〔雅4:12-14〕として登場する;その根からとれる香油は薬や香料として用いられ、極めて高価だったが、*ラザロの妹*マリアはイエスの体に注ぎかけた;マコ14:3-9、ヨハ12:3-8).

Narden・öl *n*. -[e]s, -e, ナルドの香油.

Narthex【gr."小箱"】*m*. -, Narthizes, (Vorhalle) ナルテクス、玄関間(初期キリスト教時代及び*ビザンティン様式の*バシリカ式教会堂で、聖堂正面入口の前面にある、外気に対して閉鎖された空間部分;本来は、洗礼志願者と罪の赦免を受けていない悔悛者が集まる場所だった).

Nasiräat *m*. -en, -en, **Nasiräats・gelübde** *n*. -s, -, ナジル〔人(<ruby>人<rt>びと</rt></ruby>)の〕誓願(古代イスラエル人の特別の誓願;特定期間あるいは〔親により神に献げられた場合は〕全生涯にわたって世俗を離れ、ぶどうから作る一切の飲料・食物を断ち、髪を切らず、死体を避けて、自らを神に献げる;民6:1-12).**Nasiräer**【hebr.-gr."神に献げられ聖別された人"】*m*. -s, -, ナジル人、ナジル誓願者(誕生時から神に献げられた、あるいは一定期間にわたりナジル誓願を立てたイスラエル人;例えば、*サムソン〔士13:5〕、*サムエル〔サム上1:28〕は終生のナジル人、洗礼者*ヨハネもその可能性がある〔ルカ1:15〕;使徒*パウロは同誓願を一時期立てていたとされる〔使18:18〕).

Natanael, Nathanael【hebr.-gr."神は与える"】《固》(*m.*) ナタナエル(ドイツ語共同訳ではNatanaël;*ガリラヤのカナ出身で、キリストと出会うや彼を神の子と認め、*フィリポとともに*弟子となった〔ヨハ1:45-51〕;ガリラヤ湖畔で復活したイエスと出会う〔ヨハ21:2〕;*バルトロマイと同一視する説がある).

National=kardinal *m*. -s, ..näle, 国家枢機卿(Kronkardinal参照).～**kirche** *f*. -, -n, 国民教会、国家教会、国教会(a. その制度・活動が一国の内に限定され、他国ないし超国家的な宗教制度〔例えばカトリックの*教皇権〕から独立している教会;*英国国教会や*宗教改革後のスカンジナビア諸国の*ルター派教会など;Staatskirche参照.b. 19世紀後半からナチス時代にかけてのドイツで、キリスト教諸教会を合同して国家の統制下に置くとともに、国民の統合意識を涵養することを企図して作られた教会制度・組織;特に、*ドイツ・キリスト者運動における.c. 第2*ヴァティカン公会議で公認される以前に、国語による典礼を行っていた一部のカトリック教会).～**konzil** *n*. -s, -e *u*. -ien, 全国教会会議(～synode 2参照).～**religion** *f*. -, -en, 国教、国家宗教(国家権力や法律により制度的に公認され、特権が与えられている宗教;国民全員に信仰が強制される場合がある).～**synode** *f*. -, -n, ①(中世初期の、国毎に行われた)全国教会会議、②全国司教会議(全国の*司教が集まり、それぞれの管轄下の*教区の諸問題を討議する;現在では、一国の教会管区全体において開催される*管区会議がこれにあたる;CIC. 439).

Natur・kult *m*. -[e]s, -e, 自然崇拝(自然物や自然現象それ自体を神として崇め、信仰の対象とすること).**natürlich** *adj*. (対義語: übernatürlich)自然の、自然の法則に従った、あたりまえの(人間の通常の知性をもって合理的に把握することができる);das ～e Licht 自然の光(Lumen naturale参照);die ～e Offenbarung 自然的啓示(神が*被造物を通して人間の理性に働きかけ、自己を認識させること;ロマ1:20参照);die ～e Religion → Naturreligion;die ～e Theologie → Naturtheologie.

Natur=religion *f*. -, -en, 自然宗教(a. 自然発生的、原始的な宗教の総称で、アニミズムや*自然崇拝などのこと.b. 超自然的啓示ではなく、人間の理性に基づく合理主義的な宗教;特に、啓蒙主義における、啓示宗教の非合理性と既存の教会の権威主義に対する懐疑や批判から生まれた*理神論を指すことがある).～**theologie**【< lat. theologia naturalis】*f*. -, (Physikotheologie) 自然神学(被造物を通じて与えられる自然的啓示をもって、理性的に神の存在と本質を探究する神学上の立場;超自然的啓示による神認識に基づく → Offenbarungstheologieに対して).

Naumburg《固》~ an der Saale ナウムブルク・アン・デア・ザーレ(ザクセン＝アンハルト州、ハレの近郊、ザーレ川沿いのハンザ都市；1029年＊司教座が置かれた；1542年＊ルター派の監督ニコラウス・フォン・アムスドルフ〔1483-1565〕により＊宗教改革が行われる). **Naumburger** adj.《不変化》ナウムブルクの；~ Dom St. Peter und Paul m. ナウムブルク大聖堂(12世紀から14世紀にかけて建造され、聖＊ペトロと聖＊パウロに献げられた後期＊ロマネスク及び初期＊ゴシック様式の大聖堂)；~ Fürstentag m. ナウムブルク宗教会議(1561年1月-2月ナウムブルクで、＊聖餐式について理解の統一を図るべく、プロテスタント諸侯と＊宗教改革の指導者により開催された宗教会議；＊アウクスブルク信仰告白の底本について、＊ルター派が1530年の原本、＊カルヴァン派は40年の改訂版に固執したため、両者の一致には至らなかった).

Nazaräer【hebr.-gr.-lat.; < → Nazaret】m. -s, -, ①《単数で》ナザレの人(イエス・キリストの添え名〔Jesus, der ~〕；イエス及びその家族が＊ガリラヤ地方の町＊ナザレに居住していたことから；なおマタ2:23にはその理由として「『彼はナザレの人と呼ばれる』と、預言者たちを通して言われていたことが実現するためであった.」とあるが、旧約には言葉どおりの出典は存在せず、由来については諸説がある). ②《複数で》ナザレ人(^{ひと})の分派(「キリスト者」〔Christen参照〕という名称ができる以前、「ナザレ出身のイエスを＊メシアと信じるユダヤ人分派」という意味で、ユダヤ教徒やイスラム教徒が初代キリスト教徒を指して用いた蔑称；使24:5). **Nazaräerevanglium** n. -s, ナザレ人福音書(100年頃ギリシア語の＊マタイによる福音書を基にして＊アラム語で書かれ、シリアのナザレ人〔＊ユダヤ人キリスト教徒〕の間で用いられたとされる＊外典福音書で、原本は失われた；＊ヘブライ人福音書と同一視される場合もある). **Nazarener** m. -s, -, ① → Nazaräer. ②《通常複数で》ナザレ派(a.【ungarisch Nazarénusok】使徒キリスト教会〔Gemeinschaft Evangelischer *Taufgesinnt*er参照〕のハンガリーにおける別称. b. ＊ルカ兄弟を母体として、1910年以降、ローマの聖イシドロ修道院跡を拠点に活動したドイツ人画家グループ；アカデミーの新古典主義を批判して、中世のキリスト教芸術の再興を図り、素朴な宗教的・ドイツ的絵画を追求した；この名称は元々蔑称だったが、後に一般化した). ③ Kirche des ~s【< engl. Church of the Nazarene】ナザレン教会(1908年、テキサス州パイロットポイントに設立された＊メソジスト教会系の一派).

Nazaret[h]《固》ナザレ(聖＊マリアへの＊受胎告知が行われ〔ルカ1:26〕、イエスが幼少年期・青年期を過ごした＊ガリラヤの村；マリアと＊ヨセフは元来この地の住民で、イエスは＊ベツレヘムで誕生後、＊ヘロデ王による＊幼児殺戮を避けて両親とともにエジプトに逃れ、その後ナザレに移住した〔マタ2:16-23〕；後28年頃、およそ30歳で宣教活動を始めるまで、彼は同地で生活していたと考えられる〔マコ1:9, ルカ2:51〕；現在はイスラエル北部の中心都市；Jesus von ~ ナザレの人イエス. **Nazaräer** → Nazaräer. **Nazaräersekte** f. -, ナザレ人の分派(Nazaräer 2参照)；Rädelsführer der ~ ナザレ人の分派の首謀者(＊パウロが告発されたときの蔑称；使24:5).

Neben=altar m. -s, ..altäre, 副祭壇(＊主祭壇に対し、＊内陣回廊や＊側廊に設置された、私的なミサなどに用いられる小祭壇). **~kirche** f. -, -n, 支聖堂(Filialkirche参照). **~kloster** n. -s, ..klöster, 支院、副院、分院(修道会本部が置かれている修道院〔＊母院〕に対し、その傘下にある系列の修道院).

Nebiim【hebr. "預言者たち"】pl. ネビイーム(a. ＊旧約聖書の「＊預言者」たち. b. 旧約聖書のユダヤ人による3分類のうち、＊律法〔トーラー〕と＊諸書〔＊ケトゥビーム〕以外の部分；＊ヨシュア記、＊士師記、＊ルツ記、＊サムエル記〔上、下〕、＊列王記〔上、下〕以上、前預言書〕、及び＊イザヤ記、＊エレミア記、＊エゼキエル記と12＊小預言書〔後預言書〕で、旧約聖書の後半部分にあたる).

Nebukadnezar【babyl. "ネボ(神)よ、境界石(国境)をお守り下さい"】《固》(m.) ネブカドネツァル〔2世〕(ネブカドレツァルとも；新バビロニア帝国を建国したナボポラッサルの子でその後継者〔在位前604-562〕；エジプト第26第王朝のファラオ、ネコ2世〔在位前610-595〕の軍勢を撃破して〔エレ46:2〕エジプト勢力を一掃し、シリア、パレスチナ一

帯を支配した；前597年にエルサレムに攻め入り，ユダ王ヨヤキン〔エホヤキン〕らをバビロンに連行した〔王下24:15；第1回*バビロニア捕囚〕；これに代えてユダ王に立てたゼデキヤが反乱を企てたため，再度エルサレムを包囲し，前586年ゼデキヤとユダの人々を捕らえてバビロンに連行〔王下25:6；第2回バビロニア捕囚〕，ユダ王国を滅亡させた；空中庭園など壮大な建築事業でも知られる；なおヴェルディのオペラの「ナブッコ」〔Nabucco；1842年初演〕はネブカドネツァルのイタリア名）．

negativ adj. 否定の，否定的な；die ～e Theologie 否定神学（無限的絶対的な神は，人間の概念的認識，言語表現を超越しているため，神についての言表は「…ではない」という否定的側面を含まざるをえないという神学上の立場）．

Negro・spiritual【engl.-amerik.】n. (m.) -s, -s, ニグロ・スピリチュアル（Spiritual II参照）．

Nehemia[s]【hebr."神(ヤハ)の慰め"】〔固〕(m.) ネヘミヤ（ペルシアの支配下で，その支援を受けてエルサレムの城壁の再興に尽力し，また*モーセの*律法に基づく宗教的・典礼的改革を行った前5世紀のユダヤの富裕な指導者）；das Buch ～ ネヘミヤ記（旧約聖書の歴史書の1つで，前4世紀末に成立したネヘミヤによるエルサレム再興の記録；元々は*エズラ記と一体をなし，*ウルガタ訳聖書ではエズラ第二書とされた）．

Nekrolog m. -[e]s, -e, ①（故人の略伝を伴う）追悼の辞．② → Nekrologium. **Nekrologion** n. -s, ..gien, **Nekrologium**【gr.-mlat.；< gr. nekrós "死体"】n. -s, ..gien, 物故者名簿，周年記念禱名簿（*教区，修道院，修道会などの死亡した構成員，または*祈禱兄弟盟約を結んだ物故者の名前と略伝を暦順に記した名簿；*執り成しの祈り〔*代禱〕や追悼などの典礼の際に用いられた；中世期のものは教会史の主要な資料とされる）．

Neologe m. -n, -n, ①ネオロギーの提唱者，新解釈者（例えば，ヨハン・フリードリヒ・ヴィルヘルム・イェルザレム〔1709-89〕，ヨハン・ヨアヒム・シュパルディング〔1714-1804〕，ヴィルヘルム・テラー〔1734-1804〕ら，啓蒙主義神学者）．②（宗教，神学などにおける）新説の提唱者．**Neologie**【gr.】f. -, -n, ①《単数で》ネオロギー，新解釈（18世紀後半のドイツ・プロテスタントにおける啓蒙主義的神学；聖書のテキストや伝統的教義を歴史批判的な方法で再解釈し，信仰や*啓示を理性的ないし倫理的に捉え直そうとする立場）．②改新（宗教などの；また，神学で伝統的な表現を用いながらも新教説を導入すること）．

neologisch adj. ①ネオロギーの（的な，に関する）．②革新的な；改革熱にかられた．

Neopaganismus → Neupaganismus.

Neophyt【< spätgr. neóphytos "新たに植え付けられた"】m. -en, -en, ①新洗礼者，新信者（キリスト教信仰を受け入れ，*洗礼を受けた成人；また，初代キリスト教の時代，ユダヤ教からキリスト教に改宗した者）．②修練士，修道志願者（Novize参照）；司祭への*叙階の準備を始めた者．

Neoplatonismus → Neuplatonismus.
Neothomismus → Neuthomismus.

Nepotismus【it.；< lat. nepos "甥，孫"】m. -, ネポティズム，門閥主義，親族推戴主義（血縁・親族関係によって，*教皇や*枢機卿，*大修道院長など教会の高位聖職者を登用する慣行ないし政策；15-17世紀，特に*ルネサンス時代を最盛期とし，ボルジア家やメディチ家などに多く見られたが，1692年教皇イノケンティウス12世〔在位1691-1700〕の*大勅書をもって禁止された）．

Nestorianer【nlat.；< Nestorios】m. -s, -,《通常複数で》ネストリオス派［教会］（*エフェソス公会議〔431年〕でネストリオス主義が排斥された後も，これを継承した信徒たちの集団；弾圧を受けて移入したイスラム教支配下のペルシアで公認された；布教活動によりアラビア，インド，モンゴルへと拡がり，唐，元では景教として栄えた；14世紀頃まで存続した）．**Nestorianismus** m. -, ネストリオス主義（コンスタンティノポリス総主教ネストリオス〔在位428-31〕は，マリアを「*神の母」ではなく「キリストの母」と呼ぶべきであると主張，これが*エフェソス公会議で排斥されたことを契機として興った異端説；キリストにおける*神性と*人性の独立を過度に強調し，両者はいわば同居的に共存していると唱えた；したがってキリストの十字架上の死は神の死ではなく，またマリアは人間キリストの母であっても神の母とは認められないと

論じた；*三位一体における*位格的結合の正統的教義に反し，再三にわたって断罪，弾圧された）．

neu *adj.* 新しい，新たな，新規の；der ～e Bund → der Neue *Bund*；das ～e Gebot → das neue *Gebot*；das ～e Testament → das Neue *Testament*．

Neu=apostoliker *m.* -s, -,《通常複数で》新使徒教会，新使徒派．**～apostolisch** *adj.* 新使徒教会の，新使徒派の；die ～apostolische Gemeinde, die ～apostolische Kirche 新使徒教会（*カトリック使徒教会〔*アーヴィング派〕の信徒の一部が，初代の「使徒」の死後，1863年ドイツに渡って新たな「使徒」のもと，ハンブルクで設立したその分派；キリストの*再臨を待望する終末論的教義をもち，全世界で伝道活動を展開している；本部チューリヒ）．**～christenheit** *f.* -, → die Neue *Christenheit*．**～heidentum** *n.* -s, 新しい異教（19世紀以降の*異端，*離教ないしは無宗教的立場の総称で，カトリック教会がこれらを反駁する際に用いる語；また，既存のキリスト教会や近代そのものに対する批判から生じた，ケルトやゲルマン民族，さらにはギリシア，エジプト，東洋など，キリスト教以前の宗教・世界観の復興運動をいう場合もある）．**～lutheraner** *m.* -s, -,《通常複数で》新ルター派．**～luthertum** *n.* -s, 新ルター主義（19世紀ドイツ，北欧，北米で興った*ルターの宗教改革精神の復古運動；啓蒙合理主義や主観主義を排して*啓示や聖書，*信条を重視する）．

Neume【gr.-mlat.; < gr. neũma "合図"】*f.* -, -n,《通常複数で》ネウマ（9-10世紀頃から*グレゴリオ聖歌やギリシア正教会の典礼聖歌の楽譜に用いられた音符記号；旋律の高低やリズムを記録するもので，地方や時代によって様々な記譜法がある）．

Neu=paganismus *m.* -, ..men, ネオ・ペイガニズム（→ ～heidentumと同じ）．**～platonismus** *m.* -, 新プラトン主義，ネオ・プラトニズム（3-6世紀，プラトンの哲学を東方の神秘的宗教思想やストア学派等の影響下で解釈することによって形成された思想体系；アレクサンドリア及びローマで活動した哲学者プロティノス〔205-70〕とその弟子ポルフュリオス〔232/34-303/09頃〕らを実質的な創始者とする；名状しがたい究極の本源的実在である「一者」〔das Eine; gr. to hen〕ないし「善」からの*流出をもって，世界全体の多様かつ階層的な生成が一元論的に説明される；ギリシア*教父，*アウグスティヌスを通じて初期キリスト教思想の構築に大きく寄与し，さらに*トマス・アクィナスらのスコラ学，*ルネサンス以降の美術，神秘思想にも根本的な影響を及ぼした）．**～protestantismus** *m.* -, 新プロテスタンティズム，新プロテスタント主義（17世紀末以降，啓蒙主義の影響下に形成された人間中心主義的，個人主義的ないし世俗主義的なプロテスタント神学の総称；例えば，*シュライエルマッハーやアルブレヒト・リッチュル〔1822-89〕の*自由主義神学；ドイツの神学者エルンスト・トレルチ〔1865-1923〕の造語で，*古プロテスタンティズムに対比される概念）．**～scholastik** *f.* -, 新スコラ学（19世紀後半のカトリック神学における中世*スコラ学，特に*トマス・アクィナスの神学の復興運動〔Neothomismus参照〕；*近代主義に対抗して，自然科学や世俗生活とスコラ学との調和，理性と信仰の統合を図る；狭義では，デジレ・ジョセフ・メルシエ枢機卿〔1851-1926〕を中心とするルーヴェン〔ルーヴァン〕大学のスコラ研究をいう）．**～täufer** *m.* -s, -,《通常複数で》新洗礼派（使徒キリスト教会〔Gemeinschaft Evangelischer *Taufgesinn*ter参照〕の別称）．**～testamentarisch** *adj.* 新約聖書的な．**～testamentler** *m.* -s, -, 新約聖書学者．**～testamentlich** *adj.* 新約聖書の．**～thomismus** → *m.* -, 新トマス主義，ネオ・トミズム（19世紀後半カトリック教会において再興された*トマス・アクィナスの哲学；特に，1879年教皇レオ13世〔在位1878-1903〕が*回勅「アエテルニ・パトリス」をもって呼びかけた，「聖トマスの精神」に基づくキリスト教哲学の復興運動）．

Nevi'im → Nebiim．

Newman《固》(*m.*) John Henry ～ ジョン・ヘンリー・ニューマン（1801-90；ロンドン生まれ；1825年*英国国教会の司祭に叙階，28年オックスフォード大学のセント・メアリ聖堂の主任司祭となる；ジョン・キーブル〔1792-1866〕らとともに*オックスフォード運動を指導していたが，45年にカトリックに改宗し，47年ローマで叙階された；48年バーミンガムでオラトリオ会を設立，51年新設された

ダブリン・カトリック大学の総長に就任した〔在職1851-58〕；その著作を高く評価した教皇レオ13世〔在位1878-1903〕によって78年、*枢機卿に任命された；2010年*列福）．

Nicäa → Nizäa. **Nicaeno-Constantinopolitanisches Glaubensbekenntnis <Symbolum>, Nicaeno-Constantinopolitanum** → Nizäno-Konstantinopolitanum. **Nicaenum** → Nizänum a. **nicäisch, nicänisch** → nizäisch, nizänisch. **Nicäno-..** → Nicaeno-.. **Nicänum, Nicäum** → Nizänum, Nizäum a.

Nicht=christ *m.* -en, -en, 非キリスト教徒. ～**christlich** *adj.*《付加語的にのみ》非キリスト教（教徒、教会）の. ～**katholik** *m.* -en, -en, (Akatholik) 非カトリック教徒（「カトリック教会との完全な一致を有していない教会」〔CIC. 844§3, §4, 908参照〕に属するキリスト教徒；例えば、*東方教会の信徒）. ～**katholisch** *adj.* 非カトリック（教徒、教会）の. ～**wiederholbarkeit** *f.* -, 反復不可能性（「*消えることのない霊印」をしるす*洗礼・*堅信・*叙階の秘跡は、生涯に1度限りで繰り返すことができないということ；CIC. 845§1）.

Nicolaus Cusanus《固》(*m.*) ニコラウス・クザーヌス（ニコラウス・フォン・クース〔Nikolaus von Kues〕とも；1401-64；モーゼル河畔クース出身の神秘主義思想家；1430年司祭に叙階され、*バーゼル公会議に出席後、ローマ*教皇のもとで教会政治家として活躍した；37年*コンスタンティノポリスに派遣され東西両教会の交流に尽力した；枢機卿〔48年〕、ブリクセンの司教〔50年〕に叙任後は、教皇特使として各地で教会改革にあたった；ローマのサン・ピエトロ・イン・ヴィンコリ聖堂内に墓がある；その思想は「*知ある無知」、「*反対の一致」として知られる）．

nieder|lassen *refl.* sich ～ 定住する；sich auf die Knie ～ 跪（ひざまず）く（→ sich *knien*と同じ）．

nieder|werfen *refl.* sich (vor dem Altar) ～（祭壇に）ぬかずく，ひれ伏す，伏礼をする. **Niederwerfung** *f.* -, 伏礼.

Nihilianismus【lat.】*m.* -, ニヒリアニズム，キリスト人性否定論（キリストの*人性はあくまで偶有的であり、キリストは人間としては「何ものでもない」〔lat. nihil; dt. nichts〕とする12世紀の異端説；教皇アレクサンデル3世〔在位1159-81〕によって1177年に排斥された）．

nihil obstat【lat. "(出版することに)妨げなし"】ニヒル・オブスタット（出版無害証明；キリスト教信仰や道徳に関する著作の出版にあたって、*教区の*図書検閲者から与えられる認証；Imprimatur参照）．

Nikaia → Nizäa.

Nikodemus【gr. "民衆の勝利者"】《固》(*m.*) ニコデモ（*ファリサイ派の指導者で*最高法院の議員だったが、密かにキリストに教えを受け〔ヨハ3：1-21〕、議会では彼を弁護し〔ヨハ7：50-51〕、その刑死後には埋葬の手助けをした〔ヨハ19:39-40〕）．**Nikodemus・evangelium** *n.* -s, ニコデモ福音書（4-5世紀に複数の資料が次々と組み合わされて成立した*外典福音書；*ピラトによるイエスの裁判〔*ピラト言行録〕、ユダヤ人によるイエスの*復活の審議、イエスの*古聖所降下の物語の3つの部分からなる）．

Nikolait【< Nikolaos】*m.* -en, -en,《通常複数で》ニコライ派（*エフェソとペルガモンの教会に影響を与えた異端的一派；偶像に献げた肉を食べ、淫行や皇帝崇拝を行ったとされるが〔黙2：6,15〕詳細は不明；11世紀半ば以降、結婚した*司教を非難する際にこの語が用いられた；伝統的に「アンティオケイア出身の改宗者ニコラオ」〔使6：5〕が創始者とみなされてきたが、今日では否定されている）．

Nikolaus《I》《固》(*m.*) ニコラウス（a. ～ von Myra ミュラの聖ニコラオス：270頃-342/47；小アジア南西端リュキア地方のミュラの司教；第1回*ニカイア公会議で*アレイオス派を攻撃したとされるが詳細は不明；東方教会では早くから崇敬されており、中世から近世にかけて、様々な*奇跡を起こした聖人として民衆間で人気を博し、各地で多くの伝説を生んだ；*『黄金伝説』には、没落した3人の貴族の娘に匿名で結婚費用を出したと記されている；19世紀初めアメリカでクリスマスのサンタクロースの原型となった；祝日：12月6日．b. ～ von Kues ニコラウス・フォン・クース：→ Nicolaus Cusanusのドイツ語表記）．《II》*m.* -es, -e (*ugs.*: ..läuse), ①【engl. Santa Claus; < niederl. Sinterklaas】a.《単数で》サンタクロース（12月6日〔もしくは、その前の晩〕、またはクリスマスイブに、子供にプレゼントをもってくるとされる、長い白い髭と赤い衣装

の伝説・習俗上の人物），b. サンタクロースに扮した人．②聖ニコラウスの祝日の(子供たちへのお菓子などの)贈り物．③ → Nikolaustag の省略形).

Nikolaus=abend *m.* -s, -e, 聖ニコラウスの祝日の前夜(ドイツ，オーストリアなどでは，ゲルマン古来の習俗と融合した冬祭りが行われ，聖ニコラウスが随伴者〔地方によって形態や呼称，役割が異なり，例えば鬼神のクランプス(Krampus)や*クネヒト・ループレヒト〕とともに町を練り歩く). **〜feier** *f.* -, -n, 聖ニコラウス祭(幼稚園や小学校などで12月6日に行われる楽しい催し物). **〜tag** *m.* -[e]s, -e, 聖ニコラウスの祝日(12月6日). **Nikolo**【gr.-it.】*m.* -s, -s, <*östr.*> → Nikolaus II.

Nimbus【lat.-mlat.；< lat. nimbus "神々を取り巻く"もや，雨雲"】*m.* -, -se, ニンブス, 光輪, 頭光(ずこう), 円光(神やキリスト，*天使，*使徒，*聖人などの図像で，頭の周囲に描かれる光環や円盤，または放射光で，その人物の聖性や徳，神の*恵みを表す；他に，三角形のものは*三位一体を表して神に，四角形のものは 4 つの*枢要徳を表して在世中の人物や皇帝などに，六角形のものは美徳を表して聖人の一級下の人物の像に付けられる場合がある；Aureole, Glorie, Mandorla参照).

Nische【lat.-vulgärlat.-altfr.-fr.；< lat. nidus "巣"】*f.* -, -n, 壁龕(へきがん), ニッチ(engl. niche；壁面に造られた，通常は縦型の凹部；彫像や壺などが置かれる).

Nizäa〔固〕(Nicäa, Nikaia)ニカイア, ニケア(小アジア北西部，イズニク湖東岸の古代都市；現在のトルコのイズニク〔Iznik〕); das Konzil von 〜 ニカイア公会議(ニカイアで開催された，計 2 回の*公会議；第 1 回〔第 1 回公会議；325年〕：*アレイオス派を排斥，*ニカイア信条を採択し，また教会規律について20条の規定を決議した；第 2 回〔第 7 回公会議；787〕：*聖画像破壊論争において聖画像崇敬を公認した). **Nizaenum** → Nizänum. **nizäisch, nizänisch** *adj.* ニカイアの，ニケアの；das 〜e Glaubensbekenntnis <Symbolum> → Nizänum；das 〜e Konzil → das Konzil von *Nizäa*.

Nizäno-Konstantinopolitanum *n.* -s, ニカイア・コンスタンティノポリス信条(*ローマ式典礼で11世紀以降用いられている*信仰宣言；*ニカイア信条に，おそらく第 1 *コンスタンティノポリス公会議〔381年〕で改正，追加が施され，*カルケドン公会議で承認されたもの；*聖霊の神性，「聖なる，普遍の，使徒的，唯一の教会」〔die eine, heilige, katholische und apostolische Kirche〕が強調されている). **Nizänum, Nizäum**【nlat. Nicaenum】*n.* -s, ニカイア信条, ニケア信条(a. 325年の第 1 回*ニカイア公会議で，*アレイオス派を断罪し，*三位一体についての正統信仰を表明するために作成，採択された*信仰宣言で「父と子は本質的に同一〔homoousios〕」の句を含む；Homousianer参照．b. → Nizäno-Konstantinopolitanumの通称).

Noach【hebr. "休息"】〔固〕(*m.*) ノア(*アダムの10代目の子孫；人間が増え，堕落した時代にあって，唯一「神に従う無垢な人」だったため，神の指示どおりに*箱舟を造り，家族とつがいの動物とともに*大洪水から救われて，洪水後の新世界の祖となった；創 6：9-9：29). **Noachide** *m.* -n, -n, ノアの子孫(*大洪水後の人間の祖となった*ノアの 3 人の息子セム，ハム，ヤファトとその子孫；創 9：18-19, 10章). **Noachidisch** *adj.* ノアの；die 〜en Gebote ノアの戒律(*タルムードによると，神がノアを通じて非ユダヤ人を含むすべての人間に示した，犯してはならない 7 つの罪；偶像崇拝，近親相姦と姦淫，殺人，神の名の冒瀆，不正と不法行為，盗み，生きたまま動物の脚を切り取りこれを食べること). **Noah** → Noach.

Nobel•garde【< it. Guardia nobile】*f.* -, (die päpstliche Ehrengarde) 教皇貴族近衛隊(1801年に創設された，かつての教皇領の貴族からなる最高位の教皇護衛隊；1970年廃止).

Nokturn【lat.-mlat.；< lat. nocturnus "夜の"】*f.* -, -en, 宵課(しょうか)(かつての*聖務日課の*朝課の一部分).

Nolasker-Orden【< Pedro *Nolasco*】*m.* -s, ノラスコ会(→ Mercedarierの創立者ペドロ・ノラスコの名にちなんだ別称).

Nominalismus【< lat. nomen "名前"】*m.* -, 唯名論(中世の*普遍論争において，普遍を名称のみに帰する立場で，*実在論に対立する；普遍は名辞〔言語〕に過ぎず，実在するのは具体的な個物だけとされる；フランシスコ会士オッカムのウィリアム〔1285頃-1347/9〕に代表される).

Nomination【lat.】*f.* -, -en, ①（ローマ*教皇による、*司教など高位聖職者の）任命（CIC. 377他；Präkonisation参照）. ②（教皇から与えられた特権に基づく、領主の）司教候補者指名権.

Non【lat."9番目の"】*f.* -, -en, **None**【lat.-mlat.】*f.* -, -n, 九時課（かつての*聖務日課で午後3時頃に行われた*定時課；現在の*教会の祈りでは、「*昼の祈り」として*三時課、*六時課、九時課の*小時課のうちの1つが選択される）.

Nonkonformismus【lat.-engl.】*m.* -,（対義語：Konformismus）非国教［会］主義、ノンコンフォーミズム. **Nonkonformist** *m.* -en, -en,（対義語：Konformist）非国教徒、ノンコンフォーミスト（a. *国教から離脱したキリスト教徒. b. イギリスで*英国国教会に所属しない教派の信徒；→ Dissenterと同じ）. **nonkonformistisch** *adj.* 非国教徒の、国教を奉じない、（イギリスでの）非国教会［派］主義の. **Nonkonformität** *f.* -, （特にイギリスでの）国教非遵奉、非国教.

Nonne【spätlat.-kirchenlat."乳母"】*f.* -, -n, （Klosterfrau）修道女（「尼僧」とも；*誓願を立てて修道院で共同生活をする女子修道者；対義語：→ Mönch）. **nonnenhaft** *adj.* 修道女のような.

Nonnen゠haube *f.* -, -n, 尼僧帽；（愛徳修道女会の修道女が被る、大きな白い布製の）角頭巾、コルネット. **～kloster** *n.* -s, ..klöster,（対義語：Mönchskloster）女子修道院、尼僧院. **～kommunität** *f.* -, -en,（女子修道院の）修道生活共同体. **～orden** *m.* -s, -,（対義語：Mönchsorden）女子修道会. **～schleier** *m.* -s, -, 修道女のヴェール（修道女の頭から肩までを覆う薄布；*初代教会以来用いられてきた純潔の徽章）. **～weihe** *f.* -, -n, 修道女の立願（式）. **～zelle** *f.* -, -n, 女子修道院内density室（独居房；Zelle参照）.

non possumus【lat."我々にはできない"】ノン・ポスムス（ローマ教皇庁の俗権に対する拒否声明の慣用表現；*ペトロと*ヨハネが*最高法院で宣教をやめるよう命じられた際に「わたしたちは、見たことや聞いたことを話さないではいられないのです。」〔lat. *Non enim possumus* quae vidimus et audivimus non loqui.；dt. Wir können unmöglich schweigen über das, was wir gesehen und gehört haben.；使4:20〕と応えたこと、あるいは、アビシニアの殉教者〔300年前後〕の1人、エメリトゥスの言葉「主の聖餐なしに生きていくことはできない。」〔lat. Sine dominico *non possumus*.；dt. Ohne (diese) Sache des Herrn können wir nicht (leben).〕にちなむ）.

Norbertiner【< Norbert von Xanten】*m.* -s, -,（通常複数で）ノルベルト会（→ Prämonstratenserの創立者クサンテンのノルベルト〔1080頃-1134〕の名にちなんだ別称）.

Notar【lat.-mlat."速記者"】*m.* -s, -e, 公証官（*教区事務局の決定事項や*教会裁判所での証言を記録し、文書を作成するために任命される〔通常は〕聖職者；CIC. 484, 1567-69）.

Not・helfer *m.* -s, -, 救護聖人、救難聖人（Patron参照）；die Vierzehn ～ (Vierzehnheiligen) 十四救護聖人（伝統的に、さまざまな困難に際して、信徒がその名を呼んで*執り成し〔*代願〕を求めることができる14人の聖人たち；特に14世紀のペスト流行以降、民間でその信心が普及した；アカキオス〔Achatius；死の不安と絶望、重病、頭などの痛みの際に〕、アエギディウス〔Ägidius；精神の異常、*ゆるしの秘跡の際に〕、バルバラ〔Barbara；臨終者の守護聖人；また発熱、雷、火災の際に〕、セバステのブラシオス〔Blasius；喉の痛み、潰瘍、ペストの際に〕、*クリストフォロス〔Christophorus；旅行、飢餓、癲癇、嵐、不意の死に際して〕、キリアクス〔Cyriakus；悪魔憑き、死の誘惑に際して〕、パリのディオニシウス〔Dionysius von Paris；悪魔憑き、頭痛、狂犬病の際に〕、アンティオケイアのエラスムス〔Erasmus von Antiochien；胃腸の痛みの際に〕、エウスタキウス〔Eustachius；火災、家庭の困難の際に〕、*ゲオルギウス〔Georg；戦争、ペスト、皮膚病、家畜の疫病の際に〕、アレクサンドリアのカタリナ〔Katharina von Alexandrien；女性の守護聖人；舌、言語障害の際に〕、アンティオケイアのマルガリタ〔Margareta von Antiochien；出産、怪我の際に〕、パンタレオン〔Pantaleon；内科医や助産婦の守護聖人；肺病に際して〕、ルカニアのウィトゥス〔Vitus (Veit) von Lukanien；癲癇、狂犬病の際に〕；なお、地方や時代によって聖人や祈願の内容に若干の異同があり、また救護聖人としては、上記の14人に*四執事〔→ die vier *Marschälle*〕が追加され

Notker《固》(m.) ～ [von St. Gallen] ノートカー(840頃-912；ザンクト・ガレンの修道僧で古高ドイツ語時代の著述家；修道院学校生徒のための*詩編などの翻訳で知られる).

Notre-Dame【fr."われらの貴婦人"】f. -, ① 聖母マリア（のフランス語での呼称）. ② ノートルダム〔寺院〕, 聖母教会（12世紀に*聖母崇敬が盛んになる中で, フランス各地で造営され, 聖母*マリアに奉献された*司教座聖堂；例えば, 1163年着工, 1345年に完成したパリ・シテ島の初期ゴシック様式の大聖堂〔Cathédrale Notre-Dame de Paris〕；Marienkirche参照). **Notre-Dame-Schule** f. -, ノートルダム楽派（12世紀半ばから13世紀半ばにかけて, パリのノートルダム大聖堂を中心に活動した, レオニヌスとペロティヌス〔ともに生没年不詳〕を代表とする一群の教会音楽家；*オルガヌムを体系化し多声楽〔ポリフォニー〕の発展に大きく寄与した；音符の長短を厳格に理論付けることでリズム定型を確立するとともに, その記譜法を整備した).

Not・taufe f. -, -n, 緊急洗礼（「略式洗礼」とも；受洗志願者や幼児が死に瀕しているような緊急の場合に, 通常ならば*司教, *司祭, *助祭によって教会堂あるいは礼拝堂内で執行される*洗礼の秘跡を, 場所・執行者の資格を問わずに行うことができるというもの；CIC. 861§2, 867§2). **nottaufen** (ich nottauf(t)e; notgetauft; notzutaufen) t. (h) （或人に）緊急洗礼を施す；ein Kind ～ 子供に緊急洗礼を授ける.

Novatianer【< Novatianus】m. -s, -, （通常複数で）ノウァティアヌス派, ノヴァティアヌス派（ノウァティアヌス主義を奉じる3-7世紀の*異端, *離教の一派). **Novatianismus** m. -, ノウァティアヌス主義, ノヴァティアヌス主義（教皇コルネリウス〔在位251-53〕の*背教者に対する温情主義を強く批判し, *対立教皇となったノウァティアヌス〔在位251-58〕の厳格主義的異端；*背教者〔後には*大罪を犯した者も〕の受け入れによって冒瀆された教会に対する, 自派の「清浄」を主張して, 7世紀まで続く教会分裂を招いた).

Novene【lat.-mlat.; < lat. novem "9"】f. -, -n, ノヴェナ, 九日間の祈り（祝祭日の準備, または特別の祈願や機会のために9日間連続して行われる, *聖母や聖人に対し神への*執り成しを願う祈り；例えば, *聖霊降臨祭前の9日間に*教区教会などで行われる*信心業).

Novize【lat.-mlat."新参者"】m. -n, -n, / f. -, -n, (Neophyt) 修練者（修練士ないし修練女；*修道誓願を立てる前に, その準備のため, 修道院生活を正式に体験する*修道志願者；修練者は, 自由意志によって志願し, 既に*洗礼と*堅信を受けた17歳以上の独身者でなければならない；CIC. 641-45). **Novizen・meister** m. -s, -, 修練長（修練者を指導し, その意向と適性を判断するために任命された当該修道会の会員；CIC. 651-52). **Noviziat** n. -[e]s, -e, ① (Probation) 修練期（修練者が当該修道院の生活様式を体験しながら, 自身の*召命をよりよく認識し, 霊的養成を受けるために設けられている1年以上2年未満の期間；CIC. 646, 648). ② 修練院（修道院の内部または別棟に造られる, 修練者の養成と居住のための施設). **Noviziat・jahr** n. -[e]s, -e, 修練期（の年). **Novizin** f. -, -nen, → Novize (f.).

Novum monasterium【lat.】n. --, ノーヴム・モナステリウム, 新修道院（1098年*ベネディクト会の*原始会則派でモレームの大修道院長だったロベルトゥス〔1028頃-1111；聖人〕が, ディジョン近郊の荒れ地〔シトー〕に設立した修道院の当初の呼称；後に*シトー会に発展した).

Nüchternheit f. -, 飲食禁止（*聖体拝領の前, 少なくとも1時間は, 水及び医薬品以外の飲食物の摂取を避けるという, 4世紀にまで遡る義務的規定；CIC. 919). **Nüchternheitsgebot** n. -[e]s, 飲食禁止の掟（規律).

Numen【lat. "（頷くなど合図によって示される）意志"】n. -s, ヌーメン（a. 神的存在；人格的で明確な表象は伴わないが, 何らかの威力, 作用を示す超自然的存在. b. aの支配力, 神威).

Numeri【lat. numerus "数" の複数形】pl. 民数記（旧約聖書の第4の書；*イスラエル人がエジプト脱出後, 約1年留まっていた*シナイを出発して, 以降*カナンに入る直前までの40年にわたる*荒野での漂泊〔特に民の不平や反抗〕の記録と, その折々に*モーセを通して与えられた*律法を内容とする；神の命によってモーセが行った人口調査が1-4章及び26章で扱われていることから, *七十人訳聖書以来この名称がある).

numinos【< lat. numen; → Numen】*adj.* ヌミノースな(神的〔神聖〕なものに接することで，戦慄と恍惚が相半ばする感情が引き起こされるさま；Numinose参照)．**Numinose** *n.* -n,《形容詞的変化》ヌミノーゼ(ルドルフ・オットー〔1869-1937〕〔*ルター派の神学者・宗教学者〕がその著書『聖なるもの』〔Das Heilige; 1917〕で展開した術語で，神ないし「聖なる存在」の概念から，これに歴史的に付加されてきた合理的，倫理的要素を除去した後に残る，名状し難いプリミティブで圧倒的な神秘体験，及びその対象をいう；畏怖と魅惑という二律背反的な感情を伴うとされる)．

Nunc dimittis【lat.】*n.* - -, ヌンク・ディミティス，シメオンの賛歌(*カンティクムの1つで，ルカ 2 :29-32に基づく；名称はラテン語唱句 „*Nunc dimittis* servum tuum Domine, secundum verbum tuum in pace."「主よ，今こそあなたは，お言葉どおり／この僕を安らかに去らせてくださいます．」〔dt. *Nun lässt du, Herr, deinen Knecht, wie du gesagt hast, in Frieden scheiden.*〕の冒頭語にちなむ；Lobgesang des Simeon参照)．

Nuntiatur【lat.-it.】*f.* -, -en, ①〔ローマ〕教皇〔庁〕大使の職．②ローマ教皇庁大使館，ヴァティカン大使館．**Nuntius**【lat.-mlat.】„使者"】*m.* -, ..tien, 〔ローマ〕教皇〔庁〕大使(ローマ*教皇の正式代理人として外国の首都に派遣され，国家及び公的権威との折衝，また駐在国の教会に関する諸問題を扱う聖職者；一般的に*大司教が任ぜられる)．**Nunziatur** <östr.> → Nuntiatur．**Nunzius** *m.* -, ..zien, <östr.> → Nuntius．

Nürnberg《固》ニュルンベルク(バイエルン州第2の都市；1219-1806年は帝国自由都市；1524年に*宗教改革を受け入れて*ルター派となった；マイスタージンガーのハンス・ザックス〔1494-1576〕やドイツ・*ルネサンスの画家アルブレヒト・デューラー〔1471-1528〕は同地の出身者．**Nürnberger** *adj.*《不変化》ニュルンベルクの；～ Deklaration *f.* ニュルンベルク宣言(第1*ヴァティカン公会議で決議されたローマ*教皇の*不可謬性などの*教理に反対したカトリックの教授・教員14名が，1870年8月にニュルンベルクで行った声明；この宣言の署名者は後に，*復古カトリック教会の中核をなした)；～ Religionsfriede *m.* ニュルンベルク宗教和議(1532年*神聖ローマ帝国皇帝カール5世〔在位1519-56〕が，オスマン帝国軍の侵入に際してプロテスタント諸侯〔*シュマルカルデン同盟〕の援助を得るために行った*ルター派の暫定的承認；当時は「ニュルンベルクの猶予」〔～ Anstand〕とも呼ばれた)．

O *n.* -, -, オメガ(Ω，ω)；das A und [das] ～ アルファとオメガ(A，Alpha参照)．

O-Antiphon *f.* -, -en,《通常複数で》O〈おお〉交唱，オー・アンティフォナ(12月17日から23日の*晩の祈り〔*晩課〕における*マニフィカトの*交唱；いずれも間投詞の„O"で始まり，*救世主への呼びかけと，その到来を待望する気持ちを表現する)．

Obadja【hebr."神()に仕える者"】《固》(*m.*) オバデヤ(旧約聖書の12人の*小預言者の1人；前5世紀頃に活動したと考えられるが詳細は不明)；das Buch ～ オバデヤ書(旧約聖書中最も短い〔全21節〕，第4の*小預言書；イスラエル人と敵対するエドム人を激しく糾弾する)．

Obedienz【lat.】*f.* -, (Obödienz) ①従順(Gehorsam参照)．②(*教会分裂の際の，*教皇あるいは*対立教皇に対する)支持．

Ober・abt *m.* -[e]s, ..äbte, (いくつかの大修道院を下部組織としてもつ，中世の)総大修道院長．

Oberammergau《固》オーバーアマーガウ(ドイツ南部，オーバーバイエルンの木彫を主産業とする村；1633年のペスト大流行の際，*受難劇の奉納を誓い，奇跡的に難を逃れたことを記念して，翌34年から10年毎〔1680年からは，末尾が0の年〕に村人により受難劇が上演されている；常設の受難劇場〔Passionstheater〕があり，当該年の5-9月の上演の時期には世界中から観客が集まる)．

Ober・bischof *m.* -s, ..bischöfe, ①(*領邦教会の首長としての)領邦君主．② → Erzbischof(特

にプロテスタントの).

Obere″ *m.* -n, -n, 《形容詞的変化》, **Oberer** *m.* -s, -, 上長, 上長者(教会の*位階制における上位者；特に修道院長)；der höchste ～ 総長(修道院などの最高権限者；CIC. 622)；der höhere ～ 上級上長(修道院などの統治者，及びその代理人；CIC. 620).

Ober=gaden *m.* -s, -, (Fenstergaden, Gaden) クリアストーリー (engl. clerestory；教会建築で，*身廊と〔それより低い〕*側廊の天井の高低差から生じる身廊上部の壁面に，連続的に造られた採光用の「高窓層」). ～**hirt** *m.* -en, -en, ～**hirte** *m.* -n, -n, 高位司牧者(「最高牧者」[CIC. 333]たるローマ*教皇及び*司教のこと).

Oberin *f.* -, -nen, 女子修道院長；(女子修道院の)上長(Obere参照).

Ober=kirchen·rat *m.* -[e]s, ..räte, ①教会役員会，長老会(*州教会などにおける → Kirchenratの上部統轄機関；及び，その構成員). ②《単数で》①の構成員の称号. ～**pfarrer** *m.* -s, -, ①大聖堂主任司祭. ②*教区に複数の司牧者がいる場合，上位に(ある)主任司祭，主任牧師. ③連邦警察付き司祭；従軍司祭(に対する敬称；Militärgeistliche参照). ～**priester** *m.* -s, -, ①(ユダヤの)大祭司，祭司長(Hohepriester参照). ②高位聖職者(*教皇及び*司教).

Obituarium【mlat.; < lat. obitus "死"】*n.* -s, ..ria *u.* ..rien, 物故者名簿，命日表(教会や修道院などの功績者の命日を年・暦順に掲載した名簿；典礼上の追悼に用いられた；中世期のものは史料として重要視される；Nekrologium参照).

Oblate【mlat. "(*いけにえとして)奉献されたもの"】(I) *f.* -, -n, ①(まだ*聖別されていない)ホスティア(Hostie参照). ②《プ》(*聖餐式の)奉献[物]のパン. (II) *m.* -n, -n, ①(通常複数で)*献身者(a.【< lat. puer oblati (Kinder-)】児童献身者：親によって，多くは修道士にする目的で，修道院に預けられた子供；*トリエント公会議で，誓願宣立は16歳以上と定められたため，制度としては12世紀に消滅した. b. 成人献身者：中世初期に，労働修士，助修士〔*信徒修道士〕などとして修道院に所属し，自己と労務を修道院に奉献した一般信徒. ②《複数で》献身者会，献身修道会(13世紀以降，財産の一部を寄贈して，修道院長の指導のもと，特定の会則に従って修道生活を送った在俗献身者の会；中世末期には衰退した；他に，トリエント公会議の後に設立された「献身者」の語を名称の一部とする修道会)；～n der heiligen Ambrosius und Karl 聖アンブロシウスと聖カルロ献身者会(Ambrosianer参照)；～n des heiligen Franz von Sales フランソワ・ド・サル奉献修道会(1871年フランス，トロアの司祭ルイ・ブリソン〔1817-1908〕が設立した)；～n vom heiligen Joseph 聖ヨゼフ献身者会(1876年，北イタリアのアスティに創立された)；～n der unbefleckten Jungfrau Maria 無原罪の聖母献身宣教会(「オブレート会」とも；フランス革命後，荒廃した教会組織の復興，貧困者のキリスト教的生活の回復などの目的で，1816年ユージェーヌ・ド・マズノ〔1782-1861；聖人〕がエクサン・プロヴァンスに創立した).

Oblation【spätlat.】*f.* -, -en, ① (Offertorium) 奉納(*ミサ聖祭でパンとぶどう酒を祭壇に供え，神に献げる準備をすること；*共同祈願の後，信徒代表による*奉納行列と司祭による奉納の祈り，または歌によって行われる)；奉献(一般に，神の礼拝のため，*いけにえや供え物を献げること；Darbringung, Opfer参照). ② (Kollekte) 奉納金，献げ物(ミサ中に会衆が自発的に供出する，教会維持や貧者救済のための献金，またはその他の物品).

Oboedienz → Obedienz.

Obsequiale【lat.-mlat.】*n.* -[e]s, ..lien, 葬儀用定式書. **Obsequien**【mlat.; < lat. obsequium "(最後の)世話"】*pl.* 葬儀［ミサ］(カトリック信徒の埋葬にあたって教会が行う典礼上の儀式；Exsequien参照).

observant【lat.】*adj.* 戒律を守っている(遵守，尊重している). **Observant**【lat. "遵守"】*m.* -en, -en, 《通常複数で》〔フランシスコ会〕原始会則派，原会則派，オブセルヴァント(14世紀後半より，アッシジの*フランチェスコが定めた会則〔1223年認可〕の厳守を主張し，*フランシスコ会の内部改革を進めた一団；1415年以降，多くの修道院が改革派に加わって固有の総長代理を立て，1517年には会則緩和派〔コンヴェンツァル会〕と完全に分かれた；その後オブセルヴァントの内部でも分派が生じたが，1897年教皇レオ13世〔在位

1878-1903〕によって再統合された；*アウグスチノ会，*ベネディクト会〔*シトー会〕などにも，原始会則派の運動が見られる．**Observanz**【lat.-mlat.】*f.* -, -en, ①（宗教上の戒律に基づく）慣習；（修道会の）戒律，会則，規律（しばしば，緩和された会則ではなく，より厳格な原始会則の方を指す）．②遵守（修道会の会則を緩和せずに，創立者の精神に立ち帰り，原始会則を厳守すること）．

Ockhamismus【< William of *Ockham*】*m.* -, オッカム主義（14世紀から15世紀にかけてオックスフォード大学及びパリ大学で広まった，イギリスの*スコラ学者オッカムのウィリアム〔1285頃-1347/49〕の思想や方法論の影響下にある哲学・神学上の傾向；例えば*唯名論）．

offenbaren (*p.p.* offenbart *u.* geoffenbart)《I》*t.* (*h*) 啓示する；die *geoffenbarte* Religion → Offenbarungsreligion；die *geoffenbarte* Wahrheit 啓示された真理．《II》*refl.* sich jm. ～（或人に神が）示現する，出現する．**Offenbarung** *f.* -, -en, ①(Revelation) 啓示，天啓（超越的な存在者が，自身の意志及び究極的真理を，人間に対して自発的に開示すること）；die ～ des Johannes ヨハネの黙示録 (Apokalypse 2 参照)；die ～ des Petrus ペトロの黙示録 (Petrusapokalypse 参照)；die allgemeine ～ 一般的啓示，公的啓示（個人にではなく，広く一民族ないしは全人類に，自然の秩序を通して与えられる啓示）；die besondere ～ 特別啓示（奇跡的な方法で与えられる啓示；その究極的な形がイエス・キリストで，カール・*バルトは，被造物全般における一般的啓示を*自然神学であるとして否定的に捉え，啓示は唯一，*受肉したキリストにおいてのみ実現されると述べた）；die natürliche ～ 自然的啓示（→ die allgemeine ～ と同じ）；die private ～ (Privatoffenbarung) 私的啓示（特定の個人が超越者との直接的な繋がりを得て，単独で与えられる啓示；その真性は教会によって厳密に審査される）．②《比》ひらめき，卓越したもの；eine ～ sein すばらしい，感激させる；Er ist als Jazzpianist nicht gerade eine ～. 彼はジャズピアニストとしては，ぱっとしない（あまり才能がない）．

Offenbarungs=geschichte *f.* -, -n, 啓示史，天啓史（神が*救いの計画において，歴史的に自己の存在と真理を明らかにすること）．～**religion** *f.* -, -en, 啓示宗教，天啓宗教（神からの超自然的な*啓示に基づく宗教であって，ユダヤ教，キリスト教，イスラム教などをいう；一般に，理性的，超人間的存在者による啓示を直接体験し，宣布しようとする人物の周囲に，これを信仰する人々が集団を形成することで創始される；→ Naturreligion〔b〕に対立する概念）．～**theologie** *f.* -, 啓示神学（神の自己開示である啓示について，教義的組織的に考究する神学の1部門；→ Naturtheologieに対して）．～**zelt** *f.* -[e]s, -e, 臨在の幕屋 (Wohnstätte 参照)．

öffentlich *adj.* 公的な，公の，公然たる，世間（一般）の；die ～e Buße → die öffentliche *Buße*；das ～e Fest → die öffentlichen *Fest*e；das ～e Gebet → das öffentliche *Gebet*；das ～e Gelübde → das öffentliche *Gelübde*；die ～e Messe → die öffentliche *Messe*．

Offertorium【mlat.】*n.* -s, ..rien, ①奉納の儀（以前は「奉献」とも；ミサの一部で未聖別の*ホスティアとぶどう酒を祭壇に供えること；Gabenbereitung, Oblation参照）．②オッフェルトリウム，奉納の歌（以前は「奉献唱」とも；奉納の際に，聖歌隊と会衆によって歌われる*交唱，あるいは*司祭によって唱えられる「パンを供える祈り」及び「カリスを供える祈り」〔Gebet über das Brot (*u.* den Kelch)〕をいう）．③奉献文 (das Eucharistische *Hochgebet*参照)．

Officium【lat.“義務”】*n.* -s, ..cia, → Offizium （のラテン語形）；～ divinum *n.* - -, → Offizium 2；～ parvum B. M. V. (= Beatae Mariae virginis) 聖母マリア小聖務日課（中世盛期の12-16世紀以降，聖母への*崇敬と感謝を表すため日々の*聖務日課に付け加えて共唱された祈り）．

Offizial【spätlat.】*m.* -s, -e, 教区裁判所主席判事（*教区裁判所の裁判長；通常は，*教区司教の代理人が務める；CIC. 1419）．**Offizialat**【lat.-nlat.】*n.* -[e]s, -e, 教区裁判所（教会の第1審裁判所で，*教区を管轄する）．**Offiziant**【lat.-mlat.】*m.* -en, -en, ミサ執行者（司式*司祭のこと）．**Offizium**【lat.】*n.* -s, ..zien, ①教会職 (Kirchenamt 1 参照)．②教皇庁，聖庁 (Kurie 1 参照)；Heiliges ～ (Sanctum Officium) 異端審問所 (Inquisition参照)；教理省（及

び，その前身の省；Kongregation für die *Glaubenslehre*参照）．③聖務（聖職者の職務・義務；特にミサを挙げること）；聖務日課，定時課（Stundengebet参照）；共唱祈禱（Chordienst参照）．

Oft・kommunion *f.* -, -en, 頻繁な聖体拝領（die häufige *Kommunion*参照）．

Ohren・beichte *f.* -, -n, 秘密告白（Privatbeichte参照）．

Oikodomik【gr."家屋（建築）"】*f.* -, 教会・教区設置論（教会や教区の新設，教会共同体のメンバー構成の理論と実践に関する，神学の1部門；1コリ12:28参照）．

Ökonom【gr.-spätlat."管理者"】*m.* -en, -en, 会計係（神学校，教区，修道会の；CIC. 239, 494, 636）．**Ökonomie**【gr.-lat."管理"】*f.* -, オイコノミア（キリストの*受肉，死と*復活を通じて実現される神の救いの計画；Heils-参照）．

Oktateuch【gr.-mlat."8冊の本"】*m.* -[s], 八書（*旧約聖書の初めの8書，すなわち*創世記，*出エジプト記，*レビ記，*民数記，*申命記，*ヨシュア記，*士師記，*サムエル記〔上，下〕の総称；全体として，神との*契約，及びそれに従った生き方が扱われていると見なされたことから）．

Oktav【< lat. octavus "第8の"】*f.* -, -en, **Oktave**【mlat.】*f.* -, -n, 八日間［の祝祭］（祭日の当日とその後の7日間，計8日にわたる祝祭；旧約時代は聖殿の*献堂式〔1マカ4:59〕，*過越祭及び*仮庵祭〔申16章〕；キリスト教会では，3世紀末以来*復活祭や献堂式などで行われたが，第2*ヴァティカン公会議以降，全教会で守られているものは*降誕祭と復活祭〔Oster-参照〕のみ；特にその最終日をいう）．

Okuli【lat."眼"】《無冠詞；不変化》オクリ（*四旬節第3の*主日；名称は，当日のミサの*ラテン語*入祭文の冒頭語 *"Oculi* mei semper ad Dominum"〔わたしはいつも主に目を注いでいます；Meine *Augen* schauen stets auf den Herrn；詩25:15〕にちなむ）．

Ökumene【gr.-(spät)lat."人の住む地"】*f.* -, ①全教会，全キリスト教徒（全世界のキリスト教の教会共同体・信徒の総体）．② → die *ökumenische* Bewegung．**Ökumenik** *f.* -, 世界教会論，教会合同論，エキュメニカル神学（エキュメニカル運動の理論に関する体系的研究）．

ökumenisch *adj.* ①全教会の，全キリスト教徒の；das ～e Konzil［全世界，エキュメニカル］公会議（Konzil 1参照），《東》全地公会；der ～e Patriarch → der ökumenische *Patriarch*．②エキュメニカルな，教会合同の，世界教会の；die ～e Bewegung （Ökumenismus）エキュメニカル運動，教会一致促進運動，世界教会運動（1910年のエディンバラ世界宣教会議に始まる，キリスト教諸教派による，教義と教会の一致を促進するための運動，及び教派間の対話と共通の諸問題解決のための協力関係；1948年に全世界的団体として発足した*世界教会協議会は，主にプロテスタント諸派と*聖公会，*正教会により構成されていたが，第2*ヴァティカン公会議以降，カトリック教会も「キリストの望みに従って教会が促進すべき全キリスト信者間の一致の再建」〔CIC. 755〕への努力として，積極的に運動に参加している；『エキュメニズムに関する教令』〔Dekret: Unitatis redintegratio - Über den Ökumenismus；1964〕参照）；～er Rat der Kirchen【engl. World Council of Churches】世界教会協議会（1948年アムステルダムでカトリック以外の150〔2015年末現在では345〕の諸教会の代表者により結成された*教会一致促進運動の組織；ジュネーヴに本部を置き，諸教派間の教理・教会制度の相互理解を図り，共通の社会問題などについて共同研究と関連事業を行っている；略: WCC〔dt. ÖRK〕）；die ～e Theologie 教会一致の神学．③諸教派合同の（特にカトリックとプロテスタントの両教徒が合同で開催する）；die ～e Trauung 異なった教派に属する信徒の結婚式（特に，カトリックとプロテスタント信者同士の；両教派の聖職者の合同司式によって行われる）．**Ökumenismus**【gr.-nlat.】*m.* -, エキュメニズム，教会一致促進運動，世界教会運動（die *ökumenische* Bewegung参照）．**Ökumenizität** *f.* -, ①世界教会性（教会の一致を希求する感情や，エキュメニカル運動における超教派的な連帯性）．②一般性，普遍性（*全世界公会議は，全教会を代表する*司教たちがローマ*教皇によって召集，主宰されることで成立し，その決議は教皇によって裁可されるということ；これをもって公会議は*不謬性を有する）；（カトリック教会の）普遍性（Katholizität参照）．

Öl【gr.-lat.】*n.* -[e]s, (種類を示すときに:) -e, 油（特に、オリーブ油）；神の恵みと祝福を象徴し、古代イスラエルでは、預言者〔イザ61:1〕の*聖別、王〔サム上16:13〕や祭司〔レビ8:12〕の就任の際に用いられ、また食料、灯火〔マタ25:1-13参照〕、医療〔マコ6:13、ルカ10:34〕などにも重用された；Christus, Messias, Narde参照）；das geweihte <heilige> 〜 聖油(*洗礼志願者と*病者の塗油などに用いるもの〔通常は、純粋なオリーブ油〕と、*洗礼、*堅信、*叙階の秘跡などで使用される聖香油〔→ Chrisam〕があり、「*聖香油のミサ」において*司教により聖別される；CIC. 847 §1参照). **Öl・berg**【< hebr. Har Hasetim】*m.* -[e]s, オリーブ山（古くは「橄欖（欸）山」〔ただし「橄欖」は、オリーブの誤称）、共同訳では『オリーブ畑』と呼ばれる山〕〔der „Berg, der Ölberg heißt"；ルカ19:29；ルカ21:37、使1:12参照〕とも；エルサレムの東に南北に連なる山々〔最高峰は819m〕で、旧約時代から神の顕現の地とされていた〔エゼ11:23、ゼカ14:4〕；キリストと弟子たちはしばしばここで時を過ごした；またキリストの*昇天の地とされる〔使1:12〕；彼が逮捕された*ゲツセマネの園は西側の麓にある). **ölen** *t.(h)* (或人・或物に) 塗油する(salben参照). **Öl・götze**【< Ölberg + Götze】*m.* 《通常次の用法で》wie ein 〜 dastehen でくの坊のように立っている、わけもわからず突っ立っている（オリーブ山でキリストが祈っている間、眠りこけていた弟子たちの有様に由来する；マタ26:40-45).

Oliven・öl *n.* -[e]s, オリーブ油 (Öl参照).

Olivetaner【< Monte *Oliveto*】*m.* -s, -, 《通常複数で》オリヴェト会 (14世紀初頭イタリア中部アレッツォ近郊のオリヴェト山で、ベルナルド・トロメイ〔1272-1348〕らシエナの貴族たちによって創立された*ベネディクト会系の*修道会〔Benediktinerkongregation von Monte Oliveto〕；略: OSBOliv).

Öl・salbung *f.* -, -en, 塗油. **Ölung** *f.* -, -en, 塗油(Salbung参照); die 〜 der Kranken → Krankensalbung; die Letzte 〜 終油〔の秘跡〕（「*病者の塗油の秘跡」の第2*ヴァティカン公会議以前の名称); das Sakrament der 〜 塗油の秘跡(*秘跡の授与が、油を塗ることをもって行われる、*堅信と病者の塗油のこと). **Öl-weihe** *f.* -, -n, 聖油聖別(式)(*聖香油のミサにおいて*司教によって行われる；CIC. 880§2参照).

Omega【gr."大きな(長い) O"】*n.* -[s], -s, オメガ(ギリシア語アルファベットの最後〔24番目〕の文字Ω〔ω〕); das Alpha und [das] 〜 アルファとオメガ (Alpha参照).

omnia ad maiorem <majorem> Dei gloriam【lat.】オムニア・アド・マヨーレム・デイ・グロリアム（「すべては神のより大いなる栄光のために」〔alles zur größeren Ehre Gottes〕の意；*イエズス会の標語；通常は省略されて→ ad maiorem Dei gloriam；略: O. A. M. D. G.).

omnipotent【< lat. omni "全"+ potent "強い"】*adj.* 全能の. **Omnipotenz**【spätlat.】*f.* -, 全能 (Allmacht参照).

omnipräsent【mlat.】*adj.* 遍在する、常に至る所に存在する(神). **Omnipräsenz** *f.* -, 遍在 (Allgegenwart参照).

omniscient, omniszient *adj.* 全知(全智)の. **Omniszienz**【mlat.】*f.* -, 全知、全智 (Allwissenheit参照).

Omophorion【gr.】*n.* -s, ..rien, オモフォリオン(*東方正教会の*主教及び*大主教が着用する祭服の肩掛け；*ローマ式典礼の*パリウムにあたる).

ontologisch *adj.* 存在論の、本体論の；存在論的な；der 〜e Gottesbeweis 神の存在の存在論的証明 (「本体論的証明」とも；神の概念それ自体の分析から、神の存在を推論する方法で、カンタベリーのアンセルムス〔1033-1109〕が提起した；神はそれ以上のものが考えられない最高・最大の完全者であると定義するとき、もし思考可能なだけで実在という属性をもたないならば、その定義に反することになる、それゆえに神は存在するというもの；*トマス・アクィナスやカントらによって反駁された). **Ontologismus**【< it. ontologismo】*m.* -, 本体論主義 (人間の知性に備わっている存在そのものの認識〔本体論主義的直観〕により、神は人間精神において現前するという神学説；ニコラ・ド・マルブランシュ〔1638-1715〕に起源をもち、イタリアの哲学者・政治家のヴィンツェンツォ・ジョベルティ〔1801-52〕が体系化した；1861年排斥された).

Opfer【< opfern】*n.* -s, -, 犠牲，献げ物，いけにえ（a. *礼拝の表現として神に献げられる動物〔牛，羊，山羊，鳩などの家畜〕や物〔小麦粉，オリーブ油，乳香など〕の供え物；人間の使用から離されて破壊され，あるいはその生命が奪われる；レビ 1 - 7 章に詳細な規定がある；その最高の形態が人身御供で，例えば*アブラハムによる*イサクのいけにえ〔創22: 1 -19〕．b. イエス・キリストの自己犠牲としての十字架上の死；ヘブ 7 :27）；ein Tier als 〜 darbringen (*od.* zum 〜 bringen) 動物をいけにえとして献げる．

Opfer=altar *m.* -[e]s, ..altäre, いけにえの祭壇．**〜brot** *n.* -[e]s, -e, いけにえのパン（ミサにおける神への献げ物）．**〜büchse** *f.* -, -n, → 〜stock．**〜gabe** *f.* -, -n, （神への）献げ物（ミサにおいてはパンとぶどう酒のこと）．**〜gang** *m.* -[e]s, ..gänge, 奉納行列（ミサ中，*感謝の典礼のためのパンとぶどう酒，及会衆から集められた*献金を奉納する信者代表による行列）．**〜gebet** *n.* -[e]s, -e, 奉納祈願（Gabengebet参照）．**〜geld** *n.* -[e]s, 奉納金（ミサ中あるいはその後に会衆から集められる献金；Oblation 2参照）．**〜kasten** *m.* -s, ..kästen *u.*（まれに:) -, → 〜stock．**〜lamm** *n.* -es, ..lämmer, ①いけにえの小羊（Lamm b参照）．②《単数で》神の小羊（自らをいけにえとして神に献げ，十字架上で贖罪死したキリストのこと；Lamm c参照）．③《比》無実の罪を着せられた人．**〜mahl** *n.* -[e]s, -e *u.* ..mähler, 《通常単数で》いけにえの聖餐（神に献げたいけにえの一部を会衆が食べ，神と会衆の共同体を具現する祭式；特に*過越祭で行われるもの）．**〜messe** *f.* -, -n, ミサ（の，特に*奉納，*聖変化，*聖体拝領の部分）．**〜messer** *n.* -s, -, 祭刀（いけにえの獣を分割するための；レビ 1 :6, 12参照）．

opfern *t.* (*h*) いけにえとして献げる；[dem Gott] ein Lamm 〜 小羊をいけにえとして［神に］献げる；《4 格目的語なしでも》dem Gott 〜 神にいけにえを献げる．

Opfer=rauch *m.* -[e]s, 燔祭〈*焼き尽くす献げ物〉から立ち昇る煙（いけにえの家畜や穀物などを燃やし，煙を上げることで神に献げる；レビ 1 :9, 13, 17, 2 :2, 11, 16参照；Brandopfer参照）．**〜stätte** *f.* -, -n, いけにえを献げる場所，祭壇．**〜stock** *m.* -s, ..stöcke, (Almosenstock)（教会堂の入り口などに置かれている）献金箱．**〜tier** *n.* -[e]s, -e, いけにえの獣（牛，羊，山羊，鳩など；レビ 1 章）．**〜tisch** *m.* -[e]s, -e, （いけにえの）祭壇．**〜tod** *m.* -[e]s, いけにえの死；der 〜tod Christi am Kreuz キリストの十字架上の*贖罪死．

Opferung *f.* -, (まれに:) -en, ①（神に）いけにえを献げること；Mariä 〜 → *Mariä* Opferung．②奉納（「奉献」とも；ミサで，供え物としてパンとぶどう酒を祭壇に供え，神に献げる準備をすること）．**Opferungs・lied** *n.* -[e]s, -er, 奉納の歌（ミサ中，信者代表が*行列〔→ 〜gang〕して，祭壇にパンとぶどう酒及び金銭などを献げる際に歌われる歌；これに代えて「パンを供える祈り」と「カリスを供える祈り」が唱えられることもある）．

Ophianer *m.* -s, -, **Ophit**【gr.-lat.; < gr. ophis "蛇"】*m.* -en, -en, 《通常複数で》オフィス派，蛇礼拝派（2 世紀半ばのグノーシス主義の一派；*エデンの園で*アダムと*エバに*知恵の実を食べさせた*蛇を，認識〔グノーシス〕の仲介者として礼拝したとされる．

Opus Dei【lat."神の御業"】*n.* - -, オプス・デイ（a. 1928年，ホセマリア・エスクリバー・デ・バラゲル〔1902-75;2002年*列聖〕がマドリードで創立したカトリック組織；聖職者とあらゆる社会層・人種の一般信徒からなり，*使徒職への召命を万人に周知させることを目的とする；男子部と1930年設立の女子部をもち，47年教皇の認可を受けて全世界で活動を展開，82年にはヨハネ・パウロ 2 世〔在位 1978-2005〕により*属人区として設置された．b. *ベネディクト会の日々の修道生活における*聖務日課〔定時課〕のこと；その場合「神の御業」とともに「神に対する務め」の意味をもつ）

ora et labora【lat.】オラ・エト・ラボラ（「祈りかつ働け」〔Bete und arbeite!〕の意で，*ベネディクト会の修道生活の伝統的な標語；これに „et lege"〔そして読め；und lies!〕と続けられることもあり，同会の修道者は祈りと農作業などの労務，そして霊的読書〔及び，写本など著述作業〕に専念することが求められている）．

Orakel【lat."言葉（神のお告げなど）が語られる場所"】*n.* -s, -, ①神託，託宣，（神の）お告げ（特定の聖なる場所で*祭司に与えられる神の指示や救いの告知；旧約聖書には，杯〔創

Orakel=spruch *m.* -[e]s, ..sprüche, 神託, お告げ(の言葉), 託宣(なおドイツ語共同訳ではこの語は, *民数記でバラム〔メソポタミアの占い師〕に告げられた神の言葉に関してのみ用いられている; 民23:7, 18, 24:3, 15, 20-21, 23). **〜stätte** *f.* -, -n, 託宣の場所, 神託所.

Orange-Synode *f.* -, -n, オランジュ教会会議(南フランスのオランジュで441と531年に開催された2度の教会会議; 第2回会議では, 神の*恩恵における人間の意志と努力の関与を強調する*半ペラギウス派に対して, *アウグスティヌスの恩恵論が擁護され, その一方で救済の*予定説は排斥された).

ora pro nobis【lat.】オラ・プロ・ノビス(「われらのために祈り給え」〔Bitte für uns!〕の意; *連禱などにおいて, 聖母*マリアや聖人に対し, *執り成しを求める呼びかけとして会衆が唱える言葉).

Orarion【lat.-kirchenlat.-mgr.】*n.* -[s], ..ria, オラリ, オラリオン(*東方正教会の典礼で*輔祭が肩に掛ける〔副輔祭はたすきがけにする〕帯状の布; 西方教会の*ストラにあたる).

orate, fratres【lat.】オラテ・フラトレス(「祈れ, 兄弟たちよ」の意; ミサ中の*奉納祈願で, パンとぶどう酒の献げ物が神に受け入れられるよう, *司祭が会衆に祈りを促す際のラテン語の文句; ドイツ語では „Betet, Brüder und Schwestern"; 日本語ミサ典文では「祈りましょう」と訳されている).

Oratio【lat.】*f.* -, → Oration (のラテン語形); 〜 dominica 主の祈り(Vaterunser参照); 〜 ecclesiae 教会の祈り(Stundengebet参照); 〜 jaculatoria 射禱(Schussgebet参照). **Oration**【(kirchen)lat.; 原義"談話, 発言"】*f.* -, -en, 祈り, 祈禱(Gebet参照); 祈願(特に, ミサ中の*集会祈願, *奉納祈願, *拝領祈願, 及び*共同祈願の結びの祈願, また*教会の祈り〔聖務日課〕の各*時課の最後に唱えられる祈願をいう).

Oratorianer【lat.-nlat.】*m.* -s, -, (通常複数で)オラトリオ会(a. 〜 des hl. Filippo Neri フィリッポ・ネリのオラトリオ会: フィリッポ・ネリ〔1515-95; 聖人〕が1575年ローマで創立した男子司祭会; *修道誓願の宣立は行わない; 典礼音楽〔Oratorium 1 参照〕の振興, 青少年の司牧・霊的教育に従事する. b. 〜 von Jesus Maria イエス・マリアのオラトリオ会: aに倣ってピエール・ド・ベリュル〔1575-1629; 外交官, 枢機卿〕が1611年パリで創設した司祭会; イタリアのオラトリオ会同様, 修道誓願を立てずに共住生活を営む). **Oratorium**【kirchenlat.】*n.* -s, ..rien, ①オラトリオ(古くは「聖譚曲」とも; 合唱, 独唱, 管弦楽を用いた宗教的ないし道徳的題材による大規模な叙事的演劇的音楽作品; 原義は大教会の礼拝堂〔→ Oratorium 2〕で演奏された宗教曲のことで, 16世紀半ばフィリッポ・ネリが創設したオラトリオ会での, 祈禱所における音楽による*信心業を起源とする; 「ラテン語オラトリオ」とドイツ語や英語, イタリア語などを用いた「俗語オラトリオ」の別があるが, 18世紀以降は, 後者が主となり, さらにオペラとの形式的融合が進んだ; 例えば, ヘンデル『メサイア』〔1742年初演; 以下同〕, ハイドン『天地創造』〔1798/99〕『四季』〔1801〕, ベートーヴェン『オリーブ山のキリスト』〔1803〕, メンデルスゾーン『聖パウロ』〔1836〕,『エリヤ』〔1846〕, シューマン『楽園とペリ』〔1843〕, ベルリオーズ『ファウストの劫罰』〔1846〕). ②礼拝堂(修道院や教会堂, 病院などにおいて, ある共同体ないしはそこに参集する信者グループのため, 裁治権者の許可のもとで, 神の*礼拝にあてられる場所; CIC.1223); 小聖堂(Kapelle参照). ③聖堂内貴賓席(高貴な身分の人々のための聖堂上階の席; Empore参照). ③オラトリオ会(Oratorianer参照); オラトリオ会の礼拝堂.

Ordal【altenglisch-mlat.】*n.* -s, -ien 神明裁判, 神裁(Gottesurteil参照).

Orden【lat.; 原義"規律, 身分"】*m.* -s, -, ①修道会(特定の目的, 使命のために結成され, 終生または有期の公的*誓願〔多くは, *貞潔, *清貧, *従順の3誓願〕を立てて, 固有法〔*修道会会則, *会憲〕に従った共同生活を営む修道者の団体; 創立及び廃止は教会の合法的権威者の認可による; CIC. 607§2); 〜 der Predigerbrüder → Orden der *Predigerbrüder*; der dritte 〜〔在俗〕第三会(一般信徒からなる在俗会; Tertiarierorden参照); der erste 〜 第一会(司祭や男子修道者から構成される男子修

道会）; der zweite ～ 第二会（*盛式誓願を立て, *禁域制を守る修道女会; 制度的には第一会の男子修道会の傘下にあるが, 現在では通常, その地域の裁治権者〔司教など〕のもとに置かれる; *クララ会, ドミニコ女子修道会など). ②勲章; der päpstliche ～ 教皇勲章（教会に特に功績のあったキリスト教徒に対し, または外交儀礼として, ローマ*教皇から授与される勲章; 1905年の制度改革以降は, キリスト教徒の国家元首に与えられる*キリスト［最高］勲章, 非キリスト教徒の国家元首に与えられる金拍車勲章〔金軍勲章とも; ～ vom Goldenen Sporn〕, *ピウス［9世］勲章, *大グレゴリオ勲章, *シルヴェステル勲章の5種; これらの勲章の他に, 教会と教皇功労章〔Pro Ecclesia et Pontifice〕, 功労章〔Benemerenti〕, 聖地章〔Terra Sancta; Jerusalem-Pilgerkreuz〕のメダルがある).

Ordens=abkürzung f. -, -en, 修道会略称. **～amt** n. -[e]s, ..ämter, 修道会職位. **～austritt** m. -[e]s, -e, 修道会退会（3年以内の期間に限って*禁域法を免除されること; あるいは*有期誓願の期間終了後, 会を離れること; CIC. 686-93). **～bruder** m. -s, ..brüder, 修道士. **～burg** f. -, -en, 騎士修道会城塞（多くは13-14世紀に建造された; 特に*ドイツ騎士修道会の). **～disziplin** f. -, 修道会会則（各々の修道会に固有の修道生活規律). **～frau** f. -, -en, → ～schwester. **～geistliche**# m. -n, -n, 《形容詞的変化》（対義語: Weltgeistliche）修道司祭, 修道会司祭（司祭職に*叙階された修道者; CIC. 705). **～geistlichkeit** f. -, 修道院の聖職者（の総称). **～gelübde** n. -s, -, 修道誓願（Profess参照). **～gemeinschaft** f. -, -en, 修道会（の構成員, または同系列の修道会の総体). **～general** m. -s, -e u. ..räle, 修道会総会長. **～genossenschaft** f. -, -en, 修道会. **～gesellschaft** f. -, -en, 修道会; ～ gesellschaft vom Heiligen Herzen 聖心会（Herz-Jesu-Schwestern参照). **～gründer** m. -s, -, 修道会の創立者. **～haus** n. -es, ..häuser, 修道院. **～institut** n. -[e]s, -e, 修道会. **～kandidat** m. -en, -en, 修道志願者（*修練期に入る前の志願期〔通常は6ヶ月から1年間〕にある者; Novize参照). **～kleid** n. -[e]s, -er, (Habit) 修道［会］服（*奉献のしるし及び*清貧の証として, 修道者が着用する各々の修道会固有の統一的な服装; CIC. 669). **～kleriker** m. -s, -, → ～geistliche. **～kongregation** f. -, -en, → Kongregation 1, 2. **～konstitution** f. -, -en, → Konstitution 2. **～kürzel** n. -s, -, → ～abkürzung. **～leben** n. -s, -, 修道生活（*清貧, *貞潔, *従順の3つの*福音的勧告を遵守し, キリスト教的完徳を目指す共同生活の様式). **～leute** pl. 修道会会員, 修道者. **～mann** m. -[e]s, ..männer, → ～bruder. **～meister** m. -s, -, 騎士修道会総長. **～name** m. -ns, -n, 修道名（Klostername参照). **～obere**# m. -n, -n, 《形容詞的変化》修道会上長（「長上」とも; 自己の修道院内に居住して〔CIC. 629〕, 修道会を統治し, 会員の模範となってこれを教導する者〔CIC. 619〕; CIC. 617-30参照). **～priester** m. -s, -, (対義語: Weltpriester) → ～geistliche. **～profess** (**～profeß**) → Profess. **～provinz** f. -, -en, 修道会管区（同一上長の管轄下にある複数の修道院の連合体; CIC. 621). **～provinzial** m. -s, -e, 修道会管区長（複数の修道院の集団を統括する総長; CIC. 621-22). **～recht** n. -[e]s, -e, 修道会法（*教会法の一部をなす修道会に関する法規定; CIC. 607-709). **～regel** f. -, -n, 修道会会則, 修道戒律（*共住修道生活の規律として, 古来複数の修道会で共有されていた基本法; *バシレイオスの戒律, *ベネディクトゥスの戒律, *アウグスティヌスの戒律, *フランシスコの戒律が, 4大修道会会則〔4大修道戒律〕と呼ばれる; Konstitution 2参照). **～ritter** m. -s, -, 騎士修道会士. **～schloss** (**～schloß**) m. ..schlosses, ..schlösser, 騎士修道会の城（～burg 参照). **～schule** f. -, -n, 修道会経営の学校（特に女子校, 女子寄宿学校). **～schwester** f. -, -n, 修道女. **～staat** m. -[e]s, -en, 修道会国家（ある修道会の支配下にある国家〔例えば → Jesuitenstaat〕, またはその所領〔特に → Deutschordensstaat〕). **～stand** m. -[e]s, ..stände, 修道者の身分（立場). **～tracht** f. -, -en, → ～kleid. **～verband** m. -[e]s, ..verbände, 修道会連合.

Ordinariat【lat.-nlat.】n. -[e]s, -e, 教区本部事務局（*司教を補佐し, *教区全体の統治, 特に*司牧活動の指導, 教区行政と裁判権の行使にあたる教区の最高機関; その職務執行者は教区司教によって任命される; CIC. 469-70).

Ordinarium【mlat.】n. -s, ..rien, ミサ規定書, 礼拝次第; ～ Missae【Kirchenlat.】n. - -, ミサ

通常文，通常式文，オルディナリウム（ミサの典礼文の中で年間を通じて変化しない，*あわれみの賛歌〔Kyrie〕，*栄光の賛歌〔Gloria〕，*信仰宣言〔Kredo〕，*感謝の賛歌〔Sanctus〕，*平和の賛歌〔Agnus Dei〕の5つの部分のこと；→ Proprium Missaeに対して）．

Ordinarius【mlat.】*m.* -, ..rien, 裁治権者（特定区域において統治の*権能を有する高位聖職者；ローマ*教皇，*教区司教〔及び*司教総代理と*司教代理〕，修道会などの*上級上長をいう；CIC. 134）．

Ordination【(kirchen)lat.】*f.* -, -en, 叙階式（有資格者に，*按手と*聖別のための祈願によって*叙階の秘跡を授け，これを*司教職，*司祭職，*助祭職に任ずる式典；通常は*司教が*司教座聖堂において執行する〔CIC.1009, 1011-12〕；Weihe 2参照）；《聖》聖職按手式（主教の按手により，主教，司祭，執事を叙任する礼拝式）．《プ》牧師任職式．

Ordines *pl.* → Ordo（の複数形）；〜 maiores *pl.* 上級聖職位（die höheren *Weihen*参照）；〜 minores *pl.* 下級聖職位（die niederen *Weihen*参照）．

ordinieren【(kirchen)lat.】*t.(h)*（司教，司祭，助祭に）叙階する；《聖》（主教，司祭，執事に）叙任する；《プ》（牧師に）任職する．

Ordnung *f.* -, -en, ①《単数で》秩序（万物が理路整然とした全体〔*コスモス〕をなすよう神によって定められ，計画されているということ；*スコラ学の概念）．②規程（教会共同体の集会や祭式において遵守されるべき規定・規範；CIC. 95）；規定（典礼書に定められた*秘跡の執行方法，段取り）．**Ordo**【lat.】*m.* -, Ordines, ①《単数で》〜 [universi]〔万物の〕秩序（Ordnung 1 参照）．②典礼書（ミサや*秘跡授与の儀式挙行に関する規定が記された本）；オルド，聖務案内（日々のミサや*教会の祈り〔*聖務日課〕について簡略な指示を与えるため，毎年発行される暦）；〜 missae ミサ典〔礼〕書（*ミサ通常文〔ミサの不変部〕が記された本）．③（*叙階によって授けられる）聖職位；〜 sacerdotalis 司祭（の職位）．④修道会；〜 Cisterciensis シトー会；〜 Fratrum Minorum フランシスコ会；〜 mendicans 托鉢修道会；〜 Sancti Benedicti ベネディクト会．

oremus【lat.】オレムス（「祈りましょう」〔Lasset uns beten!〕の意；*ローマ式典礼において，ミサ中，会衆に祈りを行うよう呼びかける司式司祭の言葉）．

Organische Artikel → Organische *Artikel*．

Organum【gr.-lat."道具"】*n.* -s, ..na, オルガヌム（9-13世紀の初期の多声楽曲；*グレゴリオ聖歌を主声部とし，当初はその1音毎に完全4度，完全5度，オクターヴの音程の対声部を付加する「平行オルガヌム」〔Parallel〜〕だったが，11世紀には，1音に対し複数の音が付け加えられ，主声部と対声部が斜進行，反進行したり，声部の交差などの動きをもつ「自由オルガヌム」〔das freie 〜〕，さらに，より複雑で華麗な動きの対旋律をもつ「メリスマ様式のオルガヌム」〔das melismatische 〜〕へと発展した；12世紀後半の*ノートルダム楽派のレオニヌス〔フランス名レオナン〕と，彼に続くペロティヌス〔フランス名ペロタン〕による『オルガヌム大全（大曲集）』〔Magnus liber organi〕において集成，体系化された）．

Orgel・messe *f.* -, -n, オルガンミサ（a. *通常式文の聖歌の一部をオルガンの演奏に置き換えて行うミサ；多くは，聖歌隊とオルガン奏者が交互に演奏する形をとる〔なお交互演奏は1903年ピウス10世（在位1903-14）の*自発教令により禁止された〕；及び，オルガンが演奏する曲を集めたもの．b. Deutsche 〜 ドイツ・オルガンミサ：J. S. *バッハの「クラヴィーア練習曲集」第3部〔1739年刊〕のこと；a のために作られたものではないが，「*教理問答及びその他の賛美歌に基づくオルガンのための様々な前奏曲集」の副題をもち，*ルター派の主要な*コラール編曲を数多く含むためこの名称がある）．

orientalisch *adj.* 東洋の；東方の；die 〜e Kirche 東方教会（東ローマ帝国〔ビザンティン帝国〕，特に*アレクサンドリア，*アンティオケイア，*エルサレム，*コンスタンティノポリスの各*総主教区から展開した諸教会の総称；*カルケドン公会議〔451年〕で決議された正統信仰を継承するコンスタンティノポリスの教会から発展した*東方正教会と，*キリスト単性説を奉じる諸教会とに大別できる；また後にカトリックと合同した*カトリック東方教会や*マロン派教会がある）；die 〜e Liturgie 東方典礼（ローマ・カトリック教会の*ローマ式典礼に対して，東方正教会及び*カ

トリック東方教会で用いられている典礼の総称；主に，アレクサンドリアとアンティオケイアの総主教区で発達した）；Kongregation für die ～en Kirchen → *Kongregation* für die Orientalischen Kirchen．

Origenismus【< Origenes Adamantios】*m.* -s, オリゲネス主義（アレクサンドリアの神学者オリゲネス〔184/5-253/4；ギリシア*教父〕とその信奉者が唱えた諸説；プラトン哲学に依拠し，人間の魂の*先在説，*従属説，*最後の審判や*劫罰の否定に繋がる神的根源への万物の回帰〔万物復興〕，*普遍救済説などの主張があり，また*グノーシス主義的傾向のため，553年第2*コンスタンティノポリス公会議で弾劾されたが，後代まで影響を及ぼした）．**Origenist** *m.* -en, -en,《通常複数で》オリゲネス派，オリゲネス主義者．

Ornat【< lat. ornatus "装飾"】*m. u. n.* -[e]s, -e, 祭服（各々の教会・教派の規定に従って，典礼の際に司式者と奉仕者が着用する衣服）．

orthodox【gr.-spätlat.；< gr. ortho + dóxa "正しい見解"】*adj.* ①（対義語：heterodox）正統の，正統信仰の．②［ギリシア］正教の，東方正教会の；die ～e Kirche［ギリシア］正教会，東方正教会（スラブ諸国，近東，エジプトなどの*ビザンティン典礼を用いるキリスト教会の総称；*聖画像論争や*教皇首位権などの問題によりローマ*教皇との対立を深めていた*コンスタンティノポリス総主教区が，1054年の相互破門によってローマ・カトリック教会から分離〔*離教〕し，東ローマ帝国〔ビザンティン帝国〕の国教として独自の発展を遂げた；現在は，それぞれの首座主教を戴く独立した14の*独立正教会〔古代4総主教庁を含む〕，及び自治正教会〔日本正教会など〕がある；カトリックとの相互破門は1965年に解除された；日本での正式名称は「ハリストス正教会」；なお「ギリシア正教会」〔die griechisch-orthodoxe Kirche〕との呼称は，原始キリスト教で用いられていたギリシア語を教会の公用語・共通語とし，使徒以来の伝統を正しく継承していることを示す；Ostkirche参照）．**orthodox-anatholisch** *adj.*《雅》→ griechisch-orthodox（と同じ；anatolisch参照）．

Orthodoxie【gr.】*f.* -, (Rechtgläubigkeit) ①正統信仰（*異端に対して，普遍的な教理や伝統的な信仰のあり方を保持・実践していると自負する立場；例えば，*ニカイア信条や*アタナシオス信条に教義が合致していること；第1*ニカイア公会議〔325年〕から*カルケドン公会議〔451〕までの最初の4公会議〔多くのプロテスタント教派〕，ないしは第2ニカイア公会議〔787〕までの7公会議〔ギリシア正教会〕の決議〔のみ〕に基づく信仰をいう場合もある；東西教会の分裂や*宗教改革などによって生じた教派は，それぞれの*信仰告白において正統信仰を規定している）．②正統主義（*宗教改革者の神学，信条を規範化・固定化しようとする，16世紀半ばから17世紀の*ルター派に支配的だった思想傾向〔ルター派に続いて*改革派にも同様の動きが見られた〕；*スコラ学的な主知主義的性格が強まり，これに対する批判から*敬虔主義が興ったとされる）．③［ギリシア］正教（die *orthodoxe* Kirche参照）．

Ossarium【< lat. ossa "骨"】*n.* -s, ..rien, ①納骨堂（Beinhaus参照）．②（古代の）骨壺．

Ostensorium【lat.-mlat."提示すること"】*n.* -s, ..rien, オステンソリウム，聖体顕示台（Monstranz参照）．

Oster=abend *m.* -s, -e, 復活祭前夜（*聖土曜日の日没から*復活祭当日の日の出前まで；*復活徹夜祭が行われる）．**～beichte** *f.* -, -n, 復活節の告白（カトリックの信徒には少なくとも年に1度の*告白が義務付けられており〔CIC. 989〕，習慣的には「*復活節の聖体拝領」と同時期に行われる）．**～brauch** *m.* -[e]s, ..bräuche, 復活祭の習俗（復活祭の卵〔→～ei〕，ウサギ〔→～hase〕，小羊〔→～lamm〕などの風習）．**～ei** *n.* -[e]s, -er, 復活祭の卵，イースター・エッグ（復活祭に贈り物とされる彩色したゆで卵，または卵をかたどったチョコレートやマルチパンなどの菓子；ウサギ〔→～hase〕が庭に隠すとされており，卵とウサギはともに豊穣や復活，再生を象徴する）．**～feiertag** *m.* -[e]s, -e,《通常複数で》復活祭の祝日〈休日〉（復活祭当日の日曜日と翌月曜日）；der erste ～feiertag → ～sonntag；der zweite ～feiertag → ～montag．**～ferien** *pl.* 復活祭休暇（学校などの）．**～fest** *n.* -[e]s, -e, 復活祭（→ Osternと同じ）．**～fest・kreis** *m.* -es, -e, → ～zyklus．**～fest・streit** *m.* -[e]s, 復活祭論争（復活祭の日付の決定に関する2-4世紀の論争；ユダヤ教の*過越祭に合わせ，ニサ

ンの月〔3-4月〕の14日の晩から復活祭を祝った小アジアの諸教会と、ニサンの月14日の次の最初の日曜日に*四旬節を終え、この日を復活日として祝ったローマ教会とが対立したため、第1*ニカイア公会議〔325年〕は、春分の日の後の満月に続く最初の日曜日に復活祭を祝うことを決議した). ～**feuer** n. -s, -, 復活祭の火(*復活徹夜祭の「*光の祭儀」において、*司祭によって祝福された火で、*復活ろうそくに灯される；キリストの復活を表す). ～**fladen** m. -s, -, 復活祭の(焼き)菓子. ～**glocke** f. -, -n, ①復活祭の鐘(の音). ②ラッパスイセン. ～**hase** m. -n, -n, 復活祭のウサギ、イースター・バニー (a. 復活祭に色とりどりの卵〔→ei〕を作り、庭の草むらに隠すとされるウサギ；17世紀頃からの風習；ウサギはその繁殖力の強さから豊穣、新しい命のシンボル. b. aをかたどったチョコレートなどの菓子)；(比)素朴な人間. ～**kerze** f. -, -n, 復活ろうそく、復活祭のろうそく(*復活徹夜祭の「光の祭儀」で用いられた蜜蠟製の大ろうそく；*復活節の最終日の*聖霊降臨の主日まで、典礼の際に点火される〔以前は、*主の昇天の祭日に行われるミサの福音朗読の後に消された〕；復活した「世の光」キリストを象徴する；*受難の際に受けたキリストの傷を表す5個の香粒と釘が十字架型に埋め込まれ、ギリシア文字の*アルファと*オメガ、及びその年の西暦の数字が記されている；洗礼式や葬儀の際にも用いられる). ～**kommunion** f. -, -en, 復活節の聖体拝領(カトリック信者には年に最低1回、復活節に*聖体拝領を履行する義務がある；CIC. 920). ～**lamm** n. -[e]s, ..lämmer, ①過越(ﾕﾀﾞﾔ)の小羊(ユダヤ教の*過越祭で屠られ、種なしパンとともに食べられる小羊；出12: 3 -11). ②過越の小羊をかたどったパン菓子(復活祭の習慣の1つ).

österlich adj. ①復活祭の、イースターの；das ～e Triduum → das österliche *Triduum*；die ～e Zeit 復活節(復活の主日から*聖霊降臨祭までの50日間). ②復活祭〈イースター〉らしい、復活祭風の.

Oster=monat m. -[e]s, (まれに:) -e, ～**mond** m. -[e]s, (まれに:) -e, 《雅》(復活祭のある)4月. ～**montag** m. -[e]s, -e, 復活祭の月曜日(復活祭の第2日、復活の主日の翌日).

Ostern【古代ゲルマンの春の女神 Ostara *od.* Eostre (< ahd. ōstar 太陽が昇る「東の」方角)、ないし germ. austro"曙光"などに語源が求められるが不詳；engl. Easter】n. -, -, ①《通常は無冠詞単数、成句では複数扱いのことも；*südd*.では複数で定冠詞を伴うことがある》復活祭〔の祝日〕、復活の主日、イースター(キリストの死と*復活を記念する、*教会暦中で最重要の日；*移動祝日で、第1*ニカイア公会議〔325年〕の決議により、春分の日以後最初の満月の直後の日曜日〔その日が満月の場合は次の日曜日〕に行われる；*グレゴリオ暦を用いる*西方教会では3月22日から4月25日の間で移動するが、*ユリウス暦を用いる*東方教会では年により西方教会と異なる日付になる)；frohe <fröhliche / gesegnete> ～！《複数扱い》復活祭おめでとう；zu (*südd*.: an) ～ 復活祭に；es waren schöne ～ <*östr., schweiz*.:〉《複数扱い》素敵な復活祭だった；～ fällt <fallen> dieses Jahr früh 復活祭が来るのが今年は早い；～ ist bald vorbei《単数扱い》復活祭ももう終わりだ；wenn ～ und Pfingsten zusammenfallen (*od.* auf einen Tag fallen)《比》(復活祭と*聖霊降臨祭が同じ日に来たら、の意から転じて)決してない、あり得ない. ②《話》復活祭の贈り物.

Oster=nacht f. -, ..nächte, → ～abend. ～**oktave** f. -, -n, 復活の八日間(*復活の主日から*復活節第2主日までの、キリストの復活を祝う8日間；Oktave参照). ～**pflicht** f. -, -en, 復活節の義務(*復活節に*聖体拝領を〔場合によっては*告白も〕行うカトリック信者の義務；～beichte、～kommunion参照). ～**rechnung**【< lat. Computus paschalis】f. -, -en, 復活祭の日付の計算、コンプトゥス(*移動祝日である復活祭の日付を算出すること；及び、その方法). ～**samstag** m. -[e]s, -e, ～**sonnabend** m. -[e]s, -e, 聖土曜日(復活祭前日の土曜日；Karsamstag参照). ～**sonntag** m. -[e]s, -e,【< lat. Dominica Paschae】復活祭の主日〈日曜日〉(復活祭の当日、第1日). ～**spiel** n. -[e]s, -e, 復活祭劇(キリストの*受難と*復活を主題とする宗教劇；復活祭の典礼の一部が問答形式となり、*外典の記述も加味されて演劇化したもので11-13世紀頃に成立した). ～**tag** m. -[e]s, -e, → ～feiertag. ～**vigil** f. -, -ien, ① → ～abend. ②復活徹夜祭、復活の聖なる徹夜祭

(*聖土曜日の日没後から*復活の主日の明け方までの間に行われる，年間で最も荘厳な典礼儀式；古くからその中で，キリストの死と復活に与る成人の*洗礼が行われている；*光の祭儀，「*ことばの典礼」，*洗礼と*堅信，「*感謝の典礼」の4部からなる）．～**wasser** n. -s, 復活祭の水（*復活徹夜祭の中で*復活ろうそくを3回浸すことによって*祝別される水；復活徹夜祭の中で行われる*洗礼式の*聖水に用いられる）．～**woche** f. -, -n, 復活祭の週間（a. *復活の主日に始まる1週間．b. 復活祭の前の月曜日〔受難の月曜日〕から始まる1週間）．～**zeit** f. -, 復活祭の時期（多くの教派では，*聖霊降臨祭の初日〔日曜日〕をもって復活祭シーズンが終了する）．～**zyklus** m. -, ..len, 復活祭周期（*移動祝日である復活祭が暦の上で同じ日になるまでの期間；日付と曜日が揃う28年周期，日付と月の満ち欠けが揃う19年周期，両者を掛け合わせた532年周期）．

Ostiariat n. -[e]s, -e, 守門職．**Ostiarier** m. -s, -, **Ostiarius**【lat. "（初代教会の聖堂の）門衛"】m. -, ..rien, (Pförtner, Türhüter)①守門，門番（かつての*下級聖職位の最下位のもの；1972年に廃止され，現在は一般信徒の中から任命される*奉仕職の職務の一部となった）．②受付係（修道院の；*ベネディクトゥスの戒律における*修道院職位の1つ）．

Ost・kirche f. -, -n, ①《単数で》東方教会（1054年に*離脱した*コンスタンティノポリス，*アレクサンドリア，*アンティオケイア，*エルサレムの総大主教区に由来し，*ビザンティン典礼を用いる諸教会の総称；一般には*東方正教会〔die *orthodoxe* Kirche参照〕をいうが，*コプト教会，*アルメニア教会，*ヤコブ教会など*キリスト単性説を奉じる諸教会，ローマ・カトリック教会と交流のある*カトリック東方教会〔die *unierte* Kirche 1参照〕，及びその他の東方諸教会を含む場合がある）．②東方教会に所属する（個々の）教会．

Otfrid, Otfried《固》(m.) ～ von Weißenburg オットフリート（790頃-875頃；エルザス地方ヴァイセンブルクの修道士；865年頃，4つの*福音書を古高ドイツ語に翻案した；その際，ゲルマン語韻文に固有の頭韻ではなく，ラテン語詩の脚韻が用いられ，以降ドイツ語の韻文でも脚韻形式が支配的となった）；～s Evangelien・buch n. オットフリートの『福音書』．

Ottilianer【< St. Ottilien】m. -s, -, 《通常複数で》オッティリア修族（*ボイロンのアンドレアス・アムライン〔1844-1927〕が1884年バイエルンのライヒェンバッハ，87年に同じくザンクト・オッティリエンに設立し，96年教皇によって認可された*ベネディクト会*修族の修道会〔Benediktinerkongregation von St. Ottilien〕；アフリカ及びアジアでの宣教活動に従事している）．

Oxford=bewegung f. -, ①【< engl. Oxford Movement】オックスフォード運動（1833-45年，オックスフォード大学を拠点とした*聖公会内部の教会改革・信仰覚醒運動；自由主義的傾向が進む当時の英国教会にあって，*ハイ・チャーチの神学を復興・発展させ，*宗教改革前の信仰，*秘跡，礼拝形式の再生が図られた；その中心はジョン・ヘンリー・*ニューマン，ジョン・キーブル〔1792-1866〕，エドワード・ピュージー〔1800-82〕らオックスフォード大学の神学者で，ニューマンは後にカトリックに改宗した）．② → Oxfordgruppenbewegung. ～**-Gruppe**【< engl. Oxford Group】f. -, ～**gruppen・bewegung** f. -, オックスフォード・グループ運動（1921年，ペンシルヴァニア州の*メソジスト教会の牧師だったフランク・ブックマン〔1878-1961〕がイギリスに渡り，オックスフォード大学で創始した社会変革・宗教運動；同時代の「道徳的危機」に臨んで，家族的な共同生活を重視し，神の熱愛，神への絶対的服従に基づく生活改革を提唱した；その後「*道徳再武装運動」へと発展した）．

P

Padre【lat.-it. u. span."父"】m. -, Padri, ①《単数で》パードレ（イタリア，スペインなどで*司祭〔修道司祭〕の称号，呼称）．②パードレ，神父，〔修道〕司祭（イタリア，スペインなどの；1の称号の所有者）．

pagan【lat.-nlat.】adj. ①異教の，異教徒の；

非キリスト教的な．②不信心の．**Paganismus** m. -, ..men, ①《単数で》ペイガニズム，異教（*一神教のキリスト教，ユダヤ教，イスラム教の側から見ての；Heidentum参照）．②《単数で》無宗教，無信仰．③（キリスト教の信仰や慣習の中に含まれる）異教的要素．

Palästina【hebr.-gr.; < gr. Palaistinē "*ペリシテ人の土地"】《固》(n.) パレスチナ（地中海東岸とヨルダン峡谷に挟まれ，北はレバノン山脈，南は*シナイ荒野によって区切られた帯状の地域；聖書では*カナンと呼ばれ，また*イスラエルの民が神より与えられた「*約束の地」とされる；その中心都市は*エルサレム；前11世紀末，部族社会だったイスラエルは*サウル王と*ダビデ王のもとで政治的に統一されて*イスラエル王国となる；続く*ソロモン王の死後，王国は南北に分裂し，北はアッシリアにより，南のユダ王国もバビロニアによって滅亡した；その後も，ペルシア，エジプト，シリアの支配を受け，前63年よりローマ帝国の属領となった；イエス・キリストの生誕は，晩年にあった*ヘロデ1世〔大王〕の治下のこと）．**Palästina・pilger** m. -s, -, パレスチナ巡礼者．

Palestrina《固》(m.) パレストリーナ（1525頃-94；本名はジョヴァンニ・ピエルルイジ〔Giovanni Pierluigi〕で，ローマの東に位置するその出身地パレストリーナが通称となっている；イタリア・ルネサンス及び*対抗宗教改革時代を代表する教会音楽の作曲家；理想的なポリフォニーの声楽様式を確立し，「教皇マルケルスのミサ曲」〔Missa Papae Marcelli〕など100を越えるミサ曲を書いた）．

Palimpsest【gr.-lat.；原義"再び削り落とした"】m. (n.) -[e]s, -e, パリンプセスト（重記写本，消し書き写本とも；古代末期から中世において，不要となった写本の*羊皮紙を再利用するため，記された文字や図像を洗浄したり削り取るなどして消去し，別内容を上書きしたもの；復元された元の文書は重要な資料となる場合がある）．

Palla【lat.】f. -, -s u. Pallen, パラ，聖杯布（ミサの際に*カリスを覆う正方形の白い亜麻布；十字架などの刺繍が施され，厚紙などで補強してある）．

Pallien・geld n. -[e]s, パリウム謝金（かつて*大司教への*叙任に際して，新任者からローマ*教皇に対して支払われた謝礼金；正式任命の際に*パリウムを授与されることからこの名称がある；マグデブルク大司教アルブレヒト〔1490-1545〕がマインツ大司教位の獲得に向けたパリウム謝金を工面するため，1517年*サン・ピエトロ大聖堂修築献金の名目で*免罪符〔贖宥状〕の販売を行い，これを*ルターが批判したことが*宗教改革の端緒となった）．**Pallium**【lat.】n. -s, ..lien, パリウム（ローマ*教皇及び*管区大司教が祭服の上に着用する帯状の*肩衣；首を入れる環の部分と前後に垂らす細帯からなる；白い羊毛製で十字架の刺繍がある；イエスが肩に担いだ羊のかたどりともいわれる；教皇の権威と，教皇によって管区大司教に分与される*裁治権を象徴し，管区大司教は任命後3ヶ月以内にパリウム授与を教皇に申請しなければならない；CIC. 437）．**Palliums・geld** → Pallien-geld.

Pallottiner【< Vincenzo *Pallotti*】m. -s, -,《通常複数で》パロッティ会（1835年ヴィンチェンツォ・パロッティ〔1795-1850；聖人〕が*信徒使徒職の普及と宣教活動を目的としてローマで創設した男子修道会；会員は*誓願を立てず，在俗聖職者の身分に留まりながら共同生活を行う；略: SAC）．**Pallottinerin** f. -, -nen,《通常複数で》女子パロッティ会（1838年パロッティがコレラ流行後のローマに建てた女子孤児院を端緒とし，女子教育を目的に発足した；95年リンブルクにドイツ最初の修道院を設立，また当時ドイツの植民地だったカメルーンで宣教を行い，その後南北アメリカ大陸などにも活動範囲を広げた；略: SAC, 以前はCMP．**Pallottiner・orden** m. -s, → Pallottiner.

Palm【lat.；→ Palmeの別形；原義"手のひら"】m. -s, -e,《方》棕櫚（しゅろ）の枝（Palmzweig参照）．**Palmarum**【lat. "棕櫚（の日）"】《無冠詞；不変化》《プ》→ Palmsonntag. **Palm・donnerstag** m. -[e]s, -e, 棕櫚の木曜日（*聖木曜日の別称）．**Palme** f. -, -n, 棕櫚，ナツメヤシ（ヤシ科の常緑高木；a. 死や罪に対する最終的勝利，*永遠の命，*天国の象徴〔詩92:13-16参照〕；元来は，異教における戦勝の象徴だった．b. *福音記者*ヨハネやローマの迫害時代の*殉教者たち，その他の*聖人の*アトリビュート；また*無原罪の宿りなどの図像で

は聖母マリアとともに描かれる〔雅7:8参照〕). **Palmen・synode** f. -, 棕櫚の教会会議 (501年10月, 教皇シンマクス〔在位498-514〕が*対立教皇ラウレンティウス〔在位498-507〕との争いの最中, ローマで開催した*司教会議;「教皇は何人によっても裁かれない」とする*教皇首位権を決議した).

Palm=sonntag【< lat. Dominica in Palmis de Passione Domini】 m. -[e]s, -e, 枝の主日, 棕櫚(しゅろ)の日曜日 (*復活祭直前の日曜日, *聖週間の第1日の「*受難の主日」の別名;キリストのエルサレム入城〔マタ21:1-11他〕を記念し, ミサの開祭の部分で, 会衆はナツメヤシなどの枝を手に司祭の祝福を受け, *行列して教会堂に入る;会衆は堂内にあって, 司祭と奉仕者が代表して入堂する形式もある). ~weihe f. -, -n, (枝の主日に行われる)棕櫚(の枝)の祝別. ~zweig m. -[e]s, -e, 棕櫚の枝 (枝の主日のミサの前に祝別され, 会衆に配られる;キリストのエルサレム入城の際, 群衆が棕櫚の枝をもって迎えたことを記念する;ヨハ12:13, 黙7:9参照).

Panchristianismus m. -, 汎キリスト教主義 (1928年教皇ピウス11世〔在位1922-39〕は*回勅「モルタリウム・アニモス」で, プロテスタント諸派による*エキュメニカル運動を, すべての信仰, 宗教を同等とみなす立場であるとして, この語をもって批判, 排斥した).

Panentheismus【gr.-nlat.】 m. -, (All-in-Gott-Lehre) 万有〔内〕在神論 (神は万物に内在するが, それと同時に全宇宙は神の内にあり, 神によって包括されているとする神学上の立場;神を世界の外部に指定する*理神論や*超越神論と, 神と世界の同一性を強調する*汎神論の中間的立場で, ドイツ観念論時代の哲学者カール・クリスティアン・フリードリヒ・クラウゼ〔1781-1832〕が提唱した).

Pange lingua【lat.“歌え, 舌よ”】 m. - -, パンジェ・リングァ (*トマス・アクィナスの作とされる*聖体を讃える聖歌で, *聖体の祭日に行われる*聖体行列や*聖木曜日の聖体安置式の行列などで歌われる).

Panis angelicus【lat.“天使の糧”】 m. - -, (Engelsbrot) パニス・アンジェリクス (*トマス・アクィナスが, *聖体の祭日の*朝課〔読書課〕で聖体を賛美するために作った「サクリス・ソレムニイス」(Sacris solemniis) の一部分;「天使のパンは人のパンとなった」〔lat. *Panis angelicus* fit panis hominum ; dt. Das *Engelsbrot* wird zum Brot der Menschen〕で始まり, 名称はラテン語の最初の2語による;及び, これに作曲されたもの;特に, セザール・フランクの作品〔1872年〕が知られる).

Pantheismus【gr.-nlat.】 m. -, 汎神論, 万有神論 (神と宇宙を同一視し, 両者の間に本質的差異を認めない〔したがって神の絶対性, 超越性, 人格性を認めない〕宗教・哲学上の立場;キリスト教においては*グノーシス主義や*新プラトン主義の影響下にある*神秘主義の諸派にこの傾向が見られる;第4*ラテラノ公会議〔1215年〕, 第1*ヴァティカン公会議〔1869/70〕などで繰り返し排斥された).

Pantheismus・streit m. -[e]s, 汎神論論争 (1780年代のドイツで, レッシングのスピノザ理解を端緒として, ヤコービとメンデルスゾーンの間で起こった議論;ヘルダー, ゲーテ, カントらがこれに加わり, 「神即自然」〔Deus sive natura〕というスピノザの汎神論の研究とその積極的評価が進んだ). **Pantheist** m. -en, -en, 汎神論者. **pantheistisch** adj. 汎神論の, 汎神論的な.

Pantokrator【gr.“全能の支配者”】 m. -s, -en, ①《単数で》パントクラトール (神に対するギリシア語の尊称;また「万能者」としてのキリストのこと〔黙1:8〕). ②(特に*ビザンティン芸術における宇宙の支配者としての, 戴冠した)キリスト像.

Papa【gr.-mlat.“父”】 m. -s, パパ (a. 教皇に対する呼称;1073年教皇グレゴリウス7世〔在位1073-85〕によって定められた. b.《東》主教, 大主教, 大修道院長〔*東方正教会における高位聖職者〕の称号;略: P.). **Papabili**【lat.-it.“教皇に選出されうる”】pl. 教皇候補枢機卿.

papal【gr.-mlat.】 adj. 教皇の. **Papal・hoheit** f. -, 教皇首位権, 教皇至上権 (ローマ教皇がキリストの代理者として全教会に対して行使することができる, 最高, 十全, 直接かつ普遍の*裁治権〔CIC. 331〕). **Papalismus**【gr.-mlat.-nlat.】 m. -, ①教皇首位説, 教皇中心主義 (ローマ教皇は, キリストの地上における代理人である*ペトロの後継者として, 全教会に対して絶対的な*裁治権をもつとする説;教皇は*公会議に従属すると唱える*公会議首位説や, *司教職の自主性を主張し教皇の全権を

制限しようとした*司教団首位説に対するもので，古代教会以来の教説だが，第1*ヴァティカン公会議で*教義化された）．② → Papalsystem．**Papalist** *m.* -en, -en, 教皇中心主義者．**Papal・system** *n.* -s, 教皇首位制（教会の最高権威を司教団あるいは公会議ではなく，ローマ教皇におく教会法上の位階的秩序）．

Papa・mobil【< it. papa +（auto)mobile】*n.* -s, -e, パパモビル（ローマ教皇のための特別専用車両の非公式名称）．

Papas【ngr.】*m.* -, -,（ギリシア正教会の）[在俗] 司祭．

Papat【gr.-mlat.-nlat.】*m.*(*n.*) -[e]s, 教皇の職位．

Papismus【gr.-mlat.-nlat.】*m.* -,《蔑》①（硬直化した）カトリシズム．②教皇至上主義（カトリックの教皇制を非難する際に用いられる語；Ultramontanismus参照）．**Papist** *m.* -en, -en,《蔑》①（頑冥な）カトリック教徒．②教皇至上主義者，教皇派（Ultramontanist参照；対義語: Antipapist）．**papistisch** *adj.* 《蔑》教皇至上主義の，教皇制礼賛の，教皇派の；(頑冥な）カトリックの．

Papst【lat. "父；（ローマの）司教"】*m.* -[e]s, Päpste, [ローマ] 教皇（ローマ・カトリック教会の最高権威者，ローマ司教，*ヴァティカン市国の首長 [国家元首]；キリストの代理人，つまりキリストが使徒*ペトロに与えた権威 [マタ16:19] の継承者で，*使徒団を継ぐ*司教団の頭；教皇が*聖座から [ex cathedra参照] 発する布告は*不謬性を有する；教皇の死ないしは自発的な辞任の表明により，*コンクラーヴェが開催され，*枢機卿団によって新教皇が選出される；通常は枢機卿から選ばれるが，法的には男子のカトリック信徒であればよく，当該者が*司教でない場合は教皇の権限を受ける前に*司教叙階される [CIC. 330-35参照]；なお邦訳として「[ローマ] 法王」も用いられているが，日本の司教団は「教皇」を正式名称として推奨している）；der schwarze 〜 黒い教皇（*イエズス会総長のこと；「黒」はイエズス会士の黒い修道服に由来するとも，イエズス会が特に16-17世紀頃，カトリック教会において隠然たる力を行使していたことを示唆するともいわれる）；der weiße 〜 白い教皇（ローマ教皇のこと；普段，白い教皇服を着用することから）．

Papst=altar *m.* -[e]s, ..altäre, 教皇祭壇（ローマの*バシリカ，例えば*サン・ピエトロ大聖堂において，原則として教皇だけがミサを行うことができる主祭壇）．**〜familie** *f.* -, -n, 教皇側近（*ヴァティカン宮殿内に居住する教皇の顧問，侍従など），教皇宮廷内居住者．

Päpstin *f.* -, -nen, 女教皇（a. → Johanna 女教皇ヨハンナ: 9世紀半ば，教皇位に就いたという [13世紀以来の] 伝説上の人物．b. タロットカードの1枚）．

päpstisch *adj.* ①《雅》 → päpstlich．② → papistisch．

Papst=katalog *m.* -[e]s, -e, 歴代教皇表（*ペトロから現教皇までの歴代教皇の一覧表；Liber pontificalis参照）．**〜kreuz** *n.* -es, -e, → das *päpstliche* Kreuz．**〜krone** *f.* -, -n, 教皇 [三重] 冠（Tiara参照）．**〜krönung** *f.* -, -en, 教皇戴冠（式）（新しく選出された教皇が*助祭枢機卿から*三重冠を受ける伝統的な儀式で，これをもって教皇の在位期間が始まるとされたが，ヨハネ・パウロ1世 [在位1978] は三重冠の代わりに*パリウムを受け，以降，戴冠式は簡素化された）．

Päpstler *m.* -s, -, → Papist．**Päpstlerei** *f.* -, 教皇に忠実なこと；教皇至上主義（Papismus 2参照）．

päpstlich *adj.* [ローマ] 教皇の，教皇庁の（apostolisch 2参照）；die 〜e Akademie der Wissenschaften【< lat. Pontificia Academia Scientiarum】教皇庁学士院（教皇庁立の自然科学研究機関；1603年フェデリコ・チェシ公爵 [1585-1630] により創立されたリンチェイ学士院を起源とする；初代の会員にガリレオ・ガリレイ [1564-1642] がいる；創設者の死後に廃止されたが，1847年ピウス9世 [在位1846-78] により復興，1936年ピウス11世 [在位1922-39] によって改組され現在に至る）；der 〜e Altar → Papstaltar；das 〜e Amt 教皇職；der 〜e Botschafter → der 〜e Nuntius；das 〜e Dekret → das päpstliche *Dekret*；der 〜e Delegat → der Apostolische *Delegat*；die 〜e Diplomatie 教皇庁外交；das 〜e Dokument（Papsturkunde）教皇文書（ローマ教皇またはその代理者によって表明される*聖座の公式見解全般をいう；*教皇令，*教皇自発教令，*教皇書簡，教皇演説，及び教皇庁が発行する諸文書などがある）；die 〜e Ehrengarde 教皇貴族近衛

隊 (Nobelgarde 参照); der 〜e Erlass (Erlaß) → das 〜e *Dekret*; die 〜e Familie → Papstfamilie; die 〜e Flagge 教皇旗 (*ヴァティカン市国の国旗; 右半分は白地で教皇 *三重冠と*鍵がデザインされ, 左半分は金地の正方形の旗; 1929年*ラテラノ条約締結の際に制定された); die 〜e Garde → Schweizergarde; die 〜e Gendarmerie 教皇警視隊 (1816年教皇ピウス7世〔在位1800-23〕によって設立され*ヴァティカン宮殿における警察業務にあたっていたが1970年に改組, 現在は „Gendarmeriekorps der Vatikanstadt" として活動している); der 〜e Hof 教皇宮廷; das 〜e Jahrbuch【< lat. Annuario Pontificio】教皇庁年鑑 (1860年からローマ教皇庁が年1回刊行するカトリック教会の公式年鑑; 使用言語はイタリア語); die 〜e Kammer → die *Apostolische* Kammer; die 〜e Kanzlei → die *Apostolische* Kanzlei; die 〜e Konstitution → die 〜e Konstitution 1 a; das 〜e Kreuz 教皇十字〔架〕(ローマ教皇の3権〔司祭・司牧・司教〕を象徴し, 下の方ほど長い3本の横木をもつ; 教皇の*行列などで掲げられる); die 〜e Kurie → Kurie; der 〜e Legat → Legat; der 〜e Nuntius → Nuntius; der 〜e Orden → der päpstliche *Orden*; der 〜e Pönitentiar → der päpstliche *Pönitentiar*; die 〜e Pönitentiarie → Pönitentiarie; der 〜e Pönitenzier → der päpstliche *Pönitentiar*; der 〜e Segen → der päpstliche *Segen*; der 〜e Staat 教皇領 (754年からイタリア統一の1870年まで, 教皇が統治した中部イタリアの世俗領土); der 〜e Stuhl → der Apostolische *Stuhl*; die 〜e Unfehlbarkeit → Unfehlbarkeit; die 〜e Universität Gregoriana グレゴリアナ大学 (ローマのピアッツァ・デラ・ピロッタにある教皇庁立大学; 1551年*イグナティウス・デ・ロヨラによってイエズス会神学院として設立された*コレギウム・ロマーヌム〔ローマ学院〕を前身とする; 1584年グレゴリウス13世〔在位1572-85〕の援助を受けて大規模な学舎が建てられ, 以降同教皇の名で呼ばれるようになった; 1873年ピウス9世〔在位1846-78〕により現在地に移されて教皇庁立となる; 神学, 教会法, 哲学, 教会史, 宣教学, 社会学の6学部と宗教学, 霊性神学, 社会学の3研究所を擁し, また教皇庁立の聖書研究所及び東方研究所と合同している); die 〜e Universität Urbaniana ウルバニアナ大学 (ローマのジャニコロの丘にある教皇庁*福音宣教省直属の総合大学; 1627年教皇ウルバヌス8世〔在位1623-44〕が, 宣教活動の研究及び宣教者養成のために創設した神学校に端を発し, 現在は神学, 哲学, 教会法学, 宣教学の4学部と宣教的信仰教育学, 布教, 無神論の3研究所をもつ).

Papst=liste *f*. -, -n, 歴代教皇表 (〜katalog 参照). **〜messe** *f*. -, -n, 教皇ミサ (7世紀末頃から*ラテラノ大聖堂及び*集会指定聖堂で, 教皇が挙式した大規模な*盛式ミサ; パウルス6世〔在位1963-78〕によって廃止された).
〜name *m*. -ns, -n, 教皇名 (教皇に就任後, 本名とは別に付けられる名前; 慣習として, 敬愛する先任の教皇の名前をとり, その名の後に2世, 3世, …〔der zweite / dritte / ...〕と序数が付加される). **〜rose** *f*. -, -n, → die Goldene *Rose*. **〜thron** *m*. -[e]s, 教皇座 (→ der Heilige *Apostolische Stuhl* と同じ).

Papsttum *n*. -s, ①教皇権; 教皇職, 教皇位 (教皇の職位と全教会に対する*裁治権, 及びその権威). ②教皇制度 (ローマ教皇を頂点とするカトリック教会の統治組織; Papalsystem 参照).

Papst=urkunde *f*. -, -n, 教皇文書 (das *päpstliche* Dokument 参照). **〜wahl** *f*. -, -en, 教皇選挙 (Konklave 参照). **〜würde** *f*. -, 教皇職, 教皇位 (Papsttum 参照).

Papyri *pl*. → Papyrus (の複数形). **Papyrologie** *f*. -, パピルス〔写本〕学. **Papyrus**【gr.-lat.】*m*. -, ..ri, ①パピルス (ナイル川下流などの湿地に繁茂する熱帯性水生植物のカミツリグサ科カミガヤツリ〔紙蚊帳吊〕; 及び, 古代エジプト人がその茎の髄から作った書写用紙〔パピルス紙〕). ②パピルス写本 (1に記された文書記録; 聖書関係では, *死海文書の一部, ライランズ・パピルス〔*ヨハネによる福音書の一部; 125年頃成立〕, チェスター・ビーティー・パピルス〔新約聖書及び*外典・偽典の写本; おそらく3世紀に成立〕, ボードマー・パピルス〔3世紀頃〕, また*コプト語のナグ・ハマディ文書〔*グノーシス派の新約*外典を含む〕などがある).

Parabel【gr.-lat.】*f*. -, -n, 譬え〔話〕, 比喩 (身近な例を用いて, 宗教的道徳的真理や教訓を伝えるもの; 特に, 過去の一回的な出来事を素材として語られる話〔例えば, 放蕩息子

ルカ15:11-32〕をいい、繰り返し起こる可能性のある素材を用いる → Gleichnisと区別されるが、両者の厳格な区別はできない；イエスは宣教活動中、民衆に対して度々これを用いて語った〔マタ13:10-16参照〕.

Paradies【pers.-gr.-kirchenlat. "(柵で囲われた) 園"】n. -es, -e, ①《単数で》楽園、パラダイス（旧約聖書では神によって*人祖が逐われた*エデンの園〔創2-3章〕を指す；新約では*天国〔ルカ23:43、2コリ12:4、黙2:7〕あるいは*リンボの意味で用いられている；Himmel参照）；das verlorene ～ 失われた楽園；Das verlorene Paradies参照. ②パラダイス（中世初期の教会建築で、列柱によって囲まれた前庭；→ Atriumと同じ）.

Paradies=garten m. -s, 楽園（Paradies 1、Eden参照）. ～**gärtlein** n. -s, -, バラ園の聖母子像（特に北方ゴシック美術に見られる、「閉ざされた園」〔雅4:12〕の中で、バラを背景として座した聖母子像〔Hortus conclusus参照〕；上部ライン地方の無名の画家が1410-15年頃に描いた作品〔フランクフルト・アム・マインのシュテーデル美術館所蔵〕が有名）.

Paradigma【gr.-lat."模範、模型"】n. -s, ..men, ①パラディグマ（見習うべき完全な倫理的規範；Nachfolge Christi 1 参照）. ②パラダイム（トーマス・クーン〔1922-96〕が『科学革命の構造』〔1962〕で論じた概念で、元来は、科学史においてある科学者共同体が依拠する科学的業績を指したが、ある時代に支配的な物の考え方や世界観の意味で人口に膾炙した）.

Paraklet【gr.-mlat."(側に) 呼ばれた者"】m. -[e]s u. -en, -e[n], **Parakletos**【gr.】m. -, ..toi, パラクレートス、弁護者（助け主、慰め主とも；罪を犯した人間を、神に対して執り成す者；特に、キリスト〔1ヨハ2:1〕,*聖霊〔ヨハ14:16, 16:7〕を指す〔ドイツ語共同訳では„Beistand"〕；Tröster参照.

Parakonikon【gr.-spätgr.】n. -[s], ..ka, 《東》パラコニコン（*イコノスタシスの北扉；南扉は → Diakonikon）.

Paralipomenon【gr."省かれたもの"】n. -s, ..na, ①《複数で》歴代誌（→ Chronikaの*七十人訳及び*ウルガタ訳聖書におけるギリシア語書名；名称は、*サムエル記と*列王記では「省略された」出来事を扱っているとの誤解

に基づく）. ②《通常複数で》（文書、書物の）補遺、付録、パラリポメナ.

Paraliturgie【lat.】f. -, -n, 準典礼（キリスト教徒が信仰心から長年習慣的に行っている、*秘跡や*準秘跡の典礼とは別の*信心業、礼拝的行事）.

Parallelismus【lat.】m. -, ..men, パラレリズム、並行法（*詩編などヘブライ語詩に特徴的な修辞技法；同一または類似の表現形式や意味をもつ句を2つ以上並べて、文意を強調したり対照させるもの；例えば、「（いかに幸いなことか）神に逆らう者の計らいに従って歩まず／罪ある者の道にとどまらず／傲慢な者と共に座らず（主の教えを愛し／その教えを昼も夜も口ずさむ人）」〔Wohl dem Mann, der nicht dem Rat der Frevler folgt, / nicht auf dem Weg der Sünder geht, / nicht im Kreis der Spötter sitzt, sondern Freude hat an der Weisung des Herrn, / über seine Weisung nachsinnt bei Tag und bei Nacht.〕；詩1:1-2）.

Parament【lat.-mlat.】n. -[e]s, -e,《通常複数で》パラメント（*祭服及び*祭具、礼拝堂等の装飾に用いられる繊維製品）. **Paramentenkammer** f. -, -n, 祭具室（Sakristei参照）. **Paramentik**【lat.-mlat.-nlat.】f. -, 祭服学、祭式装飾学（典礼に用いる祭服などの歴史、形式、象徴、調製技術、使用法などを研究する学）.

Paränese【gr.-lat.】f. -, -n, 勧告〔文〕（「…しなさい」、「…すべきです」と、道徳的宗教的な勧めを韻文ないし散文の形で列挙していくもの；聖書では、例えばトビ4:5-19、ロマ12-15章）.

Paraphrase【gr.-lat.】f. -, -n, パラフレーズ、敷衍、注解（聖書などの語句の意味を、別の言葉で言い換えることによって説明すること）. **Paraphrasis** f. -, ..sen, 《雅》→ Paraphrase.

Parentation【spätlat.】f. -, -en, ①葬儀、慰霊祭. ②弔辞、追悼の辞.

Paris【前3世紀セーヌ川シテ島に定住したケルト系のパリシイ人〔Parisii〕にちなむ】《固》パリ（フランスの首都；初代司教ディオニシウス〔生没年不詳〕が250年頃キリスト教を伝えたとされる；フランク族の王クロヴィス〔466頃-511〕の受洗〔496〕によりパリはキリスト教化されたが、キリスト教都市として大きく発展したのはカペー朝時代の11-13世

紀で，*ノートルダム大聖堂〔1163年着工〕をはじめ多くの教会堂や修道院が建設された；12世紀に創立されたパリ〔ソルボンヌ〕大学は神学部を中心に発展し，*アルベルトゥス・マグヌスや*トマス・アクィナスらを輩出した；守護聖人は*ジュヌヴィエーヴ）．**Pariser** *adj.* 《不変化》パリの；～ Märtyrer *pl.* パリ殉教者（フランス革命初期，革命派の市民による「九月虐殺」で殺害された計191人の聖職者〔1926年*列福〕；1792年9月2日，聖職者民事基本法の宣誓を忌避した21名の聖職者が処刑され，その後*カルメル会修道院や市内のすべての監獄が襲われて，その後の数日で1400人余りが犠牲になった）；～ Mission *f.* / ～ Missionare 【< fr. Société des Missions Étrangères de Paris; dt. Gesellschaft des Pariser Missionsseminars】*pl.* パリ外国宣教会，パリ・ミッション会（1658年イエズス会士アレクサンドル・ド・ロード〔1583-1660〕の提案により，フランソワ・パリュー〔1626-84〕，ピエール・ランベール・ド・ラ・モット〔1624-79〕らがアジアに派遣され，1664年パリに神学校が設立されるとともに，最初の宣教会として認可された；フランス語を母国語とする*教区司祭の会員が，極東での布教活動に従事している〔1992年に現地出身の司祭の入会が許可された〕；略：MEP〕．

Parität【lat."平等"】*f.* -,（まれに:）-en, [die konfessionelle] ～［教派，宗派］同権，同等（*信教の自由の原則に基づき，国家がすべての宗派の個人・団体に対して同等の態度を示すこと；例えば，*宗教改革後，帝国都市〔アウクスブルクなど〕においてカトリックとプロテスタントが対等の法的権利をもって共存したこと；Simultaneum 2参照）．**paritätisch** *adj.* ［教派，宗派］同権の．

Parlatorium【mlat.】*n.* -s, ..rien,（修道院内の修道士たちの）談話室．

Parochi *pl.* → Parochus（の複数形）．**parochial**【mlat.】*adj.* 小教区の．

Parochial=kirche *f.* -, -en, 小教区教会．～**schule** *f.* -, -n,［小］教区学校(Pfarrschule参照)．

Parochie【gr.-mlat. "(現世に）よそ者として居住すること"】*f.* -, -n, 小教区(Pfarrei 1参照)．

Parochus【gr.-lat.-mlat】*m.* -, Parochi,《稀》(小教区の）主任司祭(Pfarrer参照)．

Parodie=lied *n.* -[e]s, -er, パロディ・リート（既存の世俗曲にドイツ語の歌詞を付けて*賛美歌に転用したもの；Kontrafaktur参照）．～**messe** *f.* -, -n, パロディ・ミサ（既存の*モテットやマドリガルなどの世俗曲から旋律を借用して作曲された，ポリフォニーによるミサ曲；16世紀に大流行し，*トリエント公会議で禁止されたが，借用元を明かさない形で〔「名前のないミサ」(Missa sine nomine)として〕作られ続けた；*パレストリーナのミサ曲の多くがこの手法による）．

Partikel【lat."小部分，かけら"】*f.* -, -n, ①ホスティアの小片（ミサ中に*聖別された*ホスティアを細かく割ったもの；*聖体拝領者に与えられる）．②聖遺物片（*受難具などの*聖遺物，特に*聖十字架の断片）．**partikular**【spätlat.】*adj.* 部分的な，個別的な，局地的な；das ～e Gericht → das besondere *Gericht*；das ～e Gesetz → das partikulare *Gesetz*；das ～e Recht → Partikularrecht．

Partikular=examen *n.* -s, - *u.* ..mina,（良心の）特別糾明(die besondere *Gewissenserforschung*参照)．～**gesetz** → das partikulare *Gesetz*．

Partikularismus【lat.-nlat.】*m.* -, 特定主義（特殊贖罪説，特殊神寵説とも；神の*恵み〔ないしキリストの*贖罪〕は人類全体にではなく，特定の選ばれた個人にのみ及ぶとする，*予定説などに見られる主張；→ Universalismusに対して）．

Partikular=kirchen・recht → ～**recht**．～**konzil** *n.* -s, -e *u.* -ien, 部分教会会議（*公会議に対し，特定地域の*司教のみによって構成される教会会議；その規模によって → Plenarkonzilと → Provinzialkonzilの別がある；CIC. 439-46)．～**recht** *n.* -[e]s, -e, 局地法（特定地区にのみ効力をもつ*教会法の細則規定）．

Parusie【gr."到来"】*f.* -, ～ [Christi]［キリストの］再臨，来臨（この*世の終わりに*最後の審判のためキリストが地上に再び現れ，救済の業を完成させること；1コリ15:23-24, 1ヨハ2:28)．

Pascha【hebr.-gr.-kirchenlat. "いけにえ（の祭事）"】*n.* -s, ①過越（{{がつ}}），過越祭（ユダヤ教3大祝祭日の1つで，神によって*イスラエル人がエジプトから解放されたことを記念する「パスカ」の祭；エジプト人とその家畜の初子〔長子〕を滅ぼした神の使いが，*いけに

えの*小羊の血が塗られたイスラエル人の家を「過ぎ越した」という故事に基づく〔出12:21-30〕；キリストの*贖罪死の*予型とみなされており、キリストは自身をいけにえ〔パスカ〕として神に献げる*最後の晩餐を執り行い〔ルカ22:15-21〕、*パウロもその十字架上の死を、人間を罪から解放する「過越の小羊」の屠りと理解している〔1コリ5:7〕；Ostern参照）．② → Paschalamm.

Pascha=fest n. -[e]s, -e, → Pascha 1. **〜lamm** n. -[e]s, ..lämmer, 過越(⚪︎)の小羊(a. ユダヤ教の*過越祭の夜に屠られ、家族で食される小羊〔出12:21, 43〕．b.《単数で》キリストのこと〔1コリ5:7〕；Lamm Gottes参照）．

Passa[h] → Pascha.

Passa[h]=fest n. -[e]s, -e, → Pascha 1. **〜lamm** → Paschalamm.

Passion【(spät)lat.-kirchenlat."苦しみ"】f. -, -en, ①《単数で》(キリストの)受難(das Leiden Christi参照)；受難史、受難物語(Leidensgeschichte Christi参照)；(*殉教者たちの)受難. ②受難図、受難像(福音書に記述された、鞭打ち、*茨の冠、*ゴルゴタへの道、*十字架昇架、*磔刑(⚪︎)などキリストの受難〔及びその前後の出来事〕を題材とする図像・彫像；5世紀頃から制作される). ③受難曲(4つの*福音書のキリスト受難の記事に、それぞれ作曲した音楽作品；したがって → Matthäus-Passion, → Markus-Passion, → Lukas-Passion, → Johannes-Passionの4種がある).

Passional【mlat.】n. -s, -e, 受難録(a. 中世において、*殉教者や*聖人の祝日に朗読された典礼用の聖人伝集. b.《単数で》13世紀末頃*ドイツ騎士団の周辺で成立した、中高ドイツ語による中世ドイツ最大の聖人伝集；聖母*マリアとキリストの生涯・伝説、*使徒たちの伝記、そして*典礼暦の日付順に、75人の*聖人の伝記が収録され、典礼での朗読や黙想などに用いられた). **Passionale** n. -s, -, **Passionar** n. -s, -e, → Passional. **Passionist** m. -en, -en,《通常複数で》御受難[修道]会(十字架の聖パオロ〔1694-1775〕が1720年頃イタリア西部トスカーナで設立した修道会〔1741年認可〕；会員は通常の3*誓願に加え、キリストの受難の想起と信心奨励の特別な誓願を立てる；略: CP).

Passions=geschichte f. -, -n, (キリストの)受難史(Leidensgeschichte Christi参照). **〜instrument** n. -[e]s, -e, 受難具(〜werkzeug 参照). **〜kreuz** n. -es, -e, 受難の十字架(最も一般的な十字架の形態で*ラテン式十字架と同じ). **〜musik** f. -, → Passion 3. **〜sonntag** m. -[e]s, -e, 受難の主日(*復活の主日の1週間前の日曜日〔*枝の主日〕で、この日に*聖週間が始まる). **〜spiel** n. -[e]s, -e, [キリスト]受難劇(12-13世紀に*復活祭劇から分かれて成立し、特に15-16世紀のドイツ語圏で発展した通俗的民衆劇；キリストの*受難だけではなく聖書全般から題材が採られ、毎年多数の参加者〔その多くは職人〕によって、数日間にわたり戸外で上演されたが、ティロルやバイエルン・アルプスの村落〔例えば→ Oberammergau〕を除き、*宗教改革以降急速に衰退した). **〜tuch** n. -[e]s, ..tücher, 受難の幕絵(Fastentuch, Hungertuch参照). **〜weg** m. -[e]s, 受難の道(Leidensweg Christi参照). **〜werkzeug** n. -[e]s, -e,《通常複数で》受難具(キリストの*受難と、死に対する勝利の象徴として、図像・彫像に表現された、十字架、槍、茨の冠、釘、鞭、梯子、キリストの衣服、海綿、等々；Arma Christi参照). **〜woche** f. -, -n, 受難週(*四旬節の第6主日である受難の主日〔*枝の主日〕から*聖土曜日までの1週間；→ Karwocheと同じ). **〜zeit** f. -, -en, ① → 〜woche. ②受難節(四旬節〔Fastenzeit, Quadragesima参照〕のことで、*灰の水曜日から*聖土曜日までの40日間).

Pastor【lat.-mlat."牧者"】m. -s, -en (nd.: -e u. ugs.: Pastöre), (特にプロテスタントの)聖職者、牧師(略:P.)；《カ》神父、司祭(カトリックでは、地方によっては聖職者の*司牧職を強調して、Pastorの語を用いることがある；管轄する*小教区をもたない → Pfarrerを特に指す場合もある)；〜 primarius【lat.-mlat.】m. -, -, -es ..rii, 大聖堂主任司祭；主任牧師(Oberpfarrer参照；略: P. prim.). **pastoral** adj. ①牧師の、司祭の. ②司牧の、司牧に関する；die 〜e Konstitution 司牧憲章(Konstitution 1 b参照). ③《比》(牧師のように態度が)荘厳な、仰々しい. **Pastoral** f. -, → Pastoraltheologie. **Pastoral・brief** m. -[e]s, -e,《通常複数で》(Hirtenbrief) 牧会書簡、司牧書簡(新約聖書中の*テモテへの手紙〔一、二〕と*テトスへの手紙の3書簡のこと；名称は、教会共同体における司牧者の職

務が論じられていることにちなむ). **Pastorale**【it.】*n.* -s, -s, 司教杖, 牧杖 (Krummstab参照). **Pastoralien**【lat.-mlat】*pl.* 牧師(司祭)の職務(所轄事項); 牧職, 司牧職 (Hirtenamt参照).

Pastoral=konferenz *f.* -, -en, → ～rat. **～liturgik** *f.* -, 司牧典礼学 (*典礼の具体的な実践法を扱う*典礼学の1分野). **～medizin** *f.* -, 司牧医学 (司牧者の立場から, 神学や倫理と心身に関する自然科学的知識・技術とを総合し, 病気や生死など医学上の諸問題に対処する学; 特に, 病者の司牧, 癒しに関する). **～psychologie** *f.* -, 司牧心理学 (司牧活動の一環として, 精神及び精神疾患の研究と医療を行う, 実践神学の1分野). **～rat** *m.* -[e]s, ..räte, (Pfarrgemeinderat) 司牧評議会 (各*司教区もしくは*小教区において, 司牧活動に関する事柄を研究・検討するため, 一定期間設置される*司教もしくは*主任司祭の諮問機関で, 信仰と学識に秀でたカトリック信徒〔聖職者, *奉献生活の会の会員, 一般信徒〕によって構成される; CIC. 511-14, 536). **～ring** *m.* -[e]s, -e, 司教指輪 (Anulus参照). **～schreiben** *n.* -s, -, 司牧教書, 司教教書 (Hirtenbrief 1 参照). **～stab** *m.* -[e]s, ..stäbe, 司教杖, 牧杖 (Krummstab参照). **～theologie** *f.* -, 司牧神学 (司牧活動における*司祭の職務全般にわたる実用的な知識・技術を扱う実践的な神学; 今日ではさらに広く, キリスト教信仰に基づく対人的・対社会的な活動に係る一切を理論的実践的に探求する総合的な学であることが要求されている);《プ》牧会〔神〕学.

Pastorat *n.* -[e]s, -e,《方》牧師(司祭)の職; 牧師館, 司祭館 (Pfarramt参照). **Pastoration**【lat.-mlat.-nlat.】*f.* -, -en, 司牧 (Seelsorge参照). **Pastoren・tochter** *f.* -, ..töchter, 牧師の娘; unter uns ～töchtern《話》《戯》内緒で, ここだけの話として (→ unter uns *Pfarrerstöchter*n とも). **pastorieren** *i.* (*h*) 司牧を行う. **Pastorin** *f.* -, -nen, ①《プ》(女性の)牧師. ②《方》牧師夫人.

Pate【< lat. pater spiritualis "霊的父親"】(I) *m.* -n, -n, ①代父 (*洗礼〔ないし*堅信〕を望む者が成人の場合, *入信式, *洗礼式, *堅信式に立ち会い, その信仰を教会に対して証言し, 幼児の場合には実親とともに*洗礼式に〔また*堅信式にも〕立ち会って, その後キリスト教信徒にふさわしい生活と義務を遂行できるよう, 実親とは別に霊的な世話, 教会生活の指導などをする者; なお, 洗礼と堅信の*代親は同一人であることが望ましいとされる; CIC. 872-74, 892-93); bei einem Kind ～ stehen <sein> 或る子供の代父を務める; bei et.³ ～ stehen《比》(或事に)影響を及ぼす, 手本になる, 手を貸す. ②《方; 古》代子 (Patenkind参照). (II) *f.* -, -n, ① (Patin) 代母 (女性の*代親; Pate I 1 参照) ②代子 (女性の; Patenkind参照). **Paten** *pl.* 代親 (代父と代母のいずれをも指す場合の*教会法上の用語; 一般には「代父母」とも). **Paten・dienst** *m.* -[e]s, -e, 代親の任務 (*洗礼式, *堅信式〔ないし*入門式〕に立ち会い, 以降*代子がキリスト教徒に相応しい生活を送り, それに付随する義務を遂行できるよう助力すること).

Patene【gr.-lat.-mlat."浅皿"】*f.* -, -n, パテナ, 聖体皿 (ミサ中の*奉納, *聖変化, *聖体拝領の際に, パン〔*ホスティア〕をのせるための皿; 一般的に, 金メッキされた金属製の円い平皿で, 初めての使用の前に, 司教または司祭によって*祝福される).

Paten=geschenk *n.* -[e]s, -e, (Einbund) 代親からの贈り物 (洗礼や堅信の記念に代子に贈られる金品). **～kind** *n.* -[e]s, -er, 代子 (*代親に対する〔特に幼児の〕受洗者, 及び堅信者のこと). **～onkel** *m.* -s, -, (男性の)代親, 代父 (Pate I 1 参照).

Patenschaft *f.* -, -en, 代親(代父, 代母)であること; 代親の責務 (Patendienst参照); die ～ übernehmen 代親(代父ないし代母の役,責務)を引き受ける;《比》(或人の世話をする)責任を引き受ける.

Paten・sohn *m.* -[e]s, ..söhne, (男性の)代子. **～stelle** *f.* -, -n, 代親(代父, 代母)の役; bei jm. ～stelle vertreten (或人の)代親(代父, 代母)を務める. **～tante** *f.* -, -n, (女性の)代親, 代母 (Pate II 2 参照). **～tochter** *f.* -, ..töchter, 代母 (Pate II 参照), (女性の)代子.

Pater【lat.-mlat."父"】*m.* -s, -u. Patres, 神父, 修道司祭 (及びその敬称: …神父, …様,〔古くは:〕…師; 略: P., *pl.*: PP.). **Pater・noster**【lat."わたしたちの父"】(I) *n.* -s, -, ①パーテルノステル, 主の祈り (名称は, ラテン語冒頭語 „*Pater noster*, qui es in caelis..."〔天におられるわたしたちの父よ; *Vater unser* im Himmel...]にちなむ；Vaterunser参照)．②ロザリオ(*ロザリオの祈りで，最初に「主の祈り」を唱えることから；Rosenkranz参照)．《II》*m.* -s, -, 《比》パーテルノステル(循環式エレベーター；扉のない1-2人用の小さな籠が循環して昇降する，原始的なエレベーターの通称；ロザリオの形態に似ていることから)．

pater, peccavi【lat.】パーテル・ペカーヴィ(「父よ，私は罪を犯しました」〔dt. Vater, ich habe gesündigt.〕の意；「*放蕩息子の譬え話」に基づく，罪の告白のための祈りの言葉；ルカ15:18, 21)；～～ sagen ゆるしを懇願する．**Pater・peccavi** *n.* -, -, (罪の)告白(Beichte参照)．

Patin *f.* -, -nen, 代母(Pate II 1 参照)．

Patres *pl.* → Pater (の複数形；略：PP.)．

Patriarch【gr.-kirchenlat."一族の祖先"】*m.* -en, -en, ①族長(一族の男子の長；特に，*イスラエル人の先祖である*アブラハム，*イサク，*ヤコブ，及びヤコブの12人の息子たち)．②太祖(*人祖アダムから，*大洪水後の人類の父祖である*ノアまでの10人；創5章)．③《単数で》(Erzvater)総大司教(カトリック教会において，現在は*裁治権を伴わない名誉称号〔CIC. 438〕で，ローマ*教皇の次の位)；《東》総主教(古代の*コンスタンティノポリス，*アレクサンドリア，*アンティオケイア，*エルサレムの各総主教に起源をもつ，*東方正教会で最高位の聖職者〔*神品($\frac{しんぴん}{}$)〕の称号；現在ではロシア，ルーマニア，セルビア，ブルガリア，ジョージアの各正教会にも，それぞれ総主教の称号を有する高位聖職者がいる)；der ökumenische ～《東》全地総主教，世界総主教，エキュメニカル総主教(*正教会の最高位であるコンスタンティノポリ〔*コンスタンティノポリス〕総主教の称号)．④総大司教，《東》総主教(③の称号の保持者)．

patriarchal *adj.* → patriarchalisch 2．**patriarchalisch** *adj.* ①族長の，太祖の．②総大司教(総主教)の(職位や管区に関する)．

Patriarchal=kirche *f.* -, -n, 総大司教座聖堂(各*総大司教の*名義教会とされるローマの4つの大バシリカ〔Basilika b参照〕，すなわちローマ教皇の*ラテラノ大聖堂，コンスタンティノポリス総大司教の*サン・ピエトロ大聖堂，アレクサンドリア総大司教のサン・パオロ・フォリ・レ・ムーラ聖堂，アンティオケイア総大司教のサンタ・マリア・マッジョーレ大聖堂，及びエルサレム総大司教のサン・ロレンツォ・フォリ・レ・ムーラ大聖堂〔Sankt Laurentius vor den Mauern〕)．～**sitz** *m.* -es, -e, 総大司教座(～kirche参照)；大主教座(*コンスタンティノポリス，*アレクサンドリア，*アンティオケイア，*エルサレムの4つ)．

Patriarchat【gr.-mlat.】*n.* (*m.*) -[e]s, -e, 総大司教(総主教)の職位；総大司教区，総主教区(なお，かつて「西方の総大司教」〔Patriarch des Abendlandes；この称号は2006年廃止〕と呼ばれた教皇は，ローマ・カトリック教会の全域を総大司教区として管轄する)．**Patriarchen・kreuz** *n.* -es, -e, 〔総〕大司教十字架，総主教十字架(「族長十字架」とも；横木が2本の十字架で，上部のより短い横木はキリストの罪標〔Kreuzinschrift参照〕を表す；Doppelkreuz参照)．

Patrimonium【lat.】*n.* -s, ..nien, ①遺産，相続財産(教会法の規定により，教会公法人の合併や消滅の際に，新法人あるいは上位の法人に委譲される資産や財産権；CIC.121-23)；(ローマ法に基づく)世襲財産，世襲領地；～ [sancti] Petri *n.* - [-] - (まれに: -s [-] -), 〔聖〕ペトロの世襲領(皇帝や貴族からの寄進により成立したローマ教会の世襲領，つまり*教皇領の別称；Kirchenstaat 1 参照)．②(修道会の創立者の理念や伝統などの，精神的な)遺産(CIC. 578)．

Patripassionismus *m.* -, 御父受難説，天父($\frac{てんぷ}{}$)受難説(神の単一性を強調するため，キリストを父なる神の1つの顕現様態に過ぎない〔したがって父自身が，自分を子とし，*マリアより生まれ，十字架上で刑死した〕とする異端説の*モダリズムを，正統派の神学者が批判して用いた名称；Modalismus, Monarchianismus, Sabellianismus参照)．

Patristik【lat.-nlat.】*f.* -, 教父学(*教父及び古代教会の*教会著述家の著作，神学思想，伝記などに関する学問)．**Patristiker** *m.* -s, -, 教父学者．**patristisch** *adj.* 教父学の，教父(の神学)に関する．

Patrologe【gr.-nlat.】*m.* -n, -n, → Patristiker. **Patrologie** *f.* -, 教父文献学(主に*教父及び古代教会の*教会著述家の著作研究で，*教父学の一部)．**Patrologin** *f.* -, -nen, → Patrologe (の

女性形). **patrologisch** *adj.* 教父文献学の(的な).

Patron【lat.】*m.* -s, -e, ① (Schutzheilige) 守護聖人,保護の聖人(特定の個人,教会,共同体,職業,建物,場所などを,神への*執り成し〔*代願〕によって保護してくれる存在として,伝統的に崇敬され,祈りを献げられてきた聖人). ②保護者,パトロン(教会堂,教会禄などを寄進,維持する者,及びその相続人).

Patrona【lat.】*f.* -, ..nä, → Patron(の女性形).

Patronat【lat.】*n.* -[e]s, -e, 保護権(教会堂,礼拝堂,教会禄などの寄進者とその相続人に与えられる一定の義務を伴った特権). **Patronats・fest** *n.* -[e]s, -e, 守護聖人〈保護の聖人〉の祝日(特に,教会堂の守護聖人の祝日に行われる祝祭). **Patronin** *f.* -, -nen, → Patron(の女性形). **Patrozinium**【lat.】*n.* -s, ..nien, ①(奉献された教会堂に対する)守護聖人の加護. ② → Patronatsfest. **Patroziniumsfest** → Patronatsfest.

Paul → Paulus(のドイツ語〔フランス語,英語〕表記).

Paulaner【< Francesco de *Paola* (Franz[iskus] von *Paola*)】*m.* -s, -,《通常複数で》パオラ会(創立者パオラのフランチェスコにちなんだ→Minimenのドイツにおける別称).

Pauli → Paulus(のラテン語式2格形);〜 Bekehrung[聖]パウロの回心(36年頃,キリスト教徒を激しく迫害していた*パウロに*復活したキリストが出現し,彼に劇的な*回心をもたらしたこと〔使9:3-6〕;祝日:1月25日;及び,これを主題とする図像);〜 Privileg → das *Paulinische* Privileg. **Pauliciaener, Paulikianer** → Paulizianer. **Pauliner** → Paulaner.

paulinisch【nlat.】*adj.* パウロの教説に関する(に従った). **Paulinisch** *adj.* パウロの;die 〜en Briefe パウロの手紙(パウロが*宣教旅行を通じて設立した教会,ないしは各地の信徒や協力者に宛てて書いたとされる新約聖書中の手紙;ただしパウロの名が冠せられている13書簡のうち,実際に彼自身の手になると考えられているのは,ロマ,1コリ,2コリ,ガラ,フィリ,1テサ,フィレの7書);das 〜e Privileg パウロの特権(非受洗者間で締結された婚姻は,その後当事者の一方が受洗し,他方が受洗を拒否,また受洗者との同居を欲しない場合,受洗者は新たな婚姻を結ぶことによってこれを解消することができるというもの;1コリ7:15のパウロの記述に基づく;CIC. 1143);die 〜e Theologie → Paulinismus.

Paulinismus *m.* -, パウロ神学(*パウロの手紙に基づき,後世の解釈者,継承者によって形成された神学思想;特に,*ルターによって強調された「*信仰のみ」による*義認をいう;Römerbrief参照).

Paulist *m.* -en, -en,《通常複数で》①【engl. Paulist Fathers】パウリスト会(1858年アイザック・トーマス・ヘッカー〔1819-88〕が*レデンプトール会から分かれてニューヨークで創設した使徒パウロ宣教会〔engl. Missonary Society of St. Paul the Apostle; dt. Missionspriester vom Heiligen Apostel Paulus〕の別称;出版などによる北米での布教を目的とする;大学等の高等教育,*信条協調主義的活動でも知られる;略: CSP). ②聖パウロ修道会(St. Paulus Gesellschaftとも;1914年北イタリアのアルバで,ジャコモ・アルベリオーネ〔1884-1971;*福者〕が創立した男子修道会;世界各国でマスメディアを通じた宣教活動を行い,日本では出版事業〔サンパウロ;月刊誌「家庭の友」の発行元〕に従事する;略: SSP). ③〜en der Melkiten メルキト・聖パウロ修道会(1903年,ムアッカド〔Germanos Mouakkad;1853-1912〕がレバノン,ハリッサで宣教師養成を目的として設立した,*カトリック東方教会の*メルキト教会に属する男子修道会;略: SMSP). ④パウリスタ(1554年1月25日*パウロの回心の祝日に*イエズス会宣教師によって設立されたコロニーを起源とするブラジルの都市サンパウロ〔port. São Paulo〕及び周辺地域の住民). **Paulistin** *f.* -, -nen,《通常複数で》聖パウロ女子修道会(Paulus-Schwesternとも;→ Paulist 2の姉妹会で,1915年アルベリオーネがマスメディアによる宣教活動を目的に創立した).

Paulizianer【< Paulus von Samosata】*m.* -s, -, パウリキアヌス派,パウロス派(7-11世紀ビザンティン及びアルメニア教会の小アジアで普及した二元論的異端;3世紀アンティオケイアの司教サモサタのパウロスの*キリスト養子説に由来するとされるが,詳細は不明).

Paulus【gr.-lat.】《固》(*m.*) パウロ(紀元前後-64

頃；*聖人，*使徒；*ファリサイ派のユダヤ人で，ユダヤ名は*サウロ；ユダヤ教の律法厳守を唱えてキリスト教徒を激しく迫害したが，36年頃*ダマスコで復活したキリストを幻視して即座に*回心し，洗礼を受けて異邦人のための宣教者となった〔使22:1-21, ロマ11:13〕；計3回の*宣教旅行〔46-58年〕でキプロス，小アジア，マケドニア，ギリシア，ガラテア，フリギア，エフェソに教会を設立した；その後エルサレムで捕縛されてローマに送られ，64/67年頃ネロ皇帝によるキリスト教迫害時に殉教した；祝日：6月29日）；aus einem <vom> Saulus zu einem <zum> ～ werden → Saulus.

Paulus=akten【< lat. Acta Pauli】*pl.* パウロ行伝（2世紀頃に成立した新約聖書*外典の1書で，「パウロとテクラの行伝」，「パウロとコリント人との往復書簡」，「パウロの殉教」の3部からなる，*コプト語の「ハイデルベルク・パピルス」〔6世紀〕の他，複数の個別の写本で伝わる；性的節制の強調，現世の無価値，復活の希望などを内容とするが，パウロ自身の思想とは無関係）．**～apokalypse** *f.* -, パウロの黙示録（4世紀末から5世紀初頭に成立した新約聖書*外典の1書；2コリ12:1以下でいう「第三の天まで引き上げられた」際のパウロの体験の記録という体裁で，天国と地獄の光景が描写される）．**～briefe** *pl.* → die *Paulinisch*en Briefe. **～-Schwestern** *pl.* → Paulistin. **～schwestern von Chartres** *pl.* シャルトル聖パウロ修道女会（1696年パリ郊外シャルトル教区の小村ルヴェヴィル・ラ・シュナールで，ルイ・ショーヴェ〔1664-1710〕が幼児教育や病者訪問など慈善事業のために創立した女子修道会；1708年名称を聖パウロ会として本部をシャルトルに置いた；東南アジア，南北アメリカ，アフリカ及びヨーロッパで宣教活動を行っている；略: SPDC）.

Pauperes Christi【lat.】*pl.* キリストの貧者（a. キリストの勧告〔ルカ10:4など〕に従って，*清貧に徹することを旨とした中世の修道士たちの自称；例えば，これを標語として1098年に設立された*シトー会の修道士をいう．b. 特に清貧を強調した*ヴァルドー派の自称；創始者のヴァルドーがリヨン出身であるところから「リヨンの貧者」〔→ Pauperes von *Lyon*〕とも）．**Paupertät**【lat.】*f.* -, 清貧（Armut参照）．

Pax【lat. "平和"】*f.* -, ①パックス（ミサ中，司祭と会衆，及び会衆の間で，*聖体拝領前の和睦のしるしとして交わされる「*平和のあいさつ」；特に「平和の接吻」〔→ Friedenskuss〕をいうが，お辞儀や握手など，それぞれの地域の*司教協議会で公認された形式で行われる）；～ Christi *f.* -, パックス・クリスティ（第2次世界大戦末期の1944年フランスで始まり，戦後はフランスとドイツの和解の推進に尽力したカトリック教会の平和運動；現在では世界各国に100以上の加盟団体をもつ国際組織へと発展した；本部ブリュッセル）；～ Dei *f.* -, パックス・デイ（Gottesfriede 1参照）；～ Romana *f.* -, パックス・ロマーナ（a. 国際カトリック学生連盟：1921年スイスで結成された，カトリック大学生の国際組織；現在は国際カトリック学生運動と国際カトリック知識人運動の2団体からなる；大学における宣教活動，各大学の宣教組織の協働，キリスト教精神の涵養などを目的とする；国際連合の協議機関として認可されている．b. ローマの平和：前1世紀末以降約200年にわたり，ローマ帝国の軍事力を背景として地中海地域に平和が維持されていたこと）；～ vobiscum【lat. Pax [Domini sit semper] vobiscum.】パックス・ヴォビスクム（「[主の]平和が[いつも]皆さんとともに」〔dt. Der Friede [des Herrn sei allezeit] mit euch.〕；ミサ中の「*平和のあいさつ」における*司祭の言葉）．② → Paxtafel（の略）．**Pax・tafel** *f.* -, -n, (Kusstafel) 接吻牌（キリスト*受難図や聖母マリア，聖人の像などが刻まれた金属，象牙，または木製の小さな板や円盤で，ミサ中の「*平和の接吻」の際に，司祭や会衆が順次これに接吻をして回したり，個々人が信仰の表明のためにキスをするのに用いた）．

p. Chr. [n.]《略》→ post Christum [natum].

Pedum【lat.】*n.* -s, Peda, 司教杖，牧杖（Hirtenstab参照）；～ rectum【lat.】ペードゥム・レクトゥム（教皇の*教導権の象徴としての「真っ直ぐな杖」）．

Pektorale【lat.-mlat. "胸"】*n.* -[s], -s *u.* ...lien, ①佩用(はいよう)十字架（Brustkreuz参照）．②（中世の*コープなどで前部分を閉じ合わせるのに用いた）胸飾り．

Pelagianer【nlat.】*m.* -s, -,《通常複数で》ペラギウス派,ペラギウス主義者. **Pelagianismus**【< Pelagius】*m.* -, ペラギウス主義(ブリタニア出身でローマの貴族階級の宗教・道徳指導を行っていたペラギウス〔350頃-420頃〕による,人間の自由意志を強調する異端説;人間は善なる存在として創造されたため,すべての子供は*堕罪以前の*アダムと同様の無垢な状態で生まれてくる〔したがって*幼児洗礼は不要〕;また*原罪は人間の本性を堕落させるものではないと唱えた;人間は救霊を自力で完遂でき,神の*恵みはこれを容易にするためだけに要すると説いて,恩恵を強調する*アウグスティヌスと対立し,418年のカルタゴ教会会議などで排斥された).

Pelikan【gr.-kirchenlat.】*m.* -s, -e, ペリカン(親鳥はくちばしで自分の胸を傷つけ,その血で雛を育てるとの伝承に基づき,十字架上で血を流し人類を救済したキリスト,また自己犠牲や愛〔*カリタス〕の象徴とされた).

Pentaptychon【gr.】*n.* -s, ..chen *u.* ..cha, ペンタプティカ,四翼〈四幅〉祭壇画,四連〔式〕祭壇画(4枚の聖画像パネルから構成される祭壇背後の飾り壁;Flügelaltar参照).

Pentateuch【gr.-lat."5冊の本"】*m.* -s, (Mosebücher) 〔モーセ〕五書(*旧約聖書の最初の5書,つまり*創世記,*出エジプト記,*レビ記,*民数記,*申命記の総称;この5つの書全体が*モーセに由来するというユダヤ教の伝承に基づく;*シナイ山で締結された神とその民の間の契約を含むことから,*福音書中では「*律法」〔*トーラー〕と呼ばれる).

pentekostal【gr.-kirchenlat.】*adj.* ① (pfingstlich) ペンテコステの,聖霊降臨祭の. ② (pfingstlerisch) ペンテコステ派の,聖霊降臨運動の.

Pentekoste【gr.-lat."50日目の祭"】*f.* -, ①ペンテコステ,五旬祭,五旬節(ユダヤ教3大祭の1つで,元来は麦の収穫を神〔*ヤハウェ〕に献げる「七週祭」〔申16:10〕だったが,後に*過越祭から「50日目」に*モーセがシナイ山で*律法を授けられたことを記念する祭ともなった). ②聖霊降臨祭(Pfingsten参照);*復活祭と聖霊降臨祭の間の期間(約50日間);Quinquagesima 2参照).

Peregrination【lat.】*f.* -, -en, ①遍歴,異郷滞在(俗世に執着しないよう,故郷や所属する修道院を離れ,各地を移動し,施しを受けながら説教を行う禁欲的生活形態). ②巡礼(Wallfahrt参照).

Perfektion【lat.-fr.】*f.* -, (まれに:) -en, (Vollkommenheit) ① [die christliche] 〜 [キリスト教的]完徳,完全(キリストの「あなたがたの天の父が完全であられるように,あなたがたも完全な者になりなさい」〔マタ5:48〕の言葉に従い,「キリストの信従」〔die *Nachfolge* Christi 参照〕とキリストとの一体化によって,有限的存在たる人間が神の絶対的完全性に近づき,人格的な完成に至る〔努力をする〕こと;及び,そのために教会公認の生活形態と規則に従って生活すること). ② 〜 [Gottes][神の]完全性(唯一絶対者としての神の属性;神は何ものにも依存せず,無限,最高の善であるということ;*トマス・アクィナスは被造界に見られる善や美の様々な段階から,それら諸段階の究極原因である完全性,最高善として,神の実在を論証しようとした).

Perfektionismus *m.* -, (Vollkommenheitslehre) 完全論,完全主義(a. *洗礼によって人間は現世において罪ある状態を脱し,キリスト教的*完徳に至ることができるとする説. b. 人類はその歴史において,倫理的完成へ向けて直線的に進歩発展すると考える啓蒙主義的立場. **Perfektionist** *m.* -en, -en, ①完全論者,完全主義者(Perfektionismus参照). ② 【< engl. Perfectionist-Pentecostals】《通常複数で》完全主義ペンテコステ派,パーフェクショニスト(19世紀後半から20世紀前半,*北米及びヨーロッパにおける*ホーリネス運動に連なる諸派の総称;*聖霊に満たされることによる無原罪とジョン・ウェスリー〔1703-91〕が提唱した「キリスト者の完全」〔engl. Christian perfection; dt. Perfektion des Christen〕の実現を標榜する).

Pergament【lat.-mlat.;原義"小アジアのペルガモン(Pergamon)産の紙"】*n.* -[e]s, -e, 羊皮紙(羊の皮〔他に牛,豚,山羊も用いられる〕から作られた書字用紙で,5世紀頃から*パピルス〔巻物〕に代わって本〔冊子〕に用いられた;その後15世紀までに,通常の製本には紙が使用されるようになった).

Perichorese【gr.】*f.* -, ペリコレーシス(a. 三位相互内在性;*三位一体において,ある*ペルソナは他のペルソナのうちに現存し,3者は混合することなく,しかし互いに浸透し

あって不可分であるということ〔ヨハ10:37-38〕；ギリシアの*教父はこれをもって神の単一実体性を結論したが，ラテン教会では逆に，3つのペルソナの本質的単一性の帰結として「ペリコレーシス」があると考える．b.*キリスト論では，イエス・キリストにおいて*神性と*人性が密接，不可分に結合していることをいう）．

Perikope【gr.-spätlat."部分，断片"; < gr. perikoptō "周りを切り落とす"】*f.* -, -n, ペリコーペ(a. 聖書抜粋：旧約聖書，*使徒書簡，*福音書の抜粋で，*教会暦に従って配列され，ミサや*聖務日課〔*教会の祈り〕の中で朗読されたり，説教の基礎とされる；Lektionar参照．b. 伝承断片，伝承片：聖書，特に*共観福音書を構成する事件や*譬え話など，個々の独立した物語の単位；福音書は，断片的な口伝資料が編集されて成立したと考えられている）．

Perikorese → Perichorese.

Periodismus *m.* -, 時期説(*創世記に記された世界創造の6日間のそれぞれの「日」を，地質学上の時代区分に対応させる試み)．

Peristerium【gr.-mlat.; < gr. peristera "鳩"】*n.* -s, ..rien, (die eucharistische Taube) 鳩形聖体容器(主に11-13世紀に作られた，鳩の形をした金属製の既聖*ホスティア入れ；鳩は*聖霊を表す〔マコ1:10〕；Pyxis, Ziborium参照)．

Person【lat. "(演劇の) 仮面，役割"】*f.* -, -en, ①ペルソナ，位格(キリスト教の*三位一体の神において，理性を備えたそれ自体で完全な自立的個別的存在者である，父・子・聖霊のそれぞれのこと；→ Hypostasis〔gr.〕のラテン語訳)；die drei göttlichen 〜en 神の三位格．②人格，個人；[die natürliche] 〜〔自然〕人(現行の教会法において，理性を働かせることができると認められる満7歳以上の者；ただし18歳未満の未成年者〔die minderjährige 〜〕の場合は権利行使に制限があり，満18歳以上の成年者〔die volljährige 〜〕が教会法上の権利を完全に行使できる人格とされる；CIC. 97-98)；die juristische 〜 法人(教会の使命に適合する超個人的な目的のために秩序づけられた社団法人または財団法人で，教会法上の権利・義務の主体となる；CIC. 113-14)；die öffentliche juristische 〜 公法人(教会の名のもとで，公益のために委託された固有の任務を遂行すべく，権威ある教会権威者によって設立された社団または財団；CIC. 116)．**personal**【spätlat.】*adj.* 個人の；人格の，人格的な；der 〜e Gott 人格神(人間を超越する存在者でありながら，最高度の意志，知性，愛，つまり完全な人格性を備えて，人間と個別的で親密な関係を結ぶことができる神)．**Personal・inspiration** *f.* -, -en, ①個人霊感(聖書の成立において聖書記者は，*聖霊の直接的な指導下で言葉を記した〔Verbalinspiration参照〕というよりも，芸術家のインスピレーションのように，記者がそれぞれの個性において聖霊の作用を受け，独自の表現をもって文言を著述したということ；聖書霊感のロマン主義的ないし実存主義的な理解で，ヘルダーや*シュライエルマッハーはこの説を採った)．②個人的霊感(個々人に対して聖霊の直接的作用が及ぶこと；信仰の個人的側面が強調されたドイツ・ロマン主義や観念論に基づく神学的議論において，霊感の公的歴史的作用ないし発現との対比において用いられた語；Realinspiration 2参照)．**Personalismus**【lat.-nlat.】*m.* -, ①人格神信仰(唯一絶対の*人格神の存在を認め，これを礼拝する宗教的立場；Theismus参照)．②人格主義(神や他者，社会との関係において，認識・行為し価値判断を下す個々人の人格の尊厳さと自律性，発展性を強調する哲学上の傾向)．

Personal=pfarrei *f.* -, -en, 属人(ぞくじん) 小教区(典礼，言語，国籍その他の理由で，一定区域の信徒のために設立される*小教区；CIC. 518)．〜**prälatur** *f.* -, -en, 属人区(*司祭の適正な配分の推進や，種々の地域・団体の特別な*司牧，宣教活動のために，*使徒座によって設立される，非地域的な*教区〔CIC. 294-97〕；第2ヴァティカン公会議で設置が認められた；2015年現在でオプス・デイのみ)．

Peschitta【syr. "単純，容易(に理解できる翻訳)"】*f.* -, ペシッタ訳，ペシタ訳(教会公認の*シリア語訳聖書；シリア人キリスト教徒の教会での使用のため，既存の古シリア語翻訳を改訂，編集して3-4世紀頃に成立した；5世紀以降に作られた多数の写本が伝わる；現在も*シリア正教会や*シリア・カトリック教会，*マロン派教会などで用いられている)．

Peter → Petrus (のドイツ語表記)；St. 〜 in Ketten → Petri Kettenfeier.

Peters=dom m. -[e]s, サン・ピエトロ大聖堂, 聖ペトロ大聖堂（*ヴァティカン宮殿に隣接するコンスタンティノポリス*総大司教座聖堂で，ローマ・カトリック教会の総本山；盛期*ルネサンスの代表的建築；354年*コンスタンティヌス大帝の命により聖*ペトロの墓所に建てられた*バシリカ式聖堂に端を発する；1506年教皇ユリウス2世〔在位1503-13〕がブラマンテ〔1444-1514〕の設計案に基づき全面的な改築に着工，*宗教改革やカール5世〔在位1519-56〕のローマ略奪〔1527〕に伴う中断を経て，1626年ウルバヌス8世〔在位1623-44〕によって献堂式が行われた；ラファエッロ〔1483-1520〕，ミケランジェロ〔1475-1564〕，デッラ・ポルタ〔1540-1602〕，マデルノ〔1556-1629〕，ベルニーニ〔1598-1680〕らが歴代の主任建築家を務めた）．

～kirche f. -, -n, 聖ペトロ教会（聖*ペトロに奉献された各地の教会堂；ドイツ語圏では例えば，ウィーン〔カトリック〕，ミュンヘン〔カトリック〕，ライプツィヒ〔ルター派〕，ハイデルベルク〔ルター派〕，バーゼル〔改革派〕）．

～pfennig【< lat. Denarius Sancti Petri】m. -s, -e, ペトロ献金（教皇庁の人件費などの諸経費，教皇の活動費などを全世界のカトリック信徒が分担するため，司教を通して教皇庁に納められる自由な献金で，正式には「聖ペトロ使徒座への献金」という；8世紀末のイングランドで行われた，諸王による教皇への献金に始まる）．

Peter-und-Pauls-Tag m. -[e]s, -e, 聖ペトロ・聖パウロ使徒の祝日（6月29日；「聖ペトロの使徒座」〔2月22日〕，「聖パウロの回心」〔1月25日〕とは別に設けられた，両者を記念する祝日）．

Petition【lat.】f. -, -en, 請願（ローマ*教皇及び教皇庁高官に対して行われる，霊的諸問題や教会の司法権に係る問題〔場合によっては，国際的な紛争に関する問題〕の解決に向けての願い出；すべてのカトリック信徒には請願の権利が認められている；Supplik参照）；請願書．

Petri → Petrus（のラテン語式2格形）；～ Heil! 大漁を祈る（釣人の挨拶；*ペトロが漁師の*守護聖人であることから；なお，釣り人は俗に～jünger〔ペトロの弟子〕といわれる）；～ Kettenfeier f. - -n, 使徒聖ペトロの鎖の記念日（ペトロが*ヘロデ王の命により捕らえられ，牢に鎖で繋がれていたところ天使によって救出されたこと〔使12: 1 -11〕，及び，この鎖を*聖遺物とするサン・ピエトロ・イン・ヴィンコリ聖堂〔dt. St. Peter in den Ketten〕の教皇シクストゥス3世〔在位422-32〕による献堂式〔439年〕を記念する；8月1日）；～ Stuhlfeier → Stuhlfeier. **petrinisch** adj. ペトロの教説に関する（に従った），ペトロに由来する．**Petrinisch** adj. ペトロの；der ～e Brief → Petrusbrief；das ～e Privileg ペトロの特権（Glaubensprivileg 2参照）．**Petrus**【(aram.-) gr."岩"】《固》(m.) ペトロ（初代教皇，聖人；当初はシメオンないしシモンと呼ばれ，弟の*アンデレとともに*ガリラヤで漁師をしていたが，イエス自身により*召命を受け，ケファ〔Kephas；アラム語で岩の意，そのギリシア名がPetros〕と名付けられた〔ヨハ1 :42〕；12人の*弟子の筆頭者としてキリストに付き従い，教会の基礎を築く〔マタ16:18-19〕；*受難に際しては弟子であることを3度にわたって否認したが〔die *Verleugnung* Petri参照〕，キリストの*復活を最初に体験した〔ルカ24:34-35〕；その後は*エルサレムの教会を指導し，また広く異教地布教も行い，ネロのキリスト教迫害下の67年頃にローマで殉教した；祝日：6月29日）；der [erste / zweite] Brief des ～ → Petrusbrief；bei ～ anklopfen（婉曲表現で：）死ぬ（俗信で，ペトロは天国の門の番人とされることから「ペトロのドアを叩く」の意で）；～ hat ein Einsehen. 天気がよくなった，天気がもつ（俗信で，ペトロは天気を左右できるとされていることから「ペトロには思いやりがある」が転じて）．

Petrus=akten【< lat. Acta Petri】pl. ペトロ行伝（2世紀の終わりにローマないし小アジアで成立した新約聖書*外典の1書；ペトロのローマにおける宣教や奇跡，ローマ教会の再建，*魔術師シモンとの対決，「*クォ・ヴァディス」の言葉が発せられたキリストとの出会いの場面，そして逆十字〔*ペトロ十字〕での殉教の記録を含み，民衆間に流布した）．

～apokalypse f. -, ペトロの黙示録（a. 2世紀後半から3世紀前半，*グノーシス主義の影響下で成立した新約聖書*外典で，*ナグ・ハマディ文書に*コプト語訳〔原文はギリシア語〕が含まれている；キリストの捕縛の直前

に, ペトロが忘我状態で見た幻を内容とする；ペトロはその幻の中で, さらにキリストの逮捕と処刑を幻視する；そこでは, 刑死したのはキリストの「肉的な部分」であるとする*仮現論的キリスト論が展開されている. b. 2世紀前半にエジプトで成立した新約聖書外典で, オリーブ山上で弟子たちの求めに応えて, キリストが自らの*再臨と死者の*復活, そして*地獄〔*ゲヘナ〕について語ったことを, ペトロが報告するという体裁をとる；地獄の詳細な描写は, ダンテ『神曲』の先駆とされる. c. その他に同名の文書が複数存在する). 〜**brief** *m*. -[e]s, -e, [der erste / zweite] 〜 ペトロの手紙[一, 二](使徒ペトロの名が冠せられた新約聖書中の2通の手紙で*公同書簡に属する；第1の手紙は, 小アジアに散在する*異邦人キリスト教徒とユダヤ人に宛てて, 彼らを激励するとともに, 迫害下にあるキリスト者の生活規範と信徒の*祭司職を論じる, 95年頃に成立した回状；第2の手紙は, *異端を排撃してキリスト教信仰を純粋に保つよう勧告するもので, *ユダの手紙に表現や内容が類似しており, 2世紀前半に成立したと考えられるが, 著者と*正典性には異論がある). 〜**evangelium** *n*. -s, ペトロ福音書(150年頃シリアで成立した*外典福音書で, 短い断片写本のみが伝わる；イエスの裁判, *受難と*復活などについて記され, ペトロが1人称で登場する). 〜**kreuz** *n*. -es, -e, ペトロ十字〔架〕(*ラテン式十字架を上下逆さにした「逆十字」；ペトロがローマで*磔刑(はりつけ)に処される際に, キリストと同じ十字架に付けられる価値がないとして, 自ら望んで上下を反対に〔頭を下に〕させたという伝承〔*ペトロ行伝〕にちなむ). 〜-**Liturgie** *f*. -, ペトロ式典礼(9-10世紀, 多くのギリシア人修道士が定住した小ロンゴバルディアで, *ローマ式典礼をスラブ語の*ビザンティン典礼に合わせて改変したもの). 〜**schlüssel** *m*. -s, -, ペトロの鍵(Schlüssel Petri, Schlüsselgewalt参照).

Pfaffe【spätgr.-mlat. "下位の聖職者"】*m*. -n, -n, 坊主, 僧(元来は, 在俗の聖職者に対する尊敬を表す添え名だったが, *ルターが否定的な意味で用いて以降, その蔑称となった)；〜 Konrad《固》(*m*.) 僧コンラート(1170年頃中高ドイツ語の武勲詩『*ローラントの歌』

の著者の自称；レーゲンスブルク〔またはブラウンシュヴァイク〕の聖職者で, ハインリヒ獅子公〔1129-95〕の命によりフランスの『ロランの歌』を翻訳したとされるが, 詳細は不明)；〜 Lamprecht《固》(*m*.) 僧ランプレヒト(12世紀前半の聖職者階級の詩人で, 1150年頃ケルンまたはレーゲンスブルクで, ドイツで最初の古典古代に取材した物語『アレクサンダーの歌』〔Alexanderlied〕を中高ドイツ語で著した).

Pfaffen=diener *m*. -s, -, 〜**knecht** *m*. -[e]s, -e,《古》(軽蔑的に：)むやみに聖職者を崇める人.

Pfaffentum *n*. -s, ①(集合的に：)坊主[ども]. ②(軽蔑的に：)坊主気質, 坊主のやり口.

Pfarr=acker *m*. -s, -, 小教区所属耕地(*小教区の維持のために指定された*聖職禄としての農地). 〜**administrator** *m*. -s, -en, 小教区管理者, 主任司祭代行(*小教区が空位の時, または*主任司祭に事故があり職務が遂行できない場合に, *教区司教によって任命され, その代行を務める司祭；CIC. 539-40). 〜**amt** *n*. -[e]s, ..ämter, ①主任司祭職(CIC. 528-30参照)；牧師職. ②主任司祭館, 牧師館(または, 執務室). 〜**archiv** *n*. -s, -e, 小教区記録保管庫(各小教区の台帳, *司書書簡その他の重要書類を保管するための書庫；CIC. 535§4). 〜**bezirk** *m*. -[e]s, -e, 小教区(Pfarrei 1 参照). 〜**buch** *n*. -[e]s, ..bücher, 小教区台帳(各小教区において記録, 保管される洗礼台帳, 婚姻台帳, 死亡台帳, 及びその他の台帳や帳簿類；CIC. 535)；[小教区所属]信者名簿. 〜**dienst** *m*. -[e]s, -e, ①主任司祭(牧師)の職務. ②主任司祭(牧師)に対する小教区民の奉仕. 〜**dorf** *n*. -[e]s, ..dörfer, 一小教区の村(その領域〔行政区〕と小教区域とが一致している村)；主任司祭(牧師)のいる村.

Pfarre *f*. -, -n,《方》→ Pfarrei. **Pfarrei**【gr.-kirchenlat. "(現世における)寄留"?】*f*. -, -en, ① (Parochie, Pfarrbezirk, Sprengel) 小教区(一般に「聖堂区」とも；*教区司教の権威のもと, *主任司祭が管轄するキリスト教徒の共同体の最小単位；CIC. 515)；《ブ》教区, 牧会区；(牧師の)管区, 管轄区. ②主任司祭館(Pfarrhaus参照)；牧師館. ③主任司祭職(CIC. 528-30)；牧師職. **pfarreilich** → pfarrlich. **Pfarrer** *m*. -s, -, (Pastor) 主任司祭(*教区司教の権

威のもと，特定の*小教区の*司牧が委託されている聖職者〔CIC. 519〕；旧教会法典の日本語訳では「小教区長」）；《プ》牧師．**Pfarrerin** f. -, -nen, 《プ》女性牧師，女子教職者（女子の聖職への*叙任は，19世紀アメリカのプロテスタント諸派に始まる；カトリックでは女性聖職は認められていない）．

Pfarrers=frau → Pfarrfrau． ～**tochter** f. -, ..töchter, 《プ》牧師の娘；unter uns ～töchtern 《話》《戯》内緒で，ここだけの話だが（→ unter uns *Pastorentöchter*n とも）．

Pfarr=examen n. -s, -, （まれに:) ..mina, 主任司祭適性試験（一定期間*助任司祭を務めた者に対して行われる*主任司祭への任用試験；CIC. 521§3）． ～**familie** f. -, -n, 《プ》牧師の家族，牧師一家． ～**frau** f. -, -en, 《プ》牧師の妻． ～**gehilfe** m. -n, -n, 牧師補，副牧師． ～**gemeinde** f. -, -n, ① 小 教 区 (Pfarrei 1 参照). ②(集合的に) 小教区民，小教区所属信者． ～**gemeinde・rat** m. -[e]s, ..räte, 司牧評議会(Pastoralrat参照)． ～**gottesdienst** m. -[e]s, -e, → ～messe． ～**gut** n. -[e]s, ..güter, 小教区財産；小教区所有地． ～**haus** n. -es, ..häuser, 小教区館(小教区聖堂に隣接し，主任司祭が職務遂行のため，そこに定住を義務付けられている建物；CIC. 533§1)，主任司祭館；《プ》牧師館． ～**helfer** m. -s, -, 主任司祭助手（例えば → Diakon)；牧師助手． ～**helferin** f. -, -nen, → ～helfer (の女性形)． ～**herr** m. -n, -en,《雅》→ Pfarrer 1．～**hof** m. -[e]s, ..höfe, (田舎の比較的規模の大きな)主任司祭館，牧師館． ～**jurisdiktion** f. -, -en, (*主任司祭に付与される)小教区裁治権． ～**kartei** f. -, -en, カード式［小教区所属］信者名簿(～buch参照)． ～**kind** n. -[e]s, -er,《雅》小教区民，小教区所属信者． ～**kirche** f. -, -n, 小教区教会． ～**konkurs** m. -es, -e, 主任司祭任用試験(小教区の司牧を担う能力があるかどうかを検査する試験；～examen参照)． ～**kurat** m. -en, -en, 主任司祭代行(～administrator参照)；助任司祭(Kurat 1 参照)． ～**land** n. -[e]s, → ～acker．

pfarrlich adj. 小教区の(に関する)；主任司祭の(に関する)；das ～e Buch → Pfarrbuch；der ～e Pastoralrat 小教区司牧評議会(Pastoralrat参照)．

Pfarr=messe f. -, -n, 小教区ミサ(*主任司祭によって小教区民のために執行される，主日，その他の祝日のミサ)． ～**patron** m. -s, -e, 小教区の守護聖人(Patron参照)． ～**pfründe** f. -, -n, 主任司祭の*教会禄． ～**predigt** f. -, -en, 小教区ミサの説教． ～**register** n. -s, -, → ～buch． ～**schule** f. -, -n, (Parochialschule) 小教区［付属］学校(カトリックの団体によって運営される小教区付属の初等・中等学校；*主任司祭による民衆教育を*カール大帝が奨励したことで普及し始め，13-18世紀には教会を中心とする地域共同体の初等教育の担い手となった；また*侍者など小教区教会の補助員や聖職者の育成も行われた；18世紀以降，国家による教育制度の整備と管理が進むと，その役割を公立学校に譲った)． ～**send** m. -[e]s, -e, 小教区審議会． ～**sprengel** → Sprengel． ～**stelle** f. -, -n, 主任司祭(牧師)の地位．

～**verweiser** m. -s, -, ①空位小教区管理者(～administrator参照). ②《プ》代理牧師． ～**vikar** m. -s, -e, ①助任司祭(*主任司祭の協働者，辛苦分担者として小教区の司牧に助力し，主任司祭の不在時にはその職務を代行する司祭；CIC. 545-50). ②《プ》副牧師；牧師試補，ヴィカー (Vikar 2参照)． ～**vikarin** f. -, -nen, ① → ～vikar (2の女性形). ②《古》 → Vikarin． ～**wohnsitz** m. -[e]s, -e, 小教区住所(小教区における，所属する信徒の住所；CIC. 102§3)． ～**wohnung** f. -, -en, → ～haus． ～**zehnt** m. -en, -en, 十分の一教区税(Zehnt参照)． ～**zwang** m. -[e]s, ..zwänge, ① 主任司祭の義務(*洗礼の秘跡の執行，瀕死者に対する*堅信の秘跡の執行，*臨終の聖体拝領，*病人の塗油の秘跡の執行及び*祝福の授与，婚姻の立ち会いと新郎新婦の祝福，葬儀の執行，*主日や*守るべき祝日のミサの執行など；CIC. 530). ②(キリスト教信者の)小教区の義務．

Pfingst=abend m. -[e]s, -e, 聖霊降臨祭の前夜(かつては徹夜祭が行われたが，現在は夕方に固有のミサがある；～vigil参照)． ～**bewegung** f. -, 《プ》聖霊降臨運動，ペンテコステ運動(*聖霊の直接的な作用による*異言や預言，信仰の浄化，心身の癒しを体験しようとする，特に20世紀前半のアメリカにおける運動の総称；1901年カンザス州トペーカのベテル聖書学校，次いで1906年ロサンジェルスのアズーサ通りで行われた信仰覚醒集会を発端とし，その後世界的な拡がりをみせた；なお

聖霊の*位格とその働きを重視する傾向が，第2*ヴァティカン公会議以降カトリック教会でも「カリスマ刷新」の運動として顕在化している）．

Pfingsten【gr. pentēkosté (→ Pentekoste) < gotisch paintēkustē "50日目"; 元来は複数3格の形】*n.* -, -,《通常無冠詞で単数扱い；成句（希求法）や*südd., östr., schweiz.*では複数扱いで，定冠詞付きのこともある》①聖霊降臨祭［の祝日］(*過越祭から約50日目の*五旬祭の当日，キリストの*弟子たちに*聖霊が降り，それぞれが異国の言語で福音を語り始めた事件〔使2：1-4〕によって，教会の礎が築かれたことを記念する祝日；*移動祝日で*復活祭の主日から数えて50日目の主日；その日のミサでは*洗礼式や*堅信式が行われる)；frohe <fröhliche> ～! 聖霊降臨祭おめでとう！; fällt <fallen> dieses Jahr spät 今年は聖霊降臨祭が来るのが遅い；wenn Ostern und ～ zusammenfallen《話》ありえない（Ostern参照）；zu (*südd.:* an) ～ 聖霊降臨祭に．②（ユダヤ教の）五旬祭，ペンテコステ（Pentekoste 1参照）．

Pfingst=feiertag *m.* -[e]s, -e, 聖霊降臨の祭日（2日間）；der erste ～feiertag 聖霊降臨祭初日 (→ Pfingstsonntag); der zweite ～feiertag 聖霊降臨祭2日目 (→ Pfingstmontag). **～ferien** *pl.* 聖霊降臨祭の（頃の）休日．**～fest** *n.* -[e]s, -e, 聖霊降臨祭．**～gemeinde** *f.* -, -n,《プ》ペンテコステ派，ペンテコステ教会（19世紀アメリカの*ホーリネス運動を背景として興った20世紀初頭の*聖霊降臨運動が，積極的な宣教活動の結果，既成の教派に影響を及ぼしながら世界的に展開，拡大したもの；カトリック以外では，キリスト教最大の教派；聖霊の*バプテスマを受けることによる個々人の自己変革，信仰刷新とともに，集団的恍惚状態における*異言や奇跡的な癒しを重視する）．**～kirche** *f.* -, -n, → ～gemeinde（及び，同教派に属する教会堂，共同体）．

pfingstlerisch *adj.*《プ》聖霊降臨運動の，ペンテコステ派の．**pfingstlich** *adj.* 聖霊降臨祭の；聖霊降臨祭らしい．

Pfingst=montag *m.* -[e]s, -e, 聖霊降臨祭の月曜日（聖霊降臨祭の第2日；ドイツ，オーストリア，スイス，フランスなどでは法定休日）．**～ochse** *m.* -n, -n, 聖霊降臨祭の牛（聖霊降臨祭に花や若枝で飾られ，その年初めて牧場に放たれる牡牛）; aufgeputzt <geschmückt> wie ein ～ochse《話》やたらとめかし込んで．**～samstag** *m.* -[e]s, -e, 聖霊降臨祭前の土曜日（～vigil参照）．**～sonntag** *m.* -[e]s, -e, 聖霊降臨祭の日曜日（第1日）．**～tag** *m.* -[e]s, -e, → ～feiertag. **～verkehr** *m.* -, 聖霊降臨祭の交通渋滞（聖霊降臨祭の前後の期間は，旅行に出かける人が多いことから，金曜の午後と月曜日〔または多くの学校で休日になる火曜日〕の夜は道路がひどく渋滞する；逆に，その間の祝日の市街地は閑散としている）．**～vigil** *f.* -, -ien, 聖霊降臨祭徹夜祭（第2*ヴァティカン公会議後の典礼改革までは，聖霊降臨祭の前日〔土曜日〕から徹夜の典礼があり，その中で洗礼式，堅信式が行われた）．**～woche** *f.* -, 聖霊降臨祭の週間（聖霊降臨祭の前の1週間）．**～zeit** *f.* -, 聖霊降臨祭の時期（5月中旬から6月上旬にかけての時期で，ドイツでは1年で最も自然が美しく，過ごしやすい季節とされる）．

Pfleger *m.* -s, -, ①保佐人（教会裁判で未成年者ないし心神喪失者の代理として訴訟・応訴にあたる者；CIC. 1478). ② → Kirchenpfleger.

Pforte【lat.】*f.* -, -n, 門，入り口，受付（教会堂や修道院などの）; die ～ des Himmels 天の門 (a.【lat. ianua caeli】聖マリアの*連禱における聖母*マリアの呼称；聖母を通して与えられる神の*恵みによって，人間は*天国へ入ることから；エゼ44：2参照．b. → Himmelstor); die ～n der Hölle 地獄の門．**Pförtner** *m.* -s, -, 門番（Ostiarier参照）．

Pfründe【mlat.】*f.* -, -n, ①聖職禄，教会禄（Benefizium参照）；聖職禄を伴う職（地位）．②《比》役得，不労所得（を伴う役職）．

Pfründer *m.* -s, -, <*schweiz.*> → Pfründner.

Pfründ•gut *n.* -[e]s, ..güter, 聖職禄財産．**Pfründner** *m.* -s, -, 聖職禄受領者，教会禄受領者（聖職禄を受領する資格をもつ聖職者）．

Pharisäer【aram.-gr.-spätlat. "(律法を守らぬ大衆から，自ら）分離した者"?】*m.* -s, -, ①ファリサイ派（前1世紀から後1世紀，*エルサレムを拠点に政治的宗教的活動を行い，民衆間に大きな影響力をもっていた正統的ユダヤ教の一派；*モーセの*律法の研究と厳格な実践〔*十分の一税，*割礼，食物や清浄の戒律，*安息日の規定など〕を強調し，イエスはこれを形式主義ないし偽善と批判した〔マタ23

pharisäerhaft *adj.* (ファリサイ派のように)独善的な,偽善的な. **Pharisäertum** *n.* -s, (ファリサイ派のような)独善,形式主義(的な態度). **pharisäisch** *adj.* ①ファリサイ派の(に関する). ② → pharisäerhaft. **Pharisäismus** *m.* -, ①ファリサイ派の教義(慣習,祭儀). ②《比》(宗教的)形式主義;独善主義,偽善.

Phellonion【mgr.; <(spät)gr. phainólēs "旅行用マント"】*n.* -s, ..nien, **Phelonium** *n.* -s, ..nien, フェロン,フェロニオン(*東方正教会の司祭が祭式において一番上に纏う,マントのような祭服;西方の → Kaselにあたる).

Philemon【gr. "愛らしい"】《固》(*m.*) フィレモン(*コロサイの教会の中心人物;*パウロによってキリスト教に改宗し,自宅を教会として開放するなど,彼の協力者となった);der Brief an ~ → Philemonbrief. **Philemon・brief** *m.* -[e]s, フィレモンへの手紙(パウロが,おそらく*エフェソスの獄中から,フィレモンに宛てて書いた新約聖書中の書簡〔新約*正典中,個人宛ての手紙は同書のみ〕;主人のフィレモンのもとから逃亡中に*回心し,パウロの協力者となった奴隷オネシモを兄弟として迎え入れ,温情を示すよう勧告する).

Philipper【< Philippos II (マケドニア王;在位前359-36)】*m.* -s, -,《通常複数で》フィリピ人(⁶₄)(ギリシアの北,マケドニアの古代都市フィリピの住民,または同地のキリスト者共同体;*パウロは第2次*宣教旅行の際〔50年頃〕,ここにヨーロッパで最初の教会を設立した);der Brief an die ~ → Philipperbrief. **Philipper・brief** *m.* -[e]s, フィリピの信徒への手紙(「ピリピ人(⁶₄)への手紙」とも;パウロが獄中〔おそらく*エフェソス〕から,フィリピの信徒共同体に宛てた新約聖書中の書簡;3通の手紙が編集されて1書になったものと考えられる;キリストに倣って*謙遜であるよう勧告する〔フィリ2:3-11〕;福音に与る喜びを繰り返し語ることから「喜びの手紙」〔Brief der Freude〕とも呼ばれる).

Philippismus【< Philipp Melanchthon】*m.* -, フィリップ主義. **Philippist** *m.* -en, -en,《通常複数で》フィリップ派(*ルターの死後,*神人協力説などに関するルター派内の神学論争でフィリップ・*メランヒトンに随従し,*純正ルター派と対立した神学者グループ).

Philippus【gr. "馬を愛する者"】《固》(*m.*) フィリポ(a. *十二使徒の1人;*ガリラヤ湖東岸ベトサイダの出身で,*ナタナエルをイエスに紹介した〔ヨハ1:43-46〕;*最後の晩餐の後,イエスに「御父をお示し下さい」と懇願したところ「わたしが父の内におり,父がわたしの内におられることを,信じないのか.」と諭される〔ヨハ14:8-14〕. b. 十二使徒のエルサレムの弟子の中から,*ステファノとともに互選された7名のうちの1人〔使6:1-6〕;「福音宣教者」〔Evangelist〕と呼ばれ,サマリアで伝道を行い魔術師*シモンを*回心させた〔使8:13〕;4人の娘とともに暮らしていた*パレスチナのカイサリアの居宅に,最後のエルサレム旅行の途上にあった*パウロが滞在した〔使21:8〕. **Philippusevangelium** *n.* -s, フィリポによる福音書(使徒フィリポの名のもと,*コプト語〔原文はギリシア語〕で書かれた*グノーシス派起源の*外典福音書;*ナグ・ハマディ文書の第2*コーデックスに含まれる;グノーシス神話,キリスト論,秘跡的儀礼などに関する多数の出典から取られた抜粋を集成したもので,3世紀後半までに成立した;イエスの「伴侶」とされたマグダラの*マリアについての記述でも知られる).

Philister *m.* -s, -, ①ペリシテ人(前12世紀前半頃,クレタ島から渡来した非セム系の海洋民族で,ラムセス3世のエジプトに敗北後,地中海東海岸地方に定住した;高度な文化をもち軍事に優れイスラエルを圧倒したが〔*サウルはペリシテ人との戦いで戦死;サム上31:4〕,*ダビデによって征服された〔サム下8:1〕;なお*パレスチナはギリシア語で「ペリシテ人の地」の意). ②《比》(小市民的で頑冥な)俗物,無教養な人(ペリシテ人がアブラハムが掘らせた井戸を塞いだという創26:15の記事を,オリゲネス〔Origenismus参照〕が,高い認識能力の封印と解釈したことにちなむ;またペリシテ人はイスラエルの神の言葉の敵とみなされたことから,17世紀にはイェーナの大学生が,学生でないものへの侮辱表現としてこの語を用いた).

Phönix【gr.-lat.】*m.* -[es], -e, 不死鳥,フェニッ

クス(インドないしエジプト起源の伝説上の鳥で, 一説では500年の寿命の後, 火中に身を投じその灰の中から3日後に復活するという; 初代キリスト教より, キリストの*復活の象徴とされ, また魂の不死や希望を表す).

Photinianer【< Photeinos】*m.* -s, -,《通常複数で》フォテイノス派(シルミウム〔現セルビア共和国の西部の古代都市〕の司教フォティノス〔?-376〕の異端説の信奉者;*処女懐胎は認めるものの, キリストは単なる人間として誕生し, その後神の子とされたと主張する; また*三位一体の正統教義を否定したため再三にわたり異端宣告され, 第1*コンスタンティノポリス公会議〔381年〕でも弾劾されたが, 5世紀頃まで存続した).

Physiko・theologie *f.* -, 自然神学(Naturtheologie参照).

Physis【gr."自然"】*f.* -, ①フュシス, ピュシス, 本性(*キリスト論においては, キリストの*神性と*人性のこと; キリストは, 1つの*ヒュポスタシスにおいて, 神的本性と人的本性の2つのフュシスが結合しているとされる). ②(神の被造物としての)自然. ③(人間の)身体.

Piarist【lat.-nlat.】*m.* -en, -en,《通常複数で》ピアリスト会; ピアリスト会〔修道〕士. **Piaristen・orden** *m.* -s, ピアリスト会(エスコラピオス修道会〔span. Escolapios〕, スコラ・ピア会とも; 1597年ホセ・デ・カラサンス〔1557-1648; 聖人〕により, 青少年教育を目的としてローマ郊外で創立された男子修道会; 会員は通常の3*誓願の他に, 青少年のキリスト教的教育への献身の誓願を立てる; 略: SP). **Piaristin** *f.* -, -nen,《通常複数で》ピアリスト修道女会(「マリアの娘エスコラピア ス修道女会」とも; 1829年パウラ・モンタル・フォルネス〔1799-1889; 聖人〕がバルセロナで創設した女子修道会; ホセ・デ・カラサンスの精神に則り, 女子の初等・中等教育に従事する).

Pieta, Pietà【lat.-it."憐れみ, 敬愛"】*f.* -, -s, ピエタ(12世紀*ビザンティン絵画に始まる, 十字架から降ろされたキリストの遺体を支え起こす聖母*マリア, 使徒*ヨハネ, *天使らの群像; 13世紀末以降は, キリストの遺体を膝の上に横抱きにし, 嘆き悲しむ聖母マリアの図像・影像を指す〔Vesperbild参照〕; 特に, *サン・ピエトロ大聖堂にあるミケランジェロ〔1475-1564〕によるピエタ〔die römische <vatikanische> ～とも; 1498-1500制作〕が有名). **Pietät**【lat.】*f.* -, ①孝愛, 敬神徳(神の子たる人間が, 父なる神に対して抱く畏敬, 恭順の念で, *聖霊によって授けられる超自然的賜物〔ロマ8:14-15〕; Frömmigkeit 2参照). ②(一般に, 宗教的な)敬虔, 信心;(特に, 死者に対する)畏敬. **Pietismus**【lat.-nlat.】*m.* -, 敬虔主義, ピエティズム(17世紀末から18世紀前半, *シュペーナー〔1635-1705〕やアウグスト・ヘルマン・フランケ〔1663-1727〕の提唱によりドイツの*ルター派教会内に興った, 教義や制度のドグマ化・形骸化への批判に始まる*信仰覚醒運動; ルター派正統主義に留まりながら, 個々人における信仰の内面化や禁欲的生活の実践を追求した; これとは別に, 南ドイツのヴュルテンベルクで市民や農民の間に広まった穏健な民衆的敬虔主義運動やツィンツェンドルフ伯による*ヘルンフート兄弟団などが同時期に展開した; 敬虔主義は, 個人の内面への眼差しとその言語表現の可能性を拓き, シュトゥルム・ウント・ドラング, 古典主義, 観念論哲学, ロマン主義を経て19世紀に至る, ドイツ文学・哲学に多大な影響を及ぼした; Collegia pietatis参照). **Pietist** *m.* -en, -en, ①敬虔主義者. ②(軽蔑的に: 極端な)信心家; 信心家ぶる人. **pietistisch** *adj.* ①敬虔主義の; 敬虔主義的な. ②信心家ぶった.

Pikarde【< Picardie】*m.* -n, -n,《通常複数で》ピカルディー派(15世紀初頭, フランス北部のピカルディー地方に興り, その後ベルギー, ボヘミアに移った聖書原理主義の一派).

Pilatus《固》(*m.*) Pontius ～ ポンティウス・ピラトゥス, ポンティオ・ピラト(ローマのユダヤ*総督〔在職26-36〕; 30年頃, イエスを審問し〔マコ15:1-5〕, その無罪を認めながらも〔ルカ23:14他〕ユダヤ人群衆の要求に屈して十字架刑に同意した〔マコ15:15〕); von Pontius zu ～ laufen《話》あちこち無駄に駆けずり回る, (役所などで)たらい回しにされる(ピラトが処遇に窮して, *ヘロデ〔b〕のもとに送致したイエスの身柄が送り返されてきたことにちなむ; ルカ23:6-11). **Pilatus・akten**【< lat. Acta Pilati】*pl.* ピラト言行

録(「ピラト行伝」とも；新約聖書*外典の*ニコデモ福音書の第1部で，ピラトによるイエス・キリストの裁判と十字架刑についての記述；聖女*ヴェロニカと兵士ロンギヌス〔die Heilige *Lanze*参照〕の伝説を含む).

Pileolus【lat.-mlat.】*m.* -, ..li *u.* ..len, ピレオルス(高位聖職者が被る半球形の小帽子；教皇は白，枢機卿は赤，司教は真紅など，職階によって色が異なる).

Pilger【kirchenlat. "(ローマ巡礼に来た)異国の人"】*m.* -s, -, (*聖地の)巡礼者.

Pilger=fahrt *f.* -, -en, 巡礼(Wallfahrt参照). ～**flasche** *f.* -, -n, 巡礼者の水筒(偏平な円形のガラスまたは陶器製の水筒で紐で肩に掛ける). ～**hut** *m.* -[e]s, ..hüte, 巡礼帽(中世の巡礼者が用いた，多くはフェルト製の縁の広い帽子；*サンティアゴ・デ・コンポステーラ巡礼の場合にはこれに貝殻の飾りを付けた).

Pilgerin *f.* -, -nen, → Pilger (の女性形).

Pilger=kleid *n.* -[e]s, -er, ～**kleidung** *f.* -, -en, 巡礼服. ～**muschel** *f.* -, -n, イタヤガイ(帆立貝の一種で，*サンティアゴ・デ・コンポステーラへの巡礼者がその殻を帽子に付けた；Jakobusmuschel参照).

pilgern *i.* (*s.*) 巡礼する，聖地詣でをする；nach Rom ～ ローマへ巡礼する. **Pilgerschaft** *f.* -, ①巡礼(をすること)；eine ～ antreten 巡礼に出る. ②巡礼者(であること). **Pilgerschar** *f.* -, -en, 巡礼者の群れ. **Pilgers・mann** *m.* -[e]s, ..männer *od.* ..leute, 《古》 → Pilger.

Pilger=stab *m.* -[e]s, ..stäbe, 巡礼杖(ǵ)(中世の巡礼者が用いた，球状の握りの付いた杖). ～**väter**【< engl. Pilgrim Fathers】*pl.* ピルグリム・ファーザーズ(1620年メイフラワー号でイギリスから北アメリカ〔ニュー・プリマス；後のニュー・イングランド〕に移住した移民たち；102名のうち約3分の1が*国教会の迫害を逃れた*分離派の*清教徒だった). ～**weg** *m.* -[e]s, -e, 巡礼路(巡礼地に向かう道；例えば → Jakobsweg). ～**zug** *m.* -[e]s, ..züge, ① → ～fahrt. ② → ～schar. ③聖地巡礼特別列車.

Pilgrim *m.* -s, -e, 《古》→ Pilger.

Piscina【lat."養魚池"】*f.* -, ..nen, ①洗礼盤(古代教会の*洗礼堂に設置され，*浸礼に用いられた浴槽状の水盤；Baptisterium 2 参照). ②聖水〔廃棄〕盤，手洗い盤(*司祭が手をすすいだり，*祭具などの洗浄に用いられた*聖水を捨てるため，〔中世の〕聖堂の祭壇脇の南壁などに設けられた穴または水盤；排水は直接地中に流れるようになっている；→ Sakrarium と同じ).

Pius=genossenschaft【< lat. Sodalitium Pianum】*f.* -, ピウス結社(ウンベルト・ベニーニ〔1862-1934〕により設立された，*近代主義に反発する聖職者及び一般信徒の団体；名称は，異端とプロテスタントの排除に尽力した教皇ピウス5世〔在位1566-72〕にちなむ；Integralismus参照). ～**orden** *m.* -s, -, ピウス〔9世〕勲章(*教皇勲章の1つで，上から第3位のもの；1847年ピウス9世〔在位1846-78〕が制定した). ～**verein** *m.* -[e]s, -e, ピウス連盟〈協会〉(a. ～ [für die religiöse Freiheit]：1848-49年のドイツ革命の際に，教会の国家からの自由及び政治参画を謳ってドイツやオーストリア各地で設立されたカトリック諸団体；1848年9月にマインツで最初の大会〔→ Deutscher *Katholikentag*〕が開かれた；名称は教皇ピウス9世〔在位1846-78〕にちなむ. b. スイスのカトリック文化振興のため1857年に設立された組織. c. 1905年出版事業のために設立されたオーストリアのカトリック団体).

Plage【gr.-lat."打撃"】*f.* -, -n, 苦悩；災い, 神罰；die zehn ～n 十の災い(エジプトで奴隷状態にあったイスラエル人を救出するため，神がエジプト人に与えた10の災害；血の災い〔Blut；エジプト中の水を血に変える；出7：14-25〕，蛙の災い〔Frösche；エジプト中に蛙を放つ；出7：25-8：11〕，ぶよの災い〔Stechmücken；土の塵をぶよに変えて人を襲う；出8：12:15〕，あぶの災い〔Stechfliegen；畑地にあぶを放つ；出8：16-28〕，疫病の災い〔Viehpest；家畜の疫病；出9：1-7〕，はれ物の災い〔Schwarze Blattern；人と家畜の皮膚病；出9：8-12〕，雹の災い〔Hagel；エジプト全土に雹を降らせる；出9：18-35〕，*いなごの災い〔Heuschrecken；農地にいなごを放つ；出10：4-20〕，暗闇の災い〔Finsternis；3日間エジプトを暗闇が覆う；出10:21:29〕，初子の死〔Tod aller Erstgeborenen；エジプト中の人と家畜の初子を皆殺しにする；11章, 12:29-33〕).

Planeta【mlat.】*f.* -, -e, プラネタ(→ Kasel の別称).

Plenarium【lat.-mlat."全書"】*n.* -s, ..rien, (Plenarmissale)ミサ全書(式文や聖書の朗読箇所〔*ペリコーペ〕、聖歌など、典礼に関する一切を1冊の本にまとめた中世の*ミサ典書;9-10世紀に成立した).

Plenar=konzil【< spätlat. plenarius "全部揃った" + → Konzil】 *n.* -s, -e u. -ien, 全体会議(同一の*司教協議会に属するすべての部分教会による会議;CIC. 439§1;Partikularkonzil参照). **～missale**【< lat. Missale plenarium】 *n.* -s, -n u. ..lien, ミサ全書(Plenarium参照).

Pleroma【gr."充満"】 *n.* -, プレーローマ(a. *パウロの用語で、キリストによってこの世にもたらされた神の恵みの総体〔「神の満ちあふれる豊かさ」(die ganze Fülle Gottes);エフェ3:19〕のこと;キリストに宿る*神性の充溢〔満ちあふれるもの」;コロ1:19]、信徒が目標とする「キリストの満ちあふれる豊かさ」〔エフェ4:13〕などを意味する. b. *グノーシス主義の用語で、本源的の超越的な光の世界を意味する「神性の充溢」のこと).

Pluviale【mlat.】 *m.* -s, -[s], プルヴィアーレ(半円被、大外衣とも;司教が戸外での*行列などの際に着用する、袖なしの半円形の外套;元来は、カトリックの聖職者用の雨合羽;Cappa参照).

Pneuma【gr."空気、風、息"】 *n.* -s, ①プネウマ(古代ギリシアの自然学における生命の原理;ストア学派においては一者〔神〕と同義で万物の存在原理とされた). ②霊(聖書では、特に*聖霊のこと;また、*天使あるいは人間における神的超自然的な生命原理をいう). **Pneumatiker**【gr.-lat.】 *m.* -s, -, ①プネウマ論者(プネウマを生命原理と捉え、その欠如が病気の原因になると考えた1世紀頃の医学者たち). ②霊の人(*聖霊の特別な啓示と「知識」を得ていると称するコリントの教会における分派;*パウロは彼らに対して一致と愛の必要性を説いた;1コリ8:1). ③聖霊に満たされた人(特に*預言者のこと);霊能者. ③霊的人間(*グノーシス主義でいう人間の3段階のうち、最高位に達した、*霊と*グノーシスに支配されている人間;Hyliker, Psychiker参照). **pneumatisch**【gr.-lat.】 *adj.* ①プネウマの、プネウマに関する. ②霊の、聖霊の;霊(聖霊)に満たされた;die ～e Exegese 霊〈プネウマ〉的聖書釈義学(a. 人間の理性によってではなく、*聖霊の助けを借りて聖書の文言の意味を解釈しようという古代キリスト教の*聖書解釈学. b. 現代の聖書研究において主流となっている歴史批判的な傾向に対し、*パウロの言葉〔1コリ2:13-14〕に基づき、聖書の霊的解釈を復権しようとする立場). **Pneumatologie**【gr.-nlat.】 *f.* -, ①聖霊論(*三位一体の第3の*位格である*聖霊についての学). ②霊物学(*天使や*悪魔に関する学). **Pneumatomachen**【< gr. Pneumatomáchoi "聖霊の対抗者"】 *pl.* プネウマトマコイ(ヨハ15:26に基づいて、*聖霊を父なる神の被造物、神と被造物を仲介する天使的存在とみなし、その*神性を否定した4世紀小アジアの*異端派;第1*コンスタンティノポリス公会議〔381年〕で排斥された).

Podium【gr.-lat.】 *n.* -s, Podien, 壇(教会堂内で一般会衆席より高くなっている所;例えば、*祭壇の設置場所や*説教壇;演台や祭壇そのものを指す場合もある).

Polemik【gr.-fr.】 *f.* -, -en, 論争神学(*護教学や融和神学と異なり、自らの*教理、*正統信仰を擁護するため、他の分派、異端説を積極的に攻撃する神学上の立場;Kontroverstheologie参照).

Polydämonismus【< gr. polýs "多くの;複" + → Dämonismus】 *m.* -, 多魔神信仰、多霊観(ある程度の人格性や個性をもつ多数の精霊や魔神を崇拝する宗教形態;かつての宗教学における進化主義的な立場では、*アニミズムから*多神教への過渡的宗教形態とされた).

Polygenismus *m.* -, (対義語: Monogenismus) 人類多元説(全人類が*人祖*アダム〔ないしアダムと*エバ〕から生じたのではなく、複数の発生系統があるとする説;アダムとエバの犯した*原罪が単一系統の全人類に伝わるとするカトリック教理とは相容れない).

Polyglotte【gr."多言語"】 *f.* -, -n, ポリグロット〔聖書〕、多国語対訳聖書(数ヵ国語の対訳聖書;特に、同じ頁上に、聖書原文と歴史的に重要な複数の翻訳が並記され、比較対照ができるようレイアウトされたもの;トレド大司教シスネーロス〔1435-1517〕の編纂した『コンプルトゥム〔アルカラ〕多国語対訳聖書』が最古で、旧約〔1517年〕はヘブライ語、ラテン語、ギリシア語〔及び一部のアラム語〕、新約〔1514〕ではギリシア語とラテン語が対照されている). **Polyglotten・bibel** *f.* -, -n, →

Polyglotte.

Polyptychon【gr.】*n.* -s, ..chen *u.* ..cha, 多翼祭壇画, 多幅祭壇画, ポリプティカ, ポリプティク（engl. polyptich）；複数の聖画パネルを屛風状に組み合わせたもので, 祭壇の背後などに置かれる；12枚のパネルから構成されるフーベルト〔1385/90頃-1426〕及びヤン〔1395頃-1441〕・ファン・エイク兄弟の「ヘントの祭壇画」〔dt. Genter Altar；1432年制作；現在はベルギー, ヘント〔ガン〕の聖バーフ大聖堂が所蔵〕が有名；Flügelaltar参照）.

Polytheismus *m.* -, (Vielgötterei) 多神教, 多神論（*一神教に対し, 多数の神の存在を認め, それぞれを同時かつ同等に崇拝する宗教形態；*十戒では最初に禁じられている〔出20：3〕）. **Polytheist** *m.* -en, -en, 多神教信者, 多神論者. **polytheistisch** *adj.* 多神教の, 多神論の.

Pönal・gesetz【< lat. lex poenalis】*n.* -es, -e, 刑罰法（*教会法において, 違法そのものが罪とされる「良心の法」に対し, 違反自体には罪はないが, 違反した場合に刑罰を科すことをもって, 信徒に遵法を義務付ける法律）.

Pönitent【lat.】*m.* -en, -en, (Büßer) ゆるしの秘跡を受ける者（回心者, 贖罪者, 告白者, 悔悛者, 告解者とも；自己を糾明し, *ゆるしの秘跡において自らの罪を*告白して悔い改め, その償いをしようとする人；CIC. 987-91）. **Pönitenten・orden**【< lat. tertius ordo de poenitentia】*m.* -s, 贖罪会（Bußorden参照）.

Pönitentiar【lat.-mlat.】*m.* -s, -e, 聴罪司祭（Beichtvaer参照）；der päpstliche ～ 教皇付き聴罪司祭. **Pönitentiarie** *f.* -, [die Apostolische] ～〔教皇庁〕内赦院（主に*ゆるしの秘跡に関わる領域を審理する*教皇庁の裁判所）. **Pönitenz**【lat.】*f.* -, -en, ①償い, 贖罪；悔悛, 悔い改め（Buße参照）. ②ゆるしの秘跡（Bußsakrament参照）. **Pönitenzial** *m.* -s, -e, 贖罪規定書（Bußbuch参照）. **Pönitenziar** → Pönitentiar. **Pönitenziarie** → Pönitentiarie.

Pontifex【lat."橋を架ける人"；< lat. pons "橋"+ facere "作る"】*m.* -, ..fices *u.* ..fizes, ①司教,（特に：）教皇. ②（元来は：古代ローマの）高位神官, 大神宮. **Pontifex maximus**【lat."最大の司教（神官）"】*m.* - -, ..fices (*u.* ..fizes) ..mi, ポンティフェクス・マクシムス（a.《単数で》ローマ教皇のこと：5世紀より, 特にグレゴリウス1世〔在位590-604〕以降, 教皇の称号として用いられている；略：P. M. b.《単数で》ローマ帝国皇帝の敬称. c. 元来は：古代ローマの最高位の神官）.

Pontificale Romanum【lat.】*n.* - -, ローマ司教典礼書（1596年教皇クレメンス8世〔在位1592-1605〕が発表したローマ教会の公式の*司教典礼書；第2*ヴァティカン公会議後の典礼刷新まで用いられた）. **Pontifices** *pl.* → Pontifex（の複数形）. **pontifikal** *adj.* 司教の. **Pontifikal・amt** *n.* -[e]s, ..ämter, (das bischöfliche Hochamt) 司教盛儀ミサ（司教が多くの奉仕者を伴い, 音楽, 歌唱をもって盛大に行われるミサ；以前は, 司教高座ミサ, 司教歌ミサとも）. **Pontifikale**【kirchenlat.】*n.* -[s], ..lien, 司教典礼書, 司教定式書（*司教の執行する〔ミサ以外の〕*秘跡・*準秘跡〔例えば, *堅信, *叙階, 献堂〕などの式文や典礼注記が記載された典礼書）.

Pontifikal=funktion *f.* -, -en, 司教盛儀, ～**handlung** *f.* -, -en, 司教盛儀（*司教が執行する, *司教盛式ミサ, 及びその他教会の祭式）.

Pontifikalien *pl.* ①司教用祭具（司教及びその他の権限ある高位司職者が用いる祭具・祭服の総称；*ミトラ, *牧杖, *司教指輪, *佩用（はい）十字架, *ピレオルス, *モゼッタ, 靴や靴下など）. ②（枢機卿, 司教, 大修道院長その他の）高位聖職者が挙行する盛儀（1を着用して行う盛式ミサ；Pontifikalamt参照）. ③ → Pontifikale（の複数形）.

Pontifikal=messe *f.* -, -n, → ～**amt**. ～**ornat** *m.* -[e]s, -e, 司教用祭服（Pontifikalien 1参照）. ～**ring** *m.* -[e]s, -e, 司教指輪（Anulus参照）. ～**sandale** *f.* -, -n, 司教用履物（*司教用祭具の1つで, *司教盛儀ミサの際に用いられる, 十字架のついた短靴）.

Pontifikat【lat."高位聖職者の職位"】*n.* (*m.*) -[e]s, -e, ①教皇在位期間；司教の任期. ②教皇〔職〕位, 司教〔職〕位. **Pontifizes** *pl.* → Pontifex（の複数形）. **pontifizieren** *i.* (*h*) *司教盛儀ミサを挙げる.

Pontius Pilatus → Pontius *Pilatus*.

Pope【ahd.-altruss.-russ.】*m.* -n, -n, ①（スラブ語圏の*正教会の）〔在俗〕司祭, 教区司祭, 下級聖職者. ②（軽蔑的に：）坊主（Pfaffe参照）.

Portal【lat.-mlat."入口"】*n.* -s, -e,（教会堂などの堂々たる）正面玄関, 入口広間. **Porta-**

rius【spätlat.】*m.* -, ..rien, (修道院の)受付係；門番(Ostiarius参照).

Portiuncula【it."小さな耕地"】*f.* -, ポルティウンクラ聖堂(イタリア, アッシジにある「天使たちの聖マリア聖堂」〔Santa Maria degli Angeli〕の通称；元は, *ベネディクト会大修道院の10世紀頃の小さな石造教会堂で, 1207年頃アッシジの*フランチェスコが修復して居住し, *フランシスコ会を創立後も, 生涯にわたって活動の根拠地とした；16-17世紀に, これを包み込む壮麗な大聖堂が造られた；現在の建物は1832年の地震で倒壊後に再建されたもの). **Portiunkula・ablass (Portiunkulaablaß)** *m.* ..lasses, ..lässe, ポルティウンクラの全免償(「アッシジのゆるし」とも；8月2日及びそれに続く日曜日, その前日の正午から当日の夜中12時までの間に, フランシスコ会の教会堂を訪れ, 一定条件を満たすことで与えられる*全免償；1216年聖フランチェスコの請願により, 教皇ホノリウス3世〔在位1216-27〕がポルティウンクラ聖堂を訪問した者に対して認めたもので, 15世紀末にはフランシスコ会の教会堂すべてに適用され

Posaune【lat.-altfr."狩の角笛"】*f.* -, -n, トロンボーン, ラッパ；die 〜 des Jüngsten Gerichts 最後の審判のラッパ(この*世の終わりに, 死者を復活させ〔1コリ15:52〕, 選ばれた人を呼び集めて〔マタ24:31〕, *最後の審判の開始を知らせる〔黙8：2〕). **Posaunen・engel** → Blasengel.

positiv *adj.* ①肯定的な；積極的な；確固とした. ②実際的な；実証的な；die 〜e Theologie 実証神学(*自然神学に対して, *啓示の歴史的源泉〔聖書, 伝承など〕に遡り, 厳密な歴史批判的手法を用いて, 啓示の内容を実証的客観的に解明しようとする神学上の立場).

post Christum [natum]【lat.】西暦紀元(キリスト生誕後)…年に(略: p. Chr. [n.]；anno Domini参照)；im Jahre 2016 post Christum 西暦2016年に.

Post・communio *f.* -, -, → Postkommunion.

Postille【< mlat. post illa verba "(聖書の)これらの言葉に従って"】*f.* -, -n, ポスティラ(元来は, 聖書の注解や傍注, 及びそれに基づく説教集；その後, *典礼暦によるその日の聖書朗読箇所の注解や, ミサの式文とその欄外注

記を指すようになった；*ルターの『教会説教集』〔Kirchen-Postille；1527年〕以降は, 説教集や祈りの手引き書, さらに祈祷書など*信心書全般を意味する).

Post・kommunion【kirchenlat.】*f.* -, -en, 領後の祈り(*聖体拝領の後しばらくの間, 通常は心の中で唱える感謝の祈り).

Postulant【lat.】*m.* -en, -en, (*修練者になる前の段階にある)修道志願者. **Postulat** *n.* -[e]s, -e, ①要請. ②修練準備期(*修練期に先立つおよそ半年間の見習い期間). **Postulation**【lat.】*f.* -, -en, (Wahlbitte) 請願選出(*教会法上の選挙において, 適任でありながら教会法上の障害がある人物を, 〔その障害が免除されうる場合に〕投票をもって権限ある権威者に推挙すること；CIC. 180-83).

P. prim.《略》→ Pastor primarius.

Präbendar【lat.-mlat.】*m.* -s, -e, **Präbendarius** *m.* -, ..rien, 聖職禄受領者, 教会禄受領者. **Präbende**【mlat.】*f.* -, -n, 聖職禄, 教会禄(Benefizium参照).

Prädestinatianismus *m.* -, → Prädestinationslehre. **Prädestination**【kirchenlat.】*f.* -, (Vorherbestimmung) 予定(神は, 理性的被造物に対する現世での*恩寵と来世での栄光を, *救いの計画において決定し, 既に準備しているということ；カトリックの教理によれば, これは人間の自由意志を否定するものではない；ロマ8:29-30). **Prädestinations・lehre** *f.* -, 予定説(キリストの*贖罪死は万人に適用されるのではなく, また個々人の行いとは無関係に, 予め選ばれた者だけが義とされて*天国に入り, その他の者は*劫罰に処せられるという「予定」を誇張した教説；*カルヴァン派の教義で, *トリエント公会議などで繰り返し排斥された).

Prädetermination【lat.-nlat.】*f.* -, 予定, 先定(人間の自由意志に基づくあらゆる行為には, 必ず先行する神の意志による予定, *恩寵が必要であるとする*トマス・アクィナスの神学概念；またこれを援用, 発展させた*ドミニコ会士ドミンゴ・バニェス〔1528-1604〕の恩寵論の中心概念；Prädeterminismus参照).

Prädeterminismus *m.* -, 先定説(神の*恩寵は, 救いの予定された人間の自由意志に先行し, その原因となっており, 選ばれた者は自由意志によって神の恩寵に協力するよう本性

的に定められているというバニェスの恩恵論).

Prädikant【lat.-mlat.; < lat. praedicare (→ predigen)】*m.* -en, -en, ①説教者(特に*ドミニコ会の);(プ)伝道者. ②(プ)(*ルター派教会の典礼で説教を行う)説教師, 副牧師, 牧師助手. **Prädikanten・orden** *m.* -s, 説教者[修道]会(*ドミニコ会のこと; Orden der *Predigerbrüder*参照).

Präexistenz【lat.-nlat.】*f.* -, 先在(a. 霊魂の; Präexistenzianismus参照. b. キリストは*受肉以前より, *ロゴス〔御言葉(みことば)〕として神とともに存在していたということ. c. 世界創造以前より, 世界は神の理念として存在していたということ). **Präexistenzianismus** *m.* -, 〔霊魂〕先在説(人間の霊魂は肉体と結び付く以前は, 根源的な霊的世界にあり, 現世での浄化によって再びそこに還るとするオリゲネス〔Origenismus参照〕の*新プラトン主義的教説; Kreatianismus参照).

Präfation【lat.-mlat."前口上"】*f.* -, -en, 叙唱(ミサ中の*奉献文の冒頭, *感謝の賛歌の前に会衆を代表して司祭が神を賛美し, 感謝を献げるために唱える祈禱文;*教会暦やミサの目的によって, *ミサ典礼書にある73の叙唱から選んで用いられる).

Präfekt【lat."上官"】*m.* -en, -en, ① der Apostolische 〜 使徒座知牧区長(以前の名称は「知牧」;宣教地などにおいて, 教皇の名によって*使徒座知牧区を統治する*使徒座直属の司祭; CIC. 371§1). ② → Kardinalpräfekt. ③学事長(教会やイエズス会など修道会の運営する学校で, 生徒の勉強の世話をする教師;かつては, 若手の*修道司祭が任ぜられた). ④(ローマの属州の)長官, 総督(Prokurator d 参照). **Präfektur**【lat.】*f.* -, -en, ① die Apostolische 〜 使徒座知牧区(以前の名称は「知牧区」;規模が小さく未組織のため, *教区として設立されるまでに至っていない*使徒座直属の布教区域〔CIC. 371§1〕; 次の段階の*使徒座代理区を経て, 教区に昇格することができる). ② → Präfekt の職(統治区域).

Prag【tschechisch Praha】《固》プラハ(現チェコ共和国の首都;9世紀後半にヴルタヴァ川〔ドイツ名モルダウ川〕の両岸にプラハ〔フラチャニ〕城とヴィシェフラット城が建てられ, その間にチェコ人が形成した集落から発達した;973年*司教座が置かれる;14世紀にカール4世〔在位1355-78〕のもと, *神聖ローマ帝国の首都として急速に発展し「黄金の町」〔Goldene Stadt〕の異名をとった; またルドルフ2世〔在位1576-1612〕の時代には*バロック文化の中心地となった;一方で, *フス戦争や*三十年戦争により大きな被害を受けた).

Prägemal *n.* -[e]s, -e *u.* ..mäler, 刻印;霊印(Merkmal参照); das unauslöschliche 〜 消えることのない霊印(das unauslöschliche *Merkmal* 参照).

Prager *adj.*《不変化》プラハの; der 〜 Frieden プラハ〔講和〕条約(*三十年戦争の最中の1635年, プラハで*神聖ローマ帝国皇帝フェルディナント2世〔在位1619-37〕とプロテスタント諸侯, カトリック諸侯の間に結ばれた和平条約;1627年時点における*アウクスブルクの和議の体制を回復し, 諸侯の同盟を禁止するもの).

Präkonisation【lat.-mlat."公表"】*f.* -, -en, 任命公示(教皇が*枢機卿会議で*司教その他の高位聖職者の任命を告示, 承認すること). **präkonisieren** *t.* (*h*) (教皇が或人を司教などの職位へ)任命公示する.

Prälat【lat.-mlat.】*m.* -en, -en, ①高位聖職者, 高位者(a. *大司教, *司教, *大修道院長など*裁治権を有する聖職者. b. 教皇によって授与される名誉称号, 及びその保持者;ただし裁治権を伴わない). ②高位区長(*高位区の*司牧を委任された者;通常は司教に叙任される). ③《プ》(南ドイツの*州教会の)監督長. **Prälaten・orden** *m.* -s, -, 高位者修道院(中世末期以降, その*上長が*司教に叙任された修道会で, ドイツ語圏では通常, *ベネディクト会, *シトー会, *プレモントレ会, *アウグスチノ修道参事会の4つを指す).

Prälatur *f.* -, -en, ①高位聖職者の職位(及びその居室). ②高位区(遠隔地などにおいて*教区となる条件を満たさないが, *使徒座代理よりも教区としての運営が可能な部分教会;高位区長の統治下に置かれる); die freie 〜 免属高位区. ③監督長の職位(及び, その管轄区域, 居室).

Prämonstratenser【mlat.; < Prémontré】*m.* -s, -, (通常複数で)プレモントレ[修道参事]会(1120年フランス北部プレモントレを拠点

に，クサンテンのノルベルト〔1080頃-1134；聖人〕が創設した*律修参事会の修道会；1126年教皇ホノリウス2世〔在位1124-30〕により「プレモントレの生活様式に従う聖アウグスチノ修道参事会」として正式に認可された；*アウグスティヌスの戒律を守り，在俗での司牧活動と禁欲的修道生活の両立を図る；盛式の典礼の執行，小教区司牧，青少年教育などを主な目的とする；略：OPraem）．

Präpositur【lat.-mlat.】*f.* -, -en，→ Präpositus の職位．**Präpositus**【lat.】*m.* -, ..ti，①司教座聖堂首席司祭；修道会上長，修道会総長，修道院長代理．②《プ》監督教区長．

Präsanktifikaten-Liturgie *f.* -, -n，先備聖体礼儀（die Liturgie der *vorgeweihten* Gaben参照）．

Präsentation【lat.-fr.】*f.* -, -en，推薦（任命権を有する教会権威者に対し，空位の教会職へ適任者を推挙すること；CIC. 158-63）．**Präsentaions・recht** *n.* -[e]s，推薦権（任命権を有する権威者に対して，空位になった教会職へ適当な人材を3ヶ月以内に推薦することのできる権利で，*保護権の1つ；CIC. 158-62）．

Präsenz【lat.-fr.】*f.* -, -en，現在；現存，臨在；die ～ Gottes 神の現前（万物において同時的に存在しているという神の属性で，「遍在」とも：Allgegenwart参照）．

Präses【lat.「代表者」】*m.* -, Präsides *u.* Präsiden，①（教会における諸団体，集団，神学校，委員会などの）長，議長，指導司祭，会長（例えば，*司教協議会会長；CIC. 452）．②《プ》（州の教会会議の）議長，州教会監督；（ラインラント及びヴェストファーレンの州教会では，教会の）指導者．**Präsiden, Präsides** *pl.* → Präses（の複数形）．

prästabiliert【lat.-nlat.; < lat. prae- + stabilis】*p.p.* 前もって決められている，予定された；die ～e Harmonie 予定調和（ゴットフリート・ライプニッツ〔1646-1716〕の形而上説；世界は相互に独立して自己発展する無数のモナド〔単子；Monade〕からなっているが，各モナドは創造の時点で神によって定められた内的法則に従って運動しているため，結果的にすべての現象は調和的秩序において整然と進行するということ）．

Präsumption, Präsumtion【lat.】*f.* -, -en，(Vermutung) 推定（教会裁判における不確定事項に関する蓋然的な推測；CIC. 1584-86）．

Präzedenz【lat.】*f.* -, -en，(職階や年齢などによる教会内での) 席次，席順；上位，上席．

Predella【germ.-it.(-fr.)"段"】*f.* -, -s *u.* ...dellen, **Predelle** *f.* -, -n，プレデッラ（元来は，祭壇の背後の，燭台などが置かれる飾り段を指したが，*多翼祭壇の台座部分とその正面の垂直面上にある横長の絵画や彫刻の装飾〔裾絵〕をもいう）．

predigen【kirchenlat.-lat.; < lat. praedicare "公示する"】《I》*i.(h)* ①（ミサなどで司祭が）説教をする；宣教(伝道)する；über (gegen) et. ～ 或事について（或事を戒める）説教をする；mit tausend Zungen ～ 弁舌をふるう，弁舌さわやかに語る；tauben Ohren ～《話》馬の耳に念仏．《II》*t.(h)*（真理，道徳などを）説く，勧告する；das Evangelium ～ 福音を説く；jm. Toleranz ～（或人に）寛容を説く；das Wort Gottes ～ 神の言葉を伝える．**Prediger** *m.* -s, -，①説教者，説教師；宣教者，伝道者（牧師，司祭など）；der ～ Salomo 伝道者*ソロモン；der ～ in der Wüste 荒れ野で叫ぶ者（洗礼者*ヨハネのこと；マタ3:3に基づく）；ein ～ in der Wüste《比》（警告が）世に聞き入れられない人．②預言者（Prophet参照）；使徒（Apostel参照）．③《単数で》～ [Salomos *od.* Salomonis] 伝道の書（旧約聖書の「*コヘレトの言葉」の別称）．

Prediger=bruder *m.* -s, ..brüder，説教者兄弟会（ドミニコ会）の修道士；Orden der ～brüder【< lat. Ordo Fratrum Praedicatorum】説教者兄弟会（ドミニコ会の正式名称；同会が*説教を主目的として設立されたことからこの名がある；Dominikanerorden参照）．**～kloster** *n.* -s, ..klöster，説教者兄弟会修道院（ドミニコ会修道院）．**～mönch** *m.* -[e]s, -e，→ ～bruder．**～orden** *m.* -s，説教者兄弟会（ドミニコ会）．**～reihe** *f.* -, -n，連続講話（例えば*小教区で*主任司祭によって行われる；CIC. 770参照）．**～schwester** *f.* -, -n，説教者兄弟会の修道女（Dominikanerin参照）．**～seminar** *n.* -s, -e，《プ》神学校（*州教会の聖職者，*牧師の養成のための教育施設）．

Predigt *f.* -, -en，教話（*聖務者が，教会や礼拝堂などで会衆に対し，キリスト教の信仰とその実践について教え聞かせること），（特に：）説教（ミサ中の聖書朗読の後，当該箇所に基づくなどして行われる → Homilie のこと）；

eine ～ halten 説教をする；in die (od. zur) ～ gehen 説教を聞きに行く．
Predigt=amt n. -[e]s, ..ämter, 説教の職務(教会から公に委嘱される，*福音を説くという司祭や牧師の責務)．**～buch** n. -[e]s, ..bücher, 説教集．**～gottesdienst** m. -[e]s, -e, 説教ミサ(説教を主目的とするミサ)．**～stuhl** m. -s, ..stühle, 説教壇(Kanzel参照)．**～text** m. -[e]s, -e, ①説教の基になる聖書の章句．②説教(の本文)．
preisen t. (h) 《雅》褒める，称賛する；Gott ～ 神を褒め讃える．
Presbyter【gr.-kirchenlat.】m. -s, -, ①長老(*パウロによって各地の教会毎に任命された*初代教会の指導者；*司祭を補佐し，委託を受けて，教導，ミサの執行，授洗などを行った；使14:23)．②司祭(→ Priesterのラテン語形)．③《プ》長老(*長老派教会において，一般信徒から選ばれ，牧師とともに教会運営にあたる者；ただし，聖職者である牧師も長老と呼ばれる場合がある)．**Presbyterat** n. -[e]s, -e, 司祭職(Priesteramt参照)．**presbyterial** adj. 《プ》長老［派］教会の；長老制度の；長老会の．**Presbyterial・verfassung** f. -, -en, 《プ》長老制度(*カルヴァン派の*ジュネーヴでの教会組織を規範として，一般信徒から選出された長老と教職［牧師］が合議により教会の運営にあたる統治制度；会議体には，各教会毎の*小会から全国規模の*総会までの段階がある)．**Presbyterianer**【engl. Presbyterian】m. -s, -, 《通常複数で》《プ》長老派(広義では*カルヴァン派［改革派］の別称；狭義では，ジョン・ノックス［1510-72］によってスコットランドに伝えられ［1567年同国の国教となる］，さらにイングランド，アイルランド，ウェールズ，北アメリカで独自の発展を遂げたカルヴァン派教会を指す；*英国国教会のような*監督制を採らず，一般信徒から選出された長老と教職者の牧師が段階的な会議体をもち，合議により教会を運営する；なお，牧師の結婚が許されており，さらには女性の長老や牧師を認める教団もある)；長老制主義者．**presbyterianisch** adj. 長老制度の；長老［派］教会の；die ～e Kirche 長老派教会．**Presbyterianismus** m. -, → Presbyterialverfassung．**Presbyterin** f. -, -nen, → Presbyter (の女性形)．**Presbyterium**【gr.-kirchenlat.】n. -s, ..rien, ①長老会(a.【engl. presbytery】(Gemeindekirchenrat) 中会，［地域］プレスビテリーとも；*長老派教会の中核的決議機関；各地域毎の運営役員会で，長老と司祭の代表者から構成される．b.〔元来は：〕*初代教会で司祭を補佐した長老たちの評議会)．②《プ》長老会〈中会〉会議室．③《カ》司祭団(ある*教区に所属する全*司祭が，*司教のもとで1つの団体をなしていることを表す語)．④《カ》司祭席［域］(教会堂の祭壇，及び聖職者席・聖歌隊席の部分で，信徒席とは空間的に区別される；*内陣や*アプスの場所にあたる)．
Priester【gr.-kirchenlat."長老"】m. -s, -, ①司祭(教会制度上の職位で，*司教の*按手による*叙階の秘跡によって*聖別，任命され，司教のもと，福音の宣教，信徒の*司牧，*秘跡の授与やミサなど，教会の典礼儀式の執行，その他の任務・権能をもつ；カトリックでは独身の男性信徒に限られる)；jn. zum ～ weihen (或人を)司祭に叙階する．②祭司(人間と神の仲介者として祭儀を司り，一般民衆に代わって神を礼拝して，*いけにえを献げる公職；イエス・キリストは「偉大な*大祭司」〔ein erhabener Hohen～；ヘブ 4:14〕とされる)．③<nordd.> 牧師(Pastor参照)．
Priester=amt n. -[e]s, ..ämter, 司祭職(*叙階の秘跡によって授けられる，*司教職の下位，*助祭職の上位の職階；*司教を補助する職務を有する；CIC. 1009)．**～amts・kandidat** m. -en, -en, (Alumne) 神学生(司祭職を志願し，司祭養成のための哲学及び神学の修業課程にある者)．**～ausbildung** f. -, -en, (神学校における)司祭養成．**～einsetzung** f. -, -en, 司祭職任命，司祭叙任；司祭職任命(特に，*モーセによる*レビ人の；出32:29)．**～gemeinschaft** f. -, -en, 司祭信心会．**～genossenschaft** f. -, -en, 司祭修道会．**～gewand** n. -[e]s, ..gewänder, 《雅》僧服，司祭(祭司)の祭服．
priesterhaft adj. 司祭(司祭)のような．**Priester・herrschaft** f. -, -en, 教権統治，聖職者政治(聖職者階級による国家支配；Hierokratie参照)．**Priesterin** f. -, -nen, 女祭司，巫子(キリスト教以外の宗教の)．
Priester=käppchen n. -s, -, 司祭帽．**～kodex** m. -[es], → ～schrift．**～kongregation** f. -, -en, ①司祭修道会．②司祭会議．
priesterlich adj. 司祭(祭司)の；司祭(祭司)

Priester

のような；《比》厳かな，いかめしい，荘厳な．

priestern *i.* (*h*) <*nd.*> → predigen．

Priester=rat *m.* -[e]s, -räte, 司祭評議会（各*教区に設置されて，*司牧の効果的促進など教区統治に関して*司教を補佐するその諸機関；当該教区の司祭団から選ばれた代表者から構成される；CIC. 495-502）．**~samstag** *m.* -[e]s, -e, 司祭の土曜日（ドイツにおける*カトリック・アクションの一環で，1937年から，司祭と一般信徒が参集し，適任の司祭が*召命されるよう共同祈願を行った毎月の第1土曜日）．

Priesterschaft *f.* -, ①(集合的に：)祭司，司祭．②祭司（司祭）の身分；祭司（司祭）の務め，祭司職（Priestertum参照）．

Priester=schrift *f.* -, (Priesterkodex) 祭司文書，祭司資料（「P資料」とも；*モーセ五書の成立史研究において，原資料の1つ〔4資料説〕として想定される，複数または単一の資料文書；*バビロニア捕囚の時期かそれ以後に成立したと考えられる；祭儀，祭司に関する記述が多いことからこの名称がある；略：P；die *deuteronomisch*e Quelle, Elohist, Jahwist 参照）．**~seminar** *n.* -s, -e, 神学校（司祭職を志望する青少年の霊的・学問的養成及び司牧の訓練のため，*司祭によって設置された寄宿舎付きの教育施設；CIC. 234-64）．**~stand** *m.* -[e]s, 司祭(祭司)の身分，司祭(祭司)階級．

Priestertum *n.* -s, ①祭司職（キリストが*最後の晩餐の際に弟子たちに命じた，キリストに倣って*奉献の典礼を行い，また人々を*聖化する務め；*叙階された司祭が「キリストの祭司職」の後継者として執行し，*洗礼を受けたすべてのキリスト教徒は神の民の一員としてこれに参与する）；das ~ Christi キリストの祭司職（キリストが十字架上ですべての人間のために自らを神に*奉献し，その後も司祭による教会の聖務を通して*いけにえの祭儀を繰り返し更新しているということ；ヘブ 7 : 24-25, 詩110: 1 - 4 参照）；das ~ der <aller> Gläubigen 万人祭司（カトリックの*教会による*位階制を伴った司祭職を否定し，すべての信仰者は*洗礼によって等しく祭司の権能を与えられるとする，1ペト2：9などに基づいて*ルターが唱えた教理）；das allgemeine <gemeinsame> ~ 一般〈共通〉祭司職（司教や司祭の「職位的祭司職」と区別され，*洗礼，*堅信，*聖体の秘跡によって，全信徒に賦与される神の民としての務めで，教会の典礼において*祭司職に参与することをいう；CIC. 836）．② → Priesterschaft 1．

Priester=verein *m.* -[e]s, -e, 司祭協会（修徳や学問的研鑽その他の目的で，司祭によって組織される団体）．**~weihe** *f.* -, -n, 司祭叙階（式）(司祭の職階を*叙階の秘跡によって与えること，及びそのための儀式；司式*司教による司祭候補者の頭への*按手と叙階の祈りを本質部分とする；Ordination, Weihe参照)；die ~weihe empfangen 司祭に叙階される．

Prim【< lat. prima hora "最初の時間"】*f.* -, -en, 一時課（かつての*聖務日課の1つで，朝6時に行われた*定時課；第2*ヴァティカン公会議後の典礼改革により廃止された）．

Prim.《略》→ Primarius （の省略形）．**Primarius**【lat.】*m.* -, ..rien,《古；プ》主任牧師（略：Prim.；Oberpfarrer 2参照）．**Primas**【spätlat."第1 (の人)"】*m.* -, -se *u.* ..maten, 首席大司教（かつては，一国または一地域の全司教及び司教の上に*裁治権を有した大司教，*管区大司教のこと；現在は，ある国や地域の*高位聖職者に授与される，通常は統治権を伴わない名誉称号；CIC. 438）．**Primat**【< lat. primatus "第1位"】*m.* (*n.*) -[e]s, -e, 首位権 (a. 特定地域の教会の司祭〔ないし主教〕が，他の全司教に優越し，これを指導する特別の権限を有すること；第1*ニカイア公会議〔325年〕では，*ローマ，*アレクサンドリア，*アンティオケイアの各司教の首位権が決議され，後の公会議でこれに*コンスタンティノポリス及び*エルサレムが加わった．b. 教皇首位権：*ペトロの後継者としてのローマ*教皇が，全教会に対して自由に行使することができる最高・十全で普遍的な権能；CIC. 331）．

Primitial・opfer【lat.-mlat. + → Opfer】*n.* -s, -, 初穂，初物〔の*いけにえ〕（旧約時代，奉納物として神に献げられたその年の最初の収穫物や1歳の家畜；Erstlingsfrüchte, Erstlingsgabe 参照）．**Primiz**【lat.-mlat."最初のもの"】*f.* -, -en, **Primiz・feier** *f.* -, -n, 初ミサ（司祭になって初めて挙行する*盛儀ミサ；*叙階式の中で，叙階後すぐに*司教及び他の司祭たちとミサを共同司式するが，その後最初に行うミサをいう）．**Primizial・opfer** → Primitialopfer．

Primiziant【lat.-nlat.】*m.* -en, -en, (*叙階され

たばかりの)新任司祭.

Primiz=messe f. -, -n, → Primiz. **～segen** m. -s, -, 初司福(新任司祭が*初ミサの終わりに会衆を祝福することで, 民間では特別な効力があると信じられた).

Prior【lat.-mlat.“第一人者”】m. -s, -en, ①大修道院副院長, 副大修道院長, 大修道院長代理(*ベネディクト会, *シトー会などの*大修道院で → Abtに次ぐ地位). ②(大修道院の下位にある修道院の)修道院長, 修道分院長, 小修道院長；(*カルトゥジオ会の本院及び*娘院で)修道院長. ③(*ドミニコ会の)管区長. **Priorat**【mlat.】n. -[e]s, -e, ① → Priorの職位. ②(大修道院の下位にある)修道分院, 小修道院. **Priorin** f. -, -nen, ①(ベネディクト会などの)女子大修道院副院長(院長代理). ②女子修道院長, 女子修道院分院長.

Privat=beichte f. -, -n, 個別告白(「私的告白」とも；*告白場の中で*聴罪司祭に対し, 個人的に行われる*告白). **～kapelle** f. -, -n, 私設礼拝室(祈禱室). **～kommunion** f. -, -en, 個別聖体拝領(病気その他の理由により, 教会堂でミサ中に*聖体拝領ができない人が病室などで個人的に行うもの). **～messe**【< lat. missa privata】f. -, -n, 私唱ミサ(司祭が会衆なしに, *侍者と行うミサ). **～offenbarung** f. -, -en, 私的啓示(die private *Offenbarung*参照).

Privileg【lat.】n. -[e]s, -ien u. -e, 特権(*教会法に反し, あるいは教会法の定めるところを越えて, *教皇など権限ある権威者によって人〔個人, 法人〕ないし職位, または物〔教会堂, 祭壇, その他〕に付与される特別の恩恵；CIC. 76-84)；das Paulinische ～ → das *Paulinische* Privileg. **Privilegium Paulinum**【lat.】n. -s -, パウロの特権(das *Paulinische* Privileg参照). **Privilegium Petrinum** n. -s -, ペトロの特権(Glaubensprivileg 2参照).

Probabiliorismus【< lat. probabilior (probabilis “蓋然的”の比較級)】m. -, 高度蓋然説, 厳格蓋然説(倫理神学上の学説で, ある行為の正否が問われるとき, 法を遵守すべきとする見解よりも, 自由を支持する見解の方が明らかに根拠のある〔蓋然性がある〕場合にのみ, 自由に有利な意見に従うことができると主張するもので, 17-18世紀に多くの*ドミニコ会士に支持された). **Probabilismus**【lat.-nlat.】m. -, 蓋然説(倫理神学上の学説で, ある行為の正否が問われるとき〔自由か法かの二者択一〕, その行為に正当かつ十分な根拠がある場合〔自由の側が真に蓋然性をもつ場合〕には, 否とする立法にたとえ同等またはそれ以上の根拠があるとしても, 法は拘束力をもたず, 自由な行為が認められると主張する；*ドミニコ会士バルトロメ・デ・メディナ〔1527-80〕が提唱し, 後に*イエズス会が採用した).

Probation【lat.】f. -, -en,《雅》修練[期](Noviziat 1参照). **Probe・zeit** f. -, -en, ①(修道院に正式入会するまでの)修練期(Noviziat 1参照). ②試修期(a. *在俗会への入会志願者が, 自己の*召命や適性を認識し, 訓練を受けるための2年以上の期間；CIC. 720-23. b. *使徒的生活の会への入会志願者の体験期間；CIC. 735§1).

profanieren【lat.】t. (h) 世俗化する, 俗用化する；(或物の)聖別を喪失させる. **Profanierung** f. -, -en, 世俗化, 俗用化；聖別喪失(der Verlust der *Weihe*参照).

Profess (Profeß)【lat.-mlat.“(信仰の)告白”】

《I》f. -, ..fesse, (Klostergelübde, Ordensgelübde) 修道誓願(*修練期の終了後に許可を得て, 所属する修道会の会則に従い, *清貧, *貞潔, *従順の3つの*福音的勧告の遵守を公に宣立し, 自己を神に*奉献すること；CIC. 654-58)；～ tun <ablegen> 修道誓願を立てる(宣立する)；die einfache ～ 単式[修道]誓願(das einfache *Gelübde*参照)；die ewige ～ 終生誓願(各修道会が会則で定めた有期誓願の期間満了後, 許可を受けた者が, その会の会員として生涯を神に奉献することを自発的に誓うこと；CIC. 657-58)；die feierliche ～ 盛式[修道]誓願(das feierliche *Gelübde*参照)；die zeitliche ～ 有期誓願(*修練期を終えた者が, *終生誓願を宣立する準備のため, 期間〔3年以上6年未満〕を定めて誓い〔初誓願〕をたてる(CIC. 655-56)；延長する場合でも全体が9年を越えてはならない(CIC. 657§2)).《II》m. ..fessen, ..fessen, 誓願宣立者(修道誓願を立て, 当該修道会の会員として認められた者；修道会によっては, 宣立後一定期間修道院に属した者, または*終生誓願を宣立したものをいう). **Profess・alter** n. -s, -, 誓願宣立年齢(誓願宣立の年齢制限；現教会法の規定では, 有期誓願の場合は満18歳以上, *終生誓願の場合は満21歳以上；CIC. 656

§1，658§1）. **Professe**【lat.-mlat】*f. u. m.* -n, -n, → Profess II.

Prokathedrale *f.* -, -n, 臨時司教座聖堂(*司教座聖堂の新築や修復の際に、一時的に他の教会を司教座とした場合、司教座の移転完了後にこれを指していう).

Prokurator【lat. "管理者，代理人"】*m.* -s, -en, プロクラトル(a. 総督：ローマ皇帝に任命されて特定地域〔属州〕での徴税や裁判にあたった、多くは騎士階級出身の官吏；イエスの十字架刑を決したポンティオ・*ピラトは属州ユダヤの第5代総督；Landpfleger参照. b. (Prozessbevollmächtiger)（教会裁判における）訴訟代理人. c. 修道院の管財人，用度係. d. ローマ在住の修道会総代理人).

Promulgation【lat.】*f.* -, -en, 公布(教会の新法令を権限ある立法者が公にすること；かつてはローマ市内の所定の場所に掲示されたが、現在は*アクタ・アポストリカエ・セーディス〔使徒座広報〕に掲載されることをもって行われ、原則として公布と同時に拘束力が生じる；CIC. 8).

Propaganda【lat.-nlat.】; < Sacra Congregatio de *Propaganda* Fide (*布教聖省)の略】*f.* -, プロパガンダ(a. 宣教，伝道，布教；Mission 1 参照. b. 《比》宣伝；特に、ある政治的意図のもと世論に影響を与えるため組織的に行われる宣伝活動).

Propaganda=kolleg *n.* -s, プロパガンダ大学(→ *Päpstliche* Universität Urbanianaの別称).

〜**kongregation** *f.* -, 布教聖省(*教皇庁の以前の省の1つ；1622年グレゴリウス15世〔在位1621-23〕がプロテスタントの布教活動に対抗し、宣教地を管轄するために創立した；1967年に改組されて*福音宣教省となった).

Prophet【gr.-lat. "(神の言葉を)語る人，予言者"】*m.* -en, -en, ①預言者(神の*啓示を受け、神の僕（しもべ）として託宣を公に告げ知らせる者〔特に、旧約聖書及び*初代教会において〕；*イスラエルの民が、神〔*ヤハウェ〕との*契約、*律法に反する場合には、その罪を告発し、悔悛を促し、それに従わない者に対しては裁きの宣告を行った)；ein falscher 〜 似非（えせ）預言者(人々を偽りの言葉で扇動する者；転じて、信用できない人)；beim Barte des 〜en schwören 神かけて誓う、天地神明に誓う(預言者〔ここでは*モーセのこと〕の髭にかけて誓う，から転じて). ②《通常複数で》預言書(旧約聖書の3区分のうち、*律法と*諸書以外の書；*イザヤ書から*マラキ書までをいう；「大預言書」と「小預言書」があるが、内容や重要度ではなく、文書の分量による区別)；die Großen 〜en 大預言者(*イザヤ、*エレミヤ、*エゼキエルのいわゆる3大預言者と*ダニエルの総称)、大預言書(大預言者の名前が冠された旧約聖書中の預言書)；die Kleinen 〜en 小預言者(旧約聖書の大預言者以外の12人の預言者たち；*ホセア、*ヨエル、*アモス、*オバデヤ、*ヨナ、*ミカ、*ナホム、*ハバクク、*ゼファニヤ、*ハガイ、*ゼカリヤ、*マラキの総称)、小預言書(小預言書の名前が冠された旧約聖書中の12の預言書). ③(一般に：)予言者；先見者(Seher参照)；警世者. **Prophetie**【gr.-(spät)lat】*f.* -, -n, ①預言(神に選ばれた者が、自然的な方法によっては知り得ない神の意図や未来の出来事を、*啓示を通じて開示され、人々にこれを告知すること；特に、*律法の違反、社会的不正に対する神の裁きと*メシアの到来に関する内容のもの). ②(Weissagung)（一般に：未来の出来事の）予言. **Prophetin** *f.* -, -nen, 女預言者(→ Prophetの女性形；旧約では、モーセの姉ミリアム〔出15:20〕、士師デボラ〔士4:4〕、フルダ〔王下22:14, 代下34:22〕、ノアドヤ〔ネヘ6:14〕、*イザヤの妻〔イザ8:3〕；新約では、*アンナ〔ルカ2:36〕などをいう；使2:17-18, 1 コリ11:5, 黙2:20参照). **prophetisch**【gr.-(spät)lat】*adj.* ①預言者の，預言の；die 〜en Bücher <Schriften> des Alten Testament 旧約聖書の預言書. ②(一般に：)予言の、予言的な；警世的な. **pro-phezeiten** (*p.p.* prophezeit) *t.* (*h*) ①預言する. ②(一般に：未来の出来事を)予言する、予告する；警告する. **Prophezeiung** *f.* -, -en, ①《単数で》預言(予言)(をすること). ②預言(予言)(された事柄，言葉)；seine 〜en sind nicht eingetroffen 彼の予言は当たらなかった.

Propräfekt *m.* -en, -en, [der Apostolische] 〜 〔使徒座〕知牧区長代理(*使徒座知牧区長に事故が生じ*使徒座知牧区が空位となる場合を想定して、予め代理人に任命されている*司祭；遠隔かつ不安定な知牧区でも布教活動が中断されることのないよう、常に補充者がお

かれている；CIC. 420）．

Proprium【lat."独自のもの"】*n.* -s, 〜 [Missae] プロプリウム，特定典礼文，固有文（*教会暦あるいは特定の機会に応じて変化するミサの典文，祈禱文，聖書朗読，聖歌のこと；→ Ordinarium Missaeに対して）；〜 de Tempore 聖節の部（*ミサ典礼書や*聖務日課書の中で，*待降節第1の主日から始まる教会暦順に，それぞれの日に固有の典礼文などを収録した部分）；〜 de Sanctis, 〜 Sanctorum *n.* - -, 聖人祝日の部（「聖人固有の部」とも；ミサ典礼書や聖務日課書において，個々の聖人特有の祈願が*典礼暦順に掲載されている箇所）．

Propst【spätlat."管理責任者"】*m.* -[e]s, Pröpste, ①司教座聖堂首席司祭；聖堂祭式者会長，聖堂参事会長．②（歴史的に重要な*小教区の）主任司祭．③大修道院長代理（*ベネディクト会修道院における10世紀頃までの名称；以降は → Prior）．④（プ）監督教区長．**Propstei** *f.* -, -en, → Propstの職位（管区，居宅）．**Pröpstin** *f.* -, -nen,（プ）→ Propst（4の女性形）．

Proselyt【gr.-kirchenlat."仲間に加わった人"】*m.* -en, -en,〔新〕改宗者（a. 改宗して間もない人．b. 特に，*割礼を受けて完全にユダヤ教に改宗した*異邦人〔マタ23:15, 使2:11〕；割礼を受けるに至っていない異邦人は → Gottesfürchtigeと呼ばれた）；jn. 〜en machen《比》（或人を）しつこく誘って（無理に）改宗させる（マタ23:15にちなむ）．

Proselyten=macher *m.* -s, -,（軽蔑的に：しつこい）熱心な改宗活動家．〜**macherei** *f.* -,（軽蔑的に：しつこく）熱心な改宗活動．

Proskynese【gr.】*f.* -, -n, **Proskynesis** *f.* -, ..nesen, 伏礼（額を床に付けるまでに身を伏せる礼拝の姿勢；Prostration参照）．

Prosphora【gr."供え物"】*f.* -, ..ren, プロスフォラ（*東方教会の*聖体機密で用いられる種入りの発酵パン，聖餅）．

Prostration【lat.】*f.* -, -en, 伏礼，平伏（絶対的な服従を表すため，床に身を平たくして伏す礼拝の姿勢；イエスが*ゲツセマネで「地面にひれ伏し」て祈ったこと〔マコ14:35, マタ26:39〕にならい，*聖金曜日の儀式で司式者は祭壇の前でこの姿勢をとる；また*叙階式や*着衣式などでも行われる）．

Protektor【lat.】*m.* -s, -en, 保護者（Patron 2参照）．

Protestant【lat.】*m.* -en, -en, プロテスタント，新教徒．**Protestantin** *f.* -, -nen, → Protestant（の女性形）．**protestantisch** *adj.* プロテスタントの；プロテスタンティズムの，新教の（略：prot.）；die 〜e Theologie プロテスタント神学．

Protestantismus【nlat.】*m.* -, プロテスタンティズム，プロテスタント主義（16世紀の*宗教改革に端を発するキリスト教信仰運動の総称；1529年第2回*シュパイアー帝国議会でカトリック多数派と*神聖ローマ帝国皇帝カール5世〔在位1519-56〕に対して，*ルターを支持する6諸侯と帝国都市が良心の自由を求めて「抗議」〔lat. protestatio; dt. Protestation〕を表明したことからこの名がある；その後*ルター派，*カルヴァンと*ツヴィングリに由来する*改革派，*英国国教会，*再洗礼派をはじめとして数百の分派が生じた；当初の宗教改革に共通する教義としては，*聖書主義，「*信仰のみ」による*義認，万人祭司主義の3点を挙げることができる；die fünf *Solas*参照）．

Protevangelium → Protoevangelium．

Prothesis【gr.】*f.* -, Prothesen,《東》プロテシス（奉献礼儀〔聖体のパンとぶどう酒を用意し，聖人や生者・死者の「記憶」などを行う礼儀〕のための場所，小聖屋）；奉献台（至聖所の左手奥に設置されている台で，その上で聖体礼儀の前の奉献礼儀が行われる）．

Protoevangelium【gr.-lat.; < gr. prōtos "最初の，前の"】*n.* -s, ①原福音，原始福音（*人祖の堕落の直後に与えられた，救世主キリストに関する神の最初の約束；「お前と女，お前の子孫と女の子孫の間に／わたしは敵意を置く．彼はお前の頭を砕き／お前は彼のかかとを砕く」〔創3:15〕という，*蛇に対する神の言葉のこと；2世紀以来伝統的に，女〔*エバ〕に聖母*マリアが重ねられ，「女の子孫」はキリスト，また後半の「彼」もキリストで，*サタンに対する勝利とその*受難を表すと解釈されている）．② 〜 [des Jakobus] ヤコブ原福音書（2世紀末頃，エジプトで成立した新約聖書*外典で，聖母マリアの誕生，神殿における成育，ヨセフとの結婚，イエスの出産までの物語を含み，後世の「*神の母」，「永遠の処女」たるマリア像の形成や*マリア崇敬，伝説，美術などに多大な影響を及ぼした；なお「原」〔proto-〕は，*正典の福音書の記

述に「先行」する出来事を扱っていることを意味する).

protokanonisch *adj.* 原聖書正典の(旧約聖書に含まれる諸文書について、その*正典性に関し疑問の余地がないこと；ユダヤ教及びプロテスタントの聖書正典にも含まれていることを表す；→ deuterokanonischに対して)；die 〜en Bücher（旧約聖書の）原聖書正典.

Protokoll【gr.-mgr.-mlat."公式のパピルス文書の(要約が記された)第1葉"】*n.* -s, -e, プロトコル(a. 文書：教会職への就任に関する〔CIC. 404§1, 2〕書面. b. 教会及び国家で高位にある者が遵守すべき儀礼、慣例).

Protologie *f.* -, -始原論(神が人間と世界に与えようとした、*原罪に先立つ〔ないしは原罪と救済の前提となる〕初源的状態についての神学的考察).

Protomärtyrer *m.* -s, -, (Erzmärtyrer)最初の殉教者(a.《単数で》*十二使徒の補佐役に選ばれたが、34年頃、エルサレムの市門の前で石打ちの刑に処せられ、キリスト教の歴史で最初の殉教者となった*ステファノ〔使7:54-60〕のこと. b. 国や修道会などで最初に殉教した者).

Protonotar【< gr. prōtos + → Notar】*m.* -s, -e, プロトノタリウス(a. [der Apostolische] 〜 使徒座書記官：*教理の宣布、*列聖、ローマ*教皇の就任や死去など重要事項に係る教皇文書、*枢機卿会議の議事録の作成、*教皇選挙会の監視などにあたる教皇庁の最高書記官. b. der päpstliche 〜 特定の司教座聖堂の参事会員、及びその他の高位聖職者に対し、教皇から与えられる名誉称号のうち最高位のもの；2014年教皇フランシスコ〔在位2013-〕はその授与を廃止した).

Protoplast【< gr. prōtóplastos "最初に創られた(人)"】*m.* -en, -en, 《複数で》人祖(神が創造した最初の人間〔創1:27, 2:7, 22〕、全人類の祖である*アダムと*エバのこと).

Protopope *m.* -n, -n, **Protopresbyter** *m.* -s, -, **Protopriester** *m.* -s, -, (*東方正教会及び*カトリック東方教会の)首席司祭、首司祭.

providentiell → providenziell. **Providenz**【lat.-fr."先見の明、予知"】*f.* -, -en, (Schickung, Vorsehung) 摂理(*全知なる神が*救いの計画において、歴史の全体を通じ、個々の人間をはじめ、すべての被造物を愛と慈しみをもって導き、支配すること；及び、そのための神的原理、神意；マタ6:25-34参照). **providenziell**【fr.】*adj.* 摂理によって定められた、神の摂理による.

Provinz【lat.-spätlat.】*f.* -, -en, 管区(教会及び修道会の行政単位；a. 教会管区：近隣の複数個の司教区の集まり；Kirchen〜参照. b. 修道会管区：1人の*上長が管轄するいくつかの修道院の連合体；Ordens〜参照). **provinzial** *adj.* 管区の. **Provinzial**【lat.-mlat.】*m.* -s, -e, [修道会]管区長(修道会管区の上長で、管区全体を統轄する者).

Provinzial=definitor *m.* -s, -en, 管区長顧問. 〜**kapitel** *n.* -s, -, (*修道会管区の)管区参事会. 〜**konzil** *n.* -s, -e *u.* -ien, 管区会議(同一の*教会管区に属する種々の*部分教会の代表者による会議〔CIC. 440§1〕；Partikularkonzil参照). 〜**synode** *f.* -, -n, ① → Provinzialkonzil. ②《プ》大会(*長老派教会の；Regionalsynode ②参照).

Provinz=kapitel → Provinzialkapitel. 〜**konzil** → Provinzialkonzil.

Provision【lat.-it.】*f.* -, -en, 叙任(ある人に*教会職を授与することで、(1)教会権威者による任意的付与、(2)選挙権を有する者の推薦に基づいてなされる教会権威者による指名、(3)選挙による承認ないし請願に基づく許諾、(4)認証を必要としない選挙及び被選出者の受諾、以上をもって行われる〔CIC. 147〕；現*教会法では「教会職の授与」〔Übertragung eines Kirchenamtes；CIC. 146-83〕という)；die kanonische 〜 教会法上の叙任(教会法の規定に従って、教会権威者が教会職を有効に授与すること；CIC. 146). **Provisor**【lat.】*m.* -s, -en, <östr.> 教区［臨時］管理者(*司教座が空位、または障害事態にある場合の人事権等の臨時代行者〔CIC. 525〕；Diözesanadministrator参照).

Prozess (Prozeß)【lat.-mlat."前進"】*m.* ..zesses, ..zesse, [教会]裁判、訴訟(霊的及び教会法上の事項を取り扱う；CIC. 1400-1752).
　Prozess・bevollmächtiger *m.* -s, -, (教会裁判の)訴訟代理人(Prokurator b参照).

Prozession【kirchenlat.】*f.* -, -en, 行列(人々が列をなして聖堂内〔時には聖堂の外〕を荘重に行進する教会の典礼的儀式；祝祭日の行列には、*枝の主日における入堂、*聖金曜日の

十字架礼拝，*復活徹夜祭での*光の祭儀，*聖体行列などがあり，通常のミサにおいては，ミサの開始前，*奉納や*聖体拝領のため会衆が祭壇に向かうとき，また葬儀〔葬列〕の際などでも行われる；Bitt～, Fronleichnams～, Lichter～, Sakraments～ 参照）；die eucharistische ～ 聖体行列 (Fronleichnams～参照).

Prozessions=fahne *f.* -,-n, 行列用聖旗（行列の先頭で捧持される*教会旗）. **～kreuz** *n.* -es, -e, 行列用十字架（行列の際に先頭で捧持される，長い柄のついた十字架）.

Psalm【gr.-kirchenlat.；原義 "撥弦楽器を爪弾きながら朗唱する歌"】*m.* -s, -en, ①（旧約聖書の詩編の個々の）詩；（複数で）詩編 (Psalter参照)；das Buch der ～en 詩編. ②詩編曲（詩編を基に作曲された典礼外の音楽作品）；詩編歌 (Psalmenlied参照).

Psalmen=dichter *m.* -s, -, ①詩編作者（特に*ダビデのこと；詩編の標題部分に記されている人名には，他にアサフ〔Asaf〕レビ人でダビデによって神殿の詠唱者に任ぜられたアサフの一族〕，*コラの子がある）. ②詩編曲作曲者. **～gesang** *m.* -[e]s, ..gesänge, → Psalmodie. **～lesung** *f.* -, -en, 詩編朗読. **～lied** *n.* -[e]s, -er, 詩編歌（典礼において*詩編旋法や新たに作曲された旋律をもって歌われる詩編；特に*カルヴァンのもとで作られ，*改革派教会で用いられたフランス語訳による詩編の歌〔例えば → *Genfer* Psalter〕とその各国語への翻訳）.

Psalmist【gr.-kirchenlat.】*m.* -en, -en, → Psalmendichter 1. **Psalmodie**【gr.-kirchenlat.】*f.* -, -n, ①詩編唱（ミサや*聖務日課〔*教会の祈り〕などで，*グレゴリオ聖歌の*詩編旋法によって詩編を*交唱形式で頌読すること；古代ユダヤ教の詩編頌唱に由来する）. ②（プ）詩編歌 (Psalmenlied参照). **psalmodieren** *i.(h)* 詩編を頌読（朗唱）する；*詩編唱を行う. **psalmodisch** *adj.* 詩編〔唱〕ふうの. **Psalmton**【< lat. tonus psalmorum】*m.* -[e]s, ..töne, 詩編旋法，詩編唱定型（*グレゴリオ聖歌における*詩編唱の旋律の定型；*教会旋法によって形作られた8つの旋法などがある）.

Psalter【gr.-(kirchen)lat.】*m.* -s, -, ①(Psalm) 詩編（旧約聖書中の*イスラエル人の詩，*賛歌の集成；150編からなり，神への賛美と感謝，王家の儀式，嘆き，知恵，悔い改め，救いの歴史，巡礼歌など様々な内容をもつ）. ②詩編集（典礼用または個人用に編集され，装飾や挿画が施されたラテン語訳の詩編写本）. ③プサルテリウム（*詩編唱の伴奏に用いられた13-15世紀のチター型撥弦楽器；響孔のある，多くは台形の共鳴箱に多数の弦が張られ，指またはピック〔Plektrum〕で演奏する；後に鍵盤が付けられ，チェンバロの原型となった）. **Psalterium** *n.* -s, ..rien, → Psalter.

Pseud・epigraph, Pseudepigraph【gr."偽りの著者名が冠せられた書"】*n.* -s, -en,（通常複数で）偽典（前3世紀頃から後1世紀頃に成立したユダヤ教文書のうち，旧約聖書の*正典及び*外典に加えられなかった書を指し，その内容に虚偽性があるとされてきたもの）.

Pseudo・christ *m.* -en, -en, 偽キリスト教徒，うわべだけのキリスト教信者. **Pseudo・christus**【gr.】*m.*《格変化はChristusを参照》偽キリスト (Antichrist I, der *falsche* Christus参照).

Pseudo-Isidor, Pseudo・isidor《固》(*m.*) 偽〈擬〉イシドルス. **Pseudoisidorische Dekretalen**【< lat. Decretales Pseudo-Isidorianae】*pl.* 偽〈擬〉イシドルス〔教会〕法令集（イシドルス・メルカトル〔Isidorus Mercator；架空の編者〕の名のもとに，教会の国家からの自由，*司教の独立性の強化を目的として，850年頃ランス大司教区〔またはル・マン司教区〕で偽造された「偽教皇令集」；15世紀頃までセビリャの司教イシドルス〔560頃-636〕の著作と誤解されていた；*コンスタンティヌス寄進状を含む）.

Psychiker【< gr. psychikos "魂の；現世的な"】*m.* -s, -, 心的人間（*グノーシス主義でいう人間の3つの段階のうち中間段階にある者，特にキリスト教徒とユダヤ教徒のこと；信仰を得てはいるが，未だ神の認識〔グノーシス〕には到達していないとされる；Hyliker, Pneumatiker 3参照).

Puer oblati【lat.】*m.* - -, -i -, 児童献身者 (Oblate II, 1 a参照).

Punktator *m.* -, -en,（通常複数で）マソラ学者（旧約聖書のヘブライ語本文を詳細に分析し，母音符号〔Punktation〕を付けるなどして*マソラ本文を編纂したユダヤ人聖書文献学者の11世紀以降の呼び名；Massoret参照).

Purgatorium【mlat.】*n.* -s, 煉獄 (Fegefeuer参照)；im ～ schmoren 煉獄の火に焼かれる.

Purifikation【lat.】*f.* -, -en, 清め(*聖体拝領が終わった後, 司祭が*カリスの上で*パテナや*ピクシスを拭き, さらにカリスを濯いでプリフィカトリウムでこれを拭くこと; Ablution参照). **Purifikatorium**【mlat.】*n.* -s, ..rien, (Kelchtüchlein) プリフィカトリウム, 清浄巾, 清掃布(*聖体拝領に際して, *カリスに直接口をつけてぶどう酒を拝領した後に, 唇の触れた部分を拭ったり, 聖体拝領後, 水で濯いだカリスや*パテナを拭いたりするのに用いる長方形〔およそ50×35cm〕の白い亜麻布). **purifizieren** *t.(h)* 清める, 浄化する.

Purim【hebr.】*n.* -s, -e, **Purim・fest** *n.* -[e]s, -e, プリム, 籤(くじ)の祭(アダルの月〔太陽暦2-3月〕の14-15日, ペルシアのユダヤ人が迫害を逃れたことを記念するユダヤ教の祭; 14日には会堂〔シナゴーグ〕で*エステル記が朗読される; 名称は, ペルシア王*アハシュエロスの副官ハマンがプル〔籤〕を投げてユダヤ人虐殺を図ったことにちなむ; エス9:20-28).

Puritaner【< engl. Puritan】*m.* -s, -, ①ピューリタン, 清教徒(16世紀後半, *英国国教会内で*カルヴァンの影響下, 信仰の純化〔engl. purify〕を図ったグループの総称; また, *長老派, *分離派, *バプテスト派, *独立派など, 北アメリカでこの運動を継承した人々をいう). ②《比》品行方正な(厳格な)人. **puritanisch** *adj.* ①ピューリタンの(的な), 清教徒の; die 〜e Revolution ピューリタン革命, 清教徒革命(1642-60年のイングランドにおける市民革命, 内乱; チャールズ1世〔在位1625-49〕の圧政に反発したオリヴァー・クロムウェル〔1599-1658〕らの*独立派〔議会派〕が1649年1月に国王を処刑し, 5月に共和制施行を宣言, クロムウェルは武力により議会を解散して独裁を行ったが, 58年, その死により共和国は求心力を失って崩壊し, 60年に*王政復古となった). ②《比》ピューリタンのよう(に品行方正)な. **Puritanismus** *m.* -, ピューリタニズム, 清教主義(16-17世紀の*英国国教会における*カルヴァン主義的傾向; エリザベス1世〔在位1558-1603〕の宗教政策の中道路線に反発して, カトリック的要素の排斥, 厳格な*聖書主義, 教会の国家からの独立, 享楽を退ける道徳的自制などを唱えた; 当初は国教会内での改革が目指されたが〔長老派〕, ロバート・ブラウン〔1550頃-1633〕ら国教会からの離脱を唱える人々が*分離派〔会衆派〕を立てた; ジェイムズ1世〔在位1603-25〕の弾圧によって一部は新大陸に移住し〔Pilgerväter参照〕, 北米で改革を進めた一方, 次のチャールズ1世の治世に*独立派がピューリタン革命を起こした; 議会制民主主義, 信教の自由に基づく人権思想, 資本主義の精神の形成などに寄与した).

Puseysmus【< Edward Bouverie *Pusey*】*m.* -, ピュージイズム, ピュージー運動(ジョン・ヘンリー・*ニューマンのカトリック改宗後, エドワード・ピュージー〔1800-82; オックスフォード大学クライスト・チャーチ・コレッジのヘブライ語教授, 国教会司祭〕の主導で進められた*英国国教会内のカトリック復帰運動〔Oxfordbewegung 1参照〕; 聖餐におけるキリストの実在的現存を強調, *告白の慣習の復活を主張した; Traktarianismus参照).

Putativ・ehe【lat.“(法律的)誤想の; 推定の”+ → Ehe】*f.* -, -n, 推定婚(「誤想婚」とも; *教会法上は無効であるが, 当事者の一方が善意で挙式した場合, 両当事者による無効確認までの間の婚姻関係を表す語; CIC. 1061§3).

Pyxis【gr.-lat.“小箱”; < gr. pýos “柘植(つげ)”】*f.* -, Pyxiden *u.* Pyxides, ピクシス, 聖体容器, 聖体匣(ひつ)(*聖体〔*ホスティア〕を*聖櫃に保管したり, *司祭が病人のもとに聖体を運ぶ際に用いられる蓋付きの容器; 一般に, 携帯用の小型ケースをピクシス, *カリスの形状のものを → Ziboriumと呼んで区別している).

Q

Q-Quelle【語頭のQはQuelle“資料”の頭文字】*f.* -, Q資料(「語録資料」〔→ Logienquelle, → Redequelle〕とも; *マタイと*ルカが福音書を著す際に, *マルコによる福音書とともに主要資料として用いたと想定されるギリシア語文書〔2資料仮説〕; イエスの言動が記録されていたと考えられるが, 現存しない).

Quadragese *f.* -, **Quadragesima**【mlat.“(復

活祭前〕40番目（の日）”】f. -, 四旬節, クワドラジェジマ（*灰の水曜日から*復活祭前日までの〔6回の日曜日を除く〕40日間；レント〔engl. Lent〕,《聖》大斎節,《プ》受難節とも；祈りと償いによって復活祭を迎える準備をする期間）.

Quäker【< engl. Quakers "震える人"】m. -s, -,《通常複数で》クエーカー［派］（1652年頃イングランドのジョージ・フォックス〔1624-91〕が創始したフレンド会〔正式にはキリスト友(*)会；the [Religious] Society of Friends；dt. die [religiöse] Gesellschaft der Freunde；ヨハ15:14-15参照〕の別称；*位階制, 典礼儀式, *信条, 聖書の権威を否定し, 万人に内在する神の声〔内なる光；inner light；dt. das innere Licht〕を重視する；ペンシルヴァニア州を中心に広がり, 福祉活動, 差別撤廃・反戦運動に従事する；名称は, 礼拝中, 神の言葉に感応してうち震えるとの評判, または創設者が, 為政者は主の言葉を前に恐れおののくべきだと法廷で陳述したということに由来するといわれる）. **Quäkerin** f. -, -nen, → Quäker（の女性信徒）. **quäkerisch** adj. クエーカーの, フレンド会(友会)の. **Quäkertum** n. -s, ①クエーカー主義（すべての人に等しく「内なる光」が働いているとの信念に基づき, あらゆる権威, 形式を拒否し, 特定の信条をもたず, また人種や性別による差別を否定して絶対平和主義を唱える；1947年アメリカ・フレンズ奉仕団及びイギリス・フレンズ協議会はノーベル平和賞を受賞した）. ②（集合的に：）クエーカー, フレンズ, 友会徒.

Quasimodogeniti【lat.】《無冠詞；不変化》クアジモドゲニティ〔*復活祭後の最初の*主日；2000年以降は「神のいつくしみの主日」, それ以前は「*白衣の主日」と呼ばれた；名称は当日のラテン語*入祭文の冒頭語 „*Quasi modo geniti infantes*"〔生まれたばかりの乳飲み子のように；Wie neugeborene Kinder；１ペト 2:2〕にちなむ）.

Quasi・pfarrei f. -, -en, 準小教区（特別の事情で*小教区として設立されるには至っていないが, その*司牧が固有の*主任司祭に委託されているキリスト信者の共同体；CIC.516）.

Quatember【<(m)lat. quattuor tempora "4つの時間"】m. -s, -, → Quatembertag.

Quatember=fasten n. -s, 四季の斎日の断食. **～tag** m. -[e]s, -e,《通常複数で》四季の斎日（*教会暦において, *回心と*断食〔*大斎及び*小斎〕を行うべく定められた四季の始まりの3日間；春の斎日〔Frühlings-tag〕は*四旬節の第1主日の後, 夏の斎日〔Sommer-tag〕は*聖霊降臨の主日の後, 秋の斎日〔Herbst-tag〕は*十字架称賛〔9月24日〕の後, 冬の斎日〔Winter-tag〕は*待降節の第3主日の後の, それぞれ水・金・土曜日；キリスト教以前の農耕儀礼に由来するとされる）.

Quelle Q f. -, -, → Q-Quelle.

Quer=haus n. -[e]s, ..häuser, **～schiff** n. -[e]s, -e, 翼廊, 袖廊(ショウ), トランセプト（engl. transept；十字型の教会建築で*身廊の左右に造られた翼状の部分；→ Vierungを含む）.

Quicumque【lat.】n. -, クイクムクェ信条（*アタナシオス信条の別称；冒頭語の „quicumque"〔誰であれ（救われたい者は）〕にちなむ）.

Quietismus【lat.-mlat.；< lat. quietus "静かな"】m. -, 静寂主義, キエティスム（修道生活における一切の積極的精神活動を否定し, 極端な*観想と自己愛の放棄による絶対的な受動性のうちに*完徳に至ろうとする神秘思想；特に17世紀後半, イタリアのカトリック司祭ミゲル・デ・モリノス〔1628-96；1687年異端宣告〕, フランスの女性神秘家ギュイヨン夫人〔1648-1717〕とその影響を受けたカンブレ大司教フランソワ・フェヌロン〔1651-1715；1699年異端宣告〕らの教説をいう）. **Quietist** m. -en, -en, 静寂主義者, キエティスト. **Quietistin** f. -, -nen, → Quietist（の女性形）. **quietistisch** adj. 静寂主義の, キエティスムの.

Quinquagesima【mlat. "(復活祭前)50番目(の日)"】f. -u.（無冠詞の場合:）..gesimä,《通常無冠詞で》①五旬節の主日（*復活祭の約50日前〔7週前〕, *灰の水曜日の前の日曜日；→ Estomihiと同じ）；Sonntag ～ <Quinquagesimä> 五旬節の主日. ②（以前は：）五旬節（復活祭から*聖霊降臨祭までの50日の期間）.

Quinquennal・fakultät【< lat. quinquennalis "5年の"】f. -, -en,《通常複数で》5年間の権能（*裁治権者に対し, 5年の期限付きで授与された教会法上の権限；特に17世紀, 多くはドイツの*司教に対して, ローマ*教皇から与えられた〔本来は教皇のみが有する〕*免除権；Dispens, Fakultät 2 参照）.

Qumran【arab.】《固》Khirbet ～ キルベト・

クムラン(「クムラン廃虚」の意;ヨルダン西部, *死海北西岸の遺跡;ヨシュ15:61-62にいうイル・メラ〔Ir-Melach;前7-6世紀の要塞で「塩の町」の意〕があった場所;その後, 前2世紀半ばから後68年まで, *クムラン教団と呼ばれる宗教共同体が居住していた;1947年, 付近の洞窟から旧約聖書写本が多数発見され, 51-56年及び58年には教団の住居跡が発掘された).

Qumran=funde pl. → ～[hand]schriften. ～**gemeinde** f. -, クムラン教団(前2世紀半ば頃からクムランで共同修道生活を営み, 後68年第1次ユダヤ戦争でローマ軍に滅ぼされた, おそらく*エッセネ派の1集団;*終末論的黙示思想と倫理的善悪二元論に基づき, 教団を創立した「義の教師」〔Lehrer der Gerechtigkeit〕のもとで, 光の子として律法を厳守し, 清浄を保ちつつ, 悪に対する最終的勝利を待望した). ～**[hand]schriften** pl. クムラン文書〔写本〕(「*死海文書」とも;1947年以降クムラン地域の11余りの洞窟で発見された, 主に前2-後1世紀に制作された500巻以上の*写本;ヘブライ語, アラム語, ギリシア語による, 旧約聖書*正典及び翻訳, 旧約*外典・偽典, 注解書, *エッセネ派に類似の修道共同体のものと考えられる戒律書などを含み, 旧約聖書本文の確定直前の状態や, キリスト時代のユダヤ教及び原始キリスト教の信仰形態を研究するための最重要資料とされる).

quo vadis【< lat. „[Domine,] *quo vadis?*"】クォ・ヴァディス(「[主よ,] どこへ行かれるのですか」〔[Herr,] wohin willst du gehen?〕の意;a. *最後の晩餐におけるキリストに対する*ペトロの問いかけ〔ヨハ13:36〕;またネロの迫害を逃れたペトロがアッピア街道でキリストに出会い, 同様の質問をしたとの伝承〔*ペトロ行伝〕に基づく;再び十字架に付けられるためローマへ行くとのキリストの答えを受けて, ペトロはローマに戻って殉教したとされる. b. ネロ時代の迫害下の初代キリスト教徒を描いた, ポーランドのノーベル賞作家ヘンリク・シェンキェヴィチ〔1846-1916〕の小説〔Quo vadis. Powieść z czasów Nerona;dt. Quo vadis. Roman aus der Zeit Neros〕;1895年刊).

R

Rabbi【hebr.-gr.-kirchenlat."わが大いなる師"】 *m.* -[s], -nen *u.* -s, ラビ(a.《単数で》ユダヤ人の賢者に対する尊称の1つ;*弟子たちはイエスを「ラビ」〔日本語訳で「先生」, ドイツ語訳では„Meister";ヨハ1:38他〕と呼ぶ;しかしイエスは, *律法学者や*ファリサイ派のように, 弟子たちがこの尊称で呼ばれることを禁じた〔マタ23:8〕;エルサレム神殿の崩壊〔後70年〕以後は, 一定の資格を備えたユダヤ教の律法学者の称号となった. b. aの称号の保持者;Rabbiner参照). **Rabbinat** *n.* -[e]s, -e, ラビの職位. **Rabbiner**【hebr.-gr.-mlat.】 *m.* -s, -, ラビ(正規の専門教育を受け, ユダヤ人社会において学識者, 教師, 聖職者, 律法学者など指導的立場にある者;特に, 2-6世紀に*タルムードの編纂にあたった律法学者をいう場合もある). **rabbinisch** *adj.* ラビの;ラビのような.

Rachel → Rahel.

Rafael【hebr."神は癒す"】《固》(*m.*) ラファエル(7人の*大天使の1人で, 旧約*外典の*トビト記〔12:15〕だけに登場する;祝日: 9月29日).

Rahel【hebr."母"】《固》(*f.*) ラケル(*ラバンの2女で*レアの妹;*ヤコブはラケルとの結婚を望んだが, ラバンは策略により彼を7年間酷使した後, 長女のレアと結婚させ, さらに7年使役して, ようやくラケルを与えた〔創29:16-30〕;イスラエル*十二部族の祖に数えられる*ヨセフ〔創30:23-24〕と*ベニヤミン〔創35:16-18〕の母).

Rahner《固》(*m.*) Karl ～ カール・ラーナー(1904-84;イエズス会司祭, カトリック神学者;南ドイツ, フライブルク生まれ;インスブルック大学, ミュンヘン大学, ミュンスター大学, その他で教鞭を執り, 第2*ヴァティカン公会議では教皇ヨハネ23世〔在位1958-63〕によって顧問神学者に任ぜられた;神学事典の編纂や膨大な著作, 教会内外での活動によって多方面に影響を及ぼした;代表

作『信仰の基礎課程』〔Grundkurs des Glaubens. Einführung in den Begriff des Christentums；邦訳『キリスト教とは何か―現代カトリック神学基礎論』；1976年刊〕).

Raphael → Rafael.

Raskol【russ.】*m.* -s, (教会の) 分裂 (特に17世紀, ロシア正教会における典礼改革に反対したラスコーリニキ〔*スタロヴェール〕の分離をいう). **Raskolnik**【russ."離反者"】*m.* -[s], -i *u.* -en,《通常複数で》ラスコーリニキ, ラスコル派 (→ Starowerzenの別称).

Rat *m.* -[e]s, Räte, ①勧告；die evangelischen Räte → die *evangelisch*en Räte. ②協議会；Hoher 〜 衆議所, 最高法院(ローマ支配化, *大祭司を長とする71人の議員から構成された, パレスチナのユダヤ人の自治機関；裁判権と警察権を有し〔ただし死刑はローマ総督の同意を要した〕, キリストとその*弟子たちを断罪した；マタ26:57-27:26, 使5 :17-42, 22:30-23:35).

Rationalismus【lat.-nlat.】*m.* -, 合理主義 (唯理主義, 理性主義とも；超自然的, 神秘的な要素, 特に*啓示に依拠せず, 自然科学的な実証的な立場から, 聖書の記述や*教理を批判的に吟味して, 理性に基づいた宗教を志向する, 啓蒙主義以降のキリスト教の傾向；例えば, *理神論や*自由主義神学についていう).

Räucher=fass (〜faß) *n.* ...fasses, ..fässer, 〜**gefäß** *n.* -es, -e, → Rauchfass.

Rauch・fass (Rauchfaß) *n.* ..fasses, ..fässer, 振り〈吊り, 提げ〉香炉 (*祭具の一種で, 鎖によって吊り下げられた香炉；典礼の際に聖職者が手に提げ, ゆっくり振って*献香〔撒香〕を行う).

Rauch・nächte, Rau[h]・nächte【語源不詳；毛皮(悪霊祓いの際の衣装)または撒香との関連が指摘される】*pl.* 十二夜 (die Zwölftenを参照).

Real・inspiration *f.* -, -en, ①実質霊感, 内я霊感 (聖書の著述に際して, 聖書記者には, 言葉そのものではなく, 記されるべき本質的内容や思想の要旨が*霊感によって伝えられ, それが記者各自の言葉として書き表されたということ；思想霊感, 概念霊感とも；*聖書霊感に関する → Verbalinspirationと → Personalinspiration 1の中間的な理解). ②具現的霊感 (神の*救いの計画が, 現実の歴史において公的に*啓示されているということに基づく霊感).

Realismus【lat.-mlat.-nlat.】*m.* -, 実在論 (a. 一般に, 人間の意識に依存しない客観的存在を認め, その認識が可能であるとする, 存在論や認識論上の立場. b. *普遍論争においては実念論, 観念実在論ともいい, *唯名論に対して, 種・類という普遍概念が個物に先行する実体であるとするアンセルムス〔1033-1109〕, ギヨーム・ド・シャンポー〔1070頃-1121〕らの説).

Real・präsenz *f.* -, キリストの現存〈現在〉(*聖体の秘跡においてキリストは「真に, 現実に, 実体的に」〔lat. vere, realiter et substantialiter; dt. wahrhaft, wirklich und wesentlich〕パンとぶどう酒の可感覚的*形色のもとに存在するという*トリエント公会議で宣言された正統説；Transsubstantiation参照).

Rebaptismus *m.* -, (Wiedertaufe) 再洗礼 (*洗礼は*霊印を刻す1回限りの*秘跡であるが, 洗礼の事実やその有効性が疑われる重大な理由のある場合に, 条件付きで洗礼が授けられること〔CIC. 869〕；ただしこれは2度目の洗礼とはされず, したがって厳密には「再」洗礼とはいえない；3世紀に*異端からの改宗者に対する再洗礼の是非に関して論争が起こった).

Recht *n.* -[e]s, -e, ①《単数で》法, 法律；das ewige 〜 → das ewige *Gesetz*；das göttliche 〜 → das göttliche *Gesetz* (Jus divinum参照)；das kanonische <kirchliche> 〜 教会法 (Kirchenrecht 1参照). ②権利；権能, 権限. ③《単数で》正義, 正当性.

Rechtfertigung *f.* -, (Justifikation) 義認, 成義, 義化 (*原罪をもって生まれ, また罪を負った状態にある人間が, 神の*恵みにより, *洗礼と*ゆるしの秘跡を通して義とされること；*ルターは, キリストへの「*信仰のみ」によって, 信仰者すべてに与えられる「神の義」〔ロマ3:22〕を強調し, *秘跡とその媒介者たる教会を否定して*宗教改革の発端をなした). **Rechtfertigungs・lehre** *f.* -, 信仰義認論 (*ルターは, *律法の行為を義認の条件としたユダヤ人に対して, *パウロがキリストへの信仰による義認を主張したことを特に強調し, 信仰こそが義認の唯一の条件であるとした；「わたしたちは, 人が義とされるのは律法の行いによるのではなく, 信仰による

と考えるからです」〔ロマ3：28〕のドイツ語訳に際しても，ルターはギリシア語原文にはない「のみ」を挿入し „alleine durch den Glauben" とした）．

recht・gläubig【< spätlat. orthodoxus】*adj*. (旧来の教義を厳守する）正統信仰の，（宗教上の）正統［派］の；正教の．**Rechtgläubige** *m. u. f*. -n, -n,《形容詞的変化》(宗教上の) 正統派（の信徒）．**Rechtgläubigkeit** *f*. -, 正統信仰，(宗教上の) 正統性，正統主義 (Orthodoxie 1, 2 参照)．

Reconquista【lat.-span."再征服"】*f*. -, レコンキスタ，国土回復運動（8世紀初頭から800年間に及ぶ，イベリア半島からのイスラム教徒の駆逐とキリスト教勢力の失地回復のための歴史的営為；ウマイヤ朝の*西ゴート王国征服〔711年〕に対抗する718年のアストゥリアス王国の建国に始まり，1492年グラナダ陥落によるナスル朝の滅亡をもって完了した）．

Redemption【lat.】*f*. -, -en, ① 救い (Erlösung 参照)．② (祈りなどへの）贖罪の行の変更，償いの代替．**Redemptor**【lat.】*m*. -s, 救世主，救い主 (Messias 参照)．**Redemptorist**【lat.-nlat.】*m*. -en, -en,《通常複数で》レデンプトール［修道］会（「救世主会」とも；正式には「至聖贖罪主修道会」〔Kongregation des Heiligsten Erlösers〕；1732年イタリア南部ナポリ近郊のスカーラでアルフォンソ・マリア・デ・リグオーリ〔1696-1787；*聖人，*教会博士〕が創立した*単式誓願修道会；世界各地で民衆，貧者に対する福音宣教，小教区司牧などに従事する；略：CSsR）．**Redemptoristin** *f*. -, -nen,《通常複数で》① レデンプトリスチン女子修道会 (1731年イタリア南部スカーラでマリア・セレスタ・クロスタローザ〔1696-1755〕がリグオーリの協力によって創立した観想修道会；1831年ウィーンに修道院が設立され，以後日本〔長崎，長野〕を含む世界各地に広まった；「［厳律］至聖贖罪主女子修道会」〔Schwestern vom Heiligsten Erlöser〕とも；略：OSsR）．② (Missionsschwestern vom Heiligsten Erlöser) レデンプトール宣教女修道会 (1957年，レデンプトール会のミュンヘン管区によってガルス・アム・インに設立された，宣教活動を目的とする女子修道会；ドイツ，オーストリア，日本〔鹿児島〕，南米，ウクライナなどで活動する；略：MSsR）．

Rede・quelle *f*. -, die ～ [Q] 語録資料 (→ Q-Quelleの別名)．

Reduktion【lat.】*f*. -, -en, ① (聖職者の) 還俗 (Laisierung参照)．② 【span. Reducción】《通常複数で》保護統治地区，保護領 (アメリカ大陸のスペイン植民地の現住民〔インディオ〕を特定地域に入植させてキリスト教化し，宣教師が管轄下に置くことで形成された自治居留地；特に，1609-1767年イエズス会のパラグアイ統治の際に，先住民のグアラニー族によって作られた40余りの小規模集落を指す；キリスト教に改宗した人々を他部族やヨーロッパの奴隷商人の襲来から守るためとされた；Jesuitenstaat参照)．

Refectarius【lat.-kirchenlat.】*m*. -s, ..rien, 炊事係 (中世の修道院で厨房を担当する職位；Küchenbruder参照)．**Refektorium**【lat.-mlat.; < lat. reficere "元気づける"】*n*. -s, ..rien, (修道院などの共同) 食堂．

Reform【lat.-fr.】*f*. -, -en, 刷新，改革 (教会や修道会内部での制度，典礼，組織などの改正・変革の運動)；die katholische ～ カトリック改革 (15-17世紀，ローマ*教皇の主導によるカトリック教会内部の自発的な改革刷新運動；*ルター以前に始まり，*トリエント公会議と*イエズス会創立以降は*対抗宗教改革として進められた；die katholische *Restauration*参照)．

Reform・abt *m*. -[e]s, ..äbte, 改革派大修道院長 (10-11世紀，*修道院改革の遂行のため，系列の*修道院連合の全体を統括した，例えば*クリュニー大修道院長)．**Reformation**【lat.】*f*. -, -en, ①《単数で》宗教改革 (16世紀，ローマ・カトリックの教会制度の様々な弊害や堕落に対して興った，宗教的，政治的，社会的な改革運動の総称；ザクセンでの*免罪符販売を批判する*ルターが，1517年*九十五箇条提題を公示したことをきっかけに全ヨーロッパに広がる；*プロテスタントの諸教派を生み出したほか，ローマを中心とする統一的支配体制の解体による世俗的民族的国家権力の台頭，*位階制の否定による個人主義や民主主義の普及，また資本主義的市民社会の成立をもたらし，西欧近代の端緒を開いた；Protestantismus参照)．② 改革 (Reform参照)．

Reformations=fest *n*. -[e]s, -e, 宗教改革記念祭 (10月31日；*ルターが1517年の同日，*免罪符を論難した*九十五箇条提題をヴィッテ

ンベルク城教会に掲示し，宗教改革の端緒を開いたことを記念するプロテスタントの祭日；ドイツではブランデンブルク，メクレンブルク＝フォアポンメルン，ザクセン，ザクセン＝アンハルト，テューリンゲンの各州で法定休日とされている；スイスでは11月の最初の日曜日〔Reformationssonntag〕；1667年ザクセン選帝侯ヨハン・ゲオルク2世〔在位1656-80〕が制定した）．～**recht** n. -[e]s, 宗教選択権（カトリック，プロテスタント両派の調停のため，1555年*アウクスブルク宗教和議で決議された；ドイツの諸侯と自由都市は，新旧両派のいずれかを選択する権利を有し，住民はその決定に従わなくてはならないというもの）．～**tag** m. -[e]s, -e, 宗教改革記念日（～fest参照）．～**zeit** f. -, 宗教改革期．～**zeitalter** n. -s, 宗教改革時代(16-17世紀の).

Reformator【lat.】m. -s, -en, ①宗教改革者（特に，*ルター，*ツヴィングリ，*カルヴァンをいう）．②（一般に：）改革者．**reformatorisch**【lat.-nlat.】adj. ①宗教改革(者)の．②改革(者)の，変革的な．**reformiert**【< reformieren】p.p. 改革された，改革の；die ～e Kirche 改革派教会（*ルター派教会に対して，*ツヴィングリの宗教改革と*カルヴァンによって体系づけられた教説及び教会組織を継承するプロテスタント諸派）；～er Bund für Deutschland → Reformierter Bund für Deutschland. **Reformierte**# m. u. f. -n, -n, (形容詞的変化) 改革派［教会］の信徒(特に*カルヴァン派)．

Reform=katholizismus m. -, 改革カトリシズム(19世紀末から第1次世界大戦まで，特にドイツのカトリック教会内部に興った，教会の保守的傾向を批判し，自然科学や近現代文化への接近を進めようとする立場；カトリック司祭・神学者のヘルマン・シェル〔1850-1906〕を代表とし，その著作は1898年*禁書目録に掲載された)．～**kloster** n. -s, ..klöster, 改革派修道院(10世紀以降の*修道院改革の拠点となった，例えば*クリュニー修道院やロートリンゲン〔ロレーヌ〕のゴルツェ修道院，ブローニュ修道院)．～**kongregation** f. -, -en, 改革派修族(クリュニー修族など，同一の*大修道院長の監督下で*修道院改革を推進した系列修道院の総称)．～**konzil** n. -s, -e u. -ien, 《通常複数で》改革公会議(14-15世紀，*教会大分裂の解消や教会制度・規律の刷新〔*公会議首位説への対応や聖職者のモラル向上など〕の問題を検討したヴィエンヌ〔第15回公会議；1311-12〕，コンスタンツ〔第16回；1414-18〕，バーゼル及びフィレンツェ〔第17回；1431-37, 1438-47?〕における公会議；改革の実効は*トリエント公会議〔第19回；1545-63〕によってもたらされた)．～**mönch** m. -[e]s, -e, 改革派修道士（*修道院改革の中で，清貧と労働を重んじ修道者本来の姿に立ち戻ろうとした*シトー会などの修道者)．～**orden** m. -s, -, 改革派修道会（～kloster参照）．～**periode** f. -, -n, (修道院や教会などの)改革期．～**prior** m. -s, -en, 改革派修道院長（クリュニーの*改革派大修道院長の監督下で*修道院改革を推進した，系列の修道院の長)．～**synode** f. -, -n, 改革会議(修道生活の刷新を決議する*教会会議；特に，*改革公会議の時期にピサ〔1409年〕とパヴィア〔後にシエナ；1423-24〕で開催された会議)．

Regal[e]【lat.-mlat.; < lat. iura regalia "国王の権利"】n. -s, ..lien, 《通常複数で》レガリア［権］，レガーリエン (a. 中世ヨーロッパで，国王のみが有していた，貨幣鋳造権，関税徴収権，市場開設権，鉱業権などの収益特権；ドイツでは皇帝フリードリヒ2世〔在位1220-50〕の時代以降，徐々に領邦君主に移り，その財政基盤となった；*国王奉仕の見返りとして*司教にも与えられた．b. 空位聖職禄収入取得権：10世紀より，*司教座や*王国修道院の院長職の空位時に，司教区や修道院領，その他の特権から生じる収益を要求することができるという，国王や諸侯の権限；ドイツでは13世紀，フランスでは19世紀まで存続した). **Regalien・recht** n. -[e]s, -e, → Regal[e].

Regel【lat.-mlat.】f. -, -n, (修道院などの)会則，戒律，規則(Konstitution 2参照)；die Goldene ～ → die *Goldene* Regel; die römische ～ → die *römische* Regel.

Regens【spätlat.】m. -, Regentes u. Regenten, ①(司祭養成のためのカトリックの)神学校校長，(神学校寄宿舎，神学生寮の)舎監．② → Regens Chori.

Regensburg《固》レーゲンスブルク(ドイツ，バイエルン州東部，ドナウ川に面した交易都市；739年*ボニファティウスにより司教区が設置され，11世紀には*アイルランド人

宣教師によって*ベネディクト会修道院が建てられた；1245年以後は帝国自由都市として発展した；1542年*アウクスブルク信仰告白が採択されて*ルター派が多数派となったが、司教座のある大聖堂、*イエズス会や*カプチン会などの修道院、イエズス会修道院学校を中心に、カトリック陣営は勢力を保持した；1663-1806年、*神聖ローマ帝国議会が開催された）．**Regensburger** adj. ((不変化))レーゲンスブルクの；～ Religionsgespräch n. -[e]s, レーゲンスブルク宗教会談(1541年、プロテスタント各派とカトリックの代表者により、*義認や*聖変化などに関する教義上の諸問題の解決のため、レーゲンスブルクで開かれた会合；ハーゲナウ〔1539〕、ヴォルムス〔1540-41〕における宗教会談と同様、対立の解消には至らなかった)．

Regens Chori 【lat.】 m. - -, Regentes -, **Regens・chori** m. -, -, <östr.>(カトリック教会の)聖歌隊指揮者．**Regenten**, **Regentes** pl. → Regens（の複数形）．

Region 【lat.】 f. -, -en, ①地方区(Kirchen～参照)；地域．②(*初代教会で設けられた、ローマなどの)司牧区．

Regional=konzil n. -s, -e u. -ien, 地方区教会会議(*教会地方区毎の諸事項を審議する*教会会議)．～**synode** f. -, -n, ① → ～konzil．②地方総会、〔地方〕大会(*長老派教会で、*中会〔Presbyterium〕の代表者により構成され、ある地区全体の教会を統轄する決議機関；Synode 1 b参照)．

Regula 【lat."物差し"】《Ⅰ》f. -, ..lae, (修道院などの)戒律；～ Benedicti f. - -, レグラ・ベネディクティ(Benediktinerregel参照)；～ Fidei f. - -, -e -, レグラ・フィデイ, 信仰基準(Glaubensregel参照)；～ Magistri f. - -, レグラ・マギストリ(Magisterregel参照)．《Ⅱ》《固》(f.)レグラ、レーグラ；Felix und ～ → *Felix und Regula．

Regular 【mlat.】 m. -s, -e, **Regulare** m. -n, -n, (*盛式誓願をたてた)修道士、律修士．

Regular=geistliche m. -n, -n,《形容詞的変化》→ ～kleriker．～**kanoniker** m. -s, -, (通常複数で)修道祭式者会、修道参事会、盛式祭式者会(11-12世紀の*グレゴリウス改革以降、*盛式誓願をたてて*アウグスティヌスの戒律に従った共住生活を営み、*聖務日課〔*教会の祈り〕の共唱を行う*聖堂祭式者会員の修道会のこと；CIC.613§1；Augustiner-Chorherr, Chorherr 2参照)．～**kleriker** m. -s, -, 律修聖職者(広義では、*教区付き司祭に対して、修道会〔特に、*盛式誓願を立てる修道会〕に所属する*司祭、修道士のこと；狭義では、16-17世紀の*カトリック改革運動の際に、*使徒的活動を主目的として創立された男子修道会の会員；例えば、*テアティニ修道会、聖パウロ律修聖職者会〔*バルナバ会〕、*イエズス会などの会員)．～**klerus** m. -, (集合的に：)律修聖職者．

reguliert 【< regulieren】 p.p. (修道会の)戒律に拘束された、修道会に属する；die ～en Chorherren → Regularkanoniker; der ～e Kleriker → Regularkleriker．

Reich n. -[e]s, -e, 国、王国、帝国；das ～ Gottes 神の国(a. 神が*恩恵と力をもって支配し「義と平和と喜び」〔ロマ14:17〕に満たされている状態．b. 特に：*天国、*教会．c. das Tausendjährige ～ Gottes *千年至福説において待ち望まれる、*再臨したキリストが支配する「*千年王国」のこと；Chiliasmus, Millenium参照)；das ～ des Todes 陰府(よみ)(Limbus patrum 参照)；gekreuzigt, gestroben und begraben, hinabgestiegen in das ～ des Todes「十字架につけられて死に、葬られ、陰府に下り」(*使徒信条の I 節)；das Heilige Römische ～ Deutscher Nation → das *Heilige Römische Reich Deutscher Nation．

Reichenau 《固》ライヒェナウ(ドイツ南西部バーデン＝ヴュルテンベルク州コンスタンツのボーデン湖上の島、及同地の旧*ベネディクト会大修道院；724年ピルミン〔?-753；聖人、アイルランド出身の司教〕によって創建され、*カール大帝の側近だった院長ヴァルド〔在職786-806〕により修道院学校が設立された；*カロリング朝、オットー朝の庇護下、アルプス以北の文化・学問の中心地として栄え、大修道院長ベルノ〔在職1008-48〕の時代に最盛期を迎えた；著名な神学者、文学者、音楽家、政治家などが多数輩出した；ライヒェナウ派〔Reichenauer Malerschule〕による彩色写本の制作でも知られる；8世紀*ロマネスク様式の3つの修道院教会があり、2000年に島全体がユネスコの世界遺産に登録された)．

Reichs=abt m. -[e]s, ..äbte, 帝国(王国)大修道

院長. **～abtei** f. -, -en, 帝国（王国）大修道院（*神聖ローマ帝国皇帝ないし国王に直接従属し，帝国議会で共同票をもつ大修道院；例えば，オットーボイレン，ザレム，アフラ〔アウクスブルク〕の）. **～erzkanzler** → Erzkanzler. **～fürsten** pl. → Geistliche Reichsfürsten. **～kirche** f. -, -n, 帝国教会（a. 王権の庇護ないし〔叙任権の行使などによる〕直接的支配のもとに置かれた教会；例えば，*カール大帝の*カロリング朝や*神聖ローマ帝国における. b. ナチス政権下で合同したプロテスタント諸教会）. **～kirchen・system** n. -s, 帝国教会制. **～kloster** n. -s, ..klöster, 帝国（王国）修道院（中世期，*神聖ローマ帝国皇帝ないし国王が創立した，または他から委譲されて帝国・王国に直属した修道院）. **～konkordat** n. -[e]s, 帝国政教協約，ライヒスコンコルダート（1933年7月，教皇ピウス11世〔在位1922-39〕とアドルフ・ヒトラー〔1889-1945〕のドイツ第三帝国との間で締結された*政教協約；ドイツ教会のドイツ国内における純宗教的活動の自由を保証する一方で，聖職者の政治活動を制限〔*中央党を解散〕するものだったが，ナチスは協約に反して，その後もカトリックの弾圧を続けた）. **～mönchtum** n. -s, 帝国（王国）修道制.

Reinheit f. -, 純潔，貞潔（Keuschheit参照）；（祭儀，神との交わりに際して求められる心身の）清さ，清潔.

Reinigung f. -, -en, （罪によってけがれた霊魂の）清め，浄化；Mariä ～〔< lat. Purificatio Mariae〕マリア清めの祝日〔Lichtmess参照〕；及び，これに奉献された教区，聖堂〔例えば，アウクスブルク司教区のシュタインハイムの〕. **Reinigungs・ort** n. -[e]s, 煉獄（Fegefeuer参照）.

Reinkarnation【lat.-nlat.】f. -, -en, （魂の）再生，生まれ変わり，輪廻（Seelenwanderung参照）.

Rekapitulation【gr.-lat.; < gr. anakephalaiōsis "1つにまとめること；要約，再述"】f. -, レカピトゥラティオ，再復，再総括（イエス・キリストと*アダムを対比し，イエスの業はアダムの*堕罪以後の歴史の根本的なやり直しであり，神がアダムにおいて計画していたことの総括・成就と考える，ギリシア教父のエイレナイオス〔イレナエウス；130/40頃-200頃〕による*予型論的弁証法的キリスト論の概念；エフェ1：10参照）.

Rekatholisierung f. -, -en, 再カトリック化（*アウクスブルク宗教和議〔1555年〕によってプロテスタント地域となった*領邦国家で，宗教的のみならず政治的軍事的な実力行使をもってプロテスタント勢力を排除しようとしたこと；例えば，*三十年戦争の発端となったビーラー・ホラの戦い〔1620〕でのプロテスタントの敗北後，ハプスブルク家によって推進されたボヘミアの再カトリック化）.

Reklusen【lat."閉じ込められた人々"】pl. 独房塾居隠修者（Inklusen参照）.

Rekollekten【kirchenlat. "（霊的に）刷新された人々"】pl. 原始会則派（16世紀後半，特にイタリア，スペイン，フランスにおける修道会刷新運動の流れの中で創立された，*フランシスコ会などの改革派修道会〔Observant参照〕；*アウグスチノ会においても → Augustiner-Rekollektenが創設された）.

Rekonziliation【lat.】f. -, -en, ① 和解，復和（神や教会との；Versöhnung参照）. ② (*汚聖された教会堂や墓地などの*聖別のやり直しによる)復聖.

Rektor【lat.-mlat."指導者"】m. -s, -en, ① (*イエズス会の神学校やギムナジウムの)校長，（カトリック大学の）学長；（修道院や修道会付属病院の）院長. ② → Kirchenrektor. **Rektorat**【mlat.】n. -[e]s, -e, ① → Rektorの職（地位，任期，任地）. ② → Rektorの執務室.

Rektoren・kirche f. -, -n, 教会主管者司祭管理教会（*教会主管者司祭に聖務が委託されている教会；CIC.558-62）.

Religio【lat.】f. -, -nes, 修道会（Orden 1 参照）.

Religion【lat."神への畏敬"】f. -, -en, ① (a)（個々の）宗教；die christliche ～ キリスト教. (b) 宗派，教派（宗派と教派は同義で用いられることが多いが，キリスト教や仏教のように，他宗教と大きく異なり，内部に様々な*分派を抱えながらも大きな括りで捉えられるものを宗派，1つの宗派の中で，教義や制度の違いによって他と区別される諸分派を教派といって使い分けられることもある）；信条（Glaubensbekenntnis a参照）；die katholische ～ カトリック；sich zu einer ～ bekennen（ある宗教を）信仰していることを公言する. ②《単数

で》信仰［心］，宗教心；er hat keine ～ 彼は無信仰だ．③《無冠詞；単数で》（学校の科目としての）宗教，（学校での）宗教の授業．

Religions=antholopologie f. -, 宗教人類学（ある文化・社会集団における宗教現象を人類学的視点から探求する，文化人類学ないし宗教学の1分野）．～**bekenntnis** n. -ses, -se,（ある特定の宗教・教派への）信仰告白．～**buch** n. -[e]s, ..bücher,（学校の）宗教の教科書．～**duldung** f. -, -en, 宗教上の寛容．～**edikt** n. -[e]s, -e, 宗教勅令（Edikt参照）．～**eid** m. -[e]s, -e,（聖職に就く際などに行う）信仰宣誓．～**ethnologie** f. -, 宗教民族学（主として，ある民族集団における宗教現象を，様々な学問的方法をもって探求する学）．～**fonds** m. -, 宗教基金（*神聖ローマ帝国皇帝ヨーゼフ2世〔在位1765-90〕が行った修道院解体の後に，修道院財産の売却金によって1782年に設立され，教区新設の費用などに充てられた基金；Josephinismus参照）．～**freiheit** f. -, 信教の自由（Glaubensfreiheit参照）．～**friede** m. -ns, -n, ①宗教和議（教会と俗権，特に皇帝との間で締結される宗教関係の平和条約；例えば，*ニュルンベルク宗教和議〔1532〕，*アウクスブルク宗教和議〔1555〕，*ヴェストファーレン条約〔1648〕）．②宗派間の平和．～**gemeinschaft** f. -, -en, 宗教共同体，宗教団体，教団．～**geschichte** f. -, -en, ①《単数で》宗教史〔学〕．②宗教史（の本，著述）．～**gesellschaft** f. -, -en, 宗教団体．～**historiker** m. -s, -, 宗教史家，宗教史学者．～**hoheit** f. -, [die staatliche] ～hoheit 宗教高権（国家権力が保有する宗教〔教会や教団〕に対する支配権）．～**kongregation** f. -, 修道会省（ローマ*教皇庁の省の1つ；1908年教皇ピウス10世〔在位1903-14〕が創設した，修道会会員の事項を担当する省で，1988年以降の名称は → Kongregation für die Institute geweihten Lebens und für die Gesellschaften apostolischen Lebens）；修道会及び*在俗会，*使徒的生活の会に係る一切の事項を管轄する）．～**krieg** m. -[e]s, -e, 宗教戦争（一般には，異なった宗教間，ないし同一宗教内の教派間の対立に起因する戦争；特に*宗教改革後のカトリックとプロテスタント両陣営間に生じた，政治的・経済的利害の絡んだ紛争）．～**lehre** f. -, -n, ①教義；神学．②《単数で》（学校の）宗教の授業．～**lehrer** m. -s, -,（学校の）宗教の先生．～**los** adj. 無宗教の，無信仰の．～**losigkeit** f. -, 無宗教，無信仰．～**pädagogik** f. -, 宗教教育学（キリスト教教育の理論と実践を研究する学；特に，宗教教育による人格陶冶に関する学）．～**philosophie** f. -, 宗教哲学（宗教一般ないし特定の宗教の本質，意義，価値等々を哲学的に探求する学；特定宗教の信仰を背景とする「神学」と区別される）．～**psychologie** f. -, 宗教心理学（宗教現象の心理構造を実証的に探求する心理学の1分野）．～**schwärmerei** f. -, -en, 狂信．～**soziologie** f. -, 宗教社会学（宗教を社会現象とみなし，宗教と社会の相関関係，宗教の社会的機能などを実証的に探求する社会学の1分野）．～**stifter** m. -s, -, 教祖，開祖（ある宗教の創始者）．～**streit** m. -[e]s, -e, 宗教（上の）論争，宗教上の争い．～**stunde** f. -, -n, （学校の）宗教の時間（授業）．～**trennung** f. -, -en, 教派（宗派）の分裂．～**übung** f. -, -en,（宗教的な）修行，信心業，おつとめ（a. 個々の信者の霊的修行．b.《単数で》それぞれの教派固有の霊的修行）；礼拝．～**unterricht** m. -[e]s, -e, 宗教の授業．～**verbesserung** f. -, -en, 宗教改革．～**verbrechen** n. -s, -, ～**vergehen** n. -s, -, 宗教上の犯罪（法律で保証された*信教の自由の侵犯など，刑法上の違法行為）．～**verschieden** adj. 宗教を異にする；die ～verschiedene Ehe → die religionsverschiedene *Ehe*. ～**wechsel** m. -s, -, 改宗，回心（Konversion参照）．～**wissenschaft** f. -, 宗教学（ある宗教現象について，様々な事実に基づいた実証的方法をもって客観的立場から探求する学；特定の信仰を背景に研究を行う「神学」，宗教現象の本質の省察を旨とする「宗教哲学」と区別される；広く，宗教心理学，宗教社会学，宗教史学などの個別分野を包括する宗教研究の意味でも用いられる）．～**wissenschaftler** m. -s, -, 宗教学者．～**zugehörigkeit** f. -, -en,《通常単数で》宗教上の所属（特定の宗教団体への）．～**zwang** m. -[e]s, 信教の強制，宗教上の束縛．

religiös【lat.(-fr.)"神を畏れる，敬虔な"】adj. ①宗教（上）の，宗教に関する；（対義語: irreligiös）宗教的な．② (fromm, gläubig) 信仰心の篤い，信心深い，敬虔な；ein ～er Mensch 信心深い人．③（修道会の）戒律に従っている，修道会の，修道会に属する；das ～e Haus 修道院；die ～e Regel【< lat. regula religiosa】修

道会会則(Ordensregel参照). **Religiose**# m. u. f. -n, -n,《形容詞的変化;通常複数で》修道者(*単式誓願を立てて、ある修道会に所属する修道士・修道女). **Religiosität** f. -,（対義語: Irreligiosität）宗教性、敬虔さ.

Reliquiar【lat.-mlat.】n. -s, -e, 聖遺物容器(*聖遺物を収納、保管し、また公の*崇敬のため顕示するのに用いられる、多くは精巧な細工や装飾が施された容器；箱、十字架、聖堂、当該の聖人の像や手・足など身体の部分をかたどったものなど様々な形態がある). **Relique**【lat.-kirchenlat.“残存物”】f. -, -n, 聖遺物（キリストや*聖人の遺体、遺骨、毛髪、爪、血痕、衣服、*受難具、その他遺品などの一部または全部で、伝統的に、また教会の認可を得て*崇敬の対象とされているもの；現行の*教会法では、その売買の禁止と譲渡・移転の制限〔CIC. 1190〕、また*固定式祭壇の下に埋蔵されるべきこと〔CIC. 1237§2〕が定められている).

Reliquien=behälter m. -s, -, → Reliquiar. ～**dienst** m. -[e]s, -e, → ～verehrung. ～**gefäß** n. -es, -e, → Reliquiar. ～**kästchen** n. -s, -,（携帯用の小さな）聖遺物箱. ～**kasten** m. -s, ..kästen, ～**schrank** m. -[e]s, ..schränke, → Reliquiar. ～**schrein** m. -[e]s, -e,（聖堂をかたどった厨子形の）聖遺物容器. ～**verehrung** f. -, -en, 聖遺物崇敬（カトリック教会〔及び正教会〕で認められている、聖遺物に対する*崇敬；中世を通じて、とりわけ13世紀に盛んに行われ、*宗教改革においては厳しい批判の対象となった).

Reminiscere, Reminiszere【lat.】《無冠詞；不変化》レミニシェレ(*四旬節第2の*主日；名称は、当日のミサの*ラテン語*入祭文の冒頭語 „*Reminiscere* miserationum tuarum"〔主よ思い起こしてください／あなたのとこしえの憐れみと慈しみを；Denk an dein Erbarmen, Herr」；詩25:6〕にちなむ).

Remonstrant【lat.-mlat.】m. -en, -en,（通常複数で）レモンストラント派、抗議派(*アルミニウス派の別称；1610年、*アルミニウス主義の信奉者が*カルヴァン派に対抗してオランダ国会に「諫責文」〔lat. Remonstrantiae〕を提出したことからこの名で呼ばれる).

Rempter, Remter【lat.】m. -s, -,（修道院、神学校などの）食堂(Refektorium参照).

Renaissance【lat.-fr.“再生"】f. -, -n, ①《単数で》ルネサンス（「文芸復興」とも；14世紀のイタリアに始まる、ギリシア・ローマの古典研究と人間中心主義に基づく、革新的な芸術・思想運動の総称；16世紀にかけて、アルプスを越えてドイツ、ネーデルラント〔北方ルネサンス；die nördliche〈niederländische〉～〕、フランスなど全欧に拡大した；15世紀末から16世紀初頭、レオナルド・ダ・ヴィンチ〔1452-1519〕、ブラマンテ〔1444-1514〕、ラファエッロ〔1483-1520〕らによって、フィレンツェ、次いでミラノ、ローマで最盛期〔盛期ルネサンス；Hoch～〕を迎えた；聖書の原典批判的研究、教会の権威への疑念、個人主義的傾向は*宗教改革の契機ともなった）；ルネサンス期〔様式〕. ②（ある時期の文化、風習、流行などの）復古、復興、復活；die ～ des 12. Jahrhunderts 12世紀ルネサンス(*十字軍や*レコンキスタなどを契機に、イスラムやビザンティン文化圏との接触、ギリシア、アラビアの哲学・自然科学〔例えばアリストテレス、ガレノス、イブン・シーナー〕の復旧と受容によって、中世西欧社会・文化が大きく変貌したこと；膨大なアラビア語〔及びギリシア語〕文献のラテン語翻訳が行われ、またヨーロッパ各地で大学が誕生した；建築・芸術では*ロマネスク様式が完成、*ゴシック様式への移行が見られた；アメリカの歴史家チャールズ・H・ハスキンズ〔1870-1937〕が提唱した歴史概念）；die karolingische ～ → die *karolingische* Renaissance.

Renaissance=bau m. -[e]s, -ten, ルネサンス建築（ルネサンス期のイタリアで発展し、西ヨーロッパ各地に普及した建築様式；古代ローマの建築を規範とし、対称性や比例性を特徴とする). ～**papst** m. -[e]s, ..päpste, ルネサンス教皇（ルネサンス期の教皇；特に、芸術に感溺し、豪奢な生活に耽って世俗化したとされる教皇のこと；例えば、ボルジア家出身で*サヴォナローラと対立したアレクサンデル6世〔在位1492-1503〕、教皇領の回復に努め、またラファエッロ、ブラマンテ、ミケランジェロ〔1475-1564〕など多くの芸術家を後援したユリウス2世〔在位1503-13〕、メディチ家出身で、度外れた芸術作品の収集の結果、教皇庁の財政破綻を招き、またユリウス2世が始めた*免罪符の交付を推進、これ

を批判する*ルターを破門したレオ10世〔在位1513-21〕).　**〜stil** *m.* -[e]s, ルネサンス様式.　**〜zeit** *f.* -, ルネサンス期(時代).

Rendant【lat.-vulgärlat.-fr.】*m.* -en, -en, 教区経理担当者(会計係).

Renegat【mlat.-it.-fr.; < lat. renegare "再び否定する"】*m.* -en, -en, 背教者,(特にスペインにおける,キリスト教からイスラム教への)改宗者;《比》転向者.　**Renegatentum** *n.* -s, 背教(すること),(特に:イスラム教へ)改宗(すること);背教者(改宗者)の言動.　**Renegation** *f.* -, -en, 背教,改宗;《比》転向.

Renitente[#]【< lat. renitor "反抗する"】*m. u. f.* -n, -n,《形容詞的変化;通常複数で》反合同派(ヘッセンの*ルター派教会において, *アウクスブルク信仰告白を固守して*改革派との合同に強く反対し, 1873/74年に分裂独立した旧守派;反合同派教会〔Renitente Kirche〕, 古ヘッセン教会〔Althessische Kirche〕とも).

Reordination *f.* -, -en, 再叙階(*叙階は*霊印を刻す1回限りの*秘跡であるが, その有効性が疑われる重大な理由のあるときに*叙階式を再度行うこと;また, *英国国教会の*司祭がカトリックに改宗し, 叙階されること;ただしこれはカトリック教会における2度目の叙階ではないため, 厳密には「再」叙階とはみなされない).

Reparation【lat."修復"】*f.* -, -en, 償い(a. 罪を自覚し, 悪行によって損なわれた神との健全な関係を回復すること;Buße参照. b. キリストの*贖罪死による, 人類の罪からの解放).

Reprobation【lat."拒絶,排除"】*f.* -, -en,①(単数で)〔永遠の〕定罰,永罰,劫罰(神の*救いの計画において, 一部の人間は永遠に罪人のままで, *天国から除外されるべく*予定されているということ;Prädestinationslehre参照). ②拒否.

Requiem【lat."平安"】*n.* -s, -s (*österr.* auch: Requien),①レクイエム, 死者〔のための〕ミサ, 鎮魂ミサ(名称は, ラテン語*入祭文の冒頭語 "*Requiem* aeternam dona eis, Domine"〔主よ, 彼らに永遠の安息を与え給え;Herr, gib ihnen die ewige *Ruhe*〕にちなむ;通常のミサ典文のうち, *栄光の賛歌〔*グロリア〕と*信仰宣言〔*クレド〕がなく, *アレルヤ唱の代わりに*詠唱〔*トラクトゥス〕と*続唱が用いられる;なお14世紀以来, 福音書朗読の前に*続唱「*ディエス・イレ」〔怒りの日〕が唱えられていたが, 第2*ヴァティカン公会議の典礼改定により廃止された). ②レクイエム, 死者のためのミサ曲, 鎮魂ミサ曲(1に作曲された多声部の音楽作品;フランドル出身のルネサンスの作曲家ギヨーム・デュファイ〔1400頃-74〕が自身の死後に演奏するために作曲したものが最初とされるが現存はしていない;今日に伝わる最古のものはベルギーのヨハンネス・オケゲム〔1410頃-97〕の作品;17世紀以降多くの作曲家が器楽伴奏を伴うレクイエムを手がけており, 中でもモーツァルト〔未完, 1791〕, ケルビーニ〔1816〕, ベルリオーズ〔1837〕, ヴェルディ〔1874〕, フォーレ〔第1稿, 1888〕, ブリテン〔「戦争レクイエム」War Requiem;1962〕が特に有名;なおブラームスの「*ドイツ・レクイエム」〔Ein deutsches Requiem;1869〕はルター訳聖書に基づく演奏会用作品). **requiescat in pace**【lat.】レクイエスカト・イン・パーチェ(「彼(彼女)が安らかに憩いますように」〔Lasse ihn (sie) ruhen in Frieden.〕の意で, *レクイエムの終わりに → ite, missa estに代えて唱えられる言葉;また, R. I. P.と略されて墓碑銘や死亡通知書, 故人の略歴の末尾などに記される〔*カタコンベの墓碑銘にも見られる〕;なお, 特定の死者を対象にしない場合は „requiesca*nt* in pace"「彼らが…」となる).

Reservat【lat.】*n.* -[e]s, -e,①(Vorbehalt)留保(*教会法において, *上長者〔*教皇, *使徒座, *司教など〕が, 下位の者の教会権〔*障害の免除権, *懲戒罰の赦免権, 聖職任命権など〕を制限し, これを保持すること;CIC. 87, 291, 1078参照). ②(*聖体の)保存, 保管.　**Reservat・fall** *m.* -[e]s, ..fälle, 留保事項(教皇, 司教, 修道院長などの上長者が, 赦免の権限を有する, 犯罪などの事例).　**Reservation**【lat.-nlat.-engl.】*f.* -, -en, → Reservat.

Residenz・pflicht *f.* -, 定住義務(司牧上の職務を遂行するため, 聖職者〔*教区司教, *主任司祭など〕が, 固有の任地, 管轄地〔*司教区や*小教区など〕に定住しなければならないこと〔CIC. 283§1, 395§1, 410, 533§1他〕;また, *枢機卿は, *教皇庁に職務を有し, かつ教区司教でない場合には, ローマに居住する義務がある〔CIC. 356〕).　**residieren**【lat.】*i.*

(h) 居住する(司教が司教区に，主任司祭が司祭館に，等々);der 〜de Bischof 教区司教(教区内に定住が義務付けられている司教〔CIC.395§1〕;かつての*名義司教と区別するための名称).

Resignation【lat.-mlat.(-fr.)】f. -, -en, ①忍従，断念(*完徳に至るため，特に試練や苦難に際し，自らを神意に委ねること;Verzicht参照). ②(聖職の)辞職;(*聖職禄の)放棄.

Reskript【lat.-mlat.】n. -[e]s, -e, 答書(*教皇や*司教など教会権威者への質問，嘆願に対して，その申請者に特権，免除その他の恩恵を与える，書面での行政行為;CIC. 59-75).

respondieren【lat."答える"】i. (h)(典礼において，*聖書朗読の後で*先唱者や聖歌隊が歌う聖歌に)*答唱する. **Responsoriale**【lat.-mlat.】n. -[s], ..lien, レスポンソリアーレ(*聖務日課〔*教会の祈り〕で用いられる*答唱を集めた聖歌集;答唱以外の様々な聖歌を集めたもの〔例えば → Antiphonale〕を指す場合もある). **Responsorium**【kirchenlat.-mlat.】n. -s, ..rien, レスポンソリウム, 答唱(以前は「応唱」とも;典礼における*聖書朗読の後で，神の語りかけに答える形で歌われる聖歌;ミサでは第１朗読の後で*答唱詩編〔*グラドゥアーレ〕として行われる).

Restauration【spätlat.】f. -, -en, ①復興，再興;die katholische 〜 カトリック復興(16世紀初頭から始まるカトリック教会の自己改革と*プロテスタントの台頭に対する反撃の運動;*トリエント公会議で決議された*教皇を頂点とする教会組織の強化と内部刷新，*宗教裁判や*禁書目録の設置，あるいは*イエズス会など新修道会の創立や，*カルメル会などの修道会の内部改革などが推進され，*三十年戦争の終結まで続いた;die katholische *Reform*, Gegenreformation参照). ②失地回復(キリスト教勢力による;Reconquista参照). ③【engl. Restoration】[Stuart-]〜 ［ステュアート朝］王政復古(*ピューリタン革命の崩壊後の1660-88年，チャールズ２世〔在位1660-85〕及びジェームズ２世〔在位1685-88〕によるステュアート朝の王制の復活;チャールズ２世のカトリック復興策に議会が反発して，1673年，文武すべての官職に就いている者に対し，国教会での*聖餐を義務付ける*審査法を制定した).

Restitutions・edikt【lat."回復" + → Edikt】n. -[e]s, 復旧令(1629年，*神聖ローマ帝国皇帝フェルディナント２世〔在位1619-37〕が，*三十年戦争の際に発した勅令;1552年以降プロテスタント諸侯に接収，世俗化されたカトリック教会の所領の復帰を命ずるもの;1648年の*ヴェストファーレン条約で廃止された).

Resurrektion【kirchenlat.】f. -, -en, 復活(Auferstehung参照).

Retabel【lat.-span.-fr.】n. -s, -, リテーブル，ルターブル(engl., fr. retable;リアドス〔engl. reredos〕とも;祭壇背後の飾り壁，祭壇衝立;Altarretabel参照).

Retention【lat.】f. -, -en,《古》(*ゆるしの秘跡における赦免の)保留.

Reuchlin《固》(m.) Johannes 〜 ヨハネス・ロイヒリン(1455-1522;インゴルシュタット，テュービンゲン両大学のギリシア語・ヘブライ語教授で，ドイツにおけるギリシア語学，ヘブライ語学及びユダヤ学の創始者;また人文主義の進展にも寄与し，『ヘブライ語入門』の刊行〔1506〕や聖書, *カバラー研究によって*宗教改革の先駆者の１人となった).

Reue【原義"心の痛み"】f. -, 痛悔(*ゆるしの秘跡に先立って，犯した罪を退け，自らを正す決心を固め，神に立ち帰る心構えを整えること;CIC. 987); die unvollkommene 〜 不完全痛悔(Attrition参照); die vollkommene 〜 完全痛悔(Kontrition参照). **reuen** t. (h)《事物が主語》後悔させる，痛悔の念を起こさせる; jn. reut die Sünde (或人が)罪を悔いる. **Reuerin** f. -, -nen, (通常複数で)痛悔女, 回心女(*マグダレナ修道女会の異称).

Revelation【lat.】f. -, -en, 啓示，天啓(Offenbarung参照).

Reverend【lat.-engl.; < lat. revereri "畏怖する"】m. -s, -s, ①《単数で》…師(英米における聖職者に対する敬称，呼称;略: Rev.). ②(１の称号で呼ばれる，英米の)聖職者. **Reverendissimus**【lat.】m. -, カトリックの高位聖職者〔→ Prälat 1〕の称号(hochwürdigst参照). **Reverendus**【lat.】m. -, …師(カトリックの聖職者に対する敬称，呼称;略: Rev.); 〜 Pater (略: R. P.) → *ehrwürdig*er Vater.

Revival【lat.-(m)fr.-engl."再生"】n. -s, -s, ①信仰復興［運動］, リバイバル(18世紀前半, ア

メリカの*カルヴァン主義神学者ジョナサン・エドワーズ〔1703-58〕，ジョージ・ホイットフィールド〔1714-70〕やジョン・ウェスリー〔1703-91〕ら*メソジスト派が中心となって進められた信仰覚醒と道徳再生のための大衆運動；Erweckungsbewegung参照）．②信仰復興集会，リバイバル集会（悔い改めと*聖霊の作用による覚醒を目的とする，1における会合）．

Rezeptionalismus【< engl. Receptionism】*m.* -, 信受者主義（真正な信仰をもって*聖餐に臨む者のみが，パンとぶどう酒とともにキリストの体と血を受けることができるとする，17世紀*英国国教会の説）．

Rezess (Rezeß)【lat."退出"】*m.* ..zesses, ..zesse, ①退堂（ミサの*閉祭で，*司祭や奉仕者が*祭具室へ退出すること）．②退堂の祈り（かつて司祭が退堂の際に唱えた感謝の祈り）

Rhipidion【gr.】*n.* -s, ..dien, (東) リピタ (*東方典礼で用いられる，薄い金属製の円盤に長柄が付いた扇状の祭具；円盤には，透かし彫りの細工と*智天使の彫像が施されている；Flabellum参照）．

Rhone・mönchtum *n.* -s, ローヌ修道制 (400-10年頃，ホノラトゥス〔350頃-428/9；聖人〕がカンヌ沖合いのサントノラ島に設立したレランス修道院〔Abtei Lérins〕を中心として，5-6世紀，南フランスのローヌ川〔Le Rhône〕流域一帯に発展した修道制；レランス修道院では東方〔エジプト〕修道戒律が採用され，共住と独住の中間的な形態の禁欲生活が営まれた；同修道院の修道士の多くはローマ帝国の貴族階級の亡命者で，後に各地の司教となってフランク王国の教会，修道制の展開に大きな影響を及ぼした）．

Richter【< hebr. šōpēt "裁く人"】*pl.* 士師(し) (*イスラエル人の*カナン占領から王国設立までの部族連合時代に，神によって遣わされた，カリスマ的な軍事・政治上の指導者)；das Buch der ～ 士師記 (旧約聖書の第7の書で歴史書の1つ；*ヨシュアの死から*サムエルの登場までの期間〔前1200-1020年頃〕の12人の士師たちにまつわる物語；イスラエル人が定住したカナンの内外の諸民族との摩擦と，イスラエルの度重なる*背教にもかかわらず，神から派遣された士師たちの活躍によって建国に至った経緯が描かれる）．

Rigorismus【lat.-nlat.(-fr.)】*m.* -, 厳格主義（対立する意見のうち一方が法に，他方が自由に有利な場合，常に前者の意見を採るべきだとする倫理神学上の教説；神の意思は掟において示されるという考え方に基づく；*ジャンセニズムにおいて擁護された）．

R. I. P.《略》→ requiescat in pace.

Riten・kongregation【lat.】*f.* -, 礼部聖省 (*教皇庁のかつての省の1つで，1588年教皇シクストゥス5世〔在位1585-90〕によって設立され，*列聖・*列福，*聖遺物，ラテン教会と東方教会の典礼，*秘跡などの諸問題を扱った；その後改編されて1988年以降は，*典礼秘跡省と*列聖省がこれらの事項を担当している）．

Ritter・orden *m.* -s, -, 騎士修道会，宗教騎士団 (*十字軍の時代，騎士道と修道制が結合して設立された，*修道誓願を立てた騎士たちによる修道会；聖地巡礼者の救護と歓待，聖地防衛などを目的とする；また*レコンキスタにおいても活躍した；例えば，*ヨハネ騎士団，*ドイツ騎士団，*テンプル騎士団）．

ritual【lat.】→ rituell. **Ritual**【lat.】*n.* -s, -e *u.* -ien, ①(定型化され文書に記された，特にカトリックの)儀式，儀礼，典礼；(ある宗教の)儀式，慣習(の総体)．②定式書，儀式書(典礼において用いられる祈りと規定，式次第などを収録した書物)．**Ritual・buch** *n.* -[e]s, ..bücher, → Ritual 2．**Rituale** *n.* -, (カトリックの)定式書，儀式書；～ Romanum *n.* -, -, ローマ儀式書(カトリックの*ローマ典礼で用いられる祈りと規定，式次第などを収めた文書；1614年教皇パウルス5世〔在位1605-21〕によって正式認可され，以降1952年の第8版まで統一的な規範版として改訂が重ねられた；第2*ヴァティカン公会議後の典礼刷新によって全面改訂され，儀式毎の規範版が作られており，これらを基に各国・地域の慣習や状況に則した典礼書が作成されている）．**ritualisieren** *t.* (*h*) 儀礼化する．**Ritualismus** *m.* -, ①儀式主義，典礼主義 (19世紀後半，*英国国教会の*ハイ・チャーチで，典礼に中世の教会の慣行やローマ・カトリックの様式を導入しようという運動）．②儀式偏重〔主義〕．**Ritualist** *m.* -en, -en, ①儀式〈典礼〉主義者 (例えば エドワード・ピュージー〔1800-82〕など*ハイ・チャーチの指導者)．②儀式偏重主

義者．**ritualistisch** *adj.* 儀式〈典礼〉主義の；儀式を偏重(固守)する．**Ritual・mord** *m.* -[e]s, -e, 祭式的殺人(宗教的祭儀の中で，*いけにえなどの目的で行われる殺人；特に，12-14世紀において，*過越祭でユダヤ教徒がキリスト教徒の子供を殺害したとの風評や中傷をいう；しばしばユダヤ教徒迫害の契機となった)．**rituell**【lat.-fr.】*adj.* (ritual) ①儀式(典礼)の；祭式(典礼様式)に基づいた．②儀式化した，儀式ばった，祭儀的な．**Ritus**【lat.】*m.* -, Riten, ①(特にカトリックの)儀式(Ritual 1 参照)，典礼様式；nach katholischem ～ カトリックの儀式(祭式)に従って．②(個々の)祭式，典礼(例えば，洗礼式，叙階式)．

Robe【germ.-fr.】*f.* -, -n, ローブ，長服($^{(聖)}$)(聖職者，裁判官，大学教授などが着用する長いゆったりとしたマント状の職服；Talar参照)．

Rochett【germ.-fr.】*n.* -s, -s, ロシェトゥム，短白衣(*司教や*大修道院長など高位聖職者が*スータンの上に*アルバの代わりに着用する祭服；レースの縁飾りと多くの襞があり，膝までの長さの麻製の白衣)；((聖)) ロチェット(engl. rochet)．

Rogate【lat.】((無冠詞；不変化)) ロガーテ〈求めよ〉の主日(*復活祭後の第5の*主日；名称は，当日のラテン語*入祭文の冒頭語 „*Rogate et dabitur vobis*"〔願いなさい．そうすれば 与えられ…；*Bittet und ihr werdet empfangen*；ヨハ16:24〕にちなむ)．**Rogation**【lat.】*f.* -, -en, 代願，代禱，執り成し(Fürbitte参照)．

Rogationes【mlat.】*pl.* 祈願節(*主の昇天の祝日の直前の3日間；第2*ヴァティカン公会議の典礼改革まで，*祈願行列が行われ，執り成しを求める諸聖人の*連禱が唱えられた；Bitttag b参照)．

Rogations=messe *f.* -, -n, (*祈願日に行われる)祈願[祭]ミサ．～**tag** *m.* -[e]s, -e, 祈願日(Bitttag参照)．

Rolands・lied *n.* -[e]s, ローラントの歌(古フランス語の武勲詩「ロランの歌」〔Chanson de Roland；1100年頃成立〕を，1170年頃に*僧ローラントが翻訳ないし翻案したもの；中高ドイツ語で著され，イベリア半島のイスラム教徒と戦った，*カール大帝の甥ロランの死を*殉教として称揚する)．

Rom《固》(*n.*) ローマ(イタリアの首都，*ヴァティカン市国の所在地；伝承では，双子の兄弟ロムルスとレムスによって前753年に創始された；*コンスタンティヌス大帝のキリスト教公認〔313〕の後，数多くの*バシリカが建てられ，西方教会を統轄する*総主教座として発展した；東西に分裂したローマ帝国の首都が*コンスタンティノポリス〔330〕とラヴェンナ〔402〕にそれぞれ移転し，またゲルマン諸民族の再三にわたる侵攻により一時期荒廃したが，教皇グレゴリウス1世〔在位590-604〕によって復興し，それ以降*神聖ローマ帝国皇帝と教皇の権力闘争の場となりながらも〔特に，14世紀の*アヴィニョン幽囚，1527年カール5世〔在位1519-56〕によるローマ略奪(Sacco di Roma)〕，15-17世紀には*ルネサンス及び*バロック文化，*カトリック改革の中心地として飛躍的発展を遂げた；フランス革命時〔1798〕のフランス軍のローマ侵入や1870年の*教皇領のイタリア王国統合を経て，1929年*ラテラノ条約によりローマ市内に*ヴァティカン市国が成立した)．

Romanik【lat.】*f.* -, ロマネスク様式(中世初期，*ゴシックに先立ち10世紀末-12世紀頃に流行した芸術様式；名称は，フランスの考古学者シャルル・ド・ジェルヴィル〔1769-1853〕らが11-12世紀の教会建築を，粗野で堕落した「ローマ風様式」〔opus romanum〕と誤解して呼んだことによる；北フランスや北イタリアのロンバルディア地方に始まり，ヨーロッパ各地の修道院・教会建築などにおいて，それぞれの地域独自の展開を見せた)．

romanisch *adj.* ロマネスクの，ロマネスク様式の；die ～e Kirche ロマネスク教会(堅実な素材と単純な設計〔*ラテン十字型の*バシリカ形式〕，特にドーム状*ヴォールトによって実現された，清明かつ壮麗で大規模な空間構造をもつ教会建築；ドイツ語圏では，ストラスブール〔シュトラスブルク〕大聖堂〔1015〕，*マインツ大聖堂〔1036〕，マリア・ラーハ修道院〔1093〕，*ヴォルムス大聖堂などが知られる)．

Romanismus *m.* -, ①ローマ主義(ローマ・カトリック教会の信仰や制度に対する*宗教改革後の蔑称)．②ロマニズム(16世紀フランドルの北方*ルネサンス美術)．**Romanist** *m.* -en, -en, ①ローマ教徒(カトリック教徒に対する*宗教改革後の蔑称)．②ロマニスト(a. 16世紀フランドルで，ローマに留学するなどし

Rom・besuch *m.* -[e]s, -e, ローマ訪問(*教区司教が，自己の教区の状況について*教皇に報告するため，また*ペトロ及び*パウロの墓参のためローマを定期的に訪問すること〔CIC. 400§1〕; Ad-limina-Besuch参照).

Römer・brief *m.* -[e]s, ①ローマの信徒への手紙(「ローマ人(ぴと)への手紙」とも; ドイツ語共同訳では „Der Brief an die Römer"; 新約聖書中の1書で，使徒*パウロがコリント滞在中，紀元58年初頭の初訪問に先立ち，ローマの教会に宛てて書いた書簡;信仰による*義認，信仰の本質と生活における実践，第2の*アダムとしての*キリスト論など，パウロ神学の中核となる神学思想が展開され，*宗教改革においては特に重視された). ②『ローマ書講解』(カール・*バルトによる1の翻訳とその注解の著作;第1版1919年，第2版1922年刊).

Rom=fahrer *m.* -s, -, ローマ巡礼者. **～fahrt** *f.* -, -en, ローマ巡礼(ローマはカトリック3大*巡礼地の1つで，*ペトロ及び*パウロゆかりの地として3世紀から巡礼者を集めている).

römisch *adj.* ローマの，ローマ人の;die ～e Frage ローマ問題(イタリア王国と教皇の間の領土的問題;1870年普仏戦争により，ローマ*教皇領を保護していたフランス軍が撤退したため，イタリア軍が侵攻して教皇領をイタリア王国に合併した;1871年，保障法により教皇庁の不可侵性が保障された一方で，ローマは王国の首都に定められた;領土的主権が認められなかったことから，教皇ピウス9世〔在位1846-78〕はこれを拒否，1929年*ラテラノ条約の締結まで，王国と教皇間の関係は断絶した);der ～e Kanon ローマ・ミサ典文，ローマ典文(ローマ式典礼のミサに固有の*奉献文で，4世紀に原形が成立した;現行の*ローマ・ミサ典礼書では「第1奉献文」とされる);der ～e Kragen ローマン・カラー(聖職者の黒い外出着に付ける白いスタンド・カラー);die ～e Liturgie ローマ[式]典礼(ローマ・カトリック教会の典礼様式;4世紀後半ローマで，ギリシア語に代わってラテン語が典礼言語になるとともに，*教皇が司式するミサの式次第や典文が整備，確立され，これが中世を通じて徐々に西方教会全体に広まった;ローマ式典礼は*トリエント公会議でカトリックの典礼様式として統一化され，第2*ヴァティカン公会議の典礼改革以降は，各国語の典文の規範となっている);die ～e Regel ローマの戒律(*ベネディクトゥスの戒律のこと;教皇グレゴリウス1世〔在位590-604〕が称賛し，7世紀以降，西方修道制の基盤を形成したことからこの名称がある);die ～e Schule ①ローマ楽派(16世紀半ばから18世紀前半，ローマを中心に活動した一群の教会音楽家たち;*パレストリーナによる無伴奏多声部合唱様式を規範とする). ②ローマ学派(19世紀後半，神学の近代化に反対した*新スコラ学のドイツ人神学者たち;その多くがローマで学んだことからこの名がある);der ～e Stuhl ローマ教皇位;das Heilige ～e Reich Deutscher Nation → das *Heilige Römische Reich Deutscher Nation*. **römisch-katholisch** *adj.* ローマ・カトリック[教会]の(略: r[öm].-k[ath].);die ～e Kirche ローマ・カトリック教会(*宗教改革以後のカトリック教会の名称;カトリック教会の全体がローマ*教皇を最高の権威と仰ぎ，これを頂点とする*位階制を保持することから). **Römling** *m.* -s, -e, ローマ教徒，ローマ崇拝者(カトリック教徒，特に政治的*カトリシズムの信奉者に対する蔑称).

Rorate【lat.】 *n.* -, -, ①ロラーテ(*待降節第4主日に行われる聖母*マリア崇敬のための*随意ミサ;名称は，当日のラテン語*入祭文の冒頭語 „*Rorate* caeli desuper, et nubes pluant justum"; *Taut, ihr Himmel, von oben, / ihr Wolken, lasst Gerechtigkeit regnen!*;イザ45:8〕にちなむ). ②《無冠詞;不変化》ロラーテの主日(待降節第4の主日;名称は当日の入祭文〔イザ45:8〕の冒頭語にちなむ).

Rorate=amt *n.* -[e]s, ..ämter, **～-Messe** *f.* -, -n, ロラーテ・ミサ(Rorate 1参照).

Rosarium【mlat. "バラ園"】 *n.* -s, ..rien, 《稀》ロザリオ(Rosenkranz 1参照). **Rose** *f.* -, -n, ①バラ，薔薇(聖母*マリアと結び付けられることの多い花で，しばしばその図像〔例えば→ Hortus conclusus〕に描かれる;赤いバラは

マリアの悲しみと愛〔及び、殉教者〕、白いバラはマリアの喜び、純潔などを表す他、多くの*聖人の*アトリビュートともなっている；Lutherrose 参照）；die Goldene ～【< lat. Rosa aurea】(Papstrose, Tugendrose) 黄金のバラ、金製バラ章（金メッキを施した銀製のバラの花束で、教会に対して特別な貢献をした個人〔君主、王族〕、国家、都市、教会、巡礼地、組織を顕彰してローマ*教皇から授与される；11世紀に始まり、伝統的に*四旬節の第4の主日〔バラの主日、*レターレの主日〕に教皇によって祝別され、荘厳な授与式が行われる）；die stachellose ～ 棘のないバラ（聖母*マリアの呼び名の1つ）．② (Rosette) バラ窓（中世の教会堂、特に13世紀の*ゴシック様式の大聖堂に見られる円窓；名称は、ステンドグラスが嵌め込まれた放射状の*トレーサリーがバラの花を思わせることから；円花窓、車輪窓とも）．**Rosen・kranz** m. -es, ..kränze, ①ロザリオ（大きい珠1個と小さい珠10個からなる「連」が5つ連なった円環に、大きい珠1個と小さい珠3個の1連〔合計で大きい珠6、小さい珠が53〕と十字架が繋がっている数珠状の信心道具）．②《単数で》ロザリオの祈り（ロザリオの珠を爪繰りながら、キリストと聖母*マリアの喜び、悲しみ、栄光の神秘を黙想し、規定の祈禱文を唱える祈りの形式；通常は、最初に*使徒信条、*主の祈りを各1回、*天使祝詞3回、*栄唱1回を唱え、続いてそれぞれの「連」において、大珠で主の祈りを1回、小珠で天使祝詞を計10回、栄唱を1回のセットを、連続して5度繰り返して唱える）；Lebendiger ～【< fr. Le Rosaire vivant】生けるロザリオの会、リビング・ロザリオ (1826年マリー＝ポリーヌ・ジャリコ〔1799-1862〕がロザリオを用いた*信心業の実施を目的に、リヨンで設立した祈禱会）．

Rosenkranz=bruderschaft f. -, -en, ロザリオ信心会（ロザリオを用いた信心業の普及を目的として、15世紀以降*ドミニコ会士によって組織された一般信徒の会；1468年フランドルのドゥエに設立されたものが最初で、1475年*ケルン、続いてヨーロッパ各地及びアメリカ他の宣教地に広まった）．～**fest** n. -[e]s, -e, ロザリオの聖母〔の祝日〕；Unsere Liebe Frau vom ～festとも；10月7日；1571年レパントの海戦でキリスト教徒がオスマン朝トルコ軍に勝利したことを、聖母*マリアに感謝して、教皇ピウス5世〔在位1566-72〕が定めた祝日）．～**monat** m. -[e]s, -e, ロザリオの月（毎日ロザリオの祈りを行い、聖母*マリアを讃えるよう推奨されている10月のこと；教皇レオ13世〔在位1878-1903〕が制定した；Marienmonat参照）．

Rosen=montag【原義"狂騒の月曜日"(*カーニバルの喧噪にちなむ)；< westmitteldeutsch rosen = „rasen, toben"】m. -[e]s, -e, 懺悔の月曜日、告解月曜日（語源を誤解して「バラの月曜日」とも；*灰の水曜日の前々日で、カーニバルの中心日；Fastnacht 2参照）．～**montags・zug** m. -[e]s, ..züge, 告解月曜日の〔仮装〕行列、カーニバルの仮装行列．～**sonntag** m. -[e]s, -e, バラの日曜日(*レターレの主日〔四旬節第4主日〕の別称；*黄金のバラの祝別と授与式が行われることから）．

Rosette【< fr. rose（の指小形；及びバラの花びらの配列）】f. -, -n, バラ窓（Rose 2参照）．

Rota【lat."車輪、回転"】f. -, ロタ、控訴院；die Römische ～、 ～ Romana【kirchenlat.】f. -, -, ローマ控訴院（教会訴訟事件におけるあらゆる控訴を扱う、*教皇によって設置された教皇庁の上訴裁判所；婚姻の「無効宣言」の手続きに関する審理はここで行われる；名称の由来については、環状の判事席、裁判書類を保管した車輪付きの棚など、諸説がある；CIC. 1443-44）．

Rubrik【< lat. ruber "赤い（中世の写本などの見出しの色）"】f. -, -en, 典礼注記、ルブリカ（典礼書や朗読集などで、本文と区別するために赤字で記された、祭儀執行のための指示や規定；CIC. 929）．（プ）礼拝規則．

Rufer【< [aus]rufen】m. -s, -, 叫ぶ（呼ぶ）人；der ～ in der Wüste 荒れ野で呼ぶ者（イザ40: 3で預言された、*救世主の到来の前にその準備をする者、すなわち洗礼者*ヨハネのこと；ヨハ3: 3）；《比》世に容れられない警世家．

Ruhe・jahr n. -[e]s, -e, 安息の年（Sabbatjahr参照）．

Rund=brief m. -[e]s, -e, ～**schreiben** n. -s, -, 回勅（Enzyklika参照）．

Rural・kapitel【< lat. ruralis "田舎の"】n. -s, -, 小教区、主任司祭管区（→ Landkapitelと同じ）．

russisch adj. ロシアの；das ～e Kreuz ロシア式十字〔架〕(ロシアとスラブ系の正教会で用

いられている*八端十字架のこと；3本の横木をもち，*ラテン式十字架の上部に短い横木〔キリストの罪札〕，下部に短い斜め棒〔足台〕が配された形状）．**russisch-orchodox** *adj.* ロシア正教会の；die 〜e Kirche ロシア正教会（*東方正教会の*独立教会の1つで，最大勢力をなす；988年キエフ大公ウラジーミル1世〔在位978-1015〕が正教会の洗礼を受け，大公国の国教としたことに始まる；16世紀末にキエフからモスクワに主教座が移り，これを総主教座とする独立教会の地位が，*コンスタンティノポリス，*アレクサンドリア，*アンティオケイア，*エルサレムの4*総主教によって承認された；17世紀ロマノフ朝時代，総主教ニーコン〔在位1652-58〕が儀式を他国，特にギリシアの正教と統一する改革を行い，そのため*古儀式派の分裂が生じた；さらにはピョートル大帝〔在位1682-1725〕により，徹底した西欧化〔*ラテン化〕，総主教制度の廃止と*聖務会院の設置〔1721〕など，正教会の根幹を揺るがす改革が進められた；1917年の共産主義革命で誕生した無神論政権によって，教会領の国有化や聖職者の処刑など，教会の弾圧が様々な形で展開され，これは1991年のソビエト連邦の崩壊まで続いた）．

Rüst=tag【< rüsten "用意をする"】*m.* -[e]s, -e, ①（ユダヤ教の*過越祭や*安息日などの）準備日（前日）．②《複数で》 → 〜zeit． **〜zeit** *f.* -, -en,《プ》修養期間（共同で教会や信仰上の問題について論議する修養会の開催期間）．

Rut[h]【hebr."女友達"?】〔固〕(*f.*) ルツ（*ルツ記の主人公で*モアブ人の女；イスラエル人の夫マフロンの死後，故郷*ベツレヘムへ帰る姑ナオミに付き従い，夫の親戚ボアズと再婚して男児をもうけ，夫の家系を存続させた；この家系から*ダビデが出た）；das Buch 〜 ルツ記（旧約聖書中の歴史書の1つ；異教のモアブ人女性ルツが夫の死後，ナオミの助言に従ってボアズとの再婚を果たし，ダビデ，そしてキリストの先祖〔マタ1：5〕となるに至った顛末が描かれる）．

Ruthene【lat.】*m.* -n, -n,《通常複数で》ルテニア教会（ルテニアは，ウクライナ西部からポーランド南東部にかけての地域の歴史的名称；同地〔及び移住先のアメリカやウクライナなど〕でビザンティン・スラブ典礼を行う*カトリック東方教会のこと）．

S.《略》聖…（聖人名，またはこれにちなむ地名に冠される → San, → Sant', → Santa, → Santo, → São の略語；Sankt, Saint参照）．

Sabaoth【hebr.-gr.-mlat.】→ Zebaoth.

Sabbat【hebr.-gr.-lat.】*m.* -s, -e, 安息日（ユダヤ教では，金曜日の日没から土曜日の日没までの時間を指す；*天地創造後の神の休息に倣って，週の最後の日には労働をせず，神を礼拝するよう*十戒に定められており〔出20：8-11〕，キリストの時代，安息日には39箇条の禁止事項があった；キリストは形式化していた安息日遵守を批判し〔マタ12：1-8〕，これが*ファリサイ派に告発される一因となった；*使徒たちは，日曜日の朝にキリストが*復活したことを記念して，この日を週の第1日とし，礼拝を行う安息日に定めた〔1コリ16：2〕；なお新共同訳のルビは「あんそくび」だが，かつてカトリックでは「あんそくじつ」と読まれた；「あんそくにち」の読みもある）．

Sabbatarianismus *m.* -, 安息日厳守主義（安息日の遵守に関する*安息日派の思想）．**Sabbatarier**【hebr.-gr.-lat.-nlat.】*m.* -s, -,《通常複数で》安息日派（ユダヤ教の安息日の厳守を強く主張するキリスト教の様々な教派；例えば，*セブンスデー・バプテストや*セブンスデー・アドヴェンティスト）．**Sabbat・gebot** *n.* -[e]s, -e, 安息日の掟（神が天地創造の後，7日目を祝福して休息したことにちなみ，すべての人間に対して，週の最終日の労働を禁じた*十戒の第4の掟〔出20：8-11〕；安息日は「喜びの日」〔イザ58：13〕であるが，一方でこの戒めに反する者は死刑に処せられる〔出31：14〕）．**Sabbatianer** *m.* -s, -, **Sabbatist**【hebr.-gr.-lat.-nlat.】*m.* -en, -en, → Sabbatarier.

Sabbat=jahr *n.* -[e]s, -e, 安息の年（ユダヤの*律法で耕作や収穫を休み，土地に休息を与えるよう定められた7年に1度の年；レビ25：4-7）．**〜ruhe** *f.* -, **〜stille** *f.* -,（ユダヤ教

において遵守すべき）安息日の休息．**～weg** *m.* -[e]s, 安息日の外出距離(安息日の禁止事項に抵触しないとされた移動距離で2000エレ〔約1km〕；なお*オリーブ山は，*エルサレムから「安息日にも歩くことが許される距離」〔使1:12〕に位置していた)．

Sabellianismus【< Sabellios】*m.* -, サベリオス主義(ローマの神学者サベリオス〔2世紀後半-3世紀前半〕が唱えた異端説；神はあくまで単一の自存者であり，*三位一体の三位は神の3つの顕現様態ないしは名称にすぎないというもの；したがってキリストの十字架上の死は，キリストにおいて人となった神〔父〕自身の死であるとする；Patripassionismus参照)．

sacerdotal → sazerdotal． **Sacerdotium** → Sazerdotium．

Sacharja【hebr."神($\tfrac{ヤㅡ}{ハ}$)は覚えておられる"】《固》(*m.*) ゼカリヤ(前520年頃に活動した，旧約聖書の12*小預言者の1人；*ハガイとともに，バビロニアから帰還したイスラエル人の神殿再建に努力した；エズ5:1, 6:14); das Buch ～ ゼカリヤ書(旧約聖書の11番目の*小預言書；前半〔1-8章〕でゼカリヤの預言〔8つの幻〕を扱うが，後半〔9-14章〕は別の時代の付加で，キリストに関係付けられる多くの預言を含む)．

Sacra conversazione【lat.-it.】*f.* - -, サクラ・コンヴェルサツィオーネ，聖会話(中央に玉座の*聖母子，その左右に諸聖人や天使を配する，特に16世紀のイタリアで愛好された祭壇画の群像表現；15世紀フィレンツェで確立され，ラファエッロ〔1483-1520〕によって大成された)．

Sacratarius【lat.】*m.*-, ..rien, 聖具室係(中世の修道院職位の1つで，*祭具や*祭服の管理担当者)．

Sacrificium intellectus【lat. "知性の献げ物"】*n.* - -, サクリフィツィウム・インテレクトゥス(カトリック教徒が，信仰の問題に関する判断を自ら下さずに，教会などの権威に委ねること；〔2コリ10:5参照〕；比喩的には，ある権力のもとで自身の信念を放棄すること)．

Sadduzäer【hebr.-gr.-lat.; < Zadok "祭司"（王上2:35）?】*m.* -s, -, 《通常複数で》サドカイ派(紀元前2世紀-後70年，祭司や富裕な上流知識階級を代表したユダヤ教の保守勢力で，*トーラーのみを認め口伝律法を退けたことで*ファリサイ派と対立した；神の遍在，死者の復活，天使の存在を否定した；使23:8)．

Saint【lat.-engl.】聖…（英語で聖人名，またはこれにちなむ地名に冠する語；例: Saint Louis；略: St.); 【lat.-fr.】聖…（フランス語で男性の聖人名，またはこれにちなむ地名に冠し，常にハイフンで連結される；例: Saint-Jean; 略: St.)． **Sainte**【lat.-fr.】聖…（フランス語で女性の聖人名，またはこれにちなむ地名に冠し，常にハイフンで連結される；例: Sainte-Marie; 略: Ste.)．

sakra【→ Sakrament 2の短縮形】*int.* <*südd.*> ちくしょう，いまいましい． **sakral**【< lat. sacer "聖なる"】*adj.* (対義語: profan)宗教上の; die ～e Kunst 宗教芸術; (gottesdienstlich)礼拝の(ための)；《比》厳粛な，荘厳な． **Sakralbau** *m.* -[e]s, -ten, (対義語: Profanbau)宗教建築，礼拝堂． **sakralisieren** *t.* (*h.*)聖なる(神聖な)ものとする，聖別する，清める．

Sakrament【lat.-kirchenlat.; < lat. sacramentum "(聖職・兵役上の)責務；忠誠の誓い"】*n.* -[e]s, -e, ①サクラメント，秘跡(以前は「秘蹟」とも；キリストによって制定され，教会に委託された霊的恩恵の感覚的な〔目に見える〕しるしで，信仰の表明や強化，神の礼拝，信徒の聖化のための手段；カトリックでは，*洗礼，*堅信，*聖体，*ゆるし，*病者の塗油，*叙階，*結婚の7つが定められており，洗礼が他の秘跡を受けるための前提となる);《東》機密(正教会においてカトリックの7つの秘跡に該当するもの；それぞれ，*洗礼機密，傅膏($\tfrac{ふ}{こう}$)機密，*聖体機密，痛悔機密，*聖傅($\tfrac{せい}{ふ}$)機密，*神品機密，*婚配($\tfrac{こん}{ぱい}$)機密という);《プ》[聖]礼典(洗礼と聖餐の2つ);《聖》聖奠($\tfrac{てん}{}$)． ②《間投詞的に;俗》～ [noch mal]! ちくしょう(憤慨，呪い，驚き，不満を表す)． **sakramental**【mlat.】*adj.* ①サクラメントの，秘跡の(に関する)． ②《比》神聖な．

Sakramentalien【mlat.】*pl.* 準秘跡(*秘跡になぞらえて定められた聖なるしるしや行為，及びそれによって*聖別されたもの；その効果は秘跡と異なり，儀式そのものによるのではなく，教会の*代願によって得られる〔CIC. 1166〕；教会法では聖別，*奉献，*祝福，*祓魔が定められており〔CIC. 1169-72〕，具体的

には，*聖水，*灰の水曜日の灰，*枝の主日の枝，*復活のろうそく，その他，巡礼地，家屋，車，信心用具〔十字架，聖像，ロザリオ，メダイなど〕の祝福や，秘跡とはならない結婚における新郎新婦の祝福などがある）．**Sakramentalismus** *m.* -，礼典主義，聖餐重視主義（救済における*礼典〔聖餐〕の意義，効力を重視する立場，信仰；また，礼典に用いられるもの〔洗礼水，パンとぶどう酒など〕がそれ自身で実体的に*恩恵を担うとする立場で，象徴に過ぎないとする*ツヴィングリら聖餐形式論者の説〔Symbolismus 2 参照〕と対立した）．**Sakramentalist** *m.* -en, -en, 礼典主義者，聖餐重視主義者．**Sakramentar** *n.* -s, -e．**Sakramentarium**【mlat.】*n.* -s, ..rien, サクラメンタリウム，秘跡書（ミサやその他の*秘跡，*聖務日課〔*教会の祈り〕における，朗読以外の祈りや式文，指示などが収められた典礼書；5-10世紀に編集され，*ミサ典礼書の前身となった）．**Sakramentierer**【nlat.】*m.* -s, -, 聖餐形式論者，礼典象徴説の主張者（*聖餐におけるパンとぶどう酒は，キリストの体と血の単なる象徴に過ぎないとする*ツヴィングリらの説を支持する者；*ルターがこれを批判して用いた語；Symbolismus 2参照）．**sakramentlich** *adj.* → sakramental．

Sakraments=altar *m.* -s, ..altäre, 聖櫃付き祭壇．**〜haus** *n.* -es, ..häuser，**〜häuschen** *n.* -s, -, 聖体安置塔（教会の尖塔の形をした，*聖体を保管，顕示するための構造体で，14-15世紀のドイツで発達し，ゴシック式教会堂内の*内陣北側に，多くは壁と結合した形で設置されている）．**〜prozession** *f.* -, -en, 聖体行列（Fronleichnamsprozession参照）．**〜streit** *m.* -[e]s, (まれに)-e, 聖体論争（*聖体における*キリストの現存に関する論争；特に，聖体においてキリストの体と血がパンとぶどう酒に実在する〔*共在説〕とした*ルターと，パンとぶどう酒はキリストの体と血の象徴である〔象徴説〕とした*ツヴィングリの一派との間の対立をいう；Abendmahlsstreit, Sakramentierer参照）．**〜tag** *m.* -[e]s, -e, 聖体の祭日（Fronleichnam参照）．

Sakrarium【lat.-mlat.】*n.* -s, ..rien, サクラリウム（典礼で使用した後の*洗礼水や*聖油，*聖灰などを破棄するための水盤ないし穴；*祭具室などに設けられている；Piscina 2参照）．

sakrieren【lat.】*t.* (h) 神聖にする，*聖別する，清める (heiligen, weihenと同じ)．**Sakrifizium**【lat.】*n.* -s, ..zien, ①犠牲，いけにえ (Opfer参照)．②ミサ（の別称；Messopfer参照）．

Sakrileg【< lat. sacrilegus "神を畏れない"】*n.* -s, -e, (Lästerung) 瀆聖，汚聖（教会堂，墓地などの聖なる場所〔CIC. 1211〕，*秘跡・*準秘跡を含む*聖別された事物や行為，*司祭や修道者など聖別された人を侮辱し，その聖性を汚す行い；*敬神徳に対する罪）．**sakrilegisch** *adj.* 汚聖の，瀆聖の．**Sakrilegium** *n.* -s, ..gien, → Sakrileg．

sakrisch【< Sakrament】*adj.* 呪うべき，忌々しい；ものすごい，ひどい，はなはだしい．

Sakristan【lat.-mlat.】*m.* -s, -e, (カトリックの) 聖具室係，香部屋係 (*祭具や*祭服を管理し，典礼の準備や後片付け，*司祭が祭服に着替える際の手伝いをする聖職者，または一般信徒)．**Sakristei**【lat.-mlat.】*f.* -, -en, (Paramentenkammer) 聖具室，祭具室，香部屋（祭服や祭具の保管，また司祭や*助祭が祭服類に着替えるための小部屋で，通常は教会堂前部，祭壇の近くにある）．

säkular【(kirchen)lat.-mlat.; < (kirchen)lat. saecularis "100年(毎)の; 俗世の，不信心な"】*adj.* ①(対義語: geistlich) 世俗の，現世的な；教会から離れた，非教会的な；非キリスト教的な，非宗教的な．②在俗の，教区付きの，修道院内に居住しない (*司祭，修道士)．**Säkular・institut** *n.* -[e]s, -e, 在俗会 (*福音的勧告を受け入れ*誓願を立てるが，修道院内に共住せず，世俗社会の中で生活する聖職者または一般信徒による*奉献生活の会；CIC. 710-30)．**Säkularisation**【fr.】*f.* -, -en, ①(世俗権力による) 教会財産の没収 (国有化)．②還俗 (ゲンゾク)（聖職者，修道者が許可を得て合法的に一般信徒の身分に戻ること），(修道院からの) 退会；常時修道院外居住許可特権 (*終生誓願宣立者に対して重大な事由のある場合に与えられる，*禁域法を含む*修道誓願に伴う一切の義務の恒久的免除；CIC. 691-93)；(或人・集団の) 教会からの分離．③ → Säkularisierung 1．**säkularisieren**【mlat.-fr.】*t.* (h) ①(教会財産を) 没収 (国有化) する．②(教会や聖なる用途から切り離して) 世俗化する；

（或事を）非宗教的(非キリスト教的，非教会的)に捉える．**Säkularisierung** f. -, -en, ① 世俗化(a. 聖なるものとされた事物を世俗の用途に戻すこと．b. ある社会や文化において，聖なるものの影響が連続的に低下し，閉鎖的宗教的社会から開放的世俗的社会へと不可逆的に移行していくことを表す歴史哲学，歴史神学上の概念). ② → Säkularisation 1, 2. **Säkularismus** m. -, 世俗主義(人間の行為から一切の宗教的拘束を排除しようとする近・現代の政治的社会的傾向；Laizismus参照).

Säkular=kleriker m. -s, -, 在俗司祭，教区付き司祭(Weltgeistliche参照). **〜klerus** m. -, (集合的に：)在俗司祭，教区付き司祭.

salben t. (h) (或物・或人に) *聖香油を塗る，(或物・或人を)聖香油を注いで*聖別(祝別)する；jn. zum König 〜 (或人に)油を注いで王位に就ける；jn. zum Priester 〜 (或人を)司祭に*叙階する；Sie trieben viele Dämonen aus und *salbten* viele Kranke mit Öl und heilten sie.「(12人の弟子たちが)多くの悪霊を追い出し，油を塗って多くの病人をいやした.」(マコ6:13)；Du hast mir nicht das Haar mit Öl ge*salbt*; sie aber hat mir mit ihrem wohlriechenden Öl die Füße *gesalbt*.「あなたは頭にオリーブ油を塗ってくれなかったが，この人は足に香油を塗ってくれた.」(ルカ7:46). **Salb・öl** n. -[e]s, (まれに：)-e, 聖香油，クリスマ(Chrisam参照). **Salbung** f. -, -en, 塗油(*聖霊を受けるしるしとして，*洗礼の前後，*堅信，*司祭及び*司教の*叙階，*病者の塗油の秘跡で，額などに*聖油を塗布すること〔CIC.880, 1000〕；また*献堂式，祭壇や鐘の*奉献式，*カリスと*パテナの*祝福などでも行われる)；塗油式. **salbungs・voll** adj. 《比》大袈裟な，大仰な，もったいぶった.

Salesianer〔< Franz von *Sales*〕m. -s, -, 《通常複数で》① サレジオ会(ジョヴァンニ・ボスコ〔通称ドン・ボスコ〕；1815-88；聖人)がフランソワ・ド・サル〔フランシスコ・サレジオ〕；1567-1622)を*守護聖人として1859年トリノに創立し，74年に認可された男子修道会；ドン・ボスコ会とも；主に青少年教育・支援や出版事業に従事する；略: SDB). ② → *Oblate*n des heiligen Franz von Sales. **Salesianerin** f. -, -nen, 《通常複数で》聖母訪問会(の別称；Heimsuchungsorden参照).

Salm〔< → Psalm〕m. -s, -e, 《話》(つまらない，長ったらしい)おしゃべり(元来は，退屈な教会での説教のこと)；einen langen 〜 machen <reden> 長話をする.

Salome【hebr."平和"】《固》(f.) サロメ(a. 母親ヘロディアの再婚相手であるガリラヤの領主*ヘロデ・アンティパスの誕生日の祝宴で踊り，母親の教唆によって褒美として洗礼者*ヨハネの首を望んだ少女〔マコ6:17-29, マタ14:6-11〕；なお，サロメの名は福音書にはなく，ヨセフス『ユダヤ古代誌』〔93/94年完結〕に記されている．b. イエスの十字架刑の目撃者，また墓を訪れてその姿がないことに驚いた婦人たちの1人；マコ15:40, 16:1).

Salomo, Salomon【hebr."平和"】《固》(m.) 2格: -[s] u. Salomonis, ソロモン(前970/60頃-930/20頃；*ダビデの次男でイスラエル統一王国の第3代目の王；卓越した政治手腕により，行政制度の整備，交易の拡大，領土拡張を実現して，イスラエルに未曾有の経済的繁栄をもたらした．一方で，要塞都市の建築，王宮や神殿の造営を行い，その労役に対する国民の不満や，近隣諸国から迎えた外国人妻たちの異教が王国分裂の遠因となった〔王上11:1-13〕；文学的才能にも恵まれ，*知恵文学の祖とされる)；Selbst *Salomo* war in all seiner Pracht nicht gekleidet wie eine von ihnen (= den Lilien).「栄華を極めたソロモンでさえ，この(百合の)花の一つほどにも着飾ってはいなかった.」(イエスの説教の1節；マタ6:29)；das Hohelied Salomo[n]s <Salomonis> → Hohelied；der Prediger 〜 伝道者ソロモン(「*コヘレトの言葉」の冒頭に「エルサレムの王，ダビデの子，コヘレトの言葉」とあり，同書の著者は「伝道者」たるソロモンを自称している)；der Prediger Salomo[n]s <Solomonis> 伝道の書(「コヘレトの言葉」の別称；das Buch *Kohelet*[h]の項）；die Sprüche Salomo[n]s <Salomonis> 箴言(das Buch der *Sprichwörter*参照)；die Weisheit Salomo[n]s <Salomonis> ソロモンの知恵(旧約聖書*第二正典の「知恵の書」の別称；das Buch der *Weisheit*参照). **Salomonis** → Salomon (のラテン語式2格形).

salomonisch adj. ソロモンのような；《比》賢明な；er besitzt 〜e Weisheit 彼にはソロモンのような(優れた)知恵がある；ein 〜es Urteil fällen ソロモンのような(賢明な)裁きを下す.

Salutismus【lat.-nlat.;＜lat. salus "健康"】*m.* -、救世軍の教義(活動、制度). **Salutist** *m.* -en、-en、救世軍兵士(Heilsarmee参照).

Salvation【lat.】*f.* -、-en、救い、救済、救世(Erlösung参照);防衛. **Salvation Army**【engl.】*f.* - -、救世軍(Heilsarmee参照). **Salvator**【kirchenlat.】*m.* -s、-en、救世主(特にキリストのこと;Messias参照). **Salvatorianer**【lat.-nlat.】*m.* -s、-、(通常複数で)サルヴァトール修道会、救世主修道会(1883年、ヨハン・バプティスト・ヨルダン[同会内での*修道名は、十字架のフランシスクス・マリア・ヨルダン;1848-1918]によってローマで設立された律修司祭修道会;設立当初は「教育使徒会」[→*Apostolische* Lehrgesellschaft]と呼ばれた;会員は通常の3*誓願の他に、使徒的活動の誓願を立てる;ドイツ語での正式名称はGesellschaft des Göttlichen Heilandes;略: SDS). **Salvatorianerin** *f.* -、-nen、《通常複数で》女子サルヴァトール修道会(サルヴァトール修道会の女子修道院で、1888年ローマ近郊のティヴォリにヨルダンが創設した;学校及び病院の経営にあたっている;dt. Schwestern des Göttlichen Heilandes).

Salve Regina【lat."栄えあれ、女王";dt. „Sei gegrüßt, o Königin"】*n.* - -、サルヴェ・レジナ(4つある「*聖母マリアのアンティフォナ」の1つで、作者は*ベネディクト会士ヘルマンヌス・コントラクトゥス[1013-54]の可能性が高い[最後の部分は聖*ベルナルドゥスの加筆とされる];邦訳では、その冒頭語から「元后あわれみの母」とも呼ばれる;天の元后となった聖母を切に慕い、また称賛し、神への*執り成しを願う歌;*三位一体の祝日から*待降節第1主日前の金曜日まで、*終課[*教会の祈り]の「*寝る前の祈り」で唱えられる;また*ルネサンス期には*パレストリーナ他によって数多くの多声部楽曲が作られ、*バロック以後も、例えばモンテヴェルディ[1567-1643]、シャルパンティエ[1643-1704]、ヴィヴァルディ[1678-1741]、ハッセ[1699-1783]、ペルゴレージ[1710-36]、ヨーゼフ[1732-1809]及びミヒャエル・ハイドン[1737-1806]、シューベルト[1797-1828]等々、現代のペルト[1935-]に至るまで多くの作曲家が作品を残している).

Salz=meer《固》*n.* -[e]s、塩の海(「死海」の別称;Totes Meer参照). **～säule** *f.* -、塩の柱(Lot参照).

Samaritaner *m.* -s、-、→ Samariter. **samaritanisch** *adj.* サマリア(人)の. **Samariter** *m.* -s、-、サマリア人(?)(*エルサレムではなくゲリジム山を聖所とし、*モーセのみを*預言者として認め、*モーセ五書だけを聖典とするユダヤ教の一派;おそらく前3-2世紀に成立し、新約聖書時代にはユダヤ人から強く差別、軽蔑されていた;イエスも弟子を派遣する際、サマリア人を避けるよう命じた[マタ10:5];なお*パレスチナ中部の都市・地域名としてのサマリアの住民とは異なる);der Barmherzige ～ 良いサマリア人(*隣人愛を説明するイエスの*譬え話の中で、追い剥ぎに襲われたユダヤ人を唯一介抱したサマリア人[ルカ10:30-37];転じて[ein barmherziger ＜guter＞ ～]苦境にある人に献身的な奉仕をする者をいう).

Samen *m.* -s、-、種、種子;《単数で》子孫、後裔(の総体;創9:9, 12:7他).

Samson → Simson.

Samuel【hebr. "神に(願いが)聞き届けられた" *od.* "その名は神(?)"】《固》(*m.*) サムエル(*士師、祭司、*預言者[*先見者]などとして*イスラエルを指導し、前11世紀初頭、*サウルを擁立して王国に王制を敷いた[サム上10:24];敵対する*ペリシテ人を打破したが、後にサウルに失望し[サム上15:35]、これを廃して*ダビデを王位に就けた);das [erste / zweite] Buch ～ サムエル記[上、下](旧約聖書中の歴史書の1つ;前11世紀後半から前10世紀前半、サムエルが最後の士師となり、サウルを初代の王に擁立してイスラエル王国を建て、さらにその王位を剥奪するに至った経緯、サウルとダビデの確執と、サウルの死後にダビデ王権が確立されるまでの出来事、そしてダビデ王国と宮廷内の様々な葛藤や混乱などが描かれる).

San【lat.-it.】聖…(Sp-, St-以外の子音で始まるイタリア語の男性聖人名、またはこれにちなむ地名に冠する語;例: San Giuseppe;略: S.);【lat.-span.】聖…(Do-, To-以外で始まるスペイン語の男性聖人名、またはこれにちなむ地名に;例: San Bernardo;略: S.).

Sancta【lat.】..tae, ..tae, → Sanctus I (の女性形). **Sancta Sedes**【lat. "聖なる座"】*f.* - -、聖

座，教皇庁（der Heilige *Stuhl*参照）．**sancta simplicitas**【lat.】*int.* 聖なる単純さよ，何と愚かな（愚行を目の当たりにした際の怒り，驚きの叫び声〔dt. heilige Einfalt〕；1415年*フスが火刑に処せられる際に，そのための薪を一生懸命に運ぶ老婆を見て彼が口にした言葉に由来する）．**Sanctissimum** → Sanktissimum．**Sanctitas**【lat.】*f.* -，サンクティタス（ローマ*教皇の称号；Heiligkeit参照）．**Sanctum Officium**【lat.】*n.* - -，→ Heiliges *Offizium*．**Sanctus**【lat.】《I》..ti, ..ti,《無冠詞で》聖…（ラテン語の聖人名に冠する語）．《II》*n.* -, -, サンクトゥス，感謝の賛歌（ミサの*奉献文の一部をなす*応唱で，前半は*セラフィムの呼び交わす声〔イザ 6 : 3〕，後半は，キリストのエルサレム入城を喜ぶユダヤの民衆の叫び声〔マタ21 : 9；Benedictus b参照〕に基づく）．

Sankt【lat.-dt.】聖…（ドイツ語の聖人名，またはこれにちなむ地名に冠する語；略：St.）．

Sankt Gallen【< Gallus】《固》ザンクト・ガレン（スイス北東部ボーデン湖近くの都市，及び同地の*大修道院；612年頃*アイルランド人の隠修士*ガルスが僧房を建てた場所に，719年オトマール〔689-759；聖人〕が修道院を設立し，町とともにこれをザンクト・ガレンと名付けた；818年敬虔王*ルートヴィヒ1世が帝国保護下に置き，ゴツベルト〔在職816-37〕やソロモン〔在職890-919〕ら歴代の修道院長のもと，10世紀まで*カロリング・ルネサンスの一大中心地となった；同修道院図書館には，有名な*修道院設計図〔825-30年制作〕が保管されている）．**sanktifizieren** *t.* (*h*) *列聖する，*聖人であると宣言する（heiligsprechen, kanonisieren参照）；*聖別する，神聖なものとする（weihen参照）．**Sanktissimum**【lat."至聖なるもの"】*n.* -s,〔至聖なる〕聖体（聖別された*ホスティアのこと）．**Sankt-Michaelis-Tag** *m.* -[e]s, -e, → Michaelistag．**Sankt-Nimmerleins-Tag** *m.* -[e]s,《戯》永久に来ることのない日（教会暦のすべての日は最低1人の聖人の祝日となっているが，Nimmerlein〔< dt. nimmer "決して…ない" + lein 指小辞〕という名の聖人はいないので）；am ～ 決してない（しない）；et. auf den <bis zum> ～ verschieben（或事を）無期延期する．**Sanktorale**【lat.】*n.* -, -, → Proprium Sanctorum．**Sanktuar** *n.* -s, -e, **Sanktuarium**【lat.】*n.* -s, ..rien, ①サンクチュアリー，至聖所（a. → das *Allerheiligs*te 1．b．カトリックの教会堂の*内陣，特に*主祭壇とその周囲；またビザンティン教会《聖堂》における → Bemaの部分）．②聖遺物容器，聖遺物匣（及び，その保管場所；Reliquiar参照）．**Sanktus**《I》→ Sanctus．《II》*m.* -,《以下の用法で》jm. seinen ～ zu et.³ geben（或人に或事について）認可（許可）する，同意する．

Sant'【lat.- 以下同】it.】聖…（イタリア語の母音で始まる男性の聖人名，またはこれにちなむ地名に冠する語〔以下同〕；例：Sant'Angelo, Sant'Agata；略：S.）．**Santa**【it.】聖…（イタリア語の子音で始まる女性の聖人名に；例：Santa Lucia；略：S.）．【span. *u.* port.】聖…（スペイン語及びポルトガル語の女性の聖人名に；例：Santa Maria；略：Sta.）．**Santa Conversazione**【it.】*f.* - -, → Sacra Conversazione．**Sante**【it.】聖…と聖…（複数のイタリア語の女性の聖人名に；例：Sante Maria e Maddalena；略：SS.）．**Santi**【it.】聖…と聖…（複数のイタリア語の男性の聖人名に；例：Santi Pietro e Paolo；略：SS.）．

Santiago de Compostela【< vulgärlat. Sanctu Iacobu "聖ヤコブ" +（民間語源で：）< lat. Campus Stellae "星の野原" *od.* lat. compostum "墓地"?】《固》サンティアゴ・デ・コンポステーラ（スペイン北西端，ガリシア州の州都；813年に発見された*使徒大*ヤコブの墓の上に聖堂が造られ，11-12世紀 *エルサレム，*ローマと並ぶ大巡礼地となった；中世後期以降同地への巡礼は衰微したが，20世紀末より*巡礼路の観光化が急速に進み，近年では年間20数万人の巡礼者を迎えている；現在の大聖堂は11-12世紀の創建で，以後数次にわたる増改築によって初期*ロマネスク，*ゴシック，*バロックの各様式が混在する広壮な複合的建造物となっている）．

Santo【it.】聖…（Sp-, St-で始まるイタリア語の男性の聖人名，またはこれにちなむ地名などに冠する語〔以下同〕；例：Santo Spirito〔聖霊〕, Santo Stefano；略：S.）．【span.】聖…（Do-, To-で始まるスペイン語の男性の聖人名に；例：Santo Domingo, Santo Tomás；略：Sto.）．【port.】聖…（母音で始まるポルトガル語の男性の聖人名に；例：Santo André；略：Sto.）．**São**【port.】聖…（子音で始まるポル

Sara, Sarai【hebr."女王"】《固》(f.) サラ, サライ(*アブラハムの異母妹でその正妻〔創20:12〕;元はサライと呼ばれたが、後にかつて諸国民の母となるべくサラと改名され〔創17:15〕、高齢で*イサクを産み、*イスラエル人の祖となった〔創17:19, 21: 2〕).

Satan【hebr.-gr.-kirchenlat."中傷する者;(神の)敵対者"】 m. -s, -e, **Satanas** m. -, -se, ① 《単数で》(Diabolos, Teufel) サタン(*悪魔と同義で、*被造物でありながら神を誹謗し、神に背くよう人間を誘惑して堕落させ、この世に悪、裏切り、病気など様々な障害をもたらす超自然的存在;*堕天使の首領;*黙示録では、配下とともに天を逐われ、地上を支配するが、やがて滅ぼされる〔黙12:7, 13:7, 20:1 - 3〕;ヨブ1:6 - 2 :7, マタ4 : 1 -11参照). ② 《比》悪魔のようなやつ(人間). **satanisch** adj. 悪魔の;悪魔のような(極悪非道の). **Satanismus** m. -, (Diabolismus) サタニズム、悪魔主義、悪魔崇拝(一般に、*マニ教的な善悪二元論に基づいて、悪の原理であるサタンを崇拝する反キリスト教的思想・傾向);悪魔礼拝(*悪魔ミサなどを通じての).

Satans=braten m. -s, 《話》(悪魔に食われてしまえ、と思われるような)抜け目のないやつ、いやなやつ. **～kerl** m. -[e]s, -e u. -s, 悪魔;《話》(悪魔のような)悪者、向こうみずなやつ. **～messe** f. -, -n, (die schwarze Messe) 悪魔ミサ(「黒ミサ」とも;カトリックのミサの形式をすべて反転させて悪魔を礼拝する12世紀に生じた儀式で、17世紀にフランスで復興したとされる).

Satisfaktion【< lat. satisfacere "十分に行う"】 f. -, -en, 償い(*ゆるしの秘跡における罪の;Buße参照).

Sauer･teig m. -[e]s, パン種(ﾀﾈ)(発酵した練り粉の一部を、次回のパン作りのため保存しておくもの;イエスはパン種を、腐敗をまねくものとして*ファリサイ派と*サドカイ派に譬えるが〔マタ16: 5 -12〕、パンを膨らませることから、逆に*天国の象徴〔マタ13:33、ルカ13:21〕にも用いている).

Saul【hebr."切望された(する)人"】《固》(m.) ①サウル(*ベニヤミン族の名家の出身;前11世紀初頭、*サムエルによって*イスラエルの初代の王に擁立され、在位の20年間に王国の基礎を築いた;やがて神の支持を失い、サムエルとも対立して、臣下や*ダビデに地位を脅かされる;ダビデに対する嫉妬からその命を狙うが後に和解、*ペリシテ人との戦闘で息子ヨナタンとともに戦死した;サム上9 -31章). ②サウロ(*使徒*パウロのユダヤ名〔→Paulusのヘブライ語形〕;イエスからの*回心への呼びかけはこの名によった;ich hörte eine Stimme auf Hebräisch zu mir sagen: Saul, Saul, warum verfolgst du mich? 『サウル、サウル、なぜ、わたしを迫害するのか〔…〕』と、私にヘブライ語で語りかける声を聞きました.」〔使26:14〕;ただし彼は、書簡では一貫してパウロを自称している).

Säulen･heilige# m. -n, -n, 《形容詞的変化》① (Stylit) 柱頭行者(4 -10世紀のシリア、*パレスチナ、ギリシアなどで苦行のため、また天にできるだけ近づこうとして、廃虚の円柱の上で生活し、また説教を行った修道士;シリアの隠修士*シメオン〔390頃-459〕を創始者とする);(東)登塔者. ②《比》偏屈な(孤立した)人;評判(名声)が高く非の打ち所のない人.

Saulus → Saul (のラテン語形);aus einem ～ ein Paulus (od. zu einem Paulus) werden / vom ～ zum Paulus werden / sich vom ～ zum Paulus wandeln《比》排撃者転じて擁護者となる;まったく別人のようになる(肯定的な意味で);考えをすっかり変える(キリスト教の迫害者*サウロが*回心を経て*使徒*パウロになる、から転じて).

Savonarora《固》(m.) Girolamo ～ ジロラモ・サヴォナローラ(1452-98;聖人;イタリアの教会改革者、*ドミニコ会士;1482年サン・マルコ修道院の神学教師〔91年、同修道院長〕として赴任したフィレンツェで、メディチ家や教会を激しく批判する説教を行った;一時フィレンツェを離れたものの、90年以降、*終末論的説教によって民衆の支持を得、94年フランス王シャルル8世〔在位1483-98〕の侵攻でメディチ家が同地を逐われると、預言者としての信望をますます高めた;フランス軍撤退後は4年にわたりフィレンツェに神権主義的共和制を敷いた;97年教皇アレクサンデル6世〔在位1492-1503〕と対立して破門され、98年に処刑された).

sazerdotal【lat.】*adj.* 司祭の;司祭のような.
Sazerdotium *n.* -s, ① 《古》司祭職, 司祭の身分(Priesteramt, Priestertum参照). ②(中世における)教皇権(Papsttum参照).

Schächer【< ahd. scāh "略奪"】*m.* -s, -,《古》強盗, 人殺し(教会で伝統的に, キリストとともに磔(はりつけ)にされた2人の犯罪者を指すのに用いられた語;マタ27:38他).

Schaf *n.* -[e]s, -e, 羊(a. おとなしく従順な家畜であることから, 無邪気さ, 無垢などの象徴. b. キリストの弟子たち〔マタ10:16〕やキリスト教信者の象徴;キリストは*最後の審判を, 羊〔善良な人々〕と山羊を区別する譬えを用いて表現する;Und alle Völker werden vor ihm zusammengerufen werden und er wird sie voneinander scheiden, wie der Hirt die 〜e von den Böcken scheidet. / Er wird die 〜e zu seiner Rechten versammeln, die Böcke aber zur Linken. 「そして, すべての国の民がその前に集められると, 羊飼いが羊と山羊を分けるように, 彼らをより分け, 羊を右に, 山羊を左に置く.」〔マタ25:32-33〕;Lamm参照). die Böcken trennen <scheiden>《比》良いものと悪いものを区別する(マタ25:32に基づく);ein verlorenes <verirrtes> 〜《比》迷える羊〔正しい道〔神の掟に従う道〕を踏み外した人;詩119:176, マタ18:12-13〔*良い羊飼いの譬え〕に基づく). **Schäfchen** *n.* -s, -, 小羊(キリスト信者のこと;Lamm参照). **Schäfer** *m.* -s, -, 羊飼い(Hirt参照).

Schall・deckel *m.* -s, -, 説教壇の天蓋(Kanzeldeckel参照).

Schatten・pfarrer *m.* -s, -, 主任司祭補(18世紀頃の*ザンクト・ガレンなどにおける職位で, *主任司祭の補佐や子供の教理教育を行った).

Schau=brot *n.* -[e]s, -e, 《通常複数で》供えのパン(神との*契約によって *幕屋で神に献げられた12個の無酵母のパンで, *安息日毎に取り替えられ, その際, 祭司だけがこれを食べることができた;レビ24:5-9, マタ12:4). 〜**gefäß** *n.* -es, -e, 顕示器(*聖体顕示台の中央の*円形部分;透明なガラスまたは水晶製で, 中に収められた*ホスティアが見えるようになっている).

Schematismus【gr.-lat.】*m.* -, ..men, (教区または修道会の)統計要覧.

Schenkung *f.* -, -en, 寄進(キリスト教信者が信心上の目的をもって, 教会に自己の財産を寄付, 贈与, 遺贈すること;CIC. 1261§1, 1300他);die Konstantinische 〜 → die *Konstantinische Schenkung*. **Schenkungs・urkunde** *f.* -, -n, 寄進状.

Schickung *f.* -, -en, 《雅》①(通常単数で)(神の)定め, 摂理, 天命, 運命(Providenz参照). ②(運命の)試練;die 〜en Gottes 神によって与えられた試練.

Schiff【原義 "(木を刳りぬいて作った)丸木舟"】*n.* -[e]s, -e, ①船, 舟(古くから教会の象徴として用いられ, *ノアの*箱舟はその*予型とされる;また, *ガリラヤ湖上で乗っていた舟が嵐に襲われると, イエスは風雨を鎮め, 弟子たちが恐怖に駆られたことを信仰の欠如として叱責した〔マタ8:23-27, マコ4:35-41, ルカ8:22-25〕;詩107:23-31参照). ②(*バシリカ式以降の教会建築の内部で列柱によって区分された空間:)Lang〜 長廊, 長堂;Mittel〜 身廊, ネイブ;Quer〜 袖廊, 翼廊, トランセプト;Seiten〜 側廊, アイル;diese Kirche hat drei 〜e この教会堂は三廊式だ. ③ → Schiffchen. **Schiffchen** *n.* -s, -, 舟形香入れ(*献香に用いる香を容れておく舟形の金属製小型容器);舟形香炉.

Schisma【gr.-kirchenlat. "分裂, 裂け目"】*n.* -s, ..men *u.* (まれに:) -ta, シスマ(a.「離教」とも;教義や教会組織に関する様々な対立から, 自らの正統性を主張するために, ある一派が既存の教会を離れて独立すること;現行*教会法の定義では, 信仰は失わないが, ローマ*教皇への服従や, 教皇に服属する教会の成員との交わりを拒否すること〔CIC. 751〕;特に, 16世紀の*宗教改革後のカトリックとプロテスタント諸派, 英国国教会の分裂をいう. b. das Große 〜 教会大分裂, 大シスマ:(1) das Morgenländische 〜 東方離教:1054年コンスタンティノポリス総主教ミカエル・ケルラリオス〔在位1043-59〕と, 教皇レオ9世〔在位1049-54〕が派遣した枢機卿フンベルトゥス〔10世紀末-1061〕とが教義及び教皇権の問題で交渉決裂して後, 相互に*破門状を出し合ったことにより, 東方諸教会とローマ教会が決定的に分裂したこと. (2) das Abendländische 〜 西方離教:*アヴィニョンの捕囚の後, 1377年に教皇座はローマに戻り, 翌78年

のグレゴリウス11世〔在位1371-78〕の死去に伴って、ローマでウルバヌス6世〔在位1378-89〕が教皇に選出された；これに反対したフランス人枢機卿らがクレメンス7世〔*対立教皇；在位1378-94〕を立ててアヴィニョンで教皇に即位させた；1409年ピサの教会会議で事態収拾のため、新たにアレクサンデル5世〔対立教皇；在位1409-10〕、続いてヨハネス23世〔対立教皇；在位1410-15〕が教皇に選出されたため、ローマのグレゴリウス12世〔在位1406-15〕、アヴィニョンのベネディクトゥス13世〔対立教皇；在位1394-1417〕と3人の教皇が対立することとなった；その後1417年*コンスタンツ公会議でマルティヌス5世〔在位1417-31〕が選出されて、ようやく分裂は解消された）；das Laurentianische 〜 ラウレンティウス離教（第51代教皇シンマクス〔在位498-514〕の即位に反対する勢力によって、ローマの首席司祭ラウレンティウス〔?-506/7〕が498-99年及び501-06年*対立教皇として擁立されたこと）. **Schismatiker**【gr.-kirchenlat.】*m.* -s, -, 離教者（教会分裂を引き起こした者、離教した一派の構成員；Schisma a参照）. **schismatisch** *adj.* 離教の、離教した；シスマの、教会分裂の.

Schlange *f.* -, -n, 蛇（古来多様な象徴性をもち、例えば、*エバと*アダムを*堕罪へと誘惑した「邪悪」の象徴であり、「年を経た蛇」〔die alte 〜；黙12:9〕は*サタンのこと；キリスト磔刑図における十字架の足もとの蛇、*幼児キリストや聖母マリア〔*無原罪の御宿り」など〕に踏みつけられる蛇は、*原罪からの救済、悪に対する勝利を表現する；一方で、知恵や思慮の象徴でもある〔マタ10:16〕）.

Schleiermacher《固》(*m.*) Friedrich Daniel Ernst 〜 フリードリヒ・シュライエルマッハー (1768-1834；ドイツ・ロマン主義時代の神学者・哲学者；プロイセンの*改革派の牧師の家庭に生まれ、ハレ大学で神学と哲学を学ぶ；1810年にベルリン大学に招聘され、初代の神学部長に就任した；宗教の主観的側面を強調し、その本質を、自由な個である人間があらゆる有限的存在の内に無限の宇宙、神を直観すること、そして神への絶対的な依存感情としての自己意識をもつこと〔*敬虔；Frömmigkeit〕と理解した）.

Schlüssel【< schließen】*m.* -s, -, 鍵(a. die 〜 Petri *pl.* ペトロの鍵：初代教皇になった*ペトロがキリストから与えられた「天の国の鍵」〔Ich werde dir die 〜 des Himmelreichs geben. 「わたしはあなたに天の国の鍵を授ける。」マタ16:19〕に由来する教会の*教導権の象徴；「教皇の鍵」〔päpstliche 〜〕も同義；*教皇旗、*使徒座や*ヴァティカン市国、その他の都市、司教区などの紋章の中に描かれている. b. 閉ざされた*天国に再び入るための「ダビデの鍵」〔der 〜 Davids〕のことで、キリストによる救済を象徴する；黙3:7、イザ22:22. c. *律法学者が独占する「知識の鍵」〔der 〜 [der Tür] zur Erkenntnis；ルカ11:52〕. d. 「教会の鍵の権限」〔die 〜gewalt der Kirche〕：*ゆるしの秘跡を与える司祭の権限の象徴；CIC. 988§1）. **Schlüssel・gewalt**【< lat. potestas clavium】*f.* -, ①鍵の権能〈権限〉（キリストによって*ペトロとその後継者たるローマ*教皇に与えられた、教会のすべてを司る最高の権能；特に、*ゆるしの秘跡における教会の赦免権のこと；Schlüssel [a, d]、Binde- und Lösegewalt参照）. ②日常家事代理権（日常家事債務とも；民法の規定により、婚姻共同生活から生じた債務について、夫婦のそれぞれは他方を代理する権利・義務を有するということ）.

Schluss・gebet (Schlußgebet) *n.* -[e]s, -e, 結びの祈り（*聖体拝領の後、暫時沈黙の内に行われる感謝の祈り；→ Postkommunionと同じ）.

Schmalkalden《固》シュマルカルデン（ドイツ中部、現在はテューリンゲン州の町；歴史的にはヘッセンに属する；ハーフティンバーの木造家屋でも知られる）. **schmalkaldisch** *adj.* シュマルカルデンの；die 〜e Artikel シュマルカルデン条項（1537年シュマルカルデン同盟に対して*ルター派の信仰の立場を表明するため、*ルター自身が執筆した*信条；同盟会議では採択されなかったが、後に*メランヒトンの文書と合わせて*和協信条に収められた）；der 〜e Bund シュマルカルデン同盟（1530年のアウクスブルク帝国議会〔*アウクスブルク信仰告白〕の後、*神聖ローマ帝国皇帝カール5世〔在位1519-56〕の武力弾圧を恐れたプロテスタント諸侯と帝国都市が、ザクセン選帝侯とヘッセン方伯を中心

に，同年末シュマルカルデンで締結した反皇帝の防衛的同盟；シュマルカルデン戦争で皇帝派に敗北して解体した〕；der ≃ Krieg シュマルカルデン戦争（1546-47年シュマルカルデン同盟とカール5世の間に起こった戦争；ザクセン公モーリッツ〔在位1541-53〕が選帝侯位を得るため皇帝側に寝返り〔マイセンのユダ；Judas von Meißen〕，ルター派の敗北となる；その結果48年に*アウクスブルク仮信条協定が結ばれるが，52年モーリッツが反皇帝に転じてインスブルックのカール5世に対し軍を進めた〔第2次シュマルカルデン戦争〕；同年パッサウ条約によって仮信条協定は廃止され，55年の*アウクスブルク宗教和議の締結に繋がった）．

Schmerz *m.* -es, -en, 苦しみ，痛み，悲しみ，苦悩；das Gedächtnis der 〜en Mariens 悲しみの聖母（の祝日；Schmerzenstag参照）；die Sieben Mariä 〜en → die [Sieben] Schmerzen *Mariens*． **schmerzen・reich** → schmerzensreich．

Schmerzens=fest *n.* -[e]s, -e, 受難〈受苦〉→〜tag 1． 〜**mann** *m.* -[e]s, 苦難〈受難〉のキリスト（12世紀ビザンティン美術に始まる，全身に傷を受けたキリストの図像・彫像；*エッケ・ホモ，十字架上のキリストや*十字架降下の図像とは区別され，十字架刑による無数の傷から血を流し，しばしばこれらを自ら指し示す，生きているキリストの姿〔多くは立像〕として描かれる）．〜**mutter** *f.* -, 悲しみの聖母（Mater dolorosa, Pieta参照；祝日：9月15日）．≃ **reich** *adj.* 悲しみに満ちた；die 〜reiche, die 〜reiche Maria <Mutter> 悲しみの聖母マリア（Mater dolorosa参照）．〜**tag** *m.* -[e]s, -e, ①悲しみの聖母の祝日（Gedächtnis der Schmerzen Mariens とも；9月15日；die [Sieben] Schmerzen *Mariens*参照；なお1727年に教皇ベネディクトゥス13世〔在位1724-30〕が制定した「マリアの七つの悲しみ」の記念日〔*枝の主日の前の金曜日〕は，第2*ヴァティカン公会議後の*典礼暦改定で廃止された）．②受苦日，聖金曜日（Karfreitag参照）．

schmerz=haft *adj.* 悲しい，つらい，苦痛を与える；die ≃ hafte Mutter Gottes 悲しみの聖母（の像；Pieta参照）．〜**reich** → schmerzensreich．

Schoa[h]【hebr.】*f.* -, ショアー（ナチス政権によるユダヤ人迫害と大虐殺；イザ10：3にいう「襲って来る嵐」のヘブライ語〔šô'â；破壊，壊滅の意〕に由来し，古くからイスラエルにおけるユダヤ人虐殺を表した；Holocaust参照）．

Schola【gr.-lat.】*f.* -, -e, スコラ（中世の教会・修道院付属の神学校；また，グレゴリオ聖歌の研究，歌手の育成を行った → Schola cantorum a）．**Schola cantorum**【lat.“*カントルの学校”】*f.* - -, -e -, スコラ・カントルム（a. 聖歌を歌う歌手を養成する目的で設立された教皇庁立聖歌隊学校，及びそこで訓練を受けた聖歌隊；教皇グレゴリウス1世〔在位590-604〕が，以前からあった聖歌隊学校を再編して設立したといわれる；1370年*アヴィニョン幽囚時に廃止されたが，現在のシスティナ礼拝堂聖歌隊〔Chor der Sixtinischen Kapelle〕の前身となった；また，聖歌隊が教会堂内で占める場所〔聖歌隊席〕をいう場合もある．b. 1894年作曲家のヴァンサン・ダンディ〔1851-1931〕らがパリ音楽院に対抗して設立した音楽学校）．

Scholarch【gr.-mlat.】*m.* -en, -en, （中世の）修道院付属神学校校長，司教座聖堂付属神学校校長．**Scholarchat**【gr.-nlat.】*n.* -[e]s, -e, → Scholarchの職位．

Scholastik【gr.-mlat.】*f.* -, ①スコラ［哲］学（9-15世紀，修道院や教会付属の学校〔→ Schola〕，後には大学に所属する学僧や神学者による体系的学問；元来は，スコラに特有の「講読」と「討論」による弁証法的な知識探求の方法を意味していた；研究対象はあらゆる学問領域に及んだが，主眼はキリスト教教義の理性的論証に置かれ，アリストテレス哲学及び*新プラトン主義の影響下で，*アウグスティヌスの著作に基づく，緻密な論理的神学体系を発達させた；13世紀，盛期スコラ学の*アルベルトゥス・マグヌスと*トマス・アクィナスをその頂点とする）．②（蔑）（学校で教えられる，実社会で役に立たない）机上の学問，空理空論．**Scholastikat**【gr.-mlat.-nlat.】*n.* -[e]s, -e, 修学期（修道会，特に*イエズス会において最初の*修道誓願宣立の後，神学と哲学を学ぶ，司祭*叙階のための準備期間；CIC. 659-60）．**Scholastiker**【mlat.】《I》*m.* -s, -, ①スコラ［哲］学者．②修学修士（*修学期にある修道者；特にイエズス会の）．③《蔑》（些事に拘る）屁理屈屋．《II》*pl.*

Scholastikus(の複数形). **Scholastikus**【mlat.】 *m*. -, ..ker, → Scholarch. **scholastisch** *adj*. ①スコラ〔哲〕学の. ②《蔑》些事に拘る、重箱の隅をつつくような、屁理屈の. **Scholastizismus**【gr.-mlat.-nlat.】*m*. -, ①スコラ〔偏重〕主義. ②《比》《蔑》些事(字句)に拘ること、屁理屈、形式主義.

schöpfen *t*. (*h*)《雅》創造する、創り出す. **Schöpfer**【< lat. creator】*m*. -s, (Erschaffer) 創造主、創造神、(万物の)造り主、造物主(無から有を生み出した神のこと); Ich glaube an Gott, den Vater, den Allmächtigen, den ∼ des Himmels und der Erde.「天地の創造主、全能の父である神を信じます」(*使徒信条の冒頭). **Schöpfer・hand** *f*. -,《雅》創造主の手(神の世界創造の御業); von ∼ erschaffen 神の手になる. **Schöpfung** *f*. -, ①〔天地〕創造(*創世記の冒頭に記された天地創造の経緯によれば、世界は*人格神の意志と計画に従って、*混沌とした状態から段階的に形成されてゆき、最後に「*神の似姿」としての人間が創られた); Die ∼「天地創造」(1796-98年ヨーゼフ・ハイドン〔1732-1809〕が、創世記第1章、詩編、ミルトン『*失楽園』に基づく台本に作曲し、1798年4月ウィーンで初演〔翌3月公開初演〕した*オラトリオ; Hob.XXI: 2); die ∼ der Welt 天地創造. ②(神の)創造物、被造物、宇宙、世界.

Schöpfungs=akt *m*. -[e]s, -e, (神の)〔天地〕創造の御業(創造の過程). ∼**bericht** *m*. -[e]s, -e, 〔天地〕創造の記録(創1-2章の記事). ∼**geschichte** *f*. -,〔天地〕創造の物語;(旧約聖書の)創世記(の別称). ∼**tag** *m*. -[e]s, -e,〔天地〕創造の日(神により天地創造が行われた7日間のそれぞれの日;創1:1-2:3); am ersten ∼tag 天地創造の第1の日に. ∼**werk** *n*. -[e]s, (神の)〔天地〕創造の御業.

Schotten・kloster【Irlandのラテン語古名のScotia Maiorにちなむ】*n*. -s, ..klöster ショッテン修道院(11世紀頃、現在の南ドイツからオーストリアにかけての地域に、*アイルランド人修道者たちによって建てられた修道院; Iroschotte参照).

Schreiber *m*. -s, -, ①書記官(ダビデ王時代のユダヤで、ユダヤ教の律法、聖典に精通し、これを解釈、伝承した政府の高官;裁判官、官吏、教師としても活動した;例えば → Esra). ②筆記者(新約聖書の書簡の;ロマ16:22参照).

Schrift *f*. -, -en, 文字、筆跡;書かれたもの(著作、書籍、論文、文書など); die [Heilige] ∼ 聖書(die *Bibel*参照)*新約聖書においては*旧約聖書の全体を指すことがある; Und er (= Jesus) legte ihnen dar, ausgehend von Mose und allen Propheten, was in der gesamten ∼ über ihn geschrieben steht. 「そして、モーセとすべての預言者から始めて、聖書全体にわたり、御自分について書かれていることを説明された.」ルカ24:27).

Schrift=gelehrte *m*. -n, -n,《形容詞的変化》律法学者(*律法〔*トーラー〕を専門に研究し、民衆の生活を指導したユダヤの知識・支配階級;旧約時代の王宮の*書記官を起源とする;多くは*ファリサイ派に属し、*最高法院に議席を占めていたが、律法の遵守に拘泥してイエスを激しく論難した;マタ23章). ∼**lesung** *f*. -, -en, 聖書朗読(Lesung参照).

Schuld *f*. -, -en, ①(単数で)罪、罪過(神が愛をもって定めた正しい秩序、掟に意図的に違反することによって陥る不正の状態、及びこれを負い目として感じること; Sünde参照); ∼ und Sühne <Buße> 罪と償い; eine ∼ büßen <sühnen> 罪の償いをする; vergib uns unsere ∼「わたしたちの罪をおゆるしください」(「*主の祈り」の1節).

Schuld=bekenntnis *n*. -ses, -se, 罪の告白(古くは「懺悔」とも;*ゆるしの秘跡において自らの罪を自覚し、神及び教会と和解するために、これを*告白すること); das allgemeine ∼bekenntnis (Generalbeichte) 一般告白(*司祭に対して個別に罪を告白するのではなく、ミサの冒頭で会衆が唱える「*回心の祈り」や、*共同回心式において一般的に行われる罪の告白のこと;*ゆるしの秘跡の効果をもつものではない). ②(通常複数で)借金、債務. ∼**geständnis** *n*. -ses, -se, → ∼bekenntnis.

Schuldiger *m*. -s, -, 負い目のある者、罪人; vergib uns unsere Schuld, wie auch wir vergeben unseren ∼n「わたしたちの罪をおゆるしください、わたしたちも人をゆるします」(「*主の祈り」の1節). **Schuldner** *m*. -s, -, ①債務者; Viele ∼ bitten um ein Darlehen, doch dann verärgern sie ihre Helfer.「多くの人(借金をした人)

は，借りた金をもうけ物とみなし，援助してくれた人たちに迷惑をかける.」(シラ29:4). ②《比》→ Schuldiger; erlass uns unsere Schulden, wie auch wir unseren 〜n erlassen haben「わたしたちの負い目を赦してください，わたしたちも自分に負い目のある人を赦しましたように.」(マタ6:12).

Schüler【spätlat.-mlat.】*m.* -s, -, ①生徒. ②弟子(Jünger参照). **Schul・schwester** *f.* -, -n, 《通常複数で》教育修道女会(Lehrschwester参照); Arme 〜n von Unserer Lieben Frau ノートルダム教育修道女会(カロリーネ・ゲルハルディンガー[1797-1879; *福者]が1833年バイエルンのノインブルクで設立した女子修道会; 創設者の名にちなんでGerhardinger-Schwesternとも; ヨーロッパ，アメリカ，アジア[日本ではノートルダム女学院中学校・高等学校，京都ノートルダム女子大学の母体]などで女子教育，学校経営，福祉活動に従事する; 略: SSND).

Schulter=kragen *m.* -s, - (*oberd.:*) ..krägen, 〜**tuch** *n.* -[e]s, ..tücher, 〜**umhang** *m.* -[e]s, ..hänge, アミクトゥス, 肩衣(Amikt参照).

Schuss・gebet (Schußgebet) *n.* -[e]s, -e, (Oratio jaculatoria) 射禱(矢を射るように，神に向けて発する，数語からなる短い形式の祈り; Aspiration参照).

Schutz=engel【< kirchenlat. angelus tutelaris】*m.* -s, -, 守護[の]天使(個々の信者の心身を保護し，神意を伝えて善に導くため，またその祈りを神に伝えるために，神より任命されている天使のこと; 守護天使に対する崇敬は，カトリック教会においては15-16世紀に広まった). 〜**engel・fest** *n.* -[e]s, -e, 守護の天使の祝日(10月2日; 1670年クレメンス10世[在位1670-76]により制定された). 〜**heilige**# *m.* u. *f.* -n, -n, 《形容詞的変化》守護聖人(Patron 1参照). 〜**mantel** *m.* -s, 庇護のマント(聖母*マリアが身にまとうマント; その下に信徒が保護されるという*シトー会, *ドミニコ会に採用された象徴思想). 〜**mantelbild** *n.* -[e]s, -er, 〜**mantel・madonna** *f.* -, ..madonnen, 〜**mantel・maria** *f.* -, ..marien, 庇護のマントの聖母[像]([ミゼリコルディア〈慈悲〉の聖母][lat. Madonna della Misericordia]ともいい, マントをまとった聖母マリアが両腕を広げ, あるいは合掌し, マントの下には, 通常, 聖母の右手側は男性の, 左手側には女性の聖職者や信徒らが集い, 跪いて祈っている構図の図像・彫像; 13世紀から16世紀半ばにかけて好まれた聖母像の主題の1つ; ピエロ・デッラ・フランチェスカ[1420頃-92]の「ミゼリコルディア多翼祭壇画」[1460年頃]の中央パネルが有名). 〜**patron** → Patron 1.

schwärmen【原義は「(ハチのように)群がる，群れをなして移動する」で，16世紀に熱狂的夢想的なセクトを揶揄し，批判するのに転用された】*i.(h)* für jn. *od.* et. 〜(或人・或事に)熱狂する; von jm. *od.* et.³ (或人・或事について)夢中になって話す. **Schwärmer** *m.* -s, -, → Schwarmgeist. **Schwärmerei** *f.* -, -en, 狂信, (宗教的)熱狂, 熱狂主義(Enthusiasmus参照; 特に, *宗教改革期の心霊主義的, 急進的な傾向や, それに関連する諸運動を批判して*ルターが用いた語). **schwärmerisch** *adj.* 狂信的な, 熱狂的な. **Schwarmgeist** *m.* -[e]s, -er, ①《通常複数で》熱狂派(*宗教改革期の*ルター派内部に興った*再洗礼派などの急進派; ルターがこれを非難して用いた語; 教会や社会制度の転覆, 共産主義的信仰共同体の建設を図った; 例えばトーマス・*ミュンツァーの一派). ②狂信的(熱狂的)信者; 夢想家, 空想家.

schwarz *adj.* ①黒い; 黒衣の; der 〜e Mönch 黒衣の修道士(黒い長衣を着用した*クリュニーの*改革派修道士のこと; 白衣をまとった*シトー会修道士と対比される); das 〜e Mönchtum 黒衣修道制(9-10世紀の*修道院改革によって誕生した修道制のこと; 名称は, クリュニーの改革派修道士が, 今日の修道服の原形ともなった頭巾付きの黒い長衣を着用していたことにちなむ). ②《比》不吉な, 魔の, 悪い; die 〜e Messe 黒ミサ(Satansmesse参照). ③《話》(こちこちの)カトリックの, 固い信仰心の(修道服の黒色にちなむ); カトリック政党の; die 〜e Partei カトリック政党(例えば, ドイツのCDUやCSU). **Schwarze**# 《I》*m.* u. *f.* -n, -n, 《形容詞的変化》《話》カトリック信者(信徒); カトリック政党の党員(支持者). 《II》*m.* -n, -n, 《形容詞的変化》《話》悪魔(Satan参照). **Schwarz・kittel** *m.* -s, -, 《蔑》カトリックの坊主.

Schweige・gebot *n.* -[e]s, -e, 沈黙の掟(修道

生活において*沈黙を保つという*ベネディクトゥスの戒律〔第6章「沈黙について」〕の規定）．**Schweigen** *n.* -s, 沈黙（完徳に向けての霊的生活の中で，神との神秘的一致や自己省察のため，特に祈りに際して静寂を保つこと；箴10:19, 1コリ14:28参照）；das mönchische ～ 修道者の沈黙． **Schweige・pflicht** *f.* -, ①守秘義務（聖職者などが職務上知り得た事柄に関する；これにより教会裁判における証言が免除される〔CIC. 1548§2-1〕）．②沈黙の義務（修道生活における；Schweigegebot参照）．

Schweiß・tuch *n.* -[e]s, das ～ der Veronika ヴェロニカの手巾(ｷﾝ)（a. 聖巾，聖顔布とも；*ヴェロニカが，十字架を負って*カルワリオへ向かうキリストの顔の血と汗を手布で拭いたところ，布上にその顔が奇跡的に写し取られたという*外典の*ニコデモ福音書の記事に基づく；ローマの*サン・ピエトロ大聖堂の祭壇に安置されている；及び，この伝承に基づく図像・影像．b. ゲルトルート・フォン・ル・フォール〔1876-1971〕の長編小説；第1部1928年刊）．

Schweizer *m.* -s, -, ①スイス人．② → ～garde. ③《方》（カトリックの教会堂の）番人，門番，寺男（Küster参照；服装が → ～gardeに似ていたことから）． **Schweizer・garde** *f.* -, [die Päpstliche] ～ スイス近衛隊，スイス人衛兵（教皇及び教皇宮殿を警護するため*ヴァティカン市国に駐留するスイス軍隊；隊員資格はスイス国籍をもつ25歳以下の独身〔将校以外〕の男性；14世紀末から教皇及び*教皇領をスイス人兵士が護衛していたが，教皇ユリウス2世〔在位1503-13〕により1505年常設軍として正式に結成された；1527年カール5世〔在位1519-56〕のローマ略奪の際に，多数の戦死者を出しながら教皇クレメンス7世〔在位1523-34〕を守ったことでも知られる）．

Schwert *n.* -[e]s, -er, 剣（斬首や刺し貫かれて*殉教した聖人，あるいは元は騎士や兵士だった聖人の*アトリビュート；例えば，使徒*パウロ，大*ヤコブ，*マティア）；das geistliche ～ 聖剣；das weltliche ～ 俗剣（Zweischwerterlehre参照）．

Schwester *f.* -, -n, シスター（*修道女全般の修道院内外における呼称，通称；Bruder 2参照）；Barmherzige ～n → *Barmherzige* Schwestern；Weiße ～n → *Weiße* Schwestern．

Schwestern=haube *f.* -, -n, 尼僧帽（Nonnenhaube参照）；看護帽，ナースキャップ（修道女のベールを起源とする）．～**orden** *m.* -s, -, 女子修道会（Frauenorden参照）．

Schwesternschaft *f.* -, -en, ①修道女会，女子修道団体；～ der Krankenfürsorge des Dritten Ordens 病人看護第三会（1902年ミュンヘンで創立；会員は，聖*フランチェスコの*隣人愛の精神に従い，盛式の修道誓願を立てて共同生活を営みながら病院〔Klinikum Dritter Orden München；1912創設〕での医療看護活動に従事している）．②（集合的に：病院などに勤務する女性の）看護師． **Schwestern・tracht** *f.* -, -en, （修道女用の）修道［女］服，尼僧服；看護服．

Schwib・bogen 【< schweben "宙吊りになっている" + Bogen "アーチ"】*m.* -s, -, ①飛梁(ﾋﾘｮｳ)，フライング・バットレス（engl. flying buttress；フランスの初期*ゴシック式教会堂に特徴的な構造体で，*ヴォールト天井から，外壁を外向きに押し出すように働く力を，*側廊の屋根の外側の空中に造られたアーチ列をもって受け止めるもの；*ロマネスク建築ではこの力を分厚い石壁をもって支えていたが，フライング・バットレスによって薄い壁とステンドグラスを嵌めた広い窓が可能になった）．②シュヴィップ・ボーゲン（半円形の内側に人形の透かし彫りなどが施された木製のアーチ型燭台で，クリスマスの時期に窓辺などに飾られる；18世紀半ば，ドイツ中東部チェコとの国境のエルツ山岳地帯で作られ始めたためErzgebirgischer ～とも呼ばれる）．

S. D. G. 《略》→ soli Deo gloria.

Sebastian 《固》(*m.*) セバスティアヌス（288年頃ローマで殉教した*聖人；ミラノ〔またはナルボンヌ〕に生まれ，皇帝の寵愛を受けてローマで近衛隊長となった；密かに守っていたキリスト教信仰が露見して，射殺刑に処せられ全身に矢を受けたが〔15-18世紀にこの主題で多くの絵画が描かれた〕，イレネという女性に介抱され命を取り留めた；しかしキリスト教徒を迫害する皇帝を直接糾弾したため撲殺され，遺体は下水道に棄てられた；疫病者の*守護聖人でもある；祝日：1月20日）．

Sechstage・werk *n.* -[e]s, 六日間の御業(創1章に描かれた、神による*天地創造の業; Hexaemeron参照).

Sedes Apostolica【mlat.】*f.* - -, 使徒座, 教皇庁(der Apostolische *Stuhl* 参照). **Sedia gestatoria**【lat.-it.】*f.* - -, 教皇御輿(*ラテラノ大聖堂や*サン・ピエトロ大聖堂などにおける*教皇ミサなどで, 教皇の入退堂の際に用いられた御輿状の移動式玉座; 現在は警備などの理由により, 専用の特別車両が使用されている; Papamobil参照). **Sedile**【lat."席"】*n.* -[s], ..lien, 司祭席, 挙式者席, 内陣聖職者席, セディリア(*盛儀ミサを挙式する*司祭のための背もたれのない座席; または, *内陣の南側の凹みに設けられた司祭, *助祭, *副助祭のための3つの座席; 元来は → Miserikordieのこと). **Sedisvakanz**【< lat. sedis "座席" + → Vakanz】*f.* -, 空位(Vakanz参照).

Seelen=amt *n.* -[e]s, ..ämter, ～**gottesdienst** *m.* -[e]s, -e, → ～messe. ～**heil** *n.* -[e]s, 魂の救済, 冥福. ～**hirt** *m.* -en, -en, ～**hirte** *m.* -n, -n, 魂の牧者(聖職者のこと; Hirt参照). ～**messe** *f.* -, -n, 死者[のための]ミサ(Requiem参照). ～**wanderung** *f.* -, (Metempsychose, Reinkarnation)魂の転生(再生, 生まれ変わり), 輪廻[転生](霊魂は終局的完成を目指して, あるいは罪の報いとして, 肉体が死ぬとこれを離脱し, 同種または別種の肉体に宿ることを繰り返すという, インドやエジプト, ギリシアなどに見られる思想・信仰; キリスト教は初代よりこの考えを排斥している; ヨハ9:1-4参照).

Seel・sorge【原義"魂の世話"】*f.* -, 司牧(聖職者が, 自己に委ねられている個々の信徒, または信徒の集団〔*教区, *小教区など〕の*救霊のために行う活動全般をいい, ミサ, *秘跡などの典礼, 勉強会〔要理教育〕, 教会行事など, 信仰生活の様々な領域にわたる);《プ》牧会.

Seelsorge=amt *n.* -[e]s, ..ämter, ①司牧局(教会の司牧活動の計画や遂行に関して, *司教, *大司教を補佐するため, それぞれの*司教区, *大司教区に設置されている部署). ② → Hirtenamt. ～**klerus** *m.* -, (集合的に:)司牧者.

Seel・sorger *m.* -s, -, 司牧者(聖職者, 特に*主任司祭のこと);《プ》牧会者. **seelsorgerisch**, **seelsorgerlich**, **seelsorglich** *adj.* 司牧(牧会)の, 司牧(牧会)に関する.

Seemanns・mission *f.* -, -en, 海員司牧(a. *主任司祭による通常の司牧を受けることが困難な船員たちのため, 特別に*団体付き司祭が任命されること; CIC. 568. b. *内国宣教の一環として, 世界各地の港湾などに置かれた専用の施設で, 国内外の船員に対する司牧的・精神的ケアや福祉事業を行うプロテスタント系団体; 例えば, 1848年に創立されたドイツ海員宣教会〔Deutsche ～; 本部ブレーメン; 略: DSM〕).

Segen【原義"(十字の)しるし"】*m.* -s, -, ①《単数で》(神の)恵み(Gnade参照); An Gottes ～ ist alles gelegen.《諺》すべては神のお恵み次第(ルカ24:50-52). ②《単数で》(Benediktion)祝福(*司教や*司祭が職能により, 人や物の上に神の恵みが働くことを願う行為; 例えば, 病者, 巡礼者, 婚約中の男女, 新生児, また, 水, 油, 火, 灰, 教会関係の建築物〔ただし聖堂以外〕と聖像, *洗礼盤, 十字架などの付属物, *ロザリオや*メダイなどの信心道具, 指輪, その他に対して行われる); der Apostolische ～【< lat. Benedictio Apostolica seu Papalis; "使徒*ペトロの後継者たる教皇によって与えられる祝福"の意】a. 使徒的祝福(*教皇または*教区司教〔年に3回まで; なお死の危険にある人に対しては司祭でも可〕が授与することのできる祝福で*全免償が賦与される; urbi et orbi 参照). b. → der päpstliche ～; der eucharistische <sakramentale> ～ 聖体の祝福(「聖体賛美式」のこと; die *Aussetzung* des Allerheiligsten参照); der päpstliche ～ 教皇掩祝(えんしゅく)(ローマ*教皇自身が, 主日や祝祭日にサン・ピエトロ広場に集まった信徒に対して, あるいはその他特別な機会において個別的に, 原則として自身の声をもって授ける祝福); zu je.³ seinen ～ geben《比》(或事に)賛成(同意)する(祝福を与える, から転じて); js. ～ haben《比》(或人の)賛同を得る. ③《通常単数で》(ミサの終わりに, 会衆に対して司祭が行う)祝福の祈り, 派遣の祝福.

Segen[s]=erteilung *f.* -, -en, → ～spendung. ～**formel** *f.* -, -n, (祝福の対象それぞれに固有の)祝福の定式. ～**spendung** *f.* -, -en, (司祭が礼拝中に会衆を)祝福すること.

segnen【< (kirchen)lat. signare "(十字の)しる

しを与える"》《I》t. ①(或人・或物を)祝福(祝別)する，(或人・或物に)祝福を与える，(或人のために)神の恵みを祈る；Brot und Wein ～ パンとぶどう酒を*聖別する；die Gemeinde ～ (ミサの終わりに司祭が)会衆を祝福する；das Zeitliche ～《雅；比》死ぬ，この世を去る；(粉々に)壊れる，破損する；Es segne euch der allmächtige Gott, der Vater und der Sohn und der Heilige Geist.「全能の神，父と子と聖霊の祝福が皆さんの上にありますように。」(ミサの終わりの*派遣の祝福)；Gesegnet bist du mehr als alle anderen Frauen, und gesegnet ist die Frucht deines Leibes.「あなたは女の中で祝福された方です。胎内のお子さまも祝福されています。」(*マリアの*エリサベト訪問の際のエリサベトの言葉；ルカ1:42)；gesegneten Leibes sein (婉曲語法で:)妊娠している。②《雅》jn. mit ein.³ ～ (或人に或物を)授ける；Gott hat uns mit seiner Gnade gesegnet. 神は我々に御恵みを垂れ給うた。《II》refl. sich ～ 十字を切る。**Segnung** f. -, -en, 祝福；祝別(*洗礼水，祭場，墓地，教会堂，礼拝堂，油，ろうそくなどを，世俗の用途から切り放し，神に奉献すること；*準秘跡；Weihe参照)。

Seher m. -s, -, 先見者(初期の*預言者〔サム上9:9他〕；例えば*サムエルがこの名で呼ばれる)。

Seiten=altar m. -s, ..altäre, 礼拝堂(小聖堂)の祭壇。～**flügel** m. -s, -, ①側廊(～schiff参照)。②(*多翼祭壇の)扉，翼部。～**kapelle** f. -, -n, 小聖堂(教会堂*内陣などの側面や背面，*側廊に設けられた小礼拝堂)。～**schiff** n. -[e]s, -e, 側廊，アイル(engl. aisle；教会建築で*身廊と列柱ないし障壁で区切られている左右の部分；身廊と平行した通路にもなる空間で，*袖廊を伴う場合もある)。

Sekret【lat.】f. -, (まれに:) -en, 密唱，セクレタ(かつてミサの*叙唱の直前に，司祭が小声ないし沈黙の内に行った「*奉献祈願」の祈り；第2*ヴァティカン公会議後の典礼改革で → Gabengebetに代えられた)。

Sekte【spätlat.；< lat. sequi "(ある原理に)従う"】f. -, -n, 宗派，教派；分派，セクト(教義や信仰形態の差違を理由に，本来の，正統的な教会組織から分離独立した〔しばしば異端的傾向をもつ〕小集団)。**Sekten・wesen** n. -s, → Sektierertum。**Sektierer** m. -s, -, 宗派(分派)の信徒；離教者。**sektiererisch** adj. 宗派(分派)の；宗派(分派)に属する。**Sektierertum** n. -s, 宗派(分派)的であること，分派活動。

Sela【hebr.】n. -s, -s, セラ(*詩編〔及び，*ハバ3:3,9,13〕で，分節の終わりに現れる語；楽器演奏者または歌唱隊への指示と考えられている)。

selb・dritt adv. 《古》3人で，他の2人とともに；Anna ～ 聖アンナ三代図(*聖母子と聖*アンナの3者の図像・影像；アンナが，*幼子イエスを膝に抱きかかえた聖母*マリアを膝にのせている構図が多い)。

Selbst・heiligung f. -, -en, 自己聖化(例えば，中世において貴族が修道院を創設することにより，自身と家族の宗教的地位を獲得，確立しようとしたこと)。

selig adj. ①神の祝福を受けた，浄福の，(地上の悪から解き放たれて，死後に)*天国の至福に与っている；～, die arm sind vor Gott; denn ihnen gehört das Himmelreich.「心の貧しい人々は，幸いである，天の国はその人たちのものである。」(*真福八端の最初の句；マタ5:3)；Geben ist ～er als nehmen.「受けるよりは与える方が幸いである。」(使20:35)；ein ～es Ende haben 安らかな最期を遂げる；bis an mein ～es Ende 私が死ぬ(死んで天国に行く)までは；Gott hab' ihn ～! 神の祝福が彼の上にありますように；～ entschlafen 安らかに息を引き取る；～ sprechen → seligsprechen。②故人となった；亡き…，故…(略: sel.)；mein ～er Vater od. (特に: südd.) mein Vater ～ 私の亡き父；meine Mutter ～en Andenkens² 今は亡き(懐かしの)わが母。③列福された；(尊称として)福者…。④《比》この上なく幸せな，幸せに酔いしれている，有頂天になっている。**Selige**" m. u. f. -n, -n,《形容詞的変化》①《複数で》死者たち，天国に入った人々；das Reich der ～n 神に祝福された者の国(*天国のこと)。②福者(優れた徳性や殉教によって，その生涯が特に聖なるものであることが，教会によって立証され，公に宣言〔*列福〕された人〔Beatifikation参照〕；なお列福調査中の人物は，*尊者と呼ばれる)。**Selig・gesprochene**" m. u. f. -n, -n,《形容詞的変化》列福された人，福者(Selige 2参照)。**Seligkeit** f. -, -en, ①《単数で》(Heil) 至福，浄福，永福(神の祝福を受けた人が，直接的な神認識〔*至

福直観）によって，無限の幸福と栄光の状態に上げられること）；et. bei seiner ～ schwören（或事を）神かけて誓う；jn. in die ewige ～ befördern（話）（或人を）天国に送る（殺す）；in die ewige ～ eingehen 天国に入る．② 《比》この上ない幸せ（喜び）；in ～ schwimmen 幸せいっぱいである，（うれしすぎて）足が地に着かない．

selig=machend *adj.* 祝福（至福）を与える；救済する（alleinseligmachend参照）．～**macher** *m.* -s, 救世主，救い主（キリストのこと；Messias参照）．～**machung** *f.* -, -en, ①救世，救済（Erlösung参照）．② → ～sprechung.

selig|preisen *t.(h)* ①（或人を）祝福された（幸いな）者と讃える．②（ローマ*教皇が或人を）*福者と宣言する．**Selig・preisung** *f.* -, -en, ①《単数で》列福（すること；Beatifikation参照）．② die acht ～en 真福八端，8つの祝福（Makarismus参照）．

selig|sprechen *t.(h)* （或人を）*列福する，*福者の列に加える；Justo Takayama Ukon (1552-1615) wurde 2016 *seliggesprochen*. ユスト・高山右近は2016年に列福された．**Selig・sprechung** *f.* -, -en, 列福（Beatifikation参照）；列福式．

Sem 【hebr. "名"】（固）(*m.*) セム（*ノアの長子で，ハムとヤフェトの兄〔創 5:32〕；*箱舟に乗って*大洪水を逃れ，*セム族の始祖となった；イエスの系図にもその名が記されている〔ルカ 3:36〕）．

Semiarianer 【< lat. semi- "半分の" + → Arianer】 *m.* -s, -,《通常複数で》半アレイオス派（*アレイオス派のうち最も穏健な一派）；→ Homöusianerの別称）．**Semiarianismus** *m.* -, 半アレイオス主義．

Seminar 【lat. "農学校"; < lat. semen "種"】 *n.* -s, -e (*östr., schweiz.* auch: -ien), 神学校（聖職者養成のための，Priesterseminar参照）．**Seminarist** 【lat.-nlat.】 *m.* -en, -en, 神学［校］生．**seminaristisch** *adj.* 神学校の；神学生の．

Semipelagianer 【< lat. semi- "半分の" + → Pelagianer】 *m.* -s, -,《通常複数で》半ペラギウス派．**Semipelagianismus** 【nlat.】 *m.* -, 半ペラギウス主義（救霊における人間の自由意志を強調する*ペラギウス派と，神の普遍的な救済意志と*恩恵の絶対的必要性を主張した〔後期の〕*アウグスティヌスとの対立を調停すべく，5世紀初頭*マルセイユ派が提唱した中間説；恩恵は普遍的であるが，恩恵の希求は個々人の自由意志に基づく「信仰の発端」に含まれるとし，南フランスで普及したが，529年第2オランジュ教会会議で批判された）．

Semit【<→ Sem】*m.* -en, -en, **Semite** *m.* -n, -n,《通常複数で》セム族（アラビア半島，西アジア，アフリカ北部に分布するセム語系諸民族の総称で，ユダヤ人，アラブ人，エチオピア人を含み，ユダヤ教，キリスト教，イスラム教を生んだ）．

Send【原義"国会"】*m.* -[e]s, -e, **Send・gericht** *n.* -[e]s, -e, 教会裁判所（9世紀から19世紀初頭，特に中世盛期から近世初めにドイツで行われた，教区内の犯罪に関する聖俗両権合同の裁判所；ドイツ中世の法律書『ザクセンシュピーゲル』〔1230年頃〕は，成年のキリスト教徒に対して，年3回，所属教区の教会裁判所に参与する義務を定めている〔1.2.1〕）．

Sentenz・bücher *pl.*, **Sentenzen**【lat."判断,意見"】*pl.* 命題［論］集（12-13世紀，聖書，*教父及び同時代の神学者の著作，*教理基準などから，重要な神学命題を選んで編集したもので，神学の教科書として用いられた；例えば，「命題集の師」〔Magister Sententiarum〕と呼ばれるペトルス・ロンバルドゥス〔1095頃-1160〕の『神学命題集』全4巻〔Libri Quattuor Sententiarum；1155-58〕）．

Separatismus【lat.-mlat.(-engl.)】*m.* -, 分離主義（信仰上の理由により，既存の教会からの分離を主張すること；新たに*分派を立てる場合と，教会内に留まって小グループを形成する場合とがある；特に，*英国国会から分かれた*分離派の思想及びその活動をいう）．**Separatist**【lat.-engl.】*m.* -en, -en, ①分離主義者．②分離派（特に*ピューリタン革命後，個人の信仰と礼拝の自由を主張して英国国会から分かれた諸教派；1581年ロバート・ブラウン〔1550頃-1633〕がイングランド東部ノリッジ〔Norwich〕に設立した*会衆派教会を発端とする）．

Septuagesima【mlat. "(復活祭前向)70番目(の日)"】*f.* -u. (無冠詞の場合:) .. gesimä,《通常無冠詞で》七旬節［の主日］（*復活祭の約70日前〔9週前〕の日曜日；以前は*大斎前節〔大斎準備期間〕の開始日とされていた），《聖》

大斎前第3主日.

Septuaginta【lat. "70（人の長老による翻訳）"】f. -, 七十(しちじゅう)人訳［聖書］(現存する最古のギリシア語訳旧約聖書；伝承によれば，エジプト王プトレマイオス2世〔在位前285-46〕の求めに応じて，70〔または72〕人のユダヤ人学者が*アレクサンドリアに集まり，70〔または72〕日間で*モーセ五書をヘブライ語原典から翻訳して，前1世紀までに旧約聖書の全体〔旧約正典39文書及び*第二正典とほぼ重なる文書群〕の翻訳を完成させた；歴史的には，前3-前1世紀半ば，ヘブライ語を理解できなくなったアレクサンドリアなどのユダヤ人共同体〔*ディアスポラ〕のために作られたと考えられている；初代キリスト教で用いられ〔したがって新約聖書における旧約からの引用は七十人訳による〕，後には*イタラ訳，*ウルガタ訳の典拠となった；略: LXX).

Sequenz【lat.-spätlat."連続"】f. -, -en, セクエンツィア, 続唱(特別の祝日などのミサで，*アレルヤ唱の前に歌われる, 2行1対〔aabbcc..〕の旋律構造を特徴とする聖歌〔第2*ヴァティカン公会議後の典礼改革までは，アレルヤ唱に続いて唱えられた〕；多くの作品が作られたが，*トリエント公会議で，*復活の主日，*聖霊降臨の主日，*聖体の祭日，及び「*死者のためのミサ」の*ディエス・イレの4曲を除いて廃止され，1727年に「*聖母マリア七つの悲しみ」のための*スターバト・マーテルが追加されて計5曲が公認された；ディエス・イレは第2ヴァティカン公会議後，*教会の祈り〔*聖務日課〕の*賛歌に移された).

Seraf, Seraph【hebr.-kirchenlat.; < hebr. śāarāp "燃やす"】m. -s, -e u. -im, セラフ, 熾天使(ちてん)(，(集合的に)セラフィム(*天使の軍隊において最高位の天使たち；6翼の「飛び回る炎の蛇」の形姿で，神の玉座の傍に侍る；神への熱烈な愛ゆえに，体が燃え輝いているためこの名がある；イザ6:2, 30:6).

Sermon【lat."対話"】m. -s, -e, ①《古》説教 (Predigt参照). ②《話》長談義, お説教.

Servit【lat.-mlat."召使"】m. -en, -en,《通常複数で》マリアの僕(しもべ)会, 聖母「マリア」下僕会(1233年，フィレンツェの7人の裕福な商人「7人の創立者たち」Sieben heilige Gründer [des Servitenordens]；聖人〕が設立した*托鉢修道会；*悲しみの聖母に対する信心を奨励した；略: OSM). **Servitin** f. -, -nen, マリアの僕(しもべ)修道女会(a. 1280年頃マリアの僕会の*第二会として創立された*観想修道会. b. 1306年に創立されたマリアの僕修道女会の*律修第三会；世界各地で病者・高齢者の救護，女子・幼児教育などに従事する；その他にも同名の修道女会が多数ある). **Servitium**【lat.】n. -s, ..tien, ①《古》(労働)奉仕, 労役；〜 regis 国王奉仕(*王国修道院の国王に対する接待や軍役などの奉仕義務). ②《複数で》叙階納付金(中世期，*聖職禄を得た新任の*司教や*大修道院長が，*教皇と*枢機卿に納めた；Anaten, Palliumgeld参照). **Servus Servorum Dei**【lat.】神の僕(しもべ)らの僕 (Diener der Diener Gottes参照).

Seuse《固》(m.) Heinrich 〜 ハインリヒ・ゾイゼ(ラテン語名Henricus Suso；1295-1366；中世ドイツの神秘思想家；1308〔または10〕年，コンスタンツの*ドミニコ会修道院に入り，1322/4年頃ケルンで*マイスター・エックハルトに学ぶ；*タウラーと同様，師の「無」の思想を深化させるとともに，これに叙情的象徴的なドイツ語表現を与えた；南西ドイツ各地で霊の指導者として活動し，48年頃から*ウルムに定住して同地で没した；厳しい苦行を伴う修道生活でも知られる).

Severianer【< Severos】m. -s, -,《通常複数で》セウェロス派(*アンティオケイアの司教セウェロス〔在職512-18〕の一派；6世紀に穏健な*キリスト単性説を唱え，キリストはその唯一の本性において*人性の特徴をすべて備えているとした；*復活前のキリストの身体が死滅することを認めたため，朽体礼拝者〔Phthartolatrae〕と呼ばれた).

Sexagesima【mlat."(復活祭前)60番目(の日)"】f. -u.(無冠詞の場合:) ..gesimä,《通常無冠詞で》六旬節［の主日］(*復活祭の約60日前〔8週前〕の日曜日；現在カトリックではこの語は用いられていない).

Sext【(kirchen)lat.】f. -, -en, 六時課(かつての*聖務日課で，正午に行われた*定時課；現在の「*教会の祈り」では「昼の祈り」として，*三時課，六時課，*九時課の*小時課のうちの1つが選択される).

Shoa[h] → Schoa[h].

Siebentägner-Tunker【< engl. Seventh Day

Dunkers】*m.* -s, -,《通常複数で》セブンスデー・ダンカーズ(ドイツ移民のヨハン・コンラート・バイセル〔1691-1768〕がペンシルヴァニア州ランカスターに創始した,土曜日の安息日を厳守する*バプテスト派の一派;1732年,エフラタ修道会〔Ephrata Cloister〕を設立した). **Siebenten-Tags-Adventist**【< engl. Seventh-Day Adventist】*m.* -en, -en,《通常複数で》セブンスデー・アドヴェンティスト(アドベンチスト)(*バプテスト派のウィリアム・ミラー〔1782-1849〕による1843/4年のキリスト*再臨の予言が実現しなかったのは,週の第7日〔土曜日〕に*安息日を守らなかったことに原因があるとして,1860年エレン・グールド・ホワイト夫人〔1827-1915〕を中心に設立されたその*分派;再臨の待望と*浸礼,*聖書主義を特徴とし,現在も世界各国で活動している). **Siebenten-Tags-Baptist**【< engl. Seventh-Day Baptist】*m.* -en, -en,《通常複数で》セブンスデー・バプテスト(1650年代ロンドンで始まった,土曜日を*安息日として厳守する運動に端を発し,1671年ステファン・マンフォード〔1639-1707〕によってロード・アイランドに設立された北アメリカ最古の*安息日派の教会).

Silentium obsequiosum【lat.】*n.* - -, 恭謙な沈黙(教会権威者によってなされた*教理決定に同意し難い場合,恭順の意をもって沈黙を保つこと).

Silvester・orden *m.* -s, -, シルヴェステル勲章(*教皇勲章の1つ;第33代教皇シルヴェステル1世〔在位314-35〕の像が刻された勲章で,1841年グレゴリウス16世〔在位1831-46〕が制定した).

Simeon【hebr. "(神は)聞く"】《固》(*m.*) シメオン (a. *ヤコブと*レアの第2子;その残忍な性格によりヤコブに厭われ,その子孫は衰微した;創49:5-7. b. エルサレムの神殿で幼子イエスを抱き,*メシアであることを見抜いて「*シメオンの賛歌」を唱え,また聖母*マリアの悲痛を預言した信仰厚い老人;ルカ2:28-35. c. *ペトロのヘブライ語名;使15:14. d. *アンティオケイアの指導者ニゲルの別名;使13:1. e. イエスの系図中に現れる詳細不明の人物;ルカ3:30. f. ~ Stylites der Ältere *柱頭行者大シメオン:390頃-459;アナトリアのキリキアの羊飼いだったが,16歳で修道院に入る;より厳しい苦行のために高い柱を築き,その上で死ぬまでの30余年生活した;別人で同名のアンティオケイア出身の柱頭行者〔521-92〕は小シメオン〔~ der Jüngere〕と呼ばれる. g. ストゥディオス〔コンスタンティノポリスの修道院;Studion- *od.* Studioskloster〕のシメオン:新神学者〔der Neue Theologe〕の添え名をもつビザンティンの神秘思想家;949-1022).

Simon【hebr. "(神は)聞く"】《固》(*m.*) シモン (a. ~ Zelotes / ~, der Zelot:「熱心党のシモン」〔使1:13, ルカ6:15〕と呼ばれた*十二使徒の1人;この名は,彼がキリスト教へ改宗する以前に*熱心党に属していたこと,*ユダヤ人キリスト教徒のうち*律法の遵守に「熱心」であったこと〔使21:20参照〕,あるいはイエスの「熱心な追従者」だったことにちなむ. b. イエスの弟子,*ペトロのヘブライ語名シメオンのギリシア語音写;マタ4:18. c. イエスの従兄弟;マコ6:3. d. イエスが癒したベタニアの重い皮膚病の人;マコ14:3. e. *ファリサイ派の人で,その家に招かれてイエスが弟子たちとともに食事をしたところ,1人の罪深い女がイエスの足に高価な香油を注いだ;ルカ7:36-50. f. たまたま通りかかりイエスが架けられる十字架を運ばされたキレネ人;マコ15:21. g. ~ Magos < der Magier> 魔術師シモン,シモン・マゴス:魔術を操るとサマリアの人々に信じられ,*使徒たちの起こす奇跡に驚いて洗礼を受けたが,*按手により*聖霊を授ける力の秘密を金で買おうとしてペトロに叱責された〔使8:9-24〕;伝統的に,あらゆる*異端の祖とされる.

Simonie【kirchenlat.; < *Simon* Magos】*f.* -, -n, シモニア,聖職売買,聖職売買(古くは「沽里(ここり)」とも;聖職者の地位や*聖職禄,神聖物など霊的なものを金銭で売買すること;すでに*カルケドン公会議〔451年〕,第2*ニカイア公会議〔787〕で厳しく断罪されていたが,11世紀半ば以降の*グレゴリウス改革と*叙任権闘争において,聖職売買の禁止は教会改革の要とされた;名称は,使徒たちの聖霊を授ける力を金で買おうとした魔術師*シモン〔g〕にちなむ;CIC. 1380). **simonisch, simonistisch** *adj.* シモニアの,聖職(聖物)売買の(による).

Simson【hebr. "太陽の子"?】《固》(*m.*) サムソ

ン(ダン族出身の*士師の1人で，終生の*ナジル人；怪力の持ち主だったが，敵対する*ペリシテ人に買収された愛人のデリラに，髪の毛の秘密を知られて力を失った；捕縛されて目を抉られたが，ついには建物を倒壊させ，多くのペリシテ人を道連れに圧死した；素手で獅子を殺し，その死骸に蜜蜂が巣を作ったというエピソードでも知られる；士13-16章).

Simulation【lat.】f. -, 偽装(無資格者による*秘跡の授与など，違法の手段で秘跡を装うこと).

Simultaneum【lat.-nlat.; < lat. simul "同時の，共同の"】n. -s, ①共同使用［権］(異なる*教派が，1つの教会の施設，例えば聖堂や墓地を，契約などに基づいて共同で使用すること，及びその権利). ②教派共存，宗派併存(1つの国や地域において，カトリックとプロテスタントなど複数の教派が，同等の権利をもって，自由に宗教活動を行いながら共存すること；Parität参照).

Simultan=kirche f. -, -n, 教派混合教会，教派合同教会(*宗教改革以降のドイツで，カトリックとプロテスタントが礼拝の時間をずらすなどして共同使用した教会堂；後にアメリカに伝わり*ユニオン・チャーチ〔Unionskirche 2参照〕の設立に繋がった). **〜schule** f. -, -n, 教派混合学校(キリスト教の複数教派の子供たちを受け容れ，区別なく教育を行う学校；Gemeinschaftsschule参照).

Sinai【hebr.;"柴", "(地中海沿いの町)シン", "(月の神)シン"など，語源には諸説がある】《固》(m.) シナイ(現在のエジプト北東部，紅海に突き出た半島；エジプトを脱したイスラエル人が「シナイ山」の麓〔シナイの*荒野〕に一時的に宿営し，*モーセが山上で*十戒を授けられて，神とイスラエルの民との間で契約が結ばれた〔出19-31章〕；その位置については諸説があるが，伝統的には，半島南部の山岳地帯のジェベル・ムーサ〔Jebel Mūsa；「モーセの山」の意〕がシナイ山と認められてきた).

Sinekure【lat.-nlat.; < lat. sine cura (animarum)"(魂の)世話をしない"】f. -, -n, 非司牧聖職禄(実際の職務上の義務を伴わない*聖職禄)；(比)(労が少なく実入りのよい)閑職.

Sing・messe【< lat. missa cantata】f. -, -n, 歌ミサ(*読唱ミサに対し，司式者〔*司祭〕と聖歌隊及び会衆が，それぞれに割り振られた典礼文や祈りの大部分を歌って唱えるミサ；*盛儀ミサ〔荘厳ミサ〕と同じ).

Sint・flut【ahd. sin[t]vluot ; < sin "永続的な，激烈な"】f. -, 大洪水，ノアの洪水(人間の堕落によって地上に悪がはびこったことに失望した神が，人とすべての動物を滅ぼすために起こした大洪水；義人*ノアとその家族，及びつがいの動物たちが，神の指示で建造された*箱舟に乗って大洪水を逃れた；ノア〔と子孫〕は神との*契約により，洪水後の世界の支配権が与えられた〔創6-9章〕；なお，すべての生物を滅ぼす大洪水の伝承の原型は，古代メソポタミアのアトラハシス叙事詩やギルガメシュ叙事詩にみられる)；Nach mir <uns> die 〜！後は野となれ山となれ.

Sippen・kloster n. -s, ..klöster, 氏族修道院(創設者の一族と子孫が修道院長職の特権を受けることが決まっていた中世の*私有修道院).

Sira[c]h → Jesus Sira[c]h.

Sitzung f. -, -en, 集会，会議；【< engl. session】小会(*長老派教会で，信者の互選による*長老と牧師から構成される各教会毎の長老会).

Sixtina【< Sixtus IV.】f. -, システィナ礼拝堂(*ヴァティカン宮殿内にある教皇の個人礼拝堂；教皇選挙のための*コンクラーヴェの会場としても用いられる；教皇シクストゥス4世〔在位1471-84〕の命により，1477-81年既存の建物を改築して建造された；長方形の単身廊形式〔奥行40.23m，幅13.40m，高さ20.70m；王上6:1-6に記されたソロモンの宮殿の比率6:2:3とほぼ一致〕で，壁面と天井は*ルネサンス期の芸術家たちによるフレスコ画で覆われている；特に，ミケランジェロ〔1475-1564〕による，天地創造からノアの泥酔〔創9:21〕までを描いた天井画〔1508-12年制作〕と祭壇上の壁面の「最後の審判」〔1536-41〕が有名). **sixtinisch** adj. システィナの；die 〜e Kirche → Sixtina；die 〜e Madonna システィナのマドンナ(ラファエッロ〔1483-1520〕が1513-14年ピアチェンツァのサン・シスト修道院のために制作した祭壇画；幼子イエスを抱きかかえる聖母，その両脇に聖シクストゥスと聖バルバラが配され，手前に緑のカーテン，聖母の足もとには頬杖をつく2人の天使がだまし絵の手法で描かれている；1754年ザクセン選帝侯アウグスト3世〔在位1733-

63〕が購入してドレスデンに移され，第２次大戦後一時モスクワに運ばれたが，現在はドレスデンのアルテ・マイスター美術館が所蔵する).

Skapulier【lat.-mlat. "袖なしの肩衣"】*n.* -s, -e, スカプラリオ(a. 2枚のくるぶしまでの長さの布を胸と背に垂らし，肩で繋ぎ合わせた形態の外衣で，*ベネディクト会や*ドミニコ会その他の修道会で修道服の上に着ける；*第三会や*信心会などでは縮小した形態のものが用いられた．b. aから派生したもので，イエスの*聖心と*聖母などの図絵の付いた長方形の2枚の布〔大きさは様々で，通常ウール製〕を紐で繋いだ形態で，身体の前と後に下げて日常的に着用する); das Grüne ~ [des Unbefleckten Herzens Mariä] 緑のスカプラリオ(bの布地と紐が緑色のもので*準秘跡；「*不思議のメダイ」の10年後の1840年に起きた，聖ヴィンセンシオ愛徳姉妹会の修道女ユスティノ・ビスケイブル―〔Justine Bisqueyburu; 1817-1903〕に対する聖母の出現に由来し，1863/70年教皇ピウス9世〔在位1846-78〕によって認可された).

Skapulier=fest *n.* -[e]s, -e, スカプラリオの祝日(*カルメル山の聖母」の祝日〔7月16日〕の別称；1251年のその日，カルメル会総長のシモン・ストック〔1165頃-1265；聖人〕に聖母*マリアが出現し，救霊の保証として茶色のスカプラリオを渡したことを記念する). **~kukulle** *f.* -, -n, → Skapulier a. **~medaille** *f.* -, -n, スカプラリオのメダイ(布製のスカプラリオを*メダイに換えたもので，教皇ピウス10世〔在位1903-14〕により認可された；イエスの*聖心と*カルメル山の聖母の像が各面に刻印されている).

Skopze【russ. "去勢された者"】*m.* -n, -n, 《通常複数で》去勢派, スコプツィ(18世紀半ば, *鞭身派から分かれて成立したロシア正教会の異端的分派；*千年王国の到来を信じ, 肉欲の徹底的な否定から, 信徒は男女とも自他に去勢を課した；ロシア当局から繰り返し弾圧を受けた). **Skopzin** *f.* -, -nen, → Skopze (の女性形).

Skriptorium【lat.-mlat.】*n.* -s, ..rien, 写字室, 写本室(沈黙のうちに写本などの制作を行うための, 中世の修道院内の部屋, 部署).

Skrutinium【spätlat.-mlat. "吟味, 探究"】*n.* -s, ..nien, ①審査(a.*叙階候補者の能力, 適性に関して*教区司祭や*上長が実施する；CIC. 1051. b. 古代キリスト教においては洗礼志願者に対して行われた). ②得票の集計・精査(教会選挙における；教皇の選挙に関して行われることはまれ)；[秘密]投票(教皇や司教の選挙における).

slawisch *adj.* スラブの(に属する)；die ~e Liturgie, der ~e Ritus スラブ[語]典礼(9世紀半ば, ビザンティン教会のキュリロス〔827頃-69〕とメトディオス〔815頃-85〕の宣教師兄弟が創案した教会スラブ語を用いて行われる典礼様式).

Societas Jesu【nlat.】*f.* - -, イエズス会(略：SJ；Jesuitenorden参照；Franz Xaver, SJのように会員の氏名の後に付ける場合Societatis - と格変化する). **Societas Mariae**【nlat.】*f.* - -, マリア会(略：SM；Marianist参照). **Societas Verbi Divini**【nlat.】*f.* - - -, 神言会(略：SVD；die *Gesellschaft* vom Göttlichen Wort参照).

Sodale【lat. "仲間, 友人"】*m.* -n, -n, 信心会〈兄弟会〉会員. **Sodalität**【lat. "連帯, 組合"】*f.* -, -en, 信心会, 兄弟会(Bruderschaft 1参照).

Sodom《固》ソドム(*死海の南東端, ヨルダン低地にあった古代都市；悪徳がはびこり, *アブラハムの執り成しにもかかわらず, *ロトとその家族を除いて, 神の降らせた「硫黄の火」〔創19:24〕によって*ゴモラとともに滅ぼされた〔創18:20-19:29〕；神による審判の実例, ないし最終的なそれの*予型とされる〔ルカ17:29-30〕).

sola fide【lat.】ソラ・フィデ, 信仰のみ(による*義認；*ルターの*宗教改革の中心的教義で, *パウロの教えに基づき, 人が義とされるための条件は, 唯一キリストを信じることであるというもの；ロマ3:22-28参照). **Solas** *pl.* die fünf ~【< lat. cinque solas】5つのソラ(*宗教改革の教義を要約した „sola"〔…のみ〕で始まる5つのラテン語句；sola scriptura「聖書のみ」, → sola fide「信仰のみ」, sola gratia「*恩恵のみ」, solus Christus「キリストのみ」, → soli Deo gloria「神の栄光のみ」).

Soldat Gottes【< lat. miles Dei】*m.* -en -, 神の兵士(→ Miles Christiと同じ).

Soli Deo【lat. "神(の前で)のみ"】*m.* - -, - -, ソリ・デオ(*ピレオルスの別称；ミサ中, *聖体の前でのみ脱ぐことから). **soli Deo gloria**

【lat."神のみに栄光"；dt. Gott allein [sei] die Ehre】ソリ・デオ・グロリア（略: S. D. G.；a. 教会堂の銘文に見られる語．b. 人間のあらゆる営みは神に栄光を帰するものであるという，*カルヴァンの神中心主義を要約したもの．c. ヨハン・ゼバスティアン・*バッハは自筆譜のサインとしてその略語を用いた）．

Solifidianismus *m.* -, 信仰義認論，唯信論（Rechtfertigungslehre参照）．

Soliloquist *m.* -en, -en, → Soliloquiumの著者．**Soliloquium**【lat."独り言"】*n.* -s, ..quien, 告白（自己の精神の発展についての哲学的・宗教的省察に基づく信仰告白書；例えば，*アウグスティヌス『告白録』〔Confessiones; 397-401〕，*シュライエルマッハー『独白』〔Monologen; 1800〕）．

Somasker【< Somasca】*m.* -s, -, 《通常複数で》ソマスカ修道会（1534年ジロラモ・ミアーニ〔1481-1537；聖人〕がイタリア，ロンバルディア州ソマスカに創立した男子修道会；孤児院，病院，学校の運営など社会事業に従事する；略: CRS）．

Sommer=quatember *m.* -s, -, 《通常複数で》夏の斎日（Quatember参照）．～**tag** *m.* -[e]s, -e, 冬送りの祝日（*四旬節の第4主日；*レターレの主日にあたり，民間では，冬に対する夏の勝利，つまり春の到来を祝う祭が行われる）．

Sonntag【< lat. dies Solis; gr. hēméra Hēlíou "太陽の日"】*m.* -[e]s, -e, 日曜日，主日（週の第1日；キリストの*復活を記念して，*使徒時代にユダヤ教の*安息日を週の初めに移動したもの；教会では，ミサに参列し，安息を守って労働を行わないよう定められている；なおドイツでは，日曜日の小売店の営業は「閉店法」〔Ladenschlussgesetz〕で原則的に禁止されている）．

Sonntags=pflicht *f.* -, -en, 日曜日〈主日〉の義務（ミサに参列し，労働を休むこと）．～**ruhe** *f.* -, 日曜日〈主日〉の安息．～**schule** *f.* -, -n, 日曜学校（日曜日のミサの後など，主に児童を対象として行われる*カテキズムや聖書の学習会；1780年頃イギリス，グロスターで，ロバート・レイクス〔1735-1811〕が日曜日毎に，労働者階級の子女に対する信仰教育，及び読み書きなどの初等教育を行ったのが始まり）．

Soter【gr.-lat.】*m.* -, -e, 救世主，救い主（a.《単数で》キリストの称号．b. 元来は：古代ギリシアの君主や神々の添え名）．**Soteriologie**【gr.-nlat.】*f.* -, 救済論（神による人間の救済の業について考察する学）．

Soutane【lat.-it.-fr."下着"】*f.* -, -n, **Soutanelle**【fr.】*f.* -, -n, スータン（カトリックの聖職者の通常服；キャソック〔engl. cassock〕，*タラールと同じ；首〔白いカラー付き〕からくるぶしまでの長さで，下はスカート状；司祭は黒，司教は赤紫，枢機卿は赤，教皇は白のものを着用する）．

Sozinianer【nlat.; < Lelio *u.* Fausto *Sozini*】*m.* -s, -, 《通常複数で》ソッツィーニ派（*宗教改革後の16-17世紀に，イタリア，スイス，ドイツ，ポーランドで活動した，*三位一体を否定し，父なる神の*位格だけを認めた一派；*対抗宗教改革が進展する中，各所で迫害を受け，17世紀半ばに最後の拠点となったポーランドも逐われた；*ユニテリアン派に大きな影響を与え，また聖書の合理的解釈や政教分離を提唱し，啓蒙思想の先駆ともいわれる；名称は，ポーランドにおける指導者レリオ・ソッツィーニ〔1525頃-62〕にちなむ；その甥のファウスト・ソッツィーニ〔1539-1604〕も彼の影響下で反三位一体論を唱え，ポーランドでユニテリアン派をたてた）．**Sozinianismus** *m.* -, ソッツィーニ主義．

Speise・kelch *m.* -[e]s, -e, 聖体器（→ Ziborium aの別称）．

Spende【mlat.】*f.* -, -n, 寄進，奉納金（教会，教区，修道会，神学校などの建物や，聖像，祭具などの物品に関係する費用にあてるため，信者〔場合によっては聖職者〕が自由意志によって寄付する金銭）．**spenden**【lat.-mlat.; < mlat. spendere "支払う"】*t.* (*h*) ①寄付する，寄進する．②(*祝福，*秘跡，*聖体などを) 授ける，授与する；jm. die Sakramente (den Segen) ～（或人に）秘跡（祝福）を授ける．**Spender** *m.* -s, -, ①寄進者（自身や一族の救霊を願って寄進を行う者；中世において，しばしばその姿は図像や影像の中に，跪いて祈りを献げている姿勢などで描き込まれた）．②(*秘跡及び*準秘跡の) 執行者（通常の場合，*洗礼は*司教，*司祭及び*助祭〔CIC. 861 §1〕，*堅信は司教及び権能を付与された司祭〔CIC. 882〕，*聖体の授与は司教，司祭及

び助祭〔CIC. 910§1〕，*ゆるしの秘跡〔CIC. 965〕と*病者の塗油〔CIC. 1003〕は司祭，*叙階は司教〔CIC. 1012〕がその執行者となる).

Spendung *f.* -, -en, ① 《単数で》→ spenden すること. ② → Spende.

Spener 《固》(*m.*) Philipp Jakob ～ フィリップ・ヤーコプ・シュペーナー (1635-1705；*ルター派の牧師で，*敬虔主義の指導者；エルザスの出身で，シュトラスブルク大学の神学生時代に*カルヴァン主義の影響を受ける；*万人祭司主義の実践のため，フランクフルト・アム・マインで首席説教師を務めていた1670年に，*敬虔集会〔Collegia pietatis〕を創始した).

Speyer 《固》シュパイアー (ドイツ中南部ラインラント=プファルツ州にあるライン川中流域の都市；4世紀には最初の司教座が置かれたが，民族大移動の時期に消滅する；7世紀に司教座が再興された；969年オットー大帝〔在位962-973〕により司教座教会に*インムニタス〔b〕が与えられた；1294年神聖ローマ帝国の自由都市になる；*宗教改革期には幾度も帝国議会が開催され，1540年にルター派となった). **Spey[e]rer** *adj.* 《不変化》シュパイアーの；～ Dom *m.* シュパイアー大聖堂 (正式名はDomkirche St. Maria und St. Stephan；世界最大規模の*ロマネスク様式の*バシリカ式聖堂；*神聖ローマ帝国皇帝コンラート2世〔在位1027-39〕の命により，その墓所〔皇帝大聖堂〕として建造が開始され，1061年に献堂された；地下聖堂〔*クリプト〕には神聖ローマ帝国皇帝，ドイツ王8人が妻とともに葬られている；1689年プファルツ継承戦争の際にルイ14世により，1794年にはナポレオンのフランス軍によって破壊されたが，その度に再建され，1961年には創建当時の姿に復元された；81年ユネスコ世界遺産登録)；～ Reichstag *m.* シュパイアー帝国議会〈国会〉(第1回〔1526年〕：神聖ローマ帝国皇帝カール5世〔在位1519-56〕がオスマン・トルコ軍の侵入に対抗するため，ルター派諸侯と都市に信教の自由を黙認する暫定的決議を行い，その支援を仰いだ；その結果，*宗教改革に拍車がかかった；第2回〔1529年〕：トルコ軍の撃退直後に開会し，カール5世は第1回国会の決議を廃して，*ヴォルムス勅令の実施を確認，ルター派を禁じた；これに対して6人のルター派諸侯と14都市が「抗議」〔protestatio〕を行い，「抗議者」〔→ Protestant〕の名称が生じた).

Spirit 【lat.-altfr.-engl.】 *m.* -s, -s, (死者の)霊，霊魂，心霊；聖霊. **Spiritaner** 《< lat. Congregatio Sancti Spiritus》 *m.* -s, -s, 《通常複数で》聖霊修道会(1703年プラール・デ・プラス〔1679-1709〕がパリで設立した男子修道会；聖職者の養成，宣教，貧者救済など社会事業に従事していたが，1848年にフランソワ・リベルマン〔1802-52〕がアフリカ宣教を目的として創設した〔1841〕マリアの御心宣教会と合併して活動範囲を拡大した；「スピリタン」〔engl. spiritans; fr. spiritains〕とも呼ばれる会員は現在，ヨーロッパ，アフリカ，アジア，南北アメリカなどで活動している；略: CSSp；ドイツ語名称はMissionsgesellschaft vom Heiligen Geist).

Spiritismus 【lat.(-engl.)-fr.】 *m.* -, スピリティズム，心霊主義，交霊術(霊媒を通じるなどして，神霊や死者の霊との個人的直接的な交信を行うこと；特にフランスのアラン・カルデック〔1804-69〕による，霊界との交渉の実践〔交霊会〕，霊魂の不滅と転生の信仰などを含む体系的世界観；なおカトリック教会は古くからこれを排斥し，1917年*検邪聖省は，いかなる形式であれ信徒が霊との交信に関与することを禁じた). **Spiritist** *m.* -en, -en, 心霊学者，交霊術師，霊媒(スピリティズムの主張者，実践者).

spiritual 【lat.-(spät)lat.】 → spirituell. **Spiritual** 《I》【lat.-mlat.】 *m.* -s *u.* -en, -en, 霊的指導司祭(神学校や修道院で，神学生や修道者に対して霊的な助言や指導を行うため，教会権威者によって任命されている者；CIC. 239§2). 《II》【lat.-fr.-engl.-amerik.】 *n.* (*m.*) -s, -s, スピリチュアル，霊歌(17世紀の奴隷制の始まりとともに，アメリカ南部などで広まった民衆的宗教歌；特に，ニグロ・スピリチュアル，黒人霊歌〔Negro ～ *od.* Negro ～〕をいう).

Spirituale 【lat.-mlat.】 *m.* -n, -n, 《通常複数で》スピリトゥアル派，聖霊派(*フランシスコ会内部で，創立者アッシジの*フランチェスコ〔1182-1226〕の没後，会則の文字どおりの遵守と完全な*清貧を主張し，教皇による会則の緩和に反対した一派；形式主義と狂信的傾向に陥って分派活動を行い，一部は*異端として断罪されたが，14世紀初めにその大部

分は教皇ヨアンネス23世〔在位1316-34〕に服従した；ただし、この流れを汲む*フラティチェリは15世紀半ばまで存続した）． **Spiritualien** pl. 霊的職務(聖職及び聖職者の使命や権利に関する事柄；ミサ，説教，秘跡など)．

Spiritualismus m. -, ①スピリチュアリズム，心霊主義，心霊論(a. *私的啓示を重視して，神との個人的直接的な霊的交感を主張するキリスト教内部の神秘主義的傾向．b. 唯心論：唯物論に対し，精神ないし心に世界の根源的本質を認め，物質をその仮象とみなす存在論上の立場)．② → Spiritismus．**Spiritualist** m. -en, -en, 心霊主義者，心霊論者；唯心論者．

spiritualistisch adj. 心霊主義の(に関する，的な)，心霊論の；唯心論の．

Spiritualität【mlat.】f. -, 霊性(教会や修道院などの信仰共同体において，魂の向上と救済のため，*聖霊に満たされ，またその導きに従うべく，祈りや*福音的勧告の実践に努める際の具体的な形；ガラ 5:16-26参照)．

Spiritual・präsenz f. -, 霊的臨在(*聖餐のパンとぶどう酒はそのままで，拝領の場にキリストが「霊的」に実在するということ；*ルターの*共在説における「現臨」に反対して，*カルヴァンが唱えた説)．

spirituell【lat.-mlat.-fr.】adj. (spiritual) ①霊的な，［心］霊の；精神の，精神的な．②宗教上の；教会の，聖職の；〜e Lieder 聖歌，賛美歌．

Spiritus Sanctus【lat.】m. - -, 聖霊(der Heilige Geist参照)．

Spital・orden【lat.-mlat. "病院, 救貧院" + → Orden】m. -s, -, 病院修道会(Hospitaliter参照)．

Spolien【mlat.; < lat. spolium"獲物"】pl. (中世の)聖職者の遺産(動産)．**Spolien・recht**【< lat. ius spolii】n. -[e]s, -e, 聖職者遺産継承権(a. 中世において保護者〔Patron 2参照〕が有していた，関係する聖職者の遺産〔動産〕を没収することができる権利．b. 中世において皇帝や領主が行使した，*司教の遺産〔動産〕を接収する権利；*教皇によって再三禁止されたが，*トリエント公会議まで存続した)．**Spolium** n. -s, ..lien u. ..lia, 《通常複数で》→ Spolien．

Sponsa【lat."婚約者"】f. -, -e, [..zɛ] 花嫁(*教会台帳における「新婦」のラテン語表記)；〜 Christi キリストの花嫁(a. *パウロによる，教会の表象；エフェ 5:21-33参照．b. 独身を守り，神に貞潔を献げる女性，修道女の表象〔2コリ11:2参照〕；アヴィラの聖テレサ〔1515-82〕やシエナの聖カタリナ〔1347-80〕ら女性神秘家の著作にしばしば見られる表現；die geistliche Vermählung参照)．**Sponsus**【lat.】m. -, Sponsi, 花婿(*教会台帳における「新郎」のラテン語表記)．

Sprengel【< sprengen, Sprengwedel；原義"教会の霊的な力が「注ぎかけられる」領域"】m. -s, -, ①小教区；《プ》教区, 管区(Pfarrei参照)；教区，司教区(Diözese参照)．② → Sprengwedel．**Spreng・wedel** m. -s, -, 灌水棒，散水棒，灌水刷毛(Weihwasserwedel参照)．

Sprichwörter pl. das Buch der 〜【< lat. Liber Proverbiorum】箴言「格言の書」とも；旧約聖書中の*詩編の次の書；*知恵文学の1つで，ユダヤ教では*諸書に含まれる；イスラエル王国時代の様々な格言や教訓を集めた複数の文書を基に，宮廷での社会生活で必要な様々な倫理的宗教的規範を教える目的で編まれた；*バビロニア捕囚後の成立とされる；その多くに賢者として知られる*ソロモンの名が冠せられているが，直接由来するかは不明)；〜 Salomo[n]s <Salomonis> ソロモンの箴言(箴 1:1参照)．

Spruch【原義"語られたこと"】m. -[e]s, Sprüche, ①格言，金言；ein 〜 Jesu (aus der Bibel) イエス(聖書)の言葉；die Sprüche Salomo[n]s <Salomonis> 箴言(das Buch der Sprichwörter参照)．② → Orakelspruch．**Spruch・quelle** f. -, die 〜 [Q] 語録資料(→ Redequelleと同じ；Q-Quelle参照)．

SS.《略》→ Sante, Santi (の略)．**St.** → Saint (の略)．

Staats=kirche f. -, -n, 国家教会，国会教(国家の立法や行政と密接に結合し，あるいは国家に従属することによって特権が与えられている特定の教派，教会；例えば，*宗教改革後のドイツの*領邦国家におけるプロテスタント諸派や*英国国教会；→ Nationalkircheと同義で用いられることも)．〜**kirchentum** n. -s, 国会教制度，国会教主義(領域内で活動する特定教派の教会を，国の一機関とするなどして，国家権力の統制下におくこと)．〜**religion** f. -, -en, 国家宗教，国教(国家権力によって公認され，法律などを通じて特権が与えら

れるとともに，国家に従属している宗教及び宗教団体）．

Stabat mater [dolorosa]〔lat."[悲しみの]聖母は立っていた"〕*f.* - -[-], - -[-], スターバト・マーテル[・ドロローサ], 聖母哀歌（a.《単数で》キリストの十字架のもとに佇む聖母の悲しみを黙想するラテン語の歌；名称はその冒頭の1行による；*悲しみの聖母への崇敬が広まった13世紀に，イタリアの*フランシスコ会士ヤコポーネ・ダ・トディ〔1230頃-1306〕が作ったとされる；民衆の宗教歌として広く普及し，1727年ベネディクトゥス13世〔在位1724-30〕が定めた「悲しみの聖母」の祝日〔9月15日〕のミサの*続唱や*聖務日課〔*教会の祈り〕の*賛歌に採用された．b. aに作曲した音楽作品；例えば，ペルゴレージ〔1736〕，ロッシーニ〔初稿1831〕，ドヴォルザーク〔1876/77〕，プーランク〔1950〕の作品が有名；また，磔刑(たっけい)図など美術作品における聖母の主題の1つ）．

Stabilitas loci〔lat.〕*f.* -, **Stabilität**〔lat.〕*f.* -, 定住（修道者が所属する修道院内に居住して共同生活を守り，*上長の許可なしにそこを離れてはならないこと〔CIC. 665§1〕；*ベネディクトゥスの戒律〔第58章〕に規定されており，*ベネディクト会では3つの*福音的勧告の他に定住の誓願を立てる）．

Stab・kirche【< norwegisch stavkirke】*f.* -, -n, 樽板教会，スターヴ教会（11-16世紀のノルウェー独自の木造教会建築；高い松の支柱〔スターヴ〕によって急勾配の切妻屋根を支え，頑丈な厚板〔樽板〕を垂直方向に組み上げる壁体の構造をもつ；造船技術に由来する；34棟が現存し，最古のウルネス教会〔1100年頃〕や最も状態がよいとされるボルグンド教会〔1150年頃〕が有名）．

Stadt=kirche *f.* -, -n, 市教会（a. ある都市の宗教生活の中心となるプロテスタント，特に*ルター派の教会．b. die katholische 〜kirche 1つの都市の複数の*教区が合同してつくるカトリックの司牧共同体）．〜**kloster** *n.* -s, ..klöster, 都市修道院（荒野や山間などではなく，人口密集地のただ中に建てられた修道院；「俗界修道院」とも呼ばれる）．〜**mission** *f.* -, -en, シティー・ミッション，都市伝道団（*内国宣教の一環として，都市圏を中心に司牧，青少年教育，困窮者救済などの社会福祉活動を行うプロテスタント団体；1826年スコットランド，グラスゴーで創始された；イギリス，ドイツ，アメリカ，オーストラリア，インド，南アフリカなどの各国組織を統括する都市伝道団世界連盟〔City Mission World Association；略: CMWA〕がある）．

Staffel・gebet *n.* -[e]s, -e, 階段祈禱(Stufengebet参照).

Stamm *m.* -[e]s, Stämme, 部族, 種族；Zwölf Stämme [Israels]〔イスラエル〕十二部族（神〔*ヤハウェ〕が*アブラハムとの*契約において，*カナンの土地を与えることを約した，彼の子孫たちのこと〔創17:7-8〕；アブラハムの子*イサクの子*ヤコブ〔後にイスラエルと改名〕と4人の女の間，及びヤコブの子*ヨセフに生まれた計12人を名祖とする；創35:23-26, 41:51-52).

Stamm=baum *m.* -[e]s, 系図, 系譜（旧約聖書では，個人（特に，王や祭司）や部族などの由来が，原則として男子の継承者の系譜として記録される）；der 〜baum [Jesu] Christi〔イエス・〕キリストの系図（キリストが*アブラハムと*ダビデの直系の子孫，神の子であり，旧約で預言された*メシアであることを証明する系図；マタ1:1-17はアブラハムから始まってイエスへ，ルカ3:23-38では逆にイエスに始まり，アブラハムを経て*アダムに至り，神にまで遡る）．〜**eltern** *pl.* 人祖（人類の始祖たるアダムと*エバのこと）．〜**gruppe** *f.* -, -n, 育児サークル（教会や*教区内で，幼児保育や子育ての相互支援，様々な催しを行っている親子のグループ）．〜**haus** *n.* -[e]s, ..häuser, 本部修道院(Mutterhaus参照).〜**mutter** *f.* -, 人祖エバ．〜**vater** *m.* -s, 人祖アダム．

Stand【< stehen】*m.* -[e]s, Stände, 状態；立場，身分，階層；der dritte 〜 第三身分（西ヨーロッパの封建主義社会において，第一身分の聖職者，第二身分の貴族に対し，それ以外の非特権階級のこと；特に，フランス革命以前の平民身分〔fr. le tiers état〕）；der geistliche 〜 聖職者階級．**Standes・gnade** *f.* -, 身分上の恵み（教会職，世俗の職業，結婚生活などにおける責任や使命を十全に果たせるよう，各人の身分や状況に応じて神から与えられる*恩恵）．

Stanzen【lat.-mlat.-it.；< it. stanza "部屋"】*pl.* スタンツェ（「ラファエッロの間」とも；ラファエッロ〔1483-1520〕とその弟子たちによる

フレスコ画〔1509-17年制作〕で飾られた*ヴァティカン宮殿3階の4つの部屋;「アテネの学堂」のある「署名の間」,「聖ペトロの解放」のある「ヘリオドロの間」,「ボルゴの火災の間」,そしてラファエッロの死後に造られた「コンスタンティヌスの間」からなる;元来は,教皇ユリウス2世〔在位1503-13〕の公邸だった).

Starez【russ.】*m.* -, Starzen, スターレツ, 長老(*東方正教会, 特に*ロシア正教会で霊的・精神的指導を行う年長者;多くは,長年にわたる隠修生活を通じて優れた徳を身に付けたと認められた者で, 修道士や一般信徒の指導にあたる;まれに聖職者〔神品(ﾄﾞｷ)〕でない場合もある).

Starowerzen【russ.“古い信仰の人”】*pl.* スタロヴェール, 古儀式派(モスクワのニーコン総主教〔在位1652-58〕による奉神礼〔典礼〕改革に反対して, 1652年に分離した旧守派の総称;以前は「分離派」〔ラスコーリニキ〕とも;1667年に破門され, 以降激しい迫害を受けたが, 現代に至るまで古い奉神礼と聖歌の形式を保持している).

Starzen *pl.* → Starez (の複数形).

Station【lat.“駐屯地, 集会〔所〕”;ローマで, 特定の日, 決められた場所に兵士が配備されたことに由来する】*f.* -, -en, ①巡礼指定教会, 指定巡礼聖堂(信徒が特定の日に*巡礼してミサに与るよう指定されている教会;*聖年など, 巡礼以外にも一定の条件を満たすと*全免償が受けられることがある). ②〔集会〕指定教会(4-8世紀, ローマなどで*四旬節その他の特定日に, *司教が市内を行列して巡回する際, その途中で典礼上の祭式が行われた複数の教会;*司教座を中心とする*教区全体の結束を示す目的があった;ないしは, 典礼暦上の特定日にミサが挙行されることが決められていた教会をいう). ③集合場所, 指定場所(典礼上の*行列の参加者が集合, 休止するために定められた複数の地点). ④(*十字架の道行の)留(ﾘｭｳ), スタツィオ(Kreuzwegstation参照).

Stations=ablass (〜ablaß) *m.* ..lasses, ..lässe, ①*巡礼指定教会の参詣に付与された*全免償. ②十字架の道行きの免償(祝福された*十字架の道行の図像の前で, 十字架の道行を行うことで与えられる全免償). 〜**fasten** *n.* -s, (毎週の)断食(初代教会の時代から6世紀頃まで, キリストの*受難を記念して毎週2回, 水曜日と金曜日〔の午後3時まで〕に行われた断食;→Quatemberfastenはその慣習の名残り). 〜**gottesdienst**【< lat. missa stationalis】*m.* -[e]s, -e, 〔集会〕指定教会のミサ(Station 2参照;近年この古い慣習を復興して, *四旬節中の特定日〔例えば毎週水曜日〕に, 指定された教会においてミサを挙行する*教区がある). 〜**kirche** *f.* -, -n, → Station 1, 2. 〜**tag** *m.* -[e]s, -e, 指定聖日(予め指定された教会でミサが挙行される*典礼暦上の特定日;第2*ヴァティカン公会議まで, ローマ市内では祝日毎にミサが行われる教会が定められていた).

Statt・halter *m.* -s, -, 総督(ローマ帝国の属州の;Prokurator a参照).

Ste. → Sainte (の略).

Stefani・tag → Stephanitag.

Stein *m.* -[e]s, -e, 石;der 〜 des Anstoßes <Ärgernisses> ... der Stein des *Anstoß*es;jm. 〜 statt Brot geben《雅;比》親切そうなふりをして何の役にも立たないことをする, 口先だけで助けにならない(マタ7:9〔Oder ist einer unter euch, der seinem Sohn einen 〜 gibt, wenn er um Brot bittet.「あなたがたのだれが, パンを欲しがる自分の子供に, 石を与えるだろうか.」〕に基づく);Wer von euch ohne Sünde ist, werfe als Erster einen 〜 auf sie.「あなたたちの中で罪を犯したことのない者が, まず, この女に石を投げなさい.」(ヨハ8:7).

Stein・kreuz *n.* -es, -e, 石の十字架(事故や犯罪の記念碑, 道標, 境界標などとして当該の地点に設置された).

Stell・vertreter *m.* -s, -, 代理人(教会行政や教会職の執行者の代理〔CIC. 43〕;また, 婚姻契約の有効な締結のため, 当事者に委任されて代理出頭する者〔CIC. 1104-05〕);der 〜 [Jesu] Christi〔イエス・〕キリストの代理者(教会の司牧者〔CIC. 212§1〕, 特にローマ*教皇のこと).

Stephani・tag, Stephans・tag *m.* -[e]s, -e, 聖ステファノの祝日(12月26日;オーストリア, イタリアなどでは法定休日). **Stephanus**【gr.“冠”】《固》(*m.*) ステファノ(聖人;キリスト教最初の*殉教者;ユダヤ教から改宗した*ヘレニスト;「信仰と聖霊に満ちてい

る人」として*十二使徒の補佐〔助祭〕に任命された7人のうちの1人で,「食事の世話」にあたったが,*律法学者らとの論争でユダヤ教を強く批判したとして告発,逮捕され,石打ちによって34年頃殉教した;使6:5-7:60).

Sterbe=ablass（～ablaß） m. ..lasses, ..lässe, 臨終の全免償(死に瀕している信者に対して*完全痛悔を勧め,その罪を赦し,*全免償を与えて*天国に入る準備をさせること). **～-amt** n. -[e]s, ..ämter, 死者のためのミサ(Requiem参照). **～gebet** n. -[e]s, -e, 臨終者のための祈り(死に瀕している信者の傍らで唱えられる,その霊魂を神に委ねる祈り;*聖体拝領を伴い,時間がある場合には*ゆるしの秘跡,*病者の塗油が併せて行われる). **～kerze** f. -, -n, 臨終のろうそく(死に瀕している信者の傍らで,*臨終の聖体拝領の際に灯されるろうそく). **～kreuz** n. -es, -e, 臨終者の十字架(臨終の祈りの前に,司祭が臨終者に渡す〔または示す〕小さな十字架で,*復活を約束するしるし;通常は*ラザロ十字架の形状のものが用いられる).

sterben (starb, gestorben)（I）i.（s）死ぬ,死去する,亡くなる((カ)帰天する,((プ)召天する,とも).（II）t.（s）(死を)遂げる;den Märtyrertod ～ 殉教する,殉教の死を遂げる.

Sterbe・sakramente pl. 臨終の秘跡(死の危険にある病人に対して行われる,*ゆるしの秘跡,*聖体,及び*病者の塗油の秘跡;die ～ empfangen <erhalten> 臨終の秘跡を受ける.

Stern m. -[e]s, -e, 星(神の*公現,*啓示,栄光,*恩恵,*イスラエルの*十二部族,キリストと聖母*マリア,*十二使徒やその他の*聖人,*悪魔〔宵の明星;逆に,明けの明星はキリストやマリアと結び付けられる;Luzifer, Morgenstern参照〕などの象徴);der ～ des Meeres〔< lat. Stella maris〕(Meeresstern) 海の星(嵐の海で方位を教えてくれる星;伝統的な聖母マリアの呼称の1つ;聖母の*賛歌の「アヴェ・マリス・ステラ」は「めでたし海の星」〔Sei gegrüßt, Stern des Meeres〕の意).

Stern・singer m. -s, Der ～ シュテルンジンガー(Kindermissionswerk参照).

Stift n. -[e]s, -e u.(まれに:) -er, ①参事会(中世において基本財産を備えて法人として認められた聖職者の団体;例えば,*司教座聖堂祭式者会,*修道参事会,共住聖職者団聖堂参事会〔*アウグスティヌスの戒律に従って共同生活をした*在俗司祭の団体〕);参事会所属の建物(司教座聖堂,修道院など),*司教区. ②(参事会員によって運営された)神学校,慈善施設(病院,救貧院,孤児院,養老院など). ③ <östr.>(比較的規模の大きい)修道院. ④ → Frauenstift. ⑤《古》(キリスト教団体の経営する)宗派女学校. **Stifter** m. -s, -, 寄付者,寄進者(Spender 1参照);(寄付による宗教団体の)設立者.

Stifter=bildnis n. -ses, -se, **～figur** f. -, -en, 寄進者の図像(彫像)(Spender 1参照).

Stifterin f. -, -nen, → Stifter(の女性形). **stiftisch** adj. 参事会に所属する(財産など).

Stiftler m. -s, -, 《古》参事会員.

Stifts=amt n. -[e]s, ..ämter, ①参事会室. ②参事会員の職務(身分). **～archiv** n. -s, -e, 参事会記録保管庫. **～bibliothek** f. -, -en, 参事会図書館. **～dame** f. -, -n, ①(Chorfrau, Kanonisse) 女子聖堂祭式者会員,女子聖堂参事会員(*聖堂参事会に属する貴族階級出身の女性会員). 《古》(修道院付属)老人養護施設居住者(→ Frauenstift 1に居住する,貴族階級出身の老齢の独身女性). **～fräulein** n. -s, -, ① → ～dame. ②(キリスト教の)宗派女学校の生徒(卒業生). **～herr** → Chorherr. **～hütte**【hebr. ohel mo-ed の*ルターによる訳語】f. -, -n, 幕屋(Wohnstätte参照). **～kapitel** n. -s, -, 聖堂参事会,聖堂祭式者会(Kapitel 2 a, Kanonikerkapitel参照). **～kirche** f. -, -n, 参事会聖堂(*聖堂参事会に所属する,*司教座のない教会;Kollegiatkirche参照). **～pfarrei** f. -, -en, 司教区,《プ》教区(Diözese参照). **～schule** f. -, -n, (中世の)司教座聖堂付属学校(Kathedralschule参照);修道院付属学校. **～versammlung** f. -, -en, 参事会(員)の集会.

Stiftung f. -, -en, ①財団(寄付によって設立,運営される宗教団体);die fromme ～ 信心上の財団(*信心業,*使徒職,慈善事業を目的として設立された財団;CIC. 1303). ②寄付(ミサなど儀式の挙行,慈善事業のために教会に寄せられる奉納金;CIC. 945-58).

Stigma【gr.-lat. "(焼)印;刺し傷"】n. -s, ..men u. -ta, 聖痕,スティグマ(キリストが*受難の際に負った両手,両足,脇腹の5箇所,また額,肩,胸などの傷の痕跡;及び,ある信徒の身

体のこれらと同じ箇所に，外的な原因がなく，医学的な治療のできない傷が出現し，そこから出血することで，しばしば激しい痛みを伴う；例えば，アッシジの*フランチェスコが，1224年9月ラ・ヴェルナ山で*セラフィムを通じて受けたという両手，両足，脇腹の傷．**Stigmata** *pl.* → Stigma（の複数形）；die 〜 Christi キリストの聖痕（中世の神秘思想以来，*崇敬や*信心業の対象とされる；兵士の槍に突かれた脇腹の傷〔ヨハ19:34；Lanze参照〕は，*イエスの聖心に対する崇敬と結び付いて最重要視された）．**Stigmatisation**【gr.-mlat.-nlat.】*f.* -, -en, 聖痕（の現象）．**stigmatisieren**【gr.-mlat.】*t.* (*h*)（通常受動態で）（或人に）聖痕を与える．**stigmatisiert** *p.p.* 聖痕を受けた．**Stigmatisierte**[#] *m. u. f.* -n, -n,《形容詞的変化》聖痕を受けた人，聖痕者（例えばアッシジの*フランチェスコ；その記念日は9月17日）．

still *adj.* 静かな，沈黙の；der 〜e Freitag → Karfreitag；das 〜e Gebet → das stille *Gebet*；die 〜e Messe → Stillmesse；〜e Nacht, heilige Nacht「きよしこの夜」（クリスマスの民衆歌；1818年のクリスマスイブにオーストリア，ザルツブルク州の村オーバーンドルフの聖ニコラウス教会で初めて歌われた；作詞ヨーゼフ・モール〔1792-1848〕，作曲フランツ・クサヴァー・グルーバー〔1787-1863〕；「カトリック聖歌集」第111番での邦訳タイトルは「しずけき 真夜中」）；die 〜e Woche → Karwoche．**Stillmesse** *f.* -, -n, 低声ミサ（音楽を伴わない「読唱ミサ」の別称；Lesemesse参照）．

stock・katholisch *adj.*《話》こちこちのカトリックの．

Stola【gr.-lat."衣服"】*f.* -, ..len, ストラ（襟垂帯(えりたれおび)，頸垂帯，ストール〔engl. stole〕とも；*司教，*司祭，*助祭が典礼で*アルバの上に着用する祭服の一部で，細長い帯状の布〔色は当日の*典礼色〕；司教と司祭は首の後，両肩から前に垂らし〔かつて司祭は胸の前で交差させた〕，助祭は左肩から襷袈懸けにして右腰で固定する）．**Stol・gebühr** *f.* -, -en,《通常複数で》聖式謝礼（寄進，献金，奉納金とも；洗礼，婚姻，葬儀など特別の意向のためミサを挙行する司祭に支払われる金銭；名称は，挙式者がストラを着用することから；CIC. 1181, 1264）．

Stoß・gebet *n.* -[e]s, -e, ①（危急の際や，死に瀕して唱えられる短い）とっさの祈り；kaum <nur> noch Zeit für ein 〜 finden <haben>《比》死が目前に迫っている．②射禱（Schussgebet参照）．

Strafe *f.* -, -n, 刑罰（教会及び信仰を侵害する罪を犯したキリスト信者に対し，*教会法に従って霊的または物的に行使される制裁；CIC. 1311-99）．**Straf・predigt** *f.* -, -en, 説教，訓戒；jm. eine 〜 halten（或人に）説教する，咎め立てする．

Strebe=bogen *m.* -s, -, フライング・バットレス（Schwibbogen 1参照）．**〜mauer** *f.* -, -n, 控え壁．**〜pfeiler** *m.* -s, -, 控え壁，控え柱，扶壁，バットレス（engl. buttress；*ロマネスクや*ゴシック様式の大聖堂建築などで，*側廊の主壁を外部から支持して*ヴォールトの荷重を受け止めるための構造体；*側廊の壁面の外側に，塔のように立ち並んでいるものは特に「塔状バットレス」〔Turmstrebepfeiler〕という）．**〜werk** *n.* -[e]s, -e, フライング・バットレスとバットレスからなる構造体．

Studenten=gemeinde *f.* -, -n, 〔キリスト教〕学生会（大学などにおけるカトリックまたはプロテスタント学生の共同体）．**〜pfarrer** *m.* -s, -, 学生会の指導司祭（牧師）．**〜seelsorge** *f.* -,（大学などにおける）学生司牧．

Stufen・gebet *n.* -[e]s, -e,（Staffelgebet）階段祈禱（かつてのミサの冒頭で，*司祭と*侍者が祭壇へ登る階段の前で交互に唱えた祈り；第2*ヴァティカン公会議後の典礼改革で廃止された）．

Stuhl *m.* -[e]s, Stühle, ①椅子（例えば，教会堂の会衆用座席；Kirchen〜参照）．②（他の語と結合して：…の）座（キリストから与えられた権威，権限の所在）；der 〜 Petri ペトロの座（キリストが*ペトロを「岩」として選び〔マタ16:18〕，その上に教会を築いたことにちなむ教皇職の別称；ペトロはローマ司教の座に就き，以後の*教皇はその後継者とされる；Cathedra参照）；der Apostolische <Heilige / Päpstliche> 〜 使徒座〈聖座，教皇座〉（キリストから教会を裁治する権能を与えられているローマ教皇のこと；及び，裁治にあたってローマ教皇を補佐する*教皇庁をさす）；der bischöfliche 〜 司教座，司教高座（Cathedra参照）；《東；英》主教座．**Stuhl・feier** *f.* -, -n, Petri 〜 聖

ペトロの使徒座の祝日（a. ペトロが使徒座をローマに定めたことを記念する1月18日；現在は，bの日にまとめて祝われる．b. ペトロが〔ローマ以前に〕*アンティオケイアに使徒座を定めたことを記念する2月22日）．

Stunde *f.* -, -en, 時，時間；die heilige 〜 → die *heilige* Stunde.

Stunden=buch【< fr. livre d'heures】*n.* -[e]s, ..bücher, (Horarium) 時禱書（一般信徒のために*聖務日課書を編集して作られた挿し絵入りの祈禱書，信心書；13世紀にフランスで成立し，14-16世紀には豪華な装飾が施された写本として，フランスやフランドルの王族や貴族など富裕層で普及した；特に有名なのが「ベリー公のいとも豪華なる時禱書」〔fr. Les Très Riches Heures du Duc de Berry / dt. Das Stundenbuch des Herzogs von Berry；1410-16〕）．〜**gebet** *n.* -[e]s, -e,《通常複数で》①聖務日課，（現在の名称は：）教会の祈り（かつては，もっぱら*教役者や修道者たちが，1日のうち特定の時刻に集合して行った礼拝を意味したが〔Breviergebet参照〕，第2*ヴァティカン公会議後の典礼刷新により，「*神の民」〔信者〕すべてが与るべき共同の礼拝としての意義を強調，再確認されて「教会の祈り」〔lat. Oratio ecclesiae / dt. → das *Gebet* der Kirche〕と呼ばれるようになった）．②時課，定時課（Horen参照；CIC. 1173-75参照）．

Stylit【spätgr.; < gr. stỹlos "柱"】*m.* -en, -en,（初期キリスト教の）柱頭行者（Säulenheilige参照）．

subapostolisch【lat. sub "半，下" + → apostolisch】*adj.* 使徒（時代）直後の；die 〜e Zeit *使徒時代の直後（使徒*ヨハネが*エフェソで没した100年頃から，彼の直弟子とされるポリュカルポス〔69/70-155/6頃，小アジア，スミュルナの司教〕が死んだ2世紀半ばまでの時期）．

Subbotniki【russ.】*pl.*（18世紀末のロシアに興った）安息日派（Sabbatianer参照）．

Subdiakon【lat. sub + → Diakon】*m.* -s u. -en, -e[n], ①副助祭（*司教及び*司祭とともに*上級聖職位の1つで*準秘跡；*盛式ミサでは*助祭の補佐役を務め，*書簡の朗読を行い，また*聖務日課が義務付けられていた；3世紀以来，*司祭職の前段階とみなされていたが，1973年パウロ6世〔在位1963-78〕によって，*下級品級とともに廃止された）．②《東》副輔祭（*輔祭の前段階だが，聖職者〔神品（神品）〕には含まれない）．**Subdiakonat** *n.* (*m.*) -[e]s, -e, 副助祭職．**Subdiakonats・weihe** *f.* -, -n, 副助祭の聖別（式）（*司教によって執り行われる；志願者は*独身の誓いを立て，*諸聖人の連禱が唱えられる間，床に*平伏して，以降聖職者として，神に対し恭順な態度を取り続けることを表明する）．

Submersion【lat.-spätlat. "水中に沈めること"】*f.* -, -en, 全身浸礼（洗礼志願者の全身を水に浸す授洗の方法；現在では，*バプテスト派の諸教会や，一部の*正教会〔特に*幼児洗礼の場合〕で行われている；Immersion, Baptisterium 2参照）．

Subordinatianer【< lat. subordinatio "下位，従属"】*m.* -s, -, 従属説の提唱者．**Subordinatianismus** *m.* -, 従属説（*三位一体の神の解釈において，子は父の下位にあってこれに従属し，本質的にはその被造物であるとする*アレイオス派などの異端説で，325年第1*ニカイア公会議で排斥された；これが聖霊論に援用され，*聖霊は子の被造物であるとする説〔*オリゲネス主義など〕や，聖霊の神性を否定する説も現れたが，381年の第1*コンスタンティノポリス公会議で排斥された）．

Subprior【lat.-mlat.】*m.* -s, -en, 修道院副院長，副修道院長（修道院では院長を補佐する第2の位；*大修道院では*大修道院副院長を補佐する第3の位）．

Substanz【lat. "下に立つもの"】*f.* -, -en, 実体（「本体」とも；他に拠ることなく，それ自身において存在するもの；*三位一体としての神存在〔Hypostasis参照〕，*聖変化における パンとぶどう酒の*実体変化などに関して用いられる語）．

suburbikarisch【lat. "都市近郊の"】*adj.* ローマ近郊（周辺）の；der 〜e Bischof ローマ所属教区司教（ローマ教区に属する周辺の7教区の1つを名義として与えられている*司教枢機卿で，最高位の*枢機卿）；das 〜e Bistum ローマ所属教区（ローマ教区に属するオスティア，アルバノ，フラスカティ，パレストリーナ，ポルト＝サンタ・ルフィーナ，サビーナ＝ポッジョ・ミルテート，ヴェッレトリ＝セーニの7教区；その司教は歴史的に教皇の顧問を務め，それが枢機卿制度の原型となっ

た；現在，オスティア教区は*首席枢機卿に〔CIC. 350§4〕，その他は6人の*司教枢機卿にそれぞれ*名義教区として与えられる）．

Suffragan【mlat.；< spätlat. suffragium "補助"】 *m.* -s, -e, → Suffraganbischof.

Suffragan=bischof *m.* -s, ..bischöfe, 所属司教, 属司教（*免属の司教に対して，*教会管区内に*司牧すべき*教区をもつ司教のこと；*管区大司教の下位にあってこれを補佐し，*管区会議における議決権を有する；CIC. 442）；《東》属主教，《プ》副監督，《聖》教区主教；(教区主教を補助する)補佐主教．〜**bistum** *n.* -[e]s, ..bistümer, 〜**diözese** *f.* -, -n, 所属司教区，属司教区(管区大司教が統括する教会管区のもとにあって，属司教が所轄する教区).

Suffragium【lat. "票；賛助"】 *n.* -s, ..gien, ①代禱，代願（聖母*マリアやその他の*聖人たちに神への*執り成しを求める祈り；Fürbitte参照）．②(元来は：ローマ市民の)投票権，参政権；投票，票決．

Sühne【原義"鎮静；宥和"】 *f.* -, (まれに:) -n, 償い，贖い，贖罪(a. 罪によって損なわれた神あるいは他人との関係を，教会の命じる刑罰を果たすことによって回復すること．b. キリストが，十字架上の死によって人類の罪を贖い，神との和解をもたらしたこと；ロマ 5 : 8 -11参照).

Sühne=altar *m.* -s, ..altäre, 贖罪の献げ物の祭壇． 〜**opfer** → Sühnopfer． 〜**strafe** *f.* -, -n, 贖罪的刑罰(教会が，罪を犯したキリスト信者に対して*懲戒罰の代わりに科す，罪の償いとしての制裁；CIC. 1336-38).

Sühn・opfer *n.* -s, -, 贖罪の献げ物(神の戒めに違反し，禁を破ったときに献げられる*いけにえ；罪を犯した者の身分によって，雄牛，雌山羊または雌羊その他の別が定められている〔レビ4 : 2 - 5 :13〕；または，全国民の罪の償いのため，*贖罪日に献げられる雄牛，雄山羊のこと〔レビ16章〕.

Sukzession【lat.】*f.* -, -en, 継承(die *Apostolische* Sukzession参照).

Sulpizianer【< Saint-Sulpice】 *m.* -s, -, 《通常複数で》聖スルピス会(1642年パリのサン＝スルピス〔シュルピス〕教会の主任司祭ジャン＝ジャック・オリエ〔1608-57〕が創立した，神学校での司祭養成を目的とする*教区司祭の会；略: PSS).

Summa【lat. "一番上の数(下から上に向かって数を足していった総計)"】 *f.* -, Summen, スンマ, 大全, 汎論(12-14世紀の*スコラ学における神学・哲学の体系的要綱；例えば，*トマス・アクィナス『神学大全』〔Summa Theologica；1265頃-73；未完〕やオッカムのウィリアム『大論理学』〔Summa Logicae；1323頃〕). **Summe** *f.* -, -n, ①合計；総体, 総まとめ. ②《稀》→ Summa. **Summ・episkopat**【原義"最高の*司教職"】 *m.* (*n.*) -[e]s, 《プ》領邦教会首長(1918年までのドイツで，プロテスタント*領邦国家内の教会に対して領邦君主が有していた最高監督権，及びその称号；ヴァイマール憲法の発布〔1919〕に伴い廃止された). **Summist**【lat.-mlat.】*m.* -en, -en, 汎論学者, 大全作家(*スンマを著した, 特に13世紀のスコラ学者；例えば, ヘールズのアレクサンデル〔1170/85頃-1245；フランシスコ会士〕, *アルベルトゥス・マグヌス, *トマス・アクィナス). **Summus Episcopus**【lat.】*m.* - -, ①最高位司教(ローマ*教皇のこと). ② → Summepiskopat.

Sünde【語源不詳；engl. sin】*f.* -, -n, 罪, 罪過(人間が自らの「思い, ことば, 行い, 怠り」〔ミサ中の「*回心の祈り」より〕によって, 神の愛と神の掟に, 意識的に背くこと；マコ 7 :21-22では, 人間の内から出て, 人間を汚す罪として「みだらな行い, 盗み, 殺意, 姦淫, 貪欲, 悪意, 詐欺, 好色, ねたみ, 悪口, 傲慢, 無分別」〔Unzucht, Diebstahl, Mord, Ehebruch, Habgier, Bosheit, Hinterlist, Ausschweifung, Neid, Verleumdung, Hochmut und Unvernunft〕の12が挙げられている；Schuld参照)；Erb〜 原罪；Tod〜 大罪；die 〜 wider den [Heiligen] Geist 聖霊を冒瀆する罪(*聖霊の導きに抵抗し, 悪意をもって神の*恩恵と信仰の真理を拒む*大罪；永遠に赦しが得られない罪とされる；マタ12:31-32, マコ3 :29)；die lässliche (läßliche) 〜 小罪(die *lässliche* Sünde参照)；die schwere 〜 重大な罪；eine 〜 begehen 罪を犯す；seine 〜n bekennen（betreuen）自身の罪を告白する(悔いる)；in 〜 leben 罪深い生活を送る；so dumm wie die 〜 sein《比》度外れのばかだ(罪を犯した*エバのように愚かだ, から転じて)；eine 〜 wert sein どうしても欲しい(罪を犯すだけの価値がある, から転じ

て）；Sie ist eine 〜 wert.《戯》彼女は実に魅力的だ.

Sünden=babel *n.* -s, (まれに:) -, (*バベルのような) 頽廃の町 (道徳的に堕落した大都市, 例えばパリやベルリン；時に冗談めいた表現として). **〜bekenntnis** *n.* -ses, -se, 罪の告白 (*ゆるしの秘跡における；Schuldbekenntnis参照). **〜bock** *m.* -[e]s, ..böcke, ①贖罪の雄山羊 (レビ16: 7 -27；Sühnopfer参照). ②《比》身代わり, スケープゴート (他人の身代わりとして, その罪を負わせられる人；雄山羊を*焼き尽くす献げ物としたり, 人々の罪を「雄山羊の頭に移し」, 野に放逐して, 罪を祓うイスラエルの儀礼にちなむ；レビ16:21-22)；für jn. den 〜bock abgeben (或人の) 身代わりとなる, (或人の代わりに) 悪者になる；jn. zum 〜bock machen [stempeln] (身代わりとして或人に) 罪をきせる. **〜erlass [〜erlaß]** *m.* ..lasses, ..lasse (österr.: ..lässe), 罪のゆるし (Lossprechung参照). **〜fall** *m.* -[e]s, 堕罪 (*アダムと*エバが*蛇に誘惑されて, 神が禁じた「善悪の知識の木」の実を食べたことに始まる, 神に対する不従順, 神との不和の状態；人類は生殖行為を通じ, この罪を*原罪として代々受け継ぐこととなった；創 2 :16- 3 :24). **〜geld** *n.* -[e]s, ①免償献金, 贖宥献金 (Ablassgeld参照). ②《話》大金. **〜katalog** *m.* -[e]s, -e, → 〜register. **〜klage** *f.* -, -n, 罪の嘆き (「*罪の箇条」から発展した中世の宗教詩の一形式で, 自らの罪を告白する祈禱文；例えば, 12世紀初めの写本『ライナウのパウロ』〔Rheinauer Paulus；ライナウはシャフハウゼン近郊の修道院〕や『ミルシュタットの罪の嘆き』〔Millstätter 〜klage；ミルシュタットはオーストリア中南部の湖畔の町で, *ベネディクト会修道院がある〕). **〜konto** *n.* -s, ..ten (-s u. ..ti), → 〜register. **〜losigkeit** → Sündlosigkeit. **〜pfuhl** *m.* -[e]s, (まれに:) -e, 罪の泥沼, 罪業の淵 (〜babelと同じ)；in einem 〜pfuhl leben 堕落した (罪深い) 生活を送る. **〜register** *n.* -s, -, ①罪の箇条 (*ゆるしの秘跡に際して, 罪の告白を促すため, 司祭が*告白者に提示する罪過の一覧；ガラ 5 :19-21参照). ②《戯》 (これまでに犯した) 罪の数々, 罪過の記録；sein 〜register ist ziemlich lang 彼は悪事を重ねてきた. **〜vergebung** *f.* -, (まれに:) -en, (*ゆるしの秘跡において, 司祭を通して与えられる) 罪のゆるし, 赦罪 (Absolution, Lossprechung 参照).

Sünder *m.* -s, -, 罪人(ざいにん)（意図的に神に背き, その掟に違反する者〔Sünde参照〕；全人類は*原罪のゆえに, 自罪を犯す以前から罪人であり, キリストは「正しい人を招くためではなく, 罪人を招いて悔い改めさせるため」〔um die 〜 zur Umkehr zu rufen, nicht die Gerechten；ルカ 5 :32〕この世に現れた；なお福音書では, *ファリサイ派や*律法学者は, ユダヤの*律法を遵守しない*徴税人や娼婦, さらにはキリストを罪人と呼ぶ). **Sünderin** *f.* -, -nen, → Sünder (の女性形). **Sünd・flut** → Sintflut (の通俗語源的転訛). **sündhaft**, **sündig** *adj.* 罪深い. **sündigen** *i.* (h) ①罪を犯す, 過ちを犯す；gegen et. 〜 (或人・或事に) 背く；gegen <an> Gott 〜 神を冒瀆する；gegen <wider> Gottes Gebot 〜 神の掟に背く；Brüder und Schwestern, damit wir die heiligen Geheimnisse in rechter Weise feiern können, wollen wir bekennen, dass wir *gesündigt* haben. 「皆さん, 神聖な祭りを祝う前に, わたしたちの犯した罪を認めましょう.」(ミサ冒頭で司祭が会衆に*回心を促す言葉). ②《話》大食いをする, つまみ食いをする. **Sündlosigkeit**【< lat. impeccabilitas】*f.* -, (Unsündlichkeit) 不能罪性 (原理的に罪を犯すことができないということ；第 1 に神にあてはまるが, 被造物については, *アダムと*エバ以降,〔人としての〕キリストとマリアだけが*原罪に汚染されておらず, 自罪からも免れているとされる)；die 〜 Christi キリストの不能罪性 (*聖霊によって聖母の胎内に宿ったキリストには自らの*神性に反する*原罪も自罪もありえないという教理)；die 〜 Mariä マリアの不能罪性 (神の特別の*恩恵により, 聖母*マリアはその受胎の最初の瞬間に原罪を免れ〔*無原罪の御宿り〕, 生涯を通じて一切の自罪を犯さなかったというカトリックの教理).

Superintendent【lat.-kirchenlat.】*m.* -en, -en,《プ》〔教区〕監督 (ドイツの一部の*州教会などで, *地区長や*主任牧師に相当する立場の聖職者を指す語). **Superintendentur** *f.* -, -en, **Superintendenz** <österr.> *f.* -, -en,《プ》〔教区〕監督の職務 (管轄地域〔*教区にあたる〕及びその住居).

Superior【lat."上長"】*m.* -s, -en, ①修道院長；

修道会会長．②(教会や修道会の*位階制における)上長(Obere参照)．**Superioren・konferenz** f. -, -en, 上級上長協議会(修道会の固有の目的の達成，運営に関する諸問題の処理，また*司教協議会や個々の司教との関係の調整などを協議するための会議体;CIC. 708-09)．**Superiorin** f. -, -nen, ①女子修道院長；女子修道会会長．②(女子修道院などにおける)上長(Oberin参照)．

Superpelliceum【lat.-mlat.；原義"皮〔lat. pellis〕の上衣の上に着る服"】n. -s, ..cea, スペルペリケウム(スルプリ，短白衣(たんぱく、たんぱく)とも；*祭服の一種で，*アルバより短く，膝までの長さで，幅広の袖のある麻製の白い外衣；ミサの*侍者〔*祭壇奉仕者〕や聖歌隊員が着用する)．

Superstition【lat.】f. -,《古》迷信(一般に非合理的な知識，及びそれに由来する習慣や恐怖心;Aberglaube参照)．**superstitiös** adj.《古》迷信の，迷信深い．

Suppedaneum【lat.-mlat.】n. -s, ..nea ①(*キリスト十字架像の)足台，踏み板(元来は，十字架で処刑される罪人の足もとにあって，その人の体重を支え，死の苦しみを長引かせるための木の板．②祭壇の最上段，祭壇の設置されている床面．

Supplik【lat.-it.-fr.】f. -, -en, 請願書(*聖職禄その他の恩恵を求めて，ローマ*教皇ないし教皇庁高官に対して行う書面による嘆願；Petition, Reskript参照)．

Supralapsarianismus【< lat. supra lapsum "堕罪の前に"】m. -, 堕罪前予定論，堕罪以前説(*カルヴァン派における*予定説のうち，神の救いの*予定は，人間の創造とアダムの*堕罪に先立って決定されている；*カルヴァンの後継者テオドール・ド・ベーズ〔テオドルス・ベザ；1519-1605〕が代表者で，*堕罪後予定論と対立した)．**Supralapsarier** m. -s, -, 堕罪前予定論者，堕罪以前説の提唱者．

Supralapsarismus → Supralapsarianismus.

Supremat【lat.-nlat.；< lat. supremus "最上位のもの"】m. (n.) -[e]s, -e, (ローマ*教皇の)首位権(Papalhoheit, Primat参照)；(*英国国教会における国王の)至上権．**Suprematie** f. -, -n, (司教，公会議に対する教皇の)優越，優位．

Supremats=akte【< engl. Act of Supremacy】f. -, 首長令，国王至上法(1534年イギリス国王ヘンリー8世〔在位1509-47〕の離婚問題を契機に，国王を"唯一至上の首長"〔Supreme Head〕とするイギリス国教会のローマ教会からの分離独立を定めた法令；メアリー1世〔在位1553-58〕の時代に一旦廃止されローマに復帰したが，1559年エリザベス1世〔在位1558-1603〕は国王を聖俗両領域の"最高統治者"〔Supreme Governor〕とした上で，首長令を再制定した)．**〜eid** m. -[e]s, 国王至上〔権〕宣誓(1534年の首長令〔国王至上法〕制定に伴って，イギリスの国会議員，官吏，聖職者に義務付けられた，国王を国家とイギリス教会の地上唯一の首長と認める誓約；宣誓を拒む者は反逆者として死刑に処された；1829年部分的に，67年には完全に撤廃された)．

sursum corda【lat. "心を高く挙げなさい"】スルスム・コルダ(a. ミサ中の*奉献文の最初，*叙唱前句において，司祭が信者に祈りを呼びかける言葉；「心をこめて神を仰ぎ」〔Erhebet die Herzen〕にあたる部分；紋章の標語としても用いられる． b. 1874年パーダーボルン司教区で，教区信者のために編纂されたカトリック聖歌集)．

Susanna【hebr."ユリ"】《固》(f.) スザンナ(旧約聖書*第二正典の*ダニエル書補遺に含まれる物語の女主人公；スザンナはヨハキムの美貌の妻で，彼女に邪な思いを抱き，不倫の罪を着せようとした2人の好色な長老の策略を，神がダニエルを通じて暴く；特に16世紀以降，絵画の主題として盛んに用いられた)．

suspekt【lat.】adj. 疑いがある(*異端などの嫌疑がかかる；verdächtig参照)．

Suspension【spät.lat.】f. -, -en, 停職制裁(聖職者に対する*教会法上の*懲戒罰；*叙階による権限に基づく行為，統治権に基づく行為，職務に付随する権利・任務の行使のすべて，または一部を禁止する；CIC. 1333)．

Sutane → Soutane.

Syllabus【gr.-lat.】m. -, - u. ...bi, 〜[errorum] シラブス，謬説表(1864年ピウス9世〔在位1846-78〕の*回勅「クァンタ・クーラ」に付して公布された80の*謬説の箇条書；*近代主義や*自由主義神学の誤謬を批判するとともに，社会主義，共産主義も排斥した；また1907年ピウス10世〔在位1903-14〕が公認した，*検邪聖省〔現*教理省〕の教令「ラメン

タビリ」の65命題もシラブスと呼ばれる）.

Symbol【gr.-lat."割符"；（取り決められた）しるし」】*n.* -s, -e, ①シンボル，象徴（神的，超越的，超自然的なもの，*啓示された神秘，宗教的真理などを，感覚的表象や言葉によって表現すること；及び，その際に用いられる記号）．②信仰告白，信条（Glaubensbekenntnis 参照）．**Symbolik** *f.* -, ①象徴的意味；象徴的表現．②象徴学，記号学．③ (Konfessionskunde) [比較] 信条学（キリスト教諸教派の歴史的展開や異同を，*信条，教義を比較対照することによって研究する*教義学の1分野；教派間の差違を克服し教会の一致を図る*融和神学的方向，相違点から〔例えば，カトリックとプロテスタント，ないしプロテスタント諸教派間の対立における〕自己の教派の正当性や優位性を主張する*論争神学的方向，またあくまで教理体系の客観的比較を旨とする立場などがある）．**symbolisch** *adj.* ①象徴的な，象徴の．②信仰告白の，信条の；die 〜en Bücher 信条集．**Symbolismus** *m.* -, ①（芸術における）象徴主義．②象徴説（*聖餐におけるパンとぶどう酒の実体は，いかなる意味でも変化せず，キリストの体と血の象徴に過ぎないとする*ツヴィングリの説；カトリックの*実体変化説，ルターの*共在説に対して）．**Symbolofideismus** *m.* -, 象徴信仰主義，サンボロフィデイスム（宗教的概念はその対象を象徴的に捉えるに過ぎず，宗教的真理は理性とは無関係の信仰にのみ基づくとする，19世紀末にフェルナン・メネゴ〔1873-1945〕らパリ大学の*カルヴァン派神学者が提唱した*自由主義神学の立場）．**Symbolum**【gr.-lat.】*n.* -s, ..la, → Symbol（のラテン語形）；〜 apostolicum *n.* - -, → Apostolikum 1．

Symeon → Simeon.

synagogal【gr.-lat.-nlat.】*adj.* シナゴーグの，シナゴーグで行われるユダヤ教礼拝の．**Synagoge**【gr.-kirchenlat."集会(所)"】*f.* -, -n, シナゴーグ（a. ユダヤ教の会堂，及びユダヤ教徒の集会．b.〔キリスト教に対して〕ユダヤ教，ユダヤ教徒．c.（単数で）旧約聖書やユダヤ教を擬人化した，中世の聖堂扉口の彫刻や写本などに見られる女性像；冠を失い，目隠しをされ，手に折れた槍や欠けた*律法の石盤をもつ，やつれ果てた姿をとり，→ Ecclesia〔b〕と対比的に表現される）．

Synapte【< gr. synaptē；原義"組み合わされたもの"】*f.* -, -n, シナプティ（*東方典礼で聖体礼儀〔ミサ〕の初めなどに行われる*共同祈願の「連禱」；西方の → Litanei にあたる）．

Synaxarion【gr.-mgr.】*n.* -s, ..rien, シナクサリオン，聖人暦（*東方典礼で用いられる，*固定祝日に朗読されるべき聖句や聖人略伝を*教会暦順に編纂した典礼書；カトリックの → Martyrologium にあたる）．

Synaxis【gr.-lat."集まり"】*f.* -, ..xen, シナクシス（a. 4-6世紀の古代教会の詩編唱，朗読，祈禱からなる礼拝集会；*感謝の祭儀までのミサの前半部分を指すこともある．b. *東方典礼において，大祭の翌日などに，その祭に関係の深い人物〔聖人など〕を記念するために行われる祈禱集会；例えば，キリスト降誕祭の翌日の12月26日）．

Synderesis【gr.】*f.* -, 良知［良能］(*スコラ学の用語で，*トマス・アクィナスによれば，実践的な第一原理〔例えば，善をなし悪を避けるべきといった命題〕を直ちに把握することができる人間の自然本性的な*習性〔ハビトゥス〕のこと；*ヒエロニムスのいう「良心の火花」〔lat. scintilla conscientiae; dt. Fünklein des Gewissens〕に由来し，良心の源であり，その前提となるもの）．

Synedrion【gr. "集会，衆議所"】*n.* -s, ..drien, シュネドリオン（a. → Synedrium. b. 元来は：古代ギリシアの評議会）．**Synedrium**【gr.-lat.】*n.* -s, ..drien, 最高法院（ローマ時代のユダヤ人の；Hoher *Rat*参照）．

Syneisaktentum【gr.-lat.】*n.* -s, 男女共住修道制（古代キリスト教〔特にシリア，北アフリカの〕において，聖職者，修道者と寡婦や未婚女性〔Syneisakten; gr. syneisaktoi〕が「霊的な婚約」あるいは霊的兄弟姉妹として共住生活を営んだ最初期の修道制の1形態；当初から批判があり，325年第1*ニカイア公会議で禁止された）．

Synergie【gr.】*f.* -, 神人協力，神人共働．**Synergismus** *m.* -, 神人協力説，神人共働説（救霊には神の*恩恵とともに，これに協力する人間の意志〔自由意志による主体的な選択〕が必要であるとする説；*宗教改革期に*メランヒトンによって提唱されたが，*ルターが人間の受動性を強調したため*純正ルター派との間に論争が生じた；カトリックでは*ア

ウグスティヌス以来伝統的に，人間の自由な意志行為も，それに先行する神の恩恵の結果としている)．**Synergisten・streit** *m.* -[e]s, 神人協力論争 (救霊における人間意志の協力の必要性に関する，*ルター派教会内部の論争；1577年の*和協信条で，神人共働は否定され，ルターの「*恩恵のみ」の立場が宣言されて終結した)．**synergistisch** *adj.* 神人協力説の，神人協力論者の；der 〜e Streit → Synergistenstreit.

Synkretismus【gr.-nlat. "クレタ人の連合"(普段は不仲のクレタ人が，共通の敵に対しては一致団結して立ち向かう，というプルタルコス〔45頃-120以後〕が伝える話にちなむ)】*m.* -, シンクレティズム (a.〔相異なる諸学派，諸教派の思想や実践の意識的無意識的な〕混合，習合，思想混交，諸教混交；また，外来宗教〔例えばキリスト教〕がある土地に定着するに際して，土俗信仰の習慣を受け入れることで変化することもいう. b. 混合主義，習合主義：相異なる諸説，諸教派を統合する試み；例えば，ゲオルク・カリクストス〔1586-1656〕による*ルター派，*カルヴァン派，*ツヴィングリ派及びカトリック教会の統合運動や，カトリックの恩恵論における*トミズムと*モリニズムの融合)．**Synkretist** *m.* -en, -en, シンクレティスト，混合〈習合〉主義者．**synkretistisch** *adj.* ①混合の，習合の．②シンクレティズムの，混合〈習合〉主義の；シンクレティストの，混合〈習合〉主義者の．

Synod【gr.-russ.】 *m.* -s, -e, [Heiliger] 〜 聖務会院，宗務院 (1721-1917年の*ロシア正教会の最高指導機関；初代ロシア皇帝のピョートル1世〔大帝；在位1721-25〕が，教会改革の一環で廃止したモスクワ総主教庁を，他の中央官庁と同列の行政組織として再編したもの；皇帝の指名する俗人の役員と主教によって構成，1917年ロシア革命により総主教制度が復活するまで全ロシア正教会を統轄した)．**synodal** *adj.* 教会会議の．**Synodale**° *m.* u. *f.* -n, -n, 《形容詞的変化》教会会議の議員(構成員)．**Synodalismus** *m.* -, **Synodal・verfassung** *f.* -, 教会会議制 (選出された一般信徒を交えた教会会議によって教会の自治管理を行う，プロテスタント諸派〔例えば*長老派〕の民主主義的教会統治制度)．**Synode**【gr.-lat. "集会"】 *f.* -, -n, ①教会会議 (a. *教理，制度，規律，典礼など教会のあらゆる問題を討議し，必要な場合はこれを立法化するために開催される聖職者の会議；*教区や*教会管区の単位から，全カトリック教会を対象とする全世界*公会議までいくつかの段階があるが，Synodeは教区会議を指す場合が多い；Konzil 参照．b.(プ)[die regionale] 〜 聖職者と一般信徒によって構成されるプロテスタント教会の自治運営機関；*長老派教会では，複数の*中会〔Presbyterium〕の代表者から構成される地域毎の「大会」〔Regionalsynode 2 参照〕をいう)；Bischofs〜 世界代表司教会議；Diözesan〜 教区代表者会議；die allgemeine 〜 一般公会議 (Konzil 1 参照)．② → Synod. **synodisch** *adj.* 《稀》 → synodal.

Synopse【gr.-spätlat. "概観，一覧"；< gr. syn- "共に，同時に" + ópsis "見ること"】 *f.* -, -n, **Synopsis**【gr.】 *f.* -, ..sen, ①共観福音書 (全体の構成，素材，表現で共通する点が多い，*マタイ，*マルコ，*ルカによる3福音書の照応箇所を同頁3段に並置，図表化し，比較対照の便を図った書籍；聖書学者のヨハン・ヤーコプ・グリースバッハ〔1745-1812〕が1774年に最初にこの名称を用いた；なおマルコが最古の福音書で，マタイとルカはマルコを資料にしつつ，さらにイエスの語録である*Q資料を併せて用いて成立したという2資料仮説が現在の定説となっている)；(テキストの)対比，対照(表)．②概要，梗概，概観．**Synoptiker** *m.* -s, -, 《通常複数で》①共観福音記者，共観福音史家 (共観福音書の著者とされるマタイ，マルコ，ルカの3人の*福音記者のこと)．②共観福音書 (マタイによる福音書，マルコによる福音書，ルカによる福音書の3書)．**synoptisch** *adj.* 共観福音記者の．

Syrien【gr.-lat.】 《固》 (n.) シリア (西アジア，地中海東岸域；エジプトと並ぶ古代キリスト教会の中心地で，*パウロはその首都*アンティオケイアを異邦人伝道の拠点とした)．**syrisch** *adj.* シリアの；die 〜e Kirche シリア教会 (シリア語を用いる教会の総称；様々な教派が分立しており，狭義では*キリスト単性説を保持する*ヤコブ教会〔*シリア正教会〕をいう)；die 〜e Liturgie シリア典礼 (アンティオケイア典礼と同じ；シリアを中心に行われている，シリア語による*東方典礼の総称で，古代教会の典礼の原型を留めている

とされる；*キリスト単性説派教会〔*ヤコブ教会〕の西シリア典礼と*ネストリオス派教会の東シリア典礼とカトリック教会の東方典礼を指すこともある）；die ～e Sprache → Syrisch；die ～-katholische Kirche シリア・カトリック教会（アンティオケイア総大司教区に属する*カトリック東方教会；18世紀に*キリスト両性説を採り、また*教皇首位権を認めてローマ・カトリック教会と合同し，*キリスト単性説を保持する*シリア教会と分かれた）；die ～-maronitische Kirche シリア・マロン教会（Maronit参照）；die ～-orthodoxe Kirche シリア正教会（*キリスト単性説を採り6世紀に成立した*ヤコブ教会の現在の正式名称）. **Syrisch** n. -[s], シリア語（1-8世紀にエデッサ〔現トルコのウルファ〕で用いられた*アラム語の方言；5世紀に*ネストリオス派が分離すると，東西の言語に相違が生じ，7世紀以降はイスラムの支配により口語としては衰退した；聖書のシリア語訳〔Peschitta参照〕，聖書注解書，*トマス行伝，*バルク書などの*偽典，殉教者言行録，また東方典礼の用語として今日に伝わる；初期の*マニ教徒の言語でもあった）

systematisch【gr.-spätlat.】*adj.* 体系的な，組織的な；die ～e Theologie 組織神学（キリスト教信仰，教理，倫理を，現代のキリスト教外部の批判的視座をも勘案しつつ，理論的，系統的，全体的に，整合性において論究する神学の1科目；ただし，それが扱う領域や意義に関しては様々な見解がある）.

Szientismus *m.* -, ①科学〔万能〕主義（経験科学によって，自然界のみならず精神的・社会的領域を含むすべての問題は解明可能であるという科学万能の考え方）. ②【< engl. → Christian Science】*クリスチャン・サイエンスの教義（精神療法）. **Szientist** *m.* -en, -en, ①科学〔万能〕主義者. ②クリスチャン・サイエンティスト，クリスチャン・サイエンスの信徒. **szientistisch** *adj.* ①科学的な；科学〔万能〕主義的な. ②クリスチャン・サイエンスの.

T

Tabernakel【lat.-mlat.; < lat. tabernaculum "天幕, 小屋（特に：*契約の箱が安置された*幕屋）"】*n.* (特にカトリックの場合: *m.*) -s, -, ①《カ》聖櫃，タベルナクルム（*聖体〔聖別された*ホスティア〕を常時安置するため，教会堂や礼拝堂内，特に中央祭壇上に設置される箱型の容器；その近くには，キリストの臨在の証として赤い*常明灯が灯される；CIC.938, 940）. ②天蓋（中央祭壇や聖像の上の屋根状の覆い；Baldachin 1参照）. ③（聖像などが安置される）龕 (ガン).

Tabelnakel=schlüssel *m.* -s, -, 聖櫃〈タベルナクルム〉の鍵（CIC. 938§5）. **～wanze** *f.* -, -n, 信心ぶった女, 偽善家（の女）；（教会の世話役の）押し付けがましい女.

Tabor 《I》 *m.* -[s], [Berg] ～ タボル山（*ナザレの南東10kmの平原にある標高588mの山；旧約時代に幾度か戦場となり〔士4:12-16参照〕，またイエスの*変容〔マタ17:1-9〕の地とする伝承がある）. 《II》(Tábor) ターボル（1420年*フス派がその拠点として興したプラハの南80kmにある城塞都市；Iにちなんで命名された）. **Taborit**【nlat.】*m.* -en, -en, (通常複数で) ターボル派（15世紀前半，*フス派のうち最も過激で急進的だった一派；名称は，南ボヘミアのセジモヴォ・ウースチ近くに軍事拠点を設け，これをターボルと呼んだことによる；下級貴族，職人，農民を主体に，*終末論的信仰と民族思想に基づいて，教会のみならず社会の変革を主張して武装蜂起した；ボヘミア王ジギスムント（在位1420-37；神聖ローマ帝国皇帝，在位1433-37），及びカトリック陣営による5次に及ぶ*十字軍〔1420-31〕を撃破した；フス派穏健派〔*カリクスト派〕とカトリックの連合軍の追撃により，1434年リパニの戦いで大敗し，36年和約が成立した）. **Tabor・licht** *n.* -s, タボルの光（14世紀*ヘシカズムにおける祈りと禁欲によって見ることができるとされた神の光；*タボル山で弟子たちが目撃した「光り輝く雲」

〔マタ17:5〕に基づく）．

Tafel=altar *m.* -[e]s, ..altäre, 祭壇衝立（ﾂｲﾀﾞｽ），衝立祭壇（複数の聖画パネルから構成される祭壇画；及び，これを上方ないし背後に伴う祭壇；Altarretabel, Flügelaltar参照）．**~gut**【< lat. bona mensalia】*n.* -[e]s, ..güter, → Mensalgut．

Tages=gebet *n.* -[e]s, -e, 集会祈願（ミサの第1朗読の前，司祭の「祈りましょう」〔lat. Oremus. / dt. Lasset uns beten.〕の声に続けて行われる「その日の祈り」のこと；Kollekte 2参照）．**~hore** *f.* -, -n, 昼の祈り（die mittlere *Hore*参照）．**~weihe** *f.* -, -n, 一日の奉献（朝に，その日一日と自身の行いを神に献げ，聖なるものとされることを願う祈り）．

Tag・zeit *f.* -, -en,（通常複数で），**Tagzeitengebet** *n.* -[e]s, -e,（ブ）時課，定時課（Horen参照）．

Talar【lat.-it.; < lat. talus "くるぶし"（までの長さの服）】*m.* -s, -e, タラール（聖職者の通常服，*スータン，*キャソックと同じ；裁判官，〔祝典の際に〕大学教授なども着用する）．**Talarkukulle** *f.* -, -n, → Kukulle 1．

Talmud【hebr. "教え，学習"】*m.* -*u.* -[e]s, -e, タルムード（ユダヤ教の聖典の1つ；本文の*ミシュナー〔前200年頃に成立した口伝律法の集大成〕と，それに関する様々な議論や解釈の*ゲマラの2部から成る；5世紀初頭に成立したパレスチナ〈エルサレム〉・タルムード〔Palästinensischer <Jerusalemer> ~〕と，6-8世紀に編纂されたバビロニア・タルムード〔Babylonischer ~〕の2つがあり，通常は後者を指す）．**talmudisch** *adj.* タルムードの（に関する）．

Tanach【hebr. TNK; → Thora, → Nebiim, → Ketubimのそれぞれの頭文字からなる略語】*m.* -, -, タナハ，タナク（ユダヤ教の聖典，つまり旧約聖書のヘブライ語原典を構成する*トーラー，*ネビイーム，*ケトゥビームの総称〔なおユダヤ教徒は新約聖書を認めないため，それに対応する「旧約聖書」という表現は用いない〕；Tenachとも）．

Tantum ergo【lat. "だからこそ，それほどに（大いなる秘跡を伏して崇めよう）"】*n.* -, -, タントゥム・エルゴ（*トマス・アクィナスによる6節からなる聖歌「*パンジェ・リングァ」の最後の2節が独立したもの，*聖体の祭日の*聖体行列や*聖木曜日の聖体安置式，また*聖体賛美式などで歌われる）．

Targum【aram. "通訳，解釈"】*m.* (*n.*) -s, -e *u.* -im, タルグム（旧約聖書の*アラム語訳及び注釈；*バビロニア捕囚後，特に*パレスチナのユダヤ人がヘブライ語を日常語として用いなくなったため，会堂での礼拝で*モーセ五書や*預言書の原典が朗読された後，会衆の理解のため口頭でアラム語の意訳が付け加えられた；紀元前後より，それが書き留められて文書化されたもの）．

Taube *f.* -, -n, 鳩（*ノアの洪水の後，水が引いたことを知らせた鳥で，平和の象徴となった〔創8:10-12〕；イエスの洗礼の場面では*聖霊の比喩とされ〔マタ3:16他〕，*三位一体，*受胎告知，*聖霊降臨などの図像に聖霊の象徴として描かれる；また生者と死者の魂や，無垢，愛など様々な徳も表す）；die eucharistische ~ 鳩型聖体容器（Peristerium参照）．

Tauf=akt *m.* -[e]s, -e, 洗礼式（Taufe 2参照）．**~becken** *n.* -s, -, → ~brunnen．**~bekenntnis** *n.* -ses, -se, 洗礼時の信仰告白（~gelübde参照）．**~brunnen** *m.* -s, -, 洗礼盤（*聖水を湛え，また*洗礼の際に注がれる聖水を入れるため，聖堂や礼拝室に常設されている石製または金属製の装飾付き容器〔CIC. 858〕；初期は*洗礼堂に*浸礼用の洗礼槽が設置されていたが，*滴礼の普及とともに，高さ1m程度の杯の形態のものが一般化した）．**~buch** *n.* -[e]s, ..bücher, 洗礼台帳（洗礼，*堅信，婚姻，その他教会法上の身分に関する事柄が記録され，*小教区記録保管庫に保存される；CIC. 535, 877）．

Taufe *f.* -, -n, ①《単数で》洗礼，バプテスマ（キリスト教の入信の*秘跡で，カトリック教会が定めた7つの秘跡の1つ；水で洗われることで，人は洗い清められ罪から解放されて，神の子として生まれ変わり，「*消えることのない霊印」をもってキリストと結ばれて教会の一員となる；以前に洗礼を受けておらず，キリスト教信仰をもつことを公言するならば〔*幼児洗礼の場合は親が代行する〕，何びとでも洗礼を受けることができる；現在では一般に，*入門式，*洗礼志願式と段階を経て洗礼式に至る；CIC. 849-78；ロマ6:3-4参照）；《東》洗礼機密；die ~ empfangen (spenden) 洗礼を受ける（授ける）．②洗礼式（カトリックでは，*復活徹夜祭，及びその他の日の典

礼の中で行われる；*洗礼水の*祝福，*悪魔の拒否，*信仰宣言，そして洗礼の儀へと進み，司式者〔通常は，*司教，*司祭，*助祭，緊急事は誰でも可〕が「わたしは，父と子と聖霊のみ名によってあなたに洗礼を授けます．」〔Ich taufe dich im Namen des Vaters und des Sohnes und des Heiligen Geistes.〕と唱えながら，受洗者の頭に水を3度注ぐ；その後*聖香油の塗油，白衣や*ろうそくの授与，初聖体拝領，祝福が続く）．③洗礼の祝宴；～ haben 洗礼のお祝いをする．④《古》洗礼用聖水；洗礼盤；（今日では次の用法でのみ：）jn. über die ～ halten (od. aus der ～ heben)（或人の）洗礼に立ち会う，*代親を務める；et. über die ～ halten《比》(会社，団体などを) 設立（創立）する．⑤命名式（船などの；Schiffs～)． **taufen**【原義"水に浸す，沈める"】t. (h) ①（或人に）洗礼を授ける（Taufe 2参照）；sich ～ lassen 洗礼を受ける；schon getauft sein すでに洗礼を受けている；er ist mit Isarwasser getauft《戯》彼は（ミュンヘン市街を流れるイーザル川の水で育まれた）生粋のミュンヘンっ子だ；[den] Wein ～《戯》ワインを水で割る（薄める）．②（洗礼式の際など，或人に）名前を付ける，命名する；das Kind wurde [auf den Namen] Franz getauft 子供は（洗礼の際に）フランツと名付けられた；(動物，船，飛行機，鐘などに）名を付ける． **Täufer** m. -s, -, ①洗礼を授ける人，授洗者；Johannes der ～ 洗［礼］者ヨハネ (Johannes a 参照)．②《複数で》再洗礼派 (Wiedertäufer 参照)． **Täufer・gemein- den** pl. Bund Evangelischer ～ → Gemeinschaft Evangelisch *Tauf*gesinnter． **täuferisch** adj. 再洗礼派の．

Tauf=erneuerung f. -, -en, 洗礼の約束の更新 (Erneuerung des ～*versprechen*s 参照)．~**essen** n. -s, -, 洗礼式後の祝宴．~**feier** f. -, -n, 洗礼式．~**formel** f. -, -n, 洗礼定式（洗礼の儀における「わたしは，父と子と聖霊のみ名によってあなたに洗礼を授けます．」という司式者の言葉；Taufe 2参照）．~**gebühren** pl.，~**geld** n. -[e]s, 洗礼謝礼金．~**gelübde** n. -s, -, 洗礼の誓い（洗礼に際して行われる，キリスト者として生活することの誓約；幼児洗礼の場合には，*代親が*代子をキリスト者として正しく育てると誓うこと）．~**geschenk** n. -[e]s, -e, 受洗者への贈り物．~**gesinnte** m. u. f. -n, -n,《形容詞的変化；通常複数で》再洗礼派（の別称；Wiedertäufer参照）；（特に:）メノー派 (Mennonit参照)；Gemeinschaft Evangelisch ~gesinnter【engl. Apostolic Christian Church】使徒キリスト教会（ザムエル・ハインリヒ・フレーリヒ〔1808-50〕が，1830年代にスイスで設立したプロテスタントの一派；教会制度を否定し，*千年至福説に基づきキリストの*来臨が近いことを唱えた；*メノー派の流れをくみ，*隣人愛と平和を強調して，兵役や宣誓を拒否したため各地で迫害を受けた；ナザレ派〔→ Nazarener〕，新洗礼派〔→ Neutäufer〕，フレーリヒ派〔→ Fröhlichianer〕とも呼ばれる）；現在のドイツ語名称はBund der Evangelischen Täufergemeinden)．~**hand- lung** f. -, -en, → ~akt．~**kapelle** f. -, -n, (Baptisterium) 洗礼堂（4世紀頃から，特に洗礼のために造られた教会堂付設の建築物；円形または正多角形〔多くは八角形〕のプランをもち，その中央に洗礼槽または洗礼盤が設置されている)．~**kerze** f. -, -n, 受洗者のろうそく（洗礼式中で受洗者と*代親が手にもつろうそくで，*復活のろうそくからまず代親が火をとり，これを受洗者に渡す；「キリストの光〔das Licht Christi〕をもたらす者」，「主が来られるとき，喜んで主を迎える者」〔ルカ12:35-36参照〕となることへの呼びかけ）．~**kind** n. -[e]s, -er, 受洗する子供．~**kirche** f. -, -n, ①授洗聖堂（*司教座聖堂などに付設された，洗礼専用の聖堂；床の中央に洗礼槽または洗礼盤が固定されている)；洗礼堂（~kapelle参照）．②洗礼を受ける（受けた）教会（通常は，所属する*教区教会)．~**kissen** n. -s, -, 幼児洗礼用のクッション（*幼児洗礼の際にその上に子供を寝かす敷物）．~**kleid** n. -[e]s, -er, 受洗者の白衣（洗礼の水を注がれた直後に，罪からの解放の象徴として受洗者が身にまとう長い白衣；今日では，成人の洗礼式の場合，多くは白布が受洗者の肩に掛けられ，「白い衣を受けなさい．あなたはあたらしい人となり，キリストを着る者となりました．神の国の完成を待ち望みながら，キリストに従って歩みなさい．」〔In der Taufe bist du eine neue Schöpfung geworden und hast - wie die Schrift sagt - Christus angezogen. Das weiße Gewand sei dir ein Zeichen für diese Würde. Bewahre sie für das ewige Leben.；ロマ13:14，ガ

ラ 3:27参照〕と告げられる；女性の場合は一般的に、ヴェール〔→ ～schleier〕が頭に掛けられる).

Täufling *m.* -s, -e, 受洗者，受洗する子供．

Tauf=mantel *m.* -s, ..mäntel, → ～kleid. ～**matrikel** *f.* -, -n, ⟨östr.⟩ → ～buch. ～**mutter** *f.* -, ..mütter, 代母（Pate II 1 参照). ～**name** *m.* -ns, -e, 洗礼名（「霊名」とも；洗礼の秘跡によって生まれ変わったことを表すために付けられる名前；通常は特定の*聖人の名前をとって、その聖徳を規範とし、保護や神への*執り成しを求める；典礼暦上のその聖人の祝日を「*霊名の祝日」として祝う習慣がある；キリスト教国では，幼児洗礼で受けた洗礼名を戸籍上の名とすることが多い). ～**pate** *m.u.f.* -n, -n, (洗礼の) 代親（Pate参照). ～**patin** *f.* -, -nen, 代母（Pate II 1 参照). ～**pfennig** *m.* -[e]s, -e, 洗礼のお祝い（の金品；～geschenk参照). ～**register** *n.* -s, -, 洗礼簿（～buch参照). ～**ritual** *n.* -s, -e u. -ien, ～**ritus** *m.* -, ..riten, 洗礼式（Taufe 2 参照). ～**schale** *f.* -, -n, → ～brunnen. ～**schein** *m.* -[e]s, -e, → ～urkunde. ～**schleier** *m.* -s, -, 受洗者のヴェール（受洗した女性が洗礼の直後に頭に被せられる；～kleid参照). ～**schmaus** *m.* -es, ..schmäuse, → ～essen. ～**schüssel** *f.* -, -n, → ～brunnen. ～**spender** *m.* -s, -, 洗礼執行者（通常は*司教，*司祭または*助祭〔CIC. 861〕だが，緊急の場合には，キリスト者，非キリスト者を問わず，何びとでも教会における洗礼を代行する意図のもと，洗礼式文を唱えながら受洗者の頭に水を注ぐことで洗礼を授けることができる). ～**spendung** *f.* -, -en, 洗礼の授与，授洗. ～**sprechung** *f.* -, -en, 洗礼の約束（～versprechen参照). ～**stein** *m.* -[e]s, -e, 洗礼盤（台座の上に据えられている石製の；～brunnen参照). ～**urkunde** *f.* -, -n, 洗礼証明書（当該者がカトリック教会の定式に従い，洗礼の秘跡を授かったことを証明する書類で，*堅信や婚姻の際などに提出を求められる；司式司祭，*代親，受洗教会の名前，日時，*洗礼簿番号が記される；CIC. 535 §2). ～**vater** *m.* -s, ..väter, 代父（Pate参照). ～**versprechen** *n.* -s, (まれに:) -, 洗礼の約束；die Erneuerung des ～versprechens 洗礼の約束の更新（*復活徹夜祭で*洗礼式〔ないし*堅信式〕に参列し，自身の洗礼の際の「悪霊を捨て神に従う」という約束を新たにして，会衆一同で洗礼式の際の*信仰宣言を唱え，また洗礼の絆を是認すること). ～**wasser** *n.* -s, 洗礼水（授洗の際に用いられる水；通常*聖土曜日の*復活前夜祭で，*復活ろうそくを3度水に浸けるなどして*祝別された天然水だが，洗礼式の執行者によって祝別された水を，その都度用いることもできる). ～**zeuge** *m.* -n, -n, 洗礼の証人（*代親以外で，洗礼の授与を証明するため式に立ち会う者). ～**zeugnis** *n.* -ses, -se, → ～urkunde.

Tau・kreuz *n.* -es, -e, タウ十字〔架〕（ギリシア文字のタウ〔T〕型の十字；*いけにえの小羊の血で家の戸口に付けられた*過越(ﾕﾀﾞﾔ)のしるし〔出12:7〕，モーセが青銅製の蛇を掲げた旗竿〔民21:9，ヨハ3:14；キリストの*磔刑(たっけい)の*予型〕，選ばれた者の額のしるし〔エゼ9:4〕などの形状とされる；*エジプトの大アントニオスの標章で「*アントニオス十字架」，「エジプト十字架」，またアッシジの*フランチェスコが好んで用いたため「聖フランチェスコ十字架」とも呼ばれる).

Tauler 《固》 (*m.*) Johannes ～ ヨハネス・タウラー（1300頃-61；*ドイツ神秘主義の中心人物；シュトラスブルクに生まれ，*ドミニコ会に入会，40年頃から生誕地や*ケルン，*バーゼルの修道院，「*神の友」などで説教師，霊的指導者として活動した；*マイスター・エックハルトの強い影響下で，自己以外の一切から離脱し，自身の魂をも「空」とすることの必要性を説き，魂の根底における「神の子の誕生」を唱えた；*ルターに大きな影響を与えた).

tausend・jährig *adj.* 千年間の，千年続く；das ～e Reich 千年王国（Chiliasmus, Millenium, das Tausendjährige *Reich* Gottes参照).

Te Deum 【lat. "あなたを，神を（私たちは讃える)"】 *n.* - -s, - -s, **Tedeum** *n.* -s, -s, テ・デウム (a. 《単数で》 5 世紀初めに成立したとされる，神への賛美と感謝を表す祈り〔*賛美の賛歌〕で，主日と祝日の*朝課〔「*教会の祈り」の*読書課〕などで用いられた；「*アンブロシウスの賛歌」とも呼ばれるが原作者は不詳；名称はラテン語冒頭語の "Te Deum laudamus"〔あなたを神と，われらは讃えん；*Dich, Gott,* loben wir〕にちなむ．b. aに作曲された器楽伴奏付きの多声部の合唱曲；ベルリオーズ〔1855年初演〕，ブルックナー〔1885/6

年初演〕の作品が知られる).

Tefilla【hebr."祈り"】*f.* -, テフィラ(ユダヤ教の祈り, 祈禱書). **Tefillin**【hebr."祈りの紐"】*pl.* テフィリン(革紐の両端に, 聖書の文言〔出13:8-10, 13:11-16, 申6:4-9, 11:13-21〕を記した羊皮紙入りの革製の小箱が取り付けられたもので, 13歳以上の男性のユダヤ教徒が朝の祈禱の際, 紐を左腕に巻き, 小箱はそれぞれ額と左上腕部に付けて用いる).

Teil=ablass (~ablaß) *m.* ..lasses, ..lässe, 部分免償(der unvollkommene *Ablass*参照). **~kirche** *f.* -, -n, 部分教会(*教区など, *司牧のために設けられているカトリック教会の構成単位; CIC. 368-74).

Teleologie【< gr. télos "目的"】*f.* -, 目的論(自然, 世界, 人間, 社会等々を合目的的なものと捉え, その目的について, また目的へと向かおうとする事物の運動について考察する学). **teleologisch** *adj.* 目的論的な; der ~e Gottesbeweis 神の存在の目的論的証明(神の存在証明の1つで, 世界が全体として秩序を持ち, 善なる目的に向かうという合目的性を備えているように見えることから, その精緻な仕組みの設計者たる, 最高の知性としての神が存在しなければならないとするもの).

Telestichon【gr.】*n.* -s, ..chen *u.* ..cha, テレスティコン, テレスティック(詩などで, 各行の最後の文字〔ないし音節, 単語〕を連続して読むと特定の意味をもった語ないし文となるもの; Akrostichon参照).

Tempel【(gr.-)lat.】*m.* -s, -, 神殿(旧約聖書では, *カナン定住後に従来の移動式聖所である*幕屋に代えて, 宗教的・政治的中心となるべく造られた建物のこと; 最初の神殿は*ソロモンによって建造されたが〔王上6章〕, 前587年エルサレム陥落の際に, バビロニアの*ネブカドネツァル王が破壊した〔王下25章〕; 第2神殿は*バビロニア捕囚の後, *ハガイと*ゼカリヤに励まされて, *ダビデの子孫であるゼルバベルが前520年頃に完成させた; 前20年頃*ヘロデは大改修に着手し, イエス在世中も建築の途中だったが〔ヨハ2:20〕, 後62-64年に大規模な神殿が完成した; しかし70年, 第1神殿の崩壊と同じ日にローマ軍により破壊, 略奪された); der ~ Gottes (比)(キリスト教の)教会; der jüdische ~ → Synagoge; jn. zum ~ hinausjagen <hinauswerfen>(或人を, 憤然として)追い出す〈追放する〉(イエスが商人や両替人をエルサレムの神殿から追い出したという出来事にちなむ; ヨハ2:13-16他参照).

Tempel=gang *m.* -[e]s, → Mariä Tempelgang. **~herr** *m.* -n, -en, → Templer. **~orden** *m.* -s, →Templerorden. **~ritter** *m.* -s, -, → Templer. **~vorhang** *m.* -[e]s, ..hänge, 神殿の垂れ幕(神殿の*至聖所の入り口と聖所の前の2箇所に掛けられた垂れ幕; イエスが十字架上で刑死した瞬間, 真っ二つに裂けたと記録されている〔キリストの死によって, 神と人を隔てるものがなくなったことを意味する〕; マタ27:51).

~weih・fest *n.* -[e]s, -e, 神殿奉献記念祭(シリア王アンティオコス4世〔在位前175-64〕が汚聖した神殿を〔1マカ1:21-24〕, 前165年頃マカバイの*ユダが清めて奉献し直した〔1マカ4:36-59〕ことを記念するキスレウの月〔11-12月〕の8日間; イエスとユダヤ人との間で, その神性とメシア性について論争が行われた; ヨハ10:22-39).

Templer *m.* -s, -, テンプル騎士, 神殿〈聖堂〉騎士修道会士. **Templer・orden** *m.* -s, テンプル騎士団, 神殿〈聖堂〉騎士修道会(十字軍時代の*騎士修道会; 第1回*十字軍の後の1119年, フランス, シャンパーニュ出身のユーグ・ド・パイヤン〔初代総長; 在職1119-36〕ら9名の騎士によって, 巡礼者の保護, 異教徒排撃の目的で創立された; 当初エルサレムのソロモン神殿内に本部が置かれたことから, 正式名称は「ソロモン神殿の貧しきキリストの騎士」〔lat. Pauperes commilitones Christi Templique Salomonici; dt. Arme Ritterschaft Christi und des salomonischen Tempels〕という; 1128年教皇ホノリウス2世〔在位1124-30〕によって修道会として公式に認可された; 1291年キプロス島に移転した; フランス, イングランド, イベリア, 中東などに広大な所領, 強大な軍備, そして利殖と蓄財の成功による莫大な財産を有したが, 1307年その資産に目を付けたフランス王フィリップ4世〔在位1285-1314〕によって, 突如*異端として告発された; 12年教皇クレメンス5世〔在位1305-14〕により修道会は解散, 全財産は*ヨハネ騎士団に移管された).

Temporalien【lat.-mlat."世俗的利益"】*pl.* (教会における職務や聖職者の職位に付随す

る）世俗的権利（収入）．

Tenach → Tanach.

Terminismus【lat.-nlat.】*m.* -, ①恩恵有期説（神は人間の悔い改めに対して一定の期限を定めており、それを過ぎると救いの機会が失われるとする，17世紀の*敬虔主義〔例えば*シュペーナー〕の教説；*ルター派によって激しく排撃された）．②（*オッカムの）名辞論，記号説．**Terminist** *m.* -en, -en, 恩恵有期説の主張者．

Territorialismus【< lat. territorium "(都市に所属する)耕地，管轄地域」】*m.* -, 領主主義，領主教会支配説（領主の支配は，領邦内の住民の信仰や教会制度にも及ぶとする，17世紀の絶対主義的領主権の立場）．

Territorial=staat *m.* -[e]s, -en, 領邦国家(13世紀以降，*神聖ローマ帝国〔ドイツ王国〕を構成した部分国家；1648年の*ヴェストファーレン条約により，対外的に*諸侯の主権が認められ，皇帝権〔王権〕から半自律的な国家の形態をとった；神聖ローマ帝国の崩壊〔1807年〕まで存続した〔1871年のドイツ統一までとする説もある〕；Territorium参照）．
〜**system** *n.* -s, 領邦国家制度．

Territorium【lat.】*n.* -s, ..rien, 領邦（中世ドイツにおいて，聖俗の*諸侯が，王国から裁判権，貨幣鋳造権などの特権を得て，主権を行使した，国家に類似の半自律的な政治的領域；中世末期で300以上を数えた；*ヴェストファーレン条約で，領邦の主権が容認され，国際的にも*領邦国家として認証された）．

Tertiarier【lat.-mlat.】*m.* -s, -, 第三会員(在俗*第三会の男性会員). **Tertiariern** *f.* -, -nen, → Tertiarier (の女性形). **Tertiarier・orden** *m.* -s, 第三会 (a. der dritte Orden)〔在俗〕第三会：世俗で生活しながら，特定の修道会の規則と指導のもと，*第一会の修道士・司祭，*第二会の修道女とともにキリスト教的完徳に努める一般信徒の組織〔CIC. 303〕；13世紀に始まる*フランシスコ会及び*ドミニコ会の第三会の他，*アウグスチノ会，*カルメル会，*マリアの僕会，*三位一体修道会などにもある．
b.【< lat. Tertius Ordo Regularis; dt. der regulierte dritte Orden】律修第三会：*フランシスコ律修第三会のように，*修道誓願を立て，修道院で隠世的共同生活をする信徒たちの会).

Tertiat【< lat. tertius "3番目の"】*n.* -en, -en, 第三修練(*イエズス会で，司祭の*叙階を受け，教会や教育機関などで数年働いた後に，霊的人間的な一層の深化を目指し，またイエズス会の精神と歴史に精通するための最後の養成期間として，約10ヶ月〔2度目の*霊操のための30日を含む〕修練を行うこと；そのさらに数年後，最終誓願を立てて，正式なイエズス会士となる).

Terz【(kirchen)lat.】*f.* -, -en, 三時課（かつての*聖務日課で午前9時に行われた*定時課；*聖霊降臨が起きた時刻とされた；現在では「*教会の祈り」の三時課，*六時課，*九時課が「昼の祈り」にまとめられ，そのうちのいずれか1つが行われる).

Terziar【lat.-mlat.】*m.* -s, -en, → Tertiarier.
Terziarin *f.* -, -nen, → Tertiarierin.

Terziat → Tertiat.

Test・akte【< engl. Test Act】*f.* -, -n, 審査法，テスト・アクト（チャールズ2世〔在位1660-85〕のカトリック容認政策〔信仰自由宣言；1672年〕に対抗して，1673年議会が制定した法律；すべての公職保持者に，英国国教会での*聖餐，国王至上権への忠誠，*実体変化の否定の誓約などを義務付けた；1829年のカトリック解放法によって全廃された).

Testament【lat."契約"；< lat. testis "証人"】*n.* -[e]s, -e, ①契約 (a. 神と人間の間で結ばれる協定関係；旧約聖書では，神とイスラエル人との契約〔シナイ契約；das Alte 〜 1 参照］，神が*ノアに対して，二度と洪水によって地を滅ぼさないと約束したこと〔ノア契約；創 9：9-17〕，*アブラハムの子孫にカナンの土地を与えると約束したこと〔アブラハム契約；創15:18〕，*ダビデの子孫の系譜が永遠に続くことを保障したこと〔ダビデ契約；サム下23：5〕；新約聖書では，キリストの仲介によって締結された「新しい契約」〔das Neue 〜 1 参照〕をいう；Bund参照．b. 人間同士での約束には，アブラハムとアビメレク〔創21:27〕，イサクとアビメレク〔創26:27-28〕，ヤコブとラバン〔創31:44〕などがある）；das Alte 〜 (1)旧約(*人祖からキリストの到来までの期間に*啓示，締結された契約；特に，神〔*ヤハウェ〕が*シナイ山で*モーセに現れ，*イスラエル民族との間に結んだ「古い契約」〔2コリ3:14〕であるシナイ契約〔出19：5-8〕のこと；ヤハウェはイスラエルの

唯一の神, イスラエルは神の選民であり, イスラエルの民は*律法を守り, それに反したときには制裁を受け, 他方ヤハウェは自らの民に恵みを与えるという双務的な契約関係. (2)旧約聖書(ユダヤ人によって伝承され, キリスト教に受け継がれた, *ヘブライ語〔ダニ, エズなどのごく一部は*アラム語〕で記されたキリスト降誕以前の神の*啓示の書の総体; 2世紀頃の初期キリスト教時代に, 「新約」と区別するために「旧約」と呼ばれた; ユダヤ教では, *トーラー〔律法〕, *ネビイーム〔*預言書〕, *ケトゥビーム〔*諸書〕, 合わせて*タナハ〔タナクとも〕という; 略: A. T.); das Neue ~ (1)新約(神との「古い契約」〔旧約〕のキリストによる成就, 及び, 新たにキリストを通して, 神と人間の間で結ばれた, この世の終わりまでの「新しい契約」のこと; 1コリ11:25). (2)新約聖書(降誕から十字架上の死と*復活に至る, 神の子であるイエス・キリスト〔前4以前-後30頃〕の言葉と行いが記された4つの*福音書, 教会の始まりと*聖霊の働き, *使徒たちの行動が記された*使徒言行録, 使徒*パウロをはじめとする*初代教会の指導者たちによる21通の書簡, そしてこの世の終末についての預言を含む*黙示録の〔カトリックの*正典で〕全27の文書の総体; ギリシア語〔*コイネー〕で書かれ, 紀元50年代から2世紀初めにかけて成立したとされる; 略: N. T.). ②遺言, 遺言書.

Testimonium【lat.; < lat. testis "証人"】*n.* -s, ..nien *u.* ..nia, 証明書(Zeugnis参照).

Tetragramm【gr.】*n.* -s, -e, **Tetragrammaton** *n.* -s, ..mata, 聖四文字(ヘブライ語旧約聖書〔→ Tanach〕において, 子音4文字で示された神の名 → JHWHのこと).

Teufel【gr.-kirchenlat.-got.; < gr. diábolos "誹謗する者"】*m.* -s, -, ①《単数で》悪魔(神の敵対者; Antichrist I, Satan 1参照);《1格で》dort ist der ~ los あそこは上を下への大騒ぎだ(黙20: 2にちなむ); da <bei et.^{3}> muss der ~ seine Hand im Spiel haben / da muss der ~ im Spiel sein これはただごとではない, 悪魔が一枚噛んでいるにちがいない; in der Not frisst der ~ Fliegen 背に腹はかえられない(困窮すると悪魔も蝿を食べる, から転じて); jn. reitet der ~ / der ~ ist in jn. gefahren (或人は)頭がどうかしている, 分別を失っている; der ~ steckt im Detail 物事は細かいところが難しい(悪魔は細部に潜む, から転じて); jm. steckt der ~ im Leib (或人は)興奮しやすい, 激しやすい; auf et. erpicht sein wie der ~ auf die <eine> [arme] Seele / hinter et.^{3} her sein wie der ~ hinter der [armen] Seele (或物〔金など〕に)取り憑かれている; das soll der ~ verstehen! そんなこと分かるもんか; [das] weiß der ~! そんなこと知るか;《2格で》des ~s sein 頭がおかしい, 自制がきかない; ich will des ~s sein, wenn ich lüge もし私が嘘を言っていたら, 悪魔にさらわれてもいい; des ~s Gebetbuch <Gesangbuch> トランプ; in [des] ~s Küche kommen <geraten> 大変な窮地に陥る; jn. in [des] ~s Küche bringen (或人を)大変な窮地に陥らせる; in [des / drei] ~s Namen! ちくしょう, 何てことだ;《3格で》sich <seine Seele> dem ~ verschreiben 魂を悪魔に売り渡す; dem ~ ein Ohr ablügen <abreden / abschwätzen> 大嘘をつく, やたら口数が多い; Wenn man dem ~ den kleinen Finger gibt, so nimmt er die ganze Hand. 《諺》いったん悪事に手を染めると, 離れられなくなる(悪魔に小指を与えると, 手全体を取られてしまう, から転じて);《4格で》den ~ austreiben <verjagen> (呪文などで, 取り憑いた)悪魔を追い出す(祓う); mal[e] den ~ nicht an die Wand / mal[e] nicht den ~ an die Wand 縁起でもないことを言うな(悪魔の絵を描いたり, その名を口にしたりすると悪魔が現れるとの民間信仰にちなむ); den ~ werde ich tun! そんなことは絶対にしない(思ってもみなかった, まっぴらごめんだ); sich^3 den ~ auf den Hals laden 大変な面倒を背負い込む; den ~ im Leib haben 気が荒い, 激しやすい; den ~ mit <durch> Beelzebub austreiben 小難を除こうとして大難を招く(Beelzebub参照); den ~ nach et.^{3} fragen そんな事はどうでもよい(まったく問題にしない); sich den ~ um et. kümmern <scheren> (或事を)全然気にかけない;《前置詞とともに》auf ~ komm raus arbeiten 全力を尽くして働く; mit dem ~ im Bund[e] sein 悪魔と結託している; einen Pakt mit dem ~ schließen 悪魔と契約を結ぶ; das musste doch mit dem ~ zugehen, wenn ... …ということはあり得ないでしょう(…だとしたらそれは悪魔の仕業だ,

から転じて）；vom ～ besessen sein 頭がおかしい，分別を失っている；sich nicht vor Tod und ～ fürchten (*od*. weder Tod noch ～ fürchten) 何事（何者）も恐れない；jn. zum ～ schicken <jagen> （或人を）追っ払う，蔵にする；zum <beim> ～ sein（お金などが）なくなっている，（機械などが）壊れている；jn. zum ～ wünschen（或人が）いなくなればよいと願う；wer zum ～ hat das gesagt? そんなことを言ったのは一体誰だ；《間投詞的に》[du / ei / pfui] ～! / [den] ～ auch! / ～ nochmal <noch [eins / einmal]>! / alle ～! / beim ～! / hol's der ～! / Tod und ～! / zum ～! 何てことだ，ちくしょう，いまいましい；hole dich der ～! / der ～ soll dich holen! / gehe <scher dich> zum ～! お前なんかくたばっちまえ，《否定を表す》kein ～ 誰ひとり…ない；Kein ～ hat uns geholfen. 誰も私たちを助けてくれなかった. ②悪霊（Dämon参照）. ③《比》悪魔のようなやつ，悪党；der <ein> ～ in Menschengestalt <Person> / der leibhaftige ～ 悪魔の化身；ein ～ von einem Weib[e] 悪女，毒婦，悪妻；ein armer (dummer) ～ あわれな（ばかな，同情すべき）やつ；ein kleiner ～ 手に負えない子供；ein richtiger <wahrer> ～ 手に負えないやつ（暴れ者）. **Teufelei** *f*. -, -en, ①《単数で》悪魔のような心，悪性. ②悪魔の所業，極悪非道. **teufeln** *i*. (*h*) <*südd., schweiz.*> 呪う，罵る；暴れる，荒れ狂う.

Teufels=anbetung *f*. -, -en, 悪魔礼拝（Satanismus参照）. ～**austreiber** *m*. -s, -, 祓魔師（Exorzist参照）. ～**austreibung** *f*. -, -en, 悪魔祓い（Exorzismus参照）. ～**kult** *m*. -[e]s, -e, 悪魔崇拝（Satanismus参照）. ～**messe** *f*. -, -n, 悪魔ミサ（Satansmesse参照）.

teuflisch *adj*. 悪魔のような，悪魔的な，残忍な；ひどい，ものすごい，すさまじい.

Thaddäus → Judas Thaddäus.

Thaumatologie 【gr.-nlat.; < gr. thauma "不思議"】*f*. -, 奇跡論，奇跡学（*奇跡，特に聖書に記録されているイエス・キリストが起した超自然的現象についての考察；奇跡に関する学問的な考究は*アウグスティヌスをもって始まり，*トマス・アクィナスは奇跡を*救済史において捉えた；*宗教改革者は，これを聖書の中の出来事としてのみ理解する傾向が強く，一方カトリックでは*ルルドをはじめとする近代以降の奇跡をも，厳密な科学的調査を前提として認めており，これを神の*啓示，救いの目に見えるしるし，人間と神の交わりの契機として理解する). **Thaumaturg**【gr.】*m*. -en, -en, （Wundertäter）奇跡を行う人（存命中または死後に*奇跡を起こした人物，特にギリシアの*聖人に与えられる称号；例えばミュラの聖*ニコラオス).

Theatiner【nlat】*m*. -s, -, 《通常複数で》テアティニ修道会(1524年ローマでティエネのガエターノ〔ラテン名カエタヌス；1480-1547；聖人〕とジャンピエトロ・カラファ（1476-1559；後のパウルス4世教皇；在位1555-59）らが創立した最古の*律修聖職者修道会；完全な*清貧を求め，*頻繁な聖体拝領を推奨した；また救貧事業，典礼及び教会の刷新に尽力した；名称は，カラファが司教を務めた中部イタリアの町キエティの旧名テアーテ〔Theate *od*. Teate〕にちなむ；略: CRth〔dt. auch: OTheat〕；Kajetaner参照).

Thebaische <Thebäische> Legion【< lat. Legio Thebaeorum】*f*. テーベ軍団（上エジプト，テーベ出身のキリスト教徒からなるローマの軍団；285年頃または303年頃，アガウヌム〔現在のスイス，サン・モリッツ〕で同信の者を迫害する命に背いた〔または異教を拒否した〕ため，指揮官のマウリティウス〔ドイツ名Moritz；聖人〕をはじめ多くの兵士が殉教したと伝えられる；中世期，ライン川流域を中心に崇敬が広まった).

Theismus【gr.-nlat.; < gr. theós "神"】*m*. -, 有神論（神の存在，特に，世界の創造主であり，*摂理によって恒常的に世界を支配する，超越的人格神の存在を認める宗教・哲学上の立場；神の存在を否定する*無神論，複数の神々を立てる*多神論，創造者としての神を認めるが*啓示や摂理，*恩恵を否定する*理神論，神と世界を同一視する*汎神論などに対して). **Theist** *m*. -en, -en, 有神論者. **theistisch** *adj*. 有神論の；有神論者の.

Themistianer【< Themistios】*m*. -s, -, 《通常複数で》テミスティオス派（→ Agnoetの創始者の名前にちなむ別称).

Theodizee【gr.-fr.; < gr. theós "神" + díkē "正義"】*f*. -, -n, 弁神論，神義論（神の全能・善・愛との関係から，この世界における悪の存在やその起源，意義を考究し，両者を調和的に

理解する試み；悪の存在から神の存在を否定しようとしたピエール・ベール〔1647-1706〕に対抗してライプニッツ〔1646-1716〕が著した『弁神論』〔Théodicée；1710〕において造語された；19世紀には*自然神学の1部門となった）．

Theodotianer【< Theodotos】*m.* -s, -,《通常複数で》テオドトス派（2世紀後半，ローマの皮なめし職人テオドトスに従った*キリスト養子説的な単一神論の異端派；Melchisedekianer参照）．

Theognosie, Theognosis【spätgr.；< gr. theós + gnōsis】*f.* -, 神の認識（Gotteserkenntnis参照）．

Theokrat *m.* -en, -en, 神政〔政治〕主義者．

Theokratie【spätgr.；< gr. theós + krátos "力，支配"】*f.* -, -n, ①《単数で》神政，神権政治，神政〈神権〉主義（神に直接由来するとされる権威と法をもって，神の化身ないし代理人を任ずる権力者が人民を支配する統治形態；例えば，神自身によってその代役者とされた*モーセ，*士師，*サムエル，*ダビデを首長とする旧約時代の*イスラエル，この政体をローマ*教皇のもとに復活させようとしたグレゴリウス7世〔在位1073-85〕の*教権統治主義，1552年*カルヴァンによるジュネーヴ市政樹立の企てなど）．②神政〈神権〉国家．**theokratisch** *adj.* 神政の，神政〈神権〉政治の，神政〈神権〉主義の．

Theolatrie *f.* -, -n,（古）敬神；礼拝（Latrie参照）．

Theologe【gr.-lat.】*m.* -n, -n, 神学者；神学生．

Theologia deutsch <germanica> *f.* - -, テオロギア・ドイチュ〈ゲルマニカ〉，ドイツ神学（14世紀末，*テュートン騎士団所属のある司祭が，ザクセンハウゼンで著したとされる*ドイツ神秘主義の修道書；*ルターによって1516年断片が，1518年に校訂版完本 „Eyn deutsch Theologia"が刊行された）．**Theologie**【gr.-spätlat.；原義"神々についての言葉"】*f.* -, -n, ①神学（*啓示に基づき，信仰と理性をもって神について研究し論述する諸学の総称）．②（キリスト教の）諸教派の学問的立場，神学上の傾向；die evangelische ～ プロテスタント神学；die katholische ～ カトリック神学；die lutherische ～ ルター派神学；die negative ～ → die *negative* Theologie．

Theologie=student *m.* -en, -en, ～**studentin** *f.* -, -nen, 神学部生．～**studium** *n.* -s, 神学研究．

Theologin *f.* -, -nen, → Theologe（の女性形）．

theologisch *adj.* 神学（上）の，神学的な；die ～e Exegese → die theologische *Exegese*；die ～e Fakultät（大学の）神学部；die ～e Hochschule 神学（の単科）大学；die ～en Tugenden 神学的徳（*使徒*パウロによるキリスト教的*対神徳〔→ die *göttlichen* Tugenden〕を指す13世紀頃からの用語；*信仰，*希望，*愛の3つ〔1コリ13:13〕で，アリストテレスの4つの自然的徳〔枢要徳〕に対応する）．**theologisieren** *i.* (h.) 神学を研究する，神学的観点から考察する．**Theologumenon**【gr.-lat."神によって語られたもの"】*n.* -s, ..mena, テオログメノン，神学上の仮説（なお究明中のため，正式の*教理には含まれないが，信仰にとって重要と認められるもの）．

Theomantie【gr.】*f.* -, -n, 神（*霊感）による*予言．

Theomonismus *m.* -, ①神一元論（世界内の現象のすべてを神という統一的根源的実在から説明しようとする立場）．②唯一神教（宗教現象の進化論的理解における，*多神教，*一神教に続く最終段階；唯一神を崇拝する複数の*一神教〔例えばユダヤ教，キリスト教，イスラム教〕が，当の唯一神によって単一の宗教へと統合されることで実現する究極的宗教）．

theonom【gr.-nlat.；< gr. theós + nómos "法，掟"】*adj.* 神律の．**Theonomie** *f.* -, 神律（パウル・ティリッヒ〔1886-1965〕の神学概念で，信仰や道徳的行為は，外的な権威による強制〔Heteronomie；他律〕でも，人間自身の孤独な近代的理性だけに基づく〔Autonomie；自律〕のでもなく，両者の相剋を止揚したところに発現する神の意思，掟によって律せられているということ；人間は，自己の有限性を自覚しつつ，自身の存在の根底を見透したとき，そこに最高の規範としての神的な法を見出すとされる）．

Theophanie【gr.】*f.* -, -n,（Gotteserscheinung）神の顕現，神現（神の*位格のいずれか，または*三位一体としての神が，一時的に人間に直接姿を現し，自らの意思を伝えること；例えば，旧約では*アダムと*エバの楽園追放〔創3:8-24〕，*アブラハムや*モーセの*召

命〔創12:1-7, 出3:1-4:17〕, 新約ではイエスの洗礼〔ルカ3:21-22〕の際など).

theophorisch *adj.* 神を担った; die 〜e Prozession 聖体行列(Fronleichnamsprozession 参照).

Theosis【gr.】*f.* -, (Vergöttlichung)《東》テオシス, 神成, (一般に:) 神化(人間が信仰生活を日々重ねることで, 神の本性に与り〔2ペト1:4〕, 徐々に神に似た者となるというギリシア正教会の教義).

Theosoph【spätgr.-mlat.】*m.* -en, -en, 神智学者. **Theosophie**【spätgr.】*f.* -, -n, 神智学, 接神論(*神学とは異なり, 学問的方法によってではなく神秘的直観を通じて, 神と霊的世界の内奥について知ろうとする宗教思想の潮流;例えば, *新プラトン主義, *グノーシス主義, エリウゲナ〔810頃-77頃〕, *ベーメなどの思想;また狭義では, ヘレナ・P・ブラヴァツキー〔1831-91〕らが設立した*神智学協会の混淆主義的オカルティズムを指す). **theosophisch** *adj.* 神智学上の, 神智学的な; die 〜e Gesellschaft 神智学協会(ウクライナ系のブラヴァツキー夫人がアメリカ人ヘンリー・スティール・オルコット〔初代会長;1832-1907〕らとともに, 1875年ニューヨークに設立した宗教団体〔79年インド, ムンバイに本部移転〕;古今東西の諸宗教の秘儀参入者において伝承されてきたという人間と宇宙の最高原理を, 著述活動と心霊術的実践において明らかにする;その運動はブラヴァツキーの死後, 多くの分派を生んだが, 20世紀を通じて宗教, 思想はもとより, 芸術, 社会運動にも様々な影響を及ぼした).

theozentrisch【gr.-nlat.】*adj.* 神中心的(ドイツのプロテスタント神学者エーリッヒ・シェーダー〔1861-1936〕が著書『神中心的神学』(〜e Theologie;全2巻;1909/14〕で, *シュライエルマッハー以降の神学を*人間中心的(anthropozentrisch)と批判し, *カルヴァンの教説や聖書に基づく神の絶対的主権を確立するために提示した概念). **Theozentrismus** *m.* -, **Theozentrizität** *f.* -, 神中心主義(一般に, 神を世界と人間存在の中心に据えた宇宙観, 人生観;かつての素朴な進歩主義的歴史理解においては, 古代から中世にかけての神中心の社会から, 啓蒙主義を経て*人間中心主義の近代に移行したとされる).

Thesaurus【gr.-lat.】*m.* -, -en *u.* ..ri, ①宝庫, 宝蔵(a. 古代ギリシアやローマの神殿などで, 聖なる物や貴重品を保管するために設けられた部屋. b.「教会の贖宥の宝蔵」のこと; Kirchenschatz参照). ②(知識・語彙の)宝庫, 語彙集(古典語辞書のタイトルとして);シソーラス(分類語彙集, 類語辞典).

These【gr.-lat."置く(立てる)こと"】*f.* -, -n, 命題, 主張;die fünfundneunzig 〜n 九十五箇条提題(*ルターが1517年10月31日付けで発表した「*免償の効力を明らかにするための討論提題」〔原文はラテン語:Disputatio pro declaratione virtutis indulgentiarum;dt. Disputation zur Erläuterung der Kraft des Ablasses;ヴィッテンベルク城教会の扉に掲示したともいわれる〕;「*信仰のみ」による*義認と救済を確信していたルターは, そこで*免罪符を信徒に誤った安心を与えるものとして厳しく批判し, 教皇による免償自体をも否定して*宗教改革の端緒を開いた).

Thessalonicher【< Thessalonikē】*m.* -s, -, テサロニケ人(⚥)(*フィリピの西に位置するマケドニアの港湾都市テサロニケの住民, キリスト教信徒;*パウロの第2次*宣教旅行で後50年頃教会が創立された);der [erste / zweite] Brief an die 〜 → Thessalonicherbrief. **Thessalonicher・brief** *m.* -[e]s, -e, テサロニケの信徒への手紙〔一, 二〕(「テサロニケ人(⚥)への手紙」とも;*パウロの名による新約聖書中の2通の書簡;第1の手紙は, パウロがユダヤ人の迫害によってテサロニケを逐われた後の50-52年頃に書かれ, 患難のただ中で信仰を失わない同地の信徒への感謝と激励, 信仰生活に関する様々な訓戒を内容とする;第2の手紙は, おそらくパウロの弟子の1人によって80年頃に書かれたもので, *終末が遅延していることの論証が行われ, 怠惰を避けてキリストの教えを守るべきことを説く).

Thomaner【nlat.;< → Thomas (a)】*m.* -s, -, (*ライプツィヒの)[聖]トーマス教会合唱団の団員;[聖]トーマス教会付属学校の生徒.

Thomaner・chor *m.* -[e]s, [聖]トーマス教会[少年]合唱団(1212年ライプツィヒに創立された*アウグスチノ修道参事会のトーマス修道院付属学校〔Thomasschule〕を起源とする少年合唱団;*宗教改革により*ルター派教会となった後も, 団員は共同生活を営みなが

ら，歴代の*トーマス・カントルの指導のもと，トーマス教会での合唱奉仕を主とする演奏活動を行っている；現在，団員〔9-18歳〕は約100名）．

Thomas【aram."双子"】《固》(*m.*) トマス（a. *十二使徒の1人；十字架刑の傷跡を確かめなければイエスの*復活を信じないと言い，イエス自身から傷を示された〔ヨハ20:24-29〕；そのため「疑い深いトマス」〔ungläubiger 〜；ein ungläubiger Thomas参照〕とも呼ばれる；イラン，インドで宣教したと伝えられるが詳細は不明；建築家，大工の*守護聖人；祝日：《カ》7月3日，《プ》11月21日〔かつてはカトリックも〕，《聖》7月3日または11月21日，《正》10月6日．b. 〜 von Aquin トマス・アクィナス：1225-1274；聖人，中世*スコラ学最大の哲学・神学者で「天使的博士」〔Doctor Angelicus〕の異名をとる；イタリア，モンテカッシーノ近郊で生まれ，1224年*ドミニコ会に入会；*パリと*ケルンで*アルベルトゥス・マグヌスに師事し，1256-59及び69-72年パリ大学神学部教授を務めた；アリストテレス哲学注解，新約聖書注解，討論集，『対異教徒大全』〔1259-64頃〕，『*神学大全』〔1265頃-73；未完〕ほか膨大な著作を残した；信仰と理性，神学と哲学を明確に分離するとともに，両者の有機的統合を図り，学としての神学を基礎付けた；祝日：1月28日．c. 〜 à Kempis〔〜 von Kempen〕トマス・ア・ケンピス：本名Thomas Hamerken von Kempen；1379頃-1471；ライン川下流ケンペン出身の*聖人，神秘思想家で，ネーデルラントのツヴォレの修道院副院長，修練長を務めた；伝統的に『*イミタティオ・クリスティ』の著者とされるが，異論もある．d. 〜 More トマス・モア：1477-1535；聖人，イングランドの政治家，人文主義者；ヘンリー8世〔在位1509-47〕に重用されたが，*首長令に反対したため1535年処刑された）．

Thomas=akten【< lat. Acta Thomae】*pl.* トマス行伝（3世紀前半に成立した新約聖書*外典の1書で，*シリア語と*ギリシア語の写本が伝わる；使徒トマス〔ユダ・トマス Juda Thomasと呼ばれる〕による南インド伝道の物語と彼の殉教を内容とする；一貫して性的禁欲主義が強調される）．**〜christ** *m.* -en, -en, (通常複数で) トマス・キリスト教徒（使徒*トマスが布教，殉教したという伝承があるインド南西部〔ゴアからコモリン岬に至る地域〕のキリスト教徒；ポルトガル支配下の1599年，*ネストリオス派の影響を排してローマに帰属したが，ヨーロッパ人聖職者の支配を嫌って1665年にシリア・マカバル教会が独立した；以降，分派を繰り返し，1930年カトリックに合同したシリア・マランカル・カトリック教会の他，*カルデア教会，*ヤコブ教会，*独立自治教会，*聖公会などが並立している）．**〜evangelium** *n.* -s, トマスによる福音書（*ナグ・ハマディ文書の第2*コデックスに収録された*グノーシス派由来の*外典福音書；2世紀中頃までに成立した*シリア語原本が，ギリシア語訳を経て*コプト語に翻訳されたものと考えられる；イエスの114の言葉からなる語録集で，*共観福音書に見られない言葉〔*アグラファ〕を数多く含む）．**〜kantor** *m.* -s, -en, トーマス・カントル（ライプツィヒの*トーマス教会合唱団の指導者で，トーマス教会の典礼音楽を司る職位；*宗教改革以後は市当局によって任命され，初代はゲオルク・ラウ〔在職1518-20〕；J. S. *バッハは1723-50年にこの地位にあった）．**〜kirche** *f.* -, -n, トーマス教会（a. 使徒*トマス，*トマス・アクィナス，*トマス・モアなどに奉献された各地の教会．b. ライプツィヒのトーマス教会は，1212年アウグスチノ修道参事会付属聖堂として建立された；現在の聖堂は1496年に献堂され，その後改築が重ねられてネオ・ゴシック様式〔1889〕となったもの；1949年*内陣にJ. S. バッハの墓地が置かれた）．**〜tag** *m.* -[e]s, -e, 使徒聖トマスの日（12月21日；*グレゴリオ暦の冬至にあたり，ゲルマン人の冬至祭と関連して，夜の時間が1年で最も長い20日から21日にかけて〔この夜はThomasnachtと呼ばれる〕古くは悪霊祓いなどの俗習が行われた；以後，*十二夜はこの日から始まるとされた；なおカトリックにおける使徒トマスの祝日は，1969年以降7月3日）．

Thomismus【nlat.】 *m.* -, トミズム，トマス主義（*トマス・アクィナスとその後継者による神学・哲学説；*ドミニコ会を中心に展開され，特に*トリエント公会議以降，カトリック正統説の形成に多大な影響を及ぼした；19世紀末より*ネオ・トミズムとして復興し，

現在も教皇庁によってその研究が推奨されている；CIC. 252§3）. **Thomist** *m.* -en, -en, トミスト，トミズム〈トマス主義〉の信奉者. **thomistisch** *adj.* トミズムの，トマス主義の.

Thora【hebr."教え,法"】*f.* -, トーラー (a.「律法」とも；旧約聖書のユダヤ人による3分類のうちの第1群で，*モーセ五書のこと. b. ユダヤ教における律法とその解釈の総体；ただし，口伝律法を含まず成文律法のみをいう場合や，モーセ五書だけ〔a〕，またヘブライ語旧約聖書の全体を指す場合もある).

Thron【gr.-lat.-altfr.】*m.* -[e]s, -e, ①高座（*教皇，*枢機卿，*司教，*大修道院長が*盛式ミサを司式する際に用いる固定座席；Cathedra参照）；～ und Altar 王座と祭壇（俗権と聖権の同盟的結合のこと；例えば，*宗教改革後のドイツの*領邦国家，フランスのアンシャン・レジーム期〔fr. le trône et l'autel〕，ドイツ帝国〔1871-1917〕におけるプロイセン君主とプロテスタント国教会との緊密な関係などをいう). ②《複数で》【< lat. Angeli throni》 座天使（玉座，王座とも；*天使の歌隊における第1階級の3に位置する天使たち；*セラフィム，*ケルビムとともに神に仕え，神の正義を示す；図像では神の玉座を支える姿などで描かれる；コロ1:16). **Thron•fest** *n.* -[e]s, -e, ～ Petri <des hl. Apostels Petrus> 聖ペトロの使徒座の祝日（2月22日；Stuhlfeier参照).

Thurifer, Thuriferar【< lat. t[h]uribulum "香炉"；< lat. tus "香" + ferre "運ぶ"】*m.* -s, -e, 香炉捧持者（*盛式ミサなどで，*香炉を持ち，*献香を行う*祭壇奉仕者).

Tiara【pers.-gr.-(m)lat. "（ペルシア人の）ターバン状の被りもの"】*f.* -, ..ren, (Papskrone) ティアラ，教皇冠，〔教皇〕三重冠（教皇が*行列など典礼外の儀式で用いる金属製の装飾冠；3層の飾り輪を有し，*三位一体，教皇がもつ最高の司祭権・司牧権・教導権，あるいは，天国・煉獄・地上の教会などを象徴する；かつては戴冠式〔Papstkrönung参照〕で新教皇が受けていたが，ヨハネ・パウロ1世〔在位1978〕のときに廃止された，以来*パリウムのみが授与される).

Timotheus【gr."神を畏れ敬う者"】《固》(*m.*) テモテ（使徒*パウロの最も信頼の厚い弟子〔1コリ4:17〕で，その*宣教旅行には常に随伴し，獄中書簡の*フィリピの信徒への手紙や*フィレモンへの手紙などでその共同差出人となっている；後に*エフェソの教会の指導者となり，伝承ではローマで殉教したとされる；祝日：1月26日）; Brief an ～ → Timotheusbrief. **Timotheus•brief** *m.* -[e]s, -e, テモテへの手紙［一，二］（*パウロが，2世紀の初め頃，テモテに宛てて書いたとされる新約聖書中の2通の書簡；*異端，特に*グノーシス派に対する警告，*位階制の必要や使徒職に伴う困難への心構えを説く).

Tisch•gebet *n.* -[e]s, -e, 食卓の祈り，食前食後の祈り（神の祝福を求め，また賛美と感謝を献げるため，食事の前後に食卓で行われる短い祈り).

Titel【lat.】*m.* -s, -, ①題名，標題；(章などの)見出し；タイトル頁；(題名のある)著作物，刊行物，作品. ②称号，肩書き；名義.

Titel=diözese *f.* -, 名義教区，称号教区（*司教枢機卿の就任の際に与えられるローマ周辺の7教区；das *suburbikarische* Bistum参照）の7教区；das *suburbikarische* Bistum参照）. **～kirche**【< lat. titulus ecclesiae】*f.* -, -n, 名義教会，称号教会 (a. *枢機卿が*司祭枢機卿として就任する際に，教皇によって与えられるローマの教会堂〔枢機卿の数に合わせて現在約150余〕；教皇と枢機卿の結び付きを表す；ただし*裁治権を伴わない；CIC. 350§2, 357. b. *総大司教に与えられる → Patriarchalkirche).

Titular【lat.-nlat.】*m.* -s, -e, ①名誉称号（または，実質を伴わない名目だけの肩書き）の所有者. ②《古》称号の所有者.

Titular=bischof【< lat. episcopus titularis】*m.* -s, ..bischöfe, 名義司教（*教区司教と異なり，*司牧すべき固有の*司教区をもたない司教〔CIC. 376〕；すなわち*補佐司教，*協働司教，名誉司教座が与えられた教皇庁の教役者，引退した司教をいう；以前は，すでに消滅した司教区の名義において*叙階された司教を意味した；in partibus infidelium参照). **～diözese** → Titeldiözese. **～erzbischof** *m.* -s, ..bischöfe, 名義大司教（*大司教位にある*名義教区の司教；称号としては，教皇庁の長官や大使にも与えられる). **～kirche** → Titelkirche.

Titulus【(m)lat.】*m.* -, ..li, ①（初期及び中世のキリスト教の壁画，絵画，図版などに書き添えられた，多くは韻文による）絵の説明文.

②(名誉)称号，官職名．

Titus《固》(*m.*) テトス(使徒*パウロによって改宗したとされる*異邦人キリスト教徒；パウロの信頼すべき協力者となって〔2コリ8:22-23〕，*コリント人(?)の教会の諸問題の解決に尽力し，*エルサレムの*使徒会議にも参加した；後にクレタ島の司教となったとの伝承もある〔テト1:5〕；祝日：1月26日）; der Brief an 〜 → Titusbrief. **Titus・brief** *m.* -[e]s, テトスへの手紙(使徒パウロがローマ投獄の後，クレタ島に留まっていた弟子テトスに宛てて書いたとされる新約聖書中の書簡〔ただし実際の著者と執筆時期については異論がある〕；教会の組織化と*異端，特に*グノーシス派への対処などに関する助言を内容とする）．

Tobit【hebr."主は私の善"】《固》(*m.*) トビト(トビト記の主人公で，アッシリアで捕囚となった敬虔なイスラエル人）; das Buch 〜 トビト記（旧約聖書*第二正典の1書；トビトは次々と不幸に襲われ，遂には失明したが，その祈りを聞き入れた神は*ラファエルを派遣する；その子トビアは，人の姿で現れたラファエルの助力を得，悪魔に憑かれた信仰篤き乙女サラを救って結婚し，さらに父の盲目を癒した；*律法に従った正しい生活と神への信頼が救済をもたらすという教訓的内容をもつ；前200-180年頃に成立した）．

Tochter=kirche【< lat. ecclesia filialis】*f.* -, -n, 娘聖堂，支聖堂(Filialkirche参照)．**〜kloster** *n.* -s, ..klöster, 娘院, 支院(Filialkloster参照)．

Tod・sünde【< lat. peccatum mortale】*f.* -, -n, 大罪(*小罪に対して，「死に至る罪」〔Sünde, die zum Tod führt；1ヨハ5:16；ロマ1:29-32参照〕をいう；重大な問題に関し，十分な自覚，意図的な承諾をもって神の意思や掟に背くこと〔カトリック教会のカテキズム，1857〕；人を*永遠の命へと導く*成聖の恩寵を失わせ，その結果神との関係が断たれる）; die sieben 〜n 七つの大罪〔罪源〕(カトリック教会において伝統的に罪の源とみなされてきた，高慢〔Hochmut〕，貪欲〔Habgier〕，嫉妬〔Neid〕，憤怒〔Zorn〕，肉欲〔Wollust〕，貪食〔Völlerei〕，怠惰〔Faulheit〕の7つ）．

Toleranz【lat.】*f.* -, 寛容(a. 自身の*信条と相容れなくとも，他者の教義，宗教的立場を尊重し，その真理性や実践の自由を承認，少なくとも容認すること；また*信教の自由の原則に基づき，他宗教，他教派の信徒や団体の公民的・法的同権を認める，宗教的な無差別主義のこと；Parität参照．b. 他人の罪過に対する寛大さ；対義語: Intoleranz)．

Tonsur【lat.-mlat. "(毛髪を)刈り取ること"】*f.* -, -en, ①トンスラ，剃髪(聖職者，修道僧が神への献身や従順などのしるしとして，自身の頭髪の一部またはすべてを刈ること；西方教会では6世紀頃から，聖職者身分に入る際に剃髪式が行われた；司祭の*叙階では，後ろ髪を数cm程度円く刈る儀式があったが，教皇パウルス6世〔在位1963-78〕により1973年に廃止された）．②剃冠(聖職者，修道僧の円く剃った頭頂). **tonsurieren**【lat.-nlat.】*t.* (*h*) 《古》(或人に) 剃髪を施す．

Tora → Thora．

Tosefta【aram. "追加"】*f.* -, トセフタ(*ミシュナーに採用されなかったユダヤ教の口伝律法を集めて編纂された補遺）．

tot *adj.* 死んだ，死んでいる；死んだような，生気のない；荒廃した; die 〜e Hand 〔< lat. Manus mortua〕死手(譲渡や相続が不能な不動産等の財産を永久的に所有する法人，財団，教会・修道会のこと；及びその財産；Amortisation参照）; das 〜e Meer 《固》死海(現在のイスラエルとヨルダンの国境にある，面積約1020km², 南北の長さは約81.6km, 幅約17.6kmの湖；水面は海面下392mに位置し，ヨルダン川が流入するが，排水河川をもたないため，塩分保有量が25%と非常に高く，聖書中では「塩の海」〔Salzmeer；創14:3, 民34:3〕とも呼ばれる；1947年，死海北西部の段丘にある洞穴で*クムランの「死海文書」が発見された）; die Schriften vom 〜en Meer 死海文書(Qumranschriften参照)．**Tote**″ *m.* u. *f.* -n, -n, 《形容詞的変化》死者，死人; einen 〜n begraben 死者を埋葬する; Jesus sagte zu ihm: Lass die 〜n ihre 〜n begraben; du aber geh und verkünde das Reich Gottes!「イエスは言われた．『死んでいる者たちに，自分たちの死者を葬らせなさい．あなたは行って，神の国を言い広めなさい．』」(イエスから*召命を受けた者が，まず自分の父を埋葬してから付き従うと答えたのに対して；ルカ9:60)．

Toten=amt *n.* -[e]s, ..ämter, 死者〔のための〕ミサ，葬儀ミサ(Requiem参照)．**〜annalen**

pl. 物故者年譜(修道院や教会などに関係の深い死者の名前を年別に記録した名簿で，中世史研究の重要資料とされる；*ベネディクト会系のフルダ修道院で，779-1065年に作成されたもの〔Fuldaer 〜annalen〕が有名；Nekrologium参照). 〜**buch** *n.* -[e]s,..bücher, ①死者台帳(*小教区内の死亡した信徒の名簿で，埋葬後の記入が*教会法で定められている；CIC. 1182). ②物故者名簿(Nekrologium参照). 〜**bund** *m.* -[e]s,..bünde, (*煉獄にある死者のための)祈禱兄弟盟約(Gebetsverbrüderung参照). 〜**erweckung** *f.* -, -en, 死者の復活(Wiederbelebung b, c参照). 〜**fest** *n.* -[e]s, -e, ①死者の[記念]日(Allerseelen参照). ②《プ》→ 〜sonntag. 〜**glocke** *f.* -, -n, 埋葬の(際に打ち鳴らされる)鐘. 〜**kreuz** *n.* -es, -e, 十字架の墓標. 〜**messe**【< lat. missa defunctorum *od.* missa pro defunctis】*f.* -, -n, 死者［のための］ミサ，葬儀ミサ(Requiem参照；または死亡した信徒を記念して，その命日などに行われるミサ)；für jn. eine 〜messe lesen <halten> (或人のために)死者ミサを挙げる. 〜**offizium**【lat. officium defunctorum】*n.* -s,..zien, 死者の[ための]聖務日課(埋葬の当日，*死者ミサの一部として，または死者を記念して日々ないし随時，聖務日課［*晩課，*徹夜祭，*賛課］において唱えられた式文，祈禱文；スペインの*イエズス会士トマス・ルイス・デ・ビクトリア〔ビットリアとも；1548-1611〕が皇太后マリア・デ・アウストリアの葬礼のために作曲したもの〔1605年〕が有名). 〜**sonntag** *m.* -[e]s, -e, 《プ》死者慰霊日(ドイツ及びスイスで，死者を記念する日；プロテスタントの教会暦年の最終日曜日〔*待降節第1主日の前の日曜日，したがって毎年11月20日と26日の間になる〕；→ Ewigkeitssonntagと同じ). 〜**taufe** *f.* -, -n, 死者洗礼(*パウロが1コリ15:29でいう，死者のための*洗礼〔*バプテスマ〕；この箇所を，信仰をもたずに亡くなった者に代わって生者が洗礼を受けることと解釈し，*マルキオン派や*モンタノス派，現代では*モルモン教が「代理洗礼」を行うが，正統教義はこれを完全に否定している；同箇所の解釈については諸論があり，共同訳では「死者のために洗礼を受ける」〔sich für die Toten taufen zu lassen〕とされている).

Traditionalismus【lat.-fr.】*m.* -, 伝統主義，伝承主義(宗教的真理の認識は，理性ではなく教会の権威や伝統に基づくとする神学・哲学説で，人類の初期段階で与えられた原始的啓示が今日まで過たず伝承されてきたと主張する；理性偏重のフランス啓蒙主義・合理主義への反動として提唱されたが，自然理性による神認識を否定するものとして第1*ヴァティカン公会議で排斥された). **Traditionalist** *m.* -en, -en, 伝統主義者，伝承主義者(特に，厳格な伝統主義を提唱した19世紀フランスのルイ・ド・ボナール〔1754-1840〕，フェリシテ・ド・ラムネー〔1782-1854〕，ルイ・ボータン〔1796-1867〕らをいう). **traditionalistisch** *adj.* 伝統主義の(的な)，伝承主義の(的な)

Traduzianismus【lat.-mlat.-nlat.】*m.* -, 霊魂伝遺説(霊魂伝導説，霊魂分生説とも；個々人の霊魂は出生の際に身体とともに両親から伝えられるとする，霊魂の起源に関する教説；初代キリスト教や*ルター派などに見られるが，魂の非物質性，魂は神によって無から創造されるとするカトリックの*霊魂創造説とは相容れない).

Trag=altar *m.* -[e]s,..altäre, 携帯用祭壇，移動式祭壇(石製の正式の祭壇がない場所や，*聖別されていない祭壇でミサを挙行するための，持ち運びが可能な小型の祭壇〔の代替物〕；現在の規定では材質は問われないが〔CIC. 1236§2〕，1枚の木板の中央部に大理石が嵌め込まれ，全体を装飾のある金属で覆ったものや箱形のものなどがある). 〜**himmel** *m.* -s, -, 移動式天蓋(竿によって捧持される布製の*天蓋で，*行列の際など高位聖職者の頭上に広げられる).

Traktarianismus【lat.-engl.-nlat.】*m.* -, トラクト運動(*オックスフォード運動の別称；*ニューマン，J. キーブル〔1792-1866〕，E. B. ピュージー〔1800-82〕ら指導者たちが，「時局小冊子」〔Tracts for the Times；1833-41；ニューマンが創刊し，90号で完結した〕を舞台に言論活動を行ったことにちなむ). **Traktat**【lat. "論文，討議"】*n.* (*m.*) -[e]s, -e, (宗教論争などの際の)小冊子，パンフレット.

Traktus【< lat. cantus *tractus*；< lat. trahere "長引かす"】*m.* -, - [..tu:s] *u.* -gesänge, トラクトゥス，詠唱(*四旬節，*四季の斎日，*レクイエムなどの典礼において，*昇階唱〔*答唱詩編〕

の後で，*アレルヤ唱の代わりに唱えられる悲哀を表現する聖歌で，*詩編などから採られた歌詞の音を引き延ばしながら歌う；第2*ヴァティカン公会議の典礼改定後は，四旬節のミサで福音書の朗読の前に歌われ，歌詞は福音書から採られている）．

Träne f. -, -n, 涙；die Gabe der ～n → die *Gabe der Tränen*；das Tal der ～n 涙の谷（「バカの谷」〔詩84: 7〕の訳語の1つ「バカ」は荒れ地に生えるバルサムの木のこと）；共同訳では「嘆きの谷」〔das trostlose Tal〕；Jammertalとも）．

Transept【lat.-engl.】m. (n.) -[e]s, -e, トランセプト（Querschiff参照）．

Transfiguration【lat.】f. -, -en, die ～ [Christi / Jesu] ①《単数で》〔キリストの，イエスの〕変容（Verklärung参照）．②変容図（1を主題とした図像・彫像；ラファエッロ〔1483-1520〕の同名の絶作〔1518-20；ヴァティカン美術館所蔵〕が知られる）．

Translation【lat.】f. -, -en, 移転（特に中世において，盛大な儀式をもって*聖遺物を聖人の墓所または保管してきた教会堂から別の場所に移し替えて，そこに永久に安置すること）．

Transsubstantiation【lat.-mlat.】f. -, -en, 〔全〕実体変化，化体(かたい)（ミサ中の*聖別の際に，パンとぶどう酒の外的形態〔*形色〕はそのままで，その全実体がキリストの体と血に変化すること；*スコラ学において，アリストテレス以来の実体や付跡性といった哲学概念を秘跡論に応用したもので，第4*ラテラノ公会議〔1215年〕がこの語を正式に採用し，*トリエント公会議〔1545-63〕で*教理宣言された；*プロテスタントは，実体変化説に対して*共在説や*象徴説を提唱した）．**Transsubstantiations・lehre** f. -, 〔全〕実体変化説，化体説．

transzendent【lat.】adj. 超越的（神が世界の創造主，絶対者として，被造界を越えて独立して存在すること，人間の経験や自然的な認識能力を越えていることなどをいう場合に用いられる語）．**transzendental**【lat.-mlat.】adj. 超越論的（a. *スコラ学の用語で，「超範疇的」とも；Transzendentalien参照．b.「先験的」とも；カント哲学の用語で，可能的経験を越えた「物自体」〔Ding an sich〕，及び経験を成立させる主観側のアプリオリな諸条件をいう場合に用いられる語）．**Transzendentalien** pl. 超越論的〈超範疇的〉規定（*スコラ学の用語で，アリストテレス哲学の〈範疇〉によって限定されえず，すべての主語〔存在者〕に帰属する述語概念；*トマス・アクィナスは，存在〔ens〕，もの〔res〕，あるもの〔aliquid〕，一〔unum〕，真〔verum〕，善〔bonum〕，及び，美〔pulchrum〕を挙げた）．

Transzendenz【< lat. transcendentia "乗り越えていくこと"】f. -, （対義語: Immanenz）超越（性）（万有の創造者として被造物的秩序を越え出た存在，経験的現実を越え，認識や存在の根拠となるもの〔プラトン〕，また，認識が成立するための，意識の側のアプリオリな諸条件〔カント〕等々，哲学史上様々な局面，意味内容において用いられる語）．

Trappist【fr.; < La Trappe】m. -en, -en, 《通常複数で》→ Trappistenorden.

Trappisten=kloster n. -s, ..klöster, トラピスト修道院. **～orden** m. -s, （Trappisten）トラピスト〔修道〕会（*厳律シトー会の通称；Zisterzienserorden der strengeren Observanz参照）．

Trappistin f. -, -nen, 《通常複数で》トラピスト女子修道会，トラピスチン，トラピスチヌ（女子厳律シトー会の通称；Zisterzienserinnen der strengeren Observanz参照）．

Trau・altar m. -s, ..altäre, 婚礼の祭壇；mit jm. vor den ～ treten《雅》（或人と教会で）結婚する；jn. zum ～ führen《雅》（ある女性と）結婚する．**trauen**《I》i. (h) jm. (et.³) ～（或人・或物を）信頼する，信用する．《II》refl. sich⁴/³ ～, et. zu tun（或事を）する勇気がない；ich traue mich（まれに: mir）nicht, das zu tun 私はそれをする勇気がない．《III》t. (或人を，神父〔牧師〕が教会で司式して，または戸籍役場で）結婚させる；dieser Pfarrer hat uns *getraut* この神父（牧師）の司式で私たちは結婚した；sie haben sich in der Kirche ～ lassen 彼らは教会で結婚式を挙げた．

Trau=feier f. -, -n, （1人ないし複数の死者のために教会で行われる）葬儀，追悼式．**～gottesdienst** m. -[e]s, -e, （1人ないし複数の死者のために教会で行われる）葬儀，追悼ミサ．

Trau・rede f. -, -n, 結婚式の訓話（神父，牧師ないしは戸籍役場の職員などが，新郎新婦に

対して行う）．**Trauung**【原義"信用"】*f.* -, -en, (教会や戸籍役場で行われる)結婚，結婚式．

Trennung *f.* -, -en, (夫婦の)離別(有効な*婚姻の秘跡による完成婚は，一方の死亡以外，*不解消性〔CIC. 1056参照〕を有するが，未完成婚の場合は，*教皇への請願により婚姻の絆を解消することができる〔CIC. 1141-42〕；また夫婦の一方に重大な有責が認められた場合，絆は解消されぬままに，教会権威者は他方に別居権を与えることができ〔CIC. 1152-53〕，これは「食卓と寝室の分離」〔die ～ von Tisch und Bett〕と呼ばれる）．

Treuga Dei【mlat.】*f.* - -, 神の休戦(Gottesfriede 2参照)

Trichotomie【gr.-spätgr.】*f.* -, **Trichotomismus** *m.* -, 三分説(*人性は肉体〔Leib〕，魂〔Seele〕，霊〔Geist〕の3つの異なった構成要素からなるという説；第4*コンスタンティノポリス公会議〔869-70〕は，霊と魂を区別する立場を*異端として排斥し，肉体と魂の二分説〔→ Dichotomie〕を教理として定めた；なお，魂を人間と動物に共通する，感覚や本能を司る生命原理とし，霊は理性や良心など高次の精神的活動を司っているなどと説明するプラトン説とは区別される)．

Tridentiner【< → Tridentum】*adj.*《不変化》トリエントの；～ Konzil *n.* → Tridentinum．

tridentinisch *adj.* トリエントの；das ～e Konzil → Tridentinum．**Tridentinum** *n.* -s, トリエント公会議(*神聖ローマ帝国皇帝カール5世〔在位1519-56〕の要請により，パウルス3世〔在位1534-49〕のもと，1545年3月トリエントで開催された第19回公会議〔47年に一時ボローニャに移転〕；途中10年の休会期間を挟み，1563年まで3つの会期〔1545-49, 51-52, 62-63年〕において断続的に行われた；*宗教改革への対処が討議され，プロテスタントの*聖書主義に対し，聖書と伝承における*啓示を，「*信仰のみ」による*義認に対して，信仰と善き行爲による義認を決議した；また*原罪，*ミサ聖祭，*司教職，7つの*秘跡，*免償，*煉獄，*聖人・*聖遺物・*聖画像崇敬，*教会会議などについてそれぞれ定義し，教会改革を推進した；しかし当初の目的だったカトリックとプロテスタントの和解は実現されず，懸案の*教皇首位権についても合意には至らなかった)．**Tridentum**《固》トリデントゥム(Trient参照)．

Triduum【lat."3日間"】*n.* -s, ..duen, トゥリドゥウム(カトリック教会の特別の祝日などの前に行われる3日間の*信心業；キリストが3日間にわたって，墓の中にあったことを記念する)；～ Paschale *n.* - -, → das österliche ～；～ Sacrum *n.* - -, 聖なる三日間(→ das österliche ～と同じ)；das österliche ～〔< lat. Triduum Paschale〕過越の三日間(*復活祭に先立つ，*聖週間の最後の3日間で，*典礼暦年の頂点をなす；*聖木曜日の*主の晩餐の夕べのミサに始まり，キリストの*磔刑(たっけい)を記念する*聖金曜日の典礼，キリストの埋葬を記念して断食を行う*聖土曜日，そして*復活徹夜祭及び*復活の主日の晩の祈りまでの期間と一連の典礼をいう)．

Trient《固》トリエント(イタリア北東部の都市トレント〔Trento〕のドイツ語名；ローマ帝国支配下ではトリデントゥム〔Tridentum〕と呼ばれた；4世紀末にキリスト教化され*司教座が置かれた；ランゴバルド王国，フランク王国の支配を経て，952年にドイツ帝国に編入される；第19回公会議〔1545-63年〕の開催地；1803年司教領が*世俗化され，05年バイエルン，16年オーストリア帝国の支配下に入るが，1919年のサン・ジェルマン条約以降はイタリア王国に属した)．**Trienter** *adj.*《不変化》→ Tridentiner；～ Konzil *n.*→ Tridentinum．

Trier《固》トリーア(ラインラント＝プファルツ州，モーゼル河畔の都市；すでに紀元前3世紀には集落があり，前16年，ローマ人によってアルプス以北で最古の都市，アウグスタ・トレヴェロルムとして築かれた；*金印勅書により，同地の大司教は選帝侯の1人となった；聖ペトロ大聖堂〔Trierer Dom St. Petrus〕は，4世紀初頭に建造が始まったドイツ最古の*司教座聖堂で，*ゴシック様式の聖母教会〔Liebfrauenkirche；1235-60年〕やローマ時代の遺跡群とともに，1986年ユネスコ世界遺産に登録された)．**Trierer** *adj.*《不変化》トリーアの；～ Dom *m.* トリーア大聖堂．

Triforium【lat.-mlat.】*n.* -s, ..rien, トリフォリウム(後期*ロマネスク及び*ゴシック様式の教会堂建築で，*身廊と〔それより低い〕*側廊の天井の高低差から，側廊の上部〔*クリ

アストーリーの下，側廊2階席の*トリビューンがある場合はその上〕に造られた壁面構造；アーケード状の通路が設けられたものと，それがないBlendこと区別される）．

Trination【lat.-nlat.】*f.* -, -en, 三重祭（同一の司祭が1日のうちに〔通常は1回のところ〕3回ミサを挙行すること；*死者の日や*クリスマスなど特別の祝日など，*司祭の不足，また司牧上必要と認められる場合に許可される〔CIC. 905〕；Binationの参照）．

Trinitarier【lat.-nlat.】*m.* -s, -, ①三位一体論者（カトリックの正統説である*三位一体説の信奉者；対義語: Unitarier）．②（通常複数で）〔至聖〕三位一体修道会（1198年，マタのジャン〔1160-1213；聖人〕により，イスラム教徒に捕らえられたキリスト教徒の救出を目的として，パリ北東のセルフロワに創立された；1636年に跣足三位一体会〔Unbeschuhte〜〕が分離独立；19世紀半ばの再興以降も，捕虜，奴隷の解放，社会的に疎外された人々の救済に尽力している；略: OSST）．**Trinitarierin** *f.* -, -nen,（通常複数で）三位一体女子修道会（三位一体修道会の*第二会で，1236年アラゴン王女コンスタンティア〔1205?-52〕によって創立された；スペインを中心に修道院をもち，厳格な*禁域制を守る）．**trinitarisch** *adj.* 三位一体（論）の．**Trinität**【< lat. trinitas】*f.* -, (Dreieinigkeit) 三位一体（「三一性」とも；唯一の神は，父・子・聖霊の自立した3つの*位格〔*ペルソナ〕であるが，実体，働きとしては1つであり，それぞれが，唯一で不可分の神の本性と同一であるというキリスト教の中心的教理・信仰；Hypostasis参照）．**Trinitatis** *n.* -,（通常無冠詞で）→ Trinitatisfest．**Trinitatis・fest** *n.* -[e]s, -e, 三位一体の祝日（*聖霊降臨祭後の最初の主日；ヨハネ22世〔在位1316-34〕によって1334年に全教会で祝うことが定められた）．

Triptychon【< gr. triptychos "3面（層）の"】*n.* -s, ..chen *u.* ..cha, 三幅祭壇画，三連〔式〕祭壇画，トリプティカ，トリプティク（engl. triptych；中央の聖画パネルの左右に翼パネルを組み合わせた祭壇背後の飾り壁〔Flügelaltar参照〕；パネルが蝶番で連結されて開閉可能なものの場合，多くは，平日は畳まれた状態で，教会の祝祭日などに内側の図像が公開された）．

Tritheismus【gr.-nlat.】*m.* -, 三神説，三位異体論（神の本性と*位格ないし*ヒュポスタシスの混同から，*三位一体を父・子・聖霊の3つ〔異なった神〕が数的集合的に一致したものと解し，神の単一性を否定した異端説；特に，6世紀に*キリスト単性論を唱えたフィロポノス〔490-570頃〕の立場）．

Tritojesaja【gr.】*m.* -, 第三イザヤ（*イザヤ書の第3部〔56-66章〕を著したと想定される，前6世紀末から前5世紀初め頃，*捕囚後の*エルサレムで活動した複数の未知の預言者）．

Triumph=bogen *m.* -s, -, 凱旋アーチ，勝利のアーチ（「横断アーチ」とも；*バシリカ式の教会建築で，*内陣を*身廊から区画している*内陣障壁の装飾アーチ；死に対するキリストの勝利を主題とする壁画が描かれていることが多い）．**〜kreuz** *n.* -es, -e, 勝利の十字架（→ 〜bogenの壁面に掲げられている十字架やキリスト磔刑（ﾀﾂ）像．

Tropf・infusion *f.* -, en, 滴注（Infusion参照）．

Tropus【gr.-lat.; < gr. trópos "言い回し"】*m.* -, Tropen, トロープス（典礼聖歌に挿入された説明的ないし装飾的な歌詞及び旋律；9-13世紀に一般的だったが，典礼聖歌の原形回復のため*トリエント公会議で廃止された；*アヴェ・ヴェルム・コルプスは，元は*サンクトゥスのトロープスだった）．

Trost der Betrübten【< lat. Consolatrix afflictorum】*m.* 憂き人の慰め（*聖マリアの連願にいう聖母マリアの呼称；Trösterin der Betrübtenとも；及び，これにちなむ図像・彫像）．

Tröster *m.* -s, -,《単数で》慰めをもたらすもの（*ルターによるギリシア語の "paráklētos"〔→ Paraklet〕の訳語で，*聖霊のこと〔ヨハ14:26他〕；新共同訳の同箇所は「弁護者」〔Beistand〕となっている）．

Trost=spruch *m.* -[e]s, ..sprüche, **〜wort** *n.* -[e]s, -e, 慰めの言葉（a. 悲しみや苦しみの最中にある者を慰撫し，励ます聖書の章句，ないしは神の言葉；例えば，*捕囚からの解放を告知する「慰めよ，わたしの民を慰めよ」〔Tröstet, tröstet mein Volk；イザ40: 1〕，苦難を受けている人に対して「神は真実な方です．あなたがたを耐えられないような試練に遭わせることはなさらず，試練と共に，それに耐えられるよう，逃れる道をも備えていて

くださいます.」〔Gott ist treu; er wird nicht zulassen, dass ihr über eure Kraft hinaus versucht werdet. Er wird euch in der Versuchung einen Ausweg schaffen, sodass ihr sie bestehen könnt.；1コリ10:13〕など多数．b.【< engl. comfortable words】*聖公会の*聖餐式で，罪の告白とその赦免の後，司祭によって唱えられる聖書の1節).

Tugend *f.* -, -en, (対義語: Laster) 徳 (神に向かう愛と*隣人愛に基づいて，自発的に善を行うことのできる精神的能力，またそうした魂の状態); die [drei] göttlichen 〜en〔3つの〕対神徳(自分自身を正しく神に方向付けられるよう，神から直接心に注ぎ入れられる倫理的生活の基礎で，*信仰〔Glaube〕，*希望〔Hoffnung〕，*愛〔Liebe〕の3つ; *スコラ学の用語; 1コリ13:13, ロマ5:1-5参照); die eingegossenen 〜en → die *eingegossenen* Tugenden; die theologischen 〜en → die *theologischen* Tugenden. **Tugend=rose** *f.* -, -n, 金製バラ章 (die Goldene *Rose* 参照).

Tumba【gr.-spätlat. "墓の盛り土"】*f.* -, ..ben, ① トゥンバ，仮棺 (*死者ミサを行う際に，教会堂の中に据えられる黒い覆いが掛けられた木製の空の棺; *バロック時代以降に一般化したが，第2*ヴァティカン公会議後の典礼改革で廃止された; 現在では遺体を納めた棺が置かれるのが一般的). ② 棺型墓碑 (石または金属製の棺の形状の墓碑; 通常はその中に遺体は納められず，蓋に故人の彫像などの装飾が施される).

Tunker【< tunken "漬ける, 浸す"; engl. Dunkerも同様】*m.* -s, -, (通常複数で) ダンカー派 (1708年アレクサンダー・マック〔1679-1735〕がシュヴァルツェナウ〔現ノルトライン＝ヴェストファーレン州バート・ベルレブルク〕で創立した*敬虔主義の一派〔シュヴァルツェナウ兄弟団 die Schwarzenau Brethren とも〕; 迫害を受け，1719年と29年にアメリカ，ペンシルヴァニアに移住した; *メノー派と共通点が多く，*幼児洗礼の否定，全*浸水による授洗，宣誓と兵役の拒否，簡素な生活などを特徴とする).

Tür *f.* -, -en, 扉, 戸; die königliche 〜 《東》王門 (通常*イコノスタスに備えられている3つの扉のうち中央の最も重要なもの; 典礼〔奉神礼〕の中で開閉し，これを通って聖職者が*至聖所と*聖所を行き来する; 他の2つは，北門〔die nördliche 〜〕と南門〔die südliche 〜〕と呼ばれる); Himmels= 天の門 (聖母マリアの呼称). **Tür・hüter** *m.* -s, -, 門番 (Ostiarier参照).

Turm【lat.-altfr.】*m.* -[e]s, Türme, (教会などの) 塔; der 〜 von <zu> Babel → der Turm von <zu> *Babel*; Glocken= 鐘楼; Kirchen= 教会の(尖)塔.

Turm=erlebnis *n.* -ses, 塔の体験 (*ルターがヴィッテンベルク修道院の塔内の部屋で，福音に啓示された「神の義」と救いは，人間の能動的な善行によるのではなく，「始めから終わりまで信仰を通して実現される」〔ロマ1:17; ロマ3:28参照〕こと，すなわち「*信仰のみ」による〔受動的な〕*義認を確信するに至った決定的体験をいう; その時期は不詳で，1512-13年または15-16年頃とされる). 〜**spitze** *f.* -, -n, (*ゴシック式教会建築などの屋根の) 尖塔，塔の尖頭，スパイア (engl. spire). 〜**uhr** *f.* -, -en, (教会などの) 塔の時計.

Tutiorismus【lat.-nlat.; < lat. tutior "より安全な"】*m.* -, 安全採用説 (一方は自由に，他方は法に有利な2つの対立する意見があった場合，前者が最も蓋然的でなければ，常により安全な意見，つまり法に有利な決定を要求する倫理神学上の概念).

Tympanon【gr. "(半球形の)太鼓"】*n.* -s, ..na, **Tympanum**【gr.-lat.】*n.* -s, ..na, ティンパヌム，テュンパヌム，タンパン (fr. tympan;「半月壁」とも; *ロマネスク及び*ゴシック式教会建築などで，玄関扉口上部の楣石(まぐさ)とアーチに囲まれた半円形の壁〔破風〕の部分; 多くはモザイクやレリーフの装飾が施されている).

Typikon【gr.-mgr.】*n.* -s, ..ka, テュピコン (a. *東方教会で，日々の典礼上の様々な指示，朗読箇所，聖歌などが記された式次第書，手引書. b. 東方教会で，特定の修道院の会則や慣習などを集成したもの).

Typologie *f.* -, 予型論，タイポロジー (旧約聖書中の出来事や登場人物において，*摂理に属する新約の様々な事象，とりわけイエス・キリストとその教会によって成就されることの「前表」を見出す聖書の解釈法，またその対応関係に関する学). **typologisch** *adj.* 予型論の; die 〜e Interpretation (聖書の) 予型

論的解釈. **Typus**【gr.-lat.;＜gr. týpos "打撃(の痕跡)"；(原)型"】*m.* -, Typen, (Vorbild) 予型, 前表, 前兆(イエスが, 3日3晩留まった大魚の腹の中から出た*ヨナを, 自身の*復活の予示であると述べているように〔マタ12:40〕, 聖書中の人物や出来事などが, 後の事件と有機的に連関し合い, 神の永遠の計画における救済の成就を準備するものであることをいう；例えば, キリストを「前もって表す者」としての*アダム〔ロマ5:14〕, 教会を予示する*ノアの箱舟, *洗礼に対応する*大洪水, キリストの*贖罪死を予示する*過越(ホッヘ)の小羊など).

U

Übergabe *f.* -, -n, 授与, 引き渡し, 譲渡；die ～ des Glaubensbekenntnisses und des Vaterunsers 信条と主の祈りの授与(キリスト教入信の過程で*洗礼志願者に対して, *主の祈りと*信条が伝授される儀式で, 通常, *入信式ないし*洗礼志願式において行われる).

Überlieferung *f.* -, -en, 伝承(a. *聖霊の導きのもと, 教会が伝統的に, 権威をもって固守, 継承してきた, キリストと*使徒に由来する*教理や制度；聖書に記されていない口伝による信仰上の真理をいう場合もある)；伝統(修道会などの；CIC. 576, 588§1, 2). **Überlieferungs・geschichte** *f.* -, -en, 伝承史(ある伝承の成立, 伝播及びその過程での変遷を研究対象とする学).

übernatürlich【＜lat. supernaturalis】*adj.* (対義語: natürlich) 超自然的な(知性をはじめとする人間の本性的な能力を超えていること；また人間が神から与えられる*恩恵についていう語；die ～en Gabeん参照)；die ～e Offenbarung 超自然的啓示(神による直接的な真理の伝達；その内容, 手段ともに人間の能力を超えたもので, *自然的啓示による以上の認識へと人間を導く)；die ～e Ordnung 超自然的秩序(人間が自らの本性的な能力を越えて神的善への直接的関与を達成すべく, 神が定めた手段の総体)；die ～e Theologie 超自然的神学(信仰と神の*恩恵に基づき, 超自然的方法で伝達された*啓示における真理を, 学問的厳密さをもって考究する神学上の立場).

Übertragung *f.* -, -en, ①付与(教会権威者が*秘跡を授与する権限を*司祭などに与えること〔CIC.882, 966§2〕；また, *免償を与える権限を他者に委任すること〔CIC. 995§2〕)；die ～ eines Kirchenamtes 教会職の授与(Provision参照). ②委託, 委任(*司教が, 教会裁判における審理や訴訟手続きの調査を, 裁判官や司祭などに委ねること；CIC. 1425§2, 4, 1700§1他). ③移転(*聖遺物などの；Translation参照).

über|treten *i.* (*s*) ①(別の*教派・宗派に)改宗する, 宗旨替えする(konvertieren参照)；zum Katholizismus＜zur katholischen Kirche＞ ～ カトリックに改宗する. ②(他の修道会などへ) 転属する. **Übertritt** *m.* -[e]s, -e, ①改宗, 宗旨替え(Konversion 2参照). ②転属(他の修道会, 修道院, *在俗会, *使徒的生活の会へ, 許可を得て移ること；CIC. 684).

Überwelt *f.* -, -en, (感官では捉えることができない) 超越的世界, 超感性的世界；あの世, 天国(Jenseits, Himmel 2参照). **überweltlich** *adj.* ①超感性的な；あの世の, 天国の. ② → übernatürlich.

Ubiquitarismus【＜lat. ubique "どこにでも"】*m.* -, キリスト遍在説(キリストは神としてだけではなく人間としても*遍在するという説；*聖変化の後にもパンとぶどう酒の実体は残り, *聖体においてこれとキリストの身体が実体的に共存すること〔*共在説〕を説明するため*ルターが提唱した；Konsubstantiation参照). **Ubiquität**【lat.】-, 遍在 (a.《プ》キリストの身体が, すべての*聖餐において場所的実体的に臨在すること. b. Allgegenwart 参照). **Ubiquitäts・lehre** *f.* -, → Ubiquitarismus.

Übung *f.* -, -en, 修業, 修行, 訓練；geistliche ～en【＜lat. exercitia spiritualia】*pl.* 霊操, 心霊修業(Exerzitien参照).

Ulfilas【→ Wulfilaのギリシア語形】《固》(*m.*) ウルフィラス, ウルフィラ(311頃-83；「ゴート人の使徒」〔Apostel der Goten〕と呼ばれる；341年*アレイオス派のニコメデイアのエウセビオス〔280頃-341/2；コンスタンティノポリス司教〕から司教に*叙階され, ドナウ川

沿岸での布教活動によって*西ゴート族の大部分をアレイオス派に改宗させた；369年頃より、自ら考案した*ゴート文字を用いて*七十人訳旧約聖書〔*列王記を除く〕及び新約聖書ギリシア語原典を*ゴート語に翻訳した；そのうち4*福音書の断片のみが現存する).

Ulfilas=bibel *f. -*, ウルフィラス訳聖書(die *gotische* Bibelübersetzung参照). **~schrift** *f. -*, ウルフィラス文字(ウルフィラスが聖書の*ゴート語訳のため、ギリシア文字を基にラテン文字とルーネ文字を借用して考案したアルファベット；Gotisch参照).

Ulm 《固》ウルム(ドイツ南部バーデン＝ヴュルテンベルク州の商工業都市；ドナウ左岸、バイエルン州との境に位置する). **Ulmer**《不変化》*adj.* ウルムの；~ Münster *n.* ウルム大聖堂(ウルムにある*ゴシック様式の大聖堂；西正面の尖塔は教会建築として世界最高の161.53m；1377年に*ハレン・キルヒェとして起工したが、その後設計が大きく変更され、1543-1844年の工事中断を経て、1890年に5廊式の*バシリカ式聖堂として完成した；*ルター派のヴュルテンベルク福音主義州教会に属する).

ultramontan【lat." (アルプスの)山の彼方"】*adj.* ウルトラモンタニズムの、教皇権至上主義の. **Ultramontane**# *m.* u. *f.* -n, -n,《形容詞的変化》ウルトラモンタニズムの主張者、教皇権至上主義者. **Ultramontanismus** *m. -*, ウルトラモンタニズム、教皇権至上主義(ローマ*教皇の各地方の教会〔場合によっては俗権〕に対する権力の強化、中央集権的支配体制の維持を主張する教会政治上の立場；名称は、ドイツやフランスから見て、ローマがアルプス山脈の「向こう側」に位置していることに由来する；特に、17世紀以降の*ガリカニズムや、19世紀の*自由主義神学に反対する勢力がこの名で呼ばれた；なお、*叙任権闘争の時期においては、同じ語がローマから見てアルプスの北側のドイツ皇帝派について用いられた).

Umkardination *f. -, -en*, 移籍(聖職者が*除籍及び*入籍の適法な手続きを経て、他の教区または修道会などに移ること；CIC. 267-69).

um|taufen *t. (h)* ①(或人に)*再洗礼を施す；sich ~ lassen 改宗する. ② et. in et.《話》(或物・或人の名を別のものに)改名(改称)する.

Una Sancta【lat.】*f. -*, ウナ・サンクタ(「唯一の・聖なる」*使徒継承の教会であるローマ・カトリック教会の自称；Nizäno-Konstantinopolitanum参照). **Una-Sankta-Bewegung** *f. -*, ウナ・サンクタ運動(20世紀初頭以降のカトリック教会における*エキュメニカル運動の総称). **Una-Sankta-Bruderschaft** *f. -*, ウナ・サンクタ兄弟会(カトリック司祭・神学者のマックス・ヨーゼフ・メッツガー〔1887-1944〕がカトリックとプロテスタントの対話と一致の試みとして1938年に結成した組織；ナチス政権の弾圧を受け、メッツガー自身は1944年に処刑されたが、戦後もドイツ、イタリアなどでその理念と運動は継承され、第2*ヴァティカン公会議後のカトリックの平和運動*パックス・クリスティにも影響を及ぼしている).

Unauflösbarkeit, Unauflöslichkeit *f. -*, (結婚などの関係が)解消できないこと、不解消性；die ~ der Ehe 婚姻の不解消性(*婚姻の秘跡によって結ばれた信者間の婚姻の絆は永遠のものであり、婚姻そのものが無効である場合〔未完成婚を含む〕や当事者の一方が死亡した場合を除き、解消することはできないということ〔CIC. 1056, 1141〕；マタ19: 6、マコ10: 8 - 9参照).

unbefleckt *adj.*《雅》汚(けが)れのない、無垢の；die ~e Empfängnis → die Unbefleckte *Empfängnis*.

unbeschuht *adj.* 跣足の(16世紀の*修道院改革の際に、会則の緩和に反対し、その表明として跣足、つまり靴を履かない伝統的な禁欲的修道生活様式を固守する分派した修道会に冠せられる語；Barfüßerorden参照)；die ~en Karmeliten *pl.* 跣足カルメル会(Karmelitenorden参照).

unbeweglich *adj.* 動かない、動かせない；die ~en Feste → die unbeweglichen *Feste*.

unbußfertig *adj.* 贖罪の意志(心構え)のない、罪を贖う気持ちがない、悔悛の情のない；~ sterben 悔悛せずに亡くなる. **Unbußfertigkeit**【< lat. impoenitentia】*f. -*, 不悔悛(*ゆるしの秘跡を受け、悔悛しようという意志のないこと；*聖霊に対する罪であり、悔い改めないままで死を迎えるならば、*劫罰を受

けるとされる).

unchristlich *adj.* 非キリスト教的な，キリスト教徒らしくない，キリスト教の教えに反する；zu ~er Zeit《戯》(早朝，深夜など)非常識な時間. **Unchristlichkeit** *f.* -, 非キリスト教的な態度(行為，状態).

unfehlbar *adj.* 不可謬の，不謬の，無謬の(誤りえない). **Unfehlbarkeit** *f.* -, (Infallibilität) 不可謬性，不謬性，無謬性(ローマ*教皇が*聖座宣言した，全教会が守るべき信仰と道徳に関する*教理は，神の*恩恵，*聖霊の超自然的助力により無謬であり，またその撤回が不可能であるということ；*公会議によって，ある教理が決定的で保持すべきものと宣言された場合，*司教団も*教導職の行使において不可謬性を有する〔CIC. 749§1, 2〕；ただし，これは教皇や司教が個人として間違いを犯さないということではなく，彼らが神から*啓示を委ねられ，全教会に対して教理宣言する際には，過誤から守られていることを意味する)；die ~ des Bischofskollegiums (*公会議に参集した)司教団の不可謬性；die ~ des Papstes 教皇の不可謬性.

Ungehorsam *m.* -s, 不従順(修道会や教会の*上長の正当な命令に対し，頑なに従わないこと；除名や処罰の事由となる；CIC. 696§1, 1371).

ungetauft *adj.* 洗礼を受けていない. **Ungetaufte**# *m. u. f.* -n, -n,《形容詞的変化》非受洗者，未受洗者.

Unglaube *m.* -ns, **Unglauben** *m.* -s,《稀》無信仰，不信心. **ungläubig** *adj.* ①信じられない，疑わしげな；信じようとしない，疑いを抱いている；ein ~er Thomas 懐疑家，疑い深い人；不信心者(ungläubiger *Thomas*参照). ②《副詞的には用いられない》信仰のない，不信心な. **Ungläubige**# *m. u. f.* -n, -n,《形容詞的変化》信仰のない(不信心な)人，不信仰者. **Ungläubigkeit** *f.* -, 懐疑的であること；不信心であること.

unheilig *adj.*《古》あまり敬虔でない，信心深いとはいえない.

unieren *t.* (*h*)(教派などを)統合する，統一する. **uniert** *p.p.* 統合された，統一された；die ~e Kirche ①《< russ. uniyat》《通常複数で》[東方]帰一教会，ユニアト教会(カトリック東方教会，東方典礼〈合同東方〉カトリック教会とも；*東方教会のうち，16世紀頃ローマ・カトリック教会と合同した諸教会；東欧，中東，北米などにあって，東方キリスト教の伝統様式を守りつつ，教皇の*首位権を認め，カトリックと同一の教義を奉じる；典礼にはアレクサンドリア典礼，*アンティオケイア典礼，*東方典礼，カルデア典礼，アルメニア典礼など独自の東方様式を用いている). ②《プ》合同教会(19世紀後半以降，プロテスタントの複数の教派が合同して，新たに設立した教会；例えば，1941年に創立された日本基督教団，ドイツの*福音主義合同教会，カナダ合同教会〔United Church of Canada〕).

Unierte# *m. u. f.* -n, -n,《形容詞的変化》[東方]帰一教会の信徒，ユニアト教会の信徒.

Unio mystica【kirchenlat.】*f.* - -, ウニオ・ミスティカ，神秘的一致(*神秘主義の用語で，神の*恩恵による，人間と神との人格的な交わりと合一をいう；ガラ2:20参照).

Union【lat.】*f.* -, -en, ①結合，合体；die hypostatische ~ → die *hypostatische* Union. ②(教派，国家などの)連合，合同，同盟，連盟；die ~ Evangelischer Kirchen 福音主義合同教会(*ドイツ福音主義教会を構成していた合同福音主義教会〔Evangelische Kirche der ~; 1953-2003〕が発展して，2003年に設立された*ルター派と*改革派の*合同教会)；die Protestantische ~ プロテスタント諸侯同盟(ドイツ諸侯同盟〔die Deutsche ~〕とも；神聖ローマ皇帝とカトリック諸侯による*対抗宗教改革の動きに対し，プファルツ選帝侯フリードリヒ4世〔在位1583-1610〕のもとで1608年に結成されたプロテスタント諸侯及び都市の連盟組織；*ルター派と*カルヴァン派の対立などのため内部の結束は弱く，翌年組織された*カトリック諸侯同盟に敗北して21年に解散した). **Unionismus** *m.* -, 合同主義(教派間の相違を越えて教会の統合を図ろうとする立場ないし運動；一般に19世紀ドイツの*ルター派と*改革派教会の合同，特に1817年プロイセン王フリードリヒ・ヴィルヘルム3世〔在位1797-1840〕のもとで行われたプロイセン福音主義教会〔Evangelische Kirche in Preußen；名称が度々変遷し，1922-53年には古プロイセン合同福音主義教会(die Evangelische Kirche der altpreußischen ~)，現在は*福音主義合同教会という〕の設立をいう).

Unions=bewegung f. -, -en, 教会合同運動（分裂状態にある教会の一致と結束を促進する運動；例えば → die *ökumenische* Bewegung, → Unionismusをいう). ~**kirche** f. -, -n, ①合同教会(die *unierte* Kirche 2 参照). ② ユニオン・チャーチ(プロテスタント諸派が、経済的その他の理由により共同で設立し、場合によっては合同で礼拝を行っている超教派的教会；時間を分けてプロテスタントとカトリックが1つの教会堂を共同使用した → Simultankircheに端を発する).

Unitarier【lat.-nlat.】m. -s, -,《通常複数で》ユニテリアン派、単一神論派(engl. the Unitarians；神の単一性を強調しキリストの*神性を否定、反三位一体論を唱える教派；4世紀の*アレイオス派もこの立場をとり、*異端として排斥された；16世紀半ばに復興して、イタリア人医師ジョルジオ・ビアンドラータ〔1516-88〕を中心とするトランシルヴァニア地方の反三位一体論派、その運動に影響を与えたイタリアの神学者ファウスト・ソッツィーニ〔1539-1604〕の一派が形成された；イギリスではジョン・ビドル〔1615-62〕を祖とするユニテリアン運動が普及し、1825年イギリス及びアメリカで別個にユニテリアン協会〔Unitarian Association; dt. Unitarische Gesellschaft〕が創立されて、富裕な知識層を中心に勢力を伸ばした；ドイツでは1876年ライン・ヘッセンに最初の一派が興り、現在は1950年に設立されたドイツ・ユニテリアン宗教共同体〔Deutsche Unitarier Religionsgemeinschaft〕などが活動している). **unitarisch** adj. ユニテリアン派の. **Unitarismus** m. -, ユニテリアン主義.

Universal=bischof m. -s, ..bischöfe, 普遍的司教(ローマ・カトリック教会の全体に対して絶対的権限を有するローマ*教皇の別称；Pontifex maximus参照). ~**episkopat** m. (n.) -[e]s, 普遍的司教職(キリストの代理人、教会の最高*牧者として、ローマ教皇が有する*首位権；CIC. 331-33).

Universalien・streit m. -[e]s, 普遍論争(中世の*スコラ学において、普遍の存在をめぐって展開された哲学・神学上の論争；普遍〔類と種〕は個物に先立って存在するという*実在論〔実念論とも；*アンセルムスなど〕と、普遍は個物の後に、人間の精神の内に生ずる単なる名称であるという*唯名論〔オッカムのウィリアムなど〕が対立、さらに両者の中間的立場として、普遍は名称でも「もの」でもなく、概念〔名辞〕であるという概念論〔Konzeptualismus〕が現れた).

Universalismus【lat.-nlat.】m. -, 万人救済説、普遍救済説(a.「普遍主義」とも；神の救済は*イスラエルの民だけではなく全人類に及ぶとする、*ヨナらヘブライ人預言者の教説. b. *劫罰を否定し、*地獄においても罪の償いが行われ、最終的には悪魔や悪人の浄化が達成されるとする*オリゲネス主義的教説；553年第2*コンスタンティノポリス公会議で排斥された；Apokatastase 2 参照. c. 万人救済を唱える*ユニヴァーサリストの教義と実践). **Universalist** m. -en, -en, 万人〈普遍〉救済論者；(特に：) ユニヴァーサリスト(1770年ジョン・マレー〔1741-1815〕がマサチューセッツ、グローターで興した、万人救済思想を説くプロテスタントの一派；1961年ボストンでユニテリアンと合同してユニテリアン・ユニヴァーサリスト協会〔Unitarian Universalist Association; dt. Unitarische Universalistische Vereinigung〕を立てた；日本では、同仁キリスト教会と称する).

Unschuld f. -, 無罪(堕罪前の*アダムと*エバ、*洗礼を受けた直後の人など、*原罪や自罪を免れている状態のこと)；seine Hände in ~ waschen 身の潔白を誓う、無実を主張する（申21:6-7、詩26:6、マタ27:14などに基づく). **unschuldig** adj. 無罪の、純潔な；die ~en Kinder【< lat. Sancti Innocentes】幼子殉教者、罪なき聖嬰児(ﾄﾞｳ)(イエス誕生の直後、*ヘロデ大王の命により、罪なくして殺された*ベツレヘム内外の2歳以下の男児たち〔マタ2:16〕；キリストのために亡くなった殉教者として崇敬される；祝日〔das Fest der ~en Kinder〕は、5世紀来、キリスト生誕の3日後の12月28日に行われる).

Unschulds=engel m. -s, -,《比》無垢の〈罪なき〉天使(悪いことのできない、穢れを知らない人；ないしは悪いことをしたという意識のない人). ~**lamm** n. -[e]s, ..lämmer, 無垢の小羊(~engelと同じ；*いけにえの小羊としてのキリストの表象に基づく).

Unsere Liebe Frau f.《語頭大文字で》聖母〔マリア〕(への呼びかけ；*聖母マリアの祝

祭日、*聖母像、聖堂、また数多くの修道会や*信心会の名称の一部となっている；修道会等の名称の場合、多くは2格形で „Unserer Lieben Frau"；Notre-Dame参照）．

Unser・vater *n.* -s, -, <*schweiz.*> → Vaterunser．

Unsterblichkeit *f.* -, die 〜 [der Seele]〔霊魂の〕不滅、不死（人間の死後、すなわち霊魂と肉体の分離の後も、霊魂は人格的理性的存在として、*煉獄、さらに*天国または*地獄において、永遠に存在し続けるということ）．
Unsterblichkeits・glaube *m.* -ns, 霊魂不滅の信仰．

Unsündlichkeit *f.* -, 不能罪性（Sündlosigkeit参照）．

Unter・amt *n.* -[e]s, ..ämter, 下級職位（中世の修道院職位のうち、多くは年少の修道士が担っていた補佐的な役割）．

Unterlassungs・sünde *f.* -, -n, 怠りの罪（自身または他者に対して果たすべき義務、善を行わないことによる罪）．

Unterscheidungs・alter *n.* -s, -, 分別の（つく）年齢（自由意志によって責任のある行動をとることができ、正しい信仰をもって*堅信、*聖体、*ゆるしの秘跡を受けることができると認められる年齢で、一般に7歳位；CIC. 891, 913§1, 989）．

Unterwelt *f.* -, 死者の国、冥界（Hölle参照）．

unverweslich *adj.* 朽ちない、不朽の（*世の終わりに*復活する死者の身体について用いられる語；Auferweckung b参照）；Was gesät wird, ist verweslich, was auferweckt wird, 〜. 「蒔かれるときは朽ちるものでも、朽ちないものに復活し…」（1コリ15:42）．

Urbanistin 【< Urban IV.】*f.* -, -nen, 《通常複数で》[Klarissen-]〜nen ウルバヌス派（*フランシスコ会*第二会の*クララ会の一派；財産の所有権を有する生計維持のための収入、及びフランシスコ会総会長や管区長からの独立を認める、1263年に教皇ウルバヌス4世〔在位1261-64〕が定めた会則に従う；中世ドイツのクララ会の大部分はこの派に属した）．

urbi et orbi 【lat. "(ローマ)市と全世界に"】ウルビ・エト・オルビ（*復活祭、*クリスマス、*教皇選挙・戴冠式の直後や*聖年などの機会に、教皇が*サン・ピエトロ大聖堂の露台からサン・ピエトロ広場に参集した信者、及び〔放送などを通じて〕全世界のカトリック信者に対して*祝福を与える際の言葉；かつて教皇庁の文書がローマ市に〔urbi〕貼り出されると、全世界に〔orbi〕公布されるとみなされたことにちなむ）；den päpstlichen Segen 〜〜〜 erteilen 教皇の祝福を「ウルビ・エト・オルビ」をもって(全世界にあまねく)与える．

Urchrist *m.* -en, -en, 原始〈初代〉キリスト教徒．**Urchristentum** *n.* -s, 原始〈初代〉キリスト教（キリストの死後、*エルサレムでの最初の教会設立から2世紀末頃までの時期のキリスト教；Urkirche参照）．**urchristlich** *adj.* 原始〈初代〉キリスト教の．

Ureltern *pl.* 人祖、人類の祖（キリスト教では、*アダムと*エバのこと）．

Urevangelium *n.* -s, 原福音書（マタイ、マルコ、ルカの3福音書〔*共観福音書〕に先行し、執筆の際の資料になったと仮定される*アラム語の文書；ゴットホルト・エフライム・レッシング〔1729-81〕が提唱したが、現在ではその存在は否定されている）．

Urgemeinde *f.* -, 原始［キリスト］教団（*エルサレムの*ユダヤ人キリスト教徒による最初のキリスト教共同体；66-70年〔エルサレム陥落〕及び132-35年の2度のユダヤ戦争で消滅した）．

Urgeschichte *f.* -, ①原初史（創1-11章に記された天地創造の物語；これに続く12-36章は → Vätergeschichteと呼ばれる）．②原歴史（スイスの神学者フランツ・オーファーベック〔1837-1905〕が提唱し、カール・*バルトが援用した歴史概念；ナザレのイエスとして*受肉した神とイスラエルの民との間で生起した出来事をいう；バルトは神の*恵みとして生じたこの歴史的事件を出発点として、*カルヴァンによる神の選びに関する*予定論を批判的に再構築した）．

Uria, Urias 【hebr. "神(ﾔﾊｳｪ)は光"】《固》(*m.*) ウリヤ（a. *ヘト人で*ダビデの臣下だったが、その妻バト・シェバを寝取ったダビデの謀略により、最前線に送られて戦死した〔サム下11:1-27, マタ1:6〕；バト・シェバとダビデの間に産まれた男子が*ソロモン．b. ユダ王国アハズ王の時代の祭司で、王がダマスコで見た祭壇と同じものを、その命に従ってエルサレムで造った〔王下16:10-16〕；イザヤにより「信頼しうる証人」〔イザ8:2〕と呼ばれている．c. エレミヤと同時代のユダ王

国の預言者；エレ26:20-24). **Urias・brief** *m.* -[e]s, -e, ウリヤの手紙(持参人を不幸に陥れる内容の手紙；その妻を奪い取るため、ダビデが、ウリヤ〔a〕を最前線に送り戦死させるよう指示する書状を、彼自身に託したことにちなむ；サム下11:14-15).

Uriel【hebr."神(㋹)は我が光"】《固》(*m.*) ウリエル(*エズラに出現し、その幻視を説明した*大天使〔エズ・ラ4章〕；聖書*外典に*ミカエル、*ガブリエル、*ラファエルとともに大天使の1人として登場し、*エノク書ではエノクを天界に案内する).

Urija → Uria.

Urim und Tummim【hebr.】ウリムとトンミム(イスラエルの祭司が神意を伺う際に祭服の胸当てに入れた占いの道具で、一種の「籤(㋻)」と考えられるが正体は不明；出28:30, 申33:8、サム上14:41他).

Urkirche *f.* -, 原始教会、初代教会(*使徒時代から2世紀後半までの教会；*ペトロの指導下の*エルサレムにおける*ユダヤ人キリスト教徒、*パウロが教導した*アンティオケイアの*異邦人キリスト教徒〔初めて「キリスト教徒」の名称が用いられる；Christ I 参照〕、パウロの3次にわたる*宣教旅行とローマ教会の設立、1世紀末までの新約聖書とその周辺文書の成立、2世紀半ばまでのユダヤ教からの完全な離脱、そして*グノーシス主義や異端的分派との対決における正統信仰の確立の時代にあたる).

Urmensch *m.* -en, -en, 原人；人類の始祖、人祖(キリスト教では、*アダムと*エバのこと). **urmenschlich** *adj.* 人類の始祖の、人祖の.

Urmutter *f.* -, 人類の母、人祖エバ.

Uroffenbarung【< lat. revelatio primitiva】*f.* -, 原啓示(神の普遍的な救済意志により、キリストの*福音を知る機会のない〔なかった〕世の初めから現在に至るすべての人間に対しても、超自然的*恩恵が与えられているということ〔ロマ1:20参照〕；16世紀にヨーロッパ外の多くの異民族の存在が明らかになって以降、その救済の可能性に関して論議となった際に提起された概念).

Urstand *m.* -[e]s, ..stände, 原始義(神の*恩恵によって、*原罪を犯す以前の*アダムと*エバに与えられていた初源的な幸福状態；創2章参照).

Urständ【< ahd. erstān "立ち(起き)上がる"】*f.* -,《古》<*südd., östr.*> 復活(キリスト、死者の；Auferstehung, Auferweckung参照)；《現在では次の用法でのみ) [fröhliche] 〜 feiern 息を吹き返す、(とっくに滅びたと思っていた好ましくない事柄が)復活する(元来は、復活〔祭〕を祝う、の意).

Ursula【lat."小熊"】《固》(*f.*) ウルズラ、ウルスラ(*ケルンの守護聖人；伝承では、3-4世紀のブリタニアの王女で、ローマ巡礼の帰路ケルンでフン族に襲撃され、11人〔1万1千人との記録もあるがおそらく誤り〕の処女とともに殉教した；ケルンの聖ウルズラ教会で発見された4-5世紀の碑文にその記録があり、11世紀頃から同地を中心に崇敬が広まった；ただし実在性には疑いがある；コロンブスによるヴァージン諸島〔dt. Jungferninseln〕の命名〔1493〕の由来ともなった；祝日:10月21日). **Ursula・kirche** *f.* -, -n, [聖] ウルズラ教会(聖ウルズラに奉献された各地の教会堂；ケルン市内のウルズラ教会は*ロマネスク様式の聖堂で、400年頃ローマの元老院議員クレマティウスによってウルズラと処女たちの殉教地に創建されたとの記録がある；その後、866年に大司教グンター〔在職850-63〕が教会堂を建築し、881/2年のノルマン人侵攻により破壊されたが、922年大司教ヘルマン1世〔在職889/90-924〕によって再建された；1106年掘削工事中に大量の遺骨が発見されたことから、ウルズラと処女殉教者たちへの崇敬がさらに高まった；壁面を人骨で覆った「黄金の部屋」〔Goldene Kammer；1643年制作〕でも知られる). **Ursuline**【< Ursula】*f.* -, -s,《通常複数で》ウルスラ修道会(1535年イタリアのブレスキアにアンジェラ・メリチ〔1474頃-1540；聖人〕がウルズラを守護聖人として創立した最古の*教育修道女会で、フランス、カナダを中心に女子教育活動を行っている；略: OSU). **Ursulinenschule** *f.* -, -n, ウルスラ会(経営の)学校、ウルスラ会付属学校. **Ursulinerin** *f.* -, -nen, → Ursuline.

Ursünde【< lat. peccatum originale】*f.* -, -n, 始源罪(*人祖の犯した罪；*原罪のこと).

Urvater *m.* -s, 人類の父、人祖アダム.

Utraquismus【lat.-nlat.; < lat. utraque "両方"】*m.* -, 両形色(㋺)論(パンとぶどう酒の2つ

の*形色による*聖餐〔lat. communio sub *utraque* specie; dt. Abendmahl in *beiderlei* Gestalt〕を要求する*フス派穏健派の説). **Utraquist** *m.* -en, -en,《通常複数で》ウトラキスト派, 両形色論者(フス派中の穏健派, *カリクスト派の別称). **utraquistisch** *adj.* 両形色論(者)の.

Utrecht《固》ユトレヒト(オランダ中央部, アムステルダムの南に位置する都市; 695年大司教座が置かれ, 以降ネーデルラント北部の宗教の中心地, また交通の拠点として発展した; 宗教改革で*カルヴァン派を受け容れ, 1636年に設立されたユトレヒト大学は*カルヴィニズムの牙城となった); Union von 〜 → Utrechter Union. **Utrechter**《不変化》*adj.* ユトレヒトの; 〜 Kirche *f.* ユトレヒト教会(1723年*ジャンセニストのユトレヒト大司教ペトルス・コッデ〔1648-1710〕を擁立し, ローマから*離教〔〜 Schisma〕したオランダのカトリック教会); 〜 Union *f.* ユトレヒト同盟(オランダ独立戦争において, *カルヴァン派を弾圧するスペイン, フェリペ2世〔在位1556-98〕の側についた南部のカトリック諸州〔アラス同盟; Union von Aras *od.* Atrecht; 1579〕に対抗し, ユトレヒトを含む北部7州がオラニエ公ヴィレルム1世〔1533-84〕のもとで79年に締結した軍事同盟; 81年ネーデルラント連邦共和国として独立した).

Vademecum, Vademekum【< lat. vade me cum "私とともに行こう"】*n.* -s, -s, (中世末期に作られた, 神学や典礼の)便覧, 必携本.

Vakanz【lat.-mlat. "休日"】*f.* -, (Sedisvakanz) 空位(死亡または辞任などの理由で, *教皇, *首席枢機卿, *司教, *主任司祭などの教会職位が空席となること; CIC. 416, 541他); die 〜 des römischen Bischofsstuhles【< lat. Sedis Romanae Vacantia】ローマ司教座空位(教皇空位と同じ).

Valentin【lat."力強い(人)"】*f.*《固》(*m.*) ウァレンティヌス(a. 〜 von Terni テルニの: 175頃-268; テルニ〔ローマの北90km〕の司教; 同時期の殉教者で同名のローマの司祭・殉教者〔〜 von Rom; 269年没〕としばしば同一視ないし混同される; 両者とも祝日は2月14日. b. 〜 von Rätien ラエティアの: ラエティア〔スイス東部からティロルにかけての古名〕の巡回司教; 460年頃に没しティロル地方マイスに埋葬されたが, 遺骸は*トリエントを経て761年パッサウに移され, 同地の*守護聖人として崇敬されている; ドイツでは癲癇の発作の際に呼びかける習慣があったが, それはValen- と fallen ないし Fallsucht 〔癲癇〕の音の類似に由来する〔a についても同様〕; 祝日: 1月7日. c. ウァレンティノス: エジプト出身のキリスト教史上最大の*グノーシス主義者; *アレクサンドリアで教育を受け, 136年頃から160年頃までローマで活動後, *異端として追放された). **Valentinianer** *m.* -s, -, 《通常複数で》ウァレンティノス派(ウァレンティノス〔→ Valentin c〕を始祖として2世紀半ばのアレクサンドリアで形成されたキリスト教的グノーシス主義のグループ; ウァレンティノス自身の思想や活動の詳細は不明だが, 弟子のプトレマイオスやマルコス〔両者とも生没年不詳〕らの分派によって継承, 体系化された創世と救済の神話と二元論的世界観は, *初代教会にとって大きな脅威となった). **Valentinianismus** *m.* -, ウァレンティノス説(初期キリスト教の影響下で, ウァレンティノスとその弟子たちによって精緻に体系化された, *流出原理に基づく創世・救済のグノーシス主義神話, 及びその二元論的世界観). **Valentins・tag** *m.* -[e]s, -e, ヴァレンタイン・デー(14世紀頃イギリス, フランスなどの民間で, 2月14日のウァレンティヌス〔a〕の祝日に, 恋人同士が贈り物を交換したり求愛する風習が起こった; 第2次大戦後, 急速に世界各国に広まって今日に至る; ドイツ語圏では, 親しい者同士で花などを贈りあう〔多くは男性から女性に対してプレゼントを贈る〕; 2月半ばに豊穣を祈願した古代ローマのルペルカリア祭, また中世以来の民間伝承による鳥の交尾開始時期がその起源と考えられ, ウァレンティヌスの事績とは無関係).

Vanitas【lat."空虚, 虚栄"】*f.* -, ヴァニタス(特に17世紀の絵画における, 人生とこの世の移ろいやすさ, 財産, 知識, 美貌, 若さ, 名声

などの儚さを象徴する静物表現；例えば，髑髏，砂時計，懐中時計，貝殻，花，果実，楽器，書物，ランプ，ガラスの器，シャボン玉など；及び，文学表現上の同様のモチーフ）．

vanitas vanitatum【lat."空の空"】ヴァニタス・ヴァニタートゥム（*コヘレトの「なんという空しさ，すべては空しい」〔Vanitas vanitatum, et omnia vanitas；コヘ1:2〕という，万物の無常〔それゆえに，神を畏れることの重要さ〕を表す言葉に由来する；ドイツ・*バロック期の詩人アンドレアス・グリュフィウス〔1616-64〕の頌詩 „Vanitas! Vanitatum Vanitas!"〔1643〕のタイトルにも見られる；Windhauch参照）．

Variante【fr.】f. -, -n, 異文，ヴァリアント（a. 同一の出来事が，聖書の複数個所に多少の異同をもって記されているもの；例えば*共観福音書の並行箇所．b. 同一箇所でありながら相違点のある複数の聖書テキスト；写本制作の際の書き間違い，解釈の変化・訂正，伝承経路の違いなどによる）．

Vater m. -s, Väter,①（血縁上の）父親；ehre deinen ～ und deine Mutter「あなたの父母を敬え」(*十戒の第4の掟；出20:12). ②《単数で》Gott ～ 父なる神；～ unser / unser ～ わたしたちの父（よ）；unser himmlischer ～ わたしたちの天の父（よ）(祈りの際の神への呼びかけ)．③神父（への呼びかけ；Pater参照)；der geistliche ～ 霊的父親(*司牧者のこと)；der Heilige ～ 聖父(ローマ教皇のこと)．**Vätergeschichte** f. -, -n, 族長物語（イスラエルの父祖〔*族長〕である*アブラハム，*イサク，*ヤコブをめぐる創12-36章の記事；なお1-10章は → Urgeschichteと呼ばれる）．

Vater=gott m. -[e]s, 父なる神．**～unser**【< lat. Pater noster】n. -s, -, （Orate dominica）主の祈り，主禱文（キリストが弟子たちの求めに応え，自ら教示した祈り〔マタ6:9-13, ルカ11:2-4〕にしたがって，信徒が日常的に，またミサ中の*聖体拝領の前などに唱える祈禱文；神への呼びかけと*神の国の到来を祈願する前半の3つの祈り，及び，霊的・物質的な助力を請い願う後半の4つの祈りからなる；2000年2月より用いられている「日本聖公会／ローマ・カトリック教会共通口語訳」は以下のとおり；「天におられるわたしたちの父よ，み名が聖（せい）とされますように．み国が来ますように．みこころが天に行われるとおり地にも行われますように．わたしたちの日ごとの糧（かて）を今日（こんにち）もお与えください．わたしたちの罪をおゆるしください．わたしたちも人をゆるします．わたしたちを誘惑におちいらせず，悪からお救いください．〔国と力と栄光は，永遠にあなたのものです．〕アーメン」〔Vater unser im Himmel, geheiligt werde dein Name. Dein Reich komme. Dein Wille geschehe, wie im Himmel so auf Erden. Unser tägliches Brot gib uns heute. Und vergib uns unsere Schuld, wie auch wir vergeben unsern Schuldigern. Und führe uns nicht in Versuchung, sondern erlöse uns von dem Bösen. [Denn dein ist das Reich und die Kraft und die Herrlichkeit in Ewigkeit.] Amen.〕；ドイツ語名称は，冒頭の神への呼びかけの2語にちなむ）．

Vatikan【< Mons Vaticanus "ヴァティカン山"（ローマ北西端の古い地名）】m. -s, ①ヴァティカン宮殿（カトリックの総本山；*教皇庁；*システィーナ礼拝堂，博物館，図書館，教皇の住居など多数の建築物の複合体；*サン・ピエトロ大聖堂〔354年創建〕に隣接して5世紀半ば以降に造られた修道院や巡礼者のための宿泊施設，及び教皇シンマクス〔在位498-514〕の居宅に始まる；*アヴィニョン幽囚の後，*ラテラノ宮殿に代わって教皇の常住の地となり，ニコラウス5世〔在位1455-58〕によって教皇宮殿が新設された；その後16世紀のサン・ピエトロ大聖堂や*ヴァティカン図書館など，増改築が重ねられて現在に至る)．②ヴァティカン聖庁（ローマ*教皇庁の別称；Kurie参照)．③（イタリア政府に対して)教皇権，教皇政治．**vatikanisch** adj. ヴァティカン（宮殿，聖庁）の；das ～e Archiv ヴァティカン文書館（教皇庁関係の公文書，歴史的資料の保管施設；教皇パウルス5世〔在位1605-21〕によって図書館から独立した公文書館として設立された；1810年ナポレオンによるパリ移転の際に多くの文書が散逸した；1881年レオ13世〔在位1878-1903〕により一般公開された）；die ～e Basilika ヴァティカン大聖堂(*サン・ピエトロ大聖堂の別称)；die ～e Bibliothek ヴァティカン図書館(ヴァティカン宮殿内の図書館；1417年，教皇マルティヌス5世〔在位1417-31〕によって礎が築かれ，ニコラウス5世〔在位1447-55〕が寄贈

したコンスタンティノポリス宮廷図書館の旧蔵本を基に，1475年シクストゥス4世〔在位1471-84〕が正式に設立した；レオ13世〔在位1878-1903〕の時代以降，一般公開されるが，2014年からは*写本や*インキュナブラなど蔵書のデジタル画像化と同図書館ウェブサイトでの公開が進められている；http://digital.vatlib.it/ja/）；der ～e Gesang ヴァティカン聖歌（1903年の聖ピウス10世〔在位1903-14〕の*自発教令に基づいて改訂されたヴァティカン版*グレゴリオ聖歌）；das [erste / zweite] ～e Konzil → Vatikanum；die ～en Museen ヴァティカン博物館（歴代教皇が収集し，また寄贈された膨大な美術品・文化財のヴァティカン宮殿内〔サン・ピエトロ大聖堂の北側〕の展示室，ヴァティカン図書館及び*システィナ礼拝堂などの複合体；ユリウス2世〔在位1503-13〕がラオコーン群像を含む古代彫像の個人コレクションを，宮殿内のベルヴェデーレの中庭に展示したことに始まる；1787年，クレメンス14世〔在位1767-74〕とピウス6世〔在位1775-99〕が設立したピオ・クレメンティーノ博物館が一般に公開された；その後エジプト，エトルリア，古代ローマの彫像の専門博物館，絵画館，宣教地民族博物館，キリスト教美術館などが増設されて今日に至る）．

Vatikan=sendung f. -, ヴァティカン放送（ヴァティカン放送局〔it. Radio Vaticana; dt. Radio Vatikan〕による全世界向け〔2016年6月現在，45ヵ国語〕の短波放送；1931年2月に放送が開始された；インターネット上では，動画及び音声でローマ教皇の動勢やカトリック関連の報道・教養番組が配信されている；http://www.radiovaticana.va）．**～staat** m. -[e]s, **～stadt**【it. Stato della Città del Vaticano】f. -, ヴァティカン市国（1929年*ラテラノ条約により成立した，ローマ*教皇を元首とする独立した主権国家；領土は，ローマ市内北西部〔面積約0.44km²〕と市国外の聖堂や官庁など治外法権を有する諸施設；公用語はラテン語で，業務にはイタリア語が用いられている）．

Vatikanum n. -s, ヴァティカン公会議（*サン・ピエトロ大聖堂で開かれた2度の公会議；第1ヴァティカン公会議〔第20回公会議；1869-70〕：教皇ピウス9世〔在位1846-78〕が召集し，*自由主義的カトリシズムに対して，信仰と理性の関係を規定するとともに，*教皇首位権，*不可謬性など，ローマ教皇を頂点とする中央集権的な教会体制の確立を決議した）；第2ヴァティカン公会議〔第21回公会議；1962-65〕：ヨハネス23世〔在位1958-63〕が召集し，典礼の刷新，教会の組織や信仰の現代化〔Aggiornamento参照〕を討議した；キリストと聖書の中心性，信徒はすべてキリストの預言職・祭司職・王職に与る「神の子」として教会活動の主体であること，一般信徒の典礼への積極的参加を可能にする典礼での自国語使用の認可，教皇首位権と*司教団の団体性，各地域の教会の独自性の尊重，教会外との積極的な交流などを決議した；ヨハネス23世が会期中に死去したため，パウルス6世〔在位1963-78〕のもとで継続した）．

Velum【lat. "（帆）布"】n. -s, Vela, ヴェール（engl. veil；a. ヴェールム，*フメラーレとも；*聖体行列や*聖体賛美式などの祭式で，*聖体顕示台や*聖体容器を捧持する際に，肩から両腕を覆い，またその両端〔内側がポケット状になっている〕で顕示台などを掴むのに用いる肩衣；Amikt参照．b. *チボリウム，*カリス，十字架，聖画像などを覆う，典礼用の絹や麻製の布．c. 修道女，一般女性信徒，結婚式で花嫁の頭から肩を覆う薄布）．

Venerabile【kirchenlat. venerabile (sanctissimum) "尊ぶべき（至聖のもの）"】n. -[s], 聖体（公の崇敬のため，*聖体顕示台に収められた状態の；das *Allerheiligst*e 2, Hostie参照）．

venerabilis《不変化》*adj.* 尊者…（*使徒座により英雄的徳行が認められ，*列福調査中の人物に対する尊称；*福者の前段階；略：ven.）；（以下の場合は通常の尊称：）Beda ～ ベダ・ヴェネラビリス（672/73頃-735；『イングランド教会史』全5巻〔731〕など多くの著作や学識で知られるイングランドの聖人，*教会博士）；Petrus ～ ペトルス・ヴェネラビリス（1092頃-1156；聖人，第9代*クリュニー大修道院長で*修道院改革を推進した．

Veneration【lat.】f. -, -en,《古》崇敬（特に，*聖人に対する；Verehrung参照）．**venerieren** t. (h)《古》（*聖人，*聖遺物，*十字架などを）崇敬する．

Verbal･inspiration f. -, -en, 言語霊感，逐語霊感（聖書の成立に際して，*聖霊の直接的な働きかけは，思想のみではなく，聖書記者が書き記した言葉そのものにまで及んでいると

いうこと；その場合，聖書記者は，聖霊の指導のもとで文言を選択・配列して，神の言葉を綴ったとされるが，これは一語一句を機械的に口述筆記したことを意味するものではない；Inspiration参照）．**Verbalinspirations・lehre** f. -, 言語霊感説，逐語霊感説．

verboten【< verbieten】p.p. 禁じられた，禁制の；die 〜en Bücher → die verbotenen *Bücher*；die 〜en Früchte → die 〜en *Früchte*.

Verbrüderung f. -, -en, 兄弟〔団〕盟約（Gebetsverbrüderung参照）．**Verbrüderungs・buch** n. -[e]s, ..bücher, 兄弟〔団〕名簿（*祈禱兄弟団盟約を結んだ修道院の間で交換された，それぞれの修道院に所属ないし関係する者〔特に物故者〕の名前が記載された名簿；Nekrologium参照）．

verchristlichen t. (h) キリスト教化する，キリスト教徒にする．**Verchristlichung** f. -, キリスト教化．

verdächtig adj. (*異端などの）疑い〔嫌疑〕がある．**Verdächtige**# m. u. f. -n, -n,《形容詞的変化》異端の疑いがかかる者．

verdammen t. (h) ①（或人を）弾劾する，非難する；（或人を）断罪する；jn. als <zur> Häresie (*od.* als häretisch) 〜（或人に）異端宣告する．②（或人に）永劫の罰を下す，（或人を）地獄に落とす．**verdammens・wert** adj. 永劫の罰を下されるべき，劫罰に値する．**Verdammnis** f. -, 永劫の罰，劫罰，永罰（神の*恩恵に逆らい，その愛を拒否して，*大罪の状態で死んだ人間〔ないし*悪魔〕が地獄で受ける永遠の刑罰；1215年第4*ラテラノ公会議で教理決定された；マタ25:41-46参照）．**verdammt** p.p. ①永劫の罰を下された；die 〜en 永劫の罰を受けた人々．②《話》忌々しい，呪うべき；〜 [noch mal / noch eins]！ちくしょう，くそっ．③ひどい，ものすごい．**Verdammung** f. -, -en, 断罪，弾劾，（異端の）宣告；永劫の罰を下す（下される）こと．

Verdienst【< lat. meritum】n. -[e]s, -e, 功徳，功績（神の*助力の恩恵によって，人がこの世で道徳的善業を積み，神からその*報いとして*永遠の命の幸福が与えられること；ロマ 2:6-7）．

verehren t. (h) 崇敬する．**Verehrung** f. -, -en, 崇敬（神やキリスト自身に対する「*礼拝」と区別して，神やキリストとの関係において特に敬意を払うべき人や物に向けて用いられる語；例えば，聖人〔Heiligen〜参照〕，聖母マリア〔Marien〜；Hyperdulie 参照〕，聖画像〔Bilder〜参照〕，聖遺物〔Reliquien〜参照〕，聖体〔die 〜 der heiligsten Eucharistie 至聖なる聖体の崇敬；CIC. 898, 934-944参照；ただし聖体の場合は「礼拝」の語も用いられる；Anbetung参照〕）．

verfluchen t. (h) 呪う，弾劾する．**verflucht** p.p. 呪われた，忌々しい；Weg von mir, ihr 〜en, in das ewige Feuer, das für den Teufel und seine Engel bestimmt ist!「呪われた者ども，わたしから離れ去り，悪魔とその手下のために用意してある永遠の火へ入れ．」（マタ25:41）．

Verfluchung f. -, -en, 呪い（一般に，ある人の不幸を祈り願うことを意味するが，キリスト教では，神や教会に敵対する者の滅びを願って，これを神の裁き〔怒り〕に委ねること〔詩7:9-10, ガラ1:8-9 参照〕；新約では，人に恨みを抱いた場合であっても，呪うのではなく，逆に祝福を祈り，愛することが命じられている〔ロマ12:14, ルカ6:28参照〕）．

Verfügung f. -, -en, 贈与，遺贈；die fromme 〜 信心上の贈与（自己の財産を生前に，または遺言によって教会，修道会などに移譲すること；CIC. 1299-1302）．

Vergebung f. -, -en, （罪の）ゆるし（Sündenvergebung参照）；ich glaube an〔…〕〜 der Sünden「罪のゆるし〔…〕を信じます」（*使徒信条の一部）．

Vergegenwärtigung f. -, -en, 現在化（a.「現前化」とも；キリストによる救いの業，特に*最後の晩餐を典礼において記念し，現前させること．b. 聖書において，過去の出来事ないしは記述が，その時々の状況に合わせて変更を加えられつつ，再利用されていること）．

Vergeltung f. -, -en, 報い（神の*恩恵により，その意志に従った者に与えられる*天国，*永遠の命；イエスに付き従った者はこの世で迫害，苦しみを受けるが，天国において永遠の報いを受けるとされる；マタ10:41-42）．

vergotten t. (h) 神として崇める，神〔格〕化する（死者や祖先，英雄や王を神的存在にまで高め，尊崇すること）．**vergöttern** t. (h) 神のように崇める，熱烈に崇拝（賛美）する．**Vergötterung** f. -, -en, 偶像視，熱烈な崇拝．**vergöttlichen** t. (h) 神として（神のように）崇

める．**Vergöttlichung**【< gr. theosis】*f.* -, -en, ①神格化(Apotheose参照)．②神化(神の*恩恵によって人間が神の本性に参与するという東方神学の思想；特定の人間を神とする*神格化と区別される；Theosis参照)．**Vergottung** *f.* -, -en, 神格化，礼拝．

vergötzen *t.* (h) 偶像視(偶像化)する．**Vergötzung** *f.* -, -en, 偶像化(すること，されること)．

verheißen *t.* (h)《雅》jm. et. ～ (或人に或物を与えることを)約束する，予言(予告)する．**verheißt** *p.p.* (将来与えられることが)約束された；das ～e Land → das Land der *Verheißung*．**Verheißung** *f.* -, -en,《雅》約束(子孫の繁栄，土地の授与，霊的救済などについて，神から人間に与えられる絶対的な確信)；das Land der ～ 約束の地(das *Gelobte* Land参照)．

verirren *refl.* sich ～ 道に迷う，正しい道から外れる．**verirrt** *p.p.* 道に迷った，(進むべき)道を誤った(見失った)；ein ～es Schaf 迷える羊(ein verlorenes *Schaf*参照)．

verklären *t.* (h) 変容させる，(この世のものではない，栄光に輝く姿へと)変貌させる．**verklärt** *p.p.* 変容した，神々しい；der ～e Leib 栄光の体(a. この世の終わりに*復活する人間の身体；伝統的に，生前の肉体と同一とされる；1 コリ15:43．b. der ～e Leib Jesu 変容したイエスの身体)．**Verklärung** *f.* -, -en, (Transfiguration) die ～ Christi <Jesu> ①《単数で》キリスト〈イエス〉の変容(「変貌」とも；キリストが*受難と*復活を予告して*エルサレムに向かう途中，*ペトロ，*ヨハネ，*ヤコブを伴って山〔伝承では，*タボル山〕で祈りを献げていた際，その「顔は太陽のように輝き，服は光のように白く」なって，それまで*人性によって隠されていた*神性を明示〔自己啓示〕したこと；*モーセと*エリヤが現れ，また光輝く雲の中からイエスを神の子と証する声が聞こえた〔マタ17:1-13，2ペト1:16-17他〕；祝日：8月6日)；die ～ des Herrn 主の変容(の祝日；一説ではタボル山での献堂式に由来する；5世紀から行われており，*ローマ式典礼では11世紀頃から広まる；1457年教皇カリストゥス3世〔在位1455-58〕によって正式に祝われ，1570年の*ローマ・ミサ典礼書で祝日が8月9日に定められた)．②〔キリスト〕変容図(1の美術表現；通常，光輝に包まれるキリストの左右にモーセとエリヤ，その下方に3人の弟子たちが配された構図をとる)．

Verklösterlichung *f.* -, -en, 修道院化(*修道会会則や*禁域制の導入，禁欲の強化などによって，聖職者や一般信徒の団体，あるいは世俗の日常生活を修道院に近づけること)．

verkünden *t.* (h) 告知する，公示する，布告する，言い渡す．**verkündend** *p.a.* 告げる；der ～e Engel → Verkündigungsengel．**Verkünder** *m.* -s, -, (福音の)告知者，宣教者；～ des Wort Gottes 神の言葉の伝達者(信徒に福音を伝え，説教を行う聖職者のこと；CIC. 768)．

verkündigen *t.* (h) jm. et. ～ (或人に或事を)厳かに告げる，告げ知らせる；das Evangelium Gottes ～ 神の*福音を告知する(CIC. 757参照)；Fürchtet euch nicht, denn ich *verkündige* euch eine große Freude, die dem ganzen Volk zuteil werden soll.「恐れるな．わたしは，民全体に与えられる大きな喜びを告げる．」(キリストの*降誕を羊飼いたちに知らせる*天使の言葉；ルカ2:10)．**Verkündigung** *f.* -, -en, (福音の)告知，宣教(Mission 1参照)；Mariä ～ (Annunziation) マリアへのお告げ(a. 受胎告知：処女*マリアに，神から派遣された*大天使*ガブリエルが出現し，神の子を産むことを予告した出来事；ルカ1:26-38．b. aを記念する「神のお告げ」の祝日〔～ des Herrn参照〕；キリスト降誕〔12月25日〕の9ヶ月前の3月25日．c. aを主題とした図像；自室や聖堂内で，糸を紡ぐ，ないし聖書を読むマリアの前に，ガブリエルが白い*ユリ〔純潔の象徴〕を手に現れ，*聖霊を表す*鳩が光り輝きながら天から降りてくる場面として描かれることが多い．d. 老年のマリアに大天使が*棕櫚の枝を手に現れ，3日後の死を告知すること；及び，その図像)；die ～ des Herrn【lat. Annuntiatio Domini】神のお告げ(*受胎告知を記念する主キリストの祭日；3月25日)．

Verkündigungs=engel *m.* -s, お告げの天使(*受胎告知をした大天使*ガブリエルのこと)．**～orden** *m.* -s, -, → Annunziatenorden．

Verleugnung *f.* -, -en, 否認，否定；die ～ Petri ペトロの否認(*最後の晩餐でイエスが予告したとおり，イエスの捕縛後，*ペトロがその弟子であることを3度にわたって否認したこと〔マコ14:66-72，ルカ22:54-62，ヨハ18:25-

verloren【< verlieren】*p.p.* 失われた,堕落した,破滅した；ein 〜es Schaf → ein verlorenes *Schaf*；Das 〜e Paradies【< engl. Paradise Lost】『失楽園』(創世記第3章に基づき,*ルシフェルの神からの離反と*アダムと*エバの楽園追放を主題としたジョン・ミルトン〔1608-74〕の叙事詩；1667年ロンドン刊)；der 〜e Sohn 放蕩息子(イエスの*譬え話の1つで,財産を貰い受けた息子が旅先で散財し,無一文になって帰郷したが,父親は喜んで迎えただけでなく宴会を開き,これを妬んだ兄をたしなめたというもの；ルカ15:11-32)

Vermittlungs・theologie *f.* -, 調停神学(19世紀半ば,聖書の信仰と学問的精神の調停を図ったドイツ・プロテスタント神学の1潮流).

Vermutung *f.* -, -en, 推定(教会裁判上の；Präsumption参照).

Vernehmungs・richter *m.* -s, -, 聴取官(教会裁判における証拠収集のために任命される裁判官；Auditor参照).

Veronika【gr."勝利をもたらす者"；民間語源では：< lat. vera + gr. eikón "真実の像"】《固》(*f.*) ヴェロニカ(聖人；*エルサレム出身の敬虔な女性で,*ゴルゴタの丘へ十字架を背負って歩くキリストに亜麻布を差し出し,顔の血と汗を拭ったところ,布にその顔が写し取られた〔Schweißtuch a参照；この伝説は1300年頃に成立したと考えられる〕；名前は*外典の*ニコデモ福音書にあり,そこでは,12年間出血が止まらなかったが,キリストの服に触れて癒された女性〔マコ5:25-34〕と同一視されている；また,刑場に向かうキリストの後を追った婦人たち〔ルカ23:27〕の1人ともされる；他に,キリストの肖像画を欲しい画家のもとに向かう途中,キリスト自身と出会い,彼に手渡した布にその顔が写されていたが,この画像によってローマ皇帝ティベリウス〔在位14-37〕の病を治したという中世の伝説が知られる；祝日：2月4日). **Veronika・tuch** *n.* -[e]s, ヴェロニカの手巾(しゅきん)(Schweißtuch a参照).

Vers【lat. "(耕地の)溝,畝間；反転"】*m.* -es, -e, ①節(ふし)(聖書テキストの細区分). ② → Versus.

versehen *t.* (*h*) (任務,職務などを)遂行する,果たす；einen Kranken [mit den Sterbesakramenten] 〜 ある病人に*病者の塗油の秘跡を授ける. **Verseh・gang** *m.* -[e]s, ..gänge, *病者の塗油の秘跡の授与(のため,司祭が瀕死の病者を訪問すること；かつては,鈴付きのランタンを提げた*侍者を伴い,祭服に身を包んだ司祭が最期の聖体拝領のための聖体を運んだ).

Versikel【lat."短い詩句"】*m.* -s, -, 唱句(*教会の祈り〔聖務日課〕で唱えられる,*詩編などから採られた短い呼びかけの祈り；*先唱者と会衆が交互に唱える).

versöhnen 《I》*t.* (*h*) jn. mit jm. 〜 (或人と或人と)和解させる；mit Gott und der Kirche *versöhnt* werden 神及び教会と和解する(CIC. 960).《II》*refl.* sich [mit jm.] 〜 (或人と)和解する. **Versöhnung** *f.* -, -en, (Rekonziliation) 和解,復和(神からの離反によって損なわれた人と神の正しい関係を,神の*恩恵によって回復すること；特に*ゆるしの秘跡による；CIC. 959-60).

Versöhnungs=fest *n.* -[e]s, -e, 〜**tag** *m.* -[e]s, -e, 贖いの日,贖罪日(ユダヤ教でティシュリの月〔9-10月〕の10日に行われる,完全な断食を守り,一切の労働を避け,罪を痛悔する日；かつてはこの日に,雄牛と雄山羊を*至聖所に献げ,贖いの儀式を行うこと,あるいは2匹の雄山羊の一方を贖いの*いけにえに,他方には罪を負わせて荒野に放つ〔Sündenbock参照〕ことで,祭司とイスラエルの民のすべての罪責が清められた；レビ16章).

Versprechen *n.* -s, -, 約束；誓い(Gelübde参照).

Versucher *m.* -s, -, 誘惑する者,試みる者(*悪魔のこと；マタ4:3). **Versuchung** *f.* -, -en, 試み,試練(a. 神によって或人の信仰の強さが試されること；聖書には,*アブラハム〔神を畏れ,息子*イサクを*いけにえに献げるかどうか；創22:1〕,*モーセ〔イスラエルの民が神の戒めを守るかどうか；出15:25〕,*ヨブ〔*サタンを通じ,いかなる災禍にあっても信仰を守るかどうか；ヨブ1-2章〕の例がある. b. 悪魔によって人が悪に誘われること；ルカ22:31など. c. die 〜 Jesu in der Wüste 荒野でのイエスの誘惑：*洗礼の後,*聖霊に導かれて荒野に行ったイエスが40日間の断食の後に受けた悪魔による3つの誘惑〔石をパ

ンに変える，神殿の屋根から飛び降りる，富と権力を与える」；マタ4:1-11, ルカ4:1-13）；Und führe uns nicht in 〜, sondern erlöse uns von dem Bösen.「わたしたちを誘惑におちいらせず，悪からお救い下さい．」(「*主の祈り」の最後の部分).

Versus【lat.】*m*. -, 聖句，唱句（*グレゴリオ聖歌において聖書〔詩編など〕から採られた歌詞で，独唱者の歌う部分）；(聖歌の)詩節.

verteufeln【< → Teufel】*t*. (*h*) (或人を)悪人に仕立てる，悪者扱いする．**verteufelt** *p.p.* 呪われた，忌々しい，厄介な；ものすごい，とてつもない.

Verwandlung *f*. -, -en, 変容(Verklärung参照).

Verzeihung *f*. -, (罪の)ゆるし，免償(Ablass参照).

Verzicht *m*. -[e]s, -e, (Resignation) ①断念（*完徳の実現のため，物欲や肉欲を克服し，断食，不眠，隠棲，沈黙，巡礼などの修業を行うこと）. ②放棄（*修道誓願を立てるに際し，自己の全財産の所有権を捨て去ること；CIC. 668§4, 5）.

Vesper【lat.“夕方(の時間)”；西”】*f*. -, -n, ①晩の祈り(18時頃〔日没時〕に，その日1日に受けた恵みに感謝して行われる夕べの祈りで，かつての*聖務日課の「晩課」；現在の「*教会の祈り」においても*朝の祈り〔*賛課〕とともに主要時課とされている；4世紀以来，共同体の祈りとしての性格をもち，主日と教会の祝祭日には，教会でともに祈ることが推奨されている；「晩禱」とも). ②夕べの礼拝，《プ》夕禱；zur <in die> 〜 gehen 夕べの礼拝に行く.

Vesper=bild *n*. -[e]s, -er, フェスパー・ビルト（死せるキリストとこれを膝上に抱く聖母*マリアの像からなる，特に14世紀以降のドイツにおいて発展した木彫による哀悼表現；瞑想のための*祈念像の一種；*茨の冠や釘，槍による傷，やせ細った身体表現などが強調され，聖母は悲痛の表情を示していることが多い；Pietà参照). **〜glocke** *f*. -, -n, 晩鐘，晩課(晩の祈り，夕べの礼拝)を告げる鐘. **〜gottesdienst** *m*. -[e]s, -e, 夕べの礼拝(Vesper参照). **〜läuten** *n*. -s, → 〜glocke.

Vestiarius【lat.】*m*. -, ..rien, 衣類係(中世の修道院職位の1つで，衣服や寝具の管理担当者).

Vestibül【lat.-fr.“玄関の間”】*n*. -s, -e, 聖堂入口広間，玄関ホール(教会堂の外扉と内扉の間の空間で，*聖水盤，信徒のための掲示板，パンフレット台などが置かれている)；ポーチ，車寄せ(教会堂などの扉の外側).

Vetus Latina【lat.“古いラテン語(文書)”】*f*. --, ウェトゥス・ラティナ（*ウルガタ訳以前に用いられていた「古ラテン語訳聖書」で → Italaと同じ；ただし統一的なものではなく，写本の地域差が大きかったため，しばしば校訂が行われ，また徐々にウルガタ訳に代わられたが，中世中期まで用いられた).

Viatikum【lat.“旅費”】*n*. -s, ..ka *u*. ..ken, 最後の糧(かて)，臨終の聖体拝領(死を前にした信徒が受ける最後の*聖体拝領；Wegzehrung参照).

Viel・götterei *f*. -, -en, 多神教(Polytheismus参照).

Vierstädte・bekenntnis *n*. -ses, → Confessio Tetrapolitana.

Vierung【< vier】*f*. -, -en, 〔十字〕交差部，中央方形部，クロッシング(engl. crossing；*十字型聖堂で身廊と*内陣に挟まれた*翼廊の中央部の四角い空間).

Vierungs=kuppel *f*. -, -n, (教会堂の)〔十字〕交差部〈クロッシング〉上の丸屋根(ドーム). **〜pfeiler** *m*. -s, -, 〔十字〕交差部〈クロッシング〉の四隅の柱(上部の丸屋根や塔の重さを支えるための構造体). **〜turm** *m*. -[e]s, ..türme, 〔十字〕交差部〈クロッシング〉の上の塔.

Vierzehn・heiligen *pl*. 十四救護聖人(die Vierzehn *Nothelfer*参照)；die Basilika 〜 フィアツェーンハイリゲン聖堂，十四聖人のバシリカ聖堂(バイエルン州フィアツェーンハイリゲンにある*十四救護聖人に献げられた*バシリカ式の*巡礼教会(ドイツ・*バロック様式の代表的教会建築で，バルタザール・ノイマン〔1687-1753〕が設計し，1743年着工，72年に完成した).

Vierzig・stündiges Gebet → das Vierzigstündige *Gebet*.

Vigil【lat.“夜警”】*f*. -, -ien, ①徹夜祭(大祝日その他特定の日の前の晩に，翌日の霊的な準備として挙行される「前夜祭」；現在では*降誕祭，*復活祭〔Ostervigil参照〕，*聖霊降臨祭の前夜に行われる荘厳な儀式をいう). ②徹夜課(修道院で日の出前に，特に死者のため，時には一般信者も加わって行われた*聖務日

課中の*朝課；現在の「*教会の祈り」では*読書課にあたる）．

Vikar【lat.】*m.* -s, -e, ①ヴィカリウス，代理（一時的ないし恒久的に，教会のある職位を委託され，委任者の名義，権威をもってこれを執行する者；例えば，→ Bischofs～，→ General～，→ Pfarr～；der Apostolische ～ 使徒座代理区長（旧教会法では「代牧」；特別の理由により，いまだ*司教区として設立されるには至っていない宣教地域〔*使徒座代理区〕を教皇の名によって統治する，通常は*名義司教；司教と同じ権限を有する；CIC. 371§1）．②《プ》副牧師；ヴィカー（最初の神学教育課程の終了試験に合格し，牧師のもとで見習いをしている者，牧師試補）．**Vikariat**【lat.-mlat.】*n.* -[e]s, -e, → Vikarの職位；das Apostolische ～ 使徒座代理区（旧教会法では「代牧区」；宣教地で，まだ通常の聖職制が布かれておらず，*司教区として設立されていない地域の名義区〔CIC. 371§1〕；通常，その前段階の*使徒座知牧区から使徒座代理区を経て，司教区へと昇格する）．**vikariieren**【lat.-nlat.】*i.* (*h*) ① → Vikarの職を務める．②《古》(或人の職位の) 代理をする．**Vikarin** *f.* -, -nen, → Vikar（2の女性形）．

Viktoriner【< Saint-Victor】*m.* -s, -,《通常複数で》①サン・ヴィクトル修道参事会〔修道院〕(1108年シャンポーのグイレルムス〔フランス名ギヨーム；1070頃-1121頃〕らによりパリ近郊のサン・ヴィクトル修道院で創立された*アウグスティヌスの戒律に従う*修道参事会の修道院；後に*大修道院となり，12世紀以降数多くの学者，神秘家，詩人，高位聖職者が輩出したが，フランス革命時に廃絶した）．②サン・ヴィクトル学派（グイレルムスの後を継いだサン・ヴィクトルのフーゴ〔フランス名ユーグ；1096頃-1141〕の指導のもと，体系的な神学教育の体制を整えたサン・ヴィクトル修道院学校の一群の学者たち；*12世紀ルネサンスの1つで，その後パリ大学に発展した）．

Vinzentiner【< Vinzenz von Paul】*m.* -s, -,《通常複数で》ヴィンセンシオの宣教会（→ Lazaristの創立者の名にちなんだ別称）．**Vinzentinerin** *f.* -, -nen,《通常複数で》ヴィンセンシオ・ア・パウロの愛徳姉妹会 (1633年ヴァンサン・ド・ポール〔fr. Vincent de Paul; lat. Vincentius a Paulo; 1581-1660；聖人〕がルイーズ・ド・マリヤック〔1591-1660；聖人〕とともにパリに創設した女子修道会；通常の3*誓願に加え，貧者への奉仕の誓願を立て，困窮者の救済，病人看護などの慈善事業に従事する；会員は通常，1年間の*有期誓願を毎年更新する；略: FdC）．

Vinzenz=konferenz *f.* -, -en, **～verein** *m.* -[e]s, -e, ヴィンセンシオ・ア・パウロ会（一般信徒による慈善事業のための国際的カトリック組織；1833年ヴァンサン・ド・ポールの精神と活動に倣い，ソルボンヌ大学でフレデリック・オザナム〔1813-53〕らによって創立された；小教区や学校その他の団体などに協議会が設置され，貧者，病者，高齢者，災害被害者などの支援にあたる；略: SVP）．

Vision【lat.】*f.* -, -en, ①幻視（五感では知覚することのできない対象〔神，天使，悪魔，時空を隔てた出来事や存在など〕を超自然的方法をもって直接に感知すること）．②出現 (Erscheinen参照)．

Visitantin *f.* -, -nen,《通常複数で》聖母訪問会 (Heimsuchungsorden参照)．**Visitatio**【lat.】*f.* -, -nen, ①〔聖母のエリザベト御〕訪問 (*受胎告知の後，マリアが*エリザベトを訪れた際の出来事〔ルカ 1:39-56〕を描いた図像・彫像；Mariä *Heimsuchung*参照)．②聖体訪問（ミサ以外に聖堂を訪れ，*聖体を前にして祈ること）．**Visitation**【lat.(-fr.)】*f.* -, -en, 巡察，視察，訪問 (*司教〔CIC. 396-98〕，*管区大司教〔CIC. 436§1〕，*地区長〔CIC. 555§4〕，修道院の*上長〔CIC. 628§1〕，及びその*代理などが，信仰や規律など教会運営状況の監督と是正のため，管下の教区，聖職者，修道院，その他の施設を公式に訪れること)；die kanonische ～ 教会法上の巡察．

Visitations=bericht *m.* -[e]s, -e, **～protokoll** *n.* -s, -e, 巡察〔視察〕報告書 (*教区司教が5年毎に*使徒座の定めた様式に従って作成，教皇に提出する義務のある，自己に委ねられた教区全体の状況に関する報告書；CIC. 399)．

Visitator【lat.】*m.* -s, -en, 巡察者，巡察師 (*教会法の規定に従って，自己に委託されている教会管区，〔修道会の*上級上長の場合は〕修道院とその会員の巡察を行う者；CIC. 628§3参照)；der Apostolische ～ 使徒座巡察者（ロー

マ*教皇の委託を受け，*司教区において教会法上の巡察を行う者).

Vita【lat."生命，生涯"】*f.* -, Viten *u.* Vitae, ①伝記(一般に，古代や中世の著名人の生涯，例えば，*聖人の人生や*奇跡について，史実を基に書かれたもの；物語的誇張の多い → Miraculaと区別されるが，両者を厳密に分けることはできない；Legende参照). ②生活，人生，命；~ activa *f.* - -, 活動生活(das *aktive* Leben参照)；~ aeterna *f.* - -, 永遠の命(das *ewige* Leben参照)；~ communis *f.* - -, 共同生活(das *gemeinsame* Leben参照). ~ consecrata *f.* - -, 奉献生活(das *geweihte* Leben参照)；~ contemplativa *f.* - -, 観想生活(das *beschauliche* Leben参照)；~ religiosa *f.* - -, 修道生活(Ordensleben参照)；~ spiritualis *f.* - -, 霊的生活(das *geistliche* Leben参照). **Vitae Sanctorum**【lat."聖人たちの生涯"】*pl.* ヴィタエ・サンクトルム(聖人の伝記集，特に一般信徒の信仰教育のために著されたもの；Legende 1 参照).

Vize=gerent【lat.】*m.* -en, -en, ① [Gottes] (この世における) [神の] 代理人(ローマ*教皇のこと). ②ローマ司教区補佐司教(ローマ司教区の*教皇代理枢機卿を補佐する*名義大司教). ③(権威者の任命または互選による，ある教会組織の)代理人，代表者. ~**provinz** *f.* -, -en, (修道会の)準管区. ~**rektor** *m.* -s, -en, (神学校の)副校長(CIC. 239§1)；(修道院の)副院長.

Viztum【lat.-mlat.；< mlat. vicedominus "主人の代理人"】*m.* -[e]s, -e, 財産管理者，ヴィーツトゥム(中世において教会財産の，後には諸侯の財産の管理を代行した者).

Vokation【lat."招待"；< lat. vocare "呼びかける"】*f.* -, -en, 召命(特に，神によって*聖職に召し出されること；Berufung参照).

Volk【原義"軍勢"】*n.* -[e]s, Völker, 民族，国民；das ~ Gottes ⇨ Gottesvolk.

Volks=altar *m.* -s, ..altäre, 一般信徒用祭壇(カトリックの教会堂で*内陣の中央に設置され，司式司祭によりミサ中の「*感謝の典礼」が行われる*主祭壇). ~**kirche** *f.* -, -n, 民族教会(ある国民，民族が，生まれながらに〔*幼児洗礼などによって〕所属することになる教会；国家と法的・制度的に結び付いている → Staatskircheないし → Landeskircheと区別される). ~**mission** *f.* -, -en, ①講話会，信徒黙想会(*小教区信徒の信仰の育成と強化のため，*主任司祭によって，あるいは修道院などにおいて企画，実施される集会；CIC. 770). ②《プ》大衆伝道(例えば → Zeltmission；die innere *Mission*参照).

Voll・bibel *f.* -, -n, 聖書全巻(旧約聖書〔及び旧約*外典〕，新約聖書の全文書を含む刊本，写本，翻訳など).

Vollkommenheit *f.* -, 完徳，完全[性](Perfektion参照). **Vollkommenheits・lehre** *f.* -, 完全論(Perfektionismus参照).

Voll・macht *f.* -, ①権能(神に由来し，*復活したキリストが*使徒とその後継者に賦与した教会の職務；教会の職階位階として示される*裁治権と，*秘跡を執行する権能である叙階権がある). ②権威(Macht 1 参照).

Voll=messe【< lat. missa tota】*f.* -, -n, 完全ミサ曲(*キリエ・エレイソン〔あわれみの賛歌〕，*グロリア〔栄光の賛歌〕，*クレド〔信仰宣言〕，*サンクトゥス〔感謝の賛歌〕，*アニュス・デイ〔平和の賛歌〕の5つの*ミサ通常文すべてに作曲されたミサ曲；J. S. *バッハ時代の*ルター派のミサ曲では，キリエとグロリアのみに音楽を付けるのが一般的だったため，『ミサ曲ロ短調』〔BWV. 232〕のように通常文全体に作曲したものを，区別して「完全な」ミサ曲と呼んだ). ~**missale**【< lat. missale plenarium】*n.* -s, -n *u.* ..lien, ミサ全書(Plenarium参照). ~**mönch** *m.* -[e]s, -e, (修道院で下働きをする*助修士，*労働修士に対して)正規の(完全な)修道士.

Voluntarismus【lat.-nlat.；< lat. voluntas "意志，意図"】*m.* -, 主意説，主意主義(知性と意志の関係において，特に*主知主義に対し，意志の側に優位性を認める哲学・神学説；例えば，信仰や倫理のみならず知覚的認識や思考においても，知性に対する意志の優位を認めた*アウグスティヌス，人間の意志の「偶然」の決定によって現実に意義が生じると考え，さらには世界創造における神の意志の働きを強調するドゥンス・スコトゥス〔1265/6-1308〕；近世ドイツにおいては，カント〔1724-1804〕，フィヒテ〔1762-1814〕，シェリング〔1775-1854〕らの観念論，またショーペンハウアー〔1788-1860〕やニーチェ〔1844-1900〕に主意主義への強い傾向が認められる). **Voluntarist** *m.* -en, -en, 主意説の提唱者，主意主

義者.

Vorabend・messe f. -, -n, 前夜ミサ（教会の祝日の前日または土曜日の夕刻に行われるミサ；信者は祝日や主日のミサに代えて，これに与ることができる；CIC. 1248§1）．

Vorbehalt m. -[e]s, -e, 留保，制限（教会権の；Reservat 1 参照）．

vor|beten 《I》i. (h) 祈禱文を先に立って唱える，先唱する．《II》t. (h) jm. et. ～（或人に或事〔祈禱文など〕を）唱えて聞かせる；《目的語なしでも》aus der Bibel ～ 聖書の1節を朗読する；《話》事細かに（長々と，くどくどと）言って聞かせる．**Vorbeter** m. -s, -,（祈禱文の）先唱者；朗読者．

Vorbild n. -[e]s, -er, ①予型（Typus参照）．②模範．

Vorfasten・zeit f. -,（まれに:) -en, 大斎前節（大斎準備期間）；*復活祭の9週間前の主日〔七旬節；Septuagesima参照〕から*灰の水曜日の間の期節；近年カトリック，聖公会ともに，公には廃止されたが，一部の教会では現在も行われている）．

vorgeweiht【< vorweihen】p.p. 予め*聖別された；die Liturgie der ～en Gaben 《東》(Präsanktifikaten-Liturgie) 先備聖体礼儀（*東方正教会で，*大斎（ｵｵｲﾑ）の期間，*晩課の祈りに続いて*聖体拝領〔領聖〕する奉神礼，「聖グレゴリイの聖体礼儀」の別称；先の日曜日に作られ準備された聖体を用いることからこの名がある；カトリックでも*聖金曜日の祭儀において，*聖木曜日に聖別された*ホスティア〔予備聖体〕が用いられる）．

Vorhalle f. -, -n, 玄関間，ナルテクス（Narthex 参照）．

Vorhang m. -[e]s, ..hänge, 垂れ幕（*幕屋で，天幕の入り口に掛ける幕，及び*至聖所を隔てる幕；出26:31-37）．

Vorherbestimmung f. -, 先定，予定（Prädestination参照）．

Vorhölle f. -, 辺獄，リンボ（Limbus参照）．

Vorkatechumenat n. (m.) -[e]s, 求道期間（*洗礼志願者が典礼儀式によって*洗礼志願期に受け入れられる前の段階；CIC. 788§1）．

Vorleser m. -s, -,（典礼における聖書などの）朗読者．

Vorname m. -ns, -n, ファーストネーム，洗礼名（Taufname参照）．

Vorsänger【< lat. precentor】m. -s, -, 先唱者（*答唱詩編，*賛歌，「*教会の祈り」の唱和，*交唱などで，会衆に先んじて先唱句を歌う人；旋法や歌の速度を示したり，詩句の内容を予め伝える役割がある；中世においては，ある教会における典礼音楽の責任者で，聖歌隊の公私にわたる指導なども担当した）．

Vorschlags・recht n. -[e]s, 推薦権（*司教職，*司祭職に適任と考えられる者を推薦する権利；CIC. 377, 523, 557, 565）．

Vorsehung【< lat. providentia】f. -, -en, 摂理，神意；die göttliche ～ 神の摂理（Providenz参照）；Schwestern von der Göttlichen ～ → Vorsehungsschwester. **Vorsehungs・schwester** f. -, -n,（通常複数で）神の御摂理修道女会（1842年エドゥアルト・ミヒェリス〔1813-55〕が*ミュンスターで設立した女子修道会；幼児・女子教育に従事する；略：SDP；他に，1806年ホンブルク創立，51年マインツ創立のものなど，複数の同名の修道女会がある）．

vorsintflutlich adj.（*ノアの）〔大〕洪水以前の，太古の；《話》ひどく古くさい，時代遅れの．

Vortrage・kreuz n. -es, -e, 行列用十字架（Prozessionskreuz参照）．

vorweihnachtlich adj. クリスマス前（に特有）の；die ～e Stimmung クリスマス前の（心浮き立つ楽しい）気分．**Vorweihnachts・zeit** f. -, クリスマス前の時期（Advent参照）．

Vota pl. → Votum（の複数形）．**Votant**【fr.】m. -en, -en,《古》①立願者（Gelobende参照）．②投票者．**Votation**【fr.】f. -, -en,《古》①立願（*誓願を立てること）．②投票．**Voten** pl. → Votum（の複数形）．**Votiv**【< lat. votivus "約束した，誓った"】n. -s, -e, → Votivgabe.

Votiv=bild n. -[e]s, -er, 奉納画（聖母子や聖人，奉納者の図像，及び願い事などの記された板〔絵馬〕で，*巡церкви教会などに掲げられる）．～**gabe** f. -, -n, ～**geschenk** n. -[e]s, -e, 奉納物，献納品（神への感謝や願い事のために神や聖人に献げられたもの；金銭，祭壇，祭器具，装飾品，教会堂など）．～**kapelle** f. -, -n,（感謝や代願のために特定の*聖人に献げられた）奉納礼拝堂．～**kerze** f. -, -n, 奉納ろうそく（教会堂や礼拝堂内で，奉納品としてキリスト，聖母*マリア，聖人に献げられ，その図像・彫像の前に灯されるろうそく）．

~**kirche** f. -, -n, 奉納教会, 奉納聖堂(感謝や*代願のために神, キリスト, 聖母マリア, 特定の聖人などに献げられた各地の教会堂；ウィーン9区のヴォティーフ教会は, 皇帝フランツ・ヨーゼフ1世〔在位1848-1916〕が1853年の暗殺を免れたことを感謝して, その弟のフェルディナント・マクシミリアン大公〔1832-67；後のメキシコ皇帝マクシミリアン1世；在位64-67〕により56年建造開始, 79年に献堂されたもの). ~**kreuz** n. -es, -e, 奉納十字架(十字架上のキリスト像が刻まれた*奉納物としての → Bildstock). ~**messe** f. -, -n, 随意ミサ, 信心ミサ(*典礼暦に従って行われる通常のミサとは別に〔それに付加される形で〕, *奥義, 聖母マリアや特定の聖人を賛美ないし記念して, あるいは神への感謝や祈願のために, また結婚式や葬儀などの機会に, 特別の意向をもって挙行されるミサ). ~**tafel** f. -, -n, 奉納額(~bild参照).

Votum【lat.-mlat.】n. -s, ..ten u. ..ta, ①〔古〕誓願(Gelübde参照). ②投票, 決議.

Vulgata【<(kirchen)lat. versio *vulgata* "普及版"；< lat. *vulgare* "民衆に広まった"】f. -, ウルガタ訳〔聖書〕(カトリック教会で公式に使用されているラテン語聖書；382年, 聖*ヒエロニムスは, 聖ダマッス1世教皇〔在位366-84〕の依頼を受け, *七十人訳に基づく古ラテン語訳聖書〔主に4福音書〕の大幅の改訂に着手した；386年に旧約聖書の校訂を開始, 新たにヘブライ語を学んで390年からはヘブライ語原典〔*マソラ〕の翻訳を行い, 405年頃旧約全編を完成させた；7-8世紀頃より西方教会の標準版聖書として広く用いられるようになり, 1546年*トリエント公会議で公認された；多数の写本, 校訂本が存在するため, 1926年以降*ベネディクト会による歴史批判版の刊行が進められている；なおカトリック教会の典礼での使用のため, 1979年ウルガタ訳を原典に従って改訂した「新ウルガタ」〔Nova Vulgata；1987年校訂版〕が刊行された).

Wahl・bitte f. -, -n, 請願選出(Postulation参照).

Wahr=sagerei f. -, -en, ~**sagung** f. -, -en, 占い, 予言(旧約時代には, 様々な手段をもって自身や民族の運命, 神意が占われていたが, これらは神の名を騙った厭うべき異教的習慣として厳しく排除される〔レビ19:26, 31, 20:27, 申18:9-14, エレ28:8-9参照〕；教会は, 未来の出来事を知ろうとすることは, いかなる形態であれ, 神の*摂理に反する重大な罪であるとし, 再三これを禁止している).

Waiblinger m. -s, -,《通常複数で》(Wibelinger) ウィーベリン(→ Ghibellineの別称；神聖ローマ皇帝〔ホーエンシュタウフェン家〕の居城ウィーブリンゲン〔Wibeling；現在のヴァイブリンゲンWaiblingen〕にちなむ).

Walburga《固》(f.) ~ von Heidenheim ヴァルブルガ(710頃-79；イングランドの王の娘として生まれたが, *ボニファティウスの要請を受けてドイツ布教に従事した；兄ヴィリバルド〔700頃-87/88〕が設立したハイデンハイムの*ベネディクト会系修道院に入り, 後にその大修道院長となった；870-79年頃, 遺体はアイヒシュテットに移されたが, その墓石から奇跡的効果のある油が滲み出るといわれた；飢餓と疫病, アイヒシュテットの*守護聖人；祝日は2月25日と5月1日；なお, 民間伝承で魔女がブロッケン山で祝宴を行うとされた5月1日の前夜は, その名にちなんでヴァルプルギスの夜〔Walpurgisnacht〕と呼ばれるが, 本人とは何の関連はない).

Waldenser【mlat.；< Pierre *Valdo*】m. -s, -,《通常複数で》ヴァルド派(ワルドー派, ヴォドア派とも；リヨンの豪商ピエール・ヴァルドー〔ラテン語名Petrus Waldus；1140頃-1217頃/1197頃〕が1173年頃に創始した分派；*初代教会の清貧の厳守を強調し, 巡回説教を行って「*リヨンの貧者」と呼ばれた；教会の腐敗を弾劾, *位階制や堕落した聖職者の授与した*秘跡の効力を否定して1184年と1215年に異端として排斥された；*宗教改革

の先駆ともされ，16世紀にはプロテスタント諸派と合流した；現在もイタリアのトリノなどに存続している）．**waldensisch** *adj.* ヴァルド派の．

wallen【原義"転がる"】*i. (s, h)*《古》→ wallfahren．**Waller**【＜ wallen】*m.* -s, -,《古》→ Wallfahrer．**wallfahren** (wallfahrte, gewallfahrt) *i. (s)* 巡礼する，聖地詣でに行く．**Wallfahrer** *m.* -s, -, 巡礼者，聖地詣でをする人．**Wallfahrerin** *f.* -, -nen, → Wallfahrer（の女性形）．**Wallfahrt** *f.* -, -en, (Pilgerfahrt)〔聖地〕巡礼，巡礼行，聖地詣で(*信心業の一種で，*贖罪，*祈願，*苦行，感謝などの目的でキリストや聖人ゆかりの地，墓所，奇跡の起こった場所を訪れること；4世紀すでに聖地〔*パレスチナ〕への巡礼が行われており，8世紀には公の贖罪の代わりに巡礼が義務付けられた；世界的に有名な巡礼地には，中世以来の*エルサレム，*ローマ，*サンティアゴ・デ・コンポステーラ〔以上カトリックの三大巡礼地〕，また*聖母崇敬の巡礼地として*ルルド，*ファティマなどがある）．**wallfahrten**《古》→ wallfahren．

Wallfahrts=kirche *f.* -, -n, 巡礼教会(*聖遺物や有名な聖画像などが保管され，信者が特別の信心のために参詣する聖地・巡礼地の教会堂）．～**lied** *n.* -[e]s, -er, 巡礼歌(*巡礼や*行列の際に歌われる歌；例えば「都に上る歌」〔エルサレム巡礼の詩編；詩120-34〕に基づいて作られたもの）．～**ort** *m.* -[e]s, -e, ～**stätte** *f.* -, -n, 巡礼地，巡礼所(*エルサレム，*ローマ，*サンティアゴ・デ・コンポステーラの三大巡礼地，聖母の出現した*ルルド，*ファティマ，メキシコのテペヤック，聖パウロの*殉教に関係するトレ・フォンターネ，また*ケルンの大聖堂やモン・サン＝ミシェルなど，信者が特別の信心のために巡礼する場所，あるいは*巡礼教会；Heiligtum 1 参照）．

Walpurga《固》(*f.*) ヴァルブルガ．**Walpurgis**《固》(*f.*) ヴァルプルギス（→ Walburgaの異形）．

wandeln《I》*t. (h)*（ミサ中司祭が，パンとぶどう酒をキリストの体と血に）聖変化させる（konsekrieren参照）．《II》*i. (s)*《雅》さまよい歩く，生きていく；Ich habe keine größere Freude denn die, dass ich höre, wie meine Kinder in der Wahrheit ～. 「自分の子供たちが真理に歩んでいると聞くほど，うれしいことはありません．」(3 ヨハ 4；ルター訳)；im Fleisch ～ 現身(42)の世を渡る；in der Furcht Gottes ～ 神を畏れながら（敬虔に）生活する．

Wandelung → Wandlung.

Wander=abt *m.* -[e]s, ..äbte, 遍歴修道院長(禁欲生活の一層の深化を求め，自身の修道院を離れて異郷での布教活動を行った修道院長；例えば，アイルランド人宣教者の*コルンバヌス；Peregrination 1 参照)．～**mönch** *m.* -[e]s, -e, 遍歴修道士，放浪修道士(俗世への執着を断つため，所属修道院を離れて禁欲的放浪の生活をおくった修道士〔Peregrination 1 参照〕；なお*ベネディクトゥスの戒律においては，定住をせず施しを求めてさまよい歩く放浪の習慣〔Gyrovage参照〕は厳しく批判されている)．

wandern *i. (s, h)* 遍歴する，放浪する，あちこち移動する．**wandernd** *p.a.* 遍歴の，放浪の；der ～e Mönch → Wandermönch．**Wanderprediger** *m.* -s, -, 巡回説教師(宣教のため，場合によっては聖職者の不足している教会等の支援のため，各地を回る説教者)．

Wandlung *f.* -, -en, 聖変化(ミサ中に*最後の晩餐を記念し，これを再現するとき，パンとぶどう酒の全実体がキリストの体と血に変化すること；Konsekration, Transsubstantiation参照)．

Wand・tabernakel *n. (m.)* -s, -,（聖堂の）壁面の聖櫃(Tabernakel参照)．

Waschung *f.* -, -en, ①洗浄(*聖香油や*聖油を使用した後で，手を洗うこと)．②洗手式（Lavabo 1 参照)．

Wasser *n.* -s, 水(聖書では，世界創造直後の混沌の状態〔創 1 : 2〕，罪を洗い清め，再生をもたらす浄化の水〔例えば，*ノアの洪水〕，祝福の水〔詩23 : 2 - 3，イザ32 : 2〕，清めの水〔民19 : 7 -12, エゼ16 : 4〕，知恵の水〔シラ15 : 3〕，楽園へ通じる命の水〔創 2 : 6, 2 :10 -14, エゼ47 : 1 -12, 黙22 : 1〕，*永遠の命をもたらす水としてのキリスト〔ヨハ 4 :14, 黙7 :17〕，苦難〔歴下18:26, 詩69 : 2 - 3〕など，様々な表象において描かれている；またエジプト脱出の後で，民の不満を宥めるため神が水を与えた際，*モーセの行いが神を怒らせた場面でも，水は重要な役割を果たした〔das Wasser von *Meriba*参照〕；Lebens=～，Oster=～，

Tauf～、Weih～参照）；das geweihte ～ 聖別された水、聖水（Weihwasser参照）；das lebendige ～ 命の水（*永遠の命を与える神の賜物で、イエスの*サマリアの女に向けた言葉、「わたしが与える水はその人の内で泉となり、永遠の命に至る水がわき出る」〔das ～, das ich ihm geben werde, wird in ihm zu einer Wasserquelle werden, die zu ewigem Leben sprudelt；ヨハ4：14〕にちなむ）；das sprudelnde ～ わき出る水（das lebendige ～参照）．

Wechsel=gebet n. -[e]s, -e, 連禱（現在のカトリック用語では「連願」；*先唱者の呼びかけに続けて、会衆が定型の祈禱文を唱える形式の祈り；Linanei参照）．**～gesang** m. -s, ..gesänge, 交唱（先唱者ないし独唱者と聖歌隊、あるいは2組の聖歌隊が交互に応答形式で歌うこと；Antiphon a参照）．

Weg m. -[e]s, -e, 道、道のり（人生の；また、*聖体行列、*十字架の道行、*巡礼の）；Ich bin der ～ und die Wahrheit und das Leben; niemand kommt zum Vater außer durch mich．「わたしは道であり、真理であり、命である。わたしを通らなければ、だれも父のもとに行くことができない．」（*最後の晩餐におけるイエスの言葉；イエスに従う以外に、神に至る方途はないということ；ヨハ14：6）．**Weg・zehrung** f. -, -en,（元来は：旅中に食べるための）携行食；die letzte ～（Viatikum）最後の糧（かて）（死を迎える信者が「旅路の糧」として受ける*聖体で、可能な場合にはパンとぶどう酒の両*形色によって与えられ、*復活の保証ともなる；CIC. 911§1, 921-22）．

Wehr・kirche f. -, -n, 城塞教会（中世から15-16世紀にかけて、特に*三十年戦争期に、略奪者の来襲に備え、また非常の際には近隣住民の避難所ともなるよう、周囲に鋸壁を廻らして銃眼や出し狭間などを設けた教会建築；特に堅固な防壁や防御設備を伴うものは→ Kirchenburgと呼ばれる）．

Weih=altar m. -[e]s, ..altäre,（*幕屋やイスラエルの神殿に設置された、*いけにえを献げるための）祭壇；（*随意ミサなどが行われる、*小聖堂の）祭壇．**～asche** f. -,（まれに:) -n, 聖灰（せいかい）（die geweihte Asche参照）．**～becken** n. -s, -, 聖水盤（Weihwasserbecken参照）．**～bischof** m. -s, ..bischöfe, 補佐司教（Auxiliarbischof参照）．**～brot** n. -[e]s, -e, 聖別されたパン（Hostie参照）．**～brunnen** m. -s, -, 聖水盤（Weihwasserbecken参照）．

Weihe f. -, -n, (Konsekration) ①聖別(式)、奉献(式)（神の礼拝や聖なる使用にあてるため、物や人を世俗の用途から完全に切り離し、神に献げること、及びその儀式；例えば、祭壇〔→ Altar～〕、鐘〔Glocken～〕、教会堂〔→ Kirch～〕、*カリス、*パテナ、処女〔→ Jungfrauen～〕や修道者の神に対する自己奉献；「祝別」〔→ Segnung〕と同義で用いられることもあるが、「聖別」は通常、特定の祈りや儀礼をもって対象を神に奉献する、より典礼的な行為をいう）；der Verlust der ～ 聖別喪失（聖なる場所や祭壇が、復旧不可能なまでに破損したり、世俗的用途に永続的に変更した場合などに、*教区司教の決定によって奉献や祝別の効果を抹消すること；CIC. 1212, 1222, 1238）；《東》成聖．②叙階(式)（以前の用語は「叙品」；*秘跡の1つで、*司教の*按手と典礼書が規定する儀式によって、ある信者を聖別し、聖務者の身分と職務〔*助祭職、*司祭職、*司教職〕に任命すること；CIC. 1008-54）；Bischofs～ 司教叙階(式)；Diakonen～ 助祭叙階(式)；Priester～ 司祭叙階(式)；die ～ erhalten <empfangen> 叙階〔の秘跡〕を受ける；jm. die ～ erteilen（或人を）叙階する；die höheren ～n 上級聖職位、上級品級（叙階の秘跡の対象である司教、*司祭、*助祭〔及び13世紀以降は*副助祭〕の1972年までの名称）；die niederen ～n 下級聖職位、下級品級（かつて、叙階の秘跡の対象とならない、ないしは叙階に準じるとされた補佐的な奉仕職；*守門、*読師、*祓魔師、*侍祭、副助祭の身分；1972年の教令で、そのうち守門、祓魔師、副助祭は廃止され、読師は*朗読奉仕者、侍祭は*教会奉仕者にそれぞれ変更された）；《東》神品機密（しんぴんきみつ）（「叙聖（じょせい）」とも；*東方正教会で、*主教、司祭、*輔祭の3つの聖職〔*神品〕に任命するための*機密〔秘跡のこと〕；聖体礼儀において*主教による按手をもって行われる）．

Weihe=alter n. -s, -, 叙階年齢（*教会法の規定により*叙階の秘跡を受けることができる年齢；*司祭叙階は満25歳以上で、*司祭職の予定者に対し満23歳以後に許可される*助祭叙階との間に最低6ヶ月の中間期が置かれなければならない〔CIC. 1031§1〕；*司教叙階

は35歳以上で，司祭叙階後，最低5年が経過していなければならない〔CIC. 378§1〕）．**〜ausübung** f. -, -en, 叙階権行使（CIC. 1044§2, 1047§3, 1048参照）．**〜autonomie** f. -, -n, 聖別権（修道院が教会組織から独立して，聖別や叙階を執行する権利；中世においては認められておらず，教会堂や祭壇，修道院長などの聖別には外部から権限のある司教が招かれた）．**〜band・verteidiger** → Bandverteidiger. **〜bewerber** m. -s, -, 受階者，叙階される者（叙階の秘跡を受ける者；すでに洗礼を受けた男性信徒で，その信仰と意向，適性が認められ，必要な課程を修了し，*叙階年齢に達している必要がある；CIC. 1024-52）．**〜bitte** f. -, -n, 叙階許可の申請（叙階志願者が司教や権限ある*上級上長に提出する；CIC. 1036）．**〜entlass・schreiben**（**〜entlaßschreiben**）n. -s, -, 叙階委託書（管轄の司教が発行し，叙階を執行する予定の司教に送付されると，これに基づき叙階が行われる；CIC. 1015, 1018-23）．**〜exerzitien** pl. 叙階前の黙想（叙階を受ける前に，定められた場所，様式で，少なくとも5日間にわたって行われる；CIC. 1039）．**〜gabe** → Weihgabe. **〜gebet** n. -[e]s, -e, 聖別の祈願（典礼書の規定に従って，*叙階の秘跡の授与の際に唱えられる祈り；CIC.1009§2）．**〜geschenk** → Weihgeschenk. **〜gewalt** f. -, -en, 叙階に基づく（聖務者の）権限．**〜grad** m. -[e]s, -e, 叙階による（聖職の）位階．**〜hindernis** n. -ses, -se, (Irregularität) 受階障害（精神異常など職務遂行能力の欠如，信仰の背棄，異端，離教，殺人罪，堕胎，傷害，自傷，自殺の試みなど信仰・刑法上の犯罪，婚姻，不義，叙階されていないにもかかわらず叙階の行為をした者，また，教会法の禁ずる聖職者の職務〔国家権力に係る公職，営利目的の職業；CIC. 285-86〕に就いている者など，受階不適格と判断される要因；CIC. 1040-49）．**〜interstitien** pl. 受階の中間期（Interstitien, 〜alter参照）．

Weihel〔< lat. → Velum〕m. -s, -, ヴェール（engl. veil；修道女が頭に被る；Nonnenschleier参照）．

weihen【原義：聖なるものにする】t.(h) ①聖別する；die Hostie (das Wasser) 〜 *ホスティア（水）を聖別する．②（或物を神に）奉献する；einen Altar (eine Glocke / eine Kapelle / eine Kirche) 〜 祭壇（鐘，礼拝堂，教会堂）を奉献する；die Kirche ist dem heiligen Stephan geweiht この教会堂は聖*ステファノに献げられている；er hat sein Leben der Kunst geweiht《比》彼は生涯を芸術に献げた；dem Tod <Untergang> geweiht sein《比》死に神〈破滅〉の手に委ねられている；sich d.³ 〜（或事に）身を献げる．③叙階する；einen Bischof (Priester) 〜 司教（司祭）を叙階する；jn. zum Bischof (Priester) 〜（或人を）司教（司祭）に叙階する．

Weihe=sakrament n. -[e]s, -e, 叙階の秘跡（Weihe 2参照）．**〜spender** m. -s, -, 叙階執行者（管轄司教，または管轄司教が発行した適法な*叙階委託書を受けた司教；CIC. 1012, 1015）．**〜spendung** f. -, -en, 叙階の執行；叙階式．**〜spendungs・feier** f. -, -n, 叙階式．**〜stätte** f. -, -n,《雅》聖なる場所（der heilige Ort参照）．**〜stufe** f. -, -n, (*司教職，*司祭職，*助祭職への) 叙階（の各段階）．

Weih=gabe f. -, -n, 奉納物（Votivgabe参照）．**〜gelübde** → Gelübde. **〜gesang** m. -[e]s, ..gesänge, 聖歌；（プ）賛美歌．**〜geschenk** n. -[e]s, -e, 奉納物（Votivgeschenk参照）．**〜kerze** f. -, -n, 奉納ろうそく（Votivkerze参照）．**〜kessel** m. -s, -, → wasserkessel.

Weihling m. -s, -e, ①叙階の秘跡を受ける（受けた）者, 受階者．②成年式を受ける（受けた）者 (Jugendweihe a参照).

Weihnacht f. -,《雅》→ Weihnachten；ich wünsche dir eine gesegnete 〜 クリスマスおめでとうございます．**weihnachten** (p.p. geweihnachtet) i. (h)《非人称主語とともに》es weihnachtet クリスマスがやって来る（クリスマス気分が盛り上がってくる）．**Weihnachten**【原義"聖なる夜"】n. -, -, ①《通常無冠詞で；単数として用いられるが，成句やsüdd., östr., schweiz.では複数扱いで定冠詞を伴うことも》主の降誕［の祝日］, クリスマス（キリストの降誕を記念する，全教会で守るべき祝日〔CIC. 1246§1〕；キリスト降誕の日付については聖書中に記載がないため，*初代教会では*公現の祝日〔1月6日〕に，200年頃は5月20日に行われていた；キリスト教公認後の4世紀前半，*ミトラス教が崇拝する「不滅の太陽神」の誕生日の12月25日〔ローマ暦（*ユリウス暦）の冬至〕が，「義の太陽」〔die Sonne der Gerechtigkeit；マラ3 :20〕であるキリストの生誕を記念する日に転用されたと考えられて

weihnachtlich

いる);(ich wünsche dir) fröhliche <frohe> ～! / ein fröhliches <frohes> ～! クリスマスおめでとう;grüne ～ 雪のないクリスマス;weiße ～ 雪のあるクリスマス,ホワイトクリスマス;diese[s] ～ このクリスマスに;letzte[s] (*od.* vorige[s]) ～ この前のクリスマスに;～ fällt (*od.* fallen) dieses Jahr auf einen Sonntag 今年のクリスマスは日曜日にあたる;es ist bald ～ / ～ steht vor der Tür 間もなくクリスマスだ;～ feiern クリスマスを祝う;stille (*od.* ein stilles) ～ verbringen 静かなクリスマスを過ごす;wenn ～ und Ostern zusammenfallen (*od.* auf einen Tag fallen) あり得ない,考えられない(クリスマスとイースターが一緒にやってくるのなら,から転じて);wie ～ und Ostern zusammen ものすごく嬉しい;《前置詞とともに》an ～ / zu ～ クリスマスに(anは主に南ドイツ,zuは主に北ドイツで用いられる);Komm doch [an / zu] ～ zu uns! クリスマスには家においでよ;nach ～ クリスマスの後に;über ～ クリスマスの間じゅう;vor ～ クリスマス前に;jm. et. zu ～ schenken (或人に或物を)クリスマスに贈る;《間投詞的に》Lieber [zehn Jahre] nichts zu ～! まっぴらごめんだ([10年は]クリスマスに何も貰わなくてもいい,から転じて). ②《方》(集合的に:)クリスマスプレゼント;mein ～ ist reichlich ausgefallen / ich habe ein reichliches ～ bekommen 私はクリスマスプレゼントをどっさり貰った. **weihnachtlich** *adj.* クリスマスの;クリスマスらしい.

Weihnachts=abend *m.* -[e]s, -e, キリスト降誕祭の前夜,クリスマスイヴ. ～**bäckerei** *f.* -, -en, ①《単数で》クリスマスのクッキーを焼くこと. ②<östr.> → ～gebäck. ～**baum** *m.* -[e]s, ..bäume, クリスマスツリー(生命の持続,不滅,豊饒を象徴する常緑樹を冬至のユール祭〔Julfest〕に飾った,キリスト教以前のゲルマンの風習に起源をもつとされる;クリスマスにモミの木〔Tannenbaum〕を果実や木の実,造花などで飾る習慣は16世紀後半に始まり〔ブレーメンやバーゼルの同業者組合に記録が残る;シュトラスブルクを発祥の地とする説もある〕,ドイツの市民階級の家庭で一般化したのは18世紀末から19世紀初頭にかけてのこと;その後イギリスやロシアを含むヨーロッパ全体に急速に広まった);wie ein ～baum strahlen 満面に笑みをたたえて(クリスマスツリーのように輝く,から転じて). ～**baum・schmuck** *m.* -[e]s, -e, 《通常単数で》クリスマスツリーの飾り. ～**beleuchtung** *f.* -, -en, クリスマスのイルミネーション. ～**bescherung** *f.* -, -en, クリスマスプレゼント(を子供たちに分け与えること);クリスマスプレゼントの山. ～**braten** *m.* -s, -, クリスマスの焼き肉料理(ガチョウなど). ～**brauch** *m.* -[e]s, ..bräuche, クリスマスの風習. ～**decke** *f.* -, -n, クリスマス柄のテーブルクロス. ～**einkauf** *m.* -[e]s, ..käufe, 《通常複数で》クリスマス(プレゼント)の買い物. ～**engel** *m.* -s, -, クリスマスの天使(紙や藁などで作ったクリスマスの飾り). ～**essen** *n.* -s, -, クリスマス料理;クリスマスの食事会. ～**feier** *f.* -, -n, クリスマスを祝う式典,クリスマスパーティー. ～**feier・tag** *m.* -[e]s, -e, クリスマスの祝日(der erste / zweite ～feiertag:12月25日,26日). ～**ferien** *pl.* クリスマス休暇. ～**fest** *n.* -[e]s, -e, 主の降誕の祝日,クリスマス;ein gesegnetes, frohes ～fest! クリスマスおめでとうございます. ～**fest・kreis** *m.* -es, -e, 降誕祭の聖節(*待降節〔アドヴェント〕の第1主日から*三王来朝の祝日〔1月6日〕の後の主日までの期間;以前は*聖母マリア御潔めの祝日〔2月2日〕まで続いた). ～**gabe** *f.* -, -n, → ～geschenk. ～**gans** *f.* -, ..gänse, クリスマス(パーティー用)のガチョウ料理;jn. wie eine ～gans ausnehmen《比》(クリスマスのガチョウのように或人を)完膚なきまでに搾取する,(或人から何もかも)むしり取る. ～**gebäck** *n.* -[e]s, -e, 《通常単数で》クリスマス用クッキー(例えばレープクーヘン). ～**geld** *n.* -[e]s, クリスマス(に支給される)ボーナス. ～**geschenk** *n.* -[e]s, -e, クリスマスプレゼント. ～**geschichte** *f.* -, -n, ①《単数で》(聖書の)キリスト降誕の物語. ②クリスマス物語,クリスマス・ストーリー. ～**gratifikation** *f.* -, -en, → ～geld. ～**karte** *f.* -, -n, クリスマスカード. ～**kerze** *f.* -, -n, クリスマスキャンドル(a. クリスマスツリーのろうそく飾り. b. クリスマス用のろうそく). ～**kind** *n.* -[e]s, -er, ①クリスマスの頃に生まれた子供. ②《単数で》幼子イエス(Christkind 1参照). ～**krippe** → Krippe. ～**kugel** *f.* -, -n, クリスマスツリーの飾り玉,オーナメントボール(*エデンの園の

知恵の木の実をかたどったものとされる).
~**lied** n. -[e]s, -er, クリスマスの聖歌, クリスマスキャロル. ~**mann** m. -[e]s, ..männer, サンタクロース(Nikolaus II 1 参照). ~**markt** m. -[e]s, ..märkte, クリスマスマーケット, クリスマス市(*待降節の期間, またはその少し前から, 教会や市庁舎前などの広場で開かれる, クリスマス用品や玩具, 食品などの市).
~**messe** f. -, -n, ①クリスマスミサ, 降誕祭ミサ(クリスマスイブの深夜から25日早朝にかけて行われるミサ); die erste ~messe 降誕祭第1ミサ(Engelamt参照); die zweite ~messe 降誕祭第2ミサ(Hirtenamt参照); die dritte ~messe 降誕祭第3ミサ(Menschenamt参照).
② → ~markt. ~**morgen** m. -s, -, クリスマス(当日)の朝. ~**oratorium** n. -s, ..rien, クリスマス・オラトリオ(福音書〔ルカ2:1-21及びマタ2:1-12〕のキリスト生誕の記事を基に作曲された*オラトリオで, 17世紀にプロテスタント教会音楽として成立した; J. S. *バッハの同名作品〔BWV. 248〕は6部〔64曲〕構成で, 1734年12月25日から27日, 翌年1月1日〔主の*割礼と命名〕と2日そして6日〔*公現日〕の6回に分けてライプツィヒのニコライ教会と*トーマス教会で初演された). ~**pyramide** f. -, -n, クリスマスピラミッド(クリスマス用の木製の飾り燭台; 小さな人形などが乗った円台の中心に垂直の軸が立てられ, ろうそくの炎による上昇気流で, 軸の上部に取り付けられたプロペラもろとも台が回転する; 多くは複層で全体が円錐体をなす; 19世紀後半より, ドイツ中東部のエルツ山岳地方などで作られている民芸品). ~**spiel** n. -[e]s, -e, 降誕〔祭〕劇(クリスマスの典礼の一部が演劇化されて13世紀以降に発展した, キリスト降誕を主題とする民衆宗教劇; *羊飼いの*幼子イエスの礼拝, *幼児殺戮, *三王来朝の劇が付加されて拡大した). ~**tag** m. -[e]s, -e, クリスマスの日(12月25日; この日から*主の公現までの期間をいう場合もある; ~zeit 1 参照). ~**tisch** m. -[e]s, -e, クリスマスプレゼントを置く机; jm. et. auf den ~tisch legen (或人に或物を)クリスマスに贈る. ~**urlaub** m. -[e]s, -e, クリスマス休暇. ~**woche** f. -, -n, クリスマス週(12月25日から大晦日までの1週間). ~**zeit** f. -, -en, ①降誕節(1969年制定のカトリック典礼暦によれば, 主の降誕〔12月25日〕の前晩の祈り〔→ Vesper〕から*主の公現の後〔1月6日の直後〕の主日までの期間). ②クリスマスの時節(*待降節の第1主日から年末までの期間; クリスマスイヴから26日までをいう場合もある).

Weih・rauch m. -[e]s, ①香(*乳香, *ナルド, *没薬, 肉桂のような, 芳香をもつ樹脂や樹皮を乾燥させ, 粉末や粒状にしたもので, イスラエルの祭儀では, 規定に従って調合され*幕屋に特別に造られた祭壇で「香りの献げ物」として焚かれた〔出30:1-10, 34-38〕; *東方教会の典礼には4世紀頃, 西方でも7-8世紀頃から典礼で使用され, 献げ物, 福音書, 十字架, 祭壇, また会衆や司式者などの*祝福, *行列の際などで*献香〔撒香〕が行われる; 神への祈り, 浄化, 斎戒, 悪霊・悪魔祓い, 霊魂の天国への導きなどを表す; Beräucherung参照); ~ abbrennen 香を焚く; jm ~ streuen《比》(或人を)誉めそやす, (或人に)媚びへつらう. ②香煙.

Weihrauch=fass (~faß) n. ..fasses, ..fässer, ~**kessel** m. -s, -, 振り〔吊り〕香炉(Rauchfass 参照). ~**schiffchen** → Schiffchen.

Weihung f. -, -en, 奉献, 聖別, 祝別, 叙階(すること, されること; Weihe参照).

Weih・wasser n. -s, 聖水(聖職者が典礼書の規定に従って*祝別した水〔塩を混ぜることもある〕で*準秘跡; *祝福, 祝別, *奉献, *葬儀, *悪魔祓いなどの典礼的儀式や, ミサの開始前の*散水, あるいは聖堂の出入の際など, 信仰生活の様々な局面で用いられる; 聖水は霊的な清めや強化を表し, また*洗礼を想起させる働きをもつ).

Weihwasser=becken n. -s, -, 聖水盤(聖水の容器で, 教会堂や礼拝堂などの入り口付近, 扉近くの壁面や柱, 台上などに設置されていて, 信徒は出入の際にその中の*聖水に指を浸し, 十字のしるしを切って心身を清める). ~**kessel** m. -s, -, ① → ~becken. ②灌水器(取っ手の付いた小型のバケツ状の携帯用聖水容器で, 典礼中の*散水の際に灌水棒や刷毛とともに用いられる). ~**wedel** m. -s, -, (Aspergill, Sprengwedel) 灌水棒, 聖水棒, 灌水刷毛, 聖水刷毛(典礼で*聖水を撒くのに用いる, 一方の端に小さな孔のある球のついた棒状の器具または刷毛で, 灌水器の中の聖水に浸してから振ることによって*散水を行う).

Weih・wedel → Weihwasserwedel.

Wein m. -[e]s, (まれに:) -e, ぶどう酒, ワイン(キリスト及びキリストの血〔*聖血〕を表す；ミサ中の*感謝の祭儀でパンとともに*聖別され, キリストの血に*実体変化する〔Konsekration 2 参照〕；ミサでは, ぶどうを素材とし, 天然で異物の混入がなく, 酸化・腐敗していないもの〔CIC. 924§3〕に, 小量の水を加えて使用される)；der neue 〜 新しいぶどう酒(キリストがもたらした*福音の象徴)；Neuen 〜 füllt man in neue Schläuche, dann bleibt beides erhalten.「新しいぶどう酒は新しい皮袋に入れるべきである. そうすれば両方とも長もちがするであろう.」(マタ 9:17).

Weise[II] m. u. f. -n, -n, 《形容詞的変化》知者, 賢人；die drei 〜n aus dem Morgenland 東方の三博士(Magier 1 参照). **Weisheit**【< gr. sophia; lat. sapientia】f. -, 知恵, 聡明さ(聖書では, 現世・人間社会で生きていくための具体的実践的な知識や徳をいう)；また, 真の知恵は*ロゴスとしてのキリストに由来し, *聖霊の賜物とされる, エフェ 1:8-9, 17)；das Buch der 〜 知恵の書(旧約聖書*第二正典の 1 書；「ソロモンの知恵」〔die 〜 Salomos〕とも；為政者に対し, *ソロモンに倣って, 神への畏怖, 信仰, *従順を保ち, 義と神に発する知恵を求めるよう勧告する〔1-6章〕；また, 真の知恵の特質とその被造界への働きかけについて論じ〔7-9章〕, *偶像崇拝の民と対照して, イスラエル人の信仰と知恵の優位性を歴史の中に明らかにする〔10-19章〕；原文はギリシア語で, 前1世紀半ば頃, アレクサンドリア在住のユダヤ人が書いたとされる)；salomonische 〜 besitzen ソロモンのような知恵をもっている. **Weisheits・literatur** f. -, (まれに:) -en, 知恵文学(一般に, 知恵の育成を目的に書かれた教えの書のこと；聖書においては, 旧約聖書の*ヨブ記, *箴言, *コヘレトの言葉, *詩編と*雅歌の一部, *第二正典の*知恵の書, *シラ書, *バルク書などの総称；預言者〔*啓示〕に代わって, イスラエルの賢人が*ソロモンの言葉に託すなどして, 具体的な問題解決の方法や生活態度, 処世術, 倫理, *律法の解釈などを, 譬え話, 寓話, 格言, 対話などの形式で人々に示す).

weiß【原義"光り輝く"】adj. 白い, 白色の；白服の, 白衣(🜍)の；〜er Donnerstag → Weißer Donnerstag；der 〜e Mönch 白衣の修道士(*シトー会修道士のこと；清貧の表現として, 装飾を廃した亜麻織りの簡素な白い修道服を着用したことから, クリュニー会の"黒衣の修道士"と対比される)；〜e Schwestern pl. 白衣修道女会(1869年アフリカ宣教を目的としてアルジェの司教シャール・ラヴィジュリ〔1825-92〕が同地で創立した教皇庁立女子修道会；教育事業にも従事している；略: SMNDA)；〜er Sonntag【< lat. dominica in albis】m. 白衣の主日(*復活祭後の最初の*主日〔2000年より「*神のいつくしみの主日」と呼ばれる〕；名称は, *初代教会で*復活祭の洗礼式の際に受けた白衣をこの日まで着用し続けたことにちなむ；ドイツのカトリック教会では17-18世紀より, この日に*初聖体拝領が行われる習慣がある；Quasimodogeniti参照)；〜e Väter【< fr. Pères Blancs】pl. ペール・ブラン, 白衣宣教会(1868年アルジェで同地の司教ラヴィジェリが創立した「アフリカ宣教会」の別称；略: MAfr)；〜e Weihnachten (Ostern) ホワイトクリスマス(雪の復活祭).

weis・sagen t. u. i. (h) 《雅》予言する. **Weissager** m. -s, -, 予言者, 占い師. **Weis・sagung** f. -, -en, 予言(Prophetie参照).

Welfe【germ.-it.】m. -n, -n, 《通常複数で》ヴェルフ(→ Guelfeの別称；教皇派〔ゲルフ〕の側についたバイエルンのヴェルフ家〔ヴェルフェン家〕に由来する呼び名).

Welt【原義"(人の)一代(の期間)"】f. -, -en,《単数で》世界(a. 万有, 天地；神によって創造された可視的事物の総体. b. 現世, 世俗；特に, 神から離反した人間が住む罪の世界〔ヨハ 7:7, 18:36参照〕)；das Ende der 〜 この世の終わり(〜ende参照)；die Erschaffung der 〜 天地創造；Ihr stammt von unten, ich stamme von oben; ihr seid aus dieser 〜, ich bin nicht aus dieser 〜.「あなたたちは下のものに属しているが, わたしは上のものに属している. あなたたちはこの世に属しているが, わたしはこの世に属していない.」(ユダヤ人たちとの問答におけるイエスの言葉；ヨハ 8:23)；nicht von dieser 〜 sein《比》《雅》この世のものとは思われない(ヨハ 8:23に基づく)；Die Christliche 〜「キリスト教世界」(1887-1941年プロテスタント神学者マルティン・ラーデ〔1857-1940〕がライプツィヒで創刊した*文化プロ

Weltreligion

テスタント主義の年刊雑誌).

welt=abgeschieden adj.《述語的には用いられない》世俗を離れた；~abgeschieden leben 隠棲をした. **~abgewandt** adj. 世俗に背を向けた. **~anschauung** f. -, -en, 世界観；die christliche ~anschauung キリスト教的世界観(世界と人間のすべては唯一・絶対の超越的人格神によって創造されたものであり，神の定めた秩序，掟，法則に従う〔べきである〕とする立場；神による世界と人間の創造，*原罪と神の子キリストの*贖罪死，そして*神の国の到来という，神の永遠の計画と救済史への信仰に基づく). **~ende** n. -s, 世の終わり，終末(現世の浄化と神の支配による新秩序の建設のため，世界全体が滅ぼされること；このときキリストが*再臨して*最後の審判が行われ，救済が完成される). **~erneuerung** f. -, (世の終わりの)世界の更新〈刷新〉(マタ19:28参照；*再洗礼派などの*終末論で希求される). **~geistliche** m. -n, -n, (形容詞的変化) (Säkularkleriker) 在俗司祭，教区付き司祭(*修道会に所属せず，*教区の*主任司祭や*助任司祭として，世俗にあって*司牧活動に従事する聖職者；対義語: Ordensgeistliche, Regularkleriker). **~gericht** n. -[e]s, 世界審判(「*最後の審判」のこと；das Jüngste Gericht参照). **~herrscher** m. -s, -, この世の支配者(*悪魔のこと；ヨハ12:31, 14:30, 16,11, エフェ 6:12). **~kirchen・konferenz**【engl. World Council of Churches; 略: WCC】f. -, 世界教会会議(*世界教会協議会の定期会議). **~kirchen・rat** m. -[e]s, 世界教会協議会(Ökumenischer Rat der Kirchen参照). **~kleriker** m. -s, -, 在俗司祭，在俗聖職者(~geistliche参照；CIC. 278, 294参照). **~klerus** m. -, (集合的に:) → ~kleriker. **~konferenz** f. -, -en, 世界会議；~konferenz für Glauben und Kirchenverfassung【engl. World Conference on Faith and Order】信仰と職制世界会議(*教会一致促進運動の基盤作りのため，信仰内容や教会制度，典礼，神学上の諸問題を検討するプロテスタント諸教派による合同会議；第1回大会は1927年ローザンヌで開催された；カトリックは1968年以降，常任委員などの役員の派遣を行っている)；**~konferenz für Praktisches Christentum**【engl. Universal Christian Conference on Life and Work】生活と実践世界会議(*世界教会会議が結成される以前，第1次世界大戦後の社会状況にキリスト教界全体で対応するため，*教会一致促進運動の一環として組織された；第1回大会は1925年ストックホルムで開催された).

weltlich adj. ①世界の；この世の，現世の，俗世の；はかない. ②(対義語: geistlich) 非宗教的な，非教会的な，聖職者でない，世俗の；die ~en Fürsten 世俗諸侯(*神聖ローマ帝国で*宗教諸侯に対して俗人の諸侯のこと)；die ~en Güter 教会(の世俗)財産；die ~e Schule 非宗教(非教会系)学校. **Weltlichkeit** f. -, -en, ①《単数で》世俗的であること，世俗性. ②俗事；世俗権力，俗権；《通常複数で》世俗的権利.

Welt=mission f. -, -en, 世界伝道，外国宣教(die äußere Mission参照). **~missions・konferenz**【engl. World Christian Conference】f. -, 世界宣教会議(世界各国の外国宣教団体により，非キリスト教地域での宣教活動における*エキュメニカルな協力を図るため組織された世界的規模の会議；1910年エディンバラ世界宣教会議には，北米とイギリスを中心に1300余名の代表者が集まり，その後の*教会一致促進運動の出発点となった). **~missions・sonntag** m. -[e]s, -e, 世界宣教の日(10月の最後から2番目の日曜日；すべてのカトリック信徒が自らの宣教の使命を確認し，献金を行い，世界各地での宣教活動の霊的・物質的支援や宣教者の交流を推進するため，1926年，教皇ピウス11世〔在位1922-39〕によって定められた). **~priester** m. -s, -, (対義語: Ordenspriester) → ~geistliche. **~rat** m. -[e]s, ..räte, 世界協議会；~rat der Kirchen → Ökumenischer Rat der Kirchen； ~rat für Christliche Erziehung【engl. World Council of Christian Education】世界キリスト教教育協議会(18世紀後半イギリスで創始された*日曜学校運動の世界的組織として，1907年世界日曜学校協議会が発足；1947年に世界キリスト教教育協議会となり，1971年以降は*世界教会協議会の部会として生涯教育を対象に研究活動を行っている). **~religion** f. -, -en, 世界宗教(信者が特定民族に限定されず，またその数も他の宗教に比して多い，普遍化の傾向をもって世界的に展開している諸宗教；通常は，キリスト教，イスラム教，仏教，ヒンズー教，ユダヤ教の5つ

Weltschöpfer

を指す）;die drei 〜religionen 世界3大宗教（通常は、キリスト教、イスラム教、仏教をいう）．
〜schöpfer *m*. -s, 世界の創造主（神のこと）．
〜untergang *m*. -[e]s, 世界の滅亡（〜ende参照）．**〜versammlung** *f*. -, -en, 世界会議（例えば、*世界教会協議会が7年毎に開催している総会〔ÖRK-Vollversammlung〕や世界改革派教会連盟の総会をいう）．

Werk・dekan【< lat. decanus operis】 *m*. -s, -e, 職工修士（*ザンクト・ガレンなどの修道院で、建築、工作などの専門技術をもっていた修道者の職位）．

Wesens・verwandlung *f*. -, -en, 実体変化（聖餐式〔*聖体の秘跡〕におけるパンとぶどう酒の；Transsubstantiation参照）．

Wesleyaner【< John *Wesley*】 *m*. -s, -, 《通常複数で》ウェスリー派（ウェスレー派とも；ジョン・ウェスリー〔1703-91〕が創始した*メソジスト教会の別称）．**wesleyanisch** *adj*. ウェスリー派の；die 〜e Kirche ウェスリー派教会、メソジスト教会．**Wesleyanismus** *m*. -, ウェスリー主義（Methodismus参照）．

Wessobrunn《固》ヴェッソブルン（バイエルン州オーバーバイエルン行政管区に属する、8世紀後半に創建された*ベネディクト会修道院を中心に形成された町）．**Wessobrunner**《不変化》*adj*. ヴェッソブルンの；〜 Gebet *n*. ヴェッソブルンの祈祷（800年前後におそらくアウクスブルク司教区で成立した、古高ドイツ語及びバイエルン方言による祈祷文の写本断片で、ヴェッソブルンの修道院で発見された；冒頭の9行からなる短詩では、異教的内容が混在するものの、唯一絶対の神によるキリスト教的天地創造がゲルマン詩文独自の頭韻形式で歌われている；その後に、神の恩恵によって正しい信仰、知恵、力を授かり、悪を斥け、神の意志が実現できるよう願う、散文の祈祷文が続く；現在はミュンヘンのバイエルン州立図書館が所蔵する）．

West・bau *m*.-[e]s, -ten, ヴェスト・バウ（エルベ川東岸の中世教会建築に独特の様式で、*身廊の西側に接して、それと同じ幅で建造されたファサード部分；石天井をもつ1階部分が身廊に向かって開いており、上階は階上席を備えた礼拝堂、明かり採りのある塔になっている；→ Westwerkはその1形態）．

Wester=hemd【< lat. vestire "服を着る"?】 *n*. -[e]s, -en, **〜kleid** *n*. -[e]s, -er, 幼児洗礼用白衣（受洗する乳幼児が身に付ける白い服、ドレス：Taufkleid参照）．

Westfalen《固》ヴェストファーレン（ラテン語名ウェストファリア〔Westfalia〕；ライン川とヴェーザー川に挟まれたドイツ中西部の地域；1180年まではザクセン公領の一部だったが、その後多くの教会領と世俗領に分裂した）．**westfälisch** *adj*. ヴェストファーレンの；der 〜e Friede[n] ヴェストファーレン条約、ウェストファリア条約（1648年に締結された*三十年戦争の講和条約；*アウクスブルク宗教和議が再確認されるとともに、カトリック、*ルター派に加えて*改革派も公認された；ドイツ諸侯の自治権が認められて、*領邦国家制度が確立、またスイスとオランダは独立して、*神聖ローマ帝国の政治的宗教的分裂が決定的となり、その一方でフランスの優位が強まった）．

West=gote *m*. -n, -n, 《通常複数で》西ゴート族（ゲルマン人の一部族；376年フン族の圧迫によりローマ帝国領内に移住した；410年ローマ略奪、418年には現在のトゥールーズを中心として西ゴート王国を建てたが、507年にクローヴィス1世〔在位481-511〕のフランク王国に破れて以降、勢力範囲はイベリア半島に移った；3-4世紀、*ウルフィラスらによって*アレイオス派を受容したが、589年カトリックに改宗した；711年イスラムの侵入により滅亡）．**〜mauer** *f*. -, 西の壁（エルサレムの → Klagemauerの別称）．**〜werk** *n*. -[e]s, -e, 西構え、ヴェスト・ヴェルク（8世紀半ばから10世紀半ばの*カロリング朝期の*バシリカ式聖堂に特徴的な、左右2基の塔〔さらに中央に塔があることも〕を備えた建築物で、内部はいくつかの層と多くの小部屋で構成され、聖堂の西側と連結している；連結部分には広間があってしばしば祭壇が置かれ、おそらく皇帝がここから聖堂内の礼拝に参加した；コルヴァイのベネディクト会修道院聖堂〔873-85年；ノルトライン＝ヴェストファーレン州の東端、ヴェーザー河畔のヘクスターにあり、2014年ユネスコ世界遺産に登録〕の西構えが現存する最古のもの；*ゴシック式聖堂の尖塔の原型とされる）．

Wibelinger *m*. -s, -, 《通常複数で》ウィーベリン（Waiblinger参照）．

Wiclif → Wyclif.

Wider・christ 《I》 *m.* -[s], 反キリスト(Antichrist I参照). 《II》 *m.* -en, -en, キリスト(教)の敵対者(反対者).

widmen *t.* (*h*) 献げる, 奉献する, 奉納する (weihen参照). **Widmung** *f.* -, -en, 奉献(Weihung参照).

Wieder=belebung *f.* -, -en, 蘇生, 復活(*奇跡としての死者の蘇り; Auferweckung c参照). **～geburt** *f.* -, -en, 再生(人が*洗礼の秘跡を受けて, 神の*恩恵により*聖霊と*水をもって罪から解放され, 神の子として新たに生まれること; ヨハ3:3-7, テト3:5, CIC. 849参照).

Wieder・kehr *f.* -, **Wieder・kunft** *f.* -, 帰還; die ～ Christi キリストの再臨(*世の終わりにおける; Parusie参照).

Wieder=taufe *f.* -, 再洗礼(a. → Rebaptismus. b. *幼児洗礼を無効とみなす*再洗礼派による, 成人になってからの洗礼のやり直し. ただし同派内では成人洗礼こそが真の洗礼とされるため, 「再」洗礼とはこれを批判する側からの呼称). **～täufer** *m.* -s, -, 《通常複数で》(Täufer) 再洗礼派(1525年*ツヴィングリ一派の内部対立から, コンラート・グレーベル〔1498頃-1526〕とフェリックス・マンツ〔1500頃-27〕らが成人の*再洗礼を敢行したことに端を発するプロテスタントの一派; *幼児洗礼の否定と主体的な*信仰告白に基づく成人の再洗礼, 原始キリスト教への復帰, 共産主義的集団生活体制の樹立などを主張し, 新旧両陣営から排斥された; その後多数の分派が生じ, 急進派は1534-35年*ミュンスターで武装蜂起して「新しいシオン」〔das neue Zion〕を建設した; 他に*フッタライト, *メノナイト, *アーミッシュなどがある; なお, 同派では幼児洗礼を有効な洗礼と認めないため, 成人洗礼は厳密には2度目ではなく, したがって「再」洗礼派を自称することはない).

Wiegen・druck *m.* -[e]s, -e, 揺籃期本(Inkunabel参照).

Wies・kirche *f.* -, ヴィース教会(バイエルン州南部ヴィース〔牧草地」の意〕にある「鞭打たれる救世主の*巡礼教会」〔Wallfahrtskirche zum Geißelten Heiland auf der Wies〕の通称; 1738年, 同村のキリスト受難像が涙を流したと伝えられたため, 巡礼者が押し寄せたため,

ヨハン・バプティスト〔1680-1758〕とドミニクス〔1685-1766〕のツィンマーマン兄弟による, ロココ様式の精緻かつ華麗な内装と清楚な外観をもつ教会堂が建てられた〔1746年着工; 54年献堂式〕; 1983年, ユネスコ世界遺産に登録された).

Wiklif → Wyclif. **Wiklifit** → Wyclifit.

Wimperg【原義"風よけ"】 *m.* -[e]s, -e, **Wimperge** *f.* -, -n, 飾り切妻(*ゴシック式教会建築で窓や戸口の上部に作られた切妻破風の形状の装飾部分).

Wind・hauch *m.* -[e]s, (まれに:) -e, 微風, 風のそよぎ(コヘ1:2 「コヘレトは言う. なんという空しさ／なんという空しさ, すべては空しい.」のドイツ語共同訳〔Windhauch, Windhauch, sagte Kohelet, Windhauch, Windhauch, das ist alles Windhauch.〕で用いられている語; vanitas vanitatum参照).

Winter・quatember *m.* -s, -, 《通常複数で》冬の斎日(Quatember参照).

Wittum【元来は: ゲルマン法で, 新郎が新婦の父親への結納】 *n.* -[e]s, Wittümer, 教会禄, 聖職に付随する不動産; (特に: バイエルンやティロル地方で)主任司祭館; (教会への)寄進地.

Woche *f.* -, -n, 週; die Große ～ 受難週(Karwoche参照). **Wochen・lied** *n.* -es, -er, 《プ》週歌(カトリックの*昇階唱にあたるもので, 福音書の朗読の前に, 会衆によって歌われる).

Wohn・stätte *f.* -, -n, ① 《雅》住所, 居住地; 住居, 住まい. ②幕屋(エジプト脱出の後に, *契約の箱を安置し神を崇拝するため, 神の命によって*荒野に設営された移動式聖所; 神が顕現し, モーセらと会見する場所でもあったため「臨在の幕屋」〔Offenbarungszelt; 出40章他〕とも呼ばれる; 直方体のテントで, 手前に聖所, 奥に垂れ幕で仕切られた*至聖所があり, そこに契約の箱が置かれた; 構造と調度は, 出25-27章で詳細に規定されている).

Worms 《固》 ヴォルムス(ライン川中流域, ラインラント=プファルツ州の都市; *カール大帝の冬の宮廷が置かれた). **Wormser** *adj.* 《不変化》ヴォルムスの; ～ Dom *m.* ヴォルムス大聖堂(フランク王国時代の*バシリカ式聖堂を司教ブルヒャルト〔ブルクハルト, 在位1000-25〕が初期*ロマネスク様式に改築

し1018年に献堂されたがその後倒壊，12世紀半ばから13世紀にかけて*ゴシック式聖堂へと増改築され，折衷様式となった；4本の塔と2つの*内陣をもつ）．～ Edikt *n.* ヴォルムス勅令（1521年ヴォルムスでの帝国議会で*ルターが自説の撤回に応じなかったのを受け，皇帝カール5世〔在位1519-56〕が閉会後に発した勅令；ルターとその支持者の追放，著作の焼却処分などを定めたが，帝国諸侯の多くがすでにルター支持に回っており効果は限定的だった）．～ Konkordat *n.* ヴォルムス協約（1122年ヴォルムスでの教会会議で，皇帝ハインリヒ5世〔在位1111-25〕と教皇カリクトゥス2世〔在位1119-24〕の間に結ばれた*叙任権に関する*政教協約；皇帝は，諸侯としての司教・修道院長の選挙に臨席して俗権のみを授与し，教皇は，教会法に基づき聖職者としての司教・修道院長の叙任権を保持するという，聖俗両権の妥協的内容をもつもので，これにより*叙任権闘争は終結したが，皇帝の権力の相対的低下がもたらされた）．

Wort【原義"荘厳に語られたもの"】*n.* -[e]s, -e, 言葉，ことば；das ～ Gottes <des Herrn> 神〈主〉の言葉 (a. 直接ないしは*預言者を通じて与えられる*啓示．b. 旧約聖書，*律法のこと；マコ7：13参照．c. 神の第2の*位格であるキリストのこと〔Logos参照〕；Im Anfang war das ～, und das ～ war bei Gott, und das ～ war Gott. Im Anfang war es bei Gott. Alles ist durch das ～ geworden und ohne das ～ wurde nichts, was geworden ist.「初めに言(ことば)があった．言は神と共にあった．言は神であった．この言は，初めに神と共にあった．万物は言によって成った．成ったもので，言によらずに成ったものは何一つなかった．」(ヨハ1：1-3)；Und das ～ ist Fleisch geworden und hat unter uns gewohnt.「言は肉となって，わたしたちの間に宿られた．」(ヨハ1：14；Inkarnation参照)．d. キリストのもたらした*福音．e. *使徒たちによって伝えられるキリストの言動．f. 現行の*教会法では*聖職者の「ことばの奉仕職」〔Dienst am ～ Gottes〕において，全教会に告知される神の福音をいう；CIC. 756-80）；die Sieben letzten ～e Jesu Christi am Kreuz 十字架上のイエス・キリストの七つの言葉（十字架に架けられたキリストが息を引き取るまでに発したという，福音書に記録された7つの言葉；ルカ23：34, ルカ23：43, ヨハ19：26-27, マコ15：34〔マタ27：46〕, ヨハ19：28, ヨハ19：30, ルカ23：46；及び，これに基づいて作曲された音楽作品；例えば，ヨーゼフ・ハイドン〔1732-1809〕の„Die Sieben letzten ～e unseres Erlösers am Kreuze"〔管弦楽版1786/87年，*オラトリオ版1795/96年〕）．

Wort=gottesdienst *m.* -[e]s, -e, ①ことばの典礼(*開祭に続く，カトリックのミサ聖祭の前半部；聖書朗読〔第1朗読，第2朗読，福音朗読〕，第1朗読後の*答唱詩編，福音朗読の前の応唱〔*アレルヤ唱など〕，説教，*信仰宣言，*共同祈願の部分）．②ことばの祭儀（大きな祝祭日の前晩や当日の晩，*待降節と*四旬節中の週日，主日や祝日，あるいは司祭不在の場合などに，信徒がともに聖書朗読を聞き，祈りを献げる礼拝集会；*聖変化と*聖体拝領は行われない；CIC. 1248§2,「*典礼憲章」35(4)参照）．～**verkündigung** *f.* -, -en, (神の)ことばの告知(*聖務者が*福音を告げ知らせ，*教話〔*説教〕を行うこと，またその務め；CIC. 762-72).

Wulfila【Wulf(Wolf)の指小形】→ Ulfilas.

Wunder *n.* -s, -, (Mirakel)奇跡(それが起きた時代の人々にとって，通常の因果律，自然法則とは相容れないが，客観的物理的現実として広く認められうる出来事；神の力，愛，聖性の表明として，また人知を越えた*摂理の現れとして解釈され，人々に驚きや畏怖を与えるとともに信仰を強化する；現代においては，*列福と*列聖の手続きの際に，候補者の聖性を保証するものとして重視され，教皇庁の*列聖省による厳密な自然科学的検証を通じて認定される）．

Wunder=gabe *f.* -, -n, 奇跡の賜物（～kraft参照）．～**kraft** *f.* -, ..kräfte, 奇跡を行う力（特定の人に与えられる霊的な賜物；*カリスマの1つ；1コリ12：10）．～**mann** *m.* -[e]s, ..männer, → ..täter．～**quelle** *f.* -, -n, 奇跡の泉，霊水の泉（奇跡的な治癒力をもった水が湧出する泉；例えば*ルルドの）．～**tat** *f.* -, -en, 奇跡(の業)．～**täter** *m.* -s, -, 奇跡を行う人(神によって奇跡を行う力が与えられた人〔1コリ12：28〕；Thaumaturg参照)．～**wasser** *n.* -s, 奇跡の水，霊水 (a. 4世紀以降の*聖人伝などに記録がある，病気の治療や悪魔祓いに用いる目的で*祝別された水．b. 病気治癒力があると

民間に信じられている．*ルルドなど巡礼地の泉から湧き出る水．c.【< lat. Aqua mirabilis】16世紀頃から民間で，病気の治療，滋養強壮，美容などに奇跡的効果があるとして販売されていた，秘伝のレシピに従って調合された各種の水）．

Wund・mal n. -[e]s, -e, 傷痕；聖痕（Stigma参照）；die 〜e Christi キリストの聖痕（die Stigmata Christi参照）．

Wunsch・taufe f. -, -n, 望みの洗礼（Begierdetaufe参照）．

Würg[e]・engel【< würgen "締める，扼殺する"】m. -s, -, 死の天使（死をもたらす天使；イスラエル人の解放のために神がエジプトに対して起こした「十の災い」〔→ die zehn Plagen〕の最後のもの，つまりすべての初子の殺害〔出11章〕を実行する「滅ぼす者」〔Vernichter；出12:23〕と関連付けられている）．

Würzburg《固》ヴュルツブルク（マイン川交通の要所で，バイエルン州北部マイン・フランケン地方の経済，文化の中心地；同地をキリスト教化した*アイルランド人宣教師聖*キリアン〔640頃-89頃；「*フランケンの使徒」と呼ばれる〕の殉教地；742年に司教座が置かれる；*宗教改革，*農民戦争に見舞われたが，*領主司教ユリウス・エヒター・フォン・メスペルブルン〔在位1575-1617〕のもとで*対抗宗教改革が強力に推進された；ヴュルツブルク大学〔ユリウス・マクシミリアン大学〕は1402年創立，1582年にユリウス・エヒターによって再興された；また1719-44年に建造された司教館〔Residenz；その庭園群とともに1981年ユネスコ世界遺産に登録〕は，ドイツ最大の*バロック様式の宮殿建築物として知られる）．

Wüste f. -, -n, 荒野（あらの，こうや），荒れ野（聖書では，地中海東岸，*シナイ半島から死海周辺の荒涼とした一帯；エジプトを脱出した*イスラエル人が*カナンに定着するまで40年間放浪したシナイ半島及び南パレスチナの地域〔出14:11-12，エレ2:6参照〕；*クムラン教団の活動場所；洗礼者ヨハネが現れたのはヨルダン川西岸〔正確な位置は不明〕，キリストが洗礼の後40日間を過ごし*悪魔の誘惑を受けた場所は*死海北西端の荒野とされる；荒野は，苦難や恐怖の地であるとともに，神が出現し，救いを約束する場所でもある）．

Wüsten=askese f. -, 荒野の修行（現世を棄て，砂漠などの過酷な環境に身を置いて，孤独の中で禁欲生活を営むこと）．**〜mönch** m. -[e]s, -e, 荒野の修道者（最初期の*隠修士で，修道生活の創始者とされるテーベの聖パウロ〔228頃-341頃〕とエジプトの大*アントニオスをはじめ，3-4世紀エジプトの荒野で修道生活を送った多くの隠修士たち；修道院の建設や戒律の制定を行い，後世の修道生活の模範となった）．**〜prediger** m. -s, 荒野の説教者（洗礼者*ヨハネのこと；der Rufer in der Wüste参照）．**〜vater** m. -s, ..väter, 荒野の師父，砂漠の師父（→〜mönchと同じ）．**〜zug** m. -[e]s, 荒野の旅（*モーセに率いられてエジプトを出た*イスラエル人が，シナイ半島を経てヨルダン川東部モアブの平野に至るまで，40年にわたって荒野を彷徨ったこと；ただし，シナイ山の位置をはじめ，その正確なルートを同定することはできない）．

Wyclif《固》(m.) John 〜 ジョン・ウィクリフ（Wycliffe, Wiclif[fe], Wickliffeなどとも；1320/30-84；イングランドの司祭・オックスフォード大学神学教授だったが，75年頃からカトリック教会への批判を強めた；教会の*位階制，*教皇首位権，*実体変化，*免償，教会財産を否定した；*聖書主義を唱え，初めて聖書全巻を*ウルガタ訳から英訳した〔『ウィクリフ派聖書』Wyclif Bible; dt. Wyclif-Bibel; 1382年〕；1415年*コンスタンツ公会議により*異端として断罪されたが，その思想はボヘミアからの留学生を通じて*フス派にも継承された）．

Wyclifit【nlat.】m. -en, -en,《通常複数で》ウィクリフ派（Wycliffit, Wiclif[f]it, Wickliffitなどとも；ウィクリフの思想を継承した一派で，特に労働者や農民など下層階級に広まった；*ロラード派とも）．

X

Xaver【< baskisch Etxebarria "新しい家"】《固》(m.) Franz 〜 フランシスコ・ザビエル（1506-52；聖人；スペイン，バスク地方〔ナヴァラ

王国〕のザビエル城主の三男として生まれる；1534年パリ，モンマントルで*イグナティウス・デ・ロヨラらと誓願を立て，37年司祭に叙階，40年*イエズス会を創立した；42年よりポルトガル領のインド，ゴアを皮切りにセイロン島，マルッカ諸島で宣教を行い，49年鹿児島に上陸して日本に初めてキリスト教を伝えた；薩摩，平戸，山口，豊後などで宣教活動；51年離日し，布教のためゴアを経て中国に向かったが，上川島(シャンチュアン)から中国本土に入る直前の52年12月，熱病のため死去した；1622年イグナティウスとともに列聖；「東洋の使徒」〔Apostel des Orients〕とも呼ばれる). **Xaverian Brothers** pl. ハビエル〈ザベリオ〉修士会(幼児教育を目的として1839年テオドール・ライケン〔1797-1871〕がベルギー，ブルージュで創立した在俗男子修道会；アメリカ東海岸を中心に，ベルギー，イギリスなどでカトリック教育と初等中等学校の運営に従事する；略: CFX). **Xaverianer** m. -s, -, (通常複数で)サベリオ宣教会(1898年グイド・マリア・オンフォルティ〔1865-1931；1906年パルマ司教；2011年列聖〕がザビエルに倣い，福音宣教を唯一の目的としてイタリアのパルマで設立した修道会；当初は中国で，共産主義化以降は日本〔49年-〕の他，アジア，アフリカ，中南米で宣教活動に従事している；略: SX). **Xaverius** → Xaver (のラテン語形；Franciscus 〜). **Xavier** → Xaver (のポルトガル語，バスク語などでの綴り；シャヴィエル；port. Francisco de 〜).

Xenodochium【gr.-lat."異国人の受け入れ(施設)"】n. -s, ..chien, 客舎(国外からの*巡礼者や貧窮者などの宿泊や保護のために設けられた初期の教会または修道院の付属施設；中世期，修道院付属の宿泊施設〔Hospiz参照〕や救貧院へと発展した).

Xenoglossie【gr."異国の言葉"】f. -, -n, 異言(未習得の外国語を話したり，意味不明の言語的な発声をすること；Glossolalie, Zungenreden参照).

Xerxes【pers.-gr.-lat.】《固》(m.) クセルクセス (ペルシア王；Ahasver a 参照).

Yahweh → Jahwe. **YHWH** → JHWH.

YMCA【engl. Young Men's Christian Associationの略称】f. -, キリスト教青年会(1844年ジョージ・ウィリアムズ〔1821-1905〕ら12名の青年たちによってロンドンで創立された；青年会員による，キリスト教信仰に基づく相互の人格陶冶，社会奉仕，理想的キリスト教社会の建設を目的とする国際組織；ドイツ語略称 → CVJM).

YWCA【engl. Young Women's Christian Associationの略称】f. -, キリスト教女子青年会(産業革命期の1855年，女性救援のためエマ・ロバーツの創立した祈禱会〔Prayer Union〕と，同年メアリ・キナード〔1816-88〕がつくった看護婦のための施設が合同して77年に発足した；キリスト信仰に基づく，青年女子の社会的人格の向上と社会建設を目的とする国際組織；ドイツ語略称 → CVJF).

Z

Zacharias【→ Sacharjaのギリシア語形】《固》(m.) ①ザカリア(洗礼者*ヨハネの父親でエルサレムの神殿の祭司；妻*エリサベトとともに老齢で，子供がなかったが，当番で祭司を務めていたとき天使*ガブリエルが現れ，男児を授かるという告知を受けた；これをすぐに信じなかったため，ヨハネの誕生と命名まで口がきけなくなった；ルカ1:5-25, 57-80); der Lobgesang des 〜 ザカリアの賛歌(Benedictus a参照). ②ゼカルヤ(*偶像崇拝を批判して石打ちにより殺されたユダ王国の預言者；代下24:20-22, マタ23:35, ルカ11:51). ③ゼカリヤ(旧約聖書の12*小預言者の1人の → Sacharja). ④その他聖書中に頻出する人名.

Zachäus【hebr.-gr."純粋"】《固》(m.) ザアカイ(*徴税人の長で、関税の徴収の際、不正な利益を得ているとしてユダヤ人から軽蔑されていた；エリコを通過するイエスを見ようと木に登ったところ、イエスに声をかけられて自宅に招待し、そこで*回心した；ルカ19：1-10).

Zäremoniale → Zeremoniale. **Zäremoniar** → Zeremoniar. **Zäremonie** → Zeremonie. **Zäremonien・meister** m. -s, -, → Zeremoniar.

Zebaot[h]【hebr.-spätgr.-kirchenlat.】pl. 軍勢；der Herr der ～ 万軍の主(全能者、イスラエル及び天の軍勢の主としての神〔*ヤハウェ〕のこと；王上22:19, ロマ9:29他；Heerschar参照).

Zefanja【hebr. "神は匿う(秘蔵する)"】《固》(m.) ゼファニヤ(旧約聖書の12*小預言者の1人；紀元前7世紀後半、ヨシヤ王〔在位前640/39-609〕の時代の*ユダ王国で活動した；das Buch ～ ゼファニヤ書(旧約聖書中の第9の*小預言書；異教と不道徳が蔓延する*イスラエルに「主の怒りの日」が到来すること、周辺の諸国民への裁き、そして審判後、生き延びた者には救済が訪れることを預言した).

Zehn Gebote pl. → die Zehn *Gebote*.

Zehn・plagen pl. → die zehn *Plagen*.

Zehnt m. -en, -en, **Zehnt・anteil** m. -[e]s, -e, **Zehnte** m. -n, -n, 十分の一税(a. 中世から近世にかけて、教会の維持や運営のため、信徒が義務的に納めた土地収益の10分の1の教会税；9世紀頃に徴収権が世俗領主や修道院に移ったことから弊害が生じ、*グレゴリウス改革においては俗人による徴収権所有が断罪されたが、フランス革命で完全に撤廃されるまで続いた. b. 旧約聖書には、支配者に対する世俗的租税〔サム上8:15, 17〕のほか、聖所に毎年収穫物の10分の1を献納し、3年毎にその年の収穫物の10分の1を*レビ人や寄留者、孤児、寡婦に分与する規定がある〔民18:21-32, 申14:22-29他〕).

Zeichen n. -s, -, しるし(a. 聖書においては、神と人間の*契約の存在を証するもの；例えば、*ノアの洪水後の虹〔創9:16-17〕、神がアブラハムとその子孫に課した*割礼〔創17:13〕、イスラエルの民に課した*安息日〔出31:13〕；新約では、イエスが神の子であることを示す*奇跡をいう〔ヨハ2:11, 使2:22〕.

b. 神の現存、恩恵、救済などを表す、教会における典礼的要素)；das heilige ～ 聖なるしるし(教会の典礼、特に*秘跡において、人々が*聖化されることを示す固有の様式、感覚的な表現；CIC. 834§1, 840)；das ～ des Kreuzes machen <schlagen> 十字を切る；die ～ der Zeit 時代のしるし(*世界の終末が近づいていることの徴候〔マタ16:3〕；一般に、神の存在、*回心への呼びかけ、*摂理を表す出来事をいう)；Es geschehen noch ～ und Wunder!《話》信じ難いことが起こるものだ、ありえない(驚きの表現；出7:3に基づく). **Zeichen・sprache** f. -, -n, 信号言語(合図や手話などによる意思疎通の手段；特に修道院における*沈黙の厳守のため、意思を伝える際に用いられた無言での身振り手振り；中世には*クリュニー修道院などで、正規の合図が規定、一覧表化された).

zeihen (zieh, geziehen)【zeigen, Zeichenと同系】t. (h)《古》jn. eines Dinges ～（或人を或事で）咎める、責め立てる、(或人に或事の)罪を負わせる；Wer von euch kann mich einer Sünde ～?「あなたたちのうち、いったいだれが、わたしに罪があると責めることができるのか。」(ヨハ8:46；ルター訳).

zeitlich adj. ①時間的な、時間(上)の、有期の；das ～e Gelübde / die ～e Profess 有期誓願(die zeitliche *Profess* 参照). ②一時の、はかない；現世の、この世の、世俗的な；die ～en Güter (教会などの)世俗的財産；das ～e segnen《古》死ぬ；《戯》壊れる.

Zelebrant【lat.】m. -en, -en, (ミサの)司式者、司式司祭(ミサなどの典礼、教会の祭儀の進行を司り、会衆に指示を与え、共同体を代表して祈りを献げる者で、通常は、*司教、*司祭、*助祭がこれにあたる)；～, der in der Person Christi das Sakrament der Eucharistie zu vollziehen vermag, ist nur der gültig geweihte Priester. 「キリストに代わって聖体の秘跡を執行できる奉仕者は、有効に叙階された司祭のみである。」(CIC. 900§1). **Zelebration**【< lat. celebratio "式典"】f. -, -en, (ミサなど典礼祭儀の)司式、挙行. **Zelebret**【< lat. celebret "挙式させよ"】n. -s, -s, ミサ挙行許可証(直属の司教または修道院*上長者が発行する推薦状で、これを所持する司祭は品行方正であり、ミサを挙行する資格があることを証明する；所属

する*司教区や修道院の外でミサを挙行する場合に提示される；CIC. 903）．**zelebrieren**【< lat. celebrare "頻繁に訪問する；厳かに挙行する；讃える"】*t.* (*h*)（典礼祭儀を）執り行う；die Messe 〜 ミサを式(挙行)する．

Zella *f.* -, -s, **Zelle** *f.* -, -n, → Cella. **Zellerar** → Cellerar.

Zelot【gr.-lat. "賛嘆者"; < gr. zēlos "妬み"】*m.* -en, -en, ①熱心党（a.《通常複数で》ゼーロータイ：後1世紀，ユダヤの祭司を中心として結成され，反ローマ帝国の抵抗運動を主導した，律法に「熱心」な武闘派集団；使5:37参照．b.《単数で》ゼーローテース：*十二使徒の1人シモン〔Simon a参照〕の添え名）．②（宗教的な）熱狂者，狂信者．**zelotisch**【gr.-nlat.】*adj.* ①熱心党の．②熱狂的な，狂信的な．**Zelotismus** *m.* -, (宗教的)熱狂, 狂信．

Zelt・mission *f.* -,《プ》天幕伝道（野外の大きな移動テントの中で行われる，民衆を対象としたプロテスタント諸教派による布教活動）．

Zenotaph【gr.-lat.】*n.* -s, -e, **Zenotaphion**【gr.】, **Zenotaphium**【gr.-lat.】*n.* -s, ..phien, → Kenotaph.

zensieren【lat. "評価する, 判断する"】*t.* (*h*)（出版物その他のメディアを）検閲する．**Zensor**【lat.】*m.* -s, -en, (Gutachter)〔図書〕検閲者(*教会法の規定に従って，信仰及び道徳に関する著作物を刊行前に審査し，内容や出版の是非についての所見を述べるよう任命される*司祭や修道者；CIC. 830). **zensorisch** *adj.*〔図書〕検閲の，検閲者の(に関する). **Zensur**【< lat. censura "監視, 叱責"】*f.* -, -en, ①《単数で》(Gutachten)〔図書〕検閲(聖書及びその注釈書, 神学, 教会法, 教会史, 倫理学, 信仰教育などに関する書籍, 教科書, 典礼書や祈禱書, 信心書など, 宗教や道徳の問題を扱う著作物の内容が，カトリック教会の*教理に適合しているかどうかについて，著者または出版地の裁治権者〔修道会の場合は*上長〕が出版に先立って検討する，教会法に基づく制度〔CIC. 823-24〕；検閲者によって → nihil obstatの認証を受けた書籍は → Imprimaturを得て公刊される)．② die theologische 〜 (Lehrzensur) 神学上の判定(ある教理, 神学説が，カトリックの信仰や道徳に対して有害であるか否か，教会が公式に判定を下すこと；例えば，*異端の嫌疑のかかるものについて行われる)．③ → Beugestrafe. **zensurieren** *t.* (*h*) <östr., schweiz.> → zensieren.

Zentral・komitee *n.* -s, das 〜 der deutschen Katholiken ドイツ・カトリック〔教徒〕中央委員会(1848年第1回*ドイツ・カトリック教徒会議を機に発足した；*カトリック評議会及びその他関連する諸団体の代表者によって構成され，*司教協議会と連携しながら，*信徒使徒職の活動の推進と統轄を行う独立組織で，ドイツ国内のカトリック信徒を代表して，教会のみならず，社会的・政治的な諸問題に対し積極的に発言している；本部ボン；略：ZdK)．

Zentrum *n.* -s, ..ren, ①中心，中央；中枢，センター．②《単数で》 → Zentrumspartei（の略称）．**Zentrums・partei** *f.* -, [die Deutsche] 〜 中央党(1870年, プロイセン帝国議会の議員58名〔主としてカトリック教徒〕により結成された政党；*文化闘争において宰相ビスマルク〔1815-98〕と対立し弾圧されたが，後に和解して南ドイツを地盤に有力政党となる；ヴァイマール共和国では連合政権に参加し，その末期には右傾化した；1933年ヒトラー政権の弾圧と*帝国政教協約により解散を余儀なくされた；戦後，党員の多くはキリスト教民主同盟〔CDU〕の結成に参加した)．

Zenturiator【< lat. centum "100"】*m.* -s, -en, 世紀別歴史記述者(歴史を世紀毎に区切って考察，著述する歴史家)；世紀別教会史家，(特に：)マグデブルク世紀史家(*Magdeburger Zenturien*参照). **Zenturie**【lat. centuria】*f.* -, -n, ①ケントゥリア，百人隊(古代ローマの正規軍及び補助軍の部隊の最小単位；なお，所属する兵士の人数は100人に限らず，統率する百人隊長の格や部隊の種類，場所や時代などによって異なった)．② → *Magdeburger Zenturien*. **Zenturio**【lat】*m.* -s, -nen, (Hauptmann) 百人隊長(ローマ軍団の百人隊の長；新約には，十字架刑に居合わせてイエスが神の子であると語った者〔マコ15:39〕，カファルナムの百人隊長〔マタ8:5-13〕，異邦人にも*聖霊が降りることを実証したカイサリアのコルネリウス〔使10章〕，*パウロをローマに護送したユリウス〔使27:1-3〕などが登場する)．

Zephanja → Zefanja.

zeremonial【nlat.】 → zeremoniell. **Zeremoniale**【lat.】*n.* -, ..lien *u.* ..lia,〔典礼〕儀式書,儀典書(カトリック教会の諸典礼の式次第,規定,指示などが詳細に記された書;例えば → Bischofszeremoniale). **Zeremoniar**【lat.-nlat.】*m.* -s, -e,(典礼儀式の)司式者. **Zeremonie**【lat.-mlat.(-fr.)】*f.* -, -n, ①〔典礼〕儀式(伝統と規定に則り,荘厳に執り行われる教会の公の式典);die ～ der Taufe 洗礼式;eine ～ vollziehen 儀式を挙行する. ②《複数で》儀礼や祈りにおける一連の所作. **zeremoniell**【lat.-fr.】*adj.* (zeremonial) 典礼的な,儀式的な;儀式ばった. **Zeremoniell** *n.* -s, -e, 儀式の決まり(規定), 典礼様式(教会の儀式の挙行法の総体).

Zerstreuung *f.* -, -en, ①《単数で》離散(ユダヤ人〔ヨハ7:35〕やキリスト教徒〔1ペト1:1〕が異邦人や異教徒のただ中で暮らしていること;Diaspora参照). ②放心(祈りや*黙想, *観想などの妨げになる, 集中力を欠いた散漫な精神状態).

Zeuge【原義"(裁判所への)召喚"】*m.* -n, -n, 証人(a. 教会裁判に召喚されて尋問を受け, 証言を行う者;CIC. 1547-73. b. *婚姻の秘跡に立ち会って, 婚姻の締結を確認する2名の者;CIC. 1108. c. イエスと行動をともにし, *復活の奇跡や*福音を証する*十二使徒, 及び*パウロのこと;ルカ24:48, 使22:15. d. 信仰の真理を自らの行動や言葉によって証するキリスト教信者のこと);die ～n Jehovas / Jehovas ～n〔< engl. Jehovah's Witnesses;イザ43:10-12に基づく〕エホバの証人(1879年〔公式には84年〕アメリカ, ピッツバークにチャールズ・テイズ・ラッセル〔1852-1916〕が*アドヴェンティスト派を離れて創設した団体;神の固有名をエホバ〔Jehova〕とし, 独自の聖書〔新世界訳;engl. New World Translation of the Holy Scriptures;dt. Neue-Welt-Übersetzung der Heiligen Schrift〕を用いる;*終末論, *再臨待望論, 無輸血などを唱え, イエスの*神性, *三位一体, 霊魂の不滅などの教義は否定する;伝道活動が盛んで, 機関誌「ものみの塔」〔engl. The Watchtower;dt. Der Wachtturm;1879-〕を刊行する). **Zeugnis**【< gr. martyria】*n.* -ses, -se, ①証(あかし)(旧約聖書では, *イスラエルの民, *預言者, *律法などが神〔*ヤハウェ〕の存在とその業を明らかにすること;新約では, 弟子や信徒たち〔及び洗礼者*ヨハネ〕が, キリストが*メシアであること, キリストの*福音, 自身が体験した*奇跡, 救いの業, *復活, 等々を, 宣教活動を通して明らかにすること;また自らの神に対する信仰を生活や, 場合によっては死〔*殉教;Blutzeuge参照〕を通して証明すること). ②証明書(*修練期への受け入れや*叙階の際などに提出される, *洗礼, *堅信, 婚姻〔独身の身分〕, それ以前の受階, 修道院や神学校への所属などの証明書;CIC. 645, 1050他).

Zevaot → Zebaot.

Ziborium【gr.-lat.;< gr. kibórion "コップ"】*n.* -s, ..rien, チボリウム, キボリウム(a. *聖体を保存するために用いられる, *カリスに似た形状, または深皿型の蓋付き容器;携帯用の聖体容器は通常 → Pyxisと呼ばれる. b. 中央祭壇〔あるいは聖人の墓など〕の上に造られる, 柱で支えられた天蓋;→ Baldachin〔a〕と同じ).

Zimelie【gr.-mlat.】*f.* -, -n, **Zimelium** *n.* -s, ..lien,(教会が所蔵する貴重な)宝物;(図書館所蔵の古代・中世の手稿, 古写本など)貴重な文書, 稀覯本.

Zingulum【lat. "帯, ベルト"】*n.* -s, -s *u.* ..la, チングルム(*アルバなどの祭服や*タラール〔*スータン〕を着用する際, 腰に締める紐帯;貞潔の象徴とされ, アルバには通常白〔または当日の*典礼色〕の, タラールなどの場合は職位に応じた色のものが用いられる).

Zinzendorf《固》(*m.*) Nikolaus Ludwig Reichsgraf von ～ [und Pottendorf] ニコラウス・ルートヴィヒ・フォン・ツィンツェンドルフ伯爵(1700-60;ドレスデンに生まれ, 少年期より*敬虔主義の影響を受ける;1722年, 領地ヘルンフートに超越派的な兄弟団〔→ Herrnhuter〕を創設し, 自ら監督としてこれを指導するが, *ルター教会内部での軋轢から36年ザクセンを追放された;その後, 北欧, イギリス, 北米〔特にペンシルヴァニア〕などで宣教活動を行い, 47年に帰国した;二千編に及ぶ賛美歌の作詩でも知られる).

Zion【hebr.-gr.】(*m.*) -[s],《固》シオン(元来は, *エルサレム南東部の丘の名称;エブス人〔*カナンの先住民〕の要害があったが*ダビデが

占領し，神殿建築までの間そこに*幕屋を建てて*契約の箱を安置した〔サム下5:7-9〕；後に，エルサレム全域及びその住民の呼び名となった〔詩14:7〕；象徴的には，教会〔詩147:12〕，天国や終末に到来する「天のエルサレム」〔ヘブ12:22，黙14:1〕，また帰郷を望むユダヤ人の目標〔詩137:1〕を意味し，さらにはユダヤ教信仰，ユダヤ民族をも表す）；《中性名詞扱いで》das neue 〜 新しいシオン（a. 1534年*再洗礼派が*ミュンスターに建てた神政国家．b. Zionit参照）；die Tochter 〜[s] 娘シオン（*エルサレムのこと〔イザ1:8〕；また神の花嫁，信徒の母である教会のこと〔イザ66:7-14〕）；die Töchter 〜[s] シオンの娘ら（エルサレムの高慢な女たち；審判の日に美貌と宝飾を奪われて滅ぼされる；イザ3:16-24）．**Zionismus** m. -, シオニズム，シオン主義（世界中に四散しているユダヤ民族がエルサレムの地を奪還し，そこにユダヤ人国家を再建しようという19世紀末に興った民族主義運動；同時代の国家主義の台頭とアンチ・セミティズムに対抗して始まる；1897年ハンガリー出身の作家テオドール・ヘルツル〔1860-1904〕を中心に，バーゼルで第1回シオニスト会議が開催された；1917年シオニスト連盟は，バルフォア宣言〔Balfour-Deklaration〕によりイギリスから委任統治領パレスチナにおけるユダヤ国家建設の同意を得る；第2次大戦後の48年5月，イギリスの委任統治が終了し，*イスラエル国の独立宣言が発せられた）．**Zionist** m. -en, -en, シオニスト，シオン主義者．**zionistisch** adj. シオニズムの，シオン主義の（的な）．**Zionit** m. -en, -en, **Zions・bruder** m. -s, ..brüder,《通常複数で》シオン派（エリアス・エラー〔1690-1750〕がロンスドルフ〔現ヴッパータールの一部〕に創立した狂信的急進的な*敬虔主義の一派；その不義の後妻アンナが1722年頃より*神託をなし，支持者より「シオンの母」〔Mutter Zion〕と呼ばれた；彼女は「新しいシオン」〔das neue Zion〕の建設を預言し，「シオンの父」エリアスとの間に救世主を生むと信じられた；神学者*シュライエルマッハーの祖父ダニエル〔1697-1765以後〕はその中心的メンバーだった）．

Zirkum・inzession【< lat. circumincessio】f. -, → Perichorese（のラテン語形のドイツ語表記）．**Zirkumskription**【< lat. circumscriptio "円を描くこと"】f. -, -en, 教区の境界設定．**Zirkumzision**【lat.-spätlat.; < lat. circumcidere "円く切る"】f. -, -en, 割礼（Beschneidung参照）．

Zisterzienser【mlat. Cistercium; < fr. Cîteaux】m. -s, -, シトー会修道士．**Zisterzienserin** f. -, -nen, シトー会修道女（1125年ディジョン近郊のタールに，シトー会に倣って女子修道院が設立された；元々シトー会には女子修道院設置の計画はなかったが，47年女子修道院を傘下にもつサヴィニー会などと合併した際，タールもシトー会に所属することとなり，その後他の女子修道院を*娘院として統轄した）；〜nen der strengeren Observanz pl. (Trappistinnen) 女子厳律シトー会（17世紀後半，大修道院長ド・ランセ〔在職1662-95〕によってノルマンディーのラ・トラップ大修道院〔La Trappe〕とともに，シャルトル郊外のレ・クレレ修道院が改革されて厳律派となり，これに追従するトリニーの女子修道院が加わって19世紀に大きく発展した；*第二会ではなく*厳律シトー会の一部をなす；通称はトラピスチン，トラピスチーヌ）．**Zisterzienserorden** m. -s, シトー［修道］会（1098年*ベネディクトゥスの戒律のさらなる厳守を企図し，ロベルトゥス〔フランス名ロベール；1028頃-1111；聖人〕らがモレーム修道院から分離して，ブルゴーニュのシトーに新設した修道院〔→ Novum monasterium〕に始まる；白〔または灰色〕の修道服を着用し，孤独・清貧・労働を守り，生活と典礼の簡素化を進めた；1119年会憲として認可された「*愛の憲章」と，12年に入会したクレルヴォーの聖*ベルナルドゥスのもとで大きく発展し，西欧各地に支院〔*娘院〕が設立されて，12世紀の*修道院改革の中核となった；略: OCist）；〜 der strengeren Observanz (Trappisten) 厳律シトー会（17世紀後半，ラ・トラップ大修道院で，大修道院長ド・ランセによって推進された観想修道生活の厳格化に端を発する；19世紀，シトー会の改革運動の理念が同修道院で再興され，祈りと労働，絶対の沈黙，禁欲など，同修道会初期の規律の遵守を謳い，1892年シトー会から正式に分離して成立した；「トラピスト会」はその通称；略: OCSO）．**zisterziensisch** adj. シトー会の；das 〜e Zeitalter シトー会時代（10世紀の*クリュ

ニー修道院に続いて、シトー会修道院を中心に*修道院改革運動が推進された11世紀末から12世紀末をいう；das *bernhardinische* Zeitalter参照).

Zivil=konstitution, ～verfassung *f.* -, die ～konstitution <～verfassung> des Klerus【< fr. Constitution civile du clergé】聖職者民事基本法（フランス革命下の1790年に憲法制定国民議会で採択された教会改革法；住民投票による司教・司祭の選出、*叙任時の憲法遵守宣誓の義務化などを定め、聖職者の公務員化を図る；また国内のカトリック教会をローマから分離し国民教会化しようとしたが、半数以上の聖職者が宣誓を拒否したため教会の分裂を招いた；1794年7月のテルミドール反動により同法は廃止された).

Zölestiner【< Coelestin V.】*m.* -s, -,《通常複数で》(Coelestiner) ケレスティヌス修道会(ピエトロ・アンジェレリ〔1215-96〕後の教皇ケレスティヌス5世(在位1294)がイタリア、スルモナのモローネ山で創始した*ベネディクト会系修道会；64年に正式認可後*ベネディクトゥスの戒律を採用した；14世紀にはフランス、ネーデルラント、ボヘミアに拡大したが、18世紀末に消滅した).

zölestisch【< lat. caelum "天"】*adj.*《古》天の、天国の.

Zölibat【lat.-spätlat.】(I) *n.* -[e]s,（宗教的動機による）独身；im ～ leben 独身で暮らす.《II》*n.* (神学用語としては: *m.*) -[e]s, 独身制(カトリック教会において*司教、*司祭及び修道者が「天の国のために」〔um des Himmelreiches willen；マタ19:12〕結婚を自発的に断念して完全な貞潔を生き、神と人々への奉仕に献身すること〔CIC. 277, 599, 1コリ7:32-34〕；4世紀より議論が重ねられ、第2ラテラノ公会議〔1139〕で正式に決定された). **zölibatär** *adj.* (宗教上の理由により) 独身の、貞潔な. **Zölibatär** *m.* -s, -e,（聖職者、修道者など）独身を遵守する者、独身者.

Zöllner【< gr. telōnēs; lat. publicanus】*m.* -s, -, 徴税人(*パレスチナにおいて、ローマ皇帝や*総督に対して納めるべき関税の取立てを委託されていた者、また彼らに雇用され現場で徴収にあたった下請けのことで、新約では*共観福音書のみに登場する；規定以上の税金を集めて私腹を肥やす者が多く、また異教徒

あるローマの協力者として、ユダヤ人から嫌悪されていた〔マタ18:17参照〕；キリストは彼らと隔たりなく交わり、これが訴追の一因となった；マタ9:10-11, ルカ7:34他).

Zömeterien・kirche *f.* -, -n, 殉教者教会, 聖人教会(聖人や殉教者の墓地の上に建てられた聖堂). **Zömeterium**【gr. "寝所"】*n.* -s, ..rien,《通常複数で》(Coemeterium, Koimeterium) (古代教会の)墓地；カタコンブ、地下墓地(Katakombe参照).

Zönakel【< lat. cenaculum】*n.* -s, -, 食堂(修道院の；Refektorium参照).

Zönobit【gr.-mlat."共同生活"】*m.* -en, -en, (Coenobit, Koinobit) 共住修道者(*隠修士に対して、修道院内で共同生活をする修道者のこと). **Zönobitentum** *n.* -s, (Coenobitentum, Koinobitentum) 共住修道制(1つの修道院内で共住者たちが*上長の霊的指導と戒律のもとで共同生活を営むこと；エジプトの聖パコミオス〔290頃-347〕が、ナイル河畔タベンニシで創始した村落的共同生活に端を発する；パコミオスとカイサレイアの大*バシレイオス〔330頃-79〕が作った修道士の生活規定は、今日にまで続く東方共修制の礎をなし、西方の*ベネディクトゥスの戒律による隠世修道生活にも大きな影響を与えた)；共住修道生活. **zönobitisch** *adj.* (coenobitisch, koinobitisch) (修道院で)共住生活をしている；共住修道制の. **Zönobium**【gr.-lat.; < gr. koinos "共同の" + bios "生活"】*n.* -s, ..bien, 修道院(Kloster参照).

Zuflucht *f.* -, -en, 避難所, 拠り所；庇護者, 保護者；Herr, du warst unsere ～ / von Geschlecht zu Geschlecht.「主よ、あなたは代々にわたしたちの宿るところ。」(詩90:1)；die Sieben ～en 七つの庇護(バイエルンやティロルなどのアルプス地域で*バロック期に流行した、祭壇画などの聖画像の主題、及びこれに基づく信心；*三位一体、十字架上のキリスト、〔*聖体顕示台に収められた〕*聖体、聖母*マリア、*天使〔通常*ガブリエルないし*ラファエル〕、*聖人（特に*十四救護聖人）、*煉獄の死者たちが同一画面上に描かれる；これに奉献された教会堂は „Sieben-Zufluchten-Kirche" あるいは „Zu den [heiligen] sieben Zufluchten" などと呼ばれる).

Zufluchts=kirche *f.* -, -n, 避難教会(*宗教改

革によって，ほぼ全域がプロテスタントとなったシレジアの一部が，17世紀半ばに再カトリック化された際，その地のプロテスタント住民の救護と信仰維持のため，両教派の隣接地域に設けられたプロテスタント教会）．~**stadt** *f.* -, ..städte, → Asylstadt.

Zulassung *f.* -, -en, 許可（教会の合法的*上長者による教会法上の認可；例えば，a. 修道院の*修練期への受け入れや入会の許可〔CIC. 641-45, 720-21〕，神学校への入学許可〔241〕. b. *秘跡の受領及び授与の認容〔844〕, *叙階の許可〔1031〕，特に*受階障害を有する者に対する許可. c. ミサ挙行の認容〔903〕. d. 教会裁判所における証拠提出の許可〔1600他〕, 婚姻無効の認証〔1683-85〕など）．

Zunder *m.* -s, -, 火口（ほくち）; der ~ der Sünde 【< lat. fomes peccati】罪の火口（*洗礼後も心の中に存在し続け，〔罪そのものではないが〕自罪の誘導因，源となる「*欲情」のこと）．

Zungen=reden *n.* -s, (Glossolalie, Xenoglossie) 異言（*聖霊の働きによって，学習したことのない他国語を*宣教的に語ること，また人間の理解を超えた「言葉」をもって神を賛美すること；聖書には，*五旬祭の日に*使徒たちが聖霊が満たされ「ほかの国々の言葉」で話したこと〔使2:1-12〕, *ペトロがコルネリウスの家で説教中に「異邦人が異言を話し，また神を賛美」したこと〔使10:44-46〕, *パウロがコリントで洗礼を授けると「聖霊が降り，その人たちは異言を話したり，預言をしたりした」こと，そしてコリントの教会で異言をする人々が多く現れたことが記されている；パウロは異言を禁じはしないが，教会の秩序を維持するためには，その解釈が必要であり，異言を口にするよりはむしろ「自分自身と神に対して語る」べきだと書き記している；1コリ14章）．~**redner** *m.* -s, -, 異言を語る人.

Zürcher → Züricher. **Zürich**《固》チューリヒ（スイスの中央部，チューリヒ湖北西端に位置する同国最大の都市；9世紀半ば男子修道院〔Großmünster〕と女子修道院〔Fraumünster〕が置かれた；1519年*ツヴィングリはグロースミュンスター教会に説教者として招かれ，23年チューリヒを拠点に*宗教改革を行った）．**Züricher**《不変化》*adj.* チューリヒの; ~ Konsens【lat. Consensus Tigurinus】*m.* チューリヒ一致信条（1549年，スイスのフランス語圏を代表する*カルヴァンと，ドイツ語圏のチューリヒにおけるツヴィングリの後継者ハインリヒ・ブリンガー〔1504-75〕との間で，特に*聖餐に関して取り決められた*信仰告白）．

Zuruf *m.* -[e]s, -e, 呼びかけ，歓呼（賛意や喜びを表す声; Akklamation参照）．

zweifach *adj.* 二重の; die ~e Wahrheit 二重真理（Theorie von der *doppelt*en Wahrheit参照）．

Zwei=naturen・lehre *f.* -, キリスト両性論（Dyophysitismus参照）．~**personen・lehre** *f.* -, 二位格説（互いに厳密に区別されるそれぞれ完全な*神性と*人性がキリストにおいて共存しているとする，*ネストリオス派のモプスエスティアの司教テオドロス〔350頃-428〕の異端説）．~**reiche[n]・lehre** *f.* -, 二王国論（教会と国家は，神の右手と左手であり，霊的な統治領域と世俗的政治的領域とは，互いに独立，不可侵であるとする*ルターの政教分離思想；ヒトラーに対するルター派教会の容認的態度の背景とされる）．~**schwerter・lehre** *f.* -, 両剣論（教会と国家の関係についての，ルカ22:38に基づく中世期的の説；例えば，1302年ボニファティウス8世〔在位1295-1303〕の発した大勅書「ウナム・サンクタム」；11世紀後半以降，教会は，聖剣〔das geistliche Schwert; lat. gladius spiritualis; 聖権〕と俗剣〔das weltliche Schwert; lat. gladius materialis; 俗権〕はともに神に由来し，元々教皇が両者を保有するが，そのうち俗剣を皇帝に委譲すると主張した；一方，皇帝側は*王権神授説をもって，皇帝権は直接神から与えられたとして，その自立性を強調した）．

zweiter Orden → der zweite *Orden*.

Zwerg・kloster *n.* -s, ..klöster, 極小修道院（所属する修道者の数が2-5人程度の修道院）．

Zwickau《固》ツヴィッカウ（ドイツ中東部，ザクセン州ムルデ河畔の都市；1520年ルターの推薦を受けてトマス・*ミュンツァーが説教者として着任した）．**Zwickauer**《不変化》*adj.* ツヴィッカウの; ~ Propheten *pl.* ツヴィッカウの預言者たち（*ミュンツァーの影響を受けた織布工ニコラウス・シュトルヒ〔1500以前-36以降〕が1522年頃に創始した，急進的な*再洗礼派の一派；シュトルヒ派〔[~] Storchianer〕とも）．

Zwingli《固》(m.) Huldrych (od. Ulrich) ～ フルドリヒ（ウルリヒ）・ツヴィングリ（1484-1531）スイスの人文主義・合理主義的宗教改革者；*エラスムスの影響を受け，1519年司教座聖堂の説教者に着任した*チューリヒで，聖書の原典研究と講解を行う；20年以降チューリヒ市当局の協力を得て，*聖書主義の強調，*位階制と教皇制の否定，修道院の閉鎖，聖画像の撤廃，ミサの廃止など，教会の改革を進めた；*聖餐のパンとぶどう酒を単なる象徴と捉えたことで*ルターと対立した〔*Marburger* Religionsgespräch, Symbolismus 2参照〕；カトリック側の5州との戦闘に従軍し，31年カッペルで戦死した；求心力を失ったツヴィングリ派はその後*カルヴァン派に吸収された）．**Zwinglianer** *m.* -s, -,《通常複数で》ツヴィングリ派，ツヴィングリの支持者．**Zwinglianismus** *m.* -, ツヴィングリ派，ツヴィングリ主義．

zwölf *num.* 12（*ヤコブの12人の息子たちを祖とする*イスラエルの*十二部族や，イエスの*十二使徒との関連で，聖書に多出する数字；Dodekalog, die Kleinen *Prophet*en, Sünde, Zwölften 参照）；die ～ Apostel → die *Zwölfe*；die ～ Nächte → die *Zwölften*.

Zwölf=apostel・lehre *f.* -, 十二使徒の教訓（Didache参照）．**～boten** *pl.* → die *Zwölfe*.

Zwölfe *pl.*《定冠詞を伴って》die ～ 十二使徒（イエス自らが，当初より付き従ってきた*弟子たちの中から選出し，*宣教の継承のために各地へ派遣した12人〔ルカ6：13-16〕；12人に限定したのは*ルカで，彼らは洗礼者*ヨハネによるイエスの*洗礼から*最後の晩餐，イエスの死と*復活，*昇天を直接目撃した〔使1：21-22〕；*ペトロ〔シモン〕，*アンデレ，*ヤコブ，*ヨハネ，*フィリポ，*バルトロマイ，*トマス，*徴税人の*マタイ，アルファイの子*ヤコブ，*ユダ・タダイ，*熱心党の*シモン，及びイエスを裏切ったイスカリオテの*ユダ〔マタ10：2-4他〕；後にユダの代わりに*マティアが加わった〔使1：21-26〕；12という数は，イスラエル*十二部族にちなむとされる）．

Zwölf=nächte *pl.* → die *Zwölften*．**～propheten・buch**【< gr. Dodekaprophoton】*n.* -[e]s, ..bücher, 十二小預言書（die Kleinen *Prophet*en参照）．

Zwölften *pl.*《定冠詞を伴って》die ～ （die Zwölf Nächte）十二夜（年末から年始にかけての民俗行事；以前は冬至との関連で，「使徒聖*トマスの祝日」〔12月21日；現在のトマスの祝日は7月3日〕に始まったが，現在では一般的に聖夜〔12月24日の晩〕から*主の公現の祝日〔1月6日〕までの期間とされる；年間で最も夜が長いことから，民間信仰では魔物が徘徊する時期といわれ，そのうち24日，31日，5ないし6日などに厄払いの俗習〔聖水を撒いたり，香を焚くこと，あるいは占い〕が行われた；かつて最後の夜には大宴会が催された；この期間が過ぎると，*クリスマスツリーなど，クリスマスの飾り物はすべて片付けられる；Lostage 2参照）．

* * *

和独対照索引

注

索引中のドイツ語(またはその他の言語,以下同じ)の見出し語が複数の語からなる場合,その先頭の単語,またはイタリック体で指示された語をもって本文を参照のこと.

単一の日本語に複数のドイツ語が対応している場合,語頭に*の付された項目に語義の説明がある.

以下のドイツ語は,本書中で検索すべき見出し語を示しており,当該日本語の訳語そのものではない場合がある.(例えば,分派や修道会名など,通常複数で用いられる語であっても,ここでは単数形で示されていることがある.)

なお,紙幅の都合により,複合語(例えば,Kirchen-)や,日本語に対応するドイツ語見出し語が多数存在する場合など,ここに挙げられなかった見出し語も多い.

ア

愛　*Agape, *Caritas, *Liebe
アイオーン　Äon
哀歌　*Jeremiade, *Klagelied, *Lamentation
愛餐　*Agape, Liebesmahl
愛徳　Liebe
愛の憲章　Carta Caritatis
愛の賛歌　Hohelied der Liebe
アイル　Seitenschiff
アイルランド人[宣教師]　Iroschotte
アヴィニョン　Avignon
アヴィニョン幽囚　*Avignoner Exil*
アーヴィング派　Irvingianer
アヴェ・ヴェルム・コルプス　Ave verum corpus
アヴェ・マリア　Ave-Maria
アヴェ・マリス・ステラ　Ave maris stella
アヴェロエス主義　Averroismus
アヴェロエス派　Averroist
アウグスチノ会　Augustiner
アウグスチノ修道祭式者会(修道参事会)　Augustiner-Chorherren
アウグスティヌス　Augustinus
アウグスティヌス主義　Augustinismus
アウグスティヌスの戒律　Augustinerregel
アウクスブルク　Augsburg
アウクスブルク仮信条協定　das *Augsburger* Interim
アウクスブルク宗教和議　der *Augsburger* Religionsfriede
アウクスブルク信仰告白　*das *Augsburgische* Bekenntnis, die *Augsburgische* Konfession, Confessio *Augustana*
アウディウス派　Audianer
アウト・ダ・フェ　Autodafé
アウレオーラ　Aureole
青い,青色　blau
アカキオスの離教　das *akazianische* Schisma
証(あかし)　Zeugnis
アガダー　Aggada
暁(あかつき)の星　Morgenstern
アカティストス聖母賛歌　Akathistos
アカデミー　Akademie
贖い　*Erlösung, *Genugtuung, *Sühne
贖い主　Erlöser
贖いの座　Gnadenstuhl
贖いの日　Versöhnungsfest
アガペー　Agape
アギア・ソフィア大聖堂　Hagia Sophia
秋の斎日　Herbstquatember
アクアマニレ　Aquamanile
アクタ・アポストリカエ・セーディス　Acta Apostolicae Sedis
アクタ・アポストロルム　Acta Apostolorum
アクタ・サンクタエ・セーディス　Acta Sanctae Sedis
アクタ・サンクトールム　Acta Sanctorum
アクタ・マルテューム　Acta Martyrum
アクティオ・カトリカ　*Actio Catholica, Ka-

*tholisch*e Aktion

悪徳　Laster

悪徳表　Lasterkatalog

アグノエタイ派　Agnoet

悪魔　Diabolos, Erzfeind, *Satan, *Teufel

悪魔学　Dämonologie

悪魔主義　Satanismus

悪魔信仰　Dämonismus

悪魔崇拝　Diabolismus, *Satanismus, Teufelskult

悪魔憑き　*Besessenheit, Dämonie

悪魔祓い　*Exorzismus, Teufelsaustreibung

悪魔ミサ　*Satanmesse, Teufelsmesse

悪魔礼拝　*Satanismus, Teufelsanbetung

アグラファ　Agrapha

悪霊(あくりょう)　*Dämon, Teufel

悪霊信仰　Dämonismus

悪霊論　Dämonologie

アクロスティコン, アクロスティック　Akrostichon

アケディア　die *geistlich*e Trägheit

明けの明星　Morgenstern

アコイメートイ修道派　Akoimet

朝の祈り　Laudes

アザルヤ　Asarja

アザルヤの祈りと三人の若者の賛歌　das Gebet von *Asarja* und Lied der Drei Heiligen Kinder

アジェンダ　Agende

足台　Suppedaneum

足への接吻　Fußkuss

アジュヴァント　Adjuvant

アジョルナメント　Aggiornamento

アタナシウス, アタナシオス　Athanasius

アタナシオス信条　Athanasianum

アタナシオス派　Athanasianer

アダム　Adam

アダム諸書　Adambücher

アダム派　Adamit

新しい異教　Neuheidentum

新しいエルサレム　das neue *Jerusalem*

新しい掟　das neue *Gebot*

新しい契約　der Neue *Bund*

新しいシオン　das neue *Zion*

アッシジのフランチェスコ(フランシスコ)　Franz von Assisi

アッシジのゆるし　Portiunkulaablass

アッチェントゥス　Accentus

アッバ　Abba

アディアフォラ　Adiaphora

アディアフォラ説　Adiaphorismus

アディアフォラ論争　der *adiaphorisch*e Streit

アデュトン　Adyton

アドヴェンティスト　Adventist

アドヴェント　Advent

アドヴェント・キャンドル　Adventskerze

アドヴェント・クランツ(リース)　Adventskranz

アドヴォカトゥス・デイ　Advocatus Dei

アドヴォカトゥス・ディアボリ　Advocatus Diaboli

アトス山　Athos

アトス自治修道士共和国　Mönchsrepublik Athos

アドナイ　Adonai

アド・マヨーレム・デイ・グロリアム　ad maiorem Dei gloriam

アトリウム　Atrium

アトリビュート　Attribut

アナゴーゲ　Anagoge

アナスタシス　Anastasis

アナテマ　Anathem

アナトリア教会　die *anatolisch*e Kirche

アナバプティスト　Anabaptist, *Wiedertäufer

アナフォラ　Anaphora

アナムネーシス　Anamnese

アニミズム　Animismus

アニュス・デイ　Agnus Dei

アヌルス　Anulus

アノモイオス派　Anomoianer

あの世　*Jenseits, Überwelt

アハシュエロス　Ahasver

アバーテ　Abate

アバトン　Abaton

アプシス, アプス　Apside

アブディア　Abdias

油　Öl

アブラハム　Abraham

ハブラハムの遺訓　das Testament *Abraham*s

アブラハムの懐　der Schoss *Abraham*s

アブラハムの黙示録　die Apokalypse *Abraham*s

アブラハム派　Abrahamit

アブラム　Abram

油を注がれた者　Gesalbte

アベ　Abbé

アベラール, アベラルドゥス　Abaelardus

アベル　Abel

アーヘン　Aachen
アーヘン教会会議　Aachener Synoden
アーヘン巡礼　Aachenfahrt
アーヘン大聖堂　Aachener Dom
アーヘンの戒律　Aachener Regel
アポクリファ　Apokryph
アポストロス　Apostolos
アポリナリオス主義　Apollinarianismus
アポリナリオス派　Apollinarist
アマン派　Amische
アミクト，アミクトゥス，アミス　*Amikt, Schulterkragen, Schultertuch, Schulterumhang
アーミッシュ　Amische
アメリカニズム　Amerikanismus
アーメン　amen
アモス　Amos
アモス書　das Buch *Amos*
アモール・デイ　Amor Dei
荒野(あらの)　Wüste
荒野で叫ぶ者　der *Prediger* in der Wüste, der *Rufer* in der Wüste
荒野でのイエスの誘惑　die *Versuchung* Jesu in der Wüste
荒野の師父　Wüstenvater
荒野の修道者　Wüstenmönch
荒野の修行　Wüstenaskese
荒野の説教者　Wüstenprediger
荒野の旅　Wüstenzug
アラビア人　Araber
アラム語　Aramäisch
アラム人　Aramäer
アリウス　Areios
アリウス主義　Arianismus
アリウス派　Arianer
アリエル　Ariel
アリステアスの手紙　Aristeasbrief
アリストテリズム，アリストテレス主義　Aristotelismus
アリマタヤのヨセフ　Joseph von Arimathäa
アルカンタラ派　Alkantariner
アルコソリウム　Arkosol
アルス・モリエンディ　Ars moriendi
アルテルナティム　Alternatim
アルトエッティング　Altötting
アルト・カトリチスムス　Altkatholizismus
アルバ　Alba
アルビジョア派，アルビ派　Albigenser

アルヒマンドリト　Archimandrit
アルファ　A, *Alpha
アルベルトゥス・マグヌス　Albertus Magnus
アルマ・クリスティ　Arma Christi
アルマ・クリスティの十字架　Arma-Criti-Kreuz
アルマ・クリスティの天使　Arma-Christi-Engel
アルマリウム　Armarium
アルミニウス　Arminius
アルミニウス主義　Arminianismus
アルミニウス派　Arminianer
アルメニア教会　die *armenische* Kirche
アルメニア式典礼　die *armenische* Liturgie
アルンブラドス　Alumbrados
アレイオス　Areios
アレイオス主義　Arianismus
アレイオス派　Arianer
アレオパゴスの演説　Areopagrede
アレクサンドリア　Alexandria
アレクサンドリア学派　die *alexandrinische* Schule
アレクシウス修道会　Alexianer
アレゴリー　Allegorie
荒れ野　Wüste
アレルヤ　alleluja[h]
アレルヤ唱　Alleluja[h]
アロン　Aaron
アロンの子ら　Aaroniden
アロンの祝福　der *aaronitische* Segen
アロンの杖　der Stab Aarons
憐れみ　Erbarmung
あわれみの賛歌　Kyrieeleison
憐れむ　erbarmen
アンク十字架　Anch
アングリカニズム　Anglikanismus
アングリカン・コミュニオン　die *anglikanische* Gemeinschaft
アングリカン・チャーチ　die *anglikanische* Kirche
アングロ・カトリック主義　Anglokatholizismus
アンゲルス・シレージウス　Angelus Silesius
アンジェラス　Angelus
アンジェラスの鐘　Angelusläuten
按手(礼)　die *Auflegung* der Hände, Cheironomie, *Handauflegung
アンセム　Anthem
安全採用説　Tutiorismus
安息の年　Ruhejahr, *Sabbatjahr
安息日(あんそくび)　Sabbat

安息日厳守主義　Sabbatarianismus
安息日の掟　Sabbatgebot
安息日の外出距離　Sabbatweg
安息日の休息　Sabbatruhe
安息日派　*Sabbatarier, Subbotniki
アンチ（アンティ）・キリスト　Antichrist
アンティオキア, アンティオケイア　Antiochia
アンティオケイア学派　die *antiochenische* Schule
アンティオケイア典礼　die *antiochenische* Liturgie
アンティステス　Antistes
アンティドロン　Antidoron
アンティフォナ　Antiphon
アンティフォナーレ　Antiphonale
アンティレゴメナ　Antilegomena
アンテペンディウム　Antependium
アンデレ　Andreas
アンデレ行伝　Andreasakten
アンデレ十字架　Andreaskreuz
アントニウス（アントニオス）　Antonius
アントニウス修道会　Antonianer
アントニウス施物　Antoniusbrot
アントニオス十字架　Antoniuskreuz
アントニオスの火　Antoniusfeuer
アントロギオン　Anthologion
アンナ　Anna
アンナ三代図　Anna *selbdritt*
アンノ・サルーティス　Anno Salutis
アンノ・ドミニ　Anno Domini
アンノ・ムンディ　Anno mundi
アンピクティオニア　Amphiktyonie
アンビトゥス　Ambitus
アンフィクティオニア　Amphiktyonie
アンプッラ　Ampulle
アンブロジアスター　Ambrosiaster
アンブロシウス　Ambrosius
アンブロシウス典礼　die *Ambrosianische* Liturgie
アンブロシウスの賛歌　der *Ambrosianische* Lobgesang
アンブロシオ聖歌　der *Ambrosianische* Gesang
アンボ　Ambo

イ

帷衣（い）　Dalmatik
イエス　Jesus
イエス・キリスト　Jesus Christus
イエス・キリストの歴史性　die *Geschichtlichkeit* Jesu Christi
イエズス会　die *Gesellschaft* Jesus, *Jesuitenorden, Societas Jesu
イエズス会学院　Jesuitenkolleg
イエズス会学校　*Jesuitengymnasium, *Jesuitenschule
イエズス会劇　Jesuitendrama
イエズス会国家　Jesuitenstaat
イエズス会士　Jesuit
イエズス会士書簡　Jesuitenbrief
イエズス会聖堂　Jesuitenkirche
イエズス会総長　Jesuitengeneral
イエズス会大学　Jesuitenuniversität
イエズス会通信　Jesuitenbrief
イエズス会の精神　Jesuitentum
イエズス会の倫理　Jesuitenmoral
イエズス会バロック　Jesuitenbarock
イエズス会文学　Jesuitendichtung
イエズス会様式　Jesuitenstil
イエスス・シラ　Jesus Sirach
イエスの割礼　die *Beschneidung* Jesu
イエスの聖心　das Heilige *Herz* Jesu
イエスの聖心の金曜日　Herz-Jesu-Freitag
イエスの聖心の崇拝　Herz-Jesu-Verehrung
イエスの聖心の図像　Herz-Jesu-Bild
イエスの聖心の連願　Herz-Jesu-Litanei
イエスの別辞　die *Abschiedsrede*n Jesu
イエスのみ心の祝日　Herz-Jesu-Fest
イエスの聖名（な）　der *Name* Jesu
イエスのみ名の祝日　Namen-Jesu-Fest
イエスのみ名の連願　Namen-Jesu-Litanei
イエスのモノグラム　IHS
イエスの連願　Jesuslitanei
イエスへの祈り　Jesusgebet
位階制　Hierarchie
位格　Person
位格的結合　die *hypostatische* Union
錨, 碇　Anker
錨型十字架　Ankerkreuz

息　Anhauchung, *Insufflation
生きたパン　das lebendige *Brot*
異議申立権　Ausschlussrecht, *Exklusive
異教　Irrglaube, Paganismus
異郷滞在　Peregrination
異教的要素　Paganismus
異教徒　*Heide, Heidentum, Irrgläubige
イギリス教会　die *englische* Kirche
イギリス修道女会　*Englische* Fräulein
育児サークル　Stammgruppe
イグナティウス・デ・ロヨラ　Ignatius von Loyola
いけにえ　*Opfer, Sakrifizium
いけにえ占い　Hieromantie
いけにえにする　aufopfern
いけにえの獣　Opfertier
いけにえの小羊　Opferlamm
いけにえの祭壇　Opferaltar
いけにえの死　Opfertod
いけにえの聖絶　Opfermahl
いけにえのパン　Opferbrot
生ける教会　die Lebende *Kirche*
生けるロザリオ会　Lebendiger *Rosenkranz*
異言（いげん）　*Glossolalie, *Xenoglossie, *Zungenreden
異言を語る人　Glossolale
イコノクラスム　Ikonoklasmus
イコノグラフィー　Ikonographie
イコノスタシス, イコノスタス　Ikonostas
イコノロジー　Ikonologie
イコン　Ikon
イコン芸術　Ikonenkunst, Ikonenmalerei
イコン作者　Ikonenmaler
イサク　Isaak
イザヤ　Jesaja
イザヤ書　das Buch *Jesaja*
遺産　Patrimonium
異質論者　Heterousianer
イシドルス（セビリャの）　Isidor von Sevilla
石の十字架　Steinkreuz
異宗婚　die religionsverschiedene *Ehe*
イシュマエル　Ismael
イシュマエル族　Ismaelit
イスカリオテのユダ　Judas Iskariot
イースター　Ostern
イースター・エッグ　Osterei
イースター・バニー　Osterhase

イスラエル, イスラエル王国　Israel
イスラエル人　Israeli[t]
イスラエルの子ら（民）　die Kinder (das Volk) *Israel*
移籍　Umkardination
異体論者　Heterousianer
委託　Übertragung
板碑　*Epitaph, Grabplatte
イタヤガイ　Pilgermuschel
イタラ訳　Itala
異端　Aberglaube, *Häresie, Heterodoxie, Irrglaube, Ketzerei
異端者　*Häretiker, Ketzer
異端者洗礼　Ketzertaufe
異端者洗礼論争　Ketzertaufstreit
異端者迫害　Ketzerverfolgung
異端審問　*Inquisition, Ketzergericht
異端審問官　*Inquisitor, Ketzermeister
異端誓絶　Abjuration
異端の首魁　Häresiarch
異端判決宣告式　Autodafé
一時課　Prim
イチジク　Feige
イチジクの葉　Feigenblatt
一時滞在の聖職者　Kommorant
一日の聖別　Tagesweihe
一神教　Monotheismus
一神崇拝　Monolatrie
一体性　Einheit
一致　Consensus
一致信条　Konkordienformel
一致信条書　Konkordienbuch
一致説　Konkordismus
5つのソラ　die fünf *Solas*
一般祈禱書　Common Prayer-Book
一般糾明　Generalerforschung
一般教会会議　die *allgemeine* Synode
一般公会議　Allgemeinkonzil, *das allgemeine *Konzil*
一般告白　Generalbeichte, *das allgemeine *Schuldbekenntnis*
一般祭司職　das allgemeine *Priestertum*
一般赦免　Generalabsolution
一般信徒　Laie
一般信徒［司牧］協力者　Laienhelfer
一般信徒修道会　Laienkommunität
一般信徒による教話　Laienpredigt

一般信徒のぶどう酒の拝領　Laienkelch
一般信徒布教会　Laienmissionsgesellschaft
一般信徒への告白　Laienbeichte
一般信徒用祭壇　*Gemeindealtar, *Laienaltar, *Volksaltar
一般信徒用聖務日課［書］　Laienbrevier
一般性　Ökumenizität
一般的啓示　die allgemeine *Offenbarung*
一般的祝日　die öffentlichen *Fest*e
イテ・ミッサ・エスト　ite, missa est
移転　*Translation, Übertragung
移動式祭壇　Tragaltar
移動式天蓋　Traghimmel
移動祝日　die beweglichen *Fest*e
いともカトリック信仰の篤き国王陛下　Seine *Allerkatholische* Majestät
いとも信仰篤き国王陛下　Seine *allerchristlichste* Majestät
いとも小さき兄弟会　Mindeste Brüder, *Minimen
田舎牧師　Landpfarrer
いなご　Heuschrecke
イニシエーション　Initiation
イニシャル　Initial
委任　*Delegation, *Übertragung
委任者　Delegant
委任説　Delegationstheorie
命の冠　der *Kranz* des Lebens
命の木　der *Baum* des Lebens, *Lebensbaum
命の書　*das *Buch* des Lebens, *Lebensbuch
命のパン　das *Brod* des Lebens
命の奉献　Lebensweihe
命の水　*Lebenswasser, *das lebendige *Wasser*
祈り　*Gebet, Oration
祈りの家　Bethaus
祈りのくるみ　Betnuss
祈りの時間　Betstunde
祈る　beten
茨の冠　Dornenkranz
息吹　Anhauchung, *Insufflation
異文　Variante
異邦人　Heide
異邦人キリスト教徒　Heidenchrist
異邦人の使徒　der *Apostel* der Heiden
イマクラータ・コンセプツィオ　Immaculata conceptio
イマゴ・デイ　Imago Dei

イミタティオ・クリスティ　Imitatio Christi
医務室　Infirmarium
医務室係　Infirmar
癒し　Heilung
入口広間　Portal
イルミニズム　Illuminismus
慰霊祭　Parentation
インヴィタトリウム　Invitatorium
インヴォカビト　Invocabit
院外学校　die *äußere* Schule
インキュナブラ　*Inkunabel, Wiegendruck
イングランド国教会　die *anglikanische* Kirche
引見　Admission
イン・コエナ（チェナ）・ドミニ　*Abendmahlsbulle, In coena Domini
印刷［出版］許可　*approbatur, Approbatur, Druckerlaubnis
隠者　Eremit
隠修士（者）　*Anachoret, Einsiedler, *Eremit, *Klausner
隠修士会　Eremitenorden
隠修女　Klausnerin
隠修制　*Anachoretentum, Eremitentum
隠修生活　Einsiedelei, Eremitendasein
飲食禁止　Nüchternheit
飲食禁止の掟　Nüchternheitsgebot
飲水派　*Aquarier, Hydroparastat
隠世修道院　Monasterium, *der *monastische* Orden
隠世修道士　Mönch
イン・セクラ・セクロールム　in saecula saeculorum
院長　Rektor
インティンクション　Intinktion
インテグラリスト　Integralist
インテグラリズム　Integralismus
インデックス　Index
インテルディクトゥム　Interdikt
インテルプレタティオ・クリスティアーナ　Interpretatio Christiana
インテルプレタティオ・ロマーナ　Interpretatio Romana
インドゥルトゥム　Indult
イントロイトゥス　Introitus
院内学校　die *innere* Schule
イン・ノミネ　in nomine
インパナティオ　Impanation

イン・パラディスム　in paradisum
イン・パルティブス・インフィデリウム　in partibus infidelium
インプリマートゥル　Imprimatur
インプロペリア　Improperien
イン・ペクトレ　in pectore
イン・ホック・サルス　in hoc salus
イン・ホック・シグノ　in hoc signo
イン・ポンティフィカリブス　in pontificalibus
インマクラータ・コンセプツィオ　Immaculata conceptio
インマヌエル　Immanuel
イン・マヨーレム・デイ・グロリアム　in maiorem \<majorem\> Dei gloriam
インムニタス　Immunität
引用　Allegation
引用箇所，引用文　Allegat

ウ

ヴァティカン宮殿　Vatikan
ヴァティカン公会議　Vatikanum
ヴァティカン市国　*Kirchenstaat, *Vatikanstaat, *Vatikanstadt
ヴァティカン写本　Codex Vaticanus
ヴァティカン主義　Kurialismus
ヴァティカン聖歌　der *Vatikanische* Gesang
ヴァティカン聖庁　Vatikan
ヴァティカン大聖堂　die *Vatikanische* Basilika
ヴァティカン図書館　die *Vatikanische* Bibliothek
ヴァティカン博物館　die *Vatikanische*n Museen
ヴァティカン文書館　das *Vatikanische* Archiv
ヴァティカン放送　Vatikansendung
ヴァニタス　Vanitas
ヴァニタス・ヴァニタートゥム　vanitas vanitatum
ヴァリアント　Variante
ヴァルドー派　Waldenser
ヴァルブルガ　Walburga
ヴァルプルギス　Walpurgis
ヴァレンタイン・デー　Valentinstag
ウァレンティメス，ウァレンティノス　Valentin
ウァレンティノス説　Valentinianismus
ウァレンティノス派　Valentinianer
ヴィカー，ヴィカリウス　Vikar
ウィクリフ　Wyclif
ウィクリフ派　Wyclifit
ヴィース教会　Wieskirche
ヴィタエ・サンクトールム　Vitae Sanctorum
ヴィーツトゥーム　Viztum
ウィーベリン　*Waiblinger, Wibelinger
ヴィンセンシオ・ア・パウロ会　Vinzenzkonferenz
ヴィンセンシオ・ア・パウロの愛徳姉妹会　Vinzentinerin
ヴィンセンシオの宣教会　Vinzentiner
ヴェスト・ヴェルク　Westwerk
ヴェスト・バウ　Westbau
ウェストファリア　Westfalen
ウェストファリア条約　der *Westfälische* Frieden
ウェスリー主義　Wesleyanismus
ウェスリー（ウェスレー）派　Wesleyaner
ヴェッソブルン　Wessobrunn
ヴェッソブルンの祈禱　Wessobrunner Gebet
ウェトゥス・ラティナ　Vetus Latina
ヴェール　*Velum, Weihel
ヴェルフ　Welfe
ヴェロニカ　Veronika
ヴェロニカの手巾　*das *Schweißtuch* der Veronika, Veronikatuch
ヴォティーフ教会　Votivkirche
ヴォールト　Gewölbe
ヴォルムス　Worms
ヴォルムス協約　Wormser Konkordat
ヴォルムス大聖堂　Wormser Dom
ヴォルムス勅令　Wormser Edikt
憂き人の慰め　Trost der Betrübten
受け入れ　Aufnahme, Ingremiation
受付係　*Ostiarier, Portarius
歌ミサ　Amt, *Kantatenmesse, die gesungene *Messe*, *Missa cantata, *Singmesse
宇宙開闢説，宇宙起源論　Kosmogonie
ウトラキスト派　Utraquist
ウナ・サンクタ　Una Sancta
ウナ・サンクタ運動　Una-Sankta-Bewegung
ウナ・サンクタ兄弟会　Una-Sankta-Bruderschaft
ウニオ・ミスティカ　Unio mystica
馬小屋，馬槽，廐（クリスマスの）　Krippe
生まれ変わり　Reinkarnation
海の星　Meeresstern, *der *Stern* des Meeres

ヴュルツブルク　Würzburg
占い　Wahrsagung
ウリエル　Uriel
ウリムとトンミム　Urim und Tummim
ウリヤ　Uria
ウリヤの手紙　Uriasbrief
ウルガタ訳[聖書]　Vulgata
ウルズラ　Ursula
ウルスラ修道会　Ursuline
ウルトラモンタニズム　Ultramontanismus
ウルバニアナ大学　die *päpstliche* Universität Urbaniana
ウルバヌス派　Urbanistin
ウルビ・エト・オルビ　urbi et orbi
ウルフィラ，ウルフィラス　Ulfilas
ウルフィラス文字　Ulfilasschrift
ウルフィラス訳聖書　Ulfilasbibel
ウルム　Ulm
ウルム大聖堂　Ulmer Münster
上衣　Kukulle

エ

エアランゲン　Erlangen
エアランゲン学派　Erlanger Schule
永遠(性)　Ewigkeit
永遠なるもの　das / der *Ewige*
永遠の命　das *ewige* Leben
永遠の主日　Ewigkeitssonntag
永遠のユダヤ人　der *Ewige* Jude
永遠法　*das ewige *Gesetz*, *Jus divinum, Lex aeterna
栄冠　Aureole
栄光　Gloria, Glorie, Herrlichkeit
栄光頌　Gloria
栄光の体　der *verklärte* Leib
栄光の賛歌　Gloria
栄光の光　Lumen gloriae
英国国教会　die *anglikanische* Kirche
英国国教会派　die *anglikanische* Gemeinschaft
英国国教会派主義　Anglikanismus
英国国教徒　Anglikaner
栄唱　Doxologie
詠唱　Traktus
永罰　*Reprobation, *Verdammnis

永福　Seligkeit
絵入り聖書　Bilderbibel
エヴァ　Eva
エヴァンゲリマン　Evangelimann
エウカリスティア　Eucharistie
エウヘメリズム，エウヘメロス説　Euchemerismus
エウロギア　Eulogie
駅構内キリスト教奉仕団　Bahnhofsmission
エキュメニカル運動　die *ökumenische* Bewegung
エキュメニカル公会議　das ökumenische *Konzil*
エキュメニカル総主教　der ökumenische *Patriarch*
エキュメニズム　Ökumenismus
エクサウディの主日　Exaudi
エクザルフ　Exarch
エクス・オペレ・オペラート　ex opere operato
エクス・オペレ・オペランティス　ex opere operantis
エクス・カテドラ　ex cathedra
エクスタシス　Ekstase
エクストラ・エクレシアム・ヌッラ・サールス　extra ecclesiam nulla salus
エクスルテト　Exsultet
エクセクィエ　Exsequien
エクソシスト　Exzorzist
エクレシア　Ecclesia
エサウ　Esau
エジプト十字架　*Anch, *Henkelkreuz
エジプトの大アントニオス　Antonius der Große
エジプトのマリア　Maria von Ägypten
エジプト人(の)福音書　Ägypterevangelium
エスコラピオス修道会　Piaristenorden
エステル　Est[h]er
エステル記　das Buch *Est[h]er*
エストミヒ　Estomihi
エズラ　Esra
エズラ記　das Buch *Esra*
エゼキエル　Ezechiel
エゼキエル書　das Buch *Ezechiel*
枝の主日　Dominica in palmis, *Palmsonntag
エチオピア独立教会運動　Äthiopianismus
エックハルト(ヨハネス，マイスター)　Eckhart (Johannes, Meister)
エッケ・ホモ　Ecce Homo
謁見　Admission, *Audienz
エッセネ派　Essener

エデン　Eden
エデンの園　der Garten *Eden*
エト・クム・スピリトゥ・トゥオ　et cum spiritu tuo
エノク　Henoch
エノク書　das Buch *Henoch*
エバ　Eva
エビオン派　Ebionit
エピクレーシス　Epiklese
エピケイア　Epikie
エピタフ　Epitaph
エピトラケリオン　Epitrachelion
エピファニア　Epiphania, *Epiphanie
エフェソ，エフェソス　Ephesos
エフェソ公会議　das Konzil von *Ephesos*
エフェソの信徒への手紙，エペソ人(㌻)への手紙　Epheserbrief
エホバ　Jehova
エホバの証人　die *Zeuge*n Jehovas
エマイユ　Email
エマウス　Emmaus
エマウス運動　Emmausbewegung
エミネンス　Eminenz
エムス会議　Emser Kongress
エラスムス　Erasmus
選ばれし者　Erwählte
選ばれた民　die *auserwählt*e Volk
選び　*Auserwählung, *Erwählung
襟　Kragen
エリサベト　Elisabet
エリザベート（テューリンゲンの）　Elisabeth
エリザベト修道女会　Elisabetherin
エリヤ　Elijah
エルサレム　Jerusalem
エルサレム十字架　Jerusalemkreuz
エレイソン　*Eleison, *Erbarmedich
エレミヤ　Jeremia
エレミヤ書　das Buch *Jeremia*
エレミヤの哀歌　*Klagelieder Jeremiä, *Lamentation
エロヒスト資料　Elohimquelle
エロヒム　Elohim
円蓋　Kuppel
円花窓　Rose
エンクラティス派　Enkratit
円光　Nimbus
エンコルピオン　Enkolpion
円頂教会堂　Kuppelkirche
エンブレム　Emblem
エンブレム学　Emblematik
援用　Allegation

オ

オー・アンティフォナ　O-Antiphon
オイコノミア　Ökonomie
王　König
奥義　Esoterik, *Geheimnis, *Mysterium
王権神授説　Gottesgnadentum
王国修道院　*Königkloster, *Reichskloster
王国大修道院　Reichsabtei
王国大修道院長　Reichsabt
黄金数　die *Golden*e Zahl
黄金伝説　Legenda aurea
黄金の主日　der *Golden*e Sonntag
黄金のバラ　die Goldene *Rose*
黄金律　die *Golden*e Regel
王座　Thron
王座と祭壇　Thron und Altar
応唱　*Akklamation, *Responsorium
往生術　Ars moriendi
王政復古　Restauration
王たるキリスト　*Christkönig, *Königtum Christi
王たるキリストの在俗布教会　Missionare vom *Königtum Christi*
王たるキリストの祝日　Christkönigsfest
王門　die königliche *Tür*
O(㌻)交唱　O-Antiphon
掟　Gebot
オクリ　Okuli
怠りの罪　Unterlassungssünde
幼子イエス　Jesuskind
幼子キリスト　*Christkind, *Jesuskind
幼子殉教者　die *Unschuldig*en Kinder
教える教会　die lehrende *Kirche*
オステンソリウム　Ostensorium
汚聖　*Blasphemie, Entheiligung, Heiligtumsentweihung, Lästerei, Lästerung, *Sakrileg
オッカム主義　Ockhamismus
オックスフォード運動　Oxfordbewegung
オックスフォード・グループ運動　Oxfordgruppenbewegung

お告げ　Annunziation, *Mariä *Verkündigung*, *Orakel
お告げ修道会　Annunziat
お告げ修道女会　Annuziantin
お告げの祈り　Angelus
お告げの鐘　*Angelusläuten, Aveläuten, Ave-Maria-Läuten
お告げの暦　Annuntiationsstil
お告げの天使　der *verkündende* Engel, *Verkündigungsengel
オッティリア修族　Ottilianer
オットフリート　Otfri[e]d
オッフェルトリウム　Offertorium
処女（おとめ）　Magd
おとめの奉献式　Jungfrauenweihe
オーバーアマーガウ　Oberammergau
オバデヤ　Obadja
オバデヤ書　das Buch *Obadja*
オフィス派　*Ophianer, Ophit
オプス・デイ　Opus Dei
オブセルヴァント　Observant
オブレート会　Oblaten der unbefleckten Jungfrau Maria
汚名　Infamie
オメガ　O, *Omega
思い上がり　Anmaßung
重い皮膚病　Aussatz, *Lepra
重い皮膚病を患っている人　Aussätzige
オモフォリオン　Omophorion
オラ・エト・ラボラ　ora et labora
オラテ・フラトレス　orate, fratres
オラトリオ　Oratorium
オラトリオ会　Oratorianer
オラ・プロ・ノビス　ora pro nobis
オラリ, オラリオン　Orarion
オランジュ教会会議　Orange-Synode
オリヴェト会　Olivetaner
オリゲネス主義　Origenismus
オリゲネス派　Origenist
折り祭壇　Klappaltar
折り畳み腰掛け　*Faldistorium, Faltstuhl
オリーブ山　Ölberg
オリーブ油　Olivenöl
オルガヌム　Organum
オルガンミサ　Orgelmesse
オルディナリウム　Ordinarium Missae
オルド　Ordo

オレムス　oremus
終わりの福音　das *letzte* Evangelium
恩恵　Gnade
恩恵の選び　Gnadenwahl
恩恵有期説　Terminismus
恩恵論争　Gnadenstreit
御父受難説　Patripassianismus
恩寵　Gnade
恩寵教会　Gnadenkirche
恩寵の光　Lumen gratiae
恩典　Indult
女　Männin
女教皇　Päpstin
女預言者　Prophetin

カ

海員司牧　Seemannsmission
改革　Reform
改革会議　Reformsynode
改革カトリシズム　Reformkatholizismus
改革公会議　Reformkonzil
改革派教会　die *reformierte* Kirche
改革派修族　Reformkongregation
改革派修道院　Reformkloster
改革派修道院長　Reformprior
改革派修道会　Reformorden
改革派修道士　Reformmönch
改革派大修道院長　Reformabt
外観　Akzidens
会議聖省　Heilige *Konzilskongregation*
会計係　Ökonom
会憲　Konstitution
外国宣教　*Auslandsmission, *die äußere *Mission*, Weltmission
開祭　Eröffnung
カイザー・ヴィルヘルム記念教会　Kaiser-Wilhelm-*Gedächtniskirche*
解釈学　Hermeneutik
会衆　Gemeinde, *Kongregation
改宗　Bekehrung, *Glaubensänderung, Glaubenswechsel, Kirchenübertritt, Konfessionswechsel, *Konversion, Religionswechsel, Renegation, Übertritt
改宗させる　bekehren

改宗者　Bekehrte, *Konvertit, *Proselyt, Renegat
改宗する　konvertieren, übertreten
会衆制　Kongregationalismus
会衆派　Kongregationalist
会衆派教会主義　Kongregationalismus
悔悛　*Buße, Büßung, Pönitenz
悔悛詩編　Bußpsalm
悔悛者　Büßende, Büßer, *Pönitent
悔悛の秘跡　Bußsakrament
孩所(リンブス)　Limbus
階上廊　Empore
回心　Bekehrung, Glaubenswechsel, *Konversion, Metanoia, Religionswechsel
改心　Konversion
改新　Neologie
外陣　Chorhaupt
回心させる　bekehren
回心者　Bekehrte, *Pönitent
回心女　Reuerin
回心(改心)する　konvertieren
回心の儀　Bußritus
回心のためのことばの祭儀　Bußgottesdienst
回心の日　Bußtag
凱旋アーチ　Triumphbogen
蓋然説　Probabilismus
凱旋の教会　die triumphierende Kirche
開祖　Religionsstifter
会則　*Observanz, Regel
階段祈禱　Staffelgebet, *Stufengebet
会長　Präses
回勅　*Enzyklika, Rundbrief, Rundschreiben
外典　Apokryph
外典行伝　die apokryphen Apostelakten
外典福音書　die apokryphen Evangelien
外典黙示録　die apokryphen Apokalypsen
飼い葉桶　Krippe
解放された奴隷　Libertiner
解放を求める祈り　Exorzismus
戒律　*Gebot, Observanz, Regel, Regula
戒律不要論　Antinominismus
戒律不要論論争　Antinomistenstreit
回廊　Klostergang
カイロス　Kairos
カイロノミー　Cheironomie
カイン　Kain
カインのしるし　Kainsmal
ガウデーテ　Gaudete
カウル　Gugel
カエキリア　Cäcilia
カオス　Chaos
雅歌　Hohelied
科学[万能]主義　Szientismus
鍵　Schlüssel
鍵の権限　Schlüsselgewalt
下級職位　Unteramt
下級聖職位　Ordines minores, *die niederen Weihen
下級聖職者, 下級品級　Minorist
かくあれかし　also sei es
学院　Akademie
格言　Spruch
格言の書　das Buch der Sprichwörter
学事長　Präfekt
学生会　Hochschulgemeinde, *Studentengemeinde
学生司牧　Studentenseelsorge
学生聖歌隊　Kurrende
学生聖歌隊員　Kurrendaner
学生寮　Kolleg, Konvikt
学長　Rektor
楽長　Kantor
学部　Fakultät
隠れたる神　Deus absconditus
仮現論　Doketismus
飾り切妻　Wimperg
可視の教会　die sichtbare Kirche
箇条　Artikel
歌唱ミサ　Choralmesse
カストラート　Kastrat
カスパール　Caspar
カズラ　Kasel
カソック　Lutherrock
歌隊　Chor
化体(かたい)　Transsubstantiation
化体説　Transsubstantiationslehre
肩衣(かたぎぬ)　*Amikt, Humerale
カタコンベ　Katakombe
カタコンベ聖人　Katakombenheilige
片蓋(かたぶた)柱　Dienst
カタリ派　Katharer
カタルシス　Katharsis
閣下　Exzellenz
合唱祈禱　*Chordienst, Chorgebet
合体　Eingliederung

活動主義　Aktivismus
活動生活　*das *aktiv*e Leben, Vita activa
カッパ　Cappa
合併　*Affiliation, *Inkorporation
割礼　*Beschneidung, Zirkumzision
家庭訓　Haustafel
家庭のロザリオ　Familienrosenkranz
家庭用祈禱集　Hauspostille
カテキスタ　Katechist
カテキズム　Katechismus
カテドラ・ペトリ　Cathedra Petri
カテドラル　Kathedrale
カテドラルガラス　Kathedralglas
カテナ　Katene
カトリコス　Katholikos
カトリシズム　Katholizismus
カトリック・アクション　*Katholisch*e Aktion
カトリック改革　die katholische *Reform*
カトリック解放法　Katholikenemanzipation
カトリック化する　katholisieren
カトリック教会　die *katholische* Kirche
カトリック教徒　Katholik
カトリック・クラブ　*Katholisch*er Club
カトリック国民同盟　*Katholisch*er Volksbund
カトリック使徒運動　*Katholisch*e Aktion
カトリック主義　Katholizismus
カトリック諸侯同盟　die Katholische *Liga*
カトリック性　Katholizität
カトリック聖書事業社　Katholisches *Bibelwerk*
カトリック代表団　Corpus Catholicorum
カトリック東方教会　die *katholisch-orthodox*e Kirche, *die *Uniert*e Kirche
カトリックの　katholisch
カトリック評議会　Diözesanrat, *Katholikenrat
カトリック復興　die katholische *Restauration*
カトリック要理　der katholische *Katechismus*
カトリック両王　*Katholisch*e Könige
カトリック労働者運動　die Katholische *Arbeitnehmer-Bewegung*
カトリック労働者会　der Katholische *Arbeiterverein*
カナ　Kana
悲しみの聖母　*Mater dolorosa, die *Schmerzhaft*e Mutter Gottes, Schmerzensmutter
悲しみの聖母教会　Mater-Dolorosa-Kirche
悲しみの聖母の祝日　Schmerzenstag
カナの婚礼　die Hochzeit zu *Kana*

カナン　Kanaan
カナン人　Kanaaniter
カニシウス会　Canisiuswerk
カーニバル　Fastnacht, *Karneval
カーニバルの仮装行列　Rosenmontagszug
鐘　Glocke
カノッサ　Canossa
カノン　Kanon
カバラー　Kabbala
カプチン会　Kapuzinerorden
カプチン会[修道]士　Kapuziner
カプチン・フランシスコ修道会　Kapuzinerorden
ガブリエル　Gabriel
ガマリエル　Gamaliel
カマルドリ修道会　Kamaldulenser
神　*Eloah, *Gott, Gottheit
神一元論　Theomonismus
カミザール派　Camisarde, *Kamisarde
神中心主義　Theozentrizität
神中心的　theozentrisch
神との契約　der *Bund* mit Gott
神の愛　Amor Dei
神の愛の宣教者会　Missionarinnen der *Nächstenliebe*
神の家　*Gotteshaus, *das *Haus* Gottes
神の慈しみ　Gottes Huld
神のいつくしみの主日　*Barmherzigkeitssonntag, der Sonntag *Misericordias Domini*
神の栄光　die *Herrlichkeit* Gottes
神のお告げ　Mariä Verkündigung, *die *Verkündigung* des Herrn
神の御摂理修道女会　Vorsehungsschwester
神の御(み)ひとり子　der *eingeboren*e Sohn Gottes
神の休戦　*Gottesfriede, Treuga Dei
神の国　*Civitas Dei, *Gottesstaat, *das *Reich* Gottes
神の顕現　Gotteserscheinung, *Theophanie
神の現前　Präsenz Gottes
神の子　Gottessohn
神のことば　das *Wort* Gottes
神の小羊　Agnus Dei, Gotteslamm, *Lamm Gottes
神の僕(しもべ)　*Diener Gottes, Gottesdiener, *Knecht Gottes
神の僕(しもべ)らの僕　*Diener der Diener Gottes, Servus Servorum Dei

神の全善　das *Gute* Gottes
神の像　das *Ebenbild* Gottes
神の属性　die *Attribut*e Gottes
神の存在証明　Gottesbeweis
神の存在の宇宙論的証明　der *kosmologische* Gottesbeweis
神の存在の存在論的証明　der *ontologische* Gottesbeweis
神の存在の道徳[論]的証明　der *moralische* Gottesbeweis
神の存在の目的論的証明　der *teleologische* Gottesbeweis
神の民　Gottesvolk
神の単一性　die *Einfachheit* Gottes
神の直観　die *Anschauung* Gottes
神の友　Gottesfreund
神の名　der *Name* Gottes
神の似姿　das *Abbild* Gottes, das *Bild* Gottes, *das *Ebenbild* Gottes, Gottebenbildlichkeit
神の認識　Gotteserkenntnis, Theognosie
神の花嫁　Gottesbraut
神の母　die Mutter *Gotte*s, *Gottesgebärerin, Gottesmutter, Muttergottes
神の兵士　Miles Dei, Soldat Gottes
神の平和　Gottesfriede
神のより大いなる栄光のために　ad maiorem <majorem> Dei gloriam
カミロ修道会　Kamillianerorden
神を崇める人　Gottesfürchtige
カメルレンゴ　Camerlengo
カライ派　Karäer
体の復活　die *Auferstehung* des Fleisches
ガラテヤの信徒への手紙　Galaterbrief
カラトラバ騎士団　Calatravaorden
ガリア教会　die *gallikanische* Kirche
ガリア式典礼　die *gallikanische* Liturgie
ガリア修道制　das gallische *Mönchtum*
ガリア主義　Gallikanismus
ガリア信仰告白　Confessio Gallicana
ガリア聖歌　der *gallikanische* Gesang
ガリアの　gallisch
仮庵祭　Laubhüttenfest
ガリオン碑文　Gallioninschrift
ガリカニズム　Gallikanismus
カリクスト派　Kalixtiner
仮信条協定　Interim
カリス　Kelch

カリスマ　Charisma
カリタス　Caritas
カリタス・インターナツィオナーリス　Caritas Internationalis
カリタス学　Caritaswissenschaft
カリタス連盟　Caritasverband
ガリラヤ　Galiläa
ガリラヤ人(⁂)　Galiläer
カルヴァン　Calvin
カルヴァン主義　Kalvinismus
カルヴァン派　Kalvinist
カルケドン　Chalcedon
カルケドン公会議　das Konzil von Chalcedon
ガルス　Gallus
カール大帝　Karl der Große
カルタ・カリターティス　Carta Caritatis
カルデア・カトリック教会　die *chaldäisch-katholische* Kirche
カルデア教会　die *chaldäische* Kirche
カルト　Kult
カルトゥジア会　Kartäuserorden
カルトゥジア会士　Kartäuser
カルトゥジア会修道院　Certosa, Kartause
カルメル会　Karmeliterorden
カルメル会会則　Karmeliterregel
カルメル会[修道]士　Karmelit
カルメル山　Karmel
カルメル山の聖母　*Maria vom Berge Karmel, Unsere Liebe Frau auf dem <vom> Berge *Karmel*
カルメル山の聖母修道会　Kameliterorden
カルメル山のマリア修道女会　Marienschwestern vom Karmel
カルワリオ　*Kalvarien, *Kalvarienberg
カレンダエ兄弟会　Kalandsbrüder
カロッタ　Kalotte
カロリング小文字　die *karolingische* Minuskel
カロリング朝　die *karolingische* Dynastie
カロリング・ルネサンス　die *karolingische* Renaissance
龕(⁂)　Tabernakel
棺型墓碑　Tumba
管轄区　Pfarrei
管轄区域　Jurisdiktionsgebiet
管轄権　Jurisdiktion
管　区　Ballei, Diözese, *Ordensprovinz, Pfarrei, *Provinz, Sprengel
管区会議　Provinzialkonzil

管区参事会	Provinzialkapitel
管区総監督	Generalsuperintendant
管区大司教	Metropolit
管区大司教聖堂	Metropolitankirche
管区長	Prior, *Provinzial
歓呼	*Akklamation, Zuruf
勧告	Exhortation, Rat
勧告[文]	Paränese
感謝のいけにえ	Dankopfer
感謝の祈り	*Dankgebet, Eucharistie
感謝の歌	Danklied
感謝の祭儀	*Dankgottesdienst, Eucharistiefeier, die *Feier* der Eucharistie
感謝の献げ物	Dankopfer
感謝の賛歌	Sanctus
感謝の典礼	Eucharistiefeier
感謝の礼拝	Dankgottesdienst
慣習	*Gewohnheit, Observanz
慣習法	Gewohnheitsrecht
観照	Anschauung
灌水	*Aspersion, *Besprengung
灌水器	Aspersorium, Weihwasserkessel
灌水刷毛	Sprengwedel, *Weihwasserwedel
灌水棒	Aspergill, Sprengwedel, *Weihwasserwedel
完全	*Perfektion, Vollkommenheit
完全主義者	Perfektionist
完全主義ペンテコステ派	Perfektionist
完全痛悔	*Kontrition, die vollkommene *Reue*
完全痛悔説	Kontritionismus
完全ミサ曲	Vollmesse
完全論	*Perfektionismus, Vollkommenheitslehre
完全論者	Perfektionist
観想	Andacht, Beschauung, *Kontemplation
観想者	Betrachter
観想修道会	der *kontemplative* Orden
観想する	beschauen, kontemplieren
観想生活	*das *beschauliche* Leben, das *kontemplative* Leben, Vita contemplativa
歓待	Gastfreundschaft
カンタータ	Cantate, *Kantate
カンターテの主日	Cantate, *Kantate
カンティカ	Cantica
カンティクム	Canticum
カンテムス・ドミノ	Cantemus Domino
カントゥス	Cantus
完徳	*Perfektion, Vollkommenheit
監督	Bischof, Ephorus, Episkopus, *Superintendent
監督会議	Bischofskonfernz
監督教会	Episkopalist, *Episkopalkirche
監督長	Prälat
カントライ	Kantorei
カントル	Kantor
観念実在論	Realismus
カンパニーレ	Campanile, *Glockenturm, Kampanile
カンパヌラ	Glöckchen
冠	Kranz, *Krone
寛容	Toleranz
橄欖(かんらん)山	Ölberg
管理者	Administrator
灌礼	Infusion

キ

義	Gerechtigkeit
キアーラ会	Klarissenorden
偽イシドルス法令集	pseudoisidorische Dekretalen
帰一教会	die *Unierte* Kirche
キエティスト	Quietist
キエティスム	Quietismus
消えることのない霊印	Character indelebilis, *das unauslöschliche *Merkmal*, das unauslöschliche *Prägemal*
記憶	Gedächtnis
義化	Justifikation, *Rechtfertigung
義化の恵み	die rechtfertigende *Gnade*
祈願	*Bittgebet, *Invokation, *Oration
祈願行列	Bittprozession
祈願週	Bittwoche
祈願節	*Bitttag, *Rogationes
祈願のいけにえ	Bittopfer
祈願の祭儀	Bittgottesdienst
祈願日	*Bettag, , *Bitttag, Rogationstag
祈願ミサ	Rogationsmesse
聞き従う教会	die hörende *Kirche*
棄教	Abfall, *Apostasie
棄教運動	Abfallsbewegung
棄教者	Abgefallene, Apostat, Glaubensabtrünnige

稀覯本　Zimelie
キシオ・ヤーヌス　Cisio-Janus
儀式　Akt, Handlung, *Ritual, Ritus, *Zeremonie
儀式主義　Ritualismus
儀式書　Zeremoniale
騎士修道会　Ritterorden
騎士修道会管区　Kommende
騎士修道会管区長　Komtur
騎士修道会士　Kreuzritter
騎士修道会城塞　Ordensburg
騎士修道会総長　Großmeister, Hochmeister
喜捨　*Almosen, Gabe
寄宿舎　Konvikt
寄進　die fromme *Fundation*, *Schenkung, *Spende
義人　Gerechte
擬人化する　anthropomorphisieren
寄進者　*Spender, Stifter
寄進状　Schenkungsurkunde
擬人神観　Anthropomorphismus
絆の保護官　*Bandverteidiger, Defensor vinculi
犠牲　*Opfer, Sakrifizium
奇跡　Mirakel, *Wunder
奇跡画　Mirakelbild
奇跡劇　Mirakelspiel
奇跡譚　Miracula
奇跡の泉　Wunderquelle
奇跡の賜物　Wundergabe
奇跡の水　Wunderwasser
奇跡のメダイ　die Wunderbare *Medaille*
奇跡論　Thaumatologie
奇跡を行う人　*Thaumaturg, *Wundertäter
偽善者　Pharisäer
偽装　Simulation
帰属　Aneignung
貴族修道院　Adelskloster
貴族修道制　Adelsmönchtum, *das aristokratische Mönchtum*
基礎神学　Fundamentaltheologie
基礎信条　Fundamentalartikel
基体　Hypostase
議長　Präses
きっかけ　Impetus
規程，規定　Ordnung
偽典　Pseudepigraf
儀典書　Zeremoniale

祈禱　Andacht, *Gebet, Oration
祈禱歌　Leis
祈禱兄弟盟約　*Gebetsverbrüderung, Totenbund
祈禱集　Akzess
祈禱集会　*Collegia pietatis, Gebetsversammlung
祈禱週間　Gebetswoche
祈禱書　Andachtsbuch, Betbuch, *Gebetbuch
祈禱台　Betbank, *Betpult
祈禱の使徒会　Gebetsapostolat
義認　Justifikation, *Rechtfertigung
記念　*Anamnese, *Gedächtnis, *Kommemoration
記念教会　Gedächtniskirche
記念祭　Jubiläum
記念する　kommemorieren
祈念像　Andachtsbild
記念日　*Anniversar[ium], *Jubiläum
跪拝　Kniebeuge
帰負　*Beschuldigung, *Imputation
寄付　Fundation, *Stiftung
義憤　Ärgernis
ギベリン　*Ghibelline, *Waiblinger
希望　Hoffnung
キボリウム　Ziborium
帰滅　Annihilation
客舎　Xenodochium
キャソック　Lutherrock, *Soutane, Talar
キャロル　Carol
キャンドルマス　Lichtmess
キャンベル派　Kampbellist
旧儀式派　Altgläubige
救護聖人　Nothelfer
救済　*Erlösung, Heil, Salvation, Seligmachung
救済意志（神の）　Heilswille
救済史　Heilsgeschichte
救済の鑑（かがみ）　Heilsspiegel
救済の確信　Heilsgewißheit
救済の期待　Heilserwartung
救済の事実　Heilstatsache
救済の秩序　Heilsordnung
救済論　Heilslehre, *Soteriologie
九十五箇条提題　die fünfundneunzig *Thesen*
旧習墨守派　Altgläubige
九書　Enneateuch
求神，求神主義　Gottsuchertum
救世　*Erlösung, Salvation, Seligmachung
救世軍　*Heilsarmee, Salvation Army
救世軍兵士　Salutist

救世主　Erlöser, *Heiland, *Messias, Redemptor, Salvator, Seligmacher, *Soter
救世主会　*Erlöserbund, Erlöserorden, *Redemptorist
救世主修道会　Gesellschaft des Göttlichen Heilandes, *Salvatorianer
救世主信仰　Messianismus
宮廷説教師　Hofprediger
宮廷付き聖職者　Großalmosenier
宮廷内礼拝堂　Hofkapelle
宮廷内礼拝堂付き司祭　Hofkaplan
求道期間　Vorkatechumenat
救難聖人　Nothelfer
糾明, 究明　Erforschung
旧約, 旧約聖書　das Alte Testament
旧約聖書外典　Apokryph
旧約聖書学者　Alttestamentler
穹窿（きゅうりゅう）　*Gewölbe, *Kuppel
救霊　Erlösung
Q語録資料　Logienquelle
Q資料　Q-Quelle
キューポラ　Kuppel
キュリオス　Kyrios
キュリロス典礼　Cyrillusliturgie
教育使徒会　die Apostolische Lehrgesellschaft
教育修道会　Lehrorden
教育修道女会　*Lehrschwester, Schulschwester
教育省　Kongregation für das Katholische Bildungswesen (für die Studieneinrichtungen)
教役者　Kleriker, Minister
教会　Gemeinde, *Kirche
教会維持費　Kirchenbeitrag
教会一致促進運動　die ökumenische Bewegung
教会運営　Kirchenverwaltung
教会改革　Kirchenreform, Kirchenverbesserung
教会会議　Kirchenkonferenz, Kirchenversammlung, *Konzil, *Synode
教会開基祭　Kirchweih, Kirmes
教会会議制　*Konziliarität, *Synodalverfassung
教会戒律　Kirchenordnung, *Kirchenzucht
教会からの脱退　Kirchenaustritt
教会管区　Kirchenprovinz
教会カンタータ　Kirchenkantate
教会管理者　Kirchenverwaltung, *Kirchenvorstand
教会旗　Kirchenfahne
教会基本財産　Kirchenfabrik, Kirchenstiftung

教会境域　Kirchenraum
教会・教区指導法　Kybernetik
教会・教区設置論　Oikodomik
教会教書の国家認可制　Exequatur
教会行列　Kirchfahrt
教会規律　*Kanon, Kirchendisziplin, Kirchenkonstitution, Kirchensatzung, *Kirchenzucht
教会月暦　Menologion
教会権　Kirchengewalt
教会献金　Kirchenabgabe, *Kirchengeld
教会憲章　Konstitution
教会高権　Kirchenhoheit
教会合同運動　Unionsbewegung
教会国家　Kirchenstaat
教会国家同権論　Koordinationstheorie
教会コンチェルト　Kirchenkonzert
教会財産　Kirchenfabrik, Kirchengut, Kirchenvermögen
教会財産取得制限法　Amortisationsgesetz
教会財産の没収（国有化）　Säkularisation
教会在俗代理人　Kirchenvogt
教会裁判所　*Konsistorialgericht, *Send[gericht]
教会史　Kirchengeschichte
教会史学　Kirchengeschichtswissenschaft
教会至上主義　Kirchlichkeit
教会事務局　Kirchenamt
教会主管者司祭　Kirchenrektor
教会主管者司祭管理教会　Rektorenkirche
教会祝祭学　Heortologie
教会祝祭暦　Heortologium
教会祝日表　Kalendarium
教会首長権　Kirchenregiment
教会巡察　Kircheninspektion, *Kirchenvisitation
教会職　*Kirchenamt, Offizium
教会職の授与　die Übertragung eines Kirchenamtes
教会スラヴ語　Kirchenslawisch
教階制　Hierarchie
教会税　Kirchensteuer
教会政策　Kirchenpolitik
教会制度　Kirchenwesen
教会税納付義務　Kirchensteuerpflicht
教会旋法　Kirchenmodus
教会総会議　Allgemeinkonzil
教会ソナタ　Kirchensonate
教会台帳　*Kirchenbuch, Matrikel
教会大分裂　das Große Schisma

教会弾圧	Kirchenverfolgung
教会地方区	Kirchenregion
教会長	Kirchenpräsident
教会著述家	Kirchenschriftsteller
教会での結婚	eine *kirchliche* Trauung
教会闘争	Kirchenkampf
教会統治	Kirchenverwaltung
教会統治権	Kirchenregiment
教会同盟	Kirchenbund
教会内小教会	ecclesiola in *ecclesia*
教会による庇護	Kirchenschutz
教会の祈り	*das *Gebet* der Kirche, *Stundengebet
教会の掟	*die *Gebote* der Kirche, Kirchengebot
教会の十分の一税	Kirchenzehnte
教会の祝日	Kirchenfest
教会の贖宥の宝蔵	Kirchenschatz
教会の特徴	Kirchennoten
教会の本質	Kirchlichkeit
教会の門	Kirchentor
教会博士	Kirchenlehrer
教会罰	Kirchenstrafe
教会番	*Küster, Mesner
教会フォークト	Kirchenvogt
教会分裂	Schisma
教会法	Jus canonicum, Kanon, *Kirchenrecht, Kirchenverfassung
教会法学	Kanonistik
教会法学者	Kanonist
教会奉仕者	Akolyth
教会法上の巡察	die *kanonische* Visitation
教会法上の選挙	die *kanonische* Wahl
教会法上の年齢	das *kanonische* Alter
教会法大全	Corpus Iuris Canonici
教会法典	*Codex Iuris Canonici, Kanon
教会法の教員	Dekretalist
教会役員会	*Kirchenrat, Konsistorium, *Oberkirchenrat
教会用語	Kirchensprache, *die *liturgische* Sprache
教会ラテン語	Kirchenlatein
教会離脱	Kirchenaustritt
教会領	Kirchenland, *Kirchenstaat
教会暦	Kalendarium, Kalender, *Kirchenkalender
教会暦年	Kirchenjahr
教会禄	*Benefizium, Pfründe, Wittum
教会禄受領者	Benefiziar, *Pfründner, Präbendar
教会論	Ekklesiologie
行間グロッサ	Interlinearglosse
行間逐語訳	Interlinearübersetzung
共観福音記者	Synoptiker
共観福音書	*Synopse, Synoptiker
教義	Glaubenssatz, *Dogma, Kirchenlehre
教義化	Dogmatisierung
協議会	Konferenz
教義学	Dogmatik
教義学者	Dogmatiker
教義決定	die *dogmatische* Entscheidung
教義史	Dogmengeschichte
教義的事実	die *dogmatische* Tatsache
教区	*Diözese, Gemeinde, Kirchfahrt, Kirch[en]sprengel, Pfarrei, Sprengel, Stiftspfarrei
教区委員	Kirchenpfleger
教区委員会	Kirchenvorstand
教区委員長	Kirchenvorsteher
教区移転許可書	Exeat
教区会計係	Diözesanökonom
教区外への放逐	Auspfarrung
教区監督	Dekan, *Superintendent
教区管理者	*Diözesanadministrator, Provisor
教区教会	Amtskirche
教区協議員	Diözesankonsultor
教区記録保管庫	Diözesanarchiv
教区経済問題協議会	Diözesanvermögensverwaltungsrat
教区経理担当者	Rendant
教区裁判官	Diözesanrichter
教区裁判所	*Diözesangericht, *das *Gericht* der Diözese, *Konsistorium, *Offizialat
教区裁判所主席判事	Offizial
教区司教	*Diözesanbischof, *der *residierende* Bischof
教区司祭	*Diözesanpriester, Leitpriester
教区司牧協議会	Diözesanpastoralrat
教区事務局	Konsistorium
教区巡礼所	Diözesanheiligtum
教区除籍	Exkardination
教区台帳	das pfarrliche *Buch*
教区代表者会議	Diözesansynode
教区長補佐	Archidiakon
教区付き司祭	Säkularkleriker, Säkularklerus, *Weltgeistliche
教区の境界設定	Zirkumskription

教区の住所　Diözesanwohnsitz
教区の守護聖人　Diözesanpatron
教区評議会　Diözesanrat
教区報　Bistumsblatt
教区本部事務局　*Diözesankurie, *Generalvikariat, *Ordinariat
教区民　Diözesan, Gemeinde, Herde, Kirchengemeinde
教権　*Kirchengewalt, Kirchenregiment
教権主義　Klerikalismus
教権制　*Hierokratie, Priesterherrschaft
教権制主義者　Hierokrat
教権統治　Priesterherrschaft
教権統治主義　Hierokratismus
恭謙な沈黙　Silentium obsequiosum
教権ファシズム　Klerikalfaschismus, *Klerikofaschismus
教皇　die *Heilige* Vater, *Papst, Pontifex
教皇(呼称)　Papa
教皇位　*Papsttum, Pontifikat
教皇掩祝(えんしゅく)　der päpstliche *Segen*
教皇演説　Allokution
教皇冠　Papstkrone, *Tiara
教皇旗　die *päpstliche* Flagge
教皇貴族近衛隊　Nobelgarde
教皇宮廷付き高位聖職者　der Päpstliche *Hausprälat*
教皇教令　das päpstliche *Dekret*
教皇勲章　der päpstliche *Orden*
教皇警視隊　die *päpstliche* Gendarmerie
教皇権　*Papsttum, Sazerdotium, Vatikan
教皇権至上主義　Ultramontanismus
教皇候補枢機卿　Papabili
教皇座　der Päpstliche *Stuhl*
教皇在位期間　Pontifikat
教皇祭壇　Papstaltar
教皇座宣言　Kathedralentscheidung
教皇至上権　Papalhoheit
教皇至上主義　Papismus
教皇使節　der apostolische *Delegat*
教皇使節団　Legation
教皇自発教令　Motuproprio
教皇首位権　*Papalhoheit, *Primat
教皇首位制　Papalsystem
教皇首位説　Papalismus
教皇十字架　der *päpstliche* Kreuz
教皇職　Papsttum

教皇親書　Chirograf
教会性　Kirchlichkeit
教皇制度　Papsttum
教皇選挙　Papstwahl
教皇宣教師　der apostolische *Missionar*
教皇選挙会　Konklave
教皇選挙人　Konklavist
教皇側近　Kurie, *Papstfamilie
教皇退位　die *Absetzung* des Papstes
教皇戴冠式　Krönung, *Papstkrönung
教皇大使　Nuntius
教皇代理枢機卿　Kardinalvikar
教皇中心主義　Papalismus
教皇庁　Dikasterien, *Kurie, Offizium, Sancta Sedes, Sedes Apostolica
教皇庁会計院　die *Apostolische* Kammer
教皇庁学士院　die *Päpstliche* Akademie der Wissenschaften
教皇庁公使　Internuntius
教皇庁尚書院　die *Apostolische* Kanzlei
教皇庁尚書院長枢機卿　Kardinalkanzler
教皇庁職員　Auditor, Kuriale
教皇庁大使　Nuntius
教皇庁中心主義　Kurialismus
教皇庁長枢機卿　Kardinalpräfekt
教皇庁付き枢機卿　Kurienkardinal
教皇庁内赦院　die Apostolische *Pönitentiarie*
教皇庁年鑑　das *päpstliche* Jahrbuch
教皇庁立聖書委員会　Päpstliche *Bibelkomission*
教皇庁立聖書研究所　Päpstliches *Bibelinstitut*
教皇付き聴罪司祭　der päpstliche *Pönitentiar*
教皇党　Guelfe
教皇特使　Legat
教皇特使枢機卿　Kardinallegat
教皇特派使節　Ablegat
教皇派　*Guelfe, Papist
教皇不可謬性の教義　Infallibilitätsdogma
教皇不可謬論　Infallibilismus
教皇不可謬論者　Infallibilist
教皇文書　*das *päpstliche* Dokument, Papsturkunde
教皇御輿　Sedia gestatoria
教皇ミサ　Papstmesse
教皇名　Papstname
教皇領　*Kirchenstaat, der *päpstliche* Staat
教皇令　die Apostolische *Konstitution*
共在　Konsubstantiation
共在説　Konsubstantiationslehre

共住修道者　Zönobit
共住修道制　Zönobitentum
共住修道生活　das *gemeinsam*e Leben
共住聖職者団聖堂　Kollegiatkirche
共住聖職者団聖堂祭式者会（共住聖職者団聖堂参事会）　Kollegiatkapitel
共住聖職者団聖堂祭式者会長（共住聖職者団聖堂参事会長）　Dekan
教授資格　Lizenziat
恭順　Gehorsam
教書　Hirtenbrief
共唱祈禱　*Chordienst, Chorgebet, Offizium
共唱祈禱修道会　Frauenstift
共唱祈禱修道会修道女　Chorfrau
教条主義者　Doktrinär
共唱席　Chor
共唱ミサ　Gemeinschaftsmesse
狂信　Glaubenseifer, Glaubensschwärmerei, Glaubenswut, Religionsschwärmerei, *Schwärmerei, Zelotismus
狂信者　Glaubensschwärmer, Zelot
狂信の信者　Schwarmgeist
教祖　Religionsstifter
兄弟　Bruder
兄弟愛　Bruderliebe, Bruderschaft, Fraternität
兄弟会　*Brüdergenossenschaft, *Bruderschaft, Konfraternität, Sodalität
兄弟会会員　Sodale
兄弟団　*Bruderschaft, Konfraternität
兄弟団名簿　Verbrüderungsbuch
兄弟団盟約　Verbrüderung
兄弟評議会　Bruderrat
共通公教要理　Einheitskatechismus
共通祭司職　das gemeinsame *Priestertum*
共通聖歌集　Einheitsgesangbuch
共同回心式　der *gemeinschaftlich*e Bußgottesdienst
共同祈願　Fürbitte
教導権　Kirchenregiment, *Lehramt, Lehrautorität, Magisterium
共同告白　Gemeinschaftsbeichte
共同祭儀　die *gemeinschaftlich*e Feier
協働司教　Bischofskoadjutor
共同司式　Konzelebration
共同司式者　Konzelebrant
共同使用［権］　Simultaneum
教導職　*Lehramt, Magisterium
共同寝室　Dorment

教導する教会　die lehrende *Kirche*
共同生活　*das *gemeinsam*e Leben, Koinobitenleben, Vita communis
共同生活兄弟会　die *Brüder* vom gemeinsamen Leben
共同生活兄弟会住院　Bruderhaus
共同聖別司教　Mitkonsekrator
共同体　Kommunität
共同体運動　Gemeinschaftsbewegung
共同訳聖書　Einheitsübersetzung
教派　Bekenntnis, Denomination, Konfession, *Religion
教派共存　Simultaneum
教派混合学校　Simultanschule
教派混合教会　Simultankirche
教派同権（同等）　die konfessionelle *Parität*
教父　Kirchenvater
教父学　Patristik
教父文献学　Patrologie
教理　*Dogma, *Doktrin, Lehre
教理学　Glaubenslehre
教理規準　Kanon
教理教師　Katechet
教理教授学［法］　Katechetik
教理決定　*Definition, *die *dogmatisch*e Entscheidung
教理省　Kongregation für die *Glaubenslehre*
教理神学　*Dogmatik, Glaubenslehre
教理神学者　Dogmatiker
教理宣言　Definition
教理宣示　Lehrverkündigung
教理の祝日　Ideenfest
教理判定　Lehrzensur
教理問答［書］　Katechismus
教令　*Dekret, Erlass, Konstitution
教令集　Dekretale
行列　Prozession
行列祈禱　Betgang
行列用十字架　*Prozessionskreuz, Vortragekreuz
行列用聖旗　Prozessionsfahne
教話　Predigt
許可　*Admission, *Zulassung
極小修道院　Zwergkloster
局地法　Partikularrecht
挙式者席　Sedile
きよしこの夜　*Still*e Nacht, heilige Nacht
去勢派　Skopze

漁夫の指輪　Fischerring
清め　*Lustration, *Purifikation, Reinigung
浄めの教会　Ecclesia patiens
清める　lustrieren, purifizieren, sakralisieren
キリアーレ　Kyriale
キリアン　Kilian
キリエ　Kyrie
キリエ・エレイソン　Kyrie eleison
ギリシア教会　die *griechische* Kirche
ギリシア教父　die *griechisch*en Väter
ギリシア語　Griechisch
ギリシア式十字架　das *griechische* Kreuz
ギリシア式典礼　die *griechische* Liturgie
ギリシア十字型　das *griechische* Kreuz
ギリシア正教会　die *orthodox*e Kirche
キリスト　Christus
キリスト哀悼　die *Beweinung* Christi
キリスト一元論　Christomonismus
キリスト仮現論　Doketismus
キリスト・カトリック教会　die *christkatholische* Kirche
キリスト騎士修道会, キリスト騎士団　Christusorden
キリスト教　Christentum
キリスト教化　Christianisierung, Verchristlichung
キリスト教科学　Christian Science
キリスト教学生会　Studentengemeinde
キリスト教化する　christianisieren
キリスト教女子青年会　*Christlich*er Verein Junger Frauen, *YWCA
キリスト教信仰　Christenglaube[n], Christentum
キリスト教青年会　*Christlich*er Verein Junger Männer, *YMCA
キリスト教世界　Christenheit, Christentum, Die Christliche *Welt*
キリスト教世界あるいはヨーロッパ　Die *Christenheit* oder Europa
キリスト教的解釈　Interpretatio Christiana
キリスト教的精神　Christianitas
キリスト教的世界観　die christliche *Weltanschauung*
キリスト教徒　*Christ, Christenheit, Christenmensch
キリスト教徒迫害　Christenverfolgung
キリスト教ヨーロッパ　das *christliche* Abendland
キリスト[最高]勲章　Christusorden
キリスト再臨説　Adventismus

キリスト者　*Christ, Christenmensch
キリスト者共同体　Christengemeinschaft
キリスト者の自由について　Von der Freiheit eines *Christenmensch*en
キリスト十字架像　*Bildstock, Herrgott, *Kruzifix, *Marterholz, Marterkreuz
キリスト受難像　Erbärmdebild, Miserikordienbild
キリスト信者の助け　Maria, Hilfe der Christen
キリスト人性否定論　Nihilianismus
キリスト神秘説　Christusmystik
キリスト崇拝　Christolatrie
キリスト生誕の告知　die *Ankündigung* der Geburt
キリスト像　Christus, Christusbild
キリスト磔刑(たっけい)像　*Korpus, Kreuzigungsbild, *Kreuzigungsgruppe
キリスト単意説　Monotheletismus
キリスト単勢説　Monenergismus
キリスト単性説　Monophysitismus
キリスト中心　Christozentrik
キリスト中心主義　Christozentrismus
キリストの茨の冠　Christusdornenkranz
キリストの体　Corpus Christi, *Leib Christi
キリストの兄弟　die *Brüder* Christi
キリストの組み合わせ文字　Christusmonogramm
キリストの系図　der *Stammbaum* Christi
キリストの顕現　Christophanie
キリストの現存　*die *Gegenwart* Christi, *Realpräsenz
キリストの降誕　die *Ankunft* Christi
キリストの古聖所降下　die *Höllenfahrt* Christi
キリストの祭司職　das *Priestertum* Christi
キリストの再臨　Parusie Christi
キリストの三職位　Drei *Ämter* Christi
キリストの十字架　Crux Christi, *das *Kreuzholz* Christi
キリストの十字架降下　die *Abnahme* Christi vom Kreuz
キリストの十字架昇架　die *Kreuzaufrichtung* Christi
キリストの受難　das *Leiden* Christi
キリストの受難の道　der *Leidensweg* Christi
キリストの受難物語　die *Leidensgeschichte* Christi
キリストの昇天　Christi *Himmelfahrt*
キリストの贖罪死　*das *Martyrium* Christi, Mitt-

lertod
キリストの信従　die *Nachfolge* Christi
キリストの神性　die *Gottheit* Christi
キリストの人性　das *Menschentum* Christi
キリストの神秘体　Corpus Christi mysticum, *der mystische Leib* Christi
キリストの聖痕　*die *Stigmata* Christi, die *Wundmale* Christi
キリストの聖体の祭日　Fronleichnam
キリストの戦士　Miles Christi
キリストの代理者　der *Stellvertreter* Christi
キリストの血　das *Blut* Christi
キリストの花嫁　*die *Braut* Christi, *Sponsa Christi
キリストの秘義　Christusmysterium
キリストの貧者　Pauperes Christi
キリストの復活　die *Auferstehung* Christi
キリストの不能罪性　die *Sündlosigkeit* Christi
キリストの兵士　Miles Christi
キリストの変容　die *Verklärung* Christi
キリストの捕縛　die *Gefangennahme* Christi
キリストの埋葬　die *Grablegung* Christi
キリストのまねび　*Imitatio Christi, die *Nachahmung* Christi
キリストのモノグラム　Christusmonogramm
キリスト複意説　Dyothetelismus
キリスト遍在説　Ubiquitarismus
キリスト友(クェ)会　die [religiöse] Gesellschaft der *Freunde*
キリスト猶子説(養子説)　Adoptionismus
キリスト・ヨハネ群像　Johannesminne
キリスト両意説　Dyotheletismus
キリスト両性説　*Dyophysitismus, Zweinaturenlehre
キリスト論　Christologie
規律　Disziplin, *Observanz
起立唱マリア賛歌　Akathistos
キルベト・クムラン　Khirbet *Qumran*
儀礼　Ritual
儀礼書　Ritual[e]
キー・ロー　Chi-Rho
記録保管庫　Archiv
義和団事件　Boxeraufstand
禁域(制)　Klausur
禁域法免除　*Exklaustration, Exklaustrationsindult, Exklaustrierung
金印勅書　die Goldene *Bulle*

緊急洗礼　Nottaufe
金言　Spruch
禁止制裁　Interdikt
禁書　*Bücherverbot, die verbotenen *Bücher*
禁書目録　Index
襟垂帯(さんすたい)　Stola
金製バラ章　*die Goldene *Rose*, Tugendrose
近代主義　Modernismus
近代主義者　Modernist
禁断の木の実　die verbotenen *Früchte*
金の子牛　das *Goldene* Kalb
金文字写本　Codex aureus
銀文字写本　Codex argenteus
禁欲　Abtötung, *Askese, Disziplin, *Mortifikation
禁欲者　Asket

ク

クアジモドゲニティ　Quasimodogeniti
悔い改め　*Buße, Büßung, Pönitenz
悔い改めの詩編　Bußpsalm
悔い改めよ　metanoeite
クイウス・レギオ, エイウス・レリギオ　cuius regio, eius religio
クィクムクェ信条　Quicumque
空位　Sedisvakanz, *Vakanz
寓意　*Allegorie, *Emblem
空位期間臨時大修道院長　Kommendatarabt
空位小教区管理者　Pfarrverweiser
空位聖職禄　*Interkalarfrüchte, Interkalarien, Kommendenwesen
空位聖職禄管理大修道院長　Kommendatarabt
空位聖職禄収入取得権　Regal[e]
空位聖職禄の臨時管理　Kommende
寓意的解釈　*Anagoge, die *anagogische* Auslegung
偶性　Akzidens
偶像　*Abgott, Götterbild, Götze, Götzenbild, Idol
偶像化　Vergottung
偶像崇拝　Abgötterei, Baalsdienst, Götzendienst, *Idolatrie
偶像崇拝者　Abgottanbeter, Baalsdiener, Götzendiener

偶像礼拝　Idolatrie
偶有性　Akzidens
寓話　Allegorie
クエーカー　Quäker
クエーカー主義　Quäkertum
グェルフ　*Guelfe, *Welfe
クォ・ヴァディス　quo vadis
苦行　Abtötung, *Askese, Disziplin, *Kasteiung, *Mortifikation
苦行衣　Büßergewand
苦行者　Asket
苦行する　sich *kasteien*
苦行用鎖帯　Bußgürtel
苦行用の棒(鞭)　Ferula
具現的霊感　Realinspiration
鎖付き写本　Kettenbuch
鎖の信心会　Kettenbruderschaft
九時課　Non[e]
クセルクセス　Xerxes
口での聖体拝領　Mundkommunion
朽ちない　unverweslich
口伝律法　das *mündliche* Gesetz
功徳　Verdienst
功徳適用　Applikation
苦難　Leiden
苦難のキリスト　Schmerzensmann
クネヒト・ループレヒト　Knecht Ruprecht
苦悩　Plage
グノーシス　Gnosis
グノーシス主義　Gnostizismus
グノーシス主義者, グノーシス派　Gnostiker
首飾り章　Collane
首持ち聖人　Kephalophor
クーポラ　Kuppel
組合派　Kongregationalist
組合派教会主義　Kongregationalismus
組み合わせ文字　Monogramm [Christi]
組み込み　Eingliederung
クムラン　Qumran
クムラン教団　Qumrangemeinde
クムラン文書　Qumran[hand]schriften
クラウズラ　Clausula, *Klausel
グラゴール文字　die *glagolitische* Schrift, *Glagoliza
クラッパー　Klapper
グラデュアル　Graduallied
グラドゥアーレ　Graduale
クララ会　Klarissenorden
クララ・カプチン会　Klarissen-Kapuzinerin
グラール　Gral
クラレチアン宣教会　Claretiner
クリアストーリー　Obergaden
クーリエ　Kuriale
クリスチャン　Christ
クリスチャン・サイエンス　Christian Science
クリスチャン・サイエンスの教義　Szientismus
クリスチャン・サイエンティスト　Szientist
クリストキント　Christkind
クリストフォロス　Christophorus
クリスマ　*Chrisma, Salböl
クリスマス　Christ, *Weihnachten, Weihnachtsfest
クリスマスイヴ　Christabend, Weihnachtsabend
クリスマス市　Adventsmarkt, Christkindl[es]markt, *Weihnachtsmarkt
クリスマス・オラトリオ　Weihnachtsoratorium
クリスマス深夜ミサ　Christmesse
クリスマスツリー　Christbaum, *Weihnachtsbaum
クリスマスの時節　Weihnachtszeit
クリスマスの祝日　Weihnachtsfeiertag
クリスマスピラミッド　Weihnachtspyramide
クリスマス募金　Adveniat
クリスマスマーケット　Weihnachtsmarkt
クリスマスミサ　Weihnachtsmesse
クリッペ　*Krippe, Weihnachtskrippe
クリプト　Krypta
クリプトカトリック主義　Kryptokatholizismus
クリプトカルヴァン主義　Kryptokalvinismus
クリプトカルヴァン派　Kryptokalvinist
クリュソストモス式典礼　Chrysostomus-Liturgie
クリュニー　Cluny
クリュニー修道院改革　die *kluniazensische* Reform
クリュニー修道会　Kluniazenser
クリュプタ　Krypta
苦しみ　Leiden
グレゴリアナ大学　die *päpstliche* Universität Gregoriana
グレゴリウス改革　die *gregorianische* Reform
グレゴリウスのミサ　*Gregorsmesse, Gregoriusmesse
グレゴリウス暦　der *gregorianische* Kalender

グレゴリオ聖歌　der gregorianische Choral <Gesang>
グレゴリオ聖水　das gregorianische Wasser
グレゴリオ・ミサ　*die Gregorianische Messe, Gregoriusmesse
クレチアン宣教会　Claretiner
クレド・ウト・インテリガム　credo, ut intelligam
クレド・クイア・アブスルドゥム　credo, quia absurdum
クレメンス文書　Klemensschriften
クレリカリズム　Klerikalismus
黒い教皇　der schwarze Papst
クロイスター　Klostergang
クロイツ・カントル　Kreuzkantor
グロッサ　Glosse
グロッサトーレン　Glossator
クロッシング　Vierung
グロッソラリア　Glossolalie
クロノス　Chronos
クローバー型十字架　Kleeblattkreuz
黒ミサ　die schwarze Messe
グロリア　Gloria
グロリア・イン・エクセルシス・デオ　Gloria in excelsis Deo
グロリア・パトリ　Gloria Patri, *die kleine Doxologie
クワイアブック　Choralbuch
クワドラジェジマ　Quadragesima
軍役　Kriegsdienst
訓戒　Admonition
軍勢　Heer, Heerschar, Zebaot[h]
軍隊司牧　Militärseelsorge
軍隊付き司祭　Militärkaplan
訓令　Instruktion

ケ

猊下　*Eminenz, *Hochwürden
荊冠　Dornenkranz
敬虔　Andacht, Devotion, *Frömmigkeit
軽減　Erleichterung
敬虔王ルートヴィヒ　Ludwig der Fromme
敬虔集会　Collegia pietatis
敬虔主義　Pietismus
経験神学　Erfahrungstheologie
敬虔な　fromm
警告のしるし　Menetekel
啓示　*Offenbarung, Revelation
啓示史　Offenbarungsgeschichte
啓示宗教　Offenbarungsreligion
啓示神学　Offenbarungstheologie
繋釈(じょう)権　Binde- und Lösegewalt
傾斜十字架　Andreaskreuz
頸章　Collane
継承権　Exspektanz
継承権保持者，継承予定者　Exspektant
形色(じしょく)　Akzidens
敬神　Theolatrie
敬神徳　*Frömmigkeit, *Pietät
系図　Stammbaum
頸垂帯　Stola
携帯用祭壇　Tragaltar
刑罰　Strafe
刑罰法　Pönalgesetz
啓明結社　Illuminatenbund
啓明主義　Illuminismus
契約　*Bund, *Testament
契約神学　*Bundestheologie, *Föderaltheologie
契約の書　Bundesbuch
契約の箱　*Bundeslade, Lade
ゲオルギウス　Georg
ゲオルギウス修道会(騎士団)　Georgiusorden
汚れなき処女(じょ)　Immaculata
汚れなき処女マリア　Maria, die reine Magd
決疑論　Kasuistik
結婚　*Ehe, Trauung
結婚禁止期間　Geschlossene Zeit
結婚年齢　Heiratsalter
ゲツセマネ　Gethsemane
決定　Dekret
ゲットー　Getto
ケトゥビーム　Ketubim
ケニ人　Keniter
ケニ人仮説　Keniterhypothese
ケノーシス　Kenosis
ケノーシス説　Kenosistheorie
ゲノフェーファ　Genoveva
ゲヘナ，ゲヘンナ　Gehennna
ゲマラ　Gemara
ケラリウス　Cellarius
ケリオン　Kellion

ケリュグマ Kerygma
ケリュグマ的神学 die *kerygmatische* Theologie
ケルト式典礼 die *keltische* Liturgie
ケルト人 Kelte
ケルビム（ケルブ） Cherub
ゲルフ Guelfe
ケルン Köln
ケルン大聖堂 Kölner Dom
ケレスティヌス修道会 Zölestiner
剣 Schwert
肩衣（けんい） *Amikt, Humerale
権威 Gewalt, *Macht, Vollmacht
検閲 Gutachten, *Zensur
検閲者 Gutachter, *Zensor
検閲する zensieren
原会則派 Observant
厳格蓋然説 Probabiliorismus
厳格主義 Rigorismus
玄関間 *Narthex, Vorhalle
玄義 *Geheimnis, *Mysterium
献金 Kollekte
献金皿 Kirchenbecken
献金箱 Almosenbüchse, Almosenstock, *Opferstock
献金袋 Klingelbeutel
原啓示 Uroffenbarung
顕現 *Erscheinen, Erscheinung
権限 Fakultät
献香 *Beräucherung, Inzens, Inzensation
元后あわれみの母 Salve Regina
言語霊感 Verbalinspiration
言語霊感説 Verbalinspirationslehre
原罪 Erbsünde
現在化 Aktualisierung, *Vergegenwärtigung
顕示 *Aussetzung, Exposition
幻視 Vision
原始会則派 *Observant, *Rekollekten
顕示器 Schaugefäß
原始義 Urstand
原始教会 Urkirche
原始キリスト教 Urchristentum
原始キリスト教団 Urgemeinde
原始キリスト教徒 Urchrist
現実態 Akt
原始福音 Protoevangelium
検邪聖省 Heilige *Kongregation* des Heiligen Offizium

研修会 Konveniat
原初史 Urgeschichte
堅信 *Firmung, Einsegnung
堅信志願者 *Katechumene, *Konfirmand
堅信志願者のための教理授業 Katechumenenunterricht
堅信式 Konfirmation
献身者 Oblate
献身者会, 献身修道会 Oblaten
堅信台帳 Firmbuch
堅信堂 Chrismarium
堅信年齢 Firmalter
堅信の執行者 Firmspender
堅信の秘跡 das Sakrament der *Firmung*
堅信服 Konfirmationsanzug, Konfirmationskleid
堅信名 Firmname
堅信礼 Einsegnung, *Konfirmation
堅信を授ける firmen
原聖書正典の protokanonisch
現前化 Vergegenwärtigung
還俗 *Laisierung, Reduktion, *Säkularisation
還俗させる laisieren
謙遜 Bescheidenheit, *Demut
現存 Gegenwart
謙遜者団 Humiliat
現代化 Aggiornamento
幻聴 Audition
権天使 Fürstentümer
献堂式 Kirchweih[e]
ケントゥリア Zenturie
権能 *Fakultät, Gewalt, *Vollmacht
原福音 Protoevangelium
原福音書 Urevangelium
謙抑派 Humiliat
厳律至聖贖罪主女子修道会 Redemptoristin
厳律シトー会 Zisterzienserorden der strengeren Observanz
権力 Macht
原歴史 Urgeschichte

コ

コイネー Koine
コイメーシス Koimesis
香 Weihrauch

孝愛	*Frömmigkeit, *Pietät
高位区	Prälatur
高位区長	Prälat
高位司牧者	Oberhirt[e]
高位者	Prälat
高位者修道会	Prälatenorden
高位聖職者	*Dignitar, Dignitär, *Kirchenfürst, Oberpriester, *Prälat
後裔	Samen
公益保護官	Kirchenanwalt
講演会	Konferenz
公会議	Kirchenversammlung, *Konzil
公会議教皇	Konzilspapst
公会議教父	Konzilsvater
公会議首位説, 公会議主義	Konziliarismus
公義障害	das Hindernis der öffentlichen Ehrbarkeit
抗議派	Remonstrant
高挙	Erhöhung
広教会	Broad-Church
高教会	High-Church
公教会	die katholische Kirche
広教[会]主義	Latitudinarismus
公教要理	der katholische Katechismus
公現	Epiphanie
公現の祝日, 公現日	*Epiphanienfest, *Hohneujahr
恍惚	*Ekstase, *Entrückung
高座	Thron
交差穹窿	Kreuzgewölbe
交差部	Vierung
子牛	Kalb
公書	die katholischen Briefe
交唱	*Antiphon, *Wechselgesang
公証官	Aktuar, *Notar
後陣	Chorhaupt
公審判	das Allgemeine Gericht
功績	Verdienst
控訴院	Rota
降誕	Ankunft
講壇	Kanzel
降誕教会	Geburtskirche
降誕[祭]劇	Adventsspiel, *Weihnachtsspiel
降誕祭の聖節	Weihnachtsfestkreis
降誕祭ミサ	Weihnachtsmesse
降誕祭夜半ミサ	Christmesse
降誕節	Weihnachtszeit
耕地行列, 耕地回り	Flurgang
校長	Rektor
皇帝教皇主義	Cäsareopapismus
皇帝大聖堂	Kaiserdom
皇帝のためのメノロギオン	das Kaiserliche Menologion
皇帝派	G[h]ibeline
公的祈禱	das öffentliche Gebet
公的啓示	die allgemeine Offenbarung
公的贖罪	die öffentliche Buße
公的誓願	das öffentliche Gelübde
口禱	das mündliche Gebet
強盗	Schächer
合同	Union
合同教会	*die Unierte Kirche, Unionskirche
合同主義	Unionismus
公同書簡	die katholischen Briefe
公同性	Katholizität
合同福音主義教会	Evangelische Kirche der Union
高度蓋然説	Probabiliorismus
光背	*Aureole, *Glorie
劫罰	*Reprobation, *Verdammnis
光被	Illumination
公表する	abkündigen
公布	Promulgation
公文書館	Archiv
香部屋	Kleiderraum, *Sakristei
香部屋係	Sakristan
公法人	die öffentliche juristische Person
高慢, 傲慢	Hochmut
光明会	Illuminatenbund
光明主義	Illuminismus
光明派	*Alumbrados, *Illuminat
荒野	Wüste
綱要書	Manual[e]
合理主義	Rationalismus
公吏不入権	Immunität
光輪	*Glorie, *Nimbus
交霊術師	Spiritist
香炉捧持者	Thuriferar
講話会	Volksmission
古改革派教会	die altreformierte Kirche
5月の祭壇	Maialtar
5月の信心	Maiandacht
黄金(こがね)の堂	das Goldene Haus
古儀式派	Starowerzen
護教	Apologie

護教家	Apologet
護教学(論)	Apologetik

- 護教家　Apologet
- 護教学(論)　Apologetik
- 黒衣修道制　das *schwarze* Mönchtum
- 黒衣の修道士　der *schwarze* Mönch
- 国王至上[権]宣誓　Suprematseid
- 国王至上法　Suprematsakte
- 国王戴冠式　Krönung
- 国王塗油　Königsalbung
- 国王奉仕　Servitium regis
- 国王無償接待　Königsgastung
- 国際カトリック学生連盟　Pax Romana
- 国際ギデオン協会　Internationaler *Gideonbund*
- 黒人霊歌　Negro Spiritual
- 獄中書簡　Gefangenschaftsbrief
- 国土回復運動　Reconquista
- 国内宣教　die innere *Mission*
- 国内伝道師養成所　Bruderhaus
- 告白　*Beichte, *Bekenntnis, Confessio, *Geständnis, Paterpeccavi, *Soliloquium
- 告白教会　die *Bekennende* Kirche
- 告白室　Beichtkammer, *Beichtstuhl, Bußzelle
- 告白者　Beichtkind, Beichtling, Konfitent, *Pönitent
- 告白謝礼　Beichtgroschen
- 告白証明書　Beichtzettel
- 告白証明書発行原簿　Beichtregister
- 告白する　beichten, bekennen
- 告白席　Beichtstuhl
- 告白の祈り　Beichtgebet, *Confiteor
- 告白の鑑(かがみ)　Beichtspiegel
- 告白の形式　Beichtformel
- 告白の守秘義務, 告白の秘密　Beichtgeheimnis
- 告白を聴く　beichthören
- 告白を聴く権能　Beichtbefugnis
- 告別説教　die *Abschiedsreden* Jesu
- 国務長官枢機卿　Kardinalstaatssekretär
- 後光　Glorie
- 九日間の祈り　*Gnadennovene, *Novene
- 心構え　Disposition
- 心構えを整える　disponieren
- 試み　Versuchung
- 試みる者　Versucher
- ゴシック教会　die *gotische* Kirche
- ゴシック曲線　der *gotische* Schwung
- ゴシック様式　Gotik
- 御受難[修道]会　Passionist
- 五旬祭, 五旬節　Pentekoste
- 五旬節の主日　Quinquagesima
- 五書　Pentateuch
- 個人霊感　Personalinspiration
- コスモクラトール　Kosmokrator
- 沽聖　Simonie
- 古聖所　Limbus patrum
- 古聖所降下　Höllenfahrt
- 古代教会　die alte *Kirche*
- 古代キリスト教会　die *altchristliche* Kirche
- 古代キリスト教の　altchristlich
- 古代ヘブライ語の　althebräisch
- 告解　Beichte
- 告解火曜日　Fastnacht
- 告解月曜日　Rosenmontag
- 告解月曜日の[仮装]行列　Rosenmontagszug
- 告解者　Beichtkind, Beichtling, Konfitent, *Pönitent
- 告解の手引き　Beichtspiegel
- 告解の秘跡　Bußsakrament
- 国家教会　*Nationalkirche, *Staatskirche
- 国家宗教　*Nationalreligion, *Staatsreligion
- 国家枢機卿　Nationalkardinal
- 国教　Nationalreligion, Staatsreligion
- 国教会　Landeskirche, *Nationalkirche, *Staatskirche
- 国教会主義　Konformismus
- 国教会制度　Landeskirchentum, *Staatskirchentum
- 国教随順　Konformität
- 国教徒　Konformist
- 国民教会　Nationalkirche
- 固定式祭壇　das feststehende *Altar*
- 固定祝日　*die unbeweglichen *Feste*, die festen *Feiertage*
- ゴデスカルクの福音書　Godescalc-*Evangelistar*
- コーデックス　Kodex
- 呼禱　Aspiration
- ゴート語　Gotisch
- ゴート語訳聖書　die *gotische* Bibelübersetzung
- ゴート人(族)　Gote
- ことばの告知　Wortverkündigung
- ことばの祭儀(典礼)　Wortgottesdienst
- ゴート文字　Gotisch
- 子供司教　Kinderbischof
- 子供十字軍　Kinderkreuzzug
- 子供の祈り　Kindergebet
- 子供の聖書　Kinderbibel
- 子供の聖体拝領　Kinderkommunion

子供のミサ　Kindergottesdienst
5年間の権能　Quinquennalfakultät
この人を見よ　Ecce Homo
小羊　*Lamm, Schäfchen
小羊像　Lamm
小羊の礼拝, 小羊礼賛図　die *Anbetung* des Lammes
コープ　Chormantel
コプト教会　die *koptische* Kirche
コプト芸術　die *koptische* Kunst
コプト語　die *koptische* Sprache
コプト式典礼　die *koptische* Liturgie
コプト十字架　der *koptische* Kreuz
コプト人　Kopte
古プロテスタンティズム　Altprotestantismus
個別告白　Einzelbeichte, Ohrenbeichte, *Privatbeichte
個別聖体拝領　Privatkommunion
古ヘッセン教会　Althessische Kirche
コヘレト　Kohelet[h]
コヘレトの言葉　das Buch *Kohelet[h]*
御訪問　Visitatio
コムトゥール　Komtur
ゴモラ　Gomorra[h]
顧問　*Definitor, *Konsultor
顧問団　Konsultorkollegium
固有文　Proprium
コラ　Korah
古ラテン語訳　*altlateinische* Übersetzungen
コラ人(?)　Korahiter
コラール　Choral
コラール・カンタータ　Choralkantate
コラール幻想曲　Choralfantasie
コラール集　Choralbuch
コラール前奏曲　Choralvorspiel
コラール・ファンタジー　Choralfantasie
コラール・フーガ　Choralfuge
コラール編曲　Choralbearbeitung
コラール変奏曲　Choralvariation
コラール・ミサ　Choralmesse
ゴリアテ　Goliat
コリントの信徒への手紙　Korintherbrief
コリント人(?)　Korinther
ゴルゴタ　Golgatha
古ルター派　Altlutheraner
コルドリエ　Cordelier
コルネット　Nonnenhaube
コルピング会　Kolpingwerk
コルプス・エヴァンゲリコールム　Corpus Evangelicorum
コルプス・カトリコールム　Corpus Catholicorum
コルプス・レフォルマトールム　Corpus Reformatorum
コルポラーレ　Korporale
コルンバ　Columba
コルンバヌス　Columban
コルンバヌスの戒律　Kolumbanregel
コレギア・ピエタティス　Collegia pietatis
コレギウム・ゲルマニクム　Collegium Germanicum
コレギウム・ロマーヌム　Collegium Romanum
語録資料　Logienquelle
コロサイの信徒への手紙　Kolosserbrief
コロサイ人(?)　Kolosser
コロンブス騎士会　Columbusritter
婚姻　Ehe
婚姻障害　Ehehindernis
婚姻訴訟　Eheprozess
婚姻台帳　Ehebuch
婚姻に関する回勅　Eheenzyklika
婚姻の絆　Eheband
婚姻の絆の保護官　Ehebandverteidiger
婚姻の誓約　Ehebund
婚姻の善　Ehegüter
婚姻の秘跡　Ehesakrament
婚姻の不解消性　die *Unauflösbarkeit* der Ehe
婚姻法　Eherecht
婚姻予告　*Eheaufgebot, *Kanzelsprung
婚姻予告をする　aufbieten
コンヴェルソ　Concersos
コンヴェンツァル[聖フランシスコ修道]会　Konventuale
コンヴェンツァル小さき兄弟会　Minorit
コンヴェンティクル　Konventikel
懇願　Invokation
コンクラーヴェ　Konklave
コングリゲーショナリスト, コングリゲーショナル教会　Kongregationalist
混合語聖歌　Mischlied
混合主義　Synkretismus
コンコルダート　Konkordat
コンコルダンス　Konkordanz
混宗(障害)　Bekenntnisverschiedenheit

コンシユウコ

混宗婚　*die *interkonfessionelle* Ehe, *Mischehe
混宗婚紛争　Mischehenstreit
混信婚　*die *interkonfessionelle* Ehe, *Mischehe
コンスタンツ　Konstanz
コンスタンツ公会議　Konstanzer Konzil
コンスタンティヌス寄進状　die *Konstantinische* Schenkung
コンスタンティヌス十字架　das *Konstantinische* Kreuz
コンスタンティヌス大帝　Konstantin der Große
コンスタンティノポリス公会議　Konstantinopelkonzil
コンチェントゥス　Concentus
コントラファクトゥール　Kontrafaktur
混沌　Chaos
婚配機密　Ehesakrament
ゴンファロニエーレ　Gonfaloniere
コンフィテオール　Confiteor
コンフェッシオ　Confessio
コンプトゥス　Computus
根本主義　Fundamentalismus
根本主義者　Fundamentalist
根本信条　Fundamentalartikel
コンラート（僧）　Pfaffe Konrad
婚礼の祭壇　Traualtar

サ

座　Stuhl
ザアカイ　Zachäus
罪過　Sünde
再カトリック化　Rekatholisierung
祭器　*das heilige *Gerät*, das liturgische *Gefäß*
祭儀　Akt, Handlung, *Kult, Kulthandlung
祭器卓, 祭器棚　*Kredenz, Kredenztisch
祭具　*Altersgerät, *das liturgische *Gerät*, *Kirchengerät, Kultgerät
祭具室　Kleiderraum, Paramentenkammer, *Sakristei
祭具室係　*Küster, Mesner, *Sakristan
罪源　Hauptsünde
再興　Restauration
最高位司教　Summus Episcopus
最高善　das *höchste* Gut
最高法院　*Hoher *Rat*, Synedrion
最後の糧（かて）　*Viatikum, *die letzte *Wegzehrung*
最後の審判　das Jüngste <Letzte> *Gericht*
最後の審判のラッパ　die *Posaune* des Jüngsten Gerichts
最後の晩餐　das letzte *Abendmahl*
最後の晩餐の広間　Abendmahlssaal
財産管理者　Viztum
祭祀　Kult
祭司　Priester
祭式　Feier, *Kult
祭式者　Kanoniker
祭式書　Agende
祭式装飾学　Paramentik
祭式的殺人　Ritualmord
祭祀共同体　Kultgemeinschaft
祭司職　Priestertum
祭司職任命　Priestereinsetzung
祭司資料　Priesterschrift
祭司長　*Hohepriester, Oberpriester
祭日　Hochfest
祭司文書　Priesterschrift
罪習者　Gewohnheitssünder
再叙階　Reordination
最初の殉教者　Erzmärtyrer, *Protomärtyrer
再生　Reinkarnation, *Wiedergeburt
再洗礼　*Rebaptismus, *Wiedertaufe
再洗礼派　Anabaptist, Täufer, Taufgesinnte, *Wiedertäufer
再洗礼論　Anabaptismus
在俗会　Säkularinstitut
在俗司祭　Pope, Säkularkleriker, Säkularklerus, *Weltgeistliche, Weltkleriker
在俗第三会　Tertierierorden
在俗フランシスコ会　die *Franziskanische* Gemeinschaft
祭台　Altartisch, Altarplatte
祭卓　Altartisch, *Mensa
祭壇　*Altar, Gnadentisch, *Weihaltar
財団　Stiftung
祭壇画　Altarbild
祭壇祈禱文表　Altarkarte
祭壇胸壁　Altarschranke
祭壇十字架　Altarkreuz
祭壇燭台　Altarkerze
祭壇聖別（式）　Altarweihe
祭壇垂れ布　Mappa
祭壇衝立（ついたて）　*Altarsretabel, Retabel, *Tafelal-

祭壇特権　Altarsprivileg
祭壇の階段　Altarstufen
祭壇の秘跡　Altar[s]sakrament
祭壇布　Altardecke, *Altartuch, *Chrismale, Mappa
祭壇奉献　Altarsweihe
祭壇奉仕　Choramt
祭壇奉仕者　*Akolyth, Altardiener, *Messdiener, Ministrant
祭壇奉仕者の肩衣　Mappa
祭壇前飾り　Altarbekleidung, Altarvorsatz, *Antependium, Frontale
祭壇用鈴　Altersglocke
祭壇用聖石　Altarstein
裁治権　Jurisdiktionsgewalt, *Leitungsgewalt
裁治権者　Ordinarius
祭刀　Opfermesser
裁判　Prozess
裁判権　Gerichtsbarkeit
再復　Rekapitulation
祭服　*Chorkleidung, *das *liturgische* Gewand, Kirchengewand, Kirchenornat, Messgewand, *Ornat
祭服学　Paramentik
祭服と祭式装飾一式　Parament
再臨　*Parusie, Wiederkehr, Wiederkunft
祭鈴　Altersglocke
「幸い」章句　Makarismus
幸いなる処女(おとめ)マリアの小聖務日課　das kleine *Marianische* Offizium
サヴォナローラ　Savonarora
サウル，サウロ　Saul
魚　Fisch
ザカリア　Zacharias
ザカリアの賛歌　*Benedictus, der Lobgesang des *Zacharias*
作者不明の作品　Adespota
サクラ・コンヴェルサツィオーネ　Sacra conversazione
サクラメンタリウム　Sakramentarium
サクラメント　Sakrament
サクラリウム　Sakrarium
サクリフィツィウム・インテレクトゥス　Sacrificium intellectus
提げ香炉　Räucherfass
献げ物　*Oblation, *Opfer, *Opfergabe
献げる　dedizieren, weihen
授ける　austeilen
サタニズム　Satanismus
定め　Schickung
サタン　Satan
刷新　Reform
座天使　Throne
サドカイ派　Sadduzäer
裁き（神の）　*Gericht, Gottesurteil, Heimsuchung
砂漠の師父　Wüstenvater
ザビエル　Xaver
ザベリオ修士会　Xaverian Brothers
サベリオス主義　Sabellianismus
サベリオ宣教会　Xaverianer
さまよえるユダヤ人　der *Ewige* Jude
サマリア人　Samariter
サムエル　Samuel
サムエル記　das Buch *Samuel*
サムソン　Simson
サラ，サライ　Sara
サルヴァトール修道会　Salvatorianer
サルヴェ・レジナ　Salve Regina
サレジオ会　Salesianer
サロメ　Salome
三一性　Dreieinigkeit
サン・ヴィクトル学派，サン・ヴィクトル修道参事会　Viktoriner
三王来朝劇　*Dreikönigsspiel, Magierspiel
三王来朝の祝日　die Heiligen Drei *Könige*, *Dreikönigsfes
賛課　Laudes
賛歌，讃歌　*Canticum, *Hymne, *Lobgedicht, Lobgesang, Loblied
賛歌詠唱者　Laudist
賛歌文学　Hymnodie
散居修道院　Laura
サンクチュアリー　Sanktuar
サンクティタス　Sanctitas
サンクトゥス　Sanctus
ザンクト・ガレン　Sankt Gallen
懺悔　*Beichte, *Schuldbekenntnis
懺悔説教　Bußpredigt
懺悔の火曜日　Fastnacht
懺悔の月曜日　Fastnachtsmontag, *Rosenmontag
撒香　*Beräucherung, Inzens
三祭日　die drei hohen *Feste*
三時課　Terz

参事会　*Stift
参事会聖堂　*Kollegiatkirche, Monasterium, Münster, Stiftskirche
三重冠　*der dreifache *Kranz*, *Tiara
三重祭　Trination
三十年戦争　der Dreißigjährige *Krieg*
三祝日　die drei hohen *Fest*e
山上の説教(垂訓)　Bergpredigt
三章論争　Dreikapitelstreit
三神説　Tritheismus
散水　*Aspersion, *Besprengung
散水器　Aspersorium
散水棒　Aspergill, Sprengwedel, *Weihwasserwedel
散水礼　Aspersionstaufe
サンタクロース　*Nikolaus, *Weihnachtsmann
サンティアゴ・デ・コンポステーラ　Santiago de Compostela
暫定規約　Interim
三人の若者の賛歌　Lobgesang der Drei Männer im feuerigen Ofen
賛美　Lob
サン・ピエトロ大聖堂　Petersdom
賛美歌　*Choral, *der geistliche *Gesang*, *Hymne, *Kirchenlied
賛美歌集　*Gesangbuch, Hymnar[ium]
賛美する　lobpreisen
賛美の詩編　Lobpsalm
三幅祭壇画　Triptychon
産婦祝別式　Kirchgang
産婦を祝福する　eine Wöchnerin *aussegnen*
三分説　Trichotomie
サン・マルコ大聖堂　Markuskirche
三位異体論　Tritheismus
三位一体　Dreieinigkeit, *Trinität
三位一体修道会　Trinitarier
三位一体女子修道会　Trinitarierin
三位一体の祝日　Dreieinigkeitsfest, *Trinitatisfest
三位一体論者　Trinitarier
三位相互内在性　Perichorese
三名連記候補者名簿　Dreiervorschlag
サン・モール会(学派)　Mauriner
参列　Assistenz
三連[式]祭壇画　Triptychon

シ

師　*Reverend, *Reverendus
慈愛　Huld
支院　*Filialkloster, *Nebenkloser, Tochterkloster
シェーンシュタット・マリア信心会　Schönstätter *Marienschwester*
シオニスト　Zionist
シオニズム　Zionismus
塩の海　Salzmeer
塩の柱　Salzsäule
シオン　Zion
シオン派　Zionit
時課　Breviergebet, *Horen, Stundengebet, Tagzeit
死海　das *Tot*e Meer
死海文書　die Schriften vom *Tot*en Meer
時課経　Horologion
四角帽　*Barett, *Birett
自家修道院　Hauskloster
自家用礼拝堂　Hauskapelle
然(しか)り　also sei es
志願者ミサ　Katechumenenmesse
弛緩説　Laxismus
時期説　Periodismus
時期断絶説　Interperiodismus
四季の斎日　Quatember
司教　*Bischof, Pontifex
司教位　Pontifikat
市教会　Stadtkirche
司教会議　Bischofskonvent
司教冠　Inful, *Mitra
司教冠垂飾　Inful
司教議会　Konvent
司教儀典書　Bischofszeremoniale
司教協議会　Bischofskonfernz
司教教書　*Hirtenbrief, Pastoralschreiben
司教区　*Bistum, *Diözese, Sprengel, Stiftspfarrei
支教区　*Expositur, *Filiale
支教区付き司祭　Expositus
司教高座　*Cathedra, der bischöfliche *Stuhl*
司教高座ミサ　Pontifikalamt
司教候補指名権　Nomination
司教座　*Bischofsstuhl, *Cathedra, der bischöf-

liche *Stuhl*
司教座教会，司教座聖堂　Bischofsdom, Dom, Domkirche, Hochstiftskirche, *Kathedrale, Monasterium, Münster
司教座聖堂学校　Domschule
司教座聖堂祭式者会（司教座聖堂参事会）　Domkapitel, *Kathedralkapitel
司教座聖堂祭式者会員（司教座聖堂参事会員）　Chorherr, *Domherr
司教座聖堂祭式者会員司教代理　Kapitelsvikar
司教座聖堂祭式者会長（司教座聖堂参事会長）　Dekan, Domdekan
司教座聖堂修道院　Domkloster
司教座聖堂首席司祭　Präpositus, Propst
司教座聖堂直轄領　Domfreiheit
司教座聖堂付属学校　*Kathedralschule, Stiftsschule
司教省　Kongregation für die Bischöfe
司教杖　Bischofsstab, Ferula, *Hirtenstab, *Krummstab, Pastorale, Pastoralstab, Pedum
司教叙階（式）　Bischofsweihe
司教職　Bischofsamt, *Episkopat
司教［職階］枢機卿　Kardinalbischof
司教盛儀　Pontifikalhandlung
司教盛儀ミサ　das *bischöfliche* Hochamt, *Pontifikalamt
司教制主義　Episkopalismus
司教制主義者　Episkopalist
司教聖別　Bischofsweihe
司教選出　Bischofswahl
司教総代理　Generalvikar
司教代理　Bischofsvikar
司教団　*Bischofskollegium, *Episkopat, Kollegium
司教団首位説　Episkopalismus
司教典礼書　Pontifikale
司教都市　Bischofsstadt
司教評議会　Bischofsrat
司教帽　Bischofshut
司教名簿　Bischofsliste
司教指輪　*Anulus, Pastoralring, Pontifikalring
司教用祭具　Pontifikalien
司教用祭服　Pontifikalornat
司教用履物　Pontifikalsandale
司教領　Hochstift
始源罪　Ursünde
始源論　Protologie

至高者　das *Allerhöchst*e, das *höchst*e Wesen, Höchste
事効的効力　ex opere operato
至高の　allerhöchst
地獄　*Hölle, Inferno
自己聖化　Selbstheiligung
司祭　*Pastor, Pope, Presbyter, *Priester
侍祭　Akolyth
司祭会議　Priesterkongregation
司祭協会　Preisterverein
司祭修道会　Priestergenossenschaft, Priesterkongregation
司祭叙階（式）　Priesterweihe
司祭職　Presbyterat, *Priesteramt, Sazerdotium
司祭職任命　Priestereinsetzung
司祭職階枢機卿　Kardinalpriester
司祭叙任　Priestereinsetzung
司祭信心会　Priestergemeinschaft
司祭枢機卿　Kardinalpriester
司祭席　*Presbyterium, *Sedile
司祭団　Presbyterium
司祭の祭服　Priestergewand
司祭の土曜日　Priestersamstag
司祭評議会　Priesterrat
司祭養成　Priesterausbildung
視察　Visitation
視察報告書　Visitationsbericht
獅子　Löwe
士師　Richter
支持　Obedienz
士師記　Judikum, *das Buch der *Richter*
司式　Zelebration
司式者　Liturg, *Messpriester, *Zelebrant, Zeremoniar
使者　Bote
死者　Tote
侍者　Chorknabe, *Levit, *Messdiener, *Ministrant
死者慰霊日　Totensonntag
死者洗礼　Totentaufe
死者台帳　Totenbuch
死者の記念　das *Gedächtnis* der Toten
死者の国　Unterwelt
死者のための聖務日課　Totenoffizium
死者のためのミサ　*Requiem, Seelenmesse, Sterbeamt, Totenamt, Totenmesse
死者の日　*Allerseelen, Totenfest

死者の復活	*die *Auferweckung* der Toten, Totenerweckung
死手	die *Tot*e Hand
四終	die vier *letzt*en Dinge
試修期	Probezeit
死手譲渡	Amortisation
死手譲渡法	Amortisationsgesetz
四旬節	*Fastenzeit, *Quadragese, *Quadragesima
四旬節中の主日	Fastensonntag
四旬節の説教	Fastenpredigt
四旬節の中日	Halbfasten, *Mittfasten
四旬節の幕絵	Fastentuch
至上権	Supremat
私唱ミサ	Privatmesse
辞職	Resignation
私審判	das besondere *Gericht*
シスター	Schwester
システィナのマドンナ	die *Sixtinisch*e Madonna
システィナ礼拝堂	Sixtina
シスマ	Schisma
私誓願	das private *Gelübde*
至聖三位一体修道会	Trinitarier
至聖所	*das *Allerheiligste*, *Sanktuar[ium]
至聖贖罪主修道会	Kongregation des Heiligsten *Erlöser*, *Redemptorist
至聖贖罪主女子修道会	Schwestern vom Heiligsten *Erlöser*, *Redemptoristin
支聖堂	*Filialkirche, Tochterkirche
支聖堂区	*Expositur, *Filiale
至聖なる処女	die *allerheiligst*e Jungfrau
至聖なる聖体	*das *Allerheiligste*, *Sanktissimum
至聖なる父	der *allerheiligst*e Vater
至聖なる秘跡	das *allerheiligst*e Sakrament
至聖の	allerheiligst
詩節	Versus
使節	Delegat, Delegierte
使節団	Delegation
施設付き司祭	*Almosengeber, Almosenier, Anstaltsgeistliche, *Kaplan
死せるキリストへの哀悼	die *Beweinung* Christi
自然宗教	Naturreligion
自然人	die natürliche *Person*
自然神学	Naturtheologie
自然崇拝	Naturkult
自然的啓示	die *natürlich*e Offenbarung
自然という書物	das *Buch* der Natur
自然の光	*Lumen naturale, das *natürlich*e Licht
慈善箱	Armenbüchse
思想霊感	Realinspiration
氏族修道院	Sippenkloster
子孫	Samen
自存性	Aseität
七十人訳[聖書]	Septuaginta
七旬節	Septuagesima
十戒	Dekalog, *die Zehn *Gebot*e
執行者	Spender
実在論	Realismus
執事	Diakon
実質霊感	Realinspiration
実証神学	die *positiv*e Theologie
実体	Substanz
実体共存	Konsubstantiation
実体変化	*Transsubstantiation, Wesensverwandlung
実体変化説	Transsubstantiationslehre
失地回復	Restauration
実念論	Realismus
七宝焼	Email
執務不能な聖職者	Defizient
失楽園	das *verloren*e Paradies
指定教会, 指定巡礼聖堂	Station
指定日	Stationstag
シティー・ミッション	Stadtmission
私的啓示	*die private *Offenbarung*, Privatoffenbarung
私的告白	Privatbeichte
熾天使	Seraf
使徒	*Apostel, Apostelschaft, Bote, Glaubensbote, Jünger
時禱	Horen
児童献身者	Kinderoblate, *Oblate, Puer oblati
指導司祭, 指導者	Präses
時禱書	*Horarium, *Stundenbuch
児童福祉会	Kindermissionswerk
児童用聖書	Kinderbibel
シトー会	Zisterzienserorden
使徒会議	Apostelkonvent
シトー会時代	das *zisterziensisch*e Zeitalter
使徒教会	die *apostolisch*e Kirche
使徒教区	die *apostolisch*e Gemeinde
使徒兄弟派	Apostoliker
使徒行伝	Apostelgeschichte
使徒教父	die *apostolisch*en Väter

使徒教父文書　die Schriften der *apostolisch*en Väter
使徒教令　Aposteldekret
使徒キリスト教会　Gemeinschaft Evangelischer *Taufgesinnt*er
使徒継承　die *Apostolisch*e Sukzession
使徒継承性　Apostolizität
使徒継承の教会　die *apostolisch*e Kirche
使徒劇　Apostelspiel
使徒言行録(げんこうろく)　Acta Apostolorum, *Apostelgeschichte
使徒憲章　die Apostolische *Konstitution*
使徒座　*Dikasterien, Sedes Apostolica, *der Apostolische *Stuhl*
使徒座官報　Acta Apostolicae Sedis
使徒座管理区　der *Apostolisch*e Administratur
使徒座管理区長　der *Apostolisch*e Administrator
使徒座裁判所　das *Gericht* des Apostolischen Stuhles
使徒座巡察者　der Apostolische *Visitator*
使徒座書記官　der Apostolische *Protonotar*
使徒座署名院最高裁判所　die *Apostolisch*e Signatur, *das höchste *Gericht* der Apostolischen Signatur
使徒座代理区　das Apostolische *Vikariat*
使徒座代理区長　der Apostolische *Vikar*
使徒座知牧区　die Apostolische *Präfektur*
使徒座知牧区長　der Apostolische *Präfekt*
使徒座知牧区長代理　der Apostolische *Propräfekt*
使徒座任命臨時管理者　der *Apostolisch*e Administrator
使徒時代　das *apostolisch*e Zeitalter
使徒時代の直後　die *subapostolisch*e Zeit
使徒十字架　Apostelkreuz
使徒書側　Epistelseite
使徒書簡　*Apostelbrief, Epistel
使徒職　Apostelamt, *Apostolat
使徒書集　Epistolarium
使徒書朗読　Epistel
使徒信条　*Apostolikum, das Apostolische *Glaubensbekenntnis*, Kredo
使徒信条論争　Apostolikumstreit
使徒性　Apostolizität
使徒聖トマスの日　Thomastag
使徒聖ペトロの鎖の記念日　Petri Kettenfeier
使徒聖ヤコブの祝日　Jakobi
使徒団　das *apostolisch*e Kollegium

使徒的　apostolisch
使徒的勧告　die *Apostolisch*e Exhortation
使徒的教義会　die *Apostolisch*e Lehrgesellschaft
使徒的国王(皇帝)陛下　die *Apostolisch*e Majestät
使徒的祝福　der *Apostolisch*e Segen
使徒的書簡　das *Apostolisch*e Schreiben
使徒的生活の会　die *Gesellschaft* des apostolischen Lebens
使徒伝承性　Apostolizität
使徒の長(頭)　Apostelfürst
使徒派　Apostoliker
使徒物語　Apostelgeschichte
シナイ　Sinai
シナクサリオン　Synaxarion
シナクシス　Synaxis
シナゴーグ　Synagoge
辞任　Abdankung, *Amtsverzicht
死の警告　Memento mori
死の天使　Würg[e]engel
シノドス　Bischofssynode
死の標章　Memento mori
支配　Mächte
自発教令　Motuproprio
慈悲　Barmherzigkeit
慈悲の友会　*Barmherzige* Brüder (Schwestern)
至福　Heil, *Seligkeit
四幅祭壇画　Pentaptychon
至福直観　die *Anschauung* Gottes
至福なる処女(おとめ)マリア　die *allerseligst*e Jungfrau Maria
至福の　allerseligst
師父たちの金言　Apophthegmata patrum
師父の戒律　Magisterregel
詩編　Psalm, *Psalter
詩編歌　Psalmenlied
詩編曲　Psalm
詩編作者　Psalmendichter
詩編集　Psalter
詩編唱　Psalmodie
詩編旋法　Psalmton
司牧　Pastoration, *Seelsorge
司牧医学　Pastoralmedizin
司牧教書　*Hirtenbrief, Pastoralschreiben
司牧局　Seelsorgeamt
司牧区　Region
司牧者　Kurat, *Seelsorger

| 司牧書簡 Hirtenbrief, *Pastoralbrief
| 司牧職 *Hirtenamt, Pastoralien
| 司牧助手 Laienhelfer
| 司牧神学 Pastoraltheologie
| 司牧心理学 Pastoralpsychologie
| 司牧典礼学 Pastoralliturgik
| 司牧評議会 *Pastoralrat, Pfarrgemeinderat
| 司牧奉仕 der seelsorgliche *Dienst*
| 事務局長 *Kanzler, Moderator
| 指名 Designation
| シメオン Simeon
| シメオンの賛歌 Nunc dimittis
| シモニア Simonie
| シモン Simon
| シモン・マゴス Simon Magos
| 謝恩祭壇 Dankaltar
| 社会回勅 Gesellschaftsenzyklika
| 赦罪 Absolution, Erlass, *Sündenvergebung
| 写字室 Skriptorium
| 射禱 *Aspiration, *Schussgebet, Stoßgebet
| 謝肉祭 Fastnacht, *Karneval
| 謝肉祭劇 Fastnachtsspiel
| 写本 Kodex
| 写本室 Skriptorium
| 写本装飾画師 Illuminator
| 赦免 Absolution, Erlass, *Lossprechung
| 赦免する begnadigen
| 赦免の権能 Absolutionsbefugnis
| 車輪窓 Rose
| シャルトルーズ会 Kartäuserorden
| シャルトルーズ修道院 Chartreuse
| シャルトル聖パウロ修道女会 Paulusschwestern von Chartres
| シャルルマーニュ Charlemagne, *Karl der Große
| ジャンセニスト Jansenist
| ジャンセニズム Jansenismus
| 主 Dominus, *Herr
| 首位権 *Primat, Supremat
| 主意主義, 主意説 Voluntarismus
| シュヴィップ・ボーゲン Schwibbogen
| 修院 Kloster
| シュヴェ Chorhaupt
| 終課 Komplet
| 週歌 Wochenlied
| 集会 *Konveniat, *Konvent
| 集会祈願 *Kollekte, *Tagesgebet
| 集会指定教会 Station
| 集会指定教会のミサ Stationsgottesdienst
| 集会の書 Ekklesiastikus
| 修学期 Scholastikat
| 修学修士 Scholastiker
| 習慣 Gewohnheit
| 宗規 Disziplin, *Glaubensregel
| 衆議所 Hoher *Rat*
| 宗教 Religion
| 私有教会 Eigenkirche
| 州教会 Landeskirche
| 自由教会 Freikirche
| 宗教改革 Reformation
| 宗教改革記念祭 Reformationsfest
| 宗教改革者 Reformator
| 宗教改革著述集 Corpus Reformatorum
| 州教会監督 Landesbischof, Präses
| 私有教会制度 Eigenkirchentum
| 州教会制度 Landeskirchentum
| 州教会総会 Landessynode
| 宗教学 Religionswissenschaft
| 宗教基金 Religionsfonds
| 宗教騎士団 Ritterorden
| 宗教教育学 Religionspädagogik
| 宗教劇 das *geistliche* Schauspiel
| 宗教高権 Religionshoheit
| 宗教裁判（所） Glaubensgericht, *Inquisition, Ketzergericht
| 宗教裁判官 *Inquisitor, Ketzermeister
| 宗教史 Religionsgeschichte
| 宗教史家, 宗教史学者 Religionshistoriker
| 宗教社会学 Religionssoziologie
| 宗教上の sakral
| 宗教上の犯罪 Religionsvergehen
| 宗教諸侯 die *Geistlichen* Reichsfürsten
| 宗教心理学 Religionspsychologie
| 宗教人類学 Religionsantholopologie
| 宗教戦争 Glaubenskrieg, *Hugenottenkrieg, *Religionskrieg
| 宗教選択権 Reformationsrecht
| 宗教勅令 Religionsedikt
| 宗教哲学 Religionsphilosophie
| 宗教民族学 Religionsethnologie
| 宗教和議 Religionsfriede
| 従軍司教 *Armeebischof, Feldbischof, *Militärbischof
| 従軍司祭 Feldgeistliche, *Militärgeistliche, Ober-

pfarrer
習合主義　Synkretismus
十字ヴォールト　*Kreuzgewölbe, Kreuzrippengewölbe
十字円頂聖堂　Kreuzkuppelkirche
十字架　*Kreuz, Marterholz
十字架会　Kreuzherren
十字架会士のロザリオ　Kreuzherrenrosenkranz
十字架回廊, 十字架行列　Kreuzgang
十字架刑　Kreuzigung
十字架降下　Kreuzabnahme
十字架祭壇　Kreuzaltar
十字架週間　Kreuzwoche
十字架修道会　Kreuzherren
十字架昇架　Kreuzaufrichtung
十字架称賛　Kreuzerhöhung
十字架上のイエス・キリストの七つの言葉
　die Sieben letzten Worte Jesu Christi am Kreuz
十字架上のキリスト　Kruzifixus
十字架上の死　Kreuztod
十字架聖堂　Kreuzkirche
十字架像　Kreuz, Kreuzbild, Kreuzstamm, *Kruzifix
十字架に架ける　kreuzigen
十字架につけられた方　Gekreuzigte
十字架荷(に)い　Kreuztragung
十字架の樹　Kreuzbaum
十字架の罪標　Kreuzinschrift
十字架の除幕　Kreuzenthüllung
十字架のしるし　Kreuzzeichen
十字架の崇敬　die Anbetung des Kreuzes, *Kreuzanbetung
十字架の道行　Kreuzweg
十字架の道行の信心　Kreuzwegandacht
十字架の道行の留　Kreuzwegstation
十字架の横木　Kreuzarm
十字架捧持者　Kreuzträger
十字架連盟　Kreuzbund
十字架を負う　Kreuztragung
十字架を負った者　Kreuzträger
十字旗　Kreuzfahne
十四救護聖人　*die Vierzehn Nothelfer, Vierzehnheiligen
十字軍　Kreuzfahrt, *Kreuzzug
十字軍旗　Kreuzfahne
十字軍騎士　Kreuzritter
十字軍国家　Kreuzfahrerstaat
十字軍従軍者　Kreuzfahrer
十字軍説教　Kreuzpredigt
十字軍大勅書　Kreuzzugsbulle
十字軍の歌　Kreuzfahrerlied
十字軍の戦士　Kreuzfahrer
十字軍文学　Kreuzzugsdichtung
十字交差部　Vierung
十字杖　Ferula, *Kreuzstab
修士長　Dekan
十字ニンブス　Kreuznimbus
十字胸飾り　Brustkreuz
自由宗教運動　die freireligiöse Bewegung
私有修道院　Eigenkloster
自由主義　Latitudinarismus
自由主義者　Latitudinarier
自由主義神学　die liberale Theologie
従順　*Gehorsam, Obedienz
従順の誓願　Gehorsamsgelübde
十字を切って祝福する　bekreuzen
終身助祭　der ständige Diakon
重臣枢機卿　Kronkardinal
習性　Habitus
終生誓願　das ständige Gelübde, *die ewige Profess
十全霊感　Ganzinspiration
修族　*Kongregation, die monastische Kongregation
従属関係　Filiation
従属説　Subordinatianismus
集団司牧　Gruppenseelsorge
修道院　*Kloster, Konvent, Monasterium, Stift, Zönobium
修道院域　Klosterbezirk
修道院化　Verklösterlichung
修道院改革　Klosterreform
修道院会計係　Klostervater
修道院戒律　Klosterdisziplin, Klosterregel, Klosterzucht
修道院学校　Klosterschule
修道院強制収容, 修道院拘置　Mönchung
修道院国家　Klosterstaat
修道院財産　Klosterbesitz, Klostergut, Klostervermögen
修道院在俗代理人　Klostervogt
修道院小教区　Klosterpfarrei
修道院城塞　Klosterburg
修道院職位　Klosteramt

修道院神学	Klostertheologie
修道院制度	Klosterwesen
修道院聖堂	Monasterium, *Münster
修道院設計図	Klosterplan
修道院創立者	Klostergründer
修道院長	Guardian, *Prior
修道院長補佐	Assistent
修道院島	Klosterinsel
修道院都市	Klosterstadt
修道院図書室	Klosterbibliothek
修道院年代記	Klosterannalen, Klosterchronik
修道院の守護聖人	Klosterheilige, Klosterpatron
修道院フォークト	Klostervogt
修道院副院長	Subprior
修道院付属学校	Stiftsschule
修道院付属客人館	Klosterschenke
修道院付属聖堂	Klosterkirche
修道院ミサ	Konvent[s]messe
修道院領	Klosterbesitzung, Klostergut
修道院連合	Klosterverband
修道会	*Orden, Ordo, Religio
修道会会則	Klosterdisziplin, Ordensdisziplin, *Ordensregel, die religiöse Regel
修道会会長	Superior
修道会管区	*Ordensprovinz, *Provinz
修道会管区長	Ordensprovinzial
修道会国家	Ordensstaat
修道会省	Religionkongregation
修道会上長	*Ordensobere, Präpositus
修道会退会	Ordensaustritt
修道会法	Ordensrecht
修道会本部修道院	Mutterhaus
修道戒律	Ordensregel
修道祭式者会，修道参事会	*Chorherr, *Regularkanoniker
修道参事会員	Klosterherr
修道参事会修道院	Chorherrenkloster
修道士	*Bruder, Frater, Klosterbruder, Klostergeistliche, Konventuale, *Mönch, Regular[e]
修道志願者	*Anwärter, *Aspirant, Neophyt, *Ordenskandidat, Postulant
修道司祭	*Hieromonachos, *Ordensgeistliche, Pater
修道士司教	Mönchsbischof
修道者	Klostergeistliche, *Religiose
修道女	Nonne
修道女のヴェール	Nonnenschleier
修道女の立願(式)	Nonnenweihe
修道制	Mönchtum
修道生活	Klosterleben, *Monastizismus, *Ordensleben, Vita religiosa
修道生活の放棄	Apostasie
修道誓願	Klostergelübde, *Profess
修道服	Habit, Klostergewand, *Kutte, *Ordenskleid
集禱文	Kollekte
修道分院	Priorat
修道分院院長	Prior
修道名	*Klostername, Ordensname
修徳	*Askese, Asketik
修徳者	Asket
修徳書	Erbauungsbuch
修徳神学	Asketik, *die asketische Theologie
自由なる霊の兄弟姉妹団	die Brüder und Schwestern vom freien Geist
十二戒	Dodekalog
十二使徒	die Zwölfe
十二使徒の教訓	Zwölfapostellehre
12世紀ルネサンス	die Renaissance des 12. Jahrhunderts
十二部族	Zwölf Stämme
十二夜	*Lostage, *die Zwölften
10年間の権能	Dezennalfakultäten
周年記念禱名簿	Nekrologium
十の災い	die zehn Plagen
宗派	Bekenntnis, Glaubenspartei, Glaubenszunft, Konfession, *Religion, Sekte
宗派学	Konfessionskunde
宗派学校	Konfessionsschule
十八祈禱文	Achtzehn[bitten]gebet
宗派同権(同等)	die konfessionelle Parität
宗派併存	Simultaneum
週番	Hebdomadar
自由福音教会	Freie Evangelische Gemeinden
十分の一税	Zehnt
周歩廊	*Ambitus, *Chorumgang, *Klostergang
終末	Weltende
終末の出来事	die letzten Dinge
終末論	Eschatologie
終末論劇	das eschatologische Spiel
宗務院	Synod
宗務局	Kirchenrat
終油	die Letzte Ölung
修養期間	Rüsttag

修練院　Noviziat
修練期　*Noviziat, Probation, Probezeit
修練士　Neophyt, *Novize
修練準備期　Postulat
修練長　Novizenmeister
受階者　*Weihebewerber, Weihling
受階障害　Irregularität, *Weihehindernis
受階の中間期　Weiheinterstitien
主教　Bischof
修業, 修行　*Askese, *Religionsübung, Übung
主教区　Eparchie
祝日　Feiertag, *Fest
祝日学　Heortologie
祝禱書　Benedictionale
受苦日　*Karfreitag, Schmerzenstag
祝福　Aussegnung, Benediktion, Einsegnung, Einweihung, *Segen, Segnung
祝福された処女(おとめ)　Gebenedeite
祝福された処女マリア　Beata Maria Virgo
祝福式　Benediktion
祝福する　aussegnen, benedeien, benedizieren, einsegnen, einweihen, segnen
祝福定式書　Benedictionale
祝福の祈り　Segen
祝福の定式　Segensformel
祝別　Aussegnung, Einweihung, Konsekration, *Segnung
祝別する　aussegnen, einsegnen, heiligen, konsekrieren, segnen
主権　Herrschaft
受堅者　Firmling, Konfirmand
守護聖人　*Namenspatron, *Patron, Schutzheilige
守護聖人の加護　Patrozinium
守護聖人の祝日　Patronatsfest
守護天使　Schutzengel
守護の天使の祝日　Schutzengelfest
主祭壇　Choraltar, Hauptaltar, Hochaltar
主司祭　Protopope
主日　Dominica, *Sonntag
首席司祭　Archiprebyster, Dekan, *Erzpriester, *Komos, Protopope
首席修道士　Dekan
首席枢機卿　Dekan, *Kardinaldekan
首席大司教　Primas
首席大修道院長　Abtprimas
授洗　Taufspendung

授洗者　Täufer
受洗者　Getaufte
受洗者のヴェール　Taufschleier
受洗者の白衣(はくえ)　Taufkleid
受洗者のろうそく　Taufkerze
授洗所　Baptisterium
授洗聖堂　Baptisterium, *Taufkirche
呪詛詩篇　Fluchpsalmen
受胎告知　Mariä *Verkündigung*
主知主義, 主知説　Intellektualismus
出エジプト記　Exodus
主教会　Hauptkirche
主教会主任牧師　Hauptpastor
首長　Haupt
首長令　Suprematsakte
出現　*Erscheinen, Erscheinung, Vision
シュテルンジンガー　Der *Sternsinger*
主天使　Herrschaften
主禱文　Vaterunser
首都大司教　Metropolit
受難　*Leiden, Passion
受難記　Leidensgeschichte
受難曲　Passion
受難具　Passionswerkzeug
受難劇　Passionsspiel
受難史　*Leidensgeschichte, Passion
受難週　die *heilige* Woche, *Karwoche, *Passionswoche, die Große *Woche*
受難図(像)　Passion
受難節　Passionszeit
受難のキリスト　Schmerzensmann
受難の十字架　Passionskreuz
受難の主日　Passionssonntag
受難の地　Leidensstation
受難の幕絵　Passionstuch
受難の道　*Leidensweg, Passionsweg
受難物語　*Leidensgeschichte, Passionsgeschichte
受難録　Passional
受肉　Fleischwerdung, *Inkarnation, Menschwerdung
主任司祭　Curé, Oberpfarrer, Parochus, *Pfarrer, Propst
主任司祭館　Pfarramt, Pfarrei
主任司祭管区　*Archidiakonatssprengel, Landkapitel, Ruralkapitel
主任司祭職　Pfarramt, Pfarrei
主任司祭助手　Pfarrhelfer

主任司祭代行	*Pfarradministrator, Pfarrkurat
主任司祭適性試験	Pfarrexamen
主任司祭任用試験	Pfarrkonkurs
主任司祭の義務	Pfarrzwang
受任者	Delegierte
主任牧師	*Oberpfarrer, Pastor primarius, Primarius
ジュヌヴィエーヴ	Geneviève
ジュネーヴ	Genf
ジュネーヴ一致信条	Consensus Genevensis
ジュネーヴ教理問答	Genfer Katechismus
ジュネーヴ詩編歌	Genfer Psalter
主の家	das *Haus* des Herrn
主の祈り	Orate dominica, *Paternoster, *Vaterunser
主の割礼の祝日	Beschneidung des Herrn
主の体	Corpus Domini, *Leib des Herrn
主の公現	die *Erscheinung* des Herrn
主の公現の祝日	Hohneujahr
主の降誕[の祝日]	Weihnachten
主のことば	das *Wort* des Herrn
主の昇天	Christi *Himmelfahrt*
主の天使	Angelus Domini
主の晩餐	*Abendmahl, Herrenmahl
主の晩餐大勅書	Abendmahlsbulle
主の変容	die *Verklärung* des Herrn
主の奉献(の祝日)	Darbringung Jesu im Tempel, *Darstellung des Herrn, Lichtmess
主のみ使い	Angelus Domini
シュパイアー	Speyer
シュパイアー大聖堂	Spey[e]rer Dom
シュパイアー帝国議会	Spey[e]rer Reichstag
守秘義務	Schweigepflicht
シュペーナー	Spener
シュマルカルデン	Schmalkalden
シュマルカルデン条項	die *Schmalkaldisch*en Artikel
シュマルカルデン戦争	der *Schmalkaldisch*e Krieg
シュマルカルデン同盟	der *Schmalkaldisch*e Bund
シュモネー・エスレー	Achtzehnbittengebet
守門	Ostiarier
守門職	Ostiariat
授与	Übergabe
シュライエルマッハー	Schleiermacher
棕櫚	Palme
棕櫚の枝	Palmzweig
棕櫚の教会会議	Palmensynode
棕櫚の祝別	Palmweihe
棕櫚の日曜日	Palmsonntag
棕櫚の木曜日	Palmdonnerstag
主を畏れる人	Gottesfürchtige
巡回説教師	Evangelist
準管区	*Kustodie, Vizeprovinz
殉教	Martyrium
殉教記録	Acta martyrum
殉教死	Märtyrertod
殉教者	Glaubensheld, *Märtyrer
殉教者教会	Zömeterienkirche
殉教者言行録	*Acta martyrum, *Märtyrerakte
殉教者祝日名簿	Martyrologium
殉教者聖墓教会	Martyrium
殉教者の冠	Märtyrerkrone
殉教録	Martyrologium
純潔	Reinheit
巡察	Visitation
巡察者	Visitator
巡察報告書	Visitationsbericht
遵守	Observanz
準小教区	Quasipfarrei
純正ルター派	Gnesiolutheraner
準典礼	Paraliturgie
順応	Adap[ta]tion, *Akkommodation, Akkulturation
準秘跡	Sakramentalien
準備日	Rüsttag
巡礼	Gottesfahrt, Peregrination, Pilgerfahrt, *Wallfahrt
巡礼歌	Wallfahrtslied
巡礼記	Itinerar
巡礼教会	Wallfahrtskirche
巡礼指定教会(聖堂)	Station
巡礼者	Pilger, Wallfahrer
巡礼所	*Heiligtum, Wallfahrtsort
巡礼する	wallfahren
巡礼地	Gnadenort, *Wallfahrtsort, Wallfahrtsstätte
巡礼杖	Pilgerstab
巡礼帽	Pilgerhut
巡礼路	Pilgerweg
ショアー	Schoa[h]
省	Kurienkongregation
上衣	Kukulle
上位	Präzedenz
掌院(しょう)	Archimandrit
小栄唱	die kleine *Doxologie*

頌歌	*Lobgedicht, Lobgesang, Loblied
宵課	Nokturn
浄化	*Katharsis, Reinigung
小会	Sitzung
障害	Anstoß
昇階唱	Graduale
生涯の[総]告白	Lebensbeichte
上級上長	der höhere Obere
上級上長協議会	Superiorenkonferenz
上級聖職位	Ordines maiores, *die höheren Weihen
上級聖職者, 上級品級	Majorist
小教区	*Archidiakonatssprengel, Kirchengemeinde, Landkapitel, Parochie, Pfarrbezirk, *Pfarrei, Ruralkapitel, Sprengel
小教区学校	Pfarrschule
小教区館	Pfarrhaus
小教区管理者	Pfarradministrator
小教区教会	*Leutkirche, Parochialkirche, Pfarrkirche
小教区記録保管庫	Pfarrarchiv
小教区裁治権	Pfarrjurisdiktion
小教区所属耕地	Pfarracker
小教区台帳	Pfarrbuch
小教区長	Pfarrer
小教区付属学校	Pfarrschule
小教区ミサ	Pfarrmesse
唱句	*Versikel, *Versus
誦経者(しょうけい)	Lektor
条件付き誓願	das bedingte Gelübde
称号教会	Titelkirche
称号教区	Titeldiözese
正午の祈り	Mittagsgebet, Mittagshore
小斎	Abstinenz
小罪	die lässliche Sünde
城塞教会	*Kirchenburg, *Wehrkirche
小斎日	Abstinenztag
小祭瓶	Ampulle
称賛	Lob
招詞	*Invitatorium, Invokation
小時課	kleine Horen
常時修道院外居住許可特権	Säkularisation
常時聖体礼拝	die Ewige Anbetung
小集会	Konventikel
小修道院	Priorat
小修道院長	Prior
常住の恵み	die habituelle Gnade
尚書長官	Erzkanzler
生神女(しょうしんじょ)	Gottesgebärin
証聖者	*Bekenner, Confessor
小聖堂	*Kapelle, *Seitenkapelle
小尖塔	Fiale
小創世記	die kleine Genesis, *das Buch der Jubiläen
象徴	Symbol
上長(者)	*Obere[r], Oberin, *Superior, Superiorin
象徴信仰主義	Symbolofideismus
象徴説	Symbolismus
小勅書	Breve
情緒的祈禱	Affektgebet
昇天	Aszension, Auffahrt, *Himmelfahrt
昇天する	auffahren
承認	*Anerkennung, *Approbation, Billigung
証人	Zeuge
少年司教	Kinderbischof
少年十字軍	Kinderkreuzzug
浄福	Seligkeit
小復活祭	Kleinostern
常明灯	*Ampel, *das Ewige Licht
召命	*Beruf, Berufung, *Vokation
照明	*Erleuchtung, *Illumination
証明書	Testimonium, *Zeugnis
照明説	Illuminationstheorie
照明派	*Alumbrados, *Illuminat
消滅説	Annihilation
正面玄関	Portal
情欲	Begier
小預言者, 小預言書	die Kleinen Propheten
勝利の教会	die triumphierende Kirche
勝利の十字架	Triumphkreuz
鐘楼	Glockenturm
叙階	Konsekration, *Weihe
叙階委託書	*Dimissoriale, Entlassschreiben, *Weiheentlassschreiben
叙階許可の申請	Weihebitte
叙階権行使	Weiheausübung
叙階される者	*Weihebewerber, Weihling
叙階式	Konsekration, *Ordination, *Weihe, Weihespendung[sfeier]
叙階執行者	Weihespender
叙階する	ordinieren, einsegnen, einweihen, weihen
叙階年齢	Weihealter

叙階納付金　Servitium
叙階の執行　Weihespendung
叙階の秘跡　Weihesakrament
叙階の不適格障害　Irregularität, *Weihhindernis
叙階前の黙想　Weiheexerzitien
除外要求権　Ausschlussrecht
書簡　Epistel
初期カトリシズム　Frühkatholizismus
書記官　Schreiber
書記局　Kanzlei
初期キリスト教の　frühchristlich
職位　Amt
贖罪　*Buße, Büßung, Entsühnung, *Genugtuung, Pönitenz, *Sühne
贖罪衣　Büßergewand
贖罪会　*Bußorden, Pönitentenorden
贖罪規定書　*Bußbuch, Pönitenzial
贖罪祈祷日　Buß- und Bettag
贖罪者　Büßende, Büßer, *Pönitent
贖罪主　Erlöser
贖罪する　büßen
贖罪制度　Bußdisziplin
四翼祭壇画　Pentaptychon
贖罪的刑罰　Sühnestrafe
贖罪の雄山羊　Sündenbock
贖罪の行　Bußübung
贖罪の献げ物　Sühnopfer
贖罪の献げ物の祭壇　Sühnealtar
贖罪の日　Bußtag
贖罪日　Versöhnungsfest
燭台　*Kerzenständer, *Leuchter
燭台置き，燭台立て　Leuchterbank
食卓と寝室の分離　die Trennung von Tisch und Bett
食卓の祈り　Tischgebet
食堂　*Refektorium, Rem[p]ter, Zönakel
職人組合　Gesellenverein
職務　Amt
職務代行者　Administrator
贖宥　*Ablass, Indulgenz
贖宥画　Ablassbild
贖宥献金　*Ablassgeld, Sündengeld
贖宥状　*Ablassbrief, Gnadenbrief
贖宥論　Ablasslehre
贖虜の聖マリア　Maria von der Erlösung der Gefangenen
除酵祭　Azyma, das Fest der Ungesäuerten Brote, *Matzenfest
除酵パン　*Barches, *Matze
助祭　Diakon
助祭教会　Diakonie
助祭叙階式　Diakonenweihe
助祭職　Diakonat
助祭職階　die diakonale Klasse
助祭職階枢機卿　Kardinaldiakon
助祭職階の第一枢機卿　Kardinalprotodiakon
助祭枢機卿　Kardinaldiakon
助祭長　*Archidiakon, Erzdiakon
助祭用典書　Diakonikon
女子カプチン会　Kapuzinerin
女子サルヴァトール修道会　Salvatorianerin
女子修道院　Frauenkloster, Nonnenkloster
女子修道院長　Domina, Oberin, Priorin, Superiorin
女子修道院分院長　Priorin
女子修道会　*Frauenorden, Schwesternorden
女子修道会会長　Superiorin
女子修道祭式者会（女子修道参事会）　Chorfrau
女子聖堂祭式者会員（女子聖堂参事会員）　Kanonisse, Kanonissin, *Stiftsdame
女子大修道院副院長　Priorin
女子パロッティ会　Pallottinerin
助手　Adjunkt
助修士　*Bruder, Conversus, *Konverse, *Laienbruder
助修女　Laienschwester
諸書　*Hagiographa, *Ketubim
叙唱　Präfation
処女懐胎　die jungfräuliche Empfängnis
処女降誕　Jungfrauengeburt
処女祝別　Jungfrauenweihe
処女の身分　der Stand der Jungfrau
処女奉献　Jungfrauenweihe
ジョスカン・デプレ　Josquin des Préz
叙聖　Weihe
諸聖人の祝日　Allerheiligen
諸聖人の通功　die Gemeinschaft der Heiligen
諸聖人の連願　Allerheiligenlitanei
所属司教　Suffragan
所属司教区　Suffraganbistum
初代教会　Urkirche
初代キリスト教　Urchristentum
初代キリスト教徒　Urchrist
ショッテン修道院　Schottenkloster

叙任 *Amtsübertragung, *Einsetzung, Installation, *Investitur, *Provision

叙任権闘争 Investiturstreit

助任司祭 der geistliche *Assistant*, *Hilfsgeistliche, Kaplan, Kollaborator, Kooperator, *Kurat, Pfarrkurat, *Pfarrvikar

叙任する installieren

初年度献上聖職禄 Annaten

叙品 Weihe

助力の恵み die helfende *Gnade*

シラ書 das Buch *Jesus Sira[c]h*

シラの子イエス Jesus Sira[c]h

シラブス Syllabus

シリア Syrien

シリア・カトリック教会 die *syrisch*-katholische Kirche

シリア教会 die *syrisch*e Kirche

シリア語 Syrisch

シリア正教会 die *syrisch*-orthodoxe Kirche

シリア典礼 die *syrisch*e Liturgie

シリア・マロン教会 die *syrisch*-maronitische Kirche

シルヴェステル勲章 Silvesterorden

しるし Zeichen

試練 Heimsuchung, *Versuchung

白い教皇 der weiße *Papst*

神化 Apotheose, *Theosis, *Vergöttlichung

新解釈 Neologie

新改宗者 Proselyt

神学 Gottesgelehrtheit, *Theologie

神学院 Kolleg

神格化 *Apotheose, Deifikation, Vergöttlichung, Vergottung

神学者 Theologe

人格主義 Personalismus

神学上の仮説 Theologumenon

人格神 der *personale* Gott

人格神信仰 Personalismus

神学生 Alumne, Alumnus, Frater, *Priesteramtskandidat, Seminarist, Theologe, Theologiestudent

神学的聖書釈義 die theologische *Exegese*

神学的徳 die *theologisch*en Tugenden

神学校 Alumnat, Predigerseminar, *Priesterseminar, Seminar, Stift, die *theologisch*e Hochschule

神学校校長 Regens

神化の恵み die vergöttlichende *Gnade*

神感 Inspiration

新教徒 Protestant

信教の自由 Bekenntnisfreiheit, *Glaubensfreiheit, Kultusfreiheit

新キリスト教 die Neue *Christenheit*

神義論 Theodizee

シンクレティズム Synkretismus

神現 Gotteserscheinung, *Theophanie

箴言 die Sprüche *Salomo*[n]s, *das Buch der *Sprichwörter*

神言会 *die *Gesellschaft* vom Göttlichen Wort, Societas Verbi Divini

神現祭 Epiphanienfest

神権主義, 神権政治 Theokratie

神羔 (しんこう) Agnus Dei

信仰 Glaube, Glauben

信仰覚醒運動 Erweckungsbewegung

信仰覚醒神学 Erweckungstheologie

信仰箇条 Glaubensartikel

信仰基準(規準) *Glaubensregel, Regula Fidei

信仰義認論 *Rechtfertigungslehre, Solifidianismus

信仰教育 Katechese

信号言語 Zeichensprache

信仰行為 Glaubensakt

信仰告白 Bekenntnis, Confessio, *Glaubensbekenntnis, Konfession, *Kredo, Symbol

信仰告白式 Konfirmation

信仰告白文書 Bekenntnisschrift

信仰主義 Fideismus

神羔誦 (しんこうしょう) Agnus Dei

信仰宣言 Kredo

人効的効力 ex opere operantis

信仰哲学 Glaubensphilosophie

信仰と職制世界会議 Weltkonferenz für Glauben und Kirchenverfassung

信仰の遺産 *Depositum fidei, *Glaubenshinterlage

信仰の確実性 Glaubensgewissheit

信仰の危機 Glaubenskrise

信仰の強制 Bekenntniszwang

信仰の自由 Glaubensfreiheit

信仰の神秘 Geheimnis des Glaubens

信仰の特権 Glaubensprivileg

信仰の保護者 Defensor fidei

信仰のみ sola fide

信仰復興[運動], 信仰復興集会 Revival

信仰問答書　Katechismus	Deutscher Nation
信仰離反　Glaubensabfall	新洗礼者　Neophyt
信仰論　Glaubenslehre	新洗礼派　Neutäufer
審査　Skrutinium	人祖　*Protoplast, *Stammeltern, *Ureltern, *Urmensch
審査法　Testakte	
新使徒教会　Neuapostoliker, *die *Neuapostolische* Gemeinde <Kirche>	親族推薦主義　Nepotismus
	神託　der *Ausspruch* Gottes, *Orakel, Orakelspruch
信者　Gläubige	
信者ミサ　Gläubigenmesse	神智学　Theosophie
新修道院　Novum monasterium	人智学　Anthroposophie
信受者主義　Rezeptionalismus	神智学協会　die *Theosophische* Gesellschaft
信条　Bekenntnis, Glaubensartikel, *Glaubensbekenntnis, Konfession, *Kredo, Religion, Symbol	陣中礼拝　Feldgottesdienst
	人的誓願　das persönliche *Gelübde*
	心的人間　Psychiker
信条学　Konfessionskunde, *Symbolik	神殿　Tempel
信条規定　Kirchenordnung	神殿騎士修道会　Templerorden
信条協調主義　Interkonfessionalismus	神殿の垂れ幕　Tempelvorhang
信条主義　Konfessionalismus	神殿奉献記念祭　Tempelweihfest
神人　Gottmensch	信徒　Laie
信心　Andacht, Devotion	信徒按手式　Konfirmation
信心会　*Bruderschaft, Konfraternität, Kongregation, Sodalität	信徒使徒職　Laienapostolat
	信徒使徒職運動　Laienbewegung
信心会会員　Kongregationist, Sodale	信徒集会　Konventikel
信心業　*Andachtsübung, Frömmigkeitsübung	信徒修道士　Conversus, Konverse, *Laienbruder
神人共働説, 神人協力説　Synergie	信徒修道者団体　Brüdergenossenschaft
神人協力論争　Synergistenstreit	信徒修道女　Laienschwester
新信者　Neophyt	信徒説教師　Laienprediger
信心書　Andachtsbuch, *Erbauungsbuch	信徒大修道院長　Laienabt
信心上の贈与　die fromme *Verfügung*	信徒大修道院長制　Laienabbatiat
神人性　Gottmenschtum	信徒団体　Laienorganisation
神人同感説（論）　Anthropopathismus	信徒の会　*Laienverein, *Laikalinstitut
神人同形法（論）　Anthropomorphismus	信徒評議会　Laienrat
信心ぶる人　Andächtler	新トマス主義　Neuthomismus
信心ミサ　Votivmesse	信徒名簿　Matrikel
信心用具　*Andachtsgegenstand, Devotionalie	信徒黙想会　Volksmission
浸水礼　Immersion	新任司祭　Primiziant
新スコラ学　Neuscholastik	神秘　*Geheimnis, *Mysterium
神成　Theosis	神秘家　Mystiker
神性　Divinität, *Gottheit	神秘劇　*Mirakelspiel, *Mysterienspiel
人性　*Mensch[en]tum, Menschheit	神秘思想, 神秘主義　*Mystik, *Mystizismus
神政国家　Gottesreich, Gottesstaat	神秘主義者　Mystiker
神政主義　Theokratie	神秘神学　die *mystische* Theologie
神性証明説　Bewährungslehre	神秘体験　die *mystische* Erfahrung
神政政治　Gottesherrschaft, *Theokratie	神秘的一致　Unio mystica
神聖同盟　die *Heilige* Allianz	神品（しな）　Klerus
神聖法集　Heiligkeitsgesetz	神品機密　Weihe
神聖ローマ帝国　das *Heilige* Römische Reich	

神父	*Pastor, Pater
真福八端	*Makarismus, die acht *Seligpreisung*en
新プラトン主義	Neuplatonismus
新プロテスタンティズム	Neuprotestantismus
神法	*das göttliche *Gesetz*, *Jus divinum, Lex divina
シンボル	Symbol
申命記	Deuteronomium
申命記史家	Deuteronomist
申命記史書	das *deuteronomische* Geschichtswerk
申命記資料	die *deuteronomische* Quelle
神明裁判	*Gottesurteil, Ordal
新約，新約聖書	das Neue *Testament*
新約聖書外典	Apokryph
深夜ミサ	Mitternachtsgottesdienst
神律	Theonomie
人類一元説	Monogenismus
人類多元説	Polygenismus
新ルター主義	Neuluthertum
浸礼	*Baptismus, *Eintauchung, *Immersion, Immersionstaufe
振鈴	Glöckchen
心霊学者	Spiritist
心霊主義	*Spiritismus, *Spiritualismus
心霊主義者	Spiritualist
心霊修業	*Exerzitium, geistliche *Übung*en
浸礼槽	Baptisterium
浸礼派	Baptist
浸礼盤	Baptisterium
心霊論	Spiritualismus
心霊論者	Spiritualist
身廊	Hauptschiff, *Mittelschiff
新郎新婦祝福	Brautsegen
新郎新婦の試問	Brautexamen
新郎新婦のための[教理]授業	Brautunterricht
新郎新婦のためのミサ	Brautmesse
神話	Mythos
神話説	Mythismus

ス

随意ミサ	Votivmesse
水餐主義者	Aquarier
炊事係	*Küchenbruder, *Refectarius
随順	Nachfolge
スイス近衛隊	die Päpstliche *Schweizergarde*
スイス信仰告白	Confessio Helvetica
推薦	Präsentation
推薦権	*Präsentaionsrecht, *Vorschlagsrecht
推定	*Präsum[p]tion, Vermutung
推定婚	Putativehe
枢機卿	Kardinal
枢機卿会議	*Kardinalskongregation, Kongregation, Konsistorium
枢機卿会議制度	Konsistorialverfassung
枢機卿管区	Legation
枢機卿団	Kardinalskollegium
枢機卿任命	Erschaffung
枢機卿帽	Kardinalshut
崇邸祭 (すうていさい)	Höhendienst
崇敬	*Adoration, Anbetung, *Dulie, Veneration, *Verehrung
崇拝	Anbetung
崇拝者	Adorant
崇拝する	anbeten
枢要徳	Kardinaltugend
スカプラリオ	Skapulier
スカプラリオの祝日	Skapulierfest
スカプラリオのメダイ	Skapuliermedaille
過越，過越祭	Pascha
過越の小羊	*Osterlamm, *Paschalamm
過越の三日間	das österliche *Triduum*
頭巾	Kapuze, Kogel
救い	*Erlösung, Heil, Redemption, Salvation
救い主	Erlöser, *Heiland, *Messias, Redemptor, Seligmacher, *Soter
救いの計画	Heilsökonomie, *Heilsplan
救いの使命	Heilssendung
救いの神秘	Heilsgeheimnis
救いのマリア	Mariahilf
救いの御業	Erlösungswerk, Heilstat
スケープゴート	Sündenbock
頭光	Nimbus
スコブツィ	Skopze
スコラ	Schola
スコラ学	Scholastik
スコラ学者	Scholastiker
スコラ・カントルム	Schola cantorum
スコラ主義	Scholastizismus
スコラ・ピア会	Piaristenorden
スザンナ	Susanna
鈴	*Glöckchen, *Handglocke

スソウカイシ

図像解釈学　Ikonologie
図像学　Ikonographie
スターヴ教会　Stabkirche
スタツィオ　Station
スターバト・マーテル［・ドロローサ］　Stabat mater [dolorosa]
スターレツ　Starez
スタロヴェール　Starowerzen
スータン　Soutane
スタンツェ　Stanzen
スティグマ　Stigma
ステファノ　Stephanus
ステュアート朝王政復古　Stuart-Restauration
ストラ，ストール　Stola
スピリチュアリズム　Spiritualismus
スピリチュアル　Spirituale
スピリティズム　Spiritismus
スピリトゥアル派　Spirituale
すべては神のより大いなる栄光のために　omnia ad maiorem <majorem> Dei gloriam
スペルペリケウム　Superpelliceum
炭焼きの信心　Köhlerglaube
スラブ［語］典礼　die slawische Liturgie
スルスム・コルダ　sursum corda
スルプリ　Superpelliceum
スンマ　Summa

セ

聖　Saint, Sainte, San, Sancta, Sanctus, Sankt, Sant', Santa, Sante, Santi, Santo, São
聖アンナ三代図　Anna selbdritt
聖アンブロシウスと聖カルロ献身者会　Oblaten der heiligen Ambrosius und Karl
聖アンブロシウスの賛歌　Tedeum
聖衣　der heilige Rock
聖遺物　Heiligtum, *Reliquie
聖遺物崇敬　Reliquienverehrung
聖遺物片　Partikel
聖遺物容器　*Reliquiar, Sanktuar
聖盃(せいはい)　Diskus
聖歌　*Andachtslied, Choral, *der geistliche Gesang, *Hymne, Kirchengesang, *Kirchenlied
星架　Asteriskos

聖下　Eure (Seine) Heiligkeit
聖化　Heiligung
聖戈(せいか)　Lanze
聖灰　*die geweihte Asche, Weihasche
聖界諸侯　die geistlichen Reichsfürsten
聖骸布　das Grabtuch Christi
聖会話　Sacra conversazione
聖化運動　Heiligungsbewegung
聖歌学　Hymnologie
聖歌集　*Gesangbuch, Hymnar[ium]
聖化する　heiligen
聖化する任務　Heiligungsdienst
聖画像　*Andachtsbild, *Heiligenbild
聖画像芸術　Ikonenkunst, Ikonenmalerei
聖画像作家　Ikonenmaler
聖画像崇敬　Bilderverehrung, *Ikonodulie
聖画像崇敬者　Ikonodule
聖画像破壊運動　Bildersturm
聖画像破壊主義者　Bildstürmer
聖画像破壊論者　Ikonoklast
聖画像破壊論争　Bildstreit, *Ikonoklasmus
聖画像礼拝　Ikonolatrie
聖家族　die Heilige Familie
聖歌隊　Chor, *Kantorei, Kirchenchor
聖歌隊員　Choralist, Kirchensänger
聖歌隊指揮者　Choralist, Chorleiter, Regens Chori
聖歌隊席　*Chor, Kirchenchor
生活規律　Kanon
生活と実践世界会議　Weltkonferenz für Praktisches Christentum
聖化律法　Heiligkeitsgesetz
誓願　*Gelübde, Votum
請願　Bittgesuch, *Petition
請願週　Kreuzwoche
請願書　Supplik
請願省略文書作製官　Abbreviator
請願選出　*Postulation, Wahlbitte
誓願宣立者　Profess
誓願宣立年齢　Professalter
請願日　Kreuztag
聖顔布　das Schweißtuch der Veronika
誓棄　Abschwörung
成義　Justifikation, *Rechtfertigung
正義　Gerechtigkeit
正義の鑑(かがみ)　Spiegel der Gerechtigkeit
正規の修道士　Vollmönch
世紀別教会史家，世紀別歴史記述者　Zenturia-

tor
盛儀ミサ　*Missa solemnis, Hochamt
正教　Orthodoxie
正教会　die *orthodoxe* Kirche
政教協約　Kirchenvertrag, *Konkordat
清教主義　Puritanismus
政教条約　Konkordat
清教徒　Puritaner
清教徒革命　die *puritanische* Revolution
政教分離　die Trennung von *Kirche* und Staat
聖金曜日　Karfreitag
聖句　Bibelspruch, Bibelwort, *Versus
聖具室　Sakristei
聖具室係　*Sacratarius, *Sakristan
聖血　das Heilige *Blut*
聖剣　das geistliche *Schwert*
制限　Vorbehalt
聖公会　die *anglikanische* Kirche
聖公会祈禱書　Common Prayer-Book
聖公会の信徒　Anglikaner
聖香油　*Chrisam, Salböl
聖香油のミサ　Chrismamesse
聖香油白布　Chrismale
聖香油容器　*Chrismale, Chrismarium
聖痕　*Stigma, Stigmatisation, Wundmal
聖痕者　Stigmatisierte
聖座　Sancta Sedes, *der Heilige *Stuhl*
聖座宣言　*ex cathedra, *Kathedralentscheidung
聖座文書　Acta Sanctae Sedis
聖餐　Abendmahl, Eucharistie, Kommunion
聖三王　die Heiligen Drei *Könige*
聖餐形式論者　Sakramentierer
聖餐式　Abendmahl, Abendmahlsfeier
聖餐重視主義　Sakramantalismus
聖餐重視主義者　Sakramentalist
聖餐台　Abendmahlstisch
聖餐論争　Abendmahlsstreit
聖時間　die *heilige* Stunde
盛式祭式者会　Regularkanoniker
盛式謝礼　Stolgebühr
盛式誓願　*das feierliche *Gelübde*, die feierliche Profess
盛式ミサ　*Missa solemnis, Hochamt
聖史劇　Mysterienspiel
静寂主義　*Hesychasmus, *Quietismus
静寂主義者　Hesychast, Quietist
静修　*Einkehr, *Geisteserneuerung

聖週間　die *heilige* Woche, *Karwoche
聖十字架　das Heilige *Kreuz*
青十字会　das *Blaue* Kreuz
聖十字架遺物　Kreuzreliquie
聖十字架合唱団　Kreuzchor
聖十字架教会　Kreuzkirche
聖十字架の釘　Kreuznagel
聖十字架の断片　Kreuzpartikel
聖十字架発見　Kreuzauffindung
静修日　Einkehrtag
聖書　*die *Bibel*, *die [Heilige] *Schrift*
聖女　Heilige
聖省　*Kongregation, Kurienkongregation
聖障　Ikonostas
清浄巾　Kelchtüchlein
清浄派　Katharer
聖書運動　Bibelbewegung
聖書解釈　Bibelauslegung, *Exegese
聖書解釈学　Bibelhermeneutik
聖書解釈学者　Bibelausleger
聖書外聖言資料　Agrapha
聖書外典　Apokryph
聖書学　Bibelforschung, *Bibelwissenschaft
聖書学者　Bibelforscher
聖書学校　Bibelschule
聖書協会　Bibelanstalt, *Bibelgesellschaft
聖書禁止　Bibelverbot
聖職　das geistliche *Amt*, *Ministeramt
聖職按手式　Ordination
聖職位　Ordo
聖職位階制　Hierarchie
聖職位の放棄　Apostasie
聖燭祭　Lichtmess
聖職志願者　Candidatus [reverendi] ministerii
聖職者　Bibelfresser, Geistliche, Kleriker, *Klerus, *Pastor
聖職者遺産継承権　Spolienrecht
聖職者共同体　Klerikergemeinschaft
聖職者至上主義　Klerikalismus
聖職者修道会　Klerikerkloster
聖職者省　Kongregation für den Klerus
聖職者生計資産　Mensalgut
聖職者政治　Priesterherrschaft
聖職者の遺産　Spolien
聖職者ファシズム　Klerikalfaschismus, *Klerikofaschismus
聖職者民事基本法　Zivilkonstitution des Klerus

聖職者留保	der *geistliche* Vorbehalt
聖職授任	Kollation
聖職停止者の再研修所	Demeritenhaus
聖職停止処分を受けた者	Demerit
聖職任命	Kollation
聖職任命権	Kollatur
聖職任命権者	Kollator
聖職売買	Simonie
聖職剥奪	*Absetzung, *Degradation, Degradierung, Deprivation
聖職離脱	Kirchenaustritt
聖職禄	*Benefizium, Pfründe, Präbende
聖職禄授与	Kollation
聖職禄受領者	Benefiziar, *Pfründner, Präbendar
聖職禄初年度献上金	Annaten
聖職禄予授	Antizipation
聖書訓話	Homilie
聖書研究	Bibelforschung
聖書研究会	Bibelstunde
聖書研究所	Bibelinstitut
聖書考古学	Bibelarchäologie
聖書語法	Bibelsprache
聖書コンコルダンス, 聖書索引	Bibelkonkordanz, *Konkordanz
聖書事典	Bibellexikon
聖書釈義	Bibelauslegung, *Exegese
聖書釈義学	Exegetik
聖書写本	Bibelhandschrift
聖書週間	Bibelwoche
聖書主義	Bibelglaube[n], Bibeltum, *Biblizismus
聖書主義者	Biblizist
聖書遵奉	Bibeltum
聖書序説	die biblische *Einleitungswissenschaft*, *Isagogik
聖書神学	die *biblische* Theologie
聖書信仰	Bibelglaube[n]
聖書崇拝	Bibliolatrie
聖書正典	*Kanon, die *kanonischen* Bücher
聖書全巻	Vollbibel
聖書注解	die *biblischen* Glossare
聖書注釈	Bibelglosse
聖書地理学	die *biblische* Geographie
聖書入門	die *biblische* Einleitung
聖書年代学	die *biblische* Chronologie
聖書の共同訳	Einheitsübersetzung
聖書のことば	Bibelspruch
聖書抜抄	Perikope
聖書批判, 聖書批評学	Bibelkritik
聖書本文	Bibeltext
聖書翻訳	Bibelübersetzung
聖書物語	Bibelgeschichte, *die *biblische* Geschichte
聖書問題	die *biblische* Frage
聖書用語	Bibelsprache
聖書霊感	Bibelinspiration
聖書朗読	*Bibellesung, Schriftlesung
精神	Geist
聖人	Heilige
聖心会	Herz-Jesu-Schwestern
聖人教会	Zömeterienkirche
聖人共通の部	Commune Sanctorum
聖人劇	*Legendenspiel, *Mirakelspiel
聖人固有の部, 聖人祝日の部	Proprium Sanctorum <de Sanctis>
聖人叙事詩	Heiligenepos
聖人崇敬	*Hagiolatrie, Heiligenkult, Heiligenverehrung
聖心宣教修道女会	Missionsschwestern vom Heiligsten Herzen Jesu von Hiltrup
聖親族	die *Heilige* Sippe
聖人伝	*Hagiographie, Heiligengeschichte, Heiligenleben, Heiligenvita, *Legende
聖人伝記学	Hagiologie
聖人伝集	Acta Sanctorum, Heiligenbuch, *Legendar
聖人伝説	Heiligenlegende, Heiligensage
聖人の記念	das *Gedächtnis* der Heiligen
成人の洗礼	Erwachsenentaufe
聖人文学	Legendendichtung
聖人への祈願	die *Anrufung* der Heiligen
聖人目録	Kanon
聖人物語集	Legendar
聖人暦	*Heiligenbuch, *Heiligenkalender, *Synaxarion
聖人列伝	Acta Sanctorum
聖水	das geweihte *Wasser*, *Weihwasser
聖水器	Weihwasserkessel
聖水散布	Aspersion
聖水式	Hagiasmos
聖水廃棄盤	Piscina
聖水刷毛	Aspergill
聖水盤	Lavabo, Weihbecken, Weihbrunnen, *Weihwasserbecken
聖水棒	Weihwasserwedel

聖水をかけ(て祓い清め)る	besprengen, lustrieren
聖ステファノの祝日	Stefanitag
聖スルピス会	Sulpizianer
成聖	*Heiligung, Weihe
成聖の恵み	die heiligmachende Gnade
聖性法典	Heiligkeitsgesetz
誓絶	*Abjuration, *Abschwörung
聖節の部	Proprium de Tempore
聖戦	der heilige Krieg
聖槍	die Heilige Lanze
聖像	Gnadenbild
聖像柱	Bildstock
聖像否定論者	Ikonoklast
聖体	Abendmahl, *das Allerheiligste, Eucharistie, *Hostie, *Sanktissimum, Venerabile
聖体安置塔	Sakramentshaus
聖体永久礼拝	die Ewige Anbetung
聖体器	Speisekelch
聖体機密	Eucharistie
聖体行列	*Fronleichnamsprozession, Gottestracht, die eucharistische Prozession, Sakramentsprozession, die theophorische Prozession
聖体顕示	*Aussetzung, die Erklärung des Heiligen Sakraments, Exposition
聖体顕示台	*Monstranz, Ostensorium
聖体匣(こう)	Pyxis
聖体降福式	Benediktion, *die Aussetzung des Allerheiligsten
聖体国際連盟	Eucharistischer Völkerbund
聖体皿	*Diskus, Hostienteller, *Patene
聖体賛美式	Benediktion, *die Aussetzung des Allerheiligsten
聖体十字軍	der Eucharistische Kreuzzug
聖体修道会	Eucharistiner
聖体授与の奉仕者	Kommunionsspender
聖体大会	Eucharistischer Kongress
聖体の祭日	*Fronleichnam, Sakramentstag
生体の十字架	das lebende Kreuz
聖体の祝福	der eucharistische Segen
聖体の授与	Eucharistieausteilung
聖体のパン	Abendmahlsbrot
聖体の秘跡	das Sakrament des Abendmahls, *Eucharistie
聖体拝領	Eucharistie, *Kommunion
聖体拝領皿	Kommunionspatene
聖体拝領者	Abendmahlsempfänger, Abendmahlsgänger, *Kommunikant
聖体拝領台	Kommunionsbank
聖体拝領布	Kommunionstuch
聖体拝領前の断食	das eucharistische Fasten
聖体布	Korporale
聖体奉挙	Elevation
聖体容器	*Hostienbehälter, *Kustodia, *Pyxis
聖体幼年十字軍	Eucharistischer Kinderkreuzzug
聖体ランプ	*Ampel, *das Ewige Licht
聖体礼拝	die Anbetung der Eucharistie
聖体礼拝司祭会	Eucharistischer Verein der Priester der Anbetung
聖体礼拝女子修道会	Anbetungsschwester
聖体論争	Sakramentsstreit
聖譚、聖譚曲	Legende
聖地	die Heilige Stätte
聖地準管区	die Kustodie vom Heiligen Land
聖庁	*Kurie, *Kurienkongregation
聖釘(せいてい)	Kreuznagel
正典	Kanon
聖堂	Kirche
聖堂入口広間	Vestibül
聖堂騎士修道会	Templerorden
聖堂区	Kirchengemeinde, Kirchsprengel, *Pfarrei
聖堂祭式者会(聖堂参事会)	Chorherrenstift, *Kanonikerkapitel, *Kapitel, Kollegiatstift, Stiftskapitel
聖堂祭式者会員(聖堂参事会員)	Kanoniker, Kapitular
聖堂祭式者会員席(聖堂参事会員席)	*Chorgestühl, Chorstuhl
正統主義、正統信仰	*Orthodoxie, Rechtgläubigkeit
正統信仰の	*orthodox, rechtgläubig
正統性	Legitimität
聖堂内貴賓席	Oratorium
聖堂内陣	Kirchenchor
聖徒の交わり	die Gemeinschaft der Heiligen
聖トーマス教会[少年]合唱団	Thomanerchor
聖なる処女(おとめ)マリアの頌	Magnificat
聖なる権威	die heilige Gewalt
聖なる場所	*der heilige Ort, Weihestätte
聖なる奉仕職	das geistliche Amt
聖なる三日間	Triduum Sacrum
聖ニコラウスの祝日の前夜	Nikolausabend
聖年	das Heilige Jahr, *Jubeljahr, Jubiläum

成年式　Jugendweihe
聖年大赦　Jubiläum
聖都　die *Heilige* Stadt
聖土曜日　*Karsamstag, Ostersamstag
聖杯　Abendmahlskelch, *Gral, *Kelch
聖杯伝説　Gralssage
聖杯の騎士　Gralsritter
聖杯の城　Gralsburg
聖杯布　Palla
聖パウロ修道会　Paulist
聖パウロ女子修道会　Paulistin
聖パウロの回心　Pauri Bekehrung
聖櫃　Hostienschrein, *Tabernakel
清貧　*Armut, Paupertät
清貧の誓願　Armutsgelübde
聖傅 (せい) 機密　Krankensalbung
聖物売買　Simonie
聖フランシスコ病院修道女会　die *Genossenschaft* der Krankenschwestern nach der dritten Regel des heiligen Franziskus
聖フランチェスコの平和の祈り　Friedensgruß des heiligen Franziskus
聖墳墓　das Heilige *Grab*
聖墳墓教会　Grabeskirche
聖別　Aussegnung, Einsegnung, Einweihung, Konsekration, *Weihe
聖別権　Weiheautonomie
聖別する　aussegnen, einsegnen, einweihen, heiligen, konsekrieren, sakralisieren, weihen
聖別喪失　Profanierung, *der Verlust der *Weihe*
聖別の祈願　Weihegebet
聖ペトロ教会　Peterskirche
聖ペトロ使徒座への献金　Peterspfennig
聖ペトロ・聖パウロ使徒の祝日　Peter-und-Pauls-Tag
聖ペトロ大聖堂　Petersdom
聖ペトロの使徒座の祝日　*Petri *Stuhlfeier*, Thronfest Petri
聖変化　*Konsekration, *Wandlung
聖変化させる　konsekrieren
聖母哀歌　Stabat mater
西方教会　die *abendländische* Kirche
西方修道制　das abendländische *Mönchtum*
西方の　abendländisch
西方離教　das Abendländische *Schisma*
聖母奇跡劇　Marienmirakel
聖母教会　*Frauenkirche, Liebfrauenkirche, Marienkirche, Muttergotteskirche, *Notre-Dame
聖母下僕会　Servit
聖母賛歌　Marienantiphon
聖母三十日　Frauendreißiger
聖母子像　Maria mit dem Kind
聖母神学　Mariologie
聖母崇敬　Madonnenkult
聖母聖月　Marienmonat
聖母像　Gnadenbild, *Madonna, Madonnenbild, Muttergottesbild
聖母戴冠　die *Krönung* Mariä
聖母月　Marienmonat
聖母月の信心　Maiandacht
聖母年　das *Marianische* Jahr
聖母の御眠り　Koimesis
聖母の祝日　Frauentag
聖母の聖遺物箱　Marienschrein
聖母の晩課　Marienvesper
聖母の被昇天　Mariä *Himmelfahrt*
聖母の訪問　*Mariä *Heimsuchung*, *Visitatio
聖母のみ心　Herz-Mariä-Fest
聖母被昇天　Assunta
聖母被昇天修道会　Assumptionist
聖母への結びの交唱　Marienantiphon
聖母訪問会　*Heimsuchungsorden, Salesianerin, Visitantin
聖母マリア下僕会　Servit
聖母マリア小聖務日課　Officium parvum B. M. V.
聖母マリア年　das *Marianische* Jahr
聖母マリアの［終わりの］アンティフォナ　Marienantiphon
聖母マリアの終わりの交唱　die *marianische* Schlussantiphon
聖母マリアの祝祭日　Marienfest
聖母マリアの叙唱　Marienpräfation
聖母マリアの七つの悲しみ　die Sieben Schmerzen *Mariens*
聖母マリアの七つの喜び　Maria *Lätitia*, *die Sieben Freuden *Mariens*
聖母マリアの夕べの祈り　Marienvesper
聖母礼拝堂　Marienkapelle
聖マリア教会　Marienkirche
聖マリア修道女会　*Marianistenschwester, Marianistin
聖マリア聖堂　Marienkirche
聖マリアの期待　Mariä Erwartung

聖マリアの結婚　Mariä Vermählung
聖マリアの婚約　Mariä Verlobung
聖マリアの誕生　Mariä Geburt
聖マリアの奉献　Mariä Opferung
聖マリアの御名　Mariä Name
聖マリア礼拝堂　Marienkapelle
聖マルティヌス劇　Martinsspiel
聖マルティヌスのガチョウ　Martinsgans
聖マルティヌスの修道生活　das *martinische* Mönchtum
聖マルティヌスの祝日　Martinstag
聖マルティヌスの火　Martinsfeuer
聖ミカエル祭　Michaelisfest
聖務　*Ministeramt, Offizium
聖務案内　*Direktorium, *Ordo
聖務会院　Synod
聖務者　*der geistliche *Amtsträger*, *Minister
聖務日課　Akoluthie, *Breviergebet, *Stundengebet
聖務日課書　Breviarium
聖務日課聖歌集　Antiphonale
聖務不適格者　Defizient
生命の木　Lebensbaum
聖木曜日　Gründonnerstag
聖油　das geweihte *Öl*
聖油聖別（式）　Ölweihe
聖ヨゼフ献身者会　Oblaten vom heiligen Joseph
聖ヨゼフの連願　Josephslitanei
聖四文字　*JHWH, *Tetragramm, Tetragrammaton
聖ルカ兄弟団　Lukasbrüder
聖ルカ組合　*Lukasbund, *Lukasgilde
聖霊　*der Heilige *Geist*, Spiritus Sanctus
聖霊降臨　die *Ausgießung* des Heiligen Geistes
聖霊降臨運動　Pfingstbewegung
聖霊降臨祭　Pentekoste, *Pfingsten
聖霊降臨祭の月曜日　Pfingstmontag
聖霊降臨祭の時節　Pfingstzeit
聖霊降臨祭の日曜日　Pfingstsonntag
聖霊降臨祭前の土曜日　Pfingstsamstag
聖霊降臨徹夜祭　Pfingstvigil
聖霊修道会　Spiritaner
聖霊に満たされた人　Pneumatiker
聖霊による洗礼　Feuertaufe
聖霊の賜物　die *Gabe*n des Heiligen Geistes
聖霊の内住　die *Einwohnung* der Heiligen Geistes
聖霊の実　die *Früchte* des Heiligen Geistes

聖霊派　Spirituale
聖霊論　Pneumatologie
聖霊を冒瀆する罪　die *Sünde* wider den [Heiligen] Geist
聖レオポルドの祝日　Leopoldi
西暦紀元　*Anno Domini, post Christum
セウェロス派　Severianer
世界　Welt
世界会議　Weltversammlung
世界紀元　Anno mundi
世界教会運動　die ökumenische Bewegung
世界教会会議　Weltkirchenkonferenz
世界教会協議会　*Ökumenischer Rat der Kirchen, Weltkirchenrat
世界教会性　Ökumenizität
世界キリスト教教育協議会　Weltrat der Christlichen Erziehung
世界宗教　Weltreligion
世界審判　Weltgericht
世界宣教会議　Weltmissionskonferenz
世界宣教の日　Weltmissionssonntag
世界創造紀元　Anno mundi
世界代表司教会議　Bischofssynode
世界伝道　Weltmission
世界の更新　Welterneuerung
世界の創造主　Weltschöpfer
ゼカリヤ　*Sacharja, *Zacharias
ゼカリヤ書　das Buch *Sacharja*
ゼカリヤ　Zacharias
席次　Präzedenz
セクエンツィア　Sequenz
セクト　Sekte
セクレタ　Sekret
世襲財産，世襲領地　Patrimonium
セシリア　Cäcilie
セシリア運動　Cäcilienbewegung
セシリア協会　Cäcilienverein
世俗化　*Laizisation, Profanierung, *Säkularisierung
世俗学校　Laienschule
世俗主義　*Laizismus, *Säkularismus
世俗主義者　Laizist
世俗諸侯　die *weltlich*en Fürsten
世俗的権利・収入　Temporalien
世俗的な，世俗の　säkular, weltlich, zeitlich
節日　Lostage
節　Vers

説教	*Homilie, *Predigt, Sermon, Strafpredigt
説教学	Homiletik
説教師	Homilet
説教者	Kanzelredner, Prädikant, Prediger
説教者会, 説教者兄弟会	Prädikantenorden, *Orden der *Predigerbrüder*
説教集	Homiliar
説教術	Kanzelberedsamkeit
説教壇	*Kanzel, Predigtstuhl
説教壇条項	Kanzelparagraph
説教壇の天蓋	*Kanzeldeckel, Schalldeckel
説教壇濫用	Kanzelmissbrauch
説教の職務	Predigtamt
説教ミサ	Predigtgottesdienst
説教をする	predigen
石窟教会	Höhlenkirche
石窟修道院	Höhlenkloster
石窟礼拝堂	Felsenkapelle
節食	Abstinenz
接神論	Theosophie
節制	*Abstinenz, *Maß, *Mäßigung, *Mortifikation
絶対	das *Absolute*
接待係	Hospitarius
絶対者	der *Absolute*
節度	Maß
接吻牌	Kusstafel, *Paxtafel
説明付きミサ	Lehrgottesdienst
絶滅説	Annihilationismus
摂理	*Providenz, Schickung, *Vorsehung
セディリア	Sedile
セノタフ	Kenotaph
セバスティアヌス	Sebastian
ゼファニヤ	Zefanja
ゼファニヤ書	das Buch *Zefanja*
セブンスデー・アドヴェンティスト（アドベンチスト）	Siebenten-Tags-Adventist
セブンスデー・バプテスト	Siebenten-Tags-Baptist
セム	Sem
セム族	Semit[e]
施物係	Almosenier
セラ	Sela
セラフ, セラフィム	Seraf
ゼーロータイ, ゼーローテース	Zelot
善悪の知恵の木	der *Baum* der Erkenntnis von Gut und Böse
僭越	Anmaßung
全会一致推挙	Akklamation
宣教	*Auslandsmission, *Evangelisierung, Glaubensverbreitung, *Mission, Verkündigung
善業	*gute* Werke
宣教医療研究所	*Missionsärztliches* Institut
宣教会	*Missionsgesellschaft, *Missionsinstitut
全教会	Ökumene
宣教学	*Missiographie, *Missiologie, Missionskunde, Missionslehre
宣教学研究所	Missionsinstitut
宣教看護師	Missionskrankenschwester
宣教根拠地	Missionsstation
宣教師	Bekehrer, Glaubensbote, *Missionar
宣教事業後援会	Missionsverein
宣教者	Bekehrer
宣教宗教	Missionsreligion
宣教修道院	Missionskloster
宣教修道会	*Missionsinstitut, *Missionskongregation
宣教する	missionieren
宣教大会	Missionskongress
宣教団	Mission
宣教地医療	die *missionsärztliche* Fürsorge
宣教地教区	Missionsbezirk, Missionssprengel
宣教地区評議会	Missions[priester]rat
宣教地司教	Missionsbischof
宣教の日	Missionstag
宣教博物館	Missionsmuseum
宣教法	Missionsrecht
宣教奉仕者	Lektor
宣教旅行	*Bekehrungsreise, Missionsreise
全キリスト教徒	Ökumene
先見者	Seher
先験的	transzendeltal
全国教会会議	Nationalkonzil
全国司教会議	Nationalsynode
先在	Präexistenz
先在説	Präexistenzianismus
全実体変化	Transsubstantiation
洗手式	*Lavabo, Handwaschung, Waschung
洗浄	*Ablution, *Waschung
先唱者	*Kantor, Vorbeter, *Vorsänger
潜心	Andacht
全身浸礼	Submersion
全世界公会議	das ökumenische *Konzil*
洗足	Fußwaschung

跣足カルメル会	die *Unbeschuht*en Karmeliten
洗足式	Mandatum
跣足修道会	Barfüßerorden
跣足修道会士	Barfüßer
跣足の	unbeschuht
全体会議	Plenarkonzil
全体総会	Generalsynode
全知	*Allwissen[heit], Omniszienz
全地総主教	der *ökumenische* Patriarch
前兆	*Menetekel, *Typus
先定	*Prädetermination, Vorherbestimmung
前庭	Aula
先定説	Prädeterminismus
尖塔	Turmspitze
戦闘の教会	die kämpfende *Kirche*
千年王国	Chiliasmus, *Millenium, *das Tausendjährige *Reich* Gottes
千年至福説	*Chiliasmus, Millenarismus
全能	*Allmacht, Omnipotenz
全能者	der *Allmächtig*e
全般的活動	Allwirksamkeit
先備聖体礼儀	Präsanktifikaten-Liturgie, *die Liturgie der *vorgeweiht*en Gaben
前表	Typus
選民	die *auserwählt*e Volk
全免償	der vollkommene *Ablass*
前夜祭	Vigil
前夜ミサ	Vorabendmesse
洗礼	*Baptismus, *Taufe
洗礼機密	Taufe
洗礼志願期	Katechumenat
洗礼志願者	Katechumene
洗礼志願者の教理教育	Katechumenat
洗礼志願者用聖油	Katechumenenöl
洗礼式	Taufakt, *Taufe, Tauffeier, Taufritual
洗礼執行者	Taufspender
洗礼時の信仰告白	Taufbekenntnis
洗礼者聖ヨハネの[誕生の]祝日	Johannistag
洗礼者ヨハネ	Johannes der Täufer
洗礼謝礼金	Taufgebühren
洗礼証明書	Taufurkunde
洗礼水	Taufwasser
洗礼台帳	Taufbuch
洗礼定式	Taufformel
洗礼堂	*Baptisterium, *Taufkapelle, Taufkirche
洗礼の証人	Taufzeuge
洗礼の誓い	Taufgelübde
洗礼の約束	Taufsprechung, *Taufversprechen
洗礼の約束の更新	*die Erneuerung des *Taufversprechen*s, Tauferneuerung
洗礼盤	*Baptisterium, *Piscina, *Taufbrunnen, *Taufstein
洗礼簿	Taufregister
洗礼名	*Taufname, Vorname
洗礼名の聖人	Namenspatron
洗礼を受けた	getauft
洗礼を授ける	taufen

ソ

ゾイゼ	Seuse
僧	Pfaffe
僧医	Mönchsarzt
総院長	Generalabt
総会	*Generalkapitel, *Generalkongregation, Konvent
総会議	Generalsynode
総会長	*General, *Generalobere
葬儀	Bestattung, *Obsequien, Parentation, Trauerfeier, Trauergottesdienst
葬儀ミサ	*Exsequien, Totenamt, *Totenmesse
葬儀用定式書	Obsequiale
総合福音書	Evangelienharmonie
総告白	Generalbeichte
相互聖餐	Interkommunion
相互聖体拝領	die eucharistische *Interkommunion*
相互陪餐	Interkommunion
嫂婚制	Leviratsehe
荘厳ミサ	*Kantatenmesse, das *feierlich*e Hochamt, *Missa solemnis
荘厳ミサ曲	Missa solemnis
僧コンラート	Pfaffe Konrad
葬式	Abdankung
相似実体論者	Homöusianer
総主教	Erzvater, *Patriarch
総主教区	Patriarchat
総主教十字架	Patriarchenkreuz
総主教代理	Exarch
装飾	Illumination
装飾頭文字	Initiale
総司令官	General
双聖歌隊席	Doppelchor

創世記	Entstehungsgeschichte, *Genesis, Schöpfungsgeschichte
創造	Erschaffung, Kreation, *Schöpfung
創造主	Erschaffer, Kreator, *Schöpfer
相続財産	Patrimonium
総大司教	Erzvater, *Patriarch
総大司教区	Patriarchat
総大司教座	Patriarchalsitz
総大司教座聖堂	Patriarchalkirche
総大司教十字架	Patriarchenkreuz
総大修道院長	Oberabt
総大主教	Katholikos
総長	*General, *der höchste Oberer
総聴取官	Generalauditor
早朝礼拝	Frühgottesdienst
総督	Landpfleger, Präfekt, *Prokurator, Statthalter
遭難碑	Marterl
僧服	Priestergewand
造物主	Allvater, *Schöpfer
僧帽	*Gugel, *Kukulle
総務長	Cellarius
聡明さ	Weisheit
贈与	Verfügung
僧ランプレヒト	Pfaffe Lamprecht
添え柱	Dienst
訴願	Bittgesuch
俗剣	das weltliche Schwert
属司教	Suffragan
属司教区	Suffraganbistum
属主教	Suffragan
続唱	Sequenz
属人区	Personalprälatur
属人小教区	Personalpfarrei
俗人叙任	Laieninvestitur
俗人聖職禄	Laienpfründe
俗人説教師	Laienprediger
属性	Attribut
族長	Erzvater, *Patriarch
族長十字架	Patriarchenkreuz
族長物語	Vätergeschichte
俗用化	Profanierung
側廊	Seitenflügel, *Seitenschiff
組織神学	die systematische Theologie
訴訟	Prozess
訴訟代理人	Prokurator, Prozessbevollmächtiger
蘇生	Wiederbelebung
注ぐ	ausgießen
属格神学	Genetivtheologie
ソッツィーニ派	Sozinianer
袖廊 (しゅうろう)	*Kreuzflügel, *Querhaus, *Querschiff
ソドム	Sodom
供えのパン	Schaubrot
ソマスカ修道会	Somasker
ソラ・フィデ	sola fide
ソリ・デオ	Soli Deo
ソリ・デオ・グロリア	soli Deo gloria
ソロモン	Salomo
ソロモンの箴言	Sprichwörter Salomo[n]s
ソロモンの知恵	die Weisheit Salomo[n]s
尊者（に対する尊称）	ehrwürdig, *venerabilis

タ

第一会	der erste Orden
大栄唱	die große Doxologie
代親	Paten
代親からの贈り物	Einbund, *Patengeschenk
代親の任務	Patendienst
大会	Provinzialsynode, *Regionalsynode
退会	*Austritt, Säkularisation
退会する	austreten
戴冠	Krönung
代願	*Fürbitte, Rogation, Suffragium
戴冠式ミサ	Krönungsmesse
大監督	Erzbischof
大教会	Großkirche
大兄弟会	Erzbruderschaft
大グレゴリウス勲章	Gregoriusorden
対型	Abbild
対抗教皇	Antipapst
対抗宗教改革	Gegenreformation
大洪水	Sintflut
待降節	Advent
待降節の主日	Advent, Adventssonntag
待降節のろうそく	Adventskerze
大光輪	Mandorla
大罪	Todsünde
大斎 (だいさい)	Fasten
大斎期間	Fastenzeit
大祭司	*Hohepriester, Oberpriester
大祭司職	Hohepriesteramt

大祭司の祈り　das *hohepriesterliche* Gebet
大斎前節　Vorfastenzeit
大祭壇　Hauptaltar
大斎日　Fastenzeit, Fasttag
第三イザヤ　Tritojesaja
第三会　der dritte *Orden*, *Tertiarierorden
第三会員　Tertiarier
大参事会　Erzstift
第三修練　Tertiat
代子　Pate, *Patenkind, Patensohn, Patentochter
大司教　Archibischof, *Erzbischof
大司教区　Erzbistum
大シスマ　das Große *Schisma*
大執事　Erzdiakon
大修院長　Abt
大衆伝道　Volksmission
大修道院　*Abtei, Großkloster
大修道院外務担当副院長　Außenpropst
大修道院区　Gebietsabtei
大修道院司教　Abtbischof
大修道院司教区　Abteibistum
大修道院総長　*Abtpräses, Erzabt
大修道院長　Abt
大修道院長祝別(式)　Abtsweihe
大修道院長杖　Abtsstab
大修道院長選挙　Abtswahl
大修道院長代理　*Prior, *Propst
大修道院副院長　Prior
大修道院領　Abtei, Abteigut
大主教　*Archibischof, *Erzbischof
大小斎規定　Fastenvorschrift
大書記長　Erzkanzler
対神徳　die göttlichen *Tugend*en
大審問官　Großinquisitor
大聖堂　*Dom, Kathedrale, Monasterium, Münster
大聖堂主任司祭　Oberpfarrer, Pastor primarius
大聖堂都市　Domstadt
大全　Summa
大全作家　Summist
太祖　Erzvater, *Patriarch
太祖のリンボ　Limbus patrum
大勅書　Bulle
大勅書集　Bullarium
大天使　Engelfürst, *Erzengel
大天使ミカエルの祝日　Michaelistag
退堂　Rezess

代禱　*Fürbitte, Rogation, Suffragium
第七天　der sieb[en]te *Himmel*
第二イザヤ　Deutrojesaja
第二会　der zweite *Orden*
第二正典　die *deuterokanonisch*en Schriften
退任　Emerit
頽廃の町　Sündenbabel
代表　Delegat, Delegierte
代表団　Delegation
代父　Gote, *Pate, Patenonkel, Taufpate, Taufvater
代父母　Paten
逮捕　Gefangennahme
代母　Gote, *Pate, Patentante, Patin, Taufmutter, Taufpate, Taufpatin
代牧　der Apostolische *Vikar*
大牧者　der oberste *Hirt*
タイポロジー　Typologie
大預言者, 大預言書　die Großen *Prophet*en
代理　Kommissar, *Vikar
対立教皇　Gegenpapst
対立司教　Gegenbischof
対立物の一致　Coincidentia oppositorum
代理人　Stellvertreter, Vizegerent
対話句　die *dialogische* Formel
対話説教　Dialogpredigt
対話ミサ　der *dialogisch*e Gottesdienst
ダヴィデ　David
タウ十字架　Taukreuz
タウラー　Tauler
絶えざる御助けの聖母　Heilige *Maria*, Mutter von der immerwährenden Hilfe
高窓層　Obergaden
宝物　Zimelie
磔死(たくし)　Kreuztod
託宣　der *Ausspruch* Gottes, *Orakel, Orakelspruch
托鉢修道会　*Bettelorden, Mendikantenorden
托鉢修道会士　Bettelbruder, Bettelmönch, Mendikant
托鉢修道会論争　Bettelordenstreit, *Mendikantenstreit
多国語対訳聖書　Polyglotte
堕罪　Sündenfall
堕罪以後説(堕罪後予定論)　Infralapsarianismus
堕罪以前説(堕罪前予定論)　Supralapsarianismus
多枝燭台　Kandelaber

多神教，多神論　*Polytheismus, Vielgötterei
戦う教会　die kämpfende *Kirche*
正しき者　der *Gerechte*
立会人　Assistent
磔刑（㉑）　Kreuzigung
磔刑像　Kreuzigungsbild
脱魂　*Ekstase, *Entrückung
堕天使　der abtrünnige Engel
譬え［話］　*Gleichnis, *Parabel
タナク，タナハ　Tanach
ダニエル　Daniel
ダニエル書　das Buch *Daniel*
種入れぬパン（種なしパン）　Azymon, Barches, *Matze[n]
種入れぬパンの祭　Matzenfest
ダビデ　David
ダビデの子　Davidssohn
ダビデの星　Davidsstern
多幅祭壇画　Polyptychon
タベルナクルム　Tabernakel
ターボル　Tábor
タボル山　Tabor
タボルの光　Taborlicht
ターボル派　Taborit
魂の救済　Seelenheil
魂の転生　Seelenwanderung
魂の牧者　Seelenhirt
多魔神信仰　Polydämonismus
ダマスコ　Damaskus
ダマスコ文書　Damaskusschrift
多翼祭壇　Flügelaltar
多翼祭壇画　Polyptychon
タラール　Talar
樽板教会　Stabkirche
タルグム　Targum
ダルマティカ　Dalmatik
タルムード　Talmud
多霊観　Polydämonismus
垂れ襟　Beffchen
垂れ幕　Vorhang
壇　Podium
単一神教　Henotheismus
単一神論派　Unitarier
単一性　Einfachheit, Einheit
弾劾　Verdammung
ダンカー派　Tunker
嘆願　Anrufung, *Bittgebet, *Invokation
断罪　Verdammung
断食　*Fasten, *Stationsfasten
断食期間　Fastenzeit
断食する　fasten
単式誓願　*das einfache *Gelübde*, die einfache *Profess*
単式誓願修道会　Kongregation
単式誓願修道会修道士　Kongregationist
断食節の垂絵　Hungertuch
断食日　Fasttag
譚詩曲　Legende
男子修道院　Männerkloster
男子修道会　Männerorden
男子ベギン　Beg[h]ard
単純性の祈り　das *Gebet* der Einfachheit
男女共住修道制　Syneisaktentum
男女複合修道院，男女併存修道院　Doppelkloster
単心論　Monopsychismus
団体性　Kollegialität
団体付き司祭　Altarist, *Kaplan
団体的教会　Kollegiatkirche
単働説　Monergismus
耽祷派　Euchit, *Messalianer
タントゥム・エルゴ　Tantum ergo
単独活動　Alleinwirksamkeit
断念　*Resignation, *Verzicht
タンパン　Tympanon
短白衣（）　Chorhemd, *Rochett, *Superpelliceum
談話室　Parlatorium

チ

血　Blut
知ある無知　Docta ignorantia
地域長老会，地域プレスビテリー　Gemeindekirchenrat
小さき兄弟会　die Minderen *Brüder*, *Minderbruder
知恵　Weisheit
チェチリア　Cäcilie
知恵の木　der *Baum* der Erkenntnis
知恵の書　das Buch der *Weisheit*
知恵文学　Weisheitsliteratur

力　Gewalt
地区　Dekanat
地区講演会　Dekanatskonferenz
逐語霊感　Verbalinspiration
逐語霊感説　Verbalinspirationslehre
地区長　*Archiprebyster, *Dechant, Dekan
知性単一説　Monopsychismus
父　Vater
父なる神　Gottvater
秩序　*Ordnung, Ordo
智天使　Cherub
血の汗　Blutschweiß
血の奇跡　Blutwunder
血の証人　Blutzeuge
血の洗礼　Bluttaufe
血の代金　Blutgeld
血の畑　Blutacker
血のホスティア　Bluthostie
地方区　Region
地方区教会会議　Regionalkonzil
地方司祭　Landpfarrer
地方専任司教　Chorbischof
地方総会, 地方大会　Regionalsynode
知牧　der Apostolische *Präfekt*
知牧区　die Apostolische *Präfektur*
知牧区長代理　Propräfekt
チボリウム　Ziborium
着衣式　Einkleidung
着座(式)　Installation, *Inthronisation
着座させる　installieren, inthronisieren
チャーチ・アーミー　Church-Army
チャプレン　Kaplan
チャペル　Kapelle
中央教会　Hauptkirche
中央祭壇　Hauptaltar, Hochaltar
中央党　Zentrumspartei
中央方形部　Vierung
中会　Gemeindekirchenrat, *Presbyterium
注解　*Glosse, *Paraphrase
仲介者　Mediator, *Mittler
注解者　Kommentator
注解書　Kommentar
中核の教会　Kerngemeinde
中間蓋然説　Äquiprobabilismus
中間期　Interstitien
注釈　Glosse
注釈学派　Glossator

注水礼　Infusion
柱頭行者　*Säulenheilige, Stylit
柱頭行者シメオン　Simeon Stylites
注入　Infusion
注入徳　die *eingegossene* Tugend
仲保者　Mediator, *Mittler
中廊　Hauptschiff, *Mittelschiff
チューリヒ　Zürich
チューリヒ一致信条　Consensus Tigurinus, *Zürcher Konsens
超越[性]　Transzendenz
超越的　transzendent
超越的世界　Überwelt
超越論的　transzendental
超越論的規定　Transzendentalien
頂華　Kreuzblume
朝課　*Matutin, Mette
懲戒罰　Beugestrafe
長官　Präfekt
超感性的世界　Überwelt
超教派学校　Gemeinschaftsschule
聴罪師, 聴罪司祭　*Beichtvater, Confessor, Pönitentiar
聴罪する　beichthören
弔辞　Parentation
超自然的　übernatürlich
超自然的啓示　die *übernatürliche* Offenbarung
超自然的神学　die *übernatürliche* Theologie
超自然的賜物　die außernatürlichen *Gabe*n
超自然的秩序　die *übernatürliche* Ordnung
超自然の光　Lumen supranaturale
聴従する教会　die hörende *Kirche*
聴取官　*Auditor, *Vernehmungsrichter
長上　Ordensobere
徴税人　Zöllner
提灯　Laterne
提灯行列　Laternenumzug
調停神学　Vermittlungstheologie
頂塔　Laterne
長堂　*Langhaus, Langschiff
超範疇的　transzendeltal
調理室係　Küchenbruder
朝礼　Morgenfeier
長廊　*Langhaus, Langschiff
長老　Älteste, *Kirchenälteste, Kirchenvorsteher, *Presbyter, *Starez
長老会　*Kirchenrat, *Kirchenvorstand, Konsis-

torium, Oberkirchenrat, *Presbyterium
長老制度　Konsistorialverfassung, *Presbyterialverfassung
長老派　Presbyterianer
長老派教会　die *presbyterianisch*e Kirche
勅令　Edikt
直観　*Anschauung, Intuition
チングルム　Zingulum
鎮魂ミサ　Requiem
沈黙　Schweigen
沈黙の掟　Schweigegebot
沈黙の義務　Schweigepflicht
沈黙の教会　die schweigende *Kirche*
沈黙の金曜日　Stiller *Freitag*

躓きの山　der *Berg* des Ärgernisses
罪　*Schuld, *Sünde
罪なき聖嬰児（ひじ）　die *Unschuldig*en Kinder
罪の箇条　Sündenregister
罪の告白　Schuldbekenntnis
罪の泥沼　Sündenpfuhl
罪の嘆き　Sündenklage
罪の火口（ほくち）　der *Zunder* der Sünde
罪のゆるし　Absolution, Erlass, *Lossprechung, Sündenerlass, *Sündenvergebung
罪人　Schuldiger, *Sünder
罪をゆるす　lossprechen
吊り香炉　*Räucherfass, Weihrauchfass, Weihrauchkessel

ツ

衝立（ついたて）祭壇　Tafelaltar
追悼ミサ　*Jahrgedächtnis, Traugottesdienst
追悼ミサ簿　Jahrzeitbuch
追放する　bannen
ツィンツェンドルフ　Zinzendorf
ツヴィッカウ　Zwickau
ツヴィッカウの預言者たち　Zwickauer Propheten
ツヴィングリ　Zwingli
ツヴィングリ派　Zwinglianer
痛悔　*Kontrition, *Reue
痛悔機密　Bußsakrament
痛悔女　Reuerin
通常式文　Ordinarium missae
ツェツィーリア　Cäcilia
使い　Bote
償い　Abbüßung, *Buße, *Genugtuung, Pönitenz, *Reparation, Satisfaktion, *Sühne
償いの儀式　Bußritus
償いの規定書　Bußbuch
償いの時節　Bußzeit
償いの日　Bußtag
償いの業　Bußwerk
償う　büßen, genugtun
造り主　Schöpfer
付け柱　Dienst
躓（つまづ）き　*Anstoß, *Ärgernis
躓きの石　der Stein des *Anstoß*es

テ

テアティニ修道会　Theatiner
ディアコニー　Diakonie
ディアコニコン　Diakonikon
ディアコニー事業団　*Diakonisch*es Werk
ディアコニッセ　Diakonisse
ディアスポラ　Diaspora
ティアラ　Tiara
ディウルナーレ　Diurnale
ディエス・イレ　Dies irae
剃冠　Tonsur
低教会　Low-Church
デイ・グラティア　Dei gratia
定型の祈り　Formelgebet
貞潔　*Enthaltsamkeit, *Keuschheit, Reinheit
貞潔の誓願　Keuschheitsgelübde
帝国教会　Reichskirche
帝国修道院　Reichskloster
帝国政教協約　Reichskonkordat
帝国大修道院　Reichsabtei
帝国大修道院長　Reichsabt
ディサイプルス, ディサイプル派　Disciples of Christ
定時課　Breviergebet, *Horen, Offizium, Stundengebet, Tagzeit
定式書　Ritual[e]
定時信心　Betstunde
デイシス　Deesis
停止年　Karenzjahr

定住	*Stabilitas loci, *Stabilität	テュピコン	Typikon
定住義務	Residenzpflicht	テュンパヌム	Tympanon
停職制裁	Suspension	デリラ	Delila
ディスカント	Diskant	天	Himmel
ディスコス	Diskus	典院	*Hegumen, Igumen
低声ミサ	Stillmesse	転嫁	*Beschuldigung, *Imputation
ディセンター	Dissenter	天蓋	*Baldachin, Himmel[dach], *Tabernakel
ディダケー	Didache	伝記	Vita
定年退職	Emeritierung	天軍の九隊	Engelchor
定年退職者	Emerit	天啓	*Offenbarung, Revelation
剃髪	Tonsur	天啓史	Offenbarungsgeschichte
定罰	Reprobation	天啓宗教	Offenbarungsreligion
ディプティカ, ディプティク	Diptychon	天国	*Himmel, Himmelreich, Überwelt
提要	Manual, Manuale	天国の鍵	Himmelsschlüssel
ティンパヌム	Tympanon	天国の梯子	Himmelsleiter
デヴォティオ・モデルナ	Devotio moderna	天使	Angelus, *Engel, Himmlische
デオ・オプティモ・マクシモ	Deo optimo maximo	天使学	*Angelologie, Engellehre
デオ・グラティアス	Deo gratias	天使祝詞	*Ave-Maria, *Engelsgruß
テオシス	Theosis	天使崇敬	Angelolatrie
テオトコス	*Gottesgebärerin, Muttergottes	天使像	Engelsbild
テオドトス派	Theodotianer	天使の挨拶	Engelgruß
テオロギア・ドイチュ（ゲルマニカ）	Theologia deutsch <germanica>	天使の歌隊	Engelchor
		天使の元后	Maria von den Engeln
テオログメノン	Theologumenon	天使の出現	Angelophanie, Engelserscheinung
デカーヌス	Dechant	天使の翼	Engelflügel
手紙	Epistel	天使のパン	Engelsbrot
適応	*Adap[ta]tion, *Akkommodation	天使の群	Engelschar
適用	Applikation	天使ミサ	Engelamt
滴礼	*Infusion, Tropfinfusion	伝承	Überlieferung
テサロニケの信徒への手紙	Thessalonicherbrief	伝承史	Überlieferungsgeschichte
テサロニケ人（への）	Thessalonicher	伝承主義	Traditionalismus
弟子	*Jünger, Schüler	伝承主義者	Traditionalist
徹夜課, 徹夜祭	Vigil	伝承断片	Perikope
徹夜禱	Agrypnie	伝承本文	der *massoretische* Text
テ・デウム	Tedeum	典書台	Messpult
テトス	Titulus	転属	Übertritt
テトスへの手紙	Titusbrief	転属する	übertreten
テフィラ	Tefilla	天地創造	Schöpfung
テフィリン	Tefillin	天地創造の六日間	Hexaemeron
デ・プロフンディス	De profundis	天地創造の物語	Schöpfungsgeschichte
テーベ軍団	Thebaische <Thebäische> Legion	伝統	Überlieferung
デミウルゴス	Demiurg	伝道	*Evangelisierung, Glaubensverbreitung, *Mission
テミスティオス派	Themistianer	伝道協会	Missionsgesellschaft
テモテ	Timotheus	伝道師	Bekehrer, *Missionar
テモテへの手紙	Timotheusbrief	伝道者	Prädikant, Prediger
テュートン騎士団	*Deutsch*er Ritterorden	伝道宗教	Missionsreligion

伝統主義　Traditionalismus
伝統主義者　Traditionalist
伝道する　missionieren
伝道団　Mission
伝道の書　*das Buch Kohelet[h], *Prediger, der Prediger Salomos
伝道旅行　*Bekehrungsreise, Missionsreise
テント式教会　Kirchenzelt
天の軍勢　die himmlischen Herrscharen
天の元后　die Königin des Himmels
天の元后聖マリア　Maria Königin
天の食物　Himmelsspeise
天の大軍　das große himmlische Heer
天の花婿　der himmlische Bräutigam
天の花嫁　Himmelsbraut
天のパン　*das himmlische Brot, Himmelsbrot
天の門　*Himmelstor, *Himmelstür
天父(てん)受難説　Patripassianismus
テンプス・クラウズム　Geschlossene Zeit
テンプル騎士団　Templerorden
天幕伝道　Zeltmission
天命　Schickung
典礼　Feier, *Liturgie, *Ritual
典礼委員会　die liturgische Kommission
典礼運動　die liturgische Bewegung
典礼音楽　die liturgische Musik
典礼学　Liturgik
典礼儀式　Zeremonie
典礼儀式書　Zeremoniale
典礼挙行者　Liturg
典礼芸術　die liturgische Kunst
典礼劇　das liturgische Drama
典礼研究所　das liturgische Institut
典礼憲章　Konstitution über die heilige Liturgie
典礼主義　Ritualismus
典礼書　*Liturgiebuch, *Ordo
典礼省　Kultuskongregation
典礼色　die liturgische Farbe
典礼聖歌　der liturgische Gesang
典礼大会　der liturgische Kongress
典礼注記　Rubrik
典礼日　der liturgische Tag
典礼秘跡省　Kongregation für den Gottesdienst und die Sakramentenordnung
典礼法規　das liturgische Recht
典礼用語　*Kirchensprache, *die liturgische Sprache
典礼様式　Ritus, *Zeremoniell
典礼暦　*Kirchenkalender, der liturgische Kalender
典礼暦年　*Kirchenjahr, das liturgische Jahr

ト

ドイツ・オルガンミサ　Deutsche Orgelmesse
ドイツ改革派連盟　Reformierter Bund für Deutschland
ドイツ学院　Collegium Germanicum
ドイツ・カトリシズム　Deutschkatholizismus
ドイツ・カトリック教徒会議　Deutscher Katholikentag
ドイツ・カトリック主義　Deutschkatholizismus
ドイツ・カトリック中央委員会　Zentralkomitee der deutschen Katholiken
ドイツ・カリタス連盟　der Deutsche Caritasverband
ドイツ騎士修道会　Deutscher Ritterorden
ドイツ騎士修道会士　Deutschherr, Deutschordensritter
ドイツ騎士団　*Deutscher Ritterorden, Deutschherr
ドイツ騎士団国　Deutschordensstaat
ドイツ騎士団文学　Deutschordensdichtung
ドイツ騎士団領　Deutschordensballeien
ドイツ教会　Deutschkirche
ドイツ教会闘争　Deutscher Kirchenkampf
ドイツ・キリスト者[運動]　Deutsche Christen
ドイツ自由宗教団連盟　Bund Freireligiöser Gemeinde Deutschland
ドイツ諸侯同盟　die Deutsche Union
ドイツ神学　Theologia deutsch <germanica>
ドイツ神秘主義　Deutsche Mystik
ドイツ人ミヒャエル　Deutscher Michael
ドイツ農民戦争　Deutscher Bauernkrieg
ドイツ福音主義教会　*Deutsche Evangelische Kirche, *Evangelische Kirche in Deutschland
ドイツ福音主義教会信徒大会　Deutscher Evangelischer Kirchentag
ドイツ福音主義教会総会　Landessynode
ドイツ・ミサ　die deutsche Messe
ドイツ・レクイエム　Ein deutsches Requiem
同一実体論者　Homousianer

統計要覧	Schematismus
同質論者	Homousianer
頭首型聖遺物箱	Kopfreliquiar
答書	Reskript
答唱	Responsorium
答唱詩編	Antwortpsalm
答唱する	respondieren
同時両所存在	Bilokation
統治権	Jurisdiktionsgewalt, *Leitungsgewalt
同等蓋然説	Äquiprobabilismus
道徳	Ethik
道徳再武装[運動]	die *Moralische* Aufrüstung
塔の尖頭	Turmspitze
塔の体験	Turmerlebnis
投票	Skrutinium
登簿	*Eingliederung, Inkorporation
東方帰一教会	die *Unierte* Kirche
東方教会	*die *orientalische* Kirche, *Ostkirche
東方教会省	Kongregation für die Orientalischen Kirchen
東方正教会	die *orthodoxe* Kirche
東方典礼	die *orientalische* Liturgie
東方典礼カトリック教会	die *Unierte* Kirche
東方の三博士	*die Heiligen Drei *Könige*, *Magier, die drei *Weisen* aus dem Morgenland
東方離教	das Morgenländische *Schisma*
同盟	Union
トゥリドゥウム	Triduum
トゥンバ	Tumba
咎めの交唱	Improperien
徳	Tugend
ドクサ	Doxa
ドクサーレ	Doxale
読師	*Anagnost, *Lektor
読誦 (どくしょう)	Lektion
独住修士	*Anachoret, *Eremit
特殊贖罪説, 特殊神寵説	Partikularismus
読誦ミサ	Lesemesse
読唱額	Kanontafel
読唱集	Lektionar
読唱ミサ	*Lesemesse, Missa lecta
読書課	Lesehore
読書用廊下	Lesegang
瀆神	*Blasphemie, Gotteslästerung, Gottesraub, Lästerei
独身	Ehelosigkeit, Zölibat
瀆神者	Blasphemist, Gotteslästerer, Lästerer
独身制	Zölibat
瀆聖	*Entsakralisierung, Entweihung, Exsekration, Lästerei, Lästerung, *Sakrileg
瀆聖する	entsakralisieren, entweihen, exsekrieren, lästern
独善	Pharisärtum
ドクタ・イグノランティア	Docta ignorantia
特定主義	Partikularismus
特定典礼文	Proprium
得票の集計・精査	Skrutinium
特別啓示	die besondere *Offenbarung*
特別崇敬	Hyperdulie
特別法	das partikulare *Gesetz*
独房蟄居隠修者	*Inklusen, Reklusen
ドグマ	Dogma
特免	Dispens
独立自治	Autokephalie
独立正教会	die *autokephale* Kirche
独立派	Independent
棘のないバラ	die stachellose *Rose*
閉ざされた園	*Geschlossener* Garten, *Hortus conclusus
都市修道院	Stadtkloster
都市伝道団	Stadtmission
図書検閲	Bücherzensur, Gutachten, *Zensur
図書検閲者	Gutachter, *Zensor
トセフタ	Tosefta
特許	Indult
独居修士	Anachoret
独居修道制	Idiorrhythmie
独居生活	Einsiedelei
独居制修道院	das *idiorrhythmische* Kloster
独居房	*Cella, Einsiedelei, *Inklusorium, Klause
特権	Privileg
とっさの祈り	Stoßgebet
徒弟団	Gesellenverein
ドナトゥス	Donatus
ドナトゥス主義	Donatismus
トビト	Tobit
トビト記	das Buch *Tobit*
飛梁 (とびばり)	Schwibbogen
トマス	Thomas
トマス・アクィナス	Thomas von Aquin
トマス・ア・ケンピス	Thomas a Kempis
トーマス・カントル	Thomaskantor
トマス教会	Thomaskirche
トマス教会[少年]合唱団	Thomanerchor

トマス行伝	Thomasakten
トマス・キリスト教徒	Thomaschrist
トマス主義	Thomismus
トマスによる福音書	Thomasevangelium
トマスによる幼時物語	Kindheitserzählung des Thomas
トマス・モア	Thomas More
富	Mammon
トミズム	Thomismus
ドミニクス	Dominikus
ドミニコ会	Dominikanerorden
ドミニコ会式典礼	Dominikanerritus
ドミニコ修道女会	Dominikanerinnenorden
ドム	Dom
ドーム	Dom, *Kuppel
灯火(ﾄｳｶ)	Lampe
塗油(式)	Ölsalbung, Ölung, *Salbung
塗油する	ölen
塗油の秘跡	das Sakrament der *Ölung*
トーラー	Thora
トラクトゥス	Traktus
トラクト運動	Traktarianismus
ドラゴナード	Dragonade
トラピスチン	Trappistin
トラピスト修道会	Trappistenorden
トラピスト女子修道会	Trappistin
トランセプト	*Kreuzflügel, *Querhaus, *Querschiff, Transept
トリーア	Trier
トリエント	Trient
トリエント公会議	Tridentinum
取り憑かれている	besessen
執り成し	Fürbitte, Rogation
トリビューン	Empore
トリフォリウム	Triforium
トリプティカ, トリプティク	Triptychon
ドルトレヒト	Dordrecht
ドルトレヒト会議	Dordrechter Synode
ドルトレヒト信条	Dordrechter Konfession
奴隷解放の聖母	Maria von der Erlösung der Gefangenen
トレーサリー	Maßwerk
トロープス	Tropus
トロンボーン	Posaune
ドン	Don
トンスラ	Tonsur
ドンナ	Donna
ドン・ボスコ会	Salesianer

ナ

名	Name
内国宣教	die innere *Mission*
内在	Einwohnung, *Immanenz
内在論	Immanentismus
内在論的護教論	Immanenzapologetik
内実霊感	Realinspiration
内赦院	Pönitentiarie
内住	Einwohnung
内陣	*Altarplatz, Altarraum, *Chor
内陣回廊	Chorumgang
内陣胸壁	Chorschranke
内陣格子	*Chorschranke, *Doxale, Kanzelle, *Lettner
内陣障壁	Kanzelle
内陣聖職者席	*Chorgestühl, Chorstuhl, *Sedile
内陣席	Chorstuhl
内陣前仕切り	Lettner
内省	Einkehr
内密婚	die *geheim* geschlossene Ehe
ナウムブルク	Naumburg
ナウムブルク宗教会議	Naumburger Fürstentag
ナウムブルク大聖堂	Naumburger Dom
長服(ﾁｮｳﾌｸ)	Robe
慰めの言葉	*Trostspruch, Trostwort
慰めをもたらすもの	Tröster
嘆きの歌	*Jeremiade, *Klagelied, *Lamentation
嘆きの壁	Klagemauer
嘆きの谷	Jammertal
ナザレ	Nazaret[h]
ナザレのイエス, ユダヤ人の王	Jesus Nazarenus Rex Judaeorum
ナザレの人	Nazaräer
ナザレ派	Nazarener
ナザレ人(ﾋﾞﾄ)の分派	*Nazaräer, Nazoräersekte
ナザレ人福音書	Nazaräerevanglium
ナザレン教会	Kirche des *Nazarener*s
ナジル誓願	*Nasiräat, Nasiräatsgelübde
ナジル誓願者, ナジル人(ﾋﾞﾄ)	Nasiräer
ナタナエル	Natanaël
夏の斎日	Sommerquatember
七書	Heptateuch

七つの罪源　die sieben *Haupts*ünd*en*
七つの大罪　die sieben *Todsünd*en
七つの庇護　die Sieben *Zufluch*ten
七つの封印で封じられた本　ein *Buch* mit sieben Siegeln
ナホム　Nahum
ナホム書　das Buch *Nahum*
名前　Name
涙の谷　das Tal der *Tränen*
涙の賜物　die *Gabe* der Tränen
ナルテクス　*Narthex, Vorhalle
ナルド　Narde
ナント勅令　das *Edikt* von Nantes
難民　Flüchtling

二

二位格説　Zweipersonenlehre
二王国論　Zweireiche[n]lehre
ニカイア　Nizäa
ニカイア公会議　das Konzil von *Nizäa*
ニカイア・コンスタンティノポリス信条　Nizäno-Konstantinopolitanum
ニカイア信条　Nizänum, Nizäum
二教派同権　Bikonfessionalität
肉身の蘇り　die *Auferstehung* des Fleisches
ニグロ・スピリチュアル　Negro Spiritual
ニケア　Nizäa
二元論　Dualismus
二項対立　Dichotomie
ニコデモ　Nikodemus
ニコデモ福音書　Nikodemusevangelium
ニコライ派　Nikolait
ニコラウス　Nikolaus
ニコラウス・クザーヌス　Nicolaus Cusanus
西構え　Westwerk
西ゴート族　Westgote
西の壁　Westmauer
二重司教区　Doppelbistum
二重十字架　Doppelkreuz
二重修道院　Doppelkloster
二重真理説　Theorie von der *doppelt*en Wahrheit
二重聖堂　Doppelkirche
二重道徳　Doppelmoral
二神論　Ditheismus

似姿（神の）　Abbild, *Ebenbild
偽キリスト　*der *falsch*e Christus, Pseudochristus
偽預言者　der *falsch*e Prophet
尼僧帽　Nonnenhaube, Schwesternhaube
日曜学校　Kindergottesdienst, Kinderlehre, *Sonntagsschule
日用の糧　das tägliche *Brot*
日曜日　Dominica, *Sonntag
ニッチ　Nische
日中聖務日課書　Diurnal
ニヒリアニズム　Nihilianismus
ニヒル・オブスタット　nihil obstat
二分説　Dichotomie
入会許可　Ingremiation
乳香　Balsam
入祭の歌　Introitus
乳製品　Laktizinien
入籍　Inkardination
ニューマン　Newman
ニュルンベルク　Nürnberg
ニュルンベルク宗教和議　Nürnberger Religionsfriede
ニュルンベルク宣言　Nürnberger Deklaration
二連[式]祭壇画　Diptychon
認可　*Admission, *Anerkennung, *Approbation, Bestätigung
忍苦の教会　die leidende *Kirche*
人間中心論（主義）　Anthropozentrismus
忍従　Resignation
任職権（任命権）移転　Devolution
ニンブス　Nimbus
任命　Nomination
任命公示　Präkonisation
任用　Institution

ヌ

ヌミノーゼ　Numinose
ヌーメン　Numen
ヌンク・ディミティス　Nunc dimittis

ネ

ネウマ　Neume
ネオ・トミズム　Neuthomismus
ネオ・プラトニズム　Neuplatonismus
ネオ・ペイガニズム　Neupaganismus
ネオロギー　Neologie
ネストリオス主義　Nestorianismus
ネストリオス派　Nestorianer
熱意, 熱狂　*Enthusiasmus, Zelotismus
熱狂者　Zelot
熱狂主義　Schwärmerei
熱狂的崇拝　Anhimmelei
熱狂派　Schwarmgeist
熱心党　Zelot
熱心党のシモン　Simon Zelotes
ネビイーム　Nebiim
ネーブ　Hauptschiff, *Mittelschiff
ネブカドネツァル2世　Nebukadnezar
ネヘミヤ　Nehemia[s]
ネヘミヤ記　das Buch Nehemia[s]
ネポティズム　Nepotismus
寝る前の祈り　Komplet
年忌（ミサ）　Anniversarium, *Jahrgedächtnis
念禱　Betrachtung, *das innere Gebet

ノ

ノア　Noach, Noah
ノアの戒律　die Noachidischen Gebote
ノアの洪水　Sintflut
ノアの洪水以前の　antediluvianisch, vorsintflutlich
ノアの子孫　Noachide
ノアの箱舟　Arche Noah[s]
ノウァティアヌス（ノヴァティアヌス）主義　Novatianismus
ノウァティアヌス（ノヴァティアヌス）派　Novatianer
ノヴェナ　Novene
納骨堂　*Beinhaus, Ossarium
能天使　Gewalten
農民戦争　Bauernkrieg
ノーヴム・モナステリウム　Novum monasterium
逃れの町　Asylstadt
望みの洗礼　*Begierdetaufe, Wunschtaufe
ノートカー　Notker
ノートルダム　Notre-Dame
ノートルダム楽派　Notre-Dame-Schule
ノートルダム教育修道女会　Arme Schulschwestern von Unserer Lieben Frau
のぼり　Banner
ノラスコ会　Nolasker-Orden
ノルベルト会　Norbertiner
呪い　Verfluchung
呪いの歌　Fluchpsalmen
ノンコンフォーミスト　Nonkonformist
ノンコンフォーミズム　Nonkonformismus
ノン・ポスムス　non possumus

ハ

バアル　Baal
バアル崇拝　Baaldienst
バアル崇拝者　Baalit
バアル・ゼブブ　Baal-Sebub
灰　Asche
拝一神教　Monolatrie
灰色の修道女会　die Grauen Schwestern
背教　Abfall, Abtrünnigkeit, *Apostasie, Renegation
背教運動　Abfallsbewegung
背教者　Abgefallene, Abtrünnige, Glaubensabtrünnige, *Lapsi, *Renegat
拝金主義　Mammonismus
廃止　Abrogation
廃止された祝日　die abgeschafften Feste
背障　Altarsretabel
拝水主義者　Aquarier
ハイ・チャーチ　*High-Church, Hochkirche
ハイ・チャーチ運動　die Hochkirchliche Bewegung
ハイ・チャーチ連合　die Hochkirchliche Vereinigung
灰の十字架　Ascherkreuz
灰の水曜日　Aschermittwoch
配布　Distribution

バイブル・クリスチャンズ　Bibelchristen
佩用(ﾍｲﾖｳ)十字架　*Bischofskreuz, *Brustkreuz, Pektorale
拝領後の祈り　Postkommunion
拝領の歌　Kommunionslied
パウリキアヌス派　Pauliziner
パウリスト会　Paulist
パウロ　Paulus
パウロ神学　Paulinismus
パウロ派　Pauliziner
パウロの回心　Pauri Bekehrung
パウロの手紙　die *Paulinischen Briefe*
パウロの伝道旅行　die *Bekehrungsreise* Pauli
パウロの特権　*das *Paulinische* Privileg, Privilegium Paulinum
パウロの別辞　die *Abschiedsreden* des Paulus
パウロの黙示録　Paulusapokalypse
パオラ会　Paulaner
墓　Grab
ハガイ　Haggai
ハガイ書　das Buch *Haggai*
ハガダー　Haggada
墓の番人　Grabwächter
ハガル　Hagar
ハギア・ソフィア大聖堂　Hagia Sophia
ハギオロギオン　Hagiologion
バクスター主義　Baxterianismus
剥奪　*Absetzung, Deprivation
バクルス　Krummstab
駁論　Confutatio
ハーゲナウ　Hagenau
ハーゲナウ宗教討論会　Hagenauer Religionsgespräch
派遣　*Entlassung, *Mission
派遣の祝福　Segen
箱型祭壇　Kastenaltar
箱舟　Arche
狭間飾り　Maßwerk
梯子　Leiter
初めの祈り　*Eröffnung, *Invitatorium
バシリウス　Basilius
バシリカ　Basilika
バシレイオス　Basilius
バシレイオス修道会　Basilianer
バシレイオス女子修道会　Basilianerin
バシレイオス典礼　Basiliusliturgie
バシレイオスの戒律　Basiliusregel

バシレイデス派　Basilidianer
ハスモン家　Hasmonäer
バーゼル公会議　Basler Konzil
バーゼル信条　Basler Bekenntnis
旗　Fahne
八日間[の祝祭]　Oktav[e]
初金曜日　Erster *Freitag*
パックス　Pax
パックス・ヴォビスクム　Pax vobiscum
パックス・クリスティ　Pax Christi
パックス・デイ　Pax Dei
パックス・ロマーナ　Pax Romana
初告解　Erstbeichte
初祝福　Primizsegen
八書　Oktateuch
初聖体[拝領]　Erstkommunion
初聖体拝領者　Erstkommunikant
ハッタライト　Hutterer
八端十字架　das achtspitzige *Kreuz*
バットレス　Strebepfeiler
初穂　*Erstlingsfrüchte, Erstlingsgabe, *Primitialopfer
初ミサ　*Primiz, Primizfeier
初物　*Erstlingsfrüchte, Erstlingsgabe, *Primitialopfer
罰令，罰令区，罰令権　Bann
パテナ　Patene
パーテルノステル　Paternoster
パーテル・ペカーヴィ　pater, peccavi
バーデン　Baden
バーデン論争　Badener Disputation
鳩　Taube
鳩形聖体容器　*die *eucharistische* Taube, *Peristerium
パードレ　Padre
花婿　Sponsus
花嫁　Sponsa
パニス・アンジェリクス　Panis angelicus
ハバクク　Habakuk
ハバクク書　das Buch *Habakuk*
母の家　Mutterhaus
パパモビル　Papamobil
ハバン派　Habaner
ハビエル修士会　Xaverian Brothers
パピルス（写本）　Papyrus
バビロニア捕囚　*das *babylonische* Exil, *die *babylonische* Gefangenschaft

バビロン	Babylon
パーフェクショニスト	Perfektionist
バプテスト教会	Baptistengemeinde
バプテスト派	Baptist
バプテストリー	Baptisterium
バプテスマ	*Baptismus, *Taufe
ハベムス・パパム	Habemus Papam
バベル	Babel
バベルの塔	der Turm von *Babel*
破門	Acht, Ächtung, Bann, Bannfluch, Kirchenbann, Kirchenfluch, *Exkommunikation
破門状	Achtbrief, Bannbrief, Bannbulle, Exkommunikationsbulle
破門する	ächten, bannen
破門制裁	*Exkommunikation, Kirchenbann, Kirchenfluch
破門宣告	Acht[s]erklärung, Bannspruch
バラ	Rose
パラ	Palla
祓い清める	lustrieren
祓う	bannen
バラ園の聖母子像	Paradiesgärtlein
ハラカー（ハラハー）	Halacha
パラクレートス	Paraklet
パラコニコン	Parakonikon
パラダイス	Paradies
パラダイム, パラディグマ	Paradigma
バラの月曜日	Rosenmontag
バラの日曜日	Rosensonntag
パラフレーズ	Paraphrase
バラ窓	*Rose, Rosette
パラメント	Parament
パラレリズム	Parallelismus
パリ	Paris
パリウム	Pallium
パリウム謝金	Palliengeld
パリ外国宣教会	Pariser Missionare
パリ殉教者	Pariser Märtyrer
張り出し窓	Chörlein
磔（はりつけ）にする	kreuzigen
パリ・ミッション会	Pariser Missionare
パリンプセスト	Palimpsest
バルク	Baruch
バルク書	das Buch *Baruch*
バルク諸書	Baruchschriften
バルサム	Balsam
バルダキヌム	Baldachin
バルタザール	Balthasar
バルデサネス派	Bardesanit
バルト	Barth
バルトロマイ	Bartholomäus
バルトロマイ修道会, バルトロマイ派	Bartholomit
バルナバ	Barnabas
バルナバ[修道]会	Barnabit
春の斎日	Frühlingsquatember
ハルマゲドン	Harmagedon
バルメン宣言	Barmer Theologische Erklärung
パレスチナ	Palästina
パレスチナ巡礼者	Palästinapilger
パレストリーナ	Palestrina
ハレル	Hallel
ハレルヤ	*alleluja[h], halleluja[h]
ハレルヤ唱	Alleluja[h]
ハレン・キルヒェ	Hallenkirche
バロック音楽	Barockmusik
バロック様式	Barock
パロッティ会	Pallottiner
パロディ・ミサ	Parodiemesse
パロディ・リート	Parodielied
パン	Brot
半アレイオス主義	Semiarianismus
半アレイオス派	Semiarianer
半円被	Pluviale
晩課	Abendgebet, Abendgottesdienst, *Vesper
反カトリック主義	Antikatholizismus
半球帽	Kalotte
反教権主義	Antiklerikalismus
反教皇至上主義者	Antipapist
反教皇主義	Antipapismus
反教皇派	Antipapist
反キリスト	*Antichrist, Widerchrist
汎キリスト教主義	Panchristianismus
反キリスト教徒	Christenfeind
反近代主義者宣誓	Antimodernisteneid
万軍の主	*der Herr der *Heerschar*en, *der Herr der *Zebaot[h]*
半月形聖体容器	Lunula
半月壁	Tympanon
反合同派	Renitente
燔祭	Brandopfer
燔祭から立ち昇る煙	Opferrauch
反三位一体論	Antitrinitarianismus
反三位一体論者	Antitrinitarier

パンジェ・リングァ　Pange lingua
反宗教改革　Gegenreformation
晩鐘　Abendglocke, *Vesperglocke
汎神論　Pantheismus
汎神論論争　Pantheismusstreit
反聖職者[至上]主義　Antiklerikalismus
万聖節　Allerheiligen
反セム主義　Antisemitismus
反セム主義者　Antisemit
反対の一致　Coincidentia oppositorum
パン種　Sauerteig
晩禱　Abendgebet, *Vesper
パントクラトール　Pantokrator
ハンナ　Hanna
番人　Schweizer
万人救済説　Universalismus
万人救済論者　Universalist
万人祭司　das *Priestertum* der <aller> Gläubigen
万人の一致　Consensus gentium <universalis>
晩の祈り　Vesper
バンビーノ　Bambino
反復不可能性　Nichtwiederholbarkeit
万物復興　Apokatastase
半ペラギウス主義　Semipelagianismus
半ペラギウス派　Semipelagianer
万有神論　Pantheismus
万有内在神論　All-in-Gott-Lehre, *Panentheismus
反ユダヤ主義　Antijudaismus
反律法主義　Antinominismus
反律法主義論争　Antinomistenstreit
万霊節　Allerseelen
パン礼拝　*Artolatrie, Brotanbetung
汎論　Summa
汎論学者　Summist
パンを裂くこと　Brodbrechung
パンを増やす奇跡　Brodvermehrung

ヒ

ピアリスト会　Piaristenorden
ピアリスト修道女会　Piaristin
ピウス[9世]勲章　Piusorden
ピウス結社　Piusgenossenschaft
ピウス連盟　Piusverein
ピエタ　Pieta

ピエティズム　Pietismus
ヒエラルキア，ヒエラルヒー　Hierarchie
ヒエロニュモス　Hieronymus
ヒエロニュモス殉教録　Martyrologium Hieronymianum
ヒエロニュモスの隠修士　Hieronymit
控え壁　Strebemauer, *Strebepfeiler
控え柱　Strebepfeiler
比較信条学　Konfessionskunde, *Symbolik
非カトリック教徒　Akatholik, *Nichtkatholik
光　*Licht, Lumen
光の祭儀　Lichtfeier
ピカルディ派　Pikarde
彼岸　Jenseits
秘義　Esoterik, *Geheimnis, *Mysterium
秘儀　*Geheimnis, *Mysterium
秘儀宗教　Mysterienkult
秘儀伝授者　Mystagog[e]
秘教　*Esoterik, *Geheimnis
非キリスト教化　*Dechristianisierung, Entchristlichung
非キリスト教徒　Nichtchrist
ピクシス　Pyxis
庇護権　Asylrecht
非国教[会]主義　Nonkonformismus
非国教徒　*Dissenter, Dissident, *Nonkonformist
日ごとの糧(¢)　das tägliche *Brot*
庇護のマント　Schutzmantel
庇護のマントの聖母　Schutzmantelmadonna
微罪　die *erlässliche* Sünde
膝つき台　Kniebank
跪く　(sich) *knien*, sich auf die Knie *niederlassen*
ビザンツ　Byzanz
ビザンツ式の　byzantinisch
ビザンティン教会　die *byzantinische* Kirche
ビザンティン聖歌　der *byzantinische* Gesang
ビザンティン典礼　die *byzantinische* Liturgie
ビザンティン美術　die *byzantinische* Kunst
非司牧聖職禄　Sinekure
非受洗者　Ungetaufte
被昇天　*Assumtion, *Mariä *Himmelfahrt*
秘書局　Kanzlei
P資料　Priesterkodex
非神話化　Entmythologisierung
秘跡　Sakrament
秘跡書　Sakramentar
秘跡的霊印　der sakramentale *Charakter*

| 秘跡の恵み　die sakrametale *Gnade*
| 被造物　Geschöpf, *Kreatur
| 浸し　Intinktion
| 筆記者　Schreiber
| 必携本　Vademecum
| 羊　Schaf
| 羊飼い　*Hirt, Schäfer
| 羊飼いのミサ　Hirtenamt
| ヒッタイト　Hethiter
| 否定神学　die *negative* Theologie
| 秘伝　Esoterik
| 秘伝を授けられた人　Esoteriker
| 人殺し　Schächer
| 人の子　Menschensohn
| 人の子のミサ　Menschenamt
| ピナクル　Fiale
| 避難教会　Zufluchtskirche
| 避難者　Flüchtling
| 避難所　Asyl
| ビブリア・パウペルム　*Armenbibel, Biblia pauperum
| 碑文　Epigraph
| 碑文学　Epigraphik
| 秘密教皇選挙会　Konklave
| 秘密告白　Ohrenbeichte
| 秘密集会(所)　Konventikel
| 秘密保持内規　Arkandisziplin
| 碑銘　Epigraph
| 罷免　*Amtsenthebung, Deprivation
| 白衣(びゃくえ)修道女会　*Weiße* Schwestern
| 白衣宣教会　*Weiße* Väter
| 白衣の修道士　der *weiße* Mönch
| 白衣の主日　Dominica in albis, *Weißer Sonntag
| 白衣のベネディクト会士　der weiße *Benediktiner*
| 百人隊　Zenturie
| 百人隊長　Hauptmann, *Zenturio
| 比喩　Parabel
| 謬説　Irrlehre
| 謬説表　Syllabus
| ピュージイズム, ピュージー運動　Puseysmus
| ピュシス　Physis
| ヒュポスタシス　Hypostase
| ピューリタニズム　Puritanismus
| ピューリタン　Puritaner
| ピューリタン革命　die *puritanische* Revolution
| 憑依　Besessenheit

病院騎士団　Hospitalritterorden
病院修道院　Krankenkloster
病院修道会　*Hospitaliter, Spitalorden
病院修道女会　Hospitaliterin
病院付き司祭　Krankenhauskaplan
表号　Attribut
病者司牧　Krankenseelsorge
病者の祝福　Krankensegnung
病者の聖体拝領　Krankenkommunion
病者の聖油　Krankenöl
病者の塗油の秘跡　Krankenölung
病者の塗油の秘跡の授与　Versehgang
病者訪問　Krankenbesuch
病人看護第三会　Schwesternschaft der Krankenfürsorge des Dritten Ordens
平修士　Laienbruder
平修女　Laienschwester
平信者, 平信徒　Laie
ピラト(ポンティウス・ピラトゥス)　Pilatus
ピラト言行録　Pilatusakten
ピリピ人(びと)への手紙　Philipperbrief
ビルイッタ会, ビルギッタ会　Birgittenorden
ピルグリム・ファーザーズ　Pilgerväter
ヒルデガルディス会　Hildegardis-Verein
ヒルデガルト(ビンゲンの)　Hildegard von Bingen
昼の祈り　*die mittlere *Hore*, Tageshore
ピレオルス　Pileolus
ビレッタ, ビレット　*Barett, *Birett
貧者の聖書　Armenbibel
頻繁な聖体拝領　*die häufige *Kommunion*, Oftkommunion
貧民救済　Armenfürsorge

フ

ファイニアル　Kreuzblume
ファサード　Fassade
ファッシング　Fasching
ファティマ　Fátima
ファティマの祈り　Fatima-Gebet
ファリサイ派　Pharisäer
ファンダメンタリスト　Fundamentalist
ファンダメンタリズム　Fundamentalismus
フィアツェーンハイリゲン聖堂　Vierzehnheili-

gen
フィリップ派　Philippist
フィリピの信徒への手紙　Philipperbrief
フィリピ人(㆑)　Philipper
フィリポ　Philippus
フィリポによる福音書　Philippusevangelium
フィレモン　Philemon
フィレモンへの手紙　Philemonbrief
封印(された文書)　Bulle
諷喩　Allegorie
不易性　Immutabilität
フェスパー・ビルト　Vesperbild
フェニックス　Phönix
フェブロニウス主義　Febronianismus
フェリクス　Felix
フェロニオン，フェロン　Phellonion
敷衍　Paraphrase
フォテイノス派　Photinianer
不悔悛　Unbußfertigkeit
不解消性(婚姻の)　*Unauflösbarkeit, *Unauflöslichkeit
不快の念　Ärgernis
付加軽食　Kollation
不可視の教会　die unsichtbare Kirche
不可知論　Agnostizismus
不可知論者　Agnostiker
不可謬性　Infallibilität, *Unfehlbarkeit
不可謬の　infallibel, unfehlbar
不完全痛悔　*Attrition, die unvollkommene Reue
不完全痛悔充足説　Attritionismus
不寛容　Intoleranz
不朽体論　Aphthartodoketismus
布教　Glaubensverbreitung, *Mission
布教会　Missionsgesellschaft
布教学　*Missiographie, *Missiologie
布教弘布会　Missionsverein
布教聖省　Propagandakongregation
福音　*Evangelium, Heilsbotschaft
福音化　*Evangelisierung, Evangelisation
福音記者，福音史家　Evangelist
福音主義　*Evangelikalismus, *Evangelismus
福音主義合同教会　die Union Evangelischer Kirchen
福音主義同盟　*Evangelische Allianz, *Evangelischer Bund
福音書　Evangelium
福音書側　Evangelienseite

福音書記者　Evangelist
福音書記者の象徴　Evangelistensymbol
福音書対照表　Kanontafel
福音絶対主義者　Evangelikale
福音宣教　Evangelisation
福音宣教省　Kongregation für die Evangelisierung der Völker
福音的勧告　die evangelischen Räte
福音伝道　Evangelisation
福音伝道者　*Evangelimann, Evangelist
福音派　Evangelicals
福音派代表団　Corpus Evangelicorum
福音朗読　Evangelium
副監督　Suffragan
副校長　Vizerektor
副祭壇　Nebenaltar
副司祭　Adjunkt
福祉事業論　Diakonik
福者　*Selige, Seliggesprochene
服従　Gehorsam
副修道院長　Subprior
復唱の祝日　Duplex
副助祭　Subdiakon
副助祭の聖別(式)　Subdiakonatsweihe
復聖　Rekonziliation
副大修道院長　Prior
副文　Embolismus
副牧師　Diakon, *Diakonus, Kollaborator, Kurat, Pfarrvikar, Vikar
副輔祭　Subdiakon
服務誓約　Amtseid
伏礼　*Proskynese, *Prostration
復和　Rekonziliation, *Versöhnung
傅膏機密(ふくう)　Chrismation
不在　Abwesenheit
プサルテリウム　Psalter
不思議のメダイ　die Wundertätige Medaille
不死鳥　Phönix
不従順　Ungehorsam
府主教　Metropolit
扶助者聖マリア　Maria, Hilfe der Christen
婦人司牧　Frauenseelsorge
不信心　Irreligiosität, Unglaube
フス　Hus
フス主義　Hussitismus
フス戦争　Hussitenkrieg
フス派　Hussit

付属条項　Organische *Artikel*
付属礼拝堂　Kapelle
父祖のリンボ　Limbus patrum
復活　*Auferstehung, *Auferweckung, Resurrektion, Urständ, Wiederbelebung
復活祭　das Fest der *Auferstehung*, Auferstehungsfest, *Ostern
復活祭劇　Osterspiel
復活祭周期　Osterzyklus
復活祭前夜　Osterabend
復活祭のウサギ　Osterhase
復活祭の時期　Osterzeit
復活祭の週間　Osterwoche
復活祭の祝日　Osterfest
復活祭の主日　Ostersonntag
復活祭の卵　Osterei
復活祭の火　Osterfeuer
復活祭の水　Osterwasser
復活祭のろうそく　Osterkerze
復活祭論争　Osterfeststreit
復活させる　auferwecken
復活賛歌　Exsultet
復活する　auferstehen
復活節　die *österliche* Zeit
復活節の義務　Osterpflicht
復活節の告白　Osterbeichte
復活節の聖体拝領　Osterkommunion
復活徹夜祭　Ostervigil
復活の主日　Ostern
復活の八日間　Osteroktave
復活ろうそく　Osterkerze
復旧令　Restitutionsedikt
復興　Restauration
復古カトリック主義　*Altkatholizismus, Christkatholizismus
復古カトリック主義者　Christkatholik
物故者年譜　Totenannalen
物故者名簿　*Nekrologium, *Obituarium, *Totenbuch
物質的人間　Hyliker
フッター　Hutter
フッター派，フッタライト　Hutterer
物的誓願　das dingliche *Gelübde*
祓魔師　*Exorzist, Teufelsaustreiber
祓魔式　Exorzismus
ぶどう酒　Wein
舟形香入れ，舟形香炉　Schiffchen

不入域　Immunitätsbezirk
不入権　Immunität
船，舟　Schiff
プネウマ　Pneuma
プネウマ的聖書釈義学　die *pneumatische* Exegese
プネウマトマコイ　Pneumatomachen
プネウマ論者　Pneumatiker
不能罪性　Sündenlosigkeit, *Sündlosigkeit, Unsündlichkeit
不謬性　Infallibilität, *Unfehlbarkeit
不謬の　infallibel, unfehlbar
部分教会　Teilkirche
部分教会会議　Partikularkonzil
部分免償　*der unvollkommene *Ablass*, Teilablass
扶壁　Strebepfeiler
フベルトゥス　Hubert
普遍救済説　*Apokatastase, Apokatastasis, *Universalismus
普遍救済論者　Universalist
普遍主義　Universalismus
不変性　Immutabilität
普遍性　Ökumenizität
普遍的司教　Universalbischof
普遍的司教職　Universalepiskopat
普遍法　das allgemeine *Gesetz*
普遍論争　Universalienstreit
踏み板　Suppedaneum
フミリアティ　Humiliat
フメラーレ　Humerale
冬送りの祝日　Sommertag
フュシス　Physis
冬の斎日　Winterquatember
付与　Übertragung
フラ　Fra
フライング・バットレス　*Schwibbogen, Strebebogen
ブラインド・アーチ　Blendbogen
フラウエン教会　Frauenkirche
フラキウス派　Flacianer
ブラシウスの祝福　Blasiussegen
ブラック体，ブラックレター　Mönchsschrift
フラーテ　Frate
フラティチェリ　Fraticellen
プラネタ　Planeta
プラハ　Prag
プラハ[講和]条約　der *Prager* Frieden

フランクフルター　Der *Frankfurter*
フランシスコ会　Franziskanerorden
フランシスコ会原始会則派　Observant
フランシスコ［修道］会士　Fratres minores
フランシスコ修道女会　Franziskanerin
フランシスコの戒律　Franziskanerregel
フランシスコ律修第三会　*Franziskanisch*er regulierter Dritter Orden
フランソア・ド・サル奉献修道会　Oblaten des heiligen Franz von Sales
フランチェスコ（アッシジの）　Franz von Assisi
フランドル楽派　franko-flämische Schule
振り香炉　*Räucherfass, Weihrauchfass, Weihrauchkessel
フリーズ　Fries
プリフィカトリウム　Kelchtüchlein, *Purifikatorium
プリム　Purim
フリーメイソン　Freimauer
フリーメイソンリー　Freimauerei
フルィストウイ　Chlyst
プルヴィアーレ　Pluviale
ブレヴィアリウム　Breviarium
プレスビテリー　Presbyterium
ブレーツェルの主日　Bretzelsonntag
プレデラ　Predella
プレモントレ［修道参事］会　Prämonstratenser
フレーリヒ派　Fröhlichianer
プレーローマ　Pleroma
フレンド会　die [religiöse] Gesellschaft der *Freunde*
プロクラトル　Prokurator
プロスフォラ　Prosphora
プロテシス　Prothesis
プロテスタンティズム　Protestantismus
プロテスタント　Protestant
プロテスタント主義　Protestantismus
プロテスタント諸侯同盟　die Protestantische Union
プロトコル　Protokoll
ブロード・チャーチ　Broad-Church
プロトノタリウス　Protonotar
プロパガンダ　Propaganda
プロパガンダ大学　Propagandakolleg
プロプリウム　Proprium
フローリアンの弟子　Floriansjünger
分院　Nebenkloster
文化闘争　Kulturkampf

文化プロテスタント主義　Kulturprotestantismus
文化変容　Akkulturation
文芸復興　Renaissance
焚書　Autodafé
分派　Sekte
分配　Distribution
分別の（つく）年齢　Unterscheidungsalter
墳墓教会　Grabkirche
墳墓礼拝堂　Grabkapelle
分離主義　Separatismus
分離派　Separatist
分裂　Raskol

ヘ

ベアタ・マリア・ヴィルゴ　Beata Maria Virgo
閉域(制)　Klausur
ペイガニズム　Paganismus
並行法　Parallelismus
閉祭　Abschluss
併存［説］　Konkomitanz
平伏　Prostration
平和神学　Irenik
平和のあいさつ　Friedensgruß
平和の祈り　Friedensgebet
平和の君　*Friedensfürst, Friedensprinz
平和の元后　Friedenskönigin
平和の讃歌　Agnus Dei
平和の接吻　Friedenskuss
平和の天使　Friedensengel
ベガルド［会］　Begard[e]
壁龕()　Nische
ベギン［会］　Begine
ベギン会院　Beginenhof
ヘクサエメロン　Hexaemeron
ヘシカスト　Hesychast
ヘシカズム　Hesychasmus
ペシッタ訳　Peschitta
ベダ・ヴェネラビリス　Beda *venerabilis*
ベタニア　Bethanien
ベタニアのマリア　Maria von Bethanien
ベタニアのマルタ　Marta von Bethanien
別辞　Abschiedsrede
ベツレヘム　Bethlehem
ベツレヘム外国宣教会　Missionsgesellschaft

Bethlehem	
ベツレヘムの幼児殺戮	der bethlehemitische *Kindermord*
ベテル, ベーテル	Bethel
ペテロ	Petrus
ヘテロウシオス派	Heterousianer
ペードゥム・レクトゥム	Pedum rectum
ヘト人	Hethiter
ペトルス・ヴェネラビリス	Petrus *venerabilis*
ペトロ	Petrus
ペトロ行伝	Petrusakten
ペトロ献金	Peterspfennig
ペトロ式典礼	Petrus-Liturgie
ペトロ十字架	Petruskreuz
ペトロの鍵	Petrusschlüssel, *Schlüssel Petri
ペトロの座	der *Stuhl* Petri
ペトロの司教座	Cathedra Petri
ペトロの世襲領	Patrimonium Petri
ペトロの手紙	Petrusbrief
ペトロの特権	das *Petrinische* Privilegium, Privilegium Petrinum
ペトロの否認	die *Verleugnung* Petri
ペトロの黙示録	die *Offenbarung* des Petrus, *Petrusapokalypse
ペトロ福音書	Petrusevangelium
ベニヤミン	Benjamin
ベネディクツィオナーレ	Benedictionale
ベネディクティン	Benediktiner
ベネディクトゥス	*Benedictus, *Benedikt
ベネディクトゥスの戒律	Benediktinerregel
ベネディクト会	Benediktinerorden
ベネディクト会士	Benediktiner
ベネディクト会修族	Benediktinerkongregation
ベネディクト会修道院	Benediktinerkloster
ベネディクト会大修道院	Benediktinerabtei
ベネディチテ	Benedicite
蛇	Schlange
蛇礼拝派	*Ophianer, Ophit
ヘブライ語	Hebräisch
ヘブライ人	Hebräer
ヘブライ人福音書	Hebräerevangelium
ヘブライ人への手紙	Hebräerbrief
ヘブライズム	Hebräismus
ベーマ	Bema
ベーメ	Böhme
ペラギウス主義	Pelagianismus
ペラギウス派	Pelagianer
ヘーリアント	Heliand
ペリカン	Pelikan
ペリコーペ	Perikope
ペリコレーシス	Perichorese
ペリシテ人	Philister
ベル	Glöckchen
ベルギー信条	Confessio Belgica
ベルゼブブ, ベルゼブル	Beelzebub, Beelzebul
ペルソナ	Person
ベルと竜	Bel und Drache
ベルナール会	Bernhardinerorden
ベルナルドゥス(クレルヴォーのベルナール)	Bernhard
ベルナルドゥス会	Bernhardinerorden
ベルナルドゥス会修士	Bernhardiner
ベルナルドゥス時代	das *bernhardinische* Zeitalter
ペール・ブラン	*Weiße* Väter
ヘルマスの牧者	Hirt des Hermas
ヘルマンスブルク伝道団	Hermannsburger Mission
ヘルメス主義	Hermesianismus
ヘルメス文書	Hermetik
ヘルンフート兄弟団	die *Herrnhuter* Brüdergemeinde
ヘルンフート派	Herrnhuter
ヘレナ	Helena
ヘレニスト	Hellenist
ヘレニズム	Hellenismus
ヘロデ	Herodes
辺獄	*Limbus, Vorhölle
弁護者	Paraklet
遍在	*Allgegenwart, Omnipräsenz, *Ubiquität
弁証家	Apologet
弁証学	Apologetik
鞭身(べんしん)派	Chlyst
弁神論	Theodizee
鞭打苦行	Geiselung
鞭打苦行者	*Flagellant, Geißler
ペンタプティカ	Pentaptychon
ペンテコステ	Pentekoste
ペンテコステ運動	Pfingstbewegung
ペンテコステ教会, ペンテコステ派	Pfingstgemeinde
変容	Transfiguration, *Verklärung, Verwandlung
便覧	Vademecum

遍歴　Peregrination
遍歴修道院長　Wanderabt
遍歴修道士　Wandermönch

ホ

補遺　Paralipomenon
ボイロン　Beuron
ボイロン修族ベネディクト会　Beuroner Kongregation
母院　Mutterhaus
法　Gesetz, Recht
法王庁　Kurie
忘我　*Ekstase, Entrückung
放棄　*Apostasie, Resignation, *Verzicht
放棄宣誓　Abjurationseid
奉献　*Dedikation, Einweihung, *Oblation, *Offertorium, *Opferung, *Weihe, Weihung, Widmung
奉献・使徒的生活会省　Kongregation für die Institute geweihten Lebens und für die Gesellschaften apostolischen Lebens
奉献唱　Offertorium
奉献する　dedizieren, konsekrieren, weihen
奉献生活　*das *geweihte* Leben, Vita consecrata
奉献生活の会　das *Institut* des geweihten Lebens
奉献台　Prothesis
奉献のパン　Oblate
奉献文　*Hochgebet, *Kanon der Messe, Offertorium
宝庫　Thesaurus
報告官　Berichteerstatter
奉仕　Servitium
奉仕者　*Diakon, *Minister, *Ministrant
奉仕職　Ministeramt
放心　Geistesabwesenheit, *Zerstreuung
法人　die juristische *Person*
坊主　*Pfaffe, Pfaffentum, Pope
宝蔵　Thesaurus
法典　Kodex, Kodifikation
放蕩息子　der *verlorene* Sohn
望徳　die Tugend der *Hoffnung*
冒瀆　*Blasphemie, *Lästerei
冒瀆者　Lästerer
冒瀆する　blasphemieren, lästern

奉納　Gabe, *Gabenbereitung, *Oblation, *Opferung
奉納画　Votivbild
奉納額　*Exvoto, Votivtafel
奉納祈願　Gabengebet
奉納教会　Votivkirche
奉納行列　Opfergang
奉納金　Gabe, Kollekte, *Oblation, *Opfergeld, *Spende
奉納十字架　Votivkreuz
奉納の歌　*Offertorium, *Opferungslied
奉納の儀　Offertorium
奉納物　*Exvoto, *Votivgabe, Weihgabe, Weihgeschenk
奉納礼拝堂　Votikkapelle
奉納ろうそく　*Votivkerze, Weihkerze
亡命[貴族]修道院　Flüchtlingskloster
宝物　Zimelie
訪問　*Visitatio, *Visitation
放浪修道士　*Gyrovage, *Wandermönch
頬の軽打　Backenstreich
母教会　Mutterkirche
牧師　Pastor, Pfarrer, Priester
牧師会　Kongregation
牧師志願者　Candidatus [reverendi] ministerii
牧師職　Pfarramt, Pfarrei
牧師補　Kurat
牧者　Hirt
牧杖　Ferula, *Hirtenstab, *Krummstab, Pastorale, Pastoralstab, Pedum
牧職　*Hirtenamt, Pastoralien
保護権　Patronat
保護者　*Patron, Protektor
保護所　Asyl
保護枢機卿　Kardinalprotektor
保護統治地区　Reduktion
保護の聖人　Patron
保護の聖人の祝日　Patronatsfest
ボゴミール派　Bogomile
保護領　Reduktion
補佐　Adjunkt, *Assistent
輔祭　Diakon
補佐司教　der geistliche *Assistent*, *Auxiliarbischof, Weihbischof
ホサナ　hosanna
保佐人　Pfleger
墓参　Ad-limina-Besuch

ホサンナ	hosanna
星	Stern
ホシアナ	hosianna
星型金具, 星型十字架	Asteriskos
母子系列関係	Filiation
墓室	Cubiculum
墓誌碑文	Epitaph
捕囚	Exil
ホスチア, ホスティア	*Hostie, Oblate
ホスティア入れ	Hostienbüchse
ホスティアの小片	Partikel
ホスティアの磨臼	Hostienmühle
ポスティラ	Postille
ホスピス	Hospiz
ホセア	Hosea
ホセア書	das Buch *Hosea*
母聖堂	Mutterkirche
保存	Reservat
墓地	*Friedhof, Zömeterium
墓地礼拝堂	Cubiculum
牧会	Seelsorge
牧会区	Pfarrei
牧会者	Seelsorger
牧会書簡	Hirtenbrief, *Pastoralbrief
牧会神学	Pastoraltheologie
施し	Almosen
ボナヴェントゥラ	Bonaventura
ボニファティウス	Bonifatius
ボニファティウス協会（事業団）	Bonifatiuswerk
墓碑銘	Epitaph, Grabinschrift
ホフマン派	Hoffmanianer
ボヘミア	Böhmen
ボヘミア兄弟団	die *böhmisch*en Brüder
誉め讃える	lobpreisen
ホモイウーシオス	Homöusie
ホモイウーシオス派	Homöusianer
ホモイオス派	Homöaner
ホモウーシオス	Homousie
ホモウーシオス派	Homousianer
ホモログメナ	Homologoumena
ボランディスト	Bollandist
ポリグロット[聖書]	Polyglotte
ホーリネス運動	Heiligungsbewegung
ポリプティカ, ポリプティク	Polyptychon
保留	Retention
ホール式教会堂	Hallenkirche
ポルティウンクラ聖堂	Portiunkula
ポルティウンクラの全免償	Portiunkulaablass
ホルトゥス・コンクルスス	Hortus conclusus
ホルトゥス・デリキアールム	Hortus Deliciarum
ホルトゥルス・アニメ	Hortulus animae
ホロコースト	Holocaust
ボロメオ	Borromäus
ボロメオ協会	Borromäusverein
ボロメオ修道女会	Borromäerin
ホロロギオン	Horologion
本性	Physis
本体	Substanz
本体論主義	Ontologismus
ポンティウス・ピラトゥス, ポンティオ・ピラト	Pontius Pilatus
ポンティフェクス・マクシムス	Pontifex maximus
本の本	das *Buch* der Bücher
本部修道院	Stammhaus
翻訳聖書	Bibelübersetzung

マ

マイェスタス・ドミニ	Majestas Domini
マイスター・エックハルト	Meister Eckhart
埋葬	Bestattung, *Grablegung
埋葬する	bestatten
マインツ	Mainz
マインツ大聖堂	Mainzer Dom
マウルス会	Mauriner
マカバイ	Makkabäer
マカバイ記	das Buch der *Makkabäer*
マカバイ兄弟	die *makkabäisch*en Brüder
マカバイのユダ	Judas Makkabäus
マギ	Magier
マギの礼拝	die Anbetung der *Magier*
マグダラのマリア	Maria von Magdala
マグダレナ修道女会	Magdalenerin
マグダレーナ・ハウス	Magdalenenheim
マグデブルク	Magdeburg
マグデブルク諸世紀教会史	Magdeburger Zenturien
マグニフィカト	Magnificat
幕屋	Stiftshütte, *Wohnstätte
マケドニオス派	Makedonianer

まことに　also sei es
マザー　Mutter
魔術師　Magier
魔術師シモン　Simon Magos
魔女　Hexe
魔女狩り　Hexenjagd
魔女裁判　Hexenprozess
魔女審問　Hexenprobe
魔女の厨　Hexenküche
魔女の集会　Hexensabbat
魔女への鉄槌　Hexenhammer
交わりの儀　Kommunion
マソラ　Massora
マソラ学者　*Massoret, *Punktator
マタイ　Matthäus
マタイ受難曲　Matthäus-Passion
マタイによる福音書　Matthäusevangelium
マッシリア派　Massilianer
マティア　Matthias
マティア福音書　Matthiasevangelium
マーテル・ドロローサ　Mater dolorosa
マーテル・ドロローサ聖堂　Mater-Dolorosa-Kirche
マドンナ　Madonna
マドンナリリー　Madonnenlilie
マナ　Manna
マナセ　Manasse
マナセの祈り　das Gebet *Manasse*[s]
学ぶ教会　die lernende *Kirche*
マニ教　Manichäismus
マニ教徒　Manichäer
マニフィカト　Magnificat
マニプルス　Manipel
マフォリオン　Maphorion
豆の主日　*Bohnensonntag, Fastenbohne
魔物　Moloch
守るべき祝日　Devotionstag, *die gebotenen *Feste*
守るべき祝日の義務　Feiertagsverpflichtung
マモン　Mammon
迷える羊　*ein verlorenes *Schaf*, ein verirrtes *Schaf*
真夜中のミサ　Mitternachtsgottesdienst
マラキ　Maleachi
マラキ書　das Buch *Maleachi*
マラナ・タ　maranat[h]a
マラーノ　Marrane
マラバル教会　die *malabarische* Kirche
マリア　Maria

マリア哀歌　Marienklage
マリア会　*Marianist, Societas Mariae
マリア奇跡劇　Marienmirakel
マリア清め（の祝日）　Mariä *Reinigung*
マリア祭壇　*Maialtar, *Marienaltar
マリア出現　Marienerscheinung
マリア信心会　die *Marianische* Kongregation
マリア崇敬　Marienkult
マリア崇拝　Mariolatrie
マリア聖務日課　Marienoffizium
マリア像　Marienbild
マリアツェル　Mariazell
マリア伝説　Marienlegende
マリア特別崇敬　Marienandacht
マリアニスト家族　die *Marianistische* Familie
マリアニスト・シスターズ　*Marianistenschwester, *Marianistin
マリア年　das *Marianische* Jahr
マリアの青色軍団　die *Blaue* Armee Mariens
マリアの観想　Marienbetrachtung
マリアの汚れなき御心　das unbeflecktes *Herz Mariä*
マリアの汚れなき御心の祝日　Herz-Mariä-Fest
マリアのご加護の祝日　Schutzfest Mariä
マリアの賛歌　Magnificat
マリアの僕（しもべ）会　Servit
マリアの僕（しもべ）修道女会　Servitin
マリアの生涯　Marienleben
マリアの月　Marienmonat
マリアの被昇天　*Assumtion, *Mariä *Himmelfahrt*
マリアの不能罪性　die *Sündlosigkeit* Mariä
マリアの母性否定論者　Antidikomarianit
マリアの御心会　Herz-Mariä-Schwestern
マリア反対派　Antidikomarianit
マリアヒルフ　Mariahilf
マリア福音姉妹会　Evangelische *Marienschwestern*
マリア福音書　Marienevangelium
マリア文学　Mariendichtung
マリアへのお告げ　Annunziation, *Mariä *Verkündigung*
マリア・マグダレナ　Maria von Magdala
マリア・ミサ連盟　der *Marianische* Messbund
マリア模倣会（模倣派）　Mariavit
マリア・ラーハ　Maria Laach
マリア礼拝　Mariolatrie

マリア論　Mariologie
マリスト教育修道士会　Maristenschulbruder
マリスト修道会　Marist
マリーヌ会談　Mechelner Gespräch
マルキオン派　Marcionite
マルコ　Markus
マルコ教会　Markuskirche
マルコ受難曲　Markus-Passion
マルコス派　Marcosianer
マルコ典礼　Markusliturgie
マルコによる福音書　Markusevangelium
マルセイユ派　Massilianer
マルタ騎士修道会(騎士団)　Malteserorden
マルタ救護奉仕会　Malteser-Hilfsdienst
マルタ十字　Malteserkreuz
マルティヌス, マルティノ, マルティン　Martin
マールブルク　Marburg
マールブルク宗教対話　Marburger Religionsgespräch
マロン教会　*Maronit, die *maronitische* Kirche
マロン典礼　die *maronitische* Liturgie
マロン派　Maronit
マンテレッタ　Mantelletta
マンテローネ　Mantellone
マント　Mantel
マンドルラ　Mandorla
マンナ　Manna

ミ

ミカ　Micha
ミカエル　Michael
ミカ書　das Buch *Micha*
三日月型十字架　Mondsichelkreuz
ミサ　Eucharistie, *Messe, Messopfer
ミサ・カンタータ　Missa cantata
ミサ寄進　Messstiftung
ミサ規定書　Ordinarium
ミサ曲　Messe
ミサ挙行許可証　Zelebret
ミサ効力適用　Messapplikation
ミサ答え　Messdiener
ミサ次第　Messordnung
ミサ執行者　Offiziant
ミサ謝礼　Messstipendium
ミサ重祭　Bination
ミサ聖祭専従司祭　Altarist
ミサ全書　*Plenarium, Vollmissale
ミサ・ソレムニス　Missa solemnis
ミサ通常文　Ordinarium missae
ミサ仕え　Messdiener
ミサ適用　Messapplikation
ミサ適用義務　Appikationspflicht
ミサ典[礼]書　*Missal[e], Ordo missae
ミサ・トータ　Missa tota
ミサ・ブレヴィス　Missa brevis
ミサ奉納金　Messstipendium
ミサ用小瓶　Messkännchen
ミサ用ぶどう酒　Messwein
ミサ・レクタ　Missa lecta
ミサーレ・ロマーヌム　Missale Romanum
ミサ連盟　Messbund
ミサを挙行しない日　der *aliturgische* Tag
未受洗者　Ungetaufte
ミシュナー　Mischna
水　Wasser
水受け皿, 水差し　*Ablutionsgefäß, *Lavabo
ミゼリコルディア　Miserikordie
ミゼリコルディアス・ドミニ　Misericordias Domini
ミゼリコルディアの聖母　Schutzmantelmadonna
ミゼレーレ　Miserere
道　Weg
密儀　*Geheimnis, *Mysterium
密儀宗教　Mysterienkult
密儀伝授者　Mystagog[e]
密儀伝授的神学　die *mystagogische* Theologie
ミッシオ・カノニカ　Missio canonica
密唱　Sekret
ミッションスクール　Missionsschule
ミトラ　Mitra
ミトラ教　Mithraismus
ミドラシュ　Midrasch
ミドラシュ・ハガダー　die *haggadischen* Midraschim
ミドラシュ・ハラカー　die *halachischen* Midraschim
ミトラス礼拝　Mithraskult
緑のスカプラリオ　das Grüne *Skapulier*
ミトレウム　Mithräum
ミニアチュール　Miniatur

ミニミ修道会，ミニモ会　Minimen
身分上の恵み　Standesgnade
ミュンスター　Münster
ミュンツァー　Münzer
ミュンヘン　München
ミラノ　Mailand
ミラノ外国宣教会　Mailänder Seminar
ミラノ式典礼　die mailändische Liturgie
ミラノ勅令　das Edikt von Mailand
ミルラ　Myrrhe
ミーレス・クリスティ　Miles Christi
民衆信仰　Gemeindeglaube
民数記　Numeri
民族教会　Volkskirche

ム

無宇宙論　Akosmismus
無関心主義　Latitudinarismus
麦穂のマリア　Maria im Ährenkleid
報い　Vergeltung
無原罪の御宿り　*die Unbefleckte Empfängnis, Immaculata conceptio
無原罪の聖母献身宣教会　Oblaten der unbefleckten Jungfrau Maria
無原罪の聖マリア（の祭日）　Unbefleckte Mariä Empfängnis
無酵母パン主義者　Azymit
無罪　Unschuld
無宗教　Paganismus, Religionslosigkeit
無宗派学校　Gemeinschaftsschule
無信仰　Religionslosigkeit, Unglaube
無神論　*Atheismus, Gottesleugunung
無神論運動　Gottlosenbewegung
無神論者　Atheist, Gottlose
無神論論争　Atheismusstreit
結びの祈り　Schlussgebet
娘シオン　die Tochter Zion[s]
娘聖堂　*Filialkirche, Tochterkirche
無世界論　Akosmismus
鞭打ち　Geißelung
鞭打ち行者　*Flagellant, Geißelbruder, Geißler
無知の知　Docta ignorantia
無知派　Agnoet
胸飾り　Pektorale

無謬性　Infallibilität, *Unfehlbarkeit
無謬の　infallibel, unfehlbar
ムラトーリ断片　das muratorische Fragment

メ

メア・クルパ　mea culpa
メアリ・ウォード会　*Englische Fräulein, Maria-Ward-Schwestern
冥界　Unterwelt
名義教会　Titelkirche
名義教区　Titeldiözese
名義司教　Titularbischof
名義大司教　Titularerzbischof
名句集，名言録　Florilegium
迷信　*Aberglaube, Superstition
瞑想アウグスチノ会　Augustiner-Rekollekten
瞑想に耽る　beschauen
命題　These
命題［論］集　Sentenzbücher
命日表　Obituarium
名誉高位［聖職］者　Ehrenprälat
名誉司教　Emeritus
名誉司教座聖堂祭式者会員　Ehrendomherr
名誉称号　Titular
名誉助祭　Ehrendiakon
名誉助任司祭　Ehrenkaplan
メギロート　Megilloth
恵み　*Gnade, Segen
恵みの契約　Gnadenbund
恵みの手段　Gnadenmittel
恵みの状態　Gnadenstand
恵みの宝庫　Gnadenschatz
恵みの御業　Gnadenwerk
恵みを垂れる　begnaden
メシア　Messias
メシア思想　Messianismus
メシア詩編　der messianische Psalm
メシアーデ　Messiade
メシアニズム　Messianismus
メシアの秘密　Messiasgeheimnis
メシア預言　die messianische Weissagung
召し出し　*Beruf, Berufung
メズサ　Mesusa
メソジスト運動　die methodistische Bewegung

メソジスト教会（派）	*Methodismus, Methodistenkirche
メダイ，メダイユ	Medaille
メッサリア[ネ]派	Messalianer
メッヘレン	Mechelen
メディア・ヴィタ・イン・モルテ・スムス	media vita in morte sumus
メトシェラ	Methusalem
メネウム	Menäum
メノナイト，メノー派	*Mennonit, Taufgesinnte
メノラー	Menora
メノロギオン	Menologion
メヒタル会	Mechitarist
メヘレン	Mechelen
メヘレン会談	Mechelner Gespräch
メメント	Memento
メメント・モリ	memento mori
メランヒトン	Melanchthon
メリスマ	Melisma
メリティオス派	Melitianer
メリティオス離教	das melitianische Schisma
メリバ	Meriba
メルキオール	Melchior
メルキオール派	Melchiorit
メルキゼデク	Melchisedek
メルキゼデク派	Melchisedekianer
メルキト教会	Melkit
メルキト・聖パウロ修道会	Paulist der Melkiten
メルセス[修道]会	Mercedarier
メルセス女子修道会	Mercedarierin
メルヒオル派	Melchiorit
メレティオス派	Meletianer
メーレン	Mähren
免罪	Indulgenz
免罪符	Ablassbrief
免罪符販売	Ablasshandel
免罪符販売人	Ablasskrämer
免除	*Dispens, Dispensation, Erlass
免償	*Ablass, Indulgenz, Verzeihung
免償献金	*Ablassgeld, Sündengeld
免償巡礼聖堂	Ablasskirche
免償説教師	Ablassprediger
免償年	*Ablassjahr, *Erlassjahr
免償論	Ablasslehre
免償論争	Ablassstreit
免職	*Amtsenthebung, Deposition
免除権	Dispensgewalt, Dispensvollmacht
免除する	dispensieren
免除による結婚	Dispensehe
免属	Erlass, *Exemtion
免属高位区	die freie Prälatur
免属特権	Exemtionsprivileg

モ

モアブ	Moab
モアブ人	Moabiter
盲目的信仰	Köhlerglaube
黙示思想	Apokalyptik
黙示文学，黙示文書	Apokalypse
黙示録	Apokalypse
黙示録の	apokalyptisch
黙示録の女	das Apokalyptische Weib
黙示録の騎士	die Apokalyptischen Reiter
黙示録の獣	die Apokalyptischen Tiere
黙示録の数字	die Apokalyptische Zahl
黙想	Meditation
黙想会	Exerzitium
黙想者	Betrachter
黙想の家	Exerzitienhaus
目的論	Teleologie
木曜日の祈禱	Donnerstaggebet
モサラベ	Mozaraber
モサラベ芸術	die mozarabische Kunst
モサラベ式典礼	die mozarabische Liturgie
モサラベ聖歌	der mozarabische Gesang
モーセ	Moses
モーセ五書	die mosaischen Bücher, Mosebücher, *Pentateuch
モーセ第二の書	das andere Buch Moses
モゼッタ	*Moz[z]etta
モーセの歌	Moseslied
モーセの座	Moses Stuhl
モーセの賛歌	Moses Lobgesang
モーセの祝福	Mosessegen
モーセの昇天	Moses Himmelfahrt
モーセの角	die Hörner des Moses
モーセの律法	die mosaischen Gesetze
モダリズム	Modalismus
没薬	Myrrhe
モテット	Motette

求めよの主日　Rogate
モナルキア主義, モナルキアニズム　Monarchianismus
モラヴィア　Mähren
モラヴィア教会　die *mährische* Kirche
モラヴィア兄弟団　die *mährischen* Brüder
モリナ主義　Molinimus
モリニスト　Molinist
モリニズム　Molinimus
モルモン教　Mormonentum
モルモン教徒　Mormone
モレク　Moloch
モンシニョール　Monsignore
モンストランス　Monstranz
モンセニョール　Monseigneur
モンタニズム, モンタノス派　Montanismus
門閥主義　Nepotismus
門番　*Ostiarier, Ostiarius, Pförtner, Portarius, *Schweizer, Türhüter

ヤ

ヤーウェ　Jahwe
焼き尽くす献げ物　Brandopfer
役員会制度　Konsistorialverfassung
薬草の祝別　Kräuterweihe
薬草の園　Kräutergarten
約束　Verheißung
約束の地　*das *Gelobte* Land, das Land der *Verheißung*
ヤコブ　*Jakob, *Jakobus
ヤコブ教会　Jakobit
ヤコブ原福音書　Protoevangelium des Jakobus
ヤコブ典礼　Jakobusliturgie
ヤコブの貝　Jakobsmuschel
ヤコブの杖　Jakobsstab
ヤコブの手紙　der Brief des *Jakobus*
ヤコブの梯子　Jakobsleiter
ヤコブの道　Jakobsweg
ヤコブ派　Jakobit
ヤハウィスト(資料)　Jahwist
ヤハウェ　Jahwe
夜半の礼拝　Mesonyktikon
山　Berg
ヤンセン主義　Jansenismus
ヤンセン主義者　Jansenist

ユ

唯一神教　*Monotheismus, *Theomonismus
唯一成聖の　alleinseligmachend
唯心論　Spiritualismus
唯名論　Nominalismus
優位, 優越　Suprematie
有期誓願　die zeitliche *Profess*
有神論　Theismus
夕べの祈り　Abendgebet, Abendsegen, *Vesper
夕べのミサ　Abendmesse
夕べの礼拝　Abendandacht, Abendgottesdienst, *Vesper
誘惑　Versuchung
誘惑する者　Versucher
融和神学　Irenik
雪の聖母マリア　Mariä Schnee
ユグノー　Hugenotte
ユグノー十字架　Hugenottenkreuz
ユグノー戦争　Hugenottenkrieg
ユダ(人名)　*Juda, *Judas
ユダ(族, 王国)　Juda
ユダス・マカバイオス　Judas Makkabäus
ユダの接吻　Judaskuss
ユダの手紙　Judasbrief
ユダの福音書　Judasevangelium
ユダヤ　Judäa
ユダヤ学　Judaistik
ユダヤ化する　judaisieren
ユダヤ教　Judentum
ユダヤ教徒, ユダヤ人　Jude
ユダヤ人キリスト教徒　Judenchrist
ユダヤ人の王　König der Juden
ユディカの主日　Judica
ユディト　Judit[h]
ユディト記　das Buch *Judit[h]*
ユトレヒト　Utrecht
ユトレヒト教会　Utrechter Kirche
ユトレヒト同盟　Utrechter Union
ユニアト教会　die *Unierte* Kirche
ユニヴァーサリスト　Universalist
ユニオン・チャーチ　Unionskirche
ユニテリアン主義　Unitarismus

ユニテリアン派　Unitarier
ユバル　Jubal
ユビラーテ(の主日)　Jubilate
ユビルス　Jubilus
ユリ，百合　Lilie
ユリウス暦　der Julianische *Kalender*
ゆるし　Vergebung, Verzeihung
ゆるしの秘跡　Bußsakrament
ゆるしの秘跡の祭式者　Bußkanoniker
ゆるしの秘跡の執行規定　Bußordnung
ゆるしの秘跡を受ける者　Pönitent
ゆるす　begnadigen

ヨ

ヨアキム　Joachim
良いサマリア人　der Barmherzige *Samariter*
良い羊飼い　der gute *Hirt*
良い羊飼い(牧者)の主日　Guthirtensonntag, *Hirtensonntag
八日間[の祝祭]　Oktav[e]
養子　Adoption
幼児イエス　Jesuskind
様式史　Formgeschichte
幼児虐殺　Kindermord
幼児キリスト　*Bambino, *Christkind
幼児殺戮　Kindermord
幼児洗礼　*Kindertaufe, Kindstaufe
幼児洗礼用白衣(ようい)　Westerhemd
幼児のリンボ　Limbus infantium
様態論　Modalismus
幼年福音書　Kindheitsevangelium
羊皮紙　Pergament
揺籃期本　*Inkunabel, Wiegendruck
ヨエル　Joel
ヨエル書　das Buch *Joel*
善き勧めを賜う御母　Maria, Mutter vom Guten Rat
翼祭壇　Flügelaltar
欲情　Begier
抑制する　abtöten
欲望　Konkupiszenz
翼廊　*Kreuzflügel, *Querhaus, *Querschiff
予型　*Typus, Vorbild
予型論　Typologie
予型論的解釈　die *typologische* Interpretation
予言　*Prophetie, Prophezeiung, *Wahrsagung, Weissagung
預言　*Prophetie, Prophezeiung
予言者，預言者　Prophet
預言書　Prophet
ヨシュア　Josua
ヨシュア記　das Buch *Josua*
予唱　Antizipation
ヨセフ　Joseph
ヨゼフィニズム，ヨーゼフ主義　Josephinismus
ヨセフの結婚　Josephsehe
ヨセフ物語　Josephsgeschichte
予兆　Menetekel
予定　*Prädestination, *Prädetermination, Vorherbestimmung
予定説　Prädestinationslehre
予定調和　die *prästabilierte* Harmonie
ヨナ　Jonas
ヨナ書　das Buch *Jonas*
ヨナタン　Jonathan
ヨナの徴(しるし)　Jonaszeichen
世の終わり　Weltende
世の光　das *Licht* der Welt
ヨハネ　Johannes
ヨハネ騎士修道会，ヨハネ騎士団　Johanniterorden
ヨハネ騎士団十字架　Johanniterkreuz
ヨハネ行伝　Johannesakten
ヨハネ祭　Johannesfest
ヨハネ受難曲　Johannes-Passion
ヨハネによる福音書　Johannesevangelium
ヨハネの皿　Johannesteller
ヨハネの手紙　Johannesbrief
ヨハネの火　Johannisfeuer
ヨハネの黙示録　die *Offenbarung* des Johannes
ヨハネの夜　Johannisnacht
ヨハネぶどう酒　Johanniswein
ヨハネ文書　die *Johanneische* Literatur
呼びかけ　Anrufung
呼び声　Akklamation
ヨブ　Ijob
ヨブ記　das Buch *Ijob*
ヨベル書　das Buch der *Jubiläen*
ヨベルの年　Jobeljahr
陰府(よみ)　*Limbus patrum, das *Reich* des Todes
蘇らせる　auferwecken

蘇り　Auferstehung
蘇る　auferstehen
陰府降下　Höllenfahrt
喜びの主日　Lätare
喜び呼ばわれの主日　Jubilate
四執事　die vier *Marschälle*
四十時間の祈り　das Vierzigstündige *Gebet*
四総督　die vier *Marschälle*
四都市信仰告白　Confessio Tetrapolitana
四福音書の調和　Evangelienharmonie

ラ

ライオン　Löwe
ライス　Leis
来世　Jenseits
ライヒェナウ　Reichenau
ライヒスコンコルダート　Reichskonkordat
癩病　*Aussatz, *Lepra
癩病者　Aussätzige
ライプツィヒ　Leipzig
ライプツィヒ仮信条協定　Leipziger Interim
ライプツィヒ伝道事業団　Leipziger Missionswerk
ライプツィヒ討論(論争)　Leipziger Disputation
来臨(キリストの)　Parusie
ラヴァボ　Lavabo
ラウダ　Lauda
ラウデージ　Laudist
ラウラ，ラヴラ　Laura
ラウレンティウス離教　das Laurentianische *Schisma*
ラオディキア人への手紙　Laodizenerbrief
楽園　Eden, *Paradies
楽園歌　in paradisum
ラクリモーサ，ラクリモーザ　Lacrimosa
ラケル　Rahel
ラザリスト会　Lazarist
ラザロ　Lazarus
ラザロ騎士修道会　Lazarusorden
ラザロ十字架　Lazaruskreuz
ラスコーリニキ，ラスコル派　Raskolnik
ラッパ　Posaune
ラティトゥーディナリアニズム　Latitudinarismus

ラテラノ宮殿　Lateran
ラテラノ公会議　Laterankonzil
ラテラノ修道参事会　die *Lateranensisch*en Chorherren
ラテラノ条約　Lateranvertrag
ラテラノ大学　Lateranuniversität
ラテラノ大聖堂　*Lateran, Lateranbasilika
ラテン・アヴェロエス主義　der lateinische *Averoismus*
ラテン化　Latinisation, Latinisierung
ラテン教会　die *lateinisch*e Kirche
ラテン語　Latein
ラテン式十字架　das *lateinisch*e Kreuz
ラテン式典礼　die *lateinisch*e Liturgie
ラテン十字型　das *lateinisch*e Kreuz
ラーナー　Rahner
ラバルム　Labarum
ラバン　Laban
ラビ　*Rabbi, *Rabbiner
ラファエル　Rafael
ラメッタ　Lametta
欄外グロッサ　Marginalglosse
ランタン　Laterne
ラント教会　Landeskirche
ラント・コムトゥール　Landkomtur
ラント・マイスター　Landmeister
ランプ　Lampe
ランプレヒト(僧)　Pfaffe Lamprecht

リ

リアドス　*Altaraufsatz, *Retabel
リオバ修道女会　Liobaschwestern
履靴(%)修道会修道者　Beschuhte
力天使　Mächte
離教　Schisma
離教者　*Dissident, *Schismatiker
離教徒　Dissident
リグオーリ会　Liguorianer
離散　Zerstreuung
理事会　Moderamen
理事長　Moderator
理神論　Deismus
理神論者　Deist
離脱　Abgeschiedenheit

リタニア	Litanei
リツェンツィアート	Lizentiat
立願	Votation
立願者	*Gelobende, Votant
律修共住修道会修道女	*Chorfrau, Kanonisse
律修参事会	Chorherr
律修参事会修道院	Chorherrenkloster
律修士	Regular
律修修女	*Chorfrau, Kanonisse
律修聖職者	*Regularkleriker, Regularklerus
律修第三会	Tertiarierorden
律法	Thora
律法学者	Schriftgelehrte
リテーブル	Retabel
リバイバル，リバイバル集会	Revival
リピタ	Rhipidion
リビング・ロザリオ	Lebendiger Rosenkranz
離別	Trennung
リベラル・カトリック教会	die liberale Kirche
リベル・ポンティフィカーリス	Liber pontificalis
略式洗礼	Nottaufe
留	Station
流出	Emanation
流出説	Emanationstheorie
留保	*Reservat, Vorbehalt
留保事項	Reservatfall
両形色(けい)論	Utraquismus
両形色論者	Utraquist
両剣論	Zweischwerterlehre
領主教会支配説	Territorialismus
領主司教	Fürstbischof
領主司教区	Fürstbistum
領主司教権説	Episkopalsystem
領主主義	Territorialismus
領主首席大司教	Fürstprimas
領主大司教	Fürsterzbischof
領主大修道院長	Fürstabt
良心	Gewissen
良心糾明のしおり	Beichtspiegel
良心婚	Gewissensehe
良心の糾明	Gewissenserforschung
領聖	Kommunion
両体共存	Konsubstantiation
良知[良能]	Synderesis
領邦	Territorium
領邦教会	Landeskirche
領邦教会首長	Summepiskopat
領邦教会首長権(統治権)	Kirchenregiment
領邦教会制度	Landeskirchentum
領邦国家	Territorialstaat
旅行記，旅行祝福祈禱文	Itinerar
リヨン	Lyon
リヨン・アフリカ宣教会	Lyoner Missionäre
リヨン公会議	Lyoner Konzil
リヨンの貧者	Pauperes von Lyon
臨在の幕屋	Offenbarungszelt, *Wohnstätte
臨時司教座聖堂	Prokathedrale
臨時聖務	Kasualien
臨終者のための祈り	Sterbegebet
臨終者のろうそく	Sterbekerze
臨終の十字架	Sterbekreuz
臨終の聖体拝領	Viatikum
臨終の全免償	Sterbeablass
臨終の秘跡	Sterbesakramente
隣人	Nächste
隣人愛	Nächstenliebe
輪廻	Metempsychose, Reinkarnation, *Seelenwanderung
リンボ	*Limbus, Vorhölle
隣保同盟	Amphiktyonie
倫理学	Ethik
倫理神学	Moraltheologie

ル

類質[論]	Homöusie
類質論者	Homöusianer
ルカ	Lukas
ルカ受難曲	Lukas-Passion
ルカによる福音書	Lukasevangelium
ルキフェル(ルシフェル)	Luzifer
ルキフェル派(ルシフェル派)	Luzianer
ルター	Luther
ルター旧派	Altlutheraner
ルター主義	Luthertum
ルター・ドイツ語	Lutherdeutsch
ルターの白バラ	Lutherrose
ルターの聖書翻訳	die lutherische Bibelübersetzung
ルター派[教会]	Lutheraner, *die lutherische Kirche

ルター派教会信仰告白文書集　Bekenntnisschriften der evangelisch-lutherischen Kirche
ルター派自由教会　die lutherische Freikirche
ルターブル　Retabel
ルター訳聖書　die Luthersche Bibelübersetzung, *Lutherbibel
ルチェルナリウム　Luzernar
ルツ　Rut[h]
ルツ記　das Buch Rut[h]
ルテニア教会　Ruthene
ルーテル教会信条書　Konkordienbuch
ルーテル世界連盟　der Lutherische Weltbund
ルートヴィヒ　Ludwig
ルートヴィヒ布教事業後援協会　Ludwig-Missionsverein
ルネサンス　Renaissance
ルネサンス教皇　Renaissancepapst
ルネサンス建築　Renaissancebau
ルブリカ　Rubrik
ルーメン・ヴィタエ　Lumen Vitae
ルーメン・ジェンツィウム　Lumen gentium
ルルド　Lourdes
ルンド　Lund

レ

レア　Lea
霊　*Geist, *Pneuma, Spirit
霊印　*der sakramentale Charakter, *Merkmal, Prägemal
霊歌　Spirituale
霊感　Eingebung, *Inspiration
霊魂出生説　Generatianismus
霊魂消滅説, 霊魂絶滅説　Annihilationismus
霊魂先在説　Präexistenzianismus
霊魂創造説　Kreatianismus
霊魂伝遺説　Traduzianismus
霊魂不滅　die Unsterblichkeit der Seele
霊性　Spiritualität
霊性神学　die geistliche Theologie
霊操　*Exerzitien, die Geistlichen Übungen
霊操指導者　Exerzitienleiter
霊的結婚　die geistliche Vermählung
霊的倦怠　die geistliche Trägheit
霊的指導　die geistliche Leitung
霊的指導司祭　Spiritual
霊的職務　Spiritualien
霊的親族関係　die geistliche Verwandtschaft
霊的生活　*das geistliche Leben, Vita spiritualis
霊的聖書釈義学　die pneumatische Exegese
霊的聖体拝領　die geistliche Kommunion
霊的読書　die geistliche Lesung
霊的人間　Pneumatiker
霊的臨在　Spiritualpräsenz
礼典主義　Sakramantalismus
礼典主義者　Sakramentalist
礼典象徴説の主張者　Sakramentierer
霊能　Charisma
霊の人　Pneumatiker
礼拝　*Adoration, Anbetung, Andacht, *Latrie
霊媒　Spiritist
礼拝規則　Rubrik
礼拝規則書　Direktorium
礼拝時間　Kirchzeit
礼拝室　Betsaal
礼拝者　Adorant
礼拝所　Kultstätte
礼拝する　anbeten
礼拝堂　*Bethaus, Betkapelle, *Kapelle, *Oratorium
礼拝堂付き司祭　Kaplan
礼拝のいけにえ　Anbetungsopfer
礼拝用福音集　*Evangeliar[ium], *Evangelistar[ium]
礼部聖省　Ritenkongregation
霊物学　Pneumatologie
霊妙なる器　*geistliches Gefäß, geistlicher Kelch
霊名　Taufname
霊名の祝日　Namenstag
霊名の聖人, 霊名日　Namenspatron
レオ協会　Leogesellschaft
レオポルド3世　Leopold III.
レオポルドの祝日　Leopoldi[tag]
レカピトゥラティオ　Rekapitulation
レガリア[権], レガーリエン　Regal[e]
歴史神学　Geschichtstheologie
歴史性　Geschichtlichkeit
歴代教皇表　*Papstkatalog, Papstliste
歴代誌, 歴代史, 歴代志[略]　*Chronik, Chronika, *Paralipomenon
レクイエスカト・イン・パーチェ　requiescat in pace

レクイエム　Requiem
レクティオナリウム　Lektionarium
レグラ（レーグラ）　Regula
レグラ・フィデイ　Regula Fidei
レグラ・ベネディクティ　Regula Benedicti
レグラ・マギストリ　*Magisterregel, Regula Magistri
レーゲンスブルク　Regensburg
レーゲンスブルク宗教会談　Regensburger Religionsgespräch
レコンキスタ　Reconquista
レスポンソリアーレ　Responsoriale
レスポンソリウム　Responsorium
レターレ　Lätare
列王記　das Buch der *Könige*
列聖（式）　*Heiligsprechung, Kanonisierung, Kanonisation
列聖省　Kongregation für die Selig- und Heiligsprechungsprozesse
列聖する　heiligen, heiligsprechen, kanonisieren
列聖列福調査官　Advocatus Dei
列席　Assistenz
列福　*Beatifikation, Seligsprechung
列福する　beatifizieren, seligsprechen
レデンプトリスチン女子修道会　Redemptoristin
レデンプトール［修道］会　Redemptorist
レデンプトール宣教修道女会　Missionsschwestern vom Heiligsten Erlöser, *Redemptoristin
レビ　Levi
レビ記　Levitikus
レビ人（族）　Levit
レビヤタン　Leviatan
レビラト婚　Levirat
レミニシェレ　Reminiscere
レメク　Lamech
レメクの歌　Lamechlied
レモンストラント派　Remonstrant
連願　*Litanei, *Wechselgebet
連合　Konföderation, Union
煉獄　*Fegefeuer, Läuterung, Purgatorium, Reinigungsort
煉獄の霊魂　Armenseelen
連鎖式教父聖書解釈集　Katene
連続講話　Predigerreihe
レント　Quadragesime
連禱　*Ektenie, *Litanei, *Wechselgebet

レントゥルス書簡　Lentulus-Brief
連邦警察付き司祭　Oberpfarrer
連盟　Union

ロ

ロイヒリン　Reuchlin
労役　Servitium
ろうそく　Kerze
ろうそく行列　Lichterprozession
ろうそく立て　*Kerzenständer, *Leuchter
ろうそくの祝別　Kerzenweihe
労働司祭　Arbeiterpriester
労働者運動　Arbeiterbewegung
労働者司教　Arbeiterbischof
労働者司牧　Arbeiterseelsorge
労働者に関する回勅　Arbeiterenzyklika
労働者牧師　Arbeiterpfarrer
労働修士　Laienbruder
朗読　Lesung
朗読者　Vorleser
朗読集　Lektionar
朗読台　*Ambo, *Lesepult
朗読奉仕者　Lektor
ロガーテの主日　Rogate
六時課　Sext
六旬節　Sexagesima
六書　Hexateuch
ロゴス　Logos
ロザリオ　Paternoster, Rosarium, *Rosenkranz
ロザリオ信心会　Rosenkranzbruderschaft
ロザリオの聖母　Rosenkranzfest
ロザリオの月　Rosenkranzmonat
ローザンヌ　Lausanne
ローザンヌ世界会議　die *Lausanner* Weltkonferenz
ロシア式十字架　das *russische* Kreuz
ロシア正教会　die *russisch*-orthodoxe Kirche
ロシェトゥム　Rochett
ローズンゲン　Losung
ロタ　Rota
ロー・チャーチ　Low-Church
ローヌ修道制　Rhonemönchtum
ローブ　Robe
路傍十字架　Marterl

ローマ　Rom
ローマ学院　Collegium Romanum
ローマ楽派，ローマ学派　die *römische* Schule
ローマ・カトリック教会　die *römisch-katholische* Kirche
ローマ儀式書　Rituale Romanum
ローマ教皇　Papst
ローマ教皇位　der *römische* Stuhl
ローマ教皇庁　die Römische *Kurie*
ローマ教皇庁大使　Nuntius
ローマ教徒　*Romanist, Römling
ローマ控訴院　*die Römische *Rota*, Rota Romana
ローマ式典礼　die *römische* Liturgie
ローマ司教区補佐司教　Vizegerent
ローマ司教典礼書　Pontificale Romanum
ローマ主義　Romanismus
ローマ殉教録　Martyrologium Romanum
ローマ巡礼　Romfahrt
ローマ所属教区　das *suburbikarische* Bistum
ローマ所属教区司教　der *suburbikarische* Bischof
ローマ崇拝者　Römling
ローマ的解釈　Interpretatio Romana
ロマニスト　Romanist
ロマニズム　Romanismus
ロマネスク教会　die *romanische* Kirche
ロマネスク様式　Romanik
ローマの戒律　die *römische* Regel
ローマの信徒への手紙　Römerbrief
ローマの平和　Pax Romana
ローマ訪問　Rombesuch
ローマ・ミサ典文　der *Römische* Kanon
ローマ・ミサ典礼書　Missale Romanum
ローマ問題　die *römische* Frage
ローマ離脱運動　Los-von-Rom-Bewegung
ローマン・カラー　der *römische* Kragen
ロラーテ（の主日）　Rorate
ロラード派　Lollarde
ローラントの歌　Rolandslied
ロレト　Loreto
ロレトの連願　die *lauretanische* Litanei
ロレーヌ十字架　Lothringenkreuz
論争神学　*Kontroverstheologie, *Polemik

ワ

ワイン　Wein
和解　Rekonziliation, *Versöhnung
和議　Akkord
和協信条　Konkordienformel
和協信条書　Konkordienbuch
災い　Plage
悪だくみの山　der *Berg* des bösen Rates
ワルドー派　Waldenser
腕帛（はく）　Manipel

* * *

後記（監修者からひとこと）

　今回完成した『キリスト教・カトリック独和辞典』は，佐藤教授の約20年間に及ぶ真摯な研究の偉大な成果である．同氏は1996年刊の私の小著『キリスト教用語独和小辞典』の編纂における最大の協力者であった．諸般の事情により完成原稿の約3分の1を割愛せざるを得なかったことは，やむを得ぬとはいえ，残念なことであった．私は同信の若き友にいわば後事を託すという意味で執筆の継続を願っていたが，その思いが実現したことに計り知れぬ神意を感じ，同氏とともに深く神に感謝している次第である．この本がドイツ語領域にとどまらず，多くの分野の研究者の一助となることを心から願っている．

　　　2016年5月

　　　　　　　　　　　　　　　　　　　　　　　　　　　　　川　口　　　洋

【著者】
佐藤朋之（さとうともゆき）
上智大学文学部ドイツ文学科教授

キリスト教・カトリック独和辞典
和独対照索引付き

2016年8月25日　第1版第1刷発行

著　者：佐　藤　朋　之
発行者：髙　祖　敏　明
発　行：Sophia University Press
　　　　上智大学出版
　　　　〒102-8554　東京都千代田区紀尾井町7-1
　　　　URL：http://www.sophia.ac.jp/

制作・発売　㈱ぎょうせい

〒136-8575　東京都江東区新木場1-18-11
TEL 03-6892-6666　FAX 03-6892-6925
フリーコール　0120-953-431
〈検印省略〉　　URL：http://gyosei.jp

©Tomoyuki Sato 2016.
Printed in Japan
印刷・製本　ぎょうせいデジタル㈱
ISBN978-4-324-10046-2
(5300247-00-000)
［略号：（上智）キリスト教独和辞典］
NDC 分類843

Sophia University Press

　上智大学は、その基本理念の一つとして、
「本学は、その特色を活かして、キリスト教とその文化を研究する機会を提供する。これと同時に、思想の多様性を認め、各種の思想の学問的研究を奨励する」と謳っている。
　大学は、この学問的成果を学術書として発表する「独自の場」を保有することが望まれる。どのような学問的成果を世に発信しうるかは、その大学の学問的水準・評価と深く関わりを持つ。
　上智大学は、(1) 高度な水準にある学術書、(2) キリスト教ヒューマニズムに関連する優れた作品、(3) 啓蒙的問題提起の書、(4) 学問研究への導入となる特色ある教科書等、個人の研究のみならず、共同の研究成果を刊行することによって、文化の創造に寄与し、大学の発展とその歴史に貢献する。

Sophia University Press

One of the fundamental ideals of Sophia University is "to embody the university's special characteristics by offering opportunities to study Christianity and Christian culture. At the same time, recognizing the diversity of thought, the university encourages academic research on a wide variety of world views."

The Sophia University Press was established to provide an independent base for the publication of scholarly research. The publications of our press are a guide to the level of research at Sophia, and one of the factors in the public evaluation of our activities.

Sophia University Press publishes books that (1) meet high academic standards; (2) are related to our university's founding spirit of Christian humanism; (3) are on important issues of interest to a broad general public; and (4) textbooks and introductions to the various academic disciplines. We publish works by individual scholars as well as the results of collaborative research projects that contribute to general cultural development and the advancement of the university.

Deutsch-japanisches Wörterbuch des Christentums und der katholischen Kirche

Ⓒ Tomoyuki Sato, 2016
published by
Sophia University Press

production & sales agency : GYOSEI Corporation, Tokyo
ISBN 978-4-324-10046-2
order : http://gyosei.jp